杉本徳栄 著
Sugimoto Tokuei

国際会計の実像

会計基準のコンバージェンスとIFRSsアドプション

The Reality of International Accounting

Global Convergence of Accounting Standards and IFRSs Adoption

同文舘出版

はしがき

　世界金融危機に立ち向かう抜本的対応策の１つとして，「20ヵ国・地域」(G20)の首脳会合 (G20 Summit) は，世界の主要な会計基準設定主体に「単一で高品質な国際基準を策定する」というグローバルな目標へのコミットメントを問うてきた。グローバルな見地に立つとき，こうした要請があるなかで，近年の会計基準ないし財務報告基準の開発が，会計基準のコンバージェンスと国際財務報告基準 (IFRSs) アドプションという２つの基軸のもとで進められてきたのはなぜか──本書は，会計は言うに及ばず，外交を含む政治，経済，法律などの全方位から「制度」を捉え，会計基準のコンバージェンスとIFRSsアドプションを余すところなくまとめあげ，その実像について描き出すことを試みたものである。

　こうした試みを進めた本書には，次のような特徴がある。

①国際政治を背景に，国際会計基準審議会 (IASB) によるIFRSsの開発と各国の会計基準のコンバージェンスあるいはIFRSsアドプションの取組みとの関わりを基軸に，国内外の膨大な第一次資料をもとに丹念にかつ詳細に検証して解き明かしたこと

②「単一で高品質な国際基準」の策定をグローバルな目標に押し上げた世界金融危機と国内外に及ぶ会計基準との結び付きや政策，制度形成に及ぼした影響を緻密に分析したこと

　会計基準のコンバージェンスやIFRSsアドプションの取組みの中心には，IASBが開発するIFRSsがある。このIASBによるIFRSsが俄然注目されるようになったのは，なにも1つのエポックメーキング的な出来事があったからではなく，複合的かつ重層的な制度形成によるものである。IASBとアメリカ財務会計基準審議会 (FASB) による「覚書：ノーウォーク合意」の締結 (2002年)，ヨーロッパ連合 (EU) でのIFRSs強制適用の開始 (2005年)，アメリカ証

券取引委員会（SEC）による外国民間発行体へのIFRSs使用の容認と調整表作成・開示要件の撤廃に関する規制措置（2007年），そして世界金融危機（2007年以降）などが大きく寄与したのである。

「単一で高品質な国際基準」というとき，当然のことながら，IASBによるIFRSsの開発活動が問われる。同時に，IASBの設置やIFRSs開発を推進する理論的な拠り所を，企業や資本市場のグローバル化とそれに伴う規制措置や制度形成，および，国際会計（International Accounting）の研究の台頭とその研究成果などから跡付けた。国際会計研究が初期段階に主眼を置いたのは分類研究であったことも如実に物語っているが，理論と実務の両側面から問われてきたものは，会計情報ないし財務情報の比較可能性であり，これは財務諸表利用者指向からのものであったといって間違いでない。この指向こそが，IASBの前身である国際会計基準委員会（IASC）の設置へと結び付く。同時に，IASCやIASBの目的の変遷ないし変容なども明らかとなる。

国際的な会計基準の開発プロセスでは「意見発信」が重要であるとする主張は，なにも今に始まったものではない。

地域統合したEUが，独自の会計基準設定主体を持たず，また，自前の会計基準を設定しないと決定したことで，EUに残された選択肢は，当時の国際的な会計基準としてのアメリカ会計基準（U.S. GAAP）または国際会計基準（IAS）だけであった。この選択の拠り所こそ，基準開発プロセスでの意見発信のあり方にある。ある特定国の会計基準の利用を選択したとしても，その開発プロセスには直接的に関与できない。バイラテラルとマルチラテラルのいずれの形態であるかを問わず，基準開発に直接参画できる会計基準ないし財務報告基準が選好されたことは火を見るよりも明らかである。基準開発プロセスへの参画こそが意見発信の神髄なのである。

このように，EUがIASや解釈指針などを含むIFRSsを選択し，それを導入したことは必然的なものであった。この決定は，いみじくもエンロン事件などの企業不祥事によってアメリカ会計基準が国際的な会計基準としての信頼を失

墜させたこととも絶好のタイミングで符合することになり，IFRSsが脚光を浴びるのに寄与したといってよい。

EUには絶妙なまでの政治バランスがある。

自前の会計基準を設定しないEUは，導入したIFRSsの品質と同じ水準の会計基準の適用を域内で求めてきた。第三国の会計基準に対してIFRSsとの同等性評価を得ることを，政治的駆け引きの手段として存分に駆使してきたのである。政治的駆け引きの主たる相手先こそ，IFRSsのアドプションではなくコンバージェンスを展開してきたアメリカや日本などであった。こうした政治バランスが，基準開発プロセスにおいて確固たる重要な地位を確立するのに大いに機能したのである。

EUによる第三国の会計基準の同等性評価は，見方を変えると，優れた意見発信力を伴っている。IASBによるIFRSsの品質はもとより，会計基準のコンバージェンスを展開するアメリカや日本の会計基準の品質を高めることへの貢献が，この第三国の会計基準の同等性評価にはあったのである。その中心にIFRSsを据えた相互承認の戦略に，自前の基準を持たなくとも国際的な意見発信を行うバランス感覚のある政治の実現は，見事というほかない。EUによる第三国の会計基準の同等性評価の本質も，財務諸表利用者指向が根底に潜んでいるのである。

その一方で，アメリカと日本が，IFRSsアドプション（フルアドプション）ではなく，第三国の会計基準の同等性評価での指摘事項への対応をはじめ，会計基準のコンバージェンスを展開してきた背景は，些か趣きが異なる。総合的な成熟された議論が進められるなかで，IFRSsアドプションに向けた検討や取組みへの意向は，政府（規制当局を含む）と産業界の見解や考え方が存分に反映されてきたという事実がある。確かに総合的な議論によるものではあるが，どちらかというと財務諸表作成者指向の考えが随所にみられる。また，政治的忠誠心などに基づく大統領の政治任用や政権政党（政権与党）と政治家の政治信念などは，規制措置のあり方に大きな影響を及ぼしている。

たとえば，日本における「修正国際基準」（JMIS）の策定に結び付くエンド

ースメント手続きの仕組みを設ける考え方や見解を採り入れることとなった要
因として，本書では３つを明らかにした。これら３つの要因の主体は，金融庁，
日本経済団体連合会および自由民主党政務調査会・金融調査会の「企業会計に
関する小委員会」である。

　会計基準のコンバージェンスであれIFRSsアドプションであれ，社会の重要
なインフラの１つである会計基準ないし財務報告基準は，どのように開発され
展開するのか。今後進むべき方向性を考えていくうえでも，本書の狙い通り，
会計基準のコンバージェンスとIFRSsアドプションを中心とした国際会計の実
像を描き出し，学界や社会に些かなりとも貢献できれば，研究者として本望で
ある。

《謝　辞》

　本書を書き上げるまでにあまりに多くの時間がかかってしまい，また，その
プロセスでは多くの方々にお世話になった。家族や職場の同僚をはじめ，普段
から著者を支えてくださっている方々のお陰で研究生活を送れている。本書の
出版も，また本書で示すことができた知見の多くも，その賜物であることを常
に忘れずにいたいと思う。

　手元に１冊のモノグラフがある——国際会計の開花に大きな役割を果たした，
インターナショナル・ビジネス・シリーズ（International Business Series）の
「会計研究」（Studies in Accounting）の１冊として，1968年に刊行された第６
号「日本の会計実務」（*Accounting Practices in Japan*）である。
　これは，本書の第４章でも取り上げる，恩師吉田寛先生（神戸商科大学名誉
教授）とゲルハルト・ミューラー（Gerhart G. Mueller）による日本の会計制度・
実務に関する最初の研究成果である。しかも，国際会計の先駆的な研究成果の
１つであり，貴重な蔵書のなかの１冊である。このモノグラフは，未踏なこと

iv

を成し遂げることは，いつも自らの戦いであると語っている。

　吉田先生には，財務会計に加えて，国際会計の研究の道筋を与えていただいたことに感謝申し上げたい。とくに，博士後期課程へ進学した翌年からの1年間，韓国での在外研究を命じられたことは，国際感覚を培うことはもとより，先生方や友人たちとの信頼関係を培うことができた。いまの国際的な人脈の源はここにある。

　IASBメンバーの徐正雨（Chungwoo Suh）先生にも，感謝の気持ちは尽きない。初めてお会いして以来，韓国会計基準院（KAI）／韓国会計基準委員会（KASB）の第4代常任委員（副委員長）や第4代院長・委員長などを歴任され，ソウルやロンドンのオフィスで，ときには国際電話を通じて，先生との議論から得られる知見やさまざまな情報はいつも刺激的である。同様に，多くのご示唆をいただいてきた張志仁（Jee In Jang）第6代KAI院長・KASB委員長（中央大学校教授）とともに，ジェントルマンシップを備えた基準設定者であり，研究者であり，また教育者である。日頃のご厚情にお礼を申し上げたい。

　また，平松一夫先生（関西学院大学名誉教授）には，関西学院大学で国際会計の研究と教育に従事する機会をいただいたことに加え，さまざまな国際舞台で国際交流のあり方についてもお教えいただいている。この場をお借りしてお礼を申し上げる。

　同文舘出版株式会社が創業120年（1896年（明治29年）4月3日創業）を迎えられたことを心よりお祝いを申し上げたい。その記念すべき節目の年に，本書を出版できたことは，身に余る光栄であり，著者として冥利に尽きる。

　制度を真正面から取り上げて1つの書物として出版することはとても難しい。制度は生きているからである。さまざまな政治的・社会経済的な目論見や思惑の要因などから，政策や制度は時々刻々と変化する。これを国際的規模で取り扱い，検討する場合，張り巡らしたアンテナから入る情報量も凄まじい。遅々として執筆が進まなかったことは言うに及ばず，これまでに没にした原稿も数

多い。気持ちが途切れることなく何とか照準を合わせて書き進めることができたのも，同文舘出版株式会社の中島治久社長の励ましのお陰である。ありがとうございます。

　制度は生きているため，編集作業の最終段階でも加筆修正などを施さなければならなかった。市川良之編集局長，編集局・専門書編集部の大関温子さんをはじめ，的確な校正作業などを進めてくださった編集部の皆さんや有益なアドバイスの提示や販売企画などに取り組んでくださった営業部の皆さんに大変お世話になった。まさに全社をあげてご対応いただけたことは幸せの一語に尽きる。とくに，青柳裕之氏には，構想から編集作業，出版に至るまで筆舌に尽くしがたいほど特別なご配慮を賜った。「著者渾身の一冊」というと響きはいいが，ともに妥協を許さず，今回も一緒に本書を作り上げることができたことをとても嬉しく思っている。青柳氏のご厚情に，心よりあつく感謝申し上げたい。

　なお，本書は，独立行政法人日本学術振興会平成27年度〜平成29年度科学研究費助成事業（学術研究助成基金助成金）（基盤研究（C）一般）（課題番号：15K03804）による研究成果のひとつでもある。

　　2017年3月

　　　　　　　　　　　　　　　春陽麗和の好季節に希望を胸に

　　　　　　　　　　　　　　　杉本　徳栄

『国際会計の実像』目次

はしがき　　i

略語一覧表　　xxxv

第 1 部　グローバルな目標──「単一で高品質な国際基準」の策定

第 1 章
「単一で高品質な国際基準」の策定に向けた取組みと意見発信

第 1 節　「単一で高品質な国際基準」の策定 —————— 4
1．世界金融危機 ··· 4
2．G20ワシントン・サミットと
「金融・世界経済に関する首脳会合宣言」 ······················ 12

第 2 節　「単一で高品質な国際基準」の策定への
日本のコミットメント —————————————— 16
1．麻生太郎内閣総理大臣の会計基準観 ······························ 19
2．「単一で高品質な国際基準」の策定へのコミットメントの表明 ····· 24

第 3 節　直接投資と企業のグローバル化 ——————————— 27
1．多国籍企業と拡大する直接投資 ··································· 27
2．資本市場のグローバル化 ·· 34

第 4 節　会計基準の差異の要因と国際会計 ————————— 39
1．会計基準の差異をもたらす環境要因 ······························ 40

vii

2．経済活動の国際的交流と国際会計 ……………………… 42

第5節　財務情報の比較可能性 ——————————— 45

1．事例研究—ダイムラー・ベンツ社の調整表情報 …………… 45
2．比較可能性と概念フレームワーク …………………… 53

第6節　会計基準のコンバージェンスとアドプション ——— 56

1．会計基準の国際的調和化……………………………… 57
2．IASBの目的としてのコンバージェンスとアドプション ………… 60

第7節　会計基準のコンバージェンスに向けた取組み ——— 65

1．アメリカの会計基準のコンバージェンスに向けた取組み………… 67
　（1）FASBとIASBの「覚書：ノーウォーク合意」　67
　（2）「覚書：ノーウォーク合意」締結後の
　　　　会計基準のコンバージェンスに向けた取組み　72
2．日本の会計基準のコンバージェンスに向けた取組み …………… 73
3．「コンバージェンス」が持つ2つの意味 ………………… 81

第8節　IFRSsアドプションに向けた取組み ——————— 84

1．アメリカのIFRSsアドプションに向けた取組み ……………… 86
2．日本のIFRSsアドプションに向けた取組み ………………… 87
　（1）「会計基準のコンバージェンス」から「単一で高品質な国際基準」の
　　　　策定・適用に向けた取組みへのコミットメント　87
　（2）会計基準の国際的調和に向けた努力の継続　92

第9節　日本の企業会計の基準としての
　　　修正国際基準（JMIS） ——————————— 102

1．企業会計の基準の特例 ………………………………… 102
2．エンドースメント手続きと修正国際基準の開発…………… 105
　（1）エンドースメント手続き　107
　（2）修正国際基準の開発　110

viii

第10節　日本からの意見発信とエンドースメント手続き ―― 117

1．企業会計審議会総会・企画調整部会合同会議における
エンドースメント手続きの仕組みの構築の考え方の台頭・・・・・・・・・117

2．エンドースメント手続きの仕組みを構築する考え方が
導入された要因・・120

（1）要因1：SECスタッフによる「最終スタッフ報告書」
（Final Staff Report）の影響　120

（2）要因2：日本経済団体連合会による「国際会計基準（IFRS）への
当面の対応について」（2013年3月26日）などの影響　124

（3）要因3：自由民主党政務調査会・金融調査会の「企業会計に関する
小委員会」による「国際会計基準への対応についての提言」（2013
年6月13日）の影響　130

3．IFRSs普及に向けた修正国際基準の立ち位置 ・・・・・・・・・・・・・・・・・・・・・・・133

参考　G20と「単一で高品質な国際基準」の策定　138

第2部　国際会計の潮流と国際会計基準審議会の基準開発

第2章
国際会計システムの分類

第1節　国際会計の舞台上の日本 ―― 162

1．国際会計の舞台における「日本の孤立」・・・・・・・・・・・・・・・・・・・・・・・・・・・・162

2．IFADと会計基準の差異調査報告書・・・・・・・・・・・・・・・・・・・・・・・・・・・・・・・・162

第2節　会計システムの分類 ―― 164

1．分類の目的と会計システムの分類 ・・・・・・・・・・・・・・・・・・・・・・・・・・・・・・・・・164

2．国際財務報告の研究 ・・165

3．会計システムの分類研究・・165

第3節　演繹的アプローチと帰納的アプローチによる
　　　　代表的な分類研究 ———————————————— 167

1．演繹的アプローチによる代表的な分類研究 ……………………167
　（1）先駆的分類研究　　167
　（2）文化的要因を加味した分類研究　　169

2．帰納的アプローチによる代表的な分類研究 ……………………172
　（1）経済的・文化的要因と会計分類　　172
　（2）政治的要因と会計分類　　175

第4節　階層分類の研究 ———————————————— 176

1．初期の会計システムの分類研究における問題点 ………………176
2．会計システムの階層分類の研究 …………………………………176

第5節　クラスター分析による階層分類研究と
　　　　IFAD調査報告書（2002年）———————————— 180

1．IFAD調査報告書のクラスター分析による階層分類 …………180
　（1）クラスター分析による特徴　　180
　（2）クラスター分析による階層分類　　183

2．IFAD調査報告書（2002年）に対する日本の姿勢 ……………183

第3章
国際財務報告と会計基準の国際化戦略

第1節　国際財務報告のアプローチとその類型 ——————— 190

1．3区分法 ……………………………………………………………191
2．4区分法 ……………………………………………………………193
3．5区分法 ……………………………………………………………193

第2節　日本の発行体による国際財務報告のアプローチ ── 194

1．アメリカでの日本の発行体による国際財務報告の
　　アプローチの実態 ･･････････････････････････････････････194
2．日本の発行体による国際財務報告のアプローチと特例措置 ･･･････195
3．アメリカ会計基準による連結財務諸表の容認 ････････････････196
4．外国会社等の英文による開示制度と国際財務報告 ･･･････････198
5．「IFRS任意適用企業の拡大促進」施策に関わる
　　「会計基準の選択に関する基本的な考え方」の開示実態 ･･････････199

第3節　日本企業のニューヨーク証券取引所への上場目的と上場廃止 ── 205

1．ニューヨーク証券取引所への上場目的 ･････････････････････205
2．日本企業のニューヨーク証券取引所におけるADR上場廃止 ･･･････208
（1）日本企業のNYSE上場廃止：2010年までの事例　　208
（2）日本企業のNYSE上場廃止：2010年以降の事例　　209
3．事例研究―日立製作所のニューヨーク証券取引所における
　　ADR上場廃止 ･･･211

第4節　会計基準の国際化戦略 ── 216

1．会計基準の国際化戦略の分類 ････････････････････････････216
2．会計基準の国際化戦略の内容 ････････････････････････････216

第5節　事例研究―韓国の会計基準の国際化戦略 ── 224

1．効率的な会計基準の国際化戦略 ･･････････････････････････225
2．第1段階評価 ･･225
3．第2段階評価 ･･226

第4章 会計基準の国際的調和化

第1節　国際会計の開花と会計基準の国際的調和化（国際的統一）の機運の台頭 ─── 232

第2節　会計基準の国際的調和化に関与してきた代表的機関 ─── 235
1. 健全な金融システムのための主たる12の基準と国際金融組織 ···235
2. 会計基準の国際的調和化と国際金融組織 ···························239

第3節　証券監督者国際機構（IOSCO）による会計基準の国際的調和化 ─── 240
1. IOSCOの目的 ···240
2. IOSCOの機構 ···245
3. IOSCOと会計基準の国際的調和化 ·································249
    （1）「比較可能性／改善プロジェクト」に対するIOSCOの支持　249
    （2）「コア・スタンダード」に対するIOSCOの支持　257

第4節　国際会計士連盟（IFAC）による会計基準の国際的調和化 ─── 259
1. IFACの目的と機構 ···259
2. IFACと会計基準の国際的調和化 ···································261

第5節　国際連合（UN）による会計基準の国際的調和化 ── 264

第6節　経済協力開発機構（OECD）による会計基準の国際的調和化 ─── 266
1. OECDの目的 ···266

2．OECD多国籍企業行動指針（ガイドライン）‥‥‥‥‥‥‥‥267

3．OECDと会計基準の国際的調和化‥‥‥‥‥‥‥‥‥‥‥‥272

第5章
国際会計基準審議会による財務報告の基準開発

第1節　国際会計基準委員会（IASC）の基準設定機関としての転換点―国際会計基準審議会（IASB）の設立――280

1．IASBの目的‥‥‥‥‥‥‥‥‥‥‥‥‥‥‥‥‥‥‥‥‥280

2．IASCの基準設定機関としての転換点‥‥‥‥‥‥‥‥‥‥281

（1）IASCによる「比較可能性／改善プロジェクト」の採択　281

（2）IASC戦略作業部会によるIASCの組織改革　282

第2節　IASC財団の定款レビュー（見直し）――――288

1．第1回定款見直し（2003年−2005年定款見直し）‥‥‥‥290

2．第2回定款見直し（2008年−2010年定款見直し）‥‥‥‥294

第3節　IFRS財団の組織――――297

1．IFRS財団‥‥‥‥‥‥‥‥‥‥‥‥‥‥‥‥‥‥‥‥‥298

2．国際会計基準審議会（IASB）‥‥‥‥‥‥‥‥‥‥‥‥‥301

3．IFRS諮問会議‥‥‥‥‥‥‥‥‥‥‥‥‥‥‥‥‥‥‥303

4．IFRS解釈指針委員会と中小企業向けIFRS適用グループ‥‥‥304

（1）IFRS解釈指針委員会　304

（2）中小企業向けIFRS適用グループ　305

5．モニタリング・ボード‥‥‥‥‥‥‥‥‥‥‥‥‥‥‥‥306

第4節　IASBによる会計基準とコンバージェンス活動――310

1．IASBによる概念フレームワークとIFRSs‥‥‥‥‥‥‥310

（1）概念フレームワーク　310

（2）IFRSs　312

（3）デュー・プロセス　315

2．IASBによる会計基準のコンバージェンス活動 ……………………321

第5節　IFRS財団のガバナンス改革と戦略見直し ——— 323

1．IFRS財団のガバナンス改革と戦略見直しに向けた取組み ………323

2．モニタリング・ボードの「IFRS財団のガバナンス見直しに関する
最終報告書」……………………………………………………………………326

3．IFRS財団評議員会の
「評議員会の戦略見直し2011に関する報告書」………………………330

4．モニタリング・ボードのメンバー要件の評価アプローチ………333

5．意見募集「体制とその有効性に関するIFRS財団評議員会のレビュー
（見直し）：見直しにあたっての論点」………………………………337

第6節　IASBのアジェンダ・コンサルテーション
（アジェンダ協議）——— 346

1．意見募集「アジェンダ・コンサルテーション2011」……………346

2．IASBによるアジェンダ・コンサルテーション2011に関する
暫定決定とフィードバック文書の公表………………………………352

（1）IASBによる暫定決定　352

（2）IASBによるフィードバック文書の公表　353

3．意見募集「アジェンダ・コンサルテーション2015」……………356

4．IASBによるアジェンダ・コンサルテーション2015に関する
フィードバック文書の公表………………………………………………360

第7節　会計基準アドバイザリー・フォーラム（ASAF）——— 365

1．会計基準アドバイザリー・フォーラム設置の提案………………365

2．フィードバック文書の公表と会計基準アドバイザリー・フォーラム
のメンバー候補者の募集（2013年2月1日）………………………371

3．ASAFの選考メンバーと「覚書」……………………………………373

4．ASAFメンバーの見直し（2015年）…………………………………382

第3部　IFRSsのアドプション―IFRSs強制適用の実態―

第6章
EUにおける
国際財務報告基準のアドプション

第1節　EU金融サービス市場の統合と
国際財務報告基準（IFRSs）————— 394

1．IFRSs適用命令（IAS規則）とEUの規制市場 ·····················394

2．「会計の調和化：国際的調和化のための新たな戦略」
　—国際会計基準の支援方針 ···398

　（1）EUの会計基準戦略のベースとしての新戦略　398
　（2）国際的調和化のためのアプローチ　399

3．「国際会計基準とEC会計指令との整合性の検討」 ···················400

4．「金融サービス行動計画」 ···401

5．「EUの財務報告戦略：進むべき道」 ·································405

第2節　「金融サービス行動計画」に基づくEUの立法措置 － 406

1．目論見書指令と透明性指令 ···407

2．市場濫用指令（市場阻害行為指令） ·································409

第3節　EUにおけるIFRSsのエンドースメント・メカニズムと
IFRSsの導入 ——————————— 410

1．EUにおけるIFRSsのエンドースメント・メカニズム ··············410

2．EUにおけるIFRSの導入—カーブアウト— ························414

第4節　EUのIFRSs適用命令に対するEU加盟国の対応
—イギリスとドイツの対応— ——————— 416

XV

1．イギリスの会計基準のコンバージェンスに対する規制と戦略 ····· 416

　　　（1）貿易産業省による IFRSs 適用命令と
　　　　　会計指令の現代化指令への対応　417

　　　（2）会計基準審議会の会計基準のコンバージェンス戦略と
　　　　　将来の役割　419

　　2．ドイツの会計基準のコンバージェンスに対する規制と戦略 ········ 420

　　　（1）IFRSs 適用命令と会計法改革法　　420
　　　（2）EU 指令と会計法改革法　　422

第5節　IFRSs 適用命令の有効性 ———— 423

第7章
EU における
第三国の会計基準の同等性評価

第1節　EU における第三国の会計基準の同等性評価に関する
　　　　規制の動向 ———— 432

　　1．ヨーロッパ委員会による第三国の会計基準の
　　　同等性評価の検討指示 ················· 432

　　2．第三国の会計基準の同等性評価と法執行メカニズムの説明に関する
　　　概念ペーパー ················· 436

第2節　第三国の会計基準の同等性と法執行メカニズムの
　　　　説明に関する技術的助言 ———— 438

　　1．技術的助言のグローバルかつ全般的評価 ················· 438

　　2．補完措置 ················· 441

　　3．技術的助言の補完措置項目 ················· 442

第3節　第三国の会計基準の同等性評価の暫定的延期 —— 444

xvi

第4節 CESRによる第三国（中国，日本およびアメリカ）の 会計基準の同等性評価に関する助言とヨーロッパ委員会 （EC）規則の決定 ——————— 452

1．第三国の会計基準の同等性を決定するための メカニズムに関する技術的助言 ……………………………452

（1）第三国の基準設定主体の作業計画表，同等性の定義 および第三国の会計基準の利用状況　452

（2）同等性評価のメカニズム（同等性評価の実施方法）　455

2．第三国の会計基準の同等性を決定するための メカニズムに関するEC規則 ………………………………459

（1）同等性の定義　459

（2）第三国の会計基準を一定期間受け入れるための条件（承認条件） 460

3．第三国（中国，日本およびアメリカ）の会計基準の 同等性評価に関する助言…………………………………462

（1）同等性に関する予備的作業の要請　462

（2）第三国（アメリカ，日本および中国）の会計基準の同等性評価に関 する助言　463

第5節 第三国（カナダと韓国）の会計基準の 同等性評価に関する助言 ——————— 468

1．同等性に関する予備的作業の要請 ………………………468

2．第三国（カナダと韓国）の会計基準の同等性評価に関する助言 ‥469

第6節 第三国（インド）の会計基準の 同等性評価に関する助言 ——————— 471

1．同等性に関する予備的作業の要請 ………………………471

2．第三国（インド）の会計基準の同等性評価に関する助言………472

3．第三国の会計基準の同等性およびIFRSsの利用に関するEC規則 ‥474

第7節 CESRによるECに対する補足報告書 ——————— 477

xvii

1．第三国の会計基準の同等性に関わる監視協力の要請 ………………477

2．CESRによるECに対する第1回補足報告書の公表 ………………477

（1）第1の要請に対する回答　478

（2）第2の要請に対する回答　479

（3）第3の要請に対する回答　480

3．第三国の会計基準の同等性に関わる監視協力の再要請 …………483

4．CESRによるECに対する第2回補足報告書の公表 ………………484

（1）カナダと韓国の会計基準のアップデート報告　484

（2）インドの会計基準のアップデート報告　485

（3）中国の会計基準のアップデート報告　488

第8節　新コミトロジー制度のもとでの第三国の会計基準の同等性およびIFRSsの利用に関するEC規則 ─── 494

1．EUの法行為における「委任された法行為」………………………494

2．ECに委任された規則 ……………………………………………497

3．ECに委任された決定 ……………………………………………500

第8章
カナダにおける国際財務報告基準のアドプション

はじめに：カナダのIFRSsアドプションに関する制度設計プロセス …508

第1節　カナダ勅許会計士協会のタスクフォース活動 ─── 508

1．CICAタスクフォース報告書─会計監査人（勅許会計士）とCICAの役割期待 ……………………………………………………509

2．CICAタスクフォース報告書─基準設定 ………………………511

（1）一般原則と長期目標　511

（2）会計基準の設定に関するオプション（選択肢）と最良の選択　513

xviii

（3）TFOSS最終報告書の勧告─「現行の構造の改善─会計基準」と
　　　「現行のプロセスと人材の改善」　516

第2節　CICA基準設定タスクフォース最終報告書に対する調査分析 ── 518

1．Richardson and Hutchinson［1999］の分析結果 ……………518
　（1）判断基準1：コミュニティの規模　519
　（2）判断基準2：基準と基準設定プロセスの品質　520
　（3）判断基準3：コンプライアンス・コストと基準設定のコスト　521
　（4）勧告　523
2．カナダ公認一般会計士協会の基本方針 ………………………………524

第3節　カナダ証券管理局と会計基準の国内方針 ─────── 525

1．証券規制当局─カナダ証券管理局─………………………………525
2．アメリカとカナダ間の相互承認制度
　─多国間管轄開示制度（MJDS）─ ……………………………526
3．IFRSsアドプションに伴うその適用時期の延期………………527

第4節　会計基準監視評議会と会計基準審議会の委任事項 ─ 529

1．会計基準監視評議会の委任事項 ………………………………529
2．会計基準審議会の委任事項 ………………………………535

第5節　カナダ会計基準審議会の戦略計画 ──────── 540

1．ディスカッション・ペーパー「カナダの会計基準：将来の方向性」
　（2004年）………………………………………………………540
2．長期戦略計画案「カナダの会計基準：将来の方向性─戦略計画案」
　………………………………………………………………546
3．戦略計画「カナダの会計基準：新たな方向性」………………548
　（1）実施方法　550
　（2）実施時期　553

第6節　AcSBのIFRSs実施計画と「進捗状況のレビュー」─ 554

xix

1．IFRSs実施計画‥‥‥‥‥‥‥‥‥‥‥‥‥‥‥‥‥‥‥‥554

2．「進捗状況のレビュー」‥‥‥‥‥‥‥‥‥‥‥‥‥‥‥‥555

（1）「進捗状況のレビュー―カナダGAAPへのIFRSの組込みへの
ステップ」（2007年7月31日）　556

（2）「進捗状況のレビュー―予備調査報告書：カナダGAAPにIFRSsを
組み込むためのAcSBの実施計画」（2007年10月）　557

（3）「進捗状況のレビュー―最終報告書：カナダGAAPにIFRSsを組み
込むためのAcSBの実施計画」（2008年2月）　559

第7節　カナダにおけるIFRSsアドプション ─────── 561

1．公開草案「カナダにおけるIFRSsアドプション」‥‥‥‥‥‥561

（1）公開草案Ⅰ　561

（2）公開草案Ⅱ　562

（3）公開草案Ⅲ　564

2．IFRSsのアドプション―『CICAハンドブック―会計，Part I』‥‥564

第8節　CESRによる第三国の会計基準（カナダGAAP）の　　　　　　　同等性評価 ─────────────────── 567

1．第三国の会計基準の同等性評価時のGAAPの差異 ‥‥‥‥‥‥567

2．EUの規制市場における第三国の会計基準の利用状況と
カナダGAAPの同等性評価の対象化 ‥‥‥‥‥‥‥‥‥‥‥‥571

3．第三国の会計基準の同等性評価における
IFRSs移行に関するアップデート ‥‥‥‥‥‥‥‥‥‥‥‥‥574

第9節　カナダにおけるIFRSs移行コスト ─────────── 578

第10節　カナダのIFRSsアドプションによる財務上の影響── 582

1．仮説の設定と調査方法 ‥‥‥‥‥‥‥‥‥‥‥‥‥‥‥‥‥582

（1）同等性検定　583

（2）差異分析　583

（3）回帰分析　583

2．同等性検定―仮説1から仮説3の検証―‥‥‥‥‥‥‥‥‥‥585

3．回帰分析―仮説4から仮説6の検証― ······················588
　（1）仮説4の検証　588
　（2）仮説5と仮説6の検証　588

第9章 韓国における 国際財務報告基準のアドプション

第1節　韓国の会計基準設定権限と会計基準設定機構 ── 598
1．「株式会社の外部監査に関する法律」を根拠法とした
　「企業会計基準」 ······································598
2．アジア通貨危機と会計基準設定機構の設立 ···············600

第2節　韓国の会計改革法と 「国際会計基準導入のロードマップ」の公表 ── 609
1．会計改革法の制定 ······································609
2．韓国の「国際会計基準導入のロードマップ」の公表と
　「韓国採択国際会計基準」の策定 ························610
3．企業会計基準の構造 ··································614

第3節　韓国の国際財務報告基準（IFRSs）アドプションに伴う 制度設計―第1段階── 616
1．IFRSsアドプションに伴う「資本市場と金融投資業に関する法律」
　の改正 ··616
2．IFRSsアドプションに伴う「株式会社の外部監査に関する法律」等
　の改正 ··618

第4節　韓国の国際財務報告基準（IFRSs）アドプションに伴う 制度設計―第2段階（1）── 622

xxi

1．法人税法の改正の3原則 ································· 622
2．IFRSsアドプションに伴う2010年法人税法の改正 ··········· 622
3．IFRSsアドプションに伴う2011年法人税法の改正 ··········· 632

第5節　韓国の国際財務報告基準（IFRSs）アドプションに伴う制度設計—第2段階（2）— —— 633

1．商法改正の沿革 ··· 633
2．IFRSsアドプションに伴う改正商法の内容 ················ 634
　（1）連結財務諸表の取締役および株主総会の承認の義務化　634
　（2）配当可能限度額の計算時の未実現利益の除外　635
　（3）取締役会決議を通じた財務諸表の承認および利益配当　636
　（4）商法上の財務諸表の種類の変更　637
　（5）商法上の会計関連規定と企業会計基準との調和　639
3．商法・商法施行令改正意見と法務部の展開 ················ 640
4．「中小企業会計基準」の制定 ····························· 643

第6節　金融委員会・金融監督院等によるIFRSsアドプションの定着に向けた取組み —— 646

1．金融委員会・金融監督院等によるIFRSsアドプションの定着に向けた規制と対応策 ······································· 646
2．質疑応答制度—プリクリアランス制度— ················· 652
　（1）韓国会計基準院（KAI）の質疑応答制度　652
　（2）韓国採択国際会計基準のもとでの質疑応答制度
　　　—「K-IFRS質疑応答共同会議」　656

第7節　IFRSsアドプションによる財務上の影響 —— 658

1．IFRSsアドプションによる財務上の影響
　—早期適用企業と強制適用企業 ························· 658
　（1）IFRSs早期適用企業の財務上の影響　659
　（2）IFRSs強制適用企業のIFRSs導入による財務上の影響　660
2．IFRSsアドプションに伴う公共機関の財務上の影響 ········· 660
　（1）公共機関の定義と区分　662

（2）公共機関の会計規制　663
（3）IFRSs適用による公共機関（公企業）の財務上の影響　664

第8節　韓国からのIFRSsアドプションの教訓と助言 ——— 667

第4部　会計基準のコンバージェンスとIFRSsへの対応

第10章 アメリカにおける 会計基準のコンバージェンス

第1節　アメリカの会計基準設定構造と会計基準設定主体としての財務会計基準審議会（FASB）——— 678
1．アメリカの会計基準設定構造―3層構造― ･･･････････････678
2．会計基準設定主体としての財務会計基準審議会（FASB）･･･････684

第2節　財務会計基準審議会（FASB）の組織構造と 会計基準設定手続きの構図 ——— 691
1．アメリカの会計基準設定の組織構造･･････････････････････691
（1）FASBのミッション　691
（2）会計基準設定の組織機構　692
2．デュー・プロセス ･････････････････････････････････････693
3．概念フレームワーク ･･･････････････････････････････････695

第3節　FASBによる会計基準コード化と GAAPの階層構造 ——— 700
1．GAAPの再編成―GAAPの階層構造･･････････････････････702
（1）AICPAの監査基準書（SAS）によるGAAPの階層構造　702
（2）FASBの財務会計基準書（SFAS）によるGAAPの階層構造

xxiii

　　　　　　—SFAS第162号「一般に認められた会計原則の階層構造」　705

　　2．FASB会計基準コード化™ ･･･710
　　　（1）会計基準のコード化と検索可能化　710
　　　（2）会計基準のコード化とGAAPの階層構造　716

第4節　FASBの国際的諸活動計画 ——————————— 717

第5節　会計基準のコンバージェンスとFASBの
　　　　イニシアティブ ————————————————— 719

　　1．「覚書：ノーウォーク合意」の本質 ････････････････････････････････719
　　2．会計基準のコンバージェンス促進のためのFASBの
　　　イニシアティブ ･･720

第6節　「覚書：ノーウォーク合意」のアップデート ————— 722

　　1．2006年の「覚書」によるアップデート ･････････････････････････････722
　　2．2008年の「覚書」によるアップデート ･････････････････････････････726
　　　（1）短期コンバージェンス　727
　　　（2）主要な共同プロジェクト　728
　　3．FASBとIASBによる「覚書」プロジェクトの
　　　マイルストーンの目標 ･･730

第7節　FASBとIASBによる会計基準のコンバージェンスの
　　　　進捗報告書 ————————————————————— 736

　　1．第1回四半期進捗報告書の公表 ････････････････････････････････････736
　　2．第2回四半期進捗報告書の公表 ････････････････････････････････････737
　　3．第3回四半期進捗報告書の公表 ････････････････････････････････････739
　　4．第4回四半期進捗報告書の公表 ････････････････････････････････････744
　　5．G20財務大臣・中央銀行総裁会議・金融安定理事会宛の
　　　会計基準のコンバージェンス報告書の公表 ･･････････････････････････745
　　6．G20財務大臣・中央銀行総裁会議でのFASBとIASBによる
　　　コンバージェンス・プロジェクトのアップデート ････････････････････758

第11章
日本における
会計基準のコンバージェンス

第1節 日本の金融行政機関と企業会計審議会の構図 ——— 770
  1. 住専問題と日本の金融行政機構 ·····················770
  2. 日本の金融行政機構の近年の推移 ·················772
    （1）金融監督庁の設置（1998年6月～1998年12月）　772
    （2）金融再生委員会と金融監督庁の設置（1998年12月～2000年6月）　775
    （3）金融再生委員会と金融庁の設置（2000年7月～2001年1月）　776
    （4）金融庁の設置（2001年1月～現在）　779
  3. 企業会計審議会 ···························780

第2節 財団法人財務会計基準機構の設立 ——— 784
  1. 財団法人財務会計基準機構の設立背景と目的·············784
  2. 企業会計基準等の開発に係る適正手続き―デュー・プロセス― ··793
  3. アニュアル・レポートにおけるレジェンド（警句）の付記········797

第3節 企業会計基準の準拠性
（会計基準の社会的な規範性） ——— 801
  1. IFRSの任意適用容認前の規制措置 ··················801
  2. IFRSsの任意適用容認後の規制措置 ·················804

第4節 日本のIFRSsへの対応に関わる論点と考え方の原点
―日本での外国会社の「本国基準」または「第三国基準」
による財務書類の開示のあり方― ——— 808
  1. IFRSsに準拠した外国会社への対応 ················810
  2. IFRSsに準拠した日本の会社への対応 ···············812

XXV

第 5 節 「2005年問題」とEU市場からの日本企業の撤退 —— 815

**第 6 節 企業会計基準委員会の会計基準の
国際的なコンバージェンスに対する基本方針 —————— 818**

1．日本経済団体連合会による会計基準の相互承認の提唱 …………820

2．企業会計基準委員会による会計基準の相互承認の基本姿勢 ……822

3．金融庁・企業会計審議会企画調整部会による
会計基準の相互承認の基本方針 ……………………………………826

第 7 節 EUによる日本の会計基準の同等性評価 ————————— 831

1．EUによる同等性評価結果への日本の対応 ……………………………831

2．CESRによる第1回同等性評価に対する金融庁と
企業会計基準委員会の取組み ………………………………………833

（1）CESRの協議文書「同等性評価の概念ペーパー」に対する
コメント　833

（2）CESRの協議文書「同等性評価に関する技術的助言案」に対する
コメント　839

3．CESRによる第2回同等性評価に対する金融庁と
企業会計基準委員会の取組み ………………………………………847

（1）CESRの協議文書「同等性決定メカニズムに関する助言案」に対する
コメント　847

（2）CESRの協議文書「同等性に関する助言案」に対する
コメント　851

4．第三国の会計基準の同等性評価に向けた金融庁による
定期的な政策対話 ……………………………………………………855

**第 8 節 企業会計基準委員会と国際会計基準審議会の会計基準
のコンバージェンスに向けた共同プロジェクト —— 857**

1．IASBによる共同プロジェクトの正式提案とその進め方 …………858

（1）IASBによる共同プロジェクトの正式提案　858

（2）ASBJとIASBの共同プロジェクトの進め方　859

2．共同プロジェクトの検討項目とその展開 ················860

3．短期コンバージェンス・プロジェクトによる対応―企業結合― ··866

4．ASBJ「プロジェクト計画表」の更新 ···················871

　（1）2008年9月19日の更新（第160回企業会計基準委員会
　　　（2008年9月18日）承認）　871

　（2）2009年9月2日の更新（第184回企業会計基準委員会
　　　（2009年9月1日）承認）　872

　（3）2010年4月12日の更新（第199回企業会計基準委員会
　　　（2010年4月9日）承認）　873

　（4）2010年9月17日の更新（第209回企業会計基準委員会
　　　（2010年9月16日）承認）　873

　（5）2010年12月17日の更新（第215回企業会計基準委員会
　　　（2010年12月16日）承認）　875

第9節　覚書「東京合意」とその達成状況 ———— 876

1．覚書「東京合意」の締結 ·····························876

　（1）「中期運営方針」の公表と覚書「東京合意」の締結　876

　（2）覚書「東京合意」のポイント　879

2．覚書「東京合意」の達成状況 ························882

第12章
中国における
会計基準のコンバージェンス

第1節　中国の企業会計制度の市場経済型化と国際化 ——— 896

1．中国の会計制度の期間区分 ··························896

2．中国の会計の復活 ································897

3．市場経済型会計への転化 ····························899

4．企業会計制度の国際化 ·····························900

xxvii

第2節　中国会計准則委員会と国際会計基準審議会との
**　　　　会計基準のコンバージェンス**　――――――――――　902

　1．中国会計准則委員会（CASC）……………………………902

　2．中国会計准則委員会と国際会計基準審議会の共同声明

　　　―「北京合意」―……………………………………………903

　3．共同声明後の中国の会計制度改革 ……………………906

　4．会計基準のコンバージェンスの波及効果 ……………908

第3節　中国の会計制度の構造　――――――――――――――　910

　1．中国における会計制度の関連法規 ……………………910

　2．中華人民共和国会計法 …………………………………912

　3．新「企業会計准則」（2006年）…………………………916

　　（1）企業会計准則―基本准則　　917

　　（2）企業会計准則―具体准則　　921

　4．小企業会計准則………………………………………………925

　5．企業内部統制基本規範 …………………………………927

第4節　財政部会計司の調査グループによる企業会計准則の
**　　　　実施状況に関する調査報告書**　――――――――――　928

　1．財政部会計司による第1回調査報告書 ………………929

　2．CESRによる第三国の会計基準の同等性評価に対する

　　　第1回調査報告書の影響………………………………………934

第5節　「中国企業会計准則と国際財務報告基準の持続的な
**　　　　全面コンバージェンスのためのロードマップ」**　――　936

　1．ロードマップ公開草案の公表 …………………………936

　2．ロードマップ公表の意義 ………………………………942

　3．ロードマップの主たる内容 ……………………………944

第6節　中国企業の不正会計と監査法人の告発―透明性の高い
**　　　　会計制度と会計基準の策定に向けて―**　―――――――　946

第13章
アメリカにおける
国際財務報告基準への対応のあり方
―IFRSsアドプションに向けた規制措置―

第1節 「覚書：ノーウォーク合意」締結前のSECの
**　　　 国際財務報告基準に対するスタンス** ―――― **954**

　1．企業改革法による会計規制の変革 ・・・・・・・・・・・・・・・・・・・・・・・・・954

　2．SECの「鍵となる3要素」評価規準と
　　　国際的な会計基準の承認問題 ・・・・・・・・・・・・・・・・・・・・・・・・・・・・・・954

第2節 「覚書：ノーウォーク合意」による
**　　　 会計基準のコンバージェンス戦略への期待** ―――― **956**

　1．アメリカがIFRSsに歩み寄る筋書き ・・・・・・・・・・・・・・・・・・・・・・・956

　2．会計基準のコンバージェンスとIASBのシナリオ ・・・・・・・・・・・・957

第3節 SEC調整表作成・開示要件とEUによる
**　　　 第三国の会計基準の同等性評価** ――――――― **958**

　1．アメリカ資本市場への参入障壁としての
　　　SEC調整表作成・開示要件・・・・・・・・・・・・・・・・・・・・・・・・・・・・・・・・958

　2．ヨーロッパ証券規制当局委員会が
　　　調整表による補完措置を要請しない理由 ・・・・・・・・・・・・・・・・・・・959

第4節 IFRSs準拠の外国民間発行体に対する
**　　　 調整表・作成開示要件の撤廃** ―――――――― **960**

　1．調整表作成・開示要件の撤廃に向けたロードマップの立案と
　　　SEC委員長による支持 ・・・・・・・・・・・・・・・・・・・・・・・・・・・・・・・・・・・960

　2．「SEC-CESR作業計画」・・・・・・・・・・・・・・・・・・・・・・・・・・・・・・・・・・964

xxix

3．SECによる国際財務報告基準の受け入れと
　　調整表作成・開示要件の撤廃 ………………………………972

第5節　アメリカの発行体に対するIFRSsの受け入れに向けた SECによる規制措置の胎動 ———————— 974

1．SECのIFRSs適用のリリース（通牒）案 ……………………974
2．アメリカの発行体に対するIFRSs適用の是非の判断に向けた
　　SECスタッフへの付託 …………………………………………978

第6節　アメリカの発行体の財務報告制度へのIFRSsの組込み に関するSECスタッフによる「作業計画」 ———— 981

1．SECスタッフによる「作業計画」に関する
　　最初の進捗報告書（2010年10月29日）…………………982
2．SECスタッフペーパー「組込みの方法論の探求」
　　（2011年5月26日）………………………………………………986
　　（1）コンドースメント・アプローチにおけるエンドースメント要素
　　　　 ―基準設定に関わる関係者の役割―　989
　　（2）コンドースメント・アプローチにおけるコンバージェンス要素
　　　　 ―移行戦略―　991
3．SECスタッフペーパー「実務におけるIFRSの分析」（2011年11月
　　16日）とSECスタッフペーパー「U.S. GAAPとIFRSの比較」（2011年
　　11月16日）………………………………………………………993
　　（1）SECスタッフペーパー「実務におけるIFRSの分析」　993
　　（2）SECスタッフペーパー「U.S. GAAPとIFRSの比較」　995

第7節　アメリカのIFRSsへの移行の方針に対するSECスタッフ による追加的な分析と検討 ———————— 1004

xxx

第14章
日本における
国際財務報告基準への対応のあり方

―IFRSsアドプションに向けた規制措置―

第1節　日本のIFRSs導入に向けた検討への転換 ―――― 1016

1．第1の疑問点と第2の疑問点 ･･････････････････････････････ 1019

2．第3の疑問点と第4の疑問点 ･･････････････････････････････ 1023

第2節　企業会計審議会「我が国における国際会計基準の取扱い に関する意見書（中間報告）」の取りまとめ ―――― 1026

1．企業会計審議会企画調整部会での
「国際会計基準（IFRS）についての論点メモ」･･････････････ 1027

2．企業会計審議会企画調整部会「我が国における国際会計基準の取扱い
（中間報告）」と企業会計審議会「我が国における国際会計基準の取
扱いに関する意見書（中間報告）」･････････････････････････ 1038

（1）IFRS適用に向けた課題　　1040

（2）任意適用　　1042

（3）「中間報告（案）」に対するコメントと修正案　　1044

第3節　日本経済団体連合会と日本公認会計士協会などによる IFRSs導入に対する見解 ――――――――――――― 1048

1．日本経済団体連合会によるEU視察とIFRSs導入に対する見解 ･･ 1049

（1）日本経済団体連合会によるEU視察　　1050

（2）日本経済団体連合会によるIFRSs適用に関するアンケート調査　　1052

（3）日本経済団体連合会の「中間報告（案）」に対するコメント　　1056

2．日本公認会計士協会によるEU視察とIFRSs導入に対する見解 ･･ 1058

（1）日本公認会計士協会によるEU視察　　1058

（2）日本公認会計士協会の「中間報告（案）」に対するコメント　　1061

xxxi

3．東京証券取引所の IFRSs 導入に対する見解 ················· 1062
（1）「上場制度総合整備プログラム」と IFRSs の導入に向けた対応　1062
（2）IFRSs 任意適用を踏まえた上場制度の整備等　1065

第4節　「中間報告」公表後の金融庁による IFRSs 適用に向けた規制措置 ———————————————— 1069

1．会社計算規則による IFRSs 適用に向けた対応 ····················· 1070

2．「連結財務諸表の用語，様式及び作成方法に関する規則等の一部を改正する内閣府令」による IFRSs 適用に向けた対応 ············· 1076
（1）IFRSs の任意適用の対象会社　1079
（2）任意適用すべき IFRSs の内容（連結財務諸表規則の条項の新設）　1081
（3）適用すべき IFRSs の告示（「金融庁告示」の発出）　1085

3．「連結財務諸表の用語，様式及び作成方法に関する規則等の一部を改正する内閣府令」によるアメリカ会計基準の2016年3月期での使用禁止 ··· 1087

第5節　IFRSs 適用に向けた準備状況とその課題への取組み ———————————————— 1093

1．東京証券取引所による IFRSs 適用に関するアンケート調査 ······ 1093
（1）「国際会計基準（IFRS）の適用に向けた上場会社アンケート調査」　1093
（2）「IFRS 準備状況に関する調査」　1096

2．IFRSs 適用の課題への取組み ································· 1100
（1）IFRS 対応会議　1100
（2）IFRS 導入準備タスクフォース　1107

第6節　IFRSs 導入の潮目の大きな変化の前兆 ―政局：郵政三事業の民営化問題― ———————— 1108

1．行政改革会議と郵政民営化 ································· 1109

2．郵政大臣の見解―郵政三事業の国営維持 ····················· 1112

3．小泉純一郎内閣総理大臣の「聖域なき構造改革」 ················· 1115

4．郵政民営化法案の国会提出 ……………………………………… 1124
　　5．郵政選挙と郵政民営化関連 6 法案の成立 ……………………… 1126

第 7 節　連立政権による政治家主導の政治（政治主導）の基盤確立 ———————————— 1130

　　1．国政復帰と「郵政事業を抜本的に見直す」政策 ……………… 1130
　　2．連立政権と内閣府特命担当大臣（金融担当）・郵政民営化担当大臣の
　　　ポスト ……………………………………………………………… 1133

第 8 節　「中間報告」等の見直し ―総合的な成熟された議論の展開― ——————— 1141

　　1．政府の「新成長戦略」とその方策としての
　　　会計基準のコンバージェンスへの対応等 ……………………… 1141
　　2．大臣談話「IFRS 適用に関する検討について」 ……………… 1144
　　　（1）自見金融担当大臣による大臣談話　　1144
　　　（2）大臣談話発表の要因　　1147
　　3．企業会計審議会総会・企画調整部会合同会議での
　　　「総合的な成熟された議論」 …………………………………… 1161
　　4．企業会計審議会総会・企画調整部会合同会議による議論・検討 1171

第 9 節　IFRSs への対応のあり方についての審議の整理と今後の方向性―「中間的論点整理」の公表― —— 1177

　　1．「国際会計基準（IFRS）への対応のあり方についてのこれまでの議論
　　　（中間的論点整理）」 …………………………………………… 1177
　　2．「中間的論点整理」の役割―「連結先行」から「連単分離」への
　　　アプローチの移行― …………………………………………… 1193
　　　（1）「連結先行」の考え方（ダイナミック・アプローチ）　　1193
　　　（2）単体財務諸表の会計基準のあり方について　　1200
　　　（3）「単体財務諸表に関する検討会議」　　1205

第10節 「国際会計基準（IFRS）への対応のあり方に関する当面の方針」とIFRSsの任意適用企業の積上げ政策 ── 1208

1．自由民主党日本経済再生本部による「中間提言」 ·············· 1211

2．自由民主党政務調査会・金融調査会の「企業会計に関する小委員会」による「国際会計基準への対応についての提言」 ·············· 1215

3．「JPX日経インデックス400」の創設 ·························· 1226

第11節 アベノミクスの「成長戦略」によるIFRSsの任意適用企業の拡大促進 ───────── 1230

1．自由民主党日本経済再生本部による「日本再生ビジョン」 ······· 1231

2．第三の矢の成長戦略としての「『日本再興戦略』改訂2014 ─未来への挑戦─」 ································ 1234

3．第三の矢の成長戦略としての「『日本再興戦略』改訂2015 ─未来への投資・生産性革命─」 ······················ 1239

4．「IFRSのエンドースメントに関する作業部会」での検討 ········ 1241

5．「金融行政方針」の具体的重点施策としての「会計基準の品質向上」 ··································· 1243

法律・基準・報告書 ─────────────── 1257

索　　　　引 ───────────────── 1269

xxxiv

略語一覧表

略　称	正　式　名	邦　訳
AAA	American Accounting Association	アメリカ会計学会
AARF	Australian Accounting Research Foundation	オーストラリア会計研究財団
AASB	Australian Accounting Standards Board	オーストラリア会計基準審議会
AcSB	Accounting Standards Board	カナダ会計基準審議会
AcSEC	Standards Executive Committee	会計基準執行委員会
AcSOC	Accounting Standards Oversight. Council	会計基準監視評議会
ADR	American Depositary Receipt	アメリカ預託証券
AIA	American Institute of Accountants	アメリカ会計士協会
AICPA	American Institute of Certified Public Accountants	アメリカ公認会計士協会
AIM	Alternative Investment Market	代替投資市場
AIMR	Association for Investment Management and Research	アメリカ投資管理・調査協会
AIN	Accomting Interpretation	会計解釈指針
AISG	Accountants International Study Group	国際会計士スタディ・グループ
ALT-A	Alternative A Mortgages	オルタナティブAローン
AMEX	American Stock Exchange	アメリカン証券取引所
ANC	Autorité des Normes Comptables	フランス会計基準局
AOSSG	Asian-Oceanian Standard-Setters Group	アジア・オセアニア基準設定主体グループ
APB	Accounting Principles Board	会計原則審議会
ARB	Accounting Research Bulletins	会計研究公報
ARC	Accounting Regulatory Committee	会計規制委員会
ASAF	Accounting Standards Advisory Forum	会計基準アドバイザリー・フォーラム
ASB	Accounting Standards Board	会計基準審議会
ASBEs	Accounting Standards for Business Enterprises	企業会計准則
ASBJ	Accounting Standards Board of Japan	企業会計基準委員会
ASC	Accounting Standards Committee	会計基準委員会
ASCG	Accounting Standards Committee of Germany	ドイツ会計基準委員会

ASE	Amsterdam Stock Exchange	アムステルダム証券取引所
ASIC	Australian Securities Investments Commission	オーストラリア証券投資委員会
ASR	Accounting Series Release	会計連続通牒
ASSOCHAM	Associated Chamber of Commerce and Industry of India	インド商工会議所連合
ASU	Accounting Standards Update	会計基準更新書
BATS	BATS Global Markets	BATS取引所
BCBS	Basel Committee on Banking Supervision	バーゼル銀行監督委員会（バーゼル委員会）
BERR	Department for Business, Enterprise and Regulatory Reform	ビジネス・企業・規制改革省
BilModG (BilMoG)	Bilanzrechtsmodernisierungsgesetz	会計法現代化法
BilReG	Bilanzrechtsreformgesetz	会計法改革法
BIS	Bank for International Settlements	国際決済銀行
BIS	Department for Business, Innovation and Skills	ビジネス・イノベーション・職業技能省
CAP	Committee on Accounting Procedures	会計手続委員会
CASB	Chinese Auditing Standards Board	中国監査基準（准則）審議会
CASC	China Accounting Standards Committee	中国会計准則委員会
CASs	Chinese Accounting Standards	企業会計准則
CBDT	Central Board of Direct Taxes	インド直接税中央委員会
CDO	Collateralized Debt Obligation	債務担保証券
CDR	Curacao Depository Receipt	キュラソー預託証券
CDS	Credit Default Swap	クレジット・デフォルト・スワップ
CEO	Chief Executive Officer	最高経営責任者
CESR	Committee of European Securities Regulators	ヨーロッパ証券規制当局委員会
CESR-Fin	Committee of European Securities Regulators-Fin	CESR財務報告グループ
CFERF	Canadian Financcial Executives Research Foundation	カナダ財務担当経営者研究財団
CFO	Chief Financial Officer	財務担当役員
CFSS	Consultative Forum of Standard Setters	基準設定主体協議フォーラム
CFTC	U.S. Commodity Futures Trading Commission	アメリカ商品先物取引委員会

C-GAAP	Canadian Generally Accepted Accounting Principles	カナダの一般に認められた会計原則
CICA	Canadian Institute of Chartered Accountants	カナダ勅許会計士協会
CICPA	Chinese Institute of Certified Public Accountants	中国公認会計士協会
CIS	Collective Investment Scheme	集団投資スキーム
CNC	Conseil National de la Comptabilité	フランス財務省国家会計審議会
COB	Commission des opérations de Bourse	フランス証券取引委員会
COFRI	Corporation Finance Research Institute	企業財務制度研究会
COM	(European) Commission	ヨーロッパ委員会
COSO	Committee of Sponsoring Organizations of the Treadway Commission	トレッドウェイ委員会支援組織委員会
CP	Commercial Paper	コマーシャル・ペーパー
CPMI	Committee on Payments and Market Infrastructures	BIS決済・市場インフラ委員会
CPSS	Committee on Payment and Settlement Systems	支払い・決済システム委員会
CSA	Canadian Securities Administrators	カナダ証券管理局
CSI	S&P/Case-Shiller Home Price Indices	S&Pケース・シラー住宅価格指数
CSRC	China Securities Regulatory Commission	中国証券監督管理委員会
DASC	Regnskabsteknisk Udvalg	デンマーク会計基準委員会
DCF	Discounted Cash Flow Method	ディスカウント(割引)・キャッシュ・フロー法
DIG	Derivative Instruments Group	デリバティブ実務グループ
DIUS	Department for Innovation, Universities and Skills	イノベーション・大学・職業技能省
DM	Deutsche Mark	ドイツマルク
DPOC	Due Process Oversight Committee	デュー・プロセス監督委員会
DRSC	Deutsche Rechnungslegungs Standards Committee	ドイツ会計基準委員会
DSOP	Draft Statement of Principles	原則書草案
DSR	Deutsche Standardisierungsrat	ドイツ会計基準審議会
DTI	Department of Trade and Industry	貿易産業省
DW	Durbin-Watson Statistic	ダービン・ワトソン統計量
EBA	European Banking Association	ヨーロッパ銀行監督局
EC	European Commission	ヨーロッパ委員会

略語一覧

xxxvii

EC	European Community	ヨーロッパ共同体
ECA	Economic Cooperation Administration	経済協力局
ECB	European Central Bank	ヨーロッパ中央銀行
ECOFIN	Economic and Financial Affairs Council	経済財務相理事会
ED	Exposure Draft	公開草案
EDTF	Enhanced Disclosure Task Force	開示強化作業部会
EECS	European Enforcers Coordination Sessions	ヨーロッパ執行機構調整会議
EFRAG	European Financial Reporting Advisory Group	ヨーロッパ財務報告諮問グループ
ESFS	European System of Financial Supervisors	ヨーロッパ金融監督制度
EGHGB	Einführungsgesetz zum Handelsgesetzbuch	商法典導入法
EIOPA	European Insurance and Occupational Pensions Authority	ヨーロッパ保険企業年金監督局
EITF	Emerging Issues Task Force	緊急問題専門委員会
EMI	European Monetary Institute	ヨーロッパ通貨機構
ESC	European Securities Committee	ヨーロッパ証券委員会
ESMA	European Securities and Markets Authority	ヨーロッパ証券市場監督局
ESRC	European Securities Regulators Committee	ヨーロッパ証券監督者委員会
EU	European Union	ヨーロッパ連合
FAF	Financial Accounting Foundation	財務会計財団
FAF	Financial Analysts Federation	全米証券アナリスト協会
FAS	Financial Accounting Standards	財務会計基準書
FASAC	Financial Accounting Standards Advisory Council	財務会計基準諮問委員会
FASB	Financial Accounting Standards Board	財務会計基準審議会
FASF	Financial Accounting Standards Foundation	財務会計基準機構
FATF	Financial Action Task Force	金融活動作業部会
FCA	Financial Conduct Authority	金融行為監督機構（金融行為規制機構）
FCAG	Financial Crisis Advisory Group	金融危機諮問グループ
FEE	Federation of European Accountants	ヨーロッパ会計士連盟

FEI	Financial Executives Institute	財務管理者協会
FEIC	Financial Executive International Canada	カナダ財務管理協会
FIFO	First-in First-out Method	先入先出法
FOMC	Federal Open Market Committee	連邦公開市場委員会
FRB	Federal Reserve Board	連邦準備制度理事会
FRC	Financial Reporting Council	財務報告評議会
FRR	Financial Reporting Release	財務報告通牒
FRS	Financial Reporting Standards	財務報告基準
FSA	Financial Services Authority	金融サービス機構
FSAP	Financial Services Action Plan	金融サービス行動計画
FSB	Financial Stability Board	金融安定化理事会
FSC	Financial Supervisory Commission	金融監督委員会
FSF	Financial Stability Forum	金融安定化フォーラム
FSP	FASB Staff Position	FASBスタッフの見解
FSS	Financial Supervisory Service	金融監督院
FTA	Free Trade Agreement	自由貿易協定
FTB	FASB Technical Bulletins	FASB専門公報
G7	Group of Seven	先進7ヵ国蔵相（財務大臣）・中央銀行総裁会議
G8	Group of Eight	主要8ヵ国首脳会議
G10	Group of Ten	10ヵ国財務大臣・中央銀行総裁会議
G20	Group of Twenty	主要20ヵ国・地域
GAAP	Generally Accepted Accounting Principles	一般に認められた会計原則
GDP	Gross Domestic Product	国内総生産
GFOA	Government Finance Officers Association	政府財務官協会
GLASS	Group of Latin American Standard Setters	ラテンアメリカ基準設定主体グループ
GNP	Gross National Product	国民総生産
HGB	Handelsgesetzbuch	ドイツ商法（ドイツ商法典）
HKFRS	Hong Kong Financial Reporting Standards	香港の財務報告准則
HUD	United States Department of Housing and Urban Development	アメリカ合衆国住宅都市開発省
IAASB	International Auditing and Assurance Standards Board	国際監督・保証基準審議会

xxxix

IADI	International Association of Deposit Insurers	国際預金保険協会
IAIS	International Association of Insurance Supervisors	保険監督者国際機構
IAPC	International Auditing Practices Committee	国際監査実務委員会
IAS	International Accounting Standard	国際会計基準
IASB	International Accounting Standards Board	国際会計基準審議会
IASC	International Accounting Standards Committee	国際会計基準委員会
IASCF	International Accounting Standards Committee Foundation	国際会計基準委員会財団（IASC財団）
IBRD	International Bank of Reconstruction and Development	国際復興開発銀行
ICAEW	The Institute of Chartered Accountants in England and Wales	イングランド・ウェールズ勅許会計士協会
ICAI	Institute of Chartered Accountants of India	インド勅許会計士協会
ICCAP	International Coordination Committee for the Accountancy Profession	会計業務国際協調委員会
ICE	Intercontinental Exchange	インターコンチネンタル取引所
IDA	International Development Association	国際開発協会
IEA	International Energy Agency	国際エネルギー機関
IES	International Education Standards	国際教育基準
IESBA	International Ethics Standards Board for Accountants	国際会計士倫理基準審議会
IFAC	International Federation of Accountants	国際会計士連盟
IFAD	International Forum on Accountancy Development	会計開発国際フォーラム
IFASS	International Forum on Accounting Standard Setters	会計基準設定主体国際フォーラム
IFRIC	International Financial Reporting Interpretations Committee	国際財務報告解釈指針委員会
IFRS	International Financial Reporting Standards	国際財務報告基準
IFRS for SMEs	International Financial Reporting Standards for Small and Medium-sized Entities	中小企業向け国際財務報告基準

IIRC	International Integrated Reporting Council	国際統合報告評議会
IIROC	Investment Industry Regulatory Organization of Canada	カナダ投資業規制機構
IMA	Institute of Management Account ants	管理会計士協会
IMF	International Monetary Fund	国際通貨基金
IOSCO	International Organization of Securities Commissions	証券監督者国際機構
IPSAS	International Public Sector Accounting Standards	国際公会計基準
IPSASB	International Public Sector Accounting Standards Board	国際公会計基準審議会
IR	Investor Relations	インベスター・リレーションズ
ISA	International Standards on Auditing	国際監査基準
ISAE	International Standard on Assurance Engagements	国際保証業務基準
ISAR	Intergovernmental Working Group of Experts on International Standards of Accounting and Reporting	会計報告の国際基準に関する政府間作業部会
ISQC	International Standard on Quality Control	国際品質管理基準
ISRE	International Standard on Review Engagements	国際レビュー業務基準
ISRS	International Standard on Related Service	国際関連サービス基準
JASDAQ	Japan Securities Dealers Association Quotation	ジャスダック
JICPA	Japanese Institute of Certified Public Accountants	日本公認会計士協会
JMIS	Japan's Modified International Standards	修正国際基準
JSE	Johannesburg Securities Exchange	ヨハネスブルグ証券取引所
KAI	Korea Accounting Institute	韓国会計基準院（韓国会計研究院）
KapAEG	Kapitalaufnahmeerleichterungsgesetz	資本調達促進法（資本調達容易化法）
KASB	Korea Accounting Standards Board	韓国会計基準委員会
K-GAAP	Korean Generally Accepted Accounting Principles	韓国の企業会計基準（一般に認められた会計原則）

KICPA	Korean Institute of Certified Public Accountants	韓国公認会計士会
K-IFRS	Korean International Financial Reporting Standards	韓国採択国際会計基準
LIFO	Last-in First-out Method	後入先出法
LP	Limited Partnership	有限責任組合(リミテッド・パートナーシップ)
LSE	London Stock Exchange	ロンドン証券取引所
MCA	Ministry of Corporate Affairs	インド企業省
MFDA	Mutual Fund Dealers Association of Canada	カナダ投資信託業協会
MiFID	Market in Financial Instruments Directive	金融商品市場指令
MJDS	Multijurisdictional Disclosure System	多国間管轄開示制度
MoU(MOU)	Memorandum of Understanding	覚書
NAA	National Association of Accountants	全米会計人協会
NACAS	National Advisory Committee on Accounting Standards	会計基準諮問委員会
NAFTA	North American Free Trade Agreement	北米自由貿易協定
NASACT	National Association of State Auditors, Comptrollers and Treasurers	州監査・会計・経理担当者全国会議
NSS	National Standard Setters	各国会計基準設定主体
NYSE	New York Stock Exchange	ニューヨーク証券取引所
NZASB	New Zealand Accounting Standards Board	ニュージーランド会計基準審議会
OCI	Other Comprehensive Income	その他の包括利益
OECD	Organisation for Economic Co-operation and Development	経済協力開発機構
OEEC	Organization for European Economic Cooperation	ヨーロッパ経済協力機構
OIC	Organismo Italiano di Contabilità	イタリア会計基準設定主体
OSC	Ontario Securities Commission	オンタリオ証券委員会
PAFA	Pan African Federation of Accountants	全アフリカ会計士連盟
PB	Practice Bulletins	実務公報
PCAOB	Public Company Accounting Oversight Board	公開会社会計監視委員会
PIOB	Public Interest Oversight Board	公益監視委員会

PRA	Prudential Regulatory Authority	健全性監督機構（健全性規制機構）
PSAB	Public Sector Accounting Board	公的部門会計審議会
RAP	Recommendations on Accounting Principles	会計原則勧告書
RBI	Reserve Bank of India	インド準備銀行
RMBS	Residential Mortgage-Backed Securities	住宅ローン債権担保証券
ROA	Return On Assets	総資産利益率
ROE	Return On Equity	自己資本利益率
ROSC	Reports on the Observance of Standards and Codes	透明性に係る国際基準の遵守状況に関する報告書
SAAI	Spanish Audit and Accounting Institute	スペイン会計監査協会
SAB	Staff Accounting Bulletins	スタッフ会計公報
SAC	Standards Advisory Council	基準勧告委員会
SARG	Standards Advisory Review Group	基準諮問審査グループ
SAS	Statements on Auditing Standards	監査基準書
SEBI	Securities and Exchange Board of India	インド証券取引委員会
SEC	Securities and Exchange Commission	証券取引委員会
SEDAR	System for Electronic Document Analysis and Retrieval	電子文書の解析と検索のためのシステム
SFAC	Statement of Financial Accounting Concepts	財務会計諸概念に関するステートメント（財務会計概念書）
SFAS	Statement of Financial Accounting Standards	財務会計基準書
SFC	Securities and Futures Commission of Hong Kong	香港証券先物委員会
SIA	Securities Industry Association	証券業者協会
SIC	Standing Interpretations Committee	解釈指針委員会
SMEs	Small and Medium-sized Entities	中小規模企業（中小企業）
SOP	Statement of Position	立場表明書
SOX法	Sarbanes-Oxley Act of 2002	サーベインズ・オックスリー法
SPE	Special Purpose Entity	特別目的会社（事業体）
SRO	Self-Regulatory Organization	自主規制機関
SSAP	Statement of Standards Accounting Practice	会計実務基準
TAF	Term Auction Facility	ターム物入札ファシリティ

略語一覧

xliii

TARP	Troubled Asset Relief Program	不良債権救済プログラム
TFOSS	Task Force on Standard Setting	基準設定タスクフォース
TOPIX	Tokyo Stock Price Index	東証株価指数(トピックス)
TSX	Toronto Stock Exchange	トロント証券取引所
U.S. GAAP	U. S. Generally Accepted Accounting Principles	アメリカの一般に認められた会計原則
UN	United Nations	国際連合
UNCITRAL	United Nations Commission on International Trade Law	国際連合国際商取引法委員会
UNCTAD	United Nations Conference on Trade and Development	国際連合貿易開発会議
UNICE	Union of Industrial and Employers' Confederations of Europe	ヨーロッパ産業連盟
UNTAD	United Nations Conference on Trade and Development	国際連合貿易開発会議
WFE	World Federation of Exchanges	国際取引所連合
WTO	World Trade Organization	世界貿易機関
XBRL	eXtensible Business Reporting Language	拡張可能な事業報告言語

国際会計の実像

—会計基準のコンバージェンスと IFRSs アドプション—

第**1**部

グローバルな目標──
「単一で高品質な国際基準」の策定

第 1 章

「単一で高品質な国際基準」の策定に向けた取組みと意見発信

第1節 「単一で高品質な国際基準」の策定

「単一で高品質な国際基準を策定する」（Creating a Single High-Quality Global Standard）というグローバルな目標の実現に向けて，世界の主要な会計基準設定主体によるマルチラテラル（多国間）で主体的な取組みが求められ，進められてきた。策定されるべきこの「単一で高品質な国際基準」のあり方こそが，その導入や適用に関わる規制措置に結び付く，会計基準ないし財務報告基準を巡る最も重要な論点となる。

1. 世界金融危機

2008年9月15日のアメリカ投資銀行リーマン・ブラザーズ（Lehman Brothers）の破綻（「リーマン・ショック」）が大収縮のトリガーとなって世界に広がった，いわゆる「**世界金融危機**」（Global Financial Crisis）は，国際会計基準審議会（IASB）による国際財務報告基準（IFRSs）にも照準が合わせられ，会計基準設定主体と会計基準ないし財務報告基準のあり方やその策定の取組みを国際政治の舞台へと押し上げた。

もちろん，リーマン・ショックを含む世界金融危機は，**図表1-1**の年表からも明らかなように，2007年のアメリカで発生した**低所得者層向け住宅購入用途ローンの不良債権化**（「**サブプライム住宅ローン危機**」（Subprime Mortgage Crisis））から連鎖したものである。サブプライム住宅ローン危機は，住宅バブルの崩壊である。この背景には，連邦準備制度理事会（FRB）による金融緩和と政策金利の引き下げ，さらには金融機関の貸出競争が住宅購入ブームをもたらし，その後のFRBによる政策金利の引き上げが，住宅購入ブームの沈静化，ひいては住宅価格の下落を招いたという金融政策の要因がある。

4

第1節 「単一で高品質な国際基準」の策定

図表 1-1 年表：「世界金融危機」

予兆

2007年	
2月27日	上海発世界連鎖株安，「米景気後退の可能性は3分の1」とグリーンスパン〔連邦準備制度理事会（FRB）議長（当時）：引用者〕が発言
3月	サブプライム問題で，米住宅金融会社の経営悪化相次ぐ
3月28日	バーナンキFRB議長議会証言，「サブプライム問題のマクロ経済への影響限定的」
6月	ベアー・スターンズ傘下ファンドのサブプライム関連損失が表面化
7月	S&P，ムーディーズなど米有力格付会社がサブプライム関連証券を格下げ
7月19日	バーナンキFRB議長，議会で「サブプライム損失は500億－1000億ドル」と発言
8月7日	FOMC〔連邦公開市場委員会：引用者〕，政策金利据え置き，インフレ警戒姿勢の声明

崩壊の序章

8月9日	BNPパリバ，傘下3ファンドの解約凍結で市場混乱（パリバショック），ECB〔ヨーロッパ中央銀行：引用者〕が950億ユーロ資金供給，FRBなども追随
8月17日	FRBが公定歩合を緊急引き下げ
8月23日	バンカメが米住宅金融最大手カントリーワイドへ出資発表
9月14日	英ノーザン・ロック銀行で取り付け
10月	米シティグループ，メリルリンチなどが相次ぎサブプライム関連損失を発表
10月9日	ニューヨークダウ，史上最高値　14164ドル
11月5日	シティ，サブプライム関連資産550億ドルが80億－110億ドルに減価と発表，プリンスCEO退任
12月12日	FRB，銀行向け新型融資TAF〔ターム物入札ファシリティ：引用者〕創設。ECBなどとドルスワップ協定
2008年	
1月22日	FOMC，0.75%のFF金利〔フェデラル・ファンド金利：引用者〕緊急利下げ（4.25%→3.50%）
1月24日	米政府が1500億ドルの景気対策で議会と合意
3月14日	ベアー・スターンズ危機，NY連銀支援でJPモルガン・チェースが買収へ
3月16日	NY連銀，証券会社向け緊急融資制度の創設発表

5

3月18日	FOMC，0.75%のFF金利引き下げ（3.0%→2.25%）
4月8日	IMF〔国際通貨基金：引用者〕が米市場での金融損失約1兆ドルとの試算発表
7月11日	米地銀インディーマックに業務停止命令
9月7日	米政府，住宅金融公社〔連邦住宅抵当公庫（ファニーメイ），連邦住宅金融抵当公庫（フレディマック）：引用者〕を支援，公的資金による優先株出資枠

大収縮

9月15日	リーマン・ブラザーズ破綻，バンカメがメリルリンチ買収を発表
9月16日	米政府・FRB，AIGを救済，英バークレイズがリーマンの北米投資銀行事業を買収
9月17日	英国でロイズがHBOSを買収
9月18日	日米欧の6中銀が1800億ドルの緊急資金供給を発表
9月19日	米政府，MMFの保護を発表　SEC〔証券取引委員会：引用者〕，金融機関株の空売りを全面禁止
9月21日	FRBがゴールドマン・サックスとモルガン・スタンレーの銀行持ち株会社化を承認と発表
9月22日	三菱UFJが，モルガン・スタンレーへの出資発表，最大20%，役員派遣へ
9月22〜23日	野村ホールディングスが，リーマンのアジア太平洋部門，欧州・中東部門買収を発表
9月25日	米ワシントン・ミューチュアルが経営破綻。JPモルガン・チェースが銀行業務を19億ドルで買収
9月28日	フォルテイスにベネルクス3国で112億ユーロを注入，実質国有化
9月29日	米下院が公的資金枠7000億ドルを柱とする金融安定化法を否決，ダウ777.68ドル安と史上最大の下落
9月29日	世界の10中銀が総額6200億ドルの資金供給，白川日銀総裁「ドルが枯渇」
10月3日	ワコビアをウェルズ・ファーゴが買収，シティは買収断念
10月3日	米金融安定化法〔2008年緊急経済安定化法：引用者〕が成立
10月4日	欧州4カ国首脳会議，公的資金注入を含む銀行支援と預金保護拡充で共同声明
10月6日	アイスランド，銀行システムを政府管理に
10月7日	FRBがCP〔コマーシャル・ペーパー：引用者〕の直接購入を表明
10月10日	G7財務相〔大臣：引用者〕・中央銀行総裁会議　金融安定に向けた5つの行動計画。「重要な金融機関の破綻回避へ，あらゆる手段」
10月10日	大和生命保険が破綻　日経平均は一時1000円を超す下落

第1節 「単一で高品質な国際基準」の策定

10月14日	米国，金融安定化法に基づき大手行への資本注入を柱とする安定化策を表明
10月下旬	IMFがアイスランド，ハンガリーなどに緊急支援表明
10月27日	日経平均バブル後最安値　G7が共同声明，円相場の過度の変動に懸念
10月末	日本政府，事業規模27兆円の経済対策，日銀，政策金利を0.2%利下げ，0.3%に
11月6日	IMF，2009年の日米欧は戦後初めてそろってマイナス成長と予測
11月9日	中国が大型景気対策発表　総投資額4兆元
11月15日	ワシントンで初のG20サミット　金融サミット首脳宣言は財政・金融両面からの政策総動員で合意
11月23日	米政府，シティグループ救済　公的資金の追加注入と損失保証で
11月25日	FRB，8000億ドルの資金供給拡大策発表，RMBS〔住宅ローン債権担保証券：引用者〕の買い取りなど
12月2日	日銀，企業金融円滑化策を公表，民間企業債務オペと適格担保の範囲拡大
12月16日	FRB，事実上のゼロ金利に，政策総動員を宣言，長期国債買い切りも検討
12月19日	日銀，政策金利を0.1%に引き下げ
12月19日	米政府がGM，クライスラーに174億ドルの緊急融資
2009年	
1月16日	米政府，バンカメに200億ドルを追加注入，買収したメリルリンチの損失が膨らんだための措置
1月20日	オバマ大統領就任
2月3日	日銀，銀行保有株の買い取りの再開決定
2月14日	ローマG7財務相〔大臣：引用者〕・中央銀行総裁会議
2月17日	米オバマ大統領，7870億ドル規模の景気対策法に署名
2月18日	オバマ大統領，750億ドルの住宅ローン借り換え支援策を発表
2月25日	米政府，大手金融機関への資産査定（ストレステスト）の実施を発表
3月2日	AIG，617億ドルの損失決算発表　米政府，AIGの追加支援
3月18日	FRB，米長期国債3000億ドル買い取り表明
3月21日	米財務省，最大1兆ドルの官民合同の不良資産買い取りファンド設立を発表
4月2日	ロンドンでG20サミット，景気刺激規模，世界で5兆ドルなどの合意　「危機は監督・規制の失敗」と総括
4月2日	米FASB〔財務会計基準審議会：引用者〕，時価会計の緩和を決定
4月10日	日本政府，事業規模56兆円，財政支出15兆円の経済危機対策を決定
4月24日	ワシントンG7財務相〔大臣：引用者〕・中央銀行総裁会議，共同声明で世界経済に安定化の兆し
4月30日	クライスラーが連邦破産法第11条適用を申請

第1章 「単一で高品質な国際基準」の策定に向けた取組みと意見発信

7

5月7日	米国 19金融機関のストレステストの結果公表，10社で746億ドルの資本不足
6月1日	GMが連邦破産法第11条適用を申請，米政府が一時国有化
6月16日	米政府，金融規制改革案を提示
9月4〜5日	ロンドンでG20財務相〔大臣：引用者〕・中央銀行総裁会議，景気刺激策の継続で合意
9月24〜25日	米ヒューストンでG20サミット，金融規制を協議　経済刺激策の継続を表明

出所：日本経済新聞社編［2009b］，11-14頁を一部抜粋・修正。太字と網掛けは引用者。

　その一方で，アメリカ合衆国住宅都市開発省（HUD）が，公共性の高い事業のうち，住宅の安定供給という目的のもとで，金融機関などの住宅ローン債権の保証業務を行うために設立した政府支援機関の連邦住宅抵当公庫（ファニーメイ（Fannie Mae））や連邦住宅金融抵当公庫（フレディマック（Freddie Mac））に対し，低所得者世帯向けの住宅ローン（サブプライム住宅ローン）債権について保証することを政策的に促していたという事実がある。

　ファニーメイやフレディマックは，住宅ローンの貸出を専門とする，欧米で主流のモーゲージバンク（Mortgage Bank）から，不動産の抵当権を担保に貸し付けたサブプライム住宅ローンの債権を購入したうえで，主として変動金利型のサブプライム・モーゲージに証券化して発行していた。しかし，サブプライム住宅ローンの返済が滞ると，担保に供された不動産の抵当権をモーゲージバンクが手中に収めるとはいっても，アメリカの住宅価格動向を示すS&Pケース・シラー住宅価格指数（CSI）が2006年6月にピークを打って以降下落しており，結果的には，ローン返済の延滞や債務不履行が急増してサブプライム住宅ローンの多くが不良債権化し，関連する証券化商品の価格も暴落した。

　世界規模での信用不安となった世界金融危機をもたらした最大の原因は，デリバティブ（金融派生商品）を駆使して組成した複雑な金融商品，たとえば複数のサブプライム住宅ローンを担保にした住宅ローン担保証券（RMBS）やこれを裏付資産とした債務担保証券（CDO）などの証券化商品が，世界中の金融機関や投資ファンドに販売され，リスクが拡散したことにある。担保としてのサブプライム住宅ローンは，そもそも住宅ローンのうち，プライムローンやオ

第1節 「単一で高品質な国際基準」の策定

ルタナティブA（ALT-A）ローンに比べて信用力が低いため，リスクが最も高い。

　現に，サブプライム住宅ローン関連の証券化商品のリスクは，フランス銀行最大手のBNPパリバ（BNP Paribas）が，傘下の３ミューチュアル・ファンドの新規募集と投資家からの解約を凍結したことによる市場の混乱（「パリバショック」。2007年８月９日），アメリカ証券会社ベアー・スターンズ（Bear Stearns）の実質的破綻（2008年３月14日），アメリカの住宅金融の政府支援機関（ファニーメイ，フレディマック）の経営危機（2008年９月７日），そしてリーマン・ショック（2008年９月15日）へと連なり，その深刻さは増幅した。損失を被った金融機関や投資ファンドなどは，その損失を少しでも補うために保有株式を売却し，結果的に，証券市場での株価暴落を招いたのである（**図表1-2**参照）。

図表1-2　金融危機で動揺が続く日米欧株式市場

（日時は発表・報道ベース）

（注）▓▓▓▓は9月以降で金融市場のヤマ場となった局面

・米下院が金融安定化法案否決
・ダウ平均が過去最大となる777ドル下落
・英住宅金融ブラッドフォード・アンド・ビングレーを一部国有化
・アイスランド銀行グリトニルを国有化（29日）

・米S＆L最大手ワシントン・ミューチュアルが破綻（25日）

・ゴールドマン・サックスが巨額増資（23日）

日経平均株価（左軸、円）

英FTSE100種総合株価指数（右軸）

NYダウ（左軸、ドル）

・三菱UFJフィナンシャル・グループがモルガン・スタンレーに出資（22日）

・米証券ゴールドマン・サックスとモルガン・スタンレーが銀行持ち株会社に移行（21日）

・英銀ロイズTSBが英銀HBOSを救済合併（18日）

・米証券リーマン・ブラザーズが破綻
・米銀バンク・オブ・アメリカが米証券メリルリンチを買収（9月15日）

米上院、金融安定化法案可決（10月1日）

米金融安定化法成立（3日）

日経平均が一時１万円割れ（7日）

FRBがCP購入

ポールソン米財務長官が資本注入示唆（8日）

世界10中銀が同時利下げ日経平均が952円安（10日）

G7が公的資金注入で協調（10日）

英・大手3行に資本注入発表（13日）

米25兆円資本注入発表（14日）

・ダウ平均が１万ドル割れ（6日）

・シティグループ、ワコビア買収を断念（9日）

2008/9/10 11 12 17 18 23 26 29 30 10/1 2 3 6 7 8 9 10 13 14

出所：「サブプライム危機　市場と政策，緊迫の１年」，『日本経済新聞』2008年10月15日付。

こうした状況下，金融危機への対処法を話し合うために繰り出されたのが，フランスのニコラ・サルコジ（Nicolas Sarkozy）大統領（国民運動連合）による緊急サミットの提唱と，イギリスのゴードン・ブラウン（Gordon Brown）首相（労働党）によるG20（Group of Twenty。20ヵ国・地域）緊急首脳会議の提案である（藤井［2011］，42-47頁）。両者の提唱や提案は，ヨーロッパでの改革の主導権争いの思惑によるものでもある。

しかし，世界金融危機の震源であるアメリカにとって，国際協調よりも国内での危機対応こそが最優先課題であった。

大恐慌以来，最悪の危機（金融恐慌）だとするFRBのベン・バーナンキ（Ben Bernanke）議長（共和党）の言葉を受けて，「ほんとうにこれが第二の大恐慌なら……私はフーバー〔Herbert C. Hoover：引用者〕ではなく，ぜったいにルーズベルト〔Franklin D. Roosevelt：引用者〕になる」（Bush［2010］，p.440（ブッシュ著・伏見訳［2011］，下巻，318頁））と語ったジョージ・ブッシュ（George W. Bush）大統領（共和党）の決断により，ヘンリー・ポールソン（Henry M. Paulson, Jr.）財務長官（共和党）の計画を全面的に承認し，対応が進められる（大恐慌に対して，フーバー大統領（共和党）は，古典派経済学の考えのもとで政府介入を抑制する政策や保護貿易政策を展開して深刻化して大統領職を辞した。後任のルーズベルト大統領（民主党）は，ケインズ経済学のもとで積極的な政府介入政策（ニューディール政策（New Deal））を行い，景気回復をもたらした。4選を果たした大統領でもある）。とはいえ，不良債権救済プログラム（TARP）を柱にした「金融安定化法」とも称される**「2008年緊急経済安定化法」**（Emergency Economic Stabilization Act of 2008）を2008年10月3日に下院議会でも可決し，ブッシュ大統領が署名して成立したものの，金融市況は深刻な状況にあり，金融機関からの不良債権の買い取り効果が発現するのにも時間を要する。

アメリカ国内での金融危機対応の枠組みとしての「2008年緊急経済安定化法」が成立した後，金融危機の克服に向けた国際協調による各国首脳の会合をブッシュ大統領が呼びかけるべきかの議論が，ようやくホワイトハウス内で始まっている。このとき，ポールソン財務長官は，サミットの開催に慎重であった。

彼は、「重要なのはメルトダウンを阻止する方策をすみやかに探り出せるかだと見ており、サミットはそれにふさわしい場ではないと考えていた。サミットを開けば各国間の政治的な隔たりがあらわになり、そのせいで市場がいっそう不安定になりかねないと恐れたのだ」(Paulson, Jr. [2010], p.334（ポールソン著・有賀訳［2010］，425頁))。

　10月7日のブッシュ大統領とブラウン首相との電話会談でも、ブラウン首相は、改めて金融危機に対処するためにG20各国の首脳を集めるべきだと繰り返した。しかし、「〔ブッシュ：引用者〕大統領はこの提案を受け止めたが、最優先の課題はあくまで、先進7カ国の財務相〔大臣：引用者〕・中央銀行総裁が集まるG7〔(Group of Seven)：引用者〕を成功させて協調行動プラン〔計画：引用者〕を打ち出す」(Paulson, Jr. [2010], p.336（ポールソン著・有賀訳［2010］，427頁))という方針で固まっていた。サミットという国際協調による会合の開催は、アメリカ大統領選挙という政治事情が大いに関わっていた。ホワイトハウスの思惑は、サミットは11月4日の大統領選挙後に開催し、当面はG7やG20の既存の財務大臣・中央銀行総裁会議の協調の枠組みを活用するというものであった（藤井［2011］，47-48頁）。

　10月10日にワシントンD.C.で開催されたG7財務大臣・中央銀行総裁会議での5項目を柱とする協調行動計画こそが、世界金融危機に対処するための最初の国際協調の声明である（G7 Finance Ministers and Central Bank Governors [2008]。太字と下線は引用者)。

　G7は本日、現下の状況は緊急かつ例外的な行動を必要としていることに同意する。われわれは、世界経済の成長を支えるため、金融市場を安定化させ、信用の流れを回復するために共同して作業を続けることにコミットする。われわれは、以下の5項目に同意する。

　1. システム上の重要性を有する金融機関を支援し、その破綻を回避するため、断固たるアクションを取り、あらゆる利用可能な手段を活用する。
　2. 信用市場および短期金融市場の機能を回復し、銀行やその他の金融機関

が流動性と調達資金に幅広く確保できるよう，すべての必要措置を講じる。

3．銀行やその他の主要な金融仲介機関が，信認を取り戻し，家計や企業への貸し出しを継続することを可能にするだけの規模で，必要に応じて，公的資金や民間資金を通じて資本を増強することができるように確保する。

4．預金者がその預金の安全性に対する信認を引き続き保つことができるように，各国が盤石な預金保険・保護制度を堅持する。

5．必要に応じて，モーゲージやその他の証券化商品の流通市場を再開させるための行動を取る。**正確な資産評価と透明性の高い開示，および，高品質な会計基準の一貫した実施が必要である。**

これらの行動は，納税者を保護し，他国に潜在的な悪影響を与えないような方法で行われるべきである。われわれは，必要かつ適切な場合には，マクロ経済政策上の手段を講じる。われわれは，今回の混乱により影響を受ける国々を支援するうえで，IMF（国際通貨基金）が果たす決定的に重要な役割を強く支持する。われわれは，金融安定化フォーラムの提言の完全な実施を加速し，金融システムの改革の差し迫った必要性にコミットする。われわれは，このプランを完遂するため，協力を一層強化し，他の国々と協働する。

ここで注意すべきは，G7財務大臣・中央銀行総裁会議による第5の協調行動計画に，「高品質な会計基準の一貫した実施」（Consistent Implementation of High Quality Accounting Standards）が盛り込まれていることである。

2．G20ワシントン・サミットと「金融・世界経済に関する首脳会合宣言」

G7財務大臣・中央銀行総裁会議の成功と協調行動計画によって金融市場が落ち着いたことを受けて，ホワイトハウスでも金融危機を議論するための会合をブッシュ大統領が幅広い国々の首脳に呼びかけて開催する議論が進められた。フランスのサルコジ大統領とヨーロッパ連合（EU）のジョゼ・マヌエル・ドゥラン・バローゾ（José Manuel Durão Barroso）委員長は，ブッシュ大統領との会談（10月18日）でも，G8（Group of Eight。G7＋ロシア）メンバーによるニューヨークでの開催を主張したが，会談終了時に発表した共同声明は，「アメ

リカ，フランス，EUは世界の首脳に呼びかけて，アメリカ大統領選挙の直後に経済サミットを開催する予定だ」というものであった。この経済サミットが具体化したのは，共同声明の発表から4日後の10月22日で，ホワイトハウスは，ブッシュ大統領が世界のGDPの約85％を占めるG20の首脳を招き，11月15日にワシントンで経済危機を議論するためのサミットを開催するという発表にこぎつけている（Paulson, Jr.［2010］，pp.374-376（ポールソン著・有賀訳［2010］，475-477頁参照））。

この経済危機を議論するためのサミットこそ，「20ヵ国・地域首脳会合」（G20 Summit）や「G20金融サミット」とも称される**「金融・世界経済に関する首脳会合」**（Summit on Financial Markets and the World Economy）である。

ワシントンD.C.で開催された第1回「20ヵ国・地域首脳会合」（G20ワシントン・サミット）で合意に達して取りまとめられた**「金融・世界経済に関する首脳会合宣言」**（Declaration: Summit of Financial Markets and the World Economy）（2008年11月15日）では，「現在の危機の根本原因」として，金融システムの脆弱性を指摘した（G20［2008］，Root Causes of the Current Crisis, par.3）。

> 「この10年弱の高い世界経済の成長，資本フローの伸び及び長期にわたる安定が続いた期間に，市場参加者はリスクを適正に評価せず，より高い利回りを求め，適切なデュー・ディリジェンスの実施を怠っていた。同時に，脆弱な引き受け基準，不健全なリスク管理慣行，ますます複雑で不透明な金融商品及びその結果として起こる過度のレバレッジが組み合わさって，システムの脆弱性を創出した。いくつかの先進国において政策立案者，規制当局及び監督当局は，金融市場において積み上がっていくリスクを適切に評価，対処せず，また金融の技術革新の速度について行けず，あるいは国内の規制措置がシステムにもたらす結果について考慮しなかった。」

ポールソンは，回顧録のなかで，未曾有の世界金融危機のなかで開催されたG20ワシントン・サミットを，次のように評している（Paulson, Jr.［2010］， p.405（ポールソン著・有賀訳［2010］，511頁））。

> 「この時期，珍しく曙光が見えたのはG20が開催された11月15日だった。ドイ
> ツ，サウジアラビア，メキシコなど幅広い国々の代表を一堂に集め，グローバル
> 金融危機への対処を話し合い，金融改革の必要性を認識しながらも自由市場原則
> を重視する共同声明をまとめあげたのは，ブッシュ大統領の際立った功績である。
> 先進国のリーダーの一部が自由市場制度の失敗を謝罪したが，新興国のリーダー
> のあいだからは過剰規制の危険への懸念が表明された。だが全体として見ると，
> 真剣な協調がこのG20の大きな特徴であり，各国リーダーは全員が保護主義を拒
> み，自由市場原理を重視しないかぎり改革成果はあがらないとの意見で一致した。」

　こうしたサブプライム住宅ローン危機に端を発した世界金融危機のなかで，
会計基準設定主体と会計基準のあり方などの問題を国際政治の舞台に押し上げ
たのも，G20ワシントン・サミットでの成果文書である「金融・世界経済に関
する首脳会合宣言」である。
　首脳会合宣言は，金融市場の改革のための5つの共通原則として，①透明性
および説明責任の強化，②健全な規制の拡大，③金融市場における公正性の促
進，④国際連携の強化，⑤国際金融機関の改革，を掲げ，整合的な政策を実施
することに合意している。この首脳会合宣言には「改革のための原則を実行す
るための行動計画」（Action Plan to Implement Principles for Reform）が付され
ているが，これは，金融市場の改革のための5つの共通原則を実行するために
定めた包括的な作業計画である。
　第1の共通原則である「透明性および説明責任の強化」（Strengthening
Transparency and Accountability）は，「2009年3月31日までの当面の措置」と
「中期的措置」の作業計画を提示している。「2009年3月31日までの当面の措置」
として5項目が掲げられたが，そのうちのはじめの2項目は，次にみられるよ
うに，会計および開示に関する基準についての措置である。

■世界の主要な会計基準設定主体は，特に市場の混乱時における，複雑な流動性のない商品の価格評価も考慮に入れて，証券の価格評価のガイダンスを強化するための作業を行う。

■会計基準設定主体は，非連結特別目的会社のための会計及び開示に関する基準の脆弱性に対処するための作業を大きく進展させる。

世界金融危機への対策や将来的な危機の回避方法として会計および開示に関する基準に対する当面の措置が掲げられた事実は，この世界金融危機の根本原因に会計および開示に関する基準などが深く関わっていることを意味するものでもある。

「2009年３月31日までの当面の措置」よりもさらに注目すべきは，次の「中期的措置」である。ここに「単一で高品質な国際基準を策定する」というグローバルな目標に向けた取組みが明示されている（太字と下線は引用者）。

中期的措置

・**世界の主要な会計基準設定主体は，単一で高品質な国際基準を策定することを目的に，精力的に作業を行う。**

（The key global accounting standards bodies should work intensively toward the objective of creating a single high-quality global standard.）

・規制当局，監督当局及び会計基準設定主体は，状況に応じて，高品質な会計基準の一貫した適用および実施を確保するため，相互に，また民間部門（プライベート・セクター）と継続的に協力して作業を行う。

（Regulators, supervisors, and accounting standards setters, as appropriate, should work with each other and the private sector on an ongoing basis to ensure sonsistent application and enforcement of high-quality accounting standards.）

策定すべき「単一で高品質な国際基準」の内容についても問われるべき余地は多分にあるが，この中期的措置は，「世界の主要な会計基準設定主体」に要請されており，しかもG20の首脳は，これを盛り込んだ「金融・世界経済に関

する首脳会合宣言」に署名している。

そもそもG20は，1976年にアメリカ，イギリス，フランス，ドイツ，日本，イタリアおよびカナダによって編成された先進7ヵ国（G7），また，その後これにEUとロシアが加わった1998年からのG8と，新興経済国11ヵ国（中華人民共和国，インド，ブラジル，メキシコ，南アフリカ共和国，オーストラリア，韓国，インドネシア，サウジアラビア，トルコ，アルゼンチン）が加わることで成り立っている。国際通貨基金（IMF），世界銀行（World Bank），国際エネルギー機関（IEA）およびヨーロッパ中央銀行（ECB）なども加えたG20の財務大臣・中央銀行総裁会議は，世界の経済・金融情勢，国際通貨制度および金融規制・監督に関わる意見交換のためにすでに1999年から開催してきたが，「金融・世界経済に関する首脳会合」としてのG20サミットは，世界金融危機を受けて2008年から開催されたのである。

G20ワシントン・サミットでの「金融・世界経済に関する首脳会合宣言」には，日本の麻生太郎内閣総理大臣も名を連ねている。ここに，日本が「単一で高品質な国際基準を策定する」というグローバルな目標にコミットメントする所以がある。

第2節 「単一で高品質な国際基準」の策定への日本のコミットメント

「金融・世界経済に関する首脳会合宣言」に日本も加わっている事実を理解するだけで十分かもしれないが，ここでは，麻生太郎内閣総理大臣の国際的な会計基準に対する姿勢や見解なども併せて確認しておきたい。

G20ワシントン・サミットに先立ってホワイトハウスで開催された11月14日の夕食会で，麻生太郎内閣総理大臣はアメリカのブッシュ大統領に発言を求められ，①新しい時代に即したIMFの役割（新興国・中小国への支援，早期警戒機能の強化），②IMFへの各国の出資の増加，③日本からIMFに対する1,000億ドルの融資を提案している。翌日のG20ワシントン・サミットでも，これらの提

案を含んだ次のような「**危機の克服　麻生太郎の提案―短期，中期，長期の対策―**」を表明した（首相官邸 [2008]。太字と下線は引用者）。

（問題の根底）

　金融資本市場の安定確保は，現在の経済政策の最優先事項である。

　今次の金融危機の発生には，新たな金融商品の出現やグローバル化に，各国政府による監督・規制が追い付いていけなかったという問題がある。

　しかし，この問題の根底には，グローバルなインバランスの問題があり，基軸通貨国アメリカへの世界中からの資本流入という形で，アメリカの赤字がファイナンスされているという根本があることを忘れてはならない。

（金融危機防止のための国際協調）

　自由な市場原理に基づく競争，資本フローが，今後とも成長の基礎であり続けることは言うまでもない。

　今や，各国における規制の在り方に，少しでも差があった場合に，資本移動が瞬時に起こりうるほど，資本移動がグローバル化している。こうした状況の下で，金融危機の再発を防止するために，各国の様々な政策努力を収斂させるべく，いかに協調した行動をとるかは，いまや不可避の課題であろう。

1．**短期的な金融市場安定化策**
　―公正な価格評価と，信頼できる基準に基づいた不良債権の早期開示と，バランスシートからの切り離し。
　―信用供与の仕組みと，経営者責任の範囲を明確化したうえでの，公的資金による資本注入。
　―金融機関の不良債権処理と，借り手企業の過剰債務解消との一体的処理。
　―中央銀行による流動性供給，特にドル流動性の円滑な供給と，地域内でのドル供給メカニズムの進展。

2．**中期的な金融危機防止策**
（グローバル・インバランス問題の是正）
　―過剰消費・借入依存の国における過剰消費抑制策と，外需依存度の大きな

国における自律的な内需主導型成長モデルへの転換。

（国際金融機関改革）

—IMFの，金融市場の動きに対するモニタリング機能，あるいは，金融・経済危機を早期に発見するための早期警戒機能の向上。

—今後とも世界の成長の牽引役を期待される新興国に対し，IMFが必要な支援を行うために，IMFに対する加盟国による出資総額を，例えば，倍増することを提案。

　増資が実現するまでの当面の対応として，外為特会〔政府の行う外国為替等の売買等を円滑にするために外国為替資金を置き，その運営に関する経理を明確にすることを目的とした「外国為替資金特別会計」：引用者〕よりIMFに対し，最大1,000億ドルの資金融通を行う用意がある。

—国際開発金融機関も，積極的に役割を果たすべき。特に，融資余力が少ないアジア開発銀行に関しては，一般増資を早急に実施すべき。

—IMF，世銀，規制・監督を巡る国際的なフォーラムのガバナンス構造（発言権，投票権シェア）を，今日の経済実態を反映するように，見直すことを提案。

（その他）

—各国の金融監督当局，財政当局，中央銀行の合議体である金融安定化フォーラムを，バーゼル委員会等セクター毎の基準設定国際組織の上位組織として明確に位置付け，その機能とIMFとの協働を強化するとともに，新興国をメンバーとして再編成。

—**各国の会計基準を収斂〔コンバージェンス：引用者〕する作業が，国際会計基準審議会を中心に進められているが，この作業に，当局，企業，投資家等の関係者が関与することで，客観的な，かつ公正な基準作りが迅速に進められるべき。**

—証券監督者国際機構（IOSCO）を中心に，格付け機関の自主ルールが強化されているが，各国当局に法的権限をもたせる方向の議論を提案。

—格付け会社について，グローバルな格付け会社だけではなく，各地域にそれぞれローカルな格付け会社を育成することも，域内の債券市場の発展にとって重要。

3．長期的な通貨体制

第2節　「単一で高品質な国際基準」の策定への日本のコミットメント

—米国の経済力が低下し，世界最大の債務国となった現在，果たしてドル基軸通貨体制は今後とも安定的に持続するのか，という声がある。しかし，我々としては，現在の国際経済・金融システムが依拠している，ドル基軸体制を支える努力を払うべき。
—他方で，それぞれの地域において域内の経済協力を推し進め，たとえば東アジアにおける貿易，金融両面における統合プロセスを推進していくことは重要。開かれた地域主義は，グローバリズムを積極的な意味で補完。

　中期的な金融危機防止策として，グローバル・インバランス問題の是正や国際金融機関改革に加えて，金融安定フォーラム（FSF）を，銀行，証券，保険監督の各セクターをつなぐ上位組織として位置づけ，その機能をIMFとの協働を通じて強化し，新興国をメンバーとして再編成すべきとする提言とともに，「各国の会計基準を収斂〔コンバージェンス：引用者〕する作業が，国際会計基準審議会を中心に進められているが，この作業に，当局，企業，投資家等の関係者が関与することで，客観的な，かつ公正な基準作りが迅速に進められるべき」と提言しているのである。こうした提言の背景には，当時，世界第2位の経済大国であった日本には1990年代の経済危機を克服した経験があり，さまざまな取組みを実施してきたという自負がある。

1．麻生太郎内閣総理大臣の会計基準観

　もちろんG20ワシントン・サミットでのこれらの提言は，日本および日本の内閣総理大臣としてのものである。IFRSsを含む会計基準に対する個人的見解は，必ずしも同じでないかもしれない。

　たとえば，麻生太郎衆議院議員の地元選挙区（福岡第8区）である飯塚市の月刊誌『嘉麻の里』に連載した「みどりの水玉」に，次のような文章をしたためている（麻生［2007］。下線は引用者）。

　「いつの頃からか『グローバル・スタンダード』とか『グローバライゼーション』という言葉が，日本のマスコミ，特に経済誌ではやるようになりました。世

界基準とか国際基準といった意味です。情報技術（IT）とか情報通信技術（ICT）の発達により，企業の国際化は著しく容易になりました。また，金融商品のような国際市場で扱われる商品が増えるにつれて，商いをする人にとって各国毎に基準が異なると不便であり，時に不利益をこうむることもあります。従って，企業の会計基準や取引のルールを世界共通のものにしようという話です。

大体こういう話は，眉に唾をつけて聞かないとイケマセン。そもそも昔からそれぞれの国に，それぞれの経済学があったんです。ところが19世紀から20世紀にかけては，イギリス経済が世界のナンバーワンだったから，アダム・スミスが幅をきかせていました。また20世紀後半からはアメリカがとって替わっているのです。しかし経済学なんて学問は，もともと優劣があるわけではありません。敗戦後，日本の経済を世界のナンバー２に押し上げた日本経済学はアジアに広がり，世界に広がっています。これが今後も続き，仮にナンバーワンになると，日本経済学も世界の経済学になり得るということです。」

「そろそろグローバル・スタンダードとかいう，蜃気楼みたいなものから抜け出し，日本に適した『ローカル・スタンダード』を再考してみませんか。

会社を始めるとき，友達に金を借りて始めるのが日本やドイツ。友人に投資してもらい，株主になってもらってスタートするのがアメリカやイギリス。資金が他人のものであるのは同じです。借金だったら，信用さえあれば金利を払っておけばよいが，株主なら配当しなければなりません。配当するためには，会社を黒字にしなければなりません。しかし，借金の金利を払うのなら赤字でも可能です。だから日本はバブルの時代でも法人企業の約５割は赤字だったんです。そして日本では税理士が発達し，アメリカでは会計士が発達するんです。おわかりでしょう。こういう根本的なことすら分かっていない人に邪魔されながら，資産デフレという政策不況から立ち上がった日本経済の底力に，もっと自信を持つべきです。」

この連載文は，当時の時代背景と政権政党（政権与党）の官邸主導の政策で繰り返し衝突したことからにじみ出たものだといってもよい。

第2節 「単一で高品質な国際基準」の策定への日本のコミットメント

　麻生太郎は，第1次小泉純一郎内閣（第2次改造内閣）（2003年9月22日～11月19日），第2次小泉内閣（2003年11月19日～2004年9月27日），第2次小泉内閣（改造）（2004年9月27日～2005年9月21日）および第3次小泉内閣（2005年9月21日～10月31日）において総務大臣を務めた。しかし，2005年10月31日の第3次小泉内閣（改造）の組閣において，麻生太郎は外務大臣に就任し，竹中平蔵郵政民営化担当大臣が総務大臣を兼務した。

　この改造人事は，郵政民営化の制度設計を巡る小泉内閣総理大臣による麻生総務大臣への叱責によるものである。「麻生は法律では詰め切れなかった民営化の制度設計の細部にかかわる政令や総務省令の整備などの実務で動きが鈍かった。民営化会社の設立準備委員会の人事や日程を総務省だけで根回しして決め，郵政民営化担当相の竹中を怒らせるなど，小泉から見ても不満が募っていた」（清水［2005］，6頁）ためである。

　では，なぜ麻生総務大臣は郵政民営化の制度設計への対応が鈍かったのか。

　小泉純一郎内閣総理大臣が官邸主導で進める郵政民営化の基本方針や民営化法案の詰めを巡り，第1次小泉内閣（2001年4月26日～2002年9月30日）時から「改革の司令塔」である経済財政政策担当大臣として起用した竹中平蔵（入閣前は慶應義塾大学教授）と反りが合わなかったからである（清水［2009］，24頁参照）。なによりも，麻生太郎は郵政民営化に賛成ではなかった。この点については，麻生太郎が第92代内閣総理大臣に就任後，衆議院予算委員会（2009年2月5日）での答弁が如実に語っている。すなわち，「郵政民営化というのは，……小泉総理のもとに賛成じゃありませんでしたので，私の場合は。…（中略）…私は内閣の一員ですから，内閣の一員として，郵政民営化ということになったので，最終的には賛成しましたが。」「総務大臣だったんだけれども，郵政民営化担当から，私は反対だとわかっていたので，私だけ外されていましたから。郵政民営化担当大臣は竹中さんだったということだけは，……これだけはぜひ記憶をして，妙にぬれぎぬをかぶせられると，おれも甚だおもしろくないから」というのである。

21

この予算委員会に先立つ第171回国会での麻生内閣総理大臣による施策方針演説（2009年1月28日）は，いわゆる「小泉・竹中路線」との決別とも解せるものである。

「今回も，私たちが自らの生き方を選び，『この国のかたち』を創ります。目指すべきは，『安心と活力ある社会』です。世界に類を見ない高齢化を社会全体で支え合う，安心できる社会。世界的な課題を創意工夫と技術で克服する，活力ある社会です。

そのために，政府は何をなさねばならないか。私たちは，この点についても既に多くのことを学んでいます。それは，〔小泉内閣総理大臣や竹中経済財政政策担当大臣が推進した：引用者〕『官から民へ』といったスローガンや，『大きな政府か小さな政府か』といった発想だけでは，あるべき姿は見えないということです。

政府が大きくなり過ぎると，社会に活力がなくなりました。そこで多くの先進諸国は，小さな政府を目指し，個人や企業が自由に活動することで活力を生み出しました。しかし，市場にゆだねればすべてが良くなる，というものではありません。サブプライムローン問題と世界不況が，その例です。今，政府に求められる役割の一つは，公平で透明なルールを創ること，そして経済発展を誘導することです。」

先述の予算委員会での答弁では，この施策方針演説を「市場経済原理主義との決別」と断言している。

ところで，第46回衆議院議員総選挙（2012年12月16日）で自由民主党が政権政党（政権与党）に復帰し，12月26日に第2次安倍晋三内閣が発足した。麻生太郎は，副総理，財務大臣および内閣府特命担当大臣（金融担当）に就任している。当時は，日本のIFRSs導入のあり方については，会計基準を巡る国際情勢を踏まえつつ，日本の制度や経済状況などにふさわしい対応が求められていたときでもある。

金融担当大臣を兼職する麻生副総理は，IFRSsを含む会計基準についてあまり多くを語らないが，参議院の常任委員会の１つで，財政政策や金融政策などを所管する財政金融委員会（2013年５月30日開催）での質疑は興味深い。金融庁の企業会計審議会総会・企画調整部会合同会議で，日本の国際会計基準への対応，具体的には，①IFRS任意適用要件の緩和について，②IFRSの適用の方法について，③単体開示の簡素化について審議されていたときでもあるが，麻生太郎の「IFRSsを含む会計基準観」を知ることができる（下線は引用者）。

○**中山恭子** もう一点，国際会計基準について，同じような論点になるかとは思いますが，金融庁の企業会計審議会で議論されている国際会計基準についてお伺いいたします。

上場企業に国際会計基準を義務付ける時期について，結論を見送る，当面見送る可能性があるとお聞きしました。現在の議論の状況それから今後の見通しについて，どうなっているかお聞かせいただきたいと思います。

○**国務大臣（麻生太郎君）** 通称IFRS，インターナショナル・ファイナンス・リポーティング何とかと，大体こう片仮名の長いのが付いてきたやつは何となく怪しいなという，思って読まないかぬところなんですが，国際会計基準というので，世界中みんなこれをやっている，全部正しい，これがスタンダードに決まっているんだというような話に何となくなりやすいんですが，それはそういう簡単な話ではないんだと思っておりますので，これは企業会計審議会で今議論をいただいているところだと思っておりますけれども，この種の話が強制適用されるとか，何かいろいろ尾ひれ，背ひれが付いていろんな話が出ているように思いますけれども，今の状況で何らかの結論が得られるような状況にあるというように考えてはおりません。

いずれにいたしましても，これ，それぞれ国の生い立ち，会社の生い立ち，資本主義の成熟度合い，いろんなその国によって大分違いますので，我々としてはしかるべき対応をしておかねばならぬと思います。分かりやすいから，見

やすいから何とかというのは，非常に公正に聞こえるような話もいっぱいない
わけではありませんし，我々の方のやり方の方が正しいといえば，これはこれ
なりに理屈が両方立つところでもありますので，そういった意味では，世界中
みんな百九十二か国全部同じルールで日本だけが違うというようなことになれ
ば，それはまた話としては違うのかと思いますけれども，いずれにしても，そ
ういったものを対応しながらきちんとした理解を得られた上でやらないと，何
となく簿価で書いてあるのがけしからぬとかいう話でしょう，あれは。簿価で
書いて何で悪いんだという話もありますので，そういった意味ではいろいろ御
意見の分かれるところだということは承知しておりますので，極端なことにな
らないように注意してまいりたいと考えております。

○**国務大臣（麻生太郎君）**　その他，いずれにしても，そういった何百年続いてい
る会社というのは日本はいっぱいあるんで，これは，日本の場合，起業が少な
いというけど廃業も少ないというのが日本の会社の基本なんだと思っておりま
すが，それとこの会計基準とが直接関係していると思っているわけではありま
せんけれども，そういったことまで考えて，我々はこの基本の基準とかこうい
ったものを，我々にとって都合のいいものは受け入れた方がいいのかもしれま
せんけれども，日本の国益を考えてやらぬと，うかつな話に変に乗ると後々痛
いことになりかねぬと思って対応していきたいと思っております。

2．「単一で高品質な国際基準」の策定へのコミットメントの表明

いずれにせよ，「単一で高品質な国際基準」の策定への日本のコミットメン
トは，企業会計審議会総会・企画調整部会による「国際会計基準（IFRS）への
対応のあり方に関する当面の方針」（2013年6月19日）と成長戦略である「『日
本再興戦略』改訂2014—未来への挑戦—」（2014年6月24日閣議決定）において
明確に示されている。

会計基準を巡る国際的な動向を踏まえて，日本におけるIFRSsの取扱いやそ
の諸問題は，金融庁・企業会計審議会が中心となって議論を行ってきた。

たとえば，企業会計審議会が2009年6月30日に公表した「**我が国における国際会計基準の取扱いに関する意見書（中間報告）**」では，IFRSsの任意適用や将来的な強制適用の検討などに関する考え方が示され，金融庁は2010年3月期から一定の要件を満たす日本企業にIFRSsの任意適用を認めるなどの規制措置を展開した。また，その後の企業会計審議会総会・企画調整部会合同会議での審議を踏まえて公表された「**国際会計基準（IFRS）への対応のあり方に関する当面の方針**」（2013年6月19日）では，「IFRSへの対応のあり方に関する基本的な考え方」として，次のように，その冒頭でG20ワシントン・サミットでの「単一で高品質な国際基準」の策定へのコミットメントを明記している（金融庁・企業会計審議会［2013］，2頁）。

> 2008年のワシントンサミットの首脳宣言で示された，「単一で高品質な国際基準を策定する」という目標がグローバルに実現されていくことは，世界経済の効率化・活性化を図る観点から有効であり，また，我が国としてもこの目標を実現していくために主体的に取組むことは，日本の企業活動・資金調達に有益であるとともに，日本市場の国際競争力を確保する観点からも重要と考えられる。

加えて，この「単一で高品質な国際基準」の策定へのコミットメントは，日本の経済財政政策にみられる。

自由民主党の第2次安倍晋三内閣（2012年12月26日～2014年12月24日（改造内閣含む））は，長引くデフレからの早期脱却と日本経済の再生のための経済財政政策を「アベノミクス」（Abenomics）とし，①大胆な金融政策，②機動的な財政政策，③民間投資を喚起する成長戦略，からなる基本方針を「三本の矢」と称した。このうち，第3の矢である「成長戦略」は，「民間需要を持続的に生み出し，経済を力強い成長軌道に乗せていく」ことと，「投資によって生産性を高め，雇用や報酬という果実を広く国民経済に浸透させる」ことを目的とするもので，「**日本再興戦略―JAPAN is BACK―**」（首相官邸［2013］）を2013年6月14日に閣議決定した。この「日本再興戦略」（Japan Revitalization Strategy）では，「日本産業再興プラン」，「戦略市場創造プラン」，「国家展開戦

略」の3つのプランが定められた。

「異次元のスピードで構造改革に取り組んできた」ものの，「少子高齢化による人口減少社会への突入という日本の経済社会が抱える大きな挑戦を前に，日本経済を本格的な成長軌道に乗せることはそう容易なことではない」。「日本経済が確実に成長軌道に乗るまで成長戦略に終わりはなく，その時々の経済社会情勢の変化に応じて『進化』させていかなければならない。」——こうした考えのもとで，新たな成長戦略として，2014年6月24日に閣議決定した「『**日本再興戦略』改訂2014—未来への挑戦—**」（首相官邸［2014］）は，金融・資本市場の活性化，公的・準公的資金の運用等の見直しを踏まえ，とくに金融・資本市場の活性化について新たに講ずべき具体的施策の1つとして，「**IFRSの任意適用企業の拡大促進**」（Promotion of an Increase in the Number of Companies Voluntarily Adopting the IFRS）を掲げた。ここでも，「単一で高品質な国際基準を策定する」というグローバルな目標に対する日本政府のコミットメントを再確認できる（首相官邸［2014］，78頁。太字と下線は引用者）。

---

④IFRSの任意適用企業の拡大促進

・<u>2008年のG20首脳宣言において示された，会計における「単一で高品質な国際基準を策定する」との目標の実現に向け，IFRSの任意適用企業の拡大促進に努めるものとする。</u>

・また，従来進めてきた施策に加え，IFRSの任意適用企業がIFRS移行時の課題をどのように乗り越えたのか，また，移行によるメリットにどのようなものがあったのか，等について，実態調査・ヒアリングを行い，IFRSへの移行を検討している企業の参考とするため，「IFRS適用レポート（仮称）」として公表するなどの対応を進める。

・上場企業に対し，会計基準の選択に関する基本的な考え方（例えば，IFRSの適用を検討しているかなど）について，投資家に説明するよう東京証券取引所から促すこととする。

第3節 直接投資と企業のグローバル化

　世界金融危機は，金融のグローバル化による結果でもある。世界金融危機前後のクロスボーダーでの資金（資本）フローの変化などをみることで，金融・資本市場での資金調達取引や直接投資の拡大と会計基準ないし財務報告基準との結び付きについて考えてみたい。

1. 多国籍企業と拡大する直接投資

　「対外直接投資は，海外の投資先の事業を継続的に支配することなどを目的とするものであり，具体的には子会社等の設立，株式等の取得，長期の貸付あるいは社債等の取得，不動産等の取得をその内容とするが，最も具体的には，海外子会社・関連会社の増大による企業の多国籍化を意味する。そして，1960年代に向けて，このようなアメリカ企業等の多国籍化，またその手段としての外国証券市場における資金調達及び株式取得の増大等の状況の下で，1962年のニューヨークにおける第8回国際会計士会議が開かれ，そこで，会計と監査の国際化が熱心に検討された。このような事情からみて，IASC〔国際会計基準委員会：引用者〕の設立（1973年）に至る経緯の基礎として最も重要な要因は，アメリカとヨーロッパなどとの経済交流，とくに企業の国際化であったと判断される。」

――中島［1995］，12頁。

　現地企業への経営参加や支配を目的とする直接投資（Direct Investment）は，証券投資（Security Investment）とともに，投資（Investment）を構成する。この直接投資には，自国の企業が外国に投資する「対外直接投資」と，逆に外国企業が自国に投資する「対内直接投資」がある。また，直接投資は，投資先の国に新たに法人を新設する「グリーンフィールド投資」と，企業や事業の経営権を移動する「M&A投資」の形態に区分することもある。

　対外直接投資は，企業の多国籍化をもたらす。ニューディール政策の一環と

して推進されたテネシー川流域開発公社（TVA）の長官をも歴任したデービッド・リリエンソール（David E. Lilienthal）が，1960年4月に開催されたカーネギー工科大学（Carnegie Institute of Technology）工業経営大学院創立10周年記念シンポジウムで，「ひとつの国に本拠をもつとともに，他国の法律と慣習のもとに仕事をし生活をしている」（Lilienthal［1960］（バッハ／アンシェン編・名東訳［1964］，108頁））企業のことを**「多国籍企業」**（多数国家間にまたがる会社，すなわちマルティナショナル会社（Multinational Corporation））と初めて定義づけた。多国籍企業の定義づけが行われたことに，グローバル経済化と拡大する直接投資を知ることができる。

　それでは，企業はどのような理由で海外に事業展開するのだろうか。

　この問いは，多国籍企業が直接投資を行うメリットとしても捉えることができる。企業が対外直接投資を行う理由は，①増収増益，②急速な成長を成し遂げている市場または新興市場への参入，③コスト削減，④国内市場の保護，⑤海外市場の保護，⑥テクノロジーと経営ノウハウの取得，に求める見解がある（Rugman *et al.*［1995］，pp.64-69）。また，企業が海外に事業展開する理由から直接投資を区分すると，①低賃金志向型の直接投資，②資源開発型の直接投資，③市場密着型の直接投資，④販売拠点への直接投資，⑤貿易摩擦や通商政策がらみの直接投資，⑥グローバル・ネットワークの構築と〔のための：引用者〕直接投資などに整理される（伊藤［2005］，456-461頁）。

　多国籍企業は，こうした直接投資のメリットを踏まえて，最適立地を求めて行動するのである。

　金融の国際化によってグローバル・ネットワークが構築されると，企業や投資家などは，なにも自国の金融・資本市場に固執することなく，より有利な条件の金融・資本市場を選択することで，資金調達や投資活動を行えるようになった。こうした国際金融・資本市場の発達は，クロスボーダーでの資金（資本）フローを促し，金融の国際化を後押ししている。

　1990年代まで，国際金融システムの拠点はアメリカにあったことは，衆目の一致するところである。その後，クロスボーダーでの資金フローが急速に拡大

し，金融面での相互依存関係が高まっている。

　次頁の**図表1-3**は，経済産業省が，財務省・日本銀行の「国際収支統計」とアメリカ商務省（United States Department of Commerce）の「U.S. International Transactions」による資本収支統計をもとに，『通商白書2008—新たな市場創造に向けた通商国家日本の挑戦—』で「世界を巡る資金フロー」（「カネ」の流れ・資本の流れ）を描いたものである。この図表は，クロスボーダーでの資金フローが欧米中心であること，つまりアメリカ，イギリスおよびユーロ圏の三極間で活発であり，アメリカには世界中の資金が集まる構造となっており，ヨーロッパからだけではなく，日本に加えて，アジア，中東および中南米などの新興国からも資金が流入していることを示している（経済産業省通商政策局［2008］，113頁）。

　また，この2つの図は，2006年と2007年の世界を巡る資金フローを示しているが，2007年のアメリカでのサブプライム住宅ローン危機による資本移動の影響をも鮮明に描き切っている。それは，ユーロ圏からアメリカへの資本移動に顕著にあらわれている（ユーロ圏からアメリカへの資本移動は，2006年は1,896億ドルの資本流出（輸出）であったが，2007年は535億ドルの資本流入（引き上げ）に転じた）。

　その後の経済産業省による『通商白書』は，世界金融危機以後に生じた2011年の世界経済の主な減速要因として，ヨーロッパ債務危機の深刻化による金融市場の動揺などを掲げ，こうした要因が生じる背景となった主要国・地域の経済動向を整理している。整理されたそれらの経済動向のなかで，2011年から2012年にかけての世界的な資金フローの変化を捉えるために描かれた一連の9つの図表のうち，とくに次の5つ図表は，世界金融危機前後の世界的な資金フローの変化をも克明にしており，示唆に富む（**図表1-4**(a)～(e)参照）。

　経済産業省の分析によれば，世界金融危機発生前の2007年第2四半期においては，世界のすべての地域からアメリカに向けて資金流入が，資金流出を上回っている。資金フローを地域間で捉えてみても，とくにアメリカとヨーロッパ間の資金フローが大きい（**図表1-4**(a)）。

図表1-3　資本収支でみた世界を巡る資金フロー（「カネ」の流れ）

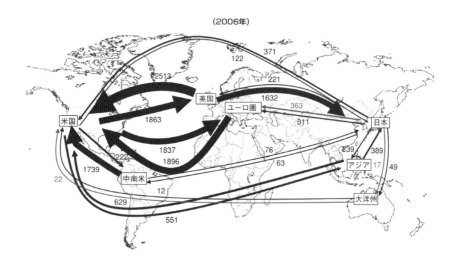

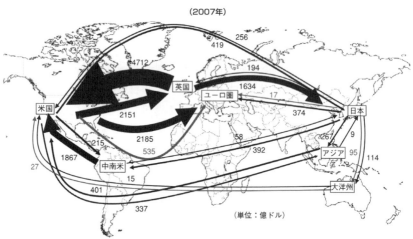

備考：日本関連の取引が1～11月、米国関連の取引は第1～3四半期。
資料：財務省／日本銀行「国際収支統計」、米国商務省「U.S.International Transactions」。

出所：経済産業省通商政策局［2008］，第2-1-1図，114頁。

第3節 直接投資と企業のグローバル化

図表1-4 世界的な資金フローの変化

(a) 世界金融危機発生前（2007年第2四半期）

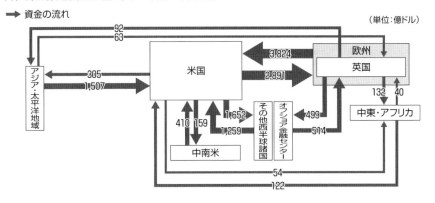

(b) 世界金融危機発生時（2008年第3四半期）

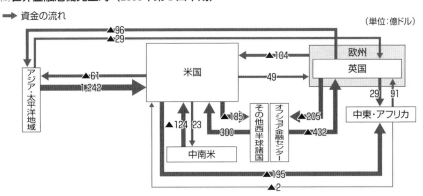

(c) 世界金融危機発生から1年後（2009年第3四半期）

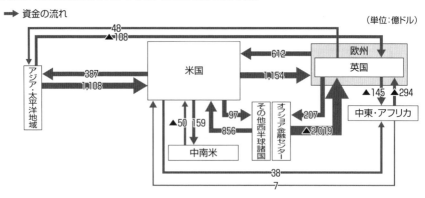

(d) 世界金融危機発生から2年後（2010年第3四半期）

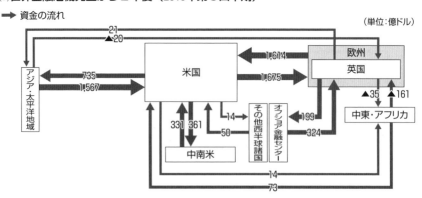

(e)世界金融危機発生から3年後（ヨーロッパ債務問題の深刻化）（2011年第3四半期）

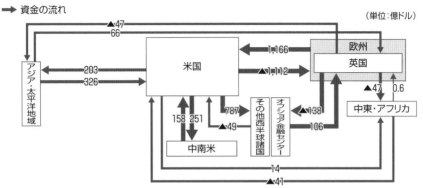

備考：①投資収支（直接投資，証券投資等の合計）から見た資金の流れ。▲（マイナス）は流れが逆方向（リパトリエーション）であることを示す。②データの制約から、アジア・太平洋地域、中東・アフリカ及びオフショア金融市場は、英国との銀行部門のみを記載。③オフショア金融市場は、Aruba, Bahamas, Bahrain, Barbados, Bermuda, Cayman Islands, Guernsey, Isle of Man, Jersey, Lebanon, Macao, Mauritius, Netherlands Antilles, Panama and Vanuatuの計14か国・地域。
資料：米国商務省、Bank of Englandから作成。
出所：経済産業省通商政策局［2012］、第1-1-2-15図〜第1-1-2-18図および第1-1-2-22図、12-15頁。

　しかし，世界金融危機の発生を契機に，世界的な資金フローは一転する。
　世界金融危機発生時の2008年第3四半期は，投資家のリスク選好が急速に低下し，アメリカからの資金引き上げが際立つ（**図表1-4(b)**）。アジア・太平洋地域からアメリカへ向かう資金フローを除いて，その他の地域からアメリカへ向かう資金フローとアメリカから世界の各地域に向かう資金フローのいずれも流れが逆方向の，資金を本国に戻すリパトリエーション（Repatriation）の状態にある。
　世界金融危機の発生から1年後の2009年第3四半期には，アメリカを巡る資金フローの回復がみられる（**図表1-4(c)**）。アメリカからアジア・太平洋地域への資金フローは，世界金融危機発生前を上回り，アメリカから中南米への資金フローも世界金融危機発生以前とおおむね同じレベルである。
　世界金融危機の発生から2年後の2010年第3四半期は，アメリカへ向かう資金フローが顕著である（**図表1-4(d)**）。とくに，アメリカとアジア・太平洋地域

の間の資金フローとアメリカとヨーロッパの間の資金フローが強固なものとなっている。アメリカとヨーロッパの間の資金フローは，2011年第1四半期に著しく拡大した（アメリカからの資金フロー：2,505億ドル，ヨーロッパからの資金フロー：2,707億ドル）。

しかし，2009年10月の政権交代によって発覚したギリシャ財政危機以降，EU加盟国のポルトガル，イタリア，ギリシャ，スペインおよびアイルランドの「PIIGS諸国」などの財政の持続性に対する懸念にまで波及した**「ヨーロッパ債務危機」**（「ヨーロッパ・ソブリン危機」）の影響により，ヨーロッパからのリパトリエーションが加速化した。世界金融危機の発生から3年後の2011年第3四半期の世界的な資金フロー（**図表1-4(e)**）が，この現象を如実に示している。

2．資本市場のグローバル化

投資家は，国内市場に留まらず，世界中の市場に目を向けて投資機会を模索している。もちろん，投資家に限らず，企業も低廉な資本コストでの資金調達先を世界の取引所などに求めている。

世界の主要取引所が加盟する連合組織である**国際取引所連合（WFE）**は，各取引所の統計データを定期的に提供している。その統計データをもとに，世界の主要な証券取引所で資金調達を行っている当該取引所所在国の国内企業と外国企業別の上場会社数，および，当該取引所における年間の株式取引高を取りまとめたものが，**図表1-5**である。

パネルAは，世界の主要な取引所別に整理した2003年度の株式取引高と，2004年1月現在の各取引所の上場会社（国内企業と外国企業）数を示している。国際取引所連合全体での2003年度における株式取引高は，27,614,090百万米ドルである。世界の主要な取引所を，アメリカ大陸全体，アジア・太平洋，ヨーロッパ・アフリカ・中東からなる3つの地域に分別しているが，2003年度の株式取引高は，アメリカ大陸全体の地域が最も多く（17,149,102百万米ドル），ヨーロッパ・アフリカ・中東の地域（5,672,960百万米ドル）とアジア・太平洋の地域（4,792,027百万米ドル）の順序で続く。

また，2004年1月現在の各取引所の上場会社（国内企業と外国企業）数は，アジア・太平洋の地域（17,839社），アメリカ大陸の地域（10,900社），ヨーロッパ・アフリカ・中東の地域（8,536社）の順序で多い。

パネルBにまとめた2015年度のデータによれば，国際取引所連合全体での株式取引高は，113,744,586百万ドルにまで高まっている。これは，国際取引所連合に加盟する取引所数，上場企業数および取引所での株式取引高の増加並びに私設取引システム（PTS）のBATSの創業によるものである。2015年度の株式取引高は，2003年度当時とは異なり，アジア・太平洋の地域での取引高が顕著で（53,729,490百万米ドル），アメリカ大陸全体の地域（31,847,741百万米ドル），ヨーロッパ・アフリカ・中東の地域（10,792,104百万米ドル）の順序となっている。

2016年1月現在の各取引所の上場会社（国内企業と外国企業）数は，その多さでみると，アジア・太平洋の地域（26,365社），ヨーロッパ・アフリカ・中東の地域（14,928社），アメリカ大陸の地域（10,289社）の順序へと変わっている。

こうした趨勢のなかで，世界の取引所再編の動きも活発である。

アジアでナンバーワンを目指し，東京証券取引所と大阪証券取引所を統合した日本取引所グループが2013年1月に発足したが，取引所自体の株式時価総額でみた場合，香港証券取引所が世界を代表する取引所として立ちはだかる。2016年3月のヨーロッパのドイツ証券取引所とロンドン証券取引所グループの統合合意により，世界の取引所は，アメリカシカゴ・マーカンタイル取引所を抱えるCMEグループ，ニューヨーク証券取引所を傘下に持つインターコンチネンタル取引所（ICE），そして統合するヨーロッパの二大証券取引所の欧米勢を中心に集約されている。

国内と海外のいずれの市場であれ，企業が証券取引所に株式を上場することは，当該株式が不特定多数の投資家の投資対象となるため，上場審査において申請会社の上場会社としての一定の適格性（上場適格性）が求められている。申請会社の上場適格性の判断は，証券取引所の上場審査基準をもとに行われる。

図表1-5　世界の主要な証券取引所の株式取引高と上場会社数 ─2004年・2016年現在─

パネルA　2004年1月現在　　　　　　　　　　　　　　単位：株式取引高（百万USD）、上場会社：社

取引所	株式取引高（2003年度）	上場会社数 国内企業	外国企業	取引所	株式取引高（2003年度）	上場会社数 国内企業	外国企業
アメリカ大陸全体				シンガポール証券取引所	92,004.8	481	77
アメリカン証券取引所		496	60	タイ証券取引所	102,107.2	421	0
バミューダ証券取引所	50.8	22	33	台湾証券取引所	592,470.6	670	5
サンパウロ証券・商品・先物取引所	67,987.1	367	1	地域全体	4,792,027.6	17,839	
ブエノスアイレス証券取引所	3,106.9	106	4	**ヨーロッパ・アフリカ・中東**			
サンチアゴ証券取引所	6,724.2	237	1	アテネ証券取引所	30,879.5	339	1
リマ証券取引所	913.5	198	32	BMEスペイン証券取引所	565,029.8	NA	NA
メキシコ証券取引所	25,511.4	158	2	イスタンブール証券取引所	0.1	244	0
NASDAQ	7,063,200.0	2,933	342	イタリア証券取引所	774,550.8	270	9
ニューヨーク証券取引所(NYSE)	9,506,658.7	1,840	466	ブダペスト証券取引所	8,271.0	49	1
TMXグループ	474,949.6	3,563	39	ドイツ証券取引所	950,647.4	682	184
地域全体	17,149,102.2	10,900		ユーロネクスト(EURONEXT)	1,550,621.6	1,040	339
アジア・太平洋				アイルランド証券取引所	5,595.0	55	11
オーストラリア証券取引所	375,264.4	1,408	66	ヨハネスブルグ証券取引所(JSE)	64,616.6	390	21
ムンバイ(ボンベイ)証券取引所	72,902.7	5,553	0	リュブシャナ証券取引所	461.0	136	0
マレーシア証券取引所	46,509.1	906	4	ロンドン証券取引所	1,178,782.6	2,305	376
コロンボ証券取引所	769.2	245	0	ルクセンブルク証券取引所	268.2	44	196
香港証券取引所	272,853.1	1,030	10	マルタ証券取引所	47.3	14	0
インドネシア証券取引所	12,289.5	333	0	オスロ証券取引所	52,807.3	157	20
大阪証券取引所(日本取引所グループ)	63,302.5	1,134	0	スイス証券取引所	450,139.2	289	130
東京証券取引所(日本取引所グループ)	2,114,262.4	2,174	32	テヘラン証券取引所	3,938.2	346	0
韓国証券取引所(韓国取引所)	456,898.5	685	0	テルアビブ証券取引所	17,516.1	NA	NA
インド国立証券取引所	196,195.4	898	0	ワルシャワ証券取引所	7,561.7	188	1
ニュージーランド証券取引所	3,711.3	141	41	ウィーン証券取引所	11,227.3	104	21
フィリピン証券取引所	2,499.6	234	2	地域全体	5,672,960.7	8,536	
上海証券取引所	251,590.1	783	0	**国際取引所連合(WFE)全体**	27,614,090.5	37,275	
深圳証券取引所	136,397.1	506	0				

パネルB　2016年1月現在　　　　　　　　　　　　　　単位：株式取引高（百万USD）、上場会社：社

取引所	株式取引高(2015年度)	上場会社数 国内企業	外国企業	取引所	株式取引高(2015年度)	上場会社数 国内企業	外国企業
アメリカ大陸全体				アテネ証券取引所	18,584.0	235	4
バルバドス証券取引所	104.8	21	4	バーレーン証券取引所	293.2	44	2
バミューダ証券取引所	23.6	13	51	ベイルート証券取引所	504.9	10	0
サンパウロ証券・商品・先物取引所	498,335.8	346	12	ベラルーシ通貨証券取引所		62	0
ブエノスアイレス証券取引所	5,091.2	93	6	BMEスペイン証券取引所	997,646.4	3,623	28
サンチャゴ証券取引所	21,350.1	223	87	イスタンブール証券取引所	374,449.2	391	1
コロンビア証券取引所	14,868.1	69	5	カサブランカ証券取引所	2,942.8	74	1
リマ証券取引所	1,887.4	214	98	西アフリカ証券取引所	525.1	39	0
パナマ証券取引所	231.0	30	1	ブカレスト証券取引所	1,836.6	82	2
メキシコ証券取引所	127,412.0	138	7	ブダペスト証券取引所	7,605.4	45	0
コスタリカ国立証券取引所	56.7	10	0	キプロス証券取引所	132.1	82	0
カナダ証券取引所	276.3	NA	NA	ドイツ証券取引所	1,555,549.4	551	64
ジャマイカ証券取引所	635.8	61	1	ドバイ金融市場	41,223.4	60	0
NASDAQ	12,515,349.4	2,453	390	エジプト証券取引所	15,209.4	249	2
ニューヨーク証券取引所(NYSE)	17,477,291.4	1,890	513	ユーロネクスト(EURONEXT)	2,076,722.2	943	124
TMXグループ	1,184,828.6	3,496	57	アイルランド証券取引所	21,219.5	43	11
地域全体	31,847,741.9	10,289		ヨハネスブルク証券取引所	362,558.7	315	68
アジア・太平洋				カザフスタン証券取引所	3,776.3	78	7
オーストラリア証券取引所	799,101.1	1,962	118	リュブリャナ証券取引所	368.3	46	0
ボンベイ証券取引所	120,779.8	5,859	1	ロンドン証券取引所グループ	2,651,354.6	2,153	515
マレーシア証券取引所	124,113.0	892	10	ルクセンブルク証券取引所	110.3	28	165
チッタゴン証券取引所	1,131.8	257	0	マルタ証券取引所	89.3	23	0
コロンボ証券取引所	1,888.5	295	0	モスクワ証券取引所	140,904.1	249	3
ダッカ証券取引所	13,259.9	288	0	マスカット証券取引所	3,554.7	116	0
ハノイ証券取引所		380	0	ナイロビ証券取引所	1,821.4	63	0
ホーチミン証券取引所	18,898.0	307	0	ナミビア証券取引所	1,293.1	8	33
香港証券取引所	2,125,888.8	1,780	93	NASDAQ OMXノルディック取引所	754,640.1	794	2
インドネシア証券取引所	77,674.3	522	0	ナイジェリア証券取引所	4,068.9	183	1
日本取引所グループ	5,540,696.8	3,500	9	オスロ証券取引所	125,823.1	168	45
韓国取引所	1,929,558.1	1,949	14	パレスチナ証券取引所	320.4	49	0
インド国立証券取引所	676,620.1	1,796	1	カタール証券取引所	25,571.2	43	0
ニュージーランド取引所	9,347.9	171	20	サウジアラビア証券取引所	436,892.6	172	0
フィリピン証券取引所	39,682.7	262	3	スイス証券取引所	991,047.1	234	36
ポートモレスビー証券取引所	359.2	6	11	モーリシャス証券取引所	462.2	71	1
上海証券取引所	21,342,843.3	1,081	0	テヘラン証券取引所	8,837.8	318	0
深圳証券取引所	19,611,249.9	1,747	0	テルアビブ証券取引所	56,442.6	437	22
シンガポール証券取引所	203,413.0	485	286	セーシェル証券取引所	0.1	3	1
タイ証券取引所	285,754.9	640	0	チュニス証券取引所	1,015.1	78	0
シドニー証券取引所	0.5	5	0	ウクライナ証券取引所	37.4	150	2
台北証券取引所	178,437.6	685	33	ワルシャワ証券取引所	54,090.6	873	33
台湾証券取引所	628,791.3	825	72	ウィーン証券取引所	32,197.5	79	12
地域全体	53,729,490.7	26,365		ザグレブ証券取引所	427.9	184	0
ヨーロッパ・アフリカ・中東				**地域全体**	10,792,104.6	14,928	
アブダビ証券取引所	16,402.1	65	3	**国際取引所連合(WFE)全体**	113,744,586.8	51,582	
アンマン証券取引所	3,553.6	227	0				

注：各取引所は上場会社数を基準として示している。そのため，株式取引量については，ケイマン諸島証券取引所（0.5），私設取引システムであるBATSグローバル・マーケッツ（14,217,128.6）とBATSチャイエックス（3,158,120.3）を除いて，アメリカ大陸全体とヨーロッパ・アフリカ・中東の地域全体を集計している。なお，国際取引所連合（WFE）全体の株式取引高は，これら私設取引システムでの株式取引高などを合算した，WFE公表のものである。

出所：WFE［2003］，WFE［2004］およびWFE［2016］の「Equity－1.2－Number of Listed Companies」と「Equity－1.3－Value of Share Trading」をもとに作成。

たとえば，東京証券取引所は，新規上場に関する諸規則である「有価証券上場規程」，「有価証券上場規程施行規則」および「上場審査等に関するガイドライン」における形式要件（株主数や利益額などの定量的基準）と実質審査基準（開示の体制やコーポレート・ガバナンスの状況などを確認する定性的基準）が上場審査基準を形成している（東京証券取引所［2016］，4頁参照）。

上場審査基準などを満たした上場会社は，こうした不特定多数の投資家などに向けて，決算発表や企業内容の適時開示などをはじめとした社会的責任を伴うことになる。

もちろん，上場会社になることでメリットも享受できる。たとえば，東京証券取引所に株式を上場する意義，つまり上場のメリットとして，次の3つが示されている（東京証券取引所［2016］，3頁）。

---

(1) **資金調達の円滑化・多様化**

　上場会社は，取引所市場における高い流動性を背景に発行市場において公募による時価発行増資，新株予約権・新株予約権付社債の発行等，直接金融の道が開かれ，資金調達能力が増大することにより財務体質の改善・充実を図ることができます。

(2) **企業の社会的信用力と知名度の向上**

　上場会社になることによって社会的に認知され，また将来性のある企業というステイタスが得られ，取引先・金融機関等の信用力が高くなります。また，株式市況欄をはじめとする新聞報道等の機会が増えることにより，会社の知名度が向上するとともに，優秀な人材を獲得しやすくなることが期待できます。

(3) **社内管理体制の充実と従業員の士気の向上**

　企業情報の開示を行うこととなり，投資者をはじめとした第三者のチェックを受けることから，個人的な経営から脱却し，組織的な企業運営が構築され，会社の内部管理体制の充実が図られます。また，パブリックカンパニーとなることにより，役員・従業員のモチベーションが向上することにもなります。

上場会社が決算発表や企業内容の適時開示などの社会的責任を果たすには，上場会社の財務書類（財務諸表）の作成と開示が問われる。財務書類の作成に

あたって準拠すべき会計基準ないし財務報告基準や開示基準の重要性は，こうした企業の社会的責任にも密接に関わるものとして十分に理解できるだろう。

　しかし，財務諸表の作成にあたって準拠すべき会計基準ないし財務報告基準は，その国や地域の社会・経済的特性などを反映して生成・発展してきた経緯がある。つまり，会計基準ないし財務報告基準には複数のものが存在するのである。

第4節　会計基準の差異の要因と国際会計

　「会計は外部環境との関係において，相関的であり進歩的である。会計上のテーマを産みだすところのもろもろの事象はたえず変化しつつある。されば，既往の理念は時勢の変化するにつれて指導力を発揮し得なくなり，従前の方法はあたらしい問題に当面すれば適応性をうしなう。かくして，環境はあたらしい思考を産みだし，創造の才ある人々を刺激してあたらしい方法を工夫せしめるにいたる。このようなあたらしい思考と方法は，やがて，周囲の環境を修正しはじめる。その結果をわれわれは進歩とよぶ。」

　「外的環境に対する会計の相関性は二つの方面において認められる。一つは，会計の現実的相関性であり，いいかえれば，当面の問題を解決すべき会計の能力にかかわるものである。」

　「会計にみられるもう一つの相関性は過去における会計の発展とその歴史的環境との関係にかかわるものである。……会計は時代の必要に応じて時代の環境のうちに芽を発したのであった。そして，時代の環境に適応して生長し発展をとげてきた。それが時の流れとともに変遷して行った事情は時代時代の諸力の中に説明をもとめることができる。かくして，会計がまさしく進歩的であり相関的であるのである。それは与えられたる動機によって産まれ，与えられたる運命に向って歩んでゆく。」

　──Littleton［1933］，pp.360-361（リトルトン著・片野訳［1978］，490－491頁).

1. 会計基準の差異をもたらす環境要因

「単一で高品質な国際基準を策定する」というグローバルな目標が掲げられたという事実は，これまでに複数の会計基準ないし財務報告基準が並存し，混在することを意味するものでもある。

そもそも，会計情報ないし財務諸表の比較可能性を損なう原因でもある会計基準の並存や，それによる会計基準間の差異はなぜ生じるのだろうか。

各国の会計基準や会計制度に差異をもたらす原因は，**環境要因**（Environmental Factors）として捉えられる。この環境要因については，国際会計の領域で多くの研究が展開されてきた。代表的な研究には，①ゲルハルト・ミューラー（Gerhard G. Mueller）等による研究（Mueller [1968]，Mueller *et al.* [1994]（ミューラー・ガーノン・ミーク著・野村・平松監訳 [1995]）），②クリストファー・ノーブス（Christopher Nobes）とロバート・パーカー（Robert Parker）による研究（Nobes and Parker [2002]），および，③フレデリック・チョイ（Frederick D.S. Choi）とゲアリー・ミーク（Gary K. Meek）による研究（Choi and Meek [2005]）などがある。

Mueller [1968] は，会計の国際化に影響を及ぼす環境要因について検討した先駆的研究である（Meek and Saudagaran [1990]，p.150）。Mueller [1968] は，各国のビジネス環境が，①経済発展の程度，②ビジネスの複雑性の段階，③政治の党派の影響（政治的および経済的風潮），および，④特定の法律制度への信頼によって異なるとした。これら4つの要因をもとに，国際的なビジネス環境を識別し，会計の発展形態と関わらしめている。

Mueller *et al.* [1994] は，会計基準の差異が発生する原因を「会計の発展に影響を及ぼす変数」（Variables Shaping Accounting Development）として捉える。その変数には，①企業と資本提供者との関係，②他国との政治的・経済的結び付き，③法律制度，④インフレーションの水準，および，⑤企業の規模と複雑性，経営者と資金提供者集団の専門能力および教育の一般水準，があると指摘する。

また，Nobes and Parker［2002］によれば，会計基準の差異が発生する原因として，次の6つがあるという。すなわち，①資本市場の発達程度，②文化的な相違，③大陸法体系と英米法体系の相違，④租税制度，⑤インフレーションの程度，および，⑥会計理論である。

これら6つの原因のうち，「①資本市場の発達程度」については，株式市場の発達度合いなどの特性に基づいて「A類型」（Class A）と「B類型」（Class B）に大別し，この2つの類型が会計に及ぼす影響を明らかにしている。資本市場の発達程度に基づいた分類は，結果的には，**「アングロ・サクソン型会計基準」**（AngloSaxon（Anglo-American）Accounting）を有する国と**「フランコ・ジャーマン型（ヨーロッパ大陸型）会計基準」**（Franco-German（Continental European）Accounting）を有する国の差異に結び付き，これらは会計基準の差異が発生する原因の1つとして掲げた「③大陸法体系と英米法体系の相違」に結び付く。これらの原因のなかで，彼らは，資本市場の発達程度が財務報告において国際的差異をもたらす主たる原因であると位置づけるのである。

さらに，Choi and Meek［2005］は，①資金調達源泉，②法制度，③租税制度，④政治的・経済的結び付き，⑤インフレーション，⑥経済発展の程度，⑦教育水準，および，⑧文化の8要因が，会計の発展に影響を及ぼすとしている。これら8要因は，Choi and Mueller［1984］ですでに明らかにした会計の発展に影響を及ぼす12の環境要因（①法制度，②政治システム，③事業所有権の性質，④企業の規模と複雑性の差異，⑤社会情勢，⑥企業経営と金融界の高度化の度合い，⑦立法の企業への干渉度合い，⑧特定の会計に対する立法規定の存在，⑨経営革新のスピード，⑩経済発展の段階，⑪経済の成長パターン，⑫専門教育と組織の状況）を集約したものと解することもできる。

また，Choi and Mueller［1984］による環境要因と会計システムに影響を及ぼす8要因（パラメータ）を特定化したアメリカ会計学会の国際会計の業務と教育に関する委員会報告書（AAA［1977］）の要因（次頁の**図表1-6**参照）は，これに類似しているところがある（Meek and Saudagaran［1990］，p.151）。

図表1-6 比較会計システムの形態論

パラメータ	各状態の性格				
	1	2	3	4	5
P_1 - 政治システム	伝統的な寡頭制	一国一党主義の寡頭制	近代の寡頭制	後見民主主義	政治的民主主義
P_2 - 経済システム	伝統的	市場	計画的市場	計画	
P_3 - 経済発展の段階	伝統的社会	軌道に乗る直前	軌道に乗る	成熟への前進	大量消費
P_4 - 財務報告の目的	← ……… ミクロ ………		→ ← ……… マクロ ………		→
	投資意思決定	経営業績	社会的測定	部門計画・管理	国の政策目標
P_5 - 基準の拠り所または基準の権限	施行規則	法的措置	政府の行政単位	官民コンソーシアム	プライベート
P_6 - 教育, 訓練および資格付与	← ……… 公教育 ………	→	← ……… 私教育 ………	→	
	インフォーマル	フォーマル(学校教育)	インフォーマル	フォーマル	
P_7 - 倫理と基準の執行	エグゼクティブ	政府の行政単位	司法	プライベート	
P_8 - クライアント	政府	国民一般	← ……… 企 業 ………	→	
			公企業	私企業	

出所：AAA［1977］, Exhibit 21, p.99.

2．経済活動の国際的交流と国際会計

1960年代以降の経済活動の国際的交流が，会計の国際化をもたらした。経済活動の国際的交流には，企業による国際的取引，証券市場をはじめとした資本市場での資金調達取引，および，直接投資の拡大やそれに伴う多国籍企業の増大などがある。

たとえば，経済協力開発機構（OECD）が，加盟国間の直接投資を容易にするために，1976年6月に採択した「国際投資と多国籍企業に関するOECD宣言」（Declaration and Decisions on International Investment and Multinational Enterprises）（OECD［1976］）は国際協力のための4つの文書で構成されている。その文書の1つが「OECD多国籍企業行動指針（ガイドライン）」（The OECD Guidelines for Multinational Enterprises）である。国際的に承認されたとはいえ，「OECD多国籍企業行動指針（ガイドライン）」には法的な拘束力がない。しかし，たとえば，2000年6月に改訂された「OECD多国籍企業行動指針（ガイド

ライン）」において，「企業は，情報開示，会計および監査に高品質な基準を適用すべきである。また，企業は環境および社会的な報告を含めた非財務情報についても，然るべき場合には高品質な基準を適用することを奨励される。財務・非財務情報の編集および公表の基準または方針は報告されるべきである」（Ⅲ，2）として，多国籍企業に開示すべき情報を勧告し，企業の社会的責任を促した。

ところで，経済活動の国際的交流に伴い，本店，国内の支店や子会社で外貨建取引が行われた場合，その取引金額を自国通貨に換算する必要がある。また，外国に所在する支店や子会社での取引が外貨で行われ，財務諸表項目が外貨で測定・表示された場合，その外貨表示項目を自国通貨に換算したうえで本支店合併財務諸表や連結財務諸表を作成しなければならない。こうした海外での事業活動に伴う会計には，外貨換算が問われることになる。

外貨表示の財務諸表の換算にあたっての代表的な方法として，「流動・非流動法」（「流動・非流動区分法」。Current-Noncurrent Method），「貨幣・非貨幣法」（「貨幣・非貨幣区分法」。Monetary-Nonmonetary Method），「テンポラル法」（Temporal Method），「決算日レート法」（Current Rate Method）などがある。これらの換算方法は，各財務諸表項目に適用する為替レート，とくに為替相場の変動を伴う決算日レートの適用のあり方が違うため，換算結果も異なったものになる。

これらの換算方法は，アメリカやイギリスなどでの外貨換算基準の系譜のもとで展開してきた。アメリカ会計士協会（AIA）の会計研究公報（ARB）第4号「海外活動と外国為替」（1939年）およびARB第43号「海外活動と外国為替」（1953年）の第12章，アメリカ公認会計士協会（AICPA）の会計原則審議会（APB）意見書第6号「会計研究公報の現状」（1965年），財務会計基準審議会（FASB）の財務会計基準書（SFAS）第8号「外貨建取引および外貨表示財務諸表項目の換算に関する会計処理」（1975年）やSFAS第52号「外貨換算」（1981年），またイングランド・ウェールズ勅許会計士協会（ICAEW）の会計原則勧告書（RAP）第25号「外国通貨の対ポンド平価の変更に伴う会計処理」（1968

年），会計基準委員会（ASC）の会計実務基準（SSAP）第20号「外貨換算」(1983年），さらにIASCの国際会計基準（IAS）第21号「外国為替レート変動の影響の会計処理」(1983年）や改訂第21号「外国為替レート変動の影響」(2003年）などを通じて基準化されてきたものである。

外貨建取引の会計処理や本支店合併財務諸表の作成における外貨換算の基準などについては，これまで旧大蔵省時の企業会計審議会によって，企業会計上の個別問題に関する意見第5「現行通貨体制のもとにおける外貨建資産等の会計処理に関する意見」(1971年7月7日）や企業会計上の個別問題に関する意見第6「外国為替相場の変動幅制限停止中における外貨建資産等の会計処理に関する意見」(1973年3月29日）などが公表されたことがある。1979年9月に設定された「外貨建取引等会計処理基準」は，一般に公正妥当と認められた外貨換算の基準としての性格を持つ。

経済活動の国際的交流が会計の国際化をもたらした会計学の研究領域を**「国際会計」**（International Accounting）と呼んでいる。しかし，国際会計を一義的に概念づけることは困難である。

たとえば，嶌村編著［1990］でのように，①**国際統一会計**（一般に認められた会計原則の設定および研究を通じて，国際的に会計基準の確立を目的とする会計領域），②**国際比較会計**（各国の会計慣習や会計原則の相違の研究と理解を目的とする会計領域），および，③**国際取引会計**（親会社と在外子会社の財務諸表の連結手続きや外貨換算手続き等の合理化を目的とする会計領域）の主たる概念を識別することによって，国際会計の定義づけを試みたこともあった。

経済活動の国際的交流の1つである資金調達取引の国際化は，外国証券の自国市場への受入れはもとより，外国の発行体による連結財務諸表を通じた情報開示にあたって，各国の証券規制当局や証券取引所が規制する準拠すべき会計基準間の調整をいかに展開すべきかという問題を提起している。この問題は，「会計基準の国際的調和化」(International Harmonization)，「会計基準のコンバージェンス」(Convergence。収斂）や「IFRSsのアドプション」(Adoption)へと連綿と結び付いて展開されているのである。

第5節 財務情報の比較可能性

資本市場を支えるインフラの1つとしての会計基準は，当該資本市場の属する国または地域のさまざまな環境を反映して開発し，設定される。設定された会計基準は，各資本市場を監督する規制当局によってその規範性が付与される構図にある。

第5節 財務情報の比較可能性

1. 事例研究―ダイムラー・ベンツ社の調整表情報

「比較可能性」（Comparability）は，財務諸表利用者にとって重要な財務諸表の質的特性（質的特徴）の1つであるといわれてきた。同一企業の期間比較であるか，あるいは，企業間比較であるかを問わず，この比較可能性の質的特性を担保するのは，品質などでの同等性を有する会計基準に基づいた会計数値（財務数値）であるという事実にある。

同一企業による同一会計年度の異なる会計基準間の会計数値比較に関わる問題を示すために最も引用される例として，1993年10月にニューヨーク証券取引所（NYSE）に上場したダイムラー・ベンツ（Daimler-Benz AG）社のケースがある。

当時のNYSE上場にあたっては，アメリカ企業以外の外国企業（外国民間発行体（Foreign Private Issuer））は，①アメリカの一般に認められた会計原則（U.S. GAAP）に完全準拠した連結財務諸表を作成・開示するか，または，②本国の会計基準に準拠して作成した連結財務諸表に加えて，U.S. GAAPに準拠した場合の連結純利益と株主持分について，本国の会計基準からU.S. GAAPに準拠すべき会計基準を置き換えた場合の「調整表」（Reconciliation）を作成・開示することが要請されていた（2007年以降，外国民間発行体は，第三の選択肢としてIFRSsの使用が認められた。この場合，調整表の作成・開示は不要である）。元来，ドイツ企業は連結財務諸表の作成にあたって，準拠すべき会計基準をドイ

ツ商法（HGB）からU.S. GAAPに置き換えることを断固として拒否してきただけに，ダイムラー・ベンツ社の資金調達目的によるNYSEへの上場は，画期的かつ注目に値するものであった。

　ダイムラー・ベンツ社の1993年のアニュアル・レポート（Annual Report 1993）によれば，その「財政状態の討議および議論」において，従来のドイツHGBからU.S. GAAPに準拠基準を変更したことに伴う追加情報を，次のように開示している（Daimler Benz［1993］, pp.71-72）。この開示情報は，当時のドイツHGBとU.S. GAAPとの主たる差異について知ることができる。

財政状態の討議および議論

「アメリカの一般に認められた会計原則」（U.S. GAAP）に準拠した追加情報

　ニューヨーク証券取引所でのダイムラー・ベンツ社の株式公開で，わが社は証券取引委員会（SEC）に"Form 20-F"としてアニュアル・レポートを提出しています。この提出書類の多くの内容は，アニュアル・レポートからの情報です。しかしながら，アメリカの会計原則に基づいて決定された追加的なデータと財務情報が提供されています。以下の節では，"Form 20-F"から最重要な情報と思われるものを示しています。とくに，当期純利益と株主持分には実質的な差異があるため，ドイツの連結財務諸表上のいくつかの財務データをアメリカの一般に認められた会計原則を用いて算定した価値に変えるために調整表が要求されています（〔アニュアル・レポートの：引用者〕p.73参照）。

アメリカ基準に準拠した金融派生商品に関する情報

　ダイムラー・ベンツ社は，通常業務の通貨と金利の変動による影響をヘッジするために金融派生商品を利用しています。わが社は非常に良い長期格付けを有する銀行とだけ仕事をしています。金融商品はほぼ例外なく主要先進国の通貨でのものです。1993年12月31日現在，外貨持高量は309億ドイツマルク（DM）で（1992年は191億DM），また，金利契約量は131億DMでした（1992年は86億DM）。これらの総額は，財務会計基準書第105号に準拠して開示することが要求されているため，全売買契約の基準価格を示しています。

第5節 財務情報の比較可能性

引当金の処理方法および評価方法の変更に伴う会計発生高（accruals）の差異

　アメリカの会計原則は，ドイツの法律が容認している広範囲に及ぶ損失引当金の計上を認めていません。この過度なドイツの損失引当金は株主持分だけでなく純利益にも影響を及ぼすもので，解除しなければいけません。U.S. GAAPによれば，棚卸資産と売上債権の価値にも影響を及ぼすいくつかの損失引当金を解除することで，株主持分が1993年に58億DM増加しました。わが社は，アメリカの投資家に開示するために，配当として分配できない内部留保の「任意積立金」という用語を用いています。この用語は，2つの会計の異文化をつなぐ架け橋となっています。

長期製造

　預かり保証金と製造原価については，アメリカの原則は工事進行基準の使用を要求していますが，ドイツの法律に従って工事完成基準に準拠して報告しています。グループ内の多くの契約が，既受領額に基づいて利益を部分認識することと部分繰上返済を要求しています。この種の契約はアメリカでは慣例的なものでもあり，アメリカの会計規制のもとでも認識されています。そのため，その結果生じる差異は重要ではありません。

のれんおよび企業買収

　ドイツの会計規制によれば，のれんは株主持分に割り当てるか，または，ドイツでは5年ないし15年の予想耐用年数にわたって償却できます。U.S. GAAPによれば，取得原価と市場価値との差額は，40年を超えない期間にわたって償却しなければいけません。

事業投資の処分

　ドイツの会計原則によれば，子会社の売却や株式保有企業の売却は，契約が締結されている期間に割り当てられなければいけません。U.S. GAAPによれば，投資損益は実際にその投資に係る金銭上の交換が行われるまで認識できません。

年金に関する引当金

　アメリカの会計原則によれば，高齢者年金の引当金の決定には，とりわけ賃金の予想される上昇について決定することが必要です。その計算は，未発生の

47

利息に対する6％の割引率に基づいていません。この割引率はドイツ税法では適用が認められていますが，実際には個々に利率を具体化しています。もう1つの差異は，退職者の医療費がアメリカでは実際に計算され，発生していることを要求していることから生じています。

為替換算と金融商品

　金融商品に係る未実現の為替差損益は，2つの会計制度で会計処理が異なります。ドイツの法律によれば，不平等性の原則（Imparity Principle）に従って，未実現損失だけが記録されるのに対して，U.S. GAAPによれば，未実現損失とともに未実現利益も記録しなければいけません。

評価におけるその他の差異

　ドイツとアメリカの会計処理方法のさらなる差異は，棚卸資産，少数株主持分およびリース行為について生じています。

繰延税金

　ドイツの規制によれば，繰延税金資産は，連結修正過程でのみ設定されます。アメリカの会計原則によれば，繰延税金資産は，評価調整と既存の繰越欠損金についても記録できます。

　ダイムラー・ベンツ社は，NYSEへの上場にあたって，U.S. GAAPへの完全準拠ではなく本国の会計基準による連結財務諸表の作成・開示とともに，調整表の作成・開示を選択している。その連結純利益と株主持分に関する調整表は，**図表1-7**のとおりである。ここでは比較可能性の見地から，NYSE上場時の1993年度の調整表を中心に据えて，1992年度から1995年度の調整表を集約表示している。

第5節 財務情報の比較可能性

図表1-7 ダイムラー・ベンツ（Daimler-Benz AG）社の連結純利益および株主持分のU.S. GAAPへの調整表（1992年度〜1995年度）

－単位：百万ドイツマルク－	1992年度	1993年度	1994年度	1995年度
ドイツHGB（ドイツ商法）による連結純損益	1,451	615	895	(5,734)
＋／－　少数株主持分	(33)	(13)	159	
ドイツの規制下での調整済み純利益	1,418	602	1,054	
＋／－　任意積立金の変化額：				
引当金，積立金および評価差額金	774	(4,262)	409	(640)
	2,192	(3,660)	1,463	(6,374)
加減項目				
＋／－　長期請負契約	(57)	78	53	(9)
のれんおよび企業買収	(76)	(287)	(350)	(2,241)
事業売却	337	—	—	—
MBL Fahrzeug-Leasing GmbH & Co. KGの連結からの除外（1994年6月30日）	—	—	(652)	369
年金およびその他の退職後給付	96	(624)	(432)	(219)
外貨換算	(94)	(40)	(22)	52
金融商品	(438)	(225)	633	49
有価証券	—	—	(388)	238
その他の評価差額金	88	292	73	(215)
繰延税金	(646)	2,627	496	2,621
U.S. GAAPによる会計原則の変更に伴う累積影響額控除前のU.S. GAAPによる連結純利益（純損失）	1,402	(1,839)	874	(5,729)
年金以外の退職後給付（33百万DMの税引き後）に関するU.S. GAAPによる会計原則の変更に伴う累積影響額	(52)	—	—	—
1994年1月1日現在の特定の負債証券および持分証券への投資の会計処理（235百万DMの税引き後）の変更に伴う累積影響額	—	—	178	—
U.S. GAAPによる連結純損益	1,350	(1,839)	1,052	(5,729)
U.S. GAAPによる1株当たり利益（損失）	DM29.00[1]	DM(39.47)	DM21.53	DM(111.67)
U.S. GAAPによるアメリカ預託株式[2]当たり利益(損失)	DM2.90	DM(3.95)	DM2.15	DM(11.17)
ドイツHGBによる株主持分	19,719	18,145	20,251	13,842
＋／－　少数株主持分	(1,228)	(561)	(151)	
ドイツの規制下での調整済み株主持分	18,491	17,584	20,100	
＋／－　任意積立金／（引当金，積立金および評価差額金）	9,931	5,770	6,205	5,604
	28,422	23,354	26,305	19,446
加減項目				
＋／－　長期請負契約	131	207	262	253
のれんおよび企業買収	1,871	2,284	1,978	(559)
MBL Fahrzeug-Leasing GmbH & Co. KGの連結からの除外（1994年6月30日）	—	—	(652)	(283)
年金およびその他の退職後給付	(1,212)	(1,821)	(2,250)	(2,469)
外貨換算	(342)	85	63	115
金融商品	580	381	1,013	1,058
有価証券	—	—	27	525
その他の評価差額金	(1,708)	(698)	(185)	(1,073)
繰延税金	(138)	2,489	2,874	5,847
U.S. GAAPによる株主持分	27,604	26,281	29,435	22,860

49

注：
1）1株当たり1.12ドイツマルク（DM）（アメリカ預託株式当たり0.11DM）の年金以外の退職後給付会計の変更
　　に伴うマイナスの影響を含んでいます。
2）50DMの額面株式の10分の1に相当します。
引用者注：
1）1994年度のいくつかの数値はAnnual Report 1994とAnnual Report 1995での表示が異なっている。この表示
　　上の差異は，Annual Report 1995では，ドイツHGB（ドイツ商法）による連結純損益の少数株主持分（159）
　　を加減項目のその他の評価差額金（73）と合算表記（232）しており，またAnnual Report 1994では，ドイツ
　　の規制下での調整済み純利益として算定表示（1,054）していることにみられる。また，Annual Report 1995
　　では，ドイツ商法（HGB）による株主持分の少数株主持分（（151））も加減項目のその他の評価差額金
　　（（185））と合算表示（（336））しており，Annual Report 1994では，ドイツの規制下での調整済み純利益とし
　　て算定表示（1,054）している。ここでは1993年度との比較から，Annual Report 1994による数値をそのまま
　　示している。
出所：Daimler Benz [1993], p.73, Daimler Benz [1994], p.67, and Daimler Benz [1995], p.49をもとに作成。

　ダイムラー・ベンツ社の1993年度の連結損益計算書によれば，ドイツ会計基
準のもとでは615百万ドイツマルクの連結純利益が計上されているのに対して，
U.S. GAAPに準拠すれば1,839百万ドイツマルクの連結純損失に陥ることが示
されている。両会計数値間の差異の原因は，いわゆる秘密積立金項目の会計処
理の違いにある。1993年度に，それまでのいわゆる利益留保での秘密積立金を
もとに，本来は連結純損失であった事実を連結純利益に転化する効果をもたら
しているのである。

　ダイムラー・ベンツ社は，1996年中間決算からU.S. GAAPに完全準拠して
期中報告書を作成している。U.S. GAAPに完全準拠したのは，国際的尺度で
の比較可能性や開示を高めるとともに，当該企業の財政状態や成長性などを正
確に評価しやすくすることで，株主に利することになるとの考えによるもので
ある。

　U.S. GAAPがドイツのHGBよりもより投資家指向的な会計基準であること
は，1996年のアニュアル・レポートにおいても，以下のように言及している
（Daimler Benz [1996], pp.44-45）。

第5節 財務情報の比較可能性

価値創造経営，U.S. GAAP および新たな制御装置

　1993年10月にニューヨーク証券取引所（NYSE）に上場することで，ダイムラー・ベンツ社は，世界最大かつ最も重要な資本市場に直接アクセスするための設定を初めて行ったドイツ企業でした。その際に，わが社は，外部報告にいつまでも影響を及ぼすだけでなく，わが社の会計と内部統制にも影響を及ぼすプロセスに着手しました。このプロセスの目的は，利害のある従業員，得意先および社会全体をなおざりにせずに，わが社の投資家が期待するリターンに順応した企業経営の方法論的基礎を改善するとともに，わが社の外部報告と内部報告の透明性と効率性を高めることになります。

価値創造経営

　わが社の価値の永続的な切れ目のない拡大は，会社の成功に貢献するあらゆるグループの利害が適切に配慮されるときにだけ可能です。わが社の経済的実績や株主が満足するリターンは，意欲的な従業員，満足した得意先，信頼のおける斬新な仕入先によって決まります。その一方で，利益をあげている企業だけが，比較的有利な条件で資本市場から将来の安定のために必要な資金を獲得でき，従業員に安定したやりがいのある仕事を提供でき，したがって，長期間にわたって彼らの参加を得ることができます。そのため，ダイムラー・ベンツ社の経営は，関係者全員のためにわが社の価値を高めるように決められています。

　この目的をサポートするためのダイムラー・ベンツ・グループでの新たな制御装置（Controlling Instruments）には，アメリカの会計原則（一般に認められた会計原則，または，U.S. GAAP）に準拠した貸借対照表の作成と，内部と外部の両面で情報を提供する，時事的な，透明性のある報告を含んでいます。

初めてU.S. GAAPに完全準拠して作成した1996年度の財務諸表

　ニューヨーク証券取引所への上場以降，わが社は外部報告を国際的な経済界の情報要求通りに順次整えてきました。そのプロセスでの重要な局面には，ドイツの会計原則（HGB）による経営成果と持分資本をU.S. GAAPで定義する純利益と株主持分に従って調整したり，各社のセグメントに関する追加情報を提供したりすることがありました。1996年の1月から6月までの期間中，わが社

51

は初めてU.S. GAAPに準拠して作成した期中報告書を表示しました。この1996年度のアニュアル・レポートを通して，わが社は，ドイツの資本調達促進法（資本調達容易化法。German Law to Facilitate Equity Borrowing）の規定に従う一方で，U.S. GAAPに準拠したまる１年間の財務諸表を提出した最初のドイツ企業なのです。〔資本調達促進法（KapAEG）は1998年４月に施行しているが，当該促進法の閣議決定案は1996年12月11日に公表されている。また，ここで取り上げたダイムラー・ベンツ社の1996年のアニュアル・レポートは1996年12月31日付のものである。この閣議決定案に基づくドイツ商法（HGB）の一部改正案にみられた第292a条の新設は，上場企業に対して国際的に認められた会計基準（国際会計基準（IAS）とU.S. GAAP）に準拠した連結決算書の作成を認めるもの（HGB遵守の免責条項の新設）であった。なお，この資本調達促進法は2004年末までの時限立法である（郡司［2000］，7-8頁および佐藤編［2007］，8頁，238頁参照）：引用者〕そのため，このレポートは，EUのガイドラインやヨーロッパの会計原則にも従っています。

外部開示の改善

HGBとU.S. GAAPは会計哲学が厳格に異なるため，両基準は時にはかなり異なるため，２つの会計原則を用いた経済的業績に関するさまざまな数値を提供することに代えて，わが社は，株主，財務アナリストおよび利害関係者（interested public）にU.S. GAAPに従った完全な１組の数値を提供しています。その際，わが社は世界で最高の評価を受けている会計基準に従っており，われわれのアプローチが，わが社の経済的業績，財政状態および正味財産について現段階で利用可能な他の会計システムよりもより明確かつ正確に反映するものと確信しています。これは，単にアメリカの会計原則がドイツの会計原則のもとでの主要な関心事である債権者保護よりも，むしろ投資家情報に焦点を当てていることにとどまるものではありません。自由裁量による評価が非常に制限され，各会計期間への収益と費用の配分が厳格な経済学的考察に基づいているのです。

すべてのステークホルダーに利益をもたらす

アメリカの会計原則を利用することは，国際的に活動している財務アナリストまたは経験豊富な機関投資家が，わが社の財政状態と成長性を正確に評価することをとても容易なものにしています。さらに，それは国際的な尺度での比較可能性とともに，ダイムラー・ベンツ社の開示を改善しています。これは，

第5節 財務情報の比較可能性

わが社の株式の世界的規模での受け入れを促すのにも役立っています。

…（略）…

U.S. GAAPに準拠した貸借対照表価額に基づいた内部統制

U.S. GAAPは，ダイムラー・ベンツ社の外部の視点からの透明度を高めるだけではありません。アメリカの会計原則で導き出された利益数値が，わが社の経済的実績を正確に反映するので，これまでに使用していた内部営業利益に依拠するよりも，むしろ外部報告からの数値は，わが社と個々の事業部の内部統制のためにも用いることができます。したがって，わが社と事業部の経済的実績を測定するために，わが社では内部と外部の両面で同じ数値を使用しています。

なお，ダイムラー・ベンツ社はNYSEに上場を果たしたものの，当該取引所での取引は低調であった。ダイムラー・ベンツ社とアメリカのクライスラー（Chrysler）社は，1998年に合弁（事業結合）契約を締結し，ダイムラー・クライスラー（Daimler-Chrysler AG）社となった。しかし，両社の経営方針の違いや北米地域での業績不振などから，ダイムラー・クライスラー社は，2007年にクライスラー部門をサーベラス（Cerberus）社へ売却し，協業体制を解消した（その後の2009年に，クライスラー社は連邦倒産法第11章の適用を申請し，倒産した）。この解消により，社名はダイムラー（Daimler AG）社となった。

クライスラー社との資本提携の解消により，NYSEはもとより，アメリカの取引所での上場の必要性が薄れ，費用節減と業務の効率化を目的として，NYSEへの上場を廃止した（ドイツテレコム（Deutsche Telekom AG）社も，2010年4月にNYSEの上場廃止を行っている）。

2．比較可能性と概念フレームワーク

ところで，会計基準は，経済事象を写像する手段として機能するため，その経済的実態（会計測定値や開示情報）についての**「忠実な表現」**（Faithful Representation）あるいは「表現の忠実性」が問われる。会計基準の差異を原因として生じる写像された経済的実態の違いは，比較可能性の問題に結び付き，

53

投資意思決定などにも影響を及ぼすことになる。

たとえば,「公益に資するよう,明確に記述された原則に基づく,高品質で理解可能な,単一の強制力のある国際的に認められた財務報告基準」としてのIFRSsを開発するIASBは,**「財務報告に関する概念フレームワーク」**(IASB [2010])の第3章「有用な財務情報の質的特性」のなかで,「目的適合性」(Relevance)と「忠実な表現」を基本的な質的特性とした(QC5)。目的適合性があり忠実に表現されている情報の有用性を補強する質的特性(補強的な質的特性)として,「比較可能性」,「検証可能性」(Verifiability),「適時性」(Timeliness)および「理解可能性」(Understandability)を提示している(QC19)。

「比較可能性」が基本的な質的特性の補強的なものであるという事実は,比較可能性に次のような特性があるとすることからも理解できる(IASB [2010](IFRS財団編・企業会計基準委員会,公益財団法人財務会計基準機構監訳 [2016]))。

比較可能性

QC20 利用者の意思決定には代替案の間の選択が伴う。例えば,投資を売却するか保有するか,又は投資先をある報告企業にするか別の企業にするかである。したがって,報告企業に関する情報は,他の企業に関する類似の情報や,別の期間又は別の日の同一企業に関する類似の情報と比較できる場合には,より有用である。

QC21 比較可能性は,項目間の類似点と相違点を利用者が識別し理解することを可能にする質的特性である。他の質的特性と異なり,比較可能性は単一の項目に関するものではない。比較には少なくとも2つの項目が必要となる。

QC22 首尾一貫性は,比較可能性と関連したものではあるが,同じではない。首尾一貫性は,ある報告企業の期間ごとに,あるいは異なる企業のある単一の期間において,同じ項目に同じ方法を使用することを指している。比較可能性は目標であり,首尾一貫性はその目標の達成に役立つものである。

QC23 比較可能性は画一性ではない。情報が比較可能となるためには,同様のものは同様に見え,異なるものは異なるように見えなければならない。

> 財務情報の比較可能性は，同様でないものを同様のように見せることで
> 向上するものではない。同様のものを異なるように見せることで比較可
> 能性が向上しないのと同じである。
>
> QC24 ある程度の比較可能性は，基本的な質的特性の充足により達成できる可
> 能性が高い。目的適合性のある経済現象の忠実な表現は，おのずと，他
> の報告企業による類似の目的適合性のある経済現象の忠実な表現とのあ
> る程度の比較可能性があるはずである。
>
> QC25 1つの経済現象を複数の方法で忠実に表現することができるとしても，
> 同じ経済現象について代替的な会計処理方法を認めることは，比較可能
> 性を低下させる。

IASBとFASBは，会計基準の共通化に向けた作業の一環として，**「概念フ**
レームワーク・プロジェクト」（Conceptual Framework Project）を展開してき
た。このプロジェクトの第1フェーズの結果として，第1章「一般目的財務報
告の目的」と第3章「有用な財務情報の質的特性」の2つの章が完結している。
FASBが2010年9月に公表した「財務会計諸概念に関するステートメント」
（SFAC）第8号「財務報告のための概念フレームワーク：第1章『一般目的財
務報告の目的』および第3章『有用な財務情報の質的特性』」（FASB［2010］）
も，これら2つの章を反映した成果である。これにより，それまでのSFAC第
1号「営利企業の財務報告の基本目的」と第2号「会計情報の質的特徴」が
SFAC第8号に置き換えられており，基本的な質的特性と補強的な質的特性な
どを盛り込んだ「有用な財務情報の質的特性」も，両審議会で共通化している。
上述の「比較可能性」の質的特性も共有された事実がここにある。

とはいえ，会計情報の有用性にとって，比較可能性がどのような役割を果た
すのかという最も重要な課題が必ずしも解明されていない（大日方［2013］，
214頁）という事実が眼前に横たわる。

これを敷衍して，IFRSsをアドプションすることで，財務情報や財務諸表な
どの比較可能性が高まるとすることには疑問の声もある。

たとえば，IAS第16号「有形固定資産」は，認識後の測定において，資産と

して認識した後，有形固定資産項目は，原価モデル（取得原価から減価償却累計額および減損損失累計額を控除した価額で計上）と再評価モデル（公正価値が信頼性をもって測定できる場合は，再評価日現在の公正価値から，その後の減価償却累計額およびその後の減損損失累計額を控除した額で計上）のいずれかを会計方針として選択できることを認めている（par. 29）。つまり，IFRSs適用企業の当該会計方針について，原価モデルと公正価値モデルが並存ないし混在することになる。加えて，再評価の際に用いる公正価値に市場性がない場合，主観的な評価が含まれた財務諸表になるため，IFRSsをアドプションすると比較可能性が高まるという主張は必ずしも当たらないとする見解（辻山［2011］，14頁）などは，その代表的なものであろう。

第6節 会計基準のコンバージェンスとアドプション

　企業の財政状態や経営成績などを明らかにするために，経済事象を写像する会計基準ないし財務報告基準を主体的に策定（創設）するか，または，他の設定主体が策定したものを受け入れるかによって，当該国の会計基準のあり方は大きく異なるものとなる。後者のように，他の設定主体が策定したものを受け入れることは，実質的には，会計基準ないし財務報告基準の策定を他の設定主体にアウトソーシングする形態として捉えることもできる。

　これまで，会計基準ないし財務報告基準への対応のあり方は，「**コンバージェンス**」（Convergence）と「**アドプション**」（Adoption）に大別されてきた。

　ここでのコンバージェンスは，自国の会計基準ないし財務報告基準を維持しつつ，会計基準を巡る国際的動向や国内情勢などを踏まえて，IASBが策定するIFRSsの規定内容へと近づけていく行為をいう。したがって，コンバージェンスによれば，自国の会計基準ないし財務報告基準を主体的に策定することになる。これに対して，アドプションは，IASBが策定したIFRSsを受け入れるため，自国の会計基準ないし財務報告基準の策定は主体的には行われず（もち

ろん，IFRSsを受け入れる決定そのものは主体的な対応になる），まさにその策定のアウトソーシングとなる。

　もっとも，アドプションについては，導入するIFRSの程度によっても区分できる。IASBが策定したすべてのIFRSs（ピュアIFRSsまたはピュアなIFRSs）を全面的に導入するという意味での「**フル・アドプション**」（全面採択または包括承認），一部のIFRSsを採用しない「**カーブアウト**」（Carve Out：分離して一部を切り出すこと），一部のIFRSsを修正のうえ採用する「**アダプテーション**」（Adaptation：受容・適応）がある（辻山［2009］，20頁参照）。フル・アドプション，カーブアウトおよびアダプテーションのいずれの場合も，IFRSsに対するエンドースメント・メカニズム（エンドースメント手続き）が必要である。

　また，アメリカの証券取引委員会（SEC）のポール・ベスウィック（Paul A. Beswick）副主任会計士が2010年の「SECおよび公開会社会計監督委員会（PCAOB）の最近の動向に関するAICPA全国会議」（AICPA National Conference on Current SEC and PCAOB Developments）の講演で提唱した「**コンドースメント・アプローチ**」（Condorsement Approach）もみられる（Beswick［2010］）。このコンドースメント・アプローチは，コンバージェンスとエンドースメントを組み合わせたもので，一部のIFRSsだけを承認しつつ，自国の会計基準ないし財務報告基準は維持しながら，移行期間において基準の差異の解消に向けてコンバージェンスを行うものである。

1．会計基準の国際的調和化

　会計測定値や開示情報（財務情報）の「比較可能性」という質的特性を担保するための方法論には，複数のものがある。会計基準や会計制度の差異を国際的視点から捉え，この比較可能性を向上させる方策が，本書の**第3章**で詳述する「会計基準の国際化戦略」（Internationalization Strategy of Accounting Standard）ないし「グローバル財務報告戦略」（Global Financial Reporting Strategy）であるということもできる。

　会計測定値や開示情報の比較可能性を高める効果が最も期待される方法論は，

企業の事業活動等の測定尺度である会計基準を国際的に一本化ないし共通化することだということは想像するに難しくない。1973年に設立されたIASCによるIASこそ，企業の国際比較を可能にする国際的な会計基準を構築する試みの代表例である。IASCの設立にあたり，9ヵ国の会計士団体が署名した「合意書」（Agreement）の第1条第a項に明記されたIASCの設立目的から，その事実を理解することができるだろう（Camfferman and Zeff［2007］, p.51参照）。

> 「会計監査の対象となる計算書および財務諸表の提示にあたり準拠すべき基本的諸基準を，公益のために作成公表し，かつ，これが世界的に受け入れられることを促進する。」

　IASCは世界的規模でIASが受け入れられ，遵守されることを目論んでいたが，結果的には，その目論見は果たされるには至らなかった。IASCは主要国の会計士団体の合意によって設立された民間組織であること，また，署名された「合意書」こそがIASの効力の拠り所であるため，策定するIASの適用になんら法的効力がないだけでなく，特定の会計事象や会計問題について策定・公表されたIASが複数の代替的処理方法（標準処理と代替処理）を容認し，会計処理方法の適用にあたってその選択の幅を持たせてきたことなどに原因がある。会計情報ないし財務諸表の比較可能性を高めることを目的として設定したはずのIASが，複数の選択可能な代替的処理方法を受け入れてきたため，本来の目的であるはずの会計情報ないし財務諸表の比較可能性の向上を毀損するという，まさに「ミイラ取りがミイラになる」結果を招いたともいえるだろう。

　会計情報ないし財務諸表の比較可能性を向上し，ひいては投資家による意思決定の有用性を確保することを目的として，「会計の多様性」（Worldwide Accounting Diversity）を削減するために展開された試みを，一般的に**「会計基準の調和化」**（Accounting Standards Harmonization），**「会計基準（間）の国際的調和化」**（International Harmonization of Accounting Standards）または**「ハーモナイゼーション」（調和化）**などと呼んでいる。

もっとも，この「会計基準の国際的調和化」や「財務報告実務の調和化」については，測定や概念の定式化ないし操作可能性などが問われたこともある。

たとえば，財務報告の国際的調和化の測定に関わる先行研究（たとえば，Nair and Frank［1981］やvan der Tas［1988］など）を分析し，用語の定義や操作可能性，データソース，統計的手法や統計的因果関係の問題などについて検討したタイとパーカー（Tay and Parker）は，財務報告の規制の調和化（*de jure* Harmonization）と会計実務の調和化（*de facto* Harmonization）を区分するとともに，「調和」（Harmony）と「統一性」（Uniformity）は状態（a *state*）であり，また「調和化」（Harmonization）は過程（a *process*）であるとした（Tay and Parker［1990］）。「調和は，相違の減少した状態であり，幅のある概念となり，調和化は統一へ向かう過程である」とか，「統一……は調和の特殊な形態」（徳賀［2000］，125-126頁）との規定などにもみられるように，こうした用語の定義や操作可能性などは，広く受け入れられている（たとえば，van der Tas［1992］，徳賀［2000］）。

会計基準の国際的調和化に関わるこれらの概念の明確化を試みる検討を通じて，徳賀［2000］は，国際的調和（化）を論じる際に，測定基準と開示基準，会計基準と会計実務を区分する必要性を説き，これらを次頁の**図表1-8**のように整理した。

画一化した会計基準の役割をIASに担わせる「会計基準の国際的調和化」は，複数の代替的処理方法の容認，会計基準の法的効力や権威性およびIASの設定主体と設定プロセスというガバナンス問題などに直面し，必ずしもその目的を達成することはできなかった。

特定の会計基準が世界的規模で受け入れられるか否かは，国際的な資本市場における会計基準の市場競争原理が存在することも忘れてはならない。国際的な資本市場には，準拠すべき会計基準をも含む市場規制が存在する。もっとも，投資家の意思決定有用性を高めることができるのであれば，国際的な資本市場においても準拠すべき会計基準に競争原理がおのずと働くはずである。

図表1-8　国際的調和化

	会計基準	会計実務
測定	各国基準における弾力性の縮小，かつ，各国会計基準間の相違の縮小（基準の共有）	同一の会計方法が選択される頻度の上昇，かつ，各国間の実務の相違の減少
開示	項目と詳細さについて，個別に最も高い水準の基準への接近？	項目と詳細さについて，個別に最も高い水準の国の実務への接近？

注：「統一性」（Uniformity）は，「取引形態からみて同一または類似と判断される事象に対して会計基準が唯一の会計方法の採用のみを許している状態」を，また「弾力性」（Flezibility）は，「同一または類似の事象に対して複数の会計方法の選択を認めている会計基準の属性（状態）」と定義づけている（121-122頁）。
出所：徳賀［2000］，図表5-6，131頁。

2．IASBの目的としてのコンバージェンスとアドプション

　会計基準ないし財務報告基準で使用される「コンバージェンス」（収斂）（Convergence）という用語は，IASBに密接に関係している。

　IASCの戦略作業部会は，それまでのIASCの組織構造を抜本的に改革することを取りまとめた最終報告書「**IASCの将来像に関する勧告**」（Recommendations on Shaping IASC for the Future）（IASC［1999］）を1999年11月に公表したが，この最終報告書を踏まえて，2001年にIASC財団（IASC Foundation）が設立され，その一部としてIASCから新たにIASBを組織した。IASC財団は，2010年7月に**IFRS財団**（IFRS Foundation）に改称されている。

　これまでのIASC財団やIFRS財団の各定款（Constitution）において定められたIASCの目的またはIASBの目的の変遷から，コンバージェンスの位置づけについて理解することができる。**図表1-9**は，IASC定款，IASC財団定款およびIFRS財団定款の制定・改訂時におけるIASCとIASBの目的について整理したものである。

　IASCの目的は，もっぱら国際的に認められ，遵守される会計基準の策定と，会計基準および手続きの改善と調和の促進にあった。IASBの設立に伴い，IASBの目的は，主として，「高品質で透明性があり，かつ比較可能な情報を要求する，高品質で，理解可能な，かつ強制力のある単一の国際的な会計基準

60

第6節 会計基準のコンバージェンスとアドプション

図表1-9 IASC財団・IFRS財団等の定款におけるIASC・IASBの目的

IASC（IFRS）財団定款	IASC・IASBの目的
IASC設立当時の IASC定款 （1973年）	(a) 公益に資するよう，財務諸表の作成にあたって準拠すべき会計基準を策定し，かつこれらの基準が国際的に認められ，遵守されることを促進すること (b) 財務諸表の作成に関する規制，会計基準および手続きの改善と調和に向けて広く活動すること
IASB設立時の IASC財団定款 （2000年）	(a) 公益に資するよう，世界の資本市場の参加者およびその他の利用者が経済的意思決定を行うのに役立つように，財務諸表その他の財務報告において，高品質で透明性があり，かつ比較可能な情報を要求する，高品質で，理解可能な，かつ強制力のある単一の国際的な会計基準を開発すること (b) それらの基準の利用と厳格な適用を促進すること (c) 各国会計基準と国際財務報告基準を高品質な結論でコンバージェンス（収斂）させること
IASC財団の改訂定款 （2009年2月）	(a) 公益に資するよう，世界の資本市場の参加者およびその他の利用者が経済的意思決定を行うのに役立つように，財務諸表その他の財務報告において，高品質で透明性があり，かつ比較可能な情報を要求する，高品質で，理解可能な，かつ強制力のある単一の国際的な会計基準を開発すること (b) それらの基準の利用と厳格な適用を促進すること (c) 上記(a)および(b)に関連した目的を遂行するにあたり，必要に応じて，中小企業および新興経済国の特殊なニーズについても考慮すること (d) 各国会計基準と国際会計基準および国際財務報告基準を高品質な結論でコンバージェンス（収斂）させること
IFRS財団の改訂定款 （2013年1月）	(a) 公益に資するよう，明確に記述された原則に基づく，高品質で理解可能な，単一の強制力のある国際的に認められた財務報告基準を開発すること。これらの基準は，財務諸表その他の財務報告において，高品質で透明性があり，かつ比較可能な情報を要求すべきである。それにより，投資者，世界のさまざまな資本市場の参加者および他の財務情報の利用者が経済的意思決定を行うのに役立つものとするためである。 (b) それらの基準の利用と厳格な適用を促進すること (c) 上記(a)および(b)に関連した目的を遂行するにあたり，必要に応じて，さまざまな経済環境における広範囲な規模および種類の事業体のニーズを考慮すること (d) IFRSs，すなわちIASBが公表する基準および解釈指針の採用（アドプション）を，各国会計基準とIFRSsとのコンバージェンス（収斂）を通じて，推進し促進すること

を開発すること」と，「各国会計基準と国際財務報告基準を高品質な結論でコンバージェンス（収斂）させること」とされた。コンバージェンスはIASBの目的の1つであり，アジェンダの主要テーマを形成してきたのである。

そもそも「コンバージェンス」（収斂）は，「縮むこと。引き締まること」から転じて，たとえば生物学では，「生物進化の過程で，系統の異なる生物が，次第に形質が似てくること」として，また数学のもとでは，「数列が，ある一つの有限確定の値にいくらでも近づくこと。無限級数の和が有限確定の値をとること。また，変数xがある値に近づくとき，関数f(x) がある有限確定値に限りなく近づくこと」（『広辞苑』）として意義づけられている。「会計基準のコンバージェンス（収斂）」という場合の「コンバージェンス（収斂）」も，「一つにまとまること，または集約すること」の意義で用いられている。

コンバージェンスは，社会学，経済学，政治学での社会体制，経済体制，産業化などに関わる見解にも転用され，**「収斂理論」**（Convergence Theory）や**「拡散理論」**（Divergence Theory）を形成している。

たとえば，福祉国家論の研究において，「都市型社会産業に関する収斂理論」（Convergence Theory of Urban-Industrial Societies）について検証したハロルド・ウィレンスキー（Harold L. Wilensky）は，福祉事業への公共支出の差異（社会保障支出の対国民総生産（GNP）比の差異）を説明する最も有意な独立変数は経済水準であり，イデオロギーや政治体制の差異などには説明力がないことを見出し，経済成長によって福祉国家が発展する収斂理論を解明した代表者と目されている（Wilensky［1975］（ウィレンスキー著・下平訳［1984］））。ウィレンスキーは，長期間にわたり経済水準が上昇し続けたことこそ福祉国家発展の根本的原因であると結論づけ，福祉国家の構造的同質性（Structual Uniformities）や収斂の傾向を強調した。

また，近代社会の運動法則が存在する可能性とその法則がどのような性質のものであるか——制度派経済学の先駆者であるクラーク・カー（Clark Kerr）は，社会体制の変化に目を向け，さまざまな見解を対立競合する6法則（産業社会の運動諸法則）に分類して，検討を加えた（Kerr［1983］，pp.9-20（カー著・嘉治監訳［1984］，17-39頁））。

① サン・シモン（Henri Saint-Simon）を中心としたキリスト教産業主義収

敏説（Convergence on Christian Industrialism）

② マルクス（Karl Marx）を中心とした共産主義収斂説（Convergence on Comminism）

③ ハイエク（F.A. Hayek）を中心とした資本主義収斂説（Convergence on Capitalism）

④ ティンバーゲン（Jan Tinbergen）を中心としたオプティマム収斂説（Convergence on the Optimum）

⑤ 「イデオロギー終焉派」（'End of Ideology' Group）を中心としたプラグマティズム収斂説（Convergence on the Pragmatic）

⑥ 「産業主義および産業人グループ」（'Industrialism and Industrial Man' Group）を中心とした多元的産業主義収斂説（Convergence on Pluralistic Industrialism）

これら対立競合する6法則は，社会の多くの面を包摂する収斂が進行することが考えられているが，社会の特定部門だけに収斂が進行するものとして，①官僚システムによる収斂，②計画による収斂，③経営管理者が果たす中心的役割による収斂も紹介している。これら収斂説について，各種統計資料をもとに分析したことに，カーの研究の特徴がある。

分析の結果，「それぞれの国によって大きな差異はあるものの，産業社会の6部門〔知識の内容，生産資源の動員，生産組織，労働パターン，生活様式，経済報酬の配分形態：引用者〕においてすでに実質的収斂が進行しつつある」とともに，「3つの部門〔経済構造，政治構造，信条（価値観）のパターン：引用者〕においては，まだ収斂はほとんど見られない」（カー著・嘉治監訳［1984］，67頁〔原著に記述なし：引用者〕）ことを示した。とくに，「経済構造や政治構造については，二極化への強い傾向が見られ，また信条パターンには，多様化への強い傾向が現われています」（カー著・嘉治監訳［1984］，68頁〔原著に記述なし：引用者〕）と結論づけた。

ここでの分析にあたって，カーが用いた「収斂」「拡散」「統一性」「多様性」

の用語は，それぞれ次のように定義している（Kerr［1983］，p.3（カー著・嘉治監訳［1984］，3-4頁））。

「収斂」（Convergence）——各産業社会がその構造，発展過程および目的達成能力においてより類似性が強くなる傾向を意味する。
「拡散」（Divergence）——各産業社会がその構造，発展過程および目的達成能力において離反していく傾向を意味する。
「統一性」（Uniformity）——各産業社会の構造，発展過程および目的達成能力が一様な状態にあることを意味する。
「多様性」（Diversity）——各産業社会の構造，発展過程および目的達成能力にさまざまな変化が存在する状態を意味する。

こうした産業社会の発展における収斂理論を会計制度の発展に援用した研究もみられる。たとえば，デュボアと染谷による研究（DuBois and Someya［1977］）は，日本における会計の発展プロセスは欧米諸国のそれとほぼ同じパターンを辿っており，日本の会計の発展プロセスに対する収斂理論は否定されないことを明らかにしている。

それでは，IASBはコンバージェンスをどのように考えていたのだろうか。
次のカンファーマンとゼフによるコンバージェンスに関わる言及は，この疑問を解決してくれる（Camfferman and Zeff［2015］，p.128）。

■「〔IASBの：引用者〕ディレクターのウェイン・アプトン（Wayne Upton）とケビン・スティーブンソン（Kevin Stevenson）は，『スタッフはコンバージェンスを広く類似する，また，限られた数の規定で異なる基準を有するいくつかの基準設定主体のトピックを記述するために使用している』ということを明確にした。」
■「スタッフの定義で明確にされたように，コンバージェンスは，いくつかの国の基準間の差異を同時に削減することを目的とした，マルチラテラル（多国間）

な意味で考えられていた。IASBが発足した後の初めの数年は，『コンバージェンス』は，グローバルな『最も理想的で信頼度の高い基準』（Gold Standard）にするために，各国の基準から高品質あるいは『最高品質』（Best-of-Breed）の解決策を選ぶ，別の，それでもやはりマルチラテラルな意味でも使われていた。」

　ところで，2008年－2010年のIFRS財団の定款見直しにおいて，IASBの目的に初めて「アドプション」の言葉が使用された。

　IASC財団が2008年12月8日に公表したディスカッション・ペーパー「**定款の見直し：見直し作業の第2部における論点の特定**」（Review of the Constitution: Identifying Issues for Part 2 of the Review）（IASC Foundation [2008]）によって進めた第2部の定款見直し作業において，IASBの目的を変更したのである。この変更は，「原則主義の財務報告基準を設定することへのコミットメントを明確にするとともに，各国の会計基準とIFRSsとのコンバージェンスを通じたIFRSsのアドプションの促進を目的とすることなどを明確にする」ものであった。

第7節 会計基準のコンバージェンスに向けた取組み

　IASC財団やIFRS財団の各定款は，各国会計基準とIFRSsをコンバージェンスさせることをIASCやIASBの目的の1つとして据えてきた。それでは，アメリカと日本の会計基準設定主体などは，会計基準のコンバージェンスにどのように取り組んできたのだろうか。

　ここでは，アメリカと日本のコンバージェンスに向けた取組みついて簡潔に確認しておこう。なお，次頁の**図表1-10**は，EUによる第三国の会計基準の同等性評価と両国の会計基準のコンバージェンスを巡る展開を整理したものである。

図表1-10 EUによる第三国の会計基準の同等性評価と会計基準のコンバージェンスを巡る展開

年	アメリカ・EU	日本
2002年	EU：IASの適用に関する規則（IAS規則）を公表（7月19日） FASB：IASBと会計基準のコンバージェンスに関する「覚書：ノーウォーク合意」を公表（10月）	
2003年	EU：市場阻害行為の開示に関する「市場濫用指令」と発行開示に関する「目論見書指令」を公表（1月28日・11月4日）	企業会計基準委員会：「Convergenceに対する当委員会の姿勢―IFAD Report『GAAP Convergence 2002』に関して」を公表（4月24日）
2004年	EU：ヨーロッパ委員会（EC）がヨーロッパ証券規制当局委員会（CESR）に第三国の会計基準の同等性評価を指令（6月29日） EU：定期開示に関する「透明性指令」を公表（12月15日）	金融庁：企業会計審議会が「2005年問題の論点と考え方」を公表（3月17日） 金融庁：企業会計審議会が「国際会計基準に関する我が国の制度上の対応について（論点整理）」を公表（6月24日） 金融庁：会計基準のコンバージェンスに向けた積極的対応を施策とする「金融改革プログラム―金融サービス立国への挑戦―」を公表（12月24日）
2005年	EU：CESRが第三国の会計基準の同等性評価に関する概念ペーパーを公表（2月3日） SEC：ニコライセン（Donald Nicolaisen）主任会計士がIFRSs適用時の調整表作成・開示要件の撤廃勧告に関するロードマップの見解を公表（4月21日） EU：CESRが第三国の会計基準の同等性評価に関する技術的助言を公表（7月5日）	企業会計基準委員会：IASBと会計基準のコンバージェンスに合意（3月9日・10日）
2006年	FASB：IASBと会計基準のコンバージェンスに関する覚書を締結（2月27日） SEC：CESRと財務報告に関する「SEC-CESR共同作業計画」を公表（8月2日）	金融庁：企業会計審議会企画調整部会が「会計基準のコンバージェンスに向けて（意見書）」を公表（7月31日） 企業会計基準委員会：「我が国会計基準の開発に関するプロジェクト計画について―EUによる同等性評価等を視野に入れたコンバージェンスへの取組み」を公表（10月12日）
2007年	SEC：IFRSsのロードマップに関する円卓討論を開催（3月6日） SEC：相互承認に関する円卓討論を開催（6月12日） SEC：外国民間発行体に対するIFRSsの適用に関するリリース（通牒）を公表（12月21日）	政府：経済財政諮問会議が会計基準のコンバージェンスとこれを通じた相互承認の推進を図ることを含む「経済成長戦略大綱」を公表（5月28日） 企業会計基準委員会：IASBと「会計基準のコンバージェンスの加速化に向けた取組みへの合意」を公表（8月8日）

		金融庁：会計基準の国際的なコンバージェンス・相互承認の推進に関する方策を含む「金融・資本市場競争力強化プラン」を公表（12月21日）
2008年	FASB：IASBとの覚書の改訂版「2006年2月の覚書の完了：進捗状況の報告および完了予定表」を公表（9月11日） EU：ECが第三国の会計基準（アメリカの会計基準と日本の会計基準）の同等性を決定（12月12日）	企業会計基準委員会：「東京合意に掲げた短期コンバージェンス項目の終了にあたって」を公表（12月26日）
2009年	FASB：IASBとの共同声明「FASBとIASBによる覚書に対するコミットメントを再確認」を公表（11月5日）	

1．アメリカの会計基準のコンバージェンスに向けた取組み

（1）FASBとIASBの「覚書：ノーウォーク合意」

　IASCによるIASをコアに据えた会計基準の国際的調和化の試みが必ずしも達成されなかったという事実は，元来，国際会計のもとで問われてきた会計情報ないし財務諸表の比較可能性の問題および各国の証券規制当局や証券取引所が要請してきた準拠すべき会計基準間の調整問題が，未解決のままであることを物語る。会計基準の国際的調和化の試みのプロセスで，国際的に調和化されるべき会計基準にはその品質の高さなどが問われるべきであるとして，アメリカは，IASなどではなく，むしろ世界で最も厳格な会計基準としてのアメリカの会計基準（U.S. GAAP）をコアに据えることを目論み，現にそのスタンスで規制措置等を展開してきた。

　しかし，エンロン（Enron Corp.）やワールドコム（Worldcom）をはじめとした一連の企業不祥事により，アメリカの会計基準に対する見方も一変した（エンロンは，エネルギー業界の規制緩和が進められるなか（背景にはエンロンによる巨額の政治献金がある），デリバティブ取引などを駆使して急成長した企業の1つである。そのプロセスにおいて，循環取引や空売りなどを通じた売上などの水増しや連結対象外の特別目的会社（SPE）への簿外債務の隠蔽などにより，粉飾決算を行ってきた。2001年12月に経営破綻した。また，ワールドコムは，M&Aを繰り返して急

成長してきた通信会社である。収益に占める回線使用料（他の通信会社との相互接続費）の比率を重視するあまりに，回線使用料を費用計上せずに資産計上（費用の過少計上）し，また収益も粉飾した。2008年にリーマン・ブラザーズが破綻するまで，ワールドコムの破綻（2002年）はアメリカ最大の経営破綻であった。なお，両社の会計監査はアーサー・アンダーセン（Arthur Andersen）が担当してきた）。一連の企業不祥事を通じて，アメリカの会計基準そのものの品質が国内外で問われたのである。

1933年証券法（Securities Act of 1933）や1934年証券取引所法（Securities Exchange Act of 1934）は，1929年の大恐慌を受けて制定された連邦証券諸法に関わるものであるが，一連の企業不祥事を受けて，企業会計や財務諸表の信頼性を向上させるために2002年7月30日に制定された，いわゆる企業改革法としての**サーベインズ・オックスリー法**（SOX法）（「**上場企業会計改革および投資家保護法**」（Public Company Accounting Reform and Investor Protection Act of 2002））も，これら連邦証券諸法と比肩できるものである。このSOX法に限らず，当該法律の制定プロセスにおいて，アメリカの会計基準設定権限をはじめ，会計基準設定主体であるFASBや規制当局・監督当局であるSECの存在意義などが問われてきた経緯がある（杉本［2009］，第1章）。一連の企業不祥事とその対応策としてのSOX法の制定，さらには会計情報ないし財務諸表の比較可能性の問題を解消する目論見などを背景にして，アメリカのFASBがIASBに歩み寄り始めた事実は，「会計基準の国際的調和化」から「**会計基準の国際的コンバージェンス**」（International（Global）Convergence of Accounting Standards）または「**会計基準のコンバージェンス**」（Convergence of Accounting Standards）への移行にも作用したということができるだろう。

実のところ，アメリカの会計基準設定主体に会計基準の国際的コンバージェンスについて検討することを要求した法的な拠り所も，SOX法である。

SOX法第108条（会計基準）の第b項は，U.S. GAAPを定めるアメリカの基準設定主体の要件の1つとして，「会計原則の採択（アドプション）に際して，事業環境の変化に対応するために基準を常に更新する必要性，および，公益や

投資家保護のために高品質な会計基準に向けた国際的コンバージェンスが必要または相当とされる範囲について検討するものとする」ことを盛り込んでいる。国際的コンバージェンスの具体的な検討の取組み内容については明記していないが，アメリカの基準設定主体にその対応を求めた事実は絶大である。

SOX法が制定されたのは2002年7月30日であったが，7月1日にロバート・ハーズ（Robert H. Herz）が，FASBの第4代議長に就任している。ハーズがFASBに加わって追い求めた3つの包括的な戦略目的の1つが，U.S. GAAPとIASBの基準とのコンバージェンス（国際的コンバージェンス）を図ることであった（他の2つの戦略目的は，①基準と基準設定プロセスの改善，②会計基準設定構造の簡素化と基準の理解可能性の改善である（Herz [2013], Chapter 2 and Chapter 4（ハーズ著・杉本・橋本訳 [2014]，第2章および第4章）参照））。FASBのハーズ議長がIASB設立当初のメンバーでもあったことは，U.S. GAAPとIFRSsとの国際的コンバージェンスを達成することに大きく作用することになる。

SOX法の制定から間もない2002年9月に開催されたFASBとIASBの最初の合同会議で，高品質で互換性のある会計基準の開発にコミットメントすることを確認し，2002年10月に，両審議会はU.S. GAAPとIFRSsのコンバージェンスに対するコミットメントを示した**「覚書：ノーウォーク合意」**(Memorandum of Understanding: "The Norwalk Agreement")（FASB [2002]（山田 [2003]））を締結し，公表した。この「覚書：ノーウォーク合意」での主たる合意事項は，①相互の現在の財務報告基準に直ちに完全に互換性を持たせること，および，②互換性を維持するために，相互の作業計画の調整に最善を尽くすことについて合意したものである。今日の会計基準のコンバージェンス・プロジェクトやコンバージェンス作業などの起点は，このノーウォーク合意の締結にあるといってよい。

FASBとIASBの「覚書：ノーウォーク合意」は，次のとおりである（FASB [2002]（山田 [2003]，74頁））。

第1部 グローバルな目標──「単一で高品質な国際基準」の策定

「覚書：ノーウォーク合意」

　国際会計基準審議会（IASB）と米国財務会計基準審議会（FASB）は，2002年9月18日，米国コネチカット州ノーウォークにおける両審議会の共同会議において，国内の財務報告においても国境を越えた財務報告においても利用できるような，高品質で互換性のある会計基準を開発することで合意した。当該会議において，FASBとIASBは共に，(a)現在の財務報告基準を実行可能であれば直ちに完全に互換できるようにすること，(b)いったん互換が達成されたならば，互換性が維持されるよう将来の作業計画を調整することのために最善の努力を行うことを誓った。

　互換性を達成するために，FASBとIASBは，最優先の課題として：

a) 米国会計基準（U.S. GAAP）と国際財務報告基準（IFRSs，国際会計基準（IAS）を含む）との間にあるさまざまな差異を削除する目的で，短期的なプロジェクトに着手する；

b) 2005年1月1日時点で残ったU.S. GAAPとIFRSsとの差異を，両審議会の将来の作業計画を調整することを通じて取り除く：すなわち，個別の重要なプロジェクトとして両審議会が相互に着手し，同時に検討する；

c) 現在実施している共同プロジェクトを継続して進行する；及び

d) 両審議会のそれぞれの解釈指針設定組織に対し，それぞれの活動についても調整を行うことを促す。

　両審議会はそのような主要な作業を完了するために必要な資源を提供することで合意した。

　両審議会は，解決を要する差異についての審議を短期プロジェクトにおいて早急に着手することで合意し，短期プロジェクトの目的を共通で高品質の解決策を特定することによる互換性の達成とした。両審議会はまた，2003年中に短期プロジェクトの対象であるいくつかの，おそらくすべての差異について，共通の解決策を反映するためにU.S. GAAP又はIFRSsの変更を提案する公開草案を発行するために最大の努力を行うことで合意した。

> 作業の一環として，IASBは各国の会計基準設定主体と積極的に協議しその支援を求め，現実的であれば直ちに設定主体に対してIASBとの公式のリエゾン関係に基づいた提案を表明するであろう。
>
> 両審議会は，IASBのIFRSsの適用時期が地域によっては2005年1月1日以前であり，新規又は改訂が行われた報告基準の発効日の時期について注意を払う必要があることを承知している。両審議会の提案した戦略はそのようなタイミングを考慮して実行されるであろう。

　FASBとIASBによる「覚書：ノーウォーク合意」の締結の背景には，アメリカの規制監督当局であるSECが介在した事実がある。FASBとIASBの両審議会に対して，SECが，両会計基準間の差異をできる限り取り除くための短期的解決策を展開するように促してきた結果によるものである（Pitt［2002a］，Pitt［2002b］）。

　この点に関連して，2002年8月初めに，IASBのデイビッド・トゥイーディー（David Tweedie）議長，SECのロバート・ハードマン（Robert K. Herdman）主任会計士およびFASBのハーズ議長による三者会談がもたれた。この会議の開催を促したのは，IASBのコンバージェンス計画について質したSECのハードマン主任会計士によるトゥイーディー議長宛の書簡である。三者会談では，SECの経験から，外国の登録者が作成したForm 20-Fの調整表で頻繁に見受けられる，IFRSsとU.S. GAAPの差異を解消する短期コンバージェンスのプロセスの計画が検討されている。この検討こそが，FASBとIASBによる両会計基準のコンバージェンス戦略の採択に繋がり，また，この戦略が「覚書：ノーウォーク合意」として集約されたのである（Camfferman and Zeff［2015］，pp.128-129）。ここに，「覚書：ノーウォーク合意」の締結がSECの働きかけによるものだといわれる所以がある。

（2）「覚書：ノーウォーク合意」締結後の会計基準のコンバージェンスに向けた取組み

　「覚書：ノーウォーク合意」の締結以降，FASBとIASBは，共通の高品質な国際基準の開発が両審議会の戦略的な優先事項であることを確認し，U.S. GAAPとIFRSsのコンバージェンスに取り組んできた。

　2006年2月27日に，FASBとIASBは新たに「覚書」（MoU）（「**IFRSsとU.S. GAAPとの間のコンバージェンスのためのロードマップ—2006-2008**」（A Roadmap for Convergence between IFRSs and US GAAP—2006-2008: Memorandum of Understanding between the FASB and the IASB）（FASB［2006］））を交わし，2008年までに達成すべきコンバージェンス・プログラムの目標を掲げ，この目標に向けて作業を行うことで合意している。この「覚書」は，次の3つの原則（ガイドライン）を基礎としており，FASBとIASBが共同で行う減損と法人所得税を除き，両審議会が行うべき短期コンバージェンス項目は異なる（FASBが行うべき項目：公正価値オプション，投資不動産，研究開発費，後発事象。IASBが行うべき項目：借入費用，政府補助金，ジョイント・ベンチャー，セグメント）。また，すでに議題となっている項目についても，2008年までの達成目標も示した。

---

① 会計基準のコンバージェンスは，長期にわたる高品質で共通の基準の開発を通じて，最も良く達成できる。

② 重要な改善が必要な2つの基準間の差異の解消を試みることは，FASBとIASBの資源の最善の利用ではない――それよりも，投資家に対して報告される財務情報を改善する新しい共通の基準を開発すべきである。

③ 投資家の要求に応えることは，両審議会が，改善が必要な基準を共同で開発した新基準に置き換えることによるコンバージェンスを図るべきであることを意味する。

　その後，2008年4月の共同会議で，FASBとIASBは，共通の高品質な会計基準の開発に対するコミットメントを再確認し，「覚書」プロジェクトを完了

させるロードマップについて合意している。このロードマップは，9月11日に2006年「覚書」の改訂版として公表された「**2006年2月の覚書の完了：進捗状況の報告および完了予定表**」（Completing the February 2006 Memorandum of Understanding: A Progress Report and Timetable for Completion）（FASB and IASB［2008］）である。ここでは，短期コンバージェンスと主要な共同プロジェクトの進捗状況と完了見込日が示された。

　両審議会は，2009年11月5日にも共同声明「**FASBとIASBによる覚書に対するコミットメントの再確認**」（FASB and IASB Reaffirm Commitment to Memorandum of Understanding）（FASB and IASB［2009］）を公表したが，とくに，世界金融危機を議論するためのG20ワシントン・サミットの「金融・世界経済に関する首脳会合宣言」と「改革のための原則を実行するための行動計画」により，「覚書」プロジェクトのコンバージェンス項目の進捗状況について，定期的に報告している。

2．日本の会計基準のコンバージェンスに向けた取組み

　日本の「連結財務諸表の用語，様式及び作成方法に関する規則」は，コンバージェンス（当該規則の用語では「国際的収れん」）を「企業会計の基準について国際的に共通化を図ること」（第1条第3項第5号）と定義している。

　IFRSsを軸にした世界的な会計基準のコンバージェンスには，国や地域の会計基準設定主体だけではなく，規制当局であるアメリカのSECとEUのヨーロッパ証券規制当局委員会（CESR）が直接的に関与してきた。とくに，EUが，IFRSsの導入とともに打ち出した第三国の会計基準の同等性評価は，日本の会計基準のコンバージェンスに向けた施策や取組みをはじめ，IFRSsへの対応のあり方にも大きな影響を及ぼしてきた。

　EUは，IASの適用に関する規則（「IAS規則」または「IFRSs適用命令」）としての「**国際的な会計基準の適用に関する2002年7月19日付のヨーロッパ議会および閣僚理事会規則第1606/2002号**」（Regulation（EC）No.1606/2002 of the European Parliament and of the Council of 19 July 2002 on the Application of

International Accounting Standards）を採択した。これにより，EUは，2005年からEU域内の上場企業に対してIFRSsに準拠した連結財務諸表の作成を義務づけるとともに，EUの資本市場で資金調達を行うEU域外の外国の上場企業に対しても，当初は2007年から，EUでアドプションしたIFRSsまたはこれと同等であるとの評価を受けた第三国の会計基準に準拠して連結財務諸表を作成することを要求した（いわゆる「**会計基準の『2007年問題』**」または「**企業会計の『2007年問題』**」）。

　IFRSsを導入する国や地域が拡大するなか，EUは，その導入を表明していないアメリカや日本などの第三国に対して，EUがアドプションしているIFRSsまたはこれと同等の第三国の会計基準への準拠を義務づけることを2年間延長する決定を下した（いわゆる「**会計基準の『2009年問題』**」または「**企業会計の『2009年問題』**」）。こうしたEUによる決定は，EUの資本市場での資金調達のあり方に直結するため，IFRSsの導入を表明していない国や地域はその対応策を問われたのである。

　第三国の会計基準が，すでにEUが導入したIFRSsと同等性を有する会計基準であると判断するのは，ヨーロッパ委員会（EC）である。ECは，CESRによる第三国の会計基準の同等性評価に関する助言を通じて，この最終的な判断を行っている。ECへの助言に向けて，CESRによる第三国の会計基準の同等性評価の対象は，アメリカ，日本およびカナダの会計基準とされ，その後IFRSsの導入を表明した韓国，中国およびインドの会計基準も新たな評価対象となっている。

　2005年7月5日に，CESRは，アメリカ，日本およびカナダの会計基準のIFRSsとの同等性評価に関する技術的助言（最終報告書「**第三国の会計基準（GAAP）の同等性および第三国の財務情報の法執行メカニズムの説明に関する技術的助言**」（Technical Advice on Equivalence of Certain Third Country GAAP and on Description of Certain Third Countries Mechanisms of Enforcement of Financial Information）（CESR［2005］））を公表した。この技術的助言によれば，対象となった第三国の会計基準は，全般的には同等であるとしながらも，重要な差異

項目があり（アメリカの会計基準の差異：19項目，日本の会計基準の差異：26項目，カナダの会計基準の差異：14項目），その差異の重要性に応じて補完措置が要求されている。

こうしたなか，企業会計基準委員会（ASBJ）は，2005年3月に，日本の会計基準とIFRSsのコンバージェンスを最終目標とする共同プロジェクトをIASBと開始していた。

ASBJとIASBの共同プロジェクトの推進は，前年の12月24日に，金融庁が，「会計基準の国際的な収斂に向けた積極的対応」を具体的施策の「Ⅰ．活力ある金融システムの創造」（(3)「国際的に開かれた金融システムの構築と金融行政の国際化」における「金融行政の国際化と国際的なルール作りへの積極的参加」）のなかに盛り込んだ**「金融改革プログラム―金融サービス立国への挑戦―」**（金融庁［2004］）を公表したことも大きな要因となっている。この背景には，政府の経済財政諮問会議による「経済財政運営と構造改革に関する基本方針」（いわゆる「骨太の方針」）がある（杉本［2009］，第9章補論）。

こうしたなか，CESRの技術的助言によるECの同等性評価の結果を受けて，ASBJは，日本の会計基準の現状と今後の対応（2008年時点での見通し）を整理した**「日本基準と国際会計基準とのコンバージェンスへの取組みについて―CESRの同等性評価に関する技術的助言を踏まえて―」**（企業会計基準委員会［2006a］）を2006年1月31日に公表し，また，2006年10月12日には，**「我が国会計基準の開発に関するプロジェクト計画について―EUによる同等性評価等を視野に入れたコンバージェンスへの取組み」**（企業会計基準委員会［2006b］）と併せて，2008年年初における達成状況の見通しを整理した「プロジェクト計画表」を公表している。

加えて，ASBJとIASBは，2007年8月8日に**「会計基準のコンバージェンスの加速化に向けた取組みへの合意」**（ASBJ・IASB［2007］（企業会計基準委員会・国際会計基準審議会［2007］））を公表した。これは，一般的に**「東京合意」**とも称されるもので，CESRが同等性評価において補完措置を提案した26項目について，2008年までの短期コンバージェンス・プロジェクトによって，「差異を

解消するか又は会計基準が代替可能となるような結論を得るものとする」とした。また、この2008年までの短期コンバージェンス・プロジェクトに含まれない残りの差異については、2011年6月30日を目標期日としてコンバージェンスを達成することを表明したものである（なお、この目標期日は、2011年6月30日後に適用となる新たなIFRSsについては適用されないとしたことは重要である）。

　この「東京合意」は、日本の会計基準のコンバージェンスの加速化において、また、その後のECによる第三国の会計基準の同等性評価において、重要な役割を果たす。「東京合意」は、次のとおりである（下線は引用者）。

会計基準のコンバージェンスの加速化に向けた取組みへの合意

2007年8月8日
企業会計基準委員会
国際会計基準審議会

　企業会計基準委員会（ASBJ）と国際会計基準審議会（IASB）は、高品質な会計基準へのコンバージェンスは世界各国の資本市場にとって大きな便益をもたらすという考えを共有している。したがって、両者は、日本基準と国際財務報告基準（IFRS）とのコンバージェンスの達成を最終目標とする共同プロジェクトを2005年3月に立ち上げている。この共同プロジェクトでの議論において、両者は、2つの基準間の差異を識別し、その差異を解消させるように努めてきた。

　世界中の主要な国々においてIFRSの受け入れが拡大していることに照らし、ASBJとIASBは、日本基準とIFRSとのコンバージェンスの加速化が双方のコンバージェンスに係る共同作業における戦略的な優先事項となっている点で一致している。この目標に従って、ASBJとIASBは、以下に掲げるように、短期及び長期のコンバージェンス・プロジェクトにおける目標期日の設定を含む方策の推進に合意することとした。この方策を進めるにあたり、ASBJとIASBは、規制当局を含む関係者と協議すること、及び会計基準の開発における双方のデュー・プロセスに従うことの必要性について認識しているものである。

76

2008年までの短期コンバージェンス・プロジェクトの完了

　2008年までの目標としては，ECによる同等性評価に関連して2005年7月に欧州証券規制当局委員会（CESR）が日本基準で作成された財務諸表に対して補正措置を提案している項目について，差異を解消するか又は会計基準が代替可能となるような結論を得るものとする。この結果，これらのプロジェクトを通じて，現在における日本基準とIFRSの間の重要な分野におけるコンバージェンスは達成されることとなる。

その他コンバージェンス・プロジェクトにおける2011年6月30日という目標期日の設定

　2011年6月30日までの目標として，これまで両者で識別されてきた日本基準とIFRSとの間の差異のうち，2008年までのプロジェクトに含まれない残りの差異について，コンバージェンスをもたらすものとする。この目標期日は，2011年6月30日後に適用となる新たな基準を開発する現在のIASBの主要なプロジェクトにおける差異に係る分野については適用されない。しかし，これらの残りの分野における日本基準とIFRSとのコンバージェンスという最終目標を達成するために，両者は，新たな基準が適用となる際に日本において国際的なアプローチが受け入れられるように，緊密に作業を行うこととする。

　ASBJとIASBは，会計基準のグローバルなコンバージェンスを巡る環境変化を踏まえて，コンバージェンス・プロジェクトを迅速かつ着実に進めていき，また，国際的な会計基準設定プロセスに日本からのより大きな貢献を促進するように協力を深めるものとする。このため，2005年以降開催しているASBJとIASBの代表者による年2回の共同会議に加え，会計基準の開発において生ずる重要な論点をより実践的に議論していくために，ディレクターを中心とした作業グループを設けていく。

　なお，ASBJとIASBは，継続的な共同作業について市場関係者との協議を含む双方所定のデュー・プロセスに従い当該作業を進めていくことの必要性を認識しているものである。

＊　＊　＊

　ASBJとIASBによる本合意が，両者のみならず，財務諸表作成者，監査人，投資家及び規制当局を含む多くの関係者の努力や行動を通じて，会計基準のグ

ローバルなコンバージェンスの達成に役に立つものと期待する。

　「東京合意」を踏まえて，ASBJは，2007年12月6日にプロジェクト計画表を更新した（「プロジェクト計画表の公表について─東京合意を踏まえたコンバージェンスへの取組み─」（企業会計基準委員会［2007］））。このプロジェクト計画表は，2008年までの短期コンバージェンス・プロジェクトを意味する「EUによる同等性評価に関連するプロジェクト項目（短期）」，2011年6月30日を目標期日としたコンバージェンスを意味する「既存の差異に係るプロジェクト項目（中期）」，新たな中長期項目を意味する「IASB/FASBのMoUに関連するプロジェクト項目（中長期）」に区分して，高品質な会計基準への国際的なコンバージェンスに向けた取組みを示したものである。ASBJのプロジェクト計画表は，コンバージェンス作業の進捗状況を反映して，順次，更新されている。

　こうした展開のもとで，CESRは2008年3月に，「中国，日本およびアメリカのGAAPsの同等性に関するCESRの助言」（CESR's Advice on the Equivalence of Chinese, Japanese and US GAAPs）（CESR［2008］）を公表した。この助言のなかで，「CESRは，『東京合意』において示した目標を計画表に沿って対応している日本のASBJの十分な証拠がないのでない限り，日本の会計基準が同等であると評価することをECに対して勧告する」（par.55）としている。

　2008年12月6日に，ASBJは，「東京合意に掲げた短期コンバージェンス項目の終了にあたって」（企業会計基準委員会［2008］）を公表した。このプレスリリースが公表されたのは，同日に公表した企業結合会計基準等（企業会計基準第21号「企業結合に関する会計基準」，企業会計基準第22号「連結財務諸表に関する会計基準」，企業会計基準第23号「『研究開発費等に係る会計基準』の一部改正」など）が，2008年までの短期コンバージェンス・プロジェクトの最後の項目であったからである。**図表1-11**は，EUにおける同等性評価において補完措置（補正措置）を指摘された26項目の差異について，ASBJが「東京合意」での短期コンバージェンス・プロジェクトを通じて対応し，公表した基準等（企業会計基準基準，企業会計基準適用指針および実務対応報告）を示している。

第7節 会計基準のコンバージェンスに向けた取組み

図表1-11 「東京合意」に基づくEUによる同等性評価に関連する短期コンバージェンス・プロジェクトへのASBJの対応

補正措置	項　目		公表基準等
補完計算書	企業結合（持分プーリング法）		基準21号「企業結合に関する会計基準」（2008.12）
	連結の範囲		指針15号「一定の特別目的会社に係る開示に関する適用指針」（2007.3）
	在外子会社の会計方針の統一		実務18号「連結財務諸表作成における在外子会社の会計処理に関する当面の取扱い」（2006.5）
開示B　定量的開示	ストック・オプションの費用化		基準8号「ストック・オプション等に関する会計基準」（2005.12） 指針11号「ストック・オプション等に関する会計基準の適用指針」（〃）
	企業結合 　　　　（交換日） 　　　　（負ののれん） 　　　　（取得研究開発）		基準21号「企業結合に関する会計基準」（2008.12） 基準22号「連結財務諸表に関する会計基準」（〃） 基準23号「『研究開発費等に係る会計基準』の一部改正」（〃） 基準7号 改正「事業分離等に関する会計基準」（〃） 基準16号 改正「持分法に関する会計基準」（〃） 指針10号 改正「企業結合会計基準及び事業分離等会計基準に関する適用指針」（〃）
	棚卸資産	低価法	基準9号「棚卸資産の評価に関する会計基準」（2006.7）
		後入先出法	基準9号 改正「棚卸資産の評価に関する会計基準」（2008.9）
	関連会社の会計方針の統一		基準16号「持分法に関する会計基準」（2008.3） 実務24号「持分法適用関連会社の会計処理に関する当面の取扱い」（〃）
	減損テスト		今後，IASBとFASBの動向を踏まえて対応
	開発費の資産計上		今後，IASBとFASBの動向を踏まえて対応
	農業		プロジェクトとして取り上げず
開示A　定性的開示	ストック・オプション（新基準で，費用化の基準が開示されない場合）		基準8号「ストック・オプション等に関する会計基準」（2005.12） 指針11号「ストック・オプション等に関する会計基準の適用指針」（〃）
	企業結合 　　　　（少数株主持分） 　　　　（段階取得） 　　　　（外貨建のれんの換算）		基準21号「企業結合に関する会計基準」（2008.12） 基準22号「連結財務諸表に関する会計基準」（〃） 基準7号 改正「事業分離等に関する会計基準」（〃） 指針10号 改正「企業結合会計基準及び事業分離等会計基準に関する適用指針」（〃）
	保険会計（異常危険準備金）		プロジェクトとして取り上げず
	工事契約（工事進行基準）		基準15号「工事契約に関する会計基準」（2007.12） 指針18号「工事契約に関する会計基準の適用指針」（〃）
	不良債権		プロジェクトとして取り上げず
	廃棄費用		基準18号「資産除去債務に関する会計基準」（2008.3）
	資産の除却債務		指針21号「資産除去債務に関する会計基準の適用指針」（〃）

退職給付（割引率）	基準19号「『退職給付に係る会計基準』の一部改正（その3）」（2008.7）
金融商品の公正価値開示	基準10号 改正「金融商品に関する会計基準」（2008.3） 指針19号「金融商品の時価等の開示に関する適用指針」（〃）
減損会計（戻入れ）	今後，IASBとFASBの動向を踏まえて対応
投資不動産	基準20号「賃貸等不動産の時価等の開示に関する会計基準」（2008.11） 指針23号「賃貸等不動産の時価等の開示に関する会計基準の適用指針」（〃）
金融商品（今回は評価対象外）	今後，IASBとFASBの動向を踏まえて対応

注：「基準」は企業会計基準を，「指針」は企業会計基準適用指針を，また「実務」は実務対応報告をいう。
出所：企業会計基準委員会・財務会計基準機構［2009］，5頁。

　ASBJが東京合意に掲げた短期コンバージェンス項目の終了について公表した6日後の12月12日に，ECは，CESRによる第三国の会計基準の同等性評価に関する一連の技術的助言等をもとに，2つの委員会決定と委員会規則を採択した。すなわち，「**第三国の証券発行体による連結財務諸表の作成のための第三国の会計基準および国際財務報告基準の利用に関する2008年12月12日付の委員会決定第2008/961/EC号**」（Commission Decision of 12 December 2008 on the Use by Third Countries' Issuers of Securities of Certain Third Country's National Accounting Standards and International Financial Reporting Standards to Prepare Their Consolidated Financial Statements（2008/961/EC））と「**目論見書と広告に係る要素に関するヨーロッパ議会および閣僚理事会指令第2003/71/EC号を発効する委員会規則（EC）第809/2004号を改正する2008年12月12日付の委員会規則（EC）第1289/2008号**」（Commission Regulation（EC）No.1289/2008 of 12 December 2008 Amending Commission Regulation（EC）No.809/2004 Implementing Directive 2003/71/EC of the European Parliament and of the Council as regards Elements Related to Prospectuses and Advertisement）である。この委員会決定と委員会規則により，アメリカの会計基準と日本の会計基準はIFRSsと同等性があると認められている。

3．「コンバージェンス」が持つ2つの意味

　民間基準設定主体の独立性を保持しつつ，基準設定の舵取りをした企業会計基準委員会（ASBJ）の齋藤静樹初代委員長は，2期6年に及ぶ任期を振り返るなかで，基準の国際的コンバージェンスが持つ2つの意味を整理した。引用が少し長くなるが，今後の理論展開のために，また，文脈と文意を崩さないためにも，以下に掲げておく（斎藤［2007］，27-28頁。太字と下線は引用者）。

　「その〔基準の国際的なコンバージェンスへの対応の：引用者〕過程でわれわれを苦しめたのは，<u>国の制度の主体性と国際的な共通性との，トレード・オフを図る土俵が作れない</u>ということであった。

　<u>最大の問題は，国際的な基準の共通化という誰でも共感する目標がコンバージェンスのひとことで表現されながら，その意味するところが実は一義的でもなく，首尾一貫もしていなかった点であろう。</u>もともとIASBは，単一の共通基準による国際統合を目標に掲げてスタートしていたが，直接にはまず欧州の市場統合に伴う統一会計基準を整備し，しかもそれに基づく欧州企業の財務報告をアメリカに受け入れてもらえるようにするという役割を担っていた。日本やアメリカまでも糾合した世界基準の構想は，理念はともかく実利の面ではアメリカへの対抗力を高めることに狙いがあった。

　高品質なシングル・セットの基準を組織理念としながらも，<u>IASBがアメリカを例外とし，アメリカだけを相手にコンバージェンスの交渉を図ろうとした</u>のは，言うまでもなくアメリカが世界最大の資本市場を有し，会計基準を含めて最先端の市場インフラを整えていたからである。アメリカにとって自国のインフラを捨てて世界の統一基準に入れ替えるのは，誰がみてもコストが便益を上回る。どちらが上回るかは，国内市場の規模や制度の先進性に大きく依存しているのである。アメリカに合わせられない国が国際基準に期待するのであれば，逆にアメリカが国際基準に合わせるのも容易ではないであろう。

　そのため，<u>日本を含む各国との間では，</u>**コンバージェンス**を謳いながら国際基

準（国際財務報告基準：IFRS）の共有を期待する一方，アメリカに対しては，コンバージェンスと言いながらIFRSの受け入れを要求するということになっていた。前者が**自国基準を捨ててIFRSに入れ替える方式**であるのに対して，後者は**自国基準を維持しつつIFRSとの差異を解消していく方式**であり，その過程で基準の**相互承認を図るアプローチ**である。最近では前者をIFRSの『**採用**』〔つまり，アドプション：引用者〕と呼び，コンバージェンスを後者の意味に用いることも多いが，IASBの建前は，コンバージェンスと言えば依然として前者である。」

「国の制度の主体性と国際的な共通性との，トレード・オフを図る土俵」こそが，戦略論争のための土俵である。

国際的な基準の共通化としてのコンバージェンスは，IASBがIFRSsの共有を期待する相手先に求める方式が異なり，その結果，コンバージェンスに2つの意味をもたらしていると整理している。ここで重要なことは，IASBの視点からコンバージェンスを戦略として捉えていることであり，このコンバージェンスが，①（日本を含む各国に対する）IFRSsのアドプションと，②（アメリカだけを対象にした）狭義の両会計基準間の差異の解消と会計基準の相互承認の模索，から構成されるとしたことである。

また，IASBが目論むコンバージェンスは，IFRSsのアドプションだとしており（この点については，その後のIFRS財団の改訂定款（2013年1月）におけるIASBの目的が如実に語っている（先の**図表1-9参照**）），これまでのバイラテラルな（二者間）関係による共同プロジェクトの展開を振り返ると，アメリカのFASBに限らず，日本のASBJによる取組みも，ここでいう両会計基準間の差異の解消としてのコンバージェンスの性格が際立っていることは否定できない。

もちろん，ASBJの初代委員長として自国基準の主体性とコンバージェンスの推進について取り組んできた経験と実績による自負もあるとはいえ，IASBの戦略としてのコンバージェンスのうち，第2のコンバージェンスが意味するものの対象には，アメリカに限らず日本も含まれるとする論の展開は，至極当然なことであろう。

さらに斎藤［2007］は，以下のような論説を続け，日本のコンバージェンスの基本方針を示している（斎藤［2007］，28-29頁。太字と下線は引用者）。

「前述のコンバージェンスがもつ２つの意味に即して言えば，日本はアメリカ以外の国としてIFRSを無条件で採用するよう期待されながら，資本市場の規模や国際性，それに市場インフラの先進性という点で，実態はむしろアメリカに近い立場にある。アメリカに自国基準を放棄してIFRSを採用することを求める現実性がないとすれば，同じことは日本にも当てはまると考えたほうがよい。国際的な統一基準という目標は共通でも，それに向けて動き出したときの各国の初期条件の差をみれば，その目標に至る道筋で日米が他と違っても不思議はない。社会制度は，過去の発展の経緯にも制約されるのである。

その認識は，ASBJの発足当初から大多数の関係者に共有されていた。しかし，国際的な環境は，そうした見解を表明することには否定的であった。IASBが主張する単一基準へのコンバージェンスではFASBなど各国基準設定主体との交渉ないし協調が先行する一方で，アメリカ市場での受け入れという相互承認問題については，米欧の行政当局がまだ態度を明確にしていなかった。アメリカが自国の基準を維持するのは自明でも，理念上はすべての国が国際基準に入れ替えることになっていた。理念をそのまま現実の姿と考えた人々は，それと合わない日本の現実に危機感を募らせるだけであった。

しかし，理念はともかく米欧の基準に違いが残っている間は，それらの共存を図る工夫をしない限り，域外での資金調達にあたって互いに追加的な開示コストの負担を免れない。相互承認が行政上の課題になるのである。その課題にアメリカの当局（SEC）が言及したとき，コンバージェンスはようやく単一基準の呪縛から解放されることになった。日本でも，前述した企業会計審議会の意見書（2006年７月）〔企業会計審議会企画調整部会「会計基準のコンバージェンスに向けて」：引用者〕が，主体的な基準開発を続けながらコンバージェンスに寄与し，欧州ならびにアメリカと基準の相互承認を図る方針を明確にした。混迷していた日本の世論を，それがひとつの方向にまとめたのである。」

第
1
部
グローバルな目標──「単一で高品質な国際基準」の策定

　日本の主体性からすれば，会計基準間の差異の解消としてのコンバージェンスは，アメリカと同列に扱われるべきである（ただし，そのプロセスのなかで，日本はIFRSsとの相互承認を図るアプローチを取ってきたとはいえない。本書でも概説するように，日本による会計基準の相互承認の対象はU.S. GAAPであったし，また，IASBではなく，EUとの会計基準の相互承認の取組みであった）。

　本書でも，IFRSsのアドプションと会計基準間の差異の解消としての狭義のコンバージェンスとを明確に区分し，とくに後者の狭義のコンバージェンスの対象をアメリカと日本，そして，コンバージェンスの取組みだと自ら主張する中国を据えて，展開している。

第8節 IFRSsアドプションに向けた取組み

　続いて，アメリカと日本のIFRSsアドプションに向けた展開について，簡潔に整理したものが**図表1-12**である。

図表1-12　IFRSsアドプションに向けた展開

年	アメリカ（SEC・FASB）	日本(自由民主党・金融庁・企業会計基準委員会)
2007年	SEC：アメリカの発行体に対するIFRSsの適用（使用可能性）に関するコンセプト・リリース（概念通牒）を公表（8月7日）	
2008年	SEC：IFRSsに関する円卓討論を開催（8月4日） SEC：アメリカの発行体に対するIFRSsの適用に向けたロードマップ規則案を公表（11月14日）	金融庁：「我が国企業会計のあり方に関する意見交換会」を開催（7月31日・9月17日） 金融庁：企業会計審議会企画調整部会でIFRSの適用について審議を開始（10月23日〜）
	G20ワシントン・サミット「金融・世界経済に関する首脳会合宣言」（11月15日）	

84

2009年		金融庁：企業会計審議会企画調整部会が「我が国における国際会計基準の取扱いについて（中間報告）」を公表（6月16日） 金融庁：企業会計審議会が「我が国における国際会計基準の取扱いに関する意見書（中間報告）」を公表（6月30日） 金融庁：「連結財務諸表の用語，様式及び作成方法に関する規則等の一部を改正する内閣府令」等を公布。金融庁長官が定める企業会計の基準を指定する金融庁告示第69号・第70号を公表（12月11日） 金融庁：「国際会計基準に基づく連結財務諸表の開示例」を公表（12月18日）
2010年	SEC：「コンバージェンスとグローバル会計基準を支持するSEC声明」と「作業計画」（Work Plan）を公表（2月24日） FASB・IASB：コンバージェンス・プロジェクトの延期を発表（4月） SEC：主任会計士室・企業財務局がIFRSsの適用に関する作業計画の進捗報告書を公表（10月29日） SEC：ベスウィック（Beswick, A.C.）副主任会計士が「コンドースメント・アプローチ」（Condorsement Approach）を提唱（12月6日）	
2011年	SEC：IFRSsの適用に関する作業計画のスタッフペーパー3編を公表（5月26日・11月16日） SEC：クローカー（Kroeker, J.L.）主任会計士が2011年内のIFRSs適用の可否に関する最終決定の見送りを表明（12月5日）	金融庁：金融担当大臣談話「IFRS適用に関する検討について」を公表（6月21日） 金融庁：企業会計審議会総会・企画調整部会合同会議で「中間報告」の見直し審議を開始（6月30日〜）
2012年	SEC：IFRSsの適用に関する作業計画の最終スタッフ報告書を公表（7月13日）	金融庁：企業会計審議会が「国際会計基準（IFRS）への対応のあり方についてのこれまでの議論（中間的論点整理）」を公表（7月2日）
2013年		自由民主党：日本経済再生本部が「中間提言」を公表（5月10日） 自由民主党：企業会計に関する小委員会が「国際会計基準への対応についての提言」を公表（6月13日） 金融庁：企業会計審議会が「国際会計基準（IFRS）への対応のあり方に関する当面の方針」を公表（6月19日）

2014年		自由民主党：日本経済再生本部が「日本再生ビジョン」を公表（5月23日） 政府：「『日本再興戦略』改訂2014—未来への挑戦—」を閣議決定（6月24日）
2015年		金融庁：「IFRS適用レポート」を公表（4月15日） 政府：「『日本再興戦略』改訂2015—未来への投資・生産性革命—」を閣議決定（6月30日） 企業会計基準委員会：「修正国際基準（国際会計基準と企業会計基準委員会による修正会計基準によって構成される会計基準）」を公表（6月30日） 金融庁：「連結財務諸表の用語，様式及び作成方法に関する規則等の一部を改正する内閣府令」を公布・施行（9月4日）
2016年		政府：「『日本再興戦略』2016——第4次産業革命に向けて——」を閣議決定（6月2日）

1．アメリカのIFRSsアドプションに向けた取組み

アメリカのIFRSs導入については，2010年の「コンバージェンスとグローバル会計基準を支持するSEC声明」(Commission Statement in Support of Convergence and Global Accounting Standards) (SEC [2010]) と「作業計画（ワークプラン）」(Work Plan) に関する付属文書によって調査・分析が開始された。この「作業計画」は，SECコミッショナーがアメリカの発行体の財務報告制度にIFRSsの組込みを検討するためのもので，SECスタッフに課したものである。

SECスタッフは，2010年10月29日に最初の**進捗報告書**(Progress Report) (SEC Office of the Chief Accountant and Division of Corporation Finance [2010]) を公表した後，調査・分析結果を，①**「組込みの方法論の探求」**(Exploring a Possible Method of Incorporation) (SEC Office of the Chief Accountant [2011a])，②**「実務におけるIFRSの分析」**(An Analysis of IFRS in Practice) (SEC Division of Corporation Finance and Office of the Chief Accountant [2011])，および，③

「U.S. GAAPとIFRSの比較」（A Comparison of U.S. GAAP and IFRS）（SEC Office of the Chief Accountant［2011b］）の3種のSECスタッフペーパー（SEC Staff Paper）として公表している。そして，2012年7月13日には，**「最終スタッフ報告書：アメリカの発行体の財務報告制度への国際財務報告基準の組込みに関する検討のための作業計画」**（Final Staff Report: Work Plan for the Consideration of Incorporating International Financial Reporting Standards into the Financial Reporting System for U.S. Issuers）（SEC Office of the Chief Accountant［2012］）として取りまとめている。

　これら一連の「作業計画」と最終スタッフ報告書は，IFRSsへの移行がアメリカの投資家の最善の利益になるかという根本的な問題の回答を示しておらず，SECコミッショナーが，アメリカの発行体の財務報告制度へのIFRSsの組込みに関する意思決定を行う前に，さらにこの「問題の追加的な分析と検討が……必要となる」（SEC Office of the Chief Accountant［2012］, Introductory Note）ことを明言してきた。つまり，アメリカのIFRSsのアドプションに向けた対応のあり方は，SEC主任会計士室のスタッフが中心的役割を担っているのである（杉本［2016a］参照）。

2．日本のIFRSsアドプションに向けた取組み

（1）「会計基準のコンバージェンス」から「単一で高品質な国際基準」の策定・適用に向けた取組みへのコミットメント

　ここでは，規制当局の見地から，日本のIFRSsへの対応のあり方について確認しておきたい。

　金融庁の任務（法定任務）は，日本の金融の機能の安定を確保し，預金者，保険契約者，有価証券の投資者その他これらに準ずる者の保護を図るとともに，金融の円滑を図ることにある（「金融庁設置法」第3条）。この法定任務を達成するためにつかさどる金融庁の所掌事務の1つに，「企業会計の基準の設定その他企業の財務に関すること」がある（「金融庁設置法」第4条第1項第17号）。また，「金融庁組織令」第24条第2項も，「企業会計審議会は，企業会計の基準

及び監査基準の設定，原価計算の統一その他企業会計制度の整備改善について調査審議」すると規定しており，日本の企業会計の基準等の設定権限は，旧大蔵省時を含め，現在は金融庁のもとでの企業会計審議会が担ってきた。

　金融庁所管の財団法人財務会計基準機構（FASF）が，2001年7月26日に設立されて以降は，当該機構内の企業会計基準委員会（ASBJ）が，日本の企業会計の基準およびその実務上の取扱いに関する指針の開発・審議を行っている。そのため現在では，金融庁の企業会計審議会が，日本の企業会計制度のあり方について一定の方針を打ち出し，この方針に基づいて開発された企業会計の基準を金融庁が規則などとして規制措置ないし制度決定する構図となっている。

　それでは，日本の企業会計制度のあり方についての一定の方針やそれに関わる規制措置は，計画通りに展開されているのだろうか。行政機関の基本計画と実施計画による事後評価の制度をもとに，会計基準のコンバージェンスやIFRSsアドプションの問題との関わりも含めて，検討してみよう（杉本［2014］参照）。

　政府の「政策評価に関する基本方針」（2001年12月28日閣議決定）および「行政機関が行う政策の評価に関する法律」（2001年6月29日法律第86号）第6条（基本計画）と第7条（事後評価の実施計画）の規定に基づき，金融庁は，その所掌に係る政策について，**「金融庁における政策評価に関する基本計画」**と**「金融庁が行う政策評価に関する実施計画」**（金融庁政策評価実施計画）を定めている。これら基本計画と事後評価の実施に関する計画に従って，金融庁（総務企画局）は，毎年，目的管理型の政策評価などについての「実績評価書」と「事業評価書」を取りまとめ，公表している。また，「金融庁が行う政策評価に関する実施計画」に定める施策の「実施施策に係る事前分析表」の公表も併せて行っている。これらは，客観性などを確保し，評価の質を高めるために，「政策評価に関する有識者会議」を開催し，意見を反映している。

　行政機関の政策評価は，必要性，効率性，有効性の観点および政策の特性に応じて必要な観点（公平性や優先性の観点など）から，自己評価を行うものであ

る。上述の「金融庁設置法」第3条に規定する3つの法定任務が,「金融庁が行う政策評価に関する実施計画」での基本政策であり,そのもとで施策目標と施策を体系的にまとめている。「実績評価書」は,施策目標ごとの各年度の施策とその主な事務事業の概要と実績,目標達成度合いの測定結果と判断根拠(目標達成度の評価),端的な結論などを記したものである。

とくに2008(平成20)年度から2015(平成27)年度までの「実績評価書」をもとに,金融庁による「市場の透明性確保に向けた会計制度等の整備・定着」や「市場取引の公正性・透明性を確保するための制度・環境整備」などの施策に関わる事務事業とその取組内容,目標達成度の評価および端的な結論(2012年度まで)などについて整理したものが,**図表1-13**である。

図表1-13　金融庁の施策「市場取引の公正性・透明性を確保するための制度・環境整備」などに関する評価結果

年度 (評価対象期間)	2008(平成20)年度 (2008年7月～2009年6月)	2009(平成21)年度 (2009年4月～2010年3月)	2010(平成22)年度 (2010年4月～2011年3月)	2011(平成23)年度 (2011年4月～2012年3月)
基本政策	預金者,保険契約者,投資者等の保護			
施策目標	公正,透明な市場を確立し維持すること			
施策	市場の透明性確保に向けた会計制度の整備		市場の透明性確保に向けた会計制度等の整備・定着	
事務事業	会計基準の国際的な収斂・相互承認の推進	国際的に高品質な会計基準の設定・適用に向けた取組みの推進		
取組内容	◆会計基準の国際的なコンバージェンス ◆日本基準の同等性認定に向けた対話 ◆米国証券取引委員会(SEC)との対話	◆会計基準の国際的なコンバージェンス ◆IFRSの日本企業への任意適用 ◆IFRSの円滑な導入 ◆IFRSの基準設定およびガバナンスへの関与	◆会計基準の国際的なコンバージェンス ◆IFRSの日本企業への任意適用 ◆非上場会社等の会計基準および単体財務諸表の取扱いにかかる課題 ◆国際基準設定主体のガバナンスへの関与	◆IFRSの適用に関する議論 ◆中小企業向けの会計基準の策定 ◆国際基準設定主体のガバナンスへの関与
目標達成度の評価[1]	A	A	A	B
端的な結論	注(2)参照			Ⅱ [3]

年度 (評価対象期間)	2012(平成24)年度 (2012年4月～2013年3月)	2013(平成25)年度 (2013年4月～2014年3月)	2014(平成26)年度 (2014年4月～2015年3月)	2015(平成27)年度 (2015年4月～2016年3月)
基本政策	公正・透明で活力ある市場の構築			
施策目標	投資者保護のための制度・環境の整備等を図ることにより, 我が国市場取引の公正性・透明性の向上に資すること			

89

第1部 グローバルな目標——「単一で高品質な国際基準」の策定

施策	市場取引の公正性・透明性を確保するための制度・環境整備			
事務事業（測定指標）	国際的に高品質な会計基準の設定・適用に向けた取組みの推進			IFRS任意適用の拡大促進
取組内容（測定指標の内容）	◆国際基準設定主体のガバナンスへの関与およびIFRSの適用に関する議論 ◆IFRSの任意適用の円滑な実施 ◆企業会計基準委員会による質の高い会計基準の開発や研究等の取組みの支援 ◆中小企業の会計に関する基本要領の普及活用	◆国際基準設定主体のガバナンスへの関与およびIFRSの適用に関する議論 ◆IFRSの任意適用の円滑な実施 ◆企業会計基準委員会による質の高い会計基準の開発や研究等の取組みの支援	◆会計部会においてIFRSの任意適用の拡大促進および対外的な意見発信等に関する審議 ◆IFRS任意適用企業に対する実態調査・ヒアリングの実施 ◆企業会計基準委員会による修正国際基準の公開草案の公表 ◆国際会計基準設定主体のガバナンスを監視する機関であるIFRS財団モニタリング・ボード議長の金融庁からの再任決定	◆会計部会においてIFRS任意適用企業の拡大促進，IFRSに関する国際的な意見発信の強化，日本基準の高品質化，国際的な会計人材の育成に関する審議 ◆「国際会計基準（IFRS）に基づく連結財務諸表の開示例」の充実・改訂およびIFRSの適用に関する検討状況の分析（東京証券取引所） ◆修正国際基準の公表に伴う関係府令等の改正 ◆企業会計基準委員会による我が国の考えるあるべきIFRSについての国際的な意見発信の継続 ◆企業会計基準委員会による収益認識基準の高品質化に向けた検討の支援 ◆国際的な会計人材の育成に向けた取組み
目標達成度の評価	B	B	B	B
測定指標の評価	—	達成	達成	達成
端的な結論	Ⅱ (3)	—	—	—

注：(1)施策の目標達成度の評価（測定結果）における類型（類型Aから類型C）は，次の意味で用いられている。
　　A：当該年度の想定状況に対し，ほぼ想定どおり又はそれを超える状況となった場合
　　B：当該年度の想定状況に対し，想定どおりの状況には至っていないが，一定の成果が上がっている場合
　　C：当該年度の想定状況に対し，想定どおりの状況にならなかった場合
　　なお，2013（平成25）年度から，評価の判断基準は3段階から5段階に改められた（S：目標を超過して達成した場合，A：目標を達成した場合，B：相当程度進展があった場合，C：進展が大きくない場合，D：目標に向かっていない場合）。
　(2)2008年度，2009年度および2010年度の端的な結論は，次のとおりである。
　　①2008年度：「施策の達成に向けて一定の成果が上がっている（EUにおける会計基準の同等性評価の決定や，IASCFモニタリング・ボードの創設）が，環境の変化（会計基準に関する国際的動向）や取組みの有効性等を踏まえ，取組みの充実・改善や新たな施策の検討等を行う必要がある。」

②2009年度・2010年度：「施策の達成に向けて一定の成果が上がっていますが，国際的な動向や環境の変化，取組みの有効性等を踏まえ，取組みの充実・改善や新たな施策の検討等（非上場会社の会計基準や個別財務諸表の取扱いに関する検討等）を行う必要があります。」

(3)2011年度と2012年度の端的な結論の類型Ⅱは，「施策の達成に向けて一定の成果が上がっているが，環境の変化や取組みの有効性等を踏まえ，取組みの充実・改善や新たな施策の検討等を行う必要がある」ことを示す。また，類型Ⅰは，「施策の達成に向けて成果が上がっており，今後もこれまでの取組みを進めていく必要がある」ことを，類型Ⅲは「施策の達成に向けて成果は上がっておらず，取組みの見直し等を行う必要がある」ことを示す。

出所：金融庁［2009］から金融庁［2015a］および金融庁［2016］の各年度の実績評価書をもとに作成。

　基本政策は，2011（平成23）年度まで，①金融機能の安定の確保，②預金者，保険契約者，投資者等の保護，③円滑な金融等であったが，2012（平成24）年度から，①経済成長の礎となる金融システムの安定，②利用者の視点に立った金融サービスの質の向上，③公正・透明で活力ある市場の構築，④横断的施策の分類に改められた。これを受けて，「預金者，保険契約者，投資者等の保護」の基本政策のもとでの施策目標，とくに会計基準・会計制度に関わる施策目標も，「公正，透明な市場を確立し維持すること」から「投資者保護のための制度・環境の整備等を図ることにより，我が国市場取引の公正性・透明性の向上に資すること」へとより具体化された。この施策目標のもとでいくつかの施策を示しているが，会計基準・会計制度に関わる施策は，「市場の透明性確保に向けた会計制度の整備」（2008（平成20）年度〜2009（平成21）年度），「市場の透明性確保に向けた会計制度等の整備・定着」（2010（平成22）年度と2011（平成23）年度），「市場取引の公正性・透明性を確保するための制度・環境整備」（2012（平成24）年度〜2014（平成26）年度）へと表現が少し改められた。いずれにせよ，この施策は，市場取引の公正性・透明性の確保に向けた会計制度の整備であることに変わりはない。

　2009（平成21）年度から，会計基準に関わる事務事業が，「会計基準の国際的な収斂・相互承認の推進」から「国際的に高品質な会計基準の設定・適用に向けた取組みの推進」へと変わったが，このように舵が切られたのは，2008年のG20ワシントン・サミットの「金融・世界経済に関する首脳会合宣言」で示された「単一で高品質な国際基準」の策定目標へのコミットメントによるものである（杉本［2014］，53頁）。

ところで，2008（平成20）年度の「実績評価書」から，その記載内容が，「法定任務，基本目標，重点目標，政策」から「基本政策，施策目標，施策」へと変更された。それまでは，「会計基準の整備を促すことによる企業財務認識の適正化」の政策のもとで，重点施策が「会計基準等の国際的な対応等」（2005（平成17）年度），「会計のコンバージェンスの推進等」（2006（平成18）年度），「会計基準の国際的な収斂の動向や経済・金融取引の変化等を踏まえた会計ルールの整備の促進」（2007（平成19）年度）といった変遷がみられるが，「会計基準のコンバージェンスの推進等」が，これら3年度の事務運営（事務事業）の項目の1つに掲げられてきたことでは共通している。2008（平成20）年度の事務事業である「会計基準の国際的な収斂・相互承認の推進」と取組内容の「会計基準の国際的なコンバージェンス」も，この「会計基準のコンバージェンスの推進等」の流れを汲むものである。また，事務事業に明記された「相互承認の推進」は，EUによる第三国の会計基準の同等性評価に向けた対応の優先度が高かったことを示している。

「国際基準設定主体のガバナンスへの関与」（「IFRSの基準設定およびガバナンスへの関与」）への取組みも一貫してみられる。この取り組みの姿勢から，IASBをはじめ，IFRS財団やモニタリング・ボードへの人的側面と資金的側面からの結び付きを最重要課題として据えていることを読み取ることができる（杉本［2014］，53頁）。

（2）会計基準の国際的調和に向けた努力の継続

一連の「実績評価書」が物語るように，「会計基準の国際的なコンバージェンス」の取組内容が記されたのは，2010（平成22）年度の「実績評価書」までである。これをもって，日本の会計基準のコンバージェンスへの取組みが終わったわけではない。

たとえば，金融庁・企業会計審議会の**「我が国における国際会計基準の取扱いに関する意見書（中間報告）」**（2009年6月30日）では，日本の会計基準のあり方として，「高品質かつ国際的に整合的な会計基準及びその適用に向けたコン

第8節　IFRSsアドプションに向けた取組み

バージェンスの努力を継続していくことが必要である」（金融庁・企業会計審議会［2009］，3頁）としていた。この「中間報告」の見直し審議が当時の内閣府特命担当大臣（金融担当）によって指示され，その検討が開始した後も，企業会計審議会総会・企画調整部会合同会議でのIFRSsへの対応のあり方についての審議にみられた意見を整理した**「国際会計基準（IFRS）への対応のあり方についてのこれまでの議論（中間的論点整理）」**でも，「会計基準の国際的な調和に向けた努力は継続する必要があり，日本基準を高品質化するような会計基準の変更については，前向きに対応することが適当である」（金融庁・企業会計審議会［2012］，2頁）とした。これを踏まえて，その後の審議結果を取りまとめた企業会計審議会の**「国際会計基準（IFRS）への対応のあり方に関する当面の方針」**（金融庁・企業会計審議会［2013］）も，「二　IFRSへの対応のあり方に関する基本的な考え方」において，「単一で高品質な国際基準」の策定という目標に日本も主体的に取り組むことの有益性と重要性を指摘するとともに，「中間的論点整理」で整理した会計基準の国際的調和（会計基準の国際的なコンバージェンス）に関する見解を繰り返し指摘しているのである。

　企業会計審議会での審議結果として取りまとめられた「国際会計基準（IFRS）への対応のあり方に関する当面の方針」は，次のとおりである（下線は引用者）。

国際会計基準（IFRS）への対応のあり方に関する当面の方針

平成25年6月19日
企 業 会 計 審 議 会

一　はじめに

　企業会計審議会においては，これまで国際会計基準（IFRS）を巡る諸問題について議論を行ってきた。

　2009年6月30日には「我が国における国際会計基準の取扱いに関する意見書（中間報告）」を公表し，IFRSの任意適用や将来的な強制適用の検討などについての考え方を示した。この中間報告に基づいて，2010年3月期から一定

第1章　「単一で高品質な国際基準」の策定に向けた取組みと意見発信

93

の要件を充たす我が国企業についてIFRSの任意適用が開始されるなど，所要の対応が図られてきている。

さらに，企業会計審議会総会・企画調整部会合同会議では，2011年6月から約1年間にわたり審議を重ね，2012年7月，「国際会計基準（IFRS）への対応のあり方についてのこれまでの議論（中間的論点整理）」を公表した。この中間的論点整理では，連単分離を前提に，IFRSの任意適用の積上げを図りつつ，IFRSの適用のあり方について，その目的や我が国の経済や制度などにもたらす影響を十分に勘案し，最もふさわしい対応を検討すべきである，とされたところである。

企業会計審議会総会・企画調整部会合同会議は，引き続き，この中間的論点整理に基づいて議論を行った。この間，米国においては，2012年7月に証券取引委員会（SEC）の最終スタッフ報告が公表されたが，IFRS適用の具体的な方向性やスケジュールに関する言及はなされていない。また，2013年3月に，IFRS財団モニタリング・ボードから，モニタリング・ボードのメンバー要件である「IFRSの使用」の定義を明確化したプレスリリースが公表された。同年4月には，国際会計基準審議会（IASB）と各国の会計基準設定主体との新しい連携の枠組みとして，日本の企業会計基準委員会（ASBJ）を含む12か国の会計基準設定主体等からなる会計基準アドバイザリー・フォーラム（ASAF）が設置された。我が国におけるIFRS任意適用企業数は，2013年5月末時点では，適用公表企業を含め，20社となっている。

企業会計審議会総会・企画調整部会合同会議では，関係者における今後の対応に資する観点から，これまでの議論や国内外の動向等を踏まえ，IFRSへの対応のあり方について，当面の方針を取りまとめることとした。

二　IFRSへの対応のあり方に関する基本的な考え方

2008年のワシントンサミットの首脳宣言で示された，「単一で高品質な国際基準を策定する」という目標がグローバルに実現されていくことは，世界経済の効率化・活性化を図る観点から有効であり，また，我が国としてもこの目標を実現していくために主体的に取組むことは，日本の企業活動・資金調達に有益であるとともに，日本市場の国際的競争力を確保する観点からも重要と考えられる。

また，日本の会計基準は，これまでのコンバージェンスの結果，高品質か

つ国際的に遜色のないものとなっており，欧州よりIFRSと同等との評価も受けているが，引き続き，会計基準の国際的な調和に向けた努力は継続する必要があり，日本基準を高品質化するような会計基準の変更については前向きに対応し，高品質な日本基準を維持していくことが重要である。

IFRSは今後とも世界の関係者が参加して改善されていくべきものであることから，IFRS策定への日本の発言権を確保していくことがとりわけ重要となる。そのためにも，IFRS財団への人的・資金的貢献を継続するとともに，IFRS財団モニタリング・ボードのメンバー要件である「IFRSの使用（強制または任意の適用を通じたIFRSの顕著な使用）」を勘案しながら，日本のIFRSへの態度をより明確にすることを検討していく必要がある。このことは，国内企業においてIFRSの適用を検討する前提を明確にするためにも望ましいと考えられる。その際，現在のIFRSの内容については，基本的考え方として受け入れ難い項目や，日本の企業経営や事業活動の実態にそぐわず，導入コストが過大であると考えられる項目が一部存在し，また，IASBにおいて開発中の項目も存在することを念頭に置く必要がある。併せて，米国の動向など国際情勢に不確実性が存在することを十分に勘案する必要がある。

以上のことから，単一で高品質な会計基準の策定というグローバルな目標に向けて，国際的に様々な動きが見られる中で，我が国がこれにどのように関わっていくのかという観点から，今後数年間が我が国にとって重要な期間となる。企業会計審議会総会・企画調整部会合同会議としては，このような認識に基づき，まずは，IFRSの任意適用の積上げを図ることが重要であると考えられることから，IFRSへの対応の当面の方針として，「任意適用要件の緩和」，「IFRSの適用の方法」及び「単体開示の簡素化」について，以下の通り，考え方を整理することとした。

これらの課題についての詳細な規定の整備などは，行政当局等において適切に対応すべきである。

こうした課題への対応に関連して，金融商品取引所においても，新たに開発することとされている新指数の対象企業の選定にあたって，IFRSの適用を考慮することが期待される。これに加え，その他の関係者においても，任意適用の積上げを図るために他に採りうる措置がないか検討がなされることを期待する。

他方，我が国におけるIFRSの強制適用の是非等については，上記のような諸情勢を勘案すると，未だその判断をすべき状況にないものと考えられる。この点については，今後，任意適用企業数の推移も含め今回の措置の達成状況を検証・確認する一方で，米国の動向及びIFRSの基準開発の状況等の国際的な情勢を見極めながら，関係者による議論を行っていくことが適当である。なお，仮に強制適用を行うこととなった場合には，十分な準備期間を設ける必要がある。

また，我が国のIFRSに関する意見発信の強化のための取組みやIFRSの適用に際しての実務的な不確実性を緩和するための取組みについては，引き続き，関係者が協力して適切に対応していく必要がある。

なお，中間的論点整理で示した連単分離，中小企業等への対応の方針については，引き続きこれを維持すべきである。

三 IFRS任意適用要件の緩和

現行のIFRSの任意適用制度においては，

(1) 上場していること，

(2) IFRSによる連結財務諸表の適正性確保への取組・体制整備をしていること，

(3) 国際的な財務活動又は事業活動を行っていること，

という要件を全て充たした会社を「特定会社」と定義し，IFRSを適用して連結財務諸表を提出することができることとしている（連結財務諸表規則第1条の2）。

近年，IFRSを適用することにより国際的な同業他社との比較可能性を高めることへのニーズが高まっており，そのような意義に鑑みれば，任意適用の対象となる企業を上記要件のすべてを充たす企業に限定する必要はないものと考えられる。また，上記要件を充たさない企業の中には海外からの投資を幅広く受けている企業が存在することも勘案する必要がある。このため，任意適用要件を緩和し，IFRSに基づく適正な財務諸表を作成する意欲と能力がある企業がIFRSを適用できるような制度上の改善を図るべきである。このことは，我が国として単一で高品質な会計基準を策定するという目標に向けて着実に歩みを進めていることを示す意味でも有意義なことであると考えられる。

IFRSの任意適用要件を緩和することにより，IFRSを任意適用する企業数

が増加することが見込まれ，国際的にも，IFRS策定への日本の発言力の確保等に資することになる。

また，IFRSの任意適用要件を緩和することによって，上場準備段階からIFRSの適用を希望するIPO企業の負担が軽減されるなど，新興市場の育成という観点からも有用である。

IFRSの任意適用要件のうち，上場していること，国際的な財務活動・事業活動を行っていることという要件を撤廃したとしても，IFRSによる連結財務諸表の適正性確保への取組・体制整備という要件が充たされているのであれば，財務諸表の質が低下することはないと考えられる。また，会計基準が収斂していく過程で，一時的に異なる基準を適用する企業が存在することは許容せざるを得ないとの指摘もある。

以上を踏まえ，IFRSの任意適用要件のうち，IFRSに基づいて作成する連結財務諸表の適正性を確保する取組・体制整備の要件は維持することとし，「上場企業」及び「国際的な財務活動・事業活動」の要件は撤廃することとすべきである。これにより，IFRSの任意適用が可能な企業数は大幅に増加することになる。

四　IFRSの適用の方法

現行制度においては，我が国におけるIFRS任意適用企業が適用するIFRSは，金融庁長官が「指定国際会計基準」として定めることとされている（連結財務諸表規則第93条）。「指定国際会計基準」を定めるに当たっては，一部の基準を指定しないことも可能な枠組みとなっているが，一部の基準を修正する手続を念頭に置いた規定とはなっていない。なお，現時点では，IASBが策定した全ての基準がそのまま「指定国際会計基準」とされている。

IFRSの取り込み方法は各国様々であるが，多くの国・地域でエンドースメント手続（自国基準へのIFRSの取込み手続）が導入されている。現行の指定国際会計基準については，一部の基準を指定しないことも可能な枠組みになっているという点では一種のエンドースメントであると言えるが，一部の基準を修正する手続を念頭に置いた規定とはなっておらず，実態的にはピュアなIFRSのアドプションとなっている。また，ピュアなIFRSを適用する意図で既に任意適用している企業が存在することなどを踏まえると，ピュアなIFRSは維持する必要がある。なお，この点に関しては，我が国におけるピュアな

IFRSの指定方法について再検討すべきである。

　このような状況の下で，ピュアなIFRSのほかに，我が国においても，「あるべきIFRS」あるいは「我が国に適したIFRS」といった観点から，個別基準を一つ一つ検討し，必要があれば一部基準を削除又は修正して採択するエンドースメントの仕組みを設けることについては，IFRS任意適用企業数の増加を図る中，先般の世界金融危機のような非常時に我が国の事情に即した対応を採る道を残しておくことになるなど，我が国における柔軟な対応を確保する観点から有用であると考えられる。

　また，エンドースメントされたIFRSは，日本が考える「あるべきIFRS」を国際的に示すこととなることから，今後引き続きIASBに対して意見発信を行っていく上でも有用である。ただし，会計基準の国際的な調和を図る観点から，我が国が行うエンドースメントが前向きな取組みであるということについて，国際的な理解を得ながら進めていく必要がある。

　なお，日本基準，米国基準，ピュアIFRS，エンドースメントされたIFRSという四つの基準が並存することに関して，制度として分かりにくく，利用者利便に反するという懸念があるとの指摘がある。この点については，IASBに対する意見発信やコンバージェンスに向けた取組等，単一で高品質な国際的な会計基準がグローバルに適用される状況に向けての努力は継続されるべきであり，4基準の並存状態は，大きな収斂の流れの中での一つのステップと位置付けることが適切である。

　我が国において具体的にエンドースメントされたIFRSを検討するに当たっては，一定の企業においてエンドースメントされたIFRSを採用する意欲があることを踏まえ，これらの企業にとってエンドースメントされたIFRSが有用であるよう，そのニーズも勘案した上で検討する必要がある。また，エンドースメントされたIFRSは，強制適用を前提としたものではなく，あくまでも任意適用企業を対象としたものとして位置づけるべきである。さらに，IFRSのエンドースメント手続が導入されたとしても，現行の日本基準について，引き続き，これを高品質化するよう，前向きに対応していくことが重要であることは言うまでもない。

　具体的なエンドースメントの手続については，まず，会計基準の策定能力を有するASBJにおいて検討を行い，さらに，現行の日本基準と同様に，

ASBJが検討した個別基準について，当局が指定する方式を採用することが適当である。

IFRSの個別基準をエンドースメントする際の判断基準としては，公益及び投資者保護の観点から，例えば，以下の点を勘案すべきである。

・会計基準に係る基本的な考え方

・実務上の困難さ（作成コストが便益に見合わない等）

・周辺制度との関連（各種業規制などに関連して適用が困難又は多大なコストを要することがないか）等

他方，削除又は修正する項目の数が多くなればなるほど，国際的にはIFRSとは認められにくくなり，IFRS策定に対する日本の発言力の確保等へ影響が生じる可能性がある。このため，我が国の国益も勘案しつつ，単一で高品質な会計基準の策定という目標を達成する観点から，削除又は修正する項目は国際的にも合理的に説明できる範囲に限定すべきである。

なお，この方針を踏まえ，ASBJにおいて速やかにエンドースメントの検討が行われることを期待する。

五　単体開示の簡素化

我が国では，上場会社が作成する財務計算に関する書類は，「金融商品取引法（以下「金商法」という。）に基づいて作成する財務諸表」と「会社法に基づいて作成する計算書類」の2種類がある。これらの書類には，それぞれ，作成会社たる個社の状況を示す（単体）財務諸表・計算書類と，作成会社とその子会社から成る企業集団の状況を表す連結財務諸表・連結計算書類の2種類がある。

金商法に基づいて作成する財務諸表に関しては，連結財務諸表が主たる財務諸表，単体財務諸表は従たる財務諸表と位置づけられているが，会社法に基づいて作成する計算書類については，（単体）計算書類は全ての会社が対象である一方，連結計算書類は大会社かつ金商法対象会社にのみ義務付けられている。

金商法における開示制度では，連結財務諸表と単体財務諸表の両方の開示が義務づけられているが，連結財務諸表の開示が中心であることが定着した現在においては，制度の趣旨を踏まえ，単体開示の簡素化について検討することが適当である。

また，金商法適用会社は，会社法においても連結財務書類と（単体）計算書類の両方の作成が義務づけられているが，金商法において会社法の要求内容と別の内容の単体財務諸表の作成を求めることは，作成者である企業にとって二重の負担になると考えられる。

他方，金商法による単体財務諸表は，連単倍率の低い企業や親子間取引が多い企業などにおいて，連結財務諸表と同様に重要であり，簡素化を図るに当たっては，個別の項目ごとに慎重な検討が必要であるという指摘がある。

以上を踏まえて，以下のような考え方の下で，金商法における単体開示の簡素化を図ることが適当である。

○　本表（貸借対照表，損益計算書及び株主資本等計変動算書）に関しては，大多数の企業が経団連モデルを使用している状況を踏まえれば，会社法の計算書類と金商法の財務諸表とでは開示水準が大きく異ならないため，会社法の要求水準に統一することを基本とする。

○　注記，附属明細表，主な資産及び負債の内容に関しては，会社法の計算書類と金商法の財務諸表とで開示水準が大きく異ならない項目については会社法の要求水準に統一することを基本とする。また，金商法の連結財務諸表において十分な情報が開示されている場合には，金商法の単体ベースの開示を免除することを基本とする。上記以外の項目については，その有用性，財務諸表等利用者のニーズ，作成コスト，国際的整合性，監査上の観点等を斟酌した上で，従来どおりの開示が必要か否かについて検討すべきである。

○　単体開示の簡素化に当たっては，単体開示の情報が少なくなることへの懸念に対応しつつ，金商法の単体財務諸表と会社法の（単体）計算書類の統一を図る観点から，例えば，連結財務諸表におけるセグメント情報の充実や，注記等の記載内容を非財務情報として開示することなどについて検討すべきである。

○　単体開示のみの会社については，連結財務諸表の作成負担がなく，単体の簡素化に伴い代替する連結財務諸表の情報もないため，仮にこういった会社に対してまで簡素化を行うとした場合には，連結財務諸表を作成している会社との間で情報量の格差が生じてしまうおそれがある。したがって，単体開示のみの会社については基本的に見直しを行うべきで

はない。

○ 規制業種については，所管省庁が政策目的を達成する観点から，法令において必要な財務情報の作成及び報告を義務付けている。一方，財務諸表等規則においては，各業法に基づく開示が当該業種の実態を理解する上で有用との観点から，規制業種を別記事業と位置付け，各業法で要求している内容を優先して適用することを定めている。また，規制業種については，特に単体開示の有用性が高いとの意見がある。このような点を踏まえ，所管省庁の意見も聴取しながら検討を行う必要がある。

以上

　ところで，日本のIFRSへの対応のあり方については，日本の企業会計制度の一定の方針を打ち出す金融庁の企業会計審議会での審議にとどまらず，政権政党（政権与党）をはじめ政府なども無関心ではなかった。2014年6月24日に閣議決定した，政府の成長戦略である「『日本再興戦略』改訂2014―未来への挑戦―」（首相官邸［2014］）において新たに講ずべき具体的施策の1つとして「IFRSの任意適用企業の拡大促進」を盛り込んだ事実は，このことを物語っている。

　元を辿れば，自由民主党日本経済再生本部が2013年5月10日に公表した「**中間提言**」（自由民主党日本経済再生本部［2013］）で，最重要政策テーマの1つである「未来の『ヒト』『ビジネス』で付加価値創出」のもとで「英文開示や国際会計基準の利用の拡大」の施策が打ち出されている。また，自由民主党政務調査会は，金融調査会に「企業会計に関する小委員会」を設置しているが，会計基準は日本経済の重要なインフラの1つであり，しかも，会計基準の整備こそが経済再生への必須条件であり，日本の戦略的な対応が望まれるとの認識のもとで，この小委員会が，2013年5月から日本のIFRSsへの対応について集中的な議論を行った。その結果は，2013年6月13日に「**国際会計基準への対応についての提言**」（自由民主党政務調査会・金融調査会　企業会計に関する小委員会［2013］）として公表されている。この提言でも，「単一で高品質な国際基準」の策定へのコミットメントを基本的な考え方の中心に据えて，「**姿勢の明確化**」，

「任意適用の拡大」,「わが国の発言権の確保」,「企業負担の軽減」に関わる具体的方向性に立った対応が必要であることを示した。これら自由民主党の「中間提言」や「国際会計基準への対応についての提言」は,企業会計審議会の「当面の方針」の取りまとめに大きく作用しているのである(杉本 [2014], 52頁)。

また,自由民主党日本経済再生本部は,「中間提言」を踏まえた詰めの協議の結果,2014年5月23日に「**日本再生ビジョン**」(自由民主党日本経済再生本部 [2014])を公表している。「日本再生ビジョン」は,7つの最重要政策テーマの1つである「日本再生のための金融抜本改革」のもとで,「会計基準等,企業の国際化,ルールの国際水準への統一」を進めることの重要性を説き,「会計における『単一で高品質な国際基準』策定への明確なコミットの再確認」,「IFRSの任意適用企業の拡大促進」や「東証上場規則における企業のIFRSに関する考え方の説明の促進及び『IFRS適用レポート(仮称)』の作成」などを掲げた。言うまでもなく,この「日本再生ビジョン」が,「『日本再興戦略』改訂2014—未来への挑戦—」の取りまとめの下地である。

第9節 日本の企業会計の基準としての修正国際基準(JMIS)

IFRSsのアドプションに向けた取組みから,金融商品取引法の枠組みのなかで,日本企業が連結財務諸表を作成するにあたって準拠しうる会計基準(使用が認められている会計基準を含む)として,日本の会計基準(ASBJにおいて作成が行われた企業会計の基準)に加えて,IFRSs,修正国際基準(国際会計基準と企業会計基準委員会による修正会計基準によって構成される会計基準)(JMIS),アメリカ会計基準(U.S. GAAP)の4つの基準を認めている。

1.企業会計の基準の特例

ここでのIFRSsと修正国際基準は,「連結財務諸表の用語,様式及び作成方法に関する規則」(連結財務諸表規則)上,「指定国際会計基準」と「修正国際

基準」の名称で規定しており（第93条および第94条），企業会計の基準の特例（つまり，日本の会計基準以外の特例）による位置づけである。また，アメリカ会計基準は，当初は特例措置として容認してきたものを，連結財務諸表規則の雑則の規定で容認しているものである（第95条）。

第7章　企業会計の基準の特例
第1節　指定国際会計基準
（指定国際会計基準に係る特例）

第93条　指定国際会計基準特定会社が提出する連結財務諸表の用語，様式及び作成方法は，指定国際会計基準（国際会計基準（国際的に共通した企業会計の基準として使用されることを目的とした企業会計の基準についての調査研究及び作成を業として行う団体であって第1条第3項各号に掲げる要件の全てを満たすものが作成及び公表を行った企業会計の基準のうち，金融庁長官が定めるものをいう。次条及び第94条において同じ。）のうち，公正かつ適正な手続の下に作成及び公表が行われたものと認められ，公正妥当な企業会計の基準として認められることが見込まれるものとして金融庁長官が定めるものに限る。次条において同じ。）に従うことができる。

（指定国際会計基準に関する注記）

第93条の2　指定国際会計基準に準拠して作成した連結財務諸表には，次に掲げる事項を注記しなければならない。
　一　指定国際会計基準が国際会計基準と同一である場合には，国際会計基準に準拠して連結財務諸表を作成している旨
　二　指定国際会計基準が国際会計基準と異なる場合には，指定国際会計基準に準拠して連結財務諸表を作成している旨
　三　指定国際会計基準特定会社に該当する旨及びその理由

第2節　修正国際基準
（修正国際基準に係る特例）

第94条　修正国際基準特定会社が提出する連結財務諸表の用語，様式及び作成方法は，修正国際基準（特定団体において国際会計基準を修正することにより作成及び公表を行った企業会計の基準のうち，公正かつ適正な手続の下に作成及び公表

103

が行われたものと認められ，公正妥当な企業会計の基準として認められることが見込まれるものとして金融庁長官が定めるものに限る。次条において同じ。）に従うことができる。

（修正国際基準に関する注記）

第94条の2　修正国際基準に準拠して作成した連結財務諸表には，次に掲げる事項を注記しなければならない。

一　修正国際基準に準拠して連結財務諸表を作成している旨

二　修正国際基準特定会社に該当する旨及びその理由

第8章　雑則

第95条　米国預託証券の発行等に関して要請されている用語，様式及び作成方法により作成した連結財務諸表（以下「米国式連結財務諸表」という。）を米国証券取引委員会に登録している連結財務諸表提出会社が当該米国式連結財務諸表を法の規定による連結財務諸表として提出することを，金融庁長官が公益又は投資者保護に欠けることがないものとして認める場合には，当該会社の提出する連結財務諸表の用語，様式及び作成方法は，金融庁長官が必要と認めて指示した事項を除き，米国預託証券の発行等に関して要請されている用語，様式及び作成方法によることができる。

第96条　前条の規定は，米国式連結財務諸表を米国証券取引委員会に登録しなくなった場合には，適用がないものとする。

第97条　第95条の規定による連結財務諸表は，日本語をもって記載しなければならない。

第98条　第95条の規定による連結財務諸表には，次の事項を追加して注記しなければならない。

一　当該連結財務諸表が準拠している用語，様式及び作成方法

二　当該連結財務諸表の作成状況及び米国証券取引委員会における登録状況

三　この規則（第7章及びこの章を除く。）に準拠して作成する場合との主要な相違点

制度上，IASBが設定するIFRSs（連結財務諸表規則では，「国際会計基準」）のうち，公正かつ適正な手続きのもとに作成および公表が行われたものと認めら

れ，公正妥当な企業会計の基準として認められることが見込まれるものとして金融庁長官が定めるものを，**「指定国際会計基準」**として定義している。この指定国際会計基準を連結財務諸表の作成にあたっての準拠基準として認めたことにより，IFRSsの任意適用が可能となっている（「連結財務諸表の用語，様式及び作成方法に関する規則等の一部を改正する内閣府令」および金融庁告示第69号（いずれも2009年12月11日））。

　また，ASBJのような特定団体において「国際会計基準」を修正することにより作成および公表を行った企業会計の基準のうち，公正かつ適正な手続きのもとに作成および公表が行われたものと認められ，公正妥当な企業会計の基準として認められることが見込まれるものとして金融庁長官が定めるものを，**「修正国際基準」**として定義した（「連結財務諸表の用語，様式及び作成方法に関する規則等の一部を改正する内閣府令」（2015年6月30日））。

2．エンドースメント手続きと修正国際基準の開発

　指定国際会計基準と修正国際基準は，いずれも「金融庁長官が定める」としているものの，そのエンドースメント（承認）手続きが問われることになる。

　このエンドースメント手続きについては，金融庁・企業会計審議会が2013年6月19日に公表した「国際会計基準（IFRS）への対応のあり方に関する当面の方針」において，先に示したとおり，「現行の指定国際会計基準については，一部の基準を指定しないことも可能な枠組みになっているという点では一種のエンドースメントであると言えるが，一部の基準を修正する手続を念頭に置いた規定とはなっておらず，実態的には〔IASBが策定した：引用者〕ピュアなIFRSのアドプションとなっている」とした。制度上，IFRSsの任意適用を認めているため，ピュアなIFRSsの指定方法を再検討する必要性もあるが，この「当面の方針」は，これに加えて，日本におけるエンドースメントの仕組みの構築とそのもとでエンドースメントされたIFRSsの策定を謳い，ASBJにその検討を託した。

　以下で全体の構図を捉えるためにも，「当面の方針」が謳う該当箇所を再掲

すると，次のとおりである（いずれも「四 IFRSの適用の方法」）。

■「ピュアなIFRSのほかに，我が国においても，『あるべきIFRS』あるいは『我が国に適したIFRS』といった観点から，個別基準を一つ一つ検討し，必要があれば一部基準を削除又は修正して採択するエンドースメントの仕組みを設けることについては，IFRS任意適用企業数の増加を図る中，先般の世界金融危機のような非常時に我が国の事情に即した対応を採る道を残しておくことになるなど，我が国における柔軟な対応を確保する観点から有用であると考えられる。

また，エンドースメントされたIFRSは，日本が考える『あるべきIFRS』を国際的に示すこととなることから，今後引き続きIASBに対して意見発信を行っていく上でも有用である。ただし，会計基準の国際的な調和を図る観点から，我が国が行うエンドースメントが前向きな取組みであるということについて，国際的な理解を得ながら進めていく必要がある。」

■「具体的なエンドースメントの手続については，まず，会計基準の策定能力を有するASBJにおいて検討を行い，さらに，現行の日本基準と同様に，ASBJが検討した個別基準について，当局が指定する方式を採用することが適当である。

IFRSの個別基準をエンドースメントする際の判断基準としては，公益及び投資者保護の観点から，例えば，以下の点を勘案すべきである。

・会計基準に係る基本的な考え方

・実務上の困難さ（作成コストが便益に見合わない等）

・周辺制度との関連（各種業規制などに関連して適用が困難又は多大なコストを要することがないか）等

他方，削除又は修正する項目の数が多くなればなるほど，国際的にはIFRSとは認められにくくなり，IFRS策定に対する日本の発言力の確保等へ影響が生じる可能性がある。このため，我が国の国益も勘案しつつ，単一で高品質な会計基準の策定という目標を達成する観点から，削除又は修正する項目は国際的にも合理的に説明できる範囲に限定すべきである。

なお，この方針を踏まえ，ASBJにおいて速やかにエンドースメントの検討が行われることを期待する。」

　この「当面の方針」での要請により，ASBJが2013年7月に設置したのが「IFRSのエンドースメントに関する作業部会」である。この作業部会の目的は，①IASBにより公表された会計基準および解釈指針についてエンドースメント手続きを行うこと，および，②このエンドースメント手続きによって，日本で受け入れ可能か否かを判断したうえで採択し，修正国際基準（国際会計基準と企業会計基準委員会による修正会計基準によって構成される会計基準）の開発を行うことである。

　「IFRSのエンドースメント作業部会」は，まず2013年8月27日から2014年7月18日まで17回の会合を重ね，その検討状況を踏まえて，ASBJは7月31日に，「修正国際基準（国際会計基準と企業会計基準委員会による修正会計基準によって構成される会計基準）（案）」を公表した。公開期間中に寄せられたコメントを受けて，2014年11月21日から2016年2月16日までさらに9回の会合を重ねて，ASBJは2015年6月30日に，**「修正国際基準（国際会計基準と企業会計基準委員会による修正会計基準によって構成される会計基準）」**（"Japan's Modified International Standards（JMIS）: Accounting Standards Comprising IFRSs and the ASBJ Modifications"）を公表した。

（1）エンドースメント手続き

　エンドースメント手続きの方式とエンドースメントする際の判断基準（「削除又は修正」の判断基準）については，「当面の方針」に示されている。

　ASBJは，修正国際基準全体の背景を示す「『修正国際基準（国際会計基準と企業会計基準委員会による修正会計基準によって構成される会計基準）』の公表にあたって」を発っしている。これによれば，ASBJに託されたIFRSsのエンドースメント手続きは，「究極的に単一で高品質な国際基準が達成されることを目指す中で，我が国におけるIFRSの適用を促進するための取組みである」（企

業会計基準委員会 [2015a]，第13項）とする。

　また，この文書から，エンドースメント手続きの意義は，「IFRSsの柔軟な受け入れ」と「日本の考え方の意見発信」にあることがわかる（企業会計基準委員会 [2015a]，第9項。下線は引用者）。

　　「エンドースメント手続を行い，我が国における会計基準に係る基本的な考え方と合わない場合及び実務上の困難さがある場合において，一部の会計基準等を『削除又は修正』して採択する仕組みを設けることで，<u>IFRSをより柔軟に受け入れることが可能となる</u>とともに，<u>『削除又は修正』する項目についての我が国の考え方を意見発信することが可能となる</u>と考えられる。」

　意見発信する「我が国の考え方」（会計基準に係る基本的な考え方）には，「企業の総合的な業績指標としての当期純利益の有用性を保つことなど」（企業会計基準委員会 [2015a]，第10項）が含まれ，「今後，IASBによる検討過程において，IFRSの開発に対して我が国の考え方を適切に表明していくことにより，我が国において受け入れ可能な会計基準等の開発をIASBに促すことが期待される。こうしたプロセスは，単一で高品質な国際基準の開発に一層主体的に貢献をしていくために必要とされるものと考えられる」とする。また，「エンドースメント手続における議論を通じて，我が国の市場関係者におけるIFRSへの理解とより高品質な基準開発に向けた裾野の広い議論が深まることも期待される」（企業会計基準委員会 [2015a]，第11項）という。

　IASBにより公表された会計基準および解釈指針について，ASBJが行うエンドースメント手続き（「削除又は修正」）は，次の手順を踏むことになる（企業会計基準委員会 [2015a]，第7項。下線は引用者）。

(1) IASBにより新規の又は改正された会計基準等が公表される。
(2) 当該会計基準等について「削除又は修正」せずに採択することができるか否かについて検討を行う。ここで，<u>「削除又は修正」とは，会計基準等の全部，</u>

一部の条項又は条項の一部を適用しないこと及び会計基準等の一部の条項に
追加又は修正を加えることをいう。

(3) 当該会計基準等について「削除又は修正」を行わずに採択する場合には，
その旨の公開草案を公表する。また，「削除又は修正」を行って採択する場合
には，企業会計基準委員会による修正会計基準の公開草案を作成し，公表する。

(4) 公開草案に寄せられた意見を踏まえ，当委員会において審議を行い，最終
的な採択を行う。

「当面の方針」において示されたIFRSsの個別基準をエンドースメントする
際に勘案すべき３つの判断基準（①会計基準に係る基本的な考え方，②実務上の
困難さ（作成コストが便益に見合わない等），③周辺制度との関連（各種業規制など
に関連して適用が困難又は多大なコストを要することがないか））に加えて，「削除
又は修正」を必要最小限とすることとしている。「削除又は修正」項目を限定
すべきことも，「当面の方針」の考えに基づくものであるが，ASBJはそれを
必要最小限とする理由として，次の５つを掲げる（企業会計基準委員会［2015a］，
第21項）。

■IFRSは所定のデュー・プロセスを経て開発及び公表されたものであり，また，
　当委員会〔ASBJ：引用者〕及び我が国の市場関係者も関与して開発されている
　こと

■多くの「削除又は修正」が行われた場合，市場関係者に修正国際基準がIFRS
　から派生したものとして受け止められない可能性があること

■各国又は地域におけるエンドースメント手続の状況をみると，IASBにより公
　表された会計基準等について，「削除又は修正」を行っている国又は地域は限
　られており，「削除又は修正」を行っている場合においても，必要最小限にと
　どめていること

■IASBにより公表された会計基準等との比較可能性に配慮すること

■少数の項目に絞ることによって，我が国の考え方をより強く表明することがで
　きると考えられること

今般の修正国際基準の開発は最初のエンドースメント手続きによるものであるため，2012年12月31日現在でIASBにより公表されている会計基準等（13本のIFRS，28本のIAS，17本のIFRIC解釈指針，8本のSIC解釈指針）が初度エンドースメント手続きの対象となった（初度エンドースメント手続きの終了後，ASBJは，2013年12月31日現在および2014年1月1日から2016年9月30日までにIASBにより公表されている会計基準等のエンドースメント手続きを定期的に実施し，修正国際基準を改正している（たとえば，企業会計基準委員会［2016］）。

（2）修正国際基準の開発

修正国際基準の開発にあたり，その本質的作業は，エンドースメント手続きの第2の手順である「削除又は修正」せずに採択することができるか否かについての検討にある。

ASBJの「IFRSのエンドースメント作業部会」は，このエンドースメント手続きの第2の手順について検討するために，IFRSsと日本の会計基準を比較し，その論点の抽出作業を行っている。併せて，どのような項目についてガイダンスや教育文書の作成が必要となるかについても検討した。

この結果，抽出された論点は，①「会計基準に係る基本的な考え方に重要な差異があるもの」（すなわち，「企業の総合的な業績指標としての当期純利益の有用性を保つことなど」に重要な差異があるもの）としての15項目と，②「任意適用を積み上げていくうえで実務上の困難さがあるもの（周辺制度との関連を含む。）」としての15項目である（**図表1-14**参照）。

第1の論点である「会計基準に係る基本的な考え方に重要な差異があるもの」として，主として，「のれんの償却」，「その他の包括利益（OCI）のリサイクリング処理および当期純利益（純損益）に関する項目」，「公正価値測定の範囲」，および，「開発費の資産計上」が識別された。これらの項目は，財務諸表の利用者に対して企業の適切な財政状態や経営成績等を開示するにあたり，懸念が示されたものである（企業会計基準委員会［2015a］，第26項）。

110

第9節 日本の企業会計の基準としての修正国際基準（JMIS）

図表1-14 初度エンドースメント手続きにおける検討で「検討が必要な項目」として抽出された論点の一覧

抽出された論点	
会計基準に係る基本的な考え方に重要な差異があるもの	任意適用を積み上げていくうえで実務上の困難さがあるもの（周辺制度との関連を含む。）
① これまで「アジェンダ・コンサルテーション2011」等を通じてIASBに対して意見発信を行ってきている項目	① 会計基準の適用，解釈に関する項目
その他の包括利益（OCI）のリサイクリング処理及び当期純利益（純損益）に関する項目	⑯ 有形固定資産に関する減価償却方法の選択，耐用年数の決定（IAS第16号）
⑴ その他の包括利益を通じて公正価値で測定する資本性金融商品への投資の公正価値の変動（IFRS第9号） ⑵ 純損益を通じて公正価値で測定する金融負債の発行者自身の信用リスクに起因する公正価値の変動（IFRS第9号） ⑶ 確定給付負債又は資産（純額）の再測定，過去勤務費用（IAS第19号） ⑷ 有形固定資産及び無形資産の再評価モデルに係る再評価剰余金（IAS第16号及びIAS第38号）	⑰ 開発費の資産計上（IAS第38号） ⑱ 相場価格のない資本性金融商品への投資に関する公正価値測定（IFRS第9号） ⑲ 有給休暇（IAS第19号） ⑳ 金融負債と資本の分類（IAS第32号） ㉑ 子会社，関連会社の報告日が異なる場合の取扱い（IFRS第10号及びIAS第28号） ㉒ 契約にリースが含まれているか否かの判断（IFRIC第4号）
公正価値測定の範囲に関連する項目	② その他の重要な実務上の困難さを含む会計処理に関する項目
⑸ 有形固定資産及び無形資産の再評価モデル（IAS第16号及びIAS第38号） ⑹ 投資不動産の公正価値モデル（IAS第40号） ⑺ 相場価格のない資本性金融商品への投資に関する公正価値測定（IFRS第9号） ⑻ 生物資産及び農産物の公正価値測定（IAS第41号）	㉓ 機能通貨（IAS第21号） ㉔ 外貨建負債性金融商品の外貨換算（IAS第21号） ㉕ 投資信託の評価方法（IFRS第9号） ㉖ 特定の業種において適用されている減価償却方法（IAS第16号） ㉗ 修正後発事象の会計処理（IAS第10号） ㉘ 償却原価で計上されている金融資産の減損（IAS第39号）
「アジェンダ・コンサルテーション2011」で指摘したその他の個別項目	

第1章 「単一で高品質な国際基準」の策定に向けた取組みと意見発信

111

(9) のれんの非償却（IFRS第3号） (10) 開発費の資産計上（IAS第38号） (11) 固定資産の減損の戻入れ（IAS第36号） ② その他の基本的な考え方に関連する項目 (12) 財政状態計算書における資本の部の表示 （IAS第1号） (13) 包括利益計算書の段階別表示（IAS第1 号） (14) 引当金の認識規準（IAS第37号） (15) 企業結合における全部のれん方式（IFRS 第3号）	③ 開示に関する項目 (29) 年度における開示（リスク感応度分析，確 定給付制度に関する開示，子会社及び関連会 社等の要約財務情報） (30) 期中財務報告の範囲及び開示対象の期 間（財務諸表注記を含む。）（IAS第34号）

注：リサイクリング処理とは，その他の包括利益で認識された一部の項目を，後に純損益に組替調整することを
いう。
出所：企業会計基準委員会［2015a］，（別紙1），10-11頁をもとに作成。

　第2の論点である「任意適用を積み上げていくうえで実務上の困難さがある
もの（周辺制度との関連を含む。）」として，「会計基準の適用，解釈に関する項
目」，「その他の重要な実務上の困難さを含む会計処理に関する項目」，および，
「開示に関する項目」に区分して識別された。これらの項目は，「削除又は修正」
を行わずに採択することが可能か否か，ガイダンスや教育文書の作成が必要か
の観点から抽出されたものである。
　これらの抽出された論点のうち，「IFRSのエンドースメント作業部会」での
検討とASBJでの審議の結果，「のれんの非償却」と「その他の包括利益（OCI）
のリサイクリング処理」は会計基準に係る基本的な考え方に大きな差異がある
ため，「削除又は修正」を行ったうえで採択することを「修正国際基準（国際
会計基準と企業会計基準委員会による修正会計基準によって構成される会計基準）」
の公開草案（「修正国際基準の適用（案）」，企業会計基準委員会による修正会計基
準公開草案第1号「のれんの会計処理（案）」および企業会計基準委員会による修正
会計基準公開草案第2号「その他の包括利益の会計処理（案）」）（2014年7月31日）
に盛り込んだ。第1の論点での「公正価値測定の範囲」と「開発費の資産計上」
は，「削除又は修正」を行わずに採択することを提案した。この提案は，第2
の論点での項目とともに，「削除又は修正」を必要最小限とする方針によるも

112

のである。

「のれんの非償却」に関する「削除又は修正」は，企業会計基準委員会による修正会計基準第1号「のれんの会計処理」として，また，「その他の包括利益（OCI）のリサイクリング処理」に関する「削除又は修正」は，企業会計基準委員会による修正会計基準第2号「その他の包括利益の会計処理」として，それぞれ2015年6月30日に公表されている。これら「企業会計基準委員会による修正会計基準」は，「修正国際基準」を構成するものである。

この2つのASBJによる修正会計基準によって「削除又は修正」の対象となるとしたIASBにより公表されている会計基準等は，**図表1-15**にみられる6つである。

図表1-15　企業会計基準委員会による修正会計基準

企業会計基準委員会による 修正会計基準の名称	「削除又は修正」の対象となる会計基準等
企業会計基準委員会による修正会計基準第1号「のれんの会計処理」	・IFRS第3号「企業結合」 ・IAS第28号「関連会社及び共同支配企業に対する投資」
企業会計基準委員会による修正会計基準第2号「その他の包括利益の会計処理」	・IFRS第7号「金融商品：開示」 ・IFRS第9号「金融商品」（2010年） ・IAS第1号「財務諸表の表示」 ・IAS第19号「従業員給付」

出所：企業会計基準委員会［2015b］，別紙2，6頁。

IFRS第3号「企業結合」は，のれんの償却を禁じている。企業会計基準委員会による修正会計基準第1号は，のれんは企業結合における投資原価の一部であり，企業結合の収益との間で適切な期間対応を図るべきであるとの考え方から，のれんの非償却の会計処理について「削除又は修正」し，企業結合で取得したのれんは，耐用年数にわたって，定額法その他の合理的な方法により規則的に償却するとしたものである。IAS第28号「関連会社及び共同支配企業に対する投資」は，関連会社または共同支配企業に係るのれんを区分して認識せ

ず，投資全体を１つの資産として取り扱っているが，企業会計基準委員会による修正会計基準第１号は，このとのれんについてもこの会計処理を「削除又は修正」し，企業結合で取得したのれんと同様に償却するとした。これに伴い，償却方法の開示も求めた。

　これに関連して，IFRSs任意適用企業の2015年３月期の有価証券報告書などをもとに，初度適用年度のIFRSsへの移行の影響について調査したところ，「日本基準からIFRSへ移行した会社では，当期純利益の増加傾向が見られる。その傾向には，少なくとものれんの非償却が影響しているものと考えられる」（税務研究会『週刊経営財務』編集部編［2015］，210頁）という結果が得られている。のれんの非償却は，IFRSsの任意適用を選好する大きな理由をなしているのかもしれない。

　また，IFRS第９号「金融商品」の「その他の包括利益を通じて公正価値で測定する資本性金融商品への投資の公正価値の変動」や「純損益を通じて公正価値で測定する金融負債の発行者自身の信用リスクに起因する公正価値の変動」，IAS第19号「従業員給付」の「確定給付負債または資産（純額）の再測定」などでは，その他の包括利益に計上後，当期純利益への組替調整を禁じている。企業会計基準委員会による修正会計基準第２号は，こうしたノンリサイクリング処理について「削除又は修正」し，純損益へのリサイクリング処理を行うとしたものである。純損益は，企業の総合的な業績指標として各種の重要指標の基礎として使用されてきていることなどが，その理由である（企業会計基準委員会による修正会計基準第２号は，2016年７月25日に改正された。これは，2013年に改正されたIFRS第９号「金融商品」がノンリサイクリング処理の項目を追加したことによるものである。すなわち，IFRS第９号（2013年）は，その他の包括利益を通じて公正価値で測定する資本性金融商品への投資をヘッジ対象とした公正価値ヘッジは，ヘッジ手段に係る利得または損失をその他の包括利益累計額に残したままにすることとしており，その後のノンリサイクリングを禁止している（par.6.5.8, BC6.115）。先の初度エンドースメント手続きにおいては，その他の包括利益のノンリサイクリング処理を純損益にリサイクリング処理を行うように「削除又は修正」

することとしていたため，当該会計処理に関する「削除又は修正」を修正会計基準第2号に追加したのである。また，IFRS第9号（2013年）によるキャッシュ・フロー・ヘッジにおけるベーシス・アジャストメント（Basis Adjustment）の取扱い（キャッシュ・フロー・ヘッジ剰余金に累積されていた金額を除去し，当該認識額を認識対象の非金融商品（資産・負債）の一部として処理する取扱い）への変更，および，ヘッジ会計におけるオプションの時間的価値の会計処理に関する「削除又は修正」も追加している（企業会計基準委員会による修正会計基準第2号，結論の背景参照））。

なお，ASBJが公表した「修正国際基準」は，この「企業会計基準委員会による修正会計基準」を含め，次の3つから構成される（企業会計基準委員会［2015b］，第2項）。

---

(1) 「修正国際基準の適用」
(2) 企業会計基準委員会（ASBJ）が採択した国際会計基準審議会（IASB）により公表された会計基準及び解釈指針
(3) 「企業会計基準委員会による修正会計基準」

ASBJが修正国際基準を公表したことを受けて，金融庁は2015年9月4日に，この修正国際基準の制度化にあたり，一連の内閣府令等において所要の改正を行った。これは，企業会計審議会の「当面の方針」において，「具体的なエンドースメントの手続については，まず，会計基準の策定能力を有するASBJにおいて検討を行い，さらに，現行の日本基準と同様に，ASBJが検討した個別基準について，当局が指定する方式を採用することが適当である」としたことを受けてのものである。

金融庁は，先の「連結財務諸表の用語，様式及び作成方法に関する規則に規定する金融庁長官が定める企業会計の基準を指定する件」（平成21年金融庁告示第69号）の一部を改正する金融庁告示第70号（2015年9月4日）を通じて，修正国際基準の条項（第4条）を加えるとともに，指定国際会計基準と同様に，連結財務諸表規則に適用の特例規定（第1条の3）や上述した第7章「企業会計の基準の特例」に関連規定（「第2節 修正国際基準」）を新設した。修正国際基

準を連結財務諸表規則上の本則ではなく,「企業会計の基準の特例」とした事実は,修正国際基準が,「連結財務諸表等を作成するにあたり『適用の一般原則』となる『我が国において「一般に」公正妥当と認められる企業会計の基準』には該当せず,法令の要件(連結財務諸表規則第1条の3等)を満たす株式会社が,

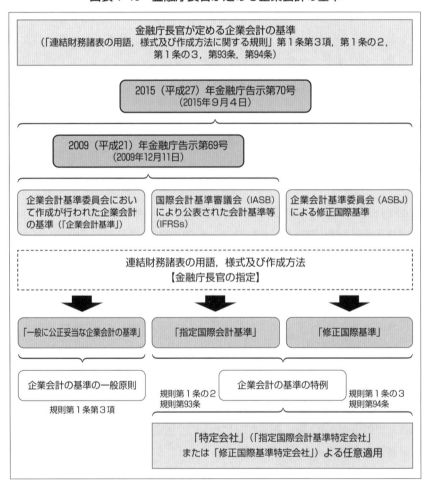

図表1-16　金融庁長官が定める企業会計の基準

『適用の特例』として任意に適用が行える企業会計の基準」であることを示すものである（金融庁［2015b］，No.4，4頁）。

こうした体制整備により，IFRSs（指定国際会計基準）と修正国際基準は，企業会計の基準の特例として，金融庁長官による企業会計基準指定告示（金融庁告示）の方式による任意適用の構図が確立されている（**図表1-16参照**）。

第10節 日本からの意見発信とエンドースメント手続き

1．企業会計審議会総会・企画調整部会合同会議におけるエンドースメント手続きの仕組みの構築の考え方の台頭

「修正国際基準（国際会計基準と企業会計基準委員会による修正会計基準によって構成される会計基準）」の開発の意図や目的が，日本の考え方の意見発信などにあるとすれば，それでは，それまでの日本からの意見発信とエンドースメント手続きの仕組みの構築（エンドースメント・プロセスの整備）には，そもそもどのような関わりがあるのだろうか。また，エンドースメント手続きを経た修正国際基準をなぜ企業が適用しうる会計基準の1つとして制度設計したのだろうか。

ここではまず，前者の問題について検討してみたい。

日本からの意見発信の重要性は，「我が国における国際会計基準の取扱いに関する意見書（中間報告）」（2009年6月30日）（金融庁・企業会計審議会［2009]）でも謳われていた。そもそも，この「中間報告」がこれまで注目されてきたのは，日本の会計基準についてのコンバージェンス継続の必要性を説き，日本企業へのIFRSsの適用に向けた基本的な考え方やIFRSs適用に向けた課題を示すとともに，2010年3月期の年度の財務諸表からIFRSs任意適用を認めることの妥当性を表明し，しかも将来的なIFRSs強制適用の是非の判断などについて取りまとめたからである。加えて，8ヵ所で「意見発信」について言及すること

で，日本からの意見発信の重要性を説いたことも，この「中間報告」の特徴の
1つである。

IASBが2011年7月に開始した「アジェンダ・コンサルテーション2011」を
通じて今後の作業方針について意見を求めたことは，あるべきIFRSsに向けた
日本からの意見発信を行う重要な機会でもあった。「アジェンダ・コンサルテー
ションに関する協議会」を設置（2011年10月）した際も，またその後，この
協議会が「IFRS対応方針協議会」に改称（2013年11月8日）されてからも，日
本からの意見発信は行われてきた。

その一方で，少なくとも，企業会計審議会総会・企画調整部会合同会議での
審議を整理した「国際会計基準（IFRS）への対応のあり方についてのこれまで
の議論（中間的論点整理）」（2012年7月2日）（金融庁・企業会計審議会［2012]）
が公表されるまでは，「国際会計基準の適用」を中心に，「IFRSに関するわが
国としての意見発信のあり方」などが問われており，修正国際基準の策定に結
び付くエンドースメント手続きの考えはみられなかった。

「国際会計基準（IFRS）への対応のあり方に関する当面の方針」（2013年6月
19日）（金融庁・企業会計審議会［2013]）にこの修正国際基準の策定に結び付く
エンドースメント手続きの仕組みを設ける考え方や見解を盛り込んだのは，企
業会計審議会総会・企画調整部会合同会議での一連の審議内容や当該審議に関
連する取組みなどからすると，次の要因によるものだといってよい。

■要因1：アメリカの動向を十分に勘案する立場から，SECスタッフが公
　　　　　表した「最終スタッフ報告書：アメリカの発行体の財務報告制度
　　　　　への国際財務報告基準の組込みに関する検討のための作業計画」
　　　　　（2012年7月13日）における「IFRSの適用方法」の検討を踏まえ，
　　　　　当該報告書での考え方を取り入れたこと
■要因2：日本経済団体連合会による「国際会計基準（IFRS）への当面の対
　　　　　応について」（2013年3月26日）での4つの対応策と「今後の検討
　　　　　にあたって」の結論と要望などを取り入れたこと

■**要因3**：自由民主党政務調査会・金融調査会の「企業会計に関する小委員会」による日本としてのIFRSsへの対応についての集中的な議論を踏まえた，IFRSsへの今後の対応に関する基本的考え方とその具体的方向性について取りまとめた「国際会計基準への対応についての提言」（2013年6月13日）を取り入れたこと

　以下では，企業会計審議会総会・企画調整部会合同会議での審議を中心に据えて，同時期に公表された日本経済団体連合会と自由民主党政務調査会・金融調査会の「企業会計に関する小委員会」による提言などとの結び付きについて整理した**図表1-17**をもとに，これらの要因について具体的に明らかにしてみたい。

図表1-17　エンドースメント手続きの仕組みの構築などに関わる企業会計審議会総会・企画調整部会合同会議での審議と日本経済団体連合会と「企業会計に関する小委員会」による提言等

日本経済団体連合会	企業会計審議会総会・企画調整部会合同会議	自由民主党政務調査会・金融調査会の「企業会計に関する小委員会」
	2012年10月2日	
	議事：SECスタッフ報告書について 資料1「SEC：IFRS取り込みに関する最終スタッフ報告書」	
2013年3月26日 「国際会計基準（IFRS）への当面の対応について」	2013年3月26日 議事：国際会計基準（IFRS）について ⑷日本経済団体連合会からの報告 資料5「国際会計基準（IFRS）への当面の対応について」（日本経済団体連合会資料）	
	2013年4月23日	
	議事：国際会計基準への対応について 資料2「国際会計基準への対応について当面検討すべき課題」	

	2013年5月28日	
	議事：国際会計基準への対応について (2)IFRSの適用の方法について 資料2「IFRSの適用の方法について」	
2013年6月10日		
「今後のわが国の企業会計基準制度に関する基本的考え方―国際会計基準の現状とわが国の対応―」		
	2013年6月12日	
	議事：国際会計基準への対応について 資料「これまでの議論の整理」 委員提出資料	
		2013年6月13日
		「国際会計基準への対応についての提言」
	2013年6月19日	
	議事：国際会計基準への対応について 資料「国際会計基準（IFRS）への対応のあり方に関する当面の方針（案）」	

出所：金融庁Website,「企業会計審議会」および自由民主党Website,「会議情報」などをもとに作成。

2．エンドースメント手続きの仕組みを構築する考え方が導入された要因

（1）要因1：SECスタッフによる「最終スタッフ報告書」（Final Staff Report）の影響

　「コンバージェンスとグローバル会計基準を支持するSEC声明」（SEC［2010］）を通じて，SEC主任会計士室のSECスタッフが中心となって検討することが要請された国際的な会計基準の「作業計画」（Work Plan for the Consideration of Incorporating International Financial Reporting Standards into the Financial Reporting System for U.S. Issuers）について，その「最終スタッフ報告書」（SEC, Office of the Chief Accountant［2012］）が2012年7月13日に公表された。この

「最終スタッフ報告書」は金融庁が待ち望んでいたものであり，その公表後の10月2日に開催された企業会計審議会総会・企画調整部会合同会議でその概要が資料（金融庁・企業会計審議会総会・企画調整部会合同会議［2012a］）をもとに紹介されている。

　このときの概要説明は，「最終スタッフ報告書」の冒頭に付された要旨をもとに行ったもので，とくに「IFRSの適用方法」（要旨の「A. 方法論」と「B. スタッフの作業の重点」による説明）と「SECスタッフによる分析の結果指摘されている主な事項」（要旨の「C. 発見事項の要約」による説明）の2つである。

　「最終スタッフ報告書」の「IFRSの適用方法」によれば，「IASBの基準を〔アメリカのGAAPの階層構造（ヒエラルキー）のもとでの『一般に公正妥当と認められた会計原則』の性格として付与される：引用者〕権威あるもの〔（権威ある文献）：引用者〕として指定するという方向は，とくに，アメリカ資本市場の参加者の大多数から支持されておらず，世界中の他の主要な資本市場で使用されている組込みの方法と整合的でないようにみえる方向の1つである」（SEC, Office of the Chief Accountant［2012］，I，B）ことが，SECスタッフによる初期の調査段階で明らかとなっている。そのため，SECスタッフが検討プロセスにおいて重点を置いたのは，IASBの基準であるIFRSsをエンドースメントする仕組みや，FASBとIASBが公表する会計基準の継続的なコンバージェンスなどの他の考えうる組込み方法についてである。

　ここで，SECスタッフが，IFRSsを権威あるものとして指定する考え方以外の方法を検討することとしたのは，①基準設定に対する影響，②転換の負担，③アメリカ会計基準への参照という3つの要因によるものである。これらの要因のうち，われわれがここで注目している「エンドースメント手続き」については，最初の2つの要因のなかで，それぞれ次のように言及している（SEC, Office of the Chief Accountant［2012］，I，B。下線は引用者）。

■基準設定に対する影響

　「2010年進捗状況報告で述べていたように，IASBが公表する基準の使用の

準備を，当該基準の適合性を確保する対応策なしに行っている管轄（法域）は非常に少ない。むしろ，大半の管轄（法域）は，一般的に，IFRSを国内の報告制度に組み込むための何らかの仕組みに依拠している。この仕組みはさまざまな範囲にわたっており，必ずしもIFRSを国内の枠組みに完全に組み込むことをせずに国内基準をIFRSにコンバージェンスするものもあれば，さまざまな形態のエンドースメント・アプローチ（新たに公表されたIFRSが所定の要件を満たした場合に，IFRSを基準書単位で国内の枠組みに組み込むもの）もある。」

■転換の負担

「スタッフは，IFRSの組込みは何らかのコストと労力を費やさずには行えないことを認識している。しかし，スタッフは，直接的な組込み以外の組込み方法により，組込みのための期間を延長する一方で，必要となるコストの合計を減らしうると認識している。」

また，「最終スタッフ報告書」は，要旨で取りまとめた7つの要約からなる「C.発見事項の要約」のうち，5つ目の発見事項の要約のなかでも，より具体的に次のように述べている（SEC, Office of the Chief Accountant [2012], Ⅰ, C, 5。太字と下線は引用者）。

5．IASBのガバナンス

スタッフの評価によると，IFRS財団のガバナンス構造の全体的な設計は，IASBの監督を行うことと同時に，IASBの独立性を認識して支持することとの合理的なバランスをとったものとなっているようにみえる。国際的機関にとって典型的であるが，どれか単一の資本市場に焦点を当てた基準の設定を考慮するという使命はIASBにはない。**アメリカの投資者およびアメリカの資本市場のニーズの考慮に関しては，スタッフの考えでは，アメリカの資本市場をとくに考慮し保護するための仕組みを整備する必要がある。たとえば，IFRSsをエンドースするための活動的なFASBを維持することなどである。**

アメリカの会計基準設定主体であるFASBが，アメリカの投資者や資本市場

のニーズを考慮したエンドースメント手続き（エンドースメント・プロセス）を整備すべきとする見解が例示されているのである。

　企業会計審議会総会・企画調整部会合同会議では，こうした「最終スタッフ報告書」での提言内容を踏まえて，栗田企業開示課長（当時）はその説明の最後に，当該報告書の解釈の仕方として，とくに次のことを示したことには留意すべきである（金融庁・企業会計審議会総会・企画調整部会合同会議［2012b］，太字と下線は引用者）。

　　「他方で，先ほども申し上げましたけれども，IFRSをもう全く取り込まないのかというとそうではなくて，単一の高品質でグローバルな会計基準という目的に米国がコミットしているということを示すことができるIFRSの取り込み方法には，潜在的に多くの支持が得られるとしておりますので，IFRSをもう採用しないということでもないということでございます。

　　それから，ここでは紹介し切れておりませんけれども，このレポートを詳細に読んでいきますと，幾つかのところで，**時間をかけてIFRSをエンドースメントしていく方法は問題が少ない**というような記述が見られておりまして，SECのスタッフは，昨年の5月のレポート〔SEC, Office of the Chief Accountant [2011a]：引用者〕のときにエンドースメント・アプローチを提言していたこともあるのかと思いますけれども，**基本的には時間をかけてエンドースメントするという方法を中心にこのペーパーを書いたのかなということがうかがわれるようでございます**。ただし，最終的な結論は出していないということでございます。」

　もちろん，これらの言及は「最終スタッフ報告書」の概要説明の文脈からのものである。しかし，SECスタッフが，「作業計画」の進捗報告書や「最終スタッフ報告書」でIFRSsに対するエンドースメント・アプローチやFASBによるエンドースメント手続きの整備ないし構築といった「IFRSの適用方法」について言及した事実は，その後の企業会計審議会総会・企画調整部会合同会議での審議をはじめ，関係機関によるその検討に影響を及ぼしていることは事実

である。現に，2012年10月2日の企業会計審議会総会・企画調整部会合同会議を機に，日本からの意見発信のあり方にエンドースメント手続きのあり方についての議論が加わっている。以下の要因2と要因3は，この事実を如実に物語るものでもある。

（2）要因2：日本経済団体連合会による「国際会計基準（IFRS）への当面の対応について」（2013年3月26日）などの影響

「国際会計基準（IFRS）について」が議事として取り上げられたのは，「IFRSs適用に関する検討」（つまり「中間報告」等の見直し）について「総合的に成熟された議論」を早急に開始するために，2011年6月30日に招集された企業会計審議会総会・企画調整部会合同会議が最初である。

この「IFRSs適用に関する検討」は，当時，検討が必要であると考えられた主要な項目として列挙した「今後の議論・検討の進め方（案）」（金融庁・企業会計審議会総会・企画調整部会合同会議［2011]）の11項目（①我が国の会計基準・開示制度全体のあり方，②諸外国の情勢・外交方針と国際要請の分析，③経済活動に資する会計のあり方，④原則主義のもたらす影響，⑤規制環境（産業規制，公共調達規則），契約環境等への影響，⑥非上場企業・中小企業への影響，対応のあり方，⑦投資家と企業とのコミュニケーション，⑧監査法人における対応，⑨任意適用の検証，⑩国内会計基準設定主体（ASBJ）のあり方，⑪国際会計基準設定主体（IASB）のガバナンス）に基づいて，2011年10月17日から2012年6月14日までの8回に及ぶ企業会計審議会総会・企画調整部会合同会議において順次検討された。6月14日の合同会議では，検討すべき項目として残っていた「任意適用の検証について」と「規制環境（産業規制，公共調達規則），契約環境等への影響」を最後に検討した後，金融庁から「国際会計基準（IFRS）への対応のあり方についてのこれまでの議論（中間的論点整理）（案）」が示され，審議された。その結果，2012年7月2日に「国際会計基準（IFRS）への対応のあり方についてのこれまでの議論（中間的論点整理）」（金融庁・企業会計審議会［2012]）が公表されている。この「中間的論点整理」は，約1年間にわたる「IFRSの適用のあり方」に関

する議論を整理したものである。

　2013年４月23日の企業会計審議会総会・企画調整部会合同会議からは，議事が「国際会計基準（IFRS）について」から「国際会計基準への対応について」に改められている。

　このように議事が改められた理由は，それまでの合同会議での「今後の議論・検討の進め方（案）」による11項目の検討や，2011年からIFRSsを強制適用しているカナダと韓国での実態と課題などに対する金融庁による説明などを中心とした「国際会計基準（IFRS）について」の議論を受けて，当日の合同会議において，金融庁が整理した「国際会計基準への対応について当面検討すべき課題」（金融庁・企業会計審議会総会・企画調整部会合同会議［2013b］）を提示し，企業会計審議会がこの資料に基づいた検討をはじめたことによるものである。

　「国際会計基準への対応について当面検討すべき課題」は，今後検討を進める必要のある７点を示したが，これらは次の３項目に集約され，2013年５月28日，６月12日および６月19日の３回にわたって企業会計審議会総会・企画調整部会合同会議で審議された。

　①IFRSの任意適用の緩和について

　②IFRSの適用の方法について

　③単体開示の簡素化について

　2013年６月20日に公表された「国際会計基準（IFRS）への対応のあり方に関する当面の方針」（金融庁・企業会計審議会［2013］）は，その審議結果によるものである。

　金融庁による「国際会計基準への対応について当面検討すべき課題」には，前回の合同会議（2013年３月26日開催）の「企業会計審議会における委員のご意見等」が整理されている。この意見などが，「『中間的論点整理』において検討すべき課題とされている事項を中心に，日本の当面の対応の方向性について検討すべき」項目の取りまとめに大きな役割を果たしている。

　「国際会計基準への対応について当面検討すべき課題」で最終的に示されたのは，次のものであった（金融庁・企業会計審議会総会・企画調整部会合同会議

［2013b］，スライド13-14。太字と下線は引用者）。

今後の検討について②

　当面，以下のような点について検討を進める必要があるのではないか。

○ IFRS適用の具体的なメリット・デメリットに関する議論を深めていくために
　は，まずは，IFRS任意適用企業の積み上げを図ることが必要ではないか。こ
　のような観点から，任意適用要件の緩和などについて，どのように考えるか。

○ 原則主義の下で，IFRSの任意適用に際しての実務的な不確実性に対応するた
　めに，具体的にどのような方策を講じることが適当か。

○ 引き続きIFRSに関し，我が国が的確に意見発信していく観点から，例えば，
　サテライトオフィスを有効活用するための方策等についてどう考えるか。

○ **Pure な IFRS を念頭に置いている現行の指定国際会計基準のほかに，わが国**
　においても個別基準を一つ一つ検討して採択するプロセスを設ける必要があ
　るのではないか。

○ **わが国が考える「あるべき IFRS」あるいは「わが国に適した IFRS」といっ**
　た観点から，IFRSの個別基準について，その適用の是非を具体的に検討する
　必要があるのではないか。

○ 単体開示のあり方については，中間的論点整理を踏まえ，企業負担の軽減に
　向け，どのような対応が可能か。会社法の開示の活用や，連結財務諸表（注
　記を含む）から必要な情報を入手できるような場合に単体開示を求めないこ
　ととする，といった方向性についてどう考えるか。

○ 以上のほか，市場開設者における対応を含め，IFRSの適用に関して，当面検
　討すべき事項は何か。

　ここに示された今後検討すべき7つの課題のうち，第4の課題（Pureな
IFRSを念頭に置いている現行の指定国際会計基準のほかに，わが国においても個別
基準を一つ一つ検討して採択するプロセスを設ける必要があるのではないか）と第
5の課題（わが国が考える「あるべきIFRS」あるいは「わが国に適したIFRS」と
いった観点から，IFRSの個別基準について，その適用の是非を具体的に検討する必
要があるのではないか）が，エンドースメント手続き（エンドースメント・プロ

セス）の整備に関わるものである。この２つの課題は，日本経済団体連合会からの意見や要望を反映したものである。

日本経済団体連合会は，「国際会計基準（IFRS）への当面の対応について」（2013年３月26日）の資料（日本経済団体連合会［2013a］）をもとに，同日に開催された企業会計審議会総会・企画調整部会合同会議において経済界の立場から報告を行っている。この報告資料の最後に示された「今後の検討にあたって」が，日本経済団体連合会が望む「国際会計基準（IFRS）への当面の対応について」の見解部分である（太字と下線は引用者）。

今後の検討にあたって

➤ 企業の予見可能性を高められるよう，今後の審議会の時間軸（ロードマップ）が極めて重要となる。

(1)任意適用を予定している企業にとっては，適用の円滑化に向けた方策の方向性が，最終判断時期に影響を与える。

(2)任意適用を全く予定しない企業（日本基準，米国基準の適用を継続する予定の企業）にとっては，今後も現行の枠組みが維持されることの明確化が必要となる。

➤ **IASB，日本側，双方の努力にもかかわらず，最終的にわが国として受け入れ困難となるIFRSについては，日本国内での取扱いプロセスを明確化していく必要がある。**

この場合でも，ピュアIFRSの適用を可能とすることが必須である。

「国際会計基準（IFRS）への当面の対応について」の資料をもとにした企業会計審議会総会・企画調整部会合同会議での説明において，企画調整部会臨時委員を務める日本経済団体連合会の企業会計委員会企画部会長の谷口進一委員（新日鐵住金常任顧問）と企業会計委員長を務める釜和明委員（IHI代表取締役会長）は，それぞれ次のように述べている（金融庁・企業会計審議会総会・企画調整部会合同会議［2013a］。太字と下線は引用者）（なお，当時，釜委員は財務会計基準機構の評議員（2012年11月22日就任）であり，また2013年６月17日には当該機構の理

事長に就任している）。

谷口委員 「…今後のIFRSの検討に当たりましては，IASBと日本側，双方の努力が必要不可欠だろうと思っております。双方努力したにもかかわらず，**なかなか日本として受け入れ困難になる部分もあるかもしれません。そういう部分につきましては，それらの基準を日本国内でどのように扱うのか，誰がどのように検討するのか，そのプロセスを明確化する必要があろうと考えてございます。**現在，IFRSは国際指定会計基準というふうになっておりまして，金融庁が承認をしていただいております。実態としては，基準の検討はその段階では行われないで受け入れが行われているということでありますが，**今後日本としての立場を明らかにする観点からも，どのような扱いが適当なのか検討を深めていくべきだと考えてございます。**

その場合でありましても，任意適用企業の多くは諸外国の証券市場での使用が可能となるという意味で，ピュアなIFRSの適用をしております。**今後もそういう意味ではピュアなIFRSの適用も可能とすることが必須ではないのかなとも考えております。**」

釜委員 「中間的論点整理で挙げられておりますように，どの基準が受け入れ可能かといった整理がなされた後には，**最終的に我が国として受け入れ困難となる国際会計基準をどう扱うかという点も重要な論点**でございます。現状では，我が国は指定国際会計基準としてIFRSをそのまま受け入れておりますが，**我が国の立場を明らかにするという観点からは，ASBJにもご活躍いただきながら，我が国として受け入れられるもの，受け入れられないものの判断を行うプロセスが必要になってくるものと考えます。これはIASBに対する発言力の強化という観点からも必要であると考えております。**」

このように，日本経済団体連合会は，①日本国内にエンドースメント手続き（自国基準へのIFRSsの取込み手続き）の仕組みを設けること，②ASBJが対応す

ること，また，③ピュアIFRSsの適用を継続すること，を明確に発言したのである。こうした日本経済団体連合会の見解や要望は，「国際会計基準への対応について」当面検討すべき課題を中心とした企業会計審議会総会・企画調整部会合同会議での審議結果として「国際会計基準（IFRS）への対応のあり方に関する当面の方針」（2013年6月20日）が取りまとめられるのに先立ち，6月10日に公表した「今後のわが国の企業会計制度に関する基本的考え方—国際会計基準の現状とわが国の対応—」（日本経済団体連合会［2013b］）でも繰り返し表明されている。

4．今後の対応

(4)IFRSの受入れ手続きの明確化

　現在，IFRSは，金融庁長官が「公正妥当な企業会計の基準として認められることが見込まれるもの」として定めた「指定国際会計基準」として，金融商品取引法上の連結財務諸表の作成において適用することが可能となっている。

　これまで，IASBが公表した全てのIFRSが指定されているが，これらの基準の中には，日本としてIASBに対し問題提起を行っている基準も含まれており，今後IFRSの受入れに係るプロセスのあり方については，再検討が必要である。具体的には，ASBJを中核とし，開示を含めた基準の内容を精査の上，市場関係者による議論を経たうえで，基準ごとに受入れの可否を判断するといった仕組みが必要である。このようなプロセスは，IFRSを採用する多くの国々で用いられており，IASBに対し一貫した主張を行う上でも重要であり，発言力の維持向上も期待できる。

　なお，現行制度の枠組みの維持の観点から，いわゆるピュアIFRSの適用は継続して可能とすることが必須である。

　言うまでもなく，先のエンドースメント手続きと修正国際基準の開発についての一連の議論でも考察したように，これらの見解は，金融庁による「国際会計基準への対応について当面検討すべき課題」をもとにしたその後の企業会計審議会総会・企画調整部会合同会議での審議に取り入れられ，結果的に「国際会計基準（IFRS）への対応のあり方に関する当面の方針」（2013年6月20日）に

盛り込まれているのである。見解や要望を反映されるべく，財務諸表の作成者側である日本経済団体連合会や産業界は，合同会議での発言に向けた準備が際立っている（杉本［2014］，52-53頁）。

（3）要因3：自由民主党政務調査会・金融調査会の「企業会計に関する小委員会」による「国際会計基準への対応についての提言」（2013年6月13日）の影響

　自由民主党政務調査会・金融調査会の「企業会計に関する小委員会」は，企業会計審議会総会・企画調整部会合同会議での「国際会計基準への対応について」の検討・審議に合わせて，IFRSsについて，今後，日本としてどのような対応を行っていくべきかを2013年5月9日から集中的に議論している。IFRSsについて関係団体や有識者からのヒアリングと自由討論をもとに取りまとめたのが，「国際会計基準への対応についての提言」（2013年6月13日）である。

　この「国際会計基準への対応についての提言」（本書の**第14章**参照）は，「国際会計基準へのわが国の対応に関する基本的考え方」として**図表1-18**（左側の項目）のことを示した。

　「国際会計基準へのわが国の対応に関する基本的考え方」は，当面，具体的方向性に立った対応（「具体的な対応」）として，①姿勢の明確化，②任意適用の拡大，③わが国の発言権の確保，④企業負担の軽減，の4つに集約したさまざまな関係する提言へと結び付いている。言うまでもなく，このうちの「わが国の発言権の確保」という提言が，日本からの意見発信に関わる提言である。

　日本からの意見発信，つまり，「わが国の発言権の確保」の提言は，次の2項目であった（自由民主党政務調査会・金融調査会　企業会計に関する小委員会［2013］，太字と下線は引用者）。

4．具体的な対応
［わが国の発言権の確保］
○ IFRSは今後も変化していくものであることから，IFRSの普及が日本の企業・

経済活動にプラスになることを確実にするため，IFRS策定への日本の発言権を確保するとともに，世界及びアジアにおける日本の地位を確固たるものにすることが不可欠である。このため，IFRS策定に関わるポストの確保，日本の主張を明確にした上での積極的な意見発信，サテライトオフィスの有効活用（国際的な会議の開催，アジアオセアニア地域における情報・要望の集約に基づく発信・働きかけ，調査機能の拡充等）に努め，わが国の貢献と重要度を世界各国に十分知らしめるべきである。

○ 当期純利益の重視など，わが国が行ってきた主張をさらに明確に発信していく観点から，また，**わが国として考えるあるべきIFRSの姿を実現する意味においても，現行の指定国際会計基準制度のほかに，わが国の会計基準設定主体であるASBJにおいて，IFRSの個別基準を具体的に検討し，わが国の会計基準として取り込むシステムについても検討を進めるべきである。**

　とくに後者の提言において，意見発信とともに日本のエンドースメント手続きの構築について触れられているのである。

　2013年5月24日に開催された「企業会計に関する小委員会」の会議での関係団体からのヒアリング先は，日本公認会計士協会，日本経済団体連合会および東京証券取引所であった。日本経済団体連合会からのヒアリング出席者は，先の要因2でも取り上げた，谷口進一企業会計委員会企画部会長と久保田政一専務理事である。日本経済団体連合会による①日本国内にエンドースメント手続きの仕組みを設けること，②ASBJが対応すること，また，③ピュアIFRSsの適用を継続することなどについての見解が，この場でも繰り返されている。このヒアリング結果が，「企業会計に関する小委員会」による具体的な対応のうち，「わが国の発言権の確保」での提言に活かされていると考えて間違いない。

　「企業会計に関する小委員会」が「国際会計基準への対応についての提言」を取りまとめるまでの集中的な議論では，いずれの会議にも金融庁の総務企画局審議官や企業開示課長がオブザーバーとして出席してきた。したがって，金融庁側は，この集中的な議論で示された見解や要望などへの対応をいやがうえにも求められたことは想像に難くない。現に強い要望がみられた。

図表 1-18 「国際会計基準への対応についての提言」における「国際会計基準へのわが国の対応に関する基本的考え方」と「具体的な対応」

【国際会計基準へのわが国の対応に関する基本的考え方】	【具体的な対応】
○「2008年のG20ワシントン・サミットの首脳宣言における『単一で高品質な国際基準』を策定するという目標にわが国がコミットしていることを再確認し、主体的に行動すべきである。」 ○「IFRSの適用については、会計基準を使用するのは企業や投資家であり、経済や企業経営にとって良いことかどうか、さらには、高品質で比較可能な財務情報を作成することができるかどうかという観点などから、民間関係者を中心にした議論がなされるべきである。」	企業負担の軽減
○「日本としては国際的に単一の質の高い国際基準づくりに積極的に協力する意思を繰り返し表明するとともに、IFRSの国際基準としての品質を高めるために積極的に関与していく姿勢を明確にしていくべきである。そうした明確な姿勢を取ることによって、日本の主張が受け入れられるよう最大限の努力をすべきである。」	姿勢の明確化 任意適用の拡大
○「引き続き、IFRS財団等の関連組織における日本の議席を確保するとともに、人的・資金的な貢献を行うことが肝要である。また、東京に設置されたサテライトオフィスについては、10年後に見直しがなされることとされており、その際にサテライトオフィスが他国に移転されることがないよう、日本として万全の対応を採る必要がある。さらに、モニタリング・ボードのメンバー要件を満たすことができるように、わが国におけるIFRSの顕著な適用を促進する必要がある。」	わが国の発言権の確保

出所:自由民主党政務調査会・金融調査会 企業会計に関する小委員会 [2013] をもとに作成。

　いずれにせよ、先にも指摘したとおり、この「国際会計基準への対応についての提言」で謳われた具体的な対応の提言(姿勢の明確化、任意適用の拡大、我が国の発言権の確保、企業負担の軽減)は、「国際会計基準(IFRS)への対応のあり方に関する当面の方針」(2013年6月19日)の取りまとめに大きく作用しているのである。

3．IFRSs普及に向けた修正国際基準の立ち位置

■「今では修正国際基準の必要性を疑問視する声もある。7月2日，〔企業会計に関する小委員会委員長を歴任した：引用者〕自民党の塩崎泰久政調会長代理は『(IFRSの) 任意適用をどう拡大させていくかが大事。少なくとも4つ目の基準はいらない』と話した。」

——「名称は『修正国際基準』　日本版IFRS　公開草案，31日にも公表」，『日本経済新聞』2014年7月24日付。

■「日本が会計について独自の考えを大切にする姿勢は重要だ。とはいえ，欧米や新興国で普及する基準と異なる修正版を，企業に使うよう求めることの重要性が高いとは必ずしも言えない。」

——「社説　会計基準の乱立を解消し市場の国際化を」，『日本経済新聞』2014年8月5日付。

続いて，先の本節冒頭での後者の問題である，エンドースメント手続きを経た修正国際基準を企業が適用しうる会計基準の1つとして制度設計したことについて検討してみたい。

「国際会計基準（IFRS）への対応のあり方に関する当面の方針」（2013年6月19日）は，「IFRSの適用の方法」においてエンドースメント手続きの仕組みを設けることを提言した。現行の指定国際会計基準が実態的にはピュアIFRSsのアドプションとなっていると認識したうえで，ピュアIFRSsを維持しつつ，エンドースメント手続きの仕組みの設置は，IFRSs任意適用企業数の増加を図るなかで，日本における非常時の事情に即した対応や柔軟な対応を確保できるものとした。併せて，IASBに対して意見発信を行ううえでも有用であり，このエンドースメント手続きが前向きな取組みであることへの国際的な理解を得る必要性を説いた。

このエンドースメント手続きを導入して修正国際基準（修正版IFRS）を策定する趣旨については，金融庁の氷見野良三総務企画局審議官（当時）の言葉を

借りれば，次のとおりである（小賀坂敦（司会）[2013]，26-27頁）。

　　「ある意味緊急避難対応の道を何らかの形で開いておくことが，多くの企業が
　　IFRSに進んでいくということであれば，仕組みとして必要なのではないか，少
　　なくともそうした対応を行える仕組み，体制，能力みたいなもの，手続，経験み
　　たいなものを持っておく必要があるのではないかと思います。」
　　「メリットはやはり無修正のIFRS〔すなわちピュアIFRS：引用者〕のほうが大
　　きいと思いますので，個人的な観測としては，IFRSに行かれる日本企業の大半
　　は無修正のIFRSに行かれる結果になるだろうと思います。仮に多くの企業が無
　　修正のIFRSを使われるとしても，逆にそういうところに行かれる企業が多けれ
　　ば多いほど，修正版を日本でつくれる体制を持っておくということがますます重
　　要になるのではないかと思います。」
　　「日本の主張が1つの整合的な体系として成り立ち得る，実装し得ることを示
　　すという発信の面でも，日本が修正版の国際会計基準を作っておくことは，意味
　　があるところと思っております。」
　　「長期的には収斂していく中の1つのプロセスだというところを含めて，工夫
　　しながら打ち出していく必要があるだろうと思っております。」

　「国際会計基準（IFRS）への対応のあり方に関する当面の方針」の公表後の，
こうした規制当局関係者による直接的な趣旨説明がみられるなかで，修正国際
基準を開発した意義は，IASBによるIFRSsの個々の会計基準を評価するエン
ドースメント手続きを構築することにあり，この手続きを経た修正国際基準を
日本の第4の会計基準として策定することではないといわれてきたことがある。
また，エンドースメント手続きを経たものがそのまま第4の会計基準になるも
のでもないとの見解もみられた（たとえば，小野行雄（司会）[2014]の座談会発
言を参照）。
　しかし，すでに考察したように，修正国際基準は，アメリカ会計基準の適用
のあり方とは違って，金融商品取引法の企業会計の基準の特例として，指定国

際会計基準とともに,「公正妥当な企業会計の基準として認められることが見込まれるものとして金融庁長官が定めるもの」であり,任意適用が認められている。修正国際基準が適用可能な会計基準として制度設計されたことは,紛れもない事実であり,この修正国際基準を適用するか否かは企業側の問題である。

修正国際基準を企業が適用しうる会計基準の1つとして制度設計した狙いが,IFRSsに対する日本からの意見発信について,修正国際基準の任意適用企業の積み上げ実績を通じてより説得力をもたせることにあるとすれば,当該規制措置は比較的理解しやすい。しかし,修正国際基準を策定した狙いが国際的な意見発信にあり,日本企業にその利用を促すものでも,またそのつもりもまったくないとすると,当該規制措置のあり方は理解しづらいものとなる。事実上,ピュアIFRSsの任意適用をすでに容認した制度的枠組みのなかで,このピュアIFRSsの適用を維持しつつ,しかもこのピュアIFRSsとは切り離して,別途,ASBJによるエンドースメント手続きを設け,IFRSs(指定国際会計基準)と同様に,当該手続きを経た修正国際基準を金融庁長官の指定による任意適用方式で制度設計したことに,企業や投資家などの混乱を招く最大の原因がある。こうした懸念は,企業会計審議会総会・企画調整部会合同会議で「国際会計基準(IFRS)への対応のあり方に関する当面の方針」を取りまとめる際の審議において,関係者から述べられてきたものでもある。

すでに日本からの意見発信とともに,エンドースメント手続きの仕組みを構築する考え方を具体化させた3つの要因を明らかにしたが,第3の要因との関連で,自由民主党政務調査会・金融調査会の「企業会計に関する小委員会」の吉野正芳委員長が,日本経済新聞社主催のシンポジウム「IFRS~高まる国際会計基準適用の必要性」(2014年7月17日)のパネリストの1人として参加した。このシンポジウムの席上,吉野委員長は,「国際会計基準への対応についての提言」における具体的な対応のなかの「わが国の発言権の確保」に関わる提言の意図を,次のように語っている(Vol.1「IFRS~高まる国際会計基準適用の必要性」,『日本経済新聞』2014年8月21日付採録記事)。

> ――IFRSの強制適用についてはどのようにお考えか？
>
> 吉野　まずは〔ピュアIFRSsの：引用者〕任意適用をいかに増やすかということ
> が第一目標だ。任意適用がある程度広まれば，次は強制適用を議論することと
> なるだろう。また，修正版IFRS〔修正国際基準：引用者〕に関してだが，自民党
> が昨年行った提言では，国際ルール作りに参加するための修正版の検討という
> ことを語っているのであり，修正版そのものの適用を推進するという意味では
> ないことはしっかりお伝えしておきたい。

「国際会計基準（IFRS）への対応のあり方に関する当面の方針」は，「IASB
に対する発信とIFRSの国内普及を狙った苦肉の策」（安藤［2013］）であるとい
わしめた所以もこのあたりにあるのだろう。

　もちろん，ここで日本の考え方を意見発信することについて否定するつもり
はない。「単一で高品質な国際基準」の策定への日本のコミットメントの原点は，
意見発信にあり，日本が果たすべき役割は大きい。もとより，エンドースメン
ト手続きの仕組みの構築と当該手続きを経た修正国際基準は，日本からの「あ
るべきIFRS」として国際的な理解を得るための日本の考え方の意見発信の役
割を果たしている。また，見方を変えると，今般のエンドースメント手続きの
結果である2つの「削除又は修正」項目が，今後のIFRSs開発の展開次第では
増える可能性があることを示唆した日本からの意見発信であると捉えることも
可能であろう。

　現在，ピュアIFRSsの任意適用企業数のさらなる拡大が図られるなかで，会
計の制度設計上，修正国際基準をこのピュアIFRSsの任意適用の拡大にいかに
リンクさせるかが必ずしも明確でないのも事実である。修正国際基準の日本国
内での位置づけとともに，修正国際基準の開発が，今後のピュアIFRSsの任意
適用企業の積み上げに結び付くことの理由づけをやはりより明確にする必要が
ある。

　IFRSs任意適用企業数のさらなる拡大を図るなかで，修正国際基準は広く任
意適用できるとすることよりも，日本における非常時の事情に即した対応や柔

軟な対応を確保する場合にのみ適用するものだとすることを明確に規制措置化するほうが，「国際会計基準（IFRS）への対応のあり方に関する当面の方針」の趣旨を損なわず，むしろその趣旨により適合して活かせる工夫になるのかもしれない。

　本書の以下の章では，これまでの国際会計ないし国際会計研究の潮流を踏まえ，そこで見出された会計上の，ないし，財務情報の比較可能性を高める目的からの国際的な会計基準設定主体によるIASやIFRSの基準開発のあり方やその方向性などについて詳細に論じてみたい。また，「単一で高品質な国際基準を策定する」というグローバルな目標へのコミットメントが，IFRSsという会計基準ないし財務報告基準を巡って，そのアドプションの制度設計とIFRSs強制適用の実態，および，会計基準のコンバージェンスとIFRSsへの対応のあり方やその実態について，具体的かつ詳細に検討を加えてみたい。

　これら一連の検討を通じて，「単一で高品質な国際基準を策定する」というグローバルな目標へのコミットメントによって新たな曙光が見え始めた会計基準ないし財務報告について，よりグローバルな見地から制度設計のあり方，理論およびその実態についての解明を試みることにする。会計基準のコンバージェンスとIFRSsアドプションの2つを基軸にした，世界金融危機に伴う国際政治のもとでの国際会計の制度形成の実像を解き明かし，また描き上げてみたい。

参 考

■G20と「単一で高品質な国際基準」の策定

　G20ワシントン・サミット以降，「単一で高品質な国際基準を策定する」というグローバルな目標は，G20でどのように取り組まれているのだろうか。

　2008年11月14日・15日に開催されたG20ワシントン・サミットの「金融・世界経済に関する首脳会合宣言」とその「改革のための原則を実行するための行動計画」に盛り込まれた中期的措置の「単一で高品質な国際基準を策定すること」は，第2回金融・世界経済に関する首脳会合であるG20ロンドン・サミット（2009年4月2日）の際に公表された「ワシントン行動計画の進捗表」（Progress Report on the Actions of the Washington Action Plan）（G20［2009b］）において，それまでの進捗と今後の取組みを次の**図表1-参考1**のように記している。

図表1-参考1　ワシントン行動計画の進捗と今後の取組み

ワシントン行動計画の進捗表（2009年4月2日公表）		
ワシントン行動計画	これまでの進捗	今後の取組み
透明性及び説明責任の強化		
中期的措置		
世界の主要な会計基準設定主体は，単一で高品質な国際基準を策定することを目的に，精力的に作業を行う。	○IFRSは100ヵ国以上で使用されており，さらに約40ヵ国がアドプションあるいはIFRSとのコンバージェンスのプロセスにある。	○首脳は，会計基準設定主体に対し，評価および引当に関する基準を改善し，単一で高品質な国際的な会計基準を実現するため，監督当局および規制当局と緊急に協働することを求めた。 ○首脳は，会計基準設定主体が，金融商品の会計基準に関する複雑性を低減するための措置を取るべきであることに合意した。

出所：G20［2009b］，pp.3-4から一部抜粋。

参　考　G20と「単一で高品質な国際基準」の策定

G20は，ワシントン，ロンドンでと会合を重ね，2009年9月24日・25日のG20ピッツバーグ・サミットでの首脳声明で初めて，「われわれは，G20を国際経済協力に関するプレミア（第一の）フォーラムとして指定した」（G20［2009c］，Preamble, par.19）と宣言した。併せて，G20サミットの開催を定例化することを取り決めるとともに，財務大臣等に行動に関する実施戦略計画の報告を求めている（G20［2009c］，Preamble, pars.25 and 31）。

それでは，ここで改めて問いたい。G20ワシントン・サミット以降，G20サミット首脳声明や20ヵ国財務大臣・中央銀行総裁会議声明において，「単一で高品質な国際基準」の策定はどのように扱われてきたのであろうか。

次の**図表1-参考2**は，G20サミット首脳声明と20ヵ国財務大臣・中央銀行総裁会議声明にみられる「単一で高品質な国際基準」の策定の取組みやその動向について整理したものである。

図表1-参考2　G20ワシントン・サミット以降のG20サミット首脳声明と20ヵ国財務大臣・中央銀行総裁会議声明における「単一で高品質な国際基準」の策定の表明

開催年	G20サミット首脳声明（最終宣言）	20ヵ国財務大臣・中央銀行総裁会議声明
2009年		**イギリス・ロンドン近郊（2009年3月14日）**
		「われわれは，規制目的に用いられる格付けを提供するすべての信用格付機関の登録および証券監督者国際機構（IOSCO）の基準への準拠を含めた規制上の監督，非連結事業体に対する与信の完全な透明性，引当および評価の不確実性に関するものを含む会計基準の改善の必要性，信用派生商品市場の標準化・頑健性，報酬に関する金融安定フォーラム（FSF）の健全な慣行原則，関連国際機関が非協力的な国・地域を特定し，一連の効果的な対抗措置を策定することについても合意した。」（par.7）
	ロンドン・サミット（2009年4月2日）	
	「会計基準設定主体に対し，評価および引当に関する基準を改善し，単一で高品質な国際的な会計基準を実現するため，監督当局および規制当局と緊急に協働することを求める。」（par.15）	

139

第1部 グローバルな目標——「単一で高品質な国際基準」の策定

		イギリス・ロンドン（2009年9月5日）
		＜金融システムの強化に向けたさらなる取組みに関する宣言＞ 「金融商品，貸倒引当金，オフバランスシート・エクスポージャー，減損および金融資産の評価に関する単一で高品質な，国際的な独立した会計基準へのコンバージェンス。独立した会計基準設定プロセスの枠組み内において，IASBは，バーゼル委員会のIAS第39号の見直しに資する基本原則および金融危機諮問グループの報告書を考慮に入れることを慫慂され，またその定款の見直しを通じて，健全性規制当局および新興市場国を含む利害関係者の関与が改善されるべきである。」（par.6）
	ピッツバーグ・サミット （2009年9月24日・25日）	
	「われわれは，国際会計基準設定主体に対し，その独立した基準設定プロセスの枠内において，単一で高品質な国際的な会計基準を実現するための努力を倍増すること，そして2011年6月までにコンバージェンス・プロジェクトを完了することを求める。国際会計基準審議会（IASB）の制度的枠組みは，さまざまな利害関係者の関与をさらに向上すべきである。」（par.14）	
		イギリス・セントアンドリュー （2009年11月6日・7日）
		明記なし
2010年		アメリカ・ワシントンD.C.（2010年4月23日）
		「単一で高品質な国際的な会計基準の実現，報酬慣行に関する国際的基準の実施の重要性を強調し，金融安定理事会（FSB）の報告を歓迎した。」（par.4）
		韓国・釜山（2010年6月5日）
		「単一で高品質な国際的な会計基準を実現することの重要性を表明し，国際会計基準審議会とアメリカ財務会計基準審議会がその目的のための努力を倍増することを強く促した。われわれは，国際会計基準審議会が利害関係者の関与をさらに改善することを奨励した。」（par.4）

トロント・サミット（2010年6月26日・27日）	
「われわれは，ヘッジファンド，信用格付機関，店頭デリバティブの透明性および監督を改善する強力な措置の実施を，国際的に整合的で無差別な方法で加速することによって，金融市場のインフラを強化することに合意した。われわれは，単一で高品質な改善された国際的な会計基準の実現および健全な報酬のための金融安定理事会（FSB）基準の実施が重要であることをあらためて強調した。」（par.19） <別添Ⅱ：金融セクター改革> **会計基準** 「われわれは，単一で高品質な改善された国際的な会計基準の実現が重要であることをあらためて強調した。われわれは，国際会計基準審議会とアメリカ財務会計基準審議会が，2011年末までにコンバージェンスに向けたプロジェクトを完了するまでの努力を増すことを促した。」（par.30） 「われわれは，国際会計基準審議会が，新興市場国へのアウトリーチを含め，独立した会計基準設定プロセスの枠内において，利害関係者の関与をさらに改善することを奨励した。」（par.31）	
	韓国・慶州（2010年10月23日）
	「われわれは，2008年11月のワシントン・サミットでの改革のための原則の実行に向けた行動計画の採択以降，金融安定理事会（FSB）の支援を得て，大きく進捗した。われわれは，公平な競争条件を確保し，市場の分析，保護主義，規制裁定行為を回避するような方法で各国当局が整合的に国際基準を実施するよう，国内レベルおよび国際レベルで基準を引き上げる行動を採ることにコミットしている。より強固な国際的な金融システムを構築するため，われわれは，ソウル・サミットの議題において以下の点を優先することに合意した。 ・店頭デリバティブ，報酬慣行，会計基準，信用格付機関への依存抑制に係る金融安定理事会（FSB）原則に関するコミットメントを含む，G20における金融規制の議題のすべてを国際的に整合的で無差別な方法で実施することにコミットすること。」（par.4）

第1部 グローバルな目標——「単一で高品質な国際基準」の策定

	ソウル・サミット（2010年11月11日・12日）	
	「われわれは，単一で高品質な改善された国際的な会計基準が実現することをわれわれが重要視していることをあらためて強調し，国際会計基準審議会とアメリカ財務会計基準審議会に対して，2011年末までに会計基準のコンバージェンスに向けたプロジェクトを完了するよう求めた。また，われわれは国際会計基準審議会に対し，会計基準設定プロセスの独立性の枠組みのもとで，国際的な基準の設定プロセスにおける利害関係者の関与を，新興市場国へのアウトリーチやメンバーシップを含め，さらに改善するよう奨励した。」(par.38)	
2011年		**フランス・パリ（2011年2月18日・19日）**
		明記なし
		アメリカ・ワシントンD.C.（2011年4月14日・15日）
		「われわれは，次回の会合で，IASBとFASBによる2011年末までの会計基準のコンバージェンスに関するプロジェクトの完了に向けた進捗をレビューし，現在進行中のIASBのガバナンスのレビュープロセスの結果に期待する。」(par.7)
		アメリカ・ワシントンD.C.(2011年9月22日)
		明記なし
		フランス・パリ（2011年10月14日・15日）
		「われわれは，単一で高品質な国際的な会計基準を達成するという目標を再確認した。」(par.4)
	カンヌ・サミット（2011年11月4日）	
	「われわれは，単一で高品質な国際的な会計基準を実現し，とくに金融商品の評価に関する基準の向上に関し，2009年4月のロンドン・サミットで設定した目標を達成するという，われわれの目標を再確認する。われわれは，IASBとFASBに会計基準のコンバージェンス・プロジェクトを完了するよう求め，2012年4月の財務大臣・中央銀行総裁会議における進捗状況報告書を期待している。われわれは，IASBのガバナンスの枠組みを改革するための提案の完了を期待している。」(par.34)	

	＜成長と雇用のためのカンヌ・アクションプラン（行動計画）＞ **中期的な成長基盤の強化** 「われわれは，ソウル・サミットを通じて合意した金融セクター改革の課題を，完全にかつ適時に実施することにコミットする。これは以下を含む。すなわち，合意したスケジュールに沿ったバーゼルⅡ，Ⅱ.5，Ⅲの実施，より密度の高い監督の取組み，店頭デリバティブにおける清算および取引義務，健全な報酬慣行のための基準および原則，単一で高品質な国際的な会計基準の達成，システム上重要な金融機関によってもたらされるリスクに対処する包括的な枠組み，シャドーバンキングへの規制および監視の強化。われわれは，新興国・途上国における金融安定問題に関する国際通貨基金（IMF），世界銀行および金融安定理事会（FSB）の共同報告書を承認する。」（par.4）	
2012年		**メキシコ・メキシコシティ** **（2012年2月25日・26日）**
		明記なし
		アメリカ・ワシントンD.C. **（2012年4月19日・20日）**
		「われわれは，国際的に認められた高品質な会計基準へのコンバージェンスを実現するための，IASBとFASBによる努力を支持し，国際的に認められた単一で高品質な会計基準を実現するために，遅くとも2013年半ばまでに重要なコンバージェンス・プロジェクトについての基準を公表するという目標を達成するよう両審議会に促す。」（par.7）
	ロスカボス・サミット（2012年6月18日・19日）	
	「われわれは，各国当局および基準設定主体が信用格付への機械的な依存の終了について進捗を加速するよう求め，信用格付機関の透明性と互いの競争を高める措置を奨励する。われわれは，単一で高品質な会計基準へのコンバージェンスを達成するための継続中の作業を支持する。われわれは，クレジット・デフォルト・スワップ（CDS）市場の機能に関する証券監督者国際機構（IOSCO）の報告書を歓迎し，IOSCOに対し，2012年11月の財務大臣・中央銀行総裁会議までに次のステップについて報告するよう求める。」（par.43）	

第1部　グローバルな目標――「単一で高品質な国際基準」の策定

		メキシコ・メキシコシティ **（2012年11月4日・5日）**
		「われわれは，単一で高品質な会計基準に向けたこれまでの進捗が遅いことを懸念している。われわれは，国際会計基準審議会（IASB）とアメリカ財務会計基準審議会（FASB）に対し，作業を速やかに完遂し，次回のわれわれの会議での報告を奨励する。」（par.17）
2013年		**ロシア・モスクワ（2013年2月15日・16日）**
		「われわれは，シャドーバンキングセクターに対する規制および監視を強化する意思を再確認する。われわれは，これまでの会計基準のコンバージェンスの遅れへの懸念に留意し，IASBとFASBに対し，単一で高品質な基準を達成するための主要な未決着のプロジェクトに関する作業を2013年末までに最終化することを要請する。」（par.19）
		アメリカ・ワシントンD.C. **（2013年4月18日・19日）**
		「われわれは，IASBとFASBに対して，単一で高品質な基準を達成するための主要な未決着のプロジェクトに関する作業を2013年末までに最終化することの要請を再確認する。」（par.12）
		ロシア・モスクワ（2013年7月19日・20日）
		「われわれは，IASBとFASBに対して，単一で高品質な基準のコンバージェンスを達成するための主要な未決着のプロジェクトに関する作業を2013年末までに最終化することの要請を再確認する。」（par.28）
	サンクトペテルブルク・サミット **（2013年9月6日）**	
	「われわれは，金融システムの回復力を高めるため，会計基準のコンバージェンスに関する継続中の作業の重要性を強調する。われわれは，国際会計基準審議会とアメリカ財務会計基準審議会に対し，2013年末までに，単一で高品質な会計基準を達成するための主要な未決着のプロジェクトに関する作業を完了させることを促す。われわれは，開示強化作業部会（EDTF）が進めている作業を含め，直面するリスクについての金融機関による開示を強化するため，官民セクターによるさらな	

144

参考 G20と「単一で高品質な国際基準」の策定

	る取組みを奨励する。」(par.74)	
		アメリカ・ワシントンD.C. （2013年10月10日・11日）
		明記なし
2014年		オーストラリア・シドニー （2014年2月22日・23日）
		明記なし
		アメリカ・ワシントンD.C. （2014年4月10日・11日）
		明記なし
		オーストラリア・ケアンズ （2014年9月20日・21日）
		明記なし
	ブリスベン・サミット（2014年11月15日・16日）	
	明記なし	
2015年		トルコ・イスタンブール （2015年2月9日・10日）
		明記なし
		アメリカ・ワシントンD.C. （2015年4月16日・17日）
		明記なし
		トルコ・アンカラ（2015年9月4日・5日）
		明記なし
	アンタルヤ・サミット（2015年11月17日）	
	明記なし	
2016年		中国・上海（2016年2月26日・27日）
		明記なし
		アメリカ・ワシントンD.C. （2016年4月14日・15日）
		明記なし
		中国・成都（2016年7月23日・24日）
		明記なし
	杭州・サミット（2016年9月4日・5日）	
	明記なし	

出所：G20 ［2009a］ ～G20 ［2016］ およびG20 Finance Ministers and Central Bank Governors' Meeting ［2009a］
～G20 Finance Ministers and Central Bank Governors' Meeting ［2016c］ をもとに作成。

図表1-参考2から明らかなように、「単一で高品質な国際基準」の策定に向けた取組みは、G 20サミット、監督当局および規制当局などとの協働のもとで、国際会計基準設定主体（すなわち、IASB）に対して要請してきた。こうした取組みは、IASBとFASBとの会計基準のコンバージェンス・プロジェクトに託している。

両審議会によるコンバージェンス・プロジェクトの完了ないし最終化の要請期日は、「2011年6月まで」（ピッツバーグ・サミット（2009年9月24日・25日））、「2011年末まで」（ソウル・サミット（2010年11月11日・12日））、「2013年半ばまで」（ワシントンD.C.での20ヵ国財務大臣・中央銀行総裁会議（2012年4月19日・20日））、「2013年末まで」（モスクワとワシントンD.C.での20ヵ国財務大臣・中央銀行総裁会議（2013年2月15日・16日、4月18日・19日）およびサンクトペテルブルク・サミット（2013年9月6日））というように延びている。これは、IASBとFASBによる会計基準のコンバージェンス・プロジェクトの進捗が遅いことが原因となっている。

また、G 20サミット首脳声明と20ヵ国財務大臣・中央銀行総裁会議声明における「単一で高品質な国際基準」の策定に向けた取組みの要請に関わる言及は、サンクトペテルブルク・サミット首脳宣言（2013年9月6日）を最後にみられない。これも、IASBとFASBによる会計基準のコンバージェンス・プロジェクトの進捗によるものであり、同時に、IASBによる基準開発のあり方の変革によるものである。

【参考文献】

Accounting Standards Board of Japan（ASBJ）・International Accounting Standards Board（IASB）［2007］, Agreement on Initiatives to Accelerate the Convergence of Accounting Standards, August 8, 2007（企業会計基準委員会・国際会計基準審議会［2007］,「会計基準のコンバージェンスの加速化に向けた取組みへの合意」, 2007年8月8日）.

American Accounting Association（AAA）［1977］, Report of the American Accounting Association Committee on International Accounting Operations and Education 1975-1976, *The Accounting Review*, Supplement to Vol.52, 1977.

Ball, R.［2006］, International Financial Reporting Standards（IFRS）: Pros and Cons for Investors, *Accounting and Business Research*, Vol.36 Supplement 1, 2006.

Barth, M.E., Landsman, W.R., and M.H. Lang［2008］, International Accounting Standards and Accounting Quality, *Journal of Accounting Research*, Vol.46 No.3, June 2008.

Barth, M.E., Landsman, W.R., Lang, M., and C. Williams［2012］, Are IFRS-based and US GAAP-based Accounting Amounts Comparable?, *Journal of Accounting and Economics*, Vol.54 Issue 1, August 2012.

Beswick, P.A.［2010］, Speech by SEC Staff: Remarks before the 2010 AICPA National Conference on Current SEC and PCAOB Developments, December 6, 2010.

Brochet, F., Jagolinzer, A.D., and E.J. Riedl［2013］, Mandatory IFRS Adoption and Financial Statement Comparability, *Contemporary Accounting Research*, Vol.30 Issue 4, Winter 2013.

Bush, G. W.［2010］, *Decision Points*, Crown Publishers（ジョージ・W・ブッシュ著・伏見威蕃訳［2011］,『決断のとき〔上〕・〔下〕』日本経済新聞出版社）.

Camfferman, K. and S.A. Zeff［2007］, *Financial Reporting and Global Capital Markets: A History of the International Accounting Standards Committee, 1973−2000*, Oxford University Press.

Camfferman, K. and S.A. Zeff［2015］, *Aiming for Global Accounting Standards: The International Accounting Standards Board, 2001-2011*, Oxford University Press.

Cascino, S. and J. Gassen［2015］, What Drives the Comparability Effect of Mandatory IFRS Adoption?, *Review of Accounting Studies*, Vol.20 No.1, March 2015.

Choi, F.D.S. edited［2003］, *International Finance and Accounting Handbook*, Third Edition, John Wiley & Sons, Inc..

Choi, F.D.S. and R.M. Levich［1990］, *The Capital Market Effects of International Accounting Diversity*, Dow Jones-Irwin.

Choi, F.D.S. and G.K. Meek［2005］, *International Accounting*, Fifth Edition, Pearson

Prentice Hall.

Choi, F.D.S. and G.K. Meek [2011], *International Accounting—International Edition—*, Seventh Edition, Pearson.

Choi, F.D.S. and G.G. Mueller [1978], *An Introduction to Multinational Accounting*, Prentice-Hall.

Choi, F.D.S. and G.G. Mueller [1984], *International Accounting*, Prentice-Hall.

Committee of European Securities Regulators (CESR) [2005], Technical Advice on Equivalence of Certain Third Country GAAP and on Description of Certain Third Countries Mechanisms of Enforcement of Financial Information, Ref: CESR/05-230b, June 2005.

CESR [2008], CESR's Advice on the Equivalence of Chinese, Japanese and US GAAPs, Ref: CESR/08-179, March 2008.

Daimler Benz [1993], *Annual Report 1993*, December 31, 1993.

Daimler Benz [1994], *Annual Report 1994*, December 31, 1994.

Daimler Benz [1995], *Annual Report 1995*, December 31, 1995.

Daimler Benz [1996], *Annual Report 1996*, December 31, 1996.

DuBois, D. A. and K. Someya[1977], Accounting Development in Japan: The "Convergence" Theory, *The Accountant*, Vol.176 No.5338, May 5, 1977.

Financial Accounting Standards Board (FASB) [2002], Memorandum of Understanding — "The Norwalk Agreement" (山田辰巳 [2003], 「IASB会議報告（第16回会議）」, 『JICPAジャーナル』 No.570, 2003年 1 月所収).

FASB [2006], A Roadmap for Convergence between IFRSs and US GAAP — 2006-2008: Memorandum of Understanding between the FASB and the IASB, February 27, 2006.

FASB [2010], Statement of Financial Accounting Concepts No.8, Conceptual Framework for Financial Reporting: Chapter 1, *The Objective of General Purpose Financial Reporting*, and Chapter 3, *Qualitative Characteristics of Useful Financial Information*, September 2010.

FASB and International Accounting Standards Board (IASB) [2008], Completing the February 2006 Memorandum of Understanding: A Progress Report and Timetable for Completion, September 2008.

FASB and IASB [2009], FASB and IASB Reaffirm Commitment to Memorandum of Understanding: A Joint Statement of the FASB and IASB, November 5, 2009.

Flesher, D.L. [2010], *Gerhard G. Mueller: Father of International Accounting Education*, Studies in the Development of Accounting Thought Volume 13, Emerald Group Publishing.

Great of Twenty（G20）[2008], Declaration: Summit on Financial Markets and the World Economy, November 15, 2008.

G20 [2009a], London Summit: Leaders' Statement, April 2, 2009.

G20 [2009b], Progress Report on the Actions of the Washington Action Plan, April 2, 2009.

G20 [2009c], Leaders' Statement: The Pittsburgh Summit, September 24-25, 2009.

G20 [2010a], The G20 Toronto Summit: Declaration, Annex II Financial Sector Reform, June 26-27, 2010.

G20 [2010b], The Seoul Summit Document, November 11-12, 2010.

G20 [2011], G20 Cannes Summit Final Declaration, The Cannes Action Plan for Growth and Jobs, November 4, 2011.

G20 [2012], G20 Leasers Declaration, June 18-19, 2012.

G20 [2013], G20 Leaders' Declaration, September, 2013.

G20 [2014], G20 Leaders' Communiqué: Brisbane Summit, November 15-16, 2014.

G20 [2015], G20 Leaders' Communiqué: Antalya Summit, November 15-16, 2015.

G20 [2016], G20 Leaders' Communiqué: Hangzhou Summit, September 4-5, 2016.

G20 Finance Ministers and Central Bank Governors' Meeting [2009a], G20 Finance Ministers and Central Bank Governors' Communiqué, March 14, 2009.

G20 Finance Ministers and Central Bank Governors' Meeting [2009b], Meeting of Finance Ministers and Central Bank Governors, London, Declaration on Further Steps to Strengthen Financial System, September 4-5, 2009.

G20 Finance Ministers and Central Bank Governors' Meeting [2009c], Meeting of Finance Ministers and Central Bank Governors, United Kingdom, November 7, 2009.

G20 Finance Ministers and Central Bank Governors' Meeting [2010a], Communiqué: Meeting of Finance Ministers and Central Bank Governors, April 23, 2010.

G20 Finance Ministers and Central Bank Governors' Meeting [2010b], Communiqué: Meeting of Finance Ministers and Central Bank Governors, Busan, Republic of Korea, June 5, 2010.

G20 Finance Ministers and Central Bank Governors' Meeting [2010c], Communiqué: Meeting of Finance Ministers and Central Bank Governors, Gyeongju, Republic of Korea, October 23, 2010.

G20 Finance Ministers and Central Bank Governors' Meeting [2011a], Communiqué: Meeting of Finance Ministers and Central Bank Governors, Paris, February 18-19, 2010.

G20 Finance Ministers and Central Bank Governors' Meeting [2011b], Communiqué:

Meeting of Finance Ministers and Central Bank Governors, Washington, D.C., April 14-15, 2011.

G20 Finance Ministers and Central Bank Governors' Meeting [2011c], Communiqué of Finance Ministers and Central Bank Governors of the G20, Washington, D.C., September 22, 2011.

G20 Finance Ministers and Central Bank Governors' Meeting [2011d], Communiqué, G20 Finance Ministers and Central Bank Governors' Meeting, Paris, October 14-15, 2011.

G20 Finance Ministers and Central Bank Governors' Meeting [2012a], Communiqué, G20 Finance Ministers and Central Bank Governors' Meeting, Mexico City, February 25-26, 2012.

G20 Finance Ministers and Central Bank Governors' Meeting [2012b], Communiqué, G20 Finance Ministers and Central Bank Governors' Meeting, Washington, D.C., April 19-20, 2012.

G20 Finance Ministers and Central Bank Governors' Meeting [2012c], Communiqué of Ministers and Central Bank Governors of the G20, Mexico City, November 4-5, 2012.

G20 Finance Ministers and Central Bank Governors' Meeting [2013a], Communiqué: Meeting of G20 Finance Ministers and Central Bank Governors, Moscow, February 15-16, 2013.

G20 Finance Ministers and Central Bank Governors' Meeting [2013b], Communiqué: Meeting of Finance Ministers and Central Bank Governors, Washington, D.C., April 18-19, 2013.

G20 Finance Ministers and Central Bank Governors' Meeting [2013c], Communiqué, Meeting of Finance Ministers and Central Bank Governors, Moscow, July 19-20, 2013.

G20 Finance Ministers and Central Bank Governors' Meeting [2013d], Communiqué, Meeting of Finance Ministers and Central Bank Governors, Washington, D.C., October 10-11, 2013.

G20 Finance Ministers and Central Bank Governors' Meeting [2014a], Communiqué, Meeting of Finance Ministers and Central Bank Governors, Sydney, February 22-23, 2014.

G20 Finance Ministers and Central Bank Governors' Meeting [2014b], Communiqué, Meeting of G20 Finance Ministers and Central Bank Governors, Washington, D.C., April 10-11, 2014.

G20 Finance Ministers and Central Bank Governors' Meeting [2014c], Communiqué, Meeting of G20 Finance Ministers and Central Bank Governors, Cairns, September 20-21, 2014.

G20 Finance Ministers and Central Bank Governors' Meeting [2015a], Communiqué, Meeting of G20 Finance Ministers and Central Bank Governors, Istanbul, February 9-10, 2015.

G20 Finance Ministers and Central Bank Governors' Meeting [2015b], Communiqué, G20 Finance Ministers and Central Bank Governors Meeting, Washington, D.C., April 16-17, 2015.

G20 Finance Ministers and Central Bank Governors' Meeting [2015c], Communiqué, Meeting of G20 Finance Ministers and Central Bank Governors, Ankara, September 4-5, 2015.

G20 Finance Ministers and Central Bank Governors' Meeting [2016a], Communiqué, Meeting of G20 Finance Ministers and Central Bank Governors, Shanghai, February 26-27, 2016.

G20 Finance Ministers and Central Bank Governors' Meeting [2016b], Communiqué, Meeting of G20 Finance Ministers and Central Bank Governors, Washington, D.C., April 14-15, 2016.

G20 Finance Ministers and Central Bank Governors' Meeting [2016c], Communiqué, Meeting of G20 Finance Ministers and Central Bank Governors, Chengdu, July 23-24, 2016.

Group of Seven (G 7) Finance Ministers and Central Bank Governors [2008], G7 Finance Ministers and Central Bank Governors Plan of Action, October 10, 2008.

Hail, L., Leuz, C. and P. Wysocki [2010a], Global Accounting Convergence and the Potential Adoption of IFRS by the U.S. (Part I): Conceptual Underpinnings and Economic Analysis, *Accounting Horizons,* Vol.24 No.3, September 2010.

Hail, L., Leuz, C. and P. Wysocki [2010b], Global Accounting Convergence and the Potential Adoption of IFRS by the U.S. (Part II): Political Factors and Future Scenarios for U.S. Accounting Standards, *Accounting Horizons,* Vol.24 No.4, December 2010.

Herz, R. H. [2013], *Accounting Changes – Chronicles of Convergence, Crisis, and Complexity in Financial Reporting,* American Institute of CPAs (ロバート（ボブ）・H・ハーズ著・杉本徳栄・橋本尚訳 [2014], 『会計の変革―財務報告のコンバージェンス, 危機および複雑性に関する年代記―』同文舘出版).

International Accounting Standards Board (IASB) [2010], The Conceptual Framework for Financial Reporting (IFRS財団編・企業会計基準委員会, 公益財団法人財務会計基準機構監訳 [2016], 『2016 国際財務報告基準（IFRS®）』PART A「概念フレームワーク及び要求事項」,「財務報告に関する概念フレームワーク」, 中央経済社).

151

International Accounting Standards Committee（IASC）[1999], Recommendations on Shaping for the Future, A Report of the International Accounting Standards Committee's Strategy Working Party: Recommendations to the IASC Board, November 1999.

IASC Foundation [2008], Review of the Constitution: Identifying Issues for Part 2 of the Review, November 2008.

Kerr, C. [1983], *The Future of Industrial Societies: Convergence or Continuing Diversity?*, Harvard University Press（クラーク・カー著・嘉治元郎監訳 [1984],『産業社会のゆくえ—収斂か拡散か』東京大学出版会）.

Lilienthal, D. E. [1960], Management of the Multinational Corporation, in Bach, G. and M. Anshen, *Management and Corporations 1985*, McGraw-Hill Book Company, Inc.（ジョージ・リーランド・バッハ／メルビン・アンシェン編・名東孝二訳 [1964],『20年後の会社と経営—カーネギー工科大学工業経営大学院創立10周年記念討論会—』日本生産性本部（デービッド・リリエンタール, 第5章「多数国家間にまたがる会社の経営」）).

Littleton, A.C. [1933], *Accounting Evolution to 1900*, American Institute Publishing（アナニアス・C・リトルトン著・片野一郎訳 [1978],『リトルトン会計発達史〔増補版〕』同文舘出版）.

McKinnon, J. L. [1984], Application of Anglo-American Principles of Consolidation to Corporate Financial Disclosure in Japan, *ABACUS*, Vol.20 No.1, June 1984.

Meek, G.K. and S.M. Saudagaran [1990], A Survey of Research on Financial Reporting in a Transnational Context, *Journal of Accounting Literature*, Vol.9, September 1990.

Mueller, G.G. [1967], *International Accounting*, Macmillan Company（ゲルハルト・G.ミューラー著・兼子春三監訳 [1969],『国際会計論』ぺりかん社）.

Mueller, G.G. [1968], Accounting Principles Generally Accepted in the United States versus Those Generally Accepted Elsewhere, *The International Journal of Accounting*, Vol.3 No.2, Spring 1968.

Mueller, G.G., H. Gernon and G.K. Meek [1994], *Accounting: An International Perspective*, 3rd Edition, Richard D. Irwin（ゲルハルト・G.ミューラー・ヘレン・ガーノン・ゲアリー・ミーク著・野村健太郎・平松一夫監訳 [1995],『国際会計入門＜第3版＞』中央経済社）.

Nair, R.D. and W.G. Frank [1981], The Harmonization of International Accounting Standards, *The International of Journal of Accounting*, 1973-1979, Vol.17 No.1, Fall 1981.

Nobes, C. and R.H. Parker [2002], *Comparative International Accounting*, Seventh Edition, Pearson Education.

Organisation for Economic Co-operation and Development（OECD）[1976], Declaration on International Investment and Multinational Enterprises.

Paulson, Jr. H. M. [2010], *On the Brink: Inside the Race to Stop the Collapse of the Global Financial System*, Business Plus（ヘンリー・ポールソン著・有賀裕子訳 [2010], 『ポールソン回顧録』日本経済新聞出版社).

Pitt, H.L. [2002a], Speech by SEC Chairman: Remarks at the Financial Times' Conference on Regulation & Integration of the International Capital Markets, October 8, 2002.

Pitt, H.L. [2002b], Speech by SEC Chairman: A Single Capital Market in Europe: Challenges for Global Companies, October 10, 2002.

Rugman, A.M. and R. M. Hodgetts [1995], *International Business: A Strategic Management Approach*, McGraw-Hill.

Securities and Exchange Commission（SEC）[2010], Release Nos.33-9109; 34-61578, Commission Statement in Support of Convergence and Global Accounting Standards, February 24, 2010.

SEC Division of Corporation Finance and Office of the Chief Accountant [2011], SEC Staff Paper: An Analysis of IFRS in Practice, November 16, 2011.

SEC Office of the Chief Accountant [2011a], SEC Staff Paper: Exploring a Possible Method of Incorporation, May 26, 2011.

SEC Office of the Chief Accountant [2011b], SEC Staff Paper: A Comparison of U.S. GAAP and IFRS, November 16, 2011.

SEC Office of the Chief Accountant [2012], Final Staff Report: Work Plan for the Consideration of Incorporating International Financial Reporting Standards into the Financial Reporting System for U.S. Issuers, July 13, 2012.

SEC Office of the Chief Accountant and Division of Corporation Finance [2010], Progress Report: Work Plan for the Consideration of Incorporating International Financial Reporting Standards into the Financial Reporting System for U.S. Issuers, October 29, 2010.

Tay, J. S. W. and Parker, R. H. [1990], Measuring International Harmonization and Standardization, *ABACUS*, Vol.26 No.1, March 1990.

van der Tas, L. G. [1988], Measuring Harmonisation of Financial Reporting Practice, *Accounting and Business Research*, Vol.18 Issue 70, 1988.

van der Tas, L. G. [1992], Measuring International Harmonization and Standardization: A Comment, *ABACUS*, Vol.28 No.2, September1992.

Wang, C. [2014], Accounting Standards Harmonization and Financial Statement Comparability: Evidence from Transnational Information Transfer, *Journal of Accounting Research*, Vol.52 No.4 Supplement 2014.

Wilensky, H.L.［1975］, *The Welfare State and Equality: Structural and Ideological Roots of Public Expensitures*, University of California Press（ハロルド・L・ウィレンスキー著・下平好博訳［1984］,『福祉国家と平等―公共支出の構造的・イデオロギー的起源』木鐸社).

World Federation of Exchanges（WFE）［2003］, Monthly Report, December 2003.

WFE［2004］, Monthly Reports, January, 2004.

WFE［2016］, Monthly Reports, January, 2016.

Yip, R.Y.W. and D. Young［2012］, Does Mandatory IFRS Adoption Improve Information Comparability?, *The Accounting Review*, Vol.87 Issue 5, September 2012.

Zeff, S.A.［2007］, Some Obstacles to Global Financial Reporting Comparability and Convergence at a High Level of Quality, *The British Accounting Review*, Vol.39 Issue 4, December 2007.

麻生太郎［2007］,「ローカルスタンダード」,『嘉麻の里』2007年2月号。

安藤英義［2013］,「IFRS対応に関する『当面の方針』の公表」,『産業経理』第73巻第2号, 2013年7月。

池田唯一［2014］,「『修正国際基準』（公開草案）公表の意義と今後の課題」,『週刊経営財務』第3181号, 2014年9月29日。

伊藤元重［2005］,『ゼミナール国際経済入門』日本経済新聞出版社。

薄井彰［2015］,『会計制度の経済分析』中央経済社。

大日方隆［2013］,『アドバンスト財務会計〈第2版〉』中央経済社。

大日方隆編著［2012］,『金融危機と会計規制―公正価値測定の誤謬』中央経済社。

小野行雄（司会）・山床眞一・古内和明・熊谷五郎・秋葉賢一・小賀坂敦［2014］, 座談会「修正国際基準（JMIS）の公開草案の公表を受けて」,『季刊会計基準』第46号, 2014年9月。

企業会計基準委員会［2006a］,「日本基準と国際会計基準とのコンバージェンスへの取組みについて―CESRの同等性評価に関する技術的助言を踏まえて―」, 2006年1月31日。

企業会計基準委員会［2006b］,「我が国会計基準の開発に関するプロジェクト計画について―EUによる同等性評価等を視野に入れたコンバージェンスへの取組み―」, 別添「ASBJプロジェクト計画表（コンバージェンス関連項目)」, 2006年10月12日。

企業会計基準委員会［2007］, Press Release「プロジェクト計画表の公表について―東京合意を踏まえたコンバージェンスへの取組み―」, 2007年12月6日。

企業会計基準委員会［2008］, Press Release「東京合意に掲げた短期コンバージェンス項目の終了にあたって」, 2008年12月26日。

企業会計基準委員会［2015a］,「『修正国際基準（国際会計基準と企業会計基準委員会による修正会計基準によって構成される会計基準)』の公表にあたって」, 2015年6月30日。

企業会計基準委員会［2015b］,「修正国際基準の適用」, 2015年6月30日。

企業会計基準委員会［2016］,「修正国際基準の適用」, 2016年7月25日。

企業会計基準委員会・財務会計基準機構［2009］,「ASBJ Newsletter」第7号, 2009年2月20日。

金融庁［2004］,「金融改革プログラム─金融サービス立国への挑戦─」, 2004年12月。

金融庁［2009］,「平成20年度実績評価書（評価対象期間：平成20年7月～21年6月）」, 2009年8月。

金融庁［2010］,「平成21年度実績評価書（評価対象期間：平成21年4月～22年3月）」, 2010年8月。

金融庁［2011］,「平成22年度実績評価書（評価対象期間：平成22年4月～23年3月）」, 2011年9月。

金融庁［2012］,「平成23年度実績評価書（評価対象期間：平成23年4月～24年3月）」, 2012年9月。

金融庁［2013］,「平成24年度実績評価書（評価対象期間：平成24年4月～25年3月）」, 2013年8月。

金融庁［2014］,「平成25年度実績評価書（評価対象期間：平成25年4月～26年3月）」, 2014年8月。

金融庁［2015a］,「平成26年度実績評価書（評価対象期間：平成26年4月～27年3月）」, 2015年8月。

金融庁［2015b］, 別紙1「連結財務諸表の用語, 様式及び作成方法に関する規則等の一部を改正する内閣府令（案）」等に対するパブリックコメントの概要及びそれに対する金融庁の考え方」, 2015年9月4日。

金融庁［2016］,「平成27年度実績評価書（評価対象期間：平成27年4月～28年3月）」, 2016年8月。

金融庁・企業会計審議会［2009］,「我が国における国際会計基準の取扱いに関する意見書（中間報告）」, 2009年6月30日。

金融庁・企業会計審議会［2012］,「国際会計基準（IFRS）への対応のあり方についてのこれまでの議論（中間的論点整理）」, 2012年7月2日。

金融庁・企業会計審議会［2013］,「国際会計基準（IFRS）への対応のあり方に関する当面の方針」, 2013年6月19日。

金融庁・企業会計審議会総会・企画調整部会合同会議［2011］,「今後の議論・検討の進め方（案）」, 企業会計審議会総会・企画調整部会合同会議資料2, 2011年8月25日。

金融庁・企業会計審議会総会・企画調整部会合同会議［2012a］, 資料1「SEC：IFRS取り込みに関する最終スタッフ報告書」, 2012年10月2日。

金融庁・企業会計審議会総会・企画調整部会合同会議［2012b］,「企業会計審議会総会・企

画調整部会合同会議議事録」，2012年10月2日。

金融庁・企業会計審議会総会・企画調整部会合同会議［2013a］，「企業会計審議会総会・企画調整部会合同会議議事録」，2013年3月26日。

金融庁・企業会計審議会総会・企画調整部会合同会議［2013b］，「国際会計基準への対応について当面検討すべき課題―内外の現状と前回会合における議論の概要―」，企業会計審議会総会・企画調整部会合同会議資料2，2013年4月23日。

郡司健［2000］，『連結会計制度論―ドイツ連結会計報告の国際化対応―』中央経済社。

経済産業省通商政策局［2008］，『通商白書2008―新たな市場創造に向けた通商国家日本の挑戦―』，2008年8月。

経済産業省通商政策局［2012］，『通商白書2012―世界とのつながりの中で広げる成長のフロンティア―』，2012年6月。

小賀坂敦（司会）・氷見野良三・西川郁生［2013］，対談「『国際会計基準（IFRS）への対応のあり方に関する当面の方針』について」，『季刊会計基準』第42号，2013年9月。

斎藤静樹［2007］，「企業会計基準委員会の6年間を振り返って」，『季刊会計基準』第17号，2007年6月。

斎藤静樹［2013］，『会計基準の研究〈増補改訂版〉』中央経済社。

嶌村剛雄編著［1990］，『国際会計論』白桃書房。

佐藤誠二編［2007］，『EU・ドイツの会計制度改革―IAS/IFRSの承認と監視のメカニズム―』森山書店。

清水真人［2005］，『官邸主導―小泉純一郎の革命』日本経済新聞社。

清水真人［2009］，『首相の蹉跌―ポスト小泉　権力の黄昏』日本経済新聞出版社。

首相官邸［2008］，金融・世界経済に関する首脳会合，麻生総理配布資料「危機の克服　麻生太郎の提案―短期，中期，長期の対策―（要約）」，2008年11月15日。

首相官邸［2013］，「日本再興戦略―JAPAN is BACK―」，2013年6月14日閣議決定。

首相官邸［2014］，「『日本再興戦略』改訂2014―未来への挑戦―」，2014年6月24日閣議決定。

自由民主党政務調査会・金融調査会　企業会計に関する小委員会［2013］，「国際会計基準への対応についての提言」，2013年6月13日。

自由民主党日本経済再生本部［2013］，「中間提言」，2013年5月10日。

自由民主党日本経済再生本部［2014］，「日本再生ビジョン」，2014年5月23日。

杉本徳栄［2009］，『アメリカSECの会計政策―高品質で国際的な会計基準の構築に向けて―』中央経済社。

杉本徳栄［2014］，「『当面の方針』策定の影響要因とエンドースメントされたIFRS」，『企業会計』第66巻第1号，2014年1月。

杉本徳栄［2016a］，「SEC主任会計士室とIFRSのイニシアティブ」，『商学論究』第63巻第3号，2016年3月。

杉本徳栄［2016b］，「政党・政務調査会による会計・監査政策―自由民主党政務調査会の『企業会計に関する小委員会』の役割―」，『税経通信』第71巻第9号，2016年8月。

杉本徳栄監修・仰星監査法人編著［2010］，『ケーススタディでみるIFRS』金融財政事情研究会。

税務研究会「週刊経営財務」編集部編［2015］，『27年3月期 有価証券報告書 開示実例と傾向』（別冊週刊経営財務）税務研究会。

税務研究会「週刊経営財務」編集部編［2016］，『28年3月期 有価証券報告書 開示実例と傾向』（別冊週刊経営財務）税務研究会。

染谷恭次郎［1984］，『国際会計―新しい企業会計の領域―〔増補版〕』中央経済社。

滝田洋一［2008］，『世界金融危機 開いたパンドラ』（日経プレミア）日本経済新聞出版社。

辻山栄子［2011］，「IFRS導入をめぐる最新動向と今後の展望」，『監査役』第582号，2011年4月25日。

辻山栄子［2009］，「IFRS導入の制度的・理論的課題」，『企業会計』第61巻第3号，2009年3月。

辻山栄子編著［2015］，『IFRSの会計思考―過去・現在そして未来への展望―』中央経済社。

東京証券取引所［2016］，『2016新規上場ガイドブック（市場第一部・第二部編）』。

徳賀芳弘［2000］，『国際会計―相違と調和―』中央経済社。

中島省吾［1995］，「IASCの沿革等」，日本公認会計士協会編『国際会計基準の実務』第一法規。

中林伸一［2012］，『G20の経済学―国際協調と日本の成長戦略』中央公論新社。

西川郁生［2000］，『国際会計基準の知識』日本経済新聞社。

日本経済新聞社編［2009a］，『実録 世界金融危機』日本経済新聞出版社。

日本経済新聞社編［2009b］，『大収縮 検証・グローバル危機』日本経済新聞出版社。

日本経済団体連合会［2013a］，「国際会計基準（IFRS）への当面の対応について」，企業会計審議会総会・企画調整部会合同会議資料5，2013年3月26日。

日本経済団体連合会［2013b］，「今後のわが国の企業会計制度に関する基本的考え方―国際会計基準の現状とわが国の対応―」，2013年6月10日。

藤井彰夫［2011］，『G20 先進国・新興国のパワーゲーム』日本経済新聞出版社。

第2部

国際会計の潮流と
国際会計基準審議会の基準開発

第2章

国際会計システムの分類

第1節　国際会計の舞台上の日本

1．国際会計の舞台における「日本の孤立」

　各国の国際会計基準（IAS）や国際財務報告基準（IFRS）へのコンバージェンス（収斂）計画に関する調査報告書の結果をもとに，国際会計の舞台における「日本の孤立」の危機について報じられたことがある。たとえば，次のような報道記事である。

> 「同報告書によれば，2002年末の時点で国際会計基準の全面採用や，国内基準との収れんを打ち出していない国はアイスランド，サウジアラビア，日本の3ヵ国だけ。アイスランドとサウジアラビアは今年に入り国際会計基準の採用を検討し始めたという。日本は『会計統合に背を向ける世界唯一の国』と判断されても反論できない。」
>
> （「国際会計の奔流▶上◀」，『日経金融新聞』2003年4月2日付）

　この報道記事の拠り所となった調査報告書は，2003年2月13日に**会計基盤の開発に関する国際フォーラム**（または**会計開発国際フォーラム**）**（IFAD）**によって公表された「GAAPコンバージェンス2002：国際財務報告基準とのコンバージェンスの促進と達成に向けた各国の取組みに関する調査」（*GAAP Convergence 2002: A Survey of National Efforts to Promote and Achieve Convergence with International Financial Reporting Standards*）（IFAD［2002］）である。

2．IFADと会計基準の差異調査報告書

　IFADは，アジア通貨危機の際の会計プロフェッション（専門職）に対する批判を機に，国際会計士連盟（IFAC）と世界銀行（国際復興開発銀行（IBRD））の協議での合意を受けて，1999年初めに当時の7大国際会計事務所が設立した

組織である。IFADは，国際会計事務所，バーゼル委員会（Basel Committee on Banking Supervision），IFAC，証券監督者国際機構（IOSCO），経済協力開発機構（OECD）および国際連合貿易開発会議（UNTAD）などの組織メンバーで構成されている。

IFADの活動目的には，①各国政府に対して，健全なコーポレート・ガバナンスを通じて透明性の高い財務報告を行うことは価値があるとの認識を促進すること，②公共部門（公的部門：パブリック・セクター）と民間部門（プライベート・セクター）とを問わず，会計プロフェッションがいかに公益を支える責任を果たすべきかという期待を明確にすることを促進すること，また，③政府，会計プロフェッション，国際的に活動する金融機関，規制当局，基準設定主体，資金提供者や発行体の協働を促進することなどがある（http://www.iasplus.com/参照）。

これらの活動目的の一環として，IFADは各国の会計基準，倫理，コーポレート・ガバナンス，銀行業務や会社法等のレビュー活動を展開している。

会計基準のレビュー（見直し）は，各国の会計基準のIASへの準拠性や首尾一貫性を促すことで，つまり各国の会計基準をIASへコンバージェンスさせることで，透明性の高い財務報告を行いうるとの認識に基づくものである。その１つの試みが，各国の会計基準とIASとの差異に関わる調査である。まず53ヵ国を調査対象とした「GAAP 2000：53ヵ国の会計規則に関する調査」（*GAAP 2000: A Survey of National Accounting Rules in 53 Countries*）（IFAD［2000］）と題する報告書をまとめあげ，翌年には調査対象国を増やした「GAAP 2001：国際会計基準によって評価した各国の会計規則に関する調査」（*GAAP 2001: A Survey of National Accounting Rules Benchmarked against International Account Standards*）（IFAD［2001］）を，そして2002年には上述のIFAD［2002］を公表するに至っている。

結論的に，IFAD［2002］は，「調査対象国の90％以上の国がIFRSへコンバージェンスする意向を示した。これは，国際会計基準審議会（IASB）が世界に通じる会計言語の開発機関として支持されたことを意味する」（IFAD［2002］，

p.2）と論じた。各国の会計基準をIFRSsへコンバージェンスするというIFAD
の活動目的を前提とした場合，一連の調査報告書からは，各国が自国の会計基
準とIFRSsとの差異をいかに削減するように取り組んでいるかを読み取ること
が可能となる。

　以下では，会計基準の差異に伴う会計システムの分類研究の展開をもとに，
このIFADによる会計基準の差異調査報告書（IFAD［2002］）の調査結果につ
いて再検討してみることにしよう。

第2節　会計システムの分類

1．分類の目的と会計システムの分類

　元来，「分類」（Classification）には，「区分を徹底的に行い，事物またはその
認識を整頓し，体系づけること」（『広辞苑』）や「種類・性質・系統などによ
って分けること」（『日本語大辞典』）という意味がある。この分類は，国家また
は地域間で差異が存在しうる会計基準，会計システム（制度）ないし財務報告
システム等にも援用することができる。体系化したうえで，各種属性や特徴な
どを見出す試みへと展開するのである。

　会計システムの分類は，説明と分析を明確にすることができ，また予測力を
有しており（AAA［1977］，p.97），しかも，基本構造を明示しうる方法論とし
ての特性がある。また，調和化（ハーモナイゼーション：Harmonization）の必
要性の分析だけではなく，調和化の展開のもとでの手段としての特性もある
（Nobes［1983］，p.1）。

　したがって，会計基準の国際的調和化の必要性が重要視される以前から，国
際会計の領域においても分類研究の有用性について着目した多くの研究が行わ
れてきた。とくに，世界各国の会計基準および会計実務の多様性（ダイバーシ
ティ：Diversity）を踏まえた分類とその説明に焦点を当て，会計システムない

し財務報告システムの分類研究として展開している。国際会計におけるこの研究領域を，**「国際比較財務会計」**または**「国際財務報告」**などという。

2．国際財務報告の研究

　会計基準および会計実務等の多様性を認識することを通じて，国家間の会計情報の比較可能性（Comparability）を高める必要性からその多様性を削減することへと結び付くことになる。後の章で説明するように，会計基準の国際的調和化ないし会計基準のコンバージェンスの根底には，この会計システムの分類に基づく多様性の認識がある。

　また，分類に基づく多様性の認識は，会計政策や会計教育の展開にも活用することができる。たとえば，ティモシー・ドウプニク（Timothy Doupnik）とスティーブン・ソルター（Stephen B. Salter）の研究（Doupnik and Salter［1995］）は，とくに当時までに試みられてきた国際比較財務会計または国際財務報告の研究における問題意識と研究アプローチについて整理しており，会計システムの分類を知るうえで有益である（次頁の**図表2-1**参照）。

　これまでに試みられてきた国際比較財務会計または国際財務報告の研究において取り上げられた検討課題には，主として次の2つがある。

　①各国の会計システムの類似点と相違点
　②各国の会計システムの類似点と相違点を説明しうる要因

　前者の研究が会計システムの**「分類研究」**であり，また，後者の研究が会計システムの**「環境要因研究」**である。分類研究の成果を導出し，もしくは，その成果を所与として環境要因研究が行われる。会計システムの分類基準の捉え方の違いは，分類のあり方やその結果に反映することになる。

3．会計システムの分類研究

　会計システムの分類研究には，①帰納的アプローチによる研究（Inductive Studies）と②演繹的アプローチによる研究（Deductive Studies）がある（Doupnik and Salter［1995］，p.190）。

帰納的アプローチによる研究は，各国の会計システムないし会計実務の多様性を踏まえて，当該会計システムの形成・発展（プロセス）を分析することを通じて，とくに社会的・経済的要因を導き出そうとするものである。これまでに収集してきた財務報告実務に関わる調査資料をもとに，大手監査法人のプライス・ウォーターハウス（Price Waterhouse）が要因分析を試みた研究（Price Waterhouse［1973］，Price Waterhouse［1975］およびPrice Waterhouse［1979］）は，この帰納的アプローチによる研究の代表例である。

　これに対して，**演繹的アプローチによる研究**は，会計システムの分類を展開するために，各国の会計システムの環境要因の定義づけを踏まえて，当該会計システムの形成・発展（プロセス）に結び付けて分析を行うものである。

　帰納的アプローチと演繹的アプローチによる研究をはじめとした，これまで

図表2-1　会計システムの分類研究

(1)　分類研究
①帰納的アプローチによる研究
Da Costa *et al.* [1978], Frank [1979], Nair and Frank [1980], Doupnik [1987], Goodrich [1986]
②演繹的アプローチによる研究
Mueller [1967], Seidler [1967], Mueller [1968], AAA [1977], AlNajjar [1986], Nobes [1983]
(2)　環境要因研究
Mueller [1968], AAA [1977]
(3)　分類／環境要因研究
Da Costa *et al.* [1978], Frank [1979], Nair and Frank [1980], Goodrich [1986]
(4)　会計発展の理論的フレームワーク
Schweikart [1985], Harrison and McKinnon [1986], Robson [1991], Gray [1988]

出所：Doupnik and Salter［1995］，pp.190-192をもとに作成。

に展開されてきた代表的な会計システムの分類研究は，**図表2-1**のようにまとめることができる。

　また，会計システムの分類研究は，①**判断に基づく分類**（**判断的アプローチ**）（Supposed Classifications）と②**実証から導出された分類**（**実証的アプローチ**）（Empirically Tasted Classifications）にも大別することができる（Choi and Mueller [1992]，p.32）。

第3節 演繹的アプローチと帰納的アプローチによる代表的な分類研究

1．演繹的アプローチによる代表的な分類研究

　分類研究は，1970年代を境界線として「直感的」（Intuitive）または「主観的」（Subjective）研究から「科学的」（Scientific）アプローチによる研究へと変化している（Nobes [1983]，p.1）。ゲルハルト・ミューラー（Gerhard G. Mueller）による国際会計の先駆的分類研究であるMueller [1968] は，「直感的」または「主観的」分類であることから，「判断的アプローチ」に属する。そのため，「演繹的アプローチ」または「演繹的研究」としての性格を有する。

　とはいえ，ミューラーの初期の研究（とくにMueller [1967] とMueller [1968]）は，その後の分類研究のみならず，国際会計のあらゆる領域の研究に影響を及ぼした。

（1）先駆的分類研究

　ミューラーは，市場指向経済システムを有する西側諸国の会計の発展には，少なくとも次の4つのパターンがあるという（Mueller [1967]，Part I（ミューラー著・兼子監訳 [1969]，第 I 部））。

　①マクロ経済的フレームワーク内の会計（例：スウェーデン，フランス，ドイツ）

　②ミクロ経済的アプローチ（例：オランダ）

③独立した学問としての会計（例：アメリカ合衆国，イギリス連邦）

④統一会計（例：スイス，ドイツ，フランス，スウェーデン）

　この会計発展のパターンの分類は，必ずしも各国の会計実務を踏まえた会計システムの分類ではない。なによりも，このパターンの分類のもとでは，マクロ経済的フレームワーク内の会計と統一会計に該当する国の例示が重複して分類されており，また，ミクロ経済的アプローチではオランダが唯一の例示国となっている（Saudagaran［2004］，p.21（ソーダガラン著・佐藤訳［2006］，35頁））。

　Mueller［1967］は，各国の会計基準や会計システムの差異をもたらす4つの環境要因を明らかにした。その認識を踏まえて，Mueller［1968］では，ビジネス環境に応じて必要とされる会計システムが異なると説いている。同時期のリー・サイドラー（Lee J. Seidler）による研究であるSeidler［1967］も，直感的な「影響圏」（Spheres of Influence）ないし「地政学的影響」の当否の判別に基づいて，①イギリス，②アメリカ，および，③ヨーロッパ大陸に分類したが（Seidler［1967］，p.775），Mueller［1968］は各環境のもとでの会計実務を**図表2-2**のように10分類した。

　また，フレデリック・チョイ（Frederick D.S. Choi）とミューラーのChoi

図表2-2　Mueller［1968］の会計実務の分類

①アメリカ合衆国／カナダ／オランダ
②イギリス連邦（カナダを除く）
③（旧）西ドイツ／日本
④ヨーロッパ大陸（（旧）西ドイツ，オランダおよびスカンジナビア半島を除く）
⑤スカンジナビア半島
⑥イスラエル／メキシコ
⑦南アフリカ
⑧近東および極東の発展途上国
⑨アフリカ（南アフリカを除く）
⑩共産主義国

出所：Mueller［1968］，pp.93-95.

and Mueller［1993］（pp.39-42）において，財務会計のパターンは主として，①イギリス－アメリカ，②ヨーロッパ大陸，③南アメリカ，④後発工業国，および，⑤中央計画経済国（命令経済国）という5つのクラスターに分類しうるとの見解も示している。

　後のアメリカ会計学会による研究（AAA［1977］）において，「世界の会計〔発展の：引用者〕パターンは，各国および各地域の財務上の測定や財務報告の基礎をなす会計原則に影響を及ぼす歴史的・文化的・社会経済的な原因に基づいた『影響区域』を通じても分類できる」（AAA［1977］，p.105）として，会計の影響区域を，①イギリス連邦，②フランス－スペイン－ポルトガル，③ドイツ－オランダ，④アメリカ合衆国，および，⑤共産主義国の5つに分類した。これはMuller［1968］の会計実務の分類を踏まえた分類例であり，同様に環境要因に基づいた直感的研究ないし演繹的アプローチに属するものだといえるだろう。

（2）文化的要因を加味した分類研究

　Mueller［1967］やMueller［1968］と次節で説明するクリストファー・ノーブス（Christopher Nobes）による研究（Nobes［1983］）などは，会計システムの分類にあたって文化的要因を取り上げなかったことが問題視されてきた。シドニー・グレイ（Sidney J. Gray）による研究（Gray［1988］）はその問題点を説いた代表例である。そこでは，ヘールト・ホフステード（Geert Hofstede）による研究（Hofstede［1980］）が大手多国籍企業の従業員データから得た文化の局面における社会的価値の考えを，会計システムの分類に採り入れることを試みている。

　Hofstede［1980］は，文化の発達度合いをもとに，基本的な構成国を地域分類して**文化領域**とした。また，**社会的価値**として，①「個人主義」対「集団主義」，②権力の離遠性，③不確実性の回避度合い，および，④「男性指向」対「女性指向」をあげた。Gray［1988］は，会計実務と会計思考のレビューから，①「職業主導型」対「法律主導型」，②「統一性」対「多様性」，③「保守主義」

対「楽観主義」、および、④「秘密性」対「透明性」の4つの**会計価値**を導き出した。この社会的価値と会計価値をもとに、リー・ラデボー（Lee H. Radebaugh）とグレイの研究（Radebaugh and Gray [2002]）では、文化と会計システムの関係を**図表2-3**のようにまとめている。

規制当局と法的強制力に関わる会計価値の「職業主導型」対「法律主導型」と「統一性」対「多様性」を、文化領域の分類と組み合わせたものが**図表2-4**である。また、測定と開示（資産と利益の測定と情報開示）に関わる会計価値の「保守主義」対「楽観主義」と「秘密性」対「透明性」を、文化領域の分類と組み合わせたものが**図表2-5**である。

この**図表2-5**（会計システム：測定と開示）が描いているように、グラフ右上の「保守主義／秘密性」とグラフ左下の「楽観主義／透明性」のセルだけですべての分布が成り立っているという事実は、保守主義会計実務の国であるほど開示レベルが低く、また、反対に保守主義会計実務でない国ほど開示レベルが高いことを意味する。この事実は、次節で説明するDoupnik and Salter [1995]によっても裏づけられている。

なお、Gray [1988] の会計システムの分類については、ソルターとフレデリック・ニシュワンダー（Frederick Niswander）が実証研究（Salter and Niswander

図表2-3　文化と実務における会計システム

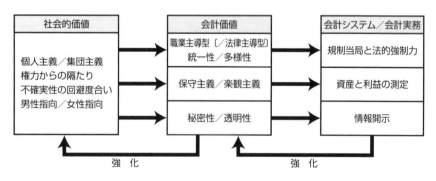

出所：Radebaugh and Gray [2002], Figure 3.3, p.50.

170

第3節 演繹的アプローチと帰納的アプローチによる代表的な分類研究

図表2-4 Gray［1988］の会計システム：規制当局と法的強制力

```
                        法律主導型
                           ↑
                           │      ラテンの
                           │      発展途上国
                   アジアの │
                   発展途上国│    中近東
        アジアの    │
        旧植民地    │        日本
                           │
                  アフリカ諸国
  多様性 ←──────────────────┼──────────────────→ 統一性
                           │
                           │
              北欧諸国  ジャーマン  ラテンの先進諸国
                       諸国
        アングロ諸国    │
                           ↓
                        職業主導型
```

出所：Gray［1988］, Figure 3, p.12.

図表2-5 Gray［1988］の会計システム：測定と開示

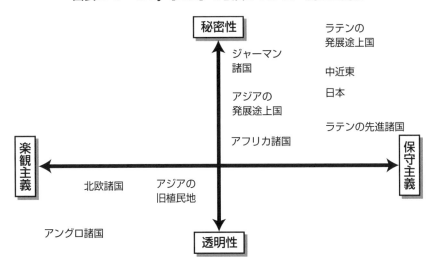

出所：Gray［1988］, Figure 4, p.13.

171

［1995］）を行っている。それによれば，Gray［1988］のモデルは総じて統計上の説明力があり，実際の財務報告実務の説明に優れているものの，現存する職業主導および規制構造の説明が相対的に弱いという見解を示している。また，金融市場の発達と税制レベルがGray［1988］の見解の説明を高めることも明らかにした。

2．帰納的アプローチによる代表的な分類研究

　直感的ないし演繹的アプローチによる分類研究は，いずれも分類に際しての詳細な判別基準が明確ではなく，しかも，実証を踏まえた会計実務の分類ではないなどといった疑問が呈されたことに共通の問題点を抱えている。その後の1980年代初めまでの分類研究は，こうした問題点を克服するために，最大で64ヵ国の会計実務の差異を調査したプライス・ウォーターハウスのデータ（Price Waterhouse［1973］，Price Waterhouse［1975］およびPrice Waterhouse［1979］）を用いたことに1つの特徴がある。たとえば，リチャード・ダ・コスタ（Richard C. Da Costa），ジャック・ブルジョア（Jacques C. Bourgeois）およびウィリアム・ローソン（William M. Lawson）によるDa Costa *et al.*［1978］，ワーナー・フランク（Werner G. Frank）によるFrank［1979］，ラーバン・ネア（Raghavan D. Nair）とフランクによるNair and Frank［1980］およびピーター・グッドリッチ（Peter S. Goodrich）によるGoodrich［1986］の分類研究等がこれに該当する。

　また，グレイ，レズリー・キャンベル（Leslie G. Campbell）およびジョン・ショー（John C. Shaw）によるGray *et al.*［1984］も30ヵ国の会計実務を調査しており，いずれも比較分析する方法論であったという点で共通している。

（1）経済的・文化的要因と会計分類

　Nair and Frank［1980］は，Price Waterhouse［1973］の測定実務データに基づいた統計分析によって，**図表2-6のパネルAのように構成国（38ヵ国）の測定実務を4つのグループに分類している。各グループはその共通した特徴か

第3節 演繹的アプローチと帰納的アプローチによる代表的な分類研究

図表2-6 Price Waterhouse［1973］とPrice Waterhouse［1975］のデータの測定実務に基づくNair and Frank［1980］の分類

パネルA：Price Waterhouse［1973］のデータによる分類

グループI （イギリス連邦モデル）	グループII （ラテンアメリカモデル）	グループIII （ヨーロッパ大陸モデル）	グループIV （アメリカ合衆国モデル）
オーストラリア バハマ国 フィジー ジャマイカ ケニア オランダ ニュージーランド パキスタン アイルランド共和国 ローデシア シンガポール 南アフリカ トリニダード=トバゴ イギリス	アルゼンチン ボリビア ブラジル チリ コロンビア エチオピア インド パラグアイ ペルー ウルグアイ	ベルギー フランス ドイツ イタリア スペイン スウェーデン スイス ベネズエラ	カナダ 日本 メキシコ パナマ フィリピン アメリカ合衆国

パネルB：Price Waterhouse［1975］のデータによる分類

グループI （イギリス連邦モデル）	グループII （ラテンアメリカ／ 南ヨーロッパモデル）	グループIII （北ヨーロッパ・ 中央ヨーロッパモデル）	グループIV （アメリカ合衆国モデル）	グループV （チリ）
オーストラリア バハマ国 フィジー イラン* ジャマイカ マレーシア* オランダ ニュージーランド ナイジェリア* アイルランド共和国 ローデシア シンガポール 南アフリカ トリニダード=トバゴ イギリス	アルゼンチン ボリビア ブラジル コロンビア エチオピア ギリシャ* インド イタリア パキスタン パナマ パラグアイ ペルー スペイン ウルグアイ	ベルギー デンマーク* フランス ドイツ ノルウェー* スウェーデン スイス ザイール*	バーミューダ諸島* カナダ 日本 メキシコ フィリピン アメリカ合衆国 ベネズエラ	チリ

注：* は1973年の調査に含まれていない国々。
出所：Nair and Frank［1980］，p.429 and p.433の図表をもとに作成。

ら，①イギリス連邦モデル（グループⅠ），②ラテンアメリカモデル（グループⅡ），③ヨーロッパ大陸モデル（グループⅢ），および，④アメリカ合衆国モデル（グループⅣ）に分類されている。

　また，Price Waterhouse［1975］の測定実務データでは，構成国の46ヵ国を，図表2-6のパネルBのように，①イギリス連邦モデル（グループⅠ），②ラテンアメリカ／南ヨーロッパモデル（グループⅡ），③北ヨーロッパ・中央ヨー

図表2-7　Price Waterhouse［1973］とPrice Waterhouse［1975］のデータの開示実務に基づくNair and Frank［1980］の分類

パネルA：Price Waterhouse［1973］のデータによる分類

グループⅠ	グループⅡ	グループⅢ	グループⅣ	グループⅤ	グループⅥ	グループⅦ
オーストラリア	ボリビア	ベルギー	カナダ	アルゼンチン	スウェーデン	スイス
バハマ	ドイツ	ブラジル	メキシコ	チリ		
フィジー	インド	コロンビア	オランダ	エチオピア		
ジャマイカ	日本	フランス	パナマ	ウルグアイ		
ケニア	パキスタン	イタリア	フィリピン			
ニュージーランド	ペルー	パラグアイ	アメリカ合衆国			
アイルランド共和国		スペイン				
ローデシア		ベネズエラ				
シンガポール						
南アフリカ						
トリニダード=トバゴ						
イギリス						

パネルB：Price Waterhouse［1975］のデータによる分類

グループⅠ	グループⅡ	グループⅢ	グループⅣ	グループⅤ	グループⅥ	グループⅦ
ベルギー	オーストラリア	バハマ	バーミューダ諸島*	アルゼンチン	デンマーク*	イタリア
ボリビア	エチオピア	ドイツ	カナダ	インド	ノルウェー*	スイス
ブラジル	フィジー	日本	ジャマイカ	イラン*	スウェーデン	
チリ	ケニア	メキシコ	オランダ	パキスタン		
コロンビア	マレーシア*	パナマ	アイルランド共和国	ペルー		
フランス	ニュージーランド	フィリピン	ローデシア			
ギリシャ*	ナイジェリア*	アメリカ合衆国	イギリス			
パラグアイ	シンガポール	ベネズエラ				
スペイン	南アフリカ					
ウルグアイ	トリニダード=トバゴ					
ザイール*						

注：* は1973年の調査に含まれていない国々。
出所：Nair and Frank［1980］，p.431 and p.436の図表をもとに作成。

ロッパモデル（グループⅢ），④アメリカ合衆国モデル（グループⅣ），および，⑤チリ（グループⅤ）に分類した。

ただし，Nair and Frank［1980］は測定実務と開示実務を峻別して分析しているが，開示実務データに基づいた統計分析と測定実務データに基づいた統計分析とでは分類が異なっている。Price Waterhouse［1973］とPrice Waterhouse［1975］は構成国に違いがあるが，開示実務データによる分類はいずれも7つのグループである（**図表2-7参照**）。

しかし，Nair and Frank［1980］でも指摘するように，会計実務データを用いたこうした研究結果には限界がある。情報源としてのPrice Waterhouse［1973］，Price Waterhouse［1975］およびPrice Waterhouse［1979］のデータに潜在する，エラーに起因するデータの信頼性の欠如によるものである。とはいえ，Nair and Frank［1980］はFrank［1979］とともに，「経済的および文化的変数と会計分類との間に明確な関係をもたらした」（Nair and Frank［1980］，p.449）ことも事実である。

（2）政治的要因と会計分類

政治的要因と会計分類との関わりについて検証するために，Price Waterhouse［1979］のデータを用いたのがグッドリッチの研究（Goodrich［1986］）である。この研究による統計分析結果を先行研究成果と比較することで，Goodrich［1986］は，会計システムと政治制度や国際機構のメンバー構成に基づく分類との関わりが，農業，経済的発達度合いやカトリック教徒文化などの社会経済的要因および政治的属性との関わりよりも有意であることを見出している。

以上のように，Frank［1979］，Nair and Frank［1980］およびGoodrich［1986］が，会計の発展が経済的，文化的および政治的要因に関係し，しかも当該要因の類似性が会計分類にも影響することを明らかにしたことは，帰納的アプローチに基づく分類研究の成果であるといえるだろう。

第4節 階層分類の研究

1．初期の会計システムの分類研究における問題点

　演繹的アプローチによるMueller［1967］とMueller［1968］は，政治・経済的要因をもとに，類似と相違を明確にする分類の特性を活用したということでは先駆的な研究であった。政治と経済を会計に結び付けることは，経済変動が政治に及ぼす影響を予測するのに有用であることからすれば，Mueller［1967］とMueller［1968］が政治・経済的要因に基づく分類を示したことは有益である。しかし，先駆的研究であるがゆえに，他の諸要因を考慮していなかったことや階層構造による分類を明示しなかったことは，会計システムの初期の分類研究における1つの欠点であったことは否めない。

　また，先のNair and Frank［1980］がプライス・ウォーターハウスなどの会計実務データを用いる限界を指摘したことと軌を一にして，Nobes［1981］も分類研究において当該データが内包する明白な誤りなどを理由として，プライス・ウォーターハウスなどのデータの使用に疑問を呈した。とくに1970年代までに展開されてきた分類研究が，実際のところは，システムよりも影響についての分類であること，その分類があまりにも単純もしくは不正確であること，さらに事実に反するもののように思われることなどを理由として，分類研究の成果が不十分であると批判した（Nobes and Parker［1981］，p.212）。従来の分類研究における，①分類対象の定義づけの欠如，②統計結果を比較するためのモデルの欠如，③各国の差異の規模を反映しうる階層構造の欠如，および，④重要な特異な性質を選択する際の判断の欠如を物語るものでもある（Nobes［1983］，p.5）。

2．会計システムの階層分類の研究

　こうした実証を踏まえた会計実務の分類研究が抱える問題点を克服するため

第4節 階層分類の研究

に，ノーブスとロバート・パーカー（Robert Parker）の研究（Nobes and Parker [1981]）では，実務に基づいた会計システムの階層分類（仮説的分類）を示した。さらに，その後の議論等を反映した修正版としてのNobes [1983] では，1980年における西側先進諸国の財務報告の測定実務を分類して**図表2-8**のように図示した。

　この階層分類は，ミクロ・ベース型とマクロ・統一型の2つのクラスのもとで，それぞれ2つの下位分類（ミクロ・ベース型：①ビジネス経済理論，②ビジネス会計実務，プラグマティック，イギリス起源，マクロ・統一型：①大陸型：政府，税，法律，②政府，経済）を展開している。Nobes [1983] の階層分類は，主として帰納的ではあるが（Doupnik and Salter [1993]，p.43），この下位分類までの4分類をもってMueller [1967] の環境分析を採択し，また，展開したものとして理解できる。階層分類化に留まらず，14ヵ国の測定および評価報告実務の判断分析を通じて当該階層分類を検定したことに，Nobes [1983] のもう1

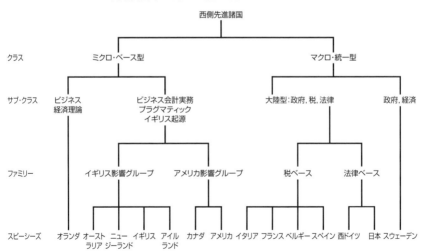

図表2-8　Nobes [1983] の1980年における西側先進諸国の財務報告の測定実務の分類

出所：Nobes [1983], Table 2, p.7.

177

つの特徴を見出せる。検定の結果、階層の関係は支持されている。

　さらに、Nobes［1983］の階層分類を資本主義（西側経済諸国）のものとして捉え、そこに属する構成国を追加するとともに、マクロ・統一型のクラスだけからなる共産主義国の階層分類と結合する試みは、イアン・ベリー（Ian Berry）の研究（Berry［1987］）にみられる。Berry［1987］は、構成国を追加しただけではなく、資本主義区分におけるマクロ・統一型（クラス）の大陸型：政府、税、法律（サブ・クラス）のファミリーのもとでのサブ・ファミリーとして、新たに「南アメリカ（インフレ調整済み)」を設定したことが、Nobes［1983］の階層分類との違いである。

　Doupnik and Salter［1993］は、Nobes［1983］とBerry［1987］の階層分類が検定可能な仮説であるとして、50ヵ国の会計測定および開示実務を階層的にクラスター分解するために統計分析を行っている。データの潜在的エラーを回避する選択プロセスをもとに、Price Waterhouse［1979］のデータを用いた研究でもある。

　Doupnik and Salter［1993］の研究は、**図表2-9**のような9つのクラスター分解による分類をもたらし、結果的には、Nobes［1983］とBerry［1987］による分類を支持している。ミクロ・クラスは、①イギリス影響グループと②アメリカ影響グループに二分（C1とC2）され、マクロ・クラスは、①コスタリカ、②ラテンアメリカグループ、③ヨーロッパグループ、④アラブ／ハイブリッド（混成）グループ、⑤フィンランド／スウェーデン、⑥ドイツ、および、⑦日本に分別（C3～C9）された。加えて、会計測定と開示実務の分析から、マクロ・クラスの国に属する企業は、ミクロのそれよりも高い水準でIASに準拠していること、ミクロ・クラスに属する企業がマクロのそれよりも広範囲にわたって開示していることも明らかにした。

　先のDoupnik and Salter［1993］の9つのクラスター分解による分類を改めて2、6および9の3つの段階からなるクラスターに再分解し（新たに韓国をマクロのC5に分類）、その分類と環境的および文化的変数との関係については、Doupnik and Salter［1995］で検討された。

図表2-9 Doupnik and Salter［1995］の9クラスター分解

ミクロ	マクロ	
C1	C3	C7
(N) オーストラリア	コスタリカ	フィンランド
ボツワナ		(N) スウェーデン
香港	C4	
(N) アイルランド	(B) アルゼンチン	C8
(B) ジャマイカ	(B) ブラジル	(N) ドイツ
ルクセンブルク	(B) チリ	
(B) マレーシア	(B)+ メキシコ	C9
ナミビア		(N)+* 日本
(N)+* オランダ	C5	
オランダ領アンティル諸島	(B)+ コロンビア	
(B) ナイジェリア	デンマーク	
(N) ニュージーランド	(N) フランス	
(N)+ フィリピン	(N) イタリア	
パプアニューギニア	ノルウェー	
(N) 南アフリカ	ポルトガル	
(B) シンガポール	(N) スペイン	
スリランカ		
台湾	C6	
(B) トリニダード=トバゴ	(N)+* ベルギー	
(N) イギリス	エジプト	
ザンビア	リベリア	
(B) ジンバブエ	パナマ	
	サウジアラビア	
C2	タイ	
(B) バミューダ諸島	アラブ首長国連邦	
(N) カナダ		
イスラエル		
(N) アメリカ合衆国		

注：(N)はNobes［1983］の研究に含まれた国を示す。
　　(B)はNobes［1983］の研究とBerry［1987］の研究に含まれた国を示す。
　　＋はBerry［1987］の研究で誤って分類された国を示す。
　　＊はNobes［1983］の研究で誤って分類された国を示す。
出所：Doupnik and Salter［1993］, Table 2, p.53.

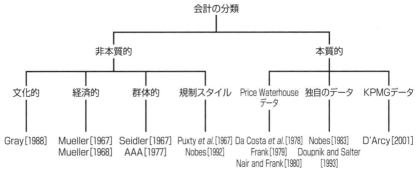

図表2-10 会計の分類のタクソノミー

出所：Nobes and Parker［2008］, Figure 3.5, p.70.

　これまでの代表的な会計システムの分類研究を，Nobes and Parker［2008］は，「本質的」（Intrinsic）と「非本質的」（Extrinsic）の観点から整理して，**図表2-10**のようなタクソノミーとして表している。

第5節 クラスター分析による階層分類研究とIFAD調査報告書（2002年）

1．IFAD調査報告書のクラスター分析による階層分類

（1）クラスター分析による特徴

　Nobes［1983］などでの研究と同様に，各国の会計基準の相違の程度を示すためにクラスター分析による階層分類を試みた研究として，須田・百合岡［2002］と須田［2004］がある。この2つの研究では，世界各国の会計基準をサンプルのクラスターとして捉え，樹状図（Dendrogram）の作成による階層的手法を用いてクラスターを作成し，ウォード法の適用によってクラスター間の距離を測定する分析方法（2つのクラスターを1つのクラスターにまとめた際に，その情報損失量を2つのクラスター間の距離と定義する方法）を用いている。しか

も，須田・百合岡［2002］と須田［2004］のクラスター分析の特徴は，各国の会計基準とIASとの差異に関わる調査結果である，本章冒頭のIFADの調査報告書を使用したことにある。

53ヵ国に共通する62の会計基準の適用状況に関する調査報告書としてのIFAD［2000］（調査基準日：2000年12月31日）では，各国の会計基準とIASとの差異原因を次の6つに分類している。

①その国の会計基準に○○（例：リース会計）の処理規定がないので，IASと相違する。

②その国の会計基準に○○（例：1株当たり利益）の開示規定がないので，IASと相違する。

③その国の会計基準にIASに相当する規定はあるが，内容が異なり，多くの企業に影響を及ぼしている。

④その国の会計基準にIASに相当する規定はあるが，内容が異なり，特定の企業に影響を及ぼしている。

⑤その国の証券取引法はIASに従って財務諸表を作成することを求めているが，会社法が○○（例：社債発行費）についてIASと異なる処理方法を認めている。

⑥重要な領域（例：連結会計）について，その国に会計基準が存在しないため，IASと著しい差異が生ずる。

ここの研究では，各国の会計基準が差異原因ごとに差異を指摘された数の集計値を変数としてクラスター分析を行い，その結果を樹状図で階層的に分類している。これは会計基準の国際的類型化を意味するが，とくにIFAD［2000］を用いた各クラスターについての特徴が導き出されている。併せて，IFAD［2001］（調査基準日：2001年12月31日）のデータを用いたクラスター分析結果からも，各クラスターの特徴づけが行われている。IFADによる各年度の調査報告書について導き出された特徴は，次頁の**図表2-11**のとおりである。

IFAD［2000］とIFAD［2001］の主たる調査目的は，共通性を有すると考えられる会計基準の各国での適用状況の認識と差異原因分析にあった。IFAD

図表2-11　クラスター分析による特徴

パネルA：IFAD［2000］の各クラスターの特徴

クラスター	A IAS型	A-a 会計基準不足型： イラン，ベネズエラ，マレーシア，エストニア，アイスランド，モロッコ，エジプト，フィリピン，ルクセンブルク，スイス，インド，サウジアラビア	
		A-b 会計基準充実型	A-b-1 一般企業の影響が大きい： ブラジル，シンガポール，イスラエル，メキシコ，アイルランド，イギリス，カナダ
			A-b-2 一般企業の影響が小さい： パキスタン，タイ，デンマーク，韓国，ノルウェー，ペルー，キプロス，南アフリカ共和国
			A-b-3 一般企業の影響が中位： ニュージーランド，スウェーデン，オーストラリア，インドネシア，オランダ，台湾，アメリカ，チェコ，ポルトガル，中国，トルコ
	B 非IAS型	B-a 処理規定充実型・特定企業の影響が小さい： チリ，ギリシャ，オーストリア，フィンランド，スペイン	
		B-b 開示規定充実型・特定企業の影響が大きい： アルゼンチン，ポーランド，ロシア連邦，ベルギー，香港，ドイツ，ハンガリー，フランス，日本，イタリア	

パネルB：IFAD［2001］の各クラスターの特徴

クラスター	A IAS型	A-a 会計基準充実型	A-a-1 IAS完全準拠型： ケニア，ルーマニア，キプロス，ペルー，南アフリカ共和国	
			A-a-2 独自基準設定型	A-a-2-イ 一般企業の影響が小さい： オランダ，ノルウェー，アメリカ，パキスタン，シンガポール，香港，イスラエル，韓国，インドネシア，メキシコ
				A-a-2-ロ 一般企業の影響が大きい： アイルランド，イギリス，カナダ，アイスランド，ポルトガル，チェコ，台湾，トルコ，デンマーク，日本，ニュージーランド，スウェーデン，オーストラリア
		A-b 会計基準不足型： タイ，チュニジア，モロッコ，リトアニア，中国，エジプト，エストニア，ブルガリア，イラン，マレーシア，ウクライナ，ベネズエラ，フィリピン，サウジアラビア，ラトビア		
	B 非IAS型	B-a 開示規定充実型・特定企業の影響が小さい： ルクセンブルク，スイス，インド，スロバキア，ブラジル，チリ，スロベニア		
		B-b 処理規定充実型・特定企業の影響が大きい： オーストリア，フィンランド，ギリシャ，イタリア，スペイン，フランス，ドイツ，ベルギー，アルゼンチン，ハンガリー，ポーランド，ロシア		

出所：須田・百合岡［2002］，第8表，第11表，55頁および63頁。

［2002］の主たる調査目的は，各国の会計基準のIFRSsへのコンバージェンス計画の有無，コンバージェンス計画の進捗状況および当該計画遂行上の障害の確認にある。

（2）クラスター分析による階層分類

　須田［2004］は，先の共同研究におけるIFAD［2001］のクラスター分析で得られたクラスター（クラスターA-a，クラスターA-bとクラスターB）の調査結果について，IFAD［2002］の主たる調査目的ごとに再分類した。

　その結果，コンバージェンス計画については，①アイスランドと日本はクラスターA-a（IAS型の会計基準充実型）に属し，②コンバージェンス計画の根拠が，規制機関による強制や基準設定機関が計画を正式決定するもの以外の「その他」の方法で進められている国の60％は，クラスターA-b（IAS型の会計基準不足型）またはクラスターB（非IAS型）に属することが判明した。また，各国の会計基準をIFRSsにコンバージェンスする際の障害については，クラスターA-bとクラスターBに属す国が「複雑すぎる基準がいくつかある」という障害要因を回答する割合が高かった（クラスターA-b：84.6％，クラスターB：73.7％）。

　IFAD［2000］とIFAD［2001］による2つの時点のクラスター分析結果から，日本は2002年3月期を機に，フランコ・ジャーマン型会計基準からアングロ・アメリカン型会計基準に転換した（「非IAS型の開示規定充実型・特定企業の影響が大きい」（IFAD［2000］でのクラスターB-b）から「IAS型の会計基準充実型」（IFAD［2001］でのクラスターA-a）への転換）と解釈できるとした。つまり，この分析結果は，国内基準をIFRSsへコンバージェンスする計画のない国として日本を位置づけたIFAD［2002］の調査結果を否定するものとなっている。

2．IFAD調査報告書（2002年）に対する日本の姿勢

　ところで，国際会計の舞台における「日本の孤立」の危機の報道記事の拠り所であったIFAD［2002］の調査報告書の公表とその内容に対して，企業会計基準の開発主体として，2001年8月に財団法人財務会計基準機構（FASF）（2009

年11月2日に公益財団法人財務会計基準機構へ移行）内に設置された企業会計基準委員会（ASBJ）がまったくアクションを起こさなかったわけではない。IFAD［2002］において問題視されたIFRSsへのコンバージェンスとの関わりでいえば，ASBJは，①「Convergenceに対する当委員会の姿勢—IFAD Report『GAAP Convergence 2002』に関して」（企業会計基準委員会［2003］）を通じて見解を表明するとともに，②IASBとの会計基準のコンバージェンスに向けた共同プロジェクトを立ち上げて対応している。

　ここでは，ASBJによる前者の対応について触れておきたい。後者の対応に関わる会計基準設定主体としてのASBJの組織構造，各種活動内容およびこのIASBとの共同プロジェクトなどについては，後の章で説明する。

　プレスリリース「Convergenceに対する当委員会の姿勢—IFAD Report『GAAP Convergence 2002』に関して」（企業会計基準委員会［2003］）は，IFAD［2002］の調査報告書の内容から生じた国際社会からの誤解を正すために，ASBJが2003年4月24日のIASBとリエゾン国の会計基準設定主体との会議の席上で配布したものである。この文書のなかで，「IFAD Report『GAAP Convergence 2002』に，日本はConvergenceを予定していない3ヵ国（アイスランド，サウジアラビア，日本）の一つとして挙げられたが，これはわれわれの姿勢を正確に反映したものではない。この報告書における各国の方針の分類が必ずしも適切ではないために，日本と他の諸国との比較的小さな差異を徒に誇張する結果となっていることを残念に思う」と表明した。その理由は，次の3点にまとめることができる。

①日本での会計基準開発では常に国際的調和を念頭に置いている。たとえば，金融商品会計基準や退職給付会計基準の導入をはじめ，多くの項目についてIASと同様の規定を採用している。

②コンバージェンスは望ましい究極のゴールであり，そのコンバージェンスに向かって進むためには，市場参加者も含めた十分な議論と合意形成が不可欠である。ASBJはアメリカやヨーロッパ諸国と同様に，どうしても納

得できない事項についてまでコンバージェンスを優先するというコミット
メントはできない。

③ASBJの定款（寄付行為）上の目的の1つが「国際的な会計基準の整備への貢献」であり，コンバージェンスのための国際的な議論に積極的に参加するとともに，国内基準の改善のための最大限の努力を行っており，今後もその努力を払うつもりである。

以上のように，IFADは，3年間にわたって各国の会計基準とIASとの差異に関わる調査を行ったが，時系列的にみた場合，この3年間にわたる階層分類に一貫した結果をもたらさなかった。

実は，その原因の1つは，これら報告書の調査担当者・編者が違っていたことにある。最初の2年間の調査報告書（IFAD［2000］とIFAD［2001］）の調査担当者・編者は，先に紹介した会計システムの分類研究の代表的な研究者でもあるリーディング大学（University of Reading）のノーブスであり，また，3年目の調査報告書（IFAD［2002］）の調査担当者はデイトン大学（University of Dayton）のドナ・ストリート（Donna L. Street）であった。

こうした経緯もあって，IFAD［2002］の公表後，IFADはその任務を終えている。

【参考文献】

AlNajjar, F. [1986], Standardization in Accounting Practices: A Comparative International Study, *The International Journal of Accounting: Education and Research*, Vol.21 No.2, Spring 1986.

American Accounting Association (AAA) [1977], Report of the American Accounting Association Committee on International Accounting Operations and Education 1975-1976, *The Accounting Review*, Supplement to Volume 52, 1977.

Berry, I. [1987], The Need to Classify Worldwide Practices, *Accountancy*, October 1987.

Choi, F.D.S. [1980], Primary-Secondary Reporting: A Cross-Cultural Analysis, *The International Journal of Accounting: Education and Research*, Vol.16 No.1, Fall 1980.

Choi F.D.S. and G.K. Meek [2005], *International Accounting*, Fifth Edition, Pearson

Prentice Hall.

Choi, F.D.S. and G.G. Mueller [1992], *International Accounting*, Second Edition, Prentice-Hall.

Choi, F.D.S. and G.G. Mueller [1993], *Globalization of Financial Accounting and Reporting*, Financial Executives Research Foundation.

Da Costa, R.C., J.C. Bourgeois, and W.M. Lawson [1978], A Classification of International Financial Accounting Practices, *The International Journal of Accounting: Education and Research*, Vol.13 No.2, Spring 1978.

Doupnik, T.S. [1987], Evidence of International Harmonization of Financial Reporting, *The International Journal of Accounting: Education and Research*, Vol.23 No.1, Fall 1987.

Doupnik, T.S. and S.B. Salter [1993], An Empirical Test of a Judgmental International Classification of Financial Reporting Practices, *Journal of International Business Studies*, Vol.24 No.1, First Quarter 1993.

Doupnik, T.S. and S.B. Salter [1995], External Environment, Culture, and Accounting Practice: A Preliminary Test of a General Model of International Accounting Development, *The International Journal of Accounting*, Vol.30 No.1, March 1995.

Frank, W.G. [1979], An Empirical Analysis of International Accounting Practices, *Journal of Accounting Research*, Vol.17 No.2, Autumn 1979.

Goodrich, P.S. [1986], Cross-National Financial Accounting Linkages: An Empirical Political Analysis, *The British Accounting Review*, Vol.18 No.2, Autumn 1986.

Gray, S.J. [1988], Towards a Theory of Cultural Influence on the Development of Accounting Systems Internationally, *ABACUS*, Vol.24 No.1, March 1988.

Gray, S.J., L.G. Campbell, and J.C. Shaw edited [1984], *International Financial Reporting— A Comparative International Survey of Accounting Requirements and Practices in 30 Countries*, MacMillan.

Harrison, G.L. and J.L. McKinnon [1986], Culture and Accounting Change: A New Perspective on Corporate Reporting Regulation and Accounting Policy Formulation, *Accounting, Organizations and Society*, No.3, 1986.

Hofstede, G. [1980], *Culture's Consequences*, Sage.

International Forum for Accountancy Development (IFAD) [2000], *GAAP 2000: A Survey of National Accounting Rules in 53 Countries*, Arthur Andersen, BDO, Deloitte Touche Tohmatsu, Ernst & Young International, Grant Thornton, KPMG, PricewaterhouseCoopers.

IFAD [2001], *GAAP 2001: A Survey of National Accounting Rules Benchmarked against*

International Account Standards, Andersen, BDO, Deloitte Touche Tohmatsu, Ernst & Young, Grant Thornton, KPMG, PricewaterhouseCoopers.

IFAD [2002], *GAAP Convergence 2002: A Survey of National Efforts to Promote and Achieve Convergence with International Financial Reporting Standards*, BDO, Deloitte Touche Tohmatsu, Ernst & Young, Grant Thornton, KPMG, PricewaterhouseCoopers.

Meek, G.K. and S.M. Saudagaran [1990], A Survey of Research on Financial Reporting in a Transnational Context, *Journal of Accounting Literature*, Vol.9, September 1990.

Mueller, G.G. [1967], *International Accounting*, MacMillan Company(ゲルハルト・G.ミューラー著・兼子春三監訳 [1969], 『国際会計論』ぺりかん社).

Mueller, G.G. [1968], Accounting Principles Generally Accepted in the United States Versus Those Generally Accepted Elsewhere, *The International Journal of Accounting: Education and Research*, Vol.3 No.2, Spring 1968.

Nair, R.D. and W.G. Frank [1980], The Impact of Disclosure and Measurement Practices on International Accounting Classification, *The Accounting Review*, Vol.55 No.3, July 1980.

Nobes, C.W. [1981], An Empirical Analysis of International Accounting Principles: A Comment, *Journal of Accounting Research*, Vol.19 No.1, Spring 1981.

Nobes, C.W. [1983], A Judgemental International Classification of Financial Reporting Practices, *Journal of Business Finance and Accounting*, Vol.10 No.1, Spring 1983.

Nobes , C.W. and R.H. Parker [1981], *Comparative International Accounting*, Philip Allan.

Nobes , C. and R. Parker [2008], *Comparative International Accounting*, Tenth Edition, Prentice Hall.

Price Waterhouse [1973], *Accounting Principles and Reporting Practices: A Survey in 38 Countries*, ICAEW.

Price Waterhouse [1975], *Accounting Principles and Reporting Practices: A Survey in 46 Countries*, ICAEW.

Price Waterhouse [1979], *International Survey of Accounting Principles and Reporting Practices*, Butterworth.

Radebaugh, L.H. [1975], Environmental Factors Influencing the Development of Accounting Objectives, Standards, and Practices in Peru, *The International Journal of Accounting: Education and Research*, Vol.11 No.1, Fall 1975.

Radebaugh, L.H. and S.J. Gray [2002], *International Accounting and Multinational Enterprises*, Fifth Edition, JohnWilley & Sons, Inc..

Robson, K. [1991], On the Arenas of Accounting Change: The Process of Translation, *Accounting, Organizations and Society*, Vol.16 No.5/6, 1991.

Salter S.B. and F. Niswander [1995], Cultural Influence on the Development of Accounting Systems Internationally: A Test of Gray's [1988] Theory, *Journal of International Business Studies*, Vol.26 No.2, Second Quarter 1995.

Saudagaran, S.M. [2004], *International Accounting: A User Perspective*, Second Edition, Thomson/South-Western（S.M.ソーダガラン著・佐藤倫正訳 [2006],『国際会計論―国際企業評価にむけて―』税務経理協会).

Schweikart, J.A. [1985], Contingency Theory as a Framework for Research in International Accounting, *The International Journal of Accounting: Education and Research*, Vol.21 No.1, Fall 1985.

Seidler, L.J. [1967], International Accounting―The Ultimate Theory Course, *The Accounting Review*, Vol.44 No.4, October 1967.

Tay, J.S.W. and R.H. Parker [1990], Measuring International Harmonization and Standardization, *ABACUS*, Vol.26 No.1, March 1990.

企業会計基準委員会 [2003], Press Release「Convergenceに対する当委員会の姿勢―IFAD Report『GAAP Convergence 2002』に関して」, 2003年4月24日。

須田一幸・百合岡靖裕 [2002],「クラスター分析による会計基準の国際的類型化」,『関西大学商学論集』第47巻第4・5号合併号, 2002年12月。

須田一幸 [2004],「会計基準の国際的類型」,『国際会計研究学会年報2003年度―国際会計基準の動向とわが国会計開示の現状と課題―』, 2004年3月。

第3章

国際財務報告と
会計基準の国際化戦略

第1節 国際財務報告のアプローチとその類型

　会計基準，開示基準および会計監査基準は，「報告基準」としても捉えることができる。それらの相違によって生じる国際的な会計の多様性は，「企業の事業活動についての諸外国の利害関係者に対する財務報告」（平松［1994］，7頁）としての**国際財務報告**のあり方にもおのずと影響を及ぼすことになる。会計基準の戦略にも結び付く国際財務報告は，これまでに各種アプローチが展開されてきた。国際財務報告は，財務報告にあたって準拠する会計原則（会計基準），通貨単位，表示言語および開示箇所の違いをもとに，一般的には分類することができるからである（杉本［1996］（一），39-40頁）。

　会計情報利用者の便宜を図るために展開された国際財務報告のアプローチは，**「会計基準の国際化戦略」**（Internationalization Strategy of Accounting Standard）ないし**「グローバル財務報告戦略」**（Global Financial Reporting Strategy）といわば同義に捉えられてきたと解することができる。また，会計基準の国際化戦略は，**外国民間発行体**（有価証券の発行を通じて資金調達を行う自国以外の外国企業）に対する開示規制であると捉えることもできる。

　国際的な会計の多様性に伴い，これまで提唱されてきた代表的な国際財務報

図表3-1　国際財務報告のアプローチとその区分法

	3区分法	4区分法	5区分法
提唱者	Mueller and Walker[1976]	Choi and Mueller [1993]	Choi and Mueller [1992]	Mueller, Gernon and Meek[1994]
区　分	①第一次・第二次財務諸表 ②単一本拠地報告 ③国際的報告基準	①単一多国籍財務報告 ②多重多国籍報告 ③二重並行報告	①便宜的翻訳 ②特別情報提供法 ③一部組替え法 ④第一次・第二次財務諸表作成法	①無行動 ②便宜的翻訳の作成 ③便宜的報告書の作成 ④限定された基準による組替え ⑤第二次財務諸表の作成法

告のアプローチには，その類型をもとに整理すると，**図表3-1**のようなものがある。

1．3区分法

　フレデリック・チョイ（Frederick D.S. Choi）とゲルハルト・ミューラー（Gerhard G. Mueller）は，財務担当役員が海外の読者に報告する際に使用しうる代替案には，少なくとも3つあると指摘している（Choi and Mueller [1993], pp.3-4 and pp.52-57）。

　単一多国籍財務報告（Single-tier Transnational Financial Reporting）は，企業の本拠国の会計基準や報告基準もしくは法的規制に単純に準拠して財務報告を行うアプローチである。

　多重多国籍財務報告（Multiple-tier Transnational Financial Reporting）は，企業が報告書において2組以上の会計基準や報告基準に準拠して財務報告を行うアプローチをいう。たとえば，アメリカ証券取引委員会（SEC）が，外国民間発行体に対して，流通市場での開示媒体である年次報告書としての「Form 20-F」における連結財務諸表の作成にあたって，本国会計基準（ただし，後述の調整表の作成・開示を要する）またはアメリカ会計基準（アメリカの一般に認められた会計原則（U.S. GAAP））への準拠を容認してきたことがこれに該当する。

図表3-2　海外の読者向けに便宜を図るために使用する方法

(N＝78)

方法	言語を英語以外の言語に翻訳する⑵ 財務諸表を読者の国の通貨に書き換える⑿ 財務開示を追加する⑻ 財務諸表を読者の国の報告原則で書き換える⑺ 財務諸表を単一の国際的な基準で書き換える⑽ 監査を強化する⑴
その他	アメリカと対象国との間のGAAPの差異の要約を追加する⑴ カナダGAAPに準拠して届出を行い，アメリカGAAPとの調整表を作成する⑴ 無行動㊱

出所：Choi and Mueller [1993], Table 3.5, p.55.

二重並行報告（Dual Concurrent Reporting）は，企業が国や地域の管轄（法域）ごとに財務諸表を作成開示するアプローチである。企業の本拠国の会計基準や報告基準に準拠して作成した**第一次財務諸表**（Primary Financial Statements）と，他の国での使用に供するために当該国の会計基準や報告基準に準拠して作成した**第二次財務諸表**（Secondary Financial Statements）を準備することが，当該アプローチを意味する。その意味からすれば，二重並行報告は，4区分法の**第一次・第二次財務諸表作成法**や5区分法の**第二次財務諸表の作成法**と同義である。

Choi and Mueller［1993］は，北米企業（サンプル数：78社）の財務担当役員が，海外読者向けに便宜を図るために使用する方法についての調査を行った。

調査結果をまとめた前頁の**図表3-2**のなかで，方法論としては「言語を英語以外の言語に翻訳する」行動が全体の約27％を占めて最も多く，これに「財務諸表を読者の国の通貨に書き換える」が約15％の割合で続いている。これら「言語を英語以外の言語に翻訳する」や「財務諸表を読者の国の通貨に書き換える」方法が，単一多国籍財務報告の範疇に属する方法である。したがって，Choi and Mueller［1993］の3区分法に従えば，国際財務報告のアプローチで最も選好される方法論は単一多国籍財務報告であることがわかる。

また，「財務開示を追加する」や「アメリカと対象国との間のGAAPの差異の要約を追加する」，さらには「カナダGAAPに準拠して届出を行い，アメリカGAAPとの調整表を作成する」方法は，たとえば注記や調整表（Reconciliation）の作成・開示などによって施されるものであり，多重多国籍財務報告の範疇に属するものとして区分できる。

「財務諸表を読者の国の報告原則で書き換える」や「財務諸表を単一の国際的な基準で書き換える」については，企業が本拠を置く国や地域の会計基準や報告基準に準拠した第一次財務諸表の存在が前提とされ，準拠すべき基準を改めて第二次財務諸表を別途作成・開示する方法論である。これらの方法は，3区分法のもとでの二重並行報告に該当する。

２．４区分法

便宜的翻訳，特別情報提供法（Special Information），一部組替え法および第一次・第二次財務諸表作成法から構成されるとするのが，４区分法である。

図表3-2の「言語を英語以外の言語に翻訳する」や「財務諸表を読者の国の通貨に書き換える」方法は，便宜的翻訳（Convenience Translations）として捉えることができる。回答した北米企業全体のうち，40％超の企業が，この便宜的翻訳という方法論を選好する傾向にあったことがわかる。

また，「財務開示を追加する」や「アメリカと対象国との間のGAAPの差異の要約を追加する」，さらには，「カナダGAAPに準拠して届出を行い，アメリカGAAPとの調整表を作成する」方法は，一部組替え法（Limited Restatements）に分類することができる。

３．５区分法

３区分法や４区分法にはない分類項目を補足説明することで，５区分法をみてみよう。

まず，５区分法の１つの特徴は，外国の利用者に対しては何も便宜を図ることなく，自国の利用者と同様の財務報告書をそのまま開示する「無行動」（Do Nothing）を単独で分類していることにある。無行動によれば，財務報告書の理解はその利用者の負担に帰することになる。図表3-2から窺えるように，おおよそ半数近くの財務担当役員の企業がこの「無行動」であった。

便宜的報告書の作成は，便宜的翻訳を展開したもので，財務諸表を言語だけではなく通貨単位をも読者の国や地域のものに表現を変えたものである。もっとも，これは，財務諸表の作成にあたっての準拠基準を読者の国や地域のそれに合わせるものではなく，準拠すべきは当該企業の本拠地の会計基準である。

限定された基準による組替えは，外国の読者にさらに便宜を図った国際財務報告のアプローチである。注記情報として開示する方式や調整表作成・開示による方式などを包含するものとして捉えることができる。

以上から明らかなように，国際財務報告のアプローチの分類に関するこれまでの各種見解は，**図表3-2**のような調査結果においてでさえも，回答内容の取りまとめや分類基準の広狭によって区分すべき数やその分類名称（3区分法，4区分法および5区分法）は異なるものの，国際財務報告のアプローチが有する本質的内容に違いはないといえるだろう。

第2節 日本の発行体による国際財務報告のアプローチ

1．アメリカでの日本の発行体による国際財務報告のアプローチの実態

図表3-3のパネルＡから明らかなように，日本の発行体による国際財務報告のアプローチは，1994年度の有価証券報告書，アニュアル・レポートおよびForm 20-Fなどの一連の書類を対象とした調査結果からは，アメリカでの資金調達市場によって違いがみられた。

1994年当時の日本のニューヨーク証券取引所（NYSE）上場発行体11社は，主としてU.S. GAAPへの完全準拠による「第二次財務諸表」の作成（10社）であり，調整表の作成・開示を条件に代替的方法として容認されている本国基準準拠による「一部組替え法」の利用は，わずか1社だけであった。また，日本のナスダック（NASDAQ）登録発行体（15社）については，「第二次財務諸表」の作成（9社）と「便宜的報告書」の作成（6社）であった。その他の企業についても，U.S. GAAP準拠企業は「第二次財務諸表」の作成（11社）を，また，日本の会計基準準拠企業は「便宜的報告書」の作成（12社）という明確な違いがあらわれている（杉本［1996］（一），41頁）。

194

第2節 日本の発行体による国際財務報告のアプローチ

図表3-3　日本の発行体による国際財務報告のアプローチの実態と準拠基準

パネルA　日本の発行体による国際財務報告のアプローチ		第二次財務諸表	一部組替え法	便宜的報告書	計
1994年度	NYSE上場発行体	10社(90.9%)	1社(9.1%)	0社(0.0%)	11社(100.0%)
	NASDAQ登録発行体	9社(60.0%)	0社(0.0%)	6社(40.0%)	15社(100.0%)
	その他	11社(47.8%)	0社(0.0%)	12社(52.2%)	23社(100.0%)
	計	30社(61.2%)	1社(2.0%)	18社(36.7%)	49社(100.0%)
2010年度	NYSE上場発行体	18社(100.0%)	0社(0.0%)	0社(0.0%)	18社(100.0%)
2014年度	NYSE上場発行体	14社(100.0%)	0社(0.0%)	0社(0.0%)	14社(100.0%)

パネルB　日本のNYSE上場発行体による連結財務諸表の準拠基準		U.S. GAAP	IFRSs	日本の会計基準	計
2010年度	Form 20-F	17社(94.44%)	1社(5.56%)	0社(0.00%)	18社(100.0%)
	有価証券報告書	15社(83.33%)	0社(0.00%)	3社(16.67%)	18社(100.0%)
2014年度	Form 20-F	12社(85.7%)	2社(14.3%)	0社(0.00%)	14社(100.0%)
	有価証券報告書	10社(71.4%)	1社(7.1%)	3社(21.4%)	14社(100.0%)

注：①　2010年度のForm 20-Fにおいて国際財務報告基準（IFRSs）に準拠した発行体は，三井住友フィナンシャルグループであり，また有価証券報告書において日本の会計基準に準拠した発行体は，三菱UFJフィナンシャルグループ，みずほフィナンシャルグループおよび三井住友フィナンシャルグループである。
②　2014年度のForm 20-FにおいてIFRSsに準拠した発行体は，本田技研工業と三井住友フィナンシャルグループであり，本田技研工業は有価証券報告書でもIFRSsに準拠している。有価証券報告書において日本の会計基準に準拠した発行体は，三菱UFJフィナンシャルグループ，みずほフィナンシャルグループおよび三井住友フィナンシャルグループである。

出所：杉本［1996］（一），43頁をもとに，2010年度と2014年度の実態を集計のうえ作成。

2．日本の発行体による国際財務報告のアプローチと特例措置

　日本の発行体による国際財務報告のアプローチは，連結財務諸表制度の整備とも深い関わりがある。

　日本の連結財務諸表制度は，旧大蔵省の企業会計審議会が公表した「連結財務諸表の制度化に関する意見書」（1975年6月）に基づき，1977年4月以降開始

する事業年度から導入された。アメリカの資本市場を通じて資金調達する際の規制の一環として，当時，すでにU.S. GAAPに準拠して連結財務諸表を作成・開示している日本の発行体に対して，旧大蔵省はいわゆる**「特例措置」**（「連結財務諸表の用語，様式及び作成方法に関する規則」（連結財務諸表規則）附則（1976年大蔵省令第28号）第2項）を設けた。連結財務諸表制度の設計にあたって，U.S. GAAPに準拠して作成・開示した連結財務諸表を「当分の間」そのまま旧大蔵省へ提出することを容認したのである。1977年以降に資金調達目的などでSECに登録した日本企業は，特例措置を適用することはできないため，結果的に，日本とアメリカの会計基準（ダブルスタンダード）に基づいた2種類の連結財務諸表の作成が要請されることになる。

この特例措置は，連結財務諸表規則の改正に伴う附則第2項の削除を機に，また，当該特例措置の設定以降，たとえば当時の経済団体連合会（現日本経済団体連合会）やSEC基準（U.S. GAAPの別称として使用されることがある）に準拠する日本企業のアメリカの会計基準についての情報交換の場である「FAS（財務会計基準書）研究会」などからの各種要望などもあって，2003年3月末日まで三次にわたって延長された（第一次延長：1998年3月末日まで，第二次延長：2001年3月末日まで，第三次延長：2003年3月末日まで）。

先の**図表3-3**での調査結果を有価証券報告書に限定してみれば，1994年度の日本のNYSE上場発行体11社のうち，8社がこの特例措置をもとにU.S. GAAPに準拠して作成した連結財務諸表を収録して提出している。

3．アメリカ会計基準による連結財務諸表の容認

その後，金融庁は，一定の条件を充足すれば，2003年3月期よりU.S. GAAPに準拠して作成した連結財務諸表の提出を容認した。日本の連結財務諸表制度の確立時期である1977年を境界として連結財務諸表の作成のための準拠基準の種類が異なっていたが，この容認は，SEC登録を果たしているすべての日本の発行体に対して，U.S. GAAPに準拠した連結財務諸表の作成・開示に全面的に一元化したことを意味する。これによって，「当分の間」という時限的期

限が切れるとともに，特例措置は廃止された。

U.S. GAAPによる連結財務諸表の容認以降，その準拠事実については，有価証券報告書の「経理の状況」における「連結財務諸表及び財務諸表の作成方法について」のもとで，たとえば次のような文言を記載することになる。

当社の連結財務諸表は，『連結財務諸表の用語，様式及び作成方法に関する規則』（昭和51年大蔵省令第28号。以下，『連結財務諸表規則』という。）第95条〔2003年当時は第93条：引用者〕の規定により，アメリカ預託証券の発行等に関して要請されている用語，様式及び作成方法，即ち，アメリカにおいて一般に公正妥当と認められる会計原則〔U.S. GAAP：引用者〕に基づいて作成しています。

図表3-3のパネルBに示したように，2010年12月末現在，日本のNYSE上場発行体18社のうちの15社が，U.S. GAAPに準拠した連結財務諸表を有価証券報告書に収録している（残りの3社は，日本の会計基準とU.S. GAAPに基づいた決算短信を公表している。また，アメリカのForm 20-Fでは，17社がU.S. GAAPに準拠して作成した連結財務諸表を収録している）。

U.S. GAAPへの準拠を容認したとはいえ，もちろん準拠基準として日本の会計基準も選択できる。したがって，U.S. GAAPに準拠した連結財務諸表を作成・開示した日本の発行体は，第一次財務諸表・第二次財務諸表作成法による国際財務報告というスタンスに変わりはない。

有価証券報告書の連結財務諸表を日本の会計基準に準拠して作成・開示したフィナンシャルグループなどは，有価証券報告書の「経理の状況」における「連結財務諸表及び財務諸表の作成方法について」のもとで，次の文言を記載している。

当社の連結財務諸表は，「連結財務諸表の用語，様式及び作成方法に関する規則」（昭和51年大蔵省令第28号。以下「連結財務諸表規則」という）に基づいて作成していますが，資産及び負債の分類並びに収益及び費用の分類は，「銀行法施行規則」（昭和57年大蔵省令第10号）に準拠しております。

ここで，日本でのIFRSsの任意適用の容認とその強制適用に向けた制度設計との関わりからも，U.S. GAAPによる連結財務諸表の容認問題について触れておかなければならない。

金融庁・企業会計審議会の**「我が国における国際会計基準の取扱いに関する意見書（中間報告）」**（2009年6月30日）（金融庁・企業会計審議会 [2009]）の公表を受けて，金融庁は「連結財務諸表の用語，様式及び作成方法に関する規則等の一部を改正する内閣府令」（2009年12月1日）を通じて，U.S. GAAPによる連結財務諸表の作成・開示を2016年3月期で使用禁止とする規制措置を講じた。しかし，その後の政権交代に伴って就任した当時の内閣府特命担当大臣（金融担当）（いわゆる金融担当大臣）による**談話「IFRS適用に関する検討について」**（2011年6月21日）（金融庁・企業会計審議会総会・企画調整部会合同会議 [2011]）などによって，この2016年3月期で使用終了としたU.S. GAAPの使用期限については撤廃され，引き続き当該会計基準の使用を認めている。

4．外国会社等の英文による開示制度と国際財務報告

国際財務報告のアプローチとの関わりでいえば，日本の資本市場における外国の発行体に対して，従来は日本語を用いるという意味で便宜的翻訳を要請していた。証券取引法が改正（2005年6月29日公布）され，外国会社等の英文による開示制度の導入に伴って，金融庁による「証券取引法の一部を改正する法律の一部の施行に伴う関係政令の整備等に関する政令」や「企業内容等の開示に関する内閣府令等の一部を改正する内閣府令」の新設および改正を通じて，金融庁長官が公益または投資者保護に欠けるものがないものとして認められる場合には，有価証券報告書の提出に代えて外国会社報告書の提出を認めている。

外国民間発行体にとっては，これは3区分法のもとでのMueller and Walker [1976] の単一本拠地報告，または，Choi and Mueller [1993] の単一多国籍財務報告となりうる日本側の制度改革である。場合によっては，この制度改革は，本章の後段で説明する**「相互承認制度」**の締結に向けた素地を整備したものと解する余地をも含んでいる。

5. 「IFRS任意適用企業の拡大促進」施策に関わる「会計基準の選択に関する基本的な考え方」の開示実態

　安倍晋三内閣総理大臣によるアベノミクス（Abenomics）第3の矢の「成長戦略」である「『日本再興戦略』改訂2014─未来への挑戦─」（2014年6月24日閣議決定）は，金融・資本市場の活性化に向けた新たに講ずべき具体的施策の1つとして，「IFRSの任意適用企業の拡大促進」を掲げた。

　そのなかで，「上場企業に対し，会計基準の選択に関する基本的な考え方（例えば，IFRSの適用を検討しているかなど）について，投資家に説明するよう東京証券取引所から促すこととする」とした。この提言は，上場会社の2015年3月31日以後に終了する通期決算に係る決算短信への**「会計基準の選択に関する基本的な考え方」**の記載要請であり，これを受けて，東京証券取引所は，「決算短信・四半期決算短信の作成要領」を改訂（2014年11月11日）している（その後，2015年1月版と2015年3月版が公表された）。

---

②決算短信（添付資料）

〔一律に記載を要請している事項〕

(e)「会計基準の選択に関する基本的な考え方」

　　・会計基準の選択に関する基本的な考え方を記載してください。

　　　・例えば，IFRSの適用を検討しているか（その検討状況，適用予定時期）などを記載することが考えられます。

　この「会計基準の選択に関する基本的な考え方」の記載は，2015年3月期の決算短信から適用された（早期適用も可能）。

　翌年の「『日本再興戦略』改訂2015─未来への投資・生産性革命─」（2015年6月30日閣議決定）では，「IFRS任意適用企業の拡大促進」の施策の進捗状況とともに，金融・資本市場の活性化等に向けて新たに講ずべき具体的施策の1つとして，次の「IFRS任意適用企業の更なる拡大促進」が掲げられた（太字と下線は引用者）。

(3)新たに講ずべき具体的施策

　i) 金融・資本市場の活性化等

　　④IFRS任意適用企業の更なる拡大促進

　2008年のG20首脳宣言において示された，会計における「単一で高品質な国際基準を策定する」との目標の実現に向け，引き続きIFRSの任意適用企業の拡大促進に努めるものとする。

　IFRS適用企業やIFRSへの移行を検討している企業等の実務を円滑化し，IFRSの任意適用企業の拡大促進に資するとの観点から，IFRS適用企業の実際の開示例や最近のIFRSの改訂も踏まえ，IFRSに基づく財務諸表等を作成する上で参考となる様式の充実・改訂を行う。

　また，上場企業は，本年3月末の年度決算に係る決算短信から，その中の「会計基準の選択に関する基本的な考え方」において，IFRSの適用に関する検討状況を開示している。これについて，**東京証券取引所と連携して分析を行い，各上場企業のIFRSへの移行に係る検討に資するよう，IFRSの適用状況の周知を図る。**

　この「『日本再興戦略』改訂2015—未来への投資・生産性革命—」の提言によって東京証券取引所が実施した分析結果が，2015年9月1日に公表された**「『会計基準の選択に関する基本的な考え方』の開示内容の分析」**（東京証券取引所［2015］）である。

　分析対象は，決算短信に「会計基準の選択に関する基本的な考え方」を記載した東京証券取引所上場会社2,360社（2015年3月31日決算会社（2015年8月31日までに開示）の2,352社と2015年3月31日より前の決算会社（早期適用会社）の8社）およびIFRS適用済みの会社とIFRSの適用を決定して開示した会社の14社の計2,374社である。これら分析対象会社は，次の5つに分類されている。

①IFRS適用済み会社（68社）

　2015年8月31日までに，IFRSにより連結財務諸表または四半期連結財務諸表を提出済みの会社

②IFRS適用決定会社（23社）

2015年 8 月31日までに，業務執行を決定する機関が，IFRSの適用を決定して開示した会社

③IFRS適用予定会社（21社）

業務執行を決定する機関が，IFRSの適用を決定していないが，「基本的な考え方」において，IFRSの適用を予定している旨を記載した会社

④IFRS適用に関する検討を実施している会社（194社）

「基本的な考え方」において，IFRSの適用に関する検討を実施している旨を記載した会社

⑤その他の会社（2,068社）

たとえば，以下の会社

　・将来のIFRS適用の可能性のみに言及している会社

　・現在適用している会計基準のみに言及している会社

この会社分類に基づいて「会計基準の選択に関する基本的な考え方」の記載内容をIFRS適用状況別および適用時期別にまとめたものが，**図表3-4**である。

決算短信への「会計基準の選択に関する基本的な考え方」の記載を要請した初年度の開示実態からは，IFRS適用状況は，「IFRS適用予定会社」が21社であり，「IFRS適用済み会社」の68社と「IFRS適用決定会社」の23社を合わせた112社が，IFRS任意適用済みおよびIFRSの任意適用の可能性までを表明（いわゆる「IFRS任意適用予備軍」）したことになる。これは，分析対象会社2,374社の4.7%であるが，時価総額では28.0%に相当する。

IFRS適用時期については，「IFRS適用決定会社」と「IFRS適用予定会社」のいずれも「2016年 4 月期〜2017年 3 月期」が多い（15社と 7 社）。

なお，東京証券取引所が実施した「会計基準の選択に関する基本的な考え方」の分析結果の公表に先立ち，税務研究会が実施した分析結果もある（2015年 5 月末までに決算短信を公表した1,423社を分析対象）。

この分析結果によれば，決算短信での「会計基準の選択に関する基本的な考

**図表3-4 「会計基準の選択に関する基本的な考え方」での
IFRS適用状況と適用時期の開示内容**

パネルA：IFRS適用状況別の会社数・時価総額

（時価総額：2015年6月末現在）

	2015年3月31日決算会社（2015年8月31日までに開示）および早期適用会社	左記以外の会社	合計（社数・時価総額）
①IFRS適用済み会社	60社	8社	68社（101兆円）
②IFRS適用決定会社	17社	6社	23社（15兆円）
③IFRS適用予定会社	21社	―	21社（31兆円）
④IFRS適用に関する検討を実施している会社	194社		194社（106兆円）
⑤その他の会社	2,068社	―	2,068社（272兆円）
合　　計	2,360社	14社	2,374社（525兆円）

（①②③の合計：112社（147兆円））

パネルB：IFRS適用時期

適用開始時期・予定時期（各期に属する四半期を含む）	適用済み会社	適用決定会社	適用予定会社	合計
～2015年3月期	60社	―	―	60社
2015年4月期～2016年3月期	8社	5社	1社	14社
2016年4月期～2017年3月期	―	15社	7社	22社
2017年4月期～2018年3月期	―	2社	4社	6社
2018年4月期～2019年3月期	―	1社	5社	6社
2019年4月期以降	―	―	1社	1社
適用時期の記載なし	―	―	3社	3社
合　　計	68社	23社	21社	112社

注：分析対象は，決算短信に「会計基準の選択に関する基本的な考え方」を記載した東京証券取引所上場会社
　　2,360社（2015年3月31日決算会社（2015年8月31日までに開示）の2,352社と2015年3月31日より前の決算会
　　社（早期適用会社）の8社）およびIFRS適用済みの会社とIFRSの適用を決定して開示した会社の14社の計
　　2,374社である。
出所：東京証券取引所［2015］，スライド6とスライド12を一部加筆補正。

え方」の書きぶりは，①適用している会計基準とその理由や今後の方針，②IFRSに関する取組み状況や将来の適用の可能性，の２つの内容から構成されるという。また，IFRS適用に関する記載は，分析対象企業1,423社のうち，IFRS適用済み（31社），IFRS適用表明済み（34社），IFRS適用時期を記載（16社），IFRS適用に含み（104社），関連記載なし（200社），未定・不明（1,038社）となっている（税務研究会［2015］，4-10頁）。

　図表3-5は，NYSEに上場する日本の発行体が，2015年３月期年次決算に係る決算短信で開示した「会計基準の選択に関する基本的な考え方」の記載内容について整理したものである。

図表3-5　日本のNYSE上場発行体による「会計基準の選択に関する基本的な考え方」の開示

U.S. GAAPの適用を継続

企業名	「会計基準の選択に関する基本的な考え方」の記載内容
アドバンテスト	当社は，海外における信用力向上，財務透明性の向上ならびに資金調達の柔軟性を目的に，ニューヨーク証券取引所に上場し，米国会計基準を適用しております。米国会計基準は，資本市場における財務情報の国際的な比較可能性を高めていると考えております。
京セラ	当社は，昭和50年に当社普通株式及び米国預託証券を米国証券取引委員会に登録して以来，「連結財務諸表の用語，様式及び作成方法に関する規則」第95条の適用に基づき，長期間にわたり米国会計基準に準拠した連結財務諸表を開示しています。当社は，過年度の連結財務諸表との継続性を維持することが，当社の連結財務諸表利用者の便益に資すると考えていることから，米国会計基準の適用を継続しています。
トヨタ自動車	当社は，ニューヨーク証券取引所に上場しているため，米国において一般に公正妥当と認められる会計原則に基づいて連結財務諸表を作成しています。
オリックス	当社は，当社のビジネスを適切に反映することができる米国会計基準に基づき開示しています。 　過年度の財務報告との継続性を維持し，比較可能性を確保することが当社ステークホルダーの便益であると考えていることから，米国会計基準を採用しています。

IFRSs適用済み		
	本田技研工業	当社グループは，資本市場における財務情報の国際的比較可能性の向上ならびに，グループ会社の財務情報の均質化および財務報告の効率向上を目指し，2015年3月期の有価証券報告書（金融庁に提出）およびForm 20-F（米国証券取引委員会に提出）における連結財務諸表から，IFRSを任意適用します。
	三井住友フィナンシャルグループ	当社は，銀行持株会社であるため，関連する法令により，日本基準による連結財務諸表の作成を求められておりますことから，当社の会計基準と致しましては，日本基準を選択しております。 なお，当社は，ニューヨーク証券取引所に，米国預託証券（ADR）を上場しておりますことから，別途国際会計基準（IFRS）による連結財務諸表も作成しております。
IFRSs適用決定（目標適用時期を明記）		
	日本電産	当社グループは，財務報告の基盤強化・効率化を図ることを目的として，平成29年3月期からの国際財務報告基準（IFRS）適用を視野に，各種の整備やその適用時期について検討を進めております。
	日本電信電話	NTTグループは，資本市場における財務情報の国際的な比較可能性の向上，財務報告の効率化等を目的として，平成31年3月期第1四半期からのIFRS（国際財務報告基準）適用を検討しております。
	NTTドコモ	当社グループは，資本市場における財務情報の国際的な比較可能性の向上，財務報告の効率化等を目的として，2019年3月期第1四半期からのIFRS（国際財務報告基準）適用を検討しております。
IFRSs適用に関する検討を実施		
	ソニー	ソニーの連結財務諸表は，米国において一般に公正妥当と認められた会計基準による用語，様式及び作成方法（以下「米国会計原則」）によって作成されています。ソニーはグローバルに多様な事業を展開しており，米国会計原則を採用することにより，国内外の株主及び投資家他利害関係者の皆様との円滑なコミュニケーションに資することができると考えています。将来的な国際財務報告基準（IFRS）の適用については，新規会計基準や国内外規制当局の動向等を注視しながら検討を進めていきます。
	三菱UFJフィナンシャル・グループ	当社グループは現在日本基準を適用しておりますが，将来のIFRS適用に向け，グループ内のインフラ・体制等の整備および適用予定時期についての検討を行っております。

みずほフィナンシャルグループ	当社は，日本基準に基づき連結財務諸表を作成しております。国際財務報告基準（IFRS）につきましては，将来的な適用に備え，内外の情勢・基準の動向について調査・研究を継続しております。
その他	
野村ホールディングス	当社は，現在米国会計基準を採用しておりますが，他社の採用動向や，国際財務報告基準（IFRS）適用による当社への影響等を勘案して，今後，IFRS適用を検討する可能性もあります。

注：キヤノンの決算期は12月のため，2015年3月期の年次決算に係る決算短信からの「会計基準の選択に関する基本的な考え方」の開示対象に該当しない。
出所：各社の2015年3月期の年次決算に係る決算短信をもとに作成。

第3節　日本企業のニューヨーク証券取引所への上場目的と上場廃止

1. ニューヨーク証券取引所への上場目的

　NYSEに初めて上場した日本企業は，ソニー（SONY）である。

　ソニーがNYSEでアメリカ預託証券（ADR）を上場した背景は，同社の1945年から1996年までの歩みを物語にした，1996年8月に発行した創立50周年記念誌「源流」や，その要約版の「Sony History」に詳しい。ソニーのNYSEへの上場目的などは，具体的には次のように語られている。

　ソニー社内だけでなく，日本中が「アッ！」と驚くような出来事が起きた。ソニー株式のADR（American Depository Receipt＝米国預託証券）発行が，日本政府から正式に認められたのだ。これは日本で最初のことである。

　ADRを分かりやすくいうと，日本の株式をアメリカの証券市場で売買できるようにしようということだ。どんな株式でもよいというのではない。アメリカ人から見て，日本の企業の中でも健全性と成長性が期待され，将来，投資家に大きな利益がもたらされるであろう有望株式をアメリカで売買しようというわけだ。

そこで，アメリカ市場で外国の株式が円滑に流通するように，日本の原株式を米国の銀行が預託を受け，原株式に代わる代用証券が発行され，取り引きされるのがADRである。

日本の企業としては，ADRとして自社の株式が米国に流通すれば，社名はもちろんのこと，会社内容や製品の良い宣伝になるわけで，その効果の大きさから，何とかADRに割り込みたいという気持ちが強い。大蔵省がADR実施に踏み切ろうとして調べたところ，候補銘柄が100社以上にもなったという激しさだ。とにかく，アメリカの投資家に迷惑をかけるような会社を選ぶわけにはいかない。そうした大蔵省の厳しい審査を経た後，ソニーを含む16銘柄が指定された。この中で，社歴も浅く，資本金わずか9億円というのはソニーだけである。その他は，東芝，日立，八幡製鉄，三井物産といった戦前からの優良企業ばかりであった。

そのため，世間では「なぜソニーが……」という疑問を持つ人も多かったはずだ。アメリカ側にも，ソニーを不安がる声があった。しかし，ソニーが歩んできた道のりとアメリカでの高い人気，会社の規模よりもその将来性が高く買われたこと，それにも増して副社長の盛田たちソニー経営陣がADRに懸ける熱意の強さが，こうした声を吹き飛ばしたのだった。

1961年2月11日，ソニーは臨時取締役会を開き，増資のため新株式発行を決議。そのうち200万株をADRによってアメリカ市場で公募することにした。ソニーが，アメリカで株式公募を行うことを決定した理由は，まずアメリカはソニー製品にとって，国内市場に次ぐ大きな市場であること。また前年には「ソニー・コーポレーション・オブ・アメリカ」を設立し，その製品の販売網を強化するなど，将来においてもアメリカは，ますます重要な市場になってくる。従って，アメリカにおいてソニーの株式を売り出し，多数の株主や消費者に「SONY」のことを知らしめるのには大きな意味を持つと考えたからだ。

出所：SONY History，第1部「第12章 直接金融への道」，「第1話 なぜソニーが……？」，https://www.sony.co.jp/SonyInfo/CorporateInfo/History/SonyHistory/1 -12.html.

第3節　日本企業のニューヨーク証券取引所への上場目的と上場廃止

> 　ニューヨーク上場の意味するものは何だったのだろうか。
>
> 　まず，「真の国際企業としての地位を象徴するもの」だった。厳しい上場基準をクリアした優良企業，日本の国家予算を上回るような年間売り上げを誇るゼネラルモーターズなどの超大型企業と，同じ土俵で取引される名誉が与えられたのだ。実際，ニューヨーク市場上場銘柄は，ヨーロッパ，カナダなどの取引所でほとんど無審査で上場される。
>
> 　その日は引きも切らない買い注文が続いた。終値は15ドル4分の1，1日の出来高（取引高）は12万300株で，何と1305企業中13番目。ソニー株式が，その後IBM，モービル石油，AT&Tに並び，取引所年次報告で発表されるアメリカの指標的銘柄になっていく未来を暗示するかのような，華々しいデビューだった。
>
> 　また，初日の記者会見の席上で，盛田は「今回の上場によって世界企業としての第一歩を踏み出した。ヨーロッパ市場にも上場して，ソニーを世界的基盤に立つ企業にしていきたい」と熱っぽく今後の抱負を述べたが，その言葉どおり，次々とヨーロッパなどの主要証券市場にも株式を上場していった。そして1977年までに世界10ヵ国18の主要取引所に上場され，ほとんど1日24時間，どこかの証券市場でソニー株の取引は行われている，という世界上場網が敷かれたのだ。こうしてソニーの国際化は，商品とともに，株式によっても達成されていった。

出所：SONY History，第2部「第16章　ソニー・アメリカの兄弟たち」，「第4話　国境を越えた資金調達」，
　　　https://www.sony.co.jp/SonyInfo/CorporateInfo/History/SonyHistory/2-16.html.

　アメリカ企業と同様に，アメリカ以外の企業（非アメリカ籍企業）がNYSEへの上場を決定する理由として，「多くの場合，米国でもっとも名声のある市場で自社株式の取引を確立することによって，米国及び世界における投資家基盤を広げたいと考えている」ことが指摘されている。NYSEへの上場を決定する理由は，NYSEが提供するベネフィットないし利点でもある。その他の理由ないし利点には，次のものがあげられている（「非米国籍企業向けニューヨーク証券取引所上場基準および手続きのご案内」（2001年8月6日現在），3頁）。

　①アメリカ内での資金調達を効率よく，かつ経済的に行える場を提供するこ

と

②株式の流動性を高めること

③アメリカにおいて多種多様な個人または機関投資家との接触を保つことによって，より幅広い層の株主との密接な関係を築く機関を設けること

④NYSEに上場している株式を買収時の直接交換手段（Acquisition Currency）として用いることによって，アメリカ企業との合併・買収（M&A）を容易にすること

⑤アメリカにおける企業の存在，製品やサービス，さらには株式取引の存在を視覚的に高めること

⑥アメリカ内の同社株式に流動性のある市場を与えることによって，アメリカ社員向けのインセンティブ・プラン（Incentive Plan）の導入に役立つこと

　ソニーのNYSEにおけるADR上場の際にもみられるように，日本企業のNYSEへの上場目的も，基本的には，NYSEが提供するとされる上記のベネフィットないし利点を享受することにあることがわかる。

2．日本企業のニューヨーク証券取引所におけるADR上場廃止

　その一方で，NYSEに上場していた日本企業によるADR上場廃止がみられるのも事実である。先の**図表3-3**の理解をより深めるために，2010年を時間軸に据えて，日本企業のNYSEにおけるADR上場廃止およびSECの登録廃止などについてみておこう。

（1）日本企業のNYSE上場廃止：2010年までの事例

　2010年以前にNYSE上場廃止した日本企業として，パイオニア（2006年1月23日（アメリカ時間）上場廃止）やTDK（2009年4月27日（アメリカ時間）上場廃止）などがある。

　パイオニアは，2005年12月8日に開催した取締役会において，NYSEに上場しているADR，オランダのユーロネクスト・アムステルダム（Euronext

Amsterdam：アムステルダム証券取引所（ASE））に上場しているキュラソー預託証券（CDR）および大阪証券取引所に上場している普通株式について上場廃止申請を決議した。「グループ全体の事業構造改革の一環として，固定費の削減を図るため，株式の上場を東京証券取引所に一本化し，これ以外の取引所における上場を廃止することとした」（パイオニア，ニュースリリース「株式の上場廃止の申請についてのお知らせ」（2005年12月8日））ことが，上場廃止申請の理由である。

TDKの上場廃止の理由は，次のとおりであった（TDK，プレスリリース「米国預託証券（ADR）のニューヨーク証券取引所における上場廃止申請および米国証券取引委員会（SEC）の登録廃止申請に関するお知らせ」（2009年4月7日））。

> 当社は，事業展開のグローバル化や海外売上高の急伸に伴い，「資金調達」，「企業信用力およびブランド力の向上」，「投資家層の拡大」などのため，1982年6月にニューヨーク証券取引所に当社ADRを上場し，米国向け事業等の拡大を図ってまいりました。
>
> しかしながら，上場当初に掲げた目標は，現時点でほぼ達成できていること，米国での当社ADRの取引高は僅少であり，同証券取引所で上場を継続する経済的合理性が希薄となったことにより，上場廃止の申請を行うことを決定いたしました。

NYSE上場廃止後，TDKは，過去の開示情報との比較可能性を確保し株主や投資家を保護するために，引き続きU.S. GAAPに準拠して連結財務諸表を作成・開示することも明らかにしている。

（2）日本企業のNYSE上場廃止：2010年以降の事例

2010年以降，NYSEの上場廃止とSEC登録廃止の申請を行った日本企業として，日立製作所，パナソニック，クボタ，コナミなどがある。このうち，日立製作所以外の3社が公表したNYSEにおけるADR上場廃止申請の理由と上場廃止後に準拠する会計基準について整理したものが，次頁の**図表3-6**である。

図表3-6　日本企業のNYSEにおけるADR上場廃止申請の理由と今後の会計基準

	パナソニック	クボタ	コナミ
NYSE 上場廃止日	2013年4月22日	2013年7月16日	2015年4月24日
上場廃止 申請の理由	当社は，1971年12月，米国内における株式の流通促進，知名度向上等を目的に，NYSEにADRを上場しました。以来，米国証券取引法に基づく開示義務への対応，米国会計基準による連結財務諸表の作成，米国企業改革法の求める内部統制の構築のほか，株主及び投資家に対する積極的な情報開示に努めてまいりました。 　一方で，日本の金融・資本市場の国際化進展による外国人投資家の日本証券市場での株式取引増加や，日本の法令及び会計基準等の改正による情報開示の日米差異解消が進展するなど，大きな環境変化がありました。 　上場当初に掲げた目的は現時点でほぼ達成した一方で，上述の環境変化及びNYSEにおける当社ADRの取引高減少を鑑み，上場継続の経済合理性が低下したと判断し，今般，当社は，NYSE上場廃止及びSEC登録廃止の申請を行うことを決定しました。	当社は昭和51年11月，米国内における株式の流通促進，知名度向上及び資金調達窓口拡大などを目的にNYSEにADRを上場しました。以来，米国証券取引法に基づく開示義務への対応，米国会計基準による連結財務諸表の作成，米国企業改革法の求める内部統制の構築のほか，株主及び投資家に対する積極的な情報開示に努めてまいりました。 　一方で，日本の金融資本市場の国際化が進展し，外国人投資家の日本証券市場での株式取引が増加したことや，日本の法令及び会計基準等の改正により財務報告に関する開示規制の日米差異解消が進展したことなど，大きな環境変化がありました。 　今般，上場当初に掲げた目的は現時点でほぼ達成した一方で，NYSEにおける当社ADRの取引高が少ないことから，上場継続の経済合理性が低下したと判断したため，NYSE上場廃止及びSEC登録廃止の申請を行うことを当社は決定しました。	当社は，2002年9月，資金調達手段の多様化や米国内における知名度向上等を目的に，NYSEにADRを上場いたしました。以来，米国証券取引法に基づく開示義務への対応，米国会計基準による連結財務諸表の作成及び米国企業改革法の求める内部統制の構築を通じて，積極的な情報開示に努めてまいりました。 　一方で，日本の証券市場の国際化が進展し，外国人投資家の日本証券市場での株式取引が大幅に増加したことや，日本の法令及び会計基準等の改正や日米における開示や内部統制に関する規制の差異解消が進展する等，証券市場を巡る環境には大きな変化がありました。 　上場当初に掲げた目的は現時点でほぼ達成した一方で，上述の環境変化及びNYSEにおける当社ADRの取引高が少ないこと等を鑑み，上場を継続する経済合理性が低下したと判断し，NYSE上場廃止及びSEC登録廃止の申請を行うことを当社は決定いたしました。
今後の 会計基準	SEC登録廃止により，年次報告書（Form 20-F）を含む米国証券取引法に基づく継続開示義務は終了しますが，当社の連結財務諸表は，引き続き米国会計基準に基づいて作成し，日本での法定開示書類やニュースリリース等の重要情報とあわせて，当社ホームページ上で英文による開示を継続します。これにより，過去情報との比較可能性を確保します。	当社の連結財務諸表は引き続き米国会計基準に基づいて作成します。	当社は2015年3月期の有価証券報告書から，従来の米国会計基準に替えて，国際会計基準（IFRS）による連結財務諸表を作成・開示する予定です。

注：NYSE上場廃止日は，いずれもアメリカ時間による。

出所：パナソニック「米国預託証券（ADR）のニューヨーク証券取引所における上場廃止予定について」（2013年4月1日），クボタ「米国預託証券のニューヨーク証券取引所における上場廃止予定に関するお知らせ」（2013年6月25日）およびコナミ「米国預託証券のニューヨーク証券取引所における上場廃止申請及び米国証券取引委員会への登録廃止申請に関するお知らせ」（2014年11月6日）をもとに作成。

NYSE上場廃止申請にあたって，いずれも次の点で共通していることがわかる。

①NYSEへの上場目的は，アメリカ内における株式の流通促進，知名度向上，資金調達窓口の拡大等であること

②NYSE上場後は，アメリカの証券取引所法に基づく開示義務への対応，U.S. GAAPによる連結財務諸表の作成，アメリカ企業改革法（サーベインズ・オックスリー法（SOX法）（2007年7月25日））の求める内部統制の構築のほか，株主や投資家に対する積極的な情報開示に努めてきたこと

③NYSE上場後，日本の金融・資本市場の国際化進展による外国人投資家の日本証券市場での株式取引の増加がみられ，また，日本の法令や会計基準等の改正による情報開示の日米差異解消が進展するなど，大きな環境変化があったこと

④当初のNYSE上場目的がほぼ達成されたこと

⑤NYSEでのADRの取引高が少なく，上場継続の経済合理性が低下したこと

3．事例研究—日立製作所のニューヨーク証券取引所におけるADR上場廃止

公表されたニュースリリースをもとに，日立製作所のニューヨーク証券取引所におけるADR上場廃止の展開，さらに連結財務諸表の作成のための会計基準について捉えると，以下の展開となる。

2012年3月30日
株式会社日立製作所
執行役社長　中西　宏明
（コード番号：6501）
（上場取引所：東・大・名・福・札）

株式等の上場廃止申請に関するお知らせ

株式会社日立製作所（執行役社長：中西　宏明）は，下記の通り，福岡証券取引所，札幌証券取引所および米国ニューヨーク証券取引所（New York Stock Exchange，以下「NYSE」）について当社株式および米国預託証券（American Depositary Receipt，以下「ADR*」）の上場廃止申請を行うことを決定しましたので，お知らせします。

*ADR：米国で外国会社の株式を流通させるために発行される，当該株式の権利を表章する証券

記

1．上場廃止対象の取引所

国内：福岡証券取引所，札幌証券取引所

海外：米国NYSE*

（*）NYSE上場廃止にあわせて，米国証券取引委員会（United States Securities and Exchange Commission，以下「SEC」）への登録廃止の申請も行います。

（参考）上場を継続する取引所

東京証券取引所，大阪証券取引所，名古屋証券取引所

2．上場廃止申請を行う理由

当社は，1982年4月，資金調達手段の多様化，米国における株式の流通促進，知名度・イメージ向上等を目的に，NYSEにADRを上場しました。以来，米国証券法令に基づく開示義務へ対応するほか，米国の株主・投資家の当社への理解を深めるため，積極的な情報開示を実施してきました。一方で，NYSE上場後，日本の証券市場の国際化が進展し，外国人投資家の日本市場での株式取引が大幅に増加したことや，日本の法令の改正などにより日米における開示や内部統制に関する規制の差異解消が進展したことなど，証券市場を巡る環境には大きな変化がありました。

今般，当社は，これらの環境変化を踏まえた上で，NYSEにおける当社ADRの取引高が少ないことから，上場を継続する経済的合理性が低下したと判断し，上場継続に伴うコスト負担を解消して，更なる収益力向上を推進するため，NYSE上場廃止およびSEC登録廃止の申請を行うことを決定しました。

また，国内についても，福岡証券取引所および札幌証券取引所における当社株式の取引高が著しく少ないことから，上場廃止申請を行うことを決定しました。

3．上場廃止等に関する日程

国内の2取引所については，速やかに上場廃止の申請を行い，受理された後，整理銘柄に指定された日から原則1ヶ月後に上場廃止を完了する見込みです。

NYSEについては，4月中旬に上場廃止の申請を行い，申請から原則10日後に上場廃止を完了する見込みです。また，あわせてSECへの登録廃止および米国証券取引所法に基づく継続開示義務終了の申請を行う予定です。

4．今後の対応

(1)ADRプログラムの継続

> NYSEの上場廃止後も，当社は米国におけるADRプログラムを継続する予定であり，引き続き米国の店頭市場において当社ADRの取引は可能となる見込みです。
> (2)米国会計基準の適用継続および投資家への情報開示の維持・向上
> 　当社の連結財務諸表は，引き続き米国会計基準に基づいて作成します。また，英文の連結財務諸表やアニュアルレポートを引き続き作成し，日本での法定開示書類やニュースリリース等の重要情報とあわせて，当社ホームページ上で英文による開示を継続します。このほか，当社事業内容や経営戦略への理解を深めていただくための各種説明会の開催など，これまで通り，海外を含めた株主・投資家に対する情報開示の維持・向上を図っていきます。
> （以下，省略）

　NYSEについてADRの上場廃止申請を行うことを公表した日立製作所は，2012年4月5日（アメリカ時間）付をもって，NYSEに上場廃止を通知している。この上場廃止等に関する日程は，次のように公表された（「米国ニューヨーク証券取引所における当社預託証券の上場廃止日程について」（2012年4月5日））。

　2012年4月5日（木）　NYSEに対し上場廃止を通知
　　　4月16日（月）　NYSE上場廃止のための申請書（Form 25）提出
　　　4月27日（金）　NYSE上場廃止の完了
　NYSE上場廃止の完了後，米国証券取引委員会への登録廃止および米国証券取引所法に基づく継続開示義務を終了させるための申請書（Form 15F）を提出する予定です。

　一連の手続を踏まえて，当初の日程通り2012年4月27日に，NYSEにおける日立製作所のADRの上場廃止が完了している。

2012年4月27日
株式会社日立製作所
執行役社長　中西　宏明
（コード番号：6501）
（上場取引所：東・大・名・福・札）

米国ニューヨーク証券取引所における
米国預託証券の上場廃止完了について

　株式会社日立製作所（執行役社長：中西　宏明）は，4月5日に米国ニューヨーク証券取引所（New York Stock Exchange，以下「NYSE」）における米国預託証券（American Depositary Receipt，以下「ADR*」）の上場廃止日程を公表しましたが，4月16日（米国時間，以下同じ）にNYSE上場廃止のための申請書（Form 25）を提出し，4月27日に上場廃止となりましたので，お知らせします。
　*ADR：米国で外国会社の株式を流通させるために発行される，当該株式の権利
　　　　を表章する証券

記

1．上場廃止日
2012年4月27日（金）

　NYSEの上場廃止後も，当社は米国におけるADRプログラムを継続するため，4月27日以降，引き続き米国の店頭市場において当社ADRの取引は可能です。

2．米国証券取引委員会への登録廃止
　NYSE上場廃止とあわせ，4月27日に米国証券取引委員会（SEC）への登録廃止および米国証券取引所法に基づく継続開示義務を終了させるための申請書（Form 15F）を提出しました。Form 15Fは提出日から90日後の7月26日に効力が発生し，同日をもってSECへの登録が廃止され，継続開示義務が終了する見込みです。

3．SECへの登録廃止後の情報開示について
　当社の連結財務諸表は，引き続き米国会計基準に基づいて作成します。また，英文の連結財務諸表やアニュアルレポートを引き続き作成し，日本での法定開示書類やニュースリリース等の重要情報とあわせて，当社ホームページ上で英文による開示を継続します。このほか，当社事業内容や経営戦略への理解を深めていただくための各種説明会の開催など，これまで通り，海外を含めた株主・投資家に対する情報開示の維持・向上を図っていきます。
　（以下，省略）

　日立製作所は，NYSEにおけるADRの上場廃止後も，連結財務諸表の作成にあたってはU.S. GAAPに準拠し続けてきた。この準拠する会計基準についてみた場合，その後，日立製作所はU.S. GAAPからIFRSsに変更している。いわゆる「IFRSsの任意適用」である。

第3節 日本企業のニューヨーク証券取引所への上場目的と上場廃止

2015年1月26日
株式会社日立製作所
執行役社長兼COO　東原　敏昭
（コード番号：6501）
（上場取引所：東・名）

国際財務報告基準（IFRS）の任意適用に関するお知らせ

　株式会社日立製作所（執行役社長兼COO：東原　敏昭）は，このたび，連結財務諸表および会社法に基づく連結計算書類について，従来の米国会計基準に替え，国際財務報告基準（IFRS*）を任意適用することを決定しましたので，お知らせします。IFRSは，2015年3月期（2014年4月1日〜2015年3月31日）の有価証券報告書における連結財務諸表から適用予定です。なお，2015年3月期の決算短信における連結財務諸表および会社法に基づく連結計算書類については，従来同様，米国会計基準を適用します。

*IFRS：International Financial Reporting Standards

■IFRSの適用に関する開示スケジュール（予定）

開示時期	開示資料
2015年5月上旬	2015年3月期決算短信 （2015年3月期連結財務諸表については米国会計基準， 　2016年3月期連結業績予想についてはIFRSにて開示予定 　です。）
2015年5月下旬	2015年3月期連結計算書類（米国会計基準）
2015年6月上旬	2015年3月期有価証券報告書（IFRS）

以上

第3章　国際財務報告と会計基準の国際化戦略

第4節 会計基準の国際化戦略

1．会計基準の国際化戦略の分類

　国際財務報告のアプローチは，会計基準の選択行動に関わっている。会計基準の選択にあたっては，コスト・ベネフィット分析の結果も影響を及ぼす要因の1つであるが，選択の幅の広がりは企業業績の良し悪しなどをも直撃することになる。会計基準の国際的調和化（ハーモナイゼーション）をはじめとして，今日における会計基準のコンバージェンス（収斂）やIFRSsアドプションの潮流のなかで，会計基準の選択行動は，企業戦略はもとより国家戦略をも形成するものである。

　国際財務報告のアプローチをもとに，これまでに展開されてきた代表的な「**会計基準の国際化戦略**」についてまとめると，次のようなものがある（杉本［2005］参照）。

　　①便宜的翻訳戦略
　　②注記戦略
　　③調整表戦略
　　④相互承認戦略
　　⑤地域主義戦略
　　⑥国際会計基準戦略

以下では，これら会計基準の国際化戦略について紹介することにしよう。

2．会計基準の国際化戦略の内容

　まず，**便宜的翻訳戦略**（Simple Translation（Convenience Translations）Strategy）は，Choi and Mueller［1993］でいう単一多国籍財務報告と同じと解されるもので，本国の会計基準に準拠して作成した財務諸表を単純に翻訳したうえで開示する戦略である。しかし，これは会計基準間の調整を伴わない言

第4節 会計基準の国際化戦略

図表3-7 当期純利益に関わる調整表の様式と開示例

当期純利益に関わる調整表		調整表の開示例（日本アムウェイ）		
			1994年	1993年
本国基準による財務諸表上の当期純利益	×××	日本の会計基準による財務諸表上の当期純利益	20,604	15,851
報告利益に増加の影響を及ぼす項目の記載		増加調整項目：		
項目1	×××	所得税	778	1,303
項目2　その他	×××	給付内容規定年金制度	136	103
報告利益に減少の影響を及ぼす項目の記載		ソフトウェア・コスト	(521)	(586)
項目1	(×××)	子会社株式の為替差益	(507)	—
項目2　その他	(×××)	その他	(38)	(95)
アメリカ会計基準に準拠した当期純利益	×××	アメリカ会計基準に準拠した当期純利益	20,452	16,576

図表3-8 金融機関の調整表（日米会計基準の差異内訳表）の開示例

株式会社みずほフィナンシャルグループ	2014年3月期（末）	
	MHFG株主持分	MHFGに帰属する当期純利益
	（単位：億円）	
アメリカ会計基準	¥63,784	¥4,985
日米差異が発生する会計項目		
1．デリバティブおよびヘッジ取引	577	1,703
2．投資	(408)	48
3．貸出金	1,610	120
4．貸倒引当金及び偶発損失引当金	705	(249)
5．動産不動産	(314)	71
6．不動産セールス・アンド・リースバック	41	(66)
7．土地再評価	1,775	(45)
8．企業結合	123	(139)
9．退職給付	(98)	(156)
10．変動持分事業体の連結	(17)	(71)
11．税効果	(3,543)	112
12．その他	369	571
日本会計基準	¥64,604	¥6,884

出所：Mizuho Financial Group［2014］，p.113およびみずほフィナンシャルグループ［2014］，1頁。

語上の問題を解消する戦略であるため，会計基準の国家戦略として展開するには難があることは否めない。

　会計基準の調整を伴うものではないが，会計基準間の差異を注記開示する**注記戦略**（Explanatory Notes Strategy）も，会計情報の説明能力についての部分的改善は図られるが，会計情報の有用性が十全にもたらされる戦略ではない。

　この注記戦略を展開としたものと捉えうる**調整表戦略**（Reconciliation Statement Strategy）は，Choi and Mueller［1993］が多重多国籍財務報告と位置づけたものである。Mueller *et al.*［1994］でのように，「限定された基準による組替え」（Restate on a Limited Basis）と呼称されることもある。アメリカにおいては，2007年に外国民間発行体にIFRSsの適用を容認するまで，外国民間発行体の年次報告書であるForm 20-Fでの連結財務諸表の作成・開示にあたっては，①U.S. GAAPへの完全準拠，または，②U.S. GAAPとの重要な差異を表示する調整表の作成・開示義務を条件とした，本国（自国）会計基準への準拠を要請してきた。この当期純利益や株主持分等についてU.S. GAAPとの重要な差異を表示することを求めるSECの調整表作成・開示規制が，当該戦略の代表例である。

　たとえば，当期純利益に関わる調整表は，**図表3-7**のように作成・開示しなければならない。

　金融機関ではあるが，日本企業のForm 20-Fでの当期純利益と株主持分の調整表（日米会計基準の差異内訳表）の作成・開示例として，**図表3-8**のようなみずほフィナンシャルグループ（NYSE上場日本企業）によるものがある。

　調整表の作成・開示は，影響を及ぼす増減調整項目と両会計基準の数値を明示するだけではなく，当期純利益と株主持分の差異要因の影響額がとくに重要な調整の概要についても記述的説明が加えられる。みずほフィナンシャルグループは，デリバティブおよびヘッジ取引，貸倒引当金および偶発損失引当金，退職給付などを重要な調整項目として，次のような概要説明を示している（Mizuho Financial Group［2014］，pp.113-116およびみずほフィナンシャルグループ［2014］，2頁）。

第4節 会計基準の国際化戦略

項番1．デリバティブ及びヘッジ取引

(1) ヘッジ取引の指定とその有効性評価の基準が米国会計基準は日本会計基準より厳格なため，日本基準でヘッジ適格なデリバティブの多くが，米国基準では，公正価値（fair value）の変動を損益計上するトレーディング資産・負債として扱われます。

(2) 日本会計基準では，金融商品への組込デリバティブとその主契約のリスクを別々に管理している場合は区分経理が認められますが，米国会計基準では，主契約と明確かつ緊密に関係している組込デリバティブは区分経理が認められません。

項番4．貸倒引当金及び偶発損失引当金

(1) 日米の会計基準の差異は，貸倒引当金を予想損失率を用いて算出する貸出金と，個別に見積る貸出金の対象範囲の違いによって生じるものです。上記会計基準の差異に加え，日米の連結決算締め日の差異により，貸倒引当金が異なる場合があります。

(2) 当社はオフバランスシート項目に対しても，概ね，貸出金と同様の引当の方法を用いている為，上記(1)の差異は偶発損失引当金についても同様です。

項番9．退職給付

日本会計基準及び米国会計基準いずれにおいても，雇用者の連結貸借対照表において，確定給付年金の年金資産が年金給付債務を上回る部分または下回る部分を，資産または負債として認識する必要があります。数理計算上の差異および過去勤務債務は，その他の包括利益（税引後）として連結貸借対照表上直ちに認識され，その後の償却により退職給付費用として損益計上されます。米国会計基準では，ASC 715に従い，数理計算上の差異はコリドーアプローチ〔回廊アプローチ。未認識数理計算上の差異が，退職給付債務（予測給付債務）または年金資産のいずれか大きい方の10％の範囲を超えた場合，その超過した額を一定期間（従業員の平均残存勤務期間）にわたって費用処理する方法：引用者〕に基づいて償却されます。一方，日本会計基準

第3章 国際財務報告と会計基準の国際化戦略

219

では，数理計算上の差異および過去勤務債務は，特定の年数で償却されます。

　もちろん，２つの会計基準による当期純利益と株主持分の調整表は，日米会計基準間に限ったものではない。

　アメリカのSECが外国民間発行体にIFRSsに準拠した連結財務諸表の作成を認め，その場合はこうした調整表の作成・開示を不要としている。しかし，投資家などのステークホルダーの意思決定などに資するために，IFRSsと本国の会計基準による当期純利益と株主持分の調整表の作成・開示も可能である。現に，NYSE上場企業でもある三井住友フィナンシャルグループは，Form 20-Fやニュースリリース「米国証券取引委員会宛て年次報告書（Form 20-F）の提出について」などで，IFRSsと日本の会計基準による調整表（資本及び当期純利益差異内訳表）を作成・開示している。

資本及び当期純利益差異（日本基準／IFRS）内訳表

	2014年3月期（末）	
	資本	当期純利益
	（単位：百万円）	
IFRS	¥9,418,167	¥892,184
日本基準／IFRS差異が発生する会計項目		
1．連結の範囲	78,224	10,773
2．デリバティブ金融商品	82,027	70,800
3．投資有価証券	(286,120)	(6,207)
4．貸出金及び債権	(124,027)	36,656
5．持分法により会計処理されている投資	(8,306)	(4,863)
6．有形固定資産	(8,855)	(3,097)
7．リース会計	(4,225)	3,097
8．確定給付制度	(58,362)	(19,832)
9．繰延税金資産	(91,031)	183
10．外貨換算	—	45,921
その他	(118,643)	(16,736)

上記の税効果	126,170	(44,989)
日本基準	¥9,005,019	*¥963,890

* 少数株主利益1,285億円を含めた少数株主損益調整前当期純利益にて表示しています。

　以下は，日本基準とIFRSの資本及び（又は）当期純利益の差異要因として，その影響額が特に重要な調整項目の概要です。より詳細な説明は，2014年7月24日に米国SECに提出した年次報告書（Form 20-F）中の"Item 5. Operating and Financial Review and Prospects"中の"Reconciliation with Japanese GAAP"に記載しております。

連結の範囲（項目番号1）

・IFRSにおいて，当社グループは，当社グループが事業体を「支配」する場合に，当該事業体を連結しております。通常，当社グループが，議決権の過半数を所有することにより，あるいは法律上又は契約上の取り決め等により，事業方針及び財務方針を指図する力を持つ場合に支配力が存在するとみなされます。

・また，IFRSでは，事業体の目的及び法形態等を問わず，当社グループが実質的に支配していると考えられる全ての事業体について，連結対象となります。このため，日本基準においては連結されない証券化ビークル等の中には，IFRSにおいては，連結対象となっているものがあります。

デリバティブ金融商品（項目番号2）

（ヘッジ会計）

・当社グループは，日本基準ではヘッジ会計を適用しておりますが，IFRSのヘッジ会計で求められる要件は日本基準と異なります。当社グループは，IFRSではヘッジ会計を適用せず，日本基準におけるヘッジ会計の処理を取り消しております。

（デリバティブ金融商品の公正価値測定）

・日本基準，IFRSともに，店頭デリバティブ取引は，公正価値（時価）で測定することが求められています。原則として，公正価値の定義に重要な差異はありませんが，信用リスクの調整等において差異があります。

投資有価証券（項目番号 3）

（公正価値（時価））

- IFRSにおいては，原則として全ての売却可能金融資産（及び純損益を通じて公正価値で測定される金融資産）は，公正価値で測定することが求められており，活発な市場での取引価格がない売却可能金融資産の公正価値は，評価手法を用いて算定しています。

- また，IFRSにおける公正価値の要件を満たすため，日本基準に基づく金融商品の時価に調整を加えているものがあります。例えば，売却可能金融資産（上場株式）の決算時の公正価値（時価）について，当社グループは，日本基準上，継続して適用することを条件として，期末前 1 ヵ月の市場価格の平均に基づいて算定された価額を用いておりますが，IFRSでは期末日時点の市場価格により公正価値を算定しています。

（減損）

- IFRSにおける売却可能金融資産の減損については，減損の客観的証拠の有無に基づき，決定しております。株式等については，公正価値が取得原価を著しく又は長期に亘って下回っていることが，減損の客観的証拠に含まれます。また，日本基準においては，当社グループは年度決算以外の決算において認識した減損損失について戻し入れを行っておりますが，IFRSにおいては，株式等に関する当該減損損失の戻し入れは認められておりません。

貸出金及び債権（項目番号 4）

（減損）

- 個別に重要な減損貸出金の貸倒引当金（減損損失）について，日本基準では，ディスカウント・キャッシュ・フロー法（以下「DCF法」）を適用し，合理的に見積もられた将来キャッシュ・フローを当初の約定利子率で割り引くことによって貸倒引当金を算定します。IFRSにおいてもDCF法を適用しますが，将来キャッシュ・フローについて最善の見積りを行い，当初の実効金利で割り引くことによって貸倒引当金を算定します。また，DCF法が適用される貸出金の範囲は，IFRSの方が日本基準よりも広くなっています。

- DCF法を用いて貸倒引当金の算定を行った貸出金以外の貸出金に対する貸倒引当金は，IFRSでは，過去の損失実績に基づく統計的手法を用い，貨幣の時間的価値の影響を組み込み，類似した特性を有するグループ毎に一括計算し

ます。加えて，関連する経済的要因に基づく定性分析を行い，報告期末時点
での直近の状況を貸倒引当金の見積りに反映させます。なお，当社グループ
が減損を認識していない貸出金に対しては，日本基準では将来の予想損失を
貸倒引当金として算定しますが，IFRSでは既発生未認識（発生しているが当社
グループが認識していない）損失としての貸倒引当金を算定します。

（貸出金実行手数料及び費用）
・IFRSにおいては，貸出金の実行に付随して発生し，貸出金の組成に直接帰属
する手数料及び費用は実効金利の算定に含められ，貸出期間に亘って繰延べ
られます。

繰延税金資産（項目番号9）
・IFRSにおいては，繰延税金資産は，一時差異に対して将来の課税所得を利用
できる可能性が高い範囲で認識されます。例えば，金融商品の減損等に係る
将来減算一時差異のうち，一時差異が解消する時期が明確でないものについ
ては，日本基準では繰延税金資産を計上していませんが，IFRSでは将来の課
税所得を利用できる可能性が高いと判断される範囲内で繰延税金資産を認識
することができます。

出所：Sumitomo Mitsui Financial Group［2014］，pp.104-107および三井住友フィナンシャルグループ［2014］，
　　　添付資料（ご参考2）を一部修正。

相互承認戦略（Mutual Recognition Strategy）は，本国の会計基準に基づく財
務諸表について調整を行うことなく，国家ないし地域間で相互に相手先の財務
諸表を容認する戦略である。ただし，承認範囲や承認条件の程度の差によって
は，相互承認戦略にはバリエーションがみられる。

たとえば，発行開示と継続開示に対して相互承認の適用を差別化する戦略が
それである。継続開示に対してのみ相互承認戦略を容認した代表的なものは，
アメリカとカナダ間のMJDSと称される**多国間管轄開示制度**（Multijurisdictional
Disclosure System）がある。これ以外にも，英語等で作成・開示された財務諸
表を受け入れるとしたヨーロッパ共同体（EC）指令のもとでの相互承認制度
もある。

地域主義戦略（Regionalism Strategy）は，経済的，文化的側面をはじめとし

て，地政学的展開から各国が統合した共通の会計基準を活用する戦略である。経済的見地からの自由貿易協定（FTA）を通じて会計基準の統合を図る事例は，地域主義戦略の基本型といってもよい。この戦略は地政学的に地域が限定されるため，世界的統合に属する戦略に比べて効果的かつ実現可能性が高い戦略であることなどを理由として，積極的に推奨する見解もみられる（Rahman *et al.* [1994]）。

　国際会計基準戦略（International Accounting Standards Strategy）は，IFRSsを「**国際的に認められた会計基準**」（International GAAP）として受け入れる戦略をいう。International GAAPとしての性格が付与されるという意味から，国際会計基準戦略はU.S. GAAPとともに「世界基準主義」（青木 [2000]，197頁）の類型を形成するともいわれている。

　近年はIFRSsをアドプションして本国の会計基準とする動きもあるが，当該会計基準を国際財務報告での準拠基準とする場合は，U.S. GAAPへの完全準拠とともに，Choi and Mueller [1993] がいう「二重並行報告」としても捉えることができる。国際会計士スタディ・グループ（AISG）が「国際財務報告—カナダ，イギリスおよびアメリカの国際報告改善提案」（AISG [1975]）で提唱した二重並行報告は，本国の会計基準による第一次財務諸表の作成に加えて，国際財務報告ではIFRSsやU.S. GAAPによる第二次財務諸表の作成を要請することになる。したがって，二重並行報告を伴う戦略を**複数会計基準戦略**（Multiple Reports Strategy）と称することもある。

第5節　事例研究—韓国の会計基準の国際化戦略

　アジア通貨危機を契機とした韓国の会計制度改革に際して，会計基準の国際化戦略がどのように策定されたかをみることは，国家戦略としての会計基準の国際化戦略を理解するうえでも有益である。その代表的な研究の1つに，「韓国会計制度の世界化—企業会計基準を中心として—」（徐 [1997]）がある（こ

の研究を行った徐正雨は，2005年3月1日から2008年2月28日まで韓国会計基準院／韓国会計基準委員会（KAI/KASB）の常任委員（副委員長）を，2008年3月1日から2011年2月28日まで第4代KAI院長／KASB委員長を務めた。また，2012年7月1日には国際会計基準審議会（IASB）ボードメンバーに就任している）。

1. 効率的な会計基準の国際化戦略

会計基準の国際化戦略の策定を模索するためには，すべての戦略についてコスト・ベネフィット分析を行ったうえで比較検討しなければ説得力がない。しかし，このコスト・ベネフィット分析を実施するには測定の困難性という問題を伴うことから，徐［1997］は，便宜的にコストを「会計基準の数」として，また，ベネフィットを「会計基準のグローバル効果」として採用することで検討を行っている。

また，たとえば，便宜的翻訳戦略は実現可能性が高い戦略であるのに対して，相互承認戦略や地域主義戦略は多くの時間と努力が必要な戦略であることは自明なことから，各戦略を選択する際の制約条件として，戦略の実現可能性を捉えている。さらに，当時の韓国の会計技術が先進的水準に達していないという事実を踏まえて，韓国の環境においては，①会計技術の自律性（韓国固有の会計技術を独自に開発する能力）と②会計基準の適合性（戦略が要求する会計方法や技術の企業への適合性）という追加的な評価基準をもとに分析を展開する。

つまり，徐［1997］では，「ベネフィットとしてグローバル化水準〔グローバル効果：引用者〕，コストとして会計基準の数，また戦略の実現可能性，会計技術の自律性，会計技術の適合性を適切に充足する戦略」（徐［1997］，p.185）が，効率的な会計基準の国際化戦略（世界化戦略）であると捉えるのである。

2. 第1段階評価

まず，代理変数によるコスト・ベネフィットに基づいた会計基準の国際化戦略を，以下の4つのグループに分類している。なお，徐［1997］はこの分類にあたって，前節で紹介した6つの会計基準の国際化戦略以外に，①**連結財務諸**

表戦略（個別財務諸表は本国基準，連結財務諸表は外国の会計基準に準拠して作成する戦略），②**先進国模倣戦略**（先進国の会計基準をそのまま使用する戦略），および，③**多数会計基準戦略**（相手国の会計基準ごとに財務諸表を作成する戦略）をも加えた9戦略をもとに類型化している（各戦略の名称に若干の違いはみられるが，ここではその意義から前節で紹介した会計基準の国際化戦略の名称を用いて分類表示した）。

①グループ1（会計基準のグローバル効果は低く，会計基準の数も少ない戦略グループ）

　➡便宜的翻訳戦略，注記戦略，先進国模倣戦略

②グループ2（会計基準のグローバル効果はあるが，会計基準の数も複数の戦略グループ）

　➡連結財務諸表戦略，調整表戦略

③グループ3（グループ2よりも会計基準のグローバル効果は高いが，使用する会計基準の数が，場合によっては，少数になりうる戦略グループ）

　➡相互承認戦略，地域主義戦略，国際会計基準戦略

④グループ4（最も高い会計基準のグローバル効果があるが，使用する会計基準の数も最も多い戦略グループ）

　➡多数会計基準戦略

これら4つのグループのなかで，最も効率的な会計基準の国際化戦略は，相互承認戦略，地域主義戦略および国際会計基準戦略からなる「グループ3」だという。その他のグループの会計基準の国際化戦略は，政府の支援によって推進されるというよりも，むしろ企業が自発的に選択するように誘導することが望ましいとしている。

3．第2段階評価

最も効率的な会計基準の国際化戦略であるとしたグループ3について，先の

制約条件と追加的な評価基準をもとに，第２段階の評価を行い，国際会計基準戦略が最も優れた戦略であり，これに地域主義戦略，相互承認戦略の順序で続くとする（徐［1997］，p.188）。

しかし，確かに国際会計基準戦略が会計基準のグローバル効果，会計基準の数および戦略の実現可能性の面からは優れた戦略であるとはいえ，会計技術の自律性と会計基準の適合性という追加的な評価基準からすれば問題なしとはしない。とくに，間接金融が主流で，株式所有が少数の者に集中している韓国企業の特性に鑑みた場合，「先進的な株式市場が発達し，債権者よりも株式投資者の利益を保護しようとする国際会計基準の内容は，韓国の企業には適合しえない」（徐［1997］，p.189）との見解を示している。

加えて，会計技術の自律性の見地からは，地域主義戦略と相互承認戦略が国際会計基準戦略よりも会計技術を自発的に開発しうる能力を育むことができるため，これら２つを効果的な戦略として評価する。たとえば，ヨーロッパ諸国がヨーロッパ連合（EU）を通じてIASBに影響力を及ぼしている事実が示すように，類似する環境や会計システムを有する国が共同で会計基準に関わる活動を展開すれば，韓国の利益を反映することも可能となる。このような効果的な手段となりうる戦略は，地域主義戦略と相互承認戦略である。

以上を総括した結論として，徐［1997］は，韓国政府が採るべき会計戦略ないし会計基準の国際化戦略として，次の３つの構成内容のものを示している（徐［1997］，p.192）。

①企業が自発的に会計情報の開示をグローバル化するように積極的に奨励する。
②非グローバル企業を対象に，適合する韓国固有の会計基準を開発する。
③グローバル企業を対象に，国際会計基準がグローバルなGAAPとして展開している事実から当該会計基準の使用は不可避であるが，地域主義戦略（付随的に相互承認戦略）も並行して活用する戦略が望ましい。

本書の**第9章**で説明するように，1997年のアジア通貨危機以降，韓国は会計基準の国際化戦略として国際会計基準戦略を中心に展開しており，とくにその能動的戦略の模索は極めて顕著である。

2007年3月15日に，規制当局の金融監督委員会／金融監督院や財政経済部などからの代表者で構成されるタスクフォースの**「国際会計基準導入準備チーム」**とKAI／KASBは，「国際会計基準のロードマップ発表会」を開催した。この発表会の目的は，IFRSsを韓国の企業会計基準として導入することを正式に宣言し，同時に，IFRSsの導入計画等に関わるロードマップ（工程表）を発表することにある。上場金融機関を含むすべての上場企業を対象とした2011年からのIFRSsの強制適用が進められたのである（杉本［2007]）。

KAI／KASBは，IFRSsを翻訳した**「韓国採択国際会計基準」**（K-IFRS）を2007年11月23日に制定している。韓国政府とKAI／KASB主導によるIFRSs導入のロードマップの策定とKAI／KASBによるK-IFRSの制定は，まさに会計基準の国際化戦略のなかの国際会計基準戦略の展開によるものである。

【参考文献】

Accountants International Study Group（AISG）[1975]，*International Financial Reporting —Suggestions for Improving International Reporting in Canada, the United Kingdom and the United States,* AISG.

Choi, F.D.S. and G.G. Mueller [1992]，*International Accounting,* 2nd Edition, Prentice-Hall.

Choi, F.D.S. and G.G. Mueller [1993]，*Globalization of Financial Accounting and Reporting,* Financial Executives Research Foundation.

Mizuho Financial Group [2014]，Form 20-F, July 2014.

Mueller G.G. and L.M. Walker [1976]，The Coming of Age of Transnational Financial Reporting, *The Journal of Accountancy,* Vol.142 No.1, July 1976.

Mueller G.G., H. Gernon and G.K. Meek [1994]，*Accounting: An International Perspective,* 3rd Edition, Richard D. Irwin（ゲルハルト・G.ミューラー・ヘレン・ガーノン・ゲアリー・ミーク著・野村健太郎・平松一夫監訳 [1995]，『国際会計入門＜第3版＞』中央経済社）.

Rahman, A.R., M.H.B. Perera and G.D. Tower [1994]，Accounting Harmonization between

Australia and New Zealand: Towards a Regulatory Union, *The International Journal of Accounting,* Vol.29 No.4, 1994.

Sumitomo Mitsui Financial Group［2014］，Form 20-F, July 2014.

徐正雨［1997］，「韓国会計制度의 世界化―企業会計基準을 中心으로―」，『会計저널』（韓国会計学会）第 6 巻第 2 号，1997年12月。

青木浩子［2000］，『国際証券取引と開示規制』東京大学出版会。

金融庁・企業会計審議会［2009］，「我が国における国際会計基準の取扱いに関する意見書（中間報告）」，2009年 6 月30日。

金融庁・企業会計審議会総会・企画調整部会合同会議［2011］，自見金融担当大臣談話「IFRS適用に関する検討について」，企業会計審議会総会・企画調整部会合同会議資料 1，2011年 6 月21日。

杉本徳栄［1996］，「米国証券取引委員会の開示規制と日本の発行体の開示行動（一）」，『會計』第150巻第 4 号，1996年10月，「米国証券取引委員会の開示規制と日本の発行体の開示行動（二・完）」，『會計』第150巻第 5 号，1996年11月。

杉本徳栄［1998］，「SEC調整表開示規制の展開」，『産業経理』第58巻第 3 号，1998年10月。

杉本徳栄［2004］，「会計基準の選択と特例措置廃止」，平松一夫・柴健次編著『会計制度改革と企業行動』中央経済社。

杉本徳栄［2005］，「会計基準の収斂と基本戦略」，『JICPAジャーナル』第17巻第 2 号，2005年 2 月。

杉本徳栄［2007］，「韓国の国際財務報告基準（IFRSs）導入のロードマップについて」，『企業会計』第59巻第 6 号，2007年 6 月。

税務研究会［2015］，「IFRS適用予定・含みは120社―多くは取組みの具体例を記載」，『週刊経営財務』No.3216，2015年 6 月15日。

東京証券取引所［2015］，「『会計基準の選択に関する基本的な考え方』の開示内容の分析」，2015年 9 月 1 日。

林健治［2015］，『会計基準の国際的収斂―米国GAAPとIFRSsのコンバージェンスの軌跡―』国元書房。

平松一夫［1994］，『国際会計の新動向―会計・開示基準の国際的調和』中央経済社。

みずほフィナンシャルグループ［2014］，「米国証券取引委員会宛Form 20-Fの提出について」，2014年 7 月28日。

三井住友フィナンシャルグループ［2014］，ニュースリリース「米国証券取引委員会宛て年次報告書（Form 20-F）の提出について」，2014年 7 月25日。

第4章

会計基準の国際的調和化

第1節　国際会計の開花と会計基準の国際的調和化（国際的統一）の機運の台頭

　今日の国際財務報告基準（IFRSs）を軸とした，会計基準の国際的なコンバージェンス（収斂）もしくは国際的共通化やそのアドプションは，1950年代後半からの国際会計に対する関心の高まりと会計基準の国際的調和化（国際的統一）の機運の台頭にまで遡ることができる。とくに，国際会計基準委員会（IASC）創設の歴史的背景が，国際会計に対する関心の高まりの展開と符合する。

　1957年にアムステルダムで開催された第7回国際会計士会議（World Congress of Accountants）において，同会議のヤコブ・クラーエンホフ（Jacob Kraayenhof）議長（オランダ）が会計基準の国際的統一について提唱した。この席上での提唱が国際会計に対する関心を高めたという事実を，その後の国際会計士会議の大会の統一論題のテーマからも窺い知ることができる（第8回国際会計士会議（1962年）の統一論題「世界経済と会計」，第9回国際会計士会議（1967年）の統一論題「会計原則の国際的調和」）。クラーエンホフ議長は，1959年には国際会計基準の設定作業に着手することを主張している（Kraayenhof [1960] も参照されたい）。

　1962年は，国際会計が開花した年（辰巳 [1981]，261頁）といわれている。

　この年に第8回国際会計士会議（ニューヨーク会議）が開催され，また早くから国際会計に関心を持ったゲルハルト・ミューラー（Gerhard G. Mueller）による博士論文「ヨーロッパ6ヵ国の会計実務」（Accounting Practices in Six European Countries）も取りまとめられている。この博士論文の一部の内容は，国際会計研究の先駆的性格を有するインターナショナル・ビジネス・シリーズ（IBS）のモノグラフ「会計研究」（Studies in Accounting）としてワシントン大学（University of Washington）から刊行されている。このシリーズは，第1号「オランダにおける会計実務」（Mueller [1962a]）をはじめ，スウェーデン，アルゼンチン，西ドイツ，日本などの各会計実務，財務報告，会計監査などを取りまとめたものである。

第1節 国際会計の開花と会計基準の国際的調和化（国際的統一）の機運の台頭

■インターナショナル・ビジネス・シリーズ（International Business Series）
Studies in Accounting, University of Washington, College of Business Administration,
No.1 *Accounting Practices in the Netherlands*, 1962.
No.2 *Accounting Practices in Sweden*, 1962.
No.3 *Accounting Practices in Argentina*, 1963.
No.4 *Accounting Practices in West Germany*, 1965.
No.6 *Accounting Practices in Japan*, 1968（with Hiroshi Yoshida（吉田寛））.

注：インターナショナル・ビジネス・シリーズ第5号は，ミューラーによる「会計研究」ではなく，レオナルド・ゴールドバーグ（Leonard D. Goldberg）による「比較ビジネス・システム研究」（Studies in Comparative Business Systems）のNo.5. *Crediting According to Turnover: A Method of Financial Control of the Soviet Firm*, 1965である。

これら以外にも，この年を境にして会計基準の国際的調和化の機運はもとより，国際会計に関わる各種事象が展開している。

たとえば，1962年にアメリカのイリノイ大学（University of Illinois）に国際会計教育研究センター（Center for International Education and Research in Accounting）が設立され，1963年には会計教育国際会議（International Conference on Accounting Education）が開催されている。この国際会計教育センターは，「基礎的会計公準と原則に関するステートメント」（A Statement of Basic Accounting Postulates and Principles）（Study Group at the University of Illinois [1964]）のモノグラフなどの刊行に加えて，1965年に季刊誌である *The International Journal of Accounting*誌をも創刊し，当該センターの設立に貢献し，長年ディレクターを務めたヴァーノン・ジンマーマンの名を冠して今日に至っている（Vernon K. Zimmerman Center for International Education and Research in Accounting）。アメリカ公認会計士協会（AICPA）は，1964年に『25ヵ国における会計士業務』（Professional Accounting in 25 Countries）（AICPA [1964]）をまとめあげ，1975年にはこの改訂版『30ヵ国における会計士業務』（Professional Accounting in 30 Countries）（AICPA [1975]）を刊行している。

アメリカ会計学会の報告書（AAA [1966]）によれば，国際会計への関心の

第4章 会計基準の国際的調和化

233

高まりや会計がその国際的側面を発展させることが必要になってきた理由として，次のものを指摘している（染谷［1967］，30頁参照）。

①国際間の取引および投資が増大し，これに応じて国際的な財務報告，監査，会計および監査基準の必要が増大してきたこと

②国際的会社（2ヵ国以上にわたって所有され支配される会社（多国籍企業））が出現してきたこと

③経済の地域主義が推し進められ，これに伴って会計が国境を越えて発展することが必要になってきたこと

④多数国間にわたる規模で会計思考を発展させ，理論的問題に対して一層優れた洞察を行うことを可能にするとともに，研究努力の不必要な重複を避けること

1967年の第9回国際会計士会議（パリ会議）では，世界共通の会計の目的，財務諸表の作成に関する国際的合意を確立するには恒久的な常設機関を設置する必要があるとの認識から，国際専門委員会（International Working Party）が構成され，次回の1972年のシドニー会議で検討結果が報告された。この報告を受けて，**会計業務国際協調委員会（ICCAP）**が設立されている。このICCAPこそが，会計プロフェッション（専門職）の国際的な連合組織である国際会計士連盟（IFAC）の前身である。

会計原則の国際的調和化（Harmonization）に関する国際会計士会議の動向とともに，1966年にカナダ勅許会計士協会（CICA）の年次大会において，前章でも少し触れた，イギリス，アメリカおよびカナダによる国際会計に関する合同研究機関としての国際会計士スタディ・グループ（AISG）の設置が論議され，同年に創設されている。このAISGの創設は，イングランド・ウェールズ勅許会計士協会（ICAEW）のヘンリー・ベンソン卿（Sir Henry Alexander Benson）の働きかけによるものであるが，後の1972年の第11回国際会計士会議（ロンドン会議）において，AISGのメンバーを提唱者とする「基礎的会計基準を巡る緊急な国際的要望」（Basic Accounting Standards — An Urgent International Need）と題する動議書が提出され，IASC創立へと結実している（辰巳［1981］，

261-265頁，Camfferman and Zeff［2007］，p.44）。

第2節 会計基準の国際的調和化に関与してきた代表的機関

1．健全な金融システムのための主たる12の基準と国際金融組織

　世界的な金融システムを構築するために関与している領域ごとの国際金融組織とその活動成果としての基準が，次頁の**図表4-1**のように，**「健全な金融システムのための主たる12の基準」**（Key Standards for Sound Financial Systems）としてまとめられている。なによりも，制度面および市場面のインフラにおける会計および監査の領域で，国際会計基準審議会（IASB）の国際財務報告基準（IFRS）と国際監査・保証基準審議会（IAASB）の国際監査基準（ISA）が，主要な12基準として位置づけられている。また，国際金融組織の各領域での諸活動は，会計基準のコンバージェンスないし国際的共通化などにも影響を及ぼしている。

　国際金融組織のなかで，1944年のブレトンウッズ協定（Bretton Woods Agreements）により設立されたのが**国際通貨基金（IMF）**と世界銀行（World Bank）の一角を成す**国際復興開発銀行（IBRD）**である。いずれの国際金融組織も，第二次世界大戦後の金融秩序制度の構築にあたって中心的な役割を果たしている。

　IMFは，その目的を固定相場制崩壊により設立当初の自国通貨の平価の設定や維持という役割から，国際的規模での通貨協力を展開することで加盟国の経済成長を促進することに移行しているが，代表的な国際金融機関としての地位は変わらない。また，IBRDは資本市場からの借入れや加盟国からの出資金などを原資として，中所得国や信用力のある貧困国への融資や保証などを通じた持続可能な開発を推進することで，貧困の削減を目的とした援助機関である。「世界銀行」とは，このIBRDと国際開発協会（IDA）を指し，また国際金融公

235

図表4-1　健全な金融システムのための主たる12の基準

領　域	基　　準	公表機関
マクロ経済政策およびデータの透明性		
通貨・金融政策の透明性	通貨・金融政策の透明性に関する良い慣行のためのコード	IMF
財政政策の透明性	財政の透明性についての良い慣行に関するコード	IMF
データの公表	特別データ公表基準／一般データ公表基準[1]	IMF
金融規制および監督		
銀行監督	実効的な銀行監督のためのコアとなる諸原則（バーゼル・コア・プリンシプル）	BCBS
証券規制	証券規制の目的と原則	IOSCO
保険監督	保険基本原則	IAIS
制度面および市場面のインフラ		
危機の解決策と預金保険[2]	実効的な預金保険制度のためのコアとなる諸原則	IADI
倒産	倒産と債権者の権利[3]	World Bank
コーポレート・ガバナンス	コーポレート・ガバナンス原則	OECD
会計および監査	国際財務報告基準（IFRS） 国際監査基準（ISA）	IASB IAASB
支払い，清算および決済	金融市場インフラのための原則	CPMI/IOSCO
市場の純粋性	マネーロンダリングとテロリストへの資金供与に関する40の勧告と9の特別勧告	FATF

注：1）国際資本市場を利用する経済は，厳格な特別データ公表基準に賛成するように促され，その他のすべての経済は一般データ公表基準を採択するように促される。
　　2）金融安定理事会（FSB）は，この政策領域に解決管理体制に関する1つもしくは複数の基準をこの政策領域に含めることを支持しており，また，適切な政策開発作業が成し遂げられれば選択させるつもりである。
　　3）国際連合国際商取引法委員会（UNCITRAL）や国際的に認められた専門家と協力して，世界銀行は倒産と債権者の権利（ICR）についての国際基準の遵守に関する報告書（ROSC）の評価方法を完成し実行に移した。このICRについてのROSC方法は，世界銀行の「効果的な倒産制度・債権者の権利に係る制度についての原則」に由来する，現行の「債権者の権利と倒産基準」（ICR基準）並びにUNCITRALの倒産法に関する基準に含まれている勧告に基づいている。
（略称）IMF：国際通貨基金（International Monetary Fund）
　　　　BCBS：バーゼル銀行監督委員会（バーゼル委員会）（Basel Committee on Banking Supervision）
　　　　IOSCO：証券監督者国際機構（International Organization of Securities Commissions）
　　　　IAIS：保険監督者国際機構（International Association of Insurance Supervisors）
　　　　IADI：国際預金保険協会（International Association of Deposit Insurers）
　　　　World Bank（IBRD）：世界銀行（国際復興開発銀行）（International Bank of Reconstruction and Development）
　　　　OECD：経済協力開発機構（Organization for Economic Co-operation and Development）
　　　　IASB：国際会計基準審議会（International Accounting Standards Board）
　　　　IAASB：国際監査・保証基準審議会（International Auditing and Assurance Standards Board）
　　　　CPMI：BIS決済・市場インフラ委員会（Committee on Payments and Market Infrastructures）
　　　　FATF：金融活動作業部会（Financial Action Task Force）
出所：Financial Stability Board Website（http://www.financialstabilityboard.org）．

社（IFC），多数国間投資保証機関（MIGA）および投資紛争解決国際センター（ICSID）を加えた5機関を「**世界銀行グループ**」（World Bank Group）と称している。

1997年のアジア通貨危機以降，緊急の課題とされた会計の透明性の向上と会計基準の国際化に向けて，たとえば，韓国が1999年9月に民間独立の会計基準設定主体（韓国会計研究院（KAI）／韓国会計基準委員会（KASB））を設立し，企業会計基準の制定に着手していく背景には，このIMFやIBRDからの借款条件があった。IMFやIBRDが，資金融資とともに会計に関与した1つの事例である。

バーゼル銀行監督委員会（BCBS）は，金融機関の監督に関する持続的な国際協力を推進する目的で，1974年にG10（Group of Ten Countries：G7＋4ヵ国の先進11ヵ国）加盟国（ベルギー，カナダ，フランス，ドイツ，イタリア，日本，オランダ，スウェーデン，スイス，イギリスおよびアメリカ）諸国の中央銀行総裁の合意によりバーゼル（スイス）に設立された国際金融組織である。このBCBSの事務局機能は，国際決済銀行（BIS）が担っている。

とくに，BCBSが果たしてきた役割のなかで，銀行の監督やリスク管理に関わる規制を策定してきたことは重要である。BCBSは，国際的に展開する銀行の資本力を強化するために最低自己資本比率を定めた，いわゆる**BIS規制**（「バーゼル合意」ないし「バーゼルI」）を1988年に公表した。その後も国際金融市場の実態を踏まえて，金融機関のリスクの計測手法を反映した**新BIS規制**（「バーゼルII」）を2004年に策定し，また2010年には，国際的に事業展開する銀行の自己資本の質と量の向上およびリスク管理の強化を図った「**バーゼルIII**」を公表している。

BCBSは監督基準実施部会（Standards Implementation Group），政策企画部会（Policy Development Group），会計タスクフォース（Accounting Task Force）およびバーゼル諮問グループ（Basel Consultative Group）の4つの委員会を抱えている。このうち，会計タスクフォースは，BCBSが会計および監査に関する諸問題を検討する際の責任を担っている。

7ヵ国財務大臣・中央銀行総裁会議（G7）は，1998年10月30日の「7ヵ国蔵相・中央銀行総裁会議声明」（G7 Finance Ministers' Meetings［1998］）を通じて，国際的な金融危機を防止するためにも「透明性に関する類似の基準がプライベート・セクター（民間部門）において必要である」とした。そのためにも，「国際会計基準委員会（IASC）が，すべての範囲にわたる国際的に合意された会計基準のための提案を1999年の初めまでに完成させること。証券監督者国際機構（IOSCO），保険監督者国際機構（IAIS）およびBCBSは，これらの基準について適時にレビューを完了すべきである」（par.7（ⅱ））として，当時のIASCが設定した会計基準のレビュー（見直し）を要請したことがある。この要請により，BCBSは銀行に多大な影響を及ぼす15の国際会計基準（IAS）に絞ってレビューを行い，とくにIAS第30号「銀行業および類似する金融機関の財務諸表における開示」とIAS第39号「金融商品：認識と測定」の会計基準については，IASCとの間で本質に関わる議論を展開してきた。

IAISは，世界の金融安定への貢献，保険監督者間の協調の促進や国際保険監督基準の策定などを目的として，各国・地域の保険監督当局を主たる会員として1994年に設立された。IAISは，保険監督当局の立場から，IASBの改善プロジェクトの公開草案や金融商品に関するIAS第32号・IAS第39号の各公開草案などに対して意見表明を行ってきた経緯がある。

国際預金保険協会（IADI）は，各国の預金保険機構等の相互協力の拡大を通じて，金融システムの安定化に資することを目的として，2002年に設立された世界の預金保険関係機関が加盟する国際協会である。

支払い・決済システム委員会（CPSS）は，国内の支払いや決済の協調と監視機能を促進するために，G10の中央銀行フォーラムとして1990年に設立されたものである。CPSSは，2014年9月よりBIS決済・市場インフラ委員会（CPMI）に改称している。

また，金融活動作業部会（FATF）は，マネーロンダリング（資金洗浄）対策の推進を目的として，1989年のG7アルシュ・サミット経済宣言を受けて招集組成されたもので，マネーロンダリングやテロ資金対策の国際基準である「40

の勧告」（The 40 Recommendations on Money Laundering）の策定やその実施状況についての監視を主たる活動としている。2003年に見直された「40の勧告」では，カジノや不動産業者だけでなく，公認会計士や弁護士等の非金融職業専門家および業者もマネーロンダリングやテロ資金対策の枠組みの規制対象（たとえば，一定の場合に顧客の本人確認や疑わしい取引の報告義務等）に加わっている。「9の勧告」（9 Special Recommendations）は，2004年に当初の「テロ資金供与に関する8の特別勧告」（8 Special Recommendations on Terrorist Financing）（2001年）に新たな勧告を追加して策定したもので，テロ資金供与および関連するマネーロンダリングの犯罪化などからなるテロ資金供与に関する特別勧告である。

2．会計基準の国際的調和化と国際金融組織

　健全な金融システムに関与する国際金融組織の領域のなかで，会計基準のコンバージェンスないし国際的共通化は，先の**図表4-1**の「制度面および市場面のインフラ」領域に密接に関わっている。当該領域における主要活動機関からも明らかなように，これまでにIASやIFRSの設定をはじめとした会計基準の国際的調和化やコンバージェンスに関与してきた代表的機関には，次のものがある（Choi and Meek［2011］，pp.255-256）。

　①国際会計基準審議会（IASB）
　②ヨーロッパ連合（EU）の委員会
　③証券監督者国際機構（IOSCO）
　④国際会計士連盟（IFAC）
　⑤国際連合貿易開発会議（UNCTAD）の「会計報告の国際基準に関する政府間作業部会」（ISAR）
　⑥経済協力開発機構の会計基準作業部会（OECD Working Group）

　これら代表的機関のうち，本章ではIOSCOを中心に据えて，IFAC，UNおよびOECDの会計基準の国際的調和化やコンバージェンスへの取組みについて説明する（IASB（IASC）は**第5章**を，また，EU（EC）は**第6章**と**第7章**を参

照されたい)。

第3節　証券監督者国際機構(IOSCO)による会計基準の国際的調和化

1．IOSCOの目的

　2005年10月に，IOSCOは，各国の規制当局がIFRSsの適用に関する状況はもとより，その意思決定等の情報を共有しうるデータベースの構築に向けて取り組んでいることを公表した（IOSCO［2005d］）。

　IFRSsを導入する国や地域が多くなり，また，クロスボーダー取引でのその採択も多くなっている事実は，高品質で国際的な会計基準の構築に向けた取組みの一助となる。その一方で，**実質優先**（Substance over Form）の考え方に沿った，いわゆる**原則主義**（細部に亘る規則や基準などは示さず，原理原則だけを示し，その適用に柔軟性を持たせる考え方）によるIFRSsには解釈の幅を伴うことになる。

　そのため，各国・地域の規制当局が，IFRSsの適用や解釈についての意思決定等の情報交換を自由かつ容易にするためのデータベースを構築し，規制当局の監督の連携を図ることで，IFRSsに対応することを目論んだのである。IOSCOによるデータベースは，IOSCO会員とその他の認められた規制当局を対象として，2007年1月から全面的に稼動している。

　このデータベース・システム構築の例からも，IOSCOが，規制当局間でIFRSsを軸とした会計基準のコンバージェンスやアドプション並びにIFRSsの適用や解釈に関する共通認識の保持に深く関与している事実を知ることができる。

　IOSCOは，1974年に設立された「**米州証券監督協会**」（Inter-American Association of Securities Commissions）を前身としている。米州証券監督協会は，アメリカとカナダがラテンアメリカ諸国の資本市場を育成し，また，資本市場

に関わる証券監督当局や証券取引所等を指導することを目的として設立されたものである。その後，1983年に米州域外の国々の機関が加盟できるようになったことを受けて，1986年（第11回年次総会（パリ））から現在の**「証券監督者国際機構」（IOSCO）**に改名され，今日に至っている。

IOSCOは，アメリカの証券取引委員会（SEC）やイギリスの金融行為監督機構（金融行為規制機構。FCA）（2012年金融サービス法（Financial Service Act 2012）により金融サービス機構（FSA）は廃止され，2013年4月1日からFCAと健全性監督機構（PRA）が発足し，「ツインピークス体制」による金融監督体制に移行した）をはじめとした世界各国の証券規制当局による普通会員，その他当局による準会員および自主規制機関などによる協力会員から構成されている。日本は，普通会員として金融庁（2000年の金融庁発足に伴い，大蔵省（金融企画局）（普通会員）や金融監督庁（準会員）を継承）が，また準会員として証券取引等監視委員会，経済産業省および農林水産省（商品先物を所掌）が，さらに協力会員として日本取引所グループと日本証券業協会が加盟している。

IOSCOの定款前文は，IOSCOの各会員が行うべき事項（目的）として，次の3つを掲げている。

①投資家を保護し，公正かつ効率的で透明性の高い市場を維持し，システミックリスクへの対応に努めるため，規制，監督および執行において，国際的に認知された整合的な基準を策定し，その実施・遵守を推進する点で協力すること

②情報交換並びに不正行為に対する法執行および市場・市場仲介者における協力の強化を通じて，投資家保護を強化し，証券市場の健全性に対する投資家の信頼を向上させること

③市場の発展を支援し，市場インフラを強化し，適切な規制を実施するため，世界・地域レベルで，それぞれの経験に関する情報を交換すること

IOSCOは，**「証券規制の目的と原則」**（Objectives and Principles of Securities Regulation）（IOSCO［2010］）を通じて，証券規制に係る①投資家保護，②市場の公正性，効率性，透明性の確保，③システミックリスクの削減という目的に

基づいた，次のような証券規制の38の原則を提示している（下線は引用者）。

A．規制当局に関する原則

 1．規制当局の責任は，明確かつ客観的に定められるべきである。

 2．規制当局は，その機能・権限を行使する上で独立性を有し，説明責任を負うべきである。

 3．規制当局は，その機能を発揮し権限を行使するために，十分な権限，適切なリソース，能力を有するべきである。

 4．規制当局は，明確かつ整合的な規制上のプロセスを採用すべきである。

 5．規制当局の職員は，機密保持に関する適切な基準などの，高度な職業上の基準を遵守すべきである。

 6．規制当局は，その権限に応じて適切に，システミックリスクの監視・低減・管理に向けたプロセスを有するか，またはそれに貢献すべきである。

 7．規制当局は，規制の境界線を定期的に見直すためのプロセスを有するか，またはそれに貢献すべきである。

 8．規制当局は，利益相反やインセンティブの不整合が回避・排除・開示されるなど，管理されることを確保するよう努めるべきである。

B．自主規制に関する原則

 9．規制のシステムが，権限の及ぶ分野に対して一定の直接的な監督責任を果たす自主規制機関を利用する場合には，当該自主規制機関は，規制当局の監督に服し，権限や委任された責務を行使する際には，公正性と機密性の基準を遵守すべきである。

C．証券規制の執行に関する原則

 10．規制当局は，検査・調査・監視に係る包括的な権限を有するべきである。

 11．規制当局は，執行に係る包括的な権限を有するべきである。

 12．規制のシステムは，検査・調査・監視・執行に係る権限の効果的でかつ信頼性の高い行使や，効果的な法令遵守のプログラムの実施を確保すべきである。

D．規制に係る強力に関する原則

 13．規制当局は，公開・非公開の情報を国内・外国当局と共有するための権限を有するべきである。

 14．規制当局は，公開・非公開の情報をいつ，どのように国内・外国当局と

共有するかを定めた情報共有のメカニズムを確立すべきである。

15. 規制のシステムは，外国当局が職務の遂行・権限の行使に際して照会を必要とする場合に，支援を提供することを認めるべきである。

E．発行体に関する原則

16. 財務状況，リスク及び投資家の判断にとって重要なその他の情報は，完全，正確かつ適時に開示されるべきである。

17. 会社の証券の保有者は，公正かつ公平に扱われるべきである。

18. 財務諸表を作成するため発行体によって用いられる会計基準は，高度でかつ国際的に受け入れられる水準であるべきである。

F．監査人，信用格付機関及び他の情報サービス提供者に関する原則

19. 監査人は，十分な水準の監査に服するべきである。

20. 監査人は，自身が監査を行う発行体から独立しているべきである。

21. 監査基準は，高度でかつ国際的に受け入れられる水準であるべきである。

22. 信用格付機関は，十分な水準の監督に服するべきである。規制のシステムは，その格付が規制目的で用いられる信用格付機関が，登録制や継続的な監督に服するよう確保すべきである。

23. その他，分析・評価のサービスを投資家に提供する者は，その活動が市場に与える影響や，規制のシステムがその活動に依拠する程度に応じて，適切な監督・規制に服するべきである。

G．集団投資スキーム（CIS）に関する原則

24. 規制のシステムは，CISを販売または管理しようとする者の適格性，ガバナンス，組織，行為の基準を定めるべきである。

25. 規制のシステムは，CISの法的形式・構造及び顧客資産の分別・保護を規定するルールを定めるべきである。

26. 規制は，発行体のための原則で示されたように，特定の投資家にとってのCISの適合性や，持分の価値を評価するために必要な開示を義務づけるべきである。

27. 規制は，CISのユニットにおける資産価値評価，プライシング，償還を行うための適正で開示された基礎が存在するよう確保すべきである。

28. 規制は，ヘッジファンドや，ヘッジファンドの運用担当者／顧問が適切な監督に服するよう確保すべきである。

H．市場仲介者に関する原則

29．規制は，市場仲介者のための最低限の参入基準を定めるべきである。

30．市場仲介者の資本やその他の健全性に関する初期的・継続的な要件が存在すべきであり，それは市場仲介者が負うリスクを反映すべきである。

31．市場仲介者は，顧客の利益・資産を保護し，適切なリスク管理を確保するため，内部組織や営業行為の諸基準を遵守するための内部機能を確立するよう義務づけられるべきであり，市場仲介者の経営陣はこれらの事項についての第一義的な責任を受け入れるべきである。

32．投資家に対する損害・損失を最少化し，システミックリスクを抑制するための，市場仲介者の破綻処理に関する手続きが存在すべきである。

I．流通市場に関する原則

33．証券取引所を含む取引システムの設立は，規制上の認可・監督に服するべきである。

34．公正・公平で，様々な市場参加者の要請の適切なバランスを確保するルールを通じて，取引の健全性を確保することを目的とした，取引所・取引システムに対する継続的な規制上の監督が行われるべきである。

35．規制は，取引の透明性を促進するべきである。

36．規制は，相場操縦その他の不正な取引行為を発見・抑止するよう策定されるべきである。

37．規制は，大口エクスポージャー，デフォルトリスク，市場の混乱を適切に管理することを目的とすべきである。

J．清算と決済に関する原則

38．証券決済システムと中央清算機関は，それらが公正，実効的，効率的であり，システミックリスクを削減するよう設計された規制・監督上の要件に服するべきである。

　「証券規制の目的と原則」に提示された証券規制の38の原則に対するIOSCOの解釈が，「『IOSCO証券規制の目的と原則』の実施状況を評価するための解釈とメソドロジー」（IOSCO［2011］）として提供されている。IOSCOがその解釈を提供することで，原則の実施水準の自己評価または第三者評価を行う際の指針を与えているのである。

第3節 証券監督者国際機構（IOSCO）による会計基準の国際的調和化

2．IOSCOの機構

IOSCOの機構図は，図表4-2のとおりである。

代表委員会（Presidents' Committee）は，すべての普通会員と準会員の代表者で構成され，年次総会時に開催される。代表委員会には，IOSCOの目的を達成するのに必要なあらゆる事案についての決定権限がある。

2010年6月にカナダ・モントリオールで開催されたIOSCO第35回年次総会

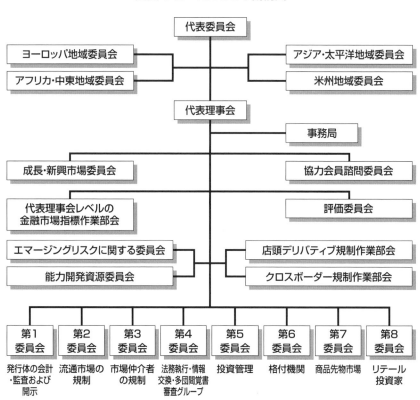

図表4-2　IOSCOの機構図

出所：IOSCO（http://www.iosco.org）と金融庁（http://www.fas.go.jp）の各Websiteをもとに作成。

は，金融危機の反省を踏まえた金融市場での規制改革が展開されるなかで，IOSCOの役割と機能について協議した。その結果，システミックリスクへの対応を強化する2015年までの新業務戦略と「証券規制の目的と原則」の改訂（IOSCO［2010］）に合意している。2015年までの新業務戦略は，①証券規制に関する国際基準の設定を通じた国際的な規制の枠組みの維持・改善，②システミックリスクの特定と対処，③「証券規制の目的と原則」の実施促進，④情報交換等に関する多国間協力協定の実施促進，を具体的内容としていた。

これらの実現に向けて，2011年4月に南アフリカ・ケープタウンで開催されたIOSCO第36回年次総会では，IOSCOの組織改編と資金基盤の強化に合意した（IOSCOの組織改編前は，理事会（Executive Committee）のもとに専門委員会（Technical Committee），新興市場委員会（Emerging Markets Committee）および原則実施作業部会（Implementation Task Force），戦略的方向性作業部会（Strategic Direction Task Force）およびリスク・リサーチ常設委員会（Standing Committee on Risk and Research），自主規制機関諮問委員会（Self-Regulatory Organizations Consultative Committee）などが設置されていた）。IOSCOの組織改編案は，それまでのIOSCOの機構図における理事会と専門委員会を統合すること，専門委員会のもとでの常設委員会（Standing Committee）と新興市場委員会のワーキング・グループを統合すること，調査部を創設することなどからなる。また，資金基盤の強化は，2012年以降の会費を増額し，各地域の経済規模や所得水準に照らして負担を配分することで対応している。

IOSCOは，2012年5月に中国・北京で開催されたIOSCO第37回年次総会で組織改編を決定した。

先進国や新興市場国のメンバーが証券市場に関わる問題を迅速かつ機動的に取り組むことができるように，それまでの理事会，専門委員会および新興市場委員会を統合して，新たに**代表理事会**（IOSCO Board）を創設することで合意している。この代表理事会は，2014年9月のブラジル・リオデジャネイロでの年次総会で正式に創設され（それまでの暫定代表理事会の議長は，金融庁の河野正道金融国際政策審議官（～2013年3月）とオーストラリア証券投資委員会（ASIC）

のグレッグ・メドクラフト（Greg Medcraft）委員長（2013年3月～2014年9月）が務めた），IOSCOの統治および基準設定機関である。

この代表理事会は，地域における課題を議論する4つの**地域委員会**（Regional Committee）とともに代表委員会のもとに置かれている。地域委員会は，①アジア・太平洋地域委員会，②米州地域委員会，③ヨーロッパ地域委員会，および，④アフリカ・中東地域委員会から構成され，各地域が有する課題について議論を展開している。また，代表理事会のもとには，**政策委員会**（Policy Committee）や**新興市場委員会**などが設置されている。

この組織改編の際に，新興市場のプレゼンスの拡大，その育成と健全性維持の重要性から，新興市場委員会は存続している。新興市場委員会は，新興市場国の金融システムの健全な発展のための技術支援に取り組む委員会である。その後，新興市場委員会は**成長・新興市場委員会**（Growth and Emerging Markets Committee）と改称され，IOSCO成長・新興市場委員会議長は，IFRS財団全体のガバナンス構造のアカウンタビリティや独立性を高めるために設置された**IFRS財団モニタリング・ボード**（IFRS Foundation Monitoring Board）のメンバーでもある。

これまでの理事会のもとには，新興市場委員会とともに専門委員会，**自主規制機関諮問委員会**（SRO Consultative Committee）があった。自主規制機関諮問委員会は，IOSCOに参加している各国の自主規制機関による意見・情報交換の諮問委員会であり，自主規制のモデルの検討，思考における問題の早期発見，規制機関のスタッフの研修などの課題に取り組んできた。自主規制機関諮問委員会は，協力会員の属性の多様化を踏まえて，2013年9月にルクセンブルクで開催されたIOSCO第38回年次総会で，**協力会員諮問委員会**（Affiliate Members Consultative Committee）に改組されるとともに改称された。協力会員諮問委員会は，協力会員相互間の情報交換に加えて，IOSCOの政策委員会の議論に資する自主規制機関の知見や意見を反映させ，グローバルな規制環境の適正な整備に資することを役割としている。

代表理事会のもとには，IOSCOの会員が諸原則と諸基準を完全な，効果的

かつ首尾一貫した実行を促すために，2012年に**評価委員会**（Assessment Committee）が設置されている。アメリカの商品先物取引委員会（CFTC），イギリスのFSA（当時）および金融庁などによるグローバルな指標金利の不正操作の試みに対する調査や法執行の動向を踏まえて，規制当局が金融市場において使用する指標に関する包括的な枠組み（指標に関連する活動の原則やガイドライン）などを確立するために，IOSCOは2012年に**代表理事会レベルの金融市場指標作業部会**（Board-Level Task Force on Financial Market Benchmarks）を設置した。2013年1月10日の市中協議報告書「金融指標」（The Board of the IOSCO［2013a］）や同年4月16日の第二次市中協議報告書「金融指標に関する原則」（The Board of the IOSCO［2013b］）などは，この作業部会が策定したものである。

また，発生したことのない新たなリスクである**エマージングリスクに関する委員会**（Committee on Emerging Risks）が，それまでのリスク・リサーチ常設委員会に代わって2011年に設置された。その他の作業部会として，店頭デリバティブ規制作業部会（OTC Derivatives Regulation Task Force），非規制金融市場・商品作業部会（Task Force on Unregulated Markets and Products），長期融資作業部会（Task Force on Long Term Financing），クロスボーダー規制作業部会（Task Force on Cross-Boarder Regulation），SME作業部会（SME Task Force）などがある（IOSCO［2015］，p.5）。

ところで，IOSCOが現行のように組織改編されるまで，専門委員会が，証券分野における国際的な規制上の課題等についての検討と調整を行うIOSCOの各種活動の実質的な中心的組織であった。専門委員会には，コーポレート・ガバナンス作業部会のように，専門性を有する課題別の作業部会やプロジェクト・チーム等も編成され，また，各担当課題について専門的・実務的な議論を展開する6つの常設委員会も設置していた。これら常設委員会は，元来，①第1作業部会（多国間開示と会計），②第2作業部会（流通市場規制），③第3作業部会（市場仲介者規制），④第4作業部会（法務執行および情報交換），および，⑤第5作業部会（投資管理），という5つの作業部会（Working Party）を2001

年3月に引き継ぎ，常設委員会に改称している。

第1常設委員会は，多国間開示と会計について担当し，IFRSsの整備・改善作業のレビューおよび国際会計基準委員会財団（IASC財団）の定款の見直しに関する議論を行ってきた。また，必要に応じて，IASB，国際財務報告解釈指針委員会（IFRIC），IFRS財団，国際監査・保証基準審議会（IAASB），IFAC，国際会計士倫理基準審議会（IESBA）などにIOSCOのコメントレターを発出し，さらに，IFRSsの整備・改善作業のレビューやIAASBの作業に対する監視のあり方などについても議論を展開している（IOSCO［2005c］）。常設委員会は，現在は，8つの**委員会**（Committee）から構成されている。

事務局は，2001年1月にカナダのモントリオールからスペインのマドリッドに移されている。

3．IOSCOと会計基準の国際的調和化

今日までIASやIFRSの基準開発が積極的に展開された背景として，会計基準の国際的調和化とIOSCOについて語る必要がある。部分的であるにせよ全体的であるにせよ，IASCが展開してきた基準開発活動に対するIOSCOによる支持の存在についてである。

（1）「比較可能性／改善プロジェクト」に対するIOSCOの支持

第1に，1987年のIASC理事会による「**比較可能性／改善プロジェクト**」（Comparability/Improvement Project）開始の採択は，IOSCOの支持を受けてのものである。また，IOSCOはIASC諮問委員会のメンバーとしても参画している。比較可能性／改善プロジェクトは，IASを採用する企業間の比較可能性を達成しようとするものであるが，逆説的には，従来のIASにおける会計基準の選択肢の幅の存在が，この企業間の比較可能性を阻害していたことを意味する。各国の規制当局などで構成されるIOSCOの加盟国が，IASに準拠した財務諸表を承認すれば，IASの生成の経緯から，法的拘束力のないIASを認知し，加えてその強制権限をもたらすことに期待が寄せられたのである。

しかし，1989年の**公開草案第32号（E32）「財務諸表の比較可能性」**
（Comparability of Financial Statements）（IASC［1989］（日本公認会計士協会訳
［1989］））の公表（比較可能性／改善プロジェクトの趣旨を表明）を端緒とした比
較可能性／改善プロジェクトの完成後，IOSCOは一律に包括的なIASの承認
を行わなかった。もちろん，IOSCOが1993年にIAS第7号「キャッシュ・フ
ロー計算書」を承認したことは事実であるが，IASについては，基準を個別的
に承認するのではなく包括的な承認を行う必要がある。しかも，専門委員会で
のコンセンサスが問われていたのである。

　ここで，IASCのE32「財務諸表の比較可能性」とその後の趣旨書「財務諸
表の比較可能性」（IASC［1990］（日本公認会計士協会訳［1990］））について触れ
ておきたい。

　IASは同一の経済事象に対して代替的な会計処理を認めてきたが，このこと
が財務諸表の構成要素（資産，負債，持分，収益および費用）の定義，認識，測
定および表示に影響を及ぼしている。そこでIASCは，次の目的からE32「財
務諸表の比較可能性」を提案した。

①代替的な会計処理が，類似する取引および事象に関する自由な選択として
　ある場合には，1つの会計処理を除き他の全部を除去すること

②代替的な会計処理が，異なる状況において適用しなければならない異なる
　会計処理としてある場合には，適切な会計処理が採用されることを確かめ
　ること

　代替処理のうちいずれを単一の会計処理とするか，あるいは，いずれの会計
処理を優先するかまたは除去するかの判断規準として採用したのは，次の4規
準である（par.19）。

---

①現在の世界的な実務並びに各国の会計基準，法律および一般に認められた会
　計原則の趨勢
②「財務諸表の作成表示に関するフレームワーク」への準拠
③規制監督者およびその代表団体，たとえば証券監督者国際機構（IOSCO）など

> の見解
> ④同一のIASのなかでの首尾一貫性および他のIASとの首尾一貫性

　「1つの会計処理を除き他の全部を除去する」としたものの，異なる判断規準の適用によって異なる会計処理の採用が支持される場合も起こりうる。その場合，E32「財務諸表の比較可能性」は類似する取引や事象について2つの会計処理を残すことも提案している。1つの会計処理を「優先的処理」(Preferred Treatment) とし，他の会計処理を「認められる代替的処理」(Allowed Alternative Treatment) とすることとしたのである。

　対象となったIAS（当時）は，第2号「取得原価主義会計における棚卸資産の評価および表示」，第8号「非経常項目，過年度項目および会計方針の変更」，第9号「研究および開発活動の会計」，第11号「工事契約の会計処理」，第16号「有形固定資産の会計処理」，第17号「リースの会計」，第18号「収益認識」，第19号「事業主の財務諸表における退職給付の会計処理」，第21号「外国為替レート変動の影響の会計処理」，第22号「企業結合の会計処理」，第23号「借入コストの資産化」および第25号「投資の会計処理」の12基準である。

　たとえば，E32「財務諸表の比較可能性」が提案したIAS第2号「取得原価主義会計における棚卸資産の評価および表示」における棚卸資産の原価配分は，次のような改正案であった。

> **A．優先的処理**
> 　(1)　個別法，先入先出法および加重平均原価法
> 　　①互換性を持たないもの，あるいは特定のプロジェクト用に製造された棚卸資産は，個別法により算定しなければならない。
> 　　②それ以外の棚卸資産は，先入先出法または加重平均原価法により算定しなければならない。
> 　(2)　標準原価法および売価還元法
> 　　取得原価と正味実現可能価額とのいずれか低い額と毎期継続して近似する場合には，便宜上採用することが認められる。

> **B．代替的処理**
> (1)　後入先出法
> 　　IAS第5号の第18項Aで要求されている情報の開示を条件として，後入先出法を採用することができる。
> **C．除去された処理**
> 　基準在高法

　こうしたE32「財務諸表の比較可能性」に寄せられたコメントの多くは，個々の提案内容の1つまたはそれ以上に反対であった（IASC［1990］，par.7）。これを踏まえて，IASC理事会は，E32の提案事項を再検討するとともに，比較可能性／改善プロジェクトの継続を決めている。提案事項を再検討した結果，IASCは，1990年7月に趣旨書「財務諸表の比較可能性」を公表したのである。この趣旨書に示された決定事項は，次の3つである（IASC［1990］，par.9）。

①E32における29の提案事項のうち，21の提案事項に関しては，実質的な変更なしに，IAS（改訂版）に盛り込まなければならないこと（**図表4-3**参照）
②E32における3つの提案事項に関しては，実質的な変更が必要であり，したがって，それらの草案を再公開しなければならないこと（**図表4-4**参照）
③5つの提案事項に関する再検討は，今後の作業結果が得られるまで保留しなければならないこと（**図表4-5**参照）

第3節 証券監督者国際機構（IOSCO）による会計基準の国際的調和化

図表4-3　IASC理事会がE32「財務諸表の比較可能性」の提案事項を実質的な変更なしに，IAS（改訂版）に盛り込むことに合意した事項

項　目	規定処理または標準処理	認められる代替的処理	除去された処理
重大な誤謬および脱漏の訂正並びに会計方針の変更による修正	・（一定の例外を除き）留保利益の期首残高を修正する。 ・比較表示されている情報を改訂する。	・当期の損益に含める。 ・改訂後の仮定計算による比較可能な情報を表示する。	
工事契約に関する収益および純利益の認識	・工事進行基準 ・利益の認識条件を満たさない場合には，回収可能な発生した原価の額まで収益を認識する。		・工事完成基準
有形固定資産の測定	・取得原価で測定する。	・再評価額で測定する。	
他の資産との交換によって取得した有形固定資産の測定	・類似性のない取得資産に関しては，公正価値 ・類似性のある取得資産に関しては，譲渡資産の正味帳簿価額		・類似性のない取得資産に関しては，譲渡資産の正味帳簿価額 ・類似性のある取得資産に関しては，公正価値
以前に損益に借記した再評価による減少額に関連する再評価による増加額の認識	・当期の損益として認識する。		・株主持分に認識する。
役務の給付取引に関する収益の認識	・進行基準 ・役務契約の最終的な結果を確実に見積ることができない場合には，回収可能な発生した原価の額まで収益を認識する。		・完了基準
退職給付コストの決定	・発生給付評価方式	・予測給付評価方式	
退職給付コストの決定にあたっての予測給与の採用	・予測給付に関する仮定を導入する。		・予測給付に関する仮定は導入しない。

第4章　会計基準の国際的調和化

253

過去勤務コスト，実績による修正額および保険数理計算上の仮定の変更の影響額の認識	・（一定の例外を除き）加入従業員の平均見積残存在職期間に近似する期間にわたって，組織的に認識する。		・その発生時に当期の損益として認識する。
長期貨幣項目に関する外国為替の損益の認識	・ヘッジされない限り，当期の損益として認識する。		・繰延べて当期および将来の期間の損益として認識する。
大幅な通貨切下げに対してヘッジする実際的手段がないことから生じる，資産の取得に関する外国為替の損失の認識	・当期の損益として認識する。	・資産の原価の一部として認識する。	
在外事業体の損益計算書項目の換算に用いる為替レート	・取引日の為替レート（または平均レート）		・決算日レート
損益計算書項目を決算日レート以外の為替レートで換算することから生じる差額の処理	・株主持分に認識する。		・当期の損益として認識する。
超インフレ経済下にある子会社	・換算前に，IAS第29号「超インフレ経済下の財務報告」に準拠して，財務諸表を修正表示する。		・事前の修正表示なしに財務諸表に換算する。
親会社の営業と不可分である在外営業活動体の換算差額の処理	・ヘッジされない限り，当期の損益として認識する。	・それらが，大幅な通貨切下げに対してヘッジする実際的手段がないことから生じる場合に，資産の原価の一部として認識する。	・繰延べて当期および将来の期間の損益として認識する。
企業結合の会計処理	・取得に対してはパーチェス法 ・持分の結合に対しては持分プーリング法		・取得に対しては持分プーリング法 ・持分の結合に対してはパーチェス法

第3節　証券監督者国際機構（IOSCO）による会計基準の国際的調和化

正ののれんの処理	・資産として認識し，その有効期間にわたって組織的基準に基づき償却し，損益に計上する。より長期の償却期間（いかなる場合も，20年を超えてはならない）が正当化されない限り，5年を超えない期間で償却する。		・株主持分を直接修正する。
負ののれんの処理	・個々の非貨幣資産に配分する。かかる配分後に，負ののれんが残っている場合には，繰延利益として処理し，正ののれんと同様に組織的基準に基づいて認識する。	・繰延利益として処理し，正ののれんと同様に組織的基準に基づき認識する。	・株主持分を直接修正する。
企業結合から生じる少数株主持分の測定	・取得前帳簿価額で測定する。	・取得後の公正価値で測定する。	
投資不動産の測定	・減価償却後の取得原価で測定する。	・再評価額で測定する。	・減価償却なしの取得原価で測定する。
以前に再評価剰余金として認識した実現利得の認識	・利益剰余金に振り替える。		・当期の損益として認識する。

出所：IASC［1990］, Appendix 1.

図表4-4　IASC理事会がE32「財務諸表の比較可能性」の提案事項に対して実質的な変更を行うことに合意した事項

項　　目	規定処理または標準処理	認められる代替的処理	除去された処理
棚卸資産の原価配分	・先入先出法（FIFO）および加重平均原価法		・後入先出法（LIFO）および基準在高法
開発費	・開発費が特定の規準を満たす場合には，資産として認識し，規準を満たさない場合には，費用として認識する。		・特定の規準を満たす開発費を費用として認識する。
借入費用	・資産が意図したように使用または販売するまでに相当の期間を要するものは，当該資産の原価の一部として認識する。他の状況にあっては，費用として認識する。		・資産化基準を満たす借入費用を費用として認識する。

注：これらの事項は，再公開され，寄せられた意見を考慮して再検討される。
出所：IASC［1990］，Appendix 2.

図表4-5　今後の作業結果が得られるまで検討が保留された事項

基　準	項　　目	保留内容
IAS第17号「リースの会計処理」	・ファイナンスリースに関する金融収益の認識	・IASC理事会は，貸手の正味リース投資未回収残高が法人税等の要因によって大きく影響を受けるリースに関する金融収益の認識については，今後の研究が必要であると考えている。IASC理事会は，このようなリースの国際的に認められる定義を定め，「レバレッジド・リース」という用語を使用しないつもりである。
IAS第25号「投資の会計処理」	・長期投資の測定 ・長期投資として保有される市場性ある持分証券の測定 ・短期投資の測定 ・短期投資の時価の増減の認識	・これらの事項のすべての検討は，金融商品のプロジェクトの今後の作業結果が得られるまで保留した。

出所：IASC［1990］，Appendix 3をもとに作成。

第3節 証券監督者国際機構（IOSCO）による会計基準の国際的調和化

（2）「コア・スタンダード」に対するIOSCOの支持

　第2に，IOSCOとIASC理事会が1993年に，クロスボーダー取引に関与する企業の財務諸表に用いる最低限の「コア・スタンダード」のリストに合意している。この合意対象であるコア・スタンダードは，IASが会計基準としての網羅性を欠いているという事実を踏まえて，IOSCOがIASを包括的に承認（全面的受用）するためには，比較可能性／改善プロジェクトによる10項目の基準（当時のIAS第2号「棚卸資産」，IAS第8号「期間純損益，重大な誤謬および会計方針の変更」，IAS第9号「研究開発費」，IAS第11号「工事契約」，IAS第16号「有形固定資産」，IAS第18号「収益」，IAS第19号「退職給付費用」，IAS第21号「外国為替レート変動の影響」，IAS第22号「企業結合」およびIAS第23号「借入コスト」）以外にも，IOSCOが必要とする会計基準を作成または改訂することで，会計基準の網羅性の実現を目指したものであった。

　IOSCOの第1作業部会長のリンダ・クイン（Linda Quinn）（SEC企業財務局長）とそのもとでの会計・監査小委員会委員長のマイケル・マハー（Michael Meagher）（元オンタリオ証券取引所主任会計士）が，当時のIASCの白鳥栄一議長に宛てた1994年6月17日付の2通の書簡は，「**白鳥レター**」（Shiratori Letters）として名高い（当該書簡に対する同年12月28日付のIASCからIOSCOへの返信書簡を「白鳥レター」とする見解もある）。IOSCOの第1作業部会長を擁立している事実からも窺えるように，SECはコア・スタンダードの草案作成などで指導的立場にあった。つまり，コア・スタンダード・プロジェクトは，事実上，アメリカによるIASの承認問題であったといってよい。

　この書簡は，IASの検討結果を取りまとめたもので，比較可能性／改善プロジェクトによる10項目の基準に関わるものと，その他のIASとIASCの作業予定項目に関わるものから構成されている。このなかで，IASの検討結果を，①改訂必須項目（IASCが検討しない限り，コア・スタンダードを受け入れることができない16項目），②検討留保項目（改訂作業に取り組まなくても受け入れ可能な項目），③その他の項目（財務諸表の比較可能性と透明性を向上するために，将来的に取り組まなければならない項目），および，④将来の長期的プロジェクトに

第4章　会計基準の国際的調和化

257

区分して明示している。

　IOSCOとIASCは，1995年に，IASCがコア・スタンダードの設定作業計画を策定し，IOSCOが当該作業計画を支持することで合意した。IASC理事会は，コア・スタンダード設定作業計画の完了時期の前倒し（1999年6月から1998年3月への前倒し）を表明していたが，難題であったIAS第39号「金融商品：認識と測定」の公表（1998年12月）によって，1993年に合意した最低限のコア・スタンダードの設定を終えている（2000年5月のIAS第40号「投資不動産」の公表をもって，IOSCOが要請したコア・スタンダードが完成した）（**図表4-6**参照）。

図表4-6　コア・スタンダード作業計画

作業計画項目[a]	開始日[b]	終了日 予定[c]	終了日 実際[d]	基準への影響 改訂	基準への影響 廃止	基準への影響 新設
A. 1995年7月までに進行中のプロジェクト						
法人所得税	1987年3月	1995年11月	1996年9月	IAS第12号		
金融商品	1988年6月	1997年11月	1998年12月			IAS第32号, IAS第39号
無形資産	1989年4月	1996年6月	1998年7月	IAS第22号	IAS第4号, IAS第9号	IAS第36号, IAS第38号
1株当たり利益	1990年3月	1997年3月	1997年1月			IAS第33号
セグメント別報告	1992年3月	1997年3月	1997年1月	IAS第14号		
財務諸表の表示	1993年3月	1997年11月	1997年7月	IAS第1号		
農業	1994年6月	1998年11月	2000年12月			IAS第41号
退職給付コスト等	1994年11月	1999年3月	1998年1月	IAS第19号		
B. 1995年7月以降に開始したプロジェクト						
期中財務報告	1995年11月	1999年3月	1998年1月			IAS第34号
廃止事業	1995年11月	1998年11月	1998年4月			IAS第35号
引当金・偶発債務	1996年3月	1999年6月	1998年7月			IAS第37号
リース	1996年6月	1999年6月	1997年11月	IAS第17号		
研究および開発（改訂）	1996年6月	1998年6月	1998年7月	無形資産と結合		
減損（改訂）	1996年6月	1998年6月	1998年7月	無形資産と結合		
のれん（改訂）	1996年6月	1999年6月	1998年7月	無形資産と結合		
投資（改訂）	1997年11月	1999年6月	2000年3月		IAS第25号	IAS第40号

注：

a　作業計画項目は，1995年7月11日付のIASCプレスリリース「IASCとIOSCOとの合意」に付された「IASC作業計画案：1995年—1999年」によるものである。

b　審議会でプロジェクトが協議事項とされた年月。

c　1995年7月11日付の「IASC作業計画案：1995年—1999年」での計画終了日。

d　審議会で最終基準の公表を承認した日。

出所：Camfferman and Zeff［2007］, Table 11.1, p.351.

第4節 国際会計士連盟（IFAC）による会計基準の国際的調和化

　1999年初めに，IOSCOの第1作業部会はコア・スタンダードのレビューを開始し，2000年3月に，IOSCOがコア・スタンダードの是認を専門委員会に勧奨している。これを受けて，IOSCO代表委員会での承認議決により，2000年5月17日にIOSCO加盟国に対して，クロスボーダーでの公募や上場に必要な財務諸表の作成の際に利用する会計基準として，IASの30基準および関連する解釈指針を利用することが勧告された。併せて，IOSCO加盟国に対して調整・開示・解釈から構成される追加措置を講じることも認めている。

　IOSCOが承認したIASの各加盟国での受け入れ状況を把握するために，IOSCOが2001年に実施した追跡調査によれば，すでに多くの加盟国が発行体に対してIASの利用を容認または容認に向けて積極的に働きかけている実態が明らかとなっている（IOSCO［2002］，p.5）。①EUの経済財務相理事会（ECOFIN）が2005年までにIASの強制適用を決定したこと，②IASCからIASBに組織再編したこと，および，③当該IAS問題を担当するヨーロッパ証券規制当局委員会（CESR）を組織化したことなどが，IASの利用を促す効果をもたらしている。

　2005年2月に，IOSCO専門委員会は「2005年の国際財務報告基準の開発および利用に関するステートメント」（IOSCO［2005a］）を公表した。これは，クロスボーダーでの公募や上場に加盟国の各「一般に認められた会計原則」（GAAP）に対する調整表の追加措置を容認しつつ，IFRSsの利用を改めて強く支持表明したものである。このようなIOSCOの姿勢は，IOSCO第30回年次総会の最終声明書（IOSCO［2005b］，p.4）でも再確認することができる。

第4節　国際会計士連盟(IFAC)による会計基準の国際的調和化

1．IFACの目的と機構

　IFACは，世界の会計士団体により構成されている国際的な連合組織である。

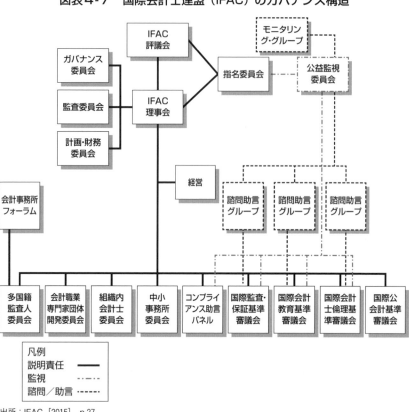

図表4-7　国際会計士連盟（IFAC）のガバナンス構造

出所：IFAC［2015］, p.27.

　上述したように，国際的な会計プロフェッションの組織としては，1973年のIASCの設立に伴い，5年ごとに開催する国際会計士会議（世界会計士会議の前身）の運営等を担う国際機関としてのICCAPが設立されていた。1977年10月の世界会計士会議（ミュンヘン大会）において，40ヵ国50加盟機関の合意により，ICCAPを発展的に解消して設立したのがIFACである。IFACは，51ヵ国からの63機関の設立メンバーで発足した。

　IFACのミッションは，高品質な会計プロフェッション基準を策定してこれ

第4節 国際会計士連盟（IFAC）による会計基準の国際的調和化

を遵守することを推進し，当該基準の国際的統合を促進し，さらに会計プロフェッションの知識が最も関連する公共の利益（公益）の問題について発言することによって，公益に役立ち，世界中の会計プロフェッションを強化し，強固な国際経済の発展に寄与することである。

とくに，IFACとIASCとの間の役割分担を取りまとめた1982年の「相互協約」（IASC／IFAC Mutual Commitments）を通じて，営利企業を適用対象とした会計基準および開示基準の作成は，IASCに一元化された。そのため，IFACは，IASCの諸活動を支援するとともに，国際監査・保証基準審議会（IAASB），国際会計士倫理基準審議会（IESBA）や国際会計教育基準審議会（IAESB）などを通じて，会計基準以外の会計プロフェッションに関わる**国際監査基準（ISA）**をはじめ，会計プロフェッションの行動指針（**倫理規程**（Code of Ethics））や会計教育に関する基準（**国際教育基準（IES）**）を制定している（**図表4-7**のIFACのガバナンス構造を参照）。また，中央政府や地方政府等の公共部門に適用される財務報告の国際的な比較可能性を向上するための**国際公会計基準（IPSAS）**の策定についても，IFACの**国際公会計基準審議会（IPSASB）**がその役割を担っている。

2．IFACと会計基準の国際的調和化

監査の国際基準の制定は，IFACの**国際監査実務委員会（IAPC）**が行ってきた。IAPCは，各国の監査実務と監査報告書の調和を図るために，「**監査の国際的ガイドライン」（IAG）**やそれを引き継ぐ国際的な監査基準のISAとその実務ステートメント（IAPS）を公表してきたが，2002年4月のIFAC組織改編によってIAASBとして再編された。

ISAは，"should"を使用して要求事項を記載した太字表示の文章（ブラック・レター）と現在形の動詞などで記載した文章（グレー・レター）から構成されているが，グレー・レターによる手続きが要求事項なのか否かが判断しにくく，また，ブラック・レターによる要求事項に対する手続きの説明が不足しているなどといった批判があった。これを受けて，IAASBは，ISAを大幅に置き換

第4章 会計基準の国際的調和化

261

える**クラリティ・プロジェクト**（Clarity Project）を展開し，2009年3月までに完了した（IAASBのクラリティ・プロジェクトは，2004年9月に公表された公開草案「方針書の提案『IAASBが公表する国際基準の職業専門的な要求の明瞭化』」（Proposed Policy Statements, "Clarifying Professional Requirements in International Standards Issued by the IAASB"）および諮問書（協議文書）「IAASB基準の明瞭性と構造の改革および実務ステートメントの関連の検討」（Consultation Paper: Improving the Clarity and Structure of IAASB Standards and Related Considerations for Practice Statements）（IAASB［2004］）を通じて展開されたものである）。その結果，ISAは各基準の目的が明確にされ，基準の「要求事項」と「適用指針およびその他の説明資料」に分けて記載するように統一された。

2010年以降，多くの国や地域でISAが採択され，あるいは，それをベースにした基準が開発されたこともあって，IAASBは，ISAの適用状況のレビューや監査以外の業務に関する基準開発に取り組んでいる。IAASBによる**国際レビュー業務基準**（ISRE），**国際保証業務基準**（ISAE），**国際関連サービス基準**（ISRS）および**国際品質管理基準**（ISQC）などの開発は，その具体的活動である。

ISREは，監査人が監査クライアントの期中財務情報のレビュー業務を引き受ける場合の監査人のプロフェッションとしての責任，並びに，その場合のレビューの報告書の様式および内容に関する基準を定め，指針を提供するものである。ISAEは，委託会社の財務諸表に係る内部統制に関連する受託業務（信託財産運用・保管，給与計算等）の内部統制を評価する基準である。ISRSは，IAASBの基準の関連サービスに適用される基準である。また，ISQCは，財務諸表の監査およびレビュー，並びに，その他の保証業務および関連するサービス業務について，その品質管理システムに対する事務所の責任について規定した基準である。

なお，ISAは，序文的事項，監査人の責任，監査計画，内部統制，監査証拠，他の監査人の結果の利用，監査結論と監査報告，特殊領域および関連業務などで構成されている。

IFACは，2003年に，統治活動および会計士が世界中で公益に対する責任を

果たすにあたって，その役割をいかに強化するかを決定するための監督責任について再検討を行った。その結果は「**改革提案**」（Reform Proposals）（IFAC [2003]（日本公認会計士協会訳 [2003]））として取りまとめられ，この提案は2003年11月のIFAC年次総会で承認されている。

改革提案の目的は，IFACの活動が公益に対して適切かつ敏感で，高品質な基準と監査・保証業務をリードする信頼性の増幅にある。また，改革提案は，高品質な基準の世界的なコンバージェンスの達成にも貢献するように立案されており，その意味では，会計基準の国際的調和化にも深く関わっていることがわかる。

主要各国で生じた一連の企業不祥事は，会計不信を招き，会計プロフェッションへの信頼を損ねた。こうした会計プロフェッションへの信頼性の低下の結果，ISAの採択を模索したEUでは，IFACのミッションに謳われた公益に照らすと，IAASBによるISAの設定活動は不十分だとして疑問視され，公的関与の強化が望まれた。その打開策として，2003年3月の金融安定化フォーラム（FSF）ベルリン会合で，イギリスのFSAの提案を踏まえて，「FSFは，IAASBの作業を監視するため，公益のために活動する独立した外部の機関の設立を強く要請」した。これに対応すべく，IFACは2003年11月の総会において，IAASBによるISAの設定活動等を公益の観点から監視する役割を担う**公益監視委員会（PIOB）**を設置した。IFACからIAASBの基準設定活動を切り離す意見もあったが，IFACに基準設定活動を存続させるとともに，PIOBがIFACの公益活動を監視する基準設定のガバナンス体制を確立している。**モニタリング・グループ**（IOSCO，BCBS，IAIS，世界銀行，ヨーロッパ委員会（EC）およびFSF（現金融安定化理事会（FSB））からなる）が指名したメンバーで構成されるPIOBが，IAASBのメンバーの承認やデュー・プロセスの監視を行うガバナンス体制の構築である。

会計の透明性を高めるためには，会計基準のみならず監査基準をも高品質化する必要がある。監査報告書の監査意見が，ISAに基づいて監査を実施した結果の意見表明である事実も重要性が増すことになる。

第5節 国際連合(UN)による 会計基準の国際的調和化

UNによる会計基準の国際的調和化への関与は，1970年代と近年（1982年以降）の2段階にわたって行われてきた（Saudagaran［2004］，p.41（佐藤訳［2006］，68頁））。

1970年代，UNは多国籍企業問題に取り組んだ。その取組みは，経済社会理事会（ECOSOC）の諮問機関として1974年12月に創設された**多国籍企業委員会**（Commission on Transnational Corporations）と，その事務局として同年8月に設置された**多国籍企業センター**（Centre on Transnational Corporations）によっても窺い知ることができる。UNに限らず，経済協力開発機構（OECD）が多国籍企業問題に取り組んだのは，多国籍企業による経済的効果を認識しつつも，その効果が国際関係に影響を及ぼすことも事実で，多国籍企業による事業活動の組織化のあり方を見極める必要性があったからである。

多国籍企業に係る諸問題，とくに国際関係に対する多国籍企業の意味合いとともに，発展途上国における開発に対する多国籍企業の役割や影響を研究する目的で，UN事務総長が任命した**「有識者グループ」**（Group of Eminent Persons）こそ最初の討議の場であった。有識者グループが検討結果をまとめた報告書（UN［1974］）によれば，多国籍企業の活動に関する財務情報・非財務情報が不足していることや，アニュアル・レポートの比較可能性が十分でないことが指摘されている。多国籍企業の会計報告のあり方が問われたのである。多国籍企業委員会の創設には，この有識者グループの検討結果を踏まえて多国籍企業の会計報告のあり方を明確にするとともに，その行動規範（Code of Conduct）の作成という役割期待が込められているのである（松本［1985］，54-55頁）。

専門家グループの招集を勧告した有識者グループの報告書をもとに，多国籍企業委員会は，1976年に「会計報告の国際基準に関する専門家部会」（Group of Experts on International Standards of Accounting and Reporting）を設置した。

264

この専門家部会が翌年に公表した「**多国籍企業のための会計報告の国際基準**」
(International Standards of Accounting and Reporting for Transnational
Corporations) は，会計基準の国際的調和化への試みとして捉えることができる。

　この国際基準の付録には，多国籍企業が少なくとも開示すべき財務情報と非
財務情報のリストが収録されている。当該国際基準には，国際的な会計基準に
ついて政府間で合意を図る作業に着手すべきとする事務総長勧告が付されてお
り，この勧告を受けて，1979年5月に設置されたのが「会計報告の国際基準に
関するアドホック政府間作業部会」(Ad Hoc Intergovernmental Working Group
of Experts on International Standards of Accounting and Reporting) である。こ
の作業部会には，多国籍企業の活動に関する情報の有用性や比較可能性を高め
るための会計報告の基準の採択を促進する目的が付されている。アドホック政
府間作業部会の活動成果は，1982年の「企業会計報告の国際的標準化の動向」
(Towards International Standardization of Corporate Accounting and Reporting)
や「会計報告の国際基準」(International Standards of Accounting and Reporting)
(UN [1982]) と題する報告書としてまとめられている。

　アドホック政府間作業部会は特別委員会としての位置づけであったため，そ
の作業を引き継ぎ，長期目的である会計基準の国際的調和化を追求するために，
ECOSOCは「会計報告の国際基準に関する政府間作業部会」(Intergovernmental
Working Group of Experts on International Standards of Accounting and
Reporting) を1982年10月に設置することを決議した。この政府作業部会で1983
年から3年間にわたって展開された討議は，定期的に報告書（UN [1983] や
UN [1984]）が提出された（http://www.unctad.org，松本 [1985]，54-57頁および
平松 [1994]，167-170頁参照）。

　また，UNは，ロシア連邦，アゼルバイジャンおよびウズベキスタンなどの
旧共産主義国での健全な会計改革に対して資金提供と技術支援も行ってきた。

第6節 経済協力開発機構（OECD）による 会計基準の国際的調和化

1．OECDの目的

　フランスのパリに本部を置くOECDは，「**先進国クラブ**」（Developed Country Club）の別称を有し，またその前身は，第二次世界大戦後のヨーロッパ再建とそれに向けたヨーロッパ諸国による協力体制の整備の必要性から，1948年4月に設置された**ヨーロッパ経済協力機構（OEEC）**にある。OEECは，アメリカのジョージ・キャトレット・マーシャル（George Catlett Marshall）国務長官（当時）が表明した復興援助プログラム「**マーシャル・プラン**」（Marshall Plan，1947年）に呼応したヨーロッパ諸国が，アメリカの復興援助受け入れ機関として設置したものである（アメリカは「1948年対外援助法」（Foreign Assistance Act of 1948）を制定し，復興援助実施機関として経済協力局（ECA）を設置した）。

　1950年代後半には所期の目的を達成したことを受けて，協力体制整備の対象を欧州経済に限定せずに大西洋両岸に跨る先進諸国に移行し，その経済協力機構の構築の機運が高まる。新たな経済協力機構は，OEEC加盟18ヵ国とアメリカおよびカナダが1960年12月にOECD条約に署名し，翌年9月に，世界的視野で国際経済全般について協議することを目的としたOECDが発足している。原加盟国は20ヵ国であったが，現在は民主主義と市場経済を支持する30ヵ国を超える国々が加盟している。

　OECDの三大目的は，次のとおりである。

　①経済成長：財政金融上の安定を維持しつつ，できる限り高度の経済成長を維持し，雇用の増大並びに生活水準の向上を達成し，もって世界経済の発展に貢献すること

　②開発途上国援助：経済発展の途上にある加盟国および非加盟国の経済の健全な拡大に貢献すること

③多角的な自由貿易の拡大：国際的義務に従って，世界貿易の多角的かつ無差別的な拡大に貢献すること

国際社会・経済が多様化することを受けて，OECDの活動領域もこれらの目的に限定されずに，環境，エネルギー，農林水産，科学技術，教育，高齢化および年金・健康保険制度などへと拡大している（http://www.oecdtokyo.org参照）。

２．OECD多国籍企業行動指針（ガイドライン）

前節のUN主導による多国籍企業の規制は，発展途上国を主体とするものであったが，大西洋両岸に跨る先進諸国からすれば，多国籍企業の行動に対する国際的規制を座視できるものではなかった。OECDが1975年に設置した**国際投資・多国籍企業委員会**（Committee on International Investment and Multinational Enterprises）は，翌1976年に，**「国際投資と多国籍企業に関するOECD宣言」**（Declaration on International Investment and Multinational Enterprises）（OECD [1976]）とその付属文書**「OECD多国籍企業行動指針（ガイドライン）」**（OECD Guideline for Multinational Enterprises）を公表した。

「OECDは国連の過激ともいえる提案から先進工業国を保護するために，加盟国内で事業活動を展開する多国籍企業に対して自主的にこれ〔「OECD多国籍企業行動指針（ガイドライン）」：引用者〕を遵守するよう加盟国政府を通じて要請してきた」（橋本［1994］，306頁）ものである。この「OECD多国籍企業行動指針（ガイドライン）」は，多国籍企業に期待される責任ある行動を自主的にとることを勧告するために策定したもので，これまでの世界経済の発展や企業行動の変化に合わせて，1979年，1984年，1991年，2000年および2011年に改訂している（法的な強制力はなく，適用の実施はあくまでも企業の自主性に委ねられている）。

「OECD多国籍企業行動指針（ガイドライン）」2011年改訂版（OECD［2011]）は，①国際投資と多国籍企業に関するOECD宣言，②第Ⅰ部　OECD多国籍企業行動指針，③第Ⅱ部　OECD多国籍企業行動指針の実施手続，から構成されている。

国際投資と多国籍企業に関するOECD宣言は，次のとおりである（OECD
［2011］（日本語仮訳版参照））。

国際投資と多国籍企業に関するOECD宣言

2011年5月25日

参加政府は，

以下を考慮し，

- 国際投資は世界経済にとって非常に重要であり，諸国の開発に著しく寄与し
ていること，
- 多国籍企業は，このような投資の過程で重要な役割を果たしていること，
- 国際協力は外国投資環境を改善でき，多国籍企業が，経済面，社会面及び環
境面の発展に対し行い得る積極的な貢献及びその活動がもたらすであろう困
難を最小化し解決することを奨励すること，
- 国際協力の利益は，相互に関連する文書の均衡の取れた枠組を通じ，国際投
資及び多国籍企業に関連する課題に対処することにより高められること，

以下を宣言する。

Ⅰ．多国籍企業行動指針

　参加政府は，自国内で及び自国から活動する多国籍企業に対し，序文に規定
された考慮及び理解がその不可分の一部であることに留意しつつ，この文書の
附属書1に規定する，行動指針を遵守するよう共同で勧告する。

Ⅱ．内国民待遇

1. 参加政府は，公の秩序の維持の必要性に従い，重大な安全保障上の利益の
保護，国際の平和及び安全に関連するコミットメントの履行，自国で活動し，
直接的又は間接的に他の参加政府国民により所有又は支配される企業（以下，
「外国支配企業」という。）に，自国の法律，規則及び行政上の慣行の下での処
遇について，国際法に従い，国内企業に与えられる類似の状況に比べ，不利
でない待遇を提供すべきである。

第6節 経済協力開発機構（OECD）による会計基準の国際的調和化

2．参加政府は，参加政府以外の諸国に関し，「内国民待遇」の適用を考慮する。

3．参加政府は，その領土細分に「内国民待遇」の適用を確保するため努力する。

4．この宣言は，外国投資への参入又は外国企業の設立条件を参加政府が規制するための権利を扱わない。

Ⅲ．相反する要求

参加政府は，多国籍企業に関する相反する要求の賦課を回避し又は最小化する観点から協力し，この文書の附属書2に規定する一般的考慮や実際的方策を考慮する。

Ⅳ．国際投資の促進要因及び抑制要因

1．参加政府は，国際直接投資分野での協力を強化する必要を認識する。

2．参加政府はしたがって，国際直接投資に公的な促進要因及び抑制要因を与える，この分野に特定の法律，規則及び行政慣行（以下，「措置」という。）により影響を受ける参加政府の利益に相当の考慮を払う必要を認識する。

3．参加政府は，そのような措置に可能な限り透明性を持たせるために努力することにより，その重要性及び目的が解明でき，それらに関する情報が容易に入手できるようにする。

Ⅴ．協議手続

参加政府は，関連する理事会決定に従い，上記事項について互いに協議する用意がある。

Ⅵ．再検討

参加政府は，国際投資及び多国籍企業に関連する事項について参加政府間の国際経済協力の実効性を向上させる観点から，上記の事項を定期的に再検討する。

「OECD多国籍企業行動指針（ガイドライン）」は，多国籍企業に対して政府が行う勧告であり，この行動指針は，多国籍企業の活動と政府の政策との間の調和の確保，企業と企業が活動する社会との間の相互信頼の基礎の強化，外国投資環境の改善の支援および多国籍企業による持続可能な開発への貢献の強化

を目的とするものである（OECD［2011］，Part I, Preface 1）。

「OECD多国籍企業行動指針（ガイドライン）」は，一般方針，情報開示，人権，雇用および労使関係，環境，贈賄・贈賄要求・金品の強要の防止，消費者利益，科学および技術，競争，納税等の分野における責任ある企業行動に関する任意の原則と基準を定めている。その骨子は**図表4-8**のとおりである。

このうち，情報開示は，次のように勧告する。すなわち，「企業は，その活動，組織，財務状況，業績，所有権及び企業統治〔コーポレート・ガバナンス：引用者〕に関する全ての重要な事項について，時宜を得た〔タイムリーで：引用者〕正確な情報の開示を確保すべきである。この情報は，企業全体について，及び，然るべき場合には事業系統毎又は地域毎に開示されるべきである。企業の情報開示に関する方針は，費用，事実上の秘密及びその他の競争上の関心事項を然るべく考慮しつつ，企業の性質，規模及び所在地に適合するよう策定されるべきである」。そこで，企業の情報開示方針は，必ずしも限定されないが，次のような情報を含むべきとしている（OECD［2011］，Part I, Ⅲ, 1 and 2）。

①企業の財務実績および業績

②企業の目的

③主要な株式所有と議決権（企業グループの構造，グループ内関係および管理体制の充実のための仕組みを含む）

④取締役会のメンバーおよび主要役員の報酬に関する方針並びに取締役会のメンバーに関する情報（資格，選任プロセス，他の企業の取締役との兼職状況および各メンバーに独立性があると取締役会が考えているかどうかを含む）

⑤関係当事者との取引

⑥予見可能なリスク要因

⑦労働者その他の利害関係者に関する問題

⑧企業統治の構造と方針，とくにコーポレート・ガバナンスに関する規範または方針および実施プロセスの内容

また，次のような追加的情報の公表も推奨している（OECD［2011］，Part I, Ⅲ, 3）。

第6節 経済協力開発機構（OECD）による会計基準の国際的調和化

図表4-8 「OECD多国籍企業行動指針（ガイドライン）」 2011年改訂版の構成と骨子

序文	「行動指針」の基本的性格や背景の説明
Ⅰ．定義と原則	「行動指針」は多国籍企業に対し，良き慣行の原則・基準を提供。「行動指針」の遵守は任意のものであり，法的に強制しうるものではない。参加国政府は「行動指針」の普及を促進し，「各国連絡窓口（NCP）」を設置。
Ⅱ．一般方針	持続可能な開発の達成，人権の尊重，能力の開発，人的資本の形成，良いコーポレート・ガバナンスの維持等のため企業は行動すべき。リスクに基づくデュー・ディリジェンスを，サプライチェーンを含む企業活動による悪影響を特定，防止，緩和するための主要ツールとして導入。
Ⅲ．情報開示	企業は，活動，組織，財務状況および業績等について，タイムリーかつ定期的に情報開示すべき。企業が情報開示すべき重要情報と，企業による情報開示が奨励される情報を例示。
Ⅳ．人権（2011年に新設）	企業には人権を尊重する責任があり，自企業および取引先の活動等において，適切に人権デュー・ディリジェンスを実施すべき。
Ⅴ．雇用および労使関係	企業は，労働者の権利の尊重，必要な情報の提供，労使間の協力促進，途上国で活動を行う際の十分な労働条件の提供，訓練の提供，集団解雇の合理的予告等を行うべき。
Ⅵ．環境	企業は，環境，公衆の健康および安全等を保護し，持続可能な開発の達成等に向け十分考慮を払うべき。
Ⅶ．贈賄・贈賄要求・金品の強要の防止	企業は，賄賂その他の不当な利益の申し出，約束または要求等を行うべきでない。2011年の改訂により，対象範囲を贈賄要求，金品の強要の防止にも拡大，少額の円滑化のための支払いについても言及。
Ⅷ．消費者利益	企業は公正な事業，販売および宣伝慣行に従って行動し，提供する物品・サービスの安全性と品質確保等のため合理的な措置を実施すべき。消費者情報を保護し，誤解を招きやすい販売活動を防止し，弱い立場にある消費者やEコマース等にも適切に対応すべき。
Ⅸ．科学および技術	企業は，受入国の技術革新能力の発展，受入国への技術・ノウハウの移転等に貢献すべき。
Ⅹ．競争	企業は，法律・規則の枠内において競争的な方法で活動すべき。
Ⅺ．納税	企業は納税義務を履行することにより，受入国の公共財政に貢献すべき。

出所：外務省Website（http://www.mofa.go.jp）「OECD多国籍企業行動指針」，2016年11月17日を一部修正。

①公の開示を目的とした企業価値または事業行動に関する声明（企業活動との関連性に応じ，行動指針に規定される事項に関連する企業の方針に関する情報を含む）

②企業が賛成する方針およびその他の行動規範，これらの採択日並びにこれらの声明が適用される国および事業体

③これらの声明および行動規範に関連する成果

④内部監査，リスク管理および法令遵守に関する情報

⑤労働者およびその他の利害関係者との関係に関する情報

加えて，情報開示に向けて適用する基準や方針および監査のあり方についても勧告している。つまり，「企業は，会計，財務及び非財務事項の情報開示（もしあれば，環境・社会報告を含む。）のために高品質な基準を適用すべきである。情報の集積及び公表に関する基準又は方針は，報告されるべきである。年次監査は，財務諸表が全ての重要な点において企業の財政状況及び業績を適正に表している旨の外部的かつ客観的な保証を取締役会及び株主に提供するため，独立し，能力を有し，かつ資格のある監査人により行われるべきである」（OECD [2011]，Part I, Ⅲ, 4）というのである。

「OECD多国籍企業行動指針（ガイドライン）」で多国籍企業が開示すべき情報を勧告したことは，先進諸国が自主的に多国籍企業の会計基準を規制する意思のあらわれであると捉えることもできる。

3．OECDと会計基準の国際的調和化

「OECD多国籍企業行動指針（ガイドライン）」における情報開示の勧告の遵守を促すために，OECDの国際投資・多国籍企業委員会は，「会計基準アドホック作業部会（会計基準特別作業部会）」（Ad Hoc Working Group on Accounting Standards）と「会計基準作業部会」（Working Group on Accounting Standards）をそれぞれ1978年と1979年に設置している。会計基準アドホック作業部会の主たる任務は，OECD加盟国の会計基準や会計実務の調査研究にある。また，会計基準作業部会のそれは，次に明記したとおり，上記の行動指針に含まれた会

計用語や開示項目の解説およびOECD加盟国の会計基準の比較可能性と調和化への取組みにある。

①現在行われている会計基準の比較可能性を高めることを目的とした各国，各国グループ，会計プロフェッションの国際的団体の活動を支援すること

②多国籍企業行動指針の情報開示の章に盛られている会計用語の解説を行うこと

③会計および開示基準に関する国際連合の作業に関する意見交換の場として機能すること

　会計基準アドホック作業部会による調査研究の成果は，1980年に「OECD加盟国の会計実務」（Accounting Practices in OECD Member Countries）として，また，会計基準作業部会による成果は，1983年の「OECD行動指針における会計用語に関する解説」（Clarification of the Accounting Terms in the OECD Guidelines）や1988年の「多国籍企業と情報開示―OECD行動指針に関する解説」（Multinational Enterprises and Disclosure of Information―Clarification of the OECD Guidelines）などとして公表された。

　これらのうち後者2つの解説は，IASCやヨーロッパ会計士連盟（FEE）の前身であるヨーロッパ会計士研究グループ（Group d' Etudes des Éxperts Comptables de la CEE）などの関係機関との協議をもとに作成されており，OECDによる会計基準の国際的調和化への働きかけを示すものでもある。

　また，「会計基準の調和化に関するフォーラム」（1985年4月）の成果である1986年の「会計基準の調和化―現状と展望」（Harmonization of Accounting Standards: Achievements and Prospects）や「新金融商品に関するシンポジウム」（1988年5月・6月）の成果である1988年の「新金融商品―開示と会計処理」（New Financial Instruments: Disclosure and Accounting）もあらわされている。

　さらに，OECDはIASCなどの関係機関が関与した「会計基準の調和化」（Accounting Standards Harmonization）シリーズ（第1号「外貨換算」（Foreign Currency Translation: Report, 1986年），第2号「OECD各国の連結方針」（Consolidation Policies in OECD Countries: Report, 1986年），第3号「租税と財務報告との関係―法人

税の会計」(The Relationship between Taxation and Financial Reporting — Income Tax Accounting: Report, 1987年), 第4号「保険会社の経営成績」(Operating Results of Insurance Companies: Current Practices in OECD Countries: Report, 1988年), 第5号「連結財務諸表」(Consolidated Financial Statements, 1988年) および第6号「新金融商品」(New Financial Instruments, 1991年)) をも刊行している (平松 [1994], 173-174頁)。

【参考文献】

American Accounting Association (AAA) [1966], A Recommendation by the Committee on International Accounting, "International Dimensions on Accounting in the Curriculum," 1966.

American Institute of Certified Public Accountants (AICPA) [1964], *Professional Accounting in 25 Countries*, AICPA Committee on International Relations, 1964.

AICPA [1975], *Professional Accounting in 30 Countries*, International Practice Executive Committee, AICPA Committee on International Relations, 1975.

Blustein, P. [2001], *The Chastening*, PublicAffairs (ポール・ブルースタイン著・東方雅美訳 [2013], 『IMF 世界経済最高司令部20ヵ月の苦闘 (上) (下)』楽工社).

The Board of the International Organization of Securities Commissions (IOSCO) [2013a], Consultation Report: Financial Benchmarks, January 2013.

The Board of the IOSCO [2013b], Consultation Report: Principles for Financial Benchmarks, April 2013.

Camfferman, K. and S.A. Zeff [2007], *Financial Reporting and Global Capital Markets: A History of the International Accounting Standards Committee, 1973-2000*, Oxford University Press.

Choi, F.D.S. and G.K. Meek [2011], *International Accounting*, Seventh Edition, Pearson Education Inc..

G7 Finance Ministers' Meetings [1998], Declaration of G7 Finance Ministers and Central Bank Governors, October 30, 1998.

Goldberg, L.D. [1965], International Business Series No.5, Studies in Comparative Business Systems, *Crediting According to Turnover: A Method of Financial Control of the Soviet Firm*, University of Washington.

International Accounting Standards Committee (IASC) [1989], E 32 Comparability of Financial Statements, January 1, 1989 (日本公認会計士協会訳 [1989], 公開草案第32

号「財務諸表の比較可能性」).

IASC [1990], Statement of Intent: Comparability of Financial Statements, July, 1990（日本公認会計士協会訳［1990］, 趣旨書「財務諸表の比較可能性」).

International Auditing and Assurance Standards Board（IAASB）[2004], Exposure Draft: Proposed Policy Statement, "Clarifying Professional Requirements in International Standards Issued by the IAASB" and Consultation Paper: Improving the Clarity and Structure of IAASB Standards and Related Considerations for Practice Statements, September 2004.

International Federation of Accountants（IFAC）[2003], "Reform Proposals," September 11, 2003（日本公認会計士協会訳［2003］, 「仮訳　国際会計士連盟　改革提案」).

IFAC [2015], *IFAC Annual Review 2014*, May 2015.

International Organization of Securities Commissions（IOSCO）[1998], Objectives and Principles of Securities Regulation, September 1998.

IOSCO [2002], Final Communiqué of the XXVIIth Annual Conference of the International Organization of Securities Commissions, May 24, 2002.

IOSCO [2004], Final Communiqué of the XXIXth Annual Conference of the International Organization of Securities Commissions, May 20, 2004.

IOSCO [2005a], Statement on the Development and Use of International Financial Reporting Standards in 2005, February 2005.

IOSCO [2005b], Final Communiqué of the XXXth Annual Conference of the International Organization of Securities Commissions, April 7, 2005.

IOSCO [2005c], IOSCO Technical Committee SC1 Work Programme Chart, June 2005.

IOSCO [2005d], Media Release Regulators to Share Information on International Financial Reporting Standards, October 4, 2005.

IOSCO [2010], Objectives and Principles of Securities Regulation, June 2010（金融庁訳［2010］, 「IOSCO証券規制の目的と原則」).

IOSCO [2011], Methodology for Assessing Implementation of the IOSCO Objectives and Principles of Securities Regulation, September 2011.

IOSCO [2015], Fact Sheet, April 2015.

Jennings, A. [1962], International Standards of Accounting and Auditing, *The Journal of Accountancy*, Vol.114 No.3, September 1962.

Kraayenhof, J. [1960], International Challenges for Accounting, *The Journal of Accountancy*, Vol.109 No.1, January 1960.

Mueller, G.G. [1962a], International Business Series No.1, Studies in Accounting, *Accounting Practices in Netherlands*, University of Washington.

Mueller, G.G. [1962b], International Business Series No.2, Studies in Accounting, *Accounting Practices in Sweden,* University of Washington.

Mueller, G.G. [1963], International Business Series No.3, Studies in Accounting, *Accounting Practices in Argentina,* University of Washington.

Mueller, G.G. [1965a], International Business Series No.4, Studies in Accounting, *Accounting Practices in West Germany,* University of Washington.

Mueller, G.G. [1965b], Whys and Hows of International Accounting, *The Accounting Review,* Vol.15 No.2, April 1965.

Mueller, G.G. and H. Yoshida [1968], International Business Series No. 5, Studies in Accounting, *Accounting Practices in Japan,* University of Washington.

Organisation for Economic Co-operation and Development (OECD) [1976], Declaration on International Investment and Multinational Enterprises.

OECD [2011], OECD Guidelines for Multinational Enterprises ─ Recommendations for Responsible Business Conduct in a Global Context, 2011 Edition（外務省・OECD東京センター日本語仮訳版：OECD閣僚理事会「OECD多国籍企業行動指針─世界における責任ある企業行動のための勧告2011年」, 2011年5月25日）.

Saudagaran, S.M. [2004], *International Accounting: A User Perspective,* Second Edition, South-Western（S.M.ソーダガラン著・佐藤倫正訳 [2006],『国際会計論─国際企業評価にむけて─』税務経理協会）.

Study Group at the University of Illinois [1964], *A Statement of Basic Accounting Postulates and Principles,* Monograph No.1, Center for International Education and Research in Accounting, 1964.

United Nations (UN) [1974], *Report on the Impact of Multinational Corporations on Development Process and on International Relations,* E/5500/Rev.1, June14, 1974.

UN [1982], *International Standards of Accounting and Reporting:* Report of the Ad Hoc Intergovermmental Working Group of Experts on International Standards of Accounting and Reporting, E/C, 10/1982/8, 1982.

UN [1983], *Report of the Intergovernmental Working Group of Experts on International Standards of Accounting and Reporting on Its First Session,* E/C, 10/1983/8, March 29, 1983.

UN [1984], *International Standards of Accounting and Reporting, Report of the Intergovernmental Working Group of Experts on International Standards of Accounting and Reporting on Its Second Session,* E/C, 10/1984/9, April 2, 1984.

小沢洋二（進行）・飯野利夫・上司克太郎・辰巳正三・染谷恭次郎・兼子春三・長谷川弘之

助・中島省吾・森田哲弥・居林次雄［1968］，「討論会　企業の国際化と会計のあり方」，『企業会計』第20巻第3号，1968年3月。

木下徳明（司会）・加古宜士・村山德五郎・内藤純一・松本傳・大谷禎男・德永忠昭・遠藤博志・新井武広［1989］，座談会「IAS E32 財務諸表の比較可能性をめぐって」，『JICPAジャーナル』No.409，1989年8月。

黒澤清（司会）・井口太郎・中島省吾・中村忠［1963］，「座談会　会計基準の国際的統一——今日会計基準は本来的に法律に先立つ一つの制度として成立している！—」，『企業会計』第15巻第4号，1963年4月。

染谷恭次郎［1967］，「インターナショナル・アカウンティングへの挑戦」，『企業会計』第19巻第2号，1967年2月。

染谷恭次郎編著［1984］，『国際会計論』東洋経済新報社。

染谷恭次郎先生古稀記念論文集編集委員会編［1994］，『国際化時代と会計』中央経済社。

辰巳正三［1981］，「国際会計基準委員会の創立とその経緯」，中島省吾責任編集『体系近代会計学X　国際会計基準』中央経済社，1981年所収。

日本公認会計士協会［1989］，参考資料「国際会計基準（IAS）公開草案第32号『財務諸表の比較可能性』に関する検討メモ（案）」，『JICPA ジャーナル』No.409，1989年8月。

橋本尚［1994］，「経済協力開発機構（OECD）による会計基準の調和化」，染谷恭次郎先生古稀記念論文集編集委員会編『国際化時代と会計』中央経済社，1994年所収。

平松一夫［1991］，「会計基準の国際的調和とE32」，『岡山大学経済学会雑誌』第22巻第3・4号，1991年3月。

平松一夫［1994］，『国際会計の新動向』中央経済社。

広瀬義州［1995］，『会計基準論』中央経済社。

松本康一郎［1985］，「国際的会計・報告基準の形成—国連における活動の意義—」，『商学討究』第36巻第1号，1985年7月。

水谷剛［2005］，「（資料）会計基準を巡るIOSCO等の証券規制当局の最近の動向」，国際会計研究学会第22回研究大会国際会計ワークショップ資料。

第5章

国際会計基準審議会による財務報告の基準開発

第1節 国際会計基準委員会(IASC)の基準設定機関としての転換点─国際会計基準審議会(IASB)の設立─

1. IASBの目的

　国際財務報告基準（IFRSs）を開発する国際会計基準審議会（IASB）の前身である**国際会計基準委員会（IASC）**は，1973年6月29日にオーストラリア，カナダ，フランス，ドイツ，日本，メキシコ，オランダ，イギリス，アイルランドおよびアメリカの公認（勅許）会計士団体の合意によって設立された，国際会計基準（IAS）を開発・設定してきた機関である。その後の2001年に，**IASC財団**（IASC Foundation）が設立され，IASCはその一部としてIASBに改組された。IASC財団は，2010年7月に**IFRS財団**（IFRS Foundation）に改称されている。

　IASBは，国際的な会計基準の設定に関する検討テーマの策定やその遂行に関わる裁量権を有する。IASBの目的やデュー・プロセス（正規の手続き）を示した「**国際財務報告基準に関する趣意書**」（Preface to International Financial Reporting Standards）によれば，IASBには次のような目的がある（par.6）。

> ①公益に資するよう，明確に記述された原則に基づく，高品質で理解可能な，〔単一の：引用者〕強制力のある国際的に認められた会計基準〔「の単一のセット」を削除：引用者〕を開発すること。これらの基準は，財務諸表その他の財務報告において，高品質で透明性があり，かつ比較可能な情報を要求すべきである。それにより，投資者，世界のさまざまな資本市場の参加者及び他の財務情報の利用者が経済的意思決定を行うのに役立つものとするためである。
> ②それらの基準の利用と厳格な適用を促進すること
> ③上記①および②に関連した目的を遂行するにあたり，必要に応じて，さまざまな経済環境における広範囲な規模及び種類の事業体のニーズを考慮すること
> ④IFRSs，すなわちIASBが公表する基準及び解釈指針の採用を，各国会計基準

> と IFRSs とのコンバージェンス（収斂）を通じて，推進し促進すること

　この IASB の目的は，IFRS 財団の定款（Constitution）において規定する IFRS 財団の目的と基本的に同じである（IFRS 財団定款第 2 条）。

　IASC と各国の公認（勅許）会計士団体が加盟する国際会計士連盟（IFAC）は，1982 年に IASC が国際的な会計基準の設定主体となることに合意し，また，同年以降は IFAC 加盟団体が IASC のメンバーとなったことを受けて，IASC の規模とその存在はさらに注目を浴びるようになった。

2．IASC の基準設定機関としての転換点

　IASC の設立から今日の IASB による IFRSs の開発に至るまでのプロセスのなかで，大きな転換をもたらす事象は少なくとも 2 つあった。①IASC による「**比較可能性／改善プロジェクト**」（Comparability/Improvement Project）の採択と②**IASC 戦略作業部会**（Strategy Working Party）による IASC の組織改革である。

（1）IASC による「比較可能性／改善プロジェクト」の採択

　ヨーロッパ連合（EU）が EU 域内上場企業に対して IFRSs 強制適用の措置を講じたことが，IFRSs の認知度を高める結果をもたらしたことは否めない。しかし，IFRSs が高品質で理解可能かつ実行可能な国際的な会計基準としての地位を確立するプロセスのなかで，**証券監督者国際機構**（IOSCO）が大きな役割を果たしていることを看過することはできない。

　すでに前章で説明したように，IOSCO の支援のもとでの 1987 年の IASC による比較可能性／改善プロジェクトの採択が，会計基準の国際的調和化（Harmonization）に関する論議を喚起する契機となったことは事実である。1985 年頃の IASC は，①IAS が同一の経済事象に対して代替的な会計処理の自由な選択を認め過ぎていること，②当時公表されていた 26 項目の IAS だけでは網羅性に欠くこと，および，③IAS の背景説明や解説部分の説明が不十分なた

め，利用者に親しみのある，詳細かつ理解しやすい内容にすべきであること，といった3つの課題を抱えていた（白鳥［1995］，54-55頁）。比較可能性／改善プロジェクトは，このうちの第1の課題に応えるものである。

この比較可能性／改善プロジェクトにおける第1の成果は，1989年の**公開草案第32号（E32）「財務諸表の比較可能性」**（E 32 Comparability of Financial Statements）（IASC［1989b］（日本公認会計士協会訳［1989]））の公表であり，これは後の**趣旨書「財務諸表の比較可能性」**（Statement of Intent: Comparability of Financial Statements）（IASC［1990］（日本公認会計士協会訳［1990]））へと連なる。比較可能性／改善プロジェクトの採択は，比較可能な財務情報が，その利用者にとって最低限のコストで資本の自由な流れを可能にするための必要条件である（IASC［1989b］，par.1）との認識に基づくものである。

比較可能性／改善プロジェクトの採択は，1973年のIASCの設立以降，およそ10年間に公表されたIASの性格が，「規範的というよりも記述的」（Choi and Meek［2008］，p.292）なものであったことにも起因する。

E32は，1つの会計事象に対して代替的な会計処理を容認してきた従前のIASについて，選択幅の除去を目的として公表されたものである。優先処理を明記し，もし企業が代替処理を採用した場合には，調整表の作成・開示を求めており，会計基準の国際化戦略のもとでの**調整表戦略**（Reconciliation Statement Strategy）の要素を採り入れたものとなっている。しかし，E32に寄せられた各種意見を反映したとはいえ，趣旨書「財務諸表の比較可能性」では調整表戦略の要素は撤廃され，IAS適用時の財務諸表の比較可能性が十全に機能し，保証されるものとはなっていない。

（2）IASC戦略作業部会によるIASCの組織改革

その後，IASCを取り巻く環境も大きく変化した。IASCが1998年12月に公表した**ディスカッション・ペーパー（討議資料）「IASCの将来像」**（Shaping IASC for the Future）（IASC［1998]）では，次の8項目をIASCの環境の変化として捉えた（par.3）。

①多国間上場および多国間投資と結び付いた国際資本市場が急速に成長していること
②国際的な世界貿易に対する障害を解消するための，世界貿易機関（WTO）のような国際機関やEUおよび北米自由貿易協定（NAFTA）などの地域機構が努力を展開していること
③ビジネス規制が国際的統一化に向かう傾向にあること
④国内の会計要件および実務に与えるIASの影響が増加していること
⑤商取引における革新が加速していること
⑥新しいタイプの財務その他の業績情報について利用者からの要求が増えていること
⑦財務その他の業績情報の電子配信において新たな発展がみられること
⑧計画経済から市場経済への移行国並びに発展途上国および新興工業国における適切かつ信頼できる財政その他の業績情報に関するニーズが高まっていること

　これらの環境の変化が生み出す新たな課題に，IASCは取り組まなければならない。組織運営に必要な財政や資金負担の問題なども抱えているが，IASCにとっての本質的課題は，「透明性と比較可能性を提供する高品質で国際的な会計基準を持つこと」（IASC［1998］，par.4）であり，そのためにIASCの組織の見直しが求められた。つまり，コア・スタンダードの設定作業計画の完了時期にも符合して，IOSCOによるコア・スタンダードの承認後のIASCの戦略とガバナンスのあり方について検討する必要性に直面したのである。IASCが戦略作業部会を組織した意図はここにある。

　戦略作業部会が提案した変更点は，①各国の基準設定主体とのパートナーシップ，②IASC理事会へのより広範な参加，および，③任命についてである（IASC［1998］，par.21. 詳細については平松［1999］，74-75頁参照）。

1．各国の基準設定主体とのパートナーシップ

　(1)　起草委員会（Steering Committee）を基準開発委員会（Standards

Development Committee) に置き換える。この基準開発委員会で各国の基準設定主体は，IASを開発する際に重要な役割を果たすことになる。基準開発委員会は，解釈指針委員会 (Standing Interpretations Committee) が策定する最終的な解釈指針の公表を承認する責任も負う。

(2) 基準開発委員会は基準開発助言委員会 (Standards Development Advisory Committee) に助言を受ける。基準開発委員会はその規模が限定されるので，この委員会に直接参加できない各国の基準設定主体とのコミュニケーション・チャネルとして基準開発助言委員会が活動する。

2．IASC理事会へのより広範な参加

理事会は現在よりも広範なメンバーを持つものとする。理事会は，IASおよび公開草案の最終承認に責任を負う。

3．任命

諮問委員会 (Advisory Council) は評議員会 (Trustees) に置き換えられる。評議員会は，基準開発委員会，理事会および解釈指針委員会のメンバーを任命する。評議員会はIASCの有効性や財政について監視する責任を負う。

ディスカッション・ペーパー「IASCの将来像」でのガバナンス改革案の最大の特徴は，理事会と基準開発委員会による「二院制」を提唱したことである。基準開発委員会には公開草案と会計基準を開発する職務を，また，理事会には基準開発委員会から提出された公開草案または会計基準を承認する職務を担わせるとする提案なのである。

この戦略作業部会の提案は，1999年6月末から7月にかけてワルシャワで開催されたIASC理事会の会合で大きな局面を迎えた。デンマーク会計基準委員会 (Regnskabsteknisk Udvalg (DASC)) 議長も歴任した，当時のIASCのスティッグ・エネボルドセン (Stig Enevoldsen) 議長 (1998年1月～2000年6月) と事務総長のブライアン・カーズバーグ卿 (Sir Bryan Carsberg) が，戦略作業部会の提案を棚上げするとともに，IASCのガバナンスのあり方に関する独自の「一院制」の考え（各国の会計基準設定主体の出身者を中心とした常勤と非常勤のメンバーによる理事会）を提案したのである (Camfferman and Zeff [2007], p.472)。加えて，新たな理事会の規模や評議員会のあり方なども提案された。

第1節 国際会計基準委員会（IASC）の基準設定機関としての転換点
―国際会計基準審議会（IASB）の設立―

　戦略作業部会の提案にみられる二院制と基準開発委員会への強大な権限の集中に対する批判は，なにもエネボルドセン議長と事務総長のカーズバーグ卿に限ったものではない。その主たる批判は，ディスカッション・ペーパー「IASCの将来像」での「各国の基準設定主体とのパートナーシップ」に集中している。結局のところ，新たな組織構造のあり方（組織規模やメンバーの出身地域など）は，ヨーロッパ大陸諸国とアメリカを中心とした北米との思惑と考え方の対立の構図が如実に示されたものなのである。

　「9票対8票の過半数すれすれ」（Camfferman and Zeff［2007］，p.474）で開催されることとなった1999年6月30日のIASC理事会と戦略作業部会の合同会議は，ディスカッション・ペーパー「IASCの将来像」での二院制と基準開発委員会の考えを撤回し，新たな理事会は常勤と非常勤のメンバーの混成によるとの合意に達した。これを受けて7月1日・2日に，戦略作業部会は新たな提案を行うべく，重要な会議を開催している。新理事会の構成について「**代表者アプローチ**」（Representative Approach）を取ったヨーロッパ大陸諸国が，「**専門家アプローチ**」（Professional Background Approach）を取る北米（とくにアメリカ）に譲歩することで，それぞれが6席で最終合意した（ヨーロッパはドイツ，フランスおよびイギリスの会計基準設定主体の3席を含み，北米はアメリカの4席およびカナダとメキシコの各1席（アメリカとカナダの各1席は会計基準設定主体で，アメリカの残る3席は専門家））。アジア・オセアニアは4席（日本とオーストラリアの会計基準設定主体を含む），その他の地域は4席となっている。こうした新理事会の規模や構成の構想は，とくにその後のカーズバーグ卿によるさまざまな調整活動などを経て，大きく変わった（たとえば，規模は16名，14名へと縮小）。

　結果的には，戦略作業部会も同じ方向性のもとで，新理事会の規模や構成に関する提案を再検討している。1999年11月に公表された**最終報告書「IASCの将来像に関する勧告」**（Recommendations on Shaping IASC for the Future）（IASC［1999］）は，IASCを独立組織として構築し，その組織には基準開発委員会の設置提案を廃して理事会によるガバナンス改革を主たる内容とした。新理事会は12名の常勤メンバーと2名の非常勤メンバーで構成され，単純過半数で議決

第5章 国際会計基準審議会による財務報告の基準開発

285

するという戦略作業部会の11月12日付の草案が，最終報告書のもととなっている。今日の国際的な会計基準設定主体であるIASBを擁する新組織は，この最終報告書による勧告と提唱に原型がある。

最終報告書「IASCの将来像に関する勧告」による組織改革案を要約すると，以下のとおりである（IASC［1999］，pars.18-62）。

1．指名委員会（Nominating Committee）

指名委員会は，さまざまな地理的背景および職能的背景（出身母体）からの5名から8名の優れた人物で構成される。たとえば，規制当局，主たる国際機関，主たるグローバル企業および会計プロフェッションの上級メンバーなどである。

現在のIASC理事会が指名委員会のメンバーを任命し，最初の評議員会グループを選任する。

2．評議員会（Trustees）

評議員会は，さまざまな地理的背景および職能的背景（出身母体）からの19名で構成される。評議員会は，理事会メンバー（IASBメンバーまたはボードメンバーともいう）を任命する責任を負う。評議員会は，解釈指針委員会と基準諮問委員会のメンバーの選任，IASCの活動の監視や資金調達および定款の変更の責任も負う。

評議員会は，北米から6名，ヨーロッパから6名，アジア・太平洋地域から4名，その他の地域から3名が選任され，この地域的バランスは維持される。

19名の評議員会のメンバーのうち，世界会計士連盟（IFAC）から5名（うち2名は世界的会計事務所から），また，財務諸表作成者，財務諸表利用者，学者からそれぞれ1名，残りの11名は出身団体を特定しない。

評議員会は，会計基準に関わるテクニカルな事柄からは排除される。

3．理事会（ボード）（Board）

理事会は，12名の常勤メンバーと2名の非常勤メンバーの14名からなる。メンバーのうち，5名は監査人，3名は財務諸表作成者，3名は財務諸表利用者，1名は学界の職能的背景（出身母体）から選任される。

評議員会は，常勤メンバーの1名をIASC理事会の議長に任命する。理事会メンバーの7名は自国の会計基準設定主体とリエゾン関係を有することが期

待され，自国の会計基準設定主体のすべての会議にオブザーバーとして出席し，テクニカルなトピックの議論に参加することが求められる。

理事会の最も重要な職務は，公開草案とIASの作成と公表，および，解釈指針委員会の解釈指針を承認することである。

4．解釈指針委員会（Standing Interpretations Committee）

解釈指針委員会は，現行通り12名で構成する。

戦略作業部会は，2名の理事会メンバーをオブザーバーとして解釈指針委員会の会議に参加することを勧告する。

5．基準諮問委員会（Standards Advisory Council）

理事会の議長が基準諮問委員会の委員長を務める。

基準諮問委員会は，幅広い見識を示すために約30名で構成する。戦略作業部会は，基準諮問委員が年間に3〜4回開催されることを期待している。

こうした一連の動向を振り返ると，1995年5月にデイビッド・ケアンズ（David Cairns）の後任としてIASC事務総長に就任したカーズバーグ卿の影響力の大きさを窺い知ることができる。カーズバーグ卿は，1990年代にイギリスの会計基準審議会（ASB）のメンバーでもあったが，1978年から1981年にアメリカの財務会計基準審議会（FASB）のアカデミック・フェローやテクニカル・スタッフを務めた経験からのFASBに対するリスペクトが背景にあったといってよい。

戦略作業部会の提案を棚上げし，別の提案をしたエネボルドセン議長と事務総長のカーズバーグ卿は，必ずしも当初から同じ見解であったとはいえない。両者は言語やIASCへの取組みのあり方の違い，さらには哲学的相違などから，職場での関係は難しく，また，両者の提携はもろかった（Camfferman and Zeff [2007]，p.235, p.478)。「1999年のIASCの再編についての張り詰めた交渉の間，エネボルドセンは，ヨーロッパ大陸諸国が賛成するモデルを擁護したのに対して，カーズバーグの心は，IASCに証券取引委員会（SEC）を関与させる必要性とIASCとFASBの関係を展開することの重要性で一杯だった」(Camfferman and Zeff [2007]，p.235)ことが，結果的には，IASCの組織改革に関わる戦略

作業部会の最終報告書委員会にまで影響したのである。

　なお，エネボルドセン議長は，後にヨーロッパ財務報告助言グループ（EFRAG）議長に就任した。

第2節　IASC財団の定款レビュー（見直し）

　IASC戦略作業部会による最終報告書「IASCの将来像に関する勧告」（IASC [1999]）を受理したIASC理事会は，IASBを擁する新組織を設置するために，2000年5月24日に定款の変更を行った。IASBメンバーの選任は評議員会の役割であるが，IASC理事会は，最初の評議員会の評議員を選出するにあたっては，指名委員会を組成してその任務に当たらせている。

　最終報告書「IASCの将来像に関する勧告」による組織改革案にあるとおり，指名委員会は5名ないし8名のメンバーで構成される。SECのアーサー・レビット（Arthur Levitt）委員長が指名委員会メンバーの選任に強い意向を示すとともに，SECの協力を得て，7名による指名委員会のメンバーが決定した（Camfferman and Zeff [2007]，pp.493-494）。

　①アーサー・レビット：アメリカ証券取引委員会（SEC）委員長
　②ミシェル・プラダ（Michel Prada）：フランス証券取引委員会（COB）委員長
　③ハワード・デイヴィス（Howard Davies）：イギリス金融サービス機構（FSA）長官
　④アンドリュー・シェン（Andrew Sheng）：香港証券先物委員会（SFC）委員長
　⑤ジェームズ・ウォルフェンソン（James D. Wolfenson）：世界銀行総裁
　⑥ジェームス・コープランド（James E. Copeland, Jr.）：デロイト トウシュ トーマツ（Deloitte Touche Tohmatsu）最高責任者
　⑦ヘルマン・バウマン（Karl-Hermann Baumann）：ドイツ会計基準委員会（DRSC）副委員長・シーメンス（Siemens AG）監査委員会議長

第2節　IASC財団の定款レビュー（見直し）

　この指名委員会の指名による最初の評議員は，2000年5月22日に指名され，5月24日に就任した。連邦準備制度理事会（FRB）議長のポール・ボルカー（Paul Volcker）がIASC財団評議員会議長に就任したのは，SECのレビット委員長による強力な推挙によるものである（Camfferman and Zeff［2007］，p.495）。

　結果として，2001年1月25日に公表されたIASBメンバーは，**図表5-1**のとおりである。

　従来のIASCの運営資金は，各国の公認（勅許）会計士団体からの拠出金や寄付で賄われていた。そのため組織の独立性について問われ，評議員会はIASC財団を2001年2月6日にアメリカのデラウェア州に設立したのである。IASBは，このIASC財団のもとに発足した会計基準設定主体である。

　最初の評議員の就任に際しては，2000年5月24日にエジンバラで開催された総会において，IASC理事会がIASC財団の定款を承認したという事実がある。2001年に発効したIASC財団の定款によれば，IASC財団評議員会によって組織構成を5年ごとに見直すことが求められている。それに伴う最初の定款見直しは，2003年11月から開始した。

　この定款見直しについては，現行のIFRS財団の定款にも引き継がれている。

図表5-1　IASBメンバー（2001年1月）

氏　　名	役　割	出身国	元の勤務先
デイビッド・トゥイーディー（David Tweedie）	議長	英	会計基準審議会（ASB）議長
トーマス・ジョーンズ（Thomas E. Jones）	副議長	米	シティコープ（Citicorp）
メアリー・バース（Mary Barth）	非常勤	米	スタンフォード大学（Stanford University）
ハンス・ゲオルク・ブルンス（Hans-Georg Bruns）	独リエゾン	独	ダイムラークライスラー（DaimlerChrysler）
アンソニー・コープ（Anthony T. Cope）		米	財務会計基準審議会（FASB）メンバー
ロバート・ガーネット（Robert P. Garnett）		南ア	アングロ・アメリカン（Anglo American plc）
ギルバート・ジェラード（Gilbert Gélard）	仏リエゾン	仏	KPMG
ロバート・ハーズ（Robert H. Herz）	非常勤	米	PwC
ジェームス・ライゼンリング（James Leisenring）	米リエゾン	米	FASBメンバー
ウォーレン・マックレガー（Warren McGregor）	豪・NZリエゾン	豪	オーストラリア会計研究財団（AARF）
パトリシア・オマリー（Patricia O' Malley）	加リエゾン	加	カナダ会計基準審議会（AcSB）議長
ハリー・シュミット（Harry Schmid）		スイス	ネスレ（Nestlé）
ジェフリー・ホイッティントン（Geoffrey Whittington）	英リエゾン	英	ケンブリッジ大学（Cambridge University）
山田辰己	日本リエゾン	日	中央青山監査法人

注：リエゾン担当とは，当該国に居住し，当該国の会計基準設定主体との連絡調整に当たる役割のメンバーをいう。
出所：山田［2013a］，20頁の図表を一部加筆補正。

それは，IFRS財団定款第17条によるIFRS財団評議員会の説明責任の確保のあり方にみられる（下線は引用者）。

> **第17条** 評議員会の説明責任は，とりわけ次のことによって確保されなければならない。
> (a) 公益に基づいて行動することを各評議員が確約すること
> (b) 第18条から第23条に記載された条件に従って，〔IFRS財団評議員会を監視するために2009年に設置された：引用者〕モニタリング・ボード（Monitoring Board）に報告を行うとともに，関係をもつことを確約すること
> (c) IFRS財団の全体の組織及びその有効性を見直すこと。そうした見直しには，グローバルな経済状況の変化に対応して評議員の地理的分布の変更を検討し，そのような見直しの提案をパブリック・コメントに付すために公表することが含まれる。当該見直しは本定款が施行されてから３年後に始められる。その際，変更に関する合意事項があれば，本定款が施行されてから５年後に当該変更を実施することが目標となる。
> (d) その後，５年ごとに同様の見直しを行うこと

1．第1回定款見直し（2003年－2005年定款見直し）

　IASC財団評議員会による第１回目の定款見直しは，2003年11月に開始され，2005年６月に完了した（改訂定款は，2005年７月１日に発効した）。追加的な定款の修正が2007年10月31日にIASC財団評議員会により承認され，直ちに発効している。

　第１回定款見直しを振り返ると，以下のように展開されている。

　IASC財団評議員会は，2003年11月４日に開催された会議で，定款の見直しの必要性についての審議とその定款委員会（Constitution Committee）の委員を任命した。定款委員会の責務は，定款見直しの取りまとめとIASC財団評議員会に対する定款変更の勧告にある。

　具体的に定款の見直しに着手することが公表されたのは，2003年11月12日のプレスリリース（IASC Foundation［2003a］）によってである。このプレスリリ

第2節　IASC財団の定款レビュー（見直し）

ースに付されたIASC財団定款委員会による「**定款見直しのプロセスに係る覚書**」
（Memorandum regarding the Constitutional Review Process）は，定款委員会の
設置と見直し手続きの透明性について記している。定款見直しの範囲は，「定
款が提起したあらゆる問題」とし，定款委員会は，当時のIASC財団評議員会
議長であったボルカーを委員長とする7名で構成された。また，IFRS財団評
議員会は，定款見直しの論点を設定するための**協議文書**「**IFRS財団の定款見
直しの課題の明確化**」（Identifying Issues for the IASC Foundation Constitution
Review: An Invitation to Comment）（IASC Foundation［2003b］）を公表している。

　この協議文書に示された定款見直しに関わる質問は，次頁の**図表5-2**に整理
したように，「名称および目的」，「評議員会」，「IASB」および「基準諮問会議」
（SAC）についての14項目である。

　協議文書のコメント期限である2004年2月11日以降，定款委員会は，コメン
ト分析とともにSACとも協議を行い，定款見直しの一環として取り上げるべ
き重要な課題が，次の10項目に集約されることを明らかにしている（IASC
Foundation［2004a］，par.12）。

①IASC財団の活動目的に，中小規模企業（中小企業）（SMEs）が直面して
　いる課題への対応を明示的に含めるべきかどうかについて
②評議員の人数および地理的・職業別分布について
③評議員が有する監督機能について
④IASC財団の資金調達について
⑤IASBの構成について
⑥IASBの既存の公式のリエゾン関係の適切性について
⑦IASBの協議手続きについて
⑧IASBの投票手続きについて
⑨IFRICの資源および有効性について
⑩SACの構成，役割および有効性について

図表5-2　協議文書「IFRS財団の定款見直しの課題の明確化」による質問項目

定款の項目	質　　　　問
A 名称および目的	中小規模企業（中小企業）（SMEs）が直面している課題を取り扱うための個別的な目的を含めるべきか。
C 評議員会	評議員会の人数を増員することで，より広範囲の見方を受け入れることができるかもしれないというメリットが考えられるが，そのメリットは，増員によって会議が運営しづらくなったり，個々の評議員の責任感や参加意識が弱まり，評議員会の有効性が低下するといったリスクを上回っているか。
	評議員の地域的配分はほぼ固定されているが，このような固定的な配分は適切か。それとも，現在の配分を見直す必要があるか。
	評議員の職歴が広範囲にわたることは明らかに必要であるが，それを定款に明記することは適切か。
	評議員の要件の趣旨は，十分なデュー・プロセスおよび協議が行われるようにする一方で，基準設定のプロセスの独立性を保つことである。評議員会が，IASBの戦略および手続きを定期的に見直すという具体的な規定を設ける必要はあるか。
	定款の見直しを5年ごとではなく，「少なくとも10年ごと」に要求するように定款の文言を変更すべきか。
D IASB	IASBメンバーの人数は，審議会をより機動的なものとするために減員すべきか。
	IASBメンバーは仕事量が多く，関係者との協議のための十分な時間が必要となるという認識に立って，非常勤のメンバーを廃止すべきか。
	特定の職歴の分布に関する要件は，最適任者を吸収することが望ましいとの観点から緩和すべきか。
	（他の基準設定機関と同様に，）IASC財団は，アナリストと投資家（「利用者」）の関与の確保について困難を経験している。こうしたグループの関与を促進する方策はあるか。
	公式のリエゾン関係は，会計基準のコンバージェンスを確実にするために重要と思うか。現在，リエゾン関係による代表者を出していない新興経済国とのリエゾンを行うために，特別の配慮を払うべきか。
	定款では，IASBにとって必要なデュー・プロセスの原則と要素について記している。IASBの手続きについては，国際財務報告基準に関する趣意書により詳細に示されている。定款で定められた手続きでは十分でないと回答者が考える場合，何を追加すべきか。
F 基準諮問会議（SAC）	SACの現在の手続きとSACのメンバー構成（人数と職歴）は，満足できるものであるか。SACは，第38項で定義されている目的を達成する能力があるか。
	SAC議長の選出方法は適切か。

出所：IASC Foundation［2003b］をもとに作成。

292

第2節 IASC財団の定款レビュー（見直し）

IFRS財団評議員会による定款見直しと並行する形で，2004年3月24日に，IASBも，「**IASBの審議プロセスの強化**」（Strengthening the IASB's Deliberative Processes）と題する協議文書（IASB［2004］）を公表し，審議プロセスの見直しに着手している。

定款によれば，2006年2月6日までに定款見直しを完了しなければならない。IFRS財団評議員会の定款委員会が明確にした10項目の重要な課題については，2004年5月7日に公表された「定款見直しのアップデートと公聴会に係る情報」の文書（IASC Foundation［2004b］）の「付録A—定款の選択肢のワークシート（案）」において，可能性のあるアプローチが示された。また，その後開催された4回の公聴会（6月3日：ニューヨーク，6月29日：ロンドン，7月13日：東京，10月6日：メキシコシティ）やSACに別途設けられた定款見直し小委員会との会議（4回の公聴会と同日開催）なども踏まえて，IASC財団評議員会は，定款の具体的な変更案を取りまとめ，2004年11月23日に，「**IASC財団定款の見直し：変更提案**」（Review of the IASC Foundation Constitution: Proposals for Changes）（IFRS Foundation［2004c］）を公表してコメントを求めるに至っている。この変更提案は，先の10項目の重要な課題のうち，①IASC財団の活動目的に，中小規模企業（中小企業）が直面している課題への対応を明示的に含めるべきかどうかについて，②評議員の人数および地理的・職業別分布について，③IASBの協議手続きについて，④SACの構成，役割および有効性について，の4項目に対応したものである。

この定款の変更提案と寄せられたコメントをもとに，2005年6月21日にパリで開催されたIASC財団評議員会の会議で，見直し後の定款を承認し，公表された（発効日は2005年7月1日）。最終的に変更された定款は，次のような趣旨で行われた（IASC Foundation［2005］）。

①評議員会への監視と会計基準の利害関係者との意思疎通を増やすことで，組織のアカウンタビリティを高めること
②新たな手続きと実務を導入することで，組織活動の透明性を改善すること

③評議員会による評議員の選任を支援する国際的組織や地域団体のリーダーからなるハイレベルの諮問グループを設置すること

④評議員会の数を19名から22名に増やし，増員分は2名がアジア・オセアニア地域，1名はその他の地域に割り当てられた。その結果，地理的分布は北米6名，ヨーロッパ6名，アジア・オセアニア地域6名，地域に関係なく選任される4名とすること

⑤公式・非公式のメカニズムを通じた広範な協議が必要であることを強調し，それを促進すること，および，主要国の7ヵ国をリエゾンとして指定するという文言を削除し，現行のデュー・プロセスの要求事項を超えてリエゾンを拡大すること

⑥IASBの独立性は，単に専門的能力を有するだけでなく，専門的能力と実務経験を有するメンバーで構成されることを確実なものとするために，評議員会のコミットメントを協調すること

⑦中小企業の特別なニーズに細心の注意を払うこと

2．第2回定款見直し（2008年−2010年定款見直し）

　定款見直しは5年ごとに実施することとされたが，第2回定款見直しは，2008年2月から開始された。この定款見直しは，2008年から2010年にわたって2段階（Part One and Part Two）に分けて展開されている（改訂定款は，2010年3月1日に発効した）。この第2回定款見直しの前にも，IFRS財団評議員会は，国際財務報告解釈指針委員会（IFRIC）メンバーを14名に増員する定款改正などを行っている。

　第1段階（第1部）の定款見直しは，IASC財団が2008年7月21日に公表したディスカッション・ペーパー「**定款の見直し：公的な説明責任およびIASBの構成に関する変更案**」（Review of the Constitution: Public Accountability and the Composition of the IASB − Proposal for Change）（IASC Foundation [2008a]）によって進められた。このディスカッション・ペーパーによる提案は，次の2点に集約できる。

①IASC財団評議員会の説明責任（アカウンタビリティ）の強化

IASC財団による規制当局に対する説明責任を果たすために，規制当局や国際機関などの代表者で構成されるモニタリング・グループ（Monitoring Group）とIASC財団評議員会との間に公式の連携（リンク）を確立すること

②IASBの規模と構成

IASBのメンバーを14名から16名に増員し，3名までは非常勤メンバーとすることができること。また，IASBメンバーの地域別配分に関する新たな指針を設けること（アジア・オセアニア地域，ヨーロッパおよび北米（各4名），アフリカと南米（各1名），全体の地理的バランスの確保を条件に，任意の地域（2名））

後述するIFRS財団の組織からも明らかなように，このディスカッション・ペーパーの提案がおおむね受け入れられて，第1部の定款見直しは2009年1月29日に完了した。

また，第2段階（第2部）の定款見直しは，IASC財団が2008年12月8日に公表した**ディスカッション・ペーパー「定款の見直し：見直し作業の第2部における論点の特定」**（Review of the Constitution: Identifying Issues for Part 2 of the Review）（IASC Foundation [2008b]）によって進められた。このディスカッション・ペーパーは，IASC財団の目的とガバナンス，IASC財団評議員会，IASBおよびSACに関わる論点について提案している。2009年9月9日には，IASC財団評議員会が**定款改訂案「定款の見直し作業の第2部：公的な説明責任の強化に関する提案」**（Part 2 of the Constitution Review: Proposals for Enhanced Public Accountability）（IASC Foundation [2009b]）を公表した。この定款改訂案では，IASBの議題設定プロセス，例外的な状況におけるデュー・プロセスを短縮した**「迅速化した」手続き**（"Fast-Track"Procedure）の採用，IASC財団の名称変更，IASBメンバーの2期目の任期短縮などが提案されている。

これらの一連の提案を踏まえて，IASC財団の公的な説明責任の強化や運営上の実効性の改善を目的とした第2部の定款見直し作業は，2010年2月15日に

完了した。この第2部の定款見直しによって，IASC財団定款は主として次のような改訂が行われている（IASC Foundation [2010]。下線は引用者）。

①IASC財団の組織の名称変更

　IFRSsについての責任を負う組織であることを明確にするために，従来のIASC財団，FRICおよびSACの名称を，それぞれIFRS財団，IFRS解釈指針委員会（IFRS Interpretations Committee）およびIFRS諮問会議（IFRS Advisory Council）に改称すること。

②IFRS財団の目的の変更およびIFRS財団評議員会とIASBの副議長の任命

　原則主義の財務報告基準を設定することへコミットメントを明確にするとともに，各国の会計基準とIFRSsとのコンバージェンスを通じたIFRSsのアドプションの促進を目的とすることなどを明確にすること。また，IFRS財団評議員会とIASBに2名以内の副議長の任命を認めること。

③IFRS財団評議員会の評議員の地域別配分

　第1部の定款見直しの際の，IASBメンバーの地域別配分に関する新たな指針を反映して，IFRS財団評議員会の評議員の地域別配分にアフリカと南米を含めること。

④IASBメンバーの2期目の任期短縮

　2009年7月2日以降に任命されるIASBメンバーの2期目の任期を5年から3年に短縮すること。

⑤IASBの議題設定プロセス

　IASBのテクニカル・アジェンダ（専門的協議事項）の策定や遂行は，IASBが完全な裁量を有すること。ただし，IFRS財団評議員会とIFRS諮問会議と協議を行い，公開協議を3年ごとに行うこと。

⑥例外的な状況におけるデュー・プロセスを短縮した「迅速化した」手続き

　例外的な状況においては，公開草案のコメント募集期間をそれまでの最低期間である30日よりも短い期間とすることを認めること。

このIASC財団定款の見直しとともに，IASC財団評議員会は2010年中に，①戦略に関するレビュー（見直し）（IFRSsのアドプション状況やアメリカ会計基準とのコンバージェンス・プロジェクトの動向を踏まえた2011年以降の戦略見直し），②IFRS諮問会議に関するレビュー（IFRS諮問会議のガバナンスと運営手続きの改善効果のレビュー），および，③IASC財団評議員会による監督の実効性に関するレビュー（デュー・プロセス監視委員会によるIASC財団評議員会の監督状況と監督体制のレビュー）を行うことも公表している。

なお，IFRS財団のレビューの多くは，これまで「定款レビュー（見直し）」と呼ばれてきたが，後述するように，IFRS財団評議員会は2015年7月の「体制とその有効性に関する評議員会のレビュー」（Trustees' Review of Structure and Effectiveness: Issues for the Review）では，「戦略レビュー」での4つの「戦略の概要」領域の文脈のなかで行うことを計画している（IFRS Foundation [2015d]，par.8）。

ここでこれまでにIFRS財団評議員会が実施したレビューを振り返ると，①2003年から2005年までの「定款レビュー（見直し）」（第1回定款見直し），②2007年の「戦略レビュー」，③2008年から2010年までの「定款レビュー（見直し）」（第2回定款見直し），④2010年から2012年までの「戦略レビュー」，⑤2015年から2016年までの「体制とその有効性に関するレビュー」に整理することができる。

第3節 IFRS財団の組織

IASBを含むIFRS財団の組織は，次頁の**図表5-3**のように，IFRS財団，IASB，IFRS諮問会議，IFRS解釈指針委員会およびモニタリング・ボードから構成されている。とくに，IFRSsの開発等に関わるガバナンスは，規制当局から構成されるモニタリング・ボードがIFRS財団評議員会を監視し，IFRS財団評議員会がIFRSsの設定主体であるIASBを監視する**3層構造**となっている。

図表5-3 IFRS財団の組織

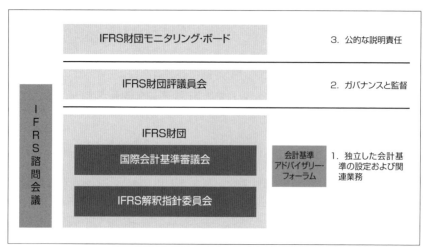

出所：International Financial Standards Board Foundation and International Accounting Standards Board Website (http://www.ifrs.org) での組織図。

1．IFRS財団

　IFRS財団は，IASBの運営・監視を行う独立した民間の非営利組織で，その活動はIFRS財団評議員会の指示のもとで行われる。IFRS財団評議員会は，IASBの業務やIFRSsの厳格な適用を推進するが，会計基準などのテクニカルな事項には関与しない。

　IFRS財団評議員会は22名で構成され，モニタリング・ボードがすべての評議員の選任と再任の承認に関する責任を負う（IFRS財団定款第4条・第5条）。IFRS財団評議員会の構成は，地域的背景および職能的背景を幅広く反映するものでなければならず，アジア・オセアニア地域（6名），ヨーロッパ（6名），北米（6名），アフリカ（1名），南米（1名），全体の地域的バランスの維持を条件に，任意の地域（2名）からなる。また，IFRS財団評議員会は，専門家としての経歴に関して適切なバランスが重んじられ，監査人，作成者，利

用者，学識者および公務員などの個人で構成される（IFRS財団定款第6条・第7条）。

　IFRS財団評議員会の評議員は，IFRS財団および高品質で国際的な会計基準設定主体であるIASBに対して，財務・金融に関する知識を有し，期限を守る能力を持つことを厳格に誓約することが要求される。そのため，評議員は，高品質で国際的な会計基準の導入および適用に関連する課題について理解があり，敏感でなければならない。また，評議員のうち2名は，著名な国際会計事務所のシニア・パートナーでなければならず，監査人，作成者，利用者および学識者の国または国際機関との協議を経て選出される。

　IFRS財団評議員会の評議員は，3年の任期で任命され，1回の再任が認められている（IFRS財団定款第8条）。評議員会の議長と2名以内の副議長は，IFRS財団評議員会によって評議員のなかから，モニタリング・ボードの承認を得たうえで任命され，IFRS財団評議員会は，少なくとも毎年2回会議を開催する（IFRS財団定款第10条・第11条）。

　IFRS財団評議員会には，評議員会という組織に関わる次のような職務がある（IFRS財団定款第13条）。

---

①適切な資金の手配及び維持に責任を負う。
②評議員会の運営手続を設定又は修正する。
③IFRS財団が活動するための法的実体を決定する。ただし，当該法的実体はメンバーに対し有限責任しか負わせない財団又はその他の団体組織とし，当該法的実体を設立する法的文書には，本定款に規定された条項と同様の規定を盛り込まなければならない。
④IFRS財団の所在地について，法律的基礎及び運営地域の双方を考慮して，適切な時期に再検討する。
⑤IFRS財団が公益団体あるいは類似の資格を有することが資金調達に資するような国において，これらの資格を得る可能性を検討する。
⑥会議は一般公開とする。ただし，一定の議論（通常は，選出，任命及びその他の人事案件，及び資金調達に関するものに限る）については，裁量により非公開で

第5章　国際会計基準審議会による財務報告の基準開発

開催することもできる。

⑦監査済財務諸表及び翌年度の優先事項等が記載されたIFRS財団の事業活動に関する年次報告書を発行する。

これらの職務に加えて，IFRS財団評議員会は，IASB財団の他の組織に関わる次のような職務も遂行しなければならない（IFRS財団定款第15条）。

①IASBメンバーを任命し，その職務契約を締結し，業務の遂行基準を定める。

②IASB議長と協議してエグゼクティブ・ディレクターを任命し，その勤務契約及び業績評価基準を設定する。

③IFRS解釈指針委員会（解釈指針委員会）及びIFRS諮問会議（諮問会議）のメンバーを任命する。

④IASBの議題の決定はしないが，それを検討することを含め，IFRS財団及びIASBの戦略とその有効性を毎年，検証する。

⑤IFRS財団の予算を毎年，承認し，資金調達の基準を決定する。

⑥財務報告基準に影響を与える幅広い戦略的事項を検証し，IFRS財団及びその作業を促進し，IFRSの厳格な適用という目的を推進する。ただし，評議員会は財務報告基準に関する専門的な事項には関与できないものとする。

⑦IASB，解釈指針委員会及び諮問会議の業務手続，協議に関する取決め及びデュー・プロセスを設定し，改訂する。

⑧上記⑦に定められている業務手続，協議に関する取決め及びデュー・プロセスの遵守状況を検証する。

⑨諮問会議との協議及びパブリック・コメントを求める公開草案の公表を含むデュー・プロセスを踏んだ後，〔IFRS財団定款：引用者〕第14条に定められる投票に関する規定に従って，本定款への改訂を承認する。

⑩IASB，解釈指針委員会及び諮問会議に明確に留保された権限を除いて，IFRS財団のすべての権限を行使する。

⑪IFRS財団の目的に整合する教育プログラムと教材の開発を促進し，その内容を検証する。

IFRS財団の職務の1つとして明記されているように，IFRSsの教育や訓練

を行う人々を支援するために，IFRS財団の教育イニシアティブが，これまで
に個別テーマごとのIFRSsの要求についての説明資料である**教育文書**
（Occasional Education Notes）を公表している（たとえば，2010年11月19日の教育
文書「減価償却とIFRS」（Depreciation and IFRS））。

２．国際会計基準審議会（IASB）

　IASBは，IFRS財団の会計基準設定主体である。会計基準の設定に関する検
討テーマの策定とその遂行に関わる裁量権を有するIASBは，高品質で国際的
な財務報告基準の開発に寄与するためにも，専門家としての能力と実務上の経
験をボードメンバーの資格要件としている。

　「IASBメンバーを任命し，その職務契約を締結し，業務の遂行基準を定める」
（IFRS財団定款第15条(a)（前頁での職務の①））ことも，IFRS財団評議員会の職
務の１つである。IFRS財団評議員会によって任命されるIASBのメンバーが
IASB理事会を構成するが，そのメンバーは2012年７月１日までに16名となっ
た（従来は14名）。IASBメンバーが，IFRS財団との有給雇用関係に自分の時間
の全部または大半のいずれに置くかによって，常勤メンバーと非常勤メンバー
に区分されるが，非常勤メンバーは３名までという制約がある（非常勤メンバ
ーは，IFRS財団評議員会が制定する独立性に関する適切なガイドラインを遵守しな
ければならない）（IFRS財団定款第24条）。

　IFRS財団評議員会は，IASBメンバーが，専門的知識および多岐にわたる国
際ビジネスや市場経験を有するバランスのとれた最善の組み合わせで構成され
るように，IFRS財団定款付録の「**IASBメンバーの要件**」（Criteria for IASB
Members）（①財務会計および財務報告についての証明された専門的能力および知識，
②分析能力，③コミュニケーション技術，④慎重な意思決定，⑤財務報告を取り巻
く環境の認識，⑥対等の精神で協働する能力，⑦誠実性，客観性および規律性，並
びに，⑧IFRS財団のミッション（使命）および公益に対する確約，という８つの要
件）に基づいて選出する。その最善の組み合わせは，実務上の経験のバランス
および地域別配分の達成も考慮される。つまり，IASBが組織として，監査人，

作成者，利用者および学識者の直近の実務上の経験がバランスよく提供できるように，また，幅広い国際的な基礎を確保するために，IASBメンバーは2012年7月1日までに，地域別配分（アジア・オセアニア地域（4名），ヨーロッパ（4名），北米（4名），アフリカ（1名），南米（1名），全体の地理的バランスの確保を条件に，任意の地域（2名））の達成も求められた（この地域別配分の定員が達成されなくても，IASBの運営は無効とはならない）（IFRS財団定款第26条・第27条）。

IFRS財団評議員会は，常勤メンバーのなかから1名をIASBの議長に任命し，また，2名以内を副議長に指名することができる。この任命についても地域的バランスが考慮される。IASB議長は，IFRS財団の最高執行責任者を兼ねることになる（IFRS財団定款第30条）。

現行のIASBメンバーの任期は，任命時期の違いによって2つのタイプがある。2009年7月2日より前に任命されたIASBメンバーは，5年を最長任期として任命され，さらに5年を任期とする1回のみの再任が認められている。2009年7月2日より後に任命されたIASBメンバーは，最初は5年の任期で任命され，3年を任期とする1回の再任が認められている（IFRS財団定款第31条）。

なお，IASBはIFRS財団評議員会と協議のうえ，IFRSsの開発を支援し，各国の会計基準とIFRSsとのコンバージェンスを促進する目的から，各国の会計基準設定主体，他の基準設定主体および基準設定に関与する他の正式な機関との連携の役割を果たすために，リエゾン関係を確立し維持していくことになる。

IASBは，次の職務を行う（IFRS財団定款第37条）。

①IFRS（解釈指針を除く）及び公開草案（それぞれ反対意見も含む）の作成及び公表，並びに解釈指針委員会が作成した解釈指針の承認及び公表等，IASBのすべての専門的事項についての全責任を負う。
②評議員会が承認した手続に従って，すべてのプロジェクトについて公開草案を公表し，通常，主要なプロジェクトについてはパブリック・コメントに付すための討議資料を公表する。
③例外的な状況において，評議員会の事前の承認を公式に要請して評議員の75％の承認を得た場合に限り，公開草案のコメント募集期間をデュー・プロセス・

ハンドブックに記載の期間よりも短縮する。ただし，コメント募集の省略はできない。

④IASBの専門的議題の策定及び遂行について，完全な裁量を有する。ただし，以下を条件とする。

　　(a)評議員会（第15項(d)に合わせて）及び諮問会議（第44項(a)に合わせて）との協議。

　　(b)公開協議を3年ごとに行う。初回は2011年6月30日までに開始する。

⑤専門的事項のプロジェクトの割当について，完全な裁量を有する。その作業の実行を組織する際に，IASBは詳細な調査又は他の作業を各国の会計基準設定主体又は他の組織に委託できる。

⑥コメントを求めて公表された文書に対して合理的な期間内に寄せられた意見を検討する手続を確立する。

⑦通常は，主要なプロジェクトについて助言するワーキング・グループ又は他の形態の専門家の諮問グループを組成する。

⑧主要なプロジェクト，議題の決定及び作業の優先順位について諮問会議と協議する。

⑨通常は，IFRS又は公開草案とともに結論の根拠を公表する。

⑩提案された基準について議論するための公聴会の開催を検討する。ただし，すべてのプロジェクトについて公聴会の開催を必要としない。

⑪提案された基準がすべての環境において実務上可能であり，また作業可能であることを確認するために，（先進国及び新興市場の両方について）フィールド・テストの実施を検討する。ただし，すべてのプロジェクトについてフィールド・テスト実施試験の実行を求める規定があるわけではない。

⑫上記②，⑦，⑨，⑩及び⑪に示した任意の手続のいずれかに従わない場合には，理由を説明する。

3．IFRS諮問会議

IFRS諮問会議（諮問会議）は，IASBの議題の決定や作業の優先順位についてIASBに助言を行い，主要な基準設定プロジェクトについての諮問会議メンバーの意見をIASBに伝達し，また，その他の助言をIASBやIFRS財団評議員

会に提供することを目的として設置されたものである。IASCの設定当初,IASC財団評議員会に助言を与えるために設置されたSACと同じ役割を担う組織である。

IFRS諮問会議は,国際的な財務報告への関心と多様な地理的背景および職能的背景を有する組織や個人が参加する討議の場を提供するため,世界各地の利害関係者団体を代表する約50名のメンバーで構成される。IFRS諮問会議のメンバーは,3年の再任可能な任期で任命され,IFRS諮問会議は少なくとも年3回開催される(IFRS財団定款第45条・第46条)。IFRS諮問会議の議長はIFRS財団評議員会が任命し,また,議長はIASBメンバーやIASBのスタッフの職を兼ねることはできない。

4.IFRS解釈指針委員会と中小企業向けIFRS適用グループ

(1) IFRS解釈指針委員会

IFRS解釈指針委員会(解釈指針委員会)は,財務諸表の作成者,利用者および監査人の利益となるように,IASBが財務会計や財務報告の基準を開発し改善するにあたり,IASBを補佐するために評議委員会によって任命される。このIFRS解釈指針委員会の役割は,IFRSsで具体的に取り扱っていない新たに判明した財務報告上の問題点や,不十分あるいは相矛盾する解釈が生じているか,または,生じる可能性の高い問題点について,タイムリーに(適時に)解釈指針を提供することにある。

より具体的には,IFRS解釈指針委員会には次の職務がある(IFRS財団定款第43条)。

---

①IFRSsの適用についての解釈を行い,IFRSsで具体的に取り扱っていない財務報告事項について,IASBの「財務報告に関する概念フレームワーク」の趣旨に沿って適時に指針を提供する。また,IASBの要請に従ってその他の作業を実行する。

②上記①に従って作業を進める際に,各国の会計基準とIFRSsとの高品質な解

決によるコンバージェンスをもたらすように各国の基準設定機関と積極的に作業を進めるというIASBの目的を尊重する。

③パブリック・コメントに付すためにIASBによる承認を経て解釈指針草案を公表し，解釈指針を最終決定する前に，合理的な期間内に寄せられたコメントを検討する。

④IASBに報告を行い，最終の解釈指針についてIASBのメンバーのうち（総員16名未満の場合）9名又は（総員16名の場合）10名の承認を得る。

IASCの設立当初，この役割は解釈指針委員会が担っていたが，IASC財団評議員会は，解釈指針委員会に代えて**国際財務報告解釈指針委員会（IFRIC）**を2002年3月に設立した。2010年7月にIASC財団がIFRS財団に改称された際に，IFRICの呼称もIFRS解釈指針委員会に改められた。

IFRS解釈指針委員会は，議決権のない議長と議決権を有する14名のメンバーで構成されている。IFRS財団評議員会は，必要に応じて規制当局を議決権のないオブザーバーにすることができる。IOSCOとヨーロッパ委員会（EC）がこのオブザーバーの役割を担っている。

（2）中小企業向けIFRS適用グループ

IASBは，IFRSsとは独立した会計基準として，2009年7月9日に「**中小企業向け国際財務報告基準**」（International Financial Reporting Standards for Small and Medium-sized Entities（**IFRS for SMEs**））を公表している。

この会計基準の適用範囲である**中小企業**は，公的説明責任を有さず，かつ，外部利用者（事業経営に関与していない事業主，現在および潜在的な債権者並びに格付機関）に一般目的財務諸表を公表している企業をいう。また，この会計基準は，①基本的な原則を概念フレームワークから，また，関連する強制力のある指針を解釈指針などを含むIFRSsから抽出し，②中小企業の財務諸表利用者のニーズおよび費用対効果の検証に照らして適切な修正を考慮して開発されたものである。つまり，IFRS for SMEsは，中小企業に関連性がないと予想されるトピックを省略し，認識および測定の原則を簡易化し，さらに開示の削減が

図られた会計基準である。

また，IASC財団の評議員会は，2009年7月の評議員会で**中小企業向けIFRS適用グループ**（SME Implementations Group）の設立を承認し，2010年1月の評議員会で当該グループの権限と運営規則について決議した。IASBの諮問機関である中小企業向けIFRS適用グループには中小企業向けIFRSの適用状況を監視し，その包括的なレビューをIASBに提言する任務がある。

5．モニタリング・ボード

2007年11月7日に，IOSCOおよび世界の三大資本市場の規制当局であるEC，アメリカ証券取引委員会（SEC）および日本の金融庁は，IFRSsが世界で広く利用されるようになってきていること等を踏まえて，IASBおよびIASC財団の説明責任を強化するための改革案として「**IASC財団のガバナンス向上に向けた市場規制当局による取組み**」（Authorities Responsible for Capital Market Regulation Work to Enhance the Governance of the IASC Foundation）（FSA・Government of Japan［2007］）を公表した。とくに，IASC財団に対するモニタリングを強化するために，2008年開始予定のIASC財団の定款のレビュー作業に合わせて，IASC財団のガバナンス構造のなかに規制当局から構成される「**モニタリング・ボード**」（当初の表記はMonitoring Body）を設立することが提案されている。新たなモニタリング・ボードを設立することで，「グローバルな投資家の利益を代表する評議員の役割を補完し，それにより，IFRSに対する公けの信用を高めること」にある。

このモニタリング・ボードには，次のような役割期待が寄せられた。

①IASC財団の評議員と定期的に会合を持ち，IASBの作業計画について議論し，レビューし，コメントする。IASC財団およびIASB議長は，関連当局と対話を持つことが期待される。
②IASC財団の評議員等とともに，IASC財団の評議員候補の選定作業に参画する。さらに，評議員候補の最終承認を行う。

③IASBの基準設定プロセスの監督および資金調達のための評議員による手続き
をレビューする。
④IASC財団とともに，IASBによる影響度評価（または費用対効果分析）をさら
に向上させ，客観的な手続きを確立するよう，取り組んでいく。

　この提案をもとに，また，IASC財団が2008年6月19日に開催したIASC財
団の定款見直しに関する円卓討論などを踏まえて，IFRS財団の公的説明責任
の強化とその独立性の確保などのために，「IFRS財団評議員会と公的機関（公
的当局）との間の公式な連携を提供する」（IFRS財団定款第3条）モニタリング・
ボードが設置された。このモニタリング・ボードの当初の構成は，ECの責任
者，IOSCO新興市場委員会委員長，IOSCO専門委員会委員長，日本の金融庁
長官，アメリカのSEC委員長からなり，バーゼル銀行監督委員会委員長がオ
ブザーバーを務める（IFRS財団定款第21条）。
　モニタリング・ボードには，次のような責任がある（IFRS財団定款第19条参照）。

①IFRS財団評議員の選任手続きに参画し，IFRS財団定款の指針に従って評議
員の選任を承認すること。
②IFRS財団評議員会がIFRS財団定款に定める責任を遂行しているか否かにつ
いて，IFRS財団評議員会をレビューし，助言を与えること。IFRS財団評議
員会は，年次報告書をモニタリング・ボードに書面で提出するものとする。
③IFRS財団評議員会またはその下部グループと少なくとも年に1回（必要に応
じて頻繁に）会合を開催すること。モニタリング・ボードは，IFRS財団評議
員会またはIASBの作業分野に関して（必要に応じてIASBの議長も同席して），
IFRS財団評議員会または評議員会議長との会合を要請する権限を有する。こ
れらの会合では，モニタリング・ボードがIFRS財団またはIASBにタイムリ
ーな検討を求めた論点，および，それらについてIFRS財団またはIASBが考
えた決議案に関する議論等を行う。

　2009年4月2日のモニタリング・ボードとIASC財団との第1回会合以降，
2009年6月8日の「G20首脳の要請に対するデュー・プロセスに関するモニタ

リング・ボード声明」(Statement of the Monitoring Board for the International Accounting Standards Committee Foundation regarding Due Process toward Addressing Calls from G-20 Leaders) (IASC Foundation Monitoring Board [2009a]), 2009年7月7日の「金融機関の財務報告上の論点に関する専門的な対話の促進に関する声明」(Statement of the Monitoring Board for the International Accounting Standards Committee Foundation regarding Enhanced Technical Dialogue on Financial Institution Reporting Issues) (IASC Foundation Monitoring Board [2009b]), 2009年9月22日の「会計基準および基準設定の原則に関する声明」(Statement of the Monitoring Board for the International Accounting Standards Committee Foundation on Principles for Accounting Standards and Standard Setting) (IASC Foundation Monitoring Board [2009c]) および2009年11月11日「IFRS財団モニタリング・ボードによるIASBおよびFASBによるIFRSとアメリカの会計基準(U.S. GAAP)の改善に向けた合意に対する声明」(Statement of the Monitoring Board for the International Accounting Standards Committee Foundation on IASB and FASB Commitment to Improving IFRS and U.S. GAAP) (IASC Foundation Monitoring Board [2009d]) なども公表してきた。

2010年4月にロンドンで開催されたIASC財団モニタリング・ボード会合で, モニタリング・ボードとIFRS財団におけるガバナンスのあり方について見直すことが決まっていた。この決定を受けて, モニタリング・ボードは, 2010年7月2日にIFRSsの開発等に関わるガバナンス構造の見直しのための作業部会(Working Group) を立ち上げ, 次の内容についてモニタリング・ボードのガバナンス構造を評価することが表明された(「IFRS財団のガバナンス見直しに関するモニタリング・ボード声明」(Statement of the Monitoring Board for the International Financial Reporting Standards Foundation regarding the Governance Review of the IFRS Foundation) (IFRS Foundation Monitoring Board [2010]))。

①資本市場規制当局やその他公的当局といった関係当局を, 適切に代表する。
②資本市場規制当局やその他公的当局といった関係当局に対し, IASBの透明性や説明責任を十分に提供する。

③会計基準の検討プロセスにおいて，利害関係者の適切な関与を確保する。

④会計基準の設定プロセスにおいて，すべての関係する公共政策目的が考慮されることを確保する。

⑤会計基準の設定プロセスにおけるIASBの独立性を確保する。

モニタリング・ボード，IFRS財団およびIASBの3層からなるガバナンス構造が，高品質で国際的に認められた会計基準を策定するというIFRS財団の定款に定める会計基準設定主体のミッションを実際に全うさせるものとなっているか，また，会計基準設定主体が適切に説明責任を果たすとともにその独立性を確保しているかという問題が，IFRS財団モニタリング・ボード見直しの根幹的問題である。

その検討結果である「**IFRS財団のガバナンス改革に関する市中協議文書**」(Consultative Report on the Review of the IFRS Foundation's Governance)（IFRS Foundation Monitoring Board [2011a]）は，2011年2月7日に公表された。この市中協議文書は，IASBメンバーの構成，兼任されてきたIASB議長とIFRS財団CEOの分離，会計基準設定に専念するスタッフと会計基準設定以外の財団の業務に従事するスタッフの分離，および，評議員会の構成や評議員の任命プロセスのあり方などについて提案を行ったものである。

市中協議文書に寄せられたコメントを踏まえて，2011年4月27日に，モニタリング・ボードとIFRS財団評議員会は，「**IFRS財団モニタリング・ボードとIFRS財団評議員会の共同声明**」(Joint Statement by the Monitoring Board and the Trustees of the IFRS Foundation)（IFRS Foundation Monitoring Board and IFRS Foundation [2011]）を公表した。この共同声明は，モニタリング・ボードとIFRS財団評議員会が，高品質で国際的に認められた会計基準の策定というIFRS財団のミッションを展開するために，両者がそれぞれの役割と責任のもとで連携することを明記している。具体的には，モニタリング・ボードによるIFRS財団のガバナンス改革とIFRS財団評議員会による戦略見直しの2つの作業結果の一体化に向けてのものである。

> モニタリング・ボードがIFRS財団のガバナンス改革を行っている一方，評議員会は戦略見直しを行っている。モニタリング・ボードによるIFRS財団のガバナンス改革では，モニタリング・ボード，評議員会，IASBそれぞれの構成・権限・役割について検討することに最も焦点を当てている。評議員会の戦略見直しでは，デュー・プロセスや基準設定監視のオペレーショナルな観点も含め，IFRS財団のミッション，ガバナンス，基準設定プロセス，財政という4つの分野において提案を行っている。これら2つの作業は，別々の作業ではあるが，定款上の責務と関係しており，両者は整合的に，かつ，独立して行われている。同時に，モニタリング・ボードと評議員会は，IFRSsがますます世界で受け入れられることを反映し，基準設定主体のガバナンス機能が継続して向上していくために，ガバナンス改革と戦略見直しという2つの作業が結果として1つのパッケージとなるべきである，という見解を強く共有する。

第4節 IASBによる会計基準とコンバージェンス活動

1．IASBによる概念フレームワークとIFRSs

（1）概念フレームワーク

　IASCは，「**財務諸表の作成および表示に関するフレームワーク**」（Framework for the Preparation and Presentation of Financial Statements）（IASC [1989a]）を1989年に開発し，その後のIASBもこれを2001年4月に採用した。このフレームワークは，外部の利用者のための財務諸表の作成および表示の基礎をなす諸概念で，①財務諸表の目的，②基礎となる前提，③財務諸表における情報の有用性を決定する質的特性（質的特徴），④財務諸表の構成要素の定義，認識および測定，並びに，⑤資本および資本維持の概念，について取り扱ったものである。

　2004年10月に，IASBとFASBは，共通の「財務報告に関する概念フレーム

ワーク」を構築するための共同プロジェクトに着手し，8つのフェーズ（①フェーズA「目的および質的特性」，②フェーズB「構成要素，認識および認識の中止」，③フェーズC「測定」，④フェーズD「報告企業概念」，⑤フェーズE「財務報告の境界，表示および開示」，⑥フェーズF「フレームワークの目的および地位」，⑦フェーズG「非営利企業へのフレームワークの適用」，および，⑧フェーズH「もしあれば，残りの論点」）に分けて検討を行った。IASBとFASBは，共同プロジェクトの第1段階を完了し，2010年9月28日に，共通の**「財務報告に関する概念フレームワーク」**（または**「財務報告のための概念フレームワーク」**）（Conceptual Framework for Financial Reporting）を公表した（本書**第10章**も参照）。

　概念フレームワークは，外部の利用者のための財務諸表の作成および表示の基礎をなす諸概念をまとめたもので，次のような目的がある（Purpose and Status）。

---

①IASBが，将来のIFRSsの開発と現行のIFRSsの見直しを行うために役立つこと

②IFRSsが認めている代替的な会計処理の数を削減するための基礎を提供することにより，IASBが財務諸表の表示に関する規則，会計基準及び手続の調和を促進するために役立つこと

③各国の会計基準設定主体が国内基準を開発する際に役立つこと

④財務諸表の作成者がIFRSsを適用する際や，IFRSの主題となっていないテーマに対処する際に役立つこと

⑤財務諸表がIFRSsに準拠しているかどうかについて，監査人が意見を形成する際に役立てること

⑥財務諸表利用者がIFRSsに準拠して作成された財務諸表に含まれる情報を解釈するのに役立つこと

⑦IASBの作業に関心を有する人々に，IFRSsの形成へのアプローチに関する情報を提供すること

「財務報告に関する概念フレームワーク」は，次の4つの章から構成される。

> 第1章：一般目的財務報告の目的
> 第2章：報告企業（今後追加の予定）
> 第3章：有用な財務情報の質的特性
> 第4章：「フレームワーク」（1989年）：残っている本文

　共同プロジェクトの第1段階の成果が，**「第1章：一般目的財務報告の目的」**（Chapter 1 — The Objective of General Purpose Financial Reporting）と**「第3章：有用な財務情報の質的特性」**（Chapter 3 — Qualitative Characteristics of Useful Financial Information）である。しかし，その後の概念フレームワークに関する共同プロジェクトは十分に進展せず，後述するIASBの「アジェンダ・コンサルテーション」の暫定決定（2012年5月23日）などを通じて，概念フレームワーク・プロジェクトを共同プロジェクトではなく，IASB単独のプロジェクトとして見直された。

　その後，IASBは，2013年7月18日に，**ディスカッション・ペーパー「『財務報告に関する概念フレームワーク』の見直し」**（Discussion Paper: A Review of the Conceptual Framework for Financial Reporting）（IASB［2013］）を公表し，また，2015年5月28日には，**公開草案「財務報告に関する概念フレームワーク」**（結論の根拠を含む）（Exposure Draft: Conceptual Framework for Financial Reporting）（IASB［2015a］）と**公開草案「概念フレームワークへの参照の更新（IFRS第2号，IFRS第3号，IFRS第4号，IFRS第6号，IAS第1号，IAS第8号，IAS第34号，SIC第27号およびSIC第32号の修正案）」**（Exposure Draft: Updating References to the Conceptual Framework — Proposed Amendments to IFRS 2, IFRS 3, IFRS 4, IFRS 6, IAS 1, IAS 8, IAS 34, SIC-27 and SIC-32）（IASB［2015b］）を公表している。

（2）IFRSs

　IASBは，2001年4月20日の会議で次の決議を採択している。

第4節 IASBによる会計基準とコンバージェンス活動

「従前の定款のもとで公表されたすべての基準および解釈指針は，修正または廃止されない限り，引き続き適用される。国際会計基準審議会は，新たな基準および解釈指針を公表するとともに，従前のIASCの定款のもとで公表された国際会計基準およびSIC解釈指針を修正したり廃止したりすることがある」（「国際財務報告基準に関する趣意書」（The Preface to International Financial Reporting Standards），par.5）。

これによって，IFRSsには，基本的にはIASBが承認した基準（IFRS）と解釈指針（IFRIC解釈指針書），従前の定款のもとで公表されたIASとSIC解釈指針から構成されることを意味する。

現行のIFRSsは，次の**図表5-4**のとおりである。

図表5-4　現行の国際財務報告基準（IFRSs）

（2016年1月1日現在）

国際財務報告基準（IFRS）		
	IFRS第1号	国際財務報告基準の初度適用
	IFRS第2号	株式に基づく報酬
	IFRS第3号	企業結合
	IFRS第4号	保険契約
	IFRS第5号	売却目的で保有する非流動資産および非継続事業
	IFRS第6号	鉱物資源の探査および評価
	IFRS第7号	金融商品：開示
	IFRS第8号	事業セグメント
	IFRS第9号	金融商品
	IFRS第10号	連結財務諸表
	IFRS第11号	共同支配の取決め
	IFRS第12号	他の企業への関与の開示
	IFRS第13号	公正価値測定
	IFRS第14号	規制繰延勘定
	IFRS第15号	顧客との契約から生じる収益
	IFRS第16号	リース

第5章　国際会計基準審議会による財務報告の基準開発

国際会計基準（IAS）		
	IAS第1号	財務諸表の表示
	IAS第2号	棚卸資産
	IAS第7号	キャッシュ・フロー計算書
	IAS第8号	会計方針，会計上の見積りの変更および誤謬
	IAS第10号	後発事象
	IAS第12号	法人所得税
	IAS第16号	有形固定資産
	IAS第19号	従業員給付
	IAS第20号	政府補助金の会計処理および政府援助の開示
	IAS第21号	外国為替レート変動の影響
	IAS第23号	借入コスト
	IAS第24号	関連当事者についての開示
	IAS第26号	退職給付制度の会計および報告
	IAS第27号	個別財務諸表
	IAS第28号	関連会社および共同支配企業に対する投資
	IAS第29号	超インフレ経済下における財務報告
	IAS第32号	金融商品：表示
	IAS第33号	1株当たり利益
	IAS第34号	期中財務報告
	IAS第36号	資産の減損
	IAS第37号	引当金，偶発負債および偶発資産
	IAS第38号	無形資産
	IAS第39号	金融商品：認識および測定
	IAS第40号	投資不動産
	IAS第41号	農業
解釈指針		
	IFRIC解釈指針第1号	廃棄，原状回復およびそれらに類似する既存の負債の変動
	IFRIC解釈指針第2号	協同組合に対する組合員の持分および類似の金融商品
	IFRIC解釈指針第5号	廃棄，原状回復および環境再生ファンドから生じる持分に対する権利
	IFRIC解釈指針第6号	特定市場への参加から生じる負債—電気・電子機器廃棄物
	IFRIC解釈指針第7号	IAS第29号「超インフレ経済下における財務報告」に従った修正再表示アプローチの適用
	IFRIC解釈指針第10号	期中財務報告と減損

IFRIC解釈指針第12号	サービス委譲契約
IFRIC解釈指針第14号	IAS第19号—確定給付資産の上限，最低積立要件およびそれらの相互関係
IFRIC解釈指針第16号	在外営業活動体に対する純投資のヘッジ
IFRIC解釈指針第17号	所有者に対する非現金資産の分配
IFRIC解釈指針第19号	資本性金融商品による金融負債の消滅
IFRIC解釈指針第20号	露天掘り鉱山の生産フェーズにおける剥土コスト
IFRIC解釈指針第21号	賦課金
SIC解釈指針第7号	ユーロの導入
SIC解釈指針第10号	政府援助—営業活動と個別的な関係がない場合
SIC解釈指針第25号	法人所得税—企業または株主の課税上の地位の変化
SIC解釈指針第29号	サービス委譲契約：開示
SIC解釈指針第32号	無形資産—ウェブサイトのコスト

（3）デュー・プロセス

　会計基準開発のための正規の手続きである「デュー・プロセス」について，IASC財団評議員会が，透明性を高める一連のステップを取りまとめ，2006年3月に「デュー・プロセス・ハンドブック」として公表した。その後，定款見直しなどを通じて追加・変更が行われたが，モニタリング・ボードのガバナンス・レビューとIASC財団（2010年にIFRS財団に改称）の戦略レビューなどで提言されたデュー・プロセスの強化や，IFRS解釈指針委員会の効率性と有効性に関する評議員会のレビューによる提言などを踏まえて，IFRS財団は，2012年5月に「デュー・プロセス・ハンドブック」の強化案を公表した。この強化案は，寄せられたコメントなどの検討を通じて，2013年2月に「**IASBおよびIFRS解釈指針委員会：デュー・プロセス・ハンドブック**」（IASB and IFRS Interpretations Committee: Due Process Handbook）（IFRS Foundation [2013c]）として公表されている。また，IFRS財団は，IFRSタクソノミの開発と維持についてのデュー・プロセスの修正案（「IFRSタクソノミ：デュープロセス」（IFRS Foundation [2015e]））とそれに寄せられたコメント等を踏まえて，2016年6月に「デュー・プロセス・ハンドブック」を更新し（IFRS Foundation

［2016c］），最新版のIFRSタクソノミのデュー・プロセスをその附属文書とした。

IASBとIFRS解釈指針委員会の正式のデュー・プロセスには，次のような役割がある（IFRS Foundation［2016c］，par.1.7）。

①その活動が十分かつ効果的な協議プロセスを活用していることを確保するために行わなければならない最低限のステップを明示する。

②考慮しなければならない必須でないステップまたは手続きを識別する。このアプローチは，従来は**「遵守するかまたは説明せよ」のアプローチ**（"Comply or Explain" Approach）と呼ばれており，プロセスにおける必須でないステップは依然として推奨され，それらに従わない場合には説明が必要となることを意味している。

③IFRSおよび関連する文書の品質の向上に役立つその他の，任意のステップを識別する。

IASBがIFRSまたは解釈指針を公表できるようになるまでに，IASBとIFRS解釈指針委員会が必ず従わなければならないステップが，基準設定プロセスの誠実性を保護するための**「最低限の安全装置」**（Minimum Safeguards）として設計されている。必須とされるデュー・プロセスは，次の6つのステップである（IFRS Foundation［2016c］，par.3.43）。

> ①提案を1つ又は複数の公開の会議で議論すること
> ②一般のコメントを求めるために，新基準の提案，基準の修正案，又は解釈指針案の草案を公開すること（最低限のコメント期間がある）
> ③提案に対して受け取ったコメントレターを適時に検討すること
> ④提案を再度公開すべきかどうかを検討すること
> ⑤諮問会議に対して，技術的プログラム，主要プロジェクト，プロジェクト提案及び作業の優先順位について報告すること
> ⑥解釈指針のIASBによる批准

IASB会議には定足数はなく，すべての重要なIASBの決定には最低限の投票要件がある（IFRS Foundation［2016c］，par.3.14）。IASBの公表文書の投票要

第4節 IASBによる会計基準とコンバージェンス活動

図表5-5　IASBの公表文書の投票要件

公表文書	投票要件
情報要請 調査研究ペーパー	IASBメンバーの少なくとも60%が出席した公開の会議での単純多数決
ディスカッション・ペーパー	単純多数決（書面投票による）
公開草案 IFRS for SMEsの案 IFRS IFRS for SMEs	特別多数決（書面投票による）
実務ガイダンス	特別多数決（書面投票による）
概念フレームワーク	特別多数決（書面投票による）
解釈指針案	解釈指針委員会のメンバーの反対が4名以下（書面投票による）
解釈指針	解釈指針委員会のメンバーの反対が4名以下（書面投票による） IASBの批准には公開の会議での特別多数決が必要
IFRSタクソノミの更新案	特別多数決（書面投票による）
IFRSタクソノミ更新書	特別多数決（書面投票による）

注：IASBの特別多数決は，IASBメンバーが15名以下の場合には，文書の公表を支持する9名のメンバーの書面投票，
　　IASBメンバーが16名の場合には，10名のメンバーの支持を要する。棄権は提案への反対と同等とする（par.3.15）。
出所：IFRS Foundation ［2016c］，par.3.14 and par.3.15.

件は，**図表5-5**のように定められている。

　IFRSと解釈指針に記載すべき内容も定められている。確定したIFRSの強制力のある記載すべき部分は，①原則および関連する適用指針，②用語の定義，③発効日および経過措置に関するパラグラフであり，不可欠なものではないが，付属資料として，①目次，②はじめに，③結論の根拠（影響分析を含む），④反対意見がある（IFRS Foundation ［2016c］，par.6.30 and par.6.32）。確定した解釈指針が記載すべき内容は，①識別した会計上の論点の要約，②適切な会計処理に関して至った合意，③合意の根拠とするために依拠した，関連するIFRS,「概念フレームワーク」の部分および他の基準書等への参照，④発効日および経過措置である（IFRS Foundation ［2016c］，par.7.19）。

　デュー・プロセス違反が疑われる事項は，IASBのデュー・プロセスに対す

るデュー・プロセス監督委員会（DPOC）の継続的レビューの文脈のなかで考慮されることになっている（IFRS Foundation [2016c], par.8.1)。このDPOCはIFRS財団評議員会のもとに設けられており，デュー・プロセス手続きをレビューし，必要に応じて修正を行う職務を有している。内部と外部を問わず，関係者やDPOCまたは他の評議員が，デュー・プロセス違反が疑われる事項を提起することもできる。

　なお，世界金融危機の際に，IASBはデュー・プロセスを経ずにIFRSs開発を行った経緯がある。2008年10月13日に，売買目的保有に区分した金融商品を他の区分（満期保有投資や売却可能金融資産，貸付金および債権）への振替処理を禁じていた規定の改正を，IASBはデュー・プロセスを経ることなく決議し，2008年7月1日からの遡及適用を可能となるように，IAS第39号「金融商品：認識および測定」(Financial Instruments: Recognition and Measurement) とIFRS第7号「金融商品：開示」(Financial Instruments: Disclosure) を改訂したのである。

　これに関連して，各国会計基準設定主体グループのメンバーは，IASBとIASC財団評議員会に声明書（コミュニケ）(Communiqué from Members of the National Standard Setters Group to the International Accounting Standards Board and the Trustees of the IASC Foundation) を表明した。

各国会計基準設定主体グループのメンバーからの
国際会計基準審議会及びIASC財団の評議員会に対するコミュニケ

2008年11月14日

　我々，以下に記載されている各国会計基準設定主体（NSS）グループのメンバーは，世界中に波及している現在の信用危機によりIASBが相当の圧力の下に置かれていることを理解している。特に，我々は，IASBがある程度の緊急性をもって基準を再検討する要求を受け取っていると認識している。IASBは，10月に最初のそのような要求に応じて，それを実行するためにデュー・プロセスを一

旦停止した。IASBは現在，基準をさらに見直すこと及びその見直しを12月31日決算の財務報告に間に合うよう完了させることを要求されている。

このような状況に対して，我々は次の声明を発表する。
・我々は引き続き，IASBと，その真の世界的な財務報告基準を実現するための努力を支持する。
・我々は，IASBのガバナンスは，その利害関係者に対する適切な協議と説明責任を含んだ，高品質で世界的な基準の独立した設定主体であることが確保し続けられるものでなければならないと考える。現在進行中のIASBの定款の見直しは，その説明責任と特別な状況に対処する能力を強化する機会である。
・IASBが，適切なデュー・プロセスに従うことは重要である。
・適切なデュー・プロセスのもとでは，関係者は基準の変更を検討しコメントするための十分な時間が与えられなければならないのではあるが，このような異常な状況下においては，そのようなデュー・プロセスを短縮する必要がある。今回がそのようなケースであるならば，我々は，可能な限りもっとも効果的なデュー・プロセスを達成するためにIASBを支援する用意がある。例えば，我々は，国内の関係者の間の議論を促し，関連する専門的な論点を討議するための円卓会議を開催し，また，コメントの取りまとめ役として機能することができる。
・我々は，IASBが市場及び経済に対する影響を考慮して十分なデュー・プロセスと審議を経て決定したものであるならば，国際財務報告基準を採用している者達がその決定を受け入れるよう要請する。

我々は，新たに発生する諸問題を解決するために協力して取り組むことが重要である。本コミュニケを公表したのは，この精神によるものである。

Ian Mackintosh, Chairman, Accounting Standards Board, UK
Amarjit Chopra, Chairman, Accounting Standards Board, India
Chungwoo Suh, Chairman, Korean Accounting Standards Board
Conrad C. Chang, Chairman, Taiwan Financial Accounting Standards
　Committee

> Paul F. Winklemann, Chairman, Financial Reporting Standards Committee, Hong Kong
> Bruce Porter, Acting Chairman, Australian Accounting Standards Board
> Jean-Francois LePetit, Chairman, French Accounting Standards Board
> Alex Watson, Chairman, Accounting Practices Committee, South Africa
> Paul Cherry, Chair, Canadian Accounting Standards Board
> Anders Ullberg, Chairman, The Swedish Financial Reporting Board
> Stig Enevoldsen, Chairman, European Financial Reporting Advisory Group
> Massimo Tezzon, Secretary General, Organismo Italiano Contabilita
> Hans de Munnick, Chair, Dutch Accounting Standards Board
> C.P.C. Felipe Perez Cervantes, President, Mexican Accounting Standards Board
> Joanna Perry, Chairman, Financial Reporting Standards Board, New Zealand
> Asad Ali Shah, President, Institute of Chartered Accountants of Pakistan
> Ikuo Nishikawa, Chairman, Accounting Standards Board of Japan
> Liesel Knorr, President, German Accounting Standards Board
> Erland Kvaal, Chairman, Norwegian Accounting Standards Board
> Gerhard Prachner, Chairman, Austrian Accounting Standards Board

　この再分類の処理規定は，その後，IFRS第9号「金融商品」(Financial Instruments) によって廃止されたが，IASBがデュー・プロセスを経ずにIFRSsを開発したことについては，山田辰己理事（当時）もIASBを退任するにあたって，「〔IASBメンバーとして：引用者〕10年過ごした中で，1つだけ後悔していること」と振り返り，「IFRSの設定プロセスにおいて，関係者からの意見聴取は必須であり，どのような状況下でもこの手続は省略すべきではないと思っている」(山田〔2011〕，5頁) と語った。

　2013年2月に公表された「IASBおよびIFRS解釈指針委員会：デュー・プロセス・ハンドブック」は，こうした経験を活かしたものでもある。

２．IASBによる会計基準のコンバージェンス活動

　IASCの設立経緯からも明らかなように，IASの利用そのものには強制力を伴わない。比較可能性／改善プロジェクトに対するIOSCOの支援の経験をもとに，政府機関で構成される国際機関を通じて，少なくともその加盟国がIASの利用を受け入れることになれば，IASの国際的な会計基準としての地位を確保できることになるかもしれない。比較可能性／改善プロジェクトとは別に，IOSCOがコア・スタンダードの作業計画をIASCに求めたことは，当時のIASCにとっても国際的な会計基準の地位を確保するための好機であったと解することもできる。その地位を確保し機能させるために，IASCが展開した会計基準の国際的調和化やその後のコンバージェンスに向けた一連の諸活動は，実は直接的と間接的のいずれであるかを問わず，アメリカの影響を受けてきた。世界で最も厳格な会計基準を擁するアメリカの存在を無視することはできなかったことはもちろん，アメリカもIASやIASCによる会計基準の国際的調和化の取組みを看過しえなかったからである。

　たとえば，比較可能性／改善プロジェクトのもとでのE32「財務諸表の比較可能性」（IASC［1989b］）の起草には，SECを代表としたIOSCOの作業部会をはじめ，アメリカが大きく関与している。また，IASC財団のガバナンスは，基本的にはIASC財団評議員会に委ねられているが，IASC財団の最初の評議員会を構成する評議員の選出は，指名委員会によって行われた。この委員会の委員長こそSECのレビット委員長（当時）であった（杉本［2009］，48-50頁）。SECのレビット委員長，リン・ターナー（Lynn Turner）主任会計士，FASBのエドモンド・ジェンキンズ（Edmund Jenkins）議長が，それぞれデイビッド・トゥイーディー（David Tweedie）にIASB議長への就任を要請した（Cammferman and Zeff［2007］，p.497）。

　ところで，先のIASC戦略作業部会による最終報告書「IASCの将来像に関する勧告」（IASC［1999］）は，IASCの組織改革に限らず，各国の会計基準とIASとのコンバージェンスを加速させる必要性から，各国の会計基準設定主体

と提携関係に入ることも取り組むべき課題の1つであるとした。これはIASBの目的の1つとしても盛り込まれているが，国際的な会計基準を開発するための各国の会計基準設定主体との単なるリエゾンではなく，会計基準のコンバージェンスを課題とした意義は大きい。2002年にIASBがFASBとの間で締結した「**覚書：ノーウォーク合意**」（FASB［2002］），2005年にIASBが日本の企業会計基準委員会（ASBJ）との間で立ち上げた会計基準間の差異を縮小する共同プロジェクト，および，2005年にIASBが中国財務省との間で合意した会計基準の共通化などは，IASBの目的を現実に行使したものであり，また，それは最終報告書「IASCの将来像に関する勧告」に淵源を求めうる。

「覚書：ノーウォーク合意」をもとに，IASBとFASBは，両会計基準間の差異のなかから検討項目を絞り込んで**短期コンバージェンス・プロジェクト**に着手した。たとえば，FASBが2002年10月2日に編成した短期国際的コンバージェンス・プロジェクトは，そのあらわれである。

IASBとFASBは，「覚書：ノーウォーク合意」に基づく各種取組みを踏まえたいわゆる**「第2次ノーウォーク合意」**を，2006年2月に締結した。2006年から2008年までの両会計基準間のコンバージェンスに向けたロードマップに関する「覚書」（MOU）（FASB［2006］）の締結である。

MOUは，次のようなコンバージェンス計画の方針を示している。

---

①会計基準のコンバージェンスは，長年にわたる高品質な，共通基準の開発を通じて最善の形で達成されうる

②大幅な改善が必要な2つの基準の間の差異を削除しようとすることは，FASBとIASBの資源の最善の利用とはいえないので，それに代わって，投資家に報告される財務情報を改善する新たな共通の基準を開発すべきである

③投資家のニーズに資するということは，審議会が脆弱な基準を強固な基準に代えることでコンバージェンスを図ることを意味する

なお，「覚書：ノーウォーク合意」以降のIASBとFASBによる会計基準のコンバージェンス活動の詳細については，本書の**第10章**で取り上げる。

第5節　IFRS財団のガバナンス改革と戦略見直し

第5節　IFRS財団のガバナンス改革と戦略見直し

1．IFRS財団のガバナンス改革と戦略見直しに向けた取組み

　先の第2節で簡潔に整理したように，IFRS財団評議員会は，第2段階（第2部）の定款見直しに加えて，3つのレビュー（見直し）を開始するとしたことを踏まえて，2010年7月から戦略見直しを行っている。そのプロセスで，IFRS財団評議員会は2010年11月5日に**コメント募集書「評議員会の戦略見直しの現状」**（Status of Trustees' Strategy Review）（IFRS Foundation［2010］）を公表した。

　このコメント募集書は，IFRS財団の次期戦略に関するものである。というのも，IFRS財団の設立後10年間（2001年以降の前身のIASC財団を含む），IFRSsが単一の認められた財務報告基準として設定されてきた成果を示すと同時に，IFRS財団のさらなる10年間が始まると，単一で高品質な国際的に認められた会計基準を策定するという目標を達成するには，今後の18ヵ月が重要となるとの認識を示したからである。

　このなかで，まずIFRS財団には，次のような領域で多数の未解決の課題があるという（IFRS Foundation［2010］，p.2）。

①コンバージェンスとアドプション
　　IASBは，IFRSsのアドプションを促進するために，コンバージェンスにかなりの労力を注いできた。しかし，コンバージェンスだけで単一で国際的な基準の策定を達成できるものではない。鍵を握る多くの国が，IFRSsを国内でアドプションすることを決定することが必要である。
②**基準書の品質と適用**
　　第1に，IFRSsが国際的に受け入れられるためには，金融危機で得た教訓を反映することも含めて，IASBはIFRSsの品質と目的適合性について引き続き実証しなければならない。第2に，IFRSsが世界中でアドプションされても，

その適用とアドプションの実務には差異が生じるリスクがある。

③ガバナンスと説明責任

　IFRSsをアドプションする国が増加するにつれて，IFRS財団の説明責任とガバナンスに対する世界中の公的機関の関心が高まってきている。IASBの独立性こそが拠り所であったが，モニタリング・ボードがそのガバナンス構造の見直しに取り組んでいるという事実は，当該ガバナンス構造がさらに進化するとの理解を反映している。

　このような背景をもとに，IFRS財団評議員会は戦略見直しについて，ミッション，ガバナンス，基準設定プロセスおよび資金調達方法という検討を要する４つの領域に関わる質問へのコメントを求めた（IFRS Foundation [2010]，pp.3-4)。

①ミッション

　IFRS財団がコミットしている公益をどのように定義すべきか。

②ガバナンス

　IFRS財団は，独立性と説明責任をどのように両立すべきか。

③基準設定プロセス

　IFRSsが高品質であり，うまく機能している資本市場の要請を満たし，また，世界中で首尾一貫して適用されるには，IFRS財団はどのようにすべきか。

④資金調達方法

　IFRS財団を効果的かつ効率的に運営できる最善の資金調達方法はどのようなものか。

　その一方で，先に述べたように，IFRS財団のモニタリング・ボードも，2011年２月７日に**「IFRS財団のガバナンス改革に関する市中協議文書」**（Consultative Report on the Review of the IFRS Foundation's Governance）（IFRS Foundation Monitoring Board [2011a]）を公表している。この市中協議文書には，モニタリング・ボード，IFRS財団評議員会およびIASBの３層構造の維持をはじめ，各機能別に，たとえば次のような質問が設けられていた。

第5節 IFRS財団のガバナンス改革と戦略見直し

【IASB】

（質問1）

　IASBのメンバーが多様な地域的・職能的背景を持ったものとなるよう，IASBメンバー候補者層を深耕するための具体的な取組みを求める提案に賛成しますか。賛成・反対の理由も示してください。

（質問2）

　IASB議長とIFRS財団CEOの役割を分離するという提案に賛成しますか。もし賛成なら，どのような形とするのがよいと考えますか。賛成・反対の理由も示してください。

【IFRS財団評議員会】

（質問4）

　評議員会の構成や評議員の任命に関して，モニタリング・ボードが考慮すべき点があればご意見をください。

（質問5－1）

　評議員任命プロセスの透明性を高めるとの提案に賛成しますか。賛成・反対の理由も示してください。また，モニタリング・ボードは任命プロセスにどの程度まで関与すべきでしょうか。

【モニタリング・ボード】

（質問6－2）

　主に主要な新興市場を代表する常任メンバー（4）と，その他の市場を代表する交代制メンバー（2）を加えることにより，モニタリング・ボードのメンバー枠を拡大することについて賛成しますか。賛成・反対の理由も示してください。また，主要な市場はどのようにして選ぶべきでしょうか。選定にあたっては，IFRSsの適用や基準設定に対する財政的貢献（資金拠出）を考慮すべきでしょうか。

【その他】

（質問16）

　ガバナンスのあり方について，定期的な見直しの必要性や，その際，5

第5章 国際会計基準審議会による財務報告の基準開発

325

> 年を１つの基準とすることについて賛成しますか。見直す場合，（５年に１
> 度と定められている）IFRS財団の定款見直し時期に合わせるべきでしょうか。
> 賛成・反対の理由も示してください。

　モニタリング・ボードは，2011年９月9日に「『**IFRS財団のガバナンス改革
に関する市中協議文書**』に寄せられたコメントの概要」（Summary of Comments
to the Consultative Report on the Review of the IFRS Foundation's Governance）
（IFRS Foundation Monitoring Board［2011b］）を公表している。

　モニタリング・ボードは，フィードバック文書やIFRS財団のガバナンス構
造の改善に関わるアクションプランの策定に取り組んでおり，また，IFRS財
団評議員会が取り組んでいる戦略見直しと緊密に連携しながら，共同で一体化
した改善策の策定を目指している。この方針は，2011年４月27日のモニタリン
グ・ボードとIFRS財団評議員会によるIFRS財団のガバナンス改革と戦略見
直しに関する共同声明（IFRS Foundation Monitoring Board and IFRS Foundation
［2011］）で表明済みである。このガバナンス改革と戦略見直しは，IFRS財団
とIASBが国際的な会計基準設定主体という目標に向けて取り組み続けること
を可能にするためのものである。

　こうしたなか，IFRS財団評議員会とモニタリング・ボードは，2012年２月
9日に，それまで実施してきたIFRS財団のガバナンス改革と戦略見直しの結
論を一体的にそれぞれ公表するに至っている。

２．モニタリング・ボードの「IFRS財団のガバナンス見直しに関する最終報告書」

　モニタリング・ボードが2012年２月9日に公表した「**IFRS財団のガバナンス
見直しに関する最終報告書**」（Final Report on the Review of the IFRS Founda-
tion's Governance）（IFRS Foundation Monitoring Board［2012］）は，制度的見地
からIFRS財団のガバナンス改革について取りまとめたものである。この最終報
告書では，IFRS財団における３層構造をもとに，そのガバナンスの枠組みを強

第5節 IFRS財団のガバナンス改革と戦略見直し

化するための勧告が示された。それらの勧告を整理したものが，**図表5-6**である。

図表5-6　IFRS財団のガバナンス見直しに関する最終報告書での勧告

3層構造	勧　告
IASB	**1．IASBの構成** (a) IASBメンバーの選定に備えて，多様な地理的・職能的背景を有するIASBメンバーを確保できるように，できる限り広範囲に及ぶ候補者を確保する。 (b) IASBメンバーを選定するにあたって，地理的・職能的背景の多様性は重要であるが，IFRSsを取り扱う際の被任命者の専門的能力と経験を優先させる。 (c) 必要に応じて，定款で定めるところにより，非常勤のIASBメンバーを弾力的に用いることも検討する。 **2．IASBの管理体制の再編** (a) IASB議長がIFRS財団CEOも兼務することは，誤解を生じさせることになるので，再検討を要する。IASBの基準設定と技術的課題を管理する独立性を維持するためには，IASB議長が実質的にも外見上も基準設定に集中できるように，評議員会は管理体制を再編すべきである。 (b) 組織構造は，IASB議長の基準設定の責任とIFRS財団評議員会議長の監視機能を明確に分離すべきである。 **3．基準設定と他の機能に対するスタッフの責任の分離** (a) 基準設定と監視機能との責任の分離に従って，スタッフの指揮命令系統を明確にする。 (b) 責任を明確に分離することが特定の分野については実践的でない場合，責任にコンフリクトが生じる懸念を緩和するために，（透明性のある方法で）セーフガード措置を設けるべきである。
IFRS財団 評議員会	**1．評議員会の構成** (a) 評議員会の構成に関する現行の評価システムを維持し，モニタリング・ボードの任命・承認プロセスに参加することで，このプロセスが評議員会の地理的・職能的背景の多様性について，引き続き監視していく。 **2．評議員の選定プロセス** (a) 評議員の選定プロセスと規準は，文書化され，公表される。 (b) ときどき必要とされる規準の改正について，十分に配慮する。 (c) モニタリング・ボードは，評議員の選定プロセス（一連の規準に基づいた評議員の推薦同意や評議員候補の承認を含む）に引き続き参加する。

第5章 国際会計基準審議会による財務報告の基準開発

327

モニタリング・ボード	**1．モニタリング・ボードのメンバーシップ** (a) モニタリング・ボードのメンバーシップは，各管轄（法域）の資本市場で使用する財務報告の書式と内容の策定責任を負う資本市場当局に引き続き限定する。 (b) 新メンバーは，一連の規準（時価総額といった客観的な指標や次の(c)に規定するものなど）に照らして，主として新興市場から任命する（最大4名とするが，直ちに全メンバーを選任する必要はない）。 (c) モニタリング・ボードのメンバーになるためには，関係管轄（法域）でIFRSsを使用していること，IFRSsの設定のために当該管轄（法域）が財政的貢献（資金拠出）をしていることが必要である。ある管轄（法域）でIFRSsを使用していることの評価規準は，策定のうえ，文書で提供される。 (d) 常任メンバーの適格性は定期的に評価される。メンバーとして残るには，すべての常任メンバーが，上記の(a)，(b)および(c)の規準を満たさなければならない。モニタリング・ボードは，現メンバーの常任メンバーとしての適格性に関する最初の評価は，2013年初頭に行う。 (e) 追加メンバーの移行や常任メンバーの定期的な評価に関する規定は，IFRSsの使用に関する評価規準とともに，策定のうえ，文書で提供される。 (f) 2席のメンバー交代制を導入し，IOSCOと協議のうえ，モニタリング・ボードが設けた選定プロセスと規準に従って選定される。 **2．コンセンサス・ベース（合意）による意思決定** (a) 現行のコンセンサス・ベースによる意思決定システムを維持する。 (b) モニタリング・ボードの構成，役割および責任が将来変わると，このシステムは再検討することが条件となる。 **3．その他の当局や国際機関の関与** (a) バーゼル銀行監督委員会（Basel Committee on Banking Supervision）は，引き続きオブザーバーとして関与する。 (b) オブザーバーの役割とあり方については，明確に定義される。 (c) モニタリング・ボードは，IFRS財団のガバナンスへの健全性規制機構やその他の当局との最適で，時宜に適った関係について，引き続き検討する。 **4．モニタリング・ボードの透明性の強化** (a) 公開会議の記録を遅滞なく公表し，プレスリリースの活用を増やすことなどにより，モニタリング・ボードの可視性と透明性を高める。 **5．IASBのアジェンダに係る付議** (a) モニタリング・ボードは，検討を要する問題を評議員会とIASB

第5節 IFRS財団のガバナンス改革と戦略見直し

議長に伝え，評議員会とIASB議長は，それらを適時に取り上げる現行の枠組みを維持する。

(b) モニタリング・ボードが検討を要するとした問題を，IASBが取り上げないと決定した場合には，IASBのアジェンダに加えることが，定款での基準設定の責任と首尾一貫しないことを，IASBが評議員会とモニタリング・ボードに示すことができるように，フィードバックのメカニズムを評議員会と開発する。

(c) いかなる場合も，モニタリング・ボードは，基準設定についてIASBが行う意思決定プロセスに影響を及ぼすことや，IASBの意思決定に異議を述べることは行わない。

(d) モニタリング・ボードは，IASBのアジェンダ設定プロセスの継続的な改善結果について，引き続き，注意深く監視し，その定期的な評価でその改善を十分に考慮する。

6．IFRS財団の資金調達

(a) この点について評議員会の実績を監視するモニタリング・ボードとともに，評議員会が資金調達に責任があることを明確にする。

(b) 各管轄（法域）がIFRS財団に資金拠出する規準について，評議員会が，モニタリング・ボードと協議してより明確にすべきである。

(c) IFRSsを使用する各管轄（法域）は，状況に応じて，割り当てのメカニズムに基づいた拠出を満たすべく，最善を尽くすことを強く奨励される。

(d) モニタリング・ボードは，資金拠出を促すために，関係する当局に働きかけを行う。

7．IASB議長の選任

(a) 評議員会が，IASB議長の選任に責任を有するという現行の枠組みを維持する。

(b) モニタリング・ボードは，候補者を選任する一連の規準について評議員会と合意し，それは文書化され，公表される。

(c) モニタリング・ボードは，評議員会の参考までに，規準に照らした候補者名簿のアセスメントを評議員会に提出する。

(d) モニタリング・ボードと評議員会は，選任プロセスに関する全体の配置図を文書化し，公表する。

8．IASBメンバー構成の枠組み

(a) 定款に明記された，IASBメンバーの多様性を確保するための枠組みを構築する際に，評議員会はモニタリング・ボードに助言を受けることを要求する。

(b) この助言は，全体的枠組みの開発をカバーするが，モニタリング・ボードは現行の選任プロセスには関与しない。

9．モニタリング・ボード事務局

モニタリング・
ボード

第5章 国際会計基準審議会による財務報告の基準開発

	(a) 事務局機能は，モニタリング・ボードの議長国が提供する現行制度を維持する。 (b) モニタリング・ボードの構成，役割および責任を将来変更することから実務上の困難が生じれば，既存の選択肢の使用（たとえば，IOSCO事務局に頼ること）が遂行される。
その他	1．定期的なガバナンスの評価 (a) IFRS財団の定款の定期的な見直しを同時に行うために，改善が必要なガバナンス構造の特徴について，5年ごとに正式な評価を行う。 (b) 定期的な評価は，差し迫ったニーズに応じた，特別で中間的な評価を必ずしも妨げない。 (c) 常任メンバーの適格性の見直しは，「モニタリング・ボードのメンバーシップ」でのメンバーシップ規準に照らして，5年ごとに行う。 2．ステークホルダーの基準設定への関与 (a) モニタリング・ボードは，IASBの基準設定プロセスにおける協議の適切性に関する評議員会の監視状況を含む，評議員会デュー・プロセス監視委員会（Trustees' Due Process Oversight Committee）の活動状況や所見に関する報告書を定期的に受け取る。

出所：IFRS Foundation Monitoring Board［2012］，pp.10-21をもとに作成。

　モニタリング・ボードのメンバーシップの勧告のうち，(c)と(e)の勧告は，その後のモニタリング・ボードのメンバー要件のより具体的な規定化に結び付くものであり，とくに重要である。「IFRS財団のガバナンス見直しに関する最終報告書」が，モニタリング・ボードのメンバー要件として，①関係管轄（法域）でIFRSsを使用していることと，②IFRSsの設定のために当該管轄（法域）が財政的貢献（資金拠出）をしていることを提示し，前者こそが「**IFRSsの使用**」（Use of IFRSs）についての規準であり，この評価規準は別途策定するとした。また，追加メンバーの移行や常任メンバーの定期的な評価に関する規定も，併せて策定することを勧告している。

3．IFRS財団評議員会の「評議員会の戦略見直し2011に関する報告書」

　IFRS財団の戦略見直しについて，IFRS財団評議員会は2012年2月9日に「**評議員会の戦略見直し2011に関する報告書―国際基準としてのIFRSs：財団の第二の10年間に向けての戦略の設定**」（Report of Trustees' Strategy Review 2011 ―

IFRSs as the Global Standards: Setting a Strategy for the Foundation's Second Decade）（IFRS Foundation［2012a］）を公表した。

　戦略見直しの結論として取りまとめられた4つの分野（ミッション，ガバナンス，基準設定プロセス，資金調達）での各提言を整理すると，**図表5-7**のとおりである。

図表5-7　「評議員会の戦略見直し2011に関する報告書」での提言

分　　　野	提　　　　言
A．ミッション：IFRS財団がコミットしている公益の定義	**財務報告基準の目的** ⑴　基準設定主体としてのIFRS財団のミッションを遂行するにあたり，IASBは，企業の財務諸表上の財政状態や業績の忠実な表現を提供する財務報告基準を開発すべきである。 **IFRSsのアドプション** ⑵　単一で，改善された，国際的に認められた高品質な会計基準を達成する任務を有する機関として，IFRS財団は，IASBが開発したIFRSsを，全体を修正することなしに，グローバルなアドプションという長期的な目標に引き続きコミットしなければならない。コンバージェンスは，特定の国では適切な短期間の戦略になるかもしれないし，また，移行期間中にアドプションを促進するかもしれない。しかし，コンバージェンスはアドプションの代用ではない。 ⑶　国内と国際的な市場，監査規制当局，会計基準設定主体，会計基準設定に関与する地域団体および会計士団体と協力して，IFRS財団は，IFRSsのアドプションが不完全な場合，または，IASBが公表したIFRSs一式からの逸脱がある場合には，完全な開示を求めるべきである。IFRS財団は，各国がIFRSsを完全にアドプションせずにIFRSsへの準拠を主張している事例を明らかにするメカニズムを検討すべきである。 **基準とIFRS活動の範囲** ⑷　短期的には，IFRS財団とIASBの主な焦点は，営利企業（たとえば，上場企業，その他の公的な説明責任のある企業，中小企業）のための基準開発とすべきである。 **適用と導入の首尾一貫性** ⑸　ミッションの遂行にあたり，IFRS財団は，IFRSsを国際的に首尾一貫して適用するのに役立つことに強い関心を抱いている。IFRS財団は，次の方法でこの目的を遂行すべきである。

	・IASBは，基準設定主体として，明確で理解可能な強制力のある基準を公表すべきである。 ・IASBは，基準設定に対する原則主義のアプローチと整合する基準に関するガイダンスを提供する。適用ガイダンスや設例は，原則を首尾一貫した方法で理解し適用する必要がある場合に提供されなければならない。 ・IASBは，実務上の逸脱がクロスボーダーで発生する場合を識別するために，証券規制当局，監査規制当局，基準設定主体，会計基準設定に関与する地域団体，会計士団体およびその他の利害関係者のネットワークと協力して作業を行う。実務上の逸脱が，基準または解釈指針の改善を通じて解決できる場合には，IASBとIFRS解釈指針委員会は，それに応じて行動する。 ・IFRS財団は，教育コンテンツ・サービスを通じて，首尾一貫した適用の促進を目的とした活動を行うべきである。 ・IASBは，関連当局と連携して，IFRSsが修正されている国を識別し，その場合，各国のレベルでその逸脱の透明な報告を促すべきである。 ・IFRS財団は，この目的を達成するために，関連する規制当局の支援を求める。
B．ガバナンス： 独立性と公的な 説明責任	(1) 基準設定の意思決定プロセスにおけるIASBの独立性を，公的な説明責任の枠内で維持すべきである。 (2) 現行の3層構造（モニタリング・ボード，評議員会，IASB）は，組織のミッションにとって適切である。このガバナンス構造のなかで，モニタリング・ボード，IFRS財団およびIASBは，透明性，公的な説明責任および独立性の原則を補強するために，相互関係や手続きを適宜強化すべきである。その際，組織のガバナンスの各要素の役割や責任を明確に定義すべきである。
C．基準設定プロ セス：うまく機 能している資本 市場の要請を満 たす，世界中で 首尾一貫して適 用される高品質 なIFRSsの設定	(1) 完全で透明なデュー・プロセスは，高品質な国際的に認められた会計基準を提供するのに不可欠である。 (2) IASBのデュー・プロセスの監督における評議員会に関する枠組みを明確にすべきである。 (3) 現行のデュー・プロセスの枠組みに立脚し，財務情報の有用性を改善する努力のなかで，IASBは次のことを行うべきである。 ・議題の優先順位の設定方法を明確にすること ・フィールド・ビジット／テスト（Field Visit/Tests）および影響分析についての方法に合意すること ・基準設定の決定がXBRLに与える影響を考慮すること ・基準設定の決定がIFRSsの翻訳に与える影響を考慮すること

	(4) IFRSsの整合的な適用へのIFRS財団の関与を支援するために，また，IASBの基準設定の任務の枠内で，IFRS財団とIASBは，次の事柄に対応すべきである。 ・合意された方法を用いて適用後レビューを実施し，適用上の論点を識別するのに役立てること ・証券規制当局，監査規制当局および各国基準設定主体との正式な協力体制を確立し，IFRSsの適用に関するフィードバックを受け取り，その逸脱への対処を図るアクションを促すこと ・IFRS解釈指針委員会の活動範囲を見直し，原則主義の基準設定のアプローチへのコミットメントを損なわずに，解釈の整合性を確保すること	
	(5) IFRS財団とIASBは，国際的な基準設定プロセスに不可欠なことの一部として，各国基準設定主体と会計基準設定に関わる地域団体のネットワークのメンテナンスを促進すべきである。	
	(6) 財務報告の分野での思考上の指導力を提供するために，IASBは，専任の調査担当者を設置するか，または，その設置を促進すべきである。	
D．資金調達： IFRS財団が効果的かつ効率的に，しかも独立的に運営できることを保証する資金調達方法の構築	(1) 資金調達システムは，組織の説明責任を果たしつつ，基準設定プロセスの独立性を維持すべきである。 (2) 現行の資金調達ベースを拡大し，IFRS財団がグローバル社会にさらに貢献し，上記の戦略を達成できるようにすべきである。	

出所：IFRS Foundation[2012a]，pp.5-8をもとに作成。

4．モニタリング・ボードのメンバー要件の評価アプローチ

　モニタリング・ボードによる「IFRS財団のガバナンス見直しに関する最終報告書」（2012年2月9日）は，モニタリング・ボードのメンバー要件として「IFRSsの使用」と「IFRSs設定のための財政的貢献（資金拠出）」を勧告していた。モニタリング・ボードのメンバー拡大やメンバー要件に照らしたメンバーの定期的な見直しを開始するに先立って，評価プロセスや判断基準といったメンバー要件の評価アプローチは，2013年2月6日に開催されたモニタリング・

ボード会合で最終化された。

これを受けて3月1日に公表された**プレスリリース「モニタリング・ボードがメンバー要件の評価アプローチを最終化し，議長選出を公表」**（Monitoring Board Finalizes Assessment Approach for Membership Criteria and Announces Chair Selection）（IFRS Foundation Monitoring Board［2013a］）に，次のような具体的なメンバー評価アプローチなどが示されている（下線は引用者）。とくに，モニタリング・ボードのメンバー要件である「IFRSsの使用」の解釈については，日本のIFRSs適用のあり方にとって重要なものとなった。

IFRSsの使用：

総則

(a) 当該国は，IFRSsの適用に向けて進むこと，および，最終的な目標として単一で高品質な国際的な会計基準が国際的に受け入れられることを推進することについて明確にコミットしている。このコミットは，当該市場で資金調達する企業の連結財務諸表についてIFRSsの適用を強制または許容し，実際にIFRSが顕著に適用されている状態となっている，もしくは，妥当な期間でそのような状況へ移行することをすでに決定していることにより裏付けられる。

(b) 適用されるIFRSsはIASBが開発したIFRSsと本質的に同列のもので，起こりうる例外は，一定の基準もしくはそこから生じる一部が経済もしくはその他の状況に関係していない，もしくは，当該国の公益に反する可能性があるという場合に限定される。一定の基準もしくはそこから生じる一部を開発する際のデュー・プロセス履行上何らかの欠陥があった場合には，例外や一時的な使用中止も許容しうる。

定量的要素

(c) 当該国は，時価総額の規模，上場企業数，クロスボーダーの資本活動に照らしたうえで，国際的な文脈における資金調達のための主要な市場であると考えられる。

定性的要素

(d) 当該国は，IFRSsの策定に際し，継続的に財政的貢献を行っている。

334

（e) 当該国は，関連する会計基準の適切な実績を確保するための強固な執行の仕組みを整備し，実施している。

（f) 国・地域の関連する基準設定主体が存在する場合，IFRSsの開発に積極的に貢献することにコミットしている。

メンバーの評価プロセス・結果：

既存メンバーの定期的な見直し

（a）定期的な見直しは2013年に開始し，3年ごとに行う。必要に応じ，臨時に見直しを行う可能性もある。

（b）見直しは，各メンバーの自己評価から始まり，他の情報源からの追加的な情報やデータにより補完される。

（c）モニタリング・ボードの継続メンバーの適格性は，すべての要件の完全な適合に向けて，時間をかけて進んでいるかを十分に考慮しつつ，要件に沿って評価する。

（d）既存のメンバーが，要件を完全にまたは著しく満たしていないことが判明した場合，非適格性の度合いに応じ，要件充足に疑義の生じているメンバー以外の決定により，当該メンバーの議決権を停止することができる。

（e）(d)の状況が次の定期的な見直しまでに改善していない場合，または，さらなる重大な要件違反の明確な兆候がある場合，他のメンバーの合意により当該メンバーの資格を取り消すことができる。

新規メンバーの選定プロセス

（a）新規メンバーの選定は2013年に開始する。モニタリング・ボードは，それまでに，合意したメンバー要件に合致する適格な候補を指名しなくてはならない。

（b）候補が現時点では一部の要件を満たしていないものの，合理的な期間内に当該要件を充足する潜在的な可能性があることを明確に示している場合には，メンバーとして再度応募することが可能である。

次のステップ

モニタリング・ボードは，これらの要件および評価プロセスに従って，既存のメンバーの評価および新規メンバーの選定を開始する。2013年までに，この

評価およびメンバー拡大を完了することをモニタリング・ボードは見込んでいる。また，これらのメンバー要件を反映するために，モニタリング・ボード憲章の改訂を行う。

モニタリング・ボード議長

　モニタリング・ボードメンバーは，現在モニタリング・ボードの暫定議長を務める河野正道氏を議長として選出した。河野氏は，モニタリング・ボードにおいて金融庁を代表している。同氏は，証券監督者国際機構（IOSCO）代表理事会議長並びに金融庁国際政策統括官を務めている。

　このモニタリング・ボードのメンバー要件の評価アプローチをもとに，メンバーの評価と選定に係る評価手続きおよびそのタイムテーブルは，2013年4月11日のモニタリング・ボードの会合で決定している。モニタリング・ボードによる「IFRS財団のガバナンス見直しに関する最終報告書」の公表以降，メンバーの評価と選定手続きなどの決定までに少し時間をかけたのは，「メンバーの評価要件や評価プロセスといった重要な問題を拙速に決定することを避けるとともに，ガバナンス改革の最終報告書の公表のさらなる遅延を避け，利害関係者の期待に適切に応えるため，2段階アプローチを採用した」（IFRS Foundation Monitoring Board［2013b］）からである。第1段階はIFRS財団のガバナンスを改善するための方策の概要を明らかにし，第2段階は具体策を実行するための詳細を明らかにすることとしている。

新規メンバー候補の選定プロセス（IOSCOとの協議で選定される交代制メンバーを除く）
　　－モニタリング・ボードは，新規メンバー候補の一般募集を行う。
　　－モニタリング・ボードは，モニタリング・ボードのメンバー要件に従い，新規メンバーの選定を完了する。

IOSCOとの協議で選定される交代制メンバーの選定プロセス
　　－モニタリング・ボードは，IOSCOとの協議のうえで交代制メンバーの選定

手続きを決定した後，IOSCOに対して（2名以上の）新規メンバー候補を推薦するよう要請する。

－モニタリング・ボードは，モニタリング・ボードのメンバー要件に従って，IOSCOとの協議で選定される交代制メンバーの選定を完了する。

既存メンバーの評価プロセス

－モニタリング・ボードのすべての既存メンバーは，モニタリング・ボードのメンバー要件に従い評価される。

これを踏まえて，2013年5月20日に，モニタリング・ボードは主要な新興市場からのメンバー拡大（最大4席）に向けた候補者と交代制メンバー（2席）の募集を開始した。モニタリング・ボードの新規メンバーとしてブラジル証券取引委員会（CVM）と韓国金融委員会（FSC）が選出され，最大4席の新規メンバーの残りの2席はさらなる審査を経て選出されるとされた（IFRS Foundation Monitoring Board［2014］）。その後の2016年8月に，モニタリング・ボードは中国財政部（China MOF）を新たなメンバーに指名した（IFRS Foundation Monitoring Boad［2016］）。この結果，モニタリング・ボードは，7席で構成されている。

なお，モニタリング・ボードによる「IFRS財団のガバナンス見直しに関する最終報告書」を踏まえて検討してきた「モニタリング・ボード憲章」(Charter of the IFRS Monitoring Board) と「IFRS財団の枠組み強化のための覚書」(Memorandum of Understanding to Strengthen the Institutional Framework of the International Financial Reporting Standards Foundation) の改訂版を，2013年10月31日に公表している（IFRS Foundation Monitoring Board［2013c］）。

5．意見募集「体制とその有効性に関するIFRS財団評議員会のレビュー（見直し）：見直しにあたっての論点」

IFRS財団の定款第17条の(c)および(d)は，IFRS財団の全体の体制とその有効性について5年ごとにレビュー（見直し）することを要求している。これまで

の見直しは，①定款見直し（2003年11月開始，2006年6月完了），②戦略見直し（2007年実施），③第2回の定款見直し（2008年2月開始，第1段階は2009年1月完了，第2段階は2010年1月完了），④第2回の戦略見直し（2010年11月開始，2012年2月完了）であり，その多くは「定款レビュー（見直し）」であった。

新たな2015年の見直しにあたり，2015年7月に**意見募集「体制とその有効性に関する評議員会のレビュー（見直し）：レビューにあたっての論点」**（Request for Views: Trustees' Review of Structure and Effectiveness: Issues for the Review）（IFRS Foundation [2015d]）を公表し，見直しで扱う論点を提示するとともに，インプットを募集した（コメント募集期限は2015年11月30日）。

2015年の見直しは，IFRS財団評議員会は戦略見直しに関わる「戦略の概要」領域での4つの主要な戦略目的の文脈で行う計画をしている。

今般の見直しにあたり，IFRS財団評議員会は2012年2月の「評議員会の戦略見直し2011に関する報告書」に示された4つの主要な領域におけるIFRS財団の第2の（さらなる）10年間の戦略を，2015年4月に公表されたIFRS財団の「ミッション・ステートメント」（Mission Statement）とともにレビューしている。その結果作成されたのが，2015年から2017年の「戦略の概要」（Strategic Overview）である。この「戦略の概要」では，IFRS財団のミッションを支えるための，次のような4つの主要な戦略目標が識別された（IFRS Foundation [2015d]，par.7）。

①公益に資するよう，明確に記述された原則に基づく，単一で高品質な理解可能な，強制力のある国際的に認められた財務報告基準を開発すること

②IFRSsのグローバルなアドプションを追求すること

③IFRSsの首尾一貫した適用および導入をグローバルに支援すること

④組織としてのIFRS財団の独立性，安定性および説明責任を確保すること

「IFRS財団は多くのことを達成しており，その結果，評議員会は，いくつかの特定の領域に関心を集中させたいと考えている」との認識から，今回の見直しにあたってコメントなどを要請した論点は，①IFRSの有用性，②IFRSの首尾一貫した適用，③IFRS財団のガバナンスおよび資金調達に関わるもので

第5節 IFRS財団のガバナンス改革と戦略見直し

ある（IFRS Foundation［2015d］, par.8）。

IFRSの有用性

①IASBが, 当組織の現在の焦点のほかに, 対象とする企業の種類または報告
の種類のいずれかについて業務を拡大すべきかどうかを検討すること

②IFRSタクソノミに関する当財団の戦略について意見を求めること

③テクノロジーの進展がIFRSの有用性の維持に与える影響を考慮すること

IFRSの首尾一貫した適用

④当財団がIFRSの首尾一貫した適用を支援するために適切な行動を取ってい
るかどうか, および, この点についてさらにできることやすべきことが他
にあるかどうかを検討すること

IFRS財団のガバナンスおよび資金調達

⑤当財団の現在のガバナンス構造（3層構造が機能しているかを含む）を検討す
ること

⑥評議員の地理的分布, 職能的背景に関し適切なバランスを確保する方法お
よび任期に関する定款の規定を見直すこと

⑦定款に定められた構造と有効性の見直しの焦点および頻度を検討すること

⑧IASBに関する定款の規定を見直すこと（審議会の最適なメンバー数, 地理的
分布, 常勤メンバーと非常勤メンバーのバランス, 職能的背景に関するバランス,
任期など）

⑨当財団の資金調達モデルおよびその機能をどのようにして強化できるかに
ついて意見を求めること

4つの主要な戦略目標ごとに質問項目を整理すると, **図表5-8**のようになる。

**図表5-8　意見募集「体制とその有効性に関する評議員会のレビュー
（見直し）：レビューにあたっての論点」による質問項目**

主要な戦略目標	質問項目
	現在の当組織の基準開発の焦点以外（とくに, 民間の非営利セクター）に IASBが任務を拡大すべきかどうかについて, どのように考えるか。
	IASBが, 上述のような〔国際統合報告評議会（IIRC）の「国際統合報告 フレームワーク」の開発などの：引用者〕協力を通じてより幅広い企業報

第5章 国際会計基準審議会による財務報告の基準開発

339

		告における進展に積極的な役割を果たすべきであるという提案に同意するか。
主要な 戦略目標１： 単一の基準の開発		IFRSタクソノミについての当財団の戦略に同意するか。
		投資家および他の利用者に対する一般目的財務報告書へのデジタル・アクセスを改善するための規制当局の取組みを，IASBがどのようにして最も適切に支援することができるか。
		IFRSの有用性を維持することのできるような方法で，テクノロジーの変化がIASBの思考に織り込まれるようにするために，IASBが講ずるべき他の方策があるかどうかについて，何か意見またはコメントがあるか。
主要な 戦略目標３： 適用および導入の 首尾一貫性		IFRSの首尾一貫した適用を促進するために，当財団が行っている事項についてどのように考えるか。人員確保や他の制約を考慮したうえで，この領域において当財団が行うことが可能であり，かつ，行うべきであることとして，他に何かあると考えるか。
主要な 戦略目標４： 組織としての IFRS財団		当財団のガバナンスの３層構造の機能をどのように改善しうるのかについて，何か提案があるか。
		評議員会の全体としての地理的分布およびその決定方法について，どのように考えるか。「全体枠」の評議員の選任数を２名から５名に増加させる提案に同意するか。
		職能的背景に関し適切なバランスを取ることに関する現在の定め方について，どのように考えるか。何らかの変更が必要と考えるか。必要と考える場合，どのようなことを提案するか，その理由は何か。
		戦略および有効性のレビュー（見直し）の焦点と頻度を上記のように〔遅くとも前回のレビューの完了から５年後に開始すべきである旨を明示するように，定款の第17条の文言を：引用者〕変更する提案に同意するか。
		定款に示すIASBメンバーの数を16名から13名に削減する提案および〔アジア・オセアニア地域，ヨーロッパおよび北米のそれぞれについて４名から３名に削減し，IASBのメンバーはどこかの地域の代表として選任されるものではないという：引用者〕地理的分布の改訂に同意するか。
		〔IASBメンバーの職能的背景に過度に制約的な制限を含意している：引用者〕定款の第27条を削除するとともに，（IASBメンバーの職歴に関するバランスを定めている）第25条の文言を修正する提案に同意するか。
		IASBメンバーの再任時の任期について，定款第31条を上記のように〔５年以内を任期とする１回の再任を可能にするように：引用者〕修正する提案に同意するか。

	上記の〔「戦略レビュー」で示した資金調達システムに至る経過的なアプローチである3つの柱（①公的支援拠出，②民間の拠出（会計事務所からの拠出を含む），③出版物の販売および関連活動から生じる自ら生成した収入（とくに，ロイヤルティおよび許諾料））を含んだ：引用者）当財団の資金調達モデルについて，何かコメントがあるか。資金調達に対する制約を考慮に入れて，資金調達モデルの機能を強化しうる方法について，何か提案があるか。
その他の論点	当財団の体制およびその有効性についての今回のレビュー（見直し）の一部として，評議員会が検討すべきその他の論点があるか。ある場合，どのような論点か。

注：主要な戦略目標2は，IFRSのグローバルなアドプションであるが，この戦略目標には質問項目がない。
出所：IFRS Foundation [2015d] をもとに作成。

　このIFRS財団が公表した「意見募集」には97通のコメントレターが寄せられた。ちなみに，ASBJ等のコメントを整理すると，**図表5-9**のとおりである。

図表5-9　意見募集「体制とその有効性に関する評議員会のレビュー（見直し）：レビューにあたっての論点」に対するASBJのコメント

主要な戦略目標	質問項目
主要な戦略目標1：単一の基準の開発	**質問1―範囲：IASBは他の企業のための基準を開発すべきか** 　我々は，IASBが現在の組織の焦点のほかにその任務を拡張すべきであるとは考えていない。我々は，IASBは民間セクターの財務報告に関する活動という現在の焦点を維持すべきであると考える（第10項）。 **質問2―範囲：より幅広い企業報告** 　我々は，より広範な企業報告における進展（統合報告のフレームワークの開発を含む）に関する現在のIASBの活動の程度は概ね適切であると考えている（第14項）。
主要な戦略目標3：適用および導入の首尾一貫性	**質問6―適用及び導入の首尾一貫性** 　ASBJは，IFRSの首尾一貫した適用の促進を図るIFRS財団の取組みを高く評価する。しかし，ASBJは，IFRS財団及びIASBが基準開発における手続について更なる改善を図ることが重要と考えている。これは，堅牢な手続を設けることによって，IFRSが世界でより容易に受け入れられ，IFRSが修正なしで整合的に適用されるようになると考えられるためである（第16項）。

341

第2部　国際会計の潮流と国際会計基準審議会の基準開発

主要な 戦略目標4： 組織としての IFRS財団	**質問8—評議員会：地理的分布** 　FASFは，「全体枠」の評議員の選任数を2名から5名に増加させる提案に概ね合意する。これは，当該提案により，評議員会の地域的代表が直近の状況を踏まえたものとなると考えられるためである。但し，アジア・オセアニア地域の経済規模の拡大に関する最近の動向を考えると，IFRS財団は評議員の地理的分布が引き続き適切となるように当該地域からの代表を維持及び増加することが必要と考えられる（第17項）。
	質問9—評議員会：経歴のバランス 　FASFは，地理的分布は重要な要因であることには同意するものの，これが考慮すべき唯一の要因であるとは考えていない（第19項）。
	質問10—評議員会：戦略及び有効性のレビューの焦点及び頻度 　FASFは，以下の理由により，評議員会の公開協議の焦点を（体制のあり方から組織の戦略及び有効性に）変更するという提案に概ね同意する。 　⑴IFRS財団の設立後の早期の段階であった段階と比べて，体制のあり方に関する論点のうち，公開協議を通じて利害関係者から広範なインプットを必要とするものが，大幅に減少したこと 　⑵IFRS財団のモニタリング・ボードの設置及び他の諮問委員会（IFRS諮問会議など）の現在行われている運営を踏まえると，比較的小規模な体制面の改善（もしあれば）は，公開協議を行わず，他の諮問委員会との協議を行った上でモニタリング・ボードと評議員会との間の議論を通じて行うことが考えられること（第21項）。
	質問11—IASB：IASBの規模 　我々は，IASBの規模の縮小が審議会メンバー間のより効果的なコミュニケーションに貢献する可能性があるという主張を理解する。これは，一般に，人数が少ないほど対話がより円滑となり，メンバーの間での責任感が高まるからである（第24項）。
	質問12—IASB：IASBの経歴のバランス 　我々は，定款に示されているIASBメンバーに関する要求事項をIFRS財団が定期的に見直すべきであることに同意する。適切なメンバーの選任は，IASBの活動の成功に不可欠であるからである。しかし，我々は，提案されている内容が適切なものかどうか定かでない（第27項）。
	質問13—IASBメンバーの再任の任期 　我々は，IASBメンバーの再任の任期について定款の第31条を修正する提案に同意する。これは，IFRS財団がIASBメンバーの効果的かつ効率的なローテーションを確保する助けとなるからである（第32項）。

第5節 IFRS財団のガバナンス改革と戦略見直し

	質問14―資金調達
主要な 戦略目標4： 組織としての IFRS財団	まず，FASFは，IFRS財団はIASBがグローバルに認められる高品質な会計基準のセットを開発するために十分なリソース（世界中でアウトリーチ活動を行うための財務資源を含めて）の維持を確保するため，あらゆる可能な努力を行うことが重要と考えている。このため，FASFは，IFRS財団が，評議員会により合意された5つの原則を促進するため，資金調達の取組みを継続することを強く推奨する（第33項）。 　第2に，FASFは，IFRS財団が説明責任をより適切に果たすため，資金がどのように使用されているのかをモニタリング・ボード及び拠出者に対して予算設定時に及び決算後により適切に説明するように努力すべきと考えている（第34項）。 　最後に，FASFは，IFRS財団が自主的な収益源による収入を増大させようとするIFRS財団の取組みを概ね支持するものの，これを行う際に慎重なアプローチを取るよう求める。IFRS財団の出版物は「公共財」という性質があり，使用又は参照されてこそ有益であることを考えると，FASFは，IFRS財団が当該取組みにあまりに重点を置きすぎるべきでないと考えている。FASFは，出版物に料金を課すIFRS財団の取組みは，むしろ，利害関係者が出版物を使用したり参照したりすることの妨げとなる可能性があり，明記された使命と矛盾した結果をもたらすことを懸念している（第35項）。
	質問15―その他
その他の論点	我々は，IFRS財団がその戦略（IFRSのグローバルなアドプションを追及するという主要な戦略的目標を含む）に対するインプットを求めていないことは理解しているものの，会計基準のコンバージェンス（特に，米国財務会計基準審議会とのコンバージェンス）は，利用者にとって財務情報の国際的な比較可能性を高める観点から，多くの場合，基準設定プロセスにおいて重要な考慮事項であるという我々の見解を繰り返し述べたい。現時点における財務報告の環境や，米国が近い将来にIFRSを採用するようには思われないことを踏まえる〔と：引用者〕，我々は，「コンバージェンス」は高品質な会計基準の単一のセットという長期的目標を達成するにあたり考慮すべき重要な要因であるという旨をIFRS財団が認識することを提案する（第36項）。

出所：財務会計基準機構・企業会計基準委員会［2015］をもとに作成。

　IFRS財団評議員会は，これらコメントレター，多数のアウトリーチ活動からのフィードバックやIFRS諮問会議の見解を検討した。その結果，このレビューから生じる「定款」の具体的な変更案のすべてについての公開草案の公表を通じて，さらに協議する必要があると判断している。IFRS財団が，2016年

343

6月に，フィードバック文書（フィードバック・ステートメント）（IFRS Foundation［2016a］）とともに，**公開草案「体制とその有効性についての評議員会のレビュー：IFRS財団定款の修正案」**（Trustees' Review of Structure and Effectiveness: Proposed Amendments to the IFRS Foundation Constitution）（IFRS Foundation［2016b］）を公表した所以である。

この公開草案で提案されたIFRS財団定款の修正案は，具体的には次のとおりである（IFRS Foundation［2016b］, pp.6-22参照。下線部が修正項目）。

提案1：評議員会の地理的分布—「定款」第6条の変更案

　「(a)アジア・オセアニア地域から選任される6名の評議員

　(b)ヨーロッパから選任される6名の評議員

　(c)アメリカ大陸から選任される6名の評議員

　(d)アフリカから選任される1名の評議員，および

　(e)南米から選任される1名の評議員：（削除）

　　全体の地理的バランスの維持を条件に，任意の地域から選任される3名の評議員」

提案2：評議員会の職能的背景—「定款」第7条

　「通常，評議員のうち2名は，著名な国際会計事務所のシニア・パートナーでなければならない。：（削除）」

提案3：評議員の報酬—「定款」第11条

　「評議員会は，少なくとも，毎年2回会議を開催し，引き受けた責任に相応する年俸（および会議ごとの報酬：（削除））を支給され，」

提案4：IFRS財団の体制と有効性のレビューの焦点および頻度—「定款」第17条

　「(c)IFRS財団の戦略およびその有効性のレビューを行うこと。そうしたレビューには，グローバルな経済状況の変化に対応して組織の体制（適切な場合）および評議員の地理的分布の変更を検討し，そのようなレビューの提案をパブリック・コメントに付すために，前回のレビューの完了後遅くとも5年ごとに公表することが含まれる。当該レビュー以下：（削除）」

提案5：審議会の人数—「定款」第24条

　「IASBは通常は13名のメンバーで構成するが，評議員会が適切と考える場合には，14人目のメンバーを任命する裁量権を有するものとする。」

提案6：審議会の職能的背景―「定款」第25条および第27条

「IASBのメンバーの資格の主たる要件は，専門的能力および直近の関連性のある専門的経験である。評議員会は，IASBが組織として高品質で国際的な財務報告基準の開発に寄与できるようにするため，IASBが専門的知識および多岐にわたる国際ビジネスと市場の経験を有する人々（監査人，作成者，利用者，学識者，市場・金融規制当局者を含む）の最善の組合せで構成されるように，」

「第27条：（削除）」

提案7：審議会の地理的分布―「定款」第26条

「本定款の付属文書に示されているIASBメンバーの選出要件と整合した方法で，幅広い国際的な基礎を確保するために，2012年7月1日までに，：（削除）通常，次のメンバーがいなければならない。

(a)アジア・オセアニア地域から4名

(b)ヨーロッパから4名

(c)アメリカ大陸から4名

(d)アフリカから1名

(e)南米から1名：（削除）

審議会が14名のメンバーで構成される場合には，全体の地理的バランスの確保を条件に，任意の地域から1名」

提案8：審議会の再任の任期―「定款」第31条

「2009年7月2日より後に任命されたIASBメンバーは，最初は5年の任期で任命され，3年を任期とする1回の再任が認められることがあり，場合によっては，このような再任に関して評議員会が策定する手続きに沿って，最長5年までの更新の可能性がある。ただし，議長および副議長は例外とする。議長および副議長は，2度目の任期を5年とすることができるが，：（削除）I（「ただし，…できるが，」までを削除）」

提案9：審議会の議決要件―「定款」第36条

「公開草案またはIFRS（国際会計基準または解釈指針委員会の解釈指針を含む）の公表には，IASBメンバーのうち8名（総員13名未満の場合）または9名（総員13名または14名の場合）の承認を必要とする。」

提案10：IFRS諮問会議の会合―「定款」第46条

「諮問会議は，通常，少なくとも年2回開催される。」

この公開草案「体制とその有効性についての評議員会のレビュー：IFRS財団定款の修正案」に対する協議を経て，IFRS財団評議員会は，2016年10月に当該IFRS財団定款の修正に同意した。その結果は，IFRS財団評議員会が2016年11月に公表したフィードバック文書「体制と有効性についての評議員会のレビュー：IFRS財団定款の修正」（Feedback Statement: Trustees' Review of Structure and Effectiveness: Amendments to the IFRS® Foundation Constitution）（IFRS Foundation [2016d]）に反映されている。修正されたIFRS財団定款は，2016年12月1日に発効した。

第6節 IASBのアジェンダ・コンサルテーション（アジェンダ協議）

1．意見募集「アジェンダ・コンサルテーション2011」

IFRS財団の第2回定款見直しの際に寄せられたコメントに対応したものとして，アジェンダ・コンサルテーション（Agenda Consultation）がある。

アジェンダ・コンサルテーション（アジェンダ協議）は，IASBの将来の作業計画の戦略的な方向性やバランスについて，関係者から公式の意見を求めるものである。IASBは，2011年6月17日に，最初のアジェンダ・コンサルテーションの意見募集を2011年第3四半期に行うことを予告した。2011年7月のIFRS財団評議員会での提案内容の議論などを踏まえて，IASBは，2011年7月26日に意見募集「アジェンダ・コンサルテーション2011」（Request for Views: Agenda Consultation 2011）（IASB [2011]）を公表した。

アジェンダ・コンサルテーションに際して公開された，IASBのハンス・フーガーホースト（Hans Hoogervorst）議長の書簡は，このアジェンダ・コンサルテーションの目的と役割を明確に述べている（Letter from Hans Hoogervorst, Chairman of the IASB, IASB [2011], p.3）。

「この最初の正式なアジェンダ・コンサルテーションは，まさにこの重要なときに実施されます。これまで10年間の作業を経て，IFRSsが国際的な財務報告言語となったことは異論のないところです。IFRSのコミュニティーが成長し続けるに伴って，多様性も増しています。すなわち，金融市場は複雑性を増しつつあり，電子ファイリングなど財務報告の新しい側面がより重要となっています。

私はこのアジェンダ・コンサルテーションが，財務報告に関心があり影響を受けるすべての方々と『次は何か？』について開かれた議論をするための素晴らしい機会であると考えます。私たちの作業計画を設定するうえで，私たちの広範な戦略的方向はどうあるべきでしょうか。また，利用可能な限られた時間と資源を割り当てる際に，優先的に取り組むべき財務報告のプロジェクトやその分野はどれでしょうか。

皆様の優先課題とニーズを理解することは，世界を基盤とする私たちの利害関係者の多様なニーズを作業計画に反映するのに役立つことでしょう。過去10年間に，財務諸表の作成者と利用者は，多くの変化に対処しなければなりませんでした。そのため，私たちは，多くの方々が，今後さらに重要なプロジェクトに着手する前に，安定したプラットフォームを必要としているのではないかということに気付いています。」

このアジェンダ・コンサルテーションは，財務報告に関心のあるすべての市場関係者から，IASBの作業計画の戦略的方向性と全体的なバランスとともに，今後3年間にわたる個々のプロジェクトやアジェンダ領域の優先順位を決定するための意見募集を目的としたものである。関係者からのインプットを促すために，IASBは，IFRS諮問会議との協議から「全体的な戦略的方向性とアジェンダのバランス」についての暫定的見解をあらかじめ作成している。それは，次のように，IASBは2つの作業区分（「財務報告の開発」と「既存のIFRSsの維持管理」）とその作業の決定要因となる5つの戦略領域を識別している（IASB[2011]，p.9. 太字と丸数字は引用者）。

> **1．財務報告の開発**
> ①**IFRSsの首尾一貫性の強化。**これは概念フレームワークの見直しの完了，および，表示と開示のフレームワークの開発を通じた財務報告の有用性の改善によって行われる。
> ②**調査研究への投資と財務報告に関する戦略的論点への対処。**これらの目的は，将来の基準設定の助けとなること，および，財務報告についてのIASBの将来像を開発することである。これには，IFRSsと国際統合報告審議会（International Integrated Reporting Council）による**統合報告**（Integrated Reporting：企業の戦略および財務的・非財務的業績の全体的かつ統合的な会計）との相互関係の探求も含まれる。
> ③**IFRS文書の不足部分の補充。**これは基準レベルのプロジェクト，すなわち新規のIFRSsの開発または主要な修正により行われる。
> **2．既存のIFRSsの維持管理**
> ①新規のIFRSsおよび主要な修正の運用上の論点について，適用後レビューの実施を通じてより良い理解を得ること。
> ②**IFRSsの適用の首尾一貫性と品質の改善。**これはIFRSsの改善を通じた適用上のニーズへの対応により行われるが，目標を絞った狭い範囲のIFRSsの改善を利用する。これには，**拡張可能な財務報告言語**（XBRL）のIFRSsとの統合の完全性と首尾一貫性の検討も含まれる。

　IASBは，全体的な戦略的方向性とアジェンダのバランスについての意見募集とともに，既存のおよび考えうる新規のプロジェクトの優先順位についての意見も求めている。つまり，IASBによる財務報告ニーズの理解である。

　IASBは，アジェンダに含めるべきプロジェクトを検討する際に，財務諸表の作成者，監査人，証券規制当局，監督規制当局，各国の基準設定主体およびIFRSsを法令に組み込むことに関与する人たちのニーズと優先順位を考慮している。また，IASBは，アジェンダのバランスを達成する際に，地域や管轄（法域）のニーズも考慮している。現に，これまでの10年間のIASBの焦点が，EU，オーストラリアおよびニュージーランドでのIFRSsの移行へのニーズの

対応，U.S. GAAPとのコンバージェンスの目標および世界金融危機への対応にあったことを明らかにしている。

　同時に，IASBはアジェンダの設定に際して，これら財務報告ニーズに対応できる程度やスピードについて制約があることも認識している。とくに，アジェンダに追加または削除するプロジェクトを決定する際には，①その財務報告ニーズの緊急性，重要性および一般性，②対処すべき論点の範囲と複雑性，③利害関係者がデュー・プロセスの要求事項に対応し，変更を適用できる能力，④他の機関と協力する機会とのバランスにおけるIASBの資源の制約について，いかにバランスを取るかが問われる。

　なお，財務報告のニーズと制約要因とのバランスについては，既存の優先事項も十分に考慮しなければならない。意見募集「アジェンダ・コンサルテーション2011」のコメント期間は2011年11月30日までである。この期間中にもIASBは既存のプロジェクト（①顧客との契約から生じる収益，②リース，③保険契約，および，④金融商品（ヘッジ会計，償却原価で測定する金融資産の減損，金融資産と金融負債の相殺））は優先事項として掲げられている。また，IASBがすでに公約している次のプロジェクトも優先事項である。

　①概念フレームワークに関するプロジェクトの継続

　②適用後レビューの実施

　③「中小企業のためのIFRS」（IFRS for SMEs）の3年ごとの見直し

　④将来の基準設定のニーズに備えた調査研究への投資

　⑤年次改善プロジェクトによるIFRSsの小幅な修正

　意見募集「アジェンダ・コンサルテーション2011」は，以前にアジェンダに追加したが延期したプロジェクトと新規のプロジェクト案を整理している。次頁の**図表5-10**からも明らかなように，IASBが以前にアジェンダに加えたプロジェクトのなかで，世界金融危機やFASBとの覚書（MoU）プロジェクトの完了などによって延期されたものもある。農業（とくに果実生成型の生物資産），国別の報告や割引率などがそれに該当するが，延期されたこれらのプロジェクトに与えるべき優先順位についても意見を求めている。

図表5-10 以前にアジェンダに追加したが延期した
プロジェクトおよび新規のプロジェクト案

	アジェンダに追加されたが延期された項目		プロジェクト提案
	相当の作業が行われたプロジェクト	ほとんどまたはまったく作業を行っていないプロジェクト	
農業（とくに果実生成型の生物資産）			✔
共通支配下の企業間の企業結合		✔	
国別の報告			✔
割引率			✔
１株当たり利益	✔		
排出権取引スキーム	✔		
持分法会計			✔
採掘活動			✔
資本の特徴を有する金融商品	✔		
財務諸表表示—その他の包括利益の検討を除く	✔		
外貨換算			✔
政府補助金		✔	
法人所得税	✔		
インフレーション会計（IAS第29号の修正）			✔
無形資産			✔
中間報告			✔
イスラム法準拠の取引および金融商品			✔
負債—IAS第37号の修正	✔		
その他の包括利益		✔	
退職後給付（年金を含む）		✔	
表示および開示の基準			✔
料金規制事業			✔
株式報酬			✔

出所：IASB ［2011］, p.14.

第6節 IASBのアジェンダ・コンサルテーション（アジェンダ協議）

　IASBの資源は限られている。そのため，アジェンダ上のプロジェクトに配分する資源は，①プロジェクトの範囲の広さ，②論点の複雑性および他の論点との相互関連の程度，③すでに完了した作業の量，④論点の緊急性，および，⑤作業の内容，という5つの要因によって決定され，バランスの達成が図られるとしている。

　なお，アジェンダ・コンサルテーション2011の日程は，**図表5-11**のとおりである。将来のアジェンダに関するフィードバックを促進するために，IASBは広範囲の及ぶアウトリーチ活動も国際的に展開してきた。

図表5-11　アジェンダ・コンサルテーション2011の日程

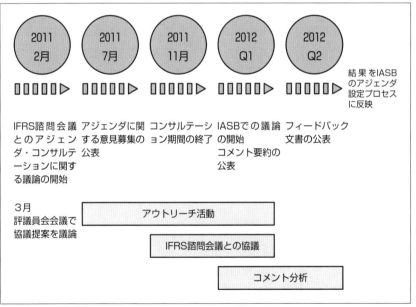

出所：IASB [2011], p.16.

２．IASBによるアジェンダ・コンサルテーション2011に関する暫定決定とフィードバック文書の公表

（1）IASBによる暫定決定

　アジェンダ・コンサルテーション2011について，IASBは2012年１月の会議で寄せられた意見の要約を検討し，その後の80以上のアウトリーチ活動をもとに，2012年５月23日の会議で今後の進め方について審議した。

　2012年５月のIASB会議でのアジェンダ・ペーパー（「AP13-A:フィードバック文書のためのトピック」と「AP13-B:IASBテクニカルプログラムの開発」）のうち，AP13-Aではフィードバック文書に織り込むことを予定した７つのトピックに対する意見の要約とIASBの回答案が示された。受け取った主要な意見は，「戦略領域」と「基準設定プロセス」に集約される。前者の戦略領域に関わるものには，①概念フレームワークの検討の優先，②調査研究の役割の再評価，③基準レベルのプロジェクトの数の制限，④適用のサポートと現行のIFRSのメンテナンスへの焦点があり，また，後者の基準設定プロセスに関わるものには，①現行の４つのプロジェクトの完成，②静止期間（Period of Calm），③各国基準設定主体や地域団体とのネットワークの構築による効率化がある。

　IASBのテクニカルプログラムの開発について検討したAP13-Bは，２部（Part A：IASBの活動に関する焦点とストラクチャー，Part B：プロジェクトの優先順位）からなる。

　Part Aは，各国基準設定主体およびその他の関係機関と系統的かつ正式に連携を図るかについて提案を行うことが，テクニカル・ワークプランの中心に据えられている。

　プロジェクトの優先順位を示したPart Bは，①概念フレームワーク，および，②リサーチ・プログラムと基準レベルのプロジェクトを明示した。とくに，概念フレームワークについては，構成要素，測定，その他の包括利益を含む表示，開示を優先項目として提案したことに加えて，その作業方法について，他のどの基準設定主体とも公式な共同プロジェクトとしないとしたことは注目す

第6節 IASBのアジェンダ・コンサルテーション（アジェンダ協議）

べきであり，FASBとの共同プロジェクトのあり方にも大きく影響を及ぼすことになる。また，優先順位の高いプロジェクトとして，短期の基準レベルのプロジェクト（農業，料金規制事業，持分法（個別財務諸表における使用）と優先順位の高いリサーチ・プロジェクト（排出権と共同支配化の企業結合））が示された。

（2）IASBによるフィードバック文書の公表

寄せられた意見（フィードバック）から，IASBは2012年12月18日に将来の優先順位を策定したアジェンダ・コンサルテーションのフィードバック文書（「**フィードバック文書—アジェンダ・コンサルテーション2011**」（Feedback Statement: Agenda Consultation 2011）（IASB［2012］））を公表した。このフィードバック文書の序言で，IASBのフーガーホースト議長は，受け取ったコメントレターなどから次の5つの明確なメッセージがあったと要約している（IASB［2012］，p.5）。

> ①絶え間ない変化の10年間の後には，混乱を収拾して皆が新しい基準に習熟できるようにするために，比較的平穏な期間を置くべきであること
> ②基準設定に首尾一貫した実務的な基礎を提供するため，IASBは「概念フレームワーク」に関する作業を優先すること
> ③IASBは，新たにIFRSをアドプションする人々のニーズに対応するために，IFRSへの焦点を絞った改善を行うこと
> ④IASBは，基準の適用および維持管理にさらに注意を払うこと（最近公表された基準の適用後レビューのプロセスを含む）
> ⑤IASBは，基準設定プロセスにおける調査研究段階を前倒しで実施し，より厳密なコスト・ベネフィット分析や問題の定義づけを行うことで，基準を開発する方法を改善すること

要約されたメッセージにも端的にあらわれているが，IASBの技術的プログラムは，①適用および維持管理（適用後レビューを含む），②概念フレームワーク，③少数の主要IFRSプロジェクト，の3つの領域に重点を置くこととされ

第5章 国際会計基準審議会による財務報告の基準開発

353

た。適用および維持管理に関わるコメント提出者の多くは，「コンバージェンスに重きを置いた共同プロジェクトが支配的であった期間が終わり，これからは，IASBとIFRS解釈指針委員会が，IFRSの実務上の適用に関する事項の対処にもっと積極的になるべき時期である」(IASB [2012]，p.6) との考えを示した。この考えは，IASBとIFRS財団のDPOCが2011年初めに完了したIFRS解釈指針委員会のレビューでも受けていたものである。

3つの領域に重点を置いた技術的プログラムは，専門的作業プログラム (Technical Work Programme) として位置づけられた。専門的作業プログラムのプロセス（デュー・プロセスとして捉えうる）は，次のようになる（IASB [2012]，p.10)。

【従来のプロセス】

提案 → アジェンダ（協議事項）決定 → ディスカッション・ペーパー →
公開草案 → 公表IFRS → 適用後レビュー

【新たなプロセス】

調査研究 → ディスカッション・ペーパー → 提案 →
アジェンダ（協議事項）決定 → 公開草案 → 公表IFRS → 適用後レビュー

注：新たなIFRSを開発するプロジェクトは，調査研究をディスカッション・ペーパーで公表した後に初めて考慮される。また，すべての調査研究が基準レベルのプロジェクトに結び付くわけではない。

アジェンダ・コンサルテーションからの基準設定プロセスは，**図表5-12**のようになる（IFRS Foundation and IASB Website)。

IASBが識別した優先する調査研究プロジェクトは，次の9項目である（IASB [2012]，p.11)。

①排出権取引スキーム

②共通支配下の企業結合

③割引率

④持分法会計

第6節 IASBのアジェンダ・コンサルテーション（アジェンダ協議）

図表5-12　IASBの基準設定プロセス

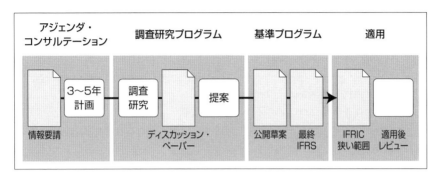

⑤無形資産，採掘活動，研究開発活動
⑥資本の特徴を有する金融商品
⑦外貨換算
⑧非金融負債（IAS第37号の修正）
⑨高インフレ経済下の財務報告

　法人所得税，退職後給付（第2フェーズ）および株式に基づく報酬の3つのトピックについては，より長期のもの（今後3年以内にディスカッション・ペーパーまたは調査研究文書の公表を予定しない事項を扱うもの）として識別した。

　金融商品，リースおよび収益に関する財務報告を改善するために，IASBがFASBとの間で作業を行っているMoUおよび共同プロジェクトについて，IASBは，引き続き高い優先順位を付けている。金融安定理事会（FSB）が，2013年1月28日の会議において，IASBとFASBに対して高品質な会計基準についてのコンバージェンスの達成計画を2013年末までに目指すように要請したことも，このアジェンダ・コンサルテーションのフィードバック文書で表明したスタンスと結び付く。

　フィードバック文書において，IASBが多くの作業プログラムの道筋に，調査研究と証拠に基づき基準設定を展開することを予定していることが明言された（IASB［2012］, p.16）ことにも留意すべきである。

IASBは，各国の基準設定主体や地域団体のネットワークの開発への取組み
を拡大しており，より系統的かつ正式な方法でIASBの業務に統合する方法に
関する提案をより優先的に開発している。各国および地域の基準設定主体は，
基本的には次のことを行うことができるという（IASB［2012］，p.17）。

①IASBと連携した調査研究の実施
②IASBの優先事項についてのインプットの提供
③IASBのデュー・プロセスへの自らの管轄（法域）からの利害関係者のインプ
　ットの奨励
④発生しつつある論点の識別
⑤各国基準とIFRSとの乖離の識別および開示の支援

3．意見募集「アジェンダ・コンサルテーション2015」

　「IASBおよびIFRS解釈指針委員会：デュー・プロセス・ハンドブック」（IASB
and IFRS Interpretations Committee: *Due Process Handbook*）（IFRS Foundation
［2013c］）第4.3項は，IASBの作業プログラムを3年ごとに情報要請（Request
for Information）の方法でコンサルテーション（協議）することを求めている。
アジェンダ・コンサルテーション2011のフィードバック文書の公表から3年目
は2015年12月であるため，IASBはこのときに第2回のアジェンダ・コンサル
テーションを開始する予定であった。

　しかし，①2011年のアジェンダ・コンサルテーションで得た教訓があること，
②数多くのアジェンダを抱えるIASBにとって，現在取り組んでいる作業プロ
グラムへのコミットメントに制限されること，および，③2015年第3四半期に
IFRS財団の構造と有効性について意見募集を予定するIFRS財団評議員会のコ
ンサルテーションと関連する質問項目があるため，アジェンダ・コンサルテー
ションを協調すべきであることなどを理由として，IASBが意見募集を公表す
ることでアジェンダ・コンサルテーション2015を開始すべきとした（IASB
Staff［2015］，pars.4-7）。

これを受けて，IASBは2015年8月に**意見募集「アジェンダ・コンサルテーション2015」**（Request for Views: 2015 Agenda Consultation）（IASB［2015c］）を公表し，第2回アジェンダ・コンサルテーションを開始したのである（コメント募集期限は2015年12月31日）。

IASBは，第2回アジェンダ・コンサルテーションの対象期間中（2016年年央頃から2020年年央頃まで）に作業する見込みのプロジェクトを，①リサーチ・プロジェクト，②基準レベルのプロジェクト，③「概念フレームワーク」，④開示に関する取組み，⑤維持管理および適用に関するプロジェクトの5つの区分に分類している。このうち，「リサーチ・プロジェクト」（認識されている欠点の内容と程度に関する証拠の収集や，財務報告の改善または欠陥の矯正のための考えうる方法を評価することで，生じうる財務報告上の問題を分析するプロジェクト），「基準レベルのプロジェクト」（新規の基準を開発するか，または，現行の基準を大幅に修正するプロジェクト）および「維持管理および適用に関するプロジェクト」（現行の基準への比較的小規模な修正（狭い範囲の修正および年次改善）を行うか，または，現行の基準の正式な解釈指針を公表するためのプロジェクトと適用後レビューを行うプロジェクト）の3つが，IASBによる基準設定活動の主要なフェーズである。第1回アジェンダ・コンサルテーションを通じて，IASBの基準設定がより明確に証拠を基礎としたものになることを関係者が望んでいること（つまり，証拠を提供するためのリサーチの重要性）を経験的に学習したことで，これら3つの主要なフェーズが**「証拠に基づく基準設定に対するIASBのアプローチ」**（The IASB's Approach to Standard-setting Informed by Evidence）となっている（IASB［2015c］，pars.12-13）。

また，「概念フレームワーク」と「開示に関する取組み」は，その重要性から別個に言及するに値する横断的なプロジェクトとして位置づけている（IASB［2015c］，par.29）。

意見募集「アジェンダ・コンサルテーション2015」で示されたIASBによる基準設定活動の3つの主要なフェーズと各プロジェクトは，次頁の**図表5-13**に整理したとおりである。

図表5-13　IASBによる基準設定活動の３つの主要なフェーズとプロジェクト

■リサーチ・プロジェクト

プロジェクトの段階	プロジェクト
評価段階	事業の定義 割引率 のれんおよび減損 法人所得税 汚染物価格設定メカニズム（以前の排出量取引スキーム） 退職後給付（年金を含む） 基本財務諸表（以前の業績報告） 引当金，偶発負債および偶発資産 株式に基づく報酬
開発段階	共通支配下の企業結合 開示に関する取組み―開示原則 動的リスク管理 持分法 資本の特徴を有する金融商品
休止中	採掘活動／無形資産／研究開発（R&D） 外貨換算 高インフレ

■基準レベルのプロジェクト

デュー・プロセスの段階	プロジェクト
基準を公表予定	保険契約 リース
公開草案を公表済み	「概念フレームワーク」
公開草案を公表予定	開示に関する取組み―会計方針および見積りの変更 開示に関する取組み―重要性に関する実務記述書
ディスカッション・ペーパーを公表済み	動的リスク管理 料金規制対象活動
ディスカッション・ペーパーを公表予定	開示に関する取組み―開示原則

注：2015年７月31日現在，IASBの維持管理および適用に関するアジェンダには，解釈指針，年次改善または他の狭い範囲の修正を開発するための13のプロジェクトが存在している（par.50）。

出所：IASB［2015c］，par.32, par.45 and par.50.

こうしたIASBによる基準設定活動の3つの主要なフェーズと各プロジェクトを含め，意見募集「アジェンダ・コンサルテーション2015」は，IASBの作業計画2016-2020年に関する質問（7項目）とアジェンダ・コンサルテーションの頻度についての質問を行っている（**図表5-14**参照）。その目的は，①IASBの戦略的な方向性および作業計画のバランスと②将来のアジェンダ・コンサルテーションを行う間隔として，3年が適切かどうかについての見解を収集することにある（IASB［2015c］, par.1）。

図表5-14　意見募集「アジェンダ・コンサルテーション2015」の質問項目

■IASBの作業計画2016-2020年に関する質問

IASBのプロジェクトのバランス	1 IASBの作業計画は，テクニカル・プロジェクトの5つの主要な領域を含んでいる。 ⓐ リサーチ・プログラム ⓑ 基準レベルのプログラム ⓒ 「概念フレームワーク」 ⓓ 開示に関する取組み ⓔ 維持管理および適用に関するプロジェクト 当財団のリソースを上記の各領域にどれだけ割り当てるべきなのかを決定する際に，IASBはどのような要素を考慮すべきか。
リサーチ・プロジェクト	2 IASBのリサーチ・プロジェクトは第32項に記載されており，IFRS第5号についてリサーチのトピックを追加する可能性が第33項に記載されている。 IASBは次のことを行うべきか。 ⓐ リサーチ・プログラムに新たなプロジェクトを加えるべきか。加えるとすれば，どのプロジェクトか，その理由は何か。また，追加するプロジェクトを進めるために，現在進行中のどのリサーチ・プロジェクトの優先順位を下げるべきかについても説明されたい。 ⓑ リサーチ・プログラムから，外貨換算（第39項から第41項参照）および高インフレ（第42項から第43項参照）についてのプロジェクトを削除すべきか。賛成または反対の理由は何か。 ⓒ 他にリサーチ・プログラムから削除すべきプロジェクトはないか。 3 リサーチ・プログラムの各プロジェクト（質問2への回答で提案した新しいプロジェクトを含む）について，相対的な重要度（高・中・低）および緊急度（高・中・低）をどのように考えるか。 なお，とくにランクを高または低とした項目について，それらのランク付けに至った具体的な要因は何か。
主要なプロジェクト	4 主要なプロジェクトに関するIASBの現在の作業計画について，コメントがあるか。

維持管理および適用に関するプロジェクト	5 IASBと解釈指針委員会は，利害関係者のニーズを満たすために，導入支援の適切な組合わせを提供しているか，その支援は十分か（第19項から第23項および第50項から第53項参照）
変更のレベル	6 IASBの作業計画は，全体として，基準の変更が適切なペースで，原則主義の基準設定に適切な詳細さで行われているか。賛成または反対の理由は何か。
その他のコメント	7 IASBの作業計画について，他に何かコメントはあるか。

■アジェンダ・コンサルテーションの頻度

アジェンダ・コンサルテーションの頻度	8 個別の主要なプロジェクトの完了に必要な時間を考慮して，IASBは，アジェンダ・コンサルテーションを，現在要求されている3年ごとではなく，5年ごとにすることが適切であると提案している。これに同意するか。賛成または反対の理由は何か。反対の場合，どのような間隔を提案するか。その理由は何か。

出所：IASB［2015c］, par.56, par.59.

4. IASBによるアジェンダ・コンサルテーション2015に関するフィードバック文書の公表

アジェンダ・コンサルテーション2015は，意見募集「アジェンダ・コンサルテーション2015」に寄せられた119通のコメントレターの分析，IFRS諮問会議とIFRS財団評議員会での各会議での議論，利害関係者や諮問グループへのアウトリーチによる助言などを通じて進められた。その結果としてIASBが取りまとめたものが，2016年11月に公表された「**IASB®作業計画2017-2021年：2015年アジェンダ・コンサルテーションに関するフィードバック文書（フィードバック・ステートメント）**」（IASB® Work Plan 2017-2021: Feedback Statement on the 2015 Agenda Consultation）（IASB［2016］）である。

意見募集「アジェンダ・コンサルテーション2015」に寄せられたコメントレターとアウトリーチの要約をもとに，IASBは2016年3月のIASB会議で議論を開始した。受け取ったフィードバックをもとに識別されたテーマは，次の4つであった（IASB［2016］, p.13）。

①保険契約および「概念フレームワーク」に関するプロジェクトを完了する必要性

②財務諸表の作成者と利用者との間のコミュニケーションの改善の促進の重

要性

③新基準の適用支援の開発を継続することの重要性

④焦点をより絞ったリサーチ・プログラムの必要性

　また，IASBの作業計画のコンサルテーションと同時期に進められていたIFRS財団評議員会によるいわゆる「戦略レビュー」（フィードバック文書「体制とその有効性についての評議員会のレビュー：IFRS財団定款の修正」（IFRS Foundation［2016d］））で識別された2つのテーマ（①IFRS基準の目的適合性と②IFRS基準の首尾一貫した適用）も，IASBの作業計画の設定に大きな影響を及ぼしている。加えて，作業計画の設定に対するIASBのアプローチには，利用可能な基準設定リソースの程度も考慮されている（IASB［2016］，p.13）。

　取りまとめられたアジェンダ・コンサルテーション2015に関するフィードバック文書には，「今後5年間の作業計画のテーマ」（すなわち，作業計画）が含まれている。このことからも明らかなように，先の意見募集「アジェンダ・コンサルテーション2015」での質問項目でもあったアジェンダ・コンサルテーションの頻度が，その間隔を5年に延期されている。このアジェンダ・コンサルテーションの頻度の延期は，寄せられたフィードバックを踏まえて，すでに2016年6月に「デュー・プロセスハンドブック」を修正済みでもある（IASB［2016］，p.34）。

　アジェンダ・コンサルテーション2015に関するフィードバック文書は，IASBが「今後5年間の作業計画のテーマ」をどのように形成したかを説明したものである。IASBが形成した「今後5年間の作業計画のテーマ」として，①残っている基準設定プロジェクトの完了，②財務報告におけるコミュニケーションの改善，③適用支援の継続的な開発，および，④焦点をより絞ったリサーチ・プログラムを掲げ，それぞれ具体的な説明を加えているのである。

　まず，「残っている基準設定プロジェクトの完了」については，寄せられたコメントなどを踏まえて，IASBは，「保険契約と『概念フレームワーク』」に関するプロジェクトは，いずれも，重要性と料金規制対象活動に関する他の2つの基準設定プロジェクトとともに，基準設定の作業計画に残すべきであると

決定した」（IASB［2016］，p.15）。また，「財務報告におけるコミュニケーションの改善」についても，寄せられたコメントなどを踏まえて，IASBは，「今後数年間，表示および開示の改善によって財務報告におけるコミュニケーションの改善をもたらし，認識および測定に関する要求事項の変更にはあまり重点を置かないプロジェクトに焦点を当てることを決定した」（IASB［2016］，p.16）という。**図表5-15**として整理したものが，「残っている基準設定プロジェクトの完了」と「財務報告におけるコミュニケーションの改善」というテーマを支持するプロジェクトとして，IASBの作業計画に残す決定がなされている。

「適用支援の継続的な開発」については，近年の5つの主要プロジェクト（IFRS第9号「金融商品」，IFRS第15号「顧客との契約から生じる収益」，IFRS第16号「リース」，保険契約および概念フレームワーク）に対して必要とされた活動水準に「コンサルテーション疲れ」（協議疲れ）が生じている旨のコメントを受けて，IASBは，「最近公表した主要な基準の導入を支援するための活動に焦点を当てるべきである」（IASB［2016］，p.18）との結論を下してのものである。2014年以降に新たに公表された基準（IFRS第9号，IFRS第15号およびIFRS第16号）を適用する際の支援を提供する作業を継続すること，既存の基準の適用の支援を提供すること，および，適用上の問題点などを知るうえでの有用なツールと考えられている適用後レビューのプロセスを利用することなどを表明している。

ところで，IASBは第1回アジェンダ・コンサルテーションの後にリサーチ・プログラムを導入したが，必ずしもその進捗は適時なものではなかった。そのため，今般のフィードバック文書において，IASBは，「より少数の活動中のリサーチ・プロジェクトに労力を集中することを決定した」。こうした「焦点をより絞ったリサーチ・プログラム」を展開することで，当該プロジェクトの進捗の早期化とリソースのより効率的な使用が可能になるとともに，利害関係者に過大な負担を課すことが回避されることを目論んでいる（IASB［2016］，p.23）。

リサーチ・プロジェクトを選定するにあたって，IASBは，先の意見募集「ア

第6節 IASBのアジェンダ・コンサルテーション（アジェンダ協議）

図表5-15 IASB作業計画における「残っている基準設定プロジェクトの完了」と「財務報告におけるコミュニケーションの改善」のプロジェクト

基準設定プロジェクト	
プロジェクト	2016年10月現在の状況
概念フレームワーク	2017年前半に完了予定。2017年と2018年に若干の限定的な公表後の活動（主として教育）。
保険契約	2017年前半に完了予定。2017年と2018年に公表後のサポート。
重要性	開示に関する取組みの一部。実務記述書を2017年前半に予定。
料金規制対象活動	当審議会はスタッフに会計モデルの開発を依頼。2017年に利害関係者と協議の予定。

財務報告におけるコミュニケーションの改善	
プロジェクト	説明
基本財務諸表	このリサーチ・プロジェクトは次のことを行う。 (a) 財務業績の計算書の構成および内容（表示項目の小計や代替的な業績指標を含む）を検討する。 (b) キャッシュ・フロー計算書および財政状態計算書の構成および内容を改善する必要性があるかどうかを検討する。 (c) 基本財務諸表間の相互関係を検討する。
開示に関する取組み―開示原則	このリサーチ・プロジェクトで，当審議会はすべてのIFRS基準に適用できる開示原則の開発を目指している。こうした原則の目的は，当審議会がより適切な開示要求を設定する助けとなり，作成者が開示に関してより適切な判断を行えるようにすることである。当審議会は，2017年前半に，議論とコメントを求めるためのディスカッション・ペーパーにおいて開示原則案を公表するつもりである。 この原則案に対して寄せられたフィードバックを検討した後に，当審議会は，既存のIFRS基準における開示要求の的を絞った改善を行うためのプロジェクトを開始すべきかどうかも検討する。
開示に関する取組み―重要性の実務記述書	この重要性に関するプロジェクトの目的は，作成者，監査人および規制当局が重要性の概念を適用する際に判断を用いる助けとなることである。最終の実務記述書は2017年前半に公表の予定である。
IFRSタクソノミ	IFRSタクソノミは，IFRS基準を用いて作成される情報の電子報告を支援する。当審議会は，電子報告の使用を奨励し支援すると同時にIFRSタクソノミの維持および改善を行う予定である。当審議会は，テクノロジーの変化が財務報告にどのように影響を与える可能性があるのかについても検討する。

出所：IASB［2016］，p.15, p.17.

ジェンダ・コンサルテーション2015」で列挙した17項目のリサーチ・プロジェクト（2012年フィードバック文書（2012年12月）において識別された12項目と緊急

第5章 国際会計基準審議会による財務報告の基準開発

363

問題および適用後レビュー（2012年から2015年）での5項目）およびアジェンダ・コンサルテーション2015の結果として追加した4つのトピック（変動対価および偶発対価，高インフレ：IAS第29号の範囲，資産に対するリターンに依存する年金給付，子会社であるSMEs）について検討を行った。その結果，2015年までの期間に基準設定（維持管理）プロジェクトに進んだ「事業の定義」を除いて，IASBは次のように決定している（IASB［2016］，pp.25-32）。

> リサーチ・プログラムに8件のプロジェクトを残し，それらを優先事項として積極的に開発する。

①開示に関する取組み─開示原則，②基本財務諸表，③共通支配下の企業結合，④動的リスク管理，⑤資本の特徴を有する金融商品，⑥のれんと減損，⑦割引率，⑧株式に基づく報酬

> 4件のトピックについては，今後の作業を行わない。

①外貨換算，②高インフレ，③法人所得税，④退職後給付（年金を含む）

> 残りの4件のプロジェクトを新たに設けたリサーチ・プロジェクトのリサーチ・パイプラインに移す（リサーチ・パイプラインのプロジェクトは，直ちに開始しないが，次回のアジェンダ・コンサルテーションの前（すなわち，2021年まで）に作業を実施する予定のものである。また，このプロジェクトは，今後5年間におけるリサーチを正当化するのに十分なほど重要なトピックに関するもので，①時期が別のプロジェクトの進捗状況に左右されるプロジェクトと②活動中の作業計画に選定されたプロジェクトよりも優先度の低い他のプロジェクトに区分される）。

①持分法，②採掘活動，③汚染物価格決定メカニズム，④引当金

> アジェンダ・コンサルテーション2015の結果として追加した4つのトピックをリサーチ・パイプラインに追加する。

①変動対価および偶発対価，②高インフレ：IAS第29号の範囲，③資産に対するリターンに依存する年金給付，④子会社であるSMEs

以上のように，アジェンダ・コンサルテーション2015を通じたIASB作業計

画の「今後の5年間の作業計画のテーマ」から，IASBの基準開発のあり方や方向性を窺い知ることができるのである

第7節 会計基準アドバイザリー・フォーラム (ASAF)

1. 会計基準アドバイザリー・フォーラム設置の提案

　IASBとFASBとのコンバージェンス・プログラムが完了に近づいたことと，その間にIFRSsの使用が世界中に広まりつつあることが，IFRS財団に新たな国際的接触のあり方の検討を促した。その検討による具体策こそが，「**会計基準アドバイザリー・フォーラム**」(**ASAF**) の設置提案である。ASAFを設置する提案は，IFRS財団評議員会による報告書「戦略レビュー2011」(2012年2月)での提言を踏まえたものでもある。

　それまでにも各国基準設定主体 (NSS) と地域団体は，たとえば**会計基準設定主体国際フォーラム (IFASS)** のような国際的なグループを，緊密なコミュニティの場として活用してきた。しかし，このIFASSには，次の4点が欠如している (IFRS Foundation [2012b]，par.5.2)。つまり，①メンバーの要件がない，②覚書がない，③正式なガバナンス構造，スタッフまたは事務局，資金調達の取決めがない，④IASBまたはIFRS財団の意見募集に対して協調した対応がない (ただし，これらの要請は会議でメンバーが議論する)。IFRS財団によれば，「IFASSは，IASBが，近い将来にNSSコミュニティと接触する際の基礎となる組織または単一の接触点としての役割を果たすことはできない」(par.5.3) と考えている。

　IFASSの他にも，EUのEFRAGがヨーロッパ経済領域のNSSと協力のうえ開催する**基準設定主体協議フォーラム (CFSS)** や，基準設定主体の地域グループ (アジア・オセアニア基準設定主体グループ (**AOSSG**)，ラテンアメリカ基準設定主体グループ (**GLASS**)，全アフリカ会計士連盟 (**PAFA**) など) も設立され

図表5-16 各国会計基準設定主体（NSS）および地域団体との従来の関係

公式な二者間の取決め（MoUがIASBと団体の間に存在する）

団体	MoU	会議
ASBJ	2007年8月。東京合意と呼ばれ、IFRSsと日本基準を改善し、コンバージェンスをもたらすためのものである。	IASBとASBJの会議は年に2回開催。
ブラジル会計審議会（CFG）およびブラジル会計基準委員会（CPC）	2010年1月。IFRSsとのフルコンバージェンスに対する目標として2010年末を設定。組織間の将来の協力に対するフレームワークを確立。	設定された日程はない。しかし、MoUでIASBとCPCが「正式で継続的な対話」を確立することを約束。
FASB	2002年9月。ノーウォーク合意と呼ばれる。IASBとFASBが協力して国際基準とU.S. GAAPとの差異を取り除くために最善の努力を行うことを約束。MoU（IFRSsとU.S. GAAPとのコンバージェンスに対するロードマップ）を2006年2月に締結。	共同プロジェクト（IASBの作業計画で表示しているとおり）。IASBとFASBの合同の月次会議を開催。

非公式な二者間の取決めの例

団体	IASBとの関係の例
AOSSG	IASBメンバーとスタッフが、AOSSG会議（年次会議を含む）でオブザーバーの地位を有する。 AOSSGの目的には、次のものが含まれる。 ・地域内の管轄（法域）によるIFRSsのアドプションおよびIFRSsとのコンバージェンスの促進 ・当地域内の管轄（法域）によるIFRSsの首尾一貫した適用の促進 ・IASBの専門的活動に対する地域からのインプットの調整
EFRAG（30のEEA加盟国）	IASBメンバーおよび／またはスタッフが、EFRAGの技術専門家グループ（TEG）の月例会議とEFRAGが開催するアウトリーチ／パブリック・イベントに参加。 IASBがEFRAGおよび4つの主要な地域のNSS（フランス、ドイツ、イタリア、イギリス）と年に3回から4回会合。 EFRAGは、すべての現在のIASBワーキング・グループへのオブザーバーの地位を有する。
GLASS（12の管轄（法域））	IASBメンバーのアマロ・ゴメス（Amaro Gomes）が、2011年6月から2012年に開催されたGLASS Directorsの会議に3回参加。
IFASS	IASBメンバーとスタッフがIFASS会議に参加。現在、年に2回開催。

注：さらに、多くのNSSおよびEFRAGにはIFRS諮問会議へのメンバーもいる。多くは、IASBの新興経済圏グループ（G20の新興経済圏の3ヵ国とマレーシアからなる）のメンバーでもある。

出所：IFRS Foundation [2012b], Appendix, p.15.

てきた（**図表5-16**参照）。しかし，こうしたNSSコミュニティは，①構成および資源（常勤および非常勤のメンバーとスタッフの混合を含む），②彼らが果たす役割（IFRSsの現地のエンドースメント／アドプションにおける役割を含む），③各NSSが有する専門知識の範囲，④地域的および国際的なグループへの各NSSの関与あるいは参加，⑤各NSSの性質（独立した常勤のプライベート・セクター（民間部門）団体から，政府部門のなかの部署まで範囲がある）などで非常に幅広く多様性がみられる（par.5.1）。

こうした現状認識のもとで，IFRS財団は，NSSおよび地域団体からの関与が果たす役割を拡大し統合することは重要な課題として捉え，2012年11月3日に，新たな国際的接触のあり方，つまりNSSと地域団体との関係の開発に対する提案を盛り込んだ**公開協議ペーパー「コメント募集：会計基準アドバイザリー・フォーラム設置の提案」**（Invitation to Comment: Proposal to Establish an Accounting Standards Advisory Forum）（IFRS Foundation [2012b]）を公表した。「基準設定プロセスのなかでのNSSおよび地域団体のグローバルなコミュニティとのIASBの集合的な接触を正式なものにするとともに合理化することを図る」（par.6.1）ために，「NSSと地域団体とで構成する団体の設置を検討する」（par.6.2）提案である。

提案されたASAFこそが「NSSと地域団体とで構成する団体」であり，このASAFの役割を次のように提案した（par.6.3. 下線は引用者）。

> ASAFの役割は，基準設定活動に関連した主要な技術的論点に関する助言および見解をIASBに提供することと，各国および各地域の論点に関するインプットを提供することである。その目標は，専門的能力が高水準で，自らの管轄（法域）・地域に関して十分な知識を有する代表者がいて，これを明確に表明してIASBと十分に議論できるようにすることである。ASAFがIASBに不可欠な技術的助言を提供するうえで有効となることを確保する必要がある。<u>ASAFは諮問機関となるので投票はない。</u>

ASAFの設置は，「同じトピックを扱うことが多い現在の〔たとえば，FASB

367

とIASBのノーウォーク合意（2002年9月）やその後の覚書（2006年2月）によるコンバージェンス・プログラム，IASBとASBJの東京合意（2007年8月）によるコンバージェンスの加速化のような：引用者〕二者間会議の一部に代わるものとなり，IASBの時間と資源を節約すること」（par.6.22.下線は引用者）を目論んだものでもある。IFRS財団とIASBが，**マルチラテラルな関係**による単一の相手方（ASAF）を通じて，より合理化された集合的な関係が達成されるというメリットに基づくものである。

なお，IASBとNSSおよび地域団体との関係の基礎となる，次の最優先の原則を設置する重要性も説いた（par.4.7。太字は引用者）。

- **単一で国際的に認められた高品質な会計基準という共通の目標の達成へのコミットメント，責任および説明責任：**
   これには，いかなる関与も，最善の国際的な解決策に至るという目標を持って建設的で前向きな方法で行うことが必要となる。
- **独立性に対する明確なコミットメント：**
   正式な仕組みは諮問のみとすることと，IFRSsを開発する際のIASBの独立性を損なって各国ないし各地域の特別な利害の主張に晒されることがないようにすることが重要である。IFRSsの技術的内容に関して，IASBはすべての必要な正式の協議を完了した後に最終判断を下す。同様に，IASBは，NSSおよび地域団体が自身の国内および地域の文脈において有する独立した役割を尊重する。
- **透明性および開放性**（情報の共有および資源のより適切な連携の模索を含む）
- **他の利害関係者とのオープンな関係の維持：**
   こうした協調の仕組みは，IASBまたはNSSおよび地域団体のいずれかが利害関係者と個々の関係を有することを妨げるべきではなく，いずれかの当事者が自身の関係を開発し維持する能力への制約を設けるべきではない。

こうした最優先の原則とともに，ASAFメンバーに対して次の5つのより正式なコミットメントを提案している（par.6.4）。

①公益に資するよう，単一で高品質な，理解可能な，強制力のある国際的に

認められた財務報告基準を開発するというIFRS財団の使命を支援すること

②単一で高品質な，理解可能な，強制力のある国際的に認められた財務報告基準に貢献するために，IASBの技術的活動に対する彼らの管轄（法域）・地域からのインプットを奨励すること

③各管轄（法域）・地域でのIFRSsの首尾一貫した適用を支援すること

④全面的で修正なしのIFRSsのエンドースメント／アドプションを徐々に促進するために最善の努力を行うこと（現在，各管轄（法域）はIFRSsへ向けての動きにおいて異なる段階にあり，これを達成するために異なる仕組みを採用していることを認識する）

⑤さらに，すべてのメンバーが，ASAFの技術的作業に十分な役割を果たすための資源および能力を有する必要がある。これには，会議の準備および実質的な技術的議論への参加が含まれる。NSSおよび地域団体のコミュニティには豊富な経験と専門知識があり，目標は，それを最善の効果に結び付けることである。

公開協議ペーパーが提案するASAFの規模は，適切な地域バランスによる12名以内によるものである。これは，「全員が自分の意見を聞いてもらえる能力は，メンバーが12名より多くなると低下するであろう」（par.6.8）という考えによる。また，「この規模のフォーラムであれば，IASBが現時点で主要な二者間の関係を有している団体に加え，地域団体（AOSSG，GLASS，PAFAなど）からの代表者も含めるのに十分な大きさとなる一方，他の主要NSSがメンバーとなる余地も残せる」（par.6.10）としたことは重要である。IFRS財団は，後にASAFのメンバー候補者の募集を行って選考することになるが，そのメンバーの構成が，事実上，暗示されているとも解されうる。

なお，「ASAFの人員構成は2年ごとに見直すことを提案する。人員構成の見直しおよび当初の構成は，次のような要因を考慮に入れるべきである。技術的能力，各管轄（法域）の資本市場の規模，当該組織のIASBの基準設定への貢献，当該規模が利用可能な人材の規模および程度などである」（par.6.11）と

いうことも提案された。

　同時に，次のようなASAFの機能についてのモデル案（一部抜粋）が提示された。このモデル案からも明らかなように，ASAFの実質的運営は，IASBとIFRS財団にある。

6.17 ASAFは，年に4回IASBとロンドンで会合して，関連性のある項目を議論することが考えられる。この会議のうち1回はWSSの年次会議と併合する。各会議の期間は1.5日間となる。

6.19 意図としては，ASAFの議長はIASBの議長または副議長のいずれかが務める。IASBのメンバーは，スタッフに対するボード・アドバイザーとして行動するアジェンダ項目について参加する。シニア・スタッフメンバーがASAF会議に参加し，少なくとも1名のスタッフメンバーが，ASAFとの連絡役として活動に専念する。会議は公開で開催し，ウェブで放映する。詳細な議事録は取らないが，各会議の要約を当財団のウェブサイトに掲載する。

6.20 各会議のアジェンダ・ペーパーは，議論の焦点を提供するために，IASBスタッフまたはASAFメンバーが作成する。意図としては，このペーパーは，検討中のプロジェクトに関する重要な決定に関する要約を提供し，重要な論点に関してASAF会議の意見を求めるものとなる。この方法によれば，IASBの考えでは，議論の焦点が戦略的な技術的論点により多く置かれることになり，より詳細な事項に焦点を当てるIASBの毎月の会議のサイクルとの過度の結び付きがなくなる。

6.21 各会議では，次回の会議のアジェンダ案が発表される。その後，会議のかなり前にペーパーを配布して，参加者が自らの利害関係者と協議して自らの管轄（法域）・地域からの見方を準備するための時間を与える。ペーパーは，（基準レベルのアジェンダであれ，調査研究プログラムであれ）主要なプロジェクトに焦点を当てるので，参加者はすでに当該プロジェクトをいずれにしても追跡していて，主要な論点を十分に把握していると期待される。

　公開協議ペーパー「コメント募集：会計基準アドバイザリー・フォーラム設置の提案」がコメント募集したのは，次の2つについてである（コメント期限

第7節 会計基準アドバイザリー・フォーラム（ASAF）

は2012年12月17日）。

> 質問1―ASAFメンバーが行うコミットメントについての提案に同意するか（第
> 6.4項）。また，それを覚書において正式なものとすることに同意するか。
> 賛成の理由または反対の理由は何か。
> 質問2―ASAFが有効なものとなるためには，コンパクトな規模ではあるが，
> 適切に世界中を代表するものとなるのに十分な大きさとする必要がある
> と当財団は考えている。第6.7項から第6.13項で示している規模および構
> 成の提案に同意するか。賛成の理由または反対の理由は何か。

2．フィードバック文書の公表と会計基準アドバイザリー・フォーラム のメンバー候補者の募集（2013年2月1日）

IFRS財団は，ASAFの設置に関する公開協議ペーパーに対して寄せられた63通のコメント（その内訳は次頁の**図表5-17参照**）の分析を行い，その結果を2013年2月1日に**フィードバック文書「会計基準アドバイザリー・フォーラム設置の提案」**（Feedback Statement: Proposal to Establish an Accounting Standards Advisory Forum）（IFRS Foundation ［2013a］）として公表した。

「基準設定プロセスのなかでのNSSおよび地域団体のグローバルなコミュニティとのIASBの集合的な接触を正式なものにするとともに合理化することを図る」手段としてASAFを設置する公開協議ペーパーの提案に対しては，支持するコメントが多く寄せられた。

なかでも，AOSSGはその設置を強く支持し，オーストラリア会計基準審議会（AASB），AOSSGおよびデロイト（Deloitte）は速やかにIFRS財団にASAFを設置することを要望した。また，IFRS諮問会議のメンバーに対する調査に協力した26名のメンバー全員が，ASAFの設置を支持した（par.4.1）。提案を支持する理由として，「基準設定プロセスの強化になる」，「調査・協議文書の品質が高まり，ひいては高品質な基準をもたらす」，「単一で国際的な基準の設定とその維持にはこうしたネットワークが不可欠である」などがみられ

第5章 国際会計基準審議会による財務報告の基準開発

371

図表5-17 公開協議ペーパーに対して寄せられたコメントの内訳

回答者タイプ	回答数	回答割合
基準設定主体（EFRAGのようなエンドースメント諮問機関含む）	19	30%
会計士団体	11	18%
作成者／産業界	11	18%
会計事務所	6	10%
基準設定主体の監視機関	4	6%
規制当局／証券	5	7%
作成者／代表者団体	3	5%
個人	3	5%
政府または政策立案者	1	1%
計	63	100%

地域	回答数	回答割合
アフリカ	4	6%
米州	9	15%
アジア・オセアニア	14	22%
ヨーロッパ	26	41%
グローバル	10	16%
計	63	100%

出所：IFRS Foundation［2013a］, par.2.1.

る（par.4.2）。

　フィードバック文書を公表した同じ日に，IFRS財団は，ASAFの設置提案の支持を踏まえた「**会計基準アドバイザリー・フォーラム：候補者募集**」（Accounting Standards Advisory Forum: Call for Nominations）（IFRS Foundation［2013b］）を行った（推薦および応募は2013年2月28日まで）。このASAFメンバー募集の文書には，「会計基準アドバイザリー・フォーラム：委任事項案」と「会計基準アドバイザリー・フォーラム：覚書の文案」が付録として収録されている。

　ASAFの12名のメンバーは，公開協議ペーパー「コメント募集：会計基準アドバイザリー・フォーラム設置の提案」に示されていたとおり，①アフリカ（1議席），②米州（3議席），③アジア・オセアニア（3議席），④ヨーロッパ（EU

第7節 会計基準アドバイザリー・フォーラム（ASAF）

域外諸国を含む）（3議席），⑤世界全体（2議席）の地域と割合で募集された。地域バランスを踏まえたASAFのメンバーの選考手続きは，次のとおりである（IFRS Foundation［2013b］，Process for Selection）。

> 候補者は，地域バランス，メンバー資格要件，および上述の〔「会計基準アドバイザリー・フォーラム：候補者募集」での：引用者〕他の要件に基づいて選考される。IFRS財団は，すべての候補者について，これらの論点を考慮に入れて選考を検討し，一定範囲の関連のある地域団体その他の団体と最終候補者の推薦を議論するよう提案する。これは，各地域の実情に応じた柔軟性のあるプロセスとなる。NSSの地域団体が存在するアジア・オセアニアおよびラテンアメリカでは，IFRS財団はAOSSGおよびGLASSと，地域代表の問題を含めて協議を行う。ヨーロッパ連合では，IFRS財団はヨーロッパ委員会と協議する。基準設定主体のグループではないが，全アフリカ会計士連盟（PAFA）とはアフリカの代表について協議する。地域グループが存在しない地域では，IFRS財団は適切な基準設定主体および団体と協議を行う。グループのメンバーの最終選考は，IFRS財団の評議員会が，IASBの助言を受けて行う。

3．ASAFの選考メンバーと「覚書」

ASAFメンバーの候補者の募集に対して推薦のあった25団体について，ASAFのメンバーの選考手続きに従って検討・協議された。その後，地域代表権の問題を含め，各候補者について，関連する地域グループや他のグループなどと議論が行われた。一連の選考手続きを経て，IFRS財団評議員会が最終選考した当初の12名のASAFメンバーが，2013年3月19日に発表されている（IFRS Foundation［2013d］。次頁の**図表5-18**参照）。

ASAFの第1回会議は，2013年4月8日と9日にロンドンのIASBで開催されている。その際，IFRS財団とNSSおよび各地域団体は，2013年4月8日に次の**「会計基準アドバイザリー・フォーラム：覚書」**（Accounting Standards Advisory Forum: Memorandum of Understanding）を締結し，事実上，マルチラテラルな関係でのASAFを設立した。

図表5-18　当初選考された会計基準アドバイザリー・フォーラム(ASAF)メンバー

(2013年3月1日現在)

地　域	メンバー
アフリカ	南アフリカ財務報告基準評議会 ―全アフリカ会計士連盟（PAFA）が支援
アジア・オセアニア （「世界全体」枠の1議席を含む）	企業会計基準委員会（ASBJ）
	オーストラリア会計基準審議会（AASB）
	中国会計基準委員会（CASC）
	アジア・オセアニア基準設定主体グループ（AOSSG） ―香港公認会計士協会が代表
ヨーロッパ （「世界全体」枠の1議席を含む）	ドイツ会計基準委員会（ASCG）
	ヨーロッパ財務報告諮問グループ（EFRAG）
	スペイン会計監査協会（SAAI）
	イギリス財務報告評議会（FRC）
米州	ラテンアメリカ基準設定主体グループ（GLASS） ―ブラジル会計基準委員会が代表
	カナダ会計基準審議会（AcSB）
	アメリカ財務会計基準審議会（FASB）

出所：IFRS Foundation［2013d］.

　IFRS財団とNSSおよび各地域団体が締結した「会計基準アドバイザリー・フォーラム：覚書」は，次のとおりである。

第7節 会計基準アドバイザリー・フォーラム（ASAF）

会計基準アドバイザリー・フォーラム：覚書

この覚書は，2013年4月8日に，下記の間で締結される。

IFRS財団と各国基準設定主体および各地域団体

1．序文

G20は，単一で高品質な国際的な会計基準に向けて作業することの重要性を一貫して強調し，会計基準設定主体がこの目標を達成するための取組みを継続するよう要望してきた。IFRS財団（「財団」）は，自らの目的として次のような目標を設定している。公益に資するよう，明確に記述された原則に基づく，単一で高品質な，理解可能な，強制力のある国際的に認められた財務報告基準を開発すること，世界中での国際財務報告基準（IFRSs）のアドプションを促進すること，および，世界中でのIFRSの首尾一貫した適用を促進することである。これらの基準は，投資者および他の市場参加者が資源配分その他の経済的意思決定を十分な情報に基づいて行うのに役立つものとなるべきである。国際会計基準審議会（IASB）は，財団の基準設定機関である。

会計基準アドバイザリー・フォーラム（ASAF）は，財団の目的達成を支援するために設置される。

ASAFは，各国基準設定主体（NSS）および会計基準設定に関与している地域団体（「地域団体」）の双方から推薦されたメンバーのグループである。

財団は，NSSおよび地域団体が基準設定における専門知識および価値のある各管轄（法域）での経験および知識を有していることを認識している。これらは，IASBが国際的な財務および報告の基準を設定する際に考慮に入れるべきものである。ASAFは，より価値の高い議論の機会を提供し，既存のIASBのアウトリーチ活動を補完し，最終基準の品質を高める。

ASAFの目的は，国際的に認められた高品質な会計基準の開発というIASBの目標の達成に向けてメンバーが建設的な貢献ができるアドバイザリー・フォーラムを設けることである。より具体的には，ASAFは以下の目的のために設置される。

・財団の目的を支援し，公益に資するよう，単一で高品質な，理解可能な，強

制力のある国際的に認められた財務報告基準の開発に貢献して，投資者および他の市場参加者が資源配分その他の経済的意思決定を十分な情報に基づいて行うのに役立つようにすること
・基準設定プロセスにおけるNSSおよび地域団体の国際的コミュニティとのIASBの集合的な接触を正式にするとともに合理化して，IASBの基準設定に関する主要な技術的論点についての広範囲の各国および各地域のインプットが議論され考慮されることを確保すること
・基準設定上の論点に関する効果的な専門的議論を促進すること。それは主としてIASBの作業計画に関するものであるが，IASBの作業に重要な影響のある他の論点も含まれる可能性があり，十分な深さをもって，高水準の専門的能力と自国・自地域について十分な知識を有する代表者により行われる

　この覚書の当事者はそれぞれの役割を尊重し，ASAFの設立それ自体はそれぞれの正式の任務を損なうものではない。IFRS財団は，NSSおよび地域団体が自らの国内および地域内の背景において有している独立した役割を認識し，ASAFのメンバーは，IASBが財団の定款の枠組みのなかで活動しており，その定款がIFRSの開発におけるIASBの独立性の原則を示していることを認識する。
　この覚書の当事者は，他の利害関係者との開かれた関係を維持することができ，ASAFの設立は，IASBまたはASAFのメンバーが利害関係者との関係を持つことを妨げるものではなく，各当事者が自らの関係を発展させ維持していく可能性には何らの制限も課すべきではない。

2．ASAFメンバーの確約
　ASAFメンバーは，公式に次のことを確約する。
2.1　IFRS財団の使命を支援し，それに貢献すること。その使命とは，公益に資するよう，明確に記述された原則に基づく，単一で高品質な，理解可能な，強制力のある国際的に認められた財務報告基準を開発することである。
2.2　IASBの技術的な基準設定活動に関して，自らの管轄（法域）・地域内での関係者からのインプットを促進すること。
2.3　技術的資源を提供すること。これには，基準設定の経験と専門知識を有する代表者を任命すること，技術的な資源をASAF会議への準備に配分すること，および，本質的な技術的議論に積極的に参加することが含まれる。

第7節 会計基準アドバイザリー・フォーラム（ASAF）

2.4 ASAFの活発なメンバーとして行動するために必要な資源を提供すること（時間および旅費を含む）。

2.5 IASBの独立性を尊重すること。その手段として，ASAFの議論がIASBの独立性および誠実性並びにIFRSの最終決定者となる任務を損なったり，それに異議を唱えたりしないことを確保する。

3．財団の確約

財団は，公式に次のことを確約する。

3.1 ASAFと積極的に接触し，ASAFの意見およびフィードバックが，利害関係者とのアウトリーチの本質的な一部としてIASBに忠実に十分に伝えられることを確保すること。

3.2 ASAFの効果的な作業および議論に貢献するために技術的資源を提供すること。これは，IASBの代表者（議長およびIASBメンバー）並びに技術的専門知識を有する熟練スタッフの参加が含まれる。

3.3 ASAFとIASBとの間の必要な連絡，コミュニケーションおよび支援を提供すること。

3.4 アジェンダを作成し，アジェンダおよび関連資料（IASBスタッフおよびASAFメンバーが作成）が適時に配布されることを確保すること。ASAFメンバーが十分に準備をし，すべてのASAFの議論および作業に積極的かつ建設的に参加できるようにするためである。

3.5 ASAF会議を主催するために必要な資源および事務局を提供すること。

3.6 ASAFの議論の十分な透明性を確保すること。これには，世界中の利害関係者およびオブザーバーのベネフィットのため，すべての会議アジェンダ，関連資料および会議要約を公開ドメインで公開し，会議をウェブ放送し，ASAF会議の後に適切なプレスリリースおよびコミュニケーションを作成して公表することが含まれる。

3.7 ASAFメンバーの独立性を尊重し，ASAFのメンバーが各自の固有の国内での責務に基づいて運営されていることを認識し，ASAFメンバーの各自の管轄（法域）内での既存の法的な権利および義務を損なったり危うくしたりしないことを約束すること。

同時に，IFRS財団とNSSおよび各地域団体との間で委任事項（「**会計基準ア**

ドバイザリー・フォーラム：委任事項」（Accounting Standards Advisory Forum: Terms of Reference））も結ばれ，ASAFの目的と組織構成および業務の仕組みが明記されている。ASAFの目的は「会計基準アドバイザリー・フォーラム：覚書」での序文を繰り返したものである。

ASAFの組織構成および業務の仕組みについては，次のとおりである。

会計基準アドバイザリー・フォーラム：委任事項

　会計基準アドバイザリー・フォーラム（ASAF）は，各国基準設定主体（NSS）および会計基準設定に関与している地域団体（「地域団体」）の双方から推薦されたメンバーのグループである。ASAFのメンバーとIFRS財団（「財団」）は，2013年4月8日に覚書に署名した。この文書は，ASAFの委任事項を示している。

　… (中略) …

2．組織構成および業務の仕組み

2.1　議長職

　2.1.1　IASBの議長または副議長が，ASAFの議長を務めるものとする。

　2.1.2　議長は，IASBおよびASAFのメンバーとの協議を経て，ASAFの技術的アジェンダを作成し，ASAFの目的を達成するための，最適で建設的な深みのある技術的論議ができるような方法で会議を構成する裁量権を有するものとする。

2.2　メンバー資格

　2.2.1　ASAFは，12名の個人が代表となる，議決権のない12名のメンバーと，議長とで構成するものとする。

　2.2.2　12名の個人は，世界中からの12のNSSおよび地域団体を代表するものとする。その任命は，個人の資格によるものではない。

　2.2.3　ASAFメンバーの代表者は，技術的な専門知識，経験，および，自らの管轄（法域）・地域内からの会計上の論点についての実務上の知識を有しているべきである。テクニカルな議論に有意義な貢献をし，信頼性と目的適合性のある技術的助言をIASBに提供できるようにするためである。

　2.2.4　すべてのASAFメンバーは，ASAFおよびIASBの目的を果たすため

に，必要な人員および資源を配分し投入することができ，かつ，それを行う意思がなければならない。

2.2.5　広範な地域からの代表権と世界の主要な経済地域のバランスとを確保するため，12名のメンバーは，以下の地域から選出するものとする。

・アフリカから1名
・米州（北米および南米）から3名
・アジア／オセアニア地域から3名
・ヨーロッパ（EU域外国を含む）から3名
・2名は，全体的な地域バランスの維持を条件に，世界全体のどこからでも任命する。

2.2.6　効率性と連続性を確保するため，それぞれのメンバー組織について単一の指定された代表者がいなければならない。その単一の指定代表者は，議長でも，当該組織からの他の上級メンバーでもよく，第2.2.3項の要求事項を満たした者とする。単一の指定代表者は，自らの組織内の専門知識のある別のメンバーに委任して，特定のアジェンダ項目に関する議論において当該組織を代表させることができる。

2.2.7　議長は，メンバー以外のNSSまたは地域団体の代表者をASAFの会議に招いて参加させる裁量権を有するものとする。ただし，参加者が，上記の第2.2.3項に従ってASAFに価値のある貢献をする技術的知識および能力を有していることを条件とする。可能な場合，議長は会議の事前承認を得るよう努める。

2.2.8　IASBのメンバーはASAF会議に出席することができる。

2.2.9　ASAFのメンバーの資格は，更新可能であり，2年ごとに見直しの対象とする（このこと自体はASAFの存続が前提となる）。上記の第2.2.5項で言及した地域バランスの達成とともに，メンバー資格の見直しは，当初のメンバー構成と同様，次のような要因を考慮に入れる。技術的な専門性，当該管轄（法域）の資本市場の規模，IASBの基準設定プロセスへの当該組織の貢献，当該組織が利用できる人的資本資源の規模と程度などである。

2.2.10　ASAFのメンバーは，候補者を募集した後に，IFRS財団の評議員会が選考する。メンバーを選考する際に，IFRS財団は，関連のある地域団体および規制当局と協議を行う。

2.3 会議

2.3.1 会議は，通常はロンドンで開催するものとし，財団の事務局および資源（会議場所および食事の提供を含む）を活用して会議を主催する。議長およびASAFメンバーは，合意により他の場所で会議を開催することができる。

2.3.2 出席するASAFメンバーの旅費および宿泊費は，会議に参加したメンバーが負担するものとする。

2.3.3 財団スタッフは，ASAFメンバーと協議して，検討中の重要論点の要約を提供するために，各会議についてのアジェンダ案を作成しなければならない。各会議の最終アジェンダは，ASAFの議長の裁量とする。会議の関連資料は，財団スタッフまたはASAFメンバーが作成する。ASAFメンバーが十分に準備をし，すべてのASAFの議論および作業に積極的かつ建設的に参加できるようにするため，アジェンダおよび関連資料は事前に配布するものとする。

2.3.4 ASAFのメンバーは，すべての会議に直接出席することが推奨される。直接出席することが可能でない場合には，電話会議，TV会議または他の電子的手段を利用して出席することができる。

2.4 コミュニケーション

2.4.1 すべてのASAF会議は，公開で開催し，世界中の利害関係者およびオブザーバーのベネフィットのためにウェブ放送する。アジェンダ・ペーパーおよび会議の要約を財団のウェブサイトに掲載する。

2.4.2 財団は，ウェブサイトにASAFについての独立のセクションを維持するものとする。すべての利害関係者に情報および支援を提供するためである。

2.5 ASAFの見直し

2.5.1 ASAFおよびその運営のすべての側面について，当グループの設置（覚書の署名日から）の2年後にIFRS財団が見直しを行うものとする。

第7節 会計基準アドバイザリー・フォーラム（ASAF）

　もちろん，ASAFの設置による運営には，メリットとリスクがあることは，公開協議ペーパー「コメント募集：会計基準アドバイザリー・フォーラム設置の提案」でも認識されている（**図表5-19**参照）。

図表5-19　ASAFの設置による運営上のメリットとリスク

メリット	リスク
IFRS財団とIASBは，単一の相手方との対応を通じて，現在よりも合理化された集合的な関係を達成することになる。	基準設定プロセスが現在よりも長引く可能性がある。
ASAFは全般的な論点に関して幅広い議論をすることができ，特定の事項に関してIASBに情報を提供し支援するのに役立つ利害関係者の価値のある一団を，こうした事項に関する決定が行われる前に，IASBに提供する。	すべての当事者にとって満足のいくASAFの構成を考え出すことが困難である可能性がある。
ASAFはより大量の価値のある議論を提供し，最終基準の質を高めることになる。	グループが極端に大きくなりすぎて非効率となる可能性がある。
2011年の評議員会の戦略レビューおよび定款と整合的である。	会議には，IFRS財団および他のASAF参加者の側での追加的なスタッフや資源が必要となる可能性がある。
このモデルにより，より広範なNSSおよび地域団体がIASBの公表した基準を支援することや，IASBの論拠を支持することが確保される。これはIFRSsの国際的なアドプションや当該NSSの管轄（法域）における首尾一貫した適用を促進する。	議論の統制を維持することや合意を得ることが困難かもしれない。
このモデルは，IFRS財団およびその関係者団体の構造の変更を要求しない。	
このモデルは，IFASSを置き換えるのではなく，補完するものとなりうる。	
このモデルでは，多くの多様化した視点が同じテーブルに参加することにより，効果的であるが多国間の議論が可能となる。	

出所：IFRS Foundation［2012b］，pars.6.22-6.34をもとに作成。

第5章　国際会計基準審議会による財務報告の基準開発

4．ASAFメンバーの見直し（2015年）

「会計基準アドバイザリー・フォーラム：委任事項」の「2．組織構成および業務の仕組み」で，「ASAFおよびその運営のすべての側面について，当グループの設置（覚書の署名日から）の2年後にIFRS財団が見直しを行うものとする」(2.5.1)と記されている。2013年3月19日に当初選考されたASAFメンバーが公表され，各メンバーによる覚書の署名日（2013年4月8日）などから2年が経過することを受けて，IFRS財団評議員会は2014年10月の会議でASAFの見直しに着手する決定をした。

ASAFメンバーとNSSの見解を見出すために，2014年11月にIFRS財団は質問調査票による調査を行っている。

調査項目は，①ASAFによる諸活動の目的とその範囲が，IFRS財団の目的を達成するのに役立っているかどうかについて，②ASAFメンバーの規模および構成について，および，③ASAFの設置がIASBとNSSおよび地域団体との間のコミュニケーションとリエゾンを改善したかどうかについて，の3項目である。ASAFメンバーとIASBメンバーには，2015年3月に，①ASAF会議の有効性と②IASBメンバーとASAFメンバーとの交流についても調査している。また，IFRS諮問会議（2015年2月23日・24日）でもASAF設立後2年目の見直しについて議論した。

IFRS財団評議員会とIASBに対するIFRS諮問会議の報告によれば，これら調査項目に関する見解は，次のようなものであった（IFRS Advisory Council [2015]，3）。

- ・ASAFの継続を支持する。ASAFが技術的な問題について果たす役割は一般的に支持されており，現行の技術的な問題を超えて範囲が拡大しないように支援する。
- ・諮問会議では，ASAFをIASBのデュー・プロセスの必須部分とすることについては見解が分かれたが，ほとんどの見解が，さまざまな理由から，賛成では

なかった。それでも，諮問会議は，IFRS財団の組織構成の一部としてASAF
を含めることを支持し，ASAFとの協議が頻繁に行われることがあることを認
めた。

・ASAFの規模についての定見はなかった。しかし，より小規模のグループがよ
り大規模のグループより効果的である可能性が高いというのが一般的な考え方
である。

・ASAFに規制当局を含めることはほとんど支持されなかった。

・諮問会議メンバーはASAFメンバーのローテーションにはとくに反対してな
いが，ASAFメンバーのローテーションが，いつどのように起こるかという問
題についての定見はなかった。一部のメンバーは，ASAFメンバーのいかなる
ローテーションもメンバーの貢献と有効性に基づくべきであるという見解を表
明した。

・ASAFメンバーにIFRSをアドプションしていない国や地域を含めることにつ
いては見解が分かれた。ASAFメンバーはIFRSをアドプションする国や地域
に限定すべきであると主張する諮問会議メンバーもいるが，IFRSをアドプシ
ョンしていない国や地域を含めることは，ローカル基準とIFRSのコンバージ
ェンスに向けたモメンタムを通じて，単一で高品質な国際基準に役立つと主張
するその他のメンバーもいた。

　これらを踏まえて，IFRS財団は2015年 5 月 1 日に**フィードバック文書「会
計基準アドバイザリー・フォーラムの見直し」**（Feedback Statement: Review of
the Accounting Standards Advisory Forum）（IFRS Foundation［2015a］）を公表
するとともに，ASAFの候補者募集を行っている（IFRS Foundation［2015b］）。
　フィードバック文書には，この見直し結果を踏まえたIFRS財団による 9 つ
の決定事項が明記されている（次頁の**図表5-20**参照）。

**図表5-20　会計基準アドバイザリー・フォーラムの見直しに伴う
IFRS財団の決定事項**

IFRS財団－決定1 （アジェンダ・トピックの範囲）	評議員会は，ASAFの目的が管轄（法域）上の問題や懸念事項に関する効果的で技術的な議論を可能にすることを確認している。したがって，アジェンダには管轄（法域）上の問題や懸念事項に関する議論が含まれる場合がある（第33項）。
IFRS財団－決定2 （アジェンダ設定プロセス）	ASAFのアジェンダは，ASAFメンバーとIASBとの協議で設定されているため，評議員会は，各会議の最終的なアジェンダはASAF議長の裁量に委ねられるという委任事項からの参照を削除すべきであると決定した（第37項）。
IFRS財団－決定3 （ASAFとIASBのデュー・プロセス）	評議員会は，ASAFとのコンサルテーション（協議）をIASBの『デュー・プロセス・ハンドブック』に含めるかを検討する前に，または，定款に公式にASAFの役割を反映する前に，少なくともASAFメンバーの次回のローテーションが行われるまで，待つ決定をした（第46項）。
IFRS財団－決定4 （ASAFの規模）	評議員会は，ASAFの規模に関するすべてのフィードバックを検討し，ASAFの現在の規模が適切であると決定した（第50項）。
IFRS財団－決定5 （ASAFの構成）	評議員会は，〔ASAFメンバーはいわゆる：引用者〕常任理事国ではなく，ASAFの現在の構成を維持すべきであると決定した（第55項）。
IFRS財団－決定6 （ASAFメンバーの交代）	評議員会は，ASAFのメンバーが3年ごとに見直されるように委任事項を修正する決定を行った（第61項）。
IFRS財団－決定7 （ASAFメンバーの交代）	議会は，ASAFのメンバーにある程度の安定性を提供する提案に同意した（第62項）。
IFRS財団－決定8 （ASAFメンバーの交代）	評議員会は，委任事項の第2.2.3項および第2.2.4項に規定された要件に基づいて，ASAFのメンバーの候補者募集の申請を評価することを決定した（第63項）。
IFRS財団－決定9 （ASAFメンバーの交代）	次のASAFの見直しは，約3年後に行われる予定である（第65項）。

出所：IFRS Foundation〔2015a〕.

　併せて，フィードバック文書はIASBのアクションについても明記している（IFRS Foundation〔2015a〕，par.83）。

　業務改善に関して提起された事項に関連して，IASBは次のようにコミットしている。

コミュニケーションとリエゾンの改善

第7節 会計基準アドバイザリー・フォーラム（ASAF）

(a) 会議の4週間前にアジェンダ・ペーパーを引き続き配付すること

(b) ASAFメンバーにフィードバックの要約を提供すること，および

(c) 議事録案についてASAFメンバーの意見を引き続き求めること

会議

(d) ASAFメンバーとIASBとの効果的で技術的な議論を促すこと，および

(e) ASAFメンバーが求めているアドバイスを明確に示すアジェンダ・ペーパーを提供すること

こうしたASAFの見直しに関わる一連の対応により，IFRS財団は，2015年6月24日に向こう３年間のASAFの新たな12名のメンバーを選出して公表した（**図表5-21参照**）。今般のASAFメンバーの見直しは，ASAF設置時の当初のメンバー（先の**図表5-18**）と対比すると，ヨーロッパ地域の２議席（スペイン会計監査協会とイギリス財務報告評議会に代わって，フランス会計基準局とイタリア会計基準設定主体を選出）が交代していることがわかる。

図表5-21 見直し後の会計基準アドバイザリー・フォーラム(ASAF)のメンバー

（2015年６月24日現在）

地　域	メンバー
アフリカ	南アフリカ財務報告基準評議会
アジア・オセアニア （「世界全体」枠の１議席を含む）	アジア・オセアニア基準設定主体グループ（AOSSG）
	企業会計基準委員会（ASBJ）
	オーストラリア会計基準審議会（AASB） ―ニュージーランド会計基準審議会（NZASB）と協働
	中国会計基準委員会（CASC）
ヨーロッパ （「世界全体」枠の１議席を含む）	ヨーロッパ財務報告諮問グループ（EFRAG）
	ドイツ会計基準委員会（ASCG）
	フランス会計基準局（ANC）
	イタリア会計基準設定主体（OIC）
米州	ラテンアメリカ基準設定主体グループ（GLASS）
	カナダ会計基準審議会（AcSB）
	アメリカ財務会計基準審議会（FASB）

出所：IFRS Foundation［2015c］.

385

IFRSsの基準開発が，マルチラテラルな関係によって，より合理化された集合的な関係のもとで行われるなかで，各国および各地域の論点に関するインプットを提供するASAFの役割は大きい。IASBに対する（とくにASBJを通じた）日本からの意見発信を行ううえでも，貴重な舞台装置（会議体）である。

【参考文献】

Camfferman, K. and S.A. Zeff [2007], *Financial Reporting and Global Capital Markets: A History of the International Accounting Standards Committee, 1973－2000*, Oxford University Press.

Choi, F.D.S. and G.K. Meek [2008], *International Accounting*, Sixth Edition, Pearson Prentice Hall.

Financial Accounting Standards Board (FASB) [2002], Memorandum of Understanding － "The Norwalk Agreement"（山田辰己 [2003]，「IASB会議報告（第16回会議）」，『JICPAジャーナル』No.570，2003年1月所収）.

FASB [2006], A Roadmap for Convergence between IFRSs and US GAAP － 2006－2008: Memorandum of Understanding between the FASB and the IASB, February 27, 2006.

Financial Services Agency (FSA)・Government of Japan [2007], Authorities Responsible for Capital Market Regulation Work to Enhance the Governance of the IASC Foundation, November 7, 2007.

International Accounting Standards Board (IASB) [2004], Strengthening the IASB's Deliberative Processes, March 24, 2004.

IASB [2011], Request for Views: Agenda Consultation 2011, July 2011.

IASB [2012], Feedback Statement: Agenda Consultation 2011, December 2012.

IASB [2013], Discussion Paper: A Review of the Conceptual Framework for Financial Reporting, July 2013.

IASB [2015a], Exposure Draft: Conceptual Framework for Financial Reporting, May 2015, and Basis for Conclusions on the Exposure Draft *Conceptual Framework for Financial Reporting*, May 2015.

IASB [2015b], Exposure Draft: Updating References to the Conceptual Framework － Proposed Amendments to IFRS 2, IFRS 3, IFRS 4, IFRS 6, IAS 1, IAS 8, IAS 34, SIC-27 and SIC-32, May 2015.

IASB [2015c], Request for Views: 2015 Agenda Consultation, August 2015.

IASB [2016], IASB® Work Plan 2017-2021: Feedback Statement on the 2015 Agenda Consultation, November 2016.

IASB Staff [2015], Staff Paper: 2015 Agenda Consultation—Permission to Publish the Request for Views, July 2015.

International Accounting Standards Committee (IASC) [1988], Survey of Use and Application of International Accounting Standards 1988, 1988.

IASC [1989a], Framework for the Preparration and Presentation of Financial Statements, 1989.

IASC [1989b], E 32 Comparability of Financial Statements (日本公認会計士協会訳 [1989], 公開草案第32号「財務諸表の比較可能性」).

IASC [1990], Statement of Intent: Comparability of Financial Statements (日本公認会計士協会訳 [1990], 趣旨書「財務諸表の比較可能性」).

IASC [1998], Discussion Paper: Shaping IASC for the Future, A Discussion Paper Issued for Comment by the Strategy Working Party of the International Accounting Standards Committee, December 1998.

IASC [1999], Recommendations on Shaping IASC for the Future, A Report of the International Accounting Standards Committee's Strategy Working Party: Recommendations to the IASC Board, November 1999.

International Accounting Standards Committee Foundation (IASC Foundation) [2003a], Press Release: Trustees Announce the Process for Constitutional Review, November 12, 2003.

IASC Foundation [2003b], Identifying Issues for the IASC Foundation Constitution Review: An Invitation to Comment, November 2003.

IASC Foundation [2004a], IASC Foundation Constitution Committee, Next Steps for the Constitution Review Following Initial Consultation, March 22, 2004.

IASC Foundation [2004b], IASC Foundation Constitution Committee, An Update on the Constitution Review and Information regarding Public Hearing, May 7, 2004

IASC Foundation [2004c], Review of the IASC Foundation Constitution: Proposals for Changes, November 23, 2004.

IASC Foundation [2005], Press Release: Trustees Approve Constitutional Changes, June 28, 2005.

IASC Foundation [2008a], Review of the Constitution: Public Accountability and the Composition of the IASB – Proposal for Change, July 2008.

IASC Foundation [2008b], Review of the Constitution: Identifying Issues for Part 2 of the Review, November 2008.

IASC Foundation [2009a], Changes in the Constitution: Report of the IASC Foundation Trustees on Part 1 of Their Review, April 2009.

IASC Foundation [2009b], Part 2 of the Constitution Review: Proposals for Enhanced Public Accountability, September 2009.

IASC Foundation [2010], Report of the IASC Foundation Trustees on Part 2 of Their Constitution Review, Changes for Enhanced Public Accountability and Stakeholders Engagement, April 2010.

IASC Foundation Monitoring Board [2009a], Press Release: Statement of the Monitoring Board for the International Accounting Standards Committee Foundation regarding Due Process toward Addressing Calls from G-20 Leaders, June 8, 2009.

IASC Foundation Monitoring Board [2009b], Press Release: Statement of the Monitoring Board for the International Accounting Standards Committee Foundation regarding Enhanced Technical Dialogue on Financial Institution Reporting Issues, July 7, 2009.

IASC Foundation Monitoring Board [2009c], Statement of the Monitoring Board for the International Accounting Standards Committee Foundation on Principles for Accounting Standards and Standard Setting, September 22, 2009.

IASC Foundation Monitoring Board [2009d], Press Release: Statement of the Monitoring Board for the International Accounting Standards Committee Foundation on IASB and FASB Commitment to Improving IFRS and U.S. GAAP, November 11, 2009.

IFRS Advisory Council [2015], Report of the IFRS Advisory Council Chairman to the Trustees and the IASB on the February 2015 Advisory Council Meeting, February 23-24, 2015.

IFRS Foundation [2010], Paper for Public Consultation: Status of Trustees' Strategy Review, November 5, 2010.

IFRS Foundation [2012a], Report of the Trustees' Strategy Review 2011 — IFRSs as the Global Standards: Setting a Strategy for the Foundation's Second Decade, February 2012.

IFRS Foundation [2012b], Invitation to Comment: Proposal to Establish an Accounting Standards Advisory Forum, November 2012.

IFRS Foundation [2013a], Feedback Statement: Proposal to Establish an Accounting Standards Advisory Forum, February 2013.

IFRS Foundation [2013b], Accounting Standards Advisory Forum: Call for Nominations, February 1, 2013.

IFRS Foundation [2013c], IASB and IFRS Interpretations Committee: Due Process Handbook, February 2013.

IFRS Foundation [2013d], Press Release: Trustees Announce Membership of ASAF, March 19, 2013.

IFRS Foundation [2015a], Feedback Statement: Review of the Accounting Standards Advisory Forum, May 2015.

IFRS Foundation [2015b], Accounting Standards Advisory Forum: Call for Nominations, May 1, 2015.

IFRS Foundation [2015c], Press Release: IFRS Foundation Trustees Announce New Composition of ASAF, June 24, 2015.

IFRS Foundation [2015d], Request for Views: Trustees' Review of Structure and Effectiveness: Issues for the Review, July 2015.

IFRS Foundation [2015e], Invitation to Comment: IFRS Taxonomy™ *Due Process*, November 2015.

IFRS Foundation [2016a], Trustees' Review of Structure and Effectiveness: Feedback Statement on the July 2015 Request for Views, June 2016.

IFRS Foundation [2016b], Exposure Draft, Trustees' Review of Structure and Effectiveness: Proposed Amendments to the IFRS Foundation Constitution, June 2016.

IFRS Foundation [2016c], Due Process Handbook Approved by the Trustees January 2013, Incorporating: IFRS® Taxonomy Due Process and Consequential Amendments, Approved by the Trustees May 2016, June 2016.

IFRS Foundation [2016d], Feedback Statement: Trustees' Review of Structure and Effectiveness: Amendments to the IFRS® Foundation *Constitution*, November 2016.

IFRS Foundation Monitoring Board [2010], Statement of the Monitoring Board for the International Financial Reporting Standards Foundation regarding the Governance Review of the IFRS Foundation, July 2, 2010.

IFRS Foundation Monitoring Board [2011a], Consultative Report on the Review of the IFRS Foundation's Governance, February 7, 2011.

IFRS Foundation Monitoring Board [2011b], Summary of Comments to the Consultative Report on the Review of the IFRS Foundation's Governance, September 9, 2011.

IFRS Foundation Monitoring Board [2012], Final Report on the Review of the IFRS Foundation's Governance, February 9, 2012.

IFRS Foundation Monitoring Board [2013a], Press Release: Monitoring Board Finalizes Assessment Approach for Membership Criteria and Announces Chair Selection, March 1, 2013.

IFRS Foundation Monitoring Board [2013b], Press Release: Monitoring Board Agrees on Procedure and Time Table for Its Membership Assessment, May 2, 2013.

IFRS Foundation Monitoring Board [2013c], Press Release: Monitoring Board Completes Revisions to Its Charter and the Memorandum of Understanding with the IFRS

Foundation, October 31, 2013.

IFRS Foundation Monitoring Board [2014], Press Release: Monitoring Board Announced New Board Members, January 28, 2014.

IFRS Foundation Monitoring Board [2016], Press Release: Monitoring Board Announces New Board Member, August 19, 2016.

IFRS Foundation Monitoring Board and IFRS Foundation [2011], Joint Statement by the Monitoring Board and the Trustees of the IFRS Foundation, April 27, 2011.

財務会計基準機構・企業会計基準委員会 [2015], 「意見募集『体制とその有効性に関する評議員会のレビュー：レビューにあたっての論点』に対するコメント」, 2015年11年30日。

白鳥栄一 [1995], 「財務諸表の比較可能性, IOSCO, 会計基準設定プロセス」, 日本公認会計士協会編『国際会計基準の実務』第一法規, 1995年所収。

杉本徳栄 [2009], 『アメリカ SEC の会計政策―高品質で国際的な会計基準の構築に向けて―』中央経済社。

平松一夫 [1999], 「『IASCの将来像』の内容と我が国への影響」, 『JICPA ジャーナル』No.524, 1999年3月。

山田辰己 [2011], 「IASB理事退任に当たって」, 『季刊会計基準』第33号, 2011年6月。

山田辰己 [2013a], 『IFRS設定の背景―基本事項の決定・従業員給付―』税務経理協会。

山田辰己 [2013b], 『IFRS設定の背景―金融商品』税務経理協会。

第3部

IFRSs のアドプション
―IFRSs 強制適用の実態―

第6章

EUにおける
国際財務報告基準のアドプション

第1節 EU金融サービス市場の統合と 国際財務報告基準(IFRSs)

1．IFRSs適用命令（IAS規則）とEUの規制市場

　ヨーロッパ委員会（EC）は，ヨーロッパ連合（EU）域内の上場企業に対して，原則として2005年1月1日以降開始する会計年度から「国際的な会計基準」（international accounting standards）（国際会計基準（IAS），国際財務報告基準（IFRS）および関連する解釈指針（解釈指針委員会（SIC）や国際財務報告基準解釈指針委員会（IFRIC）の解釈指針）並びに国際会計基準審議会（IASB）が今後改正する基準等や将来設定する基準等）に準拠して連結財務諸表を作成・開示することを義務づける，いわゆる「**IFRSs適用命令**」（Regulation on the Application of International Financial Reporting Standards（the "IAS Regulation"）「**国際的な会計基準の適用に関する2002年7月19日付のヨーロッパ議会および閣僚理事会規則第1606/2002号**」。「**IAS規則**」ともいう）を採択した。会計基準の「2005年問題」（企業会計の「2005年問題」）として注目されたEUの財務報告に関する立法措置（規則・指令）である。

　EUにおける会計基準の調和化やコンバージェンス（収斂）の動向のなかで，1967年に発足した**ヨーロッパ共同体**（**EC**：以下，EC会社法指令の名称を除き，「(旧) EC」という）時代の執行機関である**ヨーロッパ委員会**（**COM**。現在のECに当たる）による次の一連の文書等がIFRSs適用命令の確立に深く関わっており，当初よりIASを国際的な会計基準とする姿勢が貫かれている。

　　①「会計の調和化：国際的調和化のための新たな戦略」（1995年11月14日）（COM［1995]）
　　②「国際会計基準とEC会計指令との整合性の検討」（COM［1996]）
　　③「金融サービス：行動の枠組みの構築」（COM［1998]）
　　④「金融サービス：金融市場の枠組みの実施：行動計画（アクション・プラン）」（「金融サービス行動計画」）（1999年5月11日）（COM［1999]）

⑤「リスボン戦略」（2000年3月）

⑥「EUの財務報告戦略：進むべき道」（2000年6月13日）（COM［2000］）

　ECによるこれら一連の文書による立法措置と，EUにおける会計基準と財務報告および企業内容開示に関する規制との関わりを図示したものが，次頁の**図表6-1**である。

　EUの財務報告に関する立法措置もEU域内市場の規制に関わるため，その意味からすれば，その源流も，EUの域内市場統合における証券市場規制と証券業者規制の基本法としての「**証券領域における投資サービスに関する1993年5月10日付の閣僚理事会指令第93/22/EC号**」（いわゆる「投資サービス指令」（Investment Services Directive））にあると考えられる。

　投資サービス指令は，EU域内の単一市場計画を通じて，証券関連の規制を体系化する試みのなかで，「**投資会社および金融機関の資本の適正性に関する1993年3月15日付の閣僚理事会指令第93/6/EEC号**」（いわゆる「適正資本金指令」（Capital Adequacy Directive））などとともに整備されたものである。投資サービス指令は，すでに本国で免許を取得した投資サービス業者は，EU域内の他国での支店設立にあたり，「**原籍国（母国主義）**」（Home Country Control）により新たな免許を要しないEU域内単一免許制（シングル・パスポート）の導入，そういったEU域内での現地法人の設立や経営参加権の取得に際して，受入国は本国当局の規制を承認する相互承認の適用などを規定した。とくに，EU加盟国のIFRSs適用命令の適用範囲にも密接に関わる「**規制市場**」（Regulated Market）の概念は，そもそもこの投資サービス指令で示されたものであり，この規制市場での金融商品の取引情報の透明性を確保するための監督当局への報告も義務づけた。

　投資サービス指令の制定後，EUの市場環境や市場構造が変化するなかで，投資者はより複雑で広範囲にわたるサービスや金融商品の提供を受けてきた。EUの法的枠組みは，このような投資者に向けられた諸活動のすべての範囲を包摂する必要があるため，加盟国の監督に基づいて高水準の投資者保護を提供し，投資業者に単一市場としてのEU全域でのサービス提供を可能にするため

図表6-1　EU資本市場のEU域内・域外上場企業（発行体）に対する
　　　　　会計基準と財務報告および企業内容開示に関する規制の動向

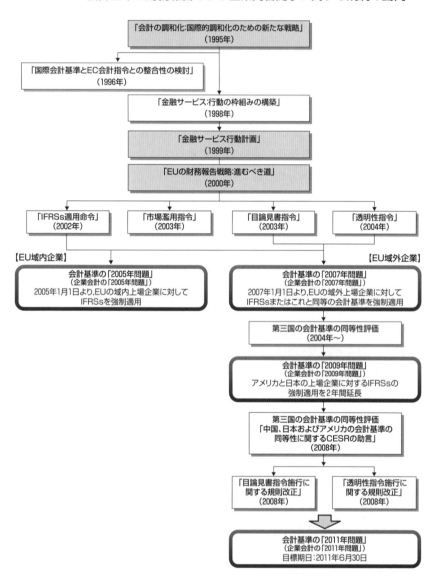

第1節 EU金融サービス市場の統合と国際財務報告基準（IFRSs）

に必要な調和の程度を規定する必要性に直面している。従来の投資サービス指令の適用からは抜け落ちたサービスや金融商品も規制対象とするために，後の「金融サービス行動計画」に基づくEUの立法措置のなかで，この投資サービス指令は「**閣僚理事会指令第85/611/EEC号および指令第93/6/EEC号並びにヨーロッパ議会と閣僚理事会指令第2000/12/EC号を改正し，閣僚理事会指令第93/22/EEC号を廃止する，金融商品に市場に関する2004年4月21日付のヨーロッパ議会および閣僚理事会指令第2004/39/EC号**」（いわゆる「**金融商品市場指令**」（Markets in Financial Instruments Directive））に改められた。

この金融商品市場指令のもとで，規制市場は次のように定義されている（第4条第1項第14号）。

「規制市場」とは，市場運営者によって運営され，または管理されるマルチラテラル・システム（Multilateral System）をいう。この規制市場は，その規則および，またはシステムのもとで取引を認められた金融商品に関して，システム内で非裁量規則に基づいて多数の第三者の買いと売りを突き合わせ，またはその突き合わせを促進し，その結果，契約の成立をもたらすものであり，また〔本指令の：引用者〕第Ⅲ編〔規制市場：引用者〕の規定に従って認可され，規則正しく機能するものである。

規制市場を規定する金融商品市場指令の第Ⅲ編には，たとえば次のような規定が盛り込まれている。

①加盟国は，第Ⅲ編の規定を充足するシステムを規制市場として認可する権限を持つ（第36条第1項）。

②規制市場のシステムのもとで行われる取引を律する法律は，規制市場の母国法である（第36条第4項）。

③加盟国は，規制市場に対して，その所有者または市場運営者との利益相反の防止措置，リスク管理措置，システムの技術的運営の健全な管理措置，公正かつ秩序ある取引規則の設定などを，組織上義務づける（第39条）。

④加盟国は，規制市場に対して，金融商品の取引認可に関して明確かつ透明

な規則を有していることを義務づける。また加盟国は，規制市場に対して，規制市場での発行体が，発行開示，継続開示または適時開示に関する義務の順守を検証するための措置を講じ，それを維持すること（第40条第1項，第3項）。

⑤加盟国は，規制市場に対して，規制市場への参画またはその会員たる地位を規律する透明かつ裁量的でない規則を定め，維持すること（第42条第1項）。また，その規則の遵守について定期的に監視するための効果的な措置を講じ，維持すること（第43条第1項）。

EU域内の規制市場と非規制市場でのIFRSs適用のあり方は，投資サービス指令から金融商品市場指令へと立法措置化されるなかでも，そのもとでの規制市場の定義や諸規定が前提として機能することになる。

2．「会計の調和化：国際的調和化のための新たな戦略」
　　―国際会計基準の支援方針

（1）EUの会計基準戦略のベースとしての新戦略

（旧）EC域内の会計基準の調和化は，EC会社法指令を媒介として展開されてきた。資本会社の個別財務諸表に関する**EC会社法指令第4号**（「条約第54条第3項第g号に基づく一定の法形態の会社の年次計算書に関する1978年7月25日付の閣僚理事会第4号指令（第78/660/EEC号）」）や連結計算書に関する**EC会社法指令第7号**（「条約第54条第3項第g号に基づく連結計算書に関する1983年6月13日付の閣僚理事会第7号指令（第83/349/EEC号）」）が，**銀行その他の金融機関や保険会社の会計指令**（Accounting Directives）（「銀行やその他金融機関の年次計算書および連結計算書に関する1986年12月8日付の閣僚理事会指令（第86/635/EEC号）」および「保険会社の年次計算書および連結計算書に関する1991年12月19日付の閣僚理事会指令（第91/674/EEC号）」）とともにその中心的役割を果たした（**ECの会計指令**は，一般的に，会社法指令第4号，会社法指令第7号および銀行その他の金融機関や保険会社の指令の4つを指す）。EC加盟国に会社法指令の国内法化を促すことで，会計基準の調和化を促進するという方法論によるものである。

第1節 EU金融サービス市場の統合と国際財務報告基準（IFRSs）

　ただし，ヨーロッパでは各国の税法（法人税法）の影響が甚大であるため，（旧）ECにおける会計基準の調和化は，基本的に税法の影響を受けない連結財務諸表をコアに据えて展開されてきたといってよい。

　域内市場統合が始まり，**マーストリヒト条約**（Maastricht Treaty：**ヨーロッパ連合条約**）の発効によって1993年にEUが成立したが，EC会社法指令は，当時の財務諸表の作成者や利用者が，経済統合されたEU域内に限らず，国際資本市場において直面する諸問題を必ずしも解決するには至らなかった。その打開策の必要性から，EUのECが1995年に策定した国際資本市場における会計の国際的調和化のための新戦略（COM［1995］）は，今日のIFRSsを基軸に据えたEUの会計基準戦略を模索し展開するベースをなすものである。

（2）国際的調和化のためのアプローチ

　EC会社法指令のなかの会計を対象とした会計指令の国内法化にあたっては，（旧）EC加盟国に選択権が認められていたこともあって，財務諸表の比較可能性が十全に機能せず，コストとともに問題視された。

　また，証券市場のグローバル化が進み，EUの大企業がEC会社法指令の会計指令に基づいた財務諸表を作成しても，ニューヨーク証券取引所（NYSE）などの国際資本市場での要求を充足しなくなり，新たに**第二次財務諸表**（Secondary Statements）等の作成を余儀なくされた。もちろん企業にとっては過重負担となり，また，第二次財務諸表の作成は第一次財務諸表（Primary Statements）上の会計数値との混乱を招くため，EUの大企業が財務諸表の準拠基準をアメリカ会計基準（U.S. GAAP）等に求め始めたのは，至極当然の成り行きであった。

　このような問題の解決策は，EU企業が準拠すべき会計基準のあり方にある。**「会計の調和化：国際的調和化のための新たな戦略」**（Accounting Harmonisation: A New Strategy Vis-à-vis International Harmonisation）は，当該問題を解決するためのアプローチとして考えられうる次の４つの方策を示し，それぞれについて検討を行うことで，ECのスタンスの明確化を図っている（COM［1995］, par.4）。

399

①一定の企業をEC会社法指令の適用範囲から除外して，他の会計基準を自由に適用できるようにするアプローチ

②財務諸表の相互承認制度について，アメリカと合意するアプローチ

③取り上げていない各種会計問題のテクニカルな解決策も含めて，EC会社法指令を改正するアプローチ

④ヨーロッパ会計基準設定主体を創設して，ヨーロッパの包括的な会計基準を開発するアプローチ

しかし，各アプローチについては，適用除外範囲の設定や適用除外企業の準拠基準，相互承認制度締結相手国の関心のなさ，時間的問題およびEU加盟国の反対などの問題点が指摘され，いずれも実現しなかった。

そこでECは，下部機構の連絡委員会（Contact Committee）を通じて，まずは，EC会社法指令とIASとの整合性をEU加盟国と検討することを提案している。整合性があれば，EU加盟国は自国の大企業に対して，国際会計基準委員会（IASC）が開発に取り組んでいる世界的規模の資本市場で受け入れられるIASの使用を奨励し，支援する方針を提案したのである（COM［1995］，par.5.2）。この背景には，1995年にIASCがコア・スタンダードの設定作業計画を作成し，当該作業計画を証券監督者国際機構（IOSCO）が支持することで合意した事実がある。

併せて，EC会社法指令の会計指令をできる限り変更せずに，改革を進めることも表明されている（COM［1995］，par.1.6）。

3．「国際会計基準とEC会計指令との整合性の検討」

ECが1995年に採択した「会計の調和化：国際的調和化のための新たな戦略」は，連絡委員会に対してEC会社法指令とIASの整合性の検討を求めていた。連絡委員会は，EC会社法指令第4号第52条に基づいて設置されたもので，会合を通じて会計指令規定の適用上の調和化を促進し，会計指令規定の補完または修正についてECに助言することを任務としている。「**国際会計基準とEC会計指令との整合性の検討**」（An Examination of the Conformity between the International Accounting Standards and the European Accounting Directives)（COM［1996］）は「会計の調和化：国際的調和化のための新たな戦略」の求めに応じたもので，EU加盟国の企業がIASの適用を決定づける拠り所を構築する目的から，EC会社法指令とIASとの整合性の程度について分析を行ったものである。

「国際会計基準とEC会計指令との整合性の検討」は，①IASの規定が会計指令では認められていない場合，または，その逆の場合や，②EU加盟国が会計指令から選択した会計処理方法をIASでは認めていない場合，などに分類して整合性分析を実施している。そこで見出された両会計基準間の差異については，その後のいわゆる「**会計法現代化指令**」（Modernisation Directive）（「**一定の法形態の会社，銀行その他の金融機関および保険会社の年次計算書および連結計算書に関する指令第78/660/EEC号，第83/349/EEC号，第86/635/EEC号および第91/674/EEC号を改正する2003年6月18日付のヨーロッパ議会および閣僚理事会指令第2003/51/EC号**」）を通じて解消されている。

4．「金融サービス行動計画」

「会計の調和化：国際的調和化のための新たな戦略」の方針は，単一の金融サービス市場を改善するための政策目標と特定の測定値を提案することを目的とした「**金融サービス：金融市場の枠組みの実施：行動計画（アクション・プラン）**」（**金融サービス行動計画**）（**FSAP**）（Financial Services: Implementing the Framework for Financial Markets: Action Plan）（COM［1999］）の展開によって推進されることになる。

「金融サービス行動計画」の公表に先立ち，単一の金融サービス市場を改善するための行動の枠組みを審議に付すことを促した1998年6月のカーディフでのヨーロッパ閣僚理事会決定に応えて，ECは1998年10月28日に，「**金融サービス：行動の枠組みの構築**」（Financial Services: Building a Framework for Action）（COM［1998］）を採択のうえ公表している。この「金融サービス：行動の枠組みの構築」のコアをなすのが，次の2つの側面からなる単一の金融サービス市場の実現である（COM［1998］，p.1）。

①発行体と投資家がともに役立つ大規模で活発なヨーロッパ資本市場

②消費者の信頼と高水準の消費者保護を維持する一方で，消費者選択を確実なものとするためにクロスボーダーでの金融サービスの提供に関わる障害の除去

「金融サービス：行動の枠組みの構築」は，緊急を要するより具体的な行動を領域区分ごとに明らかにしているが，それには会計基準や財務報告に関わる行動も含まれている。たとえば，①会計指令に規定されている会計選択権が，会計基準や財務報告の調和化のニーズから考えると，必要で適切なものであるかの検討，②EUの枠組みへの公正価値会計の導入をはじめ，EUの財務報告の枠組みとIASCが展開する国際的な会計基準との画一化作業，といった行動（アクション）である（COM［1998］, p.12）。両者の行動は，後のいわゆる「会計指令の現代化指令」と**「公正価値指令」**（Fair Value Directive）（**「一定の法形態の会社および銀行その他金融機関の年次計算書および連結計算書のバリュエーション規則に関する指令第78/660/EEC号，第83/349/EEC号および第86/635/EEC号を改正する2001年9月27日付のヨーロッパ議会および閣僚理事会指令第2001/65/EC号」**）に結実していく。

「金融サービス：行動の枠組みの構築」による行動の枠組みに基づいた「金融サービス行動計画」は，ユーロ導入に伴う単一の金融サービス市場の設立に関わる計画実施政策プログラムである。これは3つの戦略目標（戦略目標1：単一EUホールセール（卸売）市場，戦略目標2：開放的で安全なリテール（小売）市場，戦略目標3：最高レベルの健全性基準および監督体制）と一般的目標（望ましい単一市場のための広範な配慮），および，これらの目標に取り組むための基準としての42項目の行動（アクション）を提示し，EU加盟国に対して期限を付してその履行を求めた。単一の金融サービス市場の構築により，企業や金融サービスの利用者はベネフィットを享受し，EUにおける投資と雇用を促進することになる（COM［1999］, p.3）。とくに，「戦略目標1：単一EU卸売市場のもとでの行動（アクション）」には，公正価値会計を容認するためのEC会社法指令第4号とEC会社法指令第7号の修正並びに会計条項の更新，EUの会計

第1節 EU金融サービス市場の統合と国際財務報告基準（IFRSs）

戦略の改善に関する委員会通達およびその法的なフォローアップなどが盛り込まれている。

EUの戦略目標を刺激したのが，その後10年間を念頭に置いた経済・社会政策に関する包括的な方向性を示した「**リスボン戦略**」（Lisbon Strategy。2000年3月のリスボンでのヨーロッパ閣僚理事会（首脳協議）特別会議決定）である。「より多い雇用とより強い社会的連帯を確保しつつ，持続的な経済発展を達成しうる世界で最も競争力があり，かつ，力強い知識基盤経済社会を構築する」というEU経済社会改革の戦略目標の設定に合意している。

とりわけリスボン戦略は，EUにおける投資，経済成長および雇用を促進するためには，企業の財務諸表の比較可能性を向上することによる効率的かつ透明性ある金融市場を重要視した。

リスボンでのヨーロッパ閣僚理事会特別会議は，「金融サービス行動計画」の完了時期を2005年としており，その達成に向けて，とくに「**ヨーロッパ証券市場の規制に関する賢人委員会**」（Committee of Wise Men on the Regulation of European Securities Markets）が果たした役割は大きい。ヨーロッパ証券市場の規制に関する賢人委員会（ヨーロッパ中央銀行（ECB）の前身で，ヨーロッパ通貨統合に向けた準備機関としてのヨーロッパ通貨機構（EMI）元総裁のアレクサンドル・ラムファルシー（Alexandre Lamfalussy）を座長とする，いわゆる「**ラムファルシー委員会**」）は，EUの証券行政のあり方や証券規制体制の抜本的改革を検討するために，2000年7月17日のEUの**経済財務相理事会（ECOFIN）**によって結成されたものである。

ヨーロッパ証券市場の規制に関する賢人委員会は，EUの証券立法の規制プロセスの合理化と迅速化を目指し，まず2000年11月に中間報告書を通じて新たな証券規制の枠組みを提案した。これは，2001年2月に最終報告書（いわゆる「**ラムファルシー委員会報告**」）（Committee of Wise Men [2001]）として取りまとめ，EUの証券立法の規制プロセスを確立する役割を果たした。

具体的には，最終報告書の「第2章 規制改革—委員会勧告」で，EUの証券立法の規制プロセスないし手続きを，次頁の**図表6-2**のように，立法プロセ

403

図表6-2 「ラムファルシー委員会報告」によるEUの証券立法の規制プロセス・手続き

【立法プロセス】

第1レベル：枠組みの原則
　EU指令や規制の制定により基本的な枠組みを制定する。ECの提案に基づいて，ヨーロッパ議会と閣僚理事会が，この基本的な枠組みの原則を共同で決定する。

第2レベル：技術的細則の制定
　コミトロジー（Comitology：EUにおける政策決定プロセスを管理する手続きまたは制度）に基づいて，ヨーロッパ証券委員会（ESC）とヨーロッパ証券監督者委員会（ESRC）を2001年末までに設置し，ヨーロッパ議会を支える。第1レベルでの基本的な枠組みの原則を実施するための技術的な細則を制定する。

【実施プロセス】

第3レベル：協力関係の強化（EU加盟国における実施）
　第1レベルと第2レベルで制定されるEU指令や規制などを，①日常的な行政ガイドライン，②共通の解釈の勧告，③EU法制によってカバーされない分野における共通の基準，④執行を促進するための規制実践の比較，⑤ピアレビュー（精密な審査）などの手段を用いて，共同体ルールとして効果的に執行する。

第4レベル：法の執行
　共同体ルールの執行を強化する。

役割を担う主たる機関

ESC

ESRC
↓
CESR

注：EUの証券立法の規制プロセスにおいて，ヨーロッパ議会やECは全般的に関わっている。
出所：Committee of Wise Men［2001］, p.4 and Chapter Ⅱをもとに作成。

スと実施プロセスに大別される4つのレベル・アプローチ（Four Level Approach）として提示した。このアプローチは，2002年から機能させることを目標とした。

　ヨーロッパ証券市場の規制に関する賢人委員会の最終報告書と証券立法の規制プロセスを効率的かつ透明性あるものにするために提案された4つのレベル・アプローチは，2001年3月にストックホルムで開催された閣僚理事会で承認されている。

　なお，第2レベルにおける**ヨーロッパ証券委員会（ESC）**は2001年6月に，また，**ヨーロッパ証券監督者委員会（ESRC）**は**ヨーロッパ証券規制当局委員**

会（CESR）として同じく2001年6月に設立されている。

その後の2011年1月1日に，EUでは，**ヨーロッパ銀行監督局（EBA）**，ヨーロッパ証券市場監督局（ESMA）およびヨーロッパ保険企業年金監督局（EIOPA）の3監督機関による金融監督制度に大きく変革した。このヨーロッパ金融監督制度（ESFS）は，2008年9月のリーマン・ブラザーズ（Lehman Brothers）の破綻を契機とした世界金融危機を教訓として，ECが金融危機の再発防止を目的に提出した法案の成立をもって構築されたものである。そのうち，「投資家保護を強化し，安定した秩序のある金融市場を促進すること」をミッションとするESMAは，**ヨーロッパ証券市場監督局設立規則**（Regulation Establishing ESMA。いわゆる「**ESMA規則**」）（「**ヨーロッパ監督当局（ヨーロッパ証券市場監督局）の設立，指令第716/2009/EC号の修正および委員会決定第2009/77/EC号の取消の2010年11月24日付のヨーロッパ議会および閣僚理事会規則（EU）第1095/2010号**」）により，従来のCESRを母体として設置されたものである。

5．「EUの財務報告戦略：進むべき道」

2000年6月に，ECは「**EUの財務報告戦略：進むべき道**」（EU Financial Reporting Strategy: the Way forward）（COM［2000］）と題する文書をヨーロッパ閣僚理事会とヨーロッパ議会に提出した。

このなかで，U.S. GAAPとIASがEU域内で国際的な会計基準として使用されている事実を踏まえて，ECは両会計基準について分析を行っている。その結果，IASは，国際的な経済社会のニーズに応える，包括的で概念的にも強固な財務報告基準であり，しかも国際的な観点から策定されているという点で，U.S. GAAPよりも明確な利点があるとの認識を示した（COM［2000］, par.15）。

最終的にECは，EUの全上場企業に対して，遅くとも2005年からIASに準拠した連結財務諸表の作成を提案している（COM［2000］, par.16）。ここに「EUの財務報告戦略：進むべき道」の最大の意義があり，その後のIFRSs適用命令による規制へと連なる。つまり，「EUの財務報告戦略：進むべき道」は，それまでのECによる会計基準の調和化に関わる一連の調査研究を踏まえた，EU

の会計戦略の集大成として位置づけられるものである。

また，「EUの財務報告戦略：進むべき道」は，加盟国が非上場金融機関や保険会社などの非上場企業にも，上場企業と同様に，IASに準拠した連結財務諸表の作成を容認するか，または，強制することを提案している。個別財務諸表の作成についても，できる限りIASを利用することも奨励している（COM［2000］，pars.16-17）。

この新たな会計戦略に不可欠な基盤整備との関わりで，EUは，EU域内の上場企業に対する財務報告規定の設定責任を政府に属さない第三者に委譲することはなく，国際基準はEUの財務報告に関する法的枠組みのなかで統合されなければならないとした（COM［2000］，par.19）。また，財務報告規定が遵守されているかについて監視する必要があり，政治的水準と技術的水準の2層構造の承認の仕組みを設置することが提案された（COM［2000］，par.22）。

財務報告のための共通の法的枠組み（会計基準）を構築することで，財務報告の領域の喫緊の課題である財務諸表の比較可能性並びに透明性は高まる。ユーロがEU域内の基軸通貨として機能することで通貨単位を共有することになるが，単一の会計基準に統合することは，市場の効率性の増大に寄与することになる。これらはリスボン戦略を通じて強調されたことでもあり，経済成長と雇用の促進というEU経済社会改革の戦略目標を達成する一手段として展開されたものである。

第2節 「金融サービス行動計画」に基づくEUの立法措置

「金融サービス行動計画」に基づいたEUの立法措置には，①会計基準と財務報告に関する立法措置と，②企業内容の開示に関する立法措置がある。

先のIFRSs適用命令や「IAS第32号および第39号を除き，9月14日現在のすべてのIASを採用する規則」としての「ヨーロッパ議会および閣僚理事会規則（EC）第1606/2002号による国際会計基準のアドプションに関する2003年9月

29日付の委員会規則（EC）第1725/2003号」などは，前者の立法措置に該当するものである。後者のそれには，発行開示に関する**「目論見書指令」**（Prospectus Directive）（「証券公募または上場認可に際して発行される目論見書および指令第2001/34/EC号の修正に関する2003年11月4日付のヨーロッパ議会および閣僚理事会指令第2003/71/EC号」），定期開示に関する**「透明性指令」**（Transparency Directive）（「規制市場に証券を取引認可される発行体についての情報に関わる透明性要件の調和化および指令第2001/34/EC号の修正に関する2004年12月15日付のヨーロッパ議会および閣僚理事会指令第2004/109/EC号」）およびインサイダー取引と相場操縦などの市場阻害行為の開示に関する**「市場濫用指令」**（**「市場阻害行為指令」**（Market Abuse Directive）：「インサイダー取引と相場操縦（市場濫用）に関する2003年1月28日付のヨーロッパ議会および閣僚理事会指令第2003/6/EC号」）がある。

　企業内容の開示に関する一連の立法措置は，EU域内の開示規制の統一を目論んだものである。とくに，IFRSsの強制適用の観点からすると，目論見書指令と透明性指令がその規定上直結している。EU域外の外国企業も両指令の規制対象に含まれており，外国企業にとってはIFRSsを基軸に据えた**「第三国の会計基準の同等性評価」**（Equivalence of Accounting Standards Applied by Third Countries）の問題として展開している。

1．目論見書指令と透明性指令

　EUにおける目論見書制度は，**証券取引所の上場認可に際しての上場目論見書に関する指令**（「公式証券取引所の証券認可に発行される書類の作成，精査および配布についての要件を調整する1980年3月17日付の閣僚理事会指令第80/390/EEC号」）と**証券公募に際しての販売目論見書に関する指令**（「譲渡性証券の公募に際して発行される目論見書の作成，精査および配布についての要件を調整する1989年4月17日付の閣僚理事会指令第89/298/EEC号」）で支えられてきた。

　証券取引所の上場認可に際しての上場目論見書に関する指令は，**証券上場認可条件の調整指令**（「公式証券取引所の証券上場認可条件を調整する1979年3月5

日付の閣僚理事会指令第79/279/EEC号」），**上場会社の定期的情報開示指令**（「公式証券取引所の上場認可株式の会社が定期的に公表すべき情報に関する1982年2月15日付の閣僚理事会指令第82/121/EEC号」）および**大口株式の取得，処分時の情報開示に関する指令**（「上場会社の大口株式の取得または処分に際して公表される情報に関する1988年12月12日付の閣僚理事会指令第88/627/EEC号」）などとともに，2001年に**証券上場認可と情報開示に関する指令**（「公式証券取引所の証券上場認可および当該証券について公表すべき情報に関する2001年5月28日付のヨーロッパ議会および閣僚理事会指令第2001/34/EC号」）に統合された。その後も，販売目論見書と上場目論見書の作成，承認および交付についての規則を調和化して一貫性を持たせる必要性から，2001年の証券上場認可と情報開示に関する指令は，新たに目論見書指令（「証券公募または上場認可に際して発行される目論見書および指令第2001/34/EC号の修正に関する2003年11月4日付のヨーロッパ議会および閣僚理事会指令第2003/71/EC号」）として取りまとめられるに至っている。

　なお，目論見書指令の制定は，4つのレベル・アプローチによるEUの証券立法プロセスないし手続きを勧告した，先のヨーロッパ証券市場の規制に関する賢人委員会の最終報告書（Committee of Wise Men [2001]）における第1レベルに関わるものである。

　この目論見書指令は，EU域内企業にIFRSs適用命令に準拠した情報開示を求めている。つまり，発行体は，少なくとも，会社法指令，2001年の証券上場認可と情報開示に関する指令（ヨーロッパ議会および閣僚理事会指令第2001/34/EC号）並びにヨーロッパ議会および閣僚理事会規則（EC）第1606/2002号のIFRSs適用命令に従って要求される情報について言及しなければならない（第10条第1項）。

　透明性指令も，発行体が連結計算書に関するEC会社法指令第7号（第83/349/EEC号）に基づいて連結計算書の作成を要求される場合は，その監査済み財務諸表にはIFRSs適用命令に従って作成された連結計算書およびその親会社が設立されている加盟国の国内法に従って作成された親会社の年次計算書を記載することを要請している（第4条第3項）。

第2節 「金融サービス行動計画」に基づくEUの立法措置

この目論見書指令によれば、EU域外の第三国に本社を置く発行体が初めて証券公募または上場認可を行う予定のEU加盟国の規制当局は、次の要件を満たす場合、EU域外の第三国の発行体による証券公募または上場認可に対して、第三国の法令に準拠して作成された目論見書を用いることを容認している（第20条第1項）。

①目論見書が、IOSCOの開示基準をはじめとした国際的な証券委員会組織が定めた国際基準に準拠して作成されていること

②財務上の性格の情報を含む情報要件が、当該目論見書指令に基づいたものと同等であること

つまり、目論見書指令は、EU域外の発行体に対して、第三国の会計基準に準拠した財務情報がIFRSsによるものと同等であれば、目論見書にIFRSsに基づいた財務情報を記載する要件について適用除外とすることを容認しているのである。

これと類似する規定は、EU域内の規制市場で証券を上場している発行体に対する定期開示について規制した透明性指令にも盛り込まれている（第23条）。

発行体の本店が第三国内にある場合、当該第三国の法律が同等の義務を課しているか、または、当該発行体が、加盟本国における規制当局が同等と認めた第三国の法律の規制を遵守しておれば、加盟本国の規制当局は、発行体に対して年次財務報告などの定期的情報や規制市場で取引することが認められた証券保有者についての情報を記載する義務を適用除外とすることができる。

2．市場濫用指令（市場阻害行為指令）

統合された効率的な金融市場には、市場の完全性が必要である。証券市場の円滑な機能および市場に対する公衆の信頼は、経済成長と繁栄の必須条件である。市場阻害行為は、こうした金融市場の完全性および証券とデリバティブ商品に対する公衆の信頼を損ねてしまう（市場濫用指令、前文(2)）。

EUでは、すでに「インサイダー取引に関する規制を統合する1989年11月13日付の閣僚理事会指令第89/592/EEC号」が制定されていたものの、金融市場におけるインサイダー取引に限らず、金融市場の円滑な機能や信頼性を阻害する相場

操縦などの市場阻害行為を統合的に規制することが喫緊の課題として持ち上がる。EUの金融市場の完全性の確保と投資者の信頼を向上させる目的から制定されたのが，2003年1月28日に公表された市場濫用指令（市場阻害行為指令）である。

この市場濫用指令では，市場阻害行為を構成するインサイダー取引に関わる内部情報と相場操縦を，以下のように定義している。

内部情報とは，「正確な情報であるが，金融商品の1つ以上の発行体もしくは1つ以上の金融商品に直接または間接に関係した未公表のもので，かつ，公表された場合には，当該金融商品の価格または関連するデリバティブ金融商品の価格に重大な影響を及ぼす可能性があるものをいう」（第1条第1項）。また，相場操縦とは，たとえば，①金融商品の供給，需要もしくは価格に関する虚偽あるいは誤解を招くシグナルを与える，あるいは，与える可能性のある取引または取引注文，②単独もしくは共謀して行動する者たちによる，1つ以上の金融商品の価格を異常または人為的な水準にもたらす取引または取引注文，③仮想的な技巧または他の形態の偽計もしくは計略を用いた取引または取引注文，④インターネットを含む媒体またはその他の方法による金融商品に関する虚偽ないし誤解を招くシグナルを与え，または，与える可能性のある情報の配布（第1条第2項）などをいう。

これらの定義をもとに，市場濫用指令は，EU加盟国に対して，内部情報が関連する金融商品の取得や処分すること，または，取得や処分しようとすることを禁じ（第2条），相場操縦に従事することも禁じている（第5条）。

第3節 EUにおけるIFRSsのエンドースメント・メカニズムとIFRSsの導入

1．EUにおけるIFRSsのエンドースメント・メカニズム

IFRSs適用命令の立法措置は，その適用命令の採択時に公表済みのIFRSsに加えて，IASBが将来的に新たに策定するIFRSやIFRS解釈指針委員会による

第3節 EUにおけるIFRSsのエンドースメント・メカニズムとIFRSsの導入

解釈指針などが，EUに自動的かつ無批判的に受け入れられることを明示しているわけではない。将来的に新設されるIFRSや解釈指針などについて，EUはIFRSsをエンドースメント（承認）するメカニズムを設けている。

EUが採用するIFRSや解釈指針などをエンドースするメカニズムは，IFRSs適用命令（2002年7月19日の規則（EC）第1606/2002号）で具体化されており，そのプロセスは**図表6-3**に示したとおりである。

このエンドースメントのプロセスは，次のように展開される。

①IASBが会計基準を公表する。

②ヨーロッパ財務報告助言グループ（EFRAG）が利害者グループと協議する。

③EFRAGは，会計基準がエンドースメントの規準を充足するか否かについてヨーロッパ委員会（EC）に助言する。エンドースメントの規準は，

図表6-3　EUにおけるIFRSsのエンドースメント・メカニズム

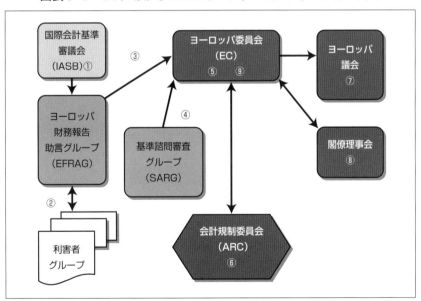

出所：European Commission, International Accounting Standards and Interpretations Endorsement Process in the EU, http://ec.europa.eu/internal_market/accounting/docs/ias/endorsement_process.pdf.

IFRSs適用命令の第3条（国際的な会計基準のアドプションと利用）第2項に規定されている。また，EFRAGはECと共同で特定の会計基準をEUで適用する場合に生じうる経済的影響に関する研究に着手する。

IFRSs適用命令
第3条第2項

国際的な会計基準は，次の場合にのみ採択されうる。
- それらの会計基準が，指令第78/660/EEC号〔いわゆる第4号指令：引用者〕第2条第3項および指令第83/349/EEC号〔いわゆる第7号指令：引用者〕第16条第3項に規定する原則〔**「真実かつ公正な概観」**（True and Fair View）の命令：引用者〕に反するものでなく，また，ヨーロッパの公共財に資すること
- それらの会計基準が，経済的意思決定を行ったり経営者の受託責任を評価したりする際に必要な財務情報に要求される理解可能性，目的適合性，信頼性および比較可能性の規準を満たすこと

---

④基準諮問審査グループ（SARG）は，EFRAGのエンドースメントの助言がバランスのとれた客観的なものであるか否かについての見解を表明する。

⑤EFRAGの助言とSARGの見解に基づいて，ECはエンドースメント・レギュレーション（規則）案を作成する。このレギュレーションの採択については，閣僚理事会決定（Council Decision）第1999/468号の第5a条と第8条に従って，規制上の厳格な検査を伴う**コミトロジー**（Comitology：EUにおける政策決定プロセスを管理する手続きまたは制度）の手続きに従う。

閣僚理事会決定第1999/468号

第5a条 ⇒ この条項は，閣僚理事会決定第1999/468号が2006年の閣僚理事会決定第2006/512号の改正の際に追加された「審査を伴う規制手続き」に関する規定である。コミトロジーの委員会の意見表明を受けて，ヨーロッパ議会と閣僚理事会が審査を行い，両機関がECの提案に対して拒否権を持つことを規定する。

第8条 ⇒ ECは，委託された権限を行使して実施措置を提案する。この実施措

第3節 EUにおけるIFRSsのエンドースメント・メカニズムとIFRSsの導入

置案が，ECの権限を超えているとヨーロッパ議会が判断し，その旨を決議した場合，ECは当該実施措置案について再検討し，その結果をヨーロッパ議会に通知しなければならないことを規定する。

⑥IFRSs適用命令の第6条（委員会手続き）により設立された会計規制委員会（ARC）は，ECの提案について**特定多数決方式**（Qualified Majority Rule）で票決する。

第6条第1項
委員会（EC）は，会計規制委員会（以下，「委員会」という）に支援される。

⑦ARCが可決すれば，ヨーロッパ議会（European Parliament）と，⑧EUの閣僚理事会（Council of the European Union）は，ECのレギュレーション案の賛否の表明までに3ヵ月の期間を有する。

図表6-4　EUにおけるIFRSsのエンドースメントのスケジュール

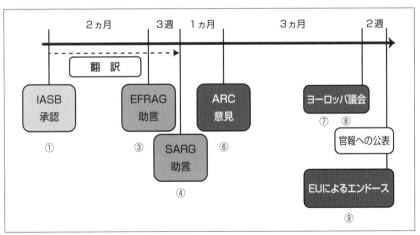

出所：European Commission, International Accounting Standards and Interpretations Endorsement Process in the EU, http://ec.europa.eu/internal_market/accounting/docs/ias/endorsement_process.pdf.

413

⑨ヨーロッパ議会と閣僚理事会が賛成を表明すれば，または，反対を表明せずに 3 ヵ月の期間が経過すれば，ECはレギュレーション案を採択する。その採択後，EUの官報に公表し，レギュレーションが規定する日に発効する。

IASBのIFRSsがEUでエンドースされるまでのスケジュールは，おおよそ前頁の**図表6-4**のような時間を要することになる（**図表6-4**のIFRSsのエンドースメントのスケジュールにおける丸番号と，**図表6-3**のIFRSsのエンドースメント・メカニズムにおける丸番号並びに本文中のエンドースメントのプロセスはそれぞれ対応している）。

2. EUにおけるIFRSsの導入─カーブアウト─

2002年 7 月19日付のヨーロッパ議会および閣僚理事会規則第1606/2002号でのIFRSs適用命令により，EUでは2005年 1 月 1 日からIFRSsの適用が始まった。ただし，この場合のEUの政策決定は，いわゆるIFRSsのフルアドプション（Full Adoption）ではない。

IFRSs適用命令の政策決定に関連して，その後，ECは，EUが適用するIFRSsの中身についてさらに具体化していく。

たとえば，「金融サービス行動計画」に基づいた「IAS第32号および第39号を除き，9 月14日現在のすべてのIASを採用する規則」としての「ヨーロッパ議会および閣僚理事会規制（EC）第1606/2002号による国際会計基準のアドプションに関する2003年 9 月29日付の委員会規則（EC）第1725/2003号」の立法措置をはじめ，その間に論争を繰り返してきた金融商品会計基準（IAS第39号「金融商品：認識および測定」）のなかで，①公正価値オプションと②ヘッジ会計の一部の条項については，**カーブアウト**（Carve Out。いわゆる適用除外）する委員会規則を2004年11月19日に公表した（「**ヨーロッパ議会および閣僚理事会規則（EC）第1606/2002号による国際会計基準のアドプションに関する規制（EC）第1725/2003号を改正する2004年11月19日付の委員会規則（EC）第2086/2004号**」）。

第3節 EUにおけるIFRSsのエンドースメント・メカニズムとIFRSsの導入

第1条第1項

　国際会計基準（IAS）第39号「金融商品：認識および測定」は，公正価値オプションの利用に関する規定とヘッジ会計に関わる規定を除いて，規制（EC）第1725/2003号の付録に挿入される。

付録

国際会計基準

IAS	タイトル
IAS第39号	公正価値オプションの利用に関する規定とヘッジ会計に関わる規定を除いた「金融商品：認識および測定」

　イングランド・ウェールズ勅許会計士協会の調査によれば，2005年度の財務諸表においてIAS第39号のカーブアウトを適用した金融機関は，次の8行であった（ICAEW［2007］，p.78）。

- ・ベルギー（2行）：フォルティス（Fortis），KBC
- ・フランス（3行）：BNPパリバ（BNP Paribas），クレディ・アグリコル（Crédit Agricole），ソシエテ・ジェネラル（Société Générale）
- ・ドイツ（1行）：コメルツ銀行（Commerzbank）
- ・ルクセンブルク（1行）：デクシア（Dexia）
- ・スウェーデン（1行）：ノルディア銀行（Nordea Bank）

　その後，2つのカーブアウトのうち，公正価値オプションについては，2006年11月15日の委員会規則の公表によって取り消され（「ヨーロッパ議会および閣僚理事会規則（EC）第1606/2002号による国際会計基準のアドプションに関する規制（EC）第1725/2003号を改正する2005年11月15日付の委員会規則（EC）第1864/2005号」），2006年1月1日以降開始する会計年度から公正価値オプションの改正規定（当初認識時に純損益を通じて公正価値で測定することを指定した金融資産また

は金融負債の規定）が適用され始めた。残りのカーブアウト項目であるヘッジ会計については，ECがその解消に向けてIASBとヨーロッパ銀行業連合（EBF）と協議を続けている。

なお，IFRSs適用命令の第2条で定義する国際的な会計基準は，「ヨーロッパ議会および閣僚理事会規則（EC）第1606/2002号による国際会計基準のアドプションに関する2003年9月29日付の委員会規則（EC）第1725/2003号」を通じて具体化されていたが，この委員会規則は，その後に公表された「ヨーロッパ議会および閣僚理事会の規制（EC）第1606/2002号による国際会計基準のアドプションに関する2008年11月3日付の委員会規則（EC）第1126/2008号」によりアップデートされている。

第4節 EUのIFRSs適用命令に対するEU加盟国の対応─イギリスとドイツの対応─

EU域内企業に対するIFRSsの全面適用というEUの規制動向を踏まえて，EU加盟国による会計基準のコンバージェンスへの対応やIFRSsのアドプションに関わる規制のあり方も各国で活発になった。ここでは，イギリスとドイツによるIFRSs適用命令への対応と取組みについて触れておきたい。

1．イギリスの会計基準のコンバージェンスに対する規制と戦略

イギリスの上場規則を設定する**金融サービス機構（FSA）**が，イギリスで主として上場するEU域外の海外の発行体にはIFRSsまたはU.S. GAAPへの準拠を義務づけ，また，イギリス以外で主として上場しているEU域外の海外の発行体にもIFRSsまたはU.S. GAAPへの準拠を義務づける方向での上場規則見直し提案（FSA [2003]）を行った。

とくに，2004年3月の同時期に，貿易産業省（DTI）と会計基準審議会（ASB）は，IFRSsに関する諮問書やディスカッション・ペーパーを相次いで公表している（2007年6月28日のビジネス・企業・規制改革省（BERR）の創設に

より，DTIはBERRに組織統合された。また，ジェイムズ・ゴードン・ブラウン（James Gordon Brown）政権下の2009年6月5日に，BERRはイノベーション・大学・職業技能省（DIUS）と統合して，ビジネス・イノベーション・職業技能省（BIS）が設置された）。1985年会社法による財務諸表について，EUが採択したIFRSsに準拠することを容認する政府の諮問書（「**国際会計基準：国際会計基準に関するヨーロッパ規制の拡大の可能性に関する協議文書（諮問書）**」（International Accounting Standards: A Consultation Document on the Possible Extension of the European Regulation on International Accounting Standards））（DTI［2002］）が及ぼした影響は大きい。

（1）貿易産業省によるIFRSs適用命令と会計指令の現代化指令への対応

ECは，2005年1月1日以降開始する会計年度の連結財務諸表に対してIFRSsに準拠することを要求したIFRSs適用命令（「国際的な会計基準の適用に関する2002年7月19日付ヨーロッパ議会および閣僚理事会規則第1606/2002号」）を2002年6月7日に採択した。この規則制定の協議にイギリスも深く関与してきたことから，イギリス政府は政府の諮問書（DTI［2002］）を通じて，IFRSs適用命令の採択を歓迎し，IFRSs利用への移行に強い支持表明を行った。

連結財務諸表に対する規制に加えて，IFRSs適用命令は，EU加盟国に対して任意であれ強制であれ，①公開会社の個別財務諸表をIFRSsに準拠して作成すること，および，②特定の会社または非公開会社の連結財務諸表と個別財務諸表の両方，あるいはその一方をIFRSsに準拠して作成することを認めている。そのため，先の政府の諮問書は，IFRSs規制を拡大適用することやその範囲等についてもコメントを要請していた。

その回答結果を踏まえて，イギリス政府は2003年7月17日に，IFRSs適用命令が容認する拡大適用（適用選択権）をおおむね受け入れる措置を取っている（①公開会社の個別財務諸表にIFRSの使用を認める，②非公開会社と有限責任事業組合（LLP）の個別財務諸表と連結財務諸表にIFRSの使用を認める）。

ところで，EUには，EC会社法指令のうち会計を対象とした第4号指令「一

定の会社形態の財務諸表」，第7号指令「連結財務諸表」並びに特定業種を対象とした「銀行その他の金融機関の財務諸表および連結財務諸表」指令と「保険会社の財務諸表および連結財務諸表」指令などの会計指令がある。この会計指令を改正する性格を担ったのが，先のいわゆる「会計指令の現代化指令」である。この会計指令の現代化指令には，①会計指令とIFRSsとの間の矛盾する規定を除去することと，②財務諸表をIFRSs適用命令ではなく，引き続き会計指令に準拠して作成するEU企業に対しても，2002年5月1日現在のIFRSsのもとで有効な会計処理の利用を保証すること，が盛り込まれている。

イギリス政府が公表した「**会計指令の現代化／IASの基盤整備**」(Consultation Document: Modernisation of Accounting Directives／IAS Infrustructure) と題する諮問書（DTI [2004]）は，会計指令の現代化指令とIFRSs適用命令に関わるものである。

IFRSs適用命令は，国内法の規定に関わらず直接的に適用可能であるが，会計指令の現代化指令は，国内法の規定を通じて適用することができる。したがって，イギリスで会計指令の現代化指令を2005年1月1日から適用するためには，1985年会社法を改正する必要がある。

また，証券を公開している住宅金融共済組合も公開会社の概念に該当するという解釈から，住宅金融共済組合にもIFRSs適用命令を適用するとなれば，当該組合の連結財務諸表のIFRSs準拠が問われることになる。会社や住宅金融共済組合にIFRSsを採用することができるようにするために，また，会計指令の現代化指令を適用できるようにするために，諮問書「会計指令の現代化／IASの基盤整備」を通じて，1985年会社法，1986年住宅金融共済組合法および1998年住宅金融共済組合規則の改正案などに対する意見を求めたのである。

これらの展開をもとに，貿易産業省は，2004年11月11日に「**1985年会社法 (IASおよびその他の会計基準に関する改訂) 2004年規制**」(The Companies Act 1985 (International Accounting Standards and Other Accounting Amendments) Regulations 2004) を公布している。

（2）会計基準審議会の会計基準のコンバージェンス戦略と将来の役割

ASBが2004年に公表したディスカッション・ペーパー「**イギリスの会計基準：IFRSとのコンバージェンス戦略**」(Discussion Paper: UK Accounting Standards: A Strategy for Convergence with IFRS)（ASB［2004］）は，イギリスの会計基準の将来に焦点を当てた，まさにIFRSsとのコンバージェンス戦略について模索したものである。より具体的にいえば，次のような「段階的アプローチ」によるIFRSsとのコンバージェンスを提案している（ASB［2004］, 2.9）。

①2005年と2006年から適用される新会計基準を公表する。この新会計基準は，現行のイギリスの財務報告基準（FRS）を強化し，国際的にも高度な水準を維持し，しかも法制度の改正にも対応するものとする。

②その後，IASBのプロジェクトが完成する都度，現行のイギリスの会計基準を廃止し，改訂されたIFRSsに基づいた新会計基準に切り替える。

ストック・オプション，金融商品，退職給付，後発事象，１株当たり利益および関連当事者開示が，2005年および2006年より適用となる新会計基準として示された。

国内の会計基準がIFRSsとコンバージェンスした場合，国内の会計基準はもとよりその会計基準設定主体としての存続意義が問われることがある。ASBは，このディスカッション・ペーパーのなかで，将来のASBの役割に関する計画などを明示することで，その存続意義をアピールしている。

会計基準のコンバージェンスの動向のもとで，長期的見地からのASBの存在と将来像をより鮮明にする試みは，**基本政策の公開草案「環境変化のもとでの会計基準設定：会計基準審議会の役割**」(Accounting Standards-Setting in a Changing Environment: The Role of the Accounting Standards Board)（ASB［2005］）で展開している。このなかで，ASBの今後の重要な役割を５つの行動としてまとめている。

①最も重要な役割である，IFRSsの開発とその定着への貢献

②IFRSsの承認を含めた，EUの会計基準政策への影響力の行使

③イギリスの会計基準とIFRSsとのコンバージェンス

④企業や業種の特殊問題および緊急問題等のその他のイギリスの会計基準の改善

⑤営業・財務概況報告（企業の財政状態や業績の基礎にある主たる動向や要因に関する記述説明）の基準の開発や実施を含めた，企業と投資家との間のコミュニケーションの改善

2．ドイツの会計基準のコンバージェンスに対する規制と戦略

ドイツでは，2004年12月4日に**会計法改革法（BilReG）としての「国際会計基準の導入および決算監査の質の確保のための法律」**（Gesetz zur Einführung Internationaler Rechnungslegungsstandards und zur Sicherung der Qualität der Abschlussprüfung（Bilanzrechtsreformgesetz — BilReg））が制定された。会計法改革法の成立・施行の背景には，イギリスでもみられたように，IFRSs 適用命令をはじめ基準値指令，会計指令の現代化指令および公正価値指令等のEUの各種指令がある。これらの指令を2005年よりドイツ国内法に転換する役割を果たしたのが，会計法改革法である。

（1）IFRSs 適用命令と会計法改革法

IFRSs 適用命令は，連結決算書の作成にはIFRSsの適用義務を課す一方，個別決算書の作成についてはEU加盟国の立法裁量に委ねる，いわゆる加盟国選択権を行使するものであった。

この問題に対して，ドイツでは会計法改革法を制定することで，商法典（HGB）の第3篇第2章第2節に第10款「国際的な会計基準に基づく連結決算書」を加え，第315a条を新設して対応した。つまり，連結決算書の作成義務のある資本市場指向的な親企業，および，規制市場において有価証券の取引許可を申請した非資本市場指向的な親企業に対して，連結決算書の作成にあたってはIFRSs 適用命令に準拠することを義務づけたのである。また，連結決算書にIFRSsを適用する義務のないその他の非資本市場指向的な親企業に対しても，IFRSsの任意適用（選択権）を容認した。さらに，商法典導入法（EGHGB）第

57条を追記して，たとえばアメリカの証券取引所に上場し，U.S. GAAPに準拠して連結財務諸表を作成する企業に対しても，経過措置を設けて2007年からIFRSsに準拠することを義務づけた（郡司［2005］，4頁参照）。

商法典（HGB）

第315a条

1．第1款の規定に基づき連結決算書の作成義務を負う親企業が，その都度通用している「国際的な会計基準の適用に関する2002年7月19日付のヨーロッパ議会および閣僚理事会規則第1606/2002号」の第4条に基づき，当該命令の第2条，第3条および第6条により承認された国際的な会計基準の適用義務を有するならば，第2款から第8款までの規定のうち，第244条および第245条との関連においてのみ第294条第3項，第298条第1項，さらに第313条第2項から第4項，第314条第1項第4号，第6号，第8号および第9号，並びに第9款の規定，そして連結決算書および連結状況報告書に関連する本節以外の規定を適用しなければならない。

2．第1項に該当しない親企業が，その都度貸借対照表基準日までに，有価証券取引法第2条第5項の意味での組織化された市場での取引のために有価証券取引法第2条第1項1文の意味での有価証券の認可申請を国内で行った場合，そこに掲げられた国際的な会計基準および諸規定に基づき連結決算書を作成しなければならない。

3．第1項もしくは第2項に該当しない親企業は，第1項に掲げられた国際的な会計基準および諸規定に基づき連結決算書を作成することが認められる。この選択権を利用する企業は，第1項に掲げられた基準および諸規定に完全に準拠しなければならない。

出所：稲見［2005］，85頁参照。

　個別決算書に対するIFRSsの適用については，商法典第325条に第2a項（国際的な会計基準による個別決算書の公示）を新設して対応した。つまり，情報提供目的の見地から，すべての企業の個別決算書の作成に対してIFRSsの任意適用（選択権）を容認している（**図表6-5**参照）。

　ただし，基本的には既存の商法典遵守に基づく個別決算書の作成義務も課さ

図表6-5　会計法改革法によるIFRSsの適用範囲

連結決算書		個別決算書	
資本市場指向企業	非資本市場指向企業	資本市場指向企業	非資本市場指向企業
IFRSs義務	IFRSs選択権 （HGB第315a条）	HGB義務	HGB義務

連結：HGB決算書の免責

個別：開示目的のため：IFRSs選択権
（HGB第325条第2a項）
↓
HGB決算書の非免責

出所：佐藤・ベェトゲ編著［2014］，6頁の図表1-2を一部字句修正。

れ，個別決算書の二重作成問題が生じている。この問題については，商法典第325条第2b項（第2a項による個別決算書公示の免責効果）を新設することで，大規模資本会社については，IFRSsに準拠した個別決算書だけを連邦公報へ公告することで足りるとした。

　こうしたIFRSs適用命令に対する措置は，連邦政府が公表したいわゆる「10項目プログラム」（10-Punkte-Programm）の内容を具現化したものである。この10項目プログラムは，2003年2月25日に法務省と財務省が共同で公表した「企業の健全性と投資家保護の強化に関する連邦政府の措置一覧」(Maßnahmenkatalog der Bundesregierung zur Stärkung der Unternehmensintegrität und des Anlegerschutzes）に盛り込まれているが，その第4プログラムである「会計基準の進展と国際的な会計基準への適用」項目が，IFRSs適用命令の適用義務に加えて，IFRSの任意適用（選択権）をも認めるものであった。

（2）EU指令と会計法改革法

　IFRSs適用命令とともに，EUの基準値指令，会計指令の現代化指令および公正価値指令は，会計法改革法に盛り込むことで適合させた。

　まず基準値指令との関わりでは，年次決算書・連結決算書の規模基準である貸借対照表総額並びに売上高の規模基準額を約17％引き上げた。この引き上げ

割合は，EU 基準を10％ほど上回るもので，ドイツの多くの企業を中小規模企業（中小企業）に分類する効果がある（佐藤［2005］，38頁）。また，小規模企業の経済監査士による監査義務なども軽減された。

　会計指令の現代化指令に関しては，IFRSs に適合させるために連結状況報告書の内容，連結決算書への子会社組入れ範囲および決算書監査人の監査証明の付記などについて変更している。公正価値指令についても，連結注記・附属明細書の記載義務との関わりで，金融商品の定義，時価および時価算定方法の報告義務に関わる規定などが追加された（郡司［2005］，6-7頁）。

　ドイツ会計基準委員会（DRSC）は，2005年5月3日に連邦法務省・連邦財務諸表に対して「会計法現代化法に対するドイツ会計基準審議会（DSR）の提案」（Vorschläge des DSR zum Bilanzrechtsmodernisierungsgesetz）（DSR は，DRSC のもとに設置された会計基準の審議を行う機関である）を公表している。先の EC が公布した IFRSs 適用命令や3指令が投げかけた諸課題に対応するために，ドイツでは「会計法現代化法」（BilModG）の立法化が目論まれているが，この提案は，商法会計規定における個別規定の改正案を一覧表示したもので，具体的法案の策定には至っていない（佐藤［2006］，29頁）。

　ドイツにおける IFRSs 適用によって生じる個別決算書の会計政策の変更などの問題の解消は，その後に策定される会社法現代化法に委ねられた。

第5節 IFRSs 適用命令の有効性

　2002年7月19日の「国際的な会計基準の適用に関する2002年7月19日付のヨーロッパ議会および閣僚理事会規則第1606/2002号」（IFRSs 適用命令）の第10条は，EC が当該規則の有効性についてレビュー（見直し）を行い，遅くとも2007年7月1日までにヨーロッパ議会と閣僚理事会に報告することを要請していた。この要請に応じたものが，ヨーロッパ共同体委員会（ヨーロッパ委員会）が2008年4月24日に公表した「**国際的な会計基準の適用に関する2002年7月19**

日付の規則（EC）第1606/2002号の有効性に関するヨーロッパ委員会から閣僚理事会とヨーロッパ議会への報告書」(Report from the Commission to the Council and the European Parliament on the Operation of Regulation (EC) No.1606/2002 of 19 July 2002 on the Application of International Accounting Standards) (COM [2008]) である。

　IFRSs適用命令は，基本的には，EU加盟国の規制市場での証券取引が認められているヨーロッパ企業を適用対象とする。これらの企業の連結財務諸表の作成には国際的な会計基準（IFRSs）が適用される（第4条（上場会社の連結財務諸表））。

　加えて，EU加盟国の規制市場での証券取引が認められていない企業の連結財務諸表や，場合によれば，EU加盟国の規制市場での取引が認められているか否かに関わらず，個別財務諸表についても，EU加盟国は国際的な会計基準（IFRSs）を適用することが認められている（第5条（個別財務諸表と非上場会社の選択権））。また，EUの規制市場での取引が認められた負債証券だけを発行する会社，EU域外での証券取引が認められた会社などについては，IFRSs適用を2007年1月1日まで延期することが容認されている。

　このIFRSs適用命令第5条の選択権規定のEU加盟国ごとの適用実態については，報告書で**図表6-6**のように取りまとめられている。

図表6-6　EU加盟国のIFRSs適用命令における選択権の適用実態

会社		上場会社		非上場会社	
		連結	法的実体（個別）	連結	法的実体（個別）
オーストリア	全社	強制適用	認められていない	容認	認められていない
ベルギー	金融機関	強制適用	認められていない	強制適用	認められていない
	その他	強制適用	認められていない	容認	認められていない
キプロス	全社	強制適用	強制適用	強制適用	強制適用

第5節 IFRSs適用命令の有効性

第6章 EUにおける国際財務報告基準のアドプション

チェコ共和国	全社	強制適用	強制適用	容認	認められていない
デンマーク	全社	強制適用	容認	容認	容認
エストニア	金融機関, 保険会社, 金融会社や複合活動を行う金融持株会社および投資会社	強制適用	強制適用	強制適用	強制適用
	その他	強制適用	強制適用	容認	容認
フィンランド	保険会社	強制適用	認められていない	強制適用	認められていない
	その他	強制適用	容認	容認	容認
フランス	全社	強制適用	認められていない	容認	認められていない
ドイツ	全社	強制適用	認められていない	容認	認められていない
ギリシャ	全社	強制適用	強制適用	容認	容認
ハンガリー	全社	強制適用	認められていない	容認	認められていない
アイルランド	全社	強制適用	容認	容認	容認
イタリア	監督されている金融機関, 金融商品を広く配布している会社	強制適用	強制適用	強制適用	強制適用
	保険会社	強制適用	認められていない	強制適用	認められていない
	その他	強制適用	強制適用	容認	容認
ラトビア	銀行, 保険会社および他の金融機関	強制適用	強制適用	強制適用	強制適用
	その他	強制適用	容認*	容認	認められていない
リトアニア	銀行および従属金融機関	強制適用	強制適用	強制適用	強制適用
	その他	強制適用	強制適用	認められていない	認められていない
ルクセンブルク	全社	強制適用	容認	容認	容認
マルタ	全社	強制適用	強制適用	強制適用	強制適用
オランダ	全社	強制適用	容認	容認	容認
ポーランド	銀行	強制適用	認められていない	強制適用	認められていない
	規制市場への未承認	N/A	N/A	容認	容認
	IFRSグループの子会社	N/A	N/A	容認	容認
	その他	強制適用	容認	認められていない	認められていない

ポルトガル	銀行と金融機関	強制適用	認められていない	容認	認められていない
	IFRSグループの子会社	N/A	N/A	容認	容認
	その他	強制適用	容認	容認	認められていない
スロバキア	全社	強制適用	認められていない	強制適用	認められていない
スロベニア	銀行と保険会社	強制適用	強制適用	強制適用	強制適用
	その他	強制適用	容認	容認	容認
スペイン	全社	強制適用	認められていない	容認	認められていない
スウェーデン	全社	強制適用	認められていない	容認	認められていない
イギリス	全社	強制適用	容認	容認	容認

＊ラトビア：リガ証券取引所の公式リスト〔メイン市場：引用者〕の上場会社は，上場目的についてのみEU版のIFRS（IFRS-EU）による個別財務諸表の作成が要求されている。
出所：COM［2008］，p.3.

　EU加盟国による2005年のIFRSsの適用実態については，CESRの調査報告書（CESR［2007］）やイングランド・ウェールズ勅許会計士協会の調査報告書（ICAEW［2007］）にも示されているが，IFRSs適用命令の有効性などについてまとめたCOM［2008］は，これら調査報告書の結果も反映している。同様に，EU加盟国による2006年のIFRSsの適用実態については，コンサルティング会社の調査結果（Ineum Consulting［2008］）などがある。

　COM［2008］の調査結果によれば，2005年にEU加盟国の規制市場で証券取引が認められているIFRSs適用会社は7,375社で，そのうち，株式発行体は5,534社であった。EU加盟国別のIFRSs適用状況は，**図表6-7**に示されている。

　ECは，2005年にEUでエンドースされたIFRSsの首尾一貫した適用について分析し，ECから閣僚理事会とヨーロッパ議会へのこの報告書において，たとえば次のような結論をくだしている（COM［2008］，pp.6-7）。

　①全般的に，IFRSsの適用はすべてのステークホルダーにとって挑戦的なものであったが，市場や報告周期（報告サイクル）の混乱もなく達成された。ただし，IFRSsへの移行は，とくに小規模の上場会社にとってはかなりの

第5節 IFRSs適用命令の有効性

図表6-7　EU加盟国別の規制市場に上場するIFRSsアドプションの発行体数

CESR加盟国	株式発行体	社債発行体＊	計
オーストリア	72	11	83
ベルギー	144	2	146
ブルガリア	369	60	429
キプロス	141	0	141
チェコ共和国	66	24	90
デンマーク	140	8	148
エストニア	16	6	22
フィンランド	135	15	150
フランス	680	200	880
ドイツ	768	172	940
ギリシャ	356	0	356
ハンガリー	34	1	35
アイスランド	23	8	31
アイルランド	43	40	83
イタリア	288	65	353
ラトビア	13	4	17
リトアニア	43	4	47
ルクセンブルク	35	200	235
マルタ	15	19	34
ノルウェー	188	0	188
ポーランド	197	0	197
ポルトガル	50	28	78
ルーマニア	N/C	N/C	N/C
スロバキア	N/C	N/C	N/C
スロベニア	60	6	66
スペイン	190	120	310
スウェーデン	350	35	385
オランダ	165	25	190
イギリス	953	778	1,731
計	5,534	1,831	7,365
N/A：回答なし			

＊いくつかの社債発行体は，ヨーロッパ議会および閣僚理事会規則第1606/2002号の第9条により，IFRSsの適用
　を2007年まで延期した。
出所：COM［2008］，p.5.

第6章 EUにおける国際財務報告基準のアドプション

427

労力と会社からの重要な資源を必要とする。

②作成者，会計監査人，投資家および規制当局は，IFRSsの適用が比較可能性と財務報告の品質を改善し，透明性を高めたと認識している。

③IFRSsの強制適用は，非上場会社および，または個別財務諸表に広く拡張されるべきではない。

④ほとんどのステークホルダーが，金融商品，企業結合や株式に基づく報酬などを除いて，財務諸表の理解可能性が改善したと確信している。

⑤専門的判断を要する**原則主義の会計アプローチ**（Principles-based Accounting Approach）の導入は，EU加盟国に挑戦的なものであったが，作成者と会計監査人がIFRSsに慣れ親しめば初度適用時の問題は解決される。

⑥IFRSsの認識と測定の規定は，開示規定よりも首尾一貫して，また，明瞭に適用されたが，一般会計方針の開示については改善の余地がある。

⑦規制当局は，IFRSsが認める選択適用の数の削減に関心があり，将来削減されることを望んでいる。

⑧CESRは，とくに企業結合（のれん），金融商品（減損），非流動資産，会計方針の開示，見積りや仮定などに関心を寄せた。

⑨EUでのIFRSsの首尾一貫した適用のために円卓討論に委ねたテクニカルな会計問題は少ない。解釈についてIFRICに届け出た問題数も減少した。このことは，原則主義の会計アプローチがうまく機能してきたということを示すものと思われる。

⑩学界ではIFRSs導入が証券市場に及ぼす影響について分析し始めたが，その結論を示すのは時期尚早である。しかし，予備的研究によれば，IFRSs準拠の財務諸表を作成した会社の資本コストは，全般的に減少している。

さらに，ECから閣僚理事会とヨーロッパ議会へのこの報告書は，2007年7月1日までの期間中の，EUにおけるIFRSsのエンドースメント・プロセスの機能などについても報告した。その検証結果は，EUのエンドースメント・プロセス自体は，技術上の品質，正統性（Political Legitimacy）および事業への目的適合性を確保しているというものであった。

428

【参考文献】

Accounting Standards Board (ASB) [2004], Discussion Paper: UK Accounting Standards: A Strategy for Convergence with IFRS, March 2004.

ASB [2005], Policy Statement Exposure Draft: Accounting Standard-Setting in a Changing Environment: The Role of the Accounting Standards Board, March 2005.

Commission of the European Communities (COM) [1995], Communication from the Commission, Accounting Harmonisation: A New Strategy Vis-à-vis International Harmonisation, COM95 (508), November 14, 1995.

COM [1996], Contact Committee on the Accounting Directives, An Examination of the Conformity between the International Accounting Standards and the European Accounting Directives, XV/7003/96, November 1996.

COM [1998], Financial Services: Building a Framework for Action, October 28, 1998.

COM [1999], Financial Services: Implementing the Framework for Financial Markets: Action Plan, May 11, 1999.

COM [2000], Communication from the Commission to the Council and the European Parliament, EU Financial Reporting Strategy: the Way forward, COM (2000) 359 final, June 2000.

COM [2008], Report from the Commission to the Council and the European Parliament on the Operation of Regulation (EC) No.1606/2002 of 19 July 2002 on the Application of International Accounting Standards, COM (2008) 215 final, April 24, 2008.

Committee of European Securities Regulators (CESR) [2007], CESR's Review of the Implementation and Enforcement of IFRS in the EU, Ref: 07-352, November 2007.

Committee of Wise Men [2001], Final Report of the Committee of Wise Men on the Regulation of European Securities Markets, February 15, 2001.

Department of Trade and Industry (DTI) [2002], International Accounting Standards: A Consultation Document on the Possible Extension of the European Regulation on International Accounting Standards, August 30, 2002.

DTI [2004], Consultation Document: Modernisation of Accounting Directives/IAS Infrastructure, March 2004.

European Commission (EC) [1999], Examination of the Conformity between International Accounting Standards and the European Accounting Directives, C5/UL/yvD (99), April 27, 1999.

Financial Services Authority (FSA) [2003], Consultation Paper 2003: Review of the Listing Regime, October 2003.

Ineum Consulting [2008], Evaluation of the Application of IFRS in the 2006 Financial

Statements of EU Companies: Report to the European Commission, December 2008.

Institute of Chartered Accountants in England and Wales (ICAEW) [2007], EU Implementation of IFRS and the Fair Value Directive: A Report for the European Commission, October 2007.

稲見亨［2004］，『ドイツ会計国際化論』森山書店。

稲見亨［2005］，「EU指令・命令のドイツ会計法への転換」，川口八洲雄編著『会計制度の統合戦略—EUとドイツの会計現代化—』森山書店，2005年所収。

川口八洲雄編著［2005］，『会計制度の統合戦略—EUとドイツの会計現代化—』森山書店。

木下勝一［2004］，『適用会計基準の選択行動—会計改革のドイツの道—』森山書店。

木下勝一［2007］，『会計規制と国家責任—ドイツ会計基準委員会の研究—』森山書店。

黒田全紀［1989］，『EC会計制度調和化論』有斐閣。

郡司健［2005］，「ドイツ会計制度改革の新局面—ドイツ会計法改革法（BilReg）によせて—」，『會計』第168巻第4号，2005年10月。

佐藤誠二［2001］，『会計国際化と資本市場統合—ドイツにおける証券取引開示規制と商法会計法との連携—』森山書店。

佐藤誠二［2005］，「ドイツ会計改革の進展と2005年以後の課題—会計法改革法と会計統制法を中心にして—」，『會計』第167巻第6号，2005年6月。

佐藤誠二［2006］，「IAS/IFRS適用の個別決算書への影響—ドイツにおける『会計法改革法』以降の課題—」，『産業経理』第65巻第4号，2006年1月。

佐藤誠二［2011］，『国際的会計規準の形成—ドイツの資本市場指向会計改革—』森山書店。

佐藤誠二編著［2007］，『EU・ドイツの会計制度改革—IAS/IFRSの承認と監視のメカニズム—』森山書店。

佐藤博明・ヨルク・ベェトゲ編著［2014］，『ドイツ会計現代化論』森山書店。

徳賀芳弘［2006］，「EUの国際会計戦略—インターナショナルアカウンティングへの再挑戦と『同等性評価』問題」，『国際会計研究学会年報2005年度』，2006年3月。

第7章

EU における
第三国の会計基準の同等性評価

第1節 EUにおける第三国の会計基準の同等性評価に関する規制の動向

1．ヨーロッパ委員会による第三国の会計基準の同等性評価の検討指示

「**IFRSs適用命令**」（Regulation on the Application of International Financial Reporting Standards（the "IAS Regulation"））（「**IAS規則**」ともいう）（「国際的な会計基準の適用に関する2002年7月19日付のヨーロッパ議会および閣僚理事会規則第1606/2002号」）は，国際的に認められた会計基準に準拠してヨーロッパ連合（EU）域外の第三国に上場している企業および負債証券のみを上場している企業に対して，IFRSs準拠による開示を2007年まで繰り延べる権利を付与している。

また，「**目論見書指令**」（Prospectus Directive）（「証券公募または上場認可に際して発行される目論見書および指令第2001/34/EC号の修正に関する2003年11月4日付のヨーロッパ議会および閣僚理事会指令第2003/71/EC号」）と「**透明性指令**」（Transparency Directive）（「規制市場に証券を取引認可される発行体についての情報に関わる透明性要件の調和化および指令第2001/34/EC号の修正に関する2004年12月15日付のヨーロッパ議会および閣僚理事会指令第2004/109/EC号」）も，このIFRSs適用命令の規定に準じて，EU域外の第三国に上場する企業によるIFRSsまたはそれと同等性を有する会計基準に準拠した開示を，2007年まで繰り延べる経過措置を設けている。

その一方で，目論見書指令によれば，EUの規制市場で取引認可された証券を有する第三国の発行体，または，EUで証券公募を希望する第三国の発行体は，2007年1月1日から，ヨーロッパ委員会（EC）が提案するメカニズムによって確立した**同等性評価**（**第三国の会計基準の同等性決定メカニズム**（Mechanism for Determining the Equivalence of Third Country GAAPs））に従って，つまり，EUがエンドース（承認）したIFRSs，あるいは，このエンドースされたIFRSsと同等な第三国の会計基準（GAAP）に基づいて作成した財務諸表を収録した

目論見書を発行しなければならない（「提出書類フォーマット，参照による引用および目論見書の発行や広告の流布と目論見書に含まれる情報に関するヨーロッパ議会および閣僚理事会指令第2003/71/EC号を発効する2004年4月29日付の委員会規制（EC）第809/2004号」第35条第5項）。また，透明性指令も，EUの規制市場で証券が取引認可された第三国の発行体は，エンドースされたIFRSs，または，このエンドースされたIFRSsと同等な第三国の会計基準のいずれかに準拠して作成した年次財務諸表と期中財務諸表を開示することを要請している。この目論見書指令と透明性指令による準拠すべき会計基準の問題は，第三国の会計基準とEUがエンドースしたIFRSsとの同等性評価をECに課すものでもある。

　第三国の会計基準とEUがエンドースしたIFRSsが同等かという同等性評価の決定にあたっては，前章で説明した2007年までの経過措置と4つのレベル・アプローチをもとに，ECはヨーロッパ証券規制当局委員会（CESR）に対して，アメリカ，カナダおよび日本の各会計基準がIFRSsと同等性を有するか否かについての**技術的助言**（Technical Advice）を行うように指示した（2004年6月25日。「**CESRに対する第三国のGAAPとIAS/IFRSの同等性の測定の実行に関する技術的助言についての公式要請**」（CESR［2004a］））。

　この公式要請には，ECが設定した期日までに対応するためのCESRによる同等性評価の作業計画も提示されている。この作業計画によれば，ECによるCESRへの同等性評価の指令は2004年6月29日であり，次のような予定でまとめられている。

　①CESRによる概念ペーパー最終版の公表（2004年12月）

　②CESRによる同等性についての技術的助言案の採択（2005年3月）

　③CESRによる同等についての技術的助言に関する最終報告書の承認（2005年6月）

　このスケジュールで進めば，2005年12月に，ECがヨーロッパ証券委員会（ESC）の投票を踏まえて，同等性評価が最終決定するというものであった。

　国際会計基準審議会（IASB）とリエゾン（連携）関係にある8つの会計基準設定主体のうち，イギリス，フランス，ドイツ，オーストラリアおよびニュー

ジーランドは，すでに IFRSs のアドプションを決定している。残るアメリカ，カナダおよび日本が，独自の会計基準を設定する立場にある。この3ヵ国こそが上述の「**EU域外の第三国**」を指し，EUは当該3ヵ国の会計基準と国際的な会計基準として措定した IFRSs との同等性評価を問うているのである。

　CESRは，まず第三国の会計基準に対する同等性評価の意味や方法などについてまとめた**コンサルテーション・ペーパー**（協議文書）「**第三国の会計基準 (GAAP) の同等性および第三国の財務情報の法執行メカニズムの説明に関する概念ペーパー案**」（CESR［2004b］）を2004年10月21日に公表している。寄せられたコメントを反映した**フィードバック・ステートメント**（フィードバック文書）（CESR［2005a］）をもとに，CESRは最終版の「**第三国の会計基準 (GAAP) の同等性および第三国の財務情報の法執行メカニズムの説明に関する概念ペーパー**」（Concept Paper on Equivalence of Certain Third Country GAAP and on Description of Certain Third Countries Mechanisms of Enforcement of Financial Information）（CESR［2005b］）をまとめあげ，第三国の会計基準の同等性評価を事実上展開しうる環境を整えた。

　その後，CESRは，この概念ペーパーに基づいたアメリカ，カナダおよび日本を対象とした**コンサルテーション・ペーパー**「**第三国の会計基準 (GAAP) の同等性および第三国の財務情報の法執行メカニズムの説明に関する技術的助言案**」（CESR［2005c］）を公表し，公聴会（2005年5月18日）などを通じて寄せられたコメントを**フィードバック**（CESR［2005d］）して集約したうえで，最終報告書の「**第三国の会計基準 (GAAP) の同等性および第三国の財務情報の法執行メカニズムの説明に関する技術的助言**」（Technical Advice on Equivalence of Certain Third Country GAAP and on Description of Certain Third Countries Mechanisms of Enforcement of Financial Information）（CESR［2005e］）を承認して，これをECに提出している。

　CESRによるこれら一連の第三国の会計基準の同等性評価の対応とECによる規制措置との関わりについて，その後の動向も交えて図示したものが，**図表7-1**である。

第1節 EUにおける第三国の会計基準の同等性評価に関する規制の動向

図表7-1 CESRによる第三国の会計基準の同等性評価の対応とECによる規制措置の動向

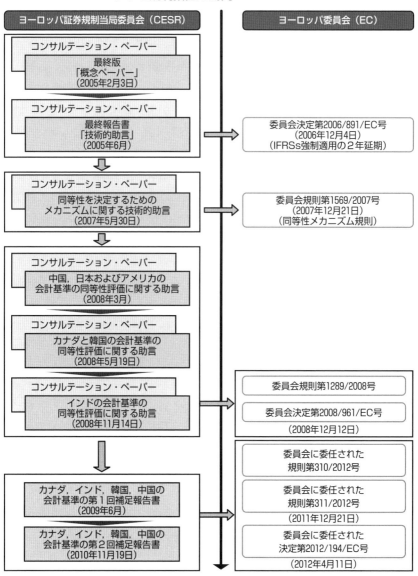

２．第三国の会計基準の同等性評価と法執行メカニズムの説明に関する概念ペーパー

　CESRが概念ペーパー案で提案した会計基準の同等性評価や法執行メカニズムに関する質問票に対して，カナダ会計基準審議会（AcSB）（AcSB［2005］），日本の企業会計基準委員会（ASBJ）（ASBJ［2005］），アメリカ財務会計基準審議会（FASB）（FASB［2005］），アメリカ証券取引委員会（SEC）スタッフ（SEC Staff［2005］）およびカナダのオンタリオ証券委員会（OSC）（OSC［2005］）は，それぞれCESRに回答している（AcSBとASBJの回答書が，概念ペーパー最終版の公表前に返信されたものである）。CESRが2005年２月３日に公表した最終版の「第三国の会計基準（GAAP）の同等性および第三国の財務情報の法執行メカニズムの説明に関する概念ペーパー」（CESR［2005b］）は，これら概念ペーパー案に対するコメントやフィードバック・ステートメントをもとに，その内容をより明確にしたものである。

　概念ペーパー最終版は，CESRが同等性の分析を行う際のアプローチの基礎を掲げたもので，ECに対するCESRの最終的な技術的助言を取りまとめるうえでの第一段階のものである。この概念ペーパー最終版の主たる内容は，以下のとおりである（太字と下線は引用者）。

---

①同等性の目的
　　CESRは，同等性は一致（Identical）という意味で定義づけられるべきではないという見解を強く持っている。むしろ，**投資を行うか投資を処分するかという点において，第三国の会計基準で作成された財務諸表でもIFRSsで作成されたものと類似の判断ができるときに，第三国の会計基準はIFRSsと同等であると表明できる**（CESR［2005b］，2.2.1, A, 1）。

②一般原則の検討
　　一般原則の検討を行うためには，(1)理解可能性，目的適合性，信頼性および比較可能性の４つの性質，(2)第三国の会計基準がIFRSsと類似した財務報告の項目を扱っていること，および，(3)IFRSsと比較可能な目的を有していることについて検討する（CESR［2005b］，2.2.1, B, 17）。

③技術的評価

2005年1月1日から効力を有するIFRSsと第三国の会計基準の全体に基づいて技術的評価を実施しなければならない（CESR［2005b］, 2, 2.1, C, 37）。CESRのアプローチは，EUや第三国の金融・会計監査関係者によって，実務上共通して見出された，または，知られている重要な差異に限定して分析を行うものである（CESR［2005b］, 2, 2.1, C, 50）。

④同等でない場合の帰結

3つの評価結果が考えられる。まず，財務情報の調整を要しない第三国の会計基準が同等であると判断される場合と，**修正再表示**（Restatement）を要する同等でないと判断される場合の両極端の評価結果がある（CESR［2005b］, 2, 2.1, D, 55）。加えて，当該両極端の中間に位置するもので，第三国の会計基準が補完措置（Remedies）を条件に同等であると考えられる場合である（CESR［2005b］, 2, 2.1, D, 56）。

補完措置には，次の3種類がある（CESR［2005b］, 2, 2.1, D, 59-62）。

(a)会計基準間の差異が開示要件の相違に基づく場合の**「追加開示」**（Additional Disclosures）

(b)会計基準間の差異が測定または認識の差違に基づく場合の**「調整表」**（Statements of Reconciliation）

(c)測定または認識の差異が複雑ないし多岐にわたる場合の**「補完計算書」**（Supplementary Statements）

⑤早期通知メカニズム

同等性評価を定期的に実施しうるように，IFRSsやその他の会計基準の変更を通知する**「早期通知メカニズム」**（Early Warning Mechanisms）に関する助言をECから求められている。補完措置が適用される場合には，同等性について定期的に再評価することが望ましい。現段階では，毎年6月30日に再評価することで十分である（CESR［2005b］, 2, 2.1, E, 75）。

⑥法執行メカニズム

CESRは，少なくともアメリカ，カナダおよび日本での会計監査とコーポレート・ガバナンスの領域以外の法執行メカニズムについて，ECに説明することが要請されている。このCESRのタスクは，第三国の法執行メカニズムが効果的，効率的かどうかを評価するものではない（CESR［2005b］, 2, 2.2, 2.2.1, 80-81）。

第2節 第三国の会計基準の同等性と法執行 メカニズムの説明に関する技術的助言

1．技術的助言のグローバルかつ全般的評価

　CESRは，アメリカ，カナダおよび日本の会計基準を対象とした，概念ペーパー最終版に基づいた最終報告書「第三国の会計基準（GAAP）の同等性および第三国の財務情報の法執行メカニズムの説明に関する技術的助言」（CESR [2005e]）を2005年6月に取りまとめ，同年7月5日に公表した。このCESRのECに対する技術的助言の最終報告書は，アメリカ，カナダおよび日本（総称して「第三国」）の会計基準（GAAP）が，いずれも全般的にはIFRSsと「同等」（Equivalent）であると評価した。

　ただし，これら第三国の会計基準については，次のような補完措置が求められている（CESR [2005e]，par.88。各国の会計基準に求めた具体的な補完措置は，本節での「3．技術的助言の補完措置項目」を参照）。

---

①3カ国の会計基準では非連結の適格特別目的事業体（SPEs）のような子会社を連結したプロ・フォーマ計算書（補完計算書）の作成

②日本の会計基準にみられる持分プーリング法による企業結合および，または在外子会社の会計基準の統一の差異に対するプロ・フォーマ計算書（Pro-Forma Statements）（補完計算書）の作成

③日本とアメリカの会計基準にみられるストック・オプションの費用化の会計方針を2007年1月1日以前に実施（アメリカは2006年から適用可能な会計基準を採択済み）

④その他定性的または定量的な追加開示

　今般の第三国の会計基準の同等性評価は，EUがIFRSsを強制適用する特定日（2005年1月1日）現在の状況に基づいて行われている。とくに，目論見書指令と透明性指令が2007年1月1日以前には発効しないため，2005年1月1日

438

から2007年1月1日までの間に第三国の会計基準が整備・改善される可能性も
ある。そのため，今後の会計基準間の差異に対する「早期通知メカニズム」が
重要であり，CESRは，IFRSsと第三国の会計基準の重要な差異のリストについ
ての最初のレビュー（見直し）が，IFRSsへの移行期間末である2007年1月
に行われるべきだとしている（CESR［2005e］，pars.24-27）。このレビューの実
施は，その後の会計基準の「2007年問題」（企業会計の「2007年問題」）ないし会
計基準の「2009年問題」（企業会計の「2009年問題」）に結び付くものである。

　さらにこの技術的助言は，上記のこれら第三国に対する補完措置を適用する
必要性は，各発行体の財政状態への目的適合性や重要性に鑑みて，発行体ごと
に判断すべきとした。第三国の会計基準は，全般的には同等であると考えられ
るため，企業経営者はEUへの報告目的から自国の会計基準（ローカルGAAP）
とIFRSsによる2組の財務諸表を作成する必要はなく，また，IFRSsへの完全
な調整表の作成・開示も不要だとした（CESR［2005e］，par.3）。

　ところで，この技術的助言の最終報告書の公表に先立ち，CESRはまずコン
サルテーション・ペーパー「第三国の会計基準（GAAP）の同等性および第三
国の財務情報の法執行メカニズムの説明に関する技術的助言案」（CESR［2005c］）
を，2005年4月に公表している。この技術的助言案の公表後に，CESRの財務
報告グループ（CESR-Fin）が開催した公聴会（2005年5月18日）で，日本の金
融庁は，日本の会計基準とIFRSsとの同等性が認められるための取組みの一環
として，技術的助言案で求められている補完措置の解消や縮小に向けた意見表
明を予定していた。

　そこで発出されたパブリック・コメント・レターの概要は次のとおりである
（金融庁［2005］）。

1．CESR案の積極的評価
　・CESRが我が国会計基準について，米国基準及びカナダ基準とともに，全体
　　として，IASと同等であるとしていることを評価。これは，我が国会計基
　　準がこれまでの整備・改善を通じて国際的にも高品質なものとなっている

ことを認めるもの。

・CESRが，今回の同等性評価に当たって，我が国関係者と対話を行い，我が国関係者の意見を聴いて一部評価に反映させる等，公正で偏りのない透明なプロセスとなるよう配慮していることを評価。CESRが，引き続き，我が国関係者の意見を適切に評価に反映させることを要請。

2．CESR案の主な問題点：重要な相違と補完情報

（1）CESRの同等性概念との関係

・今回のCESR案は，会計基準の各項目の細目について技術的比較を実施。CESRは，ECからの指示に従い，会計情報の品質に関するグローバルかつ全体的な評価を行うとともに，概念ペーパーに十分沿って，投資家を基準として，真に重要な相違にのみ焦点を絞るべき。CESRはもっと投資家の意見を聴くべき。

・CESR案が求めている補完措置は確実に企業側に多大なコストをもたらし，EU市場のグローバルかつ開放的な性格の確保，EU市場における投資機会の確保と両立せず，EUの投資家にとっても不利益となることを認識すべき。CESRは経済的影響を真剣に考慮し，実際的な結果ベースのアプローチをとるべき。

（2）CESR案の「補完措置」の問題点

・補完措置のうち，追加的な数値情報又は補完計算書は，結果的に2つの財務諸表を作成することを余儀なくさせるものであり，多大なコストと負担。これでは，日本企業に対してEU市場へのアクセス可能性に問題が生じる恐れがあると懸念され，我が国とEUの双方にとって利益とならない。

・CESRは，追加的な数値情報及び補完計算書の適用を厳格に限定するべき。

（3）CESR案の「重要な相違」の評価の問題点

・CESR案では，実質的には投資家の判断にとって重要でない技術的な相違にもかかわらず，「重要な相違」とされている項目がかなりある。CESRは，概念ペーパーを十分踏まえ，これらの会計基準の技術的詳細に起因する差異を「重要な相違」とするべきでない。

3．CESR案のその他の問題点

・補完措置の過度に保守的な適用を避けるため，関連所轄当局が明確なガイダンス又は最善の慣行を示すべき。

・補完措置の遡及適用は一層多大なコストと負担をもたらすことから，遡及

適用されるべきでない。

・銀行の繰延税金資産の問題は会計基準の問題ではなく，また，主要行については既に投資家に十分な情報が提供されており，補完措置は不要。

　この意見表明の内容は，技術的助言案に対する金融庁の意見書（2005年5月27日付パブリック・コメント・レター）を通じても発出されている（上記の金融庁の意見表明の「3．CESR案のその他の問題点」の枠内の3項目は，パブリック・コメント・レターの概要で明記されたものである）。CESRの技術的助言案に対する意見書は，日本からは金融庁以外に，経済産業省，ASBJ，日本経済団体連合会および日本公認会計士協会も発出している。

2．補完措置

　概念ペーパー最終版では，同等であるための条件的措置として，追加開示，調整表および補完計算書の3種類の補完措置を明示していた。しかし，2005年のCESRのECに対する技術的助言の最終報告書では，会計基準間の差異が測定または認識の差異によるものではなかったとして，調整表以外の追加開示と補完計算書による補完措置だけが採られている。

　会計基準の差異の発生原因が開示要件の相違による場合の補完措置である追加開示は，CESRのECに対する技術的助言の最終報告書では，その内容に応じて，「開示A」と「開示B」に分類された。

　まず**開示A**は，第三国の会計基準によってすでに提供されている開示を拡充する追加的な定性的開示と定量的開示，または，その一方の開示をいう。したがって，改めてIFRSsに準拠して測定する必要はなく，第三国の会計基準に準拠した開示の補強を意図するものである。

　たとえば，開示Aには次のものが該当する（CESR［2005e］，par.99）。

・関連する取引や事象および第三国の会計基準のもとでの当該取引および事象の会計処理方法の説明

・第三国の会計基準のもとでの取引や事象の測定・認識に用いられる前提，

評価方法および仮定（たとえば，経済的データ）の説明

・資産の公正価値に関する情報が第三国の会計基準では提供されていない場合は，当該情報の開示

開示Bは，取引や事象がIFRSsに準拠して会計報告されたと仮定した場合の，当該取引や事象の定量的影響についての表示を要請するものである。この定量的影響は，発行体の損益または株主持分に対する影響の総額および税効果考慮後の純額を開示しなければならない（CESR［2005e］，par.99）。つまり，開示Bは，第三国の会計基準とIFRSsとの間に財務諸表項目の認識および測定の基準に差異がある場合の補完措置であり，定量的影響額の開示を求めるものである。

しかし，概念ペーパー最終版における補完措置の分類上，会計基準間の差異が測定または認識の差異に基づく場合は，調整表による補完措置が適用されるべきであるとしていた。開示Bは定量的影響の開示に重きが置かれているとはいっても，損益または株主持分に対する影響額の開示を要請することからすれば，その実質的効果は調整表による補完措置と異なるものではないといえるだろう。

補完計算書は，第三国の会計基準や発行体の第一次財務諸表（Primary Statements）に基づいて作成・表示されたプロ・フォーマ計算書をいい，第三国の会計基準のもとでは十分に適用されず表示されていない側面，すなわち，IFRSs要件の確認されていない側面を考慮するための限定的な**修正再表示**を含んでいる（CESR［2005e］，par.102）。つまり，補完計算書は，IFRSsへの完全準拠による再表示を要請するものではなく，第三国の会計基準のカテゴリーのもとで，特定のIFRSs規定を適用したと仮定した場合の影響について表示する目的で作成されるものである。

3．技術的助言の補完措置項目

CESRのECに対する技術的助言の最終報告書は，補完措置を条件に，アメリカ，カナダおよび日本の会計基準のいずれもが，全般的にはIFRSsと同等であると評価した。これら第三国の会計基準に対する補完措置は，**図表7-2**のと

第2節 第三国の会計基準の同等性と法執行メカニズムの説明に関する技術的助言

図表7-2　第三国の会計基準の補完措置ごとの重要な差異

	カナダ会計基準	日本基準	アメリカ会計基準
開示A	・株式報酬（IFRS第2号）―現行基準 ・取得原価での少数株主持分（IFRS第3号） ・段階的取得（IFRS第3号） ・従業員給付（IAS第19号） ・減損の戻入（IAS第36号） ・廃棄費用（IAS第37号） ・投資不動産（IAS第40号）	・株式報酬（IFRS第2号）―将来基準の公開草案第3号 ・取得原価での少数株主持分（IFRS第3号） ・段階的取得（IFRS第3号） ・異常危険準備金（IFRS第4号） ・工事契約（IAS第11号） ・不良債権（IAS第12号，第30号），すでに開示がなされている場合を除く ・資産除却債務に関する費用（IAS第16号） ・従業員給付（IAS第19号） ・のれんの換算（IAS第21号） ・デリバティブの公正価値（IAS第32号） ・減損の戻入（IAS第36号） ・廃棄費用（IAS第37号） ・投資不動産（IAS第40号）	・株式報酬（IFRS第2号）―財務会計基準書（SFAS）第123R号 ・取得原価での少数株主持分（IFRS第3号） ・段階的取得（IFRS第3号） ・取替費用（IAS第16号） ・従業員給付（IAS第19号） ・減損の戻入（IAS第36号） ・廃棄費用（IAS第37号） ・投資不動産（IAS第40号）
開示B	・交換日（IFRS第3号） ・負ののれん（IFRS第3号） ・後入先出法の使用（IAS第2号） ・減損テスト―割引前将来キャッシュ・フロー（IAS第36号） ・農業（IAS第41号）	・株式報酬（IFRS第2号）―現行基準 ・交換日（IFRS第3号） ・取得した研究開発（IFRS第3号） ・負ののれん（IFRS第3号） ・後入先出法の使用と原価法（IAS第2号） ・会計方針の統一（IAS第28号） ・減損テスト―割引前将来キャッシュ・フロー（IAS第36号） ・開発費の資産化（IAS第38号） ・農業（IAS第41号）	・株式報酬（IFRS第2号）―現行基準のSFAS第123号 ・交換日（IFRS第3号） ・取得した研究開発（IFRS第3号） ・負ののれん（IFRS第3号） ・後入先出法の使用（IAS第2号），すでに開示がなされている場合を除く ・会計方針の統一（IAS第28号） ・減損テスト―割引前将来キャッシュ・フロー（IAS第36号） ・開発費の資産化（IAS第38号） ・農業（IAS第41号）
補完計算書	・連結の範囲（支配の定義―適格SPE）(IAS第27号)	・持分プーリング法（IFRS第3号） ・連結の範囲（支配の定義―適格SPE）(IAS第27号) ・会計方針の統一(IAS第27号)	・連結の範囲（支配の定義―適格SPE）(IAS第27号)
将来の作業（分析を要する未解決の問題）	・金融商品（IAS第39号）：開示Aの可能性	・金融商品（IAS第39号）：開示Aの可能性	・金融商品（IAS第39号）：開示Aの可能性

出所：CESR［2005e］，p.23.

443

おりである。

　CESRによる第三国の会計基準の重要な差異リストには，カナダの会計基準については14項目の差異が列挙された。その内訳は，追加開示の12項目（開示Ａ：7項目，開示Ｂ：5項目），補完計算書の1項目（連結の範囲（支配の定義─適格特別目的事業体））であり，また，将来の作業（分析を要する未解決の問題）が1項目（金融商品）ある。

　日本の会計基準の重要な差異については，26項目が示された。追加開示の22項目（開示Ａ：13項目，開示Ｂ：9項目），補完計算書の3項目（持分プーリング法，連結の範囲（支配の定義─適格特別目的事業体），会計方針の統一）および将来の作業（分析を要する未解決の問題）の1項目（金融商品）である。

　アメリカの会計基準の重要な差異については，19項目が列挙されている。その内訳は，追加開示の17項目（開示Ａ：8項目，開示Ｂ：9項目），補完計算書の1項目（連結の範囲（支配の定義─適格特別目的事業体））であり，他の2ヵ国の会計基準の差異と同様に，将来の作業（分析を要する未解決の問題）が1項目（金融商品）ある。

　重要な差異リストの項目のなかで，アメリカ会計基準と日本の会計基準は18項目が共通しており，しかも追加開示の開示Ｂの9項目は同一のものである。

第3節　第三国の会計基準の同等性評価の暫定的延期

　第三国の会計基準とIFRSsとの同等性問題に関連して，CESRが第三国の会計基準をIFRSsに完全に同等であると判断するまでには時間を要すると指摘したことも踏まえて，EC委員のチャーリー・マクリービー（Charlie McCreevy）が，「私見によれば，さしあたり，現在決定しているとおりに行うよりも，むしろ同等性の決定を繰り延べるとか現状を延長することが，EUにとって最善の進め方だと思う」（McCreevy［2005］，p.3）と論じている。ドイツ連邦金融監督庁（BaFin）の主催で2005年10月5日・6日にフランクフルトで開催された

証券監督者国際機構の第2回専門委員会国際カンファレンス（IOSCO Technical Committee Conference）における資本市場の統合のパネルでも，マクリービーは，同等性の決定を2年程度延期する考えを披露している。

　この追加開示等の補完措置を2007年まで延期するのは，会計基準のコンバージェンス（収斂）を推進しているアメリカに向けられたものとして捉えられていた。日本の金融庁もこの延期の可能性を確認したところ，延期する場合は日本の会計基準も対象となる旨の回答を得ている（「金融庁　2年延期を提案へ 決算追加明示でEUに」，『日経経済新聞』2005年12月24日付）。

　このような状況下，ASBJは，2006年1月31日に**「日本基準と国際会計基準とのコンバージェンスへの取組みについて―CESRの同等性評価に関する技術的助言を踏まえて―」**と題する報告書（企業会計基準委員会［2006］）を公表した。この報告書は，題目からも明らかなように，CESRによる第三国の会計基準とIFRSsとの同等性評価に関する技術的助言を踏まえて，現時点のASBJによる会計基準のコンバージェンスの取組みを明らかにするために作成されたものであり，併せて，当該技術的助言のもとで明示された補完措置の項目について，2008年時点の達成見通しを示したものである。

　たとえば，補完計算書の作成が要求されている項目と日本基準独自に追加開示が要求されている項目は，次頁の**図表7-3**のとおりである。

図表7-3　CESRの技術的助言に対する日本基準の現状と2008年時点での見通し

■補完計算書の作成が要求されている項目（企業結合関連を除く）

補完措置	項目	現　状	2008年時点での見通し
補完計算書	・在外子会社の会計方針の統一	在外子会社の会計方針も親会社と実質的に統一する方向で2005年11月に実務対応報告の公開草案を公表した。	2008年4月から適用予定
	・連結の範囲（適格SPE）	米国基準についても補完計算書が要求されているため，今後のIASBとFASBとの検討の方向性も踏まえる必要で〔が：引用者〕ある。ASBJとしては，FASBとの定期協議のテーマの1つとしたいと考えており，現在，ASBJ内部にプロジェクトを設置して検討を開始している。	IFRSと米国基準のコンバージェンスの進捗を踏まえて，少なくとも方向性を決める。

■日本基準独自に追加開示が要求されている項目（企業結合関連を除く）

補完措置	項目	現　状	2008年時点での見通し
開示A・B	・資産の除去債務 ・工事契約 ・金融商品の公正価値開示	IASBとの共同プロジェクトのテーマとして取り上げるよう，ASBJ内部で検討を開始している。これらの項目は，2006年前半にプロジェクトをスタートさせる。	プロジェクトが進み，かなりのものが基準書／指針として完成済み
	・棚卸資産の評価基準（低価法）	2005年10月に論点整理を公表，2006年に基準書公表を予定している。	基準書／指針を適用済み
	・従業員退職後給付（退職給付債務の割引率を含む）	日本での金利は安定しているため，現状，重要な差異は生じていないと考えられる。	IFRSと米国基準のコンバージェンスの進捗を踏まえて，少なくとも方向性を決定する。

出所：企業会計基準委員会［2006］，4-5頁より抜粋。

　ASBJによる補完措置の項目への対応については，企業結合に係る項目にもみられる。

　CESRの第三国の会計基準の同等性に関する技術的助言の最終報告書のなかで，企業結合会計基準（「企業結合に係る会計基準の設定に関する意見書」および「企

業結合に係る会計基準」（2003年10月））による持分プーリング法の採用について
は，補完計算書の作成という補完措置の指摘を受けた。「企業結合会計基準は
国際的な会計基準の動向を踏まえて設定され，また，そこにおける『企業結合』
という経済事象に関する考え方も，基本的には国際的な会計基準と共通してい
るため，その多くの取扱いは国際的な会計基準と変わるものではない」としな
がらも，ASBJは同等性評価による日本企業への影響の重要性に鑑み，「**ASBJ
プロジェクト計画表**」（2006年10月）に企業結合に関するプロジェクトの検討ス
ケジュールを提示した。

　2006年12月にASBJ事務局に立ち上げられた企業結合プロジェクト・チーム
は，この検討スケジュールに沿って，「**企業結合会計に関する調査報告─EU
による同等性評価に関連する項目について─**」（2007年10月16日）を取りまとめ
ている。これは，ASBJによる補完措置項目の今後の検討に資するために，企
業結合に係る国際的な会計基準との主な差異とその根拠，日本における企業結
合会計基準の適用状況などについての調査結果である。この調査報告では，具
体的には，企業結合の会計処理（持分プーリング法の取扱い），株式を対価とす
る場合の対価の測定日，負ののれんの会計処理，少数株主持分の測定，段階取
得における会計処理，外貨建のれんの換算方法が取り扱われている。

　日本の会計基準に対する補完措置の多くがアメリカの会計基準に対するもの
と共通しているため，技術的助言の最終報告書で指摘された会計基準の重要な
差異の解消は，IASBとアメリカのFASBとの「**覚書：ノーウォーク合意**」
（Memorandum of Understanding: "The Norwalk Agreement"）（FASB［2002］（山
田［2003］））やIFRSsとアメリカの会計基準とのコンバージェンスについての
ロードマップを盛り込んだ「覚書」（2006年2月27日）による共同プロジェクト，
並びに，SECとCESRによる財務報告に焦点を当てた「**SEC-CESR共同作業
計画**」（SEC-CESR Work Plan:「**SEC-CESR共同作業計画**」ともいう）（SEC［2006］）
などによる協議の進捗度合に依存するところが多分にある。ASBJの「日本基
準と国際会計基準とのコンバージェンスへの取組みについて─CESRの同等性
評価に関する技術的助言を踏まえて─」の報告書（企業会計基準委員会［2006］）

は，その事実の指摘と重要な差異リストにおける項目の解消に向けた作業計画を示すことにより，CESRの第三国の会計基準の同等性に関する技術的助言を踏まえたECの最終的結論や，その適用の延期の可能性を目論んで公表したものであるといってよい。

ところで，ECは，次に示したいわゆる目論見書指令に関わるEC規則である**「提出書類フォーマット，参照による引用および目論見書の発行や広告の流布と目論見書に含まれる情報に関するヨーロッパ議会および閣僚理事会指令第2003/71/EC号を発効する委員会規則（EC）第809/2004号を改正する2006年12月4日付の委員会規則（EC）第1787/2006号」**を公表して，EU資本市場での証券発行にあたって自国の会計基準に準拠して財務諸表を作成する第三国の発行体に対して，2007年からのIFRSs強制適用を2年間延長する決定を行った。

第1条　規則（EC）第809/2004号の第35条を次のように改正する。

1．第5項を次のように置き換える。

「5．第5A項を条件として，2007年1月1日から，第3項と第4項で規定する第三国の発行体は，規則（EC）第1606/2002号により採択された国際的な会計基準またはこれと同等の第三国の会計基準に従って過去財務情報を表示する。過去財務情報がそのような会計基準に従っていない場合は，修正再表示された財務諸表の形式で表示されなければならない。」

2．次の第5A項，第5B項，第5C項，第5D項および第5E項を追加する。

「5A．第三国の発行体は，次の条件の1つを満たす場合には，2009年1月1日までに管轄庁に届け出られる目論見書に含まれる付録Ⅰの20.1項，付録Ⅳの13.1項，付録Ⅶの8.2項，付録Ⅹの20.1項または付録Ⅺの11.1項による義務，過去財務情報の修正再表示または付録Ⅶの8.2項による義務，この過去財務情報を作成するのに準拠する会計原則と規則（EC）第1606/2002号により採択された国際的な会計基準との差異の定性的説明を提供する義務を免除される。

(a)　過去財務情報の一部を構成する財務諸表の注記に，IAS第1号「財務諸表の表示」に従って，財務諸表が国際財務報告基準に準拠しているとする明示的かつ無条件の記載が含まれる場合

(b) 過去財務情報が，カナダ，日本またはアメリカのいずれかの会計基準に従って作成されている場合

(c) 過去財務情報が，カナダ，日本またはアメリカ以外の第三国の一般に認められた会計原則に従って作成され，次の条件を満たす場合

(i) 当該会計基準に責任を持つ第三国の当局が，目論見書が届け出られる会計年度の開始までに，これらの基準が国際財務報告基準にコンバージェンスしているとする公約を行うこと

(ii) 当該当局が，2008年12月31日までにコンバージェンスに向けた進展の意図を示す作業計画表を策定していること

(iii) 発行体が，上記の(i)と(ii)の条件を満たしていることを示す証拠を管轄庁に提供すること

5 B. 2007年 4 月 1 日までに，委員会は，IFRSとアメリカ，日本およびカナダの一般に認められた会計原則との間のコンバージェンスについて，これらの会計基準に責任を持つ当局の作業工程に関する最初の報告書をヨーロッパ証券委員会とヨーロッパ議会に提出する。

委員会は，国際財務報告基準とカナダ，日本およびアメリカの一般に認められた会計原則との間のコンバージェンスの進展の程度について，また，これらの国のEUの発行体に適用される調整表要件の撤廃に向けた進展の程度について注意深く監視し，ヨーロッパ証券委員会とヨーロッパ議会に定期的に通知する。とくに，コンバージェンスのプロセスが満足に進展していない場合には，直ちにヨーロッパ証券委員会とヨーロッパ議会に通知する。」

（以下，省略）

　この目論見書指令に関わる改正規則に加えて，ECは，透明性指令でも同じ趣旨の委員会決定を下している。つまり，ECは，次のような「**第三国の証券の発行体による国際的に認められた会計基準で作成された情報の使用に関する2006年12月 4 日付の委員会決定第2006/891/EC号**」を公表して，EU資本市場での証券発行にあたって自国の会計基準に準拠して財務諸表を作成する第三国の発行体に対して，2007年からのIFRSs強制適用を 2 年間延長する決定を行っているのである。

第1条

　第三国に登記上の事務所のある発行体は，次の条件の1つを満たす場合には，2009年1月1日以後開始する会計年度以前に，第三国の会計基準に準拠した年次連結財務諸表と半期連結財務諸表を作成する。

(a) 財務諸表の注記に，IAS第1号「財務諸表の表示」に従って，財務諸表が国際財務報告基準に準拠しているとする明示的かつ無条件の記載が含まれる場合

(b) 財務諸表が，カナダ，日本またはアメリカのいずれかの一般に認められた会計原則に従って作成されている場合

(c) 財務諸表が，カナダ，日本またはアメリカ以外の第三国の一般に認められた会計原則に従って作成され，次の条件を満たす場合

　(i) 当該会計基準に責任を持つ第三国の当局が，財務諸表が関係する会計年度の開始前に，これらの基準が国際財務報告基準にコンバージェンスしているとする公約を行うこと

　(ii) 当該当局が，2008年12月31日以前にコンバージェンスに向けた進展の意図を示す作業計画表を策定していること

　(iii) 発行体が，上記の(i)と(ii)の条件を満たしていることを示す証拠を管轄庁に提供すること

第2条

1．2007年4月1日までに，委員会は，IFRSとアメリカ，日本およびカナダの一般に認められた会計原則との間のコンバージェンスについて，これらの会計基準に責任のある当局の作業工程に関する最初の報告書をヨーロッパ証券委員会とヨーロッパ議会に提出する。

2．委員会は，国際財務報告基準とカナダ，日本およびアメリカの一般に認められた会計原則との間のコンバージェンスの進展の程度について，また，これらの国のEUの発行体に適用される調整表要件の撤廃に向けた進展の程度について注意深く監視し，ヨーロッパ証券委員会とヨーロッパ議会に定期的に通知する。とくに，コンバージェンスのプロセスが満足に進展していない場合には，直ちにヨーロッパ証券委員会とヨーロッパ議会に通知する。

3．委員会は，国際財務報告基準と第1条第c号に規定する第三国の一般に認められた会計原則との間のコンバージェンスの規制上の議論の展開とその進展

の程度について，また，調整表要件の撤廃に向けた進展の程度について，ヨーロッパ証券委員会とヨーロッパ議会に定期的に通知する。とくに，コンバージェンスのプロセスが満足に進展していない場合には，直ちにヨーロッパ証券委員会とヨーロッパ議会に通知する。

4．第2項と第3項による義務に加えて，委員会は，第三国の当局と定期的に意見交換に携わり，また，それを維持し，委員会は遅くとも2008年4月1日までに，コンバージェンスの進展と，第1条第b号と第c号に該当する第三国の規則により，EUの発行体に適用する調整表要件の撤廃に向けた進展の程度に関する報告書をヨーロッパ証券委員会とヨーロッパ議会に提出する。委員会は，この報告書を別の者に要請できる。

5．2009年1月1日前の少なくとも6ヵ月の間に，委員会は，指令第2004/109/EC号の第27条第2項に規定する手続きにより2008年1月1日前に確立する同等性の定義と同等性メカニズムに従って，第三国の一般に認められた会計原則の同等性について確実に決定する。この条項を満たす場合，委員会は，同等性の定義，同等性メカニズムおよび実施される同等性の決定の妥当性について，まずヨーロッパ証券規制当局委員会に助言を求める。

　この委員会規則（EC）第1787/2006号や委員会決定第2006/891/EC号が公表されたことにより，会計基準の「2007年問題」（企業会計の「2007年問題」）は会計基準の「2009年問題」（企業会計の「2009年問題」）へと移行したことを意味する。

　たとえば，委員会決定第2006/891/EC号第2条第5項に規定するように，第三国の会計基準とEUがエンドースしたIFRSsとの同等性評価については，2009年1月1日から少なくとも6ヵ月前までに確実に決定することや，先の概念ペーパー最終版にもみられたように，その同等性評価の決定に不可欠な同等性の定義と同等性を決定するためのメカニズム（同等性評価の実施方法）を2008年1月1日までに策定することが求められている。CESRが，2008年末に再度，第三国の会計基準の同等性評価を実施し，これらの会計基準についての今後の対応が決まることになる。

　以上のような決定や規制の背景には，それまでの次のような動向が大きく作

用している。

①2005年1月に，ASBJとIASBが，日本の会計基準とIFRSsの差異を削減することを目的とした共同プロジェクトの立ち上げに合意したこと

②2005年4月に，当時のアメリカのSEC委員長が，IFRSsを使用する外国民間発行体に対する調整表作成・開示要件の撤廃勧告のロードマップ（工程表）を支持し，それに沿って，当該調整表作成・開示要件を撤廃する目標期日である2009年末までに充足すべきとした，FASBとIASBによる会計基準のコンバージェンスの作業計画表について略述した「覚書」を公表したこと

③2006年1月に，カナダのAcSBが，公的説明責任企業に対する単一で高品質な国際的に認められた会計基準への移行を表明し，2011年12月31日に終了する事業年度以降，IFRSsに準拠した連結財務諸表の作成・開示の開始を決定したこと

第4節　CESRによる第三国(中国, 日本およびアメリカ)の会計基準の同等性評価に関する助言とヨーロッパ委員会(EC)規則の決定

1. 第三国の会計基準の同等性を決定するためのメカニズムに関する技術的助言

(1) 第三国の基準設定主体の作業計画表, 同等性の定義および第三国の会計基準の利用状況

　前節で示したように，第三国の会計基準とIFRSsの同等性評価には，同等性の定義とその同等性を決定するためのメカニズムを新たに採択することが必要である。この委員会決定第2006/891/EC号第2条や委員会規則（EC）第1787/2006号（目論見書規則）第35条第5A項などによる要請を満たすべく，CESRの財務報告グループであるCESR-Finの代表者によるIASBスタッフ等との面談や対象となる第三国の会計基準設定主体との意見交換を踏まえて，

第4節 CESRによる第三国（中国，日本およびアメリカ）の会計基準の同等性評価に関する助言と
ヨーロッパ委員会（EC）規則の決定

CESRは2007年3月6日に，「カナダ，**日本およびアメリカの基準設定主体の
作業計画表，同等性の定義およびEUの資本市場で現在利用されている第三国
のGAAPsのリストに関するヨーロッパ委員会に対するCESRの助言**」（CESR's
Advice to the European Commission on the Work Programmes of the Canadian,
Japanese and US Standard Setters, the Definition of Equivalence and the List of
Third Country GAAPs Currently Used on the EU Capital Markets）（CESR
[2007a]）を公表している。

　この報告書の題目からも明らかなように，この助言には，次の3つの項目の
情報が盛り込まれている。

①**第三国（カナダ，日本およびアメリカ）の会計基準設定主体によるIFRSsと
のコンバージェンスやアドプションに向けた作業計画表の定性的情報**

　・カナダのAcSBによる「**カナダの会計基準：新たな方向性—戦略計画**」
（Accounting Standards in Canada: New Directions — Strategic Plan）（AcSB
[2006]）によるIFRSs移行計画の概要

　・2005年6月のCESRによるECに対する同等性評価の技術的助言で提示
された第三国の会計基準の補完措置ごとの重要な差異項目について，日
本のASBJによる2007年2月現在の取組み状況，アメリカFASBによる
2006年12月現在の取組み状況，および，2007年と2008年における展望

②**同等性の定義**

　・先の概念ペーパー最終版（CESR [2005b]）での同等性の定義，つまり，
IFRSsまたは第三国の会計基準に基づいたいずれの財務諸表が提供され
ても，投資家が類似の意思決定を行えるときに両会計基準は同等である
とする「**成果主義アプローチ**」（Outcome Based Approach）は，依然と
して妥当なものである。

　・CESRのIFRSsと第三国の会計基準の同等性評価に関する結論には，国
家レベルでのフィルターと企業実体レベルでの監査の保証と執行が投資
家にとって信頼するに足るという前提が必要である。第三国におけるフ
ィルターの存在と品質についての評価は，市場の信頼と市場の効率性に

第7章 EUにおける第三国の会計基準の同等性評価

453

図表7-4　カナダ，日本およびアメリカ以外の第三国の発行体別の会計基準の利用状況

目論見書規則第35条第5A項第a号	右に記した国々の発行体は，IFRSsをアドプションしたので，IFRSsに準拠しているとする記載を財務諸表の注記に含まなければならない。	オーストラリア 香港 ニュージーランド 南アフリカ共和国 シンガポール
目論見書規則第35条第5A項第a号または第b号	右に記した国々は「自国のGAAP」がないため，アメリカのGAAP，IFRSsまたはカナダのGAAPを適用する。	ケイマン諸島 バーミューダ諸島 オランダ領アンティル諸島 マン島 ジャージー島 ガーンジー島 英領バージン諸島
目論見書規則第35条第5A項第c号	右に記した国々は，CESRがコンバージェンス計画表の公約があることを確認したので，第c号に適格となりうる。	台湾 中国 ブラジル

出所：CESR［2007b］，p.2.

とって重要な要素である（フィルター・アプローチ）。

③EUの資本市場における第三国のGAAPsの利用状況

・すべてのEU規制市場のデータを入手できていないので完全な調査結果ではないが，EUの規制市場に上場する第三国の発行体（株式・社債の発行体）は，少なくとも34ヵ国の会計基準を利用している。

また，CESRが2007年4月に公表した「**EUでの第三国のGAAPの利用に関するヨーロッパ委員会の測定に関わるCESRのこれまでの作業**」（CESR Work to Date in Relation to the European Commission's Measures on the Use of Third Countries' GAAP in the EU）（CESR［2007b］）は，EUの規制市場で上場認可されたカナダ，日本およびアメリカ以外の主たる第三国の発行別の会計基準の利用状況を明らかにしている（**図表7-4**参照）。

第4節 CESRによる第三国（中国，日本およびアメリカ）の会計基準の同等性評価に関する助言と
ヨーロッパ委員会（EC）規則の決定

（2）同等性評価のメカニズム（同等性評価の実施方法）

　目論見書規則によれば，EUの規制市場への上場認可を受けた，または，EU
で証券公募を希望する第三国の発行体は，2007年1月1日から，EUがエンド
ースしたIFRSsまたは同等性を有する第三国の会計基準に準拠した財務諸表を
収録した目論見書を発行しなければならない。また，透明性指令も，EUの規
制市場への上場認可を受けている第三国の発行体に対して，同様に2007年1月
1日から，EUがエンドースしたIFRSsまたは同等性評価を得た第三国の会計
基準のいずれかに従った年次財務諸表などを提出することを求めている。

　ただし，2007年1月1日から2008年12月31日までの移行期間の取決めが，そ
れぞれECの目論見書規則第35条と透明性指令第26条第3項に定められている。
このEUの規制のもとで，2008年1月1日前までに同等性の定義と同等性のメ
カニズムを策定したうえで，第三国の会計基準の同等性評価を確実なものにす
る必要がある。

　第三国の会計基準とIFRSsの同等性を決定するためのメカニズムについて，
まずCESRは，2007年4月17日に**コンサルテーション・ペーパー（協議文書）「第
三国の一般に認められた会計原則の同等性を決定するメカニズムに関する
CESRの技術的助言案」**（CESR［2007c］）を公表し，意見を募った。それを踏
まえて2007年5月30日に公表されたのが，**「第三国の一般に認められた会計原
則の同等性を決定するメカニズムに関するCESRの技術的助言」**（CESR's
Technical Advice on a Mechanism for Determining the Equivalence of the
Generally Accepted Accounting Principles of Third Countries）（CESR［2007d］）
である。この助言は，第三国の会計基準の同等性評価のプロセスにおける，
CESRによるECに対する第二の助言である。

　このCESRによる技術的助言の主たる内容は，次の5つにまとめられる（CESR
［2007d］，pars.3-9）。

①第三国の会計基準とIFRSsとの間に重要な差異がない場合（たとえば，コンバ
ージェンス計画表が，重要な差異がまったくない時点に達している場合）には，第

第7章　EUにおける第三国の会計基準の同等性評価

455

三国の会計基準に補正措置による追加開示は必要なく，しかも会計基準は同等であると考えること

②第三国の会計基準とIFRSsとの間に重要な差異がある場合でも，企業レベルで簡易な開示の補正が行われれば，第三国の会計基準をIFRSsと同等であると考えること

③簡易な追加開示による補正については監査を求めること

④同等性評価の全般的評価は，CESRが提示した同等性の定義をもとに，コミトロジー（Comitology）のプロセスを通してECが最終段階で行うこと

⑤同等な第三国の会計基準を利用した発行体の財務諸表について行われる会計監査の信頼性についての評価が，この同等性を決定するメカニズムでの1つのステップとなること

第三国の会計基準の同等性を決定するためのメカニズムのチャートは，**図表7-5**のとおりである。

この第三国の会計基準の同等性を決定するためのメカニズムのチャートによる考え方は，同等性評価のメカニズムに関する技術的助言のコンサルテーション・ペーパーとその後の技術的助言でCESRが一貫して説いたものである。ただし，同等性を決定するモデルはこれに限定されず，代替的なモデルも提示されている。

CESRによる同等性を決定するための2つの異なるメカニズムのモデルは，同等性の評価を将来のある特定時点の状況またはそれ以降の期間の状況のいずれを対象とするかに違いがある。CESRが，コンサルテーション・ペーパーと技術的助言で2つのモデルを提示し，同等性を決定するメカニズムや考え方を整理したことは注目すべきである。

2つのモデルは，次のような同等性評価のアプローチとして捉えられる（CESR［2007c］，pars.23-24，CESR［2007d］，pars.35-40）。

第4節　CESRによる第三国（中国，日本およびアメリカ）の会計基準の同等性評価に関する助言とヨーロッパ委員会（EC）規則の決定

図表7-5　第三国の会計基準の同等性を決定するためのメカニズム

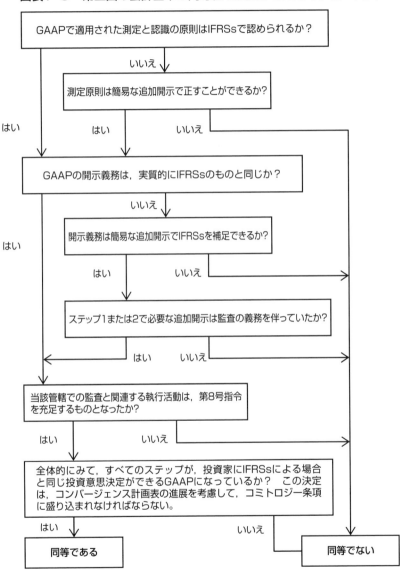

出所：CESR［2007d］，Appendix 1, p.12.

> ①第三国の会計基準とIFRSsとの重要な差異を将来のある特定時点で解消する，または，第三国の会計基準をIFRSsに完全に置き換える第三国の基準設定主体によるコンバージェンス計画表またはアドプション計画表が存在し，その特定時点の会計基準間の差異に着目して会計基準の同等性を評価するアプローチ
>
> ②コンバージェンス計画表またはアドプション計画表が整備され，第三国の基準設定主体がそれに従ってコンバージェンスを計画通りに進め，その目標期日が十分に満たされ，測定と開示の原則がIFRSsと十分にコンバージェンスされるのであれば，会計基準の同等性を評価する簡易なアプローチ

　ある特定時点の会計基準間の差異に着目して同等性の評価を行う前者のアプローチは，これまでCESRが採用してきたものであり，金融庁はこれを「**スナップショット・アプローチ**」と呼んだ。また，CESRが代替的なアプローチとして新たに提案する後者のアプローチを，金融庁は「**ホーリスティック・アプローチ**」と呼んだ（金融庁［2008］）。金融庁は，ホーリスティック・アプローチが「世界経済のダイナミズムや，昨今の世界的な基準の開発プロセスと整合的」であり，また，スナップショット・アプローチに対しては懸念を表明する回答をCESRに発出している。

　いずれにせよ，第三国の会計基準の同等性を決定するにあたって，いずれのメカニズムのモデルないしアプローチが採用されるかは，IFRSsへの移行または第三国の会計基準の利用可能性を左右するだけに，重大な論点となっている。

　同等性を決定するメカニズムの2つのモデルに対して寄せられた回答書を分析したうえでも，**図表7-5**のメカニズムが適切な評価方法だとするCESRの基本的スタンスに変わりはない。もちろん，代替的なモデルの有用性にも理解を示す。CESRは，最終的な技術的助言において，コンバージェンス計画表が整備され，その適切な計画表のもとでIFRSsとのすべての重要な差異の解消に向けて取り組み，また，その計画表で十分に進展している場合，第三国の会計基準に対する移行期間の拡大を検討するようにECに助言したことは，その証左

である。また，この新しい移行措置は，2012年を超えてはならず，目論見書規則第35条第5A項の(b)と(c)で規定する条件を満たす第三国の会計基準を対象とすべきと助言している（CESR［2007d］，pars.38-40）。

2．第三国の会計基準の同等性を決定するためのメカニズムに関するEC規則

　ヨーロッパ議会は，2007年11月14日に，EU規制市場に上場するEU域外の第三国の発行体に対して，EUがエンドースしたIFRSsではなく第三国の会計基準に準拠することを容認する決議案（European Parliament［2007］）を提案した。この提案は，第三国の会計基準の同等性を決定するためのメカニズムに関するEC規則としての成文化に連なる。

（1）同等性の定義

　CESRがECに提出した「カナダ，日本およびアメリカの基準設定主体の作業計画表，同等性の定義およびEUの資本市場で現在利用されている第三国のGAAPsのリストに関するヨーロッパ委員会に対するCESRの助言」（CESR［2007a］）と「第三国の一般に認められた会計原則の同等性を決定するメカニズムに関するCESRの技術的助言」（CESR［2007d］）を受けて，また，その後のヨーロッパ議会などでの審議を経て，ECは，「**ヨーロッパ議会および閣僚理事会指令第2003/71/EC号および第2004/109/EC号による第三国の証券発行体が適用する会計基準の同等性を決定するためのメカニズムを策定する2007年12月21日付の委員会規則（EC）第1569/2007号**」（いわゆる「**同等性メカニズム規則**」）を公表した。

　この委員会規則（EC）第1569/2007号において，ECは同等性を次のように定義している。

第2条（同等性）

　第三国の一般に認められた会計原則が，規則（EC）第1606/2002号により採択

459

されたIFRSと同等と認められるのは，資産と負債，財政状態，損益および発行体の見通しについて，第三国の一般に認められた会計原則に準拠して作成された財務諸表での評価によって，投資家がIFRSに準拠して作成された財務諸表による評価と同様の評価を行うことができ，その結果，投資家が発行体の証券の取得，保有または処分に関する意思決定を行うことが見込まれる場合である。

（２）第三国の会計基準を一定期間受け入れるための条件（承認条件）

また，第三国の会計基準の同等性を決定するメカニズム，すなわち同等性評価の実施方法について，ECは，それぞれ第3条と第4条において次のように規定した。

第3条（同等性のメカニズム）

　加盟国の監督庁による申請にあたって，または，第三国の会計基準ないし市場の監督に責任を有する当局の適用にあたっての第三国の一般に認められた会計原則の同等性の決定に関する意思決定は，委員会の責任のもとで行われる。

第4条（第三国の会計基準を一定の期間受け入れる条件）

1．第三国の発行体は，規則（EC）第809/2004号第35条第5項の規定に関わらず，以下の場合においては，2008年12月31日より後に開始し，2011年12月31日までに終了する期間において，指令第2004/109/EC号の規定に応じた第三国の会計基準に準拠して作成した財務諸表を用いて，当該規則による過去財務情報を提供することができる。

　1．当該第三国の会計基準の当局が，2011年12月31日までに第三国の会計基準を国際財務報告基準とコンバージェンスさせることを2008年6月30日までに公約しており，次の2つの条件が満たされる場合：

　　(a) 当該第三国の会計基準の当局が，包括的で，しかも2011年12月31日までに完遂可能なコンバージェンス計画表を2008年12月31日までに策定していること

　　(b) コンバージェンス計画表が遅滞なく実効的に実施されており，完遂のために必要な資源が，その実施にあてがわれていること

　2．当該第三国の会計基準の当局が，2011年12月31日までに国際財務報告基

準を採択することを2008年6月30日までに公約しており，その日までに国際財務報告基準への適時かつ完全な移行を確保するための実効的な措置が第三国で講じられている場合，または，2008年12月31日までにEUと相互承認の合意に至っている場合

2．第三国の会計基準に準拠して作成した財務諸表を継続して認めるための第1項のどの意思決定も，指令第2003/71/EC号の第24条および指令第2004/109/EC号の第27条第2項に規定する手続きにより行われる。

3．委員会が，第1項に従って第三国の会計基準に準拠して作成された財務諸表を継続して認める際，(a)または(b)での条件が（事情に応じて）満たされているかについて定期的にレビュー（見直し）を行い，ヨーロッパ証券委員会とヨーロッパ議会に報告する。

4．第1項の(a)または(b)の条件が満たされていない場合，委員会は，指令第2003/71/EC号第24条および指令第2004/109/EC号第27条第2項に規定する手続きにより，当該会計基準について第1項の意思決定を修正する決定を行う。

5．本条に従う場合，委員会は，コンバージェンス計画表またはIFRSのアドプションの進展についてCESRとまず協議を行う。

委員会規則（EC）第1569/2007号の中核をなす規定は第4条であり，この規則の特徴は，第三国の会計基準を一定の期間受け入れる条件（承認条件）をその期限とともに設定したことにある（第4条第1項第1号・第2号）。

後にCESRは，同等性の定義と第三国の会計基準の同等性を決定するメカニズムに関する委員会規則に反映されたEC立法者のアプローチが，第三国の会計基準とIFRSsの差異を分析し，その差異に補完措置を求めるアプローチよりも，第三国の会計基準の同等性についてはより**全般的な成果主義のアプローチ**（Holistic Outcome-Based Approach）（つまり，ホーリスティック・アプローチ）を要求するのはCESRの見解であると表明している（CESR［2008a］，par.40）。

たとえば，ASBJとIASBとの間の会計基準のコンバージェンスに向けた共同プロジェクトの合意（2005年1月21日），いわゆる「東京合意」とも称される**「会計基準のコンバージェンスの加速化に向けた取組みへの合意」**（2007年8月8日）（ASBJ・IASB［2007］（企業会計基準委員会・国際会計基準審議会［2007］））

や，この東京合意を踏まえた「プロジェクト計画表」による会計基準のコンバージェンスの取組みの公表というASBJの一連のアクションは，委員会規則（EC）第1569/2007号第4条（第三国の会計基準を一定の期間受け入れる条件）の第1項の条件に該当することになる。

第4条第1項には2つの条件が設定されているが，第1の条件である「当該第三国の会計基準の当局が，包括的で，しかも2011年12月31までに完遂可能なコンバージェンス計画表を2008年12月31日までに策定していること」は，ASBJによる「プロジェクト計画表」の策定とその公表で満たしている。第2の条件である「コンバージェンス計画表が遅滞なく実効的に実施されており，完遂のために必要な資源が，その実施にあてがわれていること」は，まさに今後の「プロジェクト計画表」の完遂のあり方を問うものである。

3．第三国（中国，日本およびアメリカ）の会計基準の同等性評価に関する助言

（1）同等性に関する予備的作業の要請

ECは，2007年12月11日付の「**透明性指令と目論見書規則による第三国のGAAPsの同等性に関する予備的作業の開始**」（Initiation of Preparatory Work Concerning the Equivalence of Third Country GAAPs under the Transparency and Prospectus Regulation）（EC［2007b］）の文書をCESRに発出している。ECは，策定した同等性メカニズム規則に従った第三国の会計基準の同等性評価を2008年7月1日までに確実なものとしなければならないため，CESRに次のステップからなる予備的作業を直ちに開始することを要請したのである。

この文書の付属文書では，ECが必要とする予備的作業に関する情報を2つのカテゴリーに分けた。このカテゴリー分類は，評価対象の第三国を峻別するものであり，その後のCESRによる第三国の会計基準の同等性評価に関する助言とECの規則化にもそのまま反映されていく。

①第1のカテゴリー：ある特定の第三国の会計基準の同等性の事実に関する
　　　　　　　　　評価

②第2のカテゴリー：その他の第三国の会計基準に関わる現行のコンバージェンス計画表およびアドプション計画表に関する評価

とくに，第1のカテゴリーの同等性評価のあり方について，ECはCESRに次のことを求めている。

・アメリカと日本の会計基準については，CESRの2005年の技術的助言に基づいて評価を行い，主としてこの技術的助言で指摘された問題に対する当該2ヵ国の会計基準設定主体による取組みに評価の焦点を当て，2008年末までに同等性に関する結論に達することを目指して，顕著な問題点をとりわけ明らかにすること
・中国の会計基準が，同等性メカニズム規則によって同等と評価されるか否かについても検討すること

（2）第三国（アメリカ，日本および中国）の会計基準の同等性評価に関する助言

　この要請と同等性メカニズム規則を踏まえて，CESRは，まず第1カテゴリーの同等性評価に取り組む。予備的作業の要請を受けて間もなく，CESRは，2007年12月18日に矢継ぎ早に**コンサルテーション・ペーパー（協議文書）「中国，日本およびアメリカのGAAPsの同等性に関するCESRの助言案」**（CESR［2007e］）を公表し，2008年1月21日に開催された公開公聴会などをも踏まえて，CESRはECに対する第1カテゴリーの同等性評価の最終助言として，「**中国，日本およびアメリカのGAAPsの同等性に関するCESRの助言**」（CESR's Advice on the Equivalence of Chinese, Japanese and US GAAPs）（CESR［2008a］）を2008年3月に公表するに至っている。

　このCESRのコンサルテーション・ペーパーまたは最終助言には，主として2つの特徴がある。

　第1の特徴は，同等性評価に資する第三国の会計基準が，2005年の同等性に関する技術的助言の際の対象であったカナダの会計基準から中国の会計基準に

変わったことである。もちろん，中国の会計基準を対象としたのは，ECの同等性の予備的作業の要請によるものであるが，それは，それまでにカナダのAcSBが2011年からIFRSsのアドプションを表明したこと，また，中国が2007年からIFRSsに準拠した会計基準を導入したことが背景にある。

第2の特徴は，第三国の会計基準の同等性評価にあたって，従来CESRが採ってきたいわゆるスナップショット・アプローチが，ECの同等性メカニズム規則によって，ホーリスティック・アプローチに取って代わったことである。

CESRによるECに対する助言は，市場参加者とのコンサルテーション（協議）が義務づけられている。CESRは，コンサルテーション・ペーパーに寄せられたコメントなどを反映したフィードバック・ステートメントを公表することなく，第三国（アメリカ，日本および中国）の会計基準の同等性評価に関する助言を公表したが，それらはこの最終助言に含められているという。

ホーリスティック・アプローチによって，アメリカ，日本および中国の会計基準の同等性評価を行った結果，CESRが最終助言で表明したECに対する勧告は，まずは次のように要約できる。

①CESRは，EU市場で使用するにあたって，アメリカの会計基準がIFRSsと同等であると評価することをECに対して勧告する。
②CESRは，「東京合意」において示した目標を計画表に沿って対応している日本のASBJの十分な証拠がないのでない限り，日本の会計基準がIFRSsと同等であると評価することをECに対して勧告する。
③CESRは，中国の発行体による新たな中国の会計基準の適用実態についての情報が多く得られるまで，中国の会計基準に対する最終決定を延期すべきであることをECに対して勧告する。

こうした勧告をCESRが表明するうえで拠り所となった分析結果などを整理すると，以下の**図表7-6**のとおりである。

第4節 CESRによる第三国（中国，日本およびアメリカ）の会計基準の同等性評価に関する助言と
ヨーロッパ委員会（EC）規則の決定

図表7-6　CESRの第三国（中国，日本およびアメリカ）の会計基準の同等性評価に関する最終助言の拠り所

アメリカの会計基準	⒜CESRの2005年の助言で指摘された問題に対するFASBとIASBの取組みについて
	◆2006年にFASBとIASBは，世界の資本市場で用いる高品質で共通の会計基準を共同で開発することを再確認した新たな「覚書」を公表した。この覚書は，アメリカにおける外国民間発行体に対して課している調整表作成・開示要件を撤廃するSECの「ロードマップ」の文脈や，CESRが会計基準の改善を指摘した作業を反映したものである（par.45）。
	◆覚書は，アメリカの会計基準とIFRSsをコンバージェンスすることに合意したものではあるが，すべての差異を縮小するものではなく，また，IFRSsは原則主義によるものであり，アメリカの会計基準は規則主義によるものである。FASBとIASBは，将来，共同プロジェクトに取り組むことに合意しており，両審議会内での解釈プロセスが，2つの会計基準の間に新たな差異をもたらさない新たなメカニズムを策定することも決めている（pars.46-47）。
	◆CESRの代表団が，2007年11月9日にIASB関係者と面談し，CESRが2005年の助言で指摘した主たる差異のすべてについて，現在，FASBとIASBで取り組んでいるとの力強い言葉を彼らからもらった（par.48）。
	⒝アメリカの会計基準の同等性評価について
	◆上記の⒜の情報から，CESRは，アメリカの会計基準の同等性について次のように評価した（par.49）。
	・FASBとIASBは，アメリカの会計基準とIFRSsのコンバージェンスを公約してきたこと
	・FASBとIASBは，CESRが2005年の助言で指摘した主な差異について取り組んでいること
	・公表された新たな会計基準または解釈指針が，アメリカの会計基準とIFRSsの間の新たな差異をもたらすことのないようにするメカニズムを，FASBとIASB内に策定していること
	・FASBとIASBは，将来，合同で会計基準を公表する予定にあること
	・FASBとIASBの間に自主的取組みについての具体的な証拠があること
	◆以上のことから，CESRは，ECがアメリカの会計基準をEU市場で利用するにあたって，IFRSsと同等であると評価することを勧告する（par.50）

第7章　EUにおける第三国の会計基準の同等性評価

465

	(a)CESRの2005年の助言で指摘された問題に対するASBJの取組みについて
日本の会計基準	◆ASBJとIASBは，2005年3月に開始した会計基準の共同プロジェクトである日本の会計基準とIFRSsのコンバージェンスを加速する「東京合意」を2007年8月に公表した。ASBJとIASBは，CESRの2005年の助言で指摘された会計基準間の主たる差異を2008年までに解消し，また，2008年までのプロジェクトに含まれない残りの差異を2011年6月30日までに取り除くことを目標としている。しかし，目標期日の2011年は，2011年以降に発効する現在開発中の新たなIFRSsには適用しない（par.51）。 ◆CESRの2005年の助言で指摘した問題に対するASBJの取組みを評価するために，①ASBJのウェブサイトで公表したASBJの新たなプロジェクト計画表と②IASBメンバーとの会合を通じて，CESRはECに対する2007年3月の助言に付した付録の「IFRSsと日本の会計基準のコンバージェンスに関するASBJの作業計画表」をアップデートした（par.52）。 ◆CESRの分析によれば，2005年の助言で指摘した会計基準の差異の解消は，2007年末までに公表される3つの最終基準と2008年末までに公表される8つの新たな基準を意味する。ASBJがその目標をうまく達成できれば，2005年の助言で指摘した問題のすべてに取り組むことになるので，CESRは，日本の会計基準が同等性を有すると考えられることに同意すべきでないとする理由はなにもない。したがって，CESRは，ASBJが2005年6月のCESRの助言で指摘した主たる差異に取り組んでいるものと確信している（par.53）。
	(b)日本の会計基準の同等性評価について
	◆CESRは，同等性の最終決定を行ううえでの重要な要素として，基準設定主体の作業計画表に立脚した姿勢を取ろうと思っている。しかし，ASBJに関しては，この最終助言の公表日に新たな計画表の進展についての証拠を見出すことはあまりにも時期尚早であり，CESRが第41項に則して，あるいは，第43項から第49項に含まれるアメリカの会計基準の評価に則して，日本の会計基準にどのような勧告を行うことができるかは限られている（par.54）。 ◆しかし，CESRは，2008年6月になって，「東京合意」において示した目標を計画表に沿って対応しているASBJの十分な証拠がないのでない限り，ECは日本の会計基準が同等であると評価すべきことを勧告する（par.55）。

中国の会計基準	**(a)中国におけるIFRSベースの会計基準のアドプションについて** ◆2006年2月15日に、中国の財政部（CASC）は、新たな基本準則と38の個別の企業会計準則からなる「企業会計准則」（ASBEs）を公式に発表した。このASBEsは、現行のIFRSsでのほぼすべてのトピックをカバーしており、2007年1月1日から中国上場企業に強制適用となる。他の中国の会社も、このASBEsを適用することが推奨されている。CASCとIASBによれば、一部の修正を除いて、ASBEsは実質的にIFRSsに則しているという（par.57）。 ◆2007年5月のCESRの助言に従って、CESRの最初のステップは、CASCにASBEsとIFRSsの差異の評価を行うように要請することにあった。実際には、CASCは、差異を認識するこの分析を提供しなかったし、また、この差異のリストをCESRに提供しなかった（par.59）。 ◆財政部によれば、IFRSsとASBEsには主として次の2つの差異があるという。 (1)ASBEsでは、固定資産の減損がリザーブできない。 (2)ASBEsでは、国家の支配下にある事業体は「関連会社」である。 　IASBとCASCは、この2つの差異について討議し、CESRは次のような決定が行われたと聞かされた。 (1)IASBは、国家の支配下にある事業体に関するASBEとの差異を取り除くために、IAS第24号を修正作業中である。 (2)IASBは、今のところプロジェクト計画表があるわけではないが、IAS第36号の修正についても議論している（par.60）。 ◆中国の会計基準は、その由来から、IFRSsと実質的に類似しているかのようにみえる。中国の会計基準とIFRSsのコンバージェンス計画表を策定する代わりに、中国当局は、自国の環境に会計基準を適合するために若干の調整を施すことを条件に、中国の法律にIFRSsを組み込む決定をした。CESRの考えでは、この決定は日本やアメリカの状況とは異なるものである（par.62）。 **(b)中国の会計基準の同等性評価について** ◆同等性評価を決定するために、また、第三国の会計基準が現行の移行期間の延長に適格かどうかを決定するために、CESRは、当該会計基準が適切に適用されているかどうかについて評価することをECから要求されてこなかった。しかし、先のECに対する助言で、EUで認められる第三国の会計基準の前提条件として、当該財務諸表の適切な監査を含む、国家レベルでの「フィルター」が存在しなければならないことを表明した（par.69）。

◆会計基準のテクニカルな分析だけに基づけば，CESRは，中国の会計
基準が，表面上は，IFRSsと同等なものとなっていると確信している。
しかし，2007年1月1日から適用を開始したばかりの基準の当然の帰結
として，その実施に関わる十分に客観的な証拠が明らかに欠落している
ことは無視できない（par.70）。

◆その結果，CESRは，中国が当該会計基準をどのように実施している
かを知る証拠が出るまで，中国の会計基準に関する最終決定を延期すべ
きであることをECに勧告する。中国の発行体がEU市場に参画する際
に，ECが中国の会計基準を利用することを認めようと考えているので
あれば，CESRは，ECの同等性メカニズム規則第2条による決定が十
分可能な証拠が出揃うまで，同等性メカニズム規則第4条によって中国
の会計基準の受け入れを検討するようにECに対して勧告する
（par.71）。

注：各項の内容を要約してまとめている箇所もある。
出所：CESR［2008a］をもとに作成。

第5節 第三国（カナダと韓国）の会計基準の 同等性評価に関する助言

1．同等性に関する予備的作業の要請

ECがCESRに発出した2007年12月11日付の「透明性指令と目論見書規則に
よる第三国のGAAPsの同等性に関する予備的作業の開始」（EC［2007b］）の
文書は，上述の第1のカテゴリーの同等性評価のあり方に加えて，第2のカテ
ゴリー（ある特定の第三国（アメリカ，日本および中国）以外の第三国の会計基準
に関わる現行のコンバージェンス計画表およびアドプション計画表に関する評価）
の同等性評価のあり方について次のことを求めた。

・当該会計基準に責任を持つ当局が，2011年12月31日までに完遂する予定のコ
ンバージェンス計画表を策定した第三国の会計基準およびIFRSsとのコンバ
ージェンスを実質的に達成した，もしくは，2011年12月31日までにIFRSsを
アドプションすることを公約した第三国の会計基準については，とくに，現

行のコンバージェンス計画表またはIFRSsのアドプション計画表が包括的なもので，しかも，2011年12月31日までに完遂可能かどうかを評価すること

この予備的作業の開始要請の文書との関連で，ECはCESRに2008年3月31日付の「透明性指令と目論見書規則による第三国のGAAPsの同等性の決定に関する予備的作業」（EC［2008b］）を発出している。第1のカテゴリーでの「ある特定の第三国」（アメリカ，日本および中国）以外のその他の第三国の会計基準も，第1カテゴリーの同等性評価の助言後の日付で加えることもできるため，その予備的作業を要請したのである。

第2カテゴリーの同等性評価のあり方について，ECは，その他の第三国の会計基準を指定したうえで，次のことをCESRに求めた。

・当該会計基準に責任を持つ当局が，2011年12月31日までに完遂する予定のコンバージェンス計画表を策定した第三国の会計基準およびIFRSsとのコンバージェンスを進めている第三国（インドと韓国）の会計基準，または，当該当局が2011年12月31日までにIFRSsをアドプションすることを公約した第三国（カナダ）の会計基準について，とくに，それが包括的なもので，しかも，2011年12月31日までに完遂可能かどうかについて焦点を当てながら，現行のコンバージェンス計画表またはIFRSsのアドプション計画表を評価すること

このCESRに対する要請内容から，この時点で，ECは，カナダがIFRSsアドプションを公約した事実は知っていたものの，韓国がIFRSsとのコンバージェンスを展開するのではなく，すでにIFRSsアドプションを公約している事実を把握していなかったことがわかる。

2．第三国（カナダと韓国）の会計基準の同等性評価に関する助言

ECが発出した2008年3月31日付の「透明性指令と目論見書規則による第三国のGAAPsの同等性の決定に関する予備的作業」（EC［2008b］）は，新たに3ヵ国の会計基準の同等性評価を求めた。その際，韓国によるコンバージェン

ス計画表の評価とカナダによるIFRSsアドプション計画表の評価について，CESRによる第三の助言の提出期日を，2008年4月25日までとしていた。インドのコンバージェンス計画表の評価に関する助言の提出期日は，2008年5月9日までとしており，したがって，この新たな第三国の会計基準の同等性評価は2段階で展開されることになる。

CESRは，コンサルテーション・ペーパー（協議文書）「カナダと韓国のGAAPsに関するCESRの助言」（CESR［2008b］）を提出期日内の2008年4月7日に公表したが，ECに対する第2カテゴリーの第1弾の同等性評価の**最終助言「カナダと韓国のGAAPsに関するCESRの助言」**（CESR's Advice on Canadian and South Korean GAAPs）（CESR［2008c］）として取りまとめて公表できたのは，2008年5月19日であった。

最終助言では，CESRは，カナダと韓国のIFRSsアドプションの公約について，IASBやカナダと韓国の証券規制当局との会合での情報やアドプション計画表の資料などをもとに実態を捉え，次のような共通したIFRSsのアドプション計画表の評価を下している（CESR［2008c］，par.43, par.61）。

---

①カナダのAcSBは，2011年12月31日までにIFRSsをアドプションすることを2006年1月に公約した。また，韓国の金融監督委員会（KFSC）と韓国会計基準院（KAI）は，2011年12月31日までにIFRSsをアドプションすることを2007年3月に公約した。カナダと韓国の当局が提供したIFRSsアドプションを成し遂げる計画表（ロードマップ）とその進展の詳細を示す情報がある。

②目標期日までにIFRSsの適時かつ完全な移行をもたらす有効な手段が講じられている。

③カナダと韓国の当局は，いずれもアドプション計画表へのコミットメントを示しており，すべてのステークホルダー（企業，会計監査人，学界，証券規制当局，IASBなど）が関与している。

このような実態評価を踏まえて，CESRは，ECに対する最終助言において，カナダと韓国のアドプション計画表が包括的なものであり，しかも，2011年12

月31日までにカナダのAcSBと韓国のKAIがその目標を達成することは疑いないとした。つまり，CESRはECに対して，カナダと韓国のいずれの会計基準についても同等性メカニズム規則第4条に従って認めることを勧告したのである（CESR［2008c］，pars.44-45, pars.62-63）。

このCESRによるECに対する勧告は，EUの規制市場での取引が認められるカナダと韓国の発行体が，カナダと韓国でIFRSsのアドプションが達成されることが期待される2011年末まで，カナダと韓国の会計基準を利用できるとするものである。

第6節 第三国（インド）の会計基準の同等性評価に関する助言

1. 同等性に関する予備的作業の要請

2008年3月31日付の「透明性指令と目論見書規則による第三国のGAAPsの同等性の決定に関する予備的作業」（EC［2008b］）の発出に先立ち，ECはCESRに対して，2008年2月1日付の同一題目での予備的作業の要請文書を発出している。2月1日付と3月31日付の要請文書の違いは，指摘した同等性評価の対象国にある。

2008年2月1日付の「透明性指令と目論見書規則による第三国のGAAPsの同等性の決定に関する予備的作業」（EC［2008a］）では，第2カテゴリーの同等性評価のあり方について，ECはその他の第三国の会計基準を指定したうえで，次のことをCESRに要請していた。

・当該会計基準に責任を持つ当局が，2011年12月31日までに完遂する予定のコンバージェンス計画表を策定した第三国の会計基準およびIFRSsと実質的にコンバージェンスした第三国（インド，韓国およびロシア）の会計基準，または，当該当局が2011年12月31日までにIFRSsをアドプションすることを公約した第三国（カナダ）の会計基準について，とくに，それが包括的なもので，しかも，

2011年12月31日までに完遂可能かどうかについて焦点を当てながら，現行のコンバージェンス計画表またはIFRSsのアドプション計画表を評価すること

　この予備的作業の要請文書の発出時点では，ECは，IFRSsとのコンバージェンス国としてインド，韓国およびロシアの3ヵ国を提示していたのである。およそ2ヵ月後にECが発出した，先の2008年3月31日付の要請文書では，予備的作業の対象国からロシアが外れ，また，IFRSsとのコンバージェンスを進めている第三国としてインドと韓国を捉えている。

　とはいえ，CESRがこの予備的作業を進めるなかで，韓国がコンバージェンスを展開する国ではなく，カナダと同様に，IFRSsアドプションの推進国であることを理解し，コンバージェンスを進める国とは分けたうえで，ECに対する最終助言をまずまとめあげたのである。また，当時は，インドにおけるIFRSsの利用実態に関する情報を収集するプロセスにあったため，インドの会計基準についての技術的助言は別途対応することとされた。

2．第三国（インド）の会計基準の同等性評価に関する助言

　CESRは，コンサルテーション・ペーパー（協議文書）「インドのGAAPに関するヨーロッパ委員会に対するCESRの技術的助言」（CESR［2008d］）を2008年10月3日に公表し，ECに対する第2カテゴリーの第2弾の同等性評価の最終助言「インドのGAAPに関するヨーロッパ委員会に対するCESRの技術的助言」（CESR's Technical Advice to the European Commission on Indian GAAP）（CESR［2008e］）を取りまとめ，2008年11月14日に公表している。

　この最終助言でも，CESRは，インドの会計基準のコンバージェンス作業については，インド勅許会計士協会（ICAI）とインド企業省（MCA）の代表者との会合での情報やコンバージェンス計画表の資料などをもとに実態を捉え，コンバージェンス計画表について次のような評価を下している（CESR［2008e］，par.49）。

①ICAIは，2007年7月に，2011年12月31日までにIFRSsをアドプションするこ

とを公約している。

②インド政府は，2008年5月に，2011年までにIFRSsとのコンバージェンスを行う意向を明らかにしている。

③ICAIは，追加開示，専門用語の変更，代替的処理の省略などの「インドの条件」（Indian Conditions）を反映させるため，IFRSsに変更を加えることに言及している。しかし，この変更は軽微なものだと思われており，ICAIとインド政府はともに，インドの会計基準の規定内容や目的は，計画表が進展するうちにIFRSsを完全に遵守することになり，また，インドの発行体は，財務諸表の注記にIFRSsに準拠しているとする無条件の記載ができることになるという意向を表明している。

④2011年12月31日までに，インドの会計基準をIFRSsに適時かつ完全なコンバージェンスをもたらす有効な手段が講じられている。

とくにここでは，第三の実態評価にみられる「インドの条件」とその影響が問題となる。

この点について，CESRはICAIとインド政府の代表者と協議した結果，この「インドの条件」に関わる会計基準は，IFRSsとの差異に該当することを明らかにした（CESR［2008e］，pars.49-50）。その根拠は，同等性メカニズム規則第24項での測定原則の比較についてのCESRによる次の見解にある。

「測定原則の比較に関して，CESRは，第三国のGAAPがIFRSsのもとで受け入れることができると考えることが許されるとさえすれば十分であると考えている。その結果，当該原則は，IFRSs準拠の発行体がその状況下で選択したものと必ずしもまったく同じである必要はない。これは，IFRSsとは違うに等しいGAAPの精神に則したものである。」

このような実態評価を踏まえて，CESRは，ECに対する最終助言において，インドのコンバージェンス計画表が包括的なものであり，しかも，ICAIとインド政府が両輪となって働きかけており，2011年12月31日までにその目標を達

成することは疑いないとした。つまり，CESRは，インドの会計基準について
も同等性メカニズム規則第2条で意思決定を下す立場にあるまで，当該規則第
4条に従って認めることを勧告したのである（CESR［2008e］，pars.49-50）。

このCESRのECに対する勧告は，EUの規制市場での取引が認められるイ
ンドの発行体が，インドの会計基準がIFRSsとコンバージェンスすることが期
待される2011年末まで，当該インドの会計基準を利用できるとするものである。

ところで，EUが第三国の会計基準の同等性評価を行った時点の対象であった，
ICAIが2007年10月に公表した「**インドにおけるIFRSsとのコンバージェンスに
関する概念ペーパー**」（Concept Paper on Convergence with IFRSs in India）（ICAI
［2007］）は，その後の2010年1月22日に，MCAがインドのIFRSs導入のロード
マップ（Ministry of Corporate Affairs［2010］）を公表したことで，概念ペーパー
が掲げていた，すべてのIFRSsを同時に適用するいわゆる「**ビッグバン・アプ
ローチ**」（Big-Ban Approach）のインドのIFRSsの政策を大きく切り替えている。

3．第三国の会計基準の同等性およびIFRSsの利用に関するEC規則

ECは，CESRに要請していた第三国の会計基準の同等性評価に関する技術
的助言等を踏まえて，2008年12月12日に，目論見書指令と目論見書規則および
透明性指令による第三国の会計基準の同等性について策定する，次の2つの委
員会決定と委員会規則を採択した。

① **「第三国の証券発行体による連結財務諸表の作成のための第三国の会計基準
および国際財務報告基準の利用に関する2008年12月12日付の委員会決定第
2008/961/EC号」**

第1条
　2009年1月1日から，年次連結財務諸表と半期連結財務諸表に関しては，規
則（EC）第1606/2002号によって採択したIFRSsに加えて，次の基準は，規則
（EC）第1606/2002号によって採択したIFRSsと同等なものとみなされる。

第6節 第三国（インド）の会計基準の同等性評価に関する助言

(a) 監査済み財務諸表の注記に，IAS第1号「財務諸表の表示」に従って，財務諸表が国際財務報告基準に準拠しているとする明示的かつ無条件の記載が含まれる場合，国際財務報告基準

(b) 日本の一般に認められた会計原則

(c) アメリカの一般に認められた会計原則

2012年1月1日から開始する会計年度以前の期間については，第三国の発行体は，中国またはカナダ，韓国もしくはインドの一般に認められた会計原則に従った年次連結財務諸表と半期連結財務諸表の作成が認められる。

第1a条

委員会は，CESRの技術的援助を借りて，IFRSsへの移行に向けた第三国の努力の監視を継続し，また，コンバージェンスのプロセスの期間中，当局と積極的に意見交換を進める。委員会は，この点についての進捗報告書を2009年中にヨーロッパ議会およびヨーロッパ証券委員会（ESC）に提出する。委員会は，EUの発行体が，将来，当該外国管轄（法域）のGAAPに財務諸表の数値調整を求められる状況が生ずれば，閣僚理事会およびヨーロッパ議会にも速やかに報告する。

第1b条

IFRSsへの移行に関して第三国が公表する日付は，当該第三国に対する同等性承認の撤廃の参考日として使える。

第2条

決定第2006/891/EC号は，2009年1月1日からその発効を取り消す。

② 「目論見書と広告に係る要素に関するヨーロッパ議会および閣僚理事会指令第2003/71/EC号を発効する委員会規則（EC）第809/2004号を改正する2008年12月12日付の委員会規則（EC）第1289/2008号」

第1条

規則（EC）第809/2004号の第35条を次のように改正する。

1．第5項および第5a項を次のように置き換える。

「5．2009年1月1日から，第三国の発行体は，次の会計基準のいずれか1つに従って過去財務情報を表示する。

(a) 規則（EC）第1606/2002号により採択された国際財務報告基準

(b) 過去財務情報の一部をなす監査済み財務諸表の注記に，IAS第1号「財務諸表の表示」に従って，財務諸表が国際財務報告基準に準拠しているとする明示的かつ無条件の記載が含まれる場合，国際財務報告基準

(c) 日本の一般に認められた会計原則

(d) アメリカの一般に認められた会計原則

5a. 第三国の発行体は，過去財務情報が中国，カナダ，韓国またはインドの一般に認められた会計原則に従って作成されている場合には，付録Ⅰの20.1項，付録Ⅳの13.1項，付録Ⅶの8.2項，付録Ⅹの20.1項または，付録ⅪⅠの11.1項の義務，2012年1月1日から開始する会計年度以前の期間に関連のある目論見書に含まれる過去財務情報の修正再表示の義務，または，付録Ⅶの8.2項，付録Ⅸの11.1項または付録Ⅹの20.1項による義務，規則（EC）第1606/2002号により採択された国際財務報告基準と2012年1月1日から開始する会計年度以前の期間については，当該情報を作成するために準拠する会計原則との差異の定性的説明を提供する義務を免除される。」

2．第5b項から第5e項を削除する。

第2条

委員会は，CESRの技術的援助を借りて，IFRSsへの移行に向けた第三国の努力の監視を継続し，また，コンバージェンスのプロセスの期間中，当局と積極的に意見交換を進める。委員会は，この点についての進捗報告書を2009年中にヨーロッパ議会およびヨーロッパ証券委員会に提出する。委員会は，EUの発行体が，将来，当該外国管轄（法域）のGAAPに財務諸表の数値調整を求められる状況が生ずれば，閣僚理事会およびヨーロッパ議会にも速やかに報告する。

第3条

IFRSsへの移行に関して第三国が公表する日付は，当該第三国に対する同等性承認の撤廃の参考日として使える。

この委員会決定第2008/961/EC号と委員会規則（EC）第1289/2008号により，ECは，アメリカと日本の会計基準とIFRSsとの同等性を認め，また，2011年12月31日までの一定の移行期間に，EU域内で中国，カナダ，韓国およびインドの会計基準を暫定的に受け入れることを決定したのである。

第7節 CESRによるECに対する補足報告書

第7節 CESRによるECに対する補足報告書

1．第三国の会計基準の同等性に関わる監視協力の要請

　第三国の会計基準の同等性およびIFRSsの利用に関するEC規則である，委員会決定第2008/961/EC号の第1a条と委員会規則（EC）第1289/2008号の第2条は，ECが「CESRの技術的援助を借りて，IFRSsへの移行に向けた第三国の努力の監視を継続し」，また，「この点についての進捗報告書を2009年中にヨーロッパ議会およびヨーロッパ証券委員会に提出する」ように規定した。この進捗報告書の提出が2009年中であるため，ECは2009年9月頃までに当該報告書を作成させる意向であった。

　そこで，ECは，CESRに対して2009年2月13日付の「**透明性指令と目論見書規則による同等性に係る第三国のGAAPsの開発の監視についてのさらなる協力要請**」（EC［2009]）の文書を発出し，次の3点について要請した。

・当該第三国からの公開情報または文書化された情報を利用して，ECが2008年12月12日付で暫定的に一定期間受け入れた第三国（中国，カナダ，韓国およびインド）におけるIFRSsへの移行に向けた報告書をアップデートすること
・有用な報告書に基づいた，実質的にコンバージェンスした中国の企業会計准則の適用レベルの詳しい情報があれば，中国の状況についてより高度な助言を行うこと
・同等性があると認められた第三国（アメリカと日本）の会計基準，および，暫定的に一定期間受け入れた第三国（カナダ，中国，韓国およびインド）の会計基準のEU市場における実際の利用状況に関する情報をアップデートすること

2．CESRによるECに対する第1回補足報告書の公表

　このECからの「透明性指令と目論見書規則による同等性に係る第三国の

第7章　EUにおける第三国の会計基準の同等性評価

GAAPsの開発の監視についてのさらなる協力要請」（EC［2009］）文書に対する回答書として，CESRは2009年6月に，「カナダ，インドおよび韓国のIFRSとのコンバージェンスまたはアドプション計画表，中国の発行体による中国の会計基準の適用レベルおよびEU市場での第三国のGAAPの利用に関するCESRのヨーロッパ委員会に対する補足報告書」（CESR's Supplementary Report to the European Commission on the Programmes of Canada, India and South Korea to Converge with or Adopt IFRS, on the Level of Application of Chinese Accounting Standards by Chinese Issuers and on the Use of Third Country GAAP on EU Markets）（CESR［2009］）を取りまとめた。

（1）第1の要請に対する回答

　先のCESRによるECに対する最終助言「カナダと韓国のGAAPsに関するCESRの助言」（CESR［2008c］）の公表以降，カナダのIFRSsへの移行に向けた動向については，主要機関ごとに整理している。

　具体的には，AcSBが2008年11月に公表したIFRSs移行日にカナダで適用するIFRSsの最終リスト，2008年12月に刊行された機関誌に掲載されたAcSB委員長メッセージおよび「公開草案：カナダのIFRSアドプションⅡ」（AcSB［2009］），カナダ勅許会計士協会（CICA）が刊行した「カナダのIFRSについてのCICAガイド」（CICA Guide to IFRS in Canada）（CICA［2009］），カナダ証券管理局（CSA）スタッフが2008年2月に公表した概念ペーパー「国際財務報告基準に関する証券規制の変更可能性」（Possible Changes to Securities Regulations Relating to International Financial Reporting Standards）の2008年6月のアップデートなどの内容をカバーし，また，IASBでのIFRSs開発におけるカナダの関与について紹介している。

　CESRの最終助言公表後にみられる韓国のIFRSsへ向けた動向も，主要機関別に整理している。

　たとえば，KAIによる「韓国採択国際会計基準」（K-IFRS）の刊行（2008年12月31日），KAIによるK-IFRSの集中教育と韓国公認会計士会（KICPA）によ

るIFRSs全国巡回説明会，金融監督院による「国際会計基準ホームページ」の開設（2008年5月），2008年7月に導入されたK-IFRS早期適用企業に対する事前開示制度（財務報告に関する実務意見書2008-1「韓国採択国際会計基準の導入に伴う影響の事前開示」）とその注記事例の提示，金融監督院・韓国上場会社協議会が2008年8月25日に共催した「国際会計基準の適用と監督方向についてのシンポジウム」，2008年9月に編成したIFRSs早期導入諮問タスクフォース，2009年3月に編成したIFRSs導入の定着推進チーム，IFRSsに関わる企業開示様式や関連法規の改正などの内容をカバーし，また，IASBでのIFRSs開発における韓国の関与について紹介している。

　また，インドについては，ICAIが，改訂インド会計基準に準拠した財務諸表はIFRSsを遵守したことになることを繰り返し述べている。その一方で，コンバージェンスを妨げる多くの相反する法的要求事項や法的規制も認識しており，現在，企業省などが取り組んでいるという。ただし，この法的問題を網羅したリストは公表されておらず，また，CESRにも提供されていないが，ICAIはCESRにIFRSsの強制適用日案に変更はなく，当初の予定通り，2011年までにIFRSsとのコンバージェンスは達成されると語っている。IASBでのIFRSs開発におけるインドの関与についても紹介している。

（2）第2の要請に対する回答

　投資家が類似の意思決定を行えるときに，両会計基準は同等であるとする「**成果主義アプローチ**」によって第三国の会計基準の同等性を捉える場合，コンバージェンス計画表やアドプション計画表に従って十分に実施ないし進展している証拠の把握が重要となる。ECに対する「中国，日本およびアメリカのGAAPsの同等性に関するCESRの助言」（CESR［2008a］）を公表した際に，CESRが中国の会計基準に対する最終的な同等性評価の延期を勧告したのも，この考え方によるものであった。その意味からしても，「IFRSsへの移行に向けた第三国の努力の監視を継続」することの意義は大きい。

　このECの第2の要請に対するCESRによる補足報告書の回答は，中国財政

部が2008年11月に公表した「**2007年における中国の発行体による中国の新会計基準の実施に関する分析報告書**」(Analysis Report on the Implementation of New Accounting Standards by Chinese Listed Companies in 2007)(China MOF [2008], CESR [2009], Annex IV)に全面的に基づいている。この補足報告書は，もちろん中国の会計基準の同等性評価に関するCESRの技術的助言としての性格を有するものではなく，中国財政部の報告書が提示した次の主たる結論を単に提示しているだけである(CESR [2009], par.64)。

---

①中国の新しい会計基準のASBEsは円滑に実施されており，中国市場または報告周期(報告サイクル)への混乱もなく，所期の成果をもたらしたこと
②中国財政部は，ASBEsへの移行で主に開示の透明性が向上したことから，中国の財務報告の品質と信頼性を改善したと確信していること
③中国財政部は，コンバージェンスされたASBEsが海外の発行体に対して中国の市場を魅力あるものとし，また中国の発行体が国際的な市場に参画する際の立ち位置をよくしていると確信していること
④中国財政部は，2005年の財務諸表にはコンプライアンスのレベルを改善すべき数多くの領域があり，また，発行体が適用可能な基準を確認するのに難しさを感じる領域も多いことも認識していること

　第三国の会計基準のアップデートに関わる第1の要請と第2の要請を総括して，第三国の会計基準がIFRSsとのコンバージェンスまたはアドプションに向けて明らかに進展がみられるが，とくにインドについては，最終助言「インドのGAAPに関するヨーロッパ委員会に対するCESRの技術的助言」(CESR [2008e])の公表からさほど時間が経過していないので留意する必要があることを示している(CESR [2009], par.69)。

(3) 第3の要請に対する回答

　「同等性があると認められた第三国(アメリカ，日本，カナダ，中国，韓国およびインド)の会計基準のEU市場での実際の利用状況に関する情報をアップデ

第7節 CESRによるECに対する補足報告書

図表7-7 第三国の会計基準の利用実態

国　名	アメリカ基準の利用者数		日本基準の利用者数	中国基準の利用者数	韓国基準の利用者数	カナダ基準の利用者数	インド基準の利用者数	台湾基準の利用者数	ブラジル基準の利用者数
	アメリカ企業	アメリカ以外の企業							
オーストリア	1	0	0	0	0	0	0	0	0
チェコ共和国	0	1	0	0	0	0	0	0	0
フランス	17	4	0	0	0	0	0	0	0
ドイツ	28	4	0	0	0	0	0	0	0
アイルランド	20	23	0	0	0	0	0	0	12
イタリア	1	1	0	0	0	0	0	0	0
ルクセンブルク	109	19	11	0	22	16	37	16	12
ノルウェー	2	7	0	0	0	5	0	0	0
ポーランド	1	0	0	0	0	0	0	0	0
スペイン	3	0	0	0	0	0	0	0	0
スウェーデン	1	4	0	0	0	1	0	0	0
オランダ	6	5	0	0	0	2	0	0	0
イギリス	55	46	45	8	21	30	23	6	0
計	244	114	56	8	43	54	60	22	24

出所：CESR［2009］，par.72.

ートする」という第3の要請に対して，CESRは，EUの規制市場に上場する同等性が認められた第三国の会計基準と一定の移行期間に暫定的に受け入れている第三国の会計基準をそれぞれ利用する発行体の最新の実態調査結果を報告している（**図表7-7**参照）。ただし，ここでの各会計基準の利用者数は，加盟国からの提供情報に基づいており，ある発行体が複数国の市場で重複している可能性も捨てきれず，CESRは，当該情報の妥当性について立証していないので留意するように促している。

　この実態調査結果から，第三国の会計基準のなかで最も利用されている会計基準はアメリカの会計基準であり，とくにアメリカの会計基準を利用したアメリカの発行体は，ルクセンブルクの市場で顕著にみられ，また，第三国の会計基準は，EU加盟国のなかでルクセンブルクとイギリスの市場で活用されていることが読み取れる。

　この実態調査結果にみられるアメリカの会計基準を利用する企業のうち，ア

図表7-8　アメリカ以外の発行体のアメリカの会計基準の利用者内訳

	チェコ共和国	フランス	ドイツ	アイルランド	イタリア	ルクセンブルク	ノルウェー	スウェーデン	オランダ	イギリス	計
バーミューダ諸島	1	0	0	0	0	3	5	0	0	3	12
ケイマン諸島	0	0	0	23	0	5	0	0	0	5	33
スイス	0	2	0	0	1	0	0	4	0	2	9
イスラエル	0	0	4	0	0	0	1	0	0	1	6
ブラジル	0	0	0	0	0	1	0	0	0	0	1
リベリア	0	0	0	0	0	0	1	0	0	0	1
チャネル諸島	0	0	0	0	0	0	0	0	5	9	14
ロシア	0	0	0	0	0	3	0	0	0	11	14
パナマ共和国	0	0	0	0	0	0	0	0	0	1	1
アルゼンチン	0	0	0	0	0	0	0	0	0	1	1
ジャージー島	0	0	0	0	0	2	0	0	0	0	2
フィリピン	0	0	0	0	0	1	0	0	0	0	1
ホンジュラス	0	0	0	0	0	1	0	0	0	0	1
ベネズエラ	0	0	0	0	0	1	0	0	0	0	1
日本	0	1	0	0	0	1	0	0	0	13	15
アルティル諸島	0	1	0	0	0	1	0	0	0	0	2
計	1	4	4	23	1	19	7	4	5	46	114

出所：CESR［2009］, par.73.

　メリカ以外の発行体114社が属する国の内訳分類の結果は，**図表7-8**のとおりである。

　たとえば，イギリスの市場でアメリカの会計基準を最も多く利用しているのは日本の発行体であり，また，ケイマン諸島の発行体が，アメリカの会計基準を利用してEU加盟国の市場に最も多く上場していることなどがわかる。

　ECによる2010年6月4日付の「**国際財務報告基準（IFRS）と第三国の一般に認められた会計原則（GAAPs）との間のコンバージェンスに関するヨーロッパ証券委員会とヨーロッパ議会への報告書**」（Report to the European Securities Committee and to the European Parliament on Convergence between International Financial Reporting Standards (IFRS) and Third Country National Generally Accepted Accounting Principles (GAAPs)）（EC［2010a］）は，以上のようなCESRによるECに対する第1回補足報告書（CESR［2009］）の内容を踏まえて

取りまとめたものであり，第三国の会計基準の同等性およびIFRSsの利用に関する委員会決定第2008/961/EC号の第1a条と委員会規則（EC）第1289/2008号の第2条に応じたものである。このECの報告書が，第三国の会計基準の同等性評価に関わるヨーロッパ証券委員会とヨーロッパ議会に宛てた第3回目の監視報告書である。

これまでに，このヨーロッパ証券委員会とヨーロッパ議会に宛てた最初の報告書（EC［2007a］）は2007年7月6日付で，また，第2回目の報告書（EC［2008c］）は2008年4月22日付で提出されてきた。

3．第三国の会計基準の同等性に関わる監視協力の再要請

上述した委員会決定第2008/961/EC号の第1a条と委員会規則（EC）第1289/2008号の第2条の規定は，ECに対して，第三国によるIFRSsへの移行に向けた動向を監視し，その進捗報告書をヨーロッパ証券委員会とヨーロッパ議会に定期的に報告することを課している。CESRによるECに対する第1回補足報告書（CESR［2009］）の提出要請に加えて，新たに2010年についての報告書を作成するために，ECは，CESRに対して2010年6月8日付の「**透明性指令と目論見書規則による同等性に係る第三国のGAAPsの開発に関する報告書の要請**」（Request for a Report Relating to the Developments of Certain Third Country GAAPs with regard to Their Equivalence under the Transparency Directive and Prospectus Regulation）（EC［2010b］）の文書を発出している。

この文書では，CESRに対してカナダ，韓国，中国およびインドについての第1回補足報告書をアップデートすることを要請した。

ただし，これら第三国のうち，カナダと韓国は，間もなくIFRSsのフルアドプションを予定しているため，机上でのレビュー（見直し）（Desk Review）で十分であるが，インドと中国は従来とはまったく違った状況にあるため，立ち入り検査が望ましいとした。というのも，中国については，会計基準であるASBEsの適用実態が曖昧であり，インドについては，インドの会計基準とIFRSsとのコンバージェンスのレベルに加えて，インドの会計基準の適用の品

質も不明確だと認識されたからである。

4．CESRによるECに対する第2回補足報告書の公表

このECからの「透明性指令と目論見書規則による同等性に係る第三国の
GAAPsの開発に関する報告書の要請」（EC［2010b］）文書に対する回答書とし
て，CESRは2010年11月19日付の「**カナダ，インドおよび韓国のIFRSとのコ
ンバージェンスまたはアドプション計画表，中国の発行体による中国の会計基
準の適用レベルおよびEU市場での第三国のGAAPの利用に関するCESRのヨ
ーロッパ委員会に対する補足報告書**」（CESR's Supplementary Report to the
European Commission on the Programmes of Canada, India and South Korea to
Converge with or Adopt IFRS, on the Level of Application of Chinese Accounting
Standards by Chinese Issuers and on the Use of Third Country GAAP on EU
Markets）（CESR［2010］）を取りまとめている。

（1）カナダと韓国の会計基準のアップデート報告

CESRは，カナダと韓国におけるIFRSsのフルアドプションに向けた取組み
を個別具体的に捉えたうえで，その後の進展について要約している。第2回補
足報告書の眼目は，インドと中国の会計基準のIFRSsへの適用実態の動向把握
にあるため，ここではカナダと韓国についてはその要約だけを示しておく。

まず，カナダにおけるIFRSsのフルアドプションに向けた取組みの要約は，
次のとおりである（CESR［2010］，par.26）。

①AcSBは，IFRSアドプションに関する2006年の声明書で表明した各ステップ
　を成し遂げている。
②AcSBはIFRS開発の監視を継続し，その関与を高める計画である。
③IFRS問題に関するステークホルダーとのコミュニケーション計画が整備され
　てきた。
④CSAは，1年の適用延期が認められている料金規制事業や投資信託を展開す
　る発行体を除く上場会社に対して，2011年1月1日以後開始する会計年度か

第7節 CESRによるECに対する補足報告書

> らIFRSをアドプションすることを確認した声明を2010年10月に公表した。
> ⑤CSAは、IFRSアドプションの影響について、発行体が行った開示をもとにレ
> ビュー（見直し）を開始している。

また、韓国におけるIFRSsのフルアドプションに向けた取組みの要約は、次
のとおりである（CESR［2010］, par.44）。

> ①韓国政府は、IFRSのアドプションの適用範囲を示すとともに、その立法措置
> を展開している。
> ②韓国は、IASBが公表した会計基準と歩調を合わせるために、IFRSアドプシ
> ョンのプロセスをさらに一歩踏み出している。しかし、英語による情報が提
> 供されていなかったため、CESRはこの点について評価できていない。
> ③金融監督院は、韓国のIFRS早期適用企業の最初のIFRS財務諸表のレビュー
> に着手し、また、初度適用の作成者を支援している。

（2）インドの会計基準のアップデート報告

インド企業省は、2010年1月22日にIFRSs導入のロードマップ（次頁の**図表
7-9参照**）を収録したプレスリリース（Ministry of Corporate Affairs［2010］）を
公表したが、この公表は、インドの会計基準とIFRSsとのコンバージェンスを
監督するために編成された**「コア・グループ」**（Core Group）（財務省、インド
証券取引委員会（SEBI）、インド準備銀行（RBI）、ICAIおよび産業界の代表者）の
会合での結論を受けてのものである。したがって、このロードマップの公表は、
「IFRSへの移行に対する企業省の確固たるコミットメントを示し、また、コン
バージェンスのタイミングを保証するメッセージ」（CESR［2010］, par.50）と
して捉えられている。

インドでは、IFRSsとのコンバージェンスが税制に及ぼす影響について早く
から関心が寄せられていた。たとえば、2010年初めに、企業省はこの法人所得
税への影響の問題を中心となって検討する委員会を編成しており、また、

485

図表7-9　インドによるIFRSs導入のロードマップ

段階	適用開始時期	対象範囲
第1段階	2011年4月1日現在の開始貸借対照表*	(a)インド国立証券取引所（NSE）の市場を代表する指数であるNifty 50銘柄の対象会社 (b)ムンバイ証券取引所に上場するBSE 30銘柄の対象会社 　1．インド国外の証券取引所への上場会社 　2．純資産が100億ルピーを超える会社（上場，非上場を問わない）
第2段階	2013年4月1日現在の開始貸借対照表*	第1段階の対象会社以外の会社で，純資産が50億ルピーを超える会社
第3段階	2014年4月1日現在の開始貸借対照表*	上記2つの段階以外の上場会社
＊会社の会計年度が4月1日以外の日付で開始する場合，その翌年の開始時点の開始貸借対照表を作成することになる。		

注：上記の対象範囲の会社に加えて，保険会社は2012年4月1日に，純資産が30億ルピーを超える商業銀行と都市協同銀行は2013年または2014年4月1日に，また，純資産が50億ルピーを超えるノンバンク金融会社は2013年または2014年4月1日に，それぞれ適用開始時期を迎える。

出所：Ministry of Corporate Affairs [2010] およびRaiyani and Lodha [2012], p.95をもとに，一部加筆修正のうえ作成。

ICAIも，インド直接税中央委員会（CBDT）と所得税局の関係者で構成する共同研究グループを設置した。併せて，企業省は，IFRSsとのコンバージェンスを促すために，インドの会社法も改正している（CESR [2010], pars.51-52）。

　加えて，2010年7月には，東京で開催された「日印ダイアローグ」の第1回会合で，コア・グループと日本のIFRS対応会議は「覚書」を締結している。この覚書の締結は，2010年3月に日本経済団体連合会，ASBJおよび日本公認会計士協会が，「アジア地域の会計関連諸団体との関係を強化するとともに，日本でのIFRSの円滑な導入のために，インド，シンガポールにおけるIFRS導入に関する課題について意見交換することを目的」とした「**インド・シンガポールミッション**」と，その際にインドとの間でIFRSsに関する協力関係の構築に合意したことが背景にある。2010年4月の事前調整を経て，日本経済団体

第7節 CESRによるECに対する補足報告書

連合会，ASBJ，日本公認会計士協会および東京証券取引所グループが参加する IFRS対応会議とインドのコア・グループとの間で，両国の共通のプラットフォームとしての定期的な協議機関である「**日印ダイアローグ**」（または，「**日本―インドフォーラム**」）を発足している。

この両者が締結した「覚書」は，次のとおりである（企業会計基準委員会[2010]）。

1．IFRSの適用又はコンバージェンスから生じる法令その他の課題について見解を交換するとともに，相互協力の可能性を探る。
2．IFRSの適用又はコンバージェンスに関連して生じる重要な課題に対処し，相互に合意した協議プロセスを通じて合意に達する。
3．適切な戦略上の目的を達成するため，直面する課題への対応にリーダーシップを発揮するとともに，グローバルな組織，地域的組織，地域内の組織，メンバー団体及び提携組織と協力する。

ところで，ICAIの会計基準審議会（ASB）が設定する会計基準は，政府機関としての会計基準諮問委員会（NACAS）がレビューし，当該諮問委員会から政府への勧告によって会社法の規定に基づいて会計基準が公示される構図にある。ASBはインドの会計基準の修正に着手し，必要限度までコンバージェンスした会計基準をレビュー目的でNACASに提出している。ただし，この第2回補足報告書の公表時点のインドの会計基準には，IAS第26号「退職給付制度の会計および報告」，IAS第29号「超インフレ経済下における財務報告」，IAS第40号「投資不動産」，IAS第41号「農業」，IFRS第1号「国際財務報告基準の初度適用」，IFRS第2号「株式に基づく報酬」，IFRS第4号「保険契約」およびIFRS第6号「鉱物資源の探査および評価」に対応する基準がないという（CESR[2010]，pars.54-55）。

また，SEBIは，2010年4月に，持分証券上場契約を改正する回状（リリース）を公表し，子会社を有する上場企業に対して，単体財務諸表はインドの会計基準によるが，連結財務諸表はIFRSsに準拠して提出できることも認めている。

487

これもIFRSsとのコンバージェンス計画を達成するための要件の1つである（CESR［2010］, par.58）。

CESRは，これらの調査結果を総括して，インドでのその後の進展を次のようにまとめている（CESR［2010］, par.66）。

①企業省がIFRSへの移行についての明確な工程表を策定し，伝達していること
②会社と会計プロフェッションのIFRSへの移行に向けた準備を確実なものにするIFRS教育が一歩前進していること
③インドは，IASBおよびIFRSのアドプションや移行事項を扱う他の地域的な団体との対談で，それに積極的に参加していること
④現在はインドの会計基準を適用する企業が，IFRSによる報告に関しては，フェーズ・アプローチで整えられていること

（3）中国の会計基準のアップデート報告

今般のCESRによる補足報告書にみられる中国におけるASBEsの適用実態の情報源は，第1回補足報告書の取りまとめ時と同様に，中国財政部が2009年と2010年に公表し，また，CESRに送付した2008年と2009年における中国大陸の上場会社によるASBEsの実施に関する報告書である。2年度にわたる報告書の主たる結論は，次のとおりであった（CESR［2010］, par.72）。

【会計問題】

①2007年12月に，ASBEsは，香港の財務報告基準との同等性を実現した。
②とくに，2008年の実態についての報告書で注意が払われたのは，依然としてIFRSとの差異がみられる投資不動産，資産の減損，株式に基づく報酬，債務再構成および企業結合についてであった。2009年の実態についての報告書では，資産の減損損失と取崩，リストラクチャリングと不利な契約についての引当金の認識，開発費の資本化，在庫管理費における労務費の影響，投資不動産に対する公正価値の利用に代えての原価モデルの利用，投資運用収益などの領域に

488

ASBEsを適用した場合の影響についての定量分析が行われた。

③ASBEsは，公正価値で測定される資産と負債に公正価値を適用することには厳格かつ限定的な条件を設けているため，中国は，2008年10月に行われた金融資産の再分類に関わるIAS第39号「金融商品：認識および測定」の改正を採択したかった。この点について，IASBは了解済みであり，中国のアクションはASBEsとIFRSsとの差異をもたらすものではなく，また，国際的なコンバージェンスに向けたASBEsの開発に影響を及ぼすものではないと明言している。

【適用範囲】

①非上場の国有企業，非上場の商業銀行，関連の金融機関および非上場の営利保険会社にもASBEsの適用範囲を拡大してきた。2009年1月1日以降は，すべての省区の農村信用合作社（Rural Credit Cooperatives）と国有企業に適用範囲を拡大してきた。上場会社に加えて，35の省区（Provinces〔報告書では35省とあるが，中国の省区は，22省（台湾を除く），5自治区，4直轄市，2特別行政区：引用者〕）の大規模企業と中規模企業が2009年5月末までにASBEsの適用を実施している。

②全省区が積極的にさまざまな有効な手段を講じており，関係区域内においてASBEsの適用の実施を入念に取りまとめている。ある省区では，国有資産，課税および証券に関する監督当局とともに，財務部門の連携と協力を強化する，ASBEs適用の実施についての作業グループを編成している。

③ASBEsの適用範囲の拡大に則して，中国大陸の大規模企業と中規模企業は，2010年頃までにASBEsを完全に適用実施すると推定されている。

【一般的事項】

①中国財政部は，ASBEsへの移行が，主に開示の透明性の向上によって，中国における財務報告の品質と信頼性を改善すると信じている。中国財政部は，コンバージしたASBEsが海外の発行体に対して中国市場を魅力的なものにし，また，中国の発行体を国際的な市場に参画しやすくしていることも確信してい

る。

②次のコンバージェンス・プロジェクトとして、IASBの主たる改革プロジェクトへの参画、監査業務の監督の同等性作業をあげている。

以上を要して、中国の上場会社によるASBEsの適用実態の評価について、中国財政部は、過去3年間にわたって支障なく効果的に行われていると繰り返し述べている（CESR［2010］，par.73）。

また、世界金融危機からの帰結の1つとして、20ヵ国・地域首脳会合（Group of Twenty（G20））と金融安定理事会（FSB）は、グローバルに統一された会計基準の設定を要請したが、これに対して、中国財政部は、2010年4月に「**中国の企業会計准則と国際財務報告基準の持続的な全面コンバージェンスのためのロードマップ**」（Roadmap for Continuing on Full Convergence of the Chinese Accounting Standards for Business Enterprises with the International Financial Reporting Standards）（China MOF［2010］）を公表している。このなかで、中国財政部は、2011年末までにASBEsの整備計画を終えるコンバージェンス・プロセスに極力努めることを再確認している（CESR［2010］，par.74）。

CESRが、中国におけるASBEsの適用実態の把握の際に活用したもう1つの情報源は、世界銀行（World Bank）が2009年10月に刊行した**報告書「基準と法典の遵守に関する報告書─会計と会計監査：中国」**（Report on the Observance of Standards and Codes（ROSC）─ Accounting and Auditing: People's Republic of China）（World Bank［2009］）である。ASBEsの適用実態に触れた後、本報告書は、政府のコミットメントの高さとロードマップの展開により、中国がIFRSsとのコンバージェンスを継続し、2012年にはIFRSsとフルコンバージェンスが成し遂げられるとの展望を示した。

中国財政部の代表者はCESRに対して、2010年10月現在、IFRS第9号「金融商品」を除く他のすべての基準と解釈指針がASBEsに盛り込まれていると表明した。しかし、この表明に対してCESRは、「われわれは、現段階では、この表明が真実であることを立証できなかった」（CESR［2010］，par.74）と指

第7節 CESRによるECに対する補足報告書

摘している。この指摘は，まさに今般のCESRによる補足報告書における中国の会計基準の適用実態に対する核心部分であり，結論でもある。

CESRが最後に示した，中国で進展がみられる主な領域には，次のものがある（CESR［2010］，par.84）。

①2010年4月に公表されたロードマップは，コンバージェンスを継続するなかで，政府のコミットメントの指標をなしていること
②上場企業のASBEsの適用は当該期間中に改善したこと
③中国は，IASBおよびIFRSのアドプションや移行事項を扱う他の地域的な団体との対談で，引き続きそれに積極的に参画していること
④会計プロフェッションの教育が一歩前進していること

以上のような内容のCESRによる補足報告書とその後のCESRの後身であるヨーロッパ証券市場監督局（ESMA）による2011年3月のアップデート情報をもとに，ECスタッフは，2011年7月28日付の「**国際財務報告基準（IFRS）と第三国の一般に認められた会計原則（GAAP）との間のコンバージェンスに関する現状**」（EC［2011］）と題するワーキングペーパーを作成し，公表している。

ところで，インドには，ICAIが公表する既存のインド会計基準（AS）とともに，インド企業省がIFRSsとコンバージェンスさせて策定したものの，解決すべき税制問題等があるため未発効の新インド会計基準（Ind AS。2011年2月までに35の会計基準）が存在する。上述のロードマップにみられるように，インドにおけるIFRSsの適用開始時期は2011年4月1日である。ここで取り上げたCESRによるECに対する第2回補足報告書の公表後のインドの動向についていえば，企業省当局者が『フィナンシャル・タイムズ』（*Financial Times*）紙の記事を通じて，適用開始直前の2011年3月にIFRSs導入の延期を発表した（Financial Times［2011］）。この延期は，当面のところ2012年4月までとされていたが，その期日になっても正式なIFRSs適用開始の声明は発表されていない。

その後，インド商工会議所連合（ASSOCHAM）主催のセミナーで，インド

企業省大臣が，財務省と担当する懸案のインド直接税法がいつ行われるかに関わりなく，IFRSsを2013年4月1日までに実施する意向を表明していた（ASSOCHAM）［2012］)。

　結局のところ，インド企業省は，2015年2月16日付の通知（Ministry of Corporate Affairs Notification）により，2015年会社（インド会計基準）規則（Companies（Indian Accounting Standards）Rules, 2015）を公表した。この規則には，銀行，保険会社およびノンバンク金融会社以外の会社向けのインド会計基準（Ind AS）の実施についてのロードマップの改訂が盛り込まれている。ここでは，IFRSとコンバージされたInd ASの任意適用は2015年4月1日から，また，その強制適用は2016年4月1日からとした。

　加えて，インド企業省は，政府の会計基準審議会（National Advisory Committee on Accounting Standards）との協議の結果，指定商業銀行，保険会社およびノンバンク金融会社向けの2018年4月1日からのInd AS実施のロードマップとともに，Ind ASの改訂に関わる2016年3月30日付の通知（Ministry of Corporate Affairs Notification）を公表している。その結果，Ind AS適用のロードマップは，次のように具体化された（ICAI［2016］, pp.3-5参照）。

■インド会計基準（Ind AS）適用のロードマップ
【銀行，ノンバンク金融会社および保険会社を除く会社】
第1段階　2015年4月1日以後：すべての会社および持株会社，子会社，
　　　　　　ジョイント・ベンチャーまたは関連会社については任意適用
　　　　2016年4月1日：強制適用
　　　　(a)　50億ルピー以上の純資産を有するインドまたはインド以
　　　　　　外の証券取引所に上場する，あるいは上場するプロセスに
　　　　　　ある会社
　　　　(b)　50億ルピー以上の純資産を有する非上場会社
　　　　(c)　上記の親会社，子会社，関連会社およびジョイント・ベ
　　　　　　ンチャー

第2段階 2017年4月1日：強制適用

(a) 第1段階の対象会社以外の会社（SME取引所の上場会社を除く）で，インドの国内外の証券取引所に上場する，あるいは上場するプロセスにあるすべての会社

(b) 25億ルピーから50億ルピー未満の純資産を有する非上場会社

(c) 上記の親会社，子会社，関連会社およびジョイント・ベンチャー

SME取引所に上場する会社は，Ind ASの適用は要請されない。

➣Ind ASを適用すると，次期以降のすべての財務諸表はInd ASに従う必要がある。

➣上記のロードマップで対象範囲となっていない会社は，2006年会社（会計基準）規則（Companies（Accounting Standards）Rule, 2006）で通知された既存の会計基準を引き続き適用しなければならない。

【指定商業銀行，ノンバンク金融会社および保険会社を除く会社】

ノンバンク金融会社

第1段階 2018年4月1日から

・50億ルピーを超える純資産を有するノンバンク金融会社（上場と非上場とを問わず）

・すでにロードマップの対象となっているものを除く，上記のノンバンク金融会社の持株会社，子会社，ジョイント・ベンチャーおよび関連会社

第2段階 2019年4月1日から

持分証券や負債証券を上場している，あるいはインド内外の証券取引所に上場しており，純資産が50億ルピー未満のノンバンク金融会社

・25億ルピー以上50億ルピー未満の純資産を有する非上場のノンバンク金融会社

・会社のロードマップですでに対象範囲のもの以外の，上記の持株会社，子会社，ジョイント・ベンチャーおよび関連会社は，同日付で適用

・連結財務諸表および個別財務諸表に適用可能

➤ 純資産が25億ルピー未満のノンバンク金融会社は，Ind ASの適用を要請されない。

➤ Ind ASのアドプションは，ロードマップごとに必要に応じて認められている。Ind ASの任意適用は認められない。

指定商業銀行（地域農村銀行を除く）と保険会社

2018年4月1日から

・指定商業銀行（地域農村銀行を除く）の持株会社，子会社，ジョイント・ベンチャーおよび関連会社は，会社のロードマップの対象範囲であるか否かに関わらず，同日付で適用

・連結財務諸表および個別財務諸表に適用可能

➤ 都市協同組合銀行と地域農村銀行は，Ind ASの適用を要請されない。

第8節 新コミトロジー制度のもとでの第三国の会計基準の同等性およびIFRSsの利用に関するEC規則

1．EUの法行為における「委任された法行為」

　EU加盟国が2007年12月13日に調印した「**リスボン条約**」（Treaty of Lisbon Amending the Treaty on European Union and the Treaty Establishing the European Community）は，その正式名称（「ヨーロッパ連合およびヨーロッパ共同体設立条約を修正するリスボン条約」）が示すとおり，「EU条約」（Treaty on European Union）および「ヨーロッパ共同体設立条約」（Treaty Establishing the European Community）を修正したものであり，2009年12月1日に発効した。この発効に伴い，ヨーロッパ共同体設立条約は，「**EUの機能に関する条約**」（いわゆる「**運営条約**」）（Treaty on the Functioning of the European Union）に改まった。

　リスボン条約後のEUの法的行為は，**図表7-10**のようにまとめられている。

> **第8節** 新コミトロジー制度のもとでの第三国の会計基準の同等性およびIFRSsの利用に関するEC規則

図表7-10　EUの法的行為

		EUの法的行為（Legal Acts）			
拘束力	有	規則（Regulations：一般的適用性を有する），指令（Directives），決定（Decisions）			
	無	勧告（Recommendations），意見（Opinions）			
区　分		立法行為（Legislative Acts） ［EUの機能に関する条約 第289条］	非立法行為（Non-legislative Acts）		
手　続		通常立法手続 | 特別立法手続 ［EUの機能に関する条約 第289条］	新コミトロジー		個別に 条約に特定
			［EUの機能に 関する条約 第290条］	［EUの機能に 関する条約 第291条］ 諮問手続，審査 手続	
提案権		通常はヨーロッパ委員会	ヨーロッパ委員会		諸機関
採択機関		ヨーロッパ議会 および 閣僚理事会 | ヨーロッパ議会 または 閣僚理事会 （他方の機関 参加の下）	ヨーロッパ委員会		諸機関
法的行為の種類		規則，指令，決定	委任された 法行為	実施法行為	規則，指令，決 定，勧告，意見

出所：植月［2011］，表3，9頁を一部修正。

　リスボン条約の発効後，EUでの政策決定を管理する**コミトロジー**（Comitology）の手続きも，「EUの機能に関する条約」の条項に基づいて実施することとなった。その新たなコミトロジー制度を運用するための新規則は，2011年3月1日に施行している。

　「EUの機能に関する条約」第290条第1項は，「立法行為の本質的でない特定の要素を補足または修正するために，一般的に適用する非立法行為を採択する権限は，その立法行為で定めるところにより，ヨーロッパ委員会に委任することができる」と規定している。ECに**「委任された法行為」**（Delegated Acts）は，非立法行為ではあるが，「立法行為により定めた期間内にヨーロッパ議会または閣僚理事会から異議の申立てがなかった場合に限り施行できる」（第290条第2項第b号）という条件にもみられるように，立法行為により明確にされる。また，委任された法行為の題名には「委任された」という語を挿入し

なければならない（第290条第3項）。

　ここで，EUの規則や指令などといった，EU法の体系について触れておきたい。

　EUの創設を定めた「EU条約」としての「**マーストリヒト条約**」（Treaty of Maastricht on European Union。1992年2月7日調印）は，EUの基本理念である加盟国間の密接な経済協力による平和確立や強力な政治統合に向けて，①ヨーロッパ共同体（European Communities）の柱（経済・通貨同盟によるヨーロッパ単一市場の完成），②共通外交・安全保障政策（Common Foreign and Security Policy）の柱（外交・軍事分野），③司法・内務協力（Cooperation in the Field of Justice and Home Affairs）の柱（1997年10月2日に調印された「**アムステルダム条約**」（Treaty of Amsterdam Amending the Treaty of the European Union, the Treaties Establishing the European Communities and Certain Related Acts）により，警察・刑事司法協力の柱に改められた）による「3本の柱」（Three Pillars）でEUを支えることを定めていた。EUの創設が基本条約によるものであることにみられるように，EU法（European Union law）は，EUの基本条約（リスボン条約によって改正されたEU条約など）が「第1次法」（Primary Legislation）を形成している。この第1次法の基本条約をもとに制定される法令は，EU法において「第2次法」（Secondary Legislation）と位置づけられる。

　第2次法には，「規則」（Regulation），「指令」（Directive），「決定」（Decision），「勧告」（Recommendation）および「意見」（Opinion）がある（「EUの機能に関する条約」第288条（Treaty on the Functioning of the European Union, Article 288）参照）。

　規則は，EU加盟国の法令を統一するために制定されるもので，加盟国の国内法に優先して，加盟国に直接的な法的拘束力を有する。ヨーロッパ議会と閣僚理事会によって可決される指令は，EU加盟国の国内法の統一を目的とするものではなく，加盟国間での規制内容の調整を目的とする法令である。指令は，政策目的や実施期限などを定めており，EU加盟国は，当該政策目的を達成するために実施期限内に国内法を整備することが求められる。ただし，指令を国

第8節 新コミトロジー制度のもとでの第三国の会計基準の同等性およびIFRSsの利用に関するEC規則

内法へ置き換える際には，EU加盟国に裁量権が委ねられている。また，決定は，EU加盟国の特定の対象（特定の国や企業など）に限定したうえで適用されるもので，当該特定の対象に法的拘束力を有する。勧告は，ECがEU加盟国や企業に行為や措置が取られることを期待して表明するもので，法的拘束力はない。さらに意見は，ECが特定のテーマについて意思を表明するもので，法的拘束力はない。

　もとより，EUにおけるIFRSsアドプションや第三国の会計基準の同等性評価にみられる一連の指令や規則なども，このEU法の体系に基づくものである。

2．ECに委任された規則

　この「EUの機能に関する条約」が施行した2011年3月1日以降，第三国の会計基準の同等性評価に対するECの規制も影響を受けている。次の2つのECに委任された規則がその代表例である。

①「ヨーロッパ議会および閣僚理事会指令第2003/71/EC号および第2004/109/EC号による第三国の証券発行体が適用する会計基準の同等性を決定するためのメカニズムを策定する委員会規則（EC）第1569/2007号を改正する2011年12月21日付の委員会に委任された規則（EC）第310/2012号」

②「目論見書と広告に係る要素に関するヨーロッパ議会および閣僚理事会指令第2003/71/EC号を発効する委員会規則（EC）第809/2004号を改正する2011年12月21日付の委員会に委任された規則（EC）第311/2012号」

　前者の委員会に委任された規則は，いわゆる「同等性メカニズム規則」である。今般改正された当該規則は，次のとおりである。

第1条
　規則（EC）第1569/2007号の第4条を次のように改正する。

497

「**第4条**（第三国の会計基準を一定の期間受け入れる条件）

1. 第三国の発行体は，規則（EC）第809/2004号第35条第5項の規定に関わらず，以下の場合については，2008年12月31日より後に開始し，2014年12月31日までに終了する期間において，指令第2004/109/EC号の規定に応じた第三国の会計基準に準拠して作成した財務諸表を用いて，当該規則による過去財務情報を提供することができる。

　(a)　当該第三国の会計基準の当局が，2014年12月31日までに第三国の会計基準を国際財務報告基準とコンバージェンスさせることを公約しており，次の2つの条件が満たされる場合：

　　(i)　当該第三国の会計基準の当局が，包括的で，しかも，2014年12月31日までに完遂可能なコンバージェンス計画表を策定していること

　　(ii)　コンバージェンス計画表が遅滞なく実効的に実施されており，完遂のために必要な資源が，その実施にあてがわれていること

　(b)　当該第三国の会計基準の当局が，2014年12月31日までに国際財務報告基準を採択することを公約しており，その日までに国際財務報告基準への適時かつ完全な移行を確保するための実効的な措置が第三国で講じられている場合

2. 第三国の会計基準に準拠して作成した財務諸表を継続して認めるための第1項のどの意思決定も，指令第2003/71/EC号の第24条および指令第2004/109/EC号の第27条第2項に規定する手続きにより行われる。

3. 委員会が，第1項に従って第三国の会計基準に準拠して作成された財務諸表を継続して認める際，(a)または(b)での条件が（事情に応じて）満たされているかについて定期的にレビュー（見直し）を行い，ヨーロッパ議会に報告する。

4. 第1項の(a)または(b)の条件が満たされていない場合，委員会は，指令第2003/71/EC号第24条および指令第2004/109/EC号第27条第2項に規定する手続きにより，当該会計基準について第1項の意思決定を修正する決定を行う。

5. 本条に従う場合，委員会は，コンバージェンス計画表またはIFRSのアドプションの進展についてESMAとまず協議を行う。」

　この委員会に委任された規則（EC）第310/2012号の改正点は，次のところにみられる。

①一定の期間の終了期日である「2011年12月31日」を「2014年12月31日」に
延長したこと
②コンバージェンスする公約の期日であり，コンバージェンス計画表の策定
期日でもあった「2008年6月30日」を削除したこと
③IFRSsをアドプションする公約の期日であった「2008年6月30日」を削除
したこと
④第1項第b号から，「2008年12月31日までにEUと相互承認の合意に至って
いる場合」を削除したこと
⑤定期的レビュー（見直し）の報告先からヨーロッパ証券委員会を削除した
こと
⑥組織変革を踏まえて，ECの協議先であるCESRをESMAに変更したこと
この委員会に委任された規則（EC）第310/2012号は，2012年1月1日から
発効している。
また，後者の委員会に委任された規則は，次のとおりである。

第1条

規則（EC）第809/2004号の第35条を次のように改正する。

(1) 第5項に次の後段を加える

「前段に規定する基準に加えて，2012年1月1日から，第三国の発行体は，
次の会計基準に従って過去財務情報を表示する。

(a) 中国の一般に認められた会計原則

(b) カナダの一般に認められた会計原則

(c) 韓国の一般に認められた会計原則」

(2) 第5a項を次のように置き換える。

「第三国の発行体が，過去財務情報がインドの一般に認められた会計原則
に従って作成されている場合には，付録Ⅰの20.1項，付録Ⅳの13.1項，付録
Ⅶの8.2項，付録Ⅹの20.1項または付録Ⅺの11.1項の義務，2015年1月1日
から開始する会計年度以前の期間に関連のある目論見書に含まれる過去財
務情報の修正再表示の義務，または，付録Ⅶの8.2項，付録Ⅸの11.1項また
は付録Ⅹの20.1項による義務，規則（EC）第1606/2002号により採択された

> 国際財務報告基準と2015年1月1日から開始する会計年度以前の期間については，当該情報を作成するために準拠する会計原則との差異の定性的説明を提供する義務を免除される。」

　2012年1月1日に発効したこの委員会に委任された規則（EC）第311/2012号の改正点は，次のように整理できる。

①中国，カナダ，韓国の会計基準が，第三国の発行体の過去財務情報の作成・表示する際の準拠基準として認められたこと

②これに伴い，従来の会計基準の差異の定性説明を提供する義務などを免除する対象の会計基準からこれら3ヵ国の会計基準が削除され，インドの会計基準だけがその対象となったこと

③インドの会計基準について，免除項目の1つである目論見書に含まれる過去財務情報の修正再表示の義務の会計年度の開始日が，「2015年1月1日」に延長されたこと

④インドの会計基準について，免除項目の1つである会計基準の差異の定性的説明の義務の会計年度開始日が，「2015年1月1日」に延長されたこと

3．ECに委任された決定

　これら2つのECに委任された規則に加えて，ECの法的行為のなかでは規則より拘束力は弱いが，ECに委任された決定も発出されている。次の「**第三国の証券発行体による連結財務諸表の作成のための第三国の会計基準および国際財務報告基準の利用に関する委員会決定第2008/961/EC号を改正する2012年4月11日付の委員会に委任された決定第2012/194/EU号**」である。

> **第1条**
> 　決定第2008/961/EC号の第1条を次のように改正する。
> 1．第2パラグラフを次のように置き換える。
> 　「2012年1月1日から，年次連結財務諸表と半期連結財務諸表に関しては，

規則（EC）第1606/2002号によって採択したIFRSに加えて，次の基準は，規則（EC）第1606/2002号によって採択したIFRSと同等なものとみなされる。

(a) 中国の一般に認められた会計原則

(b) カナダの一般に認められた会計原則

(c) 韓国の一般に認められた会計原則」

2．次の第3パラグラフを加える。

「2015年1月1日から開始する会計年度以前の期間については，第三国の発行体は，インドの一般に認められた会計原則に従った年次連結財務諸表と半期連結財務諸表の作成が認められる。」

この委員会に委任された決定第2012/194/EU号の改正は，次の内容がポイントとなる。

①第1項でのIFRSs，日本の会計基準およびアメリカの会計基準に加えて，第2項で2012年1月1日から中国，カナダおよび韓国の会計基準がIFRSsと同等なものとみなされたこと

②これに伴い，従来の会計基準の差異の定性的説明を提供する義務などを免除する対象の会計基準からこれら3ヵ国の会計基準が削除され，インドの会計基準だけがその対象となったこと

③インドの会計基準による連結財務諸表等の作成を容認する会計年度の開始日が，「2015年1月1日」に延長されたこと

なお，この委員会に委任された決定第2012/194/EU号も，2012年1月1日から発効している。

【参考文献】

Accounting Standards Board of Japan（ASBJ）・International Accounting Standards Board（IASB）［2007］, Agreement on Initiatives to Accelerate the Convergence of Accounting Standards, August 8, 2007（企業会計基準委員会・国際会計基準審議会［2007］,「会計基準のコンバージェンスの加速化に向けた取組みへの合意」，2007年8月8日）.

Associated Chambers of Commerce and Industry of India（ASSOCHAM）［2012］, Press

Release: MCA to Set up Committee on Process Reforms to Address Challenges Faced by the Corporate Sector: Dr. Moily, August 8, 2012.

Accounting Standards Board (AcSB) [2005], Canadian Response to the Questionaire on GAAP Equivalence, January 14, 2005.

AcSB [2006], Accounting Standards in Canada: New Directions—Strategic Plan, January, 2006.

AcSB [2009], Exposure Draft: Adopting IFRS in Canada Ⅱ, March 2009.

Accounting Standards Board of Japan (ASBJ) [2005], Japanese Response to the Questionaire on GAAP Equivalence, January 18, 2005.

Canada Institute of Chartered Accountants (CICA) [2009], CICA Guide to IFRS in Canada, 2009.

China Ministry of Finance (MOF) [2008], Analysis Report on the Implementation of New Accounting Standards by Chinese Listed Companies in 2007, November 2008, in CESR [2009], Annex IV.

China MOF [2010], Roadmap for Continuing an Full Convergence of the Chinese Accounting Standards for Business Enterprises with the International Financial Reporting Standards.

Committee of European Securities Regulators (CESR) [2004a], Formal Mandate to CESR for Technical Advice on Implementing Measures on the Equivalence between Certain Third Country GAAP and IAS/IFRS, June 25, 2004.

CESR [2004b], Concept Paper on Equivalence of Certain Third Country GAAP and on Description of Certain Third Countries Mechanisms of Enforcement of Financial Information: Consultation Paper, Ref: CESR/04-509, October 2004.

CESR [2005a], Feedback Statement: Concept Paper on Equivalence of Certain Third Country GAAP and on Description of Certain Third Countries Mechanisms of Enforcement of Financial Information, Ref: CESR/05-001, January 2005.

CESR [2005b], Concept Paper on Equivalence of Certain Third Country GAAP and on Description of Certain Third Countries Mechanisms of Enforcement of Financial Information, Ref: CESR/04-509C, February 2005.

CESR [2005c], Consultation Paper: Draft Technical Advice on Equivalence of Certain Third Country GAAP and on Description of Certain Third Countries Mechanisms of Enforcement of Financial Information, Ref: CESR/05-230, April 2005.

CESR [2005d], Equivalence of Certain Third Country GAAP and on Description of Certain Third Countries Mechanisms of Enforcement of Financial Information: Feedback Statement of Consultation on Draft Technical Advice, Ref: CESR/05-395,

June 2005.

CESR [2005e], Technical Advice on Equivalence of Certain Third Country GAAP and on Description of Certain Third Countries Mechanisms of Enforcement of Financial Information, Ref: CESR/05-230b, June 2005.

CESR [2007a], CESR's Advice to the European Commission on the Work Programmes of the Canadian, Japanese and US Standard Setters, the Definition of Equivalence and the List of Third Country GAAPs Currently Used on the EU Capital Markets, Ref: CESR/07-138, March 6, 2007.

CESR [2007b], CESR Work to Date in Relation to the European Commission's Measures on the Use of Third Countries' GAAP in the EU, Ref: CESR/07-022b, April 2007.

CESR [2007c], Consultation Paper: CESR's Technical Advice on a Mechanism for Determining the Equivalence of the Generally Accepted Accounting Principles of Third Countries, Ref: CESR/07-212, April 17, 2007.

CESR [2007d], CESR's Technical Advice on a Mechanism for Determining the Equivalence of the Generally Accepted Accounting Principles of Third Countries, Ref: CESR/07-289, May 30, 2007.

CESR [2007e], Consultation Paper: CESR's Advice on the Equivalence of Chinese, Japanese and US GAAPs, Ref: CESR/07-761, December 2007.

CESR [2008a], CESR's Advice on the Equivalence of Chinese, Japanese and US GAAPs, Ref: CESR/08-179, March 2008.

CESR [2008b], Consultation Paper: CESR's Advice on Canadian and South Korean GAAPs, Ref: CESR/08-094, April 2008.

CESR [2008c], CESR's Advice on Canadian and South Korean GAAPs, Ref: CESR/08-293, May 2008.

CESR [2008d], Consultation Paper: CESR's Technical Advice to the European Commission on Indian GAAP, Ref: CESR/08-639, October 2008.

CESR [2008e], CESR's Technical Advice to the European Commission on Indian GAAP, Ref: CESR/08-859, November 2008.

CESR [2009], CESR's Supplementary Report to the European Commission on the Programmes of Canada, India and South Korea to Converge with or Adopt IFRS, on the Level of Application of Chinese Accounting Standards by Chinese Issuers and on the Use of Third Country GAAP on EU Markets, Ref: CESR/09-472, June 2009.

CESR [2010], CESR's Supplementary Report to the European Commission on the Programmes of Canada, India and South Korea to Converge with or Adopt IFRS, on the Level of Application of Chinese Accounting Standards by Chinese Issuers and on

503

the Use of Third Country GAAP on EU Markets, Ref: CESR/10-1301, November 19, 2010.

European Commission (EC) [2007a], First Report to the European Securities Committee and to the European Parliament on Convergence between International Financial Reporting Standards (IFRS) and Third Country National Generally Accepted Accounting Principles (GAAPs) , July 6, 2007.

EC [2007b], Initiation of Preparatory Work Concerning the Equivalence of Third Country GAAPs under the Transparency and Prospectus Regulation, December 11, 2007.

EC [2008a], Preparatory Work concerning the Determination of Equivalence of Third Country GAAPs under the Transparency Directive and Prospectuses Regulation, February 1, 2008.

EC [2008b], Preparatory Work Concerning the Determination of Equivalence of Third Country GAAPs under the Transparency Directive and Prospectuses Regulation, March 31, 2008.

EC [2008c], Report on Convergence between International Financial Reporting Standards (IFRS) and Third Country National Generally Accepted Accounting Principles (GAAPs) and on the Progress towards the Elimination of Reconciliation Requirements that Apply to Community Issuers under the Rules of These Third Countries, April 22, 2008.

EC [2009], Request for Further Assistance Concerning the Monitoring of the Developments of Certain Third Country GAAPs with regard to Their Equivalence under the Transparency Directive and Prospectus Regulation, February 13, 2009.

EC [2010a], Report to the European Securities Committee and to the European Parliament on Convergence between International Financial Reporting Standards (IFRS) and Third Country National Generally Accepted Accounting Principles (GAAPs), June 4, 2010.

EC [2010b], Request for a Report Relating to the Developments of Certain Third Country GAAPs with regard to Their Equivalence under the Transparency Directive and Prospectus Regulation, June 8, 2010.

EC [2011], Commission Staff Working Paper: State of Play on Convergence between International Financial Reporting Standards (IFRS) and Third Country National Generally Accepted Accounting Principles (GAAP), July 28, 2011.

European Parliament [2007], Motion for a Resolution pursuant to Rule 81 of the Rules of Procedure by the Committee on Economic and Monetary Affairs on the Draft Commission Decision the Draft Commission Regulation Amending Regulation (EC)

No.809/2004 as regards the Accounting Standards in Accordance with Which Historical Information Contained in Prospectuses is Drawn Up: On the Draft Commission Decision on the Use by Third Country Issuers of Securities of Information Prepared under Internationally Accepted Accounting Standards（C6-0000/2007），November 7, 2007.

Financial Accounting Standards Board（FASB）［2002］，Memorandum of Understanding — "The Norwalk Agreement"（山田辰己［2003］，「IASB会議報告（第16回会議）」，『JICPAジャーナル』No.570，2003年1月所収).

FASB［2005］，USA Response to the Questionaire on GAAP Equivalence, February 10, 2005.

Financial Times［2011］，India to Delay Overhaul of Accounting Rules, *Financial Times*, March 1, 2011.

Institute of Chartered Accountants of India（ICAI）［2007］，Concept Paper on Convergence with IFRSs in India, July 2007.

ICAI［2016］，Indian Accounting Stadards（Ind AS）: An Overview（Revised 2016），August 2016.

McCreevy, C.［2005］，EC Strategy on Financial Reporting: Progress on Convergence and Consistency, December 1, 2005.

Ministry of Corporate Affairs［2010］，Press Release-2/2010, No.1/1/2009-IFRS, January 22, 2010.

Ontario Securities Commission（OSC）［2005］，Canada Response to CESR Survey on Enforcement Mechanisms, April 22, 2005.

Raiyani, J. R. and G. Lodha［2012］，*International Financial Reporting Standards（IFRS) and Indian Accounting Practices*, New Century Publications.

Securities and Exchange Commission（SEC）Staff［2005］，U.S. Securities and Exchange Commission Staff Response to the Committee of European Securities Regulators（CESR）Survey regarding Enforcement Aspects of GAAP Equivalence, March 10, 2005.

SEC［2006］，For Immediate Release 2006-130: SEC and CESR Launch Work Plan Focused on Financial Reporting, August 2, 2006.

World Bank［2009］，Report on the Observance of Standards and Codes（ROSC） — Accounting and Auditing: People's Republic of China, October 2009.

植月献二［2011］，「リスボン条約後のコミトロジー手続—欧州委員会の実施権限の行使を統制する仕組み—」，『外国の立法』第249号（季刊版），2011年9月。

企業会計基準委員会［2006］,「日本基準と国際会計基準とのコンバージェンスへの取組みについて―CESRの同等性評価に関する技術的助言を踏まえて―」, 2006年1月31日。

企業会計基準委員会［2010］,「Press Release: 日印ダイアローグの発足について」, 2010年7月28日。

金融庁［2005］,「CESR（欧州証券規制当局委員会）の『特定第3国会計基準と国際会計基準（IAS）との同等性に関する助言集』へのパブリック・コメント・レターの発出について」, 資料1「金融庁のパブリック・コメント・レターの概要」, 2005年5月27日。

金融庁［2008］,「CESRの助言案に対する金融庁の回答のポイント」, 2008年3月7日。

第8章

カナダにおける
国際財務報告基準のアドプション

はじめに：カナダのIFRSsアドプションに関する制度設計プロセス

　カナダは，これまでにG4+1（アメリカ，イギリス，カナダ，オーストラリア・ニュージーランドの会計基準設定主体および国際会計基準委員会（IASC））などを通じたアングロサクソン系諸国の代表国の１つとして，国際的な会計基準を構築する取組みに積極的に参画してきた。国際会計や国際財務報告基準（IFRSs）に関わる政策や戦略などの見地からすれば，カナダは，アメリカとの間での相互承認制度である**「多国間管轄開示制度」（MJDS）**の締結国であり，また，2005年からのヨーロッパ連合（EU）でのIFRSs強制適用の実施を踏まえた第三国の会計基準の同等性評価の対象国でもある。

　その後の第三国の会計基準の同等性評価のあり方にも関係するが，カナダは韓国と同様に，2011年からIFRSsをフルアドプションしている。

　カナダがIFRSsアドプションを正式決定するまでの制度設計プロセスを振り返ってみると，端的には，次のような順序による文書等の公表を通じて展開してきた。

　①カナダ勅許会計士協会（CICA）タスクフォース報告書（1998年５月）

　②一連の「戦略計画」（2004年５月，2005年３月，2006年１月）

　③IFRSs実施計画（2007年３月）

　④「進捗状況のレビュー」（2007年７月，10月，2008年２月）

　⑤公開草案「カナダにおけるIFRSsのアドプション」（2008年４月，2009年３月）

　⑥『CICAハンドブック―会計　Part I』（2010年１月）

　本章では，これらの文書等をもとに，カナダにおけるIFRSsのアドプションについて明らかにしたい。

第1節 カナダ勅許会計士協会のタスクフォース活動

　カナダの公的説明責任企業（Publicly Accountable Enterprises）の財務報告は，

単一で高品質な国際的に認められた会計基準（財務報告基準）としてのIFRSs
に準拠する決定を下した。この決定は，カナダの会計基準設定主体である会計
基準審議会（AcSB）が2006年1月に採択した，**「カナダの会計基準：新たな方
向性－戦略計画」**（Accounting Standards in Canada: New Directions — Strategic
Plan）（AcSB［2006a］）に盛り込まれたものである。

　カナダの2011年からのIFRSsアドプションは，この2006年の戦略計画が結実
するまでの一連の戦略計画の策定やそれを裏づける委任事項（Terms of
Reference）によるものであると同時に，戦略計画の考えに大きな影響を及ぼ
した1998年5月に公表されたCICAの基準設定タスクフォース（専門委員会）
（TFOSS）の最終報告書（CICA［1998］）によって決定づけられたといってよい。

　カナダの制度設計に関わる論理の展開上，まずは，CICAのTFOSS最終報
告書の概要についてみておこう。

1．CICAタスクフォース報告書─会計監査人（勅許会計士）とCICAの役割期待

　CICAが，これまでに自己分析したタスクフォースの報告書には，1970年の「タ
スクフォース2000報告書」（CICA［1970］），1986年の「レインボー（Rainbow）
報告書」（CICA［1986］），1988年の「マクドナルド（Macdonald）報告書」（CICA
［1988］），1996年の「組織間ビジョン・タスクフォース報告書」（CICA［1996］）
などがある。

　これらの報告書の内容は，端的に，次のように集約されたりもしている
（Murphy［1997］，p.169）。

　①CICAの会員は，カナダの主たる商業管轄における公開会社の会計監査人
　　として従事する独占権を，事実上，有すること

　②1970年代以降の連邦と州の会社と州の証券に関する立法行為は，CICAに
　　基準設定を委任してきたこと

　③前世紀を通して，CICAは，断然最有力なカナダの会計士団体であったこ
　　と

たとえば，**マクドナルド委員会**（監査に対する公衆の期待に関する研究委員会）は，公衆が期待するものと会計監査人による達成が期待されるものとのギャップ（いわゆる「**期待ギャップ**」）が存在する場合，その差異の克服方法について勧告することを主たる任務としていた。調査の結果，委員会は，公衆が会計監査人の役割についてかなり誤解していることを見出した（たとえば，会計監査人の役割は，財務諸表の公正性の報告にある（41%），会社の財務健全性の保証にある（25%），経営プロセスの効率性，経済性および有効性の報告にある（24%），会計監査人の役割はわからない（10%）という結果を提示した）。監査報告書が伝達するメッセージについても，同じような混乱がみられた。

会計監査人の役割に誤解がある一方で，会計監査人には高水準の敬意が払われてもいる。にも関わらず，公衆は一連の監査済みの財務諸表には見向きもせず，会計監査人のサービスを利用しないという実態から，会計監査人が好印象なのは，「その根拠が十分なものなのかどうか，個人的経験よりもむしろ大部分が風聞に基づいており，〔会計監査人は：引用者〕悪い評判を受けやすい」（CICA [1988]，p.149）と結論づけた。

CICA長期戦略計画委員会による**レインボー報告書**は，「変化という課題に対応する」（Meeting the Challenge of Change）ものであったが，その後の組織間ビジョン・タスクフォース報告書も，IT（情報技術）やグローバル化による急速な環境変化には，カナダ勅許会計士の広範かつ一貫した対応が必要であり，また，この対応には一貫した国家プログラムとリーダーシップが必要であることを説いた。そのための方策の1つとして，カナダ勅許会計士の国の機関と州の機関の間で責任の割り当てを見直すためのガバナンス調査に関わる勧告などを行った。

いずれにせよ，タスクフォース2000報告書，レインボー報告書およびマクドナルド報告書のいずれもが，カナダにおける会計監査人やCICAの役割期待などの検討を踏まえた勧告を提示したものであるということで共通している。

第1節　カナダ勅許会計士協会のタスクフォース活動

２．CICAタスクフォース報告書─基準設定

　加えて，CICAによる会計基準活動を検討するタスクフォースが設置され，その後のカナダの会計基準の設定活動や会計基準設定主体の構図のあり方などに重要な影響を及ぼした勧告がある。それは，1998年のCICAの「TFOSS最終報告書」（CICA［1998］）である。

（1）一般原則と長期目標

　TFOSS最終報告書は，まず次の６つの一般原則（General Principles）ないし指針（Guiding Principles）を提示した（CICA［1998］，p.1）。これらは，最終報告書での勧告を導き，それを取りまとめるうえでの基礎をなすものである。

・基準設定は，民間部門（プライベート・セクター）に存続しなければならない。
・カナダは，民間部門の会計と監査の基準設定の原則をエンドース（承認）しなければならない。
・カナダは，国際的に認められた適切で信頼できる基準を開発する際に，重要な役割を担わなければならない。
・国際的に認められた基準は，カナダの関係者のニーズを満たすために，カナダで基準を設定し，ガイダンスを規定する権限と責任を担う国家機関のニーズを排除するものではない。
・CICAは，戦略的提携を通じて，他の者の情報や参加の機会が拡大するが，カナダの民間部門と公共部門（公的部門またはパブリック・セクター）の双方の基準設定において，リーダーシップの役割を保たなければならない。
・たとえば，経営者の意思決定ツールや組織上の業績測定を新たに開発する際の会計プロフェッション（専門職）のイノベーションは，伝統的な会計基準と監査基準の設定の際に使用されるものとは異なるモデルを必要とする。

　同時に，TFOSSは，４つの長期目標を描いている（CICA［1998］，p.2）。

---

①単一で国際的に認められた会計基準が民間部門にできる。カナダは，国際的

第8章　カナダにおける国際財務報告基準のアドプション

511

な会計基準を設定する際に重要な役割を果たし，状況が許せば，カナダ固有の会計基準の設定権限を保持していく。

②単一で国際的に認められた監査基準が民間部門にできる。カナダは，国際的な監査基準を設定する際に重要な役割を果たし，状況が許せば，カナダ固有の監査基準の設定権限を保持していく。

③公的部門会計審議会（PSAB）は，カナダの連邦，領土政府，州政府および地方自治体政府の財務・業績基準を設定する権威ある組織となる。

④CICAの権威のもと，また，そのメンバーが新興成長市場のニーズを満たすのに役立つために，イノベーションセンター（Centre for Innovation）が，意思決定を向上し，組織上の業績を改善するためのイニシアティブに責任を持ち，その擁護者となる。

　CICAのTFOSS最終報告書の公表に先立ち，1997年6月30日に，その中間報告書（CICA［1997］）が取りまとめられた。

　基準設定権限に関するTFOSS最終報告書での最初の2つの長期目標について，この中間報告書では，カナダは，「国際的な基準設定主体または北米の基準設定主体の代替的な（二者択一の）シナリオが開かれたままでなければならない」（勧告2.1）と勧告した。

　この勧告は，カナダの基準設定に関する今後の方向性を投影したものであるが，「国際的な基準設定主体」のシナリオは，カナダがIASCの基準（いわゆる国際会計基準（IAS）など）を支持して国内の基準設定の役割を切り捨てる可能性を示すものであり，また，「北米の基準設定主体」のシナリオは，アメリカの財務会計基準審議会（FASB）の基準（いわゆる財務会計基準書（SFAS）など）をアドプションする可能性を提示するものである。その意味で，これはその後のAcSBによる戦略計画の策定などで，一貫してカナダの会計基準とその設定主体のあり方が最大の関心事となり，問われてきた始発点ともいうべきシナリオの勧告なのである。2つのシナリオの優劣については明言を避け，カナダの基準設定に関する将来の方向性が明確になるまでは，いずれのシナリオでも対応できるように，カナダは積極的な役割を担うことを勧告したのである。

512

第1節 カナダ勅許会計士協会のタスクフォース活動

このシナリオについて結論を下すことにこそ，TFOSS最終報告書の役割がある。

結論を先にいえば，カナダの会計基準と監査基準の設定主体は，国際的な基準設定主体（IASCと国際会計士連盟（IFAC））のもとでもそのプレゼンス（存在感）を保持するとともに，カナダの会計基準とアメリカのFASBの基準を「調和化」（Harmonization）することを勧告した。とくに，FASBの基準との調和化については，FASBの基準を現状のまま受け入れるか，あるいは，カナダの状況を反映したうえで，幾分ズレが生じる（修正を施した）FASBの基準を受け入れるとする勧告を表明したのである。

この勧告を表明するにあたって，TFOSS最終報告書は，中間報告書での基準設定に関する将来の方向性の代替的なシナリオ（国際的な基準設定主体のシナリオと北米の基準設定主体のシナリオ）のいずれにおいても，CICAが，積極的な役割を維持することはできないというスタンスを示した。

というのも，第1に，最初の計画表では妥当なものであった「静観主義」（"Wait-and-See" Position）が，CICAのリーダーシップの役割を長期間にわたって保持することと矛盾し，信頼を失う結果になりうるからである。また第2に，2つのシナリオに関与するための資金協力が，長期にわたって継続されそうにないからである（CICA［1998］，p.4）。

だからこそ，TFOSS最終報告書に求められたのは，最初の2つの長期目標の達成に最も近づけるアプローチを決定することにあった。

（2）会計基準の設定に関するオプション（選択肢）と最良の選択

TFOSSは，「調和化」には次の**2本柱の戦略**（Two Pronged Approach）を伴うと考えている（CICA［1998］，p.3）。

①現行の基準間の差異を撤廃することに焦点を当てる戦略

②将来の基準開発にあたって，差異が生じないということを保証するために，他の主要国の基準設定主体や国際的な基準設定主体と協力して作業することに焦点を当てる戦略

第8章 カナダにおける国際財務報告基準のアドプション

513

先に示した４つの長期目標のうち，第１の長期目標（単一で国際的に認められた会計基準が民間部門にできる。カナダは，国際的な会計基準を設定する際に重要な役割を果たし，状況が許せば，カナダ固有の会計基準の設定権限を保持していく）を据えつつ，また，上述したタスクフォース2000報告書，レインボー報告書およびマクドナルド報告書などによるCICAの役割期待をも踏まえつつ，TFOSS最終報告書は，CICAがカナダの会計基準の設定にあたって取りうるスタンスとして，次の３つのオプション（選択肢）を提示した（CICA［1998］，pp.21-22）。

オプション１：CICAは，財源を現行の水準で保ちながら，会計基準の設定を継続的に支援する。

オプション２：CICAは，会員やCICAの資金源とは別の資金源を確保しながら，会計基準を設定する際に，リーダーシップの役割を継続的に果たす。

オプション３：CICAは，外部からの追加的な資金源を確保しながら，会計基準を設定する際に，リーダーシップの役割を継続的に果たす。

　これら３つのオプションは，「アメリカの会計基準との調和化プログラム」を尊重することでは共通している。しかし，いずれのオプションが採択されるかにより，各オプションが持つインプリケーションは異なる。TFOSS最終報告書は，３つのオプションのインプリケーションを**図表8-1**のように整理している。

　３つのオプション間の違いは，主として，アメリカの会計基準との調和化プログラムの加速化の程度や，国際的な関与の程度（オプション２とオプション１の違い），国際的に裾野が広い利害関係者からの資金拠出とその関与の当否や，基準設定時に責任を共有することの有無（オプション３とオプション２の違い）などにある。

　TFOSSの審議の結果，長期的には，会計基準の設定に関する最良の選択肢は，「オプション３」だと結論づけた（CICA［1998］，pp.23-24）。

　最終報告書は，まず，オプション１を棄却した。オプション１だと，カナダ

514

第1節 カナダ勅許会計士協会のタスクフォース活動

図表8-1 カナダの会計基準の設定に対する３つのオプションの インプリケーション

次のインプリケーションは，３つのオプションのいずれにも共通している。

　利用可能な資金源と国際的な場での投資水準に応じて，どれだけ速やかに先に進めるかは異なるが，アメリカの会計基準との調和化プログラムは，すべてのオプションに共通のものである。

以下のインプリケーションは，各オプションに関わるものである：

オプション１	オプション２	オプション３
・CICAは，追加のコストを負担しない。 ・カナダ勅許会計士は，会費の一部として会計基準の公式見解を継続的に受け取る。 ・カナダの国際的な関与を最小限に抑えるためには，CICAによる$200,000の年間投資が必要である。 ・カナダの国際的な地位は，アメリカから独立しているとは考えられない。 ・カナダが近い将来に重要な国際的な役割を取り戻すチャンスは，かなりのリスクを伴う。 ・国際投資が最低限なため，アメリカ基準との調和化を加速化するように圧力をかけられる。それにより，別の方法で利用できる節約のほとんどを消費する。 ・専門職者が，基準設定（および関連するプロセス）において低い役割を果たすことになる。 ・アジェンダ（協議事項）を設定したり，基準の意味を明確にしたりする際に，ボランティア（無償の人材）が受動的な役割を演じる。そのため，その任務を魅力的でないものにしてしまい，求人はさらに厳しくなる。	・CICAの年間の資金協力は，現行の約38％水準の$625,000増える。 ・CICAは，会費の一部としてカナダ勅許会計士に会計基準の公式見解を継続的に提供することを選択できる。 ・多くの資金がAcSBにFASBとの調和化を加速化することや，適任と思われるIASCおよびその他の国際グループとの国際的な関与を拡大することを可能にする。 ・FASBやIASCのような機関に対して，国際環境でのカナダの基準設定主体としてのCICAの役割の認識を強化することになる。 ・立法者，規制当局および企業といった国内の利用者に対して，カナダの基準設定主体としてのCICAの役割を再確認させることになる。 ・国際的な基準を設定する際に，CICAの重要な役割を取り戻すのに十分な資源を提供し，それを再確認させる。 ・国際的な活動を支援するには，追加的な常勤のスタッフが必要となる。 ・ボランティアは，国際的な基準設定において重要な役割を担うやりがいのある職務がある。	・その他の諸活動に（他のオプションよりも）CICAのかなり多くの資金を使える。 ・カナダ勅許会計士は，会費の一部として，現在受け取っている会計基準の公式見解を購入しなければならない。 ・多くの資金がAcSBにFASBとの調和化を加速化することや，適任と思われるIASCおよびその他の国際グループとの国際的な関与を拡大することを可能にする。 ・カナダの基準設定主体として独立性があり，広い層に支持を持つ審議会は，CICAではなく，IASC，FASBおよびその他のグループだと考える。 ・カナダの公式見解は，幅広く首尾一貫して開発されてきたとみなされる。 ・より頑健な基準設定審議会になりうる。 ・カナダの立法府は，CICAがプロセス上リーダーシップの役割を継続的に担うかもしれないが，CICAをカナダの基準設定主体とみなすのをやめる。 ・国際的な基準を設定する際に，CICAの重要な役割を取り戻すのに十分な資源を提供し，それを再確認させる。 ・国際的な活動を支援するには，追加的な常勤のスタッフが必要となる。 ・ボランティアは，国際的な基準設定において重要な役割を担うやりがいのある職務がある。

出所：CICA［1998］，pp.22-23.

第8章 カナダにおける国際財務報告基準のアドプション

515

の計画表やアジェンダ（協議事項）は時間とともにFASBのプロジェクトに影響を受け，結局のところ，独立したカナダの会計基準はその存在意義を失うことになる。また，アメリカと密接に同一歩調を取ると，カナダが長期的に重要な国際的役割を果たしていくと期待するのは非現実的だとする。

オプション2とオプション3の違いの1つは，財源にある。国内だけにそれを求める場合，たとえば，CICA会員に負担を強いたり，『CICAハンドブック』（*CICA Handbook*）（現行の『**CPA Canada**ハンドブック』（*CPA Canada Handbook*））の価格体系を一律にしないことなども考えられるが，これらはよくても短期的な解決策に過ぎないため，オプション2も棄却するのである。

TFOSS最終報告書が取りまとめた会計基準の最初の勧告は，この「オプション3」を最良の選択肢としたことを踏まえたものである。

> **勧告3.1**　CICAは，外部の追加的な資金源を確保しながら，会計基準を設定する際に，引き続きリーダーシップの役割を果たさなければならない。

（3）TFOSS最終報告書の勧告―「現行の構造の改善―会計基準」と「現行のプロセスと人材の改善」

TFOSSの中間報告書（1997年5月31日）の改訂版であるこの最終報告書は，24の勧告を行っている。とくに，会計基準および基準設定プロセスと人材の改善については，勧告3.1（再掲）とともに，次のような14の勧告が行われた（CICA［1998］，p.9）。

> **第3章　現行の構造の改善―会計基準**
> **勧告3.1**　CICAは，外部の追加的な資金源を確保しながら，会計基準を設定する際に，引き続きリーダーシップの役割を果たさなければならない。
> **勧告3.2**　会計基準審議会は，小規模な組織でなければならず，また，そのメンバーは，当該審議会の目的を満たすために，適格性と経験の適切なバランスをとるように選任されなければならない。
> **勧告3.3**　現行の会計基準審議会の無報酬の議長と副議長は，勧告3.1が完全に機

能するまでに，常勤で，有給の議長とならなければならない。

勧告3.4 会計基準監視評議会（Accounting Standards Oversight Council）が，現行の基準諮問審議会（Standards Advisory Board）に代わって新設されなければならない。

勧告3.5 2001年6月1日施行予定の会計基準監視評議会は，CICAと適度な財政的支援に寄与するその他の組織の代表者で構成されなければならない。

勧告3.6 緊急問題委員会は，メンバーが再編成され，しかも限定的なデュー・プロセス要件があるが，短期的には現在の役割を引き続き果たさなければならない。

第6章　現行のプロセスと人材の改善

勧告6.1 基準設定審議会は，重要な構成員から直接多くの情報を強く求めるためのアウトリーチ・プログラム（支援プログラム）を設けなければならない。

勧告6.2 基準設定審議会は，考慮された代替案を含む，特定の基準を公表する根拠を伝達しなければならない。

勧告6.3 基準設定審議会は，公表された例示や教育・訓練プログラムを提供することで，複雑な基準の理解を改善するのに役立てなければならない。

勧告6.4 電子版の『CPAハンドブック』が，第一次手段の配布物でなければならないが，印刷版も継続的に出版されなければならない。

勧告6.5 会計基準，保証基準および公的部門会計基準の独立したハンドブックを作成しなければならない。

勧告6.6 各審議会は適切な業績測定値を確立し，自己評価を定期的に行い，その結果を公表しなければならない。

勧告6.7 CICAは，ボランティアをうまく調整し，育成するよりも効果的な方法を検討しなければならない。

勧告6.8 CICAは，基準とガイダンスを公表するあらゆる審議会の益々複雑化するニーズを支援するための人材を増やさなければならない。

このTFOSS最終報告書による勧告の背景には，1995年7月の証券監督者国際機構（IOSCO）と国際会計基準委員会（IASC）による共同プレスリリースの

公表がある。IASを見直して「コア・スタンダード」（国際的な資金調達を行う企業が，財務諸表作成時に使用する包括的な会計基準）を策定するプロジェクトについての合意である。CICA理事会がTFOSSを設置したのは，1996年5月であった。

第2節 CICA基準設定タスクフォース 最終報告書に対する調査分析

1．Richardson and Hutchinson［1999］の分析結果

　自国の会計基準を引き続き設定することで現状を維持していくか，または，グローバル化に資する会計基準をアドプションするか——当時のカナダは，会計基準の設定のあり方の岐路に立たされていた。

　CICAのTFOSS最終報告書は，IASCやIFACの基準設定主体においてそのプレゼンスを保持し，カナダの会計基準とアメリカのFASBの基準の調和化を勧告した（ここでは，FASBの基準とアメリカの会計基準（U.S. GAAP）を同義と解してよい）。これを受けて，カナダがIASCの基準とFASBの基準のいずれをアドプションすべきかについて分析し，1つの有力な見解を表明した研究成果がある。カナダを代表する会計士団体の1つである**カナダ公認一般会計士協会**（Certified General Accountants Association of Canada（CGA-Canada））の支援による報告書「**カナダにおける国際会計基準の十分な論拠：詳細報告**」（The Case for International Accounting Standards in Canada: A Detailed Report）（Richardson and Hutchinson［1999］）である（カナダの会計士団体には，カナダ勅許会計士協会（CICA），カナダ公認管理会計士協会（Certified Management Accountants of Canada（CMA Canada））およびCGA-Canadaがあったが，2013年1月にCICAとCMA Canadaが合併し，新たに**カナダ勅許職業会計士協会**（Chartered Professional Accountants of Canada（CPA Canada））が発足している）。

　報告書のタイトルが示すように，アラン・リチャードソン（Alan J. Richardson）

518

とイアン・ハッチンソン（Ian R. Hutchinson）の研究（Richardson and Hutchinson [1999]）は，IASCが開発した会計基準を使用することにカナダがコミットメントすることを支持する。

この結論や後述する当該報告書の勧告を最終的に導き出すにあたって，この研究は，IASCとFASBの基準設定体制，とくに会計基準を使用するコミュニティ，IASCとFASBの意思決定プロセス，基準間の調和化の程度などを比較分析している。つまり，当該分析での判断基準は，①基準を使用するコミュニティの規模，②基準と基準設定プロセスの品質，③コンプライアンス（遵守）コストと基準設定のコスト，に集約される。

（1）判断基準1：コミュニティの規模

カナダは，最も有力な経済連携の当面のコミュニティ（短期的なインプリケーション）と，グローバルな取引先の長期的なコミュニティ（長期的なインプリケーション）との間の基準設定体制の選択において，ジレンマに直面している（Richardson and Hutchinson [1999]，p.4）。

カナダの貿易と投資は，アメリカに大きく依存している。

たとえば，1996年のカナダ統計局（Statics Canada）のデータによれば，カナダ短期債における海外投資の48％（$39,468百万のうち$18,902百万），株式における海外投資の92％（$41,674百万のうち$38,345百万），中長期債における海外投資の46％（$356,123百万のうち$163,879百万），また，海外直接投資の68％（$180,394百万のうち$122,722百万）が，アメリカによるものである（Richardson and Hutchinson [1999]，Appendix A, Table 1~Table 4, p.27）。このような経済上の見地からすれば，カナダにはアメリカのFASBの基準が望ましいと解される。

しかし，当時の証券市場別の会計基準の利用状況からすると，アメリカのFASBの基準に基づいた財務諸表を受け入れているのは10ヵ国（オーストラリア，オーストリア，ベルギー，フランス，ドイツ，イスラエル，ペルー，ポーランド，トルコおよびウズベキスタン）だけであり，このうち8ヵ国は，IASに基づいた財務諸表も受け入れている。FASBの基準はアメリカの会計基準であること（「メ

イド・イン・アメリカ」（Made in America））やその準拠コストなどから，その受け入れが限定されており，むしろ国内基準としてIASを広く採用する趨勢にある。

このようなジレンマに直面するなかで，政治的な思惑をも勘案すると，カナダは長期的なインプリケーションの見地を取るべきとの見解を示している（Richardson and Hutchinson［1999］，p.12）。

（2）判断基準2：基準と基準設定プロセスの品質

FASBとIASCの基準設定プロセスは，**図表8-2**のように要約されるが，概して類似している（Richardson and Hutchinson［1999］，p.13）。FASBとIASCの基準設定プロセスにおける主たる差異は，資金調達構造と投票権を持つメンバ

図表8-2　FASBとIASCの基準設定プロセス

基準設定プロセスの段階	FASB	IASC
基準設定主体の任命	財務会計財団（FAF）が審議会〔委員：引用者〕を任命	国際会計士連盟（IFAC）総会が審議会〔委員：引用者〕を任命
問題識別	財務会計基準諮問委員会（FASAC）	諮問委員会
アジェンダ（協議事項）設定	審議会	審議会
緊急問題（迅速な対応能力）	緊急問題タスクフォース（専門委員会）	解釈指針委員会
特定基準の取組み	諮問タスクフォースまたは特定タスクフォース	運営委員会
プロセス	討議資料 公聴会 公開草案 コメント 審議会決定（7票のうち5票で票決） 基準	原則書草案（DSOP） 審議会による原則書草案の承認 公開草案（3票のうち2票が必要） コメント 基準案 審議会による承認（4票のうち3票で票決）
実施（マーケティング）	スタッフ	諮問委員会およびスタッフ

520

第2節 CICA基準設定タスクフォース最終報告書に対する調査分析

ーの特性などにみられる。

　FASBとIASCのいずれも，基準設定はデュー・プロセス（Due Process）の手続きを取っているため，非難を受けやすい利害についても表現でき，その意味では基準設定プロセスに開放性を伴っている。当時の最も重要な違いは，それぞれのプロセスが政治的利害に開放的か，あるいは，それにさらされないように保護されているかにある（Richardson and Hutchinson［1999］，p.14）。

　ここでの分析では，FASBの基準設定プロセスは独立性と開放性が強調され，IASCの基準設定プロセスは政治的影響力が強調されるという結果を示している。

　カナダは，FASBとの共同プロジェクトでもFASBの意思決定プロセスには正式な地位を有していないが，IASCの理事会や委員会への参加を通じて，IASCの基準には政治的影響力を及ぼすことができると認識する。つまり，IASCの構造には，会計基準の「**社会的選択メカニズム**」（Social-choice Mechanisms）の特性があると解するのである。分析上の第2の判断基準のもとでは，カナダのビジネス上および会計上の利害を表現するのにより開放性があるのは，IASCの基準設定プロセスであると結論づけている。

　また，両会計基準について，次のように分析している。

　　「FASBとIASCの基準は，概して類似しており，コンバージされている。両基準間の概念上の主たる2つの差異は，(1)IASCはほとんど開示（ひいては代替的な測定システムを認めること）に関心があったのに対して，FASBは測定基準の設定を重要視してきたこと，(2)IASCは，財務諸表がアメリカにおけるように一般に認められた会計原則（GAAP）への単なる準拠よりも，むしろ『真実かつ公正』（True and Fair）であることを保持している」（Richardson and Hutchinson［1999］，p.3）。

（3）判断基準3：コンプライアンス・コストと基準設定のコスト

　判断基準3についての分析は，先行研究の成果をもとに，検討すべき問題点を導き出すことで展開している。

先行研究は，基準は違っても市場に等しく情報を提供することや，逆に市場で反応が異なることなどを明らかにしてきた（たとえば，海外の財務情報には情報の非対称性に有意な差異はないこと（Baumol and Malkiel［1993］），JA検定などを通じて，アメリカ以外の企業の財務報告書をU.S. GAAPで作成し直す際に，情報の損失（消失）があること（Chan and Seow［1996］），開示に市場の反応が異なること（Alford *et al*.［1993］）など）。これら先行研究の結果は，市場は適用する会計基準を気に掛けないという解釈を示唆するが，Richardson and Hutchinson［1999］は，会計基準のコンプライアンス・コストの違いに着目する。しかし，会計基準のコンプライアンス・コストの測定や決定の難しさから，彼らは分析の主眼を次の2つの問題に置き換えて検討している。

①検討対象（CICA，FASBおよびIASC）の会計基準間に差異があるか

②検討対象の会計基準が調和化へと進んでいるか

　彼らは，1995年時点の会計基準間の差異を要約整理したうえで，カナダの会計基準，IASおよびU.S. GAAPの差異は，とくに過去5年間で実質的に調和化されたとの見解を示している。

　カナダの会計基準とIASの調和化は，1995年から1998年の間にみられ，その調和化活動はIASC主導で展開されたことを明らかにする。U.S. GAAPへの移行に伴うコンプライアンス・コストは高いが，カナダの会計基準とU.S. GAAPとの間の差異は，同様に，1995年から1998年の間に大幅に縮小している。この傾向は，U.S. GAAPに準拠したカナダの大企業に顕著だという。また，IASとU.S. GAAPの差異は，それまでの5年間で劇的に減少し，コンプライアンス・コストの差異は一時的なものだと認識している。

　準拠すべき基準の数が少ないほどコンプライアンス・コストは低い。コンプライアンス・コストが，経営者の自由裁量による報告の差し控えに関係するものだとすると，とくに中小規模企業（中小企業）にとっては，当時のU.S. GAAPよりもIASの方がそのコストは低いものとなる。長期的な期待が，基準間のプロセスや技術的特徴が類似することにあるということは，会計基準のコンプライアンス・コストやそれを維持するコストはほとんど変わりないもの

第2節 CICA基準設定タスクフォース最終報告書に対する調査分析

となる。なお，利用者1人当たりのコストは，基準を採択するコミュニティの規模にかかっているという（Richardson and Hutchinson［1999］，p.19）。

（4）勧告

　以上の3つの判断基準をもとにした分析の結果，Richardson and Hutchinson［1999］は，最終的に次の3つを勧告している（p.22。太字と下線は引用者）。

①**カナダは，国際的な基準設定のコミュニティと作業するために，また，カナダが採択した基準または採択した基準の変形版（修正版）を合法化するために，国内の基準設定主体を保持すること。**これまで，カナダは会計基準開発の重要な立役者であったし，この役割は国際的な領域に移行されなければならない。

②**カナダは，FASB固有の技術的問題を重要視することを相殺するために，また，最も重要な関心事が再編成されたIASCとなるためにも，基準設定主体をカナダの専門的な関心やビジネス界の利益を広く代表するものに発展させること。**われわれは，会計基準は社会的選択メカニズムだと思っている。そのため，利害関係者が，カナダで採択された国際的な基準の変形版（修正版）に影響を及ぼすことができるように，新たな基準設定プロセスにおいて有効なメカニズムにならなければならない。このような変化は，基準設定プロセスが非常にコストを要するため，単一の私的機関から資金を調達することはできないとするCICAの認識と合致するものでもある。

③**カナダは，IASの使用にコミットメントしなければならないこと。**カナダは，グローバルな会計基準開発においてリーダーシップの役割を担う機会があり，短期意思決定を避けなければならない。短期意思決定は，グローバルな調和化を達成するのに必要な時間と正味コストを高める。アメリカの資本市場への参入を望む企業にFASBの基準とIASCの基準の両方に従うことを認める一方で，IASは，高いコストを要するFASBの基準を避けるために，国内に焦点を当てたほとんどの会社に弾力性ももたらす。

第8章 カナダにおける国際財務報告基準のアドプション

2．カナダ公認一般会計士協会の基本方針

Richardson and Hutchinson［1999］は，IASCが開発したIASの使用に，カナダがコミットメントすることを支持する強力かつ理路整然とした見解を提示したものである。この報告書は，CGA-Canada が1999年 7 月に承認した，カナダの利益を目的とした実体（利潤追求型の実体）の財務報告にIASをアドプションすることを支持する基本方針（CGA-Canada［1999］）に大きな影響を及ぼしている。Richardson and Hutchinson［1999］の報告書はCGA-Canadaの支援によるものだけに，同時に公表されたCGA-Canadaの基本方針は，彼らの分析結果を全面的に踏襲したものなのである。

CGA-Canada［1999］は，「FASBの基準を採択することは間違った選択」（p.5）であり，また，「FASBの基準は不必要なコストや遅延を引き起こしうる」（p.7）として，カナダにIASCの基準をアドプションすることが正しい選択だとの見解を示した。

ちなみに，CGA-Canadaが，カナダの会計基準設定について現状維持することを捨てて，IASCの基準のアドプションを支持する理由は，次のとおりである（CGA-Canada［1999］, p.3）。

・近年，IASCの影響が間違いなく世界中で躍進を遂げてきた。その国際基準は，産業国や開発途上国にも受け入れられてきており，この趨勢は続くものと期待される。

・単一の権威ある財務業績を測定するものとしてIASCの基準をアドプションすることは，起きるかどうかという問題ではなく，いつ起きるかという問題である。そのため，カナダ当局は，最多数の利用者を擁するネットワークの一部であることを確実にすることが賢明である。

・急速な技術的発展やグローバル化がみられる今の時代，カナダは現在の国際基準の論争における立場，または，無理に最小限の役割に追い込まれるリスクを明確にする準備を整えなければならない。

524

第3節 カナダ証券管理局と会計基準の国内方針

第3節 カナダ証券管理局と会計基準の国内方針

1．証券規制当局―カナダ証券管理局―

　カナダは10州（オンタリオ州，ケベック州，ノバスコシア州，ニューブランズウィック州，マニトバ州，ブリティッシュコロンビア州，プリンスエドワードアイランド州，サスカチュワン州，アルバータ州，ニューファンドランド・ラブラドール州）と連邦直轄領の3準州（ノースウェスト準州，ユーコン準州，ヌナブト準州）からなるが，たとえば，**オンタリオ証券委員会**（Ontario Securities Commis-sion）や**ブリティッシュコロンビア証券委員会**（British Columbia Securities Commission）などのように，各州に証券委員会（証券規制当局）がある。それらを統括するカナダ連邦の証券規制当局が，**カナダ証券管理局（CSA）**である。

　なお，カナダの資本市場の自主規制機関には，各州の証券委員会から認証を受けた**カナダ投資業規制機構（IIROC）**と，CSAが主導する**カナダ投資信託業協会（MFDA）**がある。

　CSAは，調和化された証券に関わる規制，政策および実務の国家システムを開発することで，不公平，不適切または不正な実務から投資家を保護し，公正で，効率的かつ活気ある資本市場を育成する証券規制システムをカナダに提供することをミッションとする。証券規制上，CSAには，①投資家保護，②公正で，効率的かつ透明性のある市場，③システミック・リスクの削減，という3つの目的がある。とくに，第1の目的である投資家保護は，投資意思決定に欠かせない情報の完全開示を強制化すること，投資に関わるリスクと責任について投資家を教育すること，公衆に投資サービスを提供する者を正式に認めること，および，市場の仲介業者を監督することで果たされる（CSA Website参照）。

　CSAは，証券規制ないし証券法に関わる国内方針（National Instrument）を策定し，公表している。会計基準と監査基準については，**国内方針第52-107号**

第8章　カナダにおける国際財務報告基準のアドプション

「認められる会計原則と会計監査基準」（National Instrument 52-107 *Acceptable Accounting Principles and Auditing Standards*）とその補足説明である**コンパニオンポリシー第52-107CP号「認められる会計原則と監査基準」**（Companion Policy 52-107CP *Acceptable Accounting Principles and Auditing Standards*）が策定されている。この国内方針第52-107号は，その適用上，国内方針第51-102号「継続開示義務」（National Instrument 51-102 *Continuous Disclosure Obligation*）と国内方針第71-102号「外国発行体に関わる継続開示とその他の適用除外」（National Instrument 71-102 *Continuous Disclosure and Other Exemptions Relating to Foreign Issuers*）とも密接に関わっている。

2．アメリカとカナダ間の相互承認制度─多国間管轄開示制度(MJDS)─

カナダの会計基準に関する国内方針には，①アメリカとカナダ間の相互承認制度であるMJDSと，②IFRSs適用やその適用時期の延期などがある。

MJDSは，共通の国際標準規格を策定するために，アメリカ証券取引委員会（SEC）とCSAが1991年に形成した共同イニシアティブである。SECは1933年証券法（Securities Act of 1933）のリリース（通牒）第33-6902号ないし**国際連続通牒**（International Series Release）第291号として，また，CSAはカナダの**国家基本政策**（Canadian National Policy Statement）第45号として承認し，クロスボーダーでの募集（国際的募集），発行体の勧誘，株式公開買付け，企業結合，継続開示，その他届出について両国で重複する規制（不必要な障害）を撤廃することで，両国での証券募集等の円滑化を図ったものである。証券募集等に対する規制は，両国間で自国の規制だけによることを容認するものである（詳細については，杉本［2009］，第6章，第6章補論および第7章参照）。

CSAによるカナダの国家基本政策第45号は，その後，**国内方針第71-101号「多国間管轄開示制度」**（National Instrument 71-101 *The Multijurisdictional Disclosure System*）とその補足説明である**コンパニオンポリシー第71-101CP号「多国間管轄開示制度」**（Companion Policy 71-101CP to National Instrument 71-101 *The Multijurisdictional Disclosure System*）に取って代わった。

この国内方針第71-101号の採択方法は，カナダの各州と各準州によって異なる。オンタリオ州，アルバータ州，ブリティッシュコロンビア州，マニトバ州は，それぞれ規則（Rule）の形態で，サスカチュワン州はレギュレーション（Regulation）の形態で，また，その他の州などでは基本政策（Policy Statement）の形態で採択した。

いわゆる「互恵主義の理念」によるMJDSは，カナダ側にすれば，アメリカ連邦証券諸法（Federal Securities Acts）の準拠を受け入れることを意味する。近年，カナダによるアメリカの会計基準との「調和化」の政策が問われてきたのは，もちろん地政学的，経済的および言語的な見地からの近隣性，依存性および同一性なども大きな要因であるが，このMJDSの締結にも大きな意義が求められ，その延長線上にあると捉えることも可能である。

MJDSを適用した際，カナダではアメリカ連邦証券諸法の準拠を受け入れることにより，アメリカ企業が連結財務諸表の作成時に準拠したアメリカの会計基準（いわゆるU.S. GAAP）が容認される。ここで，U.S. GAAPとは，「SECが実質的に権威ある支持があることを明らかにし，1934年〔証券取引所：引用者〕法のレギュレーションS-Xで補足し，随時改正したアメリカ合衆国の一般に認められた会計原則」（National Instrument 52-107, Part 1, 1.1）と定義づけている。

3．IFRSsアドプションに伴うその適用時期の延期

カナダがIFRSsをアドプションしたことにより，カナダの公的説明責任企業は，連結財務諸表の準拠基準を2011年からIFRSsに移行した。

IFRSsのアドプションに関連して，AcSBが取り入れた公的説明責任企業の概念は，IASBの公開草案「中小企業向け国際財務報告基準」（IFRS for SMEs）（2007年2月）からのものである。**公的説明責任企業**は，『CICAハンドブック』で定義する公的説明責任企業を意味する（National Instrument 52-107, Part 3, 3.1）。

IFRSsへの移行に関わる証券立法を改正するプロセスのなかで，IFRSsの適用時期の延期については，電力業やガス業などの料金規制業種に対する1年間

527

の延期, 投資企業および生命保険会社の区分勘定に対する 2 年間の延期などがある (金融庁 [2012], 1-2頁)。

たとえば, 投資企業および生命保険会社の区分勘定の関わりでは, CSAは, **国内方針第81-106号「投資信託の継続開示」**(National Instrument 81-106 *Investment Fund Continuous Disclosure*) のIFRSs関連の修正案を2009年10月16日に示している。しかし, この投資信託の修正提案は, IFRSs適用に関わる証券立法が開始する2011年度までに最終的に確定していない。というのも, IASBが, 2010年に投資信託の問題を重要視し, 連結財務諸表に関するIFRSsの修正作業を開始したからである。カナダのAcSBは, IASBのこの動向を踏まえて, IFRSsの修正時期に歩調を合わせるため, 2014年 1 月 1 日までの 3 年間, 投資信託に対するIFRSsへの移行日を延期している。CSAが2010年10月に, **CSAスタッフ通知第81-320号「IFRSの投資信託に関するアップデート」**(CSA Staff Notice 81-320 *Update on IFRS for Investment Funds*) とその補足説明である**コンパニオンポリシー第81-106CP号「投資信託の継続開示と関連改正」**(Companion Policy 81-106CP *Investment Fund Continuous Disclosure and Related Amendments*) を公表したのも, IASBによるIFRSs修正が終わるのを待つためである (その後, CSAスタッフ通知第81-320号は, 2011年 3 月と2012年 3 月にアップデートされている)。

IASBは, 2012年10月に「投資企業」(IFRS第10号, IFRS第12号およびIAS第27号の修正) を公表し, その第31項から第33項に「投資企業 : 連結の例外」を設けた。

「投資企業」(Investment Entities) は, 次のように定義された (IFRS第10号, 付録A)。

次のすべてに該当する企業
(a) 1 つまたは複数の投資者から, 当該投資者に投資管理サービスを提供する目的で資金を得ている。
(b) 投資者に対して, 自らの目的は資本増価, 投資収益, 又はその両方からの

リターンのためだけに資金を投資することであると確約している。

(c) 投資のほとんどすべての測定及び業績評価を公正価値ベースで行っている。

そのうえで，投資企業についての連結の例外が規定されている（「第32項で述べる場合を除き，投資企業は，子会社を連結してはならず，また，他の企業の支配を獲得した時にIFRS第3号〔企業結合：引用者〕を適用してはならない。それに代えて，投資企業は，子会社に対する投資をIFRS第9号「金融商品」に従って純損益を通じて公正価値で測定しなければならない」（第31項））。

IASBによる投資企業に関するIFRSs修正を受けて，CSAは，国内方針第81-106号の最終改正を2013年10月3日に行った。

第4節 会計基準監視評議会と会計基準審議会の委任事項

本章の冒頭で述べたように，カナダによる2011年からのIFRSsアドプションは，2006年の「カナダの会計基準：新たな方向性 – 戦略計画」（AcSB［2006a］）として結実する一連の戦略計画の策定とそれを裏づける委任事項によるものである。そこで以下では，委任事項をもとに，カナダの会計基準設定主体の構図と戦略計画の策定のあり方についてみておきたい。

1. 会計基準監視評議会の委任事項

1998年5月に取りまとめられたTFOSS最終報告書は，今日のカナダにおける会計基準とガイダンスの開発構造や開発プロセスのあり方を決定づける重要な役割を果たしている。このTFOSS最終報告書の勧告により，CICAがAcSBの諸活動を監視し，情報提供を行うことを通じて，公益に資する**会計基準監視評議会（AcSOC）**を2000年に設立したことで，カナダの新たな基準設定構造とその手続きが確立された。AcSOCは，2003年からは**公的部門（公共部門）会計審議会（PSAB）**の諸活動についても監視し，情報提供を行っている。

529

AcSOCは，AcSBとPSABによる国内の会計基準の設定活動をはじめ，国際的に認められた会計基準の開発を支援する役割を担っている。AcSOCに対する委任事項は，現在，次のとおりである。

【現行のAcSOCの委任事項】（AcSOC2010年6月4日承認，2013年6月21日改正）

ミッション

1．会計基準監視評議会（AcSOC）は，会計基準審議会（AcSB）と公的部門（公共部門）会計審議会（PSAB）の諸活動を監視し，情報を提供することで，公益に資することを使命とする。

2．AcSBは，公共部門以外のカナダの実体の財務報告の基準とガイダンスを設定し，また，国際的に認められた財務報告基準の開発に寄与することで，公益に資するものである。AcSBは，カナダの民間部門の実体が報告する財務業績に関する高品質な情報の基礎を提供するフレームワークを維持することで，十分な情報を得たうえでの経済的意思決定を支援することをその使命とする。

3．PSABは，公共部門のカナダの実体の財務報告の基準とガイダンスを設定し，国際的に認められた公共部門の財務報告基準の開発に寄与することで，公益に資するものである。PSABは，公共部門の実体が報告する組織業績に関する高品質な情報の基礎を提供するフレームワークを維持することで，十分な情報を得たうえでの意思決定とアカウンタビリティを支援することをその使命とする。

4．利用者，作成者および公衆の見地から，基準設定が直面する複雑な問題について幅広い観点を有する組織体として，AcSOCは，独立の基準設定組織として，AcSBとPSABの使命のもとで支援する。第13項によりメンバー候補者として推薦される個人や組織体は，こうした促進や支援を行う能力が制限されることを明確に認める一方で，AcSOCは，AcSBとPSABが設定する財務報告基準のアドプションと利用を促進し，支援もする。AcSOCは，技術的議題の設定権限や結果として生じる財務報告基準が，AcSBとPSABに帰することを認める。

第4節 会計基準監視評議会と会計基準審議会の委任事項

責任

5．AcSOCには，以下の責任と責務を負う。

 a．次のことについて，AcSBとPSABの諸活動を監視すること

  ⅰ）両組織体の委任事項やその改正について承認すること

  ⅱ）両組織体の業績，責任が果たされること，その作業プログラムの達成
    と利用可能なボランティアや人材を妥当性とその利用について監視し，
    評価すること

  ⅲ）AcSBとPSABが，公益に適切で，それに応じた運営手続きのステート
    メントをそれぞれ開発し，承認するかどうかについて決定すること

 b．第11項から第15項により，AcSOCの議長と副議長を含む，AcSOCのメ
    ンバーを指名すること

 c．議長と，該当する場合には副議長を含む，AcSBとPSABのメンバーを指
    名すること

 d．AcSBとPSABがAcSOCに提示するように，両組織体の仮議事日程の計
    画決定の見解を提供することで，AcSBとPSABの両組織体の主に戦略的方
    向性とプライオリティに関する情報を両組織体に提供すること。AcSOCは，
    国内のニーズと国際的開発を十分に考慮して，AcSBとPSABの作業プログ
    ラムにおけるプライオリティと戦略の決定を積極的に支援する。AcSOCは，
    AcSBとPSABがそのプライオリティと戦略を決定する際に，すべての利害
    関係者のニーズを適切に考慮したかどうかを判断する。

 e．会計基準に関心を持つ他の個人や団体の見解とともに，AcSOCについて
    述べられたさまざまな見解をAcSBとPSABに伝達すること。この情報には，
    AcSBとPSABのプライオリティと両組織体の前にある技術的事項に関する
    見解も含まれる。

 f．AcSBとPSABの独立性について保護すること，および，AcSBとPSAB
    の各ミッションを成し遂げる際に，その独立性の維持が満たされていること。

 g．AcSBとPSABの基準設定活動が，公益に適切なもので，十分にそれに応
    じたものであり，また，認められたデュー・プロセスの手続きによって実
    施されていることが満たされていること。この点については，AcSOCは，
    AcSBとPSABの長期戦略計画と年次運営計画を比較して，両組織体の業績
    について年度ごとの見直しを行う。

 h．AcSBとPSABの責任の遂行について公衆に報告し，その活動を広報に発

第8章　カナダにおける国際財務報告基準のアドプション

531

信すること。この点については，AcSOCは自らの活動について公衆に毎年報告し，AcSBとPSABがそれぞれの活動について公衆に毎年報告することを保証する。

　ⅰ．AcSOC，AcSBおよびPSABが，各作業を支援するのに十分な資金と人材を抱えているかについて判断すること

　ⅰ．AcSBとPSABの各議長が要求するどのようなことについても，AcSBとPSABに助言すること

メンバー

6．AcSOCは，非正規の者を除き，20名を下回らず，25名を上回らない，以下のような非常勤の議決権を持つメンバーで構成する。

　ａ．議長

　ｂ．副議長，および，

　ｃ．その他18名から23名のメンバー

　　議決権の放棄を選んだ議決権を持つメンバーは，この委任事項の目的からは「議決権を持つメンバー」のままである。

7．AcSOCの議決権を持つ各メンバーの任期は，AcSOCの目的を満たすのに必要な経験および経歴のバランスを保ちながら，時間とともに秩序あるメンバー交代を保証することで，AcSOCが決定する。

8．AcSOCは，以下の議決権のないメンバーも含む。

　ａ．AcSBとPSABの議長

　ｂ．CPA Canadaの基準担当の副議長

　ｃ．会計基準担当の理事

　ｄ．公共部門会計担当の理事

　ｅ．AcSOCのリエゾン（連絡担当の役割）を担う国際会計基準審議会（IASB）の代表者

9．AcSOCの議決権を持つメンバーが，AcSOCの会議を連続して２回以上出席しなければ，指名委員会は，欠席事由に情状酌量の余地があるかどうかについて検討する。指名委員会の意見が，情状酌量の余地がないものとなったときは，この議決権を持つメンバーは，欠席した会議の終わりにAcSOCのメンバー資格がなくなる。メンバーは，その会議に終始出席していなければ，AcSOCの会議を欠席したものとみなされる。

第4節 会計基準監視評議会と会計基準審議会の委任事項

10. AcSOCのメンバーは，関係を有するいかなる会社，組織または後援団体の見解に影響されず，入手した情報や参加した討論に基づいて，自らの考え，経験および判断で投票する。

指名プロセス

11. AcSOCのメンバーは，個々人の貢献度に基づいて選任される。メンバーは，AcSBとPSABの双方に関連する責務を果たすことができるように，AcSOCが広く横断的な経歴や考え方を反映することを保証する方式でも選任される。さまざまなメンバーであることで，AcSBとPSABが直面する諸課題や今後の課題について，AcSOCに幅広い視野で捉えることを可能にする。

12. AcSOCは，AcSOC，AcSBおよびPSABのメンバー並びに議長と副議長の欠員補充のための候補者を推薦するために，指名委員会を設置する。指名委員会の投票権を持つメンバーは，AcSOCの議長と副議長および指名委員会の議長によって任命されるAcSOCの5名の投票権を持つメンバーで構成する。AcSBの議長，PSABの議長およびCPA Canadaの基準担当の副会長は，指名委員会の投票権のないメンバーとなる。

13. 以下の組織は，AcSOCの指名委員会に候補者を出すことをとくに求められる。指名委員会は，この候補者を受け入れたり，または，AcSOCのメンバーを受け入れるまで，代わりの候補者を依頼できるため，各組織はAcSOCに1名の代表者を置くことができる。

a．カナダ会計学会（Canadian Academic Accounting Association）

b．カナダ公認一般会計士協会（Certified General Accountants Association of Canada）

c．カナダ勅許職業会計士協会（Chartered Professional Accountants of Canada）

d．カナダ財務管理者協会（Financial Executives International Canada）

e．CFA（公認証券アナリスト）協会（CFA Institute）

f．カナダ証券管理局（Canadian Securities Administrators）

g．連邦金融機関監督官局（Office of the Superintendent of Financial Institutions）
　この各代表者は，上記の第6項cで言及する18名から23名のメンバーに含まれる。

14. 上記のいずれかの組織が存在しなくなったり，または，指名委員会の見解により，AcSBまたはPSABの諸活動に関心のある特定の後援団体の代表者で

第8章 カナダにおける国際財務報告基準のアドプション

533

あると判断された場合，指名委員会は，問題になっている後援団体に代わって別の組織を指名できる。

15. 指名委員会は，承認にあたってAcSOCにその勧告を提出する。

業績評価委員会

16. AcSOCは，AcSBとPSABの業績評価を行う際に，それを支援する業績評価委員会を設置する。業績評価委員会の投票権を持つメンバーは，AcSOCの議長と副議長および業績評価委員会の議長によって任命されるAcSOCの5名の投票権を持つメンバーで構成する。AcSBの議長，PSABの議長およびCPA Canadaの基準担当の副会長は，業績評価委員会の投票権のないメンバーとなる。

17. 業績評価委員会は，AcSBとPSABの業績の年次評価を実施し，その結果をAcSOCに提示し，承認にあたってAcSOCにその勧告を提出する。

戦略委員会

18. AcSOCは，戦略上の特性問題を評価する際に，それを支援する戦略委員会を設置する。戦略委員会の投票権を持つメンバーは，AcSOCの議長と副議長によって任命されるAcSOCの5名の投票権を持つメンバーで構成する。AcSBの議長，PSABの議長およびCPA Canadaの基準担当の副会長は，戦略委員会の投票権のないメンバーとなる。

運営

19. AcSOCは，AcSOCと代理を務める公益のニーズを継続的に満たすことを保証するために，少なくとも3年に1度，その委任事項を見直す。

20. AcSOCは，その責務を果たす際に従うべき主たる運用手続きを提示するステートメントを練り上げ，採択する。AcSOCは，例外を除いて，また，手続きからの逸脱の同意に従うことを除いて，この運営手続きを適用する。AcSOCは，AcSOCと代理を務める公益のニーズを継続的に満たすことを保証するために，少なくとも3年に1度，その主たる運営手続きを見直す。

21. AcSOCは，指名委員会，業績評価委員会および戦略委員会に加えて，その責務を果たすのに必要と思われる委員会を新設する。AcSOCの議長は，職権上，AcSOCのすべての委員会のメンバーを兼ねる。

22. AcSOCの会議は，人材やその他機密の非公開の議論以外は，公開とする。

第4節 会計基準監視評議会と会計基準審議会の委任事項

CPA Canada との関係

23. AcSOCの委任事項の定期的な見直しの結果は，CPA Canadaの理事会に提出される。AcSOCの委任事項の改正は，CPA Canadaの理事会の同意が必要である。

24. CPA Canadaは，AcSOCの諸活動の業務上，当該組織体を支援する。その際，CPA Canadaは，CPA Canadaや会計プロフェッションの他の代表からの命令や影響を受けずに，AcSOCの独立性を尊重する。

25. AcSOCや基準設定活動の合理的かつ必要とする経費の財政的支援は，CPA Canadaの年間予算の承認プロセスの一環として提出される予算案に基づいて，CPA Canadaの予算から提供される。

26. AcSOCは，CPA Canadaの理事会から要求されるその他の報告書を提出する。

27. CPA Canadaの基準担当の副会長は，AcSOCとCPA Canadaとの間の関係を取り仕切るためにリエゾン（連絡係）の責任がある。

2．会計基準審議会の委任事項

現行のAcSBの委任事項は，次のとおりである。

【現行のAcSBの委任事項】（AcSOC2010年6月4日承認，2013年6月21日および2014年2月28日改正）

ミッション

1．AcSBは，公共部門以外のすべてのカナダの実体による財務報告の基準とガイダンスを設定することで，また，国際的に認められた財務報告基準の開発に寄与することで，公益に資するものである。AcSBは，カナダの民間部門の実体が報告する財務業績に関する高品質な情報の基礎を提供するフレームワークを維持することで，十分な情報を得たうえでの経済的意思決定を支援することをその使命とする。

目的

2．AcSBには，以下の目的がある。

　a．さまざまな報告実体の財務諸表の作成者と利用者のコストとベネフィット並びに経済的環境の変化について十分に考慮して，カナダの実体が報告

535

する情報，主として一般目的の年次財務諸表と期中財務諸表の品質を改善する財務報告基準とガイダンスを制定すること

b．改善された情報を通じて，民間企業と非営利の両部門の資本配分プロセスを促進すること

c．単一で高品質な国際的に認められた財務報告基準の開発に他の基準設定主体とともに参画すること

d．財務報告基準の適用や緊急を要する適用上の問題の解決を支援すること

3．その目的を満たす際に，AcSBは，以下のことにコミットメントしなければならない。

a．さまざまな報告実体，とくに公的説明責任企業，営利企業および非営利組織の財務報告の各種ニーズを満たすこと

b．報告される財務情報の信頼を促進する高品質な基準を提供すること

c．あらゆるステークホルダーから提供される意見を尊重し，奨励すること

d．問題の検討には客観性をもたらすこと

e．専門的判断の行使にはそのステークホルダーの能力を尊重すること

f．ステークホルダーのニーズに速やかに応えること

g．基準設定プロセスを改善すること

h．財務報告の諸問題についての考えを束ねること

責任

4．AcSBは，以下の責務を負う。

a．ニーズ，有用性および実用性について満たす際には，財務報告の諸概念と実務のレビュー，および，関係当事者との協議や議論のプロセス（デュー・プロセス）に従って，職権で財務報告基準やガイダンスを開発またはアドプションすること

b．あらゆるプロジェクトや諸活動の作業プロセスを効果的に実行すること。AcSBは，タスクフォース，諮問グループ，諮問委員会またはスタディ・グループに財務報告基準，ガイダンスまたはその他資料の開発支助を行わせることができる。

c．財務報告基準の開発に賛同して，研究に着手し，また，他の研究を促進すること

d．適時にステークホルダーとコミュニケーションを取り，また，意見を求

めること

e．そのミッションと目的の効果的，効率的および経済的な達成について会計基準監視評議会（AcSOC）に説明すること。AcSBは，その責務を果たしていることを示すために，計画と業績報告をAcSOCに毎年提出する。AcSBは，その作業を成し遂げる際に，AcSOCからの意見や勧告を十分に審議する。

f．AcSBの目的の達成に必要とされる人材や資金に関してAcSOCに助言を求めること

メンバー

5．AcSBのメンバーは，非正規の者を除き，以下のとおりである。

投票権を持つメンバー

a．有給の議長。常勤または非常勤のいずれかで任命される。および，

b．9名から11名の無報酬のメンバー。副議長は，議長が任務を行使する際に支援するために無報酬のメンバーから任命される。

投票権のないメンバー

a．カナダ勅許職業会計士協会（CPA Canada）の基準担当の副議長

b．会計基準担当の理事，および，

c．国際会計基準審議会（IASB）とAcSBとの間のリエゾン（連絡係）として指名された者

6．AcSBの投票権を持つメンバーは，AcSOCに指名される。AcSBの投票権を持つメンバーは，AcSBがその目的を満たす能力と経験の適切なバランスを保つことを保証するために，AcSOCが選任し，また，その任期はAcSOCが定める。

7．議長の任務は，以下のことを含む。

a．AcSBの会議の議長を務め，必要に応じて，AcSBの諸活動に関する会議でメンバーとコミュニケーションを取る。

b．AcSOCとその委員会の投票権のないメンバーを務める。

c．国際財務報告基準（IFRSs）に関する会議でカナダの代表者を務める。

d．民間部門の財務報告基準の問題について，メディアと公衆に対するカナダの代表者および連絡者を務める。

e．AcSBの諸活動の他の当事者または関係者の会議において，AcSBを代表

する。

　f．財務報告の問題について，国内と国際の場でプレゼンテーションを行う。

　　サブパラグラフbの責務が，AcSOCの議長の同意のもとで委任される場合を除いて，議長は，副議長が指名されておれば，これらの責務を副議長に，または，会計基準担当の理事に委任できる。

8．副議長が任命された場合，副議長の役割は，議長の要請に応じて，または，議長の不在時に，臨時で議長に代わって以下のことを行う。

　a．AcSBの会議を主宰する。

　b．通常は議長が主宰するAcSBの委員会の会議を主宰し，同様に，通常は議長が出席するAcSBの他の委員会の会議に出席する。

　c．AcSOCまたはその委員会の会議にAcSOC議長の同意を得て参加する。

　　副議長は，第7項に従い，議長が随時委任するその他の責任も負うものとする。副議長の任命者は，これにより，現在の議長の後任として指名されない。

9．次のいずれかに該当するAcSBの投票権を持つどのメンバーも，欠席事由に情状酌量の余地がない場合は，欠席した会議の終わりにAcSBのメンバー資格がなくなる。

　a．AcSBの2つ以上の会議に連続して出席できない，または，

　b．AcSBのすべての会議のうち，12ヵ月の間に，少なくとも50%は出席できない

　　議長は，斟酌すべき事情についてAcSOCの指名委員会に勧告し，AcSOCの指名委員会は，欠席したメンバーがそのメンバーを続けることができるかどうかを決定する。メンバーは，その会議に終始出席していなければ，AcSBの会議を欠席したものとみなされる。

AcSOCへの報告

10．AcSBはその活動について，公衆とAcSOCに毎年報告する。

11．毎年，AcSBは，AcSOCの意見を伺うために，アジェンダ（協議事項）や重要なプロジェクトを提示し，その優先事項やアジェンダを決定する際に，AcSOCの見解や意見について検討する。何らかの理由で，AcSBがその優先事項やアジェンダにAcSOCの特別な見解や意見を織り込みたくなければ，AcSBはAcSOCにその理由について知らせ，AcSOCに回答の機会を提供する。AcSBは，年次計画のいかなる変更もAcSOCと議論し，当該計画を実施する

第4節 会計基準監視評議会と会計基準審議会の委任事項

際に行われる重要な意思決定について知らせる。

12. AcSBは，この委任事項での別段の定めに加えて，AcSOCが随時要求する報告書を提出する。

13. AcSBは，AcSBと公衆のニーズを継続して満たすことを保証するために，少なくとも3年に1度，この委任事項と主たる運営手続きを見直す。AcSBは，その見直しの結果をAcSOCに報告する。

運営

14. AcSBは，その責務を果たす際に従うべき主たる運営手続きを提示するステートメントを練り上げ，AcSOCの承認を受けるためにこの運用手続きのステートメントを提出する。この手続きの適用は，AcSOCの指示に従う。

15. AcSBは，審議会メンバーで構成される委員会も含み，その責務を果たすのに必要と思われる委員会を新設する。

コンサルテーション（協議）とコミュニケーション

16. AcSBは，あらゆる利害関係者とのコミュニケーションやコンサルテーションを含む，財務報告基準の開発とアドプションのためのデュー・プロセスを提示するステートメントを開発し，発表する。

17. AcSBは，基準設定活動に関する情報提供を公衆に勧誘するために，当該活動に関する情報を広める。

18. AcSBは，ステークホルダーが財務報告基準を一貫して理解し，適用するのに役立つ例示やガイダンスの開発を支援する。

第8章 カナダにおける国際財務報告基準のアドプション

539

第5節 カナダ会計基準審議会の戦略計画

1. ディスカッション・ペーパー「カナダの会計基準：将来の方向性」（2004年）

　2011年からのIFRSsアドプションを盛り込んだ2006年の「カナダの会計基準：新たな方向性－戦略計画」（AcSB［2006a］）は，先のCICAのTFOSS最終報告書（1998年）と委任事項によるAcSBのミッションや目的などをもとに，懸案の問題を解決する試みから策定されたものである。

　AcSBは，委任事項での責務から，戦略計画を策定している。2003年から2005年までの戦略計画が進む2004年に，AcSBは2005年から2010年まで（当初は2006年から2011年までではなく，2005年から2010年まで）の**新5ヵ年計画**の開発に着手した。TFOSS最終報告書は，IASCやIFACの基準設定主体においてそのプレゼンスを保持しつつ，カナダの会計基準とアメリカのFASBの基準の調和化を勧告したが，この「**二重戦略**」に伴うカナダの会計基準とその設定主体を存続させる必要性の問題は未解決であった。

　また，カナダの会計基準や開示基準を開発する権限は，CICAが1999年に協会内に設置したAcSBに与えられていたが，当時のAcSBのミッションと目的は，委任事項で次のように提示されている。

ミッション
1. 会計基準審議会（AcSB）は，営利企業と非営利組織を含むカナダの実体が報告する組織の業績の財務情報やその他の情報の品質を継続的に改善することで，意思決定の向上に寄与することをその使命とする。AcSBは，国内の財務会計と報告について規定する基準とガイダンスを開発し，設定することで，また，国際的に認められた基準の開発に寄与することで，公益に資するものでなければならない。

540

第5節 カナダ会計基準審議会の戦略計画

目的

2．AcSBには，以下の目的がある。

　a．作成者と利用者のコストとベネフィットについて十分に考慮して，カナ
　　　ダの実体が報告する情報の品質を改善し，また，その環境でのプライオリ
　　　ティの変化を認識する基準を開発すること

　b．アメリカやグローバル市場へのカナダの実体の参入を適切に促進するよ
　　　うに，北米内と国際上のGAAPの差異を撤廃もしくは最小化すること

　c．他の基準設定主体とともに単一で高品質な国際的に認められた会計基準
　　　の開発に参画すること

　d．適用を積極的に援助し，また，緊急問題に関するガイダンスを適時に提
　　　供することで，われわれの基準設定活動を支援すること

　e．基準設定プロセスを継続的に改善すること

　AcSBは，その目的とも深く関わりながら，「調和化」と「コンバージェンス」とを明確に区別し，それぞれについての目的と戦略を明確にしている（AcSB [2003]，Part II, C)。

　つまり，**「調和化」**の目的と戦略は，カナダの会計基準をU.S. GAAPと適切に調和化する意味で用いている。また，**「コンバージェンス」**の目的と戦略は，他の会計基準設定主体とともに新たな会計基準を開発する共同プロジェクトに参画することで，会計基準の国際的なコンバージェンスにおいてリーダーシップの役割を果たす意味で展開している。したがって，AcSBによる「調和化」には，会計基準間の一致や同等性などというよりも，むしろU.S. GAAPに準拠することから生じる障害の撤廃という固有の意義が付されている（AcSB [2003]，note 1)。

　AcSBによる2003年4月から2005年3月までの2ヵ年計画（AcSB [2003]）における，こうした「調和化」と「コンバージェンス」を2区分する戦略アプローチは，調和化の意義に「調和化」と「コンバージェンス」の2つのアプローチを包含する，より広義に捉えたTFOSS最終報告書の見解を踏襲したものである。AcSBは，カナダの会計基準をU.S. GAAPと調和化し，また，単一で

541

国際的に認められた会計基準とのコンバージェンスを行う戦略を一貫して展開しているのである。AcSBが推進する各種プロジェクトも，①新たな国際的な会計基準とのコンバージェンス，②U.S. GAAPとの調和化，および，③カナダの会計基準の欠如部分の充足または改善，のいずれかに該当する。

企業の不正会計問題，会計基準のコンバージェンスの気運の高まり，カナダとアメリカの会計基準の調和化の範囲の増加などに伴う会計基準の設定環境が，この間に大きく変化した。このような環境変化の背景から，AcSOCの助言ももとにして，AcSBによるその後の戦略の策定に役立たせるために2004年5月に公表されたのが，**ディスカッション・ペーパー「カナダの会計基準：将来の方向性」**（AcSB［2004a］）である。

次の項目は，このディスカッション・ペーパーで示されたカナダの会計基準のあり方について集約したものである。それぞれの項目についてコメントが要請された。

①カナダ独自の会計基準設定能力を維持することについて

②カナダの会計基準を維持するか，あるいは，U.S. GAAPとIFRSsのいずれをアドプションするかについて

③U.S. GAAPとの調和化を図る一方で，会計基準の国際的なコンバージェンスを支援する現行の戦略を維持することについて

④各種報告書を広く適用することを通じて，さまざまなタイプの会計実体の財務諸表利用者に有用な情報を提供する現行のGAAP要件を修正することについて

とくに，AcSBによる「調和化」戦略との関連では，U.S. GAAPの適用を望むカナダ企業の障害を撤廃する会計基準を開発するという，現行の調和化政策についてコメントを求めている。また，「コンバージェンス」戦略との関連では，AcSBが国際的な会計基準設定のパートナーシップに参画する度合い，カナダが国際的にコンバージェンスした会計基準をアドプションする度合いについてのコメントを要請している。

ディスカッション・ペーパー「カナダの会計基準：将来の方向性」には，そ

542

第5節 カナダ会計基準審議会の戦略計画

の背景に関わる文書（「『カナダの会計基準：将来の方向性』ディスカッション・ペーパーの背景」（AcSB［2004c］））も公表されている。

　カナダの会計基準とU.S. GAAPの間の理に合わない重要な差異を撤廃する作業の進捗状況について把握するために，また，将来の調和化プロジェクトの選定に資するために，AcSBは両会計基準の差異分析を実施した。その調査報告書である「カナダGAAP/U.S. GAAPの差異報告：2002年度のカナダのアニュアル・レポートの調査」（Reported Canadian/US GAAP Differences: Survey of Canadian Annual Reports for Years Ending in 2002）が，このディスカッション・ペーパーの背景に関わる文書に収められている。この調査の対象企業は，SECに登録するカナダ企業から資産規模をもとに選定した90社と，ニューヨーク証券取引所（NYSE），NASDAQまたはアメリカン証券取引所（AMEX）に上場するカナダ企業から選定した60社からなる150社である。ただし，このうちの17社が，カナダの会計基準とU.S. GAAPの差異に関する調整表を作成・開示していないため，最終的な調査対象企業は133社である。

　この調査によれば，133社が報告した両会計基準間の差異は，延べ610項目にのぼる。2000年から2002年の1社当たりについて報告された差異項目は，**図表8-3**のとおりである（なお，2004年度の年次報告書をもとにカナダの会計基準とU.S. GAAPの差異を調査したAcSB［2006b］によれば，2003年と2004年の差異項目は，

図表8-3　カナダGAAPとU.S. GAAPの差異分析（2000年〜2002年）

報告された差異	2002年	2001年	2000年
差異なし	6社	6社	3社
差異1〜3項目	40社	40社	50社
差異4〜6項目	57社	53社	48社
差異7〜9項目	27社	31社	16社
差異10項目	2社	1社	0社
差異11項目以上	1社	2社	1社
該当企業数の合計	133社	133社	118社

出所：AcSB, Reported Canadian/US GAAP Differences: Survey of Canadian Annual Reports for Years Ending in 2002, p.6 in the AcSB［2004b］を一部修正のうえ作成。

第8章 カナダにおける国際財務報告基準のアドプション

543

次のとおりであった（カッコ内は2003年と2004年の順で，調査対象企業はそれぞれ138社と141社である）。すなわち，差異なし（6社，6社），差異1～3項目（37社，50社），差異4～6項目（53社，55社），差異7～9項目（34社，22社），差異10項目以上（8社，8社）である（AcSB［2006b］，p.4））。

　AcSBが2000年から実施したカナダの会計基準とU.S. GAAPの差異に関する調整表の調査は，今回（2004年）で5回目である。いずれの調査においても，U.S. GAAPよりもカナダの会計基準による純利益額が大きく，また，2002年のカナダの会計基準による純利益額が大きいと報告した企業数は，2001年と2000年に比べて少し減少傾向にある。顕著な差異項目には，たとえば金融商品（74社），従業員給付（58社），繰延費用（49社），負債と資本の分類区分（43社），投資―原価／公正価値（42社）および株式報酬（41社）などがある（AcSB, Reported Canadian/US GAAP Differences Survey of Canadian Annual Reports for Years Ending in 2002, p.6 and Attachment 1 in the AcSB［2004b］）。

　その後も，AcSBはカナダの会計基準とU.S. GAAPないしIFRSsとの比較分析を実施している（AcSB［2005b］，AcSB［2005c］，AcSB［2009c］and AcSB［2009d］）。

　ところで，AcSBはディスカッション・ペーパーに加えて公表したコメント募集文書の「カナダの会計基準：将来の方向性」（AcSB［2004b］）で，カナダの会計基準のあり方について，**図表8-4**のような5つのシナリオを提示していた。このシナリオを通じて，当時のAcSBによるカナダの会計基準に対する考えを読み取ることができる。

　併せて，このコメント募集文書は，AcSBがカナダの会計基準開発を引き続き行う場合，次の問題についてもコメントを要請した（AcSB［2004b］，p.iii.）。

①高品質で国際的に認められた基準とのコンバージェンスとU.S. GAAPとの調和化は，いずれもカナダの財務報告の目的であり続けなければならないか？　もしそうであれば，この目的はすべての環境または特定の実体向けの基準にのみ適用しなければならないか？　また，その適用方法はどのようなものか？

②別途報告（Differential Reporting）を公開会社にまで拡張しなければならないか？　その結果，公開会社は他の会社とは異なる基準に従うことになる（会社は規模，国際資本市場への参画もしくは他の特性に基づいて区別される）。大まかにいえば，また，概念フレームワークに矛盾せずに高品質な基準を開発するAcSBの目的の範囲のなかで，実体ごとに基準はどのように異なるか？　このアプローチは，U.S. GAAPとの調和化または国際的なコンバージェンスの目的との関連で，正当だとどのように理由づけることがで

図表8-4　カナダの会計基準のあり方に関するシナリオ（2004年現在）

シナリオ	基準設定への影響	タイミング	インプリケーション
現状維持。	現行の基準設定の手はずを維持する。	IFRSsがアメリカを含む主たる資本市場で認められるかどうかについて，2007年までに明確にしなければならない。	U.S. GAAPまたはIFRSsへの移行は，2008年～2009年に始まる。詳細なアメリカの規則の情勢に対処する必要がある。
すべての実体にU.S. GAAPを採択させる。	現行の基準設定の手はずをやめさせる，または，かなり短縮する。	この実行は，財務諸表作成者，会計監査人および利用者が，いつ十分な資源を確保するかにかかっている。	すべての利害関係者グループが保持し，教育する必要がある。
すべての実体にIFRSsを採択させる。	現行の基準設定の手はずをやめさせる，または，かなり短縮する。	この実行は，財務諸表作成者，会計監査人および利用者が，いつ十分な資源を確保するかにかかっている。IASBは，さらに数年間，カナダを含む各国の基準設定主体の支持が必要である。	すべての利害関係者グループが保持し，教育する必要がある。IFRSsへの移行は2008年に始まる。
U.S. GAAPとの調和化を断念する。カナダの実情をうまく反映する基準を開発する。	カナダでの本格的な基準設定機能を維持する。	早速始めることができる。	カナダとアメリカの基準の類似性が増えることで，実務において生じる困難さや混乱を回避する。
分野を放棄する。市場が報告実務を決定できるようにする。	現行の基準設定の手はずをやめさせる，または，かなり短縮する。	早速始めることができる。	各実体の報告要件について個別に協議する必要がある。

出所：AcSB［2004b］，p.ii.

545

きるか？

２．長期戦略計画案「カナダの会計基準：将来の方向性―戦略計画案」

コメント募集文書などに寄せられた68通のコメントや，10回に及ぶ各地で開催された円卓討論（ラウンドテーブル）での議論，さらにはAcSOCとの協議（2005年２月10日～11日）などを踏まえて，新たに意見聴取する目的から，AcSBは2005年３月31日に，新５ヵ年（2006年―2011年）長期戦略計画案である「**カナダの会計基準：将来の方向性―戦略計画案**」（Accounting Standards in Canada: Future Directions — Draft Strategic Plan）（AcSB［2005a］）を公表した。

この「カナダの会計基準：将来の方向性―戦略計画案」は，カナダにおける今後の会計基準のあり方について，以下のような３つの重要な論点を備え持っている。

第１に，この長期戦略計画案は，現行のAcSBの戦略計画における究極の目的である会計基準の国際的なコンバージェンスとU.S. GAAPとの調和化を，「公開会社」に対して大いに促進することを示したものである（AcSB［2005a］，par.5）。

第２に，長期戦略計画案は，カナダの企業を「公開会社」，「非公開会社」および「非営利組織」という主たる報告実体に区分し，それぞれ異なる財務報告戦略を採用している。これは，「１つのサイズが必ずしもすべてに当てはまるわけではない」（"One Size Does not fit all"）との認識によるものである。

この第２の論点についてより詳しくみておくことにしよう。

財務報告戦略のなかでの最重要項目は，カナダの公開会社に対するものである。

公開会社については，単一で高品質な国際的に認められた会計基準の目標を達成する最善策は，特定の移行期間ないし経過期間にわたって，カナダの会計基準とIFRSsをコンバージすることであると考えている。会計基準のコンバージェンス活動に参画して，単一で高品質な国際的に認められた会計基準を開発するという目的を達成するために，公開会社が適用すべき会計基準をIFRSsと

全面的にコンバージェンス（フル・コンバージェンス）するとした。この移行期間中のコンバージェンスの結果，カナダの会計基準は公開会社の財務報告の基準としての役割を終えることになる（AcSB［2005a］，par.15(a))。

つまり，このコンバージェンスの達成によって，AcSBは，カナダの個々の会計基準をそれに対応するIFRSsに合わせるように改正ないし置き換え，また，新たに開発されたIFRSsを採択することになる。加えて，AcSBは，IASBやFASBの審議プロセスでカナダの考えが反映されるように，両審議会とともに作業し，IASBとFASBのコンバージェンスをさらに促進するように働きかけることになる。

IFRSsへの移行は，5年間の移行期間を設け，その最終日までに実施されるとした。この長期戦略計画案を開始した24ヵ月から30ヵ月後に，AcSBは，この戦略の展開に重大な影響を及ぼす環境要因について評価する，いわゆる当該計画の進捗状況の検証を行うことも盛り込んだ（AcSB［2005a］，par.15(d))。

先に見たように，カナダはアメリカと相互承認制度としてのMJDSを締結している。公開会社については，IFRSsに移行させるという長期戦略計画案とこのMJDSとの関わりが問われることになるが，この長期戦略計画案は，カナダの公開会社がIFRSsに代えてU.S. GAAPを採択することも容認している（AcSB［2005a］，par.15(e))。

AcSBは，会計基準の規定を，外部に重要なステークホルダー（重要な外部の財務情報利用者）を持つ実体だけに適用する考えである。外部の重要なステークホルダーを持つ非公開会社については，長期戦略計画案は，当該非公開会社の利用者ニーズを充足するためにも，カナダの会計基準の適用を求めた。そのため，カナダの会計基準に準拠した財務諸表を必要としない大多数の小規模な非公開会社は適用除外とする措置を講じる考えである（もちろん，財務諸表利用者の定義，当該財務諸表利用者のニーズ，当該ニーズを充足する報告モデルなどを明確にしなければならず，そのための調査研究の必要性も説いている）（AcSB［2005a］，par.52)。

また，営利企業の会計基準は非営利組織にも適合するとして，非営利組織の

会計基準は，引き続き営利企業の会計基準を適用する案が提示された。すべての非営利組織を対象とするかという問題については，もちろんAcSBは，非営利組織部門と協議するとした。なお，AcSBは非営利組織に固有の基準を引き続き開発するとしている（AcSB［2005a］，par.76）。

　長期戦略計画案は，営利企業と非営利組織に大別して，企業ごとの適用基準を整理のうえ提示した（**図表8-5**参照）。公開会社に限らず，非公開会社と非営利組織も，それぞれ代替的にIFRSsの適用も容認する提案となっている。

　ここでカナダにおける今後の会計基準のあり方に関する重要な論点に立ち戻ることにしよう。

　第3に，長期戦略計画案を展開するために，カナダは独自の会計基準設定能力を存続させることを明記した。これは，CICAのTFOSS最終報告書の公表以降，未解決の論点であったカナダ独自の会計基準および会計基準設定主体を存続すべきか否かについて，AcSBが意見集約したうえで表明した当面のスタンスである。

　以上のような重要な論点を備え持つ長期戦略計画案は，次の3項目の問題を含む，その提案の全体的な適合性についてコメントを要請した（AcSB［2005a］，p.v）。

　①すべての報告実体に一律に同じ戦略を適用するよりも，むしろ主要な報告実体別に異なる戦略を適用することの妥当性について

　②主要な報告実体別の戦略が，将来の財務報告要件の開発に向けた方向性が適切に確立されるかどうかについて

　③個々の戦略や計画が，全体として操作的であるかどうかについて

　なお，長期戦略計画案は，「**基準の過負荷**」（Standards Overload）問題にも関心を抱いている（AcSB［2005a］，pars.95-102）ことも特徴の1つとして指摘できる。

3．戦略計画「カナダの会計基準：新たな方向性」

　新5ヵ年長期戦略計画案に寄せられた66通のコメントを分析したところ，コ

第5節 カナダ会計基準審議会の戦略計画

図表8-5 「戦略計画案」の企業別適用基準

【営利企業】

	U.S. GAAP(監督当局に認められる範囲内で)	IFRSs	外部開示責任のない企業にはカナダGAAP	該当する基準なし
公開企業[1]	X	X		
非公開企業[2]		a	X	
外部に重要なステークホルダーを持たない民間企業[3]		a	a	X

【非営利組織】

	IFRSs + 非営利組織に固有の諸問題に関する基準	外部開示責任のない企業にはカナダGAAP	該当する基準なし
外部開示責任のある[4]組織	X		
外部開示責任のない[4]組織	a	X	
外部に重要なステークホルダーを持たない外部開示責任のない[4]組織	a	a	X

注:a:有効な代替案。
　　1:公開企業(Public Companies)は,「公的説明責任企業」を含めるためにおそらく範囲が拡張される(第16項参照)。
　　2:非公開企業(Private Business)は,かなり大規模で複雑なものであるが,すべての小規模企業が非公開というわけではない(第53項参照)。
　　3:外部のステークホルダー(External Stakeholders)の定義には,企業経営者や債権者でない者を含み,個々の企業に定められた基準による財務諸表の提出を要求できる政府機関を含まない(第61項参照)。
　　4:非営利組織部門の「公的説明責任組織」は,明確な定義を要する会計基準の新たな概念である。その定義は,新たなカナダの非営利会社法を設定するために,最近提案された連邦法の制定(議案C-21)のもとでの「勧誘」(Soliciting)および「勧誘禁止」(Non-soliciting)の組織のカテゴリーに基づくことになる。
出所:AcSB[2005a],Appendix B,p.49.

メントの多くは全般的にこの計画案を支持している。最大の関心事は,その実施方法と実施時期にある。

　AcSOCとのコメントに対するレビュー(見直し)と協議(2005年10月27日~

549

28日）も踏まえて，2006年1月に，AcSBは，2006年から2011年までの会計基準の設定に関わる新たな戦略計画として，「**カナダの会計基準：新たな方向性—戦略計画**」（Accounting Standards in Canada: New Directions — Strategic Plan）（AcSB［2006a］）を承認した。ただし，この戦略計画には，個々の会計基準を開発するためのプロジェクトを明記した作業プログラムや，各戦略を実施するための詳細なステップのいずれも含まれていない。

(1) 実施方法

　戦略計画案にみられた今後のカナダの会計基準のあり方についての論点を，この承認された戦略計画では，おおむね次のような戦略として盛り込んでいる（AcSB［2006a］，par.12, par.18, par.20, par.59, par.82, par.90）。

　①AcSBは，長期戦略計画案である「カナダの会計基準：将来の方向性—戦略計画案」でも示されたように，「1つのサイズが必ずしもすべてに当てはまるわけではない」（換言すると，単一の会計基準で「みんなに気に入られようとする」ことは，結果的にはどれにも役立たないものとなる）との認識に基づいて，報告実体を「公的説明責任企業」，「公的説明責任のない企業」および「非営利組織」に区分し，報告実体ごとに財務報告戦略を推進すること

　　なお，この戦略計画での報告実体の区分は，長期戦略計画案での区分（公開会社，非公開会社および非営利組織）とは異なる。公的説明責任企業は，『CICAハンドブック』のセクション1300での定義によるもので，公開会社と比較的大人数ないしさまざまな財務諸表利用者のいる他の企業を含む概念である（AcSB［2006a］，par.21）。

　　AcSBは，すべての報告実体の基準のすべてが，同じ概念フレームワークに立脚し，各実体の区分のニーズとコスト・ベネフィットの検討を通じて妥当な場合にのみ，それらの基準は異なると考えている（AcSB［2006a］，par.18）。

　②カナダの公的説明責任企業に対しては，カナダの会計基準とIFRSsが移

第5節 カナダ会計基準審議会の戦略計画

行期間（約5年間）中に全面的にコンバージェンスすることで，高品質で国際的に認められた会計基準を適用すること

公的説明責任企業について重視する戦略が，これまでのU.S. GAAPとの調和化よりも，むしろ国際的なコンバージェンスに向けられていることに注目しなければならない。

このコンバージェンスを達成するために，AcSBが取る一般的アプローチは，次のとおりである（AcSB［2006a］，par.20(b)）。

(a) FASBが公表した基準とコンバージされた，IASBが新たに開発した基準が公表されれば，それを採択すること

(b) 影響を受けるステークホルダーと協議して開発されるべき別のコンバージェンス実施計画に従って，他のカナダの基準をすでに公表されたそれに対応するIFRSsに取り替えること

(c) カナダの見解がIASBとFASBの審議で考慮されるように，両審議会と作業を行うこと

(d) IASBとFASBの基準がさらにコンバージェンスするように働きかけること

つまり，国際的な基準開発の役割を担う際に，AcSBは，カナダで適用される基準のテクニカルな内容やその実施時期に影響を及ぼすほとんどの重要事項についての最終的な意思決定をやめることになる。

AcSBは，IASBとFASBに引き続き協力して，共通の結論に達するように促すが，必要に応じて，両審議会の間に存在する緊張関係を解決する「公平な仲裁者」（Honest Broker）としての役割も果たす。この場合に，AcSBが果たす役割には，次のものがあるという（AcSB［2006a］，par.29）。

(a) 優先項目や個々の基準設定プロジェクトを含む国際的な基準設定のアジェンダ（協議事項）の議論に参加すること

(b) 特定の基準設定プロジェクトやリサーチ・プロジェクトを行う際に，必要に応じてIASBを支援すること

(c) IASBと協力して実行支援や解釈ガイダンスの開発に参画すること

第8章 カナダにおける国際財務報告基準のアドプション

551

⒟　基準の有効性について評価すること

⒠　IFRSsについての情報を広く普及するために，IASBとカナダのステークホルダー間のコミュニケーションの一助となること

⒡　IFRSsの開発にカナダの利害を有するステークホルダーの参加を促すこと

⒢　国際的な基準設定活動に参画するために，個々の専門的知識と経験を開発すること

③AcSBは，公的説明責任のない企業の財務諸表利用者のニーズについて，緊急問題として包括的に検討し，このニーズを充足する最適な財務報告モデルを決定し，実行すること

　　財務諸表利用者を特定化し，財務諸表利用者のニーズに加えて，当該ニーズを最も充足する報告モデルを明確にする研究が必要である。

　　公的説明責任のない企業に対する戦略を実行する際に，AcSBは，外部に重要な財務諸表利用者を持たない企業のニーズも併せて検討を行う。その検討の結果，公的説明責任のない企業は，GAAPに基づいた財務諸表を必要としないかもしれない。また，公的説明責任企業の基準が公的説明責任のない企業のニーズに対して役立つ場合には，個々の企業が当該基準を適用するオプションを有することになる。

④非営利組織の環境にも適用可能な利益を目的とする企業に対するGAAPを非営利組織にも継続適用すること

　　非営利組織に対する戦略を構築するために，AcSBは，とくにすべての非営利組織が公的説明責任企業に対する基準に依拠することと，公的説明責任のない企業に適用するアプローチを営利組織にも適用することについて，非営利組織部門と協議する。

　　IFRSsを公的説明責任企業のカナダの会計基準に組み入れ，併せて非営利組織も視野に入れることになれば，AcSBは，これまでと同様に，非営利組織固有の取引，事象および環境を扱う適用指針などの基準開発も継続して行う（AcSB [2006a]，par.86）。また，非営利組織の説明責任の対象が，

公的説明責任企業のようにさまざまなステークホルダーの場合もあれば，特定メンバーに限定されることもあるため，AcSBは非営利組織ごとに異なる基準が必要かどうかについても検討を行う（AcSB［2006a］，par.87）。

⑤ これらの戦略を実行するために，カナダは自らの基準設定能力を引き続き維持すること

カナダに高品質な基準設定能力が必要とされるのは，次の目的からである（AcSB［2006a］，par.91）。

(a) とくに以下の事柄について，公的説明責任企業に対する戦略を実行するため

　(i) IASBを機関としてうまく機能させるとともに，IFRSsを国際的な基準のベンチマークとして促進し，支援すること

　(ii) 国際的な基準設定に参画すること

　(iii) カナダにおけるIFRSsへの移行に対処すること

　(iv) IFRSsを移入するメカニズム（機構）としての役割を果たすこと

(b) 公的説明責任のない企業と非営利組織に対する基準を開発し，維持するため

(c) カナダの財務報告の品質と国際的な基準設定に対するカナダの貢献を維持・改善すべく，会計思考や会計実務の「センター・オブ・エクセレンス」（中核的研究拠点）としての役割を果たすため

（2）実施時期

新たな戦略計画を実施するための移行期間は，「カナダの会計基準：新たな方向性 - 戦略計画」の公表後おおむね5年間としたが，IFRSsへの移行に向けた実施時期については具体化していない。

第6節 AcSBのIFRSs実施計画と「進捗状況のレビュー」

1．IFRSs実施計画

　IFRSsへの移行に向けた実施時期などの具体化は，新たな戦略計画「カナダの会計基準：新たな方向性」（AcSB［2006a］）をもとに，AcSBが2007年3月に策定した，いわゆるIFRSs実施計画（「**カナダの会計基準—カナダGAAPにIFRSsを組み込むための実施計画**」（Accounting Standards in Canada: Implementation Plan for Incorporating IFRSs into Canadian GAAP）（AcSB［2007a］））にみられる。このIFRSs実施計画には，その適用対象，発効日，IFRSsの導入方法，変更の規模，IFRSsの修正，基準設定における現在と将来のAcSBの役割などが記されている。

　IFRSs実施計画によれば，移行期間中，AcSBは，カナダのIFRSsコンバージェンス戦略の進捗状況や投資家と実業界の準備状況について監視するという。

　より具体的には，戦略計画「カナダの会計基準：新たな方向性」の公表（2006年1月）後24ヵ月以内に，「**進捗状況のレビュー（見直し）**」（Progress Review）を行うとした。この進捗状況のレビューは，IFRSsコンバージェンス戦略を微細調整し，また，戦略の実施計画を完結するために，当該戦略の実施に影響を及ぼす新たな情報や新たな課題を確認することにある。同時に，進捗状況のレビューが終了次第，AcSBは移行のタイミングを設定できると考えており，遅くとも2008年3月31日までに移行日を公表できるとした（AcSB［2007a］, par.9）。

　端的にいえば，この進捗状況のレビューの主たる目的は，既存の戦略の修正や新たな戦略の策定などを企図するものではなく，すでに提示されたカナダのIFRSsアドプションの移行日案が適切ではないことを示す証拠の存否について評価することにある。

　IFRSs実施計画は，この移行日も含めて，戦略計画「カナダの会計基準：新

第6節 AcSBのIFRSs実施計画と「進捗状況のレビュー」

図表8-6　IFRSsを適用する報告企業の重要事象の予定案

期　　日	予　定　内　容
2006年〜2008年	IFRSsの教育と完全な知識を習得する。IFRSsに関する会計方針の評価とコンバージェンス計画を開始する。
2008年初めまで	AcSBが進捗状況をレビューする。
2008年3月31日まで	進捗状況のレビューを踏まえた，AcSBによる移行時期を公表する。
2008年	IFRSsに関する会計方針の評価とコンバージェンス計画を完成する。
2008年12月31日	企業のコンバージェンス計画と企業がIFRSsへ変更することで生じると予想される影響を開示する。
2009年12月31日	2008年に要求されたものと同じように開示する。ただし，IFRSsへの変更の影響についてはより多くの定量化を伴う。
2010年1月1日	新たなIFRSsベースの要件による2011年度財務諸表に収録するための比較情報を収集する初年度。IFRSsに基づいた2010年度の開始貸借対照表が要求される。いくつかの項目のバリュエーション（評価）については，IFRSs，とくにIFRS第1号「国際財務報告基準の初度適用」による会計方針の選択に応じて，開始貸借対照表を作成するのが賢明かもしれない。
2010年12月31日	現行のカナダGAAPによる報告の最終年度末。
2011年1月1日	移行。新たなIFRSsベースの基準による報告初年度。IFRSsに基づいた2011年度の開始貸借対照表が要求される。
2011年3月31日	期中財務諸表を公表する企業は，2011年3月31日までの3ヵ月間のIFRSsベースの第1四半期財務諸表を作成する。
2011年12月31日	2010年度についてのIFRSsベースの比較情報を含む，新たなIFRSsベースの要件に従った最初の年次報告期間の最終日。

出所：AcSB［2007a］，par.13を一部修正のうえ作成。

第8章　カナダにおける国際財務報告基準のアドプション

たな方向性」で具体化されなかった実施時期について，**図表8-6**のような予定案としてまとめている。

　結果的には，AcSBは，公的説明責任企業に2011年1月1日以後開始する事業年度からIFRSs強制適用に移行することを，2007年5月に公表している。

2．「進捗状況のレビュー」

　その後取りまとめられた「進捗状況のレビュー」に関する報告書には，以下

555

のものがある。

①「進捗状況のレビュー―カナダGAAPへのIFRSの組込みへのステップ」(Progress Review ― Steps to IFRS Incorporation into Canadian GAAP)(AcSB [2007b])(2007年7月31日)

②「進捗状況のレビュー―予備調査報告書：カナダGAAPにIFRSsを組み込むためのAcSBの実施計画」(Progress Review ― Preliminary Report: AcSB Implementation Plan for Incorporating IFRSs into Canadian GAAP)(AcSB [2007b])(AcSB [2007c])(2007年10月)

③「進捗状況のレビュー―最終報告書：カナダGAAPにIFRSsを組み込むためのAcSBの実施計画」(Progress Review ― Final Report: AcSB Implementation Plan for Incorporating IFRSs into Canadian GAAP)(AcSB [2008a])(2008年2月)

(1)「進捗状況のレビュー―カナダGAAPへのIFRSの組込みへのステップ」(2007年7月31日)

最初に公表された「進捗状況のレビュー―カナダGAAPへのIFRSの組込みへのステップ」は，①IFRSs実施計画の妥当性と今後の進捗状況のレビューのスケジュール，および，②レビューの範囲と評価規準を提示した。

IFRSsコンバージェンス戦略の進捗状況や投資家と実業界の準備状況についての監視に加えて，AcSBは，国際的な基準設定プロセスに関与する各国の基準設定主体や証券規制当局と緊密な連絡を取りながら，IASBの基準設定活動を継続的に監視するとともに，単一で高品質な国際的に認められた財務報告基準の開発とその受け入れに関連のある研究，報告書および文献などの監視も行っている。AcSBのIFRSs実施計画は，これらの監視活動からその妥当性が認められているという（AcSB [2007b], p.1）。

「進捗状況のレビュー」は，AcSOCとの協議も含んでいる。AcSBとAcSOCの協議は，進捗状況のレビューに関する予備調査報告書をもとに，2007年10月に実施し，その最終報告書の公表は，2008年2月に予定された。

提示された「進捗状況のレビュー」におけるレビューの範囲とその評価規準
は，次のとおりである（AcSB［2007b］，p.3）。

(a) 影響を受けた個々の企業に必要とされる変更を計画し，実施に向けた取組
みを含む，IFRSsの実務上の問題に取り組む際のカナダでの進捗について—
これは取り組むべき主たる問題点である。この点について，
・とくに注意が払われるのは，小規模の公的説明責任企業の状況について
・評価が行われるのは，専門的な懲戒制度や検査制度，市場規制制度や教育
プログラムといったカナダの会計基準を支えるさまざまなプロセスでの準
備について
(b) EU，オーストラリアおよびその他の国や地域でIFRSsの初期導入もしくは
IFRSsの適用中に直面した重要な障害について—IFRSsの初期導入における
他の主要市場の経験を評価する際に，重点的に取り組むのは，
・直面した共通の疑問や問題について
・大きな市場の混乱の有無について
・後から振り返ってみた場合に得た知見について
(c) グローバル資本市場の機能を改善するのに貢献すると認められる高品質な
基準を継続的に開発するIASBの能力について—この評価がとくに重きを置く
ことは，IASBによるFASBとの協力が機能しているか，並びに，問題に効果
的に取り組み，適時にその優先順位や作業負荷（仕事量）を管理するIASBと
その解釈指針委員会の能力にある。

（2）「進捗状況のレビュー—予備調査報告書：カナダGAAPにIFRSsを組み込むためのAcSBの実施計画」（2007年10月）

当初の予定通り取りまとめられた予備調査報告書では，先に示された「進捗
状況のレビュー」におけるレビューの範囲とその評価規準ごとに，その評価結
果（中間報告）を明らかにした。

セクション1：IFRSsの実施に向けたインフラストラクチャー（基盤）を構築する際に，カナダで十分な進捗がみられるか？

557

この第1の評価項目については，CSAや連邦金融機関監督官局の規制当局，AcSBの**財務諸表利用者諮問委員会**（User Advisory Council）を含む証券アナリスト，不動産業，石油・ガス・採取産業，金融サービス業，小売業およびテクノロジー産業といった主要業種，カナダ財務管理者協会のような財務諸表作成者，小規模公的説明責任企業，カナダの監査法人，CICA，CGA，CMAおよびACCAなどの会計士団体，学界およびAcSBのIFRS諮問委員会の各関係者との議論を通じて，IFRSsへの移行に要する多くの課題（たとえば，移行に向けた教育・訓練や人材育成，IFRSsをアドプションするデュー・プロセスなど）を浮き彫りにした。

予備調査報告書では，AcSBスタッフは，これらの課題のどれもが想定外のものではないと考えている。これらは，定められた時間内に乗り越えられないとは思えないし，移行日を遅らせる必要性を示唆するものであるとも思えないということを示している（AcSB［2007c］，p.8）。

セクション2：AcSBが公的説明責任企業に対する戦略を実施するタイミングを決定する際に考慮すべき，EU，オーストラリアおよびその他の国々でIFRSsの初期導入もしくはIFRSsの適用中に直面した重要な障害はあるか？

AcSBは，専門職事務所，規制当局，その他の市場参加者や学界が実施した研究を調査し，また，財務報告問題を扱うメディア・ソース，財務諸表作成者，主要資本市場における各国基準設定主体や規制当局，主要監査法人のIFRSデスクとIASBのシニアスタッフ，証券アナリストなどとの面談調査により，この第2の評価項目について対応した。

カナダに先立ってIFRSsをアドプションした国や地域では，そのアドプションは，一般的に順調に進んでいる。たとえ問題があるとしても，それはIFRSsアドプション後の2年目にみられ，初度適用は厳格であると捉えている（AcSB［2007c］，Executive Summary, p.3）。この第2の評価項目について，AcSBは，先行する国や地域などの経験を引き続き学習していくことを表明している。

セクション３：IASBは，グローバル資本市場の機能を改善するのに貢献すると認められる高品質な基準を継続的に開発しているか？

AcSBは，世界中のメディア，専門誌および学術論文にみられるIFRSsの品質についての見解を再検討し，基準や解釈が特定の政治的配慮または特定の利害に不当に影響を受けているかどうかを検討し，また，IASBとFASBのコンバージェンス活動とIASC財団評議員会の監視の役割などについて評価した。

IFRSsは，単一で国際的に認められた会計基準としてかなりの支持を得ているが，IFRSsの品質については好意的とは言い難い報告もみられる。たとえば，公正価値会計の役割と広がりに対する懸念，IFRSs準拠の財務報告が複雑さを増すことに対する懸念，および，IFRSsのプラグマティズムの度合いに対する懸念などである。

IFRSs採用時に資本コストに及ぼす影響について測定を試みる学術研究もみられるため，IFRSsに移行することによるグローバル市場での影響とともに，AcSBは，今後さらに詳細に検討するとした（AcSB［2007c］，pp.15-16 and p.20）。

（３）「進捗状況のレビュー─最終報告書：カナダGAAPにIFRSsを組み込むためのAcSBの実施計画」（2008年２月）

最終報告書も，「進捗状況のレビュー」における３つのレビューの範囲とその評価規準について，予備調査報告書の公表以降，追加的に実施した関係者との議論や調査・検討などからの知見を新たに書き加えて，取りまとめたものである。とくに追加的な取組みからは，以下のような見解が導き出されている。

①IFRSsの実施に向けたインフラストラクチャー（基盤）を構築する際に，カナダで十分な進捗がみられるか？

AcSBは小規模企業の状況に注意を払い，当該企業の代表者とその監査法人との議論を通じて，この第１の評価項目について追加的に対応した。AcSBが小規模企業に抱いていた当初の予想（小規模企業は遅れて開始し，先に開始した

企業の経験を利用する傾向にあるという予想など）とは違って，小規模企業は
IFRSsへの移行を直ちに行うべきだと考えていた——「〔IFRSs移行日の：引用者〕
延期は，小規模企業にとってその移行を何ら容易なものとしない」（AcSB
［2008a］，p.5）。

②AcSBが公的説明責任企業に対する戦略を実施するタイミングを決定する際
　に考慮すべき，EU，オーストラリアおよびその他の国々でIFRSsの初期導
　入もしくはIFRSの適用中に直面した重要な障害はあるか？

　AcSBとカナダは，カナダの実務経験を向上するために，他の国や地域の経
験から引き続き学ぶことができる。課題も鮮明となったが，この課題からも学
ぶことができ，しかも，EU，オーストラリアおよびその他の国や地域の資本
市場は，IFRSsへの移行で目にみえた混乱はまったく経験していないという
（AcSB［2008a］，p.7）。

③IASBは，グローバル資本市場の機能を改善するのに貢献すると認められる
　高品質な基準を継続的に開発しているか？

　IFRSsの品質についての懸念は，予備調査報告書で明らかとなったものに加
えて，「IFRSsに関する懸念」を示している。たとえば，各国が各管轄（法域）
でIFRSsをアドプションする際に，IFRSsを修正することで起こりうる多様な
IFRSsに対する懸念，IASBの安定的かつ独立した将来の資金調達源に対する
懸念，IASBの基準設定プロセスの監視に対する懸念である。しかし，AcSBは，
どの懸念についてもIFRSsの移行日の決定に何ら影響を及ぼすものではないと
断ずる（AcSB［2008a］，pp.8-10）。

　以上のような一連の「進捗状況のレビュー」を通じて，AcSBは，多くの人
が強制適用の移行日を延期することよりも，任意で早期適用する可能性につい
て関心を寄せており，IFRSsへの移行を「さっさと始めてよ」（"Get on with
it"）というのが，共通の見解であると認識するに至っている。そこで「進捗状

況のレビュー」の最終報告書では，新たな戦略計画「カナダの会計基準：新たな方向性」やIFRSs実施計画で提示されたとおり，AcSBは，移行日を2011年1月1日以後開始する年度とすることを承認すべきだと結論づけたのである（AcSB［2008a］，p.2）。

第7節　カナダにおけるIFRSsアドプション

1．公開草案「カナダにおけるIFRSsアドプション」

　カナダのIFRSsアドプションに関する基準設定については，AcSBがその**公開草案「カナダにおけるIFRSsアドプション」**（Exposure Draft: Adopting IFRSs in Canada）を2008年4月，2009年3月および同年10月の3回にわたって公表してきた（AcSB［2008c］，AcSB［2009a］and AcSB［2009b］）。というのも，対象とする基準量が多いためである（対象は，2007年と2008年現在のIFRSs並びにIFRSs改正や新たな解釈の公開草案）。この一連のオムニバス方式の公開草案をもとに，AcSBは，2009年末までに『CICAハンドブック』にIFRSsを強制的に組み入れる計画で進めている。

　AcSBがその後に取りまとめた『**CICAハンドブック―会計 Part I**』（CICA Handbook — Accounting, Part I）（AcSB［2010］）のバックグラウンド情報（後述）で明確に示したように，いずれの公開草案にも込められた肝心要の問題は，IASBのデュー・プロセスや他の国や地域でのIFRSsアドプションの情勢があるとはいえ，このIFRSsをカナダで適用した場合に，不適切な結果をもたらすことになるかどうかにある（AcSB［2010］，par.75）。

（1）公開草案I

　2008年4月に公表された最初の公開草案（AcSB［2008c］）は，2011年1月1日以降のIFRSs適用の範囲，カナダの会計基準へのIFRSsの組入れ，IFRSsの

561

早期適用，公的説明責任企業の現行のカナダの会計基準の取り替え，IFRS第1号「国際財務報告基準の初度適用」，カナダで未発効のIFRSsの開示などに対するAcSBの考えを提示したものである。

具体的には，次の7項目の質問に対するコメントを求めている（コメント期限は2008年7月31日）。

①IFRSsが移行日後に適用対象とする実体に関するAcSB提案の賛否について

②IASBが開発した1つ以上の基準や解釈をカナダに適用する場合，妥当でない結果となる要件が含まれているかどうかについて

③IFRSsの適用上のガイダンスは公表せず，世界各地でそれを無用だと考えていても，IFRSsのガイダンスを公開する必要があるかどうかについて

④世界各地で無用だと考えていても，移行日後にカナダで必要なガイダンスを明らかにできるかどうかについて

⑤カナダの実体が公開されているIFRSsをアドプションするための特別な移行規定を定めるために，IFRS第1号を修正する必要があるかどうかについて

⑥カナダの実体がIFRSsを任意で早期適用するとすれば，AcSBが把握しなければならない問題を提起することになるかどうかについて

⑦本公開草案で提案されているセクション1506の第.03項（第1506.03項）の開示規定を定める必要はないことの賛否について

この最初の公開草案では，2011年1月1日以降，IFRSsの適用を要請される実体を総称して，**「公的説明責任企業」**（Publicly Accountable Enterprises）と呼んでいる（AcSB［2008c］，p.ii）。

（2）公開草案Ⅱ

2009年3月に公表された第2の公開草案（AcSB［2009a］）は，AcSBのIFRSs戦略の対象となる実体，公的説明責任企業の定義，発効日，『CICAハンドブック』の新たな入門資料，2007年以降のIFRSsの変更（2008年1月1日

現在有効なIFRSsと解釈），IFRS第1号の修正などについてのAcSBの考えを提示したものである。

とくに，この第2の公開草案は，公的説明責任企業の定義に対するコメントを踏まえて，次のような「**公開市場**」（Public Market）と「**受託者の資格**」（Fiduciary Capacity）の用語を鮮明にする修正案を提示した（AcSB［2009a］，p.ii）。

　公的説明責任企業は，以下の場合の非営利組織，もしくは，公共部門の政府または他の実体以外の実体をいう。
(i)　企業の負債性金融商品または資本性金融商品が，公開市場で発行あるいは取引されているか，または，公開市場での当該金融商品の発行のプロセスにある場合（公開市場とは，国内あるいは国外の証券取引所または店頭取引市場（地方市場および地域市場を含む）である）
(ii)　自己の主要事業（本業）の1つとして，外部者の広範なグループの受託者として資産を保有している場合
　銀行，信用組合，保険会社，証券ブローカー・ディーラー，投資信託会社および投資銀行が，第2の規準を充足する。一部の企業は，企業の経営に参加しない依頼人，顧客または会員から受託した財務資産を保有および管理しているために，外部者の広範なグループの受託者として資産を保持する場合もある。しかし，それが主要事業に付随した理由で行われている場合（たとえば，旅行または不動産代理店，組合加入金を求める協同組合），これによって当該企業が公的説明責任を有することにはならない。

先に述べたように，実は，この公的説明責任企業の定義は，IASBの「中小企業向け国際財務報告基準」（2009年）やその公開草案などでの中小企業の定義との関わりによる公的説明責任企業の概念（par.1.3）と，事実上，同じである。また，この定義は，最初の公開草案での2011年1月1日以降のIFRSs適用の範囲において，その適用除外となる利益を目的としている企業の条件として提示した2つの要因でもある。

加えて，AcSBは，公的説明責任企業に対するIFRSsアドプションの強制的

発効日案に変更はないと明言した（AcSB［2009a］，p.ii）。

　この第2の公開草案を通じてコメント要請した質問項目は4つであり，最初の公開草案時の第2，第3，第5の質問項目と同じものである（コメント期限は2009年5月15日）。別途，『CICAハンドブック』の新たな入門資料案が，適用する基準について各財務報告実体に明確な方針を与えるかについて問うている。

（3）公開草案Ⅲ

　これまでの2つの公開草案で示された，1つ以上のIFRSsがカナダで適用される必要はないとする場合の理由について，まったく説得力のある見解は示されなかったため，AcSBは，当初の計画通り2009年末までに，IFRSsを『CICAハンドブック』に組み入れる（その後も必要に応じてハンドブックをアップデートする）決定をした。また，AcSBは，公的説明責任企業の定義と『CICAハンドブック』の新たな入門資料について，次のことも決めている（AcSB［2009b］，p.i）。

　①自己の主要事業（本業）の1つに付随した理由から他の企業の資産を保有する，つまり，公的説明責任があるとは考えられない実体例を加えるために，定義を若干修正すること

　②回答者の提案を組み込んだ後，新たな入門資料を完成させること

　2009年10月に公表された最後の公開草案（AcSB［2009b］）は，IASBが2008年以降に新たに公表した改正基準や解釈（2008年：10項目，2009年：5項目），これまでカナダで対応してこなかったIASBの公開草案（2項目）などを具体的に提示し，それらをカナダの会計基準に組み込むことを提案したものである。この第3の公開草案で，最初の公開草案時の第2，第3，第5の3つの質問項目について繰り返しコメントを要請（コメント期限は2009年11月15日）したのは，このような性格を有するからである。

2．IFRSsのアドプション─『CICAハンドブック─会計，PartⅠ』

　オムニバス方式による3つの公開草案に寄せられたコメントに照らして，

AcSBは2009年12月10日に，当初の予定通り，IFRSsをカナダの会計基準に組み入れる決定を下した。

　カナダ基準へのIFRSs組込みの決定を踏まえたAcSBの次のアクションこそ，IFRSsによって構成される『CICAハンドブック—会計 Part I』（2010年1月）の刊行である。IFRSsのアドプションまでのプロセスや論理的根拠などについては，AcSBは「料金規制事業を営む企業によるIFRSsのアドプション—CICAハンドブック—会計 Part Iの序論の改正」（Adoption of IFRSs by Entities with Rate-regulated Activities — Amendment to Introduction to Part I, CICA Handbook）（AcSB [2010]）や「国際財務報告基準のアドプション—CICAハンドブック—会計 Part I：バックグラウンド情報と結論の根拠」（Adoption of International Financial Reporting Standards, CICA Handbook — Accounting, Part I: Background Information and Basic for Conclusions）（AcSB [2011b]）も取りまとめている。

　一連のオムニバス方式による公開草案に込められた肝心要の問題（IASBのデュー・プロセスや他の国や地域でのIFRSsアドプションの情勢があるとはいえ，このIFRSsをカナダで適用した場合に，不適切な結果をもたらすことになるかどうかという問題）については，不適切な結果をもたらす基準は何もないというのが大多数のコメントであった。ただし，この問題に対しては，投資信託会社と料金規制事業を営む企業が，現行のままIFRSsを適用することに懸念を表明していた（AcSB [2010], pars.77-78）。この懸念表明は，カナダのIFRSsアドプションに際して，当該業種にその適用延期を認める要因となるものでもある。

　カナダでのIFRSsのアドプションについて，AcSBが「下手にいじくり回さない」アプローチ（No Tinkering Approach）で対応したように，IFRSsの適用にあたり，解釈上のガイダンスについても公表しないことを決定している（AcSB [2010], par.48）。IFRSsの組込みの決定との関わりで，その適用対象である公的説明責任企業の定義も完成させている。

　新たな戦略計画「カナダの会計基準：新たな方向性」（AcSB [2006a]）が採択されるまで，AcSBは，公開草案と最終基準の公表には英語とフランス語による2ヵ国語併用方針を採っていた。IASBの「国際財務報告基準に関する趣

意書」(Preface to International Financial Reporting Standards) において，「ディスカッション・ペーパー，公開草案又はIFRSの承認された正文は，IASBが英語で承認したものである。IASBは，他の言語での翻訳が，翻訳の品質を保証するような手続に従って作成されている場合には，その翻訳を承認することがあり，また，IASBはその他の翻訳を許可することがある」(par.22) としている。この言語に関する方針を拠り所として，AcSBは2ヵ国語併用方針を継続し，移行期間中にIASBのすべての公開草案と最終基準を適時に高品質なフランス語翻訳に取り組むとした (AcSB [2010]，par.81)。

　オムニバス方式による3つの公開草案で一貫してコメント要請した質問項目の1つは，IFRS第1号を修正する必要性の当否についての問題であった。IFRSsの初度適用時のIFRS第1号の適用にあたって，最初の公開草案にも明記されたように，AcSBは「カナダ版IFRS第1号」(Canadian Version of IFRS 1) の開発も考えてはいたが，このアプローチは採らないこととしていた。IFRSsへの完全準拠の要求を妨げることになるからである (AcSB [2008c]，p.v) が，このIFRS第1号に何ら修正を施さないスタンスも改めて明らかにしている (AcSB [2010]，par.82 and par.85)。

　なお，公開草案で問うたセクション1506の第.03項（第1506.03項）で定める開示規定については，すでに公表されたものの発効しておらず，しかも，企業がまだ適用していない新たな一次資料の会計基準に関する情報開示についての意図（移行前の基準の枠内の個々の会計基準に適用するという意図）を明確にすべく，セクション1506の範囲の改正を2009年6月に行っている (AcSB [2010]，par.89)。

第8節 CESRによる第三国の会計基準（カナダGAAP）の同等性評価

第8節 CESRによる第三国の会計基準（カナダGAAP）の同等性評価

1. 第三国の会計基準の同等性評価時のGAAPの差異

EUの規制市場に上場する企業は，「国際的な会計基準の適用に関する2002年7月19日付のヨーロッパ議会および閣僚理事会規則第1606/2002号」（いわゆる「IFRSs適用命令」ないし「IAS規則」）により，2005年1月1日以降，連結財務諸表へのIFRSsの適用が始まった。この「IFRSs適用命令」は，EU域外の外国企業（第三国の企業）が準拠すべき会計基準のあり方にも大きな影響を及ぼした。「**第三国の会計基準の同等性評価**」の問題である。

EUでの発行開示に関する「**目論見書指令**」（Prospectus Directive）（「証券公募または上場認可に際して発行される目論見書および指令第2001/34/EC号の修正に関する2003年11月4日付のヨーロッパ議会および閣僚理事会指令第2003/71/EC号」）や定期開示に関する「**透明性指令**」（Transparency Directive）（「規制市場に証券を取引認可される発行体についての情報に関わる透明性要件の調和化および指令第2001/34/EC号の修正に関する2004年12月15日付のヨーロッパ議会および閣僚理事会指令第2004/109/EC号」）などの整備を踏まえて，EUで証券を公募する第三国の発行体や，EUの規制市場で証券の取引を行う第三国の発行体は，財務報告書を作成する際の会計基準を，EUが適用を開始したIFRSsまたはIFRSsと同等な第三国の会計基準のいずれかに従わなければならなくなったのである。

ヨーロッパ委員会（EC）から「第三国の会計基準の同等性評価」に関する技術的助言の取りまとめを要請されたヨーロッパ証券規制当局委員会（CESR）（現ヨーロッパ証券市場監督局（ESMA））は，まず第三国の会計基準に対する同等性評価の意味や方法などの取りまとめにかかった。その最終版「第三国の会計基準（GAAP）の同等性および第三国の財務情報の法執行メカニズムの説明に関する概念ペーパー」（Concept Paper on Equivalence of Certain Third Country GAAP and on Description of Certain Third Countries Mechanisms of

第8章 カナダにおける国際財務報告基準のアドプション

567

Enforsement of Financial Information）（CESR［2005a］）をもとに，第三国の会計基準の同等性評価」（第1回）を実施した。その評価結果は，最終報告書「**第三国の会計基準（GAAP）の同等性および第三国の財務情報の法執行メカニズムの説明に関する技術的助言**」（Technical Advice on Equivalence of Certain Third Country GAAP and on Description of Certain Third Countries Mechanisms of Enforcement of Financial Information）（CESR［2005b］）として取りまとめられ，2005年6月にECに提出されている。

この第1回の第三国の会計基準の同等性評価の対象となったのは，アメリカ，日本およびカナダの会計基準（GAAP）である。EUによる第三国の会計基準の同等性評価は，本書の**第7章**で詳述しているが，ここで明らかとなった当時のIASやIFRSごとの3ヵ国の会計基準の差異は，**図表8-7**のとおりである。

図表8-7　第三国の会計基準の同等性評価時のGAAPの差異の要約（IAS/IFRS別）

		カナダの会計基準	日本の会計基準	アメリカの会計基準
IFRS第1号	国際財務報告基準の初度適用	N/A	N/A	N/A
IFRS第2号	株式に基づく報酬 ・現行基準では ・SFAS第123(R)号と日本の公開草案(ED)第3号とすれば	開示A N/A	開示B 開示A	開示B 開示A
IFRS第3号	企業結合 ・取得原価での少数株主持分 ・交換日 ・取得した研究開発 ・持分プーリング法 ・段階的取得 ・のれんの償却 ・負ののれん	開示A 開示B N/A N/A 開示A N/A 開示B	開示A 開示B 開示B 補完計算書 開示A N/S 開示B	開示A 開示B 開示B N/A 開示A N/A 開示B
IFRS第4号	保険契約 ・一般 ・異常危険準備金	N/S N/A	N/S 開示A	N/S N/A
IFRS第5号	売却目的で保有する非流動資産および非継続事業	N/S	N/S	N/S
IAS第1号	財務諸表の表示	N/S	N/S	N/S

第8節 CESRによる第三国の会計基準（カナダGAAP）の同等性評価

IAS第2号	棚卸資産			
	・後入先出法の使用	開示B	開示B	SEC要件を満たす発行体についてはN/S, その他の場合は開示B
	・減損の戻入れ	N/S	N/S	N/S
	・原価法	N/A	開示B	N/S
IAS第7号	キャッシュ・フロー計算書 ・投資信託会社について	N/S	N/A	N/S
IAS第8号	会計方針，会計上の見積りの変更および誤謬	N/S	N/S	N/S
IAS第11号	工事契約 ・工事完成基準	N/S	開示A（長期工事契約について）	N/S
IAS第12号	法人所得税 ・一般 ・不良債権の影響（現行の開示要件による）	N/S N/A	N/S ローカル基準ですでに開示している発行体についてはN/S その他は，開示A	N/S N/A
IAS第14号	セグメント別報告	N/S	N/S	N/S
IAS第16号	有形固定資産 ・有形固定資産の再評価 ・当初の操業損失 ・取替原価 ・耐用年数の定義 ・資産除去債務に関する費用 ・非貨幣資産の交換	N/S N/S N/A N/A N/A N/S	N/S N/A O/S N/S 開示A N/S	N/S N/S 開示A N/A N/A N/S
IAS第17号	リース	N/S	N/S	N/S
IAS第18号	収益認識	N/S	N/S	N/S
IAS第19号	従業員給付 ・従業員給付 ・有給休暇 ・代行返上 ・割引率 ・移行時債務の償却	開示A N/A N/A N/A N/A	開示A N/S N/S 開示A N/S	開示A N/A N/A N/A N/A
IAS第20号	政府補助金の会計処理および政府援助の開示	N/A	N/S	N/S
IAS第21号	外国為替レート変動の影響 ・一般 ・のれんの換算	N/A N/A	N/S 開示A	N/A N/A

第8章 カナダにおける国際財務報告基準のアドプション

569

第3部 —IFRSsのアドプション

IAS第23号	借入コスト	N/S	N/S	N/S
IAS第24号	関連当事者についての開示 ・支配の関係 ・役員報酬	 N/S N/A	 N/S N/S	 N/S N/S
IAS第27号	連結および個別財務諸表 ・連結の範囲（支配の定義—適格特別目的事業体） ・グループ内での会計方針の統一 ・少数株主持分の表示	 補完計算書 N/A N/A	 補完計算書 補完計算書 N/S	 補完計算書 N/A N/S
IAS第28号	関連会社に対する投資 ・会計方針の統一 ・報告日の差異	 N/A N/A	 開示B N/S	 開示B N/S
IAS第29号	超インフレ経済下における財務報告	N/S	N/S	N/S
IAS第30号	銀行および類似の金融機関の財務諸表における開示	N/A	開示A（不良債権に関するIAS第12号も参照）	N/A
IAS第31号	ジョイント・ベンチャーに対する持分	N/S	N/S	N/S
IAS第32号	金融商品：開示および表示 ・区分法による会計処理（転換社債） ・デリバティブの公正価値 ・優先株	 N/A N/A N/A	 N/S 開示A N/S	 N/S N/A N/S
IAS第33号	1株当たり利益	N/S	N/S	N/S
IAS第34号	期中財務報告	O/S	O/S	O/S
IAS第36号	資産の減損 ・減損テスト（割引前将来キャッシュ・フロー） ・現金生成単位の定義 ・減損の戻入れ ・著しい低下の定義	 開示B N/S 開示A N/A	 開示B N/A 開示A N/S	 開示B N/S 開示A N/A
IAS第37号	引当金，偶発負債および偶発資産 ・「可能性が高い」の定義 ・負債の最善の見積りの最低額 ・廃棄費用 ・長期引当金の割引 ・出口計画 ・推定的債務	 N/S N/S 開示A N/A N/S N/A	 N/S N/A 開示A N/S N/A N/S	 N/S N/S 開示A N/A N/S N/A
IAS第38号	無形資産 ・再評価 ・開発費の資産化	 N/S N/A	 N/S 開示B	 N/S 開示B

第8節　CESRによる第三国の会計基準（カナダGAAP）の同等性評価

IAS第39号	金融商品：認識および測定 （後日再検討を要する）	O/S（おそらく 開示A）	O/S（おそらく 開示A）	O/S（おそらく 開示A）
IAS第40号	投資不動産	開示A	開示A	開示A
IAS第41号	農業	開示B	開示B	開示B

注1：略称の意義は次のとおりである。
　　　N/A：該当なし，N/S：有意な差異なし，O/S：顕著な論点（さらなる分析が必要）
注2：開示A：第三国の会計基準によってすでに提供されている開示を拡充する追加的な定性的開示と定量的開
　　　　　　示またはその一方の開示をいう。
　　　開示B：取引や事象がIFRSsに準拠して会計報告されたと仮定した場合の，当該取引や事象の定量的影響
　　　　　　の表示を要請するものをいう。
　　　補完計算書：第三国の会計基準や発行体の第一次財務諸表に基づいて作成・表示されたプロ・フォーマ計
　　　　　　算書をいい，第三国の会計基準のもとでは十分に適用されず表示されていないIFRSs規定の
　　　　　　面を考慮するための限定的な修正再表示を含む。
出所：CESR［2005b］，pp.10-12を一部修正。

2．EUの規制市場における第三国の会計基準の利用状況とカナダ GAAPの同等性評価の対象化

　2005年の「第三国の会計基準の同等性評価」（第1回）の結果を踏まえ，その後の第三国の会計基準とIFRSsの同等性評価にあたり，2007年3月6日に，CESRは「**カナダ，日本およびアメリカの基準設定主体の作業計画表，同等性の定義およびEUの資本市場で現在利用されている第三国のGAAPsのリストに関するヨーロッパ委員会に対するCESRの助言**」（CESR's Advice to the European Commission on the Work Programmes of the Canadian, Japanese and US Standard Setters, the Definition of Equivalence and the List of Third Country GAAPs Currently Used to the EU Capital Markets）（CESR［2007］）を公表している。この報告書は最終報告書であり，①第三国（カナダ，日本およびアメリカ）の会計基準設定主体によるIFRSsとのコンバージェンスやアドプションに向けた作業計画表の定性的情報，②同等性の定義，および，③EUの資本市場における第三国のGAAPsの利用状況を収録したものである。いずれもECの規制による要請にCESRが応えたものである。

　最後の「EUの資本市場における第三国のGAAPsの利用状況」は，その第三国の名称，使用するGAAP，および，当該GAAPの他のGAAPへの調整の有無と，調整時のそのGAAPを一覧表示することを求められたものであった。

その回答が**図表8-8**である。

図表8-8　EUの規制市場における第三国の会計基準の利用状況

GAAPのリスト	当該GAAPを使用してEUの規制市場に上場する第三国の発行体数*	
	株式／預託証券での株式発行体	社債発行体
アルゼンチンGAAP	3社	2社
オーストラリアGAAP	1社	16社
ブラジルGAAP	2社	2社
カナダGAAP	13社	32社
チリGAAP	1社	
中国GAAP	19社	1社
コロンビアGAAP	1社	
エジプトGAAP	10社	
香港GAAP		2社
インドGAAP	69社	1社
インドネシアGAAP	2社	
イスラエルGAAP	6社	2社
日本GAAP	13社	71社
レバノンGAAP	3社	
マレーシアGAAP	2社	1社
メキシコGAAP		2社
モロッコGAAP	1社	
ニュージーランドGAAP		2社
ナイジェリアGAAP		
パキスタンGAAP	1社	
ペルーGAAP		3社
フィリピンGAAP	3社	
ロシアGAAP	3社	11社
シンガポールGAAP	1社	1社
南アフリカ共和国GAAP	8社	1社
韓国GAAP	20社	10社

572

第8節 CESRによる第三国の会計基準（カナダGAAP）の同等性評価

スイスGAAP	2社	2社
タイGAAP	1社	3社
チュニジアGAAP	1社	
トルコGAAP	7社	
アメリカGAAP	102社	131社
ベネズエラGAAP	1社	
ザンビアGAAP	1社	
ジンバブエGAAP	1社	
計	295社〔298社：引用者〕	296社

＊IFRSsを使用する第三国の発行体は，この表では反映していない。
出所：CESR［2007］，par.32.

　この回答に際し，CESRは，EUの規制市場の全データを入手できていないため，この図表は必ずしも完全なものではないが，EUの規制市場に上場する第三国の発行体の会計基準の実態については窺える。EUの規制市場では，カナダGAAPを使用する発行体（45社）は，アメリカGAAP（233社），日本GAAP（84社）およびインドGAAP（70社）に続いて，4番目に多い。「第三国の会計基準の同等性評価」（第1回）の際に，カナダGAAPが第三国の会計基準として選定された理由の1つは，このEUの規制市場における第三国の会計基準の利用実態にあるのである。

　これまでのEUとカナダとの間の緊密な政治的・経済的関係も，少なからず会計基準のあり方に影響を及ぼしてきたといってよい。

　たとえば，ジョゼ・マヌエル・ドゥラン・バローゾ（José Manuel Durão Barroso）EC委員長とスティーヴン・ハーパー（Stephen Harper）首相は，懸案であったEUとカナダとの「包括的な経済・貿易協定」（Comprehensive Economic and Trade Agreement）について原則合意（2013年10月18日）した（EC［2013］）。この「包括的な経済・貿易協定」は，最終合意後のヨーロッパ閣僚理事会とヨーロッパ議会での承認や批准などを経て発効するが，EUにとっての自由貿易協定は，主要8ヵ国首脳会議（Group of Eight（G8））のなかでカナダが最初の締結国となる。政治的および経済的視点からすれば，EUにとって，

第8章　カナダにおける国際財務報告基準のアドプション

573

カナダは最重要国の１つとして位置づけられてきたのである。

　振り返ってみれば，EUないしヨーロッパ共同体（EC）やヨーロッパ経済共同体（EEC）とカナダとの間の協定には，EU側が重きを置いてきた経緯がある。EECが工業先進国のなかで最初に締結した1976年の「**経済協力枠組協定**」（Framework Agreement on Economic Co-operation）もカナダとの間のものであるし，同年に駐カナダヨーロッパ委員会代表部（Delegation of the European Commission to Canada）も設置している。政治宣言である1990年の「**ヨーロッパ共同体―カナダ関係に関する宣言**」（Declaration on European Community-Canada Relations）や1996年の「**EU―カナダ関係に関する共同政治宣言**」（Joint Political Declaration on EU-Canada Relations）もみられるが，とくに1996年のオタワサミットの際の後者の政治宣言により，経済貿易関係，外交政策および安全保障問題，国境を越える問題，連携促進という４項目の協力を謳った，EUとカナダの「**共同行動計画**」（Joint Action Plan）が採択されている。

　先のEUとカナダの「包括的な経済・貿易協定」は，2007年１月に自由貿易協定の締結交渉を模索し，2009年６月に「包括的な経済・貿易協定」の締結交渉を開始する共同声明を発表したことを受けて結実したものである。

３．第三国の会計基準の同等性評価におけるIFRSs移行に関するアップデート

　第三国の会計基準の同等性評価に関連して，EUは新たな「**同等性メカニズム規則**」（「ヨーロッパ議会および閣僚理事会指令第2003/71/EC号および第2004/109/EC号による第三国の証券発行体が適用する会計基準の同等性を決定するためのメカニズムを策定する2007年12月21日付の委員会規則（EC）第1569/2007号」）を2007年に策定した。この同等性メカニズム規則に基づいた「第三国の会計基準の同等性評価」（第２回）で対象となったのは，中国，日本およびアメリカの各GAAPであった。当初の評価対象の１つであったカナダは，その後にIFRSsのアドプションを決定しており，カナダの会計基準は除外されている。

　2008年３月のCESRによる技術的助言（CESR［2008］）を踏まえて，ECは委

員会決定第2008/961/EC号（「第三国の証券発行体による連結財務諸表の作成のための第三国の会計基準と国際財務報告基準の利用に関する2008年12月12日付の委員会決定第2008/961/EC号」）と委員会規則第1289/2008号（「目論見書と広告に係る要素に関するヨーロッパ議会および閣僚理事会指令第2003/71/EC号を発効する委員会規則（EC）第809/2004号を改正する2008年12月12日付の委員会規則（EC）第1289/2008号」）により，2011年12月31日までの期限付きで，アメリカと日本のGAAPをIFRSsと同等であると認定するとともに，中国，カナダ，インドおよび韓国の各GAAPを使用した財務諸表をEU内で認める決定を下している。

　同時に，目論見書指令に関わるEC規則である目論見書規則（「提出書類フォーマット，参照による引用および目論見書の発行や広告の流布と目論見書に含まれる情報に関するヨーロッパ議会および閣僚理事会指令第2003/71/EC号を発効する委員会規則（EC）第809/2004号を改正する2006年12月4日付の委員会規則（EC）第1787/2006号」）と透明性指令の委員会決定（「第三国の証券の発行体による国際的に認められた会計基準で作成された情報の使用に関する2006年12月4日付の委員会決定第2006/891/EC号」）などを通じて，ECは，IFRSsとアメリカの会計基準，日本の会計基準，カナダの会計基準との間のコンバージェンスの進展と，EUの発行体に適用される当該国の調整表要件の撤廃に向けた取組みを注意深く監視し，ヨーロッパ証券委員会とヨーロッパ議会に定期的にアップデート報告することを求めてきていた。ECがCESRに対して発出した2009年2月13日付の「透明性指令と目論見書規則による同等性に係る第三国のGAAPsの開発の監視についてのさらなる協力要請」（EC［2009］）の文書でも，同等性があると認められた第三国（アメリカと日本）の会計基準および一定の期間受け入れた第三国（カナダ，中国，韓国およびインド）の会計基準のEU市場における実際の利用状況に関する情報並びにIFRSsへの移行に向けた報告書をアップデートすることを求めている。

　ECによるアップデート情報は，一連の進捗状況報告書として取りまとめられているが，とくにカナダについては，以下のように報告されている。

◆IFRSsと第三国のGAAPsのコンバージェンスに関するヨーロッパ証券委員会およびヨーロッパ議会宛の報告書

（1）2008年4月22日付の報告書

5．他の第三国ごとのコンバージェンス作業

カナダ

カナダ会計基準審議会（AcSB）は，「カナダGAAPにIFRSsを組み込むための実施計画」（Implementation Plan for Incorporating IFRSs into Canadian GAAP）を公表した。2008年3月に，パブリック・コンサルテーション（公開協議）を踏まえて，AcSBは2011年1月1日のIFRSs移行日を確認した。この日に，IFRSsが公的説明責任企業に対するカナダGAAPに取って代わることになる。AcSBは，非常に特別な事情の場合にだけ，たとえば非営利組織に要求される特別な適用除外のような場合だけ，IFRSsを修正すると説明した。

CESRの技術的助言を受けて，ヨーロッパ委員会は，カナダGAAPが，2011年末までに調整表を必要とせずにEUで認められるという趣旨の同等性メカニズム規則第4条に基づくIFRSsアドプションの適用対象となるGAAPとしての資格を得ることができると考えている。

出所：Commission of the European Communities［2008］，p.7.

（2）2010年6月4日付の報告書

4．IFRSsをアドプションする予定の第三国ごとのコンバージェンス作業

カナダ

2006年1月に，カナダ会計基準審議会（AcSB）は，2011年12月31日までに公的説明責任企業にIFRSsを完全に採択する決定を発表した。また，カナダの規制当局が，その達成に向けて行っているプログラムと進捗状況の詳細を提供する一般に有用な情報があった。

過去2年間，カナダの規制当局は，さまざまな刊行物，オンラインのトレーニング・コースおよび概念ペーパーなどを通じて，適時にIFRSsへ移

行する努力を引き続き行ってきた。たとえば，AcSBは，2011の移行日に
カナダの発行体に適用が期待されるIFRSsのリストを2008年11月に公表し
た。最近では，2009年3月に，AcSBは「カナダにおけるIFRSsアドプシ
ョンⅡ」（Adopting IFRSs in Canada Ⅱ）と題するカナダのIFRSs移行状況
に関するさまざまな項目を扱った（オムニバスの）第2の公開草案（ED）
を公表した。カナダ勅許会計士協会（CICA）も，IFRSsの導入とカナダ
企業への影響に関する無料のオンライン・コースを開始した。

　最後に，AcSB委員長は，アドプション計画は予定通り行い，市場の混
乱やアメリカでのIFRSsアドプションを延期する可能性のあるSECの決
定のいずれの影響も，カナダにおける移行を遅らせるものとはならないと
の声明を2008年12月に発表した。

出所：EC［2010］，pp.6-7.

（3）2011年7月28日付の報告書

2．IFRSsをアドプションする予定の第三国ごとのコンバージェンス作業

2.1. カナダ

　昨年，カナダの規制当局は，さまざまな刊行物，オンラインのトレーニ
ング・コースおよび概念ペーパーなどを通じて，適時にIFRSsへ移行する
努力を続けてきた。

　カナダ会計基準審議会（AcSB）は，2011年1月1日以後開始する会計
年度に関する期中財務諸表と年次財務諸表を作成する際に，公的説明責任
企業がIFRSsに従わなければならないことを公表した。2011年以前の早期
アドプションは，一部の上場会社に認められた。しかしながら，アメリカ
証券取引委員会に登録している証券を保有するカナダの公開会社は，現在，
財務報告の枠組みとしてU.S. GAAPを使用することが認められており，
引き続きその選択肢がある。さらに，IFRSsアドプションの1年延期が，
料金規制事業や投資信託事業について決まった。その結果，料金規制事業
と投資信託は，2012年1月1日までIFRSsアドプションを延期する選択肢

があるが，財務諸表の作成にあたって，現在，カナダGAAPを使用する発行体は，2011年1月1日以後開始する会計年度に関連する期中財務諸表と年次財務諸表にIFRSsを使用しなければならない。

　2010年にパブリック・コンサルテーション（公開協議）を実施した後，AcSBは3月に2011年から2014年の戦略計画を確定し，2011年4月に実施する予定である。

出所：EC［2011］, p.3.

　その後，ECは，「第三国の証券発行体による連結財務諸表の作成のための第三国の会計基準および国際財務報告基準の利用に関する決定第2008/961/EC号を改正する2012年4月11日付の委員会に委任された決定第2012/194/EU号」を通じて，2012年1月1日から，カナダGAAPをIFRSsと同等なものとして容認している。

第9節 カナダにおけるIFRSs移行コスト

　IFRSsをアドプションし，従来の会計基準からIFRSsへ移行するのにどれほどのコストを要するのだろうか。

　IFRSsへの移行コストは，IFRSsを強制適用する審議プロセスにおいても最大の関心事の1つである。この問題に応える代表的な報告書や研究成果等は，2011年からIFRSsを強制適用した韓国とカナダにみられる。

　韓国での実態については，金融監督院によるIFRSs適用実態に関する一連の調査報告書や，韓国がIFRSs導入に向けた準備で経験したことについて，韓国会計基準委員会（KASB）と金融監督院が取りまとめた報告書『韓国のIFRS導入，施行と教訓』（IFRS Adoption and Implementation in Korea, and the Lessons Learned: IFRS Country Report）（韓国会計基準委員会・金融監督院［2012］（KASB and FSS［2012］））などを通じて知ることができる。

また，カナダでの実態については，カナダ財務管理者協会（FEIC）の調査部門である**カナダ財務担当経営者研究財団（CFERF）**が，AcSOCやIFRS財団の財政支援を受けて実施した調査を取りまとめて公表した研究調査報告書の「**カナダにおけるIFRS移行コスト**」（The Cost of IFRS Transition in Canada）（FEIC[2013]）がある。このカナダの研究調査報告書の草案は，IFRS諮問会議の2013年6月の会合で紹介され，韓国の報告書と比較検討されている。

このCFERFによるIFRSs移行コストに関する調査は，2013年1月14日から2月13日までの期間中，上級財務管理者139名（うち，105名が属する企業がIFRSsを採択済み，34名が属する企業はIFRSsを採択せず，非公開会社向けの会計基準または非営利組織向けの会計基準を適用）に対してウェブサイトを通じて実施された。2013年2月21日にトロントで開催した円卓討論での14名の財務諸表作成者の見解も，これに反映されている。IFRSsを採択済みの105社の上級財務管理者が，この調査の母集団である。

105名の回答者うち，103名の企業が，これまで採用してきた会計基準はカナダGAAP（またはIFRSsアドプション前のカナダ基準）であり，適用する会計基準の内訳は，カナダGAAPだけを使用する97名が属する企業と，カナダGAAPとU.S. GAAPの両方を使用する6名が属する企業（4社はU.S. GAAPへの調整表を作成・開示し，2社はU.S. GAAPに完全準拠した財務諸表を作成）からなる。1名が属する企業が，IFRSs移行前に非公開会社向けの会計基準を適用し，また，残る1名が属する企業はU.S. GAAPだけを使用してきた（FEIC[2013]，p.8）。

このように，IFRSsを採択済みの企業の上級財務管理者を対象としたカナダの調査報告書によれば，カナダでのIFRSs移行コストは，その重要性は認められるが管理可能なものであり，概して当初の計画通りのものだったという。

IFRSs移行コストの予算額は，ほとんどの企業（62％）が500,000カナダドル未満（30％の企業が「100,000カナダドル以下」で，32％の企業が「100,000カナダドル以上500,000カナダドル未満」）であった。とくに，企画立案（全体の76％），訓練（全体の75％），契約変更（全体の70％）などは，IFRSs移行コストの予算額

図表8-9 最初のIFRSs財務諸表作成活動で要する企業規模別の平均コスト

IFRS移行活動	小規模企業 (売上高が＄99百万以下)	中規模企業 (売上高が＄100百万以上 ＄999百万以下)	大規模企業 (売上高が＄10億以上)
コストのカテゴリー	平均費用（カナダドル）		
内部スタッフがIFRS適用に要した時間（資金調達，IT等を含む）	$44,857	$198,520	$2,423,720
監査報酬の追加額（初度適用時の期中報告書または年次報告書での会計監査の比較情報）	$29,750	$92,000	$545,815
外部の会計および事務サポート	$45,929	$62,800	$368,702
IT―ソフトフェアの購入または改訂	$5,714	$5,400	$288,345
外部の技術者	$12,411	$114,572	$275,185
外部の評価専門家	$4,357	$15,760	$67,074
外部のITコンサルタント	$9,286	$17,760	$33,815
IT―資本購入（例：ハードウェア，サーバー）	$1,429	0	$20,370
外部のIFRS養成者	$1,071	$6,000	$10,963
その他	0	0	$7,188
合計	$154,804	$512,812	$4,041,177
1組織が要した最大値	$506,000	$2,611,300	$25,500,000
最もコストを要した企業の売上高	<$49,000,000*	$990,000,000	$30,000,000,000
売上高当たりのコストの占める割合	1%	0.26%	0.08%
1組織が要した最少値	$10,000	$75,000	$80,000
最もコストを要しなかった企業の売上高	$6,036,457	$147,662,624	$1,280,390,000
売上高当たりのコストの占める割合	0.17%	0.05%	0.006%

出所：FEIC［2013］，Table A, p.13.

と執行額がおおむね同額で，ITシステムや製造プロセスの変更（全体の48％），契約変更（全体の30％），訓練（全体の20％），会計方針の変更（全体の19％）などは，その予算額を下回っている。逆に，当初の予算額を上回ったのは，技術

第9節　カナダにおけるIFRSs移行コスト

上の会計問題への対応（全体の40％），IFRSsへの切り替えに関する開示に加えて，財務諸表注記の作成（全体の38％），財務諸表監査（全体の37％）などにみられる（FEIC［2013］，pp.10-11）。

　図表8-9は，売上高に基づいた企業規模別にIFRSs移行コストを整理したものである。

　IFRSs移行コストの各カテゴリーの金額を合算した平均額は，小規模企業（「売上高が99百万カナダドル以下」）は154,804カナダドル，中規模企業（「売上高が100百万カナダドル以上999百万カナダドル以下」）は512,812カナダドル，大規模企業（「売上高が10億カナダドル以上」）は4,041,177カナダドルである。また，最もIFRSs移行コストを要した企業の売上高に対する当該コストの割合は，小規模企業が1％，中規模企業が0.26％，大規模企業が0.08％であった。最もIFRSs移行コストを要しなかった企業の売上高に対する当該コストの割合は，小規模企業が0.17％，中規模企業が0.05％，そして，大規模企業が0.006％であった。

　IFRSs移行コストは，基本的には当初の計画通りであったとはいえ，そのなかでもIFRSs移行コストが当初の予算額を上回ったとする回答者も現に存在する。

　当初予算額を上回ったのは，取り組むべき課題が当初の想定よりも多かったこと（当初予算額を上回った回答者の44％），利害関係者（作成者，コンサルタント，アドバイザー等）間で異なるIFRSs解釈を解消する必要があったこと（41％），IFRSsへの移行活動に時間を要したこと（41％）などが主たる理由である。このなかで，IFRSsへの移行に時間を要したのは，詳細な開示が求められていること，財務諸表注記が複雑で，その作成に時間を要すること，重要な判断を要する会計分野があること，学習曲線（経験を積み重ねるにつれてコストは低下すること）などが指摘されている（FEIC［2013］，p.16）。

　これとは逆に，当初の予算額を下回るIFRSs移行コストになったという回答者は，監査法人や会計基準設定主体などが開発したIFRSs関連資料とチェックリストを活用したこと（当初予算額を下回った回答者の43％），IFRSsとカナダGAAPの差異が当初考えていたものよりも少なかったこと（40％），対応すべ

第8章　カナダにおける国際財務報告基準のアドプション

き問題が思っていたほど少なかったこと（36％）などが，そのコストが少なく
なった理由だという（FEIC［2013］，p.17）。

第10節　カナダのIFRSs アドプションによる財務上の影響

　カナダがIFRSsをアドプションしたことによる財務上の影響については，た
とえばカナダを代表する会計士団体の1つであるCGA-Canadaなどの支援を受
けたマイケル・ブランチェットほかの研究成果（Blanchette *et al.*［2013］）の研
究結果がある。

1．仮説の設定と調査方法

　IFRS第1号「国際財務報告基準の初度適用」は，企業の最初のIFRSs財務
諸表には，従前の会計基準による財務諸表をIFRSsに準拠して作成した，最低
限1年間の比較情報を含んでいることを求めている。カナダでは，2011年から
IFRSsアドプションを開始したが，2010年の財務諸表が従前のカナダGAAP
とIFRSsに準拠したものが作成・開示されることになるため，この比較情報を
もとにIFRSsアドプションの影響について明らかにすることができる。

　サンプルは，2011年にIFRSsを強制適用したトロント証券取引所（TSX）に
上場するカナダ企業150社である。このサンプルは，2011年12月31日現在の時
価総額をもとにした10業種の各上位10社（12月決算期企業）からなる。データ
は，カナダ証券管理局が開発した電子文書の解析と検索のためのシステム
（SEDAR）から入手している。一部アメリカドルで表示された財務諸表数値（全
サンプルの17％）は，カナダ銀行発表の為替相場をもとにカナダドルに換算し
ている。

　このサンプルを用いて，Blanchette *et al.*［2013］は，次のような手順で検
証を行った（pp.22-24）。

582

第10節 カナダのIFRSsアドプションによる財務上の影響

（1）同等性検定

t検定，ウィルコクソン・マン・ホイットニー検定，F検定をもとに，IFRSs
とカナダGAAPによる会計数値および財務指標の平均値，中央値および分散
を算定し，その比較を通じて，IFRSsアドプションの財務諸表への影響ないし
同等性について検証する。この検証では，次の3つの仮説を設定した。

仮説1：IFRSs数値での平均値は，カナダGAAP数値での平均値と等しい。
仮説2：IFRSs数値での中央値は，カナダGAAP数値での中央値と等しい。
仮説3：IFRSs数値での分散は，カナダGAAP数値での分散と等しい。

（2）差異分析

最大値と最小値の差異といった値の範囲（値域）や観察値の数などをもとに，
IFRSs数値とカナダGAAP数値の差異の分布を各財務諸表数値について分析
する。

また，理論上の差異を考慮に入れるために，あらかじめ定義した18のカテゴ
リー（営業収益，資産の減損，公正価値会計，資産除去債務およびデリバティブと
ヘッジなど）からなる会計上の修正に各差異を分類し，4つの会計測定値（資
産総額，負債総額，損益および包括損益）について分析する。各カテゴリーのな
かで最も重要なものを確認するために，絶対値による全差異の合計を算定する
（企業規模をコントロールするために，カナダGAAPによる資産総額での加重値によ
る）。また，最も重要なカテゴリー（絶対値による差異の最大値のカテゴリー）の
データ分布について，値の符合，大きさとレンジを再検討する。

（3）回帰分析

IFRSsで算定された数値のカナダGAAPで算定された数値に対する統計上
の説明力を分析するために，最小二乗回帰をもとに，次の仮説を設定した。

仮説4：IFRSs数値はカナダGAAP数値ですべて説明される。

583

ここでの基本的な回帰モデルは，次のように示される。

$$\text{IFRS}_i = \text{切片} + g\,\text{カナダGAAP}_i + \varepsilon$$

ただし，IFRS_iは，企業「i」のIFRSs数値

カナダGAAP_iは，企業「i」のカナダGAAP数値

iは，150社のサンプルのうちi番目の企業

gは，カナダGAAP_i変数の係数

εは，誤差項

IFRSs数値とカナダGAAP数値に差異がなければ，切片はゼロであり，独立変数のカナダGAAPの係数（決定係数）は，100％のR^2（重相関係数の二乗）で，1である。

また，企業が属する業種や会計監査人からの影響を検定するために，次の仮説を設定した。業種は，北米産業分類システム（NAICS）での15コードを10業種に，会計監査人は4大監査法人とその他の5つにそれぞれ分類している。

仮説5：IFRSs数値とカナダGAAP数値の差異は，業種間でランダムに分布する。

仮説6：IFRSs数値とカナダGAAP数値の差異は，会計監査人間でランダムに分布する。

従属変数はIFRSs数値とカナダGAAP数値の差異に一致し，説明変数は業種または会計監査人のダミー変数だとして，次の回帰モデルを示している。

$$\text{DIEF}_i = s_k\,\text{EFFECTS}_{ki} + \varepsilon$$

ただし，DIEF_iは，IFRSs数値とカナダGAAP数値の差異

EFFECTS_{ki}は，業種または会計監査人の影響を反映するダミー変数に一致する。ダミー変数は企業「i」が影響「k」を受けるときに1であり，こ

第10節　カナダのIFRSsアドプションによる財務上の影響

れ以外は0である。

s_kは，変数EFFECTS$_{ki}$の係数

εは，誤差項

　この回帰分析は，3つのデータ（①財務諸表上に表示された会計数値，②資産総額，負債総額，損益および包括損益に関連する会計上の修正のうち最も重要なカテゴリー，③財務指標）を用いて，業種と会計監査人を示すすべてのダミー変数で行い，信頼度10％水準で有意変数を見出す。そして，この有意変数だけで，回帰分析を再度行う。

2．同等性検定―仮説1から仮説3の検証―

　同等性検定の結果が，**図表8-10**に示されている。この図表のパネルAは平均値，パネルBは中央値，また，パネルCは分散についての各調査結果である。

図表8-10　同等性検定

パネルA―平均値	N	平均値				t検定			
		IFRSs	C-GAAP	差異	差異	平均値 $M の同等性		平均値 W の同等性	
財務諸表数値		($M)	($M)	($M)	(W.)	(p値)		(p値)	
流動資産	124	1,025.67	987.24	38.42	−0.09%	0.860	n.s.	0.977	n.s.
資産総額	150	14,478.33	12,359.78	2,118.55	3.25%	0.697	n.s.	na[b)]	
流動負債	124	859.27	777.53	81.74	0.77%	0.666	n.s.	0.724	n.s.
負債総額	150	11,538.13	9,260.63	2,277.50	4.69%	0.648	n.s.	0.202	n.s.
非支配株主持分[a)]	150	250.65	276.01	−25.36	−0.29%	0.881	n.s.	0.621	n.s.
株主持分	150	2,940.17	2,870.46	69.71	−0.35%	0.914	n.s.	0.912	n.s.
売上高	150	3,753.79	3,779.89	−26.10	−1.13%	0.976	n.s.	0.885	n.s.
純損益	150	314.10	275.04	39.06	0.73%	0.560	n.s.	0.763	n.s.
包括損益	150	282.98	259.30	23.68	0.59%	0.713	n.s.	0.806	n.s.
正味営業キャッシュ・フロー	150	680.52	692.10	−11.58	0.34%	0.949	n.s.	0.883	n.s.
財務指標									
流動比率	124	1.9523	2.0765	−0.1242	…	0.690	n.s.	…	
負債比率	150	0.5561	0.5389	0.0172	…	0.593	n.s.	…	
総資産利益率（ROA）	150	0.0042	−0.0018	0.0060	…	0.803	n.s.	…	
総資産包括利益率	150	0.0032	−0.0015	0.0046	…	0.849	n.s.	…	
売上高純利益率	148	−1.0323	−1.0608	0.0285	…	0.984	n.s.	…	
資産回転率	150	0.7298	0.7241	0.0057	…	0.943	n.s.	…	
営業キャッシュ・フロー倍率	124	0.5604	0.5031	0.0573	…	0.684	n.s.	…	

パネルB—中央値	N	中央値				ウィルコクソン・マン・ホイットニー検定（tie adj.）			
		IFRSs	C-GAAP	差異	差異	平均値$Mの同等性		平均値Wの同等性	
財務諸表数値		($M)	($M)	($M)	(W.)	(p値)		(p値)	
流動資産	124	302.05	323.20	−1.02	−0.12%	0.926	n.s.	0.897	n.s.
資産総額	150	1,471.42	1,507.41	−0.54	−0.08%	0.960	n.s.	na[b]	
流動負債	124	207.97	214.88	0.00	0.00%	0.963	n.s.	0.736	n.s.
負債総額	150	822.55	796.22	3.37	0.30%	0.911	n.s.	0.612	n.s.
非支配株主持分[a]	150	0.00	0.00	0.00	0.00%	0.992	n.s.	0.990	n.s.
株主持分	150	590.93	729.58	−2.89	−0.45%	0.979	n.s.	0.876	n.s.
売上高	150	826.25	832.27	0.00	0.00%	0.930	n.s.	0.855	n.s.
純損益	150	71.92	64.42	0.18	0.04%	0.416	n.s.	0.099	*
包括損益	150	65.81	61.30	−0.12	−0.02%	0.529	n.s.	0.300	n.s.
正味営業キャッシュ・フロー	150	111.97	106.87	0.00	0.00%	0.821	n.s.	0.639	n.s.
財務指標									
流動比率	124	1.4751	1.5108	−0.0209	…	0.751	n.s.	…	
負債比率	150	0.5325	0.5419	0.0046	…	0.670	n.s.	…	
総資産利益率（ROA）	150	0.0489	0.0392	0.0012	…	0.108	n.s.	…	
総資産包括利益率	150	0.0443	0.0389	−0.0001	…	0.307	n.s.	…	
売上高純利益率	148	0.0727	0.0578	0.0007	…	0.146	n.s.	…	
資産回転率	150	0.4839	0.4777	0.0000	…	0.835	n.s.	…	
営業キャッシュ・フロー倍率	124	0.5475	0.5321	0.0007	…	0.900	n.s.	…	

パネルC—分散	N	標準偏差（SD）				F検定			
		IFRSs	C-GAAP	差異	差異	平均値$Mの同等性		平均値Wの同等性	
財務諸表数値		($M)	($M)	($M)	(W.)	(p値)		(p値)	
流動資産	124	1,782.84	1,634.66	263.97	3.09%	0.337	n.s.	0.872	n.s.
資産総額	150	50,875.84	42,867.08	14,119.00	20.11%	0.037	**	na[b]	
流動負債	124	1,610.49	1,360.85	339.55	4.36%	0.063	*	0.821	n.s.
負債総額	150	47,081.15	38,877.56	14,200.66	17.96%	0.020	**	0.001	***
非支配株主持分[a]	150	1,461.18	1,468.73	220.68	2.42%	0.950	n.s.	0.181	n.s.
株主持分	150	5,661.34	5,561.29	1,580.26	13.18%	0.828	n.s.	0.622	n.s.
売上高	150	7,517.40	7,566.48	181.10	5.23%	0.937	n.s.	0.968	n.s.
純損益	150	615.64	542.18	225.13	4.28%	0.122	n.s.	0.957	n.s.
包括損益	150	576.88	534.44	237.15	3.91%	0.352	n.s.	0.905	n.s.
正味営業キャッシュ・フロー	150	1,568.08	1,571.34	340.25	2.93%	0.980	n.s.	0.850	n.s.
財務指標									
流動比率	124	2.2608	2.6270	1.0963	…	0.097	*	…	
負債比率	150	0.2859	0.2710	0.1055	…	0.515	n.s.	…	
総資産利益率（ROA）	150	0.2095	0.2077	0.0414	…	0.920	n.s.	…	
総資産包括利益率	150	0.2109	0.2081	0.0372	…	0.871	n.s.	…	
売上高純利益率	148	12.4635	12.3501	0.3292	…	0.912	n.s.	…	
資産回転率	150	0.7046	0.6738	0.1506	…	0.585	n.s.	…	
営業キャッシュ・フロー倍率	124	1.0123	1.1897	0.4705	…	0.075	*	…	

注：IFRSs：国際財務報告基準

　　C-GAAP：移行前のカナダの一般に認められた会計原則

　　N：観測値の数

$M：百万カナダドルまたは該当する場合にはカナダドル等価物
W.：C-GAAPでの資産総額による加重数値
同等性検定の帰無仮説：平均値／中央値／分散は等しい
***：信頼度1％水準で帰無仮説を棄却
**：信頼度5％水準で帰無仮説を棄却
*：信頼度10％水準で帰無仮説を棄却
n.s.：帰無仮説を有意に棄却しない
a)：非支配株主持分は貸借対照表上の数値（負債，持分またはその中間）である
b)：「資産総額（W.）」による加重値検定は，C-GAAPでのすべての観測値について資産／資産が1と等しい
ため，「資産総額」には適用されない
出所：Blanchette *et al.* [2013], Table 11, pp.27-28.

　パネルAとパネルBから，純損益を除くすべての財務諸表数値と財務指標について，平均値の同等性と中央値の同等性が，統計的に棄却されないことがわかる。つまり，仮説1「IFRSs数値での平均値は，カナダGAAP数値での平均値と等しい」と仮説2「IFRSs数値での中央値は，カナダGAAP数値での中央値と等しい」を支持している。IFRSsアドプションは，財政状態を示す代表値である平均値と中央値を，集計レベルでは有意な変化をもたらさなかったのである。

　しかし，パネルCによれば，IFRSs数値とカナダGAAP数値の分散の同等性については，貸借対照表上の3項目（資産総額，流動負債および負債総額）が統計的に棄却されている。いずれもIFRSs数値での分散がカナダGAAP数値での分散よりも大きい。非支配株主持分，売上高および正味営業キャッシュ・フローを除くその他の項目の分散は，いずれもIFRSs数値で大きいことを示している。また，財務指標による両基準の数値の分散の同等性は，流動比率と営業キャッシュ・フロー倍率の2つの財務指標が統計的に棄却されている。この2つの財務指標については，IFRSs数値の分散がカナダGAAP数値の分散よりも小さく，他のほとんどの財務指標はIFRSs数値の分散が大きい。

　このように，IFRSs数値の分散がカナダGAAP数値の分散よりも有意に大きいとする観察結果も混在するため，仮説3「IFRSs数値での分散は，カナダGAAP数値での分散と等しい」を全面的に支持する証拠は得られておらず，少なくとも一部棄却している。

3．回帰分析―仮説 4 から仮説 6 の検証―

（1）仮説 4 の検証

基本的な回帰モデルの結果が，**図表8-11**に示されている。

図表8-11の切片付きの基本的な回帰モデルと切片なしの基本的な回帰モデルの結果によれば，たとえば最小二乗回帰の結果のレンジが76％から99.9％であることを示しており，カナダGAAP数値にIFRSs数値の高い説明力があり，IFRSs数値とカナダGAAP数値の相関が大きいことが明らかとなった。また，カナダGAAPの変数の係数は，財務諸表数値の回帰では0.80から1.17まで，財務指標の回帰では0.78から1.02までの変化が観察された。つまり，IFRSs数値が完全にカナダGAAP数値を説明しないため，仮説 4 「IFRSs数値はカナダGAAP数値ですべて説明される」を棄却している。

（2）仮説 5 と仮説 6 の検証

企業が属する業種の影響を示す**図表8-12**によれば，調査結果が混在しており，仮説 5 「IFRSs数値とカナダGAAP数値の差異は，業種間でランダムに分布する」を棄却している。

図表8-11　基本モデルでの回帰

従属変数 (IFRSs)	切片付きの基本モデル							切片なしの基本モデル				
	切片	t検定		C-GAAP係数 (g)	t検定		N	Adj-R²	DW	C-GAAP係数 (g)	t検定		N	Adj-R²	DW
$Mでの財務諸表数値												
流動資産	−42.3	−1.760	*	1.082	85.786	***	124	0.984	1.940	1.070	98.423	***	124	0.983	1.932
資産総額	264.1	0.246	n.s.	1.150	47.716	***	150	0.939	0.812	1.152	49.902	***	150	0.939	0.814
流動負債	−49.8	−1.918	*	1.169	70.397	***	124	0.976	1.854	1.153	79.200	***	124	0.975	1.822
負債総額	735.0	0.690	n.s.	1.167	43.657	***	150	0.927	0.812	1.171	45.131	***	150	0.928	0.815
非支配株主持分[a]	−20.8	−1.139	n.s.	0.984	80.117	***	150	0.977	2.001	0.981	81.234	***	150	0.977	1.985
株主持分	133.5	0.918	n.s.	0.978	41.991	***	150	0.922	1.766	0.988	47.788	***	150	0.922	1.769
売上高	−0.6	−0.037	n.s.	0.993	526.221	***	150	0.999	1.595	0.993	590.587	***	150	0.999	1.595
損益	23.0	1.122	n.s.	1.058	31.323	***	150	0.868	1.959	1.076	35.687	***	150	0.868	1.944

第10節 カナダのIFRSsアドプションによる財務上の影響

包括損益	27.8	1.288	n.s.	0.984	26.997	***	150	0.830	1.896	1.005	30.586	***	150	0.829	1.880
正味営業キャッシュ・フロー	6.1	0.201	n.s.	0.974	55.134	***	150	0.953	1.992	0.976	60.562	***	150	0.954	1.987
C-GAAPでの資産総額で加重した財務諸表数値															
流動資産	−0.003	−0.686	n.s.	1.007	88.959	***	124	0.985	2.072	1.000	156.590	***	124	0.985	2.086
資産総額	na[b]					***				na[b]					
流動負債	0.010	1.599	n.s.	0.988	42.475	***	124	0.936	2.542	1.017	72.107	***	124	0.935	2.538
負債総額	−0.035	−1.091	n.s.	1.152	21.721	***	150	0.760	1.866	1.100	46.272	***	150	0.759	1.855
非支配株主持分[a]	0.001	0.476	n.s.	0.801	24.253	***	150	0.798	2.130	0.806	25.991	***	150	0.799	2.122
株主持分	0.030	1.473	n.s.	0.924	23.461	***	150	0.787	1.698	0.974	47.779	***	150	0.785	1.678
売上高	−0.007	−1.071	n.s.	0.994	156.125	***	150	0.994	1.961	0.989	228.337	***	150	0.994	1.933
損益	0.007	2.069	**	0.983	58.226	***	150	0.958	1.945	0.983	57.579	***	150	0.957	1.890
包括損益	0.006	1.847	*	0.992	64.256	***	150	0.965	1.968	0.992	63.731	***	150	0.965	1.924
営業キャッシュ・フロー倍率	0.003	1.279	n.s.	1.005	83.159	***	150	0.979	1.911	1.009	85.962	***	150	0.979	1.886
財務指標															
流動比率	0.326	3.022	***	0.783	24.260	***	124	0.827	2.008	0.844	32.320	***	124	0.815	2.045
負債比率	0.028	1.433	n.s.	0.981	30.695	***	150	0.863	1.723	1.022	71.116	***	150	0.862	1.717
総資産利益率	0.006	1.775	*	0.989	60.503	***	150	0.961	2.066	0.988	60.058	***	150	0.960	2.022
総資産包括利益率	0.005	1.509	n.s.	0.998	67.812	***	150	0.969	2.127	0.997	67.514	***	150	0.968	2.094
売上高純利益率	0.038	1.476	n.s.	1.009	484.901	***	148	0.999	1.775	1.009	484.635	***	148	0.999	1.747
資産回転率	−0.010	−0.565	n.s.	1.022	55.883	***	150	0.954	2.122	1.014	81.761	***	150	0.955	2.115
営業キャッシュ・フロー倍率	0.166	4.302	***	0.784	26.142	***	124	0.847	1.975	0.834	28.282	***	124	0.826	1.860

注：IFRSs：国際財務報告基準

C-GAAP：移行前のカナダの一般に認められた会計原則

N：観測値の数

DW：ダービン・ワトソン（Durbin-Watson）統計量

$M：百万カナダドルまたは該当する場合にはカナダドル等価物

切片付きのモデル：IFRSs＝切片＋g C-GAAP＋ε

切片なしのモデル：IFRSs＝g C-GAAP＋ε

W.：C-GAAPでの資産総額による加重数値

***：信頼度1％水準で係数が有意

**：信頼度5％水準で係数が有意

*：信頼度10％水準で係数が有意

a)：非支配株主持分は貸借対照表上の数値（負債，持分またはその中間）である

b)：C-GAAPでの資産総額による加重回帰は，C-GAAPでのすべての観測値について資産／資産が1と等しいため，「資産総額」には適用されない。

出所：Blanchette *et al.* [2013]，Table 12, p.30.

図表8-12　業種の影響

従属変数（DIFF）財務諸表数値		独立変数（ダミー変数）業種	係数	t検定		その他の回帰分析の統計量 N	Adj-R²	DW
資産総額	全業種	企業管理業	0.242	5.186	***	150	0.192	2.284
		金融	0.164	3.508	***			
		運輸	−0.081	−1.729	*			
	CAT$_7$	金融	0.148	6.458	***	150	0.204	2.500
		不動産	0.052	2.263	**			
	CAT$_9$	企業管理業	0.135	6.058	***	150	0.179	0.674
	CAT$_{10}$	企業管理業	0.139	4.728	***	150	0.114	2.317
	CAT$_{15}$	運輸	−0.047	−2.980	***	150	0.082	2.134
		小売	0.033	2.081	**			
		企業管理業	−0.027	−1.698	*			
流動資産	全業種	運輸	−0.015	−1.956	*	124	0.049	2.219
		小売	0.015	1.885	*			
	CAT$_{15}$	小売	0.019	3.642	***	150	0.115	2.367
		運輸	−0.010	−1.945	*			
負債総額	全業種	企業管理業	0.249	5.742	***	150	0.125	2.031
	CAT$_9$	企業管理業	0.136	5.240	***	150	0.133	1.046
		専門職	0.045	1.720	*			
	CAT$_{10}$	企業管理業	0.141	4.442	***	150	0.091	2.279
	CAT$_{15}$	小売	0.026	2.238	**	150	0.032	2.077
流動負債	全業種	結果は有意差なし						
	CAT$_{15}$	小売	0.012	3.608	***	124	0.108	2.331
		運輸	−0.006	−1.798	*			
非支配株主持分 [a]	全業種	企業管理業	−0.017	−2.784	***	150	0.035	2.029
株主持分	全業種	運輸	−0.126	−4.103	***	150	0.189	2.160
		金融	0.110	3.572	***			
		専門職	−0.062	−2.030	*			
		不動産	0.062	2.019	*			
売上高	全業種	不動産	−0.049	−3.825	***	150	0.092	2.213
		運輸	−0.033	−2.592	**			
		公益事業	−0.024	−1.845	*			
損益	全業種	金融	0.047	4.432	***	150	0.091	2.156
	CAT$_7$	金融	0.032	6.231	***	150	0.194	2.516
		不動産	0.011	2.104	**			
包括損益	全業種	金融	0.045	4.761	***	150	0.112	2.213
	CAT$_{13}$	情報	−0.009	−4.929	***	150	0.125	2.035
		製造業	−0.005	−2.577	**			
	CAT$_{15}$	企業管理業	0.011	3.263	***	150	0.060	2.152
正味営業キャッシュ・フロー	全業種	結果は有意差なし				150		
財務指標		業種	係数（s）	t検定		N	Adj-R²	DW
流動比率		結果は有意差なし				124		
負債比率		運輸	0.105	4.098	***	150	0.118	2.023
		専門職	0.063	2.458	**			
		金融	−0.049	−1.905	*			
総資産利益率		金融	0.034	3.239	***	150	0.046	2.177
総資産包括利益率		金融	0.033	3.541	***	150	0.074	2.293
		専門職	−0.015	−1.673	*			
売上高純利益率		金融	0.337	4.178	***	148	0.099	1.921
資産回転率		運輸	0.114	3.024	***	150	0.056	2.244
営業キャッシュ・フロー倍率		結果は有意差なし				124		

注：回帰モデル：DIFF＝s SECTORS＋ε
　　DIFF＝IFRSs数値－C-GAAP数値（財務諸表数値についてC-GAAPでの資産総額で加重）
　　IFRSs：国際財務報告基準
　　C-GAAP：移行前のカナダの一般に認められた会計原則
　　CAT：会計上の修正のカテゴリー
　　SECTORS：業種のダミー変数
　　N：観測値の数
　　DW：ダービン・ワトソンの統計量
　　***：信頼度１％水準で係数が有意
　　**：信頼度５％水準で係数が有意
　　*：信頼度10％水準で係数が有意
　　a）：非支配株主持分は貸借対照表上の数値（負債，持分またはその中間）である
出所：Blanchette *et al.* [2013]，Table 17, p.56.

　たとえば，資産総額については，全業種からの統計的に有意な影響は３業種にみられ，企業管理業と金融では，IFRSsでの資産総額がカナダGAAPでの資産総額より統計的に有意に大きい（信頼度１％水準で24.2％と16.4％。自由度調整済みの決定係数（Adjusted-R^2（Adj-R^2））は19.2％）。これに対して，運輸では，IFRSsでの資産総額が統計的に有意に小さい（信頼度10％水準でマイナス8.1％）。

　両会計基準の数値の差異を会計上の修正のカテゴリー別に分析すると，業種からの資産総額への有意な影響は，４業種にあらわれている。投資不動産の公正価値会計（CAT_7）のカテゴリーについては，金融と不動産においてIFRSsでの資産総額が大きく（信頼度１％水準で14.8％と５％水準で5.2％。Adj-R^2は20.4％），金融商品（CAT_9）およびデリバティブとヘッジ（CAT_{10}）の各カテゴリーについては，企業管理業においてIFRSsでの資産総額が大きい（信頼度１％水準で13.5％と13.9％。Adj-R^2は17.9％と11.4％）。合併と戦略的投資（CAT_{15}）のカテゴリーについては，運輸と企業管理業においてIFRSsでの資産総額が小さく（信頼度１％水準でマイナス4.7％と５％水準でマイナス2.7％），逆に，小売においてIFRSsでの資産総額が大きい（信頼度５％水準で3.3％）。

　さらに流動資産に絞り込んでも，運輸においてはIFRSsでの流動資産が小さいのに対して，小売においてはIFRSsでの流動資産が大きい（いずれも信頼度10％水準でプラス1.5％とマイナス1.5％。Adj-R^2は4.9％）。それぞれの影響を会計上の修正のカテゴリーで捉えた場合，先の資産総額での影響結果と同様に，そ

れは主として合併と戦略的投資のカテゴリーからもたらされている。

　負債総額についても，合併と戦略的投資のカテゴリーが，小売において統計的に有意な影響がある（カナダGAAPよりもIFRSsで大きい）という同様の結果が得られた。

　キャッシュ・フローには業種からの有意な影響はまったくみられないが，非支配株主持分，株主持分，収益性に関する財務諸表数値，さらには財務指標などについても，業種からの相反する影響について統計的に有意な結果が観察されている。

　一方，会計監査人からの影響については，有意な結果や違いがみられるのだろうか。

　「継続企業の前提に重要な疑義がある」との記載が３社にみられるが，監査意見のすべてが無限定適正意見である。サンプルの97.3％が４大監査法人（デロイト・トウシュ・トーマツ（Deloite Touche Tohmatsu）（35社：23.3％），アーンスト＆ヤング（Ernst & Young）（28社：18.7％），KPMG（40社：26.7％），プライスウォーターハウスクーパース（PricewaterhouseCoopers）（43社：28.7％））に会計監査を受けているため，４大監査法人とその他監査法人に分けたうえでの検定を行うには，サンプルデータが十分でない。しかし，財務諸表数値の差異が４大監査法人の間でランダムに分布するかどうかの検証は可能である。

　会計監査人のダミー変数での回帰分析によれば，Adj-R^2は２つ事例（金融商品の会計上の修正のカテゴリー（CAT_9）に対して総資産と負債総額の回帰分析結果（4.5％と6.6％））が2.6％を上回るだけで，ほとんどが無視してよいほど説明力が低いことが明らかとなった。この調査結果は，仮説６「IFRSs数値とカナダGAAP数値の差異は，会計監査人間でランダムに分布する」を支持している。つまり，少なくとも４大監査法人の会計監査人の選択は，IFRSsアドプションのからみで，特定の会計上の修正と関係づけられないことを物語っている。

【参考文献】

Accounting Standards Board（AcSB）[2003]，Accounting Standards Board Plan－April 2003 - March 2005－，August 2003.

AcSB [2004a]，Discussion Paper: Accounting Standards in Canada: Future Directions, May 2004.

AcSB [2004b]，Invitation to Comment: Accounting Standards in Canada: Future Directions, May 2004.

AcSB [2004c]，Accounting Standards in Canada: Future Directions － Background to the Discussion Paper, June 24, 2004.

AcSB [2005a]，Invitation to Comment: Accounting Standards in Canada: Future Directions － Draft Strategic Plan, March 2005.

AcSB [2005b]，Comparison of Canadian GAAP and IFRSs, April 28, 2005.

AcSB [2005c]，Implications of Moving to IFRSs for Existing Canada/US GAAP Differences, May 19, 2005.

AcSB [2006a]，Accounting Standards in Canada: New Directions － Strategic Plan, January 4, 2006.

AcSB [2006b]，Reported Canadian/US GAAP Differences: Summary of Survey of Canadian Annual Reports for Years Ending in 2004, April 6, 2006.

AcSB [2007a]，Accounting Standards in Canada: Implementation Plan for Incorporating IFRSs into Canadian GAAP,（as of March 31, 2007）.

AcSB [2007b]，AcSB Publicly Accountable Enterprises Strategy: Progress Review － Steps to IFRS Incorporation into Canadian GAAP, July 31, 2007.

AcSB [2007c]，AcSB Publicly Accountable Enterprises Strategy: Progress Review － Preliminary Report: AcSB Implementation Plan for Incorporating IFRSs into Canadian GAAP, October 2007.

AcSB [2008a]，AcSB Publicly Accountable Enterprises Strategy: Progress Review － Final Report: AcSB Implementation Plan for Incorporating IFRSs into Canadian GAAP, February 5, 2008.

AcSB [2008b]，Media Release Communiqué, Canadian Accounting Standards Board Confirm Changeover Date to IFRS, February 13, 2003.

AcSB [2008c]，Exposure Draft: Adopting IFRSs in Canada, April 2008.

AcSB [2009a]，Exposure Draft: Adopting IFRSs in Canada, II, March 2009.

AcSB [2009b]，Exposure Draft: Adopting IFRSs in Canada, III, October 2009.

AcSB [2009c]，Summary Comparison of Canadian GAAP Accounting Standards for Private Enterprises（Part II）and IFRSs（Part I）as of December 31, 2009.

AcSB [2009d], Summary Comparison of Canadian GAAP (Part V) and IFRSs (Part I) as of December 31, 2009.

AcSB [2010], Adoption of IFRSs by Entities with Rate-regulated Activities—Amendment to Introduction to Part I, CICA Handbook — Accounting, Part I: Background Information and Basic for Conclusions, December 2010.

AcSB [2011a], Accounting Standards in Canada: Building on New Directions —Strategic Plan 2011-2014, March 23, 2011.

AcSB [2011b], Adoption of International Financial Reporting Standards, CICA Handbook — Accounting, Part I: Background Information and Basic for Conclusions, June 2011.

AcSB [2013], Accounting Standards Board Annual Plan 2013-2014, March 23, 2013.

Alford, A., Jones, J., Leftwich, R., and Zmijewski, M. [1993], The Relative Informativeness of Accounting Disclosures in Different Countries, *Journal of Accounting Research*, Vol.31 Supplement, Studied on International Accounting, 1993.

Baumol, W. and Malkiel, B. [1993], Redundant Regulation of Foreign Security Trading and U.S. Competitiveness, *Journal of Applied Corporate Finance*, Vol.5 No4, Winter 1993.

Blanchette, M., Racicot, F., and Sedzro, K. [2013], IFRS Adoption in Canada: An Empirical Analysis of the Impact on Financial Statements, the Certified General Accountants Association of Canada, October 2013.

Burnett, B. M., Gordon, E. A., Jorgensen, B. N., and C. L. Linthicum [2013], Early Evidence from Canadian Firms' Choice Between IFRS and U.S. GAAP, Working Paper, May 2013.

Canada Institute of Chartered Accountants (CICA) [1970], Task Force 2000. *Report to the Executive Committee and Council of the CICA, Canadian Chartered Accountant*, Vol.97 No.5, November 1970.

CICA [1986], Meeting the Challenge of Change. *Report of the CICA Long-Range Strategic Planning Committee*, (Rainbow Report), June 1986.

CICA [1988], Committee on Study the Public's Expectations of Audits (Macdonald Commission). *Report of the Commission to Study the Public's Expectations of Audits*, The Commission to Study the Public's Expectations of Audits, June 1988.

CICA [1996], *The Inter-Institute Vision Task Force: Report, and Research Review*, February 1996.

CICA [1997], *CICA Interim Report of the CICA Task Force on Standard Setting*, June 30, 1997.

CICA [1998], *Final Report of the CICA Task Force on Standard Setting*, May 1998.

594

CICA [2009], CICA Guide to IFRS in Canada, 2009.

Certified General Accountants of Canada (CGA-Canada) [1999], The Case for International Accounting Standards in Canada, September 1, 1999.

Chan, K.C. and Seow, G.S. [1996], The Association between Stock Returns and Foreign GAAP Earnings Versus Earnings Adjusted to U.S. GAAP, *Journal of Accounting and Economics*, Vol.21 No.1, February 1996.

Commission of the European Communities [2008], DG Internal Market and Services Working Document: Report on Convergence between International Financial Reporting Standards (IFRS) and Third Country National Generally Accepted Accounting Principles (GAAPs) and on the Progress towards the Elimination of Reconciliation Requirements that Apply to Community Issuers under the Rules of These Third Countries, April 22 2008.

The Committee of European Securities Regulations (CESR) [2005a], Concept Paper on Equivalence of Certain Third Country GAAP and on Description of Certain Third Countries Mechanisms of Enforcement of Financial Information, Ref: CESR/04-509C, February 2005.

CESR [2005b], Technical Advice on Equivalence of Certain Third Country GAAP and on Description of Certain Third Countries Mechanisms of Enforcement of Financial Information, Ref: CESR/05-230b, June 2005.

CESR [2007], CESR's Advice to the European Commission on the Work Programmes of the Canadian, Japanese and US Standard Setters, the Definition of Equivalence and the List of Third Country GAAPs Currently Used to the EU Capital Markets, Ref: CESR/07-138, March 6 2007.

CESR [2008], CESR's Advice on the Equivalence of Chinese, Japanese and US GAAPs, Ref: CESR/08-179, March 2008.

European Commission (EC) [2009], Request for Further Assistance concerning the Monitoring of the Developments of Certain Third Country GAAPs with regard to Their Equivalence under the Transparency Directive and Prospectus Regulation, February 13, 2009.

EC [2010], Report to the European Securities Committee and to the European Parliament on Convergence between International Financial Reporting Standards (IFRS) and Third Country National Generally Accepted Accounting Principles (GAAPs), COM (2010) 292 final, June 4, 2010.

EC [2011], Commission Staff Working Paper: State of Play on Convergence between International Financial Reporting Standards (IFRS) and Third Country National

Generally Accepted Accounting Principles (GAAPs), SEC (2011) 991 final, July 28, 2011.

EC [2013], Press Release: EU and Canada Conclude Negotiations on Trade Deal, October 18 2013.

Financial Executives International Canada (FEIC) [2013], The Cost of IFRS Transition in Canada, July 2013.

Liu, G. and J. Sun [2013], Did the Mandatory Adoption of IFRS Affect the Earnings Quality of Canadian Firms?, *Accounting Perspectives,* Vol.14 No.3, September 2015.

Murphy, G.J. [1997], Review: *The Inter-Institute Vision Task Force: Report* (pp.49) and *Research Review* (pp.42), *Accounting Horizons,* Vol.11 No.1, March 1997.

Richardson, A., and I. R. Hutchinson [1999], *The Case for International Accounting Standards in Canada: A Detailed Report,* Certified General Accountants Association of Canada (CGA-Canada) , September 1, 1999.

韓国会計基準委員会（KASB）・金融監督院 [2012],『韓国의 IFRS導入, 施行과 教訓』, 2012年12月31日（Korean Accounting Standards Board (KASB) and Financial Supervisory Service (FSS) [2012], *IFRS Adoption and Implementation in Korea, and the Lessons Learned: IFRS Country Report,* 31 December, 2012)。

金融庁 [2012],「IFRSに関する北米調査出張（カナダ）調査報告書」, 2012年3月。

杉本徳栄 [2009],『アメリカSECの会計政策―高品質で国際的な会計基準の構築に向けて―』中央経済社。

Jamal, K. [2011],「カナダにおけるIFRSアドプションと最近の基準設定に関する見解」, 国際シンポジウム：科学研究費プロジェクト「早稲田会計研究センター」主催「IFRSアドプションの展望―US, カナダ, そして世界の実情」, 2011年2月3日。

第9章

韓国における
国際財務報告基準のアドプション

第1節 韓国の会計基準設定権限と 会計基準設定機構

1. 「株式会社の外部監査に関する法律」を根拠法とした「企業会計基準」

　1958年6月の「企業会計原則」と同年7月の「財務諸表規則」の制定以降，韓国経済の発展や1970年代の企業公開促進政策に伴う上場企業の台頭により，韓国の会計基準が順次整備されてきた。「上場法人等の会計処理に関する規程」（1974年）や「上場法人等の財務諸表に関する規則」（1975年）といった会計規程にその規制の痕跡がみられるが，1980年12月31日付で公布された**「株式会社の外部監査に関する法律」**が，会計基準の規制内容はもとより，会計基準設定権限のあり方を変革し，この「株式会社の外部監査に関する法律」を根拠法とした会計規制の構図が確立された。この構図は，基本的には今日まで受け継がれている。

　「株式会社の外部監査に関する法律」は，制定当時，全体で22条の本文と付則から構成されていた。この法律には，①外部監査の拡大（直近事業年度末の資本金5億ウォンまたは資産総額30億ウォン以上の株式会社に対する外部の独立した会計監査人の会計監査の義務化），②会計監査人の報告義務の強化（会計監査報告書を定時総会終了後2週間以内に監理委員会に提出し，監査業務における守秘義務，取締役による不正行為等の発見時の株主総会への報告義務），③金融監督院における監理委員会の設置，④不正行為に対する罰則の強化（会計監査人がその任務を懈怠して会社に損害をもたらした場合，会社との連帯責任で賠償するなど，違法・不正行為の罰則を規定）などが盛り込まれた（李*et al.*［2007］，pp.6-7）。これらの規定に加えて，当時の「株式会社の外部監査に関する法律」は，第13条と同法施行令第6条を通じて，証券管理委員会が財務部長官の承認を得て会計処理基準を定めることとし，法的効力による強制力を会計基準に付帯させている（次に掲載した「株式会社の外部監査に関する法律」参照）。

第1節 韓国の会計基準設定権限と会計基準設定機構

「株式会社の外部監査に関する法律」

制定当時（1980年12月31日）	2009年2月3日改正
第13条（会計処理の基準） ①会社の会計処理基準は，証券管理委員会が財務部長官の承認を得て定める。 ②第1項の規定による会計処理基準は，企業会計と監査人の監査に統一性と客観性が確保されるようにしなければならない。 ③会社は，第1項の規定による会計処理基準に従って財務諸表または連結財務諸表を作成しなければならない。 ［1993年12月31日：本項新設］	第13条（会計処理の基準） ①金融委員会は，証券先物委員会の審議を経て，次の各号のように区分して，会社の会計処理基準を定める。この場合，第1号の会計処理基準を適用しなければならない会社の範囲と会計処理基準の適用範囲は，大統領令で定める。 　1．国際会計基準審議会の国際会計基準を採択して定めた会計処理基準 　2．その他，この法律に従って定めた会計処理基準 ②第1項による会計処理基準は，企業会計と監査人の監査に統一性と客観性を確保できるようにしなければならない。 ③会社は，第1項第1号または第2号の会計処理基準に従って財務諸表または連結財務諸表を作成しなければならない。 ④金融委員会は，第1項に伴う業務を大統領令で定めるところにより，専門性を有する民間法人ないし団体に委託できる。 ⑤金融委員会は，利害関係者の保護，国際的な会計処理基準との統合のために必要だと認められれば，証券先物委員会の審議を経て，第4項に伴う業務の委託を受ける民間法人または団体（以下，「会計基準制定機関」という。）に対して，会計処理基準の内容を修正することを要求できる。この場合，会計基準制定機関は，正当な理由がない限り，これに従わなければならない。 ⑥「金融委員会の設置等に関する法律」により設立された金融監督院（以下，「金融監督院」という。）は，「資本市場と金融投資業に関する法律」第442条第1項により，金融監督院が徴収する分担金の100分の5を超過しない範囲で，大統領令で定めるところにより，会計基準制定機関に支援できる。

第9章 韓国における国際財務報告基準のアドプション

また，この会計処理基準は，会計慣行のなかから一般に公正妥当と認められるところによるものとし，企業会計と外部監査人による会計監査に統一性と客観性を確保するものでなければならないと規定していた。

証券監理委員会は，会計制度諮問委員会の諮問を受けて「**企業会計基準**」の設定を試み，財務部長官の承認を得ることによって当該会計基準を1981年12月23日付で公布した。この「企業会計基準」の制定こそが，「株式会社の外部監査に関する法律」を根拠法とした法的性格を有する会計基準の規制の嚆矢である。

2．アジア通貨危機と会計基準設定機構の設立

1997年の**アジア通貨危機**（Asian Financial Crisis）を契機として，韓国の会計基準や会計基準設定機構のあり方をはじめ，それまでの「企業会計基準」をコアに据えた会計規制ないし会計を取り巻く環境は，大きく変わった。

韓国での通貨危機の根本原因は，①経済と金融システムの構造的な脆弱性，並びに，②通貨政策と金融システムの不安定性にあった。経済的見地からは，マクロ財政政策や通貨政策などを通じて，外国資金の誘導や変動為替相場制度の導入を試みる一方で，会計的見地からは，会計制度ないし会計情報の信頼性と透明性の向上という喫緊の課題への取組みが企てられている。

健全な信用秩序と公正な金融取引慣行を確立し，預金者と投資者等を保護することで国民経済の発展に寄与するために，金融監督委員会と金融監督院を設置することを目的として，「**金融監督機関の設置等に関する法律**」が1997年12月31日付で制定・公布された。

金融監督委員会（FSC）は，既存の証券管理委員会を廃止して設置するものであり，金融監督業務を遂行するために国務総理のもとに置かれている。また，**金融監督院**（FSS）は，既存の銀行監督院（金融機関の監督），証券監督院（証券会社の監督および会計基準設定と公認会計士の監督），保険監督院（保険会社の監督）および信用管理基金（信用保証の付与）を統合したものであり，金融機関に対する検査や監督業務を遂行する目的で設立されたものである。

600

第1節 韓国の会計基準設定権限と会計基準設定機構

1998年1月8日の「株式会社の外部監査に関する法律」の改正によって，「会社の会計処理基準は，金融監督委員会が証券先物委員会の審議を経て定める」（第13条第1項）とされ，会計基準設定権限ないし承認権限が政府（金融監督委員会）に付与された。これを受けて，金融監督委員会は「企業会計基準」を全面改正している。これは，通貨危機に直面した韓国政府による借款時に，国際通貨基金（IMF）と世界銀行（国際復興開発銀行（IBRD））が「企業会計基準」を国際会計基準（IAS）に合致させることを要請したことに基づくものである。

また，会計制度ないし会計情報の信頼性と透明性を高めることを目的として，政府とIBRDは，独立した民間の会計基準設定機構を設立することで合意しており，韓国公認会計士会（KICPA），大韓商工会議所，全国経済人連合会，韓国上場会社協議会，韓国証券先物取引所および韓国会計学会などの機関が設立母体となって，1999年9月1日に社団法人の**「韓国会計研究院」**（KAI）を開院している。この開院は，世界銀行と財政経済部への提出報告書（「独立した民間主導の会計基準制定機関の設立（案）」）としてまとめられた金*et al.*［1999］のもとでの，民間主導の会計基準設定機構（案）の組織構造を大きく反映したものである。

なお，2006年3月10日に公表・施行された「株式会社の外部監査に関する法律施行令の一部改正令」を受けて，KAIは，英文表記は変わらず，韓国会計研究院から**「韓国会計基準院」**へと改称されている。

会計処理基準の制定に関わる一連の業務については，金融監督委員会が専門性を有する民間法人または団体に委託できる旨の「株式会社の外部監査に関する法律」第13条第4項が2001年1月12日に新設され，会計処理基準の設定権限は，当時の「株式会社の外部監査に関する法律施行令」第7条の2第1項（2009年12月31日の改正時に，従来の第7条の2は第7条の3に移行した）を通じて，金融監督委員会の許可を得て設立された上記のKAIに委託すると規定された。これは，KAIが会計基準設定機構として指定されたことを意味する。

「株式会社の外部監査に関する法律施行令」

第7条の2 （会計処理基準の適用）

①法第13条第1項の各号以外の部分の後段により，次の各号のいずれか1つに
該当する会社は，〔国際会計基準の導入にあたり，IFRSsを翻訳して2007年11月23
日に制定した：引用者〕韓国採択国際会計基準を適用して財務諸表および連結
財務諸表を作成しなければならない。**＜改正2010年11月15日＞**

1．株式上場法人

2．第4条第7項第1号の本文による株式会社

3．「金融持株会社法」による金融持株会社。ただし，同法第22条による転換
対象者を除く。

4．「銀行法」による銀行

5．「資本市場と金融投資業に関する法律」による投資売買業者，投資仲介業
者，集合投資業者，信託業者および総合金融会社

6．「保険業法」による保険会社

7．「与信専門金融業法」によるクレジットカード会社

②法第13条第1項の各号以外の部分の後段により，韓国採択国際会計基準を適
用する親会社が財務諸表を作成する方法は，韓国採択国際会計基準で定める
範囲で，金融委員会が定めて告示する。

［本条新設2009年12月31日］

［従来の第7条の2は第7条の3に移行＜2009年12月31日＞］

第7条の3 （会計処理基準に関する業務委託等）

①法第13条第4項により，金融委員会は同条第1項による会計処理基準に関す
る業務（会計処理基準に関する解釈，質疑応答等の関連業務を含む）を「民法」に
より金融委員会の許可を得て設立された社団法人韓国会計基準院（以下，「韓
国会計基準院」という）に委託する。

②会計処理基準に関する事項を審議・議決するために，韓国会計基準院に関係
する専門家で構成される委員会を置く。

③法第13条第6項により，金融監督院は，「資本市場と金融投資業に関する法律」
第442条第1項により徴収する分担金の100分の5を韓国会計基準院に支援する。

④韓国会計基準院は，第3項により，金融監督院から支援を受けた金額の100分
の30以上に該当する金額を韓国会計基準院の運営資金とは別の基金に積み立

第1節 韓国の会計基準設定権限と会計基準設定機構

てなければならない。

⑤韓国会計基準院は，第３項により，金融監督院から支援を受けた金額の減少などで正常な事業遂行が困難ないし緊急の事業の需要が発生するなどの不可避的な事由がある場合には，金融委員会の承認を得て，第４項により積立てられた基金を使用できる。

⑥第３項による支援金の支給方法，支給時期，その他必要な事項は，金融委員会が定める。

［全文改正2009年12月31日］

［第７条の２から移行＜2009年12月31日＞］

　KAIの定款によれば，会計基準の制定，改正および解釈作業については，KAIに設置した「**韓国会計基準委員会**」（**KASB**）が遂行するとある。この定款の規定は，会計処理基準に関する事項を審議・議決するために，KAIに専門家で構成される委員会，すなわちKASBを設置する旨を規定した当時の「株式会社の外部監査に関する法律施行令」第７条の２第2項（現行の同法施行令第７条の３第2項）によるもので，これを受けて，KAIは，2007年７月27日より会計基準の制定等に関わる業務を開始している。

　韓国の会計基準設定機構としてのKAIの組織構造は，次頁の**図表9-1**のとおりである。

第9章 韓国における国際財務報告基準のアドプション

図表9-1 韓国の会計基準設定機構としての韓国会計基準院(KAI)の組織構造

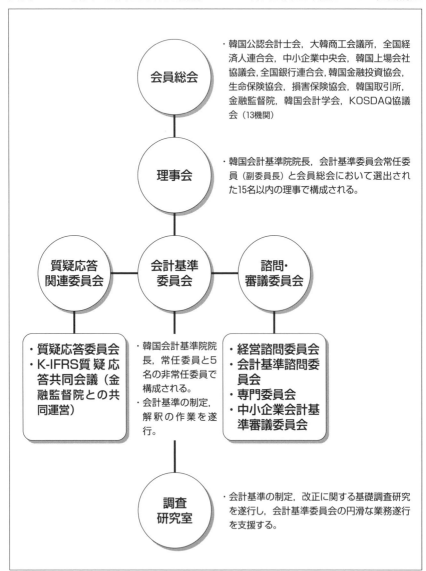

出所：韓国会計基準院／韓国会計基準委員会Website,「組織図」を一部加筆・修正のうえ作成。

第1節 韓国の会計基準設定権限と会計基準設定機構

　その後，「『政府組織と機能の改変』方案」（2008年1月）により，金融監督委員会の監督政策機能と当時の規制当局である財政経済部の金融政策機能（公的資金管理委員会，金融情報分析院を含む）を統合し，また，金融委員長と金融監督委員長の兼任を禁止し，政策機能と執行機能を分離するなど，金融行政システムの調整が図られた。翌月の2008年2月29日の「金融委員会の設置等に関する法律」の改正とその大統領令である**「金融委員会とその所属機関の職制」**の制定などによって，金融委員会と証券先物委員会が新設され，さらには現在の金融監督院に生まれ変わっている（杉本［2011a］，42頁）。

> 「金融委員会の設置等に関する法律」（2008年2月29日改正）
> **第1条（目的）**
> 　この法は，金融委員会と金融監督院を設置して金融産業の先進化と金融市場の安定を図り，健全な信用秩序と公正な金融取引慣行を確立し，預金者および投資者などの金融需要者を保護することで国民経済の発展に寄与することを目的とする。
> **第3条（金融委員会の設置および地位）**
> ①金融政策，外国為替業務取扱機関の健全性の監督および金融監督に関する業務を遂行するために，国務総理の所属のもとに金融委員会を置く。
> ②金融委員会は，「政府組織令」第2条による中央行政機関として，その権限に属する事務を独立して遂行する。
> **第15条（事務所の設置等）**
> ①金融委員会の事務を処理するために，金融委員会に事務所を置き，この法に規定するもの以外に，金融委員会の組織および定員について必要な事項は大統領令で定める。
> ②削除
> ③委員長は，金融委員会およびこの法または他の法令により金融委員会の所属のもとに置く機関（以下，「所属機関」という）の予算およびその他の行政事務を総括する。
> **第19条（証券先物委員会の設置）**
> 　この法と他の法令が規定するところにより，次の各号の業務を遂行するため

第9章　韓国における国際財務報告基準のアドプション

605

に金融委員会に証券先物委員会を置く。

1．資本市場の不公正取引の調査
2．企業会計の基準および会計監理に関する業務
3．金融委員会の所管事務のうち，資本市場の管理・監督および監視等に関連する主たる事項についての事前審議
4．資本市場の管理・監督および監視等のために金融委員会から委任を受けた業務
5．その他の法令で証券先物委員会に付与された業務

「金融委員会とその所属機関の職制」

第1条（目的）

この〔大統領：引用者〕令は，「金融委員会の設置等に関する法律」第15条第1項により，金融委員会とその所属機関の組織と定員に必要な事項を規定することを目的とする。

第3条（職務）

金融委員会（以下，「委員会」という）は，金融産業の先進化と金融市場の安定を図り，健全な信用秩序と公正な金融取引慣行の確立等に関する事務を管掌する。

第4条（委員会の構成）

①委員会は，委員長1名と副委員長1名を含む9名の委員で構成する。

②委員長と副委員長は政務職の国家公務員として，常任委員2名は高位公務員団〔局長級以上の幹部公務員：引用者〕に属する別定職公務員としてそれぞれみなす。

第5条（証券先物委員会の構成）

①「金融委員会の設置等に関する法律」第19条により，委員会に証券先物委員会を置く。

②証券先物委員会は，委員長1名を含む5名の委員で構成する。

③証券先物委員会委員長は委員会の副委員長が兼任し，常任委員1名は高位公務員団に属する別定職公務員としてみなす。

また，**証券先物委員会**は，「株式会社の外部監査に関する法律」および同法

施行令により，監理業務等の業務遂行が課されている。この証券先物委員会の業務は，韓国公認会計士会に委託できることになっている。

「株式会社の外部監査に関する法律」
第15条（証券先物委員会の監理業務等）

① 証券先物委員会は，監査を公正に遂行するために必要な監査報告書の監理とその他大統領令で定める業務を行う。＜改正2009年2月3日＞

② 削除＜1996年12月30日＞

③ この法による証券先物委員会の業務遂行について必要な事項は，金融委員会が証券先物委員会の審議を経て定める。＜改正2009年2月3日＞

④ 証券先物委員会は，この法による権限や業務の一部を大統領令で定めるところにより，証券先物委員会委員長，金融監督院の院長（以下，「金融監督院長」という）に委任ないし委託できる。＜改正2009年2月3日＞

⑤ 証券先物委員会は，第1項，第15条の2および第16条第1項による業務のすべて，または一部を，大統領令で定めるところにより，韓国公認会計士会に委託できる。この場合，韓国公認会計士会は監査人の監査報酬のうちの一部を，総理令が定めるところにより，監理業務手数料として徴収できる。＜改正2009年2月3日＞

⑥ 削除＜1998年1月8日＞

　　［全文改正1989年12月30日］
　　［題目改正2009年2月3日］

「株式会社の外部監査に関する法律施行令」
第8条（証券先物委員会の監理業務）

① 法第15条第1項による証券先物委員会の監査報告書についての監理は，次の各号のいずれか1つに該当する場合に実施する。

　1．法第8条第2項により，会社が提出する財務諸表について法第13条第1項による会計処理基準の遵守如何を審査した結果，会計処理基準に違反した事実が認められる場合

　2．その他利害関係者または機関の通報などにより認知した会計処理基準の

607

違反の嫌疑がある場合

②証券先物委員会は，第１項による監査報告書についての監理を会計監査基準に従って監査したか否かについて法第15条の２による方法で行う。

③法第15条第１項で「大統領令で定める業務」とは，監査業務の品質向上のための業務の設計および運営に関する監理業務（以下，「品質管理監理業務」という。以下，同様）をいう。

［全文改正2009年12月31日］

第９条（証券先物委員会の権限委任等）

①法第15条第４項により，証券先物委員会が証券先物委員会委員長に委任できる事項は，次の各号のとおりである。

　１．会社の会計に関する帳簿と書類の閲覧または業務と財政状態の調査に関する事項

　２．法第16条による措置のうち，金融委員会が定める軽微な措置に関する事項

②法第15条第４項により，証券先物委員会が金融監督院の院長（以下，「金融監督院長」という）に委託できる事項は，次の各号のとおりである。

　１．証券先物委員会の決定を執行するために必要な手続き・方法等に関する事項

　２．法・同法施行令，金融委員会または証券先物委員会の規程や命令などにより，その処理基準が明確で，別の意思決定が必要でないと認められる事項

　３．法第１条の３第４項による企業集団に属する会社についての資料提出の要求に関する事項

　４．法第15条の２第１項による資料の提出要求および調査業務等の執行に関する事項

　５．その他単純な事務の執行に関する事項

③法第15条第５項により，証券先物委員会が公認会計士会に委託する業務は，次の各号のとおりである。

　１．法第15条第１項による監理業務のうち，金融委員会が定める会社の監査報告書についての監理権限

　２．品質管理監理業務のうち，監査人の監査遂行の現況および所属公認会計士の数などを考慮して，金融委員会が定める基準に該当する監査人につい

第2節 韓国の会計改革法と「国際会計基準導入のロードマップ」の公表

ての監理業務

　3．法第15条の2第1項による会社・関連会社または系列会社と監査人についての資料の提出要求権のうち，第1号による業務遂行に必要な範囲での資料の提出要求権

　4．法第16条第1項により，登録の取消などを金融委員会に建議ないし監査業務の制限，その他必要な措置を行う権限

④公認会計士会は，第3項第1号および第2号により委託を受けた業務を遂行するために必要な委員会（以下，本条において「委託監理委員会」という）を設置しなければならず，委託監理委員会の構成・運営および監理基準等に関する規定を制定しなければならない。

⑤公認会計士会は，第3項により委託を受けた業務を遂行するために規定を制定ないし改正する場合には，証券先物委員会の承認を得なければならない。

⑥公認会計士会は，第3項第1号および第2号により委託を受けた監理業務の処理結果を証券先物委員会に報告しなければならない。

⑦証券先物委員会は，委託業務に関連して，公認会計士会に関連する書類を提出させたり，その他必要な措置を行うことができる。

［全文改正2009年12月31日］

第9章 韓国における国際財務報告基準のアドプション

第2節 韓国の会計改革法と「国際会計基準導入のロードマップ」の公表

1．会計改革法の制定

　1997年のアジア通貨危機直後の大宇や起亜，さらにはその後のSKなどの大企業による不正会計事件と経営破綻が明るみとなり，韓国の金融市場は低迷し続ける結果となった。金融市場の信頼回復のために，財政経済部や金融監督委員会などによる政府主導のもとで，2002年8月より会計制度改革が展開される。その結果，制定されたのが，2003年12月のいわゆる「会計改革法」である。

　この会計改革法は，アメリカのいわゆる企業改革法（サーベインズ・オック

スリー法（SOX法））を手本として制定されたものである。「企業の透明性の強化」をコアに据え，証券取引法，証券関連集団訴訟法，「株式会社の外部監査に関する法律」および公認会計士法をそれぞれ改正することで対応している。会計改革法の流れを汲んで，韓国版COSO報告書と称する**「内部会計管理制度模範規準」**（2005年6月23日：韓国上場会社協議会・内部会計管理制度運営委員会［2005］（杉本訳［2005c］））とともに**「内部会計管理制度模範規準の適用解説書」**（2005年12月27日）が制定され，2006年1月1日より施行している。KOSDAQ上場法人の中小企業やKOSDAQ上場法人でない企業については，1年間の経過期間を設けて2007年1月1日より施行しており，内部会計管理制度運営委員会によって**「内部会計管理制度模範規準の中小企業適用解説書」**（2007年6月28日）も整備されている。

　会計改革法を通じて目論まれたことは，企業の透明性の強化であり，先進化した会計制度を確固たるものとして定着させるために，2004年4月に財政経済部と金融監督委員会が共同で**「会計の透明性定着のロードマップ（工程表）」**を策定したことがある。このロードマップは，監理対象企業の拡大と不実監査を行った場合の制裁強化等を主たる内容としたものである（金融監督院［2005］，p.66）。

　とはいえ，この「会計の透明性定着のロードマップ」は財政経済部（財政経済部と企画予算処は，2008年2月29日に企画財政部に組織統合された）や金融監督委員会の内部資料にとどまり，正式には公表されるまでには至っていない。

２．韓国の「国際会計基準導入のロードマップ」の公表と 「韓国採択国際会計基準」の策定

　韓国の「企業会計基準」は，1997年のアジア通貨危機以降，政府とIBRDとの間の合意を踏まえて，会計基準の国際的な適合性を高めるために，IASを準拠基準として制定・改正してきた。たとえば，2000年8月25日に公表された「企業会計基準前文」（韓国会計基準院／韓国会計基準委員会［2000］（杉本訳［2003］））にも次のような文言がみられる。

第2節 韓国の会計改革法と「国際会計基準導入のロードマップ」の公表

「会計基準委員会は，国際的水準の企業会計基準，企業による企業会計基準の遵守および信頼性ある外部監査など，公正かつ透明な企業会計制度の確立が金融市場と資本市場の先進化の先決条件であることを認識して，企業会計基準の制定と改正は，このような観点を重視して遂行されなければならないと信じている。」

「公正かつ透明な企業会計制度の確立」というKASBの基本観点は，IFRSsアドプションの表明を受けて2007年12月21日に改正した「企業会計基準前文」のもとでも不変である。この基本観点から，KASBは韓国の社会経済的ニーズのコアをなしていた「会計の透明性の向上」を目的としたIFRSsの受け入れ戦略，つまり会計基準の国際化戦略のなかのいわゆる「国際会計基準戦略」を具体化する各種試みを展開してきた（杉本［2007］，72頁）。その帰結が，2007年3月15日に開催された「国際会計基準導入のロードマップ発表会」のもとでのIFRSsのアドプション宣言である（次頁の**図表9-2**参照）。

IFRSsのアドプション宣言とともに，その導入計画や施行スケジュール等に関する「国際会計基準導入のロードマップ（工程表）」が正式に公表された。このロードマップを策定する中心的な役割を果たしたのが，KAI／KASBとタスクフォース**「国際会計基準導入準備チーム」**である。

国際会計基準導入準備チームは，金融監督委員会・金融監督院，財政経済部，KAI／KASB，韓国上場会社協議会，中小企業中央会，韓国会計学会，証券先物取引所，韓国公認会計士会および監査法人からの代表の総勢16名から構成されている。証券先物委員会常任委員が国際会計基準導入準備チーム長に，また，KAI／KASB常任委員と金融監督委員会監督政策局長が副チーム長に就任しており，IFRSs導入のロードマップは，韓国政府とKAI／KASBの主導のもとで展開されてきたことがわかる（杉本［2007］，72-73頁）。

「国際会計基準導入のロードマップ」によれば，次頁の**図表9-3**のように，企業を①IFRSs早期適用選択企業，②上場企業（資産総額2兆ウォン以上と2兆ウォン未満に分類），および，③非上場企業に分類したうえで，IFRSsの導入時期

611

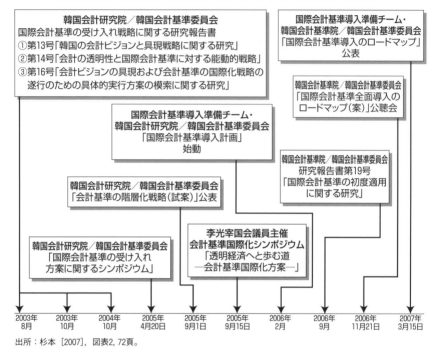

図表9-2 韓国のIFRSs導入のロードマップ公表までの動向

出所：杉本［2007］，図表2，72頁。

図表9-3 IFRSsの適用対象と導入時期

区　分		2008年まで	2009年〜2010年	2011年〜2012年	2013年以降
IFRSs早期適用選択企業		現行の企業会計基準 ＋ 個別財務諸表		IFRSs ＋連結財務諸表	
上場企業	資産2兆ウォン以上				
	資産2兆ウォン未満			IFRSs＋個別財務諸表	IFRSs＋連結財務諸表
非上場企業				非上場企業会計基準	

出所：韓国国際会計基準導入準備チーム／韓国会計基準院［2007］をもとに作成。

を明示している。また，これまで韓国では個別財務諸表が主たる財務諸表であったため，「国際会計基準導入のロードマップ」の公表は，連結財務諸表を主

第2節 韓国の会計改革法と「国際会計基準導入のロードマップ」の公表

図表9-4 「国際会計基準導入のロードマップ」の主たる内容

区分	主たる内容		
●適用対象および受け入れ時期	○原則的に上場会社とし，受け入れ時期は2009年から早期適用（金融機関は除く）を認め，2011年には全面適用（非上場金融機関は当該業界で適用如何について決定）		
●四半期・半期の連結財務諸表の作成時期		適用時期	四半期・半期の連結財務諸表
	第1段階	2009年／2010年	IFRSs早期適用企業
	第2段階	2011年	資産2兆ウォン以上
	第3段階	2012年	全上場企業
●連結範囲	○連結財務諸表に含まれる子会社の範囲をIFRSsに一致		
●非財務事項の連結開示	○事業報告書等の非財務に関する事項（子会社の主たる経営事項および合併・営業譲受け等の主たる事項も含む）も連結基準で開示		
●非上場企業用の会計基準の運用	○非上場企業の負担を軽減できるように，別途簡便な会計処理基準を制定して適用（2011年から適用）		
●K-IFRSの制定	○制定業務を2007年下半期までに完了		

出所：金融監督院会計制度室［2010b］，p.28.

たる財務諸表に変換する作業も伴う。上場金融機関を含むすべての上場企業は，2011年からIFRSsを強制適用とし，IFRSsの早期適用を希望する企業（金融機関を除く）は，2009年から任意に適用できるとした。資産2兆ウォン以上の上場企業は2011年から，また，資産2兆ウォン未満の上場企業は2013年から，中間連結財務諸表・四半期連結財務諸表をはじめとした連結財務諸表を作成・開示することとした。2009年までに非上場企業会計基準を制定し，非上場企業には2011年以降，当該会計基準を適用する（**図表9-4**参照）。この非上場企業会計基準こそ，後の**「一般企業会計基準」**（Accounting Standards for Non-Public Entities）である。

「国際会計基準導入のロードマップ」をもとに，KASBは，2007年9月27日にIFRSsの翻訳作業を経た**公開草案「韓国採択国際会計基準」**を発表し，寄せられたコメントを分析したうえで，11月23日に**「韓国採択国際会計基準」**（Korean International Financial Reporting Standards（**K-IFRS**））を制定した。このK-IFRS

613

は，制定当時，「財務諸表の作成および表示に関する概念フレームワーク」，企業会計基準書第1101号「韓国採択国際会計基準の初度適用」や企業会計基準書第1001号「財務諸表の表示」をはじめとした37の企業会計基準書，企業会計基準解釈書第2101号「廃棄，原状回復およびそれらに類似する既存の負債の変動」や企業会計基準解釈書第2010号「政府支援－営業活動と個別的な関係がない場合」などを含む21の企業会計基準解釈書から構成されている。

3．企業会計基準の構造

　韓国の企業会計基準は，K-IFRSを導入する前には「現行の企業会計基準」で構成されていた。この現行の企業会計基準は，「企業会計基準書」，「企業会計基準解釈書」，「企業会計基準」，「業種別会計処理準則等」，「企業会計基準等に関する解釈」などからなる。K-IFRSの導入後の企業会計基準は，K-IFRSとしての「韓国採択国際会計基準」，「一般企業会計基準」，「特殊分野会計基準」などで構成される。K-IFRSは基準書と解釈書からなり，基準の本文ではないが，実務適用の便宜のために関連する実務指針等を提供している。一般企業会計基準，特殊分野会計基準等も基準書と解釈書から構成され，関連する実務指針等が提供されている（「企業会計基準前文」第16項）。

　「企業会計基準前文」によれば，K-IFRSの導入後の**企業会計基準の構成**は，以下のとおりである（「企業会計基準前文」第22項～第33B項）。

　K-IFRSを構成する「**企業会計基準書**」は，原則的には，目的，適用範囲，会計処理方法，開示，付録などからなる。付録では，用語の定義，適用補充基準等が明示される。また，はじめに，結論の根拠，設例，適用ガイダンスは基準書の一部を構成しないが，基準書を適用する際の便宜のために提示されている。基準書の各項は，当該基準書の目的と結論の背景，企業会計基準前文と「財務報告に関する概念フレームワーク」などをもとに理解しなければならない。

　IASに相当するK-IFRSの企業会計基準書の一連の号数は「第1001号～第1099号」が，IFRSに相当するK-IFRSの企業会計基準書の一連の号数は「第1101号～第1999号」が付される。また，解釈指針委員会（SIC）の解釈指針に

相当するK-IFRSの企業会計基準書の号数は「第2001号〜第2099号」が，IFRS解釈指針委員会（IFRS Interpretations Committee）の解釈指針に相当するK-IFRSの企業会計基準書の号数は「第2101号〜第2999号」が付される。

「一般企業会計基準」は，「株式会社の外部監査に関する法律」の適用対象企業のうち，K-IFRSに従って会計処理を行わない企業が適用しなければならない会計処理基準である。一般企業会計基準が制定されるまで，これを**「非上場企業会計基準」**と呼称してきた。一般企業会計基準の本文は，目的，適用範囲，会計処理方法，開示，用語の定義と適用補充基準から構成される。実務指針，適用事例，結論の背景と反対意見などからなる付録は，基準の一部を構成しないが，基準を適用する際の便宜のために提示されている。

従来の企業会計基準のうち，保険業会計処理準則と企業会計基準等に関する解釈【56-90】「賃貸住宅建設事業者の賃貸後の分譲住宅に関する会計処理」は，その後，一般企業会計基準に取り替わるまで，一般企業会計基準のカテゴリーに含まれていた。

一般企業会計基準も基準書と解釈書から構成されている。一般企業会計基準を構成する基準書の号数は「第3001号〜第3999号」が，解釈書の号数は「第4001号〜第4999号」が付される。

「特殊分野会計基準」は，関係法令での要求事項や韓国固有の取引ないし企業環境等の差異を反映するために，KASBが制定する会計基準であり，当該会計基準も基準書と解釈書から構成される。従来の企業会計基準のうち，企業会計基準書第102号，第104号，第105号は，それぞれ企業会計基準書第5002号「企業構造調整投資会社」，第5003号「集合投資機構」，第5004号「信託業者の信託勘定」として再構成され，特殊分野会計基準の範疇に含まれる。また，従来の企業会計基準のうち，第5001号「結合財務諸表」と企業会計基準等に関する解釈【57-6】「企業集団結合財務諸表準則の事例」は，一時的に特殊分野会計基準の範疇に含まれた。

特殊分野会計基準を構成する基準書の号数は「第5001号〜第5999号」が，解釈書の号数は「第6001号〜第6999号」が付される。

第3節 韓国の国際財務報告基準（IFRSs）アドプションに伴う制度設計—第1段階—

2011年からのIFRSs強制適用をスムーズに遂行するためには，IFRSsアドプションに伴う関連法令を改正して制度設計が果たされなければならない。

そこで金融委員会は，もちろんIFRSs早期適用にも照準を合わせて，2008年から「資本市場と金融投資業に関する法律」や「株式会社の外部監査に関する法律」などの改正作業に着手した。また，企画財政部は，2010年と2011年にIFRSアドプションに伴う「法人税法」の改正を行い，法務部も，2011年から2012年にわたってIFRSsアドプションに伴う「商法」と「商法施行令」の改正に取り組んだ。

IFRSsアドプションに伴う主な法律改正を通じた制度設計は，**図表9-5**のようにまとめられる。

1．IFRSsアドプションに伴う「資本市場と金融投資業に関する法律」の改正

2007年8月3日に制定（2009年2月4日施行）された**「資本市場と金融投資業に関する法律」**は，「資本市場での金融革新と公正な競争を促進して投資者を保護し，金融投資業を健全に育成することで資本市場の公正性・信頼性および効率性を高め，国民経済の発展に寄与する」（第1条）ことを目的とする。たとえば，連結基準による事業報告書の提出期限の短縮や連結基準による四半期・半期報告書開示制度の導入は，IFRSsアドプションに伴う「資本市場と金融投資業に関する法律」の改正を通じてのものである。

それまで事業報告書の財務事項やその付属明細書を連結基準で記載し，同時に，会計監査人の監査意見の提出が求められてきたのは，子会社を有する事業報告書の提出法人であったが，IFRSsアドプションに伴い，その対象がIFRSsを適用する法人に改められた。事業報告書の提出期限について，従来は資産2兆ウォン未満の法人には個別財務諸表（単体財務諸表）を事業年度終了後90日

第3節 韓国の国際財務報告基準（IFRSs）アドプションに伴う制度設計―第1段階―

図表9-5　IFRSsアドプションに伴う制度設計

国際会計基準導入準備チーム・韓国会計基準院／韓国会計基準委員会
「国際会計基準導入のロードマップ」．
（2007年3月15日）

任意適用：2009年・2010年（金融機関を除く希望企業）
強制適用：2011年（全上場企業）

IFRSsアドプションに伴う主たる法令改正
第1段階（2008年～2009年）

「資本市場と金融投資業に関する法律」
- 連結基準による事業報告書の提出期限の短縮
- 連結基準による四半期・半期報告書開示制度の導入

「株式会社の外部監査に関する法律」
- 基本財務諸表の構成と名称の調整
- 会計処理基準の二元化
- 連結対象の子会社の範囲
- 連結財務諸表（連結監査報告書）の提出期限の短縮
- 子会社の会計情報に対する親会社の権限の新設

「株式会社の外部監査に関する法律」施行令
- 韓国採択国際会計基準（K-IFRS）の強制適用対象の確定
- K-IFRS適用親会社の個別財務諸表の作成方法
- 結合財務諸表の作成免除企業集団の追加

IFRSsアドプションに伴う主たる法令改正
第2段階（2010年～2012年）

法人税法
- 減価償却費の申告調整の容認
- 貸倒引当金戻入益の益金算入の繰延容認
- 機能通貨会計導入企業の課税標準計算方法の新設
- 棚卸資産の評価方法の変更による課税上の特例など

商　法
- 連結財務諸表の取締役および株主総会の承認の義務化
- 配当可能限度額の計算時の未実現利益の除外
- 取締役会決議を通じた財務諸表の承認および利益の配当
- 商法上の財務諸表の種類の変更
- 商法上の会計関連規定と企業会計基準との調和など

617

以内，その連結財務諸表を事業年度終了後120日以内としてきたが，IFRSsを適用する法人は，資産規模に関わらず適用するすべての企業に対して，連結基準による事業報告書の提出期限を事業年度終了後90日以内に改正した（同法施行令第168条第4項・第5項）。つまり，IFRSsによる連結財務諸表の提出期限が30日短縮されたのである（IFRSsを適用しない資産2兆ウォン未満の法人の連結基準による事業報告書の提出期限は，事業年度終了後120日以内である）。

　また，四半期・半期報告書の財務事項などは，従来は個別基準による財務諸表であったが，IFRSsを適用する法人は，連結基準による財務諸表の作成が求められることとなった。

　ただし，企業のその作成負担を軽減する目的から，資産規模に基づいた段階的適用とされた。つまり，連結基準による四半期・半期報告書の開示制度は，資産2兆ウォン以上の法人は2011年度から，また，資産2兆ウォン未満の法人は2013年度から段階的に施行された（資産2兆ウォン未満の法人も2011年度からの適用を容認されている）。2009年からのIFRSs早期適用企業に対しては，その早期適用の開始時からの適用となる。

　ここで用いられている資産規模基準，つまり「**資産2兆ウォン基準**」は，連結財務諸表を作成する法人の直近の事業年度末の資産総額を基準とするものである（「資本市場と金融投資業に関する法律施行令」付則第23条）。

2．IFRSsアドプションに伴う「株式会社の外部監査に関する法律」等の改正

　IFRSsアドプションに伴う「株式会社の外部監査に関する法律」と同法施行令等の改正は，2009年に行われ，IFRSsの強制適用やIFRSsを適用する親会社の個別財務諸表の作成方法などに関わる改正規定は，2011年1月1日から施行している。

　「株式会社の外部監査に関する法律」の改正により，基本財務諸表の構成と名称の調整，会計処理基準の二元化，連結対象の子会社の範囲，連結財務諸表の監査報告書の提出期限の短縮および子会社の会計情報に対する親会社の権限

第3節 韓国の国際財務報告基準（IFRSs）アドプションに伴う制度設計—第1段階—

の新設などが行われた。また，「株式会社の外部監査に関する法律施行令」の
改正により，IFRSs強制適用対象の確定，IFRSsを適用する親会社の個別財務
諸表の作成方法および**結合財務諸表（企業集団結合財務諸表）**（Combined
Statements）の作成免除企業グループの追加などが果たされた。

　改正の詳細については，以下のとおりである。

　改正前の「株式会社の外部監査に関する法律」は，基本財務諸表が貸借対照
表，損益計算書，利益剰余金処分計算書，資本変動表およびキャッシュ・フロ
ー計算書で構成されるとしていた。IFRSsアドプションに伴う改正により，基
本財務諸表の構成と名称がIFRSsでのそれと一致するように改められた。つま
り，基本財務諸表は，財政状態計算書，包括利益計算書または損益計算書，持
分変動計算書，キャッシュ・フロー計算書および注記で構成されるとしている
（第1条の2）。

　改正前の「株式会社の外部監査に関する法律」は，金融委員会が会計処理基
準を定めるとし，また，会社の規模や能力に関わりなく，基本的には一元的に同
じ会計処理基準を定めて適用してきた。先にみたように，IFRSsアドプションに
伴って2009年に改正された「株式会社の外部監査に関する法律」は，従来と同
様に，会社の会計処理基準の設定権限を金融委員会に委ねているが，その会計
処理基準は「国際会計基準審議会の国際会計基準を採択して定めた会計処理基準」
と「その他，この法律に従って定めた会計処理基準」の2つである。前者の会
計処理基準は，上場企業向けの「アドプションしたIFRSs（K-IFRS）」であり，
また，後者の会計処理基準は，非上場企業向けの「一般企業会計基準」である。

　連結の範囲や支配従属関係などは，改正前の「株式会社の外部監査に関する
法律施行令」で規定してきたが，IFRSsアドプションに伴う改正により，支配
従属関係の定義だけを行い，具体的な連結対象の子会社の範囲については，
IFRSsと一般企業会計基準に委ねている。

　連結財務諸表の監査報告書の提出期限の短縮については，国際財務報告解釈
指針委員会（IFRIC）の見解を反映したものである。

　従来，個別財務諸表の監査報告書の提出期限は，定時総会開催1週間前まで

第9章　韓国における国際財務報告基準のアドプション

619

であり，また，連結財務諸表の監査報告書の提出期限は，資産2兆ウォン以上の法人については事業年度終了後3ヵ月以内に，資産2兆ウォン未満の法人については事業年度終了後4ヵ月以内であった。IFRSsによる連結財務諸表に先んじて個別財務諸表を開示することは，IFRSの趣旨に合わないというIFRICのニュースレター（IASB［2006］，p.7）での表明を踏まえ，IFRSs適用企業が個別財務諸表と連結財務諸表の各監査報告書が同時に開示できるように，「株式会社の外部監査に関する法律施行令」の改正を通じて，2つの監査報告書の提出期限を定時総会の開催1週間前までに一元化したのである。

IFRSsアドプションに伴って新設された子会社の会計情報に対する親会社の権限としては，連結財務諸表の作成に必要な範囲内で，親会社に対して子会社の会計帳簿や関連書類の閲覧・謄写または会計資料の提出を求める権限がある（法第6条の2）。

2011年からのIFRSs強制適用とその対象企業は，先に示した「株式会社の外部監査に関する法律施行令」第7条の2（会計処理基準の適用）を新設（第1項）することで具体化した。また，IFRSsを適用した親会社の個別財務諸表の作成方法については，海外事例等を踏まえ，また，**国際会計基準導入関連タスクフォース**などでの検討により，新設した第7条の2において第2項として盛り込んだ。

IFRSsアドプションに伴って「株式会社の外部監査に関する法律」が改正されるまでは，連結範囲は，実質支配力基準に加えて，「議決権を有する株式の50％超の保有または30％超の保有の最大出資者」とする**持株基準**で決められてきた。IFRSsは「30％超の保有の最大出資者」を連結範囲の決定基準として据えていないため，会計基準間で子会社の範囲に差異が生じる。とくに，財閥企業が韓国経済を牽引している現状から，財閥企業中心の連結財務諸表を作成することの重要性に鑑みて，これまで「企業集団結合財務諸表」と称されるいわゆる結合財務諸表の作成・開示が求められてきた。

「株式会社の外部監査に関する法律施行令」第1条の4は，この結合財務諸表の作成免除規定も定めている。また，この結合財務諸表の作成義務は2012年に廃止されることも決定しているため（2014年6月30日に当該関連条項を削除し

第3節 韓国の国際財務報告基準（IFRSs）アドプションに伴う制度設計—第1段階—

た），2009年からIFRSsを早期適用する企業のなかで結合財務諸表の作成免除の対象である企業集団の一部に，IFRSsの適用で連結範囲が狭まることで，IFRSs導入時から一定の期間だけ結合財務諸表を追加開示する負担が生じる可能性がある。この問題を解消すべく，「株式会社の外部監査に関する法律施行令」第1条の4第3項に，結合財務諸表の作成が免除となる企業集団を追加する次のような第3号規定を設定している。

「株式会社の外部監査に関する法律施行令」

第1条の4（結合財務諸表の作成企業集団の範囲等）

③次の各号の1つに該当する結合対象の企業集団で，結合財務諸表を作成する必要がないと証券先物委員会が認定する企業集団については，第1項に関わらず，結合財務諸表の作成を免除できる。

1．結合対象系列会社のうちの1つの会社が作成する連結財務諸表に含まれる会社の会社別の直近事業年度末の資産総額の合計額が，当該結合対象系列会社の会社別の直近事業年度末の資産総額の合計額に占める比率が100分の80以上の企業集団。

2．第1項による系列会社のうち，第2項各号以外の部分の本文による結合対象系列会社に含まれない会社の会社別の直近事業年度末の資産総額の合計額が，当該企業集団に属する会社の会社別の直近事業年度末の資産総額の合計額に占める比率が，100分の50以上の企業集団。ただし，第2項各号以外の部分の本文により結合対象系列会社に含まれない会社を除く会社の会社別の直近事業年度末の資産総額の合計額が5兆ウォン以上の企業集団は除く。

3．韓国採択国際会計基準を初度適用した事業年度の直近事業年度に第1号により結合財務諸表の作成が免除された企業集団で，その結合対象系列会社の一部が韓国採択国際会計基準の適用で支配・従属の関係が変わり，第1号に該当しなくなった企業集団。

［全文改正：2009年12月31日］

［削除：2014年6月30日］

第9章　韓国における国際財務報告基準のアドプション

621

第4節　韓国の国際財務報告基準(IFRSs)　アドプションに伴う制度設計―第2段階(1)―

1．法人税法の改正の3原則

　法人税法をはじめとした税法の制定改廃を担う企画財政部は，2010年にIFRSsアドプションに伴う法人税法の改正に向けた全体像とその方向性を示している。企画財政部開催の「国際会計基準（IFRS）の導入に伴う法人税法の改正方向の公聴会」（2010年6月30日）では「**企業会計基準の改編に伴う法人税法の改正方向**」（2010年6月）を提示し，寄せられた意見等を踏まえて，2010年通常国会にIFRSsアドプションに伴う法人税法改正案を提出した。

　この「企業会計基準の改編に伴う法人税法の改正方向」の資料は，①企業会計基準の改編内容，②企業会計基準の改編に伴う税法上の影響，③企業会計基準の改編に伴う税法の改正方向，および，④主たる改正事項で構成されている。このうち，企業会計基準の改編に伴う税法の改正方向では，次の3原則が示されている。

①同一の経済行為に対して同一の税負担を維持すること

②税務調整の負担を最小化すること（税負担の差異が微々たるものである場合，会計処理を受け入れる）

③税法の目的上，妥当な会計処理は，税負担が増加しても受け入れること（ただし，初期の税負担の緩和策を策定）

　これら3原則のもとで，法人税法の改正案がそれぞれ具体化されている。

2．IFRSsアドプションに伴う2010年法人税法の改正

　その後，企画財政部が公表した「**職場創出・庶民生活の安定のための2010年税制改編（案）**」（2010年8月24日）でも，上場企業と金融機関に対する2011年からのIFRSs強制適用に伴い，同じ経済行為について，会計処理方式によってIFRSs適用企業とIFRSsを適用しない企業（一般企業会計基準の適用企業）との

間で税負担の差異が発生しないように税制を補完し，また，変更された企業会計基準をできる限り受け入れ，**税務調整（決算調整と申告調整）**の負担を最小化することが明記された。このIFRSsアドプションに伴う法人税法の補完は，2010年12月31日が属する事業年度から適用するとされている（杉本［2012b］，31頁）。

　2010年の税制改革では，所得税法，法人税法，租税特例制限法および国税基本法などの改正が行われたが，この改正時に，IFRSsアドプションに伴う法人税法の整備も盛り込まれた。このIFRSsアドプションに伴う法人税法の改正について，企画財政部は「**2010年税制改編の主たる内容**」（2011年1月8日）において，減価償却費の申告調整の容認をはじめ，貸倒引当金戻入益の益金算入の繰延容認や機能通貨会計導入企業の課税標準計算方法の新設などの16項目を示している。

　これら16項目について，法人税法の改正前後の対比，改正理由およびその適用時期を整理すると，以下のとおりである（企画財政部［2011］，pp.52-67を一部修正）。

（1）K-IFRSおよび一般企業会計基準を法人税法上認められる会計基準に含める（法人税法施行令第79条）

現　　　行	改　　　正
■企業会計基準と慣行の範囲 ● 「株式会社の外部監査に関する法律」第13条による企業会計基準（K-GAAP）	■K-IFRS・一般企業会計基準の追加 ●K-IFRS ● 「株式会社の外部監査に関する法律」第13条第1項第2号による会計処理基準＊ ＊（2010年以前）K-GAAP 　（2011年以降）一般企業会計基準
●証券先物委員会が定めた業種別会計処理基準	（同左）
●「公共機関の運営に関する法律」による公企業・準政府機関の会計規則	（同左）
●その他の法令によって制定された会計処理基準で，企画財政部長官の承認を得たもの	（同左）

＜改正理由＞K-GAAPが2011年からK-IFRSと一般企業会計基準に取り替わる点を勘案
＜適用時期＞2010年12月30日が属する事業年度分から適用

（2）K-IFRS導入企業の有形固定資産・無形資産の減価償却費の申告調整の容認（法人税法第23条）

現　　行	改　　正
■決算上計上した場合，損金算入（決算調整事項） <新設>	■同左 ■申告調整の選択を容認 ●申告調整の要件 　➣対象法人：K-IFRS適用法人 　➣対象資産：事業用の有形固定資産，非限定の耐用年数の無形資産 ●申告調整の適用方法 　➣決算上認識した減価償却費に追加し，申告調整限度まで損金算入が可能 　➣個別資産ごとに申告調整が可能 ●申告調整時の減価償却費の限度額 　➣2013年12月31日以前の取得資産：K-IFRS導入以前の個別資産ごとの減価償却費 　　❏（基準償却率）K-IFRS導入以前の同一業種で使用される同種資産の3年平均の償却率 　　❏（資産ごとの限度額）資産ごとに平均償却率を適用し，資産ごとの限度額を計算 　　❏（同種資産の限度額）同種資産について平均償却率を適用して同種資産ごとの限度額を計算 　⇒個別資産ごとに申告調整した減価償却費の合計が，同種資産の限度額を超過しないように申告調整の減価償却費を決定 　➣2014年1月1日以降の取得資産：税法上，基準耐用年数を適用した個別資産ごとの減価償却費

<改正理由＞K-IFRS導入時の減価償却費の減少に伴う税負担の緩和

<適用時期＞2010年12月30日が属する事業年度分から適用

第4節 韓国の国際財務報告基準（IFRSs）アドプションに伴う制度設計―第2段階（1）―

（3）減価償却方法および耐用年数の変更申告事由の追加（法人税法施行令第27条，第29条）

現　　行	改　　正
■減価償却方法の変更事由 　●合併・事業の譲受け・外国人投資・経済的与件の変動等の場合，変更申告を容認	■変更事由の追加 　●K-IFRSを初度適用し，決算上，減価償却方法を変更した場合 　●親会社がK-IFRSを初度適用して減価償却方法を変更し，子会社が会計方針を一致させるために減価償却方法を親会社と同じように変更した場合
■耐用年数の変更事由 　●資産の毀損・稼働率の増加・新技術の普及・経済的与件の変動等の場合，変更申告を容認	■変更事由の追加 　●K-IFRSを初度適用し，決算上，耐用年数を変更した場合 　●法人税法上，基準耐用年数が変更された場合

＜改正理由＞K-IFRS導入時，一部企業の減価償却方法が変更（定率法から定額法）される，もしくは耐用年数が延長される点を勘案
＜適用時期＞2010年12月30日が属する事業年度分から適用

（4）合併で取得した資産および中古資産の申告耐用年数の算定方法の改正（法人税法施行令第29条の2）

現　　行	改　　正
■中古資産の取得時の申告耐用年数の算定：基準耐用年数の50%〜100%で申告耐用年数を決定 　●特例対象 　　➤合併・分割で承継した資産 　　➤その他の方法で取得した基準耐用年数が50%以上経過した資産 　　　　＜新設＞	➤削除 ➤基準耐用年数が50%以上経過した資産（合併・分割による取得を含む） ■適格合併・分割・資産の包括的譲渡を通じて取得した資産の償却範囲額算定の特例：2つの方法から選択 ①被合併法人等の償却範囲額を承継する方法 　＊被合併法人等の申告償却方法および申告耐用年数，取得価額，未償却残高等を用いて償却範囲額を計算

第9章　韓国における国際財務報告基準のアドプション

| | ②取得後，合併法人等が継続保有したものとみなし，合併法人等の償却範囲額を適用する方法 |
| | ＊ 被合併法人の取得価額および未償却残高に合併法人等の申告償却方法および申告耐用年数を適用して償却範囲額を計算 |

<改正理由>適格合併等により取得した資産の場合，合併の前後に同じ減価償却限度額が適用できるように改善
<適用時期>2011年1月1日以降最初に開始する事業年度分から適用

（5）機能通貨導入企業の課税標準計算方法の新設（法人税法第53条の2）

現　　行	改　　正
＜新設＞	■企業会計基準に従ってウォン貨以外の通貨を機能通貨として採択し，財務諸表を作成する法人の場合，次の方法のうち1つを選択して課税標準の計算が可能 ＊ 選択時に原則的に変更は不可 ●（方法1）機能通貨で課税標準を計算し，機能通貨で表示された課税標準をウォン貨で換算する方法 ●（方法2）ウォン貨を機能通貨として再作成した財務諸表をもとに課税標準を計算する方法 ●（方法3）表示通貨の財務諸表＊をもとに課税標準を計算する方法 ＊ 貸借対照表項目は決算日レート，損益計算書項目は取引日レート（減価償却費，貸倒引当金等は平均レート）で換算した財務諸表

<改正理由>機能通貨導入企業の税務調整の負担緩和のために，機能通貨導入時の課税標準計算方法を新設
<適用時期>2010年12月30日が属する事業年度分から適用

（6）在外営業活動体の課税標準計算方法の新設（法人税法第53条の3）

現　　行	改　　正
■在外営業活動体の財務諸表の換算方法は3つの方法から選択 ①貨幣性の有無での区分 　➤貨幣性項目：決算日レート 　➤非貨幣性項目：取引日レート	■機能通貨の場合と同じ方法から選択 ＊ 選択時に原則的に変更は不可 ①（方法1）在外営業活動体の通貨で計算した課税標準をウォン貨で換算

第4節 韓国の国際財務報告基準（IFRSs）アドプションに伴う制度設計—第2段階（1）—

②貸借対照表／損益計算書での区分 　➤貸借対照表項目：決算日レート 　➤損益計算書項目：平均レート ③すべての項目に決算日レートを適用	②（方法2）ウォン貨を機能通貨として在 　外営業活動体の財務諸表を再作成 ③（方法3）表示通貨の財務諸表の換算方 　法を適用 　＊ただし，損益計算書項目のウォン貨換算時 　　に，取引日レートと平均レートのなかから 　　の選択を容認

＜改正理由＞K-IFRSの導入により変更した換算方法を税法上認める
　　　　　　＊機能通貨の課税標準計算方式と同じ方法も追加し，企業の選択を容認
＜適用時期＞● （K-IFRS導入企業）2010年10月30日が属する事業年度分から適用
　　　　　　● （その他の法人）2011年1月1日以降最初に開始する事業年度分から適用

（7）外貨建資産・負債の評価損益の認識方法の改正（法人税法施行令第73条，第76条）

現　　　　行	改　　　　正
■評価損益の認識対象である外貨建資産・負 　債の範囲 　●銀行 　　➤外貨建資産・負債 　　➤通貨先渡・通貨スワップ 　●銀行以外：評価損益認めず	●銀行 　　➤外貨建貨幣性資産・負債 　　➤（同左） 　●銀行以外 　　➤外貨建貨幣性資産・負債 　　➤外貨建貨幣性資産・負債の為替リス 　　　クをヘッジするための通貨先渡・スワ 　　　ップ

■外貨建資産の評価方法
●銀行：①と②のなかから選択

	外貨建資産・ 負債	通貨先渡・ スワップ
①	評価 ○	評価 ×
②	評価 ○	評価 ○

●銀行以外：評価損益認めず

■外貨建資産の評価方法
●銀行：①と②のなかから選択

	外貨建貨幣性 資産・負債	通貨先渡・ スワップ
①	評価 ○	評価 ×
②	評価 ○	評価 ○

●銀行以外：①と②のなかから選択

	外貨建貨幣性 資産・負債	ヘッジ目的の通貨 先渡・スワップ
①	評価 ×	評価 ×
②	評価 ○	評価 ○

第9章 韓国における国際財務報告基準のアドプション

<改正理由>銀行以外の企業に評価損益を認めない場合に，ヘッジ取引で実質所得変動がない場合にも税負担が発生する問題点を補完

　　* 現在は会計上，ヘッジ対象資産の評価損益とヘッジ取引損益が相殺される場合にも，税法上の評価損益は否認され，取引損益だけが認識されるため，税負担が発生
　　** 銀行の場合，K-IFRS改正事項を反映

<適用時期>2011年1月1日以降最初に開始する事業年度分から適用

（8）異常危険準備金の損金算入申告調整の容認（法人税法第30条）

現　　行	改　　正
■異常危険準備金を決算上，費用計上した場合の損金認定（決算調整事項） ●保険種目別の損金算入限度額： 　保有保険料×保険種目別の積立基準率× 　35%〜100% <新設>	■（同左） ■K-IFRSを適用する保険会社は異常危険準備金の申告調整を容認 ●損金算入限度額： 　Σ（保有保険料×保険種目別の積立基準率）×90%

<改正理由>K-IFRS導入時に異常危険準備金が負債に計上されず，税負担が増加する問題を解消
<適用時期>2011年1月1日以降最初に開始する事業年度分から適用

（9）貯蓄性保険料の責任準備金の積立限度額の改正（法人税法施行令第57条）

現　　行	改　　正
■貯蓄性保険料の責任準備金を決算上，費用計上した場合，次の限度額内で損金認定 ●決算日現在，すべての保険契約解約時に支払わなければならない金額 　* 保障性保険料の責任準備金：未経過保険料積立金，支払準備金，配当準備金等	●Max［現行限度額と金融委員会が企画財政部長官と合意して定めた最小積立基準*］ 　（⇒カッコ内の両者のうち，大きい方の金額） 　* K-IFRSにおいて将来予想収益率に基づいて積み立てることを要請していることを踏まえ，金融委員会で積立基準を策定する予定 　* 保障性保険料の責任準備金：現行を維持

<改正理由>K-IFRS導入時の積立基準の変更事項を税法に反映
<適用時期>2011年1月1日以降最初に開始する事業年度分から適用

第4節 韓国の国際財務報告基準（IFRSs）アドプションに伴う制度設計─第2段階（1）─

（10）建設資金利子の資本化に一般借入金利子を含める（法人税法第28条）

現　　行	改　　正
■建設資金利子の資本化 　●資本化の対象：特定借入金利子 　●資本化の強制の有無：強制事項 ＜新設＞	■建設資金利子の資本化 　●資本化の対象：特定借入金および一般借入金の利子 　●資本化の強制の有無 　　➢特定借入金利子：強制 　　➢一般借入金利子：選択 　●資本化対象である一般借入金利子の計算方法 　　➢Min〔（支払額の積数／事業年度日数－特定借入金の積数／事業年度日数）×資本化利子率*，実際に発生した一般借入金の借入原価〕 　　　（⇒カッコ内の両者のうち，小さい方の金額） 　　* 資本化利子率：実際に発生した一般借入金の借入原価÷一般借入金の積数／事業年度日数

＜改正理由＞K-IFRSで建設資金利子の資本化が強制事項として変更されるのに伴い，企業の税務調整負担の緩和のために一般借入金も資本化の選択を容認

＜適用時期＞2010年12月30日が属する事業年度分から適用

（11）中小企業の長期割賦取引の回収基準申告調整の容認（法人税施行令第68条）

現　　行	改　　正
■長期割賦取引の収益認識 　●引渡基準の原則 　　➢ただし，決算上，回収基準で認識した場合，回収時点で収益認識 　　　　＜新設＞	● （中小企業でない法人）同左 ● （中小企業）決算上は引渡基準で認識した場合も回収基準で申告調整を選択することを容認

＜改正理由＞K-IFRSで回収基準の選択を禁止し，現行の税法を維持した際に，K-IFRSを適用する中小企業は税法上の回収基準の適用が不可能となる点を勘案

＜適用時期＞2010年12月30日が属する事業年度分から適用

(12) 工事契約の収益認識方法の改正（法人税法施行令第69条）

現　　行	改　　正
■工事契約・予約販売の収益認識 　●契約期間1年以上：進行基準 　●契約期間1年未満 　　➢（原則）引渡基準 　　➢（例外）進行基準で決算した場合，進行基準を適用 　　　　　　＜新設＞	■収益認識方法の変更 　｝進行基準で統一 　　➢ただし，法人税法第51条の2のいずれか1つに該当する法人*のうち，K-IFRS導入企業の予約販売の場合は引渡基準を適用 　　　* 導管体〔資産から得られた利益をそのまま投資家に配分するための機能：引用者〕として支払配当金の所得控除適用対象の法人 　●中小企業の1年未満の工事契約 　　□予約販売の場合，決算上は進行基準で認識した場合も引渡基準で申告調整を選択することを容認

＜改正理由＞K-IFRS適用時にも従来と同様に収益を認識できるようにする
* ただし，K-IFRSを導入した委託管理の投資不動産投資会社と企業構造調整の不動産投資会社の場合，会計と税務の収益認識時期が異なると支払配当金の所得控除（法人税法第51条の2）の適用が不可能な点を勘案して引渡基準を適用

＜適用時期＞2010年12月30日が属する事業年度分から適用

(13) 法人税法上のリース分類基準の改正（法人税法施行令第24条）

現　　行	改　　正
■リース取引時の減価償却の認識主体 　●ファイナンス・リース：リース会社の減価償却資産 　●オペレーティング・リース：リース利用者の減価償却資産 ■ファイナンス・リースとオペレーティング・リースの分類 　●次の要件のうちの1つを満たせばファイナンス・リースに分類 　　➢リース期間終了時に当初定めた金額でリース資産を譲渡	 ■ファイナンス・リースとオペレーティング・リースの分類 　●法人税法上認められる会計処理基準による分類を準用

> 第4節 韓国の国際財務報告基準（IFRSs）アドプションに伴う制度設計—第2段階（1）—

- ➤ リース期間終了時に割安購入選択権を付与
- ➤ リース期間が基準耐用年数の75%以上
- ➤ リース料の現在価値がリース資産の帳簿価額の90%以上
- ➤ リース資産の転用が事実上，不可能

＜改正理由＞K-IFRSと一般企業会計基準のリース分類が一致していないことに伴う企業の税務調整負担の緩和
＜適用時期＞2010年12月30日が属する事業年度分から適用

(14) K-IFRS導入企業等の課税標準申告時の財務諸表提出方法の明確化（法人税法第60条，法人税法施行令第97条）

現　　行	改　　正
■課税標準申告時の財務諸表の提出 　●財政状態計算書，包括損益計算書，利益剰余金処分計算書，キャッシュ・フロー計算書 ■追加提出書類 　●税務調整計算書 　●合併を行った場合，被合併法人の貸借対照表，資産・負債明細書等 　　　　＜追加＞	●（同左） 　ただし，機能通貨導入企業は，機能通貨で表示した財務諸表を意味する ●機能通貨導入企業は，表示通貨財務諸表を提出 ●機能通貨導入企業のうち，ウォン貨に基づいた課税標準計算方法を選択した企業は，ウォン貨を機能通貨として適正な財務諸表を提出
■標準財務諸表の提出 　●財務諸表を電子申告を通じて標準財務諸表として提出可能	（同左） ●K-IFRS導入企業は，標準財務諸表を提出

＜改正理由＞K-IFRS適用企業と機能通貨導入企業の課税標準計算のために必要な財務諸表の提出を義務化
＜適用時期＞2010年12月30日が属する事業年度分から適用

第9章　韓国における国際財務報告基準のアドプション

(15) 現在，例規として運用されている規定の法令化（法人税法施行令第31条，第71条）

現　　行	改　　正
■例規として運営されている事項 　●決算上，減損差損を認識した場合： 　　減価償却費として損金算入 　●受取手形の割引・資産流動化： 　　売却取引とみなし，関連損益の帰属時期 　　を決定	■法人税法施行令の規定として明確化

＜改正理由＞現在，例規として運営されている事項を法令に明確化

(16) 短期売買証券および派生商品の取得付随費用の帰属時期の変更（法人税法施行令第72条）

現　　行	改　　正
■資産の取得原価 　●他人から購入した資産： 　　購入価額に付随費用を加算 　　　　　＜新設＞	●（同左） 　　ただし，短期売買証券，派生商品は除く 　●短期売買証券，派生商品の取得原価： 　　購入価額（付随費用は含まない）

＜改正理由＞K-IFRS導入による金融商品の取得付随費用に関わる会計処理の変更事項を税務上も認める
　　　　　＊短期売買証券，派生商品の取得付随費用の会計処理の変更内容：
　　　　　　（K-GAAP）取得原価に加算 → （K-IFRS）当期費用処理
＜適用時期＞● （K-IFRS適用企業）2010年12月30日が属する事業年度分から適用
　　　　　　● （その他の企業）2011年1月1日以降最初に開始する事業年度分から適用

3. IFRSsアドプションに伴う2011年法人税法の改正

　2011年12月31日の法人税法施行令の改正でも，IFRSsアドプションに関わる棚卸資産の評価方法の変更による課税上の特例を設けた（杉本［2012b］，32頁）。

　棚卸資産の評価方法として後入先出法を適用してきた石油・ガス等の企業が，法人税法施行規則で定める他の棚卸資産の評価方法に変更した場合，IFRSsを初度適用する事業年度の期首棚卸資産評価額からIFRSsを初度適用する直近事業年度の期末棚卸資産の評価額を控除した棚卸資産評価差益が生じて，税負担

額の増加をもたらすことが考えられる。そのため，法人税法第42条の２や法人税法施行令第78条の２（いずれの条項も「国際会計基準適用の内国法人に対する棚卸資産評価差益の益金不算入」）を新設し，この場合の棚卸資産評価差益をIFRSs初度適用年度の開始日から５年間均等に分けて益金に算入することとした。

　加えて，たとえば，企画財政部の「2011年税法改正後の施行令改正」（2012年１月６日）によれば，その後もIFRSsアドプションに関わる法人税法の改正がみられる。

　法人税法は，耐用年数が確定できない商標権や放送権などの無形資産だけに減価償却費の税務調整を容認してきたが，IFRSsアドプションに伴う企業の税負担の増加を緩和するために，法人税法施行令第24条（減価償却資産の範囲）第２項を新設（2010年12月30日・2012年２月２日）することで，IFRSsを初度適用する事業年度前に取得したのれん（合併または分割により合併法人が計上したのれんを除く）に対する減価償却費の税務調整も容認している。この改正も，先の企業会計基準の改編に伴う税法の改正方向のもとでの３原則に適ったものである。

第5節　韓国の国際財務報告基準(IFRSs)アドプションに伴う制度設計―第２段階(２)―

1．商法改正の沿革

　IFRSsアドプションに伴う制度設計で最も遅れていた商法について，法務部（商事法務課）は，IFRSs導入のロードマップをもとに，2008年10月21日にIFRSsアドプションに関わる商法改正案を国会に提出した。国会審議を経て，2011年３月11日の国会本会議で，新たな企業形態（リミテッド・パートナーシップ（LP）をモデルにした合資組合とリミテッド・ライアビリティ・カンパニー（LLP）をモデルにした有限責任会社）の導入，無額面株式の導入，少数株式の強制買取

制度の導入，法定準備金制度の改善および配当制度の改善などとともに，商法改正案を一括決議した。その後の国務会議での審議を踏まえて，2011年 4 月14日に改正商法が公布されている。ただし，この改正商法の施行日は，公布後 1 年経過した日，つまり2012年 4 月15日からとされた。

IFRSsアドプションに伴う改正商法の公布に伴い，関連する商法施行令の改正も必要となる。そこで，法務部が提出した商法施行令の改正案は，2012年 4 月 3 日に国会本会議を通過し， 4 月10日に商法施行令が公布され，改正商法とともに 4 月15日から施行している（杉本［2012b］，33頁参照）。

2．IFRSsアドプションに伴う改正商法の内容

IFRSsアドプションに関わる商法と商法施行令の改正は，次の項目について行われた（金融監督院会計制度室［2012］および杉本［2012b］，32-36頁参照）。

（1）連結財務諸表の取締役および株主総会の承認の義務化

> **商法第447条（財務諸表の作成）**
> ②大統領令で定める会社の取締役は，連結財務諸表を作成して取締役会の承認を得なければならない。
>
> **商法第449条（財務諸表等の承認・公告）**
> ①取締役は，第447条の各書類を定時総会に提出し，その承認を要求しなければならない。
>
> **商法施行令第16条（株式会社の財務諸表の範囲等）**
> ②法第447条第 2 項での「大統領令で定める会社」とは，「株式会社の外部監査に関する法律」第 2 条による外部監査の対象となる会社のうち，同法第 1 条の 2 第2号に規定された支配会社をいう。

IFRSsアドプションによって連結財務諸表が主たる財務諸表となったことを受けて，商法でも個別財務諸表に加えて，連結財務諸表（商法でも「連結財務

第5節　韓国の国際財務報告基準（IFRSs）アドプションに伴う制度設計―第2段階（2）―

諸表」と呼称している）も取締役会と定時総会の承認を得るように従来の条項の規定を改正した。その承認対象は，「株式会社の外部監査に関する法律」上の親会社であり，IFRSs適用会社に限らず，一般企業会計基準を適用する非上場会社の連結財務諸表も取締役会と定時総会の承認が義務づけられた。

　この改正は，取締役会の責任の拡大をもたらすものであり，連結範囲の子会社の財務情報の徹底した検証と内部統制手続きの強化が必要となる。

（2）配当可能限度額の計算時の未実現利益の除外

商法第462条（利益の配当）

①会社は，貸借対照表の純資産額から次の金額を控除した額を限度として利益配当を行うことができる。

　1．資本金の額

　2．当該決算期まで積み立てた資本準備金と利益準備金の合計額

　3．当該決算期に積み立てなければならない利益準備金の額

　4．大統領令で定める未実現利益

商法施行令第19条（未実現利益の範囲）

　法第462条第1項第4号での「大統領令で定める未実現利益」とは，法第446条の2の会計原則に準拠した資産および負債についての評価により増加した貸借対照表上の純資産額で，未実現損失と相殺しない金額をいう。

商法施行令付則（2012年4月10日）**第6条**（未実現利益に関する経過措置）

　会社がこの施行令の施行日が属する事業年度まで利益剰余金として純資産額に反映した未実現利益がある場合に，その未実現利益は第19条の改正規定による未実現利益に含まれないものとみなす。

　IFRSsアドプションによって有価証券，有形固定資産や無形資産等への公正価値評価が拡大するため，その評価益などの未実現利益を配当可能利益の限度額の計算にあたって除外するように規定の改正を行った。つまり，**配当可能利益の限度額**が次のように算定されるとした（従来の条項のもとでの算定式に，右

第9章　韓国における国際財務報告基準のアドプション

辺の「未実現利益」を控除項目として新たに加えた)。

$$配当可能利益＝純資産額－資本金－資本準備金－利益準備金－未実現利益$$

　未実現利益の範囲は，会計原則に準拠した資産および負債についての評価により増加した貸借対照表上の純資産額で，未実現損失と相殺できない（商法施行令第19条)。ただし，この未実現利益については，商法施行令に経過措置（付則第6条）を設け，施行日が属する事業年度まで利益剰余金を通じて純資産額に反映された未実現利益は，配当可能利益の限度額から控除されない。

　たとえば，12月決算の企業の場合，2012年度とそれ以前の事業年度に計上した未実現利益は，配当可能利益の算定において含めることができる。

（3）取締役会決議を通じた財務諸表の承認および利益配当

商法第449条の2（財務諸表等の承認についての特則）

①第449条に関わらず，会社は定款で定めるところにより，第447条の各書類を取締役会の決議で承認できる。ただし，この場合には，次の各号の要件をすべて充足しなければならない。

　1．第447条の各書類が法令および定款により，会社の財政状態および経営成果を適切に表示しているという外部監査人の意見があること

　2．監査役（監査委員会設置会社の場合には，監査委員をいう）の全員の同意があること

②第1項によって取締役会が承認した場合には，取締役は，第447条の各書類の内容を株主総会に報告しなければならない。

商法第462条（利益の配当）

①会社は，貸借対照表の純資産額から次の金額を控除した額を限度として利益配当を行うことができる。

　1．資本金の額

　2．当該決算期までに積み立てた資本準備金と利益準備金の合計額

　3．当該決算期に積み立てなければならない利益準備金の額

> 4．大統領令で定める未実現利益
> ②利益配当は株主総会の決議で定める。ただし，第449条の2第1項により財務
> 諸表を取締役会が承認する場合には，取締役会の決議で定める。

　財務諸表等の承認や配当利益の決定には取締役会や株主総会の承認が必要で
あるが，一定の要件を充足した場合，それらは取締役会の決議だけで可能とし，
株主総会には報告事項とするように従来の条項の規定を改正した。ここで一定
の要件とは，その事実を定款に定め，また，外部監査人による監査意見が適正
意見で，しかも監査役（監査委員会設置会社の場合は監査委員）全員の同意が得
られていることをいう。つまり，外部監査人による監査意見が適正意見でない
場合は，財務諸表等の承認は株主総会の議決事項となる。

　この改正は，財務諸表等の確定時期の短縮化を目論んだものであり，利益配
当の意思決定の迅速化を図ったものでもある。韓国上場会社協議会の**「上場会
社の標準定款」**をもとに，定款の新たな整備が要求される。

（4）商法上の財務諸表の種類の変更

商法第447条（財務諸表の作成）
①取締役は決算期ごとに，次の各号の書類とその付属明細書を作成し，取締役
　会の承認を得なければならない。
　1．貸借対照表
　2．損益計算書
　3．その他会社の財政状態と経営成果を表示するものとして，大統領令で定
　　める書類

商法施行令第16条（株式会社の財務諸表の範囲等）
①法第447条第1項第3号での「大統領令で定める書類」とは，次の各号のいず
　れか1つに該当する書類をいう。ただし，「株式会社の外部監査に関する法律」
　第2条による外部監査対象の会社の場合には，次の各号のすべての書類，キ
　ャッシュ・フロー計算書および注記をいう。

> 1. 資本変動表
> 2. 利益剰余金処分計算書または欠損金処理計算書

　改正前の商法第447条は，貸借対照表，損益計算書，利益剰余金処分計算書または欠損金処理計算書とその付属明細書を作成し，取締役会の承認を得なければならないと規定していた。

　これまで，企業会計基準書の根拠規定でもある「株式会社の外部監査に関する法律」と商法における財務諸表の種類に不一致がみられたが，今般の改正商法により，商法上の財務諸表の種類に，資本変動表，キャッシュ・フロー計算書および注記が加わることでおおむね一致している。両者における財務諸表の種類は，貸借対照表と損益計算書の名称，利益剰余金処分計算書または欠損金処理計算書だけに違いがみられる。

　とはいえ，「株式会社の外部監査に関する法律」の付則（2009年2月3日）第8条は，財務諸表の用語変更等に伴う特例を定め，同法第1条の2の財政状態計算書と損益計算書または包括損益計算書を，それぞれ商法第447条による貸借対照表と損益計算書とみなしている。そのため，両法律間における財務諸表の名称の不一致は，事実上，解消している。

　また，利益剰余金処分計算書または欠損金処理計算書の差異についても，同様に解消しているといえる。

　というのも，K-IFRS第1001号「財務諸表の表示」の第韓138.1項と一般企業会計基準の第2章「財務諸表の作成と表示Ⅰ」の第2.89項で，いずれも「商法等の関連法規で利益剰余金処分計算書（または欠損金処理計算書）の作成を要求する場合には，財政状態計算書の利益剰余金（または欠損金）についての補足情報として，利益剰余金処分計算書（または欠損金処理計算書）を注記で開示する」としているからである（第韓138.1項のように，**「韓」を付した条項**は，IASBのIFRSsにはないが，K-IFRSに追加した条項である）。改正商法でも財務諸表の種類に利益剰余金処分計算書または欠損金処理計算書を規定しているため，「株式会社の外部監査に関する法律」のもとでも当該計算書の注記開示が必要とさ

第5節 韓国の国際財務報告基準（IFRSs）アドプションに伴う制度設計—第2段階（2）—

（5）商法上の会計関連規定と企業会計基準との調和

商法第446条の2（会計の原則）
　会社の会計は，この法律と大統領令で規定したものを除き，一般に公正妥当な会計慣行に従う。

商法施行令第15条（会計原則）
　法第446条の2で「大統領令で規定したもの」とは，次の各号の区分による会計基準をいう。
1．「株式会社の外部監査に関する法律」第2条による外部監査対象会社：同法第13条第1項による会計処理基準
2．「公共機関の運営に関する法律」第2条による公共機関：同法による公企業・準政府機関の会計原則
3．第1号および第2号に該当する会社以外の会社等：会社の種類および規模等を考慮して，法務部長官が金融委員会および中小企業庁長と協議して告示した会計基準

商法第452条（資産の評価方法），第453条（創業費の計上），第453条の2（開業費の計上），第454条（新株発行費用の計上），第455条（額面未達金額の計上），第456条（社債差額の計上），第457条（建設利息の計上），第457条の2（研究開発費の計上）
　削除

　改正前の商法は，具体的な会計規定を定めていた。たとえば，資産の評価方法（第452条），創業費の計上（第453条），開業費の計上（第453条の2），新株発行費の計上（第454条），額面未達金額（株式割引発行差金）の計上（第455条），社債差額の計上（第456条），建設利息の計上（第457条）および研究開発費の計上（第457条の2）並びに償却方法などの規定である。

　IFRSsアドプションにも象徴されるように，企業会計基準は国際的な会計規範の変化に対応してきたが，商法には必ずしもその対応がみられない。それが

差異となってあらわれているのである。

　そこで，改正商法および改正商法施行令では，外部監査対象企業や公共機関などごとに適用すべき会計基準を指定（商法施行令第15条）するとともに，その会計基準を除いて，一般に公正妥当な会計慣行に従うこととする規定を新設した（商法第446条の２）。併せて，資産の評価方法などの従来の具体的な会計規定をすべて削除している。

３．商法・商法施行令改正意見と法務部の展開

　今般の商法施行令の改正（2012年４月10日公布）にあたっても，各界から意見や問題提起がみられた。

　会計学界からは，たとえば金 光 潤教授（亜洲大学校。韓国会計学会元会長）のように，次のように商法施行令の会計規定の補完を望む意見がみられる（金［2012］。なお，金［2012］での見解の条項は，商法施行令案によるものであり，最終的な改正商法施行令の条項と異なるものがある。以下の枠内の〔　〕表記は，改正商法施行令の条項である）（杉本［2012b］，36-37頁参照）。

---

　(1)　株式会社の財務諸表の範囲について，商法施行令第15条第１項〔改正商法施行令第16条第１項〕は「資本変動表，利益剰余金処分計算書または欠損金処理計算書」と規定しているが，これを「資本変動表・キャッシュ・フロー計算書・注記（利益剰余金の処分または欠損金の処理の内訳を含む）」に修正しなければならない。これは第５条（有限責任会社の財務諸表の範囲）にも準用されなければならない。

　(2)　商法上の会計原則の例示条項である商法施行令第14条〔改正商法施行令第15条〕から，第３号（その他法務部長官が指定する会計基準）は削除されなければならない。「指定」の意味については論難をあびせているが，単純な選択ではない「制定」が含まれる場合，会計基準の制定機関の乱立が憂慮される原因となる。会計報告書が企業経営の成績表だという本質上，作成基準を多元化する理由はなく，中小企業の簡素化された会計基準も，すでに10年余り運営されてきた半官半民の（金融委員会の傘下にある）韓国会計基準院（KAI）の専門性を有

640

してきた企業会計基準と一貫性を有するように制定されることで混乱を防ぐことができる。

(3)　積立てる資本準備金の範囲について，商法施行令第17条〔改正商法施行令第18条〕は，「第14条〔改正商法施行令第15条〕に定める会計基準に従って資本剰余金を資本準備金として積み立てなければならない」と規定しているが，「第14条〔改正商法施行令第15条〕で定めた会計原則に従って株式払込剰余金・減資差益を計上しなければならない」と具体化する必要がある。会計基準上，資本剰余金には商法上の資本準備金（株式払込剰余金・減資差益）とその他資本剰余金（自己株式処分差益・転換権・新株引受権など）を包括するものであり，資本準備金とは同じではないからである。

(4)　商法第462条の配当可能利益の計算時に控除する未実現利益の範囲についての商法施行令の付則第2条は，削除されなければならない。

(5)　商法施行令第18条〔改正商法施行令第19条〕は，未実現利益の範囲について，「資産・負債の評価によって増加した貸借対照表上の純資産額から未実現損失を相殺しない金額」と規定した純資産アプローチに従うが，付則第2条〔改正商法施行令付則第6条〕（未実現利益に関する経過措置）は，「この施行令の施行日が属する事業年度まで当期純利益を通じて利益剰余金に反映された未実現利益を除く」と利益剰余金アプローチで記述して対立しており，実務の適用上，混乱をもたらすだけである。

注(1)：商法施行令第5条（有限責任会社の財務諸表の範囲）
　　　　「法第287条の33で『大統領令で定める書類』とは，次の各号のいずれか1つに該当する書類をいう。
　　　　1．資本変動表
　　　　2．利益剰余金処分計算書または欠損金処理計算書」
　(2)：(2)のように，「商法施行令第14条から，第3号（その他法務部長官が指定する会計基準）は削除されなければならない」というが，改正商法施行令では当該第3号は「法務部長官が金融委員会および中小企業庁長と協議して告示した会計基準」とされた。

　これら具体的な条項に関わる意見にもみられるように，法務部が商法学者・弁護士などの諮問を受けて全面改正した商法施行令上の会計規定が，依然として企業会計基準や会計慣行に対立する構図にある。そこで，その解決策として，「この際，アメリカなどの先進国のように詳細な会計規定は商法〔施行：引用者〕令から削除し，〔KAI／KASBのような：引用者〕企業会計専門機関と会計学者に一任することが，商法の尊厳を活かす道である。併せて，商法全般にわたっ

て貸借対照表を財政状態表に改め，株式会社の外部監査法〔「株式会社の外部監査に関する法律」：引用者〕・法人税法などと調和させなければならない」とした。この考えは，南相午名誉教授・鄭雲午教授（ソウル大学校）よる商法の会計規定のあり方や方向性と軌を一にするものである（商取引や商行為の基本法である商法は，元来，その範囲での会計に関わる事項を扱うものである。商法が会計基準に関わる事項をすべて規定できない限り，一般原則だけを規定するにとどめたり，あるいは，会計に関わる事項は企業会計基準に委ねる規定を設けるべきであり，商法は会計規範にはなりえないとする（南・鄭［2002］，p.325参照））。

　このような見解（商法からの会計規定の削除とKAI／KASBと会計学者に一任する見解）も1つの契機となって，法務部は**「法務部会計諮問委員会運営規程」**（法務部令訓令第858号，2012年5月17日制定，2012年5月25日施行）を定め，**「会計諮問委員会」**を新たに発足させた。

　法務部会計諮問委員会運営規程は，商法第446条の2（会計の原則）および商法施行令第15条（会計原則）による会計原則の指定および商事法に関わる会計関連業務に関する諮問のために，法務部で運営する会計諮問委員会の構成，役割および運営に関して必要な事項を規定することを目的とするものである。

　会計諮問委員会は法務室商事法務課に設置され，①商法第445条の2および商法施行令第15条による会計原則の指定に関する諮問，②商事法令に関係する会計関連問題に関する諮問，および，③その他委員長が必要と認める事項を遂行業務としている。また，この会計諮問委員会は，委員長1名，幹事1名および10名以下の委員で構成される。委員は，①法務部で商法に関わる業務を担当する課長，②金融委員会で会計業務を担当する課長，③中小企業庁で中小企業の会計業務を担当する課長，④その他に商法学の教授，会計学の教授，公認会計士，税理士，その他商事法および会計分野に関する学識と経験の豊富な人，のなかから法務部長官が委嘱する者からなる。

　このように会計諮問委員会を新設した事実は，時代の変化とともに大きな展開をみせる会計実務を商法上の会計規定に迅速かつ的確に反映できない限界とその事実の指摘を，法務部が容認したことを物語っている。会計諮問委員会へ

の役割期待は大きい。

4．「中小企業会計基準」の制定

　株式会社は，商法第446条の 2 の「会計の原則」規定によれば，商法と大統領令で定めるものを除いて，基本的には**「一般に公正妥当な会計慣行」**に従わなければならない。ここでの「大統領令で定めるもの」については，商法施行令第15条の「会計原則」で規定しており，これまで株式会社が適用できる会計基準は，「株式会社の外部監査に関する法律」によるKAIが制定したK-IFRSと一般企業会計基準の 2 つであった。

　しかし，「株式会社の外部監査に関する法律」の適用対象ではない株式会社にとって，K-IFRSや一般企業会計基準の適用は複雑で，しかも，負担が大きいとの理由などから，商法で要求する会計処理を行うことの難しさが指摘されてきた。

　その対応策として，たとえば中小企業中央会は，2010年 9 月29日に開催された大統領主催の大・中小企業の同調成長対策会議で，中小企業向けに「中小企業の自律会計指針」の制定を推進していくことを発表している。その結果，24の中小企業団体と関係機関が参画する**「中小企業の透明経営拡散委員会」**を編成し，当該委員会が2011年11月に**「中小企業の自律会計指針（案）」**を公表した経緯がある（「中小企業会計基準解説」注 1 ）。

　そこで，「株式会社の外部監査に関する法律」の適用対象ではない株式会社の会計原則として，K-IFRSや一般企業会計基準以外に，法務部長官が指定する会計基準を追加するという形式で商法施行令が改正された（2012年 4 月15日施行）。

　これを受けて，法務部は，中小企業の財務諸表作成者が理解して容易に適用し，情報の有用性も併せて考慮した中小企業会計基準の制定作業に着手している。法務部内の会計諮問委員会と，KAIおよび中小企業中央会から推薦を受けた委員で構成する**「中小企業会計基準審議委員会」**がその役割を担っている。

　中小企業会計基準の推進計画が2012年 4 月に確定し，その後，公開草案の意

見照会（2012年6月25日〜8月3日）と公聴会の開催（2012年7月27日），法務部主催の中小企業会計基準案の公聴会の開催（2012年12月13日）を経て，**「中小企業会計基準」**（Accounting Standards for SME）が先の商法第446条の2および同法施行令第15条第3項により，法務部長官が金融委員会と中小企業庁長と協議のうえ，2013年2月1日に制定されるに至っている。この会計基準の施行日は2014年1月1日である。

中小企業会計基準の体系は次のとおりであり，その分量は一般企業会計基準の約10分の1程度となっている。

第1章　総則（第1条〜第5条）
第2章　貸借対照表（第6条〜第22条）
第3章　損益計算書（第23条〜第35条）
第4章　資産と負債の評価（第36条〜第42条）
第5章　会計方針と会計見積りの変更と誤謬修正（第43条〜第44条）
第6条　資本取引（第45条〜第48条）
第7章　特殊取引（第49条〜第51条）
第8章　資本変動表（第52条）
第9章　利益剰余金処分計算書および欠損金処理計算書（第53条〜第54条）
第10章　注記（第55条〜第56条）
付則（第1条〜第2条）

中小企業会計基準は，商法施行令第15条第3号による株式会社の会計処理と財務報告に関する基準を定めることを目的とするもので，この施行令第15条第3号による株式会社の会計処理に適用される。ただし，「株式会社の外部監査に関する法律」第13条による会計基準（K-IFRSと一般企業会計基準）を適用する場合には，その適用の範囲から除かれる。

また，会計方針の選択にあたっては，中小企業会計基準を適用することになるが，具体的に適用可能な会計基準がない場合には，一般企業会計基準を参考にして会計処理することになる。

中小企業会計基準のもとでの資産の評価基準は，取得原価基準である。

第36条（資産の評価基準）

　資産は，最初に取得原価で認識する。

　交換，現物出資，贈与，その他無償で取得した資産は，公正価値（合理的な判断力と取引の意思のある独立した当事者間の取引において，資産が交換ないし負債が決済されうる金額をいう。以下，同様）を取得原価とする。ただし，同じ種類の資産（土地と建物を除く）を交換した際には，提供した資産の帳簿価額を取得原価とする。

　この基準で別途定める場合を除いて，資産の陳腐化，物理的な損傷または市場価値の急激な下落などで資産の正味公正価値（公正価値から処分付随原価を控除した金額をいう。以下，同様）が帳簿金額よりも重要性を伴って低ければ，帳簿価額を正味公正価値として調整し，その差額を減損差損〔減損損失：引用者〕として認識する。

　過去の会計年度に認識した減損差損がこれ以上存在しない，または，減少したとすれば，資産の正味公正価値が帳簿価額を超過する金額は，減損差損戻入れとして認識する。ただし，減損差損戻入れとして増加した帳簿価額は，過去に減損差損を認識する前の帳簿価額の減価償却または償却後の残額を超過することはできない。

第41条（買入債務等の評価）

　買入債務，借入金，社債，未払金，未払費用，前受金等（以下，「買入債務等」という）は，負担する債務額で最初に測定する。ただし，現在価値評価を行わないことができる。

　買入債務等の帳簿価額と満期金額に差異がある場合，その差異を償還期間にわたって有効利子率法ないし定額法で償却し，帳簿価額と支払利息に反映する。

この他，中小企業会計基準の規定には，たとえば次のような特徴がみられる。

①財務諸表の表示は，原則として直近の会計年度との比較形式で作成することとしているが，当該会計年度だけの表示形式も認めていること

②減価償却方法として，定額法，定率法，生産高比例法からの選択適用を認

めていること

③法人税法の規定の適用も一部認めていること（たとえば，有形固定資産・無形資産の残存価値の決定や，取得日から意図した用途での使用・販売まで１年を超える棚卸資産の取得資金に含まれた借入金の支払利息など）

④当期に発見した過年度の誤謬について修正が必要な場合，一般企業会計基準は遡及的修正再表示により修正を要求しているが，中小企業会計基準は遡及的修正再表示ではなく，当期の営業外損益の前期誤謬修正損益として会計処理するように規定していること

中小企業会計基準に加えて，法務部とKAIは，その適用の利便性を高めるために，実務指針や事例などを盛り込んだ詳細な**「中小企業会計基準解説」**を2013年３月29日に公表した（この「中小企業会計基準解説」は，2013年２月１日現在有効な「中小企業会計基準」と2013年２月15日現在有効な法人税法等の内容をもとにまとめられたものである）。「中小企業会計基準解説」は，実務上の意見を反映して継続的に補完されていく予定である。

第6節 金融委員会・金融監督院等によるIFRSsアドプションの定着に向けた取組み

1. 金融委員会・金融監督院等によるIFRSsアドプションの定着に向けた規制と対応策

IFRSsアドプションにより，韓国の上場・開示制度は，それまでの個別（単体）財務諸表を中心とするものから連結財務諸表を中心とするものへとシフトした。この連結基準による上場・開示制度への移行は，３段階のスケジュールで展開されてきた。

「IFRSsの早期適用期」と位置づけられる第１段階（2009年～2010年）は，IFRSs早期適用企業の継続開示と発行開示が連結財務諸表を中心として開示されることを除くと，基本的には，それまでの開示制度と同じである。この第１

段階においては，従来のK-GAAPとIFRSsを適用する企業が混在することになる。

「強制導入期」と位置づけられる第2段階（2011年～2012年）は，全上場企業の継続開示と発行開示を連結財務諸表中心で行う段階である。ただし，資産が2兆ウォン未満の企業は，例外条項により，四半期財務諸表と半期財務諸表は連結基準によらず，個別基準を適用してきた。つまり，強制導入期は，資産規模により，連結基準と個別基準による四半期財務諸表と半期財務諸表が混在する段階となる。

「全面適用期」と位置づけられる第3段階（2013年以降）は，継続開示，発行開示，臨時開示および上場廃止制度にいたるまで，すべての開示が連結基準中心で行われる段階であり，完全な連結中心の開示制度への移行が目論まれている。

その一方で，規制当局である金融委員会と金融監督院は，IFRSsアドプションとその定着に向けたさまざまな規制や対応策に取り組んできたが，この移行スケジュールの捉え方と必ずしも一致するものではない。金融委員会と金融監督院によるIFRSs定着に向けた推進業務は，**図表9-6**のように，「**IFRSs導入期**」（2007年～2009年），「**IFRSs転換期**」（2010年），「**IFRSs定着期**」（2011年以降）に分類して行われている。

図表9-6　金融委員会・金融監督院によるIFRSsアドプションとその定着に向けた取組み

年度区分		推　進　業　務	完了時点
IFRSs導入期	2007年	「国際会計基準（IFRS）導入のロードマップ」を発表	3月
		国際会計基準導入推進チームの編成および会議（2回）を開催	5月，12月
		韓国採択国際会計基準（K-IFRS）を制定・公表	12月

第3部 IFRSsのアドプション

			IFRSs国際諮問チームの編成と運営	1月
IFRSs導入期		2008年	国際会計基準ホームページの開設と運営	5月
			「国際会計基準の導入に伴う影響の事前開示基準」を制定	7月
			IFRSs早期導入諮問タスクフォースの編成と運営	9月
			広報冊子『国際会計基準の理解と導入準備』を刊行	11月
			ヨーロッパ委員会（EC）によるIFRSsとの同等性の認証確保	12月
	IFRSs早期適用期間	2009年	企業に対するIFRSs Surveyを実施	1月
			「株式会社の外部監査に関する法律」および「資本市場と金融投資業に関する法律」（資本市場法）を改正	1，7，12月
			IFRSsに関わる企業開示様式を改正	2月
			「IFRS導入の定着推進チーム」を編成	3月
			新興国家に適合したIFRSs改正事項を国際会計基準審議会（IASB）に提案	4月
			中小企業のIFRSs導入コストと期間等についての実証分析	7，9月
			IFRSs導入事例セミナーおよび連結作成実務説明会を開催	10，11月
			IFRSsのもとでの質疑応答制度を構築	12月
			2009年度会計関連懸案説明会を開催	12月
IFRSs転換期		2010年	広報冊子『主要国の国際会計基準の導入事例と示唆』を刊行	1月
			IFRSs Surveyを実施	1，6，11月
			会計法人懇談会，情報利用者，中小企業懇談会を実施	3，4，7，8月
			IFRSs全国巡回説明会（10回）を開催	3〜5月
			IFRSsに関わる上場開示監督規定および外部監査規定を改正	4，11，12月
			IFRSs早期適用企業の財務的影響の分析および業種別影響の分析	4，6月

第6節 金融委員会・金融監督院等によるIFRSsアドプションの定着に向けた取組み

			四半期・半期・事業報告書のIFRSsに関わる開示事項の点検	4，6，8月
IFRSs 転換期	IFRSs 早期適用 期間	2010年	IFRSs導入未着手企業への現場訪問を実施	6，8，10月
			上場中小企業に対するIFRSs支援方案を発表	8月
			IFRSs未着手企業のCEO懇談会（5回）を実施	8〜9月
			IFRS財団ソウル総会の開催および韓国からのIFRS財団評議員の選任	10月
			IFRSs財務諸表注記の作成および開示の説明会（2回）を開催	11月
			IFRSs利用者のためのコア情報（営業利益，持分法）注記の記載	10〜12月
			広報冊子『よくわかる国際会計基準』を刊行	12月
			2010年度会計関連懸案説明会を開催	12月
			金融安定理事会（FSB）に金融危機に関わるIFRSs改正事項の意見を伝達	通年
			造船業，建設業の隘路事項解消のために，IASBにIFRSsの制定・改正の努力	通年
IFRSs 定着期	IFRSs 強制 適用 期間	2011年	2011年度金融監督院業務説明会を開催	1月
			『ヨーロッパ証券監督機構のIFRS監督および執行事例』を刊行	1月
			『銀行会計解説』上巻・下巻を刊行	3月
			『金融投資会社の会計処理解説書』を刊行	3月
			IFRSs財務開示事項のチェックリストを配布	4月
			継続開示書類のK-IFRS連結記載方法の説明会を開催	4月
			2011年度四半期報告書作成要領の説明会を開催	4月
			国際会計基準の導入に伴う財務的影響の分析	5月

第9章 韓国における国際財務報告基準のアドプション

			IFRSs施行に伴う情報利用者および企業の留意事項を配布	5月
			IFRSs第1四半期報告書の財務事項の一斉点検を実施（株式上場法人および銀行持株会社）	6〜7月
			保険業界におけるIFRSs早期定着の推進および『保険会計解説書』改訂版を刊行	7月
			K-IFRSを適用した継続開示書類の非財務事項の連結記載の点検および指導	8月
			K-IFRS会計処理の主要課題についてのアンケート調査とその結果の対応方案	7月〜10月
			IFRSs全国巡回説明会（5回）を開催	9〜10月
IFRSs定着期	IFRSs強制適用期間		IFRSsの最近の改正内容の説明会を開催	11月
			IFRSs財務開示改善方案セミナーを開催	12月
			2011年度会計関連懸案説明会を開催	12月
		2012年	2012年金融監督の方向と課題を公表	1月
			2011年監査報告書の監理等の会計監督業務の実績分析を公表	1月
			K-IFRS連結および持分法注記開示関連のチェックリストを配布	1月
			2012年度開示・調査の主たる懸念および細部の監督方向を公表	1月
			2011年末現在の外部監査対象および監査人の指定の現況を公表	1月
			金融監督院の新企業開示審査システムを本格稼働	2月
			訪問企業開示説明会（4回）を開催	2月
			外部監査人の選任の主たるチェックポイントを公表	3月
			監査報告書の活用方法と留意点を公表	3月
			韓国からのIASB理事の選任	3月
			会計不正行為の申告に対する褒賞金制度を告示	4月
			監査報告書の利用時に会計法人に関する情報も確認することを促す報道資料を公表	4月

第6節 金融委員会・金融監督院等によるIFRSsアドプションの定着に向けた取組み

			改正商法の施行に伴う会計制度の変更および決算時の留意事項の案内を公表	4月
IFRSs 定着期	IFRSs 強制 適用 期間	2012年	IFRSs時代に対応する2012年監理業務の運営方案を公表	5月
			会計帳簿を捏造する企業は厳罰に処する報道資料を公表	5月
			有価証券上場法人の2011年事業報告書のK-IFRS財務開示事項の点検結果および今後の監督方案を公表	6月
			非上場法人の自発的な国際会計基準の適用現況の分析を公表	6月
			IFRSs適用関連の懇談会の開催（2回）結果および今後の計画を公表	6月
			K-IFRS連結財務諸表の開示の現況および監督方向を公表	7月
			2011年上場法人の監査報告書の分析を公表	7月
			2011事業年度の会計産業の現況の概観および会計法人の事業報告書の分析を公表	8月
			2012年外部監査手数料の現況分析の結果を公表	9月
			営業損益の算定に関わる韓国採択国際会計基準（K-IFRS）を改正	10月
			IFRSsの最近の改正内容説明会（2回）を開催	10月〜11月
			連結財務諸表関連の韓国採択国際会計基準等を諸改正	11月
			会計法人および公認会計士対象の「会計懸案説明会」を開催	12月
			国際監査基準の導入に伴う会計監査基準を全面改正	12月
			2012年決算時の会計関連の留意事項の案内を公表	12月
			2013年から適用される会計基準および関連制度の変更内容の案内を公表	12月

第9章 韓国における国際財務報告基準のアドプション

			IFRS財団評議員会（香港）で韓国会計基準委員会（KASB）とともに『韓国のIFRS導入，施行と教訓』を公表	12月
IFRSs 定着期	IFRSs 強制 適用 期間	2013年	2013年外部監査制度全国巡回説明会（7回）を開催	2月〜4月
			2012年監査報告書の監理結果および示唆点を公表	2月
			2012年度外部監査対象会社および監査人指定の現況を公表	2月
			「外部監査および会計等に関する規程施行細則」の改正による監理結果措置の量定基準を改定（IFRSs適用の失敗による会計基準違反に対する制裁軽減）	3月
			連結財務諸表作成時の留意事項の案内を公表	3月

出所：金融監督院会計制度室［2011c］，添付資料1をもとに，2011年下半期以降を加筆補正のうえ作成（2013年3月末現在）。

2．質疑応答制度―プリクリアランス制度―

（1）韓国会計基準院（KAI）の質疑応答制度

　先の「株式会社の外部監査に関する法律」第7条の3（会計処理基準に関する業務委託等）第1項の規定により，KAIは，金融委員会から会計処理基準に関する業務を委託されている。この会計処理基準の業務には，会計処理基準に関する解釈や質疑応答等の関連業務が含まれる。

　これを踏まえ，KAIは，企業に会計処理基準の正しい適用を促すためにも，これまでに制定されてきた企業会計基準や企業会計準則，企業会計基準書と解釈書，さらには企業会計基準等に関する解釈の適用に際して提示される，企業と会計監査人からの質疑に回答している。このKAIによる質疑応答は，もちろんKAIの公式見解である。しかし，企業や会計監査人から寄せられた質疑に対する回答期限が，原則として質疑書の受付日から14日以内（日曜日と公休日は含まない）と設定されており，質疑に対する回答の迅速性が求められていることから，この質疑応答は，KAIのもとでのKASBが所定の十分な時間と

652

手続きを経て設定される企業会計基準ではない。

　KAIに対する質疑は，所定の様式（氏名と連絡先，質疑内容，問題に対する質疑者の意見（適用する企業会計基準，企業会計基準による会計処理の代替案）とその検討意見（支持する代替案，支持する理由）など）での文書で行われる。その質疑にあたって，質疑者は，懸案の会計処理基準やその代替案について事前に十分な調査を行い，また，企業内の会計担当責任者や会計監査人による検討も要請したうえで行わなければならない。会計法人からの質疑も，法人内の担当公認会計士や審理室などでの検討を経ていることが必要である。

　KAIが対処する質疑応答の対象は，質疑に関わる特定の取引や事象に適用すべき企業会計基準を基本としている。また，必要に応じて，この該当する企業会計基準についての解釈などの提示にとどまらず，企業会計基準に規定されていない会計処理問題については，類似の取引の企業会計基準，財務会計概念体系（財務会計の概念フレームワーク）および国際的に認められた会計基準や会計慣行を勘案したうえで，懸案となる会計処理の代替案を提示することもある。

　通常，KAIは，特定の取引や事象に適用すべき会計処理方法を提示できるものの，それら取引や事象についての主観的な判断を提示することはできない。あくまでも，会計処理方法の適用に対する第一義的責任は企業経営者にあり，会計監査人による外部監査を受ける企業は，その外部監査を通じて，企業経営者の判断の正否が問われる。企業経営者と会計監査人の間での事実判断について見解が対立する際も，KAIは，当事者間の協議や訴訟での解決に委ねており，両者の仲裁は原則として行わない。

　たとえば，次のような問題や質疑について，KAIはその回答を行わない（韓国会計基準院／韓国会計基準委員会Website，「質疑応答手続き」参照）。

　①会計監査人の独立性，監査手続，監査報告書等の外部監査に関わる問題
　②監督機関に対する報告や開示等に関わる法規上の問題
　③国家および地方自治体が徴収する租税に関わる問題
　④訴訟案件や契約に関わる法律問題
　⑤教育および研究機関の研究課題の遂行に関わる問題

⑥特定の細部にわたる判断が必要な会計上の取引や事象に関わる質疑

⑦取引の設計

⑧重要性の判断

　企業や会計監査人から企業会計基準等の内容や実務適用上の質疑が所定の質疑形式に沿って寄せられ，KAIがそれを受け付けた場合，質疑応答に向けた手続きが進められる。受け付けられた質疑は，一般的には，KAIに設けられた5名以内の委員で構成する**質疑応答実務委員会**が対応し，その検討報告書をKAI院長に提出し，当該院長がそれを承認することで質疑に対する応答が確定する。

　また，企業や会計監査人からの質疑内容が重要な案件であると判断する場合や質疑応答実務委員会の検討でも結論に達しない場合は，KAI院長の要請により，別途，**質疑応答委員会**（Technical Committee）が招集され，議事として諮られる。この質疑応答委員会は，KASBの常任委員と2名の質疑応答担当者，KAI院長が委嘱する4名の会計専門家の計7名で構成され，原則として，4名以上の賛成により決議する。

　質疑応答のうち，会計実務上，一般に必要だと判断されるものについては，質疑者を特定できる事項を除いた内容を要約（「**質疑応答（KQA）要約**」）したうえで，企業会計基準の解釈事例として一般に公開している。

　質疑応答（KQA）要約の一例として，次のようなものがある（韓国会計基準院／韓国会計基準委員会Website，「質疑応答要約」参照）。

【質疑応答（KQA）要約】	
テーマ	［2012-KQA001］持分法の遡及適用プロセスにおける新株引受権付証券の取得およびその行使時の会計処理
回答日	2012年1月27日
関連基準書	企業会計基準等に関する解釈53-70「派生商品等の会計処理」第3項，企業会計基準書第9号「転換証券」第21項，企業会計基準書第15号「持分法」第21項

第6節 金融委員会・金融監督院等によるIFRSsアドプションの定着に向けた取組み

1．質疑内容

質疑者は，2008年の会計年度末に被投資企業の持分4.25％を保有しており，期中にこの被投資企業が発行した新株引受権を取得しました。K-GAAPに従って2009年まで中小企業会計処理特例を適用し，投資株式について売却可能証券として評価しましたが，2010年から中小企業会計処理特例の適用を放棄し，この投資株式について持分法を適用することとしました。これは会計方針の変更であり，2006年まで遡及して持分法を適用して前期の財務諸表を再作成する場合，

　［質疑1］2008年に取得した新株引受権をどの勘定科目で分類しなければいけませんか？

　［質疑2］2010年12月27日に発行した新株引受権は，行使時点でどのように会計処理しますか？

　［質疑3］新株引受権の行使により発生した転換利益を認識する場合，転換利益を内部取引に伴う未実現利益とみなせるか否か。みなせる場合，除去対象となる金額はいくらか？

2．応答内容

質疑1の場合，取得した新株引受権は企業会計基準等に関する解釈53-70「派生商品等の会計処理」第3項の要件を充足すれば派生商品として分類します。

質疑2の場合，新株引受権を行使して交付された株式に市場性があれば公正価値で認識し，新株引受権を行使して納める金額と新株引受権を行使する部分に該当する帳簿価額を合算した金額との差額を転換利益として認識します。

質疑3の場合，新株引受権を行使して発生した転換利益は，内部取引の未実現利益であり，投資企業の保有持分率に該当する金額を持分法適用投資株式から控除します。

　KAIが公表する質疑応答（KQA）要約の実態は，一般企業会計基準についてのものである。この質疑応答の実態から，IFRSsアドプション後の自国の会計基準と会計基準設定主体の存否問題に対する回答も示されていると解される。

（2）韓国採択国際会計基準のもとでの質疑応答制度
―「K-IFRS質疑応答共同会議」

　原則主義のIFRSsによる会計処理には，専門家の判断を必要とするものがある。その対応策として設定したのが，いわゆる「**プリクリアランス制度**」（Pre-Clearance）としての「韓国採択国際会計基準（K-IFRS）のもとでの質疑応答制度」の機能を担わせた「**K-IFRS質疑応答共同会議**」（Joint Technical Inquiry Committee of K-IFRS）である（杉本［2011b］，52-53頁）。

　K-IFRSのもとでの質疑応答制度は，スペインのモデル，および，EUのヨーロッパ証券規制当局委員会（CESR）やその後のヨーロッパ証券市場監督機構（ESMA）内の**ヨーロッパ執行機構調整会議（EECS）**による**IFRSsの執行決定データベース**などを参考にして制度化している。日本公認会計士協会もこの執行決定データベースを翻訳のうえウェブサイトで公開しているが，韓国の金融監督院会計制度室も全事例を翻訳して説明を付したうえで，『**EUの証券監督機構のIFRS監督と執行事例**』（金融監督院会計制度室［2011a］）として2011年1月に刊行し，併せてウェブサイト上でも公開している。

　K-IFRSのもとでの質疑応答制度の基本的な構図を整理してまとめると，**図表9-7**のようになる。

　会計基準の実務適用などに関わる質疑応答制度は，これまですでに金融監督院や「株式会社の外部監査に関する法律施行令」第7条の3に基づいて金融監督院から委託されたKAI／KASBに設けられていた。金融委員会の決定によって2010年1月から施行したK-IFRS質疑応答共同会議は，金融監督院とKAIによる共同諮問機構である。このK-IFRS質疑応答共同会議は，2011年からのIFRSs強制適用に先立ち，とかく原則主義に伴う判断を要するK-IFRSの実務適用について，EU等のIFRSsアドプション国や地域の質疑応答事例を参考にしつつ，質疑応答の透明性・専門性・一貫性を向上することを目的としている。質疑応答は当事者への回答を原則とするが，重要かつ問い合わせの多い質疑については，会計制度審議委員会の審議をもとに「**質疑応答事例**」として公開し，IFRICに報告する機能を盛り込んでいる。

第6節 金融委員会・金融監督院等によるIFRSsアドプションの定着に向けた取組み

図表9-7 K-IFRSのもとでの質疑応答制度（Pre-Clearance）

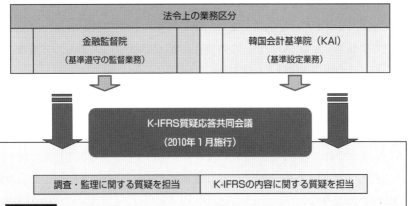

出所：杉本［2011b］, 53頁（金融監督院およびKAI／KASBへの各種ヒアリング情報等をもとに作成）。

657

しかし，実際の運用をみてみると，質疑応答事例が公開されたのは，「新種の資本性証券」は資本として分類するとした「『新種の資本性証券』の会計処理」（2013年9月30日）だけである。また，施行当初，K-IFRS質疑応答共同会議は隔週で開催するとしていたが，この共同会議は質疑があってはじめて招集されるため，その開催頻度はそれほど多くない。

たとえば，IFRSs早期適用期間の2010年度は，金融監督院の担当業務に関わる会議が6回，KAIの担当業務に関わるそれが1回開催されている。また，コンセンサスが容易なものは会議の開催によってではなく，いわゆる書面による持ち回りで対応している。これに該当するものとして，金融監督院の担当業務に関わるものが6回，KAIの担当業務に関わるものが8回あった（杉本[2011b]，52-53頁）。

第7節 IFRSsアドプションによる財務上の影響

1．IFRSsアドプションによる財務上の影響─早期適用企業と強制適用企業

韓国企業は，IFRSsアドプションによってどのような財務上の影響を受けたのだろうか。

このIFRSsアドプションによる財務上の影響については，金融監督院会計制度室が実施した分析結果がある（①2009年と2010年のIFRSs早期適用企業を対象とした分析結果と，②2011年からのIFRSs強制適用企業を対象とした分析結果）。また，韓国におけるIFRSs適用対象の特徴から，民間企業に加えて，公共機関もIFRSsを適用しているため，これら公共機関を対象とした分析結果も併せて提示し，明らかにしてみたい。

なお，IFRSs強制適用の初年度である2011年12月末現在の，資産規模と市場別のK-IFRS強制適用企業は，**図表9-8**のとおりである。

第7節 IFRSsアドプションによる財務上の影響

図表9-8　K-IFRS強制適用企業の現況（2011年12月末現在）

資産規模	有価証券市場 （KOSPI）	KOSDAQ	合計
2兆ウォン以上	131社	1社	132社
5,000億ウォン〜 2兆ウォン	155社	25社	180社
1,000億ウォン〜 5,000億ウォン	334社	284社	618社
1,000億ウォン未満	151社	702社	853社
総計	771社	1,012社	1,783社

出所：韓国会計基準委員会・金融監督院［2012］，p.5（KASB and FSS［2012］，p.5）を一部修正。

（1）IFRSs早期適用企業の財務上の影響

　IFRSs早期適用企業（2009年の14社と2010年早期適用予定企業42社（調査当時）のうち35社）の2009年度の事業報告書を検討した金融監督院会計制度室［2010a］（「IFRS早期適用企業の財務影響の詳細分析結果」）によれば，IFRSsの導入は，概して連結財務諸表上の資産，負債および資本には微増効果を，また，純利益には微減効果をもたらしている。この結果は，IFRSs強制適用の前年度（2004年度）のデータをもとに，IFRSsの導入によって資産，負債および資本が増加したイギリスやオーストラリアでの調査結果（黄et al.［2008］，第5章Ⅲ）にも符合する。

　IFRSs早期適用企業を対象とした分析結果を整理すると，IFRSs導入による財務上の影響には，次のような特徴がある。

①IFRSs導入による財務上の影響は，連結範囲の変更，有形固定資産と無形資産の公正価値評価，退職給付の会計処理の変更などで生じ，その影響は企業間で差異はあるものの，連結範囲の変更を除けば，全般的にそれほど大きくない。

②IFRSs導入に伴う連結範囲の変動幅が大きい企業ほど，連結財務諸表上の資産，負債，資本および当期純利益などの財務数値の変動幅も大きい。とくに，韓国の従来の企業会計基準（K-GAAP）で30％超の最大株主として連結に含めた

第9章　韓国における国際財務報告基準のアドプション

659

大規模子会社が，実質支配力基準によって連結範囲から除かれた場合，財務数値の変動が大きい。そのため，連結範囲の変更により財務数値が大きく変動する企業の主たる財務比率（負債比率，自己資本利益率（ROE），総資産利益率（ROA）など）も大きく変動する。

③ほとんどのIFRSs早期適用企業が，有形固定資産と無形資産の評価には原価モデルを適用しているが，IFRSs移行日の公正価値を算定した後，これを移行日のみなし原価として使用すると，公正価値の増加分だけ純資産が増加する。

（2）IFRSs強制適用企業のIFRSs導入による財務上の影響

2011年からのIFRSs強制適用企業（2011年4月現在，1,972社（上場会社1,770社と非上場金融機関202社）のうち65社）の財務上の影響については，2010年度の事業報告書での事前開示制度の開示事項をもとに検討した金融監督院会計制度室［2011b］（「国際会計基準（IFRS）の導入による財務影響分析」）がある。**図表9-9**は，この分析結果をもとに，金融業と一般業種の財務数値と財務比率の変動および財務への主たる影響要因についてまとめたものである。

金融業では，銀行と金融持株会社についてIFRSs導入による財務上の影響が大きい。また，一般業種では業種の特性によってIFRSs導入の影響に違いがみられるものの，とくにエネルギー（有形固定資産の公正価値評価によって資本が増加し，それに伴う減価償却費の増加や退職給付債務の増加により当期純利益が減少），海運（有形固定資産の償却方法や耐用年数の変更で資本と当期純利益が増加）および航空（収益認識基準の変更で資本と当期純利益が減少）の業種について財務上の影響が大きく，取引構造が単純な中小企業（資産規模が1,000億ウォン程度）についてはその影響が小さいことがわかる（杉本［2011c］，52-56頁）。

2．IFRSsアドプションに伴う公共機関の財務上の影響

韓国のIFRSsアドプションは，その制度設計からみた場合，①IFRSsの適用対象（民間企業と公共機関），②会計基準の二元化（上場企業向けのIFRSs（K-IFRS）と非上場企業向けの一般企業会計基準），および，③IFRSsの段階的適

第7節 IFRSsアドプションによる財務上の影響

図表9-9　財務数値と財務比率の変動および財務への主たる影響要因

— 金融業 —

財務諸表	業種(該当社数)	総資本	当期純利益	自己資本比率	ROA	ROE	財務への主たる影響要因
連結(9)	銀行(5)	13.29%↑	10.21%↑	1.07%↑	0.06%↑	0.03%↓	新種の資本性証券の資本分類 貸倒引当金の設定変更
	金融持株(4)	13.60%↑	12.42%↑	1.02%↑	0.06%↑	0.10%↑	有形固定資産の公正価値評価(みなし原価)
個別(8)	カード(3)	2.66%↑	2.82%↓	1.72%↓	0.79%↓	1.25%↓	貸倒引当金の設定変更 未使用約定の引当金の設定変更
	キャピタル(3)	2.93%↑	10.63%↓	0.31%↓	0.18%↓	1.25%↓	貸倒引当金の設定変更
	不動産信託(2)	5.63%↑	42.83%↓	0.97%↑	2.37%↓	6.08%↓	

— 一般業種 —

財務諸表	業種(該当社数)	総資本	当期純利益	負債比率	ROA	ROE	財務への主たる影響要因
連結(5)	自動車(3)	5.57%↓	14.15%↓	27%↓	0.04%↑	1.33%↓	連結範囲の変更 有形固定資産の公正価値評価(みなし原価)
	エネルギー(2)	37.26%↑	68.01%↓	14%↓	0.03%↓	0.03%↓	有形固定資産の公正価値評価(みなし原価) 収益認識規準の変更
個別(43)	造船(3)	2.50%↓	17.95%↓	10%↓	1.65%↓	4.76%↓	持分法適用の投資株式を原価法に変更 有形固定資産の耐用年数の増加
	電子(3)	0.44%↑	3.61%↑	1%↓	0.13%↓	0.11%↓	持分法適用の投資株式を原価法に変更
	化学(5)	2.68%↓	19.01%↓	8%↓	2.73%↓	4.57%↓	有形固定資産の公正価値評価(みなし原価)
	金属(5)	2.86%↑	9.89%↓	1%↓	0.98%↓	1.78%↓	
	製薬(3)	2.61%↓	21.12%↓	12%↓	0.67%↓	2.23%↓	有形固定資産の償却方法の変更 退職給付債務の会計処理の変更
	海運(2)	9.66%↑	56.33%↑	23%↓	1.70%↓	6.09%↓	持分法適用の投資株式を原価法に変更 船舶等の耐用年数の増加
	航空(2)	24.64%↓	9.31%↓	176%↑	0.29%↓	3.54%↑	マイレージ会計処理の変更 航空機の耐用年数の減少
	通信(2)	0.52%↑	30.26%↓	5%↑	2.00%↓	4.17%↓	有形固定資産の公正価値評価(みなし原価) 加入費の収益繰延認識 のれんの償却の中止
	流通(3)	2.39%↓	10.09%↓	3%↑	0.65%↓	0.92%↓	有形固定資産の耐用年数の減少
	食料(3)	4.73%↓	6.37%↓	1%↓	0.65%↓	0.92%↓	有形固定資産の償却方法の変更
	中小企業(10)	1.17%↓	0.78%↑	5%↑	0.07%↓	0.13%↑	主たる要因なし

* 負債比率＝負債／自己資本×100，ROA＝当期純利益／資本(期首・期末平均)×100，連結ROE＝支配株主持分当期純利益／支配株主持分自己資本(期首・期末平均)×100，個別ROE＝当期純利益／自己資本(期首・期末平均)×100。

出所：金融監督院会計制度室 [2011b]，pp.5-6とpp.13-14をもとに作成（杉本 [2011c] 参照）。

用（強制適用と早期適用）などの特徴がある（杉本・趙編著［2011］，序章参照）。
そこで，民間企業に加えて，IFRSsの適用対象である公共機関のIFRSsアドプ
ションに伴う財務上の影響についても検討しておきたい（杉本［2012b］参照）。

（1）公共機関の定義と区分

　韓国の公共機関は，**「公共機関の運営に関する法律」**によって定義づけられ
ており，具体的には，政府の投資や出資または政府の財政支援等を通じて設立
された機関をいう。とくに，この「公共機関の運営に関する法律」によれば，
国家・地方自治体ではない法人・団体または機関のうち，たとえば，他の法律
に従って直接設立され，政府が出捐した機関や政府支援額が総収益額の2分の
1を超過する機関などのような所定の要件を充足する機関について，公共機関
として指定できる権限を企画財政部長官に付与している（第4条第1項）。

　公共機関は，「公企業」，「準政府機関」および「その他の公共機関」に分類
され，その指定権限も企画財政部長官に与えられている。

　公共機関のうち，**公企業**は，職員の定員が50名以上で，当該公企業自体の収
入額が総収入額の2分の1以上の公共機関のなかから指定された機関をいう（第
5条第1項）。この公企業は，「市場型公企業」と「準市場型公企業」に区分さ
れる。前者の**市場型公企業**は，資産規模が2兆ウォン以上で，総収入額のうち
当該公企業自体の収入額が「公共機関の運営に関する法律施行令」（大統領令
第23221号。2011年10月15日施行）第5条で定める85％以上の公企業をいい，後
者の**準市場型公企業**は，市場型公企業でない公企業をいう（第5条第3項第1号）。

　公共機関のうち，**準政府機関**は，職員の定員が50名以上で，公企業ではない
公共機関のうち企画財政部長官が指定した機関をいう（第5条第1項）。この準
政府機関は，「基金管理型準政府機関」と「委託執行型準政府機関」に区分さ
れる。前者の**基金管理型準政府機関**は，「国家財政法」に従って基金を管理し
ている，もしくは，基金の管理の委託を受けている準政府機関をいい，後者の
委託執行型準政府機関は，基金管理型準政府機関ではない準政府機関をいう（第
5条第3項第2号）。

第7節 IFRSsアドプションによる財務上の影響

　また，**その他の公共機関**は，公企業や準政府機関ではない公共機関をいう（第
5条第4項）。

　企画財政部による「**公共機関の国際会計基準（IFRS）導入方案**」の公表当時
は，24社の公企業（市場型公企業6社，準市場型公企業18社）と80機関の準政府
機関（基金管理型準政府機関15機関，委託執行型準政府機関65機関）であったが，
2016年度末現在，企画財政部長官は公企業として30社（市場型公企業14社，準
市場型公企業16社）を，また，準政府機関として89機関（基金管理型準政府機関
16機関，委託執行型準政府機関73機関）を指定している。その他の公共機関は
202機関である。

（2）公共機関の会計規制

　公共機関の運営に関する基本的な事項と自律経営および責任経営体制の確立
に関する必要事項を定め，公共機関の経営を合理化し，その運営の透明性を向
上することで，公共機関の対国民サービスの増進に寄与することを目的とした
「公共機関の運営に関する法律」は，公共機関（公企業と準政府機関）の会計原
則等についても規定している。この「公共機関の運営に関する法律」は，公企
業と準政府機関の会計処理の原則（および入札参加資格の制限基準等）に関する
必要事項を企画財政部令で定める（第39条第3項）としており，この企画財政
部令は「**公企業・準政府機関の会計事務規則**」（企画財政部令第177号。2010年12
月20日改正）を指す。

　「公企業・準政府機関の会計事務規則」は，2010年12月20日に，この会計事
務規則で定めていない公企業や準政府機関の会計処理については，「株式会社
の外部監査に関する法律」第13条第1項第1号の会計処理基準に従うように改
められた（第2条第5項）。

　「株式会社の外部監査に関する法律」は，元来，株式会社から独立した会計
監査人による外部監査等について定めた法律であり，外部監査の対象は基本的
に株式会社（具体的には，直近の事業年度末の資産総額，負債規模または従業員数
などの所定の基準を満たす株式会社）である。そのため，この法律の規定の多く

第9章 韓国における国際財務報告基準のアドプション

663

は，基本的に財務諸表作成者（株式会社）と会計監査人を対象としている。

　現に，「株式会社の外部監査に関する法律」は，金融委員会に対して証券先物委員会の審議を経て，株式会社の会計処理基準を2つに区分して定めることを要請している。つまり，①IASBのIFRSsを採択して定めた会計処理基準（すなわち，K-IFRS）と②その他「株式会社の外部監査に関する法律」に従って定める会計処理基準である。したがって，公企業や準政府機関の会計処理基準は，「公企業・準政府機関の会計事務規則」第2条第5項が規定するこの法律の第13条第1項第1号の会計処理基準，つまり前者のK-IFRSを指すことになる。

　この「公企業・準政府機関の会計事務規則」で定めていない公企業や準政府機関の会計処理の改正に先立ち，企画調整部会は，金融委員会・金融監督院による民間企業に対するIFRSs適用の規制を踏まえて，公企業と準政府機関を対象とした「公共機関の国際会計基準（IFRS）導入方案」を確定し，2009年6月17日に公表している。この方案の方針を，公企業と準政府機関の会計制度の設計上，「公企業・準政府機関の会計事務規則」に反映させているのである。

（3）IFRSs適用による公共機関（公企業）の財務上の影響

　公共機関のうち，公企業（市場型公企業と準市場型公企業）に対する2011年1月1日以後開始する会計期間からのIFRSs適用に伴い，2010年1月1日をIFRSs移行日とするIFRSsによる財務諸表を従来の会計基準（K-GAAP）による財務諸表の比較情報として開示している。この財務諸表数値をもとに，企画財政部長官が指定した市場型公企業と準市場型公企業について（2012年6月25日現在），主たる財務数値と財務比率の変動について算定のうえ，まとめたものが，**図表9-10**である。

　IFRSs適用に伴う総資産，総負債および資本への影響は，市場型公企業のほうが準市場型公企業よりも大きい。市場型公企業の総資産と総負債については，全社がプラスの影響（つまり，IFRSsの適用により総資産と総負債が増額）となっている。「公共機関の国際会計基準（IFRS）導入方案」の公表後，新たに電力発電会社を中心に市場型公企業の指定を受けているが，このIFRSs導入方案の

第7節　IFRSsアドプションによる財務上の影響

図表9-10　財務数値と財務比率の変動および財務への主たる影響要因（2010年度）

〈パネルA〉市場型公企業	IFRSs適用に伴う変動差異（IFRS対K-GAAP）						ROA		ROE	
	総資産	総負債	資本	当期純利益	流動比率	負債比率	IFRSs	K-GAAP	IFRSs	K-GAAP
釜山港湾公社	0.78%↑	0.66%↓	0.84%↑	9.13%↓	0.55%↓	0.08%↓	1.45	1.65	2.07	2.33
仁川国際空港公社	0.34%↑	6.27%↓	3.75%↓	11.44%↓	3.08%↓	7.18%↑	3.66	4.09	6.46	7.23
仁川港湾公社	0.38%↑	2.63%↓	0.12%↑	91.16%↑	44.10%↑	0.29%↑	0.21	0.11	0.23	0.12
韓国ガス公社	23.60%↑	17.37%↑	45.94%↑	33.32%↑	2.14%↓	70.21%↓	0.92	0.87	3.58	3.94
韓国航空公社★	0.70%↑	9.01%↓	0.10%↑	9.80%↓	35.99%↓	0.88%↓	2.39	2.22	2.64	2.44
韓国南東発電㈱	25.19%↑	10.01%↓	44.58%↓	2.26%↑	39.04%↓	30.54%↓	4.43	5.58	8.73	12.95
韓国南部発電㈱	19.16%↑	8.83%↓	28.52%↓	11.32%↓	2.84%↓	13.89%↓	3.51	3.88	6.20	7.32
韓国東西発電㈱	26.13%↑	15.96%↓	32.67%↓	41.40%↓	28.76%↓	8.10%↓	2.48	5.37	3.88	9.10
韓国西部発電㈱	19.78%↑	10.37%↓	26.86%↓	11.28%↓	29.06%↓	9.78%↓	4.05	5.48	6.32	10.01
韓国石油公社	16.51%↑	28.58%↓	1.62%↓	97.23%↓	63.82%↓	32.73%↓	0.02	1.08	△1.47	2.29
韓国水力原子力㈱	14.71%↑	1.37%↓	28.54%↓	3.25%↑	247.24%↑	21.92%↓	2.97	3.46	5.40	6.94
韓国電力公社	74.09%↑	116.61%↑	39.54%↓	12.61%↓	36.87%↑	44.88%↓	△0.05	△0.09	△0.21	△0.15
韓国中部発電㈱	17.72%↑	9.18%↓	26.17%↓	22.69%↓	39.59%↓	13.31%↓	2.65	2.46	4.87	5.13
韓国地域暖房公社	25.95%↑	24.56%↑	28.82%↓	3.43%↓	0.36%↓	6.83%↓	2.20	3.07	7.17	9.79
平　均	18.93%↑	18.67%↑	21.46%↓	0.91%↓	9.49%↓	6.34%↓	2.21	2.80	3.99	5.67
6社平均	16.65%↑	25.43%↑	13.77%↓	16.85%↑	6.54%↓	2.84%↓	1.43	1.48	2.46	2.65

〈パネルB〉準市場型公企業	IFRSs適用に伴う変動差異（IFRS対K-GAAP）						ROA		ROE	
	総資産	総負債	資本	当期純利益	流動比率	負債比率	IFRSs	K-GAAP	IFRSs	K-GAAP
大韓石炭公社	14.98%↓	0.69%↓	19.55%↓	4.98%↓	0.11%↑	34.78%↑	△13.19%	△10.48%	△11.29%	△13.11%
大韓住宅保証㈱★	0.30%↓	36.99%↓	19.06%↑	111.76%↓	—	24.84%↓	△1.16%	10.07%	△1.48%	16.15%
麗水光洋港湾公社★	—	—	—	—	—	—	—	△1.30%	—	△3.12%
済州国際自由都市開発センター	4.23%↑	17.03%↑	6.65%↓	6.18%↓	77.04%↓	21.56%↑	7.00%	8.84%	14.80%	15.52%
韓国鑑定院★	2.55%↑	1.75%↑	8.83%↓	7.31%↓	1.39%↓	51.16%↓	0.68%	0.73%	5.65%	6.81%
韓国観光公社	33.82%↑	87.09%↑	11.19%↓	85.60%↓	156.30%↓	29.00%↓	1.89%	18.00%	0.49%	27.74%
韓国鉱物資源公社	3.25%↑	4.50%↑	1.23%↓	1.31%↓	98.56%↓	5.25%↑	0.94%	1.14%	2.53%	2.77%
韓国道路公社	1.74%↑	3.82%↑	0.22%↓	0.82%↓	6.15%↓	3.81%↑	0.14%	0.14%	0.27%	0.28%
韓国馬事会★	0.40%↑	2.69%↓	0.05%↓	4.38%↑	4.47%↓	0.40%↓	13.58%	13.23%	15.71%	15.47%
韓国放送広告公社★	0.44%↑	1.00%↓	0.62%↓	4.64%↑	0.36%↓	3.13%↑	1.82%	1.77%	5.36%	5.20%
韓国水資源公社	0.86%↑	1.57%↓	0.32%↑	4.25%↑	186.13%↑	0.93%↓	0.79%	0.89%	1.40%	1.37%
韓国造幣公社	10.07%↑	74.33%↑	1.67%↓	365.55%↑	113.31%↑	14.12%↑	4.19%	0.96%	5.67%	1.18%
韓国鉄道公社	6.23%↑	30.71%↑	3.55%↓	17.04%↓	10.88%↑	54.75%↑	2.72%	1.98%	6.76%	3.81%
韓国土地住宅公社	0.02%↓	3.14%↓	17.47%↑	36.61%↓	20.47%↑	98.12%↓	0.34%	0.27%	1.94%	1.73%
平　均	3.71%↑	14.23%↑	2.54%↓	14.08%↓	1.57%↓	0.49%↓	1.52%	3.30%	3.68%	5.84%

注：（1）流動比率＝流動資産／流動負債×100，負債比率＝負債／自己資本×100，ROA＝当期純利益／総資産（期首・期末平均）×100，連結ROE＝支配株主持分当期純利益／支配株主持分自己資本（期首・期末平均）×100，個別ROE＝当期純利益／自己資本（期首・期末平均）×100。なお，従来の会計基準

（K-GAAP）による2009年度と2010年度の公表データはあるが，IFRSsによる2009年度の公表データはないため，ROAとROEは，K-GAAPについてのみ総資産と自己資本の期首・期末平均を用いて算定している。一方，IFRSsについては，便宜上，2010年度単年度のデータを用いて算定している。そのため，この２つの指標（ROAとROE）だけ変動割合ではなく，指標数値を示している。
（２）イタリック（斜体）表記の公共機関は，「公共機関の国際会計基準（IFRS）導入方案」（2009年）での市場型公企業（６社）と準市場型公企業（18社）である。なお，パネルBの準市場型公企業（12社）以外に６社が指定されていた。韓国石油公社は，当初，準市場型公企業の指定を受けたが，その後2010年３月に市場型公企業に指定変更された。また，韓国地域冷房公社も，2007年４月に準市場型公企業の指定を受け，2010年１月の証券市場への上場に伴い，市場型公企業に指定変更された。準市場型公企業であった大韓住宅公社と韓国土地公社は，公共機関の先進化に伴い，2009年10月１日に韓国土地住宅公社に統合された。麗水光洋港湾公社は，2011年８月19日に設立された機関である。公共機関名の後の「★」は，個別財務諸表作成機関であることを示している。
（３）負債比率の増減については，たとえば（↑）はIFRSsの数値の方がK-GAAPよりも高いことを意味する。
出所：公共機関経営情報開示システム（ALIOシステム）の機関別経営開示による財務データをもとに算定のうえ作成（杉本［2012a］）。

公表当時（2009年６月17日）に指定を受けた市場型公企業の６社と，現在指定を受けている14社（当初の６社を含む）の各平均でみると，IFRSs適用による変動差異は，総負債，当期純利益および流動比率などで当初の指定を受けた６社平均が現在の14社全体の平均を上回っている。総資産利益率（ROA）と自己資本利益率（ROE）は，６社と14社のいずれの平均についても，程度の差はあるものの，IFRSs適用時のほうがK-GAAPによる場合よりも下回っている。

　準市場型公企業の麗水光洋港湾公社は，韓国コンテナ埠頭公団を前身としており，2010年度までの負債比率は資本額の僅少さ（資本金ゼロ，その他の包括利益と利益剰余金のみ）のため異常値となった（2009年度：21,846.71％，2010年度：68,478.33％）。2011年８月19日に麗水光洋港湾公社として設立されて資本金が増え，2011年度の負債比率は68.36％となっているが，ここでは2010年度について考察しているので，麗水光洋港湾公社の負債比率を加味していない。

　なお，IFRSs適用による財務への主たる影響要因としては，市場型公企業と準市場型公企業のいずれを問わず，金融商品（売却可能持分証券，貸付金等）の公正価値評価，非金融項目のヘッジ会計，有形固定資産の公正価値評価（みなし原価），有形固定資産の減価償却方法・耐用年数の変更，子会社，関連会社およびジョイント・ベンチャーに対する投資の会計処理の変更，退職給付債務の会計処理の変更および繰延税金資産・繰延税金負債の非流動項目への分類な

どがある。

第8節 韓国からのIFRSsアドプションの教訓と助言

　KASBと金融監督院は，韓国がIFRSs導入を準備して経験したことを報告書『韓国のIFRS導入，施行と教訓』（IFRS Adoption and Implementation in Korea and the Lessons Learned: IFRS Country Report）（韓国会計基準委員会・金融監督院［2012］（KASB and FSS［2012］））として取りまとめた。この報告書は，「IFRSの拡散を目指すIFRS財団の活動に役立ち，IFRS導入を検討ないし準備する国，また，IFRS導入の初期段階にある国家に役立つ」（p.4）ことを願って，2012年12月31日に香港で開催されたIFRS財団評議員会で公表されたものである。

　このKASBと金融監督院の報告書は，「韓国のIFRS導入プロセスは平坦な道のりではなかった」（p.4）経験を，韓国でのIFRSs導入プロセス，施行前の準備措置，施行―隘路とその対応―，IFRSsの実際の導入効果および教訓と助言の項目ごとに整理している。IFRSsの導入効果として，とくに次の5つを指摘していることは注目すべきである。

①海外上場企業の財務諸表の二重作成負担の軽減
②会計の透明性に対する信頼性の向上
③韓国の国際的地位の向上
④原則主義のIFRSsに鑑み，企業と会計監査人の討論の活性化による忠実な財政状態と経営成績の利用者への提供
⑤波及効果（具体的には，IFRSsを自発的にアドプションする非上場企業数の増加，公企業を含む公共機関へのIFRSs適用の拡大，政府会計の透明性向上の取組み，**会計先進化フォーラム**の創設（2010年3月）と韓国会計学会の**会計透明性指数**の付与（並びにその指数による企業への「**透明経営大賞**」の授与），および，企業が雇用する公認会計士数の増加）

　加えて，韓国の経験とその教訓から，IFRSs導入を検討ないし準備する国々

やIFRSs導入の初期段階にある国々に対して，次のような助言を論じて報告書を結んでいる（韓国会計基準委員会・金融監督院［2012］，pp.36-37（KASB and FSS［2012］，pp.38-40。太字は原文のまま）。

6.2 IFRSs導入準備国に対する助言

6.2.1 IFRSsの導入は必須

　韓国がIFRSsを導入した後の１年間の経験を通じて，IFRSsの導入について悩んでいる後発の国々に助言できる最も重要なことはといえば，**IFRSsの導入は必ず必要**だということである。

　すでに100ヵ国以上の国が，IFRSsを導入済みないし導入を計画する状況にあるため，このような趨勢に従っている立場からそのように主張するわけではない。より重要な理由は，**IFRSsを導入すれば，導入国の会計制度がより透明なものになること**を確信しているからである。「単一で国際的な会計基準」を用いるということは，会計処理において国際的な一貫性を持たなければならないことを意味するため，会計の透明性が向上することは自明である。たとえば，個々の国家が会計基準を運営する場合には，国内の特定の利害関係者の圧力により会計基準が変更される可能性があるが，「単一で国際的な会計基準」を用いることで，このようなリスクがなくなり，会計基準の設定プロセスの透明性が保証されうることになる。

　また，**IFRSsの導入による支援の効率的な配分は，導入国の経済発展にも寄与**しうると信じるからこそ，IFRSs導入を提案するのである。世界経済がますます緊密になり，相互依存的なものとなっていく状況のもとで，企業の言語といいうる「会計基準」を統一して「単一で国際的な会計基準」を確立することになれば，世界経済の単一化の趨勢は加速し，究極的には，導入国および世界経済により多くの富の創出をもたらすことになる。

6.2.2 十分な準備期間

　IFRSsの導入は必ず必要であるとはいえ，韓国は，〔，その経験からすれば：引用者〕後発国があまりに性急にIFRSsを導入することのないようにお願いしたい。韓国の場合，４年間の準備期間を経て導入したのでIFRSsがうまく定着しているが，依然としてIFRSsの導入に関わる各種課題も残っていることからすると，

IFRSs導入の準備プロセスが決して簡単なことではないということを理解することができる。したがって、後発国は、導入する前に**十分な準備期間を設けて徹底した計画を樹立して導入することが重要**だという点を強調しておきたい。

6.2.3 導入時に考慮すべき主たる事項

　後発国がIFRSs導入の準備プロセスにおいて留意すべき事項として、大きく次の3つのことを指摘しておきたい。

　第1に、教育と広報がとても重要だという点である。先に言及したように、韓国の場合、IFRSsの導入は会計制度全般にわたって大々的な変革を経てきた事象であった。とくに、この変化は会計の利害関係者の認識の転換が必要なため、韓国はIFRSの導入時に教育と広報がとても重要であることを認識し、この活動に重点を置いて導入を準備した。後発国が韓国に似た状況に置かれている場合が多いものと予想される。したがって、後発国が導入計画を構築する際には、どのような方式で教育と広報を行うかについて具体的に構築することが必要だという点を指摘し、韓国の経験が参考になることを期待している。

　第2に、関連の制度に狂いがないように整備しなければならないという点である。先にも説明したように、韓国は会計基準の変更により、株式会社の外部監査に関する法律、資本市場と金融投資業に関する法律、税法、開示規程、監督規程などの多くの関連法令等を再整備しなければならなかった。法令の改正が行われるためには、かなりの時間が必要だという点を考えると、韓国はロードマップの発表を準備してから、政府、監督機関、会計基準設定機構、企業、会計法人、学界代表からなる準備チームを通じて、このような点について検討し、それにより迅速に制度の整備に着手した。後発国は、このような点を十分に考慮して、関連制度の不備により利害関係者が困難を経験することがないようにしなければならない。

　第3に、IFRSsの一貫した適用のために努力しなければならないという点である。IFRSの導入は、単に導入それ自体で終わるものではなく、導入後にIFRSsをどれだけ一貫して適用するかがより重要である。そして、一貫した適用のためには、なによりも国内外の利害関係者が活発に意思疎通することが必要である。原則だけが提示されるIFRSsには、企業が自ら判断しなければならない事項が多いため、互いに異なる意見の対立もみられる。そのため、より合理的な会計処理方法を見出すために、他の利害関係者との疎通が重要であり、

政策当局は多様な疎通と討論の場を設けていく必要がある。

6.2.4 政策当局の意志

　最後に強調しておきたいことは，後発国の政策当局が，IFRSsの導入が必要だという確固たる意志を有していることが，IFRSsを導入する際に最も重要だという点である。

　すべての利害関係者がIFRSs導入を支持することは難しいため，準備プロセスで導入の延期を要求するなどの関連した**不満の声**が絶えず存在しうる。また，IFRSsの導入に伴う肯定的な効果は，徐々に長い時間をかけてあらわれる傾向にあるが，問題点は短期にあらわれるため，導入の初期には，導入に伴う肯定的な効果を把握することは難しいこともある。

　したがって，このような困難を克服し，最初に構築したIFRSの導入計画を一貫して執行するためには，**政策当局が，IFRSsを用いることが究極的にはより望ましい方向であるという確信と揺るぎない意志を持つことが最も重要な**ことである。

　これに加えて，その後韓国では，IFRSs導入に関わる総合的な研究からの教訓も導き出された。

　2011年のIFRSs強制適用から5年が経過したことを踏まえて，韓国会計基準院，金融監督院，租税財政研究院および韓国公認会計士会は，2016年度に韓国のIFRSs導入の5年間の成果と経験（IFRSs導入に対する当初の期待効果の達成度，不十分な点やその原因並びにそれらの改善策など）を把握するため，共同で総合的な研究を進めてきた。この総合的な研究は，IFRSs導入による経済的影響，資本の国際化への影響，外部監査と会計監督制度への影響，公共機関の会計情報と意思決定への影響などからなり，各研究成果をもとに，KAI／KASBが『**韓国の国際会計基準（IFRS）の導入：5年の経験と教訓**』（韓国会計基準院／韓国会計基準委員会［2016]）として取りまとめて公表している。

　5年間のIFRSs導入から得られた教訓として，次の8つが示された（韓国会計基準院／韓国会計基準委員会［2016]，pp.vi-vii)。

教訓 1 ．規則中心の実務慣行と文化および思考方式などの変化を伴わなければならない。

教訓 2 ．厳格な執行（Strong Enforcement）が重要である。

教訓 3 ．政府主導によるIFRS導入方式と経済的誘引の関係について考慮しなければならない。

教訓 4 ．ローカルな解釈（Local Interpretation）を止めなければならない。

教訓 5 ．非英語圏は翻訳手続きに慎重でなければならない。

教訓 6 ．国内の会計基準設定機関と地域の設定機関グループの役割を高めなければならない。

教訓 7 ．エンドースメント以前のIFRS設定への参画活動が重要である。

教訓 8 ．教育を受ける者に適合した良質な会計基準教育を継続して提供することが重要である。

【参考文献】

International Accounting Standards Board（IASB）［2006］，IFRIC *UPDATE*（Newsletter of the International Financial Reporting Interpretations Committee），March 2006.

金融監督院［2005］，『2004年次報告書』金融監督院。

金融監督院会計制度室［2008］，会計業務資料『国際会計基準의 理解와 導入準備』金融監督院会計制度室，2008年11月。

金融監督院会計制度室［2009］，会計業務資料『国際会計基準의 理解와 導入準備　＞改正充補版』金融監督院会計制度室，2009年12月。

金融監督院会計制度室［2010a］，「IFRS早期適用企業의 財務影響 詳細分析 結果」，2010年 4 月。

金融監督院会計制度室［2010b］，『알기 쉬운 国際会計基準』2010年。

金融監督院会計制度室［2011a］，会計業務資料『유럽 証券監督機構의 IFRS 監督 및 執行事例』，2011年 1 月。

金融監督院会計制度室［2011b］，「国際会計基準（IFRS）導入에 따른 財務影響 分析」，2011年 5 月。

金融監督院会計制度室［2011c］，「IFRS財務情報 開示 忠実化을 위한 会計監督 方向」，2011年 6 月21日。

金融監督院会計制度室［2012］，「改正商法施行에 따른 会計制度 変更 및 決算時 留意事項 案

内」，2012年 4 月17日。

金融監督委員会・金融監督院 [2007]，「国際会計基準導入 로드맵 発表」，2007年 3 月16日。

企画財政部 [2011]，「2010年 税制改編 주요내용」，2011年 1 月 8 日。

金光潤 [2012]，[時論]「商法 施行令案 会計規定 보완해야」，『서울경제』，2012年 3 月 8 日。

金正國・宋寅萬・全成彬 [1999]。世界銀行과 財務経済部에 提出 報告書『独立된 民間主導 會計基準制定機構 設立（案）』。

南相午・鄭雲午 [2002]，『会計理論　第 5 版修正版』茶山出版社。

孫晟奎 [2012]，『金融監督，制度 및 政策—会計規制를 中心으로—』博英社。

李光宰 [2005]，『透明経済로 가는 길—会計基準 国際化 方案—』（会計基準国際化심포지엄 政策資料集），2005年 9 月15日。

李正浩・朴昌吉・郭守根・徐正雨 [2006]，『会計学原論　第 4 版』法文社。

李晶雨・柳在圭・高涼権 [2007]，『우리나라의 会計監理制度』서울大学校出版部。

崔晋栄 [2000]，「会計基準制定制度의 現況 및 運営方向」，『公認会計士』韓国公認会計士会，2000年10月。

韓国国際会計基準導入準備 팀／韓国会計基準院 [2007]，「国際会計基準導入 로드맵 発表会」，2007年 3 月15日。

韓国上場会社協議会・内部会計管理制度運営委員会 [2005]，「内部会計管理制度模範規準」（2005年 6 月23日制定）（杉本徳栄訳 [2005c]，「韓国上場会社協議会・内部会計管理制度運営委員会『内部会計管理制度模範規準』（2005年 6 月23日制定）」，『龍谷大学経営学論集』第45巻第 3 号，2005年12月）。

韓国会計研究院（KAI）[2003]，『研究報告書第14号「会計 透明性과 国際会計基準에 관한 能動的戦略」』，2003年10月（杉本徳栄訳 [2004a]，「韓国会計研究院研究報告書第14号『会計の透明性と国際会計基準に対する能動的戦略』（1）」，『龍谷大学経営学論集』第44巻第 3 号，2004年12月。杉本徳栄訳 [2005a]，「韓国会計研究院研究報告書第14号『会計の透明性と国際会計基準に対する能動的戦略』（2）」，『龍谷大学経営学論集』第44巻第 4 号，2005年 3 月。杉本徳栄訳 [2005b]，「韓国会計研究院研究報告書第14号『会計の透明性と国際会計基準に対する能動的戦略』（3・完）」，『龍谷大学経営学論集』第45巻第 1 号，2005年 6 月）。

韓国会計基準院（KAI）[2015]，『研究報告書第37号「財務諸表作成者 観点의 K-IFRS導入 便益과 費用分析에 관한 研究」』，2015年 6 月。

韓国会計基準院（KAI）[2016]，『研究報告書第38号「IFRS導入이 資本의 国際化에 미치는 影響分析」』，2016年 5 月。

韓国会計研究院（KAI）／韓国会計基準委員会（KASB）[2000]，「企業会計基準書前文」（2000年 8 月25日制定）（杉本徳栄訳 [2003]，「韓国会計基準委員会『企業会計基準書前文』（2000年 8 月25日制定）」，『龍谷大学経営学論集』第43巻第 2 号，2003年 8 月）。

参考文献

韓国会計研究院／韓国会計基準委員会［2005a］，「企業会計基準書前文」。

韓国会計研究院／韓国会計基準委員会［2005b］，『開院６周年記念세미나　会計基準의　多層化를 위한 戦略』，2005年９月１日。

韓国会計基準院／韓国会計基準委員会［2016］，『韓国의 国際会計基準（IFRS）導入：５年의 経験과 教訓』，2016年（Korea Accounting Institute（KAI)/Korea Accounting Standards Board（KASB）［2016］，*IFRS Adoption in Korea: 5 Years' Experience and Lessons*, December 2016)。

韓国会計基準委員会・金融監督院［2012］，『韓国의 IFRS導入，施行과 教訓』，2012年12月31日（Korea Accounting Standards Board（KASB）and Financial Supervisory Service（FSS）［2012］，*IFRS Adoption and Implementation in Korea, and the Lessons Learned: IFRS Country Report*, December 31, 2012)。

韓国会計学会［2005］，『国際会計基準 수용 방안에 관한 심포지엄』（韓国会計学会심포지엄資料），2005年４月20日。

黄利錫［2012］，『CFO講義노트―会計情報를 活用한 新財務戦略― 第10版』서울経済経営。

黄仁泰・韓鳳煕・康善敏［2008］，『国際会計基準導入의 影響과 企業의 対応方案』韓国経済研究院・金融監督院，2008年。

会計基準審議委員会［1999］，『財務会計概念体系』（杉本徳栄訳［2002］，「会計基準審議委員会『財務会計概念体系』―韓国財務会計概念フレームワークの構築に向けての礎石―」，『龍谷大学経営学論集』第41巻第３・４号，2002年３月）。

杉本徳栄［2007］，「韓国の国際財務報告基準（IFRSs）導入のロードマップについて」，『企業会計』第59巻第６号，2007年６月。

杉本徳栄［2011a］，「【特集】会計制度・実務への影響　動く韓国　韓国IFRS最新事情　①制度対応―杉本徳栄教授の解説①」，『週刊経営財務』第3006号，2011年３月７日。

杉本徳栄［2011b］，「【特集】動く韓国　韓国IFRS最新事情　⑤ インタビュー　鄭基英・KICPA副会長にきく―杉本徳栄教授の解説⑤」，『週刊経営財務』第3011号，2011年４月11日。

杉本徳栄［2011c］，「国家政策としての韓国IFRS導入と会計業界の対応」，『週刊経営財務』第3021号，2011年６月27日。

杉本徳栄［2012a］，検証IFRS　韓国・究極のフルアドプションの規制と実態「第６回　公共機関のIFRS適用規制と財務上の影響」，『週刊経営財務』第3071号，2012年７月２日。

杉本徳栄［2012b］，検証IFRS　韓国・究極のフルアドプションの規制と実態「第８回（最終回）IFRSフルアドプションに伴う税法と商法の改正」，『週刊経営財務』第3083号，2012年10月１日。

杉本徳栄・趙盛豹編著［2011］，『事例分析　韓国企業のIFRS導入』中央経済社。

第4部

会計基準のコンバージェンスと
IFRSsへの対応

第10章

アメリカにおける
会計基準のコンバージェンス

第1節 アメリカの会計基準設定構造と会計基準設定主体としての財務会計基準審議会(FASB)

1. アメリカの会計基準設定構造—3層構造—

アメリカの会計基準設定は，**図表10-1**のように，①アメリカ議会（上院・下院），②証券取引委員会（SEC)，および，③財務会計基準審議会（FASB)の3層構造からなる。

図表10-1 アメリカの会計基準設定構造（3層構造）

アメリカ議会（上院・下院）			

アメリカ証券取引委員会（SEC）			
会計連続通牒(ASR)第4号 （1938年）	会計連続通牒(ASR)第150号 （1973年）	財務報告通牒(FRR)第1号 （1982年）	基本政策(Policy Statement) （2003年）

アメリカ公認会計士協会（AICPA）から財務会計基準審議会（FASB）

SECは，1934年証券取引所法（Securities Exchange Act of 1934）第4条第a項に基づき，アメリカ議会によって創設された準司法機関（Quasi-judicial Body）である。

第4条

(a) 大統領が上院の勧告および同意に基づいて任命する5名のコミッショナーからなる証券取引委員会（以下，「委員会」という）が設置される。このコミッショナーは，その3名を超える者が同一の政党員であってはならず，かつ，

第1節 アメリカの会計基準設定構造と会計基準設定主体としての財務会計基準審議会（FASB）

その任命にあたっては，できる限り異なる政党員を交互に任命しなければならない。…（中略）…コミッショナーの任期は5年とし，後任者が任命されその地位に就くまでとする。

1933年証券法（Securities Act of 1933）と1934年証券取引所法によれば，元来，会計基準ないし財務報告基準の設定権限はSECにある。

たとえば，1933年証券法第19条によるSECの特別権限にこの権限に関する規定がみられる。

第19条

(a) 委員会は，すべての種類の証券および発行体に対して登録届出書および目論見書を規制する規則，並びに，本法において用いられる会計，専門的事項および取引に関する用語を定義する規則を含む，本法の規定を執行するために必要な規則を定め，修正し，また，廃止する権限を常に有するものとする。とりわけ，委員会は，本法の目的のために，所要の情報を記載するフォーム（様式），貸借対照表と損益計算書に表示される科目または細目を定め，また，財務諸表の作成，資産と負債の評価，減価償却および減耗償却の決定，経常収益と臨時収入の区別，投資収益と営業利益の区別について準拠すべき方法，並びに，委員会が必要または望ましいと認めたときは，直接または間接に発行体を支配し，もしくは，発行体により支配される者または発行体とともに直接または間接に共通の支配下にある者の連結貸借対照表または連結損益計算書の作成について準拠すべき方法を定めることができる。

同様に，1934年証券取引所法第13条による定期報告およびその他の報告にもこの権限についての規定がある。

第13条

(b)(1) 委員会は，本法に基づいて作成される報告書に関して，所要の情報を記載するフォーム，貸借対照表と損益計算書に表示される科目または細目を定め，また，財務諸表の作成，資産と負債の評価，減価償却および減耗償却の決定，

第10章 アメリカにおける会計基準のコンバージェンス

679

経常収益と臨時収入の区別，投資収益と営業利益の区別について準拠すべき
方法，並びに，委員会が必要または望ましいと認めたときは，直接または間
接に発行体を支配し，もしくは，発行体により支配される者または発行体と
ともに直接または間接に共通の支配下にある者の個別の，および／または，
連結貸借対照表または連結損益計算書の作成について準拠すべき方法を定め
ることができる。しかし，その報告における会計処理の方法が，合衆国の法
律の規定またはそれに基づく規則により定められている場合には，この報告
に関する委員会の規則は，その事項について当該法律または規則によって課
されている要件に反してはならない。

　こうしたSECがアメリカの会計基準ないし財務報告基準の設定権限を保持
することについては，SECの創設当初から，委員長はもとよりコミッショナ
ーの間でも見解の対立がみられた（杉本［2009］，29-33頁）。SECの初代委員長
と第2代委員長による見解と第3代委員長の見解との対峙（会計基準の設定権
限のほとんどすべてを会計プロフェッション（専門職）に委ねるとした初代委員長・
第2代委員長による「ケネディ（Joseph P. Kennedy）—ランディス（James M.
Landis）政策」と，SECによる会計基準設定を推進する第3代委員長およびコミッ
ショナーによる「ダグラス（William O. Douglas）—ヒーリー（Robert E. Healy）政
策」の対峙など）は，とくに顕著であった。

　結局のところ，アメリカの会計基準設定権限は，「会計連続通牒」（ASR）の
公表を通じて表明することとされた。1938年4月25日に公表された**ASR第4
号「財務諸表に関する行政上の政策」**（Administrative Policy on Financial
Statements）（SEC［1938］）こそ，この会計基準設定権限について触れた文書で
ある。ASR第4号は，簡潔な2つの文章からなるが，財務諸表の作成にあた
って準拠する会計原則に**「実質的な権威ある支持」**（Substantial Authoritative
Support）が付与されたものであるか否かが，その財務諸表の正確性を決定づ
ける大きな判断基準をなっている。

　1933年証券法または1934年証券取引所法に基づく規則，レギュレーションに

第1節 アメリカの会計基準設定構造と会計基準設定主体としての財務会計基準審議会（FASB）

従って委員会に提出される財務諸表が，実質的な権威ある支持のない会計原則に準拠して作成されている場合，たとえこの事実を監査報告書に明記または財務諸表に注記開示されたとしても，その事実が重要である限り，当該財務諸表はミスリードであるか，不正確なものとみなされる。SECと届出書提出企業との間に準拠すべき会計原則について意見が相違する場合，財務諸表自体を訂正することなく，その事実を開示することで事足りるのは，届出書提出企業が採用する実務に実質的な権威ある支持があり，しかも，SECの見解が，規則，レギュレーション，その他の公報またはSECの主任会計士の意見として表明されていない場合だけである。

　ここでの「実質的に権威ある支持」の定義やその権限も議論の的となってきたが，SECが全権を掌握していることだけは不変である（杉本［2009］，32頁）。つまり，「実質的な権威ある支持」の裏づけのある会計原則の具体化は，会計プロフェッションに委ねられ，その具体化が果たされない，あるいは，会計プロフェッションが設定した会計原則をSECが同意しない限り，SEC自らが会計原則を設定する権限を留保したのである。

　当時の会計プロフェッション組織であるアメリカ会計士協会（AIA）（1957年にアメリカ公認会計士協会（AICPA）に改称）は，**会計手続委員会（CAP）** を設置しており，「実質的に権威ある支持」の裏づけのある会計原則の設定を目指して，「会計研究公報」（ARB）を順次，策定している。しかし，こうしたCAPの取り組みは，1940年代後半から1950年代にかけて新たな問題を生み出している。CAPは，疑義の持たれる会計実務の排除を行うものの，会計の一般原則の勧告を積極的に行えず，しかも適切な会計原則の過剰供給となった。基礎となる会計理論に欠け，しかも設定された会計原則は選択適用の余地が多くなり，結果的に，CAPとSECの対立が生じている（Wolk *et al.* ［2008］，pp.57-58（ウォークほか著，長谷川ほか訳［2013］，73頁）。

　その後も，AICPA内での会計原則設定組織の変更（**会計原則審議会（APB）**）などを通じて，会計プロフェッションによる「実質的に権威ある支持」の裏づけのある会計原則の設定の取組みが続けられてきた。しかし，会計原則案を公

開するプロセスなどに対する批判は止まらず，会計プロフェッションによる会計原則設定のあり方が問われ続けた。今日のアメリカの会計基準設定主体である**財務会計基準審議会（FASB）**が設置されたのも，実のところ，「実質的に権威ある支持」の裏づけのある会計原則（会計基準）の設定権限をプライベート・セクター（民間部門）が行使し，それをSECが委譲ないし監督する構図を維持するためである。

FASBの設置を受けて，1973年12月20日に，SECは**ASR第150号「会計原則および会計基準の設定並びに改善に関する基本政策」**（Statement of Policy on the Establishment and Improvement of Accounting Principles and Standards）（SEC［1974］）を公表し，FASBがさまざまな観点からの研究と考察から迅速かつ責任ある行動を可能にする制度上の枠組みを提供するものと確信して，FASBの設置を支持したことをはじめ，FASBによる原則，基準および会計実務が，SECに認められた「実質的な権威ある支持」を有するとした。

> 委員会は，FASBが基準書や解釈指針で公表した原則，基準および実務は，実質的な権威ある支持を有するものとし，また，こうしたFASBの公表物に反するものは，そのような支持はないものと考えるだろう。

このようにFASBに対して条件付きで付与された会計基準設定権限およびFASBの財務会計基準書（SFAS）等の法的強制力は，ASRを受け継いだ**「財務報告通牒」（FRR）第1号**（Section 101）や，また，その後のエンロン事件をはじめとした一連の企業不祥事を受けて制定された，企業改革法の**「上場企業会計改革および投資家保護法」**（Public Company Accounting Reform and Investor Protection Act of 2002）（いわゆる**サーベインズ・オックスリー法（SOX法）**）第108条（会計基準）にも密接に関わっている。SOX法第108条第(a)項を通じて，1933年証券法第19条は改正され，次のような第(b)項（会計基準の認定）を新設した。

第1節 アメリカの会計基準設定構造と会計基準設定主体としての財務会計基準審議会（FASB）

第108条

(b) 会計基準の認定

(1) 総則　(a)項と1934年証券取引所法第13条第(b)項に基づく権限の実行に際して，委員会は，以下の基準設定主体が定める会計原則を，証券諸法の目的に照らして「一般に公正妥当と認められる」ものと認定することができる。

(A) その基準設定主体は，

(i) 民間機関として設立され，

(ii) 管理・運営の目的に照らして，公共の利益（公益）に寄与する評議会（または，それに相当する機関）を有し，その構成員の過半数は，評議会における服務と同時期に，一切の登録公認会計事務所のアソシエイト（社員）であることはなく，かつ，当該服務に先立つ2年間においてアソシエイトであったことはなく，

(iii) 2002年サーベインズ・オックスリー法第109条の規定に基づく資金提供を受け，

(iv) 当該期間のメンバーの過半数の議決によって，顕在化する会計問題および変化し続ける企業実務に対応するために必要な会計原則の変更について，迅速に検討できる手続きを採択しており，かつ，

(v) 会計原則の採択に際して，事業環境の変化に対応するために基準を常に更新する必要性，および，公益や投資家保護のために高品質の会計基準に向けた国際的コンバージェンスが必要または妥当とされる範囲について検討するものとする。また，

(B) 基準設定主体は，少なくとも，証券諸法に基づく財務報告の正確性と有効性および投資家保護を高めうることから，当該機関は，委員会が基準設定主体として認める前提として，1934年証券取引所法第13条第(b)項および第(a)項の条件を充足することにより，委員会を支援する能力を有するものであることが必要とされる。

(2) 年次報告　第(1)号に記載された基準設定主体は，当該基準設定主体の監査済み財務諸表を含む年次報告書を委員会および一般大衆に対して提出しなければならない。

つまり，議会によるSOX法第108条は，従来どおりSECの監視を条件として，

683

この1933年証券法第19条第(b)項（とくに第(1)号）を満たしうる，会計基準設定権限を委譲する民間機関についての検討をSECに課すものであった。

これを受けて，SECは，「**FASBを指定されたプライベート・セクター（民間部門）の基準設定主体として再び是認するSECの基本政策**」（Commission Statement of Policy Reaffirming the Status of the FASB as a Designated Private-Sector Standard Setter）（SEC［2003］）の公表を通じて，従来どおりFASBをアメリカの会計基準設定主体として再承認している（杉本［2009］，第1章）。

なお，SEC自らが会計基準の設定を行わずに，条件付きながらもその権限をFASBに委譲する構図は，会計基準設定のアウトソーシングであると捉える見解もある（大石［2015］参照）。

併せて，AICPAの「**職業行為規程**」（Code of Professional Conduct）もFASBを会計基準設定主体として指定した（第203-2条）。

この職業行為規程の第203条は，AICPAの理事会が指定した会計基準設定主体が公表するGAAPでない限り，財務諸表がGAAPに準拠している旨を監査報告書に意見表明することを禁じている。この規定をもとに，会計基準設定主体としてFASBを指定し，また，GAAPとしてFASBのSFASやFASBが廃止しない従来のAPB意見書（APB Opinion）等とすることを決議したのである。

2．会計基準設定主体としての財務会計基準審議会（FASB）

アメリカの会計基準設定主体であるFASBの設立は，AICPA内に設置された**ホイート（またはウィート）委員会**（スタディ・グループ主査：フランシス・M・ホイート（Francis M. Wheat））による「**会計原則の設定に関する研究報告書**」（Report of the Study on Establishment of Accounting Principles）（AICPA［1972］（鳥羽・橋本共訳［1997b］））の勧告を踏まえたものである。なお，ホイートは，リンドン・ベインズ・ジョンソン（Lyndon Baines Johnson）第36代大統領時代の1964年10月2日から1969年9月30日まで，SECのコミッショナー（民主党系）を務めた。

それまでの経緯と勧告内容は，以下のようにまとめることができる。

第1節 アメリカの会計基準設定構造と会計基準設定主体としての財務会計基準審議会（FASB）

　先に触れたように，アメリカの一般に認められた会計原則（GAAP）は，主としてAICPAが設定してきた。しかし，1960年代，そして1970年代初めに至るまで，企業の財務報告に対する批判や，いわゆる「会計の政治化」または「会計基準の政治化」（Politicization of Accounting Standards）問題などとも相俟ったGAAP形成に対する社会的批判が高まった。こうした批判の背景には，会計事務所の急速な拡大，新規証券の発行ブーム，複雑で革新的な経営実務の発展と企業の合併運動から生じたさまざまな問題などがあり，その批判の的は，会計プロフェッションが主導したAPBによる会計基準の設定などにあった。

　AICPAのアルヴィン・R・ジェニングス（Alvin R. Jennings）会長（当時）が行った講演「財務報告における今日の挑戦」（Present-Day Challenges in Financial Reporting）（Jennings [1958]）のなかで，会計原則の本格的研究の必要性などが提唱され，それをもとに設置された研究計画特別委員会（Special Committee on Research Program）は，検討結果を報告書（AICPA [1958]（鳥羽・橋本共訳 [1997a]））に取りまとめた。AICPAがこの報告書を承認したことで，1936年からアメリカの会計原則を設定してきたAICPA内のCAPに代わって，1959年4月にAPBが発足し，その役割を担い始めた。

　しかし，APBによる基準設定プロセスへの批判も止まず，APBも追い詰められてゆく。APBが直面した問題のなかで最も論争を招いたのが，企業結合とのれんである（Wolk *et al.* [2008]，pp.64-65（ウォークほか著，長谷川ほか訳 [2013]，81-82頁）参照）。

　当時の企業結合およびのれんの会計原則に反する研究結果は，たとえば，1963年のアーサー・ワイアット（Arthur Wyatt）によるAPB附置の会計調査研究部（ARD。初代の会計調査研究部長は，カリフォルニア大学バークレー校のモーリス・ムーニッツ（Maurice Moonitz）であった）からの会計研究叢書（ARS）第5号「企業結合会計の批判的研究」（A Critical Study of Accounting for Business Combinations）や1968年のジョージ・キャレット（George Catlett）とノーマン・オルソン（Norman Olson）によるARS第10号「のれんの会計」（Accounting for Goodwill）で示された。持分プーリング法を廃止してパーチェ

ス法に限定することや2つののれん（期間ごとの償却が必要な減価していく部分と，将来の期間にわたって繰り延べ減価しない部分）があること（ARS第5号），および，のれんは資産とみなされず，企業結合完了後，速やかに株主持分から控除すべきこと（ARS第10号）といった研究結果を導き出している。

APBが追い詰められていく原因は，こうした研究結果に限らず，APBによる企業結合およびのれんの会計原則の設定プロセスのなかでの提案の変化にもある。APBによる提案には，次のような変化がみられた。

①「会計原則審議会意見書（APB意見書）」（APB Opinion）の最初の草案時（1969年7月）の提案：
持分プーリング法を廃止し，のれんを40年未満で償却する。
②新たな草案時（1970年2月）の提案：
1対3の規模テストを満たすときには，持分プーリング法の適用を認め，のれんを40年以内で償却する。
⇒APBは3分の2の賛成を得ることできず。
③1970年6月：
1対9の規模テストを満たした場合に，持分プーリング法の適用を認め，のれんの償却期間を40年以内に制限する。
⇒APBは3分の2の賛成を得る。
④1970年7月：
APBの会合で委員の1人が投票内容を翻し，結果的に，APBは企業結合とのれんの問題に関する意見書を2分割（APB意見書第16号とAPB意見書第17号）する。
⇒企業結合：APB意見書第16号で持分プーリング法に関する規模テストを取り止める案は，反対6票，賛成12票で採択された。
のれん：APB意見書第17号でのれんを40年以内で償却する案は，反対5票，賛成13票で採択された。

会計プロフェッションによる会計原則の設定に対するAICPA内外からの批判に応えるために，AICPAは，会計事務所を代表する著名な会計士を一堂に会した会議を1971年1月に開催し，とくに次の2つの点について検討している

(AICPA［1972］, p.3（鳥羽・橋本共訳［1997b］, 34-35頁））。

①AICPAが会計基準の設定において果たす役割をいかに再評価したらよい
　か

②会計基準の設定における役割をどのように果たせば財務諸表に信頼を寄せ
　る人々のニーズに一層応えることができるか

　この会議は, AICPAの支援のもとで, 財務報告を改善するための方法を模
索する2つの研究を行うべきと勧告している。そこでAICPAが組織したのが,
2つのスタディ・グループである。

　1つは, 会計原則の設定やその設定主体のあり方などについて検討を行う会
計原則の設定に関するスタディ・グループ（ホイート委員会）である（「会計原
則審議会の組織と活動を検討し, かつ, より良い結果の公表をこれまで以上に早め
るためには, いかなる改革が必要であるかを決定する」ことが諮問された）。もう1
つは, 財務諸表の目的とこの目的を達成するうえでのテクニカルな問題につい
て検討を行うスタディ・グループ（トゥルーブラッド委員会：スタディ・グルー
プ主査：ロバート・M・トゥルーブラッド（Robert M. Trueblood））である。

　前者のホイート委員会による「会計原則の設定に関する研究報告書」（AICPA
［1972］（鳥羽・橋本共訳［1997b］））は, 1972年3月に取りまとめられた。この
報告書は, 従来の協会内のAPBを廃して新たにFASBを創設することをはじ
め, いくつかの勧告を行っている。その勧告を整理したものが, 次頁の**図表
10-2**である。

　AICPAが1972年6月にホイート委員会報告書の勧告を受け入れたことで,
まずAICPAは, アメリカ会計学会（AAA）, アメリカ投資管理・調査協会
（AIMR。2005年よりCFA協会（CFA Institute）に改称）, 財務管理者協会（FEI）
および証券業協会（SIA）とともに**財務会計財団（FAF）**の設置を支援した（現
在の支援団体は, 政府財務担当者会（GFOA）, 管理会計士協会（IMA）と州監査・
会計・経理担当者全国会議（NASACT）を加えた8団体）。1972年10月に設置され
たFAFは, 次の責任を有する独立した, プライベート・セクター（民間部門）
の組織である。

図表10-2　ホイート（Wheat）委員会報告書の勧告

A．財務会計財団

　われわれは，財務会計財団と呼ばれる新しい財団を，すべての現存の職業団体とは別個に設立することを提案する。財務会計財団は9名で構成される評議員会が運営することとし，その主要な任務は財務会計基準審議会の委員の任命およびその運営のための資金を調達することである。

B．財務会計基準審議会

　われわれは，7名の有給の常勤の委員を構成員とする財務会計基準審議会を設立することを提案する。同基準審議会の機能は，財務会計と報告に関する基準を確立することである。評議員会は財務会計基準審議会の委員を任命するとともに，評議員会の意により，そのうちの1名を議長に指名する。任期中，基準審議会の委員は他の職をもつことはできない。委員のうちの4名は，実務に携わる公認会計士である。他の3名は公認会計士の資格を有する必要はないが，財務報告の分野において豊富な経験をもつ者でなければならない。

・基準審議会の委員は，任期5年で任命され，1回に限って再任可能とする。委員は，回復の見込みのない身体障害，職務上の不正行為あるいはその他同様の理由に限って，任期終了前に解任される。1年に3名以上の委員が退職することのないように，任命はずらして行われる。

・基準の公表には，基準審議会の7名の委員のうち5名の賛成票が必要とされる。

・所定の賛成を得て採択された基準は，反対意見をつけずに公表しなければならない。

・必要な場合には，解釈書が財務会計基準審議会の全権限のもとに公表されるべきである。

C．財務会計基準諮問委員会

　われわれは，財務会計財団の評議員会が，約20名の委員を構成員とし，諮問する立場で財務会計基準審議会と密接な関係のもとに作業する財務会計基準諮問委員会を設立することを提案するものである。諮問委員会の委員は評議員により任期1年で任命される。これについて，再任の制限は一切ない。委員は実費を請求することができるが，報酬は支払われない。委員は数多くの職業分野から求められることになるが，同一の活動領域から4分の1を超えて求めることはできない。基準審議会の議長はまた，職務上，諮問委員会の委員長を兼任する。

・諮問委員会の機能には，審議事項の優先順位の決定に関して基準審議会に対して助言を行うこと，専門部会の設置に協力すること，基準案に対する意見を表明すること，および，その他基準審議会からの要請があった場合に，同審議会に対して必要な支援を提供することが含まれることになるであろう。

D．経過措置

　会計原則審議会から財務会計基準審議会に移行する際，すでに公開草案の段階に達している意見書にかかる作業は，会計原則審議会の手で完成まで遂行されるべきである。会計原則審議会の審議予定事項にあがっているそれ以外の問題は，財務会計基準審議会へ移されるべきである。

出所：AICPA［1972］，Chapter 8（鳥羽・橋本共訳［1997b］，第8章）をもとに作成。

①財務会計基準と財務報告基準を策定および改善すること

②当該基準について関係者を教育すること

③基準設定のボード（理事会）と諮問委員会のメンバーを選出すること

④基準設定のボードである財務会計基準審議会（FASB），政府会計基準審議会（GASB）および両審議会の諮問委員会の監視，管理並びに資金調達を行うこと

⑤基準設定プロセスの独立性とインテグリティ（完全性ないし高潔さ）を保護すること

　FAFの設置を踏まえて，会計基準設定主体としてのFASBが，1973年に設置されている。

　これとは対照的に，**「財務諸表の目的」**（Objectives of Financial Statements）（AICPA［1973］（川口訳［1976］））と題する後者のトゥルーブラッド委員会の報告書は，もちろん財務諸表の目的を明らかにしたが（たとえば，「財務諸表の基本目的は，経済的意思決定の役に立つ情報を提供することである」や，「財務諸表の目的の1つは，情報を入手するうえで限られた範囲内での権限や能力や資料源しかもたず，したがって，企業の経済活動に関する主たる情報源を財務諸表に依拠しているような利用者に対して主として奉仕することである」など），結果的には何の提言や勧告も盛り込んでいない。この報告書の最後に記された文面は，次のとおりであった（AICPA［1973］，p.66（川口訳［1976］，90頁））。

　本スタディ・グループは，この報告書において展開されている諸目的は，適当な年月のうちに段階をふんで達成可能であると結論する。これらの目的が容認されるためにとるべき適切な行動を定めることは，本スタディ・グループの権限の範囲を超えている。しかしながら，本スタディ・グループは，会計基準と会計実務に対する現在進行中の改善作業において，重要な諸目的を解明していく第一歩として，われわれの結論をみていただきたいと切望する。

　トゥルーブラッド委員会報告書は，FASB設立後の概念フレームワーク・プロジェクトのもとで検討されている。

なお，AICPA内のCAPとAPBおよびその後のFASBを，組織上の特徴などから比較して，次の**図表10-3**のように整理されている。

図表10-3　CAP，APBおよびFASBの比較

特徴面	CAP	APB	FASB
組織の独立性	AICPAの内部組織	AICPAの内部組織	AICPAからは独立し，6つの支援組織が支える
委員の独立性	他の組織の常勤委員	他の組織の常勤委員	FASBの常勤委員
委員の資格要件の許容度	公認会計士のみ	公認会計士のみ	公認会計士である必要はなく，これまでの委員は公認会計士事務所，政府，財界，証券会社および学界出身者であった
デュー・プロセス	ほとんど行われなかった	存続期間の終盤に幅広く行ったが，それ以外の期間は非常に限られていた	前任機関よりも広く行い，かつプロセスへの関与を働きかけており（たとえば，公聴会開催および公開草案への回答要請），「民主的手続きによる停滞」という問題も生じうる
基準を下支えする理論的文書	かかる試みはみられなかった	会計公準および原則は失敗に終わるとともに，ARS第7号およびAPBステートメント第4号も特段成功を収めたわけではない	APBの成果に比べれば，概念フレームワークは成功裏に終了した
研究の採用	非常に限定的であった	主にARSにおいて採用された	前任機関に比べれば広く採用しており，ディスカッション・ペーパー（討議資料）は各種文献を検討するとともに，いくつかの調査研究の委任も行ってきた

出所：Wolk *et al.*［2008］，p.70（ウォークほか著，長谷川ほか訳［2013］，図表3.2，89頁を一部修正）．

第2節 財務会計基準審議会(FASB)の組織構造と会計基準設定手続きの構図

1. アメリカの会計基準設定の組織構造

(1) FASBのミッション

　FASBのミッション（使命）は，投資家や財務報告書のその他の利用者に意思決定に有用な情報を提供する非政府事業体の財務報告を促進する財務会計と報告に関する諸基準を策定し，改善することにある。このミッションは，幅広い参加を促し，すべてのステークホルダーの見解を客観的に考慮し，また，財務会計財団評議員会の監視のもとにある，包括的でしかも独立したプロセスを通じて，成し遂げられる（FASB［2014］，Ⅱ，A）。

　このミッションを達成するために，FASBが取るべき行動として，次のものが掲げられている（FASB［2014］，Ⅱ，C）。

①比較可能性，検証可能性，適時性および理解可能性などの情報の有用性を高めるその他の特性とともに，財務情報の目的適合性と忠実な表現に焦点を合わせることによって，財務報告の有用性を改善すること

②利用者，財務諸表作成者，監査人およびその他の者を含む一般大衆を指導し，啓蒙すること。その開かれたデュー・プロセス，関係者のアウトリーチ，基準の形式および関連する実施活動を通じて，FASBは，財務報告に含まれる情報の性質や目的についての共通の理解を改善する

③商慣行の変化や経済的環境の変化を反映するために，基準をカレントなものとして維持すること

④基準設定プロセスを通じて改善できると思われる財務報告に欠陥のある重大な領域について迅速に検討すること

⑤財務報告の品質を改善するとともに，会計基準の国際的なコンバージェンスを促進すること

このFASBのミッションとその達成方法は，改善された「概念フレームワー

ク」の財務報告情報の質的特性などの改善をはじめ，2013年12月11日までに改訂されたものを反映している。

(2) 会計基準設定の組織機構

アメリカの財務会計基準を設定する組織構造は，基本的にはFAF，FASBおよびFASACの3組織から構成されている。ホイート委員会による「会計原則の設定に関する研究報告書」におけるFAFの組織構造（**図表10-4**）でも示されているように，FASBは3組織のなかの「実働部隊」（Miller *et al.* [1994], p.18（高橋訳［1989］，33頁参照），広瀬［1995］，64頁）である。

先に説明したFAFは，会計基準設定に関わる組織機構（FAF，FASBおよびFASAC）全体の運営資源を確保する責任のある非営利組織である。FAFは，支援団体であるAICPA，アナリスト，企業経営者および学界等からの理事によって構成される。

1973年のFASBの設立とともに設置された財務会計基準諮問委員会（FASAC）には，FASBが財務会計問題で取り上げるべき議題やプロジェクトなどについ

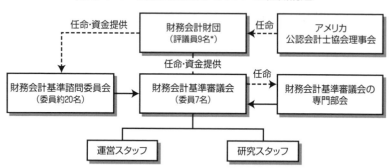

図表10-4 財務会計財団（FAF）の組織構造

注：＊9名の評議員のうち4名は，財務管理者協会（FEI），全米会計人協会（NAA），全米証券アナリスト協会（FAF）およびアメリカ会計学会（AAA）からそれぞれ選出された候補者名簿から任命される。
補注：ホイート委員会による「会計原則の設定に関する研究報告書」では，財務会計財団（FAF）の評議員は9名，財務会計基準諮問委員会（FASAC）の委員は約20名と勧告されているが，現在，FAF評議員会は14名〜18名で，また，FASACの委員は約35名で構成されている。
出所：AICPA [1972], Appendix F, p.103（鳥羽・橋本共訳 [1997b]，付録F，158頁）。

第2節 財務会計基準審議会（FASB）の組織構造と会計基準設定手続きの構図

て，FASBに助言を行う役割がある。FASACは，FASBが各種団体の代表的な見解についての議論を可能にするための，いわばFASBと産業界との橋渡し役ともいうことができる。

FASBの専門委員会の1つに緊急問題専門委員会（EITF）がある。EITFのミッションは，財務会計問題を絶好のタイミングで識別し，それを議論して解決を図ることでFASBを支援することにある。EITFの委員は，監査法人，財務諸表作成者と利用者から構成され，SECの主任会計士やAICPAの会計基準執行委員会（AcSEC）委員長もしくはそれらの被指名者がオブザーバーとして議論に参加している。

なお，FASB設立以降の歴代のボードメンバーは，次頁の**図表10-5**のとおりである。

2．デュー・プロセス

FASBによる会計基準設定プロセスの特徴は，他の会計基準設定主体の会計基準設定のあり方にも影響を及ぼした**デュー・プロセス**（Due Process）にある。FASBが想定しているデュー・プロセスは，財務会計や財務報告の諸問題について，いいタイミングで，徹底的かつ公開による研究を可能にし，しかも，プロセスのすべての段階であらゆる視点と意見表明のコミュニケーション・チャネルを作ることで，基準設定プロセスでの幅広い一般大衆が参加する包括的なものである（FASB［2014］，Ⅱ, E）。

「正規の手続き」とも訳されるこのデュー・プロセスは，次のような段階からなっている（FASB Website, Standard-Setting Process）。

①ボード（理事会）は，ステークホルダーからの要望や勧告に基づいて，または，他の手段を通じて，財務報告の問題について識別する。

②FASBは，スタッフが作成した問題分析に基づいて，プロジェクトをテクニカル・アジェンダ（専門的議題ないし技術的検討課題）に加えるかどうかについて決定する。

③ボードは，スタッフが識別し，分析した各種報告問題について，1回以上

693

図表10-5　FASBボードメンバー

(2017年3月現在)

ボードメンバー	就任期間	ボードメンバー	就任期間
マーシャル・アームストロング (Marshall S. Armstrong)	1972-1977年 議長(1972-1977年)	アンソニー・コープ (Anthony T. Cope)	1993-2001年
アーサー・リトケ (Arthur L. Litke)	1973-1977年	ジョン・フォスター (John M. Foster (Neel))	1993-2003年
ロバート・メイズ (Robert E. Mays)	1973-1977年	ゲイラン・ラーソン (Gaylen N. Larson)	1996-2001年
ジョン・クイーナン (John W. Queenan)	1973-1974年	ゲルハルト・ミューラー (Gerhard G. Mueller)	1996-2001年
ウォルター・シュッツ (Walter T. Schuetze)	1973-1976年	エドモンド・ジェンキンズ (Edmund L. Jenkins)	1997-2002年 議長(1997-2002年)
ロバート・スプローズ (Robert T. Sprouse)	1973-1985年	エドワード・トロット (Edward W. Trott)	1999-2007年
ドナルド・カーク (Donald J. Kirk)	1973-1986年 議長(1978-1986年)	マイケル・クルーチ (G. Michael Crooch)	2000-2008年
オスカー・ゲライン (Oscar S. Gellein)	1975-1978年	ジョン・ウルフ (John K. Wulff)	2001-2003年
ラルフ・ウォルターズ (Ralph E. Walters)	1977-1983年	キャサリン・シッパー (Katharine A. Schipper)	2001-2006年
ジョン・マーチ (John W. March)	1978-1984年	ゲーリー・シーネマン Gary S. Schieneman	2001-2004年
ロバート・モーガン (Robert A. Morgan)	1978-1982年	ロバート・ハーズ (Robert H. Herz)	2002-2010年 議長(2002-2010年)
デイビッド・モッソ (David Mosso)	1978-1987年	ジョージ・バタビック (George J. Batavick)	2003-2008年
フランク・ブロック (Frank E. Block)	1979-1985年	レスリー・サイドマン (Leslie F. Seidman)	2003-2013年 議長(2010-2013年)
ビクター・ブラウン (Victor H. Brown)	1983-1993年	ドナルド・ヤング (Donald M. Young)	2005-2008年
レイモンド・ローファー Raymond C. Lauver	1984-1990年	トーマス・リンズマイアー (Thomas J. Linsmeier)	2006-2016年
アーサー・ワイアット (Arthur R. Wyatt)	1985-1987年	ローレンス・スミス (Lawrence W. Smith)	2007年-
アーサー・ノースロップ (C. Arthur Northrop)	1986-1991年	マーレ・シーゲル (Mare A. Siegel)	2008年-
ロバート・スウィーリンガ (Robert J. Swieringa)	1986-1996年	ハロルド・シュローダー (R. Harold Schroeder)	2011年-
デニス・ベレスフォード (Dennis R. Beresford)	1987-1997年 議長(1987-1997年)	ダリル・バック (Daryl E. Buck)	2011-2016年
ジェームズ・ライゼンリング (James J. Leisenring)	1987-2000年	ラッセル・ゴールデン (Russel G. Golden)	2013年- 議長(2013年-)
クラレンス・サンプソン (A. Clarence Sampson)	1988-1993年	ジェームズ・クローカー (James L. Kroeker)	2013年-
ジョセフ・アナニア (Joseph V. Anania)	1991-1999年	クリスティーン・アン・ボトサン (Christine Ann Botosan)	2016年-
ロバート・ノースカット (Robert H. Northcutt)	1992-1996年	ハロルド・モンク (Harold L. Monk)	2017年-

出所：FASB Website, Past FASB Members and Board Members をもとに整理のうえ作成。

の公開会議で審議する。

④ボードは，ステークホルダーの見解を広く求めるために，公開草案を公表する（プロジェクトの内容によっては，ボードは，プロジェクトの初期段階に見解を入手するためにディスカッション・ペーパーを公表する）。

⑤ボードは，必要に応じて，公開草案に関する公聴会を開催する。

⑥スタッフは，コメントレター，公聴会での議論およびデュー・プロセスの活動を通じて入手したその他のあらゆる情報について分析する。ボードは，1回以上の公開会議で，寄せられたステークホルダーの見解について入念に検討しながら，規定案を再審議する。

⑦ボードは，会計基準のコード化の改正を記した会計基準更新書（ASU）を公表する。

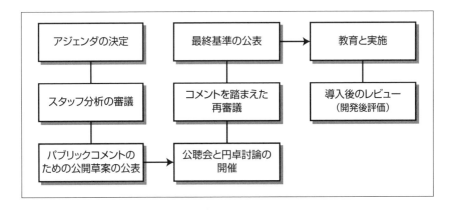

3．概念フレームワーク

　デュー・プロセスを経て公表される最終的なSFAS（後述するように，現在は，会計基準コード化（会計基準編纂書または会計基準体系：Accounting Standards Codification）），解釈指針および専門問題対応報告以外に，「**財務会計諸概念に関するステートメント**」（**SFAC**）も順次公表している。このSFACは，会計基

準のSFASないし会計基準のコード化とは違って，権威ある一般に認められた会計原則ではなく，これには次のような目的が込められている（FASB［2014］，Ⅳ，H，2）。

①FASBが財務会計と報告に関する諸基準を開発する際に使用する目的や諸概念を策定すること

②会計基準のコード化（会計基準編纂書）に取り上げられていない財務会計と報告に関する問題を解決する際のガイダンスを提供すること

③財務会計と報告で提供される情報の内容と限界について利用者による評価を強化し，それによって情報の利用能力をより効果的にすること

1978年11月に初めてSFAC第1号「営利企業の財務報告の基本目的」が公表されたが，SFACは，その後のFASBとIASBの共通の概念フレームワークの開発などを経て，現在のところ，**図表10-6**（右欄）から構成されている。

2004年10月に，FASBと国際会計基準審議会（IASB）は，共通の「財務報告のための概念フレームワーク」を構築するための共同プロジェクトに着手した。概念フレームワークのコンバージェンス（収斂）への取り組みは，それぞれの概念フレームワークが不完全で，最新のものではないことを物語るものであり，同時に，国際的な財務報告基準の開発にあたって，指針としての役割を果たすことを目論んだものである。

また，概念フレームワークの共同プロジェクトは，2006年2月27日に公表された両審議会の「覚書」（MoU）（FASB［2006a］）で「その他の共同プロジェクト」としてその作業が明記されている。その最初の成果として，両審議会は，2006年7月6日に改善された概念フレームワークの最初の2章に関わる**予備的見解「財務報告のための概念フレームワーク：財務報告の目的および意思決定に有用な財務報告情報の質的特性」**（Preliminary Views: Conceptual Framework for Financial Reporting: Objective of Financial Reporting and Qualitative Characteristics of Decision-Useful Financial Reporting Information）（FASB［2006b］（IASB［2006］））を公表している（コメント期限：2006年11月3日）。

この予備的見解では，一般目的の外部財務報告の目的を，投資，与信および

第2節 財務会計基準審議会（FASB）の組織構造と会計基準設定手続きの構図

図表10-6　概念フレームワークの構成

従来の概念フレームワークの構成	FASBとIASBの 共通の概念フレームワークの開発開始後
第1号「営利企業の財務報告の基本目的」（1978年11月） 第2号「会計情報の質的特性」（1980年5月） 第4号「非営利組織体の財務報告の基本目的」（1980年12月） 第5号「営利企業の財務諸表における認識と測定」（1984年12月） 第6号「財務諸表の構成要素」（1985年12月）（第3号の改訂版） 第7号「会計測定におけるキャッシュ・フロー情報および現在価値の活用」（2000年2月）	第8号「財務報告のための概念フレームワーク」 　第1章「一般目的財務報告の目的」（2010年9月） 　第3章「有用な財務情報の質的特性」（2010年9月） 　（従来の第1号と第2号を置き換え） 第4号「非営利組織体の財務報告の基本目的」（1980年12月） 第5号「営利企業の財務諸表における認識と測定」（1984年12月） 第6号「財務諸表の構成要素」（1985年12月）（第3号の改訂版） 第7号「会計測定におけるキャッシュ・フロー情報および現在価値の活用」（2000年2月）

注：(1) 第8号の第2章は，報告企業に関する章を予定していた。
　　(2) 従来の概念フレームワークの構成の翻訳として，平松・広瀬訳 [2002] がある。

同様の資源配分の意思決定を行うにあたり，現在および潜在的な投資家，債権者，その他に対して有用な情報を提供することと定義づけている。また，意思決定に有用な財務報告情報の質的特性として，目的適合性，表現の忠実性，比較可能性（首尾一貫性を含む）および理解可能性を明示している。

　概念フレームワークの共同プロジェクトは，次の8つのフェーズ（段階）に分類されていた。

　①フェーズA「目的および質的特性」

　②フェーズB「構成要素，認識および認識の中止」

　③フェーズC「測定」

　④フェーズD「報告企業概念」

　⑤フェーズE「財務報告の境界，表示および開示」

⑥フェーズF「フレームワークの目的および地位」

⑦フェーズG「非営利企業へのフレームワークの適用」

⑧フェーズH「もしあれば，残りの論点」

このうち，フェーズAからフェーズDまでの4つのフェーズが，共同プロジェクトで展開されてきた。

2008年5月には，フェーズAとフェーズDに関わる2つの協議文書が公表された。**公開草案「財務報告に関する改善された概念フレームワーク─第1章：財務報告の目的および第2章：意思決定に有用な財務報告情報の質的特性および制約条件」**（Exposure Draft of An Improved Conceptual Framework for Financial Reporting: Chapter 1: The Objective of Financial Reporting and Chapter 2: Qualitative Characteristics and Constraints of Decision-Useful Financial Reporting Information）（FASB［2008c］（IASB［2008a］））**とディスカッション・ペーパー「財務報告に関する改善された概念フレームワークに関する予備的見解：報告実体」**（Discussion Paper: Preliminary Views on an Improved Conceptual Framework for Financial Reporting: The Reporting Entity）（FASB［2008d］（IASB［2008b］））である（いずれもコメント期限：2008年9月29日）。

前者の協議文書は，先の予備的見解（FASB［2006b］）に対するコメントを反映して，財務報告の目的を現在および潜在的な投資家，貸付者およびその他の債権者が，資本提供者としての立場で行う意思決定にあたり，有用な財務情報を提供することを定義づけている。また，経済的意思決定に有用な基礎を提供しようとする際に，財務情報が備えるべき質的特性としての表現の忠実性の記述を従来のものから改善している。これは，従来の信頼性という用語が種々の異なる意味で受け取られ，誤解をもたらしているとして，信頼性の用語を表現の忠実性に置き換える提案である。

後者の協議文書における報告実体の概念については，①報告実体は，現在および潜在的な投資家，貸付者およびその他の資本提供者によって関心のある事業活動の局限された領域である，②支配は，グループ企業の構成を決定するための基礎である，③連結財務諸表は，グループ報告企業の観点から作成される

第2節 財務会計基準審議会（FASB）の組織構造と会計基準設定手続きの構図

べきである，といった予備的見解を示している。

　このような共同プロジェクトの展開を通じて，FASBとIASBは共同プロジェクトの第1段階を完了し，2010年9月28日に，共通の「財務報告のための概念フレームワーク」の一部として，「**第1章：一般目的財務報告の目的**」（Chapter 1 — The Objective of General Purpose Financial Reporting）と「**第3章：有用な財務情報の質的特性**」（Chapter 3 — Qualitative Characteristics of Useful Financial Information）を公表した。これにより，FASBは，従来のSFAC第1号と第2号を新たに公表したSFAC第8号「財務報告のための概念フレームワーク：第1章『一般目的財務報告の目的』と第3章『有用な財務情報の質的特性』」（Conceptual Framework for Financial Reporting — Chapter 1, *The Objective of General Purpose Financial Reporting,* and Chapter 3, *Qualitative Characteristics of Useful Financial Information*）（FASB [2010]）に置き換えた。なお，第2章は報告企業に関する章が予定されてきた。

　IASBの**アジェンダ・コンサルテーション**（Agenda Consultation。財務報告に関心のある市場関係者から，IASBの作業計画の戦略的な方向性やバランス，今後3年間の個別プロジェクトやアジェンダ領域の優先順位を決定するための意見募集の依頼（2011年7月26日公表））による暫定決定（2012年5月23日）とその後公表されたフィードバック文書（IASB [2012]，2012年12月18日）は，概念フレームワークの共同プロジェクトのあり方にも深く関わる。

　概念フレームワーク・プロジェクトを共同プロジェクトとしてではなく，IASB単独のプロジェクトとして扱うことが提案されたのである。とくに，IASBの暫定決定では，この概念フレームワーク・プロジェクト作業を優先するとして，構成要素（資産や負債等の定義，認識），測定（公正価値測定の範囲に関連），表示（当期純利益，その他の包括利益に関連）と開示および報告企業について一括して検討することとした。

　IASBが公表したフィードバック文書は，IASBの将来の作業プログラム，つまり，アジェンダ設定プロセスに反映されることになる。概念フレームワークを改訂するプロジェクトはFASBとの共同プロジェクトではなく，IASBの

第10章 アメリカにおける会計基準のコンバージェンス

699

プロジェクトとして進めるが，他の基準設定主体が概念フレームワークの経験があることを踏まえて，他の基準設定主体もこのプロジェクトに関与することも考えられている。

その後，2013年7月18日に，IASBは，現行の「財務報告に関する概念フレームワーク」を改訂することを目的とした**ディスカッション・ペーパー「『財務報告に関する概念フレームワーク』の見直し」**（Discussion Paper: A Review of the Conceptual Framework for Financial Reporting）（IASB [2013]）を公表した。このディスカッション・ペーパーに寄せられたコメント等を踏まえたうえで，IASBは，2015年5月28日に，**公開草案「財務報告に関する概念フレームワーク」**（Exposure Draft: Conceptual Framework for Financial Reporting）（IASB [2015a]）と**公開草案「概念フレームワークへの参照の更新（IFRS第2号，IFRS第3号，IFRS第4号，IFRS第6号，IAS第1号，IAS第8号，IAS第34号，SIC第27号およびSIC第32号の修正案）」**（Exposure Draft: Updating References to the Conceptual Framework — Proposed Amendments to IFRS 2, IFRS 3, IFRS 4, IFRS 6, IAS 1, IAS 8, IAS 34, SIC-27 and SIC-32）（IASB [2015b]）を公表している。

第3節 FASBによる会計基準コード化とGAAPの階層構造

FASBが設置される以前から，会計プロフェッションが，「実質的な権威ある支持」の裏づけのある会計原則を策定し，また，会計プロフェッションの組織内で基準設定主体そのものが変遷してきた経緯から明らかなように，U.S. GAAPはこれまでに策定された数多くの会計原則ないし関連文書で構成されている。具体的には，U.S. GAAPは，AICPAのCAPやAPBによる一連の公表物並びにAICPAの会計基準執行委員会（AcSEC）による見解表明書などとともに，FASBによる基準書（SFAS），解釈指針，技術公報，適用指針並びにFASBの緊急問題専門委員会（EITF）の合意事項などで構成されているのであ

る。SECによるレギュレーションS-X，レギュレーションS-K，スタッフ会計公報や財務報告通牒（FRR）などの規則も，GAAPの解釈や補足にあたって適用される。

2002年7月からFASBの第5代議長に就任したロバート・ハーズ（Robert・H・Herz）は，FASBのボードメンバーとの議論を通じて，こうしたU.S. GAAPの現状が，全体的な問題となり，今後も原因となり続ける次の4つの中核的な課題を識別した（Herz［2013］，pp.42-49（杉本・橋本訳［2014］，50-58頁））。

①多くのさまざまな機関がU.S. GAAPを公表している。
②これらの機関によって公表されるさまざまな公表物は，様式や文体や詳細さの程度が異なり，ゆるやかに関連しているだけである。
③公表物と関連する指針の一部は，詳細さの程度，例外の数と数値基準のために複雑すぎる。
④公表物の文体と様式が会計の専門文献に浸っていない人にとって理解しがたいものとなっている。

これら識別された課題への対処に必要とされることは，アメリカの会計基準設定の全体構造の合理化，U.S. GAAPを構成する膨大な公表物の再編とコード化，細則主義（規則主義：Rule-based Approach）の方法への対応，FASBが公表する提案や基準の理解可能性の改善を含む方法であった。

第1の問題に関わるアメリカの会計基準設定の全体構造の合理化は，U.S. GAAPを公表する機関の数を減らす取組みである。FASBはAICPAに対して，AcSECを通じて新しいGAAPの要件を公表することをやめてもらうように申し入れを行い，また，EITFによる基準設定審議の掌握度を高め，さらに，SECスタッフが正式な公表などを行う代わりに，基準設定の行動が必要な問題についてFASBに問い合わせるなどの措置によって，この第1の合理化問題を達成している。

第3と第4の問題に関わる基準の複雑性への取組みと基準の理解可能性の改善は，基準の目的と原則の太字表記，当該基準の公表理由，適用範囲，現行の

会計実務の変更点，IFRSsとのコンバージェンスに及ぼす影響，発効日と経過措置などを明記することで図られてきた。数値基準や過度な細則的な指針の利用の回避や明確さと簡潔さに重きを置いた平易な英語（Plain English）の使用なども行われてきたが（証券取引委員会（SEC）は，1998年に証券関連文書を平易な英語で記述することを推奨した「プレイン・イングリッシュ・ハンドブック」(Plain English Handbook)（SEC [1998]）を公表している），引き続き改善の余地はあるとした。

　以下では，第2の問題に関わる会計基準コード化—U.S. GAAPの再編成とコード化を中心に触れておきたい。というのも，ハーズ議長が回顧録でも次のように語っているからである（Herz [2013], p.246（杉本・橋本訳 [2014], 301頁））。

> 「私はFASB会計基準コード化™（*Accounting Standards Codification*™）の開発に成功したことをとても誇りに思っている。これは，アメリカのGAAP文書全般の使い勝手の向上へ向けた大きな一歩と私は考えている。」

1．GAAPの再編成—GAAPの階層構造

（1）AICPAの監査基準書（SAS）によるGAAPの階層構造

　これまでに基準設定主体が公表してきた多くの関連文書で構成されるU.S. GAAPを，どのような優先順位で適用すればよいのか——この問題の打開策として，GAAPの位置づけや範囲の問題と密接に関わりながら，基準設定主体が公表してきた会計原則などの関連文書の信頼度などをもとに，GAAPを階層構造（ヒエラルキー。Hierarchy）化することで対応してきた。

　U.S. GAAPの階層構造化は，AICPAの監査基準審議会（ASB）が1992年1月に公表した**監査基準書（SAS）第69号「独立監査人の報告書における一般に認められた会計原則に準拠して適正に表示しているという文言の意味」**(The Meaning of Present Fairly in Conformity with Generally Accepted Accounting

Principles）（AICPA［1992］）で行われている。

　実のところ，SAS第69号によるU.S. GAAPの階層構造化は，GAAPの定義づけを通じてのものであり，AICPAのASBが，これに先立って1991年5月31日に公表したSAS公開草案とこれに対するFASBからの猛反発が背景にある。FASBからの猛反発は，SAS公開草案が，FASBやGASBが承認していない業種別監査・会計指針やAICPA立場表明書も確立されている会計原則（「GAAPの階層構造」における第3のカテゴリー(c)のGAAP）として位置づけたことによるものである。その後，この公開草案は撤回され，GAAPの再構築を目的としたSAS第69号が公表された（広瀬［1995］，99頁）。

　SAS第69号は，そのタイトルが示すとおり，独立監査人の報告書（監査報告書）における「『一般に認められた会計原則』（GAAP）に準拠して適正に表示している」という文言の意味を，GAAPの定義づけとともに取りまとめたものである。GAAPという文言と適正な表示（表示の適正性）の文言について，以下のように説明している。

◆「一般に認められた会計原則」（GAAP）
　「『一般に認められた会計原則』という文言は，ある特定時点において認められた会計実務の定義を行うために必要な監修，規則および手続きを総称した，会計上の専門用語である。これは，広範な一般適用指針だけではなく，細部にわたる実務や手続きも含んでいる」(par.2)。

◆「適正な表示（表示の適正性）」
　「財務諸表の全体的な表示の『適正性』に関する独立監査人の判断は，一般に認められた会計原則の枠組みのなかで行わなければならない。その枠組みの外では，監査人は，財務諸表の財政状態，経営成績およびキャッシュ・フローの表示を判断するための統一基準がない」(par.3)。

　つまり，GAAPに準拠していることで，財務諸表は適正に表示されるとするのである。この文言の整理からすれば，準拠すべきGAAPこそが重要となる。

そこで，アメリカにおいて確立されているGAAPを，次の４つのカテゴリーに分類する（par.5）。

①**カテゴリー(a)**

AICPA職業行為規程（Code of Professional Conduct）の規則第203条（AICPA，職業基準第２巻，ET Sec.203.01）に準拠する会計原則を設定するために，AICPA評議員会によって指定された機関が公表する会計原則

②**カテゴリー(b)**

会計原則を設定するために，または，一般に認められた現行の会計実務を説明するために，パブリック・フォーラム（公開討論会）で会計の諸問題を審議する，専門の会計士で構成された機関の公式見解（ただし，こうした公式見解は，パブリックコメントのために公表され，カテゴリー(a)での機関から承認済みであること）

③**カテゴリー(c)**

会計原則を解釈ないし設定するために，または，一般に認められた現行の会計実務を説明するために，パブリック・フォーラムで会計の諸問題を審議する，カテゴリー(a)での機関で組織され，また，専門の会計士で構成された機関の公式見解，または，カテゴリー(a)での機関から承認済みであるが，パブリックコメントのために公表されなかったカテゴリー(b)での公式見解

④**カテゴリー(d)**

特定の業種において広く行われていることから，または，一般に認められた公式見解を特定の状況に適用することに精通していることから，一般に認められていると広く認識されている実務または公式見解

この４つのカテゴリーに沿って，SAS第69号は，企業と州・地方政府事業体の財務諸表に適用するGAAPを整理し，分類している。これが「**GAAPの階層構造（ヒエラルキー）**」（GAAP Hierarchy）であり，SAS第69号は，**図表10-7**のように要約した。

第3節 FASBによる会計基準コード化とGAAPの階層構造

図表10-7　GAAPの階層構造（ヒエラルキー）

	階層	企業	州・地方政府事業体
確立されている会計原則	カテゴリー (a)	FASB財務会計基準書・解釈指針, APB意見書およびAICPA会計研究公報 (ARB)	GASB政府会計基準書・解釈指針, GASB政府会計基準書または解釈指針によって州・地方政府事業体に適用できるとされていれば, AICPAとFASBの公式見解
	カテゴリー (b)	FASB専門公報, AICPA業種別（産業別）監査・会計指針およびAICPA立場表明書 (SOP)	GASB専門公報, AICPAによって州・地方政府事業体に適用できるとされていれば, AICPA業種別監査・会計指針とAICPA立場表明書
	カテゴリー (c)	FASB緊急問題専門委員会（EITF）のコンセンサスとAICPA会計基準執行委員会（AcSEC）実務公報	AICPAによって州・地方政府事業体にとくに適用できるとされていれば, GASB緊急問題専門委員会のコンセンサスとAICPA会計基準執行委員会実務公報
	カテゴリー (d)	AICPA会計解釈指針, FASBスタッフによる実務指針（"Qs and As"）, 広く認められ, しかも, 一般的にまたは当該業種において広く行われている実務（業界の慣行）	GASBスタッフによる実務指針（"Qs and As"）, 広く認められ, しかも, 一般的にまたは当該業種において広く行われている実務
その他の会計の文献		FASB財務会計概念書（SFAC）, APBステートメント, AICPA論点整理書, 国際会計基準委員会（IASC）の基準書（国際会計基準（IAS））, GASB政府会計基準書・解釈指針・専門公報, 他の専門団体または規制当局の公式見解, AICPA専門実務書手引, 会計学の教科書・ハンドブック・論文	GASB政府会計概念書, 州・地方政府事業体にとくに適用できない場合, 左記の企業のカテゴリー(a)からカテゴリー(d)の公式見解, APBステートメント, FASB財務会計概念書, AICPA論点整理書, 国際会計基準委員会の基準書, 他の専門団体または規制当局の公式見解, AICPA専門実務書手引, 会計学の教科書・ハンドブック・論文

出所：AICPA［1992］, GAAP Hierarchy Summary at p.8を par.10と par.12をもとに一部加筆.

（2）FASBの財務会計基準書（SFAS）によるGAAPの階層構造
　　—SFAS第162号「一般に認められた会計原則の階層構造」

　AICPAのSAS第69号による「GAAPの階層構造」については, 次のような批判がみられた（FASB［2009b］, A4）。

①事業体指向的な性格よりも, むしろ監査人指向的な性格を有すること

②複雑であること

③FASB財務会計概念書（SFAC）が, デュー・プロセスの対象ではないが,

705

一般に認められたものとして広く認められている業界の慣行（すなわち，「カテゴリー(d)」）よりも下位に位置づけられていること

実のところ，GAAPの階層構造のあり方は，企業改革法であるSOX法による「原則主義に基づく会計の採択の調査研究および報告」にも密接に関わっている。SOX法第108条（会計基準）第(d)項は，SECに対して次のことを課している（下線は引用者）。

第108条

(d) 原則主義に基づく会計の採択の調査研究および報告

(1) 調査研究

(A) 総則　委員会は，原則主義に基づく会計制度をアメリカの財務報告制度が採用するにあたり調査研究を行わなければならない。

(B) 調査研究課題　上記(A)で義務づけられる調査研究は，以下に関する考察を含む。

(i) 原則主義会計および財務報告が，アメリカにおいてどの程度存在するか

(ii) 細則主義（規則主義）の財務報告制度から原則主義の財務報告制度に変更するために要する期間

(iii) 原則主義の制度が実施される可能性とそのための実施方法，および

(iv) 原則主義の制度の実施に関する徹底的な経済分析

(2) <u>報告</u>　本法制定の日から１年以内に，委員会は，第(1)号の要請に基づく調査研究の結果に関する報告書を，<u>上院の銀行・住宅・都市問題委員会および下院の金融サービス委員会に提出しなければならない。</u>

この要請に応えるため，SECスタッフ（主任会計士室（Office of the Chief Accountant）と経済分析室（Office of Economic Analysis））は，SOX法第108条（会計基準）第(d)項で規定する期限内の2003年７月25日（SOX法の施行日は，2002年７月30日）に，「**2002年サーベインズ・オックスリー法第108条第(d)項に基づくアメリカの財務報告制度による原則主義会計制度の採択に関する調査研究**」(Study Pursuant to Section 108(d) of the Sarbanes-Oxley Act of 2002 on the

Adoption by the United States Financial Reporting System of a Principles-Based Accounting System）（SEC Office of the Chief Accountant and Office of Economic Analysis［2003］）をアメリカ議会上院の銀行・住宅・都市問題委員会（Committee on Banking, Housing, and Urban Affairs of the United States Senate）と下院の金融サービス委員会（Committee on Financial Services of the United States House of Representatives）に提出した。

SECスタッフの調査研究報告書は，アメリカの財務報告をより目的指向型（Objectives-oriented）の制度にするプロセスにおいて，アメリカの基準設定主体に対して，GAAPの階層構造の再定義を含め，次の重要なステップに取り組むことを求めている（SEC Office of the Chief Accountant and Office of Economic Analysis［2003］, Executive Summary）。

①新たに開発される基準の会計目的を明確にし，例外の範囲，明確な数値基準，過度に詳細な情報がないようにすること

②新たな基準を開発する際に，改善された概念フレームワークに合致すること

③より細則主義（規則主義）的な現行の基準に対処すること

④概念フレームワークの不備に対処すること

⑤GAAPの階層構造を再定義すること

⑥コンバージェンスに関する取組みを継続すること

とくに，当時のGAAPの階層構造についてみた場合，SECスタッフが問題視するのは，FASBがGAAPの階層構造を基準化していないこと，および，業界の慣行がFASBの概念フレームワークよりも上位に位置づけられていることにある（SEC Office of the Chief Accountant and Office of Economic Analysis ［2003］, Ⅳ, C）。

SECスタッフの調査研究報告書は，財務報告制度の細則主義（規則主義）から原則主義への移行についてのものであるが，FASBも2002年10月21日に，**提案書「アメリカの基準設定に対する原則主義アプローチ」**（Principle-Based Approach to US Standard Setting）（FASB［2002a］）を公表している。この

FASBの提案書は，基準の詳細さと複雑さのレベルを高めることからもたらされる財務報告の品質と透明性の懸念に応えたものである。2003年3月に，FASBはこの提案書に寄せられたコメントについて検討し，FASBの基準の品質を改善するための数多くのイニシアティブを追求する決定を行っている（FASB［2004a］, note 1）。

FASBがこのような取組みを行うなかで，2004年7月に「**原則主義会計制度の採択に関するSEC調査研究報告書への回答**」（FASB Response to SEC Study on the Adoption of a Principles-Based Accounting System）（FASB［2004a］）を公表した。FASBは，SECスタッフの調査研究報告書で取組みを要請された先の重要なステップを，FASBに対する7つの勧告として捉えている。

---

①FASBは，目的指向型基準を公表すべきである。
②FASBは，概念上のフレームワークの不備に対処すべきである。
③FASBは，アメリカにおける権威ある会計ガイダンスを策定する唯一の組織であるべきである。
④FASBは，コンバージェンスの取組みを継続すべきである。
⑤FASBは，GAAPの階層構造の再定義に取り組むべきである。
⑥FASBは，権威ある文献へのアクセスを容易にすべきである。
⑦FASBは，FASBがこれまで公表してきた文献を広範に調査し，より細則主義（規則主義）的な基準を識別し，それらの基準を変えるための移行計画を採択するために，FASBがこれまでに公表した文献の包括的レビューを行うべきである。

FASBの回答書は，これらのうちのGAAPの階層構造の再定義について，GAAPの階層構造をFASBが発行する基準にする提案書を公表予定であること，また，その提案は長期目標として，会計文献を権威ある文献と権威のない文献という2つのレベルに分類すること，さらに，概念フレームワークの存在感を高めることを掲げた（FASB［2004a］, p.12）。

こうした背景のもとで，AICPAに代わって，FASBが2008年5月に，「アメ

リカにおけるGAAPに準拠して提出される非政府事業体の財務諸表の作成において使用される会計原則の源泉と，その原則を選択するフレームワーク（GAAPの階層構造（ヒエラルキー））を明確にする」(par.1) **SFAS第162号「一般に認められた会計原則の階層構造（ヒエラルキー）**」（The Hierarchy of Generally Accepted Accounting Principles）（FASB［2008b］）を公表したのである。このSFAS第162号は，2005年4月28日に公表された**公開草案「一般に認められた会計原則の階層構造（ヒエラルキー）**」（The Hierarchy of Generally Accepted Accounting Principles）（FASB［2008a］）を踏まえて基準化されたものである。FASBがSFAS第162号を通じてU.S. GAAPの階層構造化を図ったことは，これまでのSAS第69号に対する第1の批判を解消することになる。

しかし，SFAS第162号は，SAS第69号に対する第2と第3の批判に対応したとは必ずしもいえない。

というのも，SFAS第162号でも，AICPAのSAS第69号と同様に，確立されている会計文献（権威ある文献）を「カテゴリー(a)」から「カテゴリー(d)」までの4つに階層構造化するという形式を踏襲しているからである。もちろん，GAAPの階層構造を2つのレベルの会計文献に分類することは，FASBの長期的目標であり，「この目標は，長期のコード化と簡素化のイニシアティブが完了するまでは達成できない」（FASB［2004a］, p.12）からである。また，FASB財務会計概念書は，これら4つのカテゴリーに組み込まれず，依然としてその他の会計の文献に分類されている。

つまり，SFAS第162号によるGAAPの階層構造は，その公表主体がAICPAからFASBに変わることで，概して監査人指向的な性格から事業体指向的な性格を有するものに改まったに過ぎないのである。後述するように，FASBが，SFAS第162号を公表して間もない2009年3月27日に，**公開草案「一般に認められた会計原則の階層構造（ヒエラルキー）─FASB基準書第162号の置換え」**（The Hierarchy of Generally Accepted Accounting Principles ─ Replacement of FASB Statement No.162）（FASB［2009a］）を公表するが，これはとくにSAS第69号に対する第2の批判であるGAAPの階層構造の複雑さを解消する試みの

ものだと理解してよい。ただし，第3の批判に関わる問題点については，この公開草案の最終基準化（SFAS第168号）の公表によっても必ずしも解消されたわけではない。

2．FASB会計基準コード化™

（1）会計基準のコード化と検索可能化

　FASB会計基準コード化™とは，2009年6月30日に公表された**SFAS第168号「FASBによる会計基準のコード化（体系化）と一般に認められた会計原則の階層構造（ヒエラルキー）―FASB基準書第162号の置換え」**（The FASB Accounting Standards Codification™ and the Hierarchy of Generally Accepted Accounting Principles: A Replacement of FASB Statement No.162）（FASB [2009b]）により，U.S. GAAPに従って財務諸表を作成する企業に対して，2009年9月15日以後に終了する期中および年度の報告期間からの使用が要請されたU.S. GAAPの単一の権威ある拠り所（情報源）となるものである。権威ある文献であるか否かが問われているという意味では，GAAPの階層構造とも深く関わっている。

　FASB会計基準コード化™には，次のような期待が込められている（FAF [2014]，p.5）。

---

①リサーチが必要な会計上の論点を解決するために必要な時間と労力を節約できる

②文献の使い勝手が改善されることによって，違反のリスクを軽減できる

③FASBの会計基準更新書（ASU）の公表後，リアルタイムで更新することにより，適時に正確な情報を提供できる

④FASBのリサーチやコンバージェンスの取組みに役立つ

　これまでのU.S. GAAPの構造上の問題は，FASBのプロジェクトチームによる会計実務家や財務諸表作成者を対象とした調査結果からも明らかである。1,400名の調査回答者の回答結果は，次のとおりであった（FASB [2013]，

第3節 FASBによる会計基準コード化とGAAPの階層構造

p.37）。

・調査回答者の80％が，U.S. GAAPの構造は複雑であると考えている。
・調査回答者の85％が，リサーチに過度に時間がかかりすぎると考えている。
・調査回答者の87％が，コード化がU.S. GAAPを理解し易くすると考えている。
・調査回答者の96％が，リサーチを行う際，コード化が検索可能化を単純にすると考えている。
・調査回答者の95％が，FASBはコード化に取り組むべきであると考えている。

構造についての調査では，「調査回答者の90％が，構造は理解し易く，アクセスが簡単になることに賛成」しており，「調査回答者の97％が，現行のGAAPと比べると，構造は良くなっている，あるいは，かなり良くなっていると考えている」（Hoey,［2009］, Slide 5）。

この「コード化プロジェクトは会計版の国家的事業プロジェクトであった」（Herz［2013］, p.46（杉本・橋本訳［2014］, 55頁））。

FASB会計基準コード化™の公表までを振り返ると，U.S. GAAPへの効率的なアクセス（利便性）を実現するために，FASBは，**コード化および検索可能化プロジェクト**」（Codification and Retrieval Project）に取り組むべきであるとの，2001年の財務会計基準諮問会議（FASAC）のメンバーによる発言に辿り着く（FASB［2004b］）。2004年9月に，財務会計財団（FAF）評議員会がこのプロジェクトの予算化を承認したことで，当該計画が進められた。

「コード化および検索可能化プロジェクト」のコンセプトは，次の2つであった。

---

①U.S. GAAPのすべての文献をトピックごとに単一の権威あるコード化された文書に再構築すること
②基準設定プロセスの主眼を〔基準の公表から：引用者〕コード化された文書の改訂に改めること

第10章 アメリカにおける会計基準のコンバージェンス

711

コンセプトは比較的単純であっても，そのプロジェクトは単純なものではない。

プロトタイプ（試作品）の段階で，FASBはコード化の平易な英語のフォーマットの開発，詳細なトピック，サブトピックおよびセクションからなるコード化の具体的な構造の開発を踏まえて，これまでの基準とトピック構造でモデル化したコード化の追跡システムの開発を行っている。コード化にはトピックごとに関連するSECのガイダンスや要件も含められた。

FASBは，2008年1月15日から2009年1月15日の1年間をFASB会計基準コード化™の検証期間とし，これまでのU.S. GAAPが内容の変更を行うことなくコード化されているかについて，関係者からのフィードバックを受け取るとともに，コード化の構造と機能性を利用者に慣れ親しませた。この検証期間を経て，FASBは，先の公開草案「一般に認められた会計原則の階層構造（ヒエラルキー）—FASB基準書第162号の置換え」（FASB［2009a］）を2009年3月27日に公表し，冒頭のSFAS第168号を2009年6月30日に公表するに至っている（FASB［2009b］，A11 and A12）。

これにより，FASBは，これまでのようにSFASなどの形式での新基準等の公表は行わず，ASUを公表することになる。このASUは，FASB会計基準コード化™の更新やその変更に関する結論の根拠などを提示するもので，この更新書自体は権威ある文献ではない。

FASB会計基準コード化™は，トピックごとに共通の構成で分類したものであり，①トピック（XXX），②サブトピック（YY），③セクション（ZZ），④パラグラフ（PP）からなる「XXX-YY-ZZ-PP」という番号による分類システム構造を有している。トピックは，次の**図表10-8**のように，U.S. GAAPのトピックごとに3桁の番号で分類されている。

第3節 FASBによる会計基準コード化とGAAPの階層構造

図表10-8 FASB会計基準コード化™のトピック

(2015年10月31日現在)

一般原則（100番台）		710	報酬―一般
105	一般に認められた会計原則	712	報酬―退職給付以外の雇用後給付
表示（200番台）		715	報酬―退職給付
205	財務諸表の表示	718	報酬―株式による報酬
210	貸借対照表	720	その他の費用
215	株主持分計算書	730	研究開発費
220	包括利益	740	法人所得税
225	損益計算書	広範な取引（800番台）	
230	キャッシュ・フロー計算書	805	企業結合
235	財務諸表に対する注記	808	共同契約
250	会計上の変更および誤謬の訂正	810	連結
255	物価変動	815	デリバティブおよびヘッジ
260	1株当たり利益	820	公正価値測定
270	期中報告	825	金融商品
272	有限責任会社	830	外貨関連
274	個人財務諸表	835	利息
275	リスクおよび不確実性	840	リース
280	セグメント別報告	845	非貨幣性取引
資産（300番台）		850	関連当事者に関する開示
305	現金および現金同等物	852	組織再編
310	債権	853	サービス委譲契約
320	投資―負債および持分証券	855	後発事象
323	投資―持分法およびジョイント・ベンチャー	860	移転およびサービス業務
325	投資―その他	産業別（900番台）	
330	棚卸資産	905	農業
340	その他の資産および繰延費用	908	航空
350	無形資産―のれんその他	910	請負―建設
360	有形固定資産	912	請負―連邦政府
負債（400番台）		915	開発段階の企業
405	負債	920	娯楽―放送事業者
410	資産の除去および環境に関する債務	922	娯楽―ケーブルテレビ
420	退出および処分コストに関する債務	924	娯楽―カジノ
430	繰延収益	926	娯楽―映画
440	コミットメント	928	娯楽―音楽
450	偶発事象	930	採掘活動―鉱業
460	保証	932	採掘活動―石油およびガス
470	債務	940	金融サービス―ブローカーおよびディーラー
480	負債と資本の区分	942	金融サービス―預金および貸出
資本（500番台）		944	金融サービス―保険
505	資本	946	金融サービス―投資会社
収益（600番台）		948	金融サービス―住宅金融業
605	収益認識	950	金融サービス―権原プラント
606	顧客との契約から生じる収益	952	フランチャイザー（本部）
610	営業外収益	954	医療業界
費用（700番台）		958	非営利企業
705	売上原価	960	年金制度の会計―給付建年金制度

第10章 アメリカにおける会計基準のコンバージェンス

713

962	年金制度の会計―拠出建年金制度	976	不動産―小売土地
965	年金制度の会計―福利厚生給付制度	978	不動産―タイムシェアリング活動
970	不動産――一般	980	規制事業
972	不動産―不動産管理組合	985	ソフトウェア
974	不動産―不動産投資信託	995	アメリカの汽船企業

出所：FASB［2016］をもとに作成。

　また，サブトピックのセクションは，次の2桁の枝番号で分類される。

セクション			
00	ステータス	40	認識の中止
05	概要および背景	45	その他の表示関連事項
10	目的	50	開示
15	適用範囲と適用範囲の除外	55	適用指針および例示
20	用語解説	60	関連項目
25	認識	65	経過措置と発効日
30	当初測定	70	適用除外ガイダンス
35	当初認識後の測定	75	XBRL要素

　たとえば，資産の「305 現金および現金同等物」の分類システム構造は，次のとおりである。

トピック	サブトピック	セクション
305 現金および現金同等物	305-10 総論	305-10-00 ステータス
		305-10-05 概要および背景
		305-10-15 適用範囲と適用範囲の除外
		305-10-20 用語解説
		305-10-55 適用指針および例示
		305-10-S50 開示
	305-942 金融サービス―預金および貸出	
	305-946 金融サービス―投資信託会社	
	305-954 医療業界	

注：サブトピックには，トピックの総論以外に産業別（ここでは金融サービスと医療業界）のガイドラインも位置づけられる。また，セクションには，SECガイダンスがセクション番号の初めに「S」を付して位置づけられる（305-10-S50 開示）。

「コード化および検索可能化プロジェクト」は，コード化の開発と，検索可能化のためのエンドユーザー（最終利用者）による電子リサーチ・フィードバック・システムの開発にある。

3,200名以上の調査回答者による調査でも，次のような結果を示している（FASB［2013］，p.39）。

1．調査回答者の90％以上が，コード化のコンテンツは印刷でのハードコピーによるよりも電子的にアクセスすることを期待している。

2．調査回答者が望む主たるナビゲーション技術は，優先順で次のとおりである。

a．トピックごとの閲覧

b．検索

c．指定先へのジャンプ（特定箇所への素早いアクセス）

3．調査回答者の97％以上が，コピー，ペーストおよび印刷が重要な機能だと指摘した。

こうしたニーズから，U.S. GAAPの検索機能を有するFASB会計基準コード化™リサーチシステム（コード化リサーチ・システム）が開発されている。FASB会計基準コード化™は，FASBのウェブサイトから利用可能であり，また，拡張可能な事業報告言語（XBRL）のU.S. GAAPのタクソノミーとも関連づけられている。

2009年6月30日に公表されたSFAS第168号を通じて編成されたFASB会計基準コード化™は，FASBや関係機関が公表してきたU.S. GAAPを再編するものである。これは，SECの規則，レギュレーションおよびリリースなども対象となっている。発行体や監査人，投資家および財務諸表作成者などの混乱を避けるため，SECは，SFAS第168号の適用期日（2009年9月15日以後に終了する会計年度などの財務諸表に適用）に合わせて，2009年8月18日に，**「財務会計基準審議会の会計基準コード化に係るSECガイダンス」**（Commission Guidance Regarding the Financial Accounting Standards Board's Accounting Standards Codification）（SEC［2009］）を公表している。

（2）会計基準のコード化とGAAPの階層構造

FASB会計基準コード化™は，U.S. GAAPの単一の権威ある拠り所（情報源）となる。そのため，SFAS第162号「一般に認められた会計原則の階層構造（ヒエラルキー）」まで，GAAPの階層構造は，権威ある文献として4つのカテゴリーに分類してきたが，コード化の完成により，権威ある文献は1つに統合さ

図表10-9　SFAS第168号によるGAAPの階層構造（ヒエラルキー）

権威ある文献	権威のないその他の会計の文献
SEC以外の基準設定主体が公表した諸基準	a．広く認められ，しかも，一般的に当該業種において広く行われている実務
1．財務会計基準審議会（FASB）	b．FASB財務会計概念書
a．財務会計基準書（SFAS）	c．AICPA論点整理書
b．解釈指針（FIN）	d．国際会計基準審議会の国際財務報告基準
c．FASB専門公報（FTB）	e．他の専門団体または規制当局の公式見解
d．FASBスタッフの見解（FSP）	f．AICPA専門実務書手引の専門情報審査室質疑応答
e．FASBスタッフによる実務指針（Q&A）	g．会計学の教科書・ハンドブック・論文
f．SFAS第138号の例示	
2．FASB緊急問題専門委員会（EITF）	
a．要約	
b．トピックD	
3．デリバティブ実務グループ（DIG）問題	
4．会計基準審議会（APB）意見書	
5．会計研究公報（ARB）	
6．会計解釈指針（AIN）	
7．アメリカ公認会計士協会（AICPA）	
a．立場表明書（SOP）	
b．監査・会計指針（AAG）―増加する会計ガイダンスのみ	
c．実務公報（PB）―実務公報第1号により実務公報に格上げされた会計実務従事者への通知を含む	
d．テクニカルな質問サービス（TIS）―ソフトウェアの収益認識についてのみ	
SECが公表した諸基準	
1．レギュレーションS-X	
2．財務報告通牒（FRR）／会計連続通牒（ASR）	
3．解釈通牒（IR）	
4．SECスタッフガイダンス	
a．スタッフ会計公報（SAB）	
b．EITFトピックDおよびSECスタッフのオブザーバーとしてのコメント	

出所：FASB［2009b］，pars.6-12をもとに作成。

れた。

　SFAS第168号は，その基準書のタイトルが示すとおり，会計基準のコード化とGAAPの階層構造についてのものである。FASB会計基準コード化™に含まれる文献（権威ある文献）は，**図表10-9**のとおりである。

第4節　FASBの国際的諸活動計画

　アメリカの会計基準設定主体であるFASBは，会計基準に関わる国際的諸活動を展開している。FASBが国際的諸活動に参画する目的は，端的には，会計情報ないし財務諸表の国際的な比較可能性とアメリカで利用する会計基準の品質を高めることにある。FASBが1991年に**「国際的諸活動計画」**（Plan for International Activities）を公表した後，FASBのミッションのうち，国際的諸活動に関わる第4のミッション（財務報告の品質を改善するとともに，会計基準の国際的な比較可能性（現在のミッションでは，会計基準の国際的なコンバージェンス）を促進すること）が追記されている。

　FASBの国際的諸活動計画には2つの前提がある。つまり，FASBは，国内の財務報告のニーズを最優先に考慮し，また，FASBの国際的な諸活動は，FASB憲章やミッション・ステートメント（Mission Statement）の枠内で展開するというものである。

　これらを前提として，①会計基準の品質改善と国際的な比較可能性の向上による有用な情報の提供，②内外関係者からの見識等を踏まえた，FASBの会計基準設定プロセスと設定される会計基準の向上，および，③アメリカ資本市場での内外企業に対する対等な財務諸表作成・開示要件の促進，の3つをFASBの国際的諸活動計画の目的として掲げた。これらの目的を追求する手段が，基準設定活動，国際的リエゾン（連携）活動および国内開発活動である（FASB [1995]，pars.9-10)。これらの手段は，後にFASBとIASBとの間で締結される**「覚書：ノーウォーク合意」**（Memorandum of Understanding ― "The Norwalk

Agreement")に基づく会計基準のコンバージェンスを促進するためのイニシアティブ（後述）へと結び付いている（杉本［2003］，38-40頁）。

FASBの国際的諸活動は，とくに1990年代に顕著であった。

たとえば，国際的な比較可能性の探求を試みる会計基準の国際的調和化（Harmonization）の一環として，FASBは，カナダ勅許会計士協会（CICA）との間のセグメント報告基準や国際会計基準委員会（IASC）との間の1株当たり利益基準に関するプロジェクトに着手している。1993年4月にはオーストラリア，カナダ，イギリス，アメリカの会計基準設定主体とIASCの代表者が「G4+1」グループ（G4+1 Group）を組織して，財務報告問題について分析・議論する目的で毎年定期的に4回の会合を開催している。1995年のアメリカ会計基準と国際会計基準（IAS）との比較プロジェクトも，会計基準の比較可能性を改善するうえで必要不可欠なものであり，その会計基準の比較報告書（FASB［1996］and FASB［1999b］）が成果として公表されている。また，1996年のアメリカ自由貿易協定（AFTA）の財務報告共同委員会による北米の財務報告に関する共同プロジェクトも試みられた。

G4+1の会計基準設定機関グループは，たとえば「企業結合の会計処理方法をコンバージェンスさせるための勧告」（1998年12月），「財務業績の報告：現在の開発状況と将来の方向性」（1999年9月），「所有者からの拠出以外の非相互移転についての受取者の会計：その定義，認識および測定」（2000年1月）および「株式報酬制度の会計」（2000年7月）などのポジション・ペーパー（政策方針書）を起草してきた。G4+1グループの企業結合の会計処理方法に関するポジション・ペーパーは，FASBによる当該基準の公開草案の提案のベースにもなっている。

1996年にはニュージーランドの会計基準設定主体もG4+1グループに参画したが，その後のIASCからIASBへの組織改革は，このG4+1グループの解散の直接的原因となった。なお，ヨーロッパでのG4+1グループに相当するヨーロッパ会計研究グループを別途組織したが，この組織を「E5+2」グループ（E5+2 Group）という。

第5章で概説したように，1997年にIASCの組織改革を主たる任務とする戦

略作業部会（Strategy Working Party）が組織されたが，FASBもこの部会の一員として議論に加わっている。戦略作業部会は，1999年11月に**最終報告書**「**IASCの将来像に関する勧告**」（Recommendations on Shaping IASC for the Future）（IASC［1999］）を公表したが，高品質な会計基準の設定主体のあり方に対するFASBのビジョンは，ほぼ同時進行的に，FASBの運営組織であるFAFとともに「**国際会計基準の設定：将来のビジョン**」（International Accounting Standard Setting: A Vision for the Future）（FASB［1999a］）を通じて明確にしている。そこでは，国際的な財務報告制度を確立するには，国際的な高品質な会計基準設定主体の構築が不可欠であり，この設定主体が具備すべき8つの機能などを明示している。この「国際会計基準の設定：将来のビジョン」がIASCの組織改革に及ぼした役割は大きい。

第5節 会計基準のコンバージェンスとFASBのイニシアティブ

1.「覚書：ノーウォーク合意」の本質

　FASBによる会計情報ないし財務諸表の国際的な比較可能性と会計基準の品質を高めるという国際的諸活動の参画目的は，各国の会計基準のコンバージェンスと高品質な会計基準の開発というより具体的な活動へと集約される。

　FASBとIASBに対するSECの働きかけが功を奏して，FASBとIASBは，2002年9月にFASBの拠点であるコネチカット州ノーウォーク（Norwalk）で会計基準のコンバージェンスに関する最初の共同会議を開催している。この会議の成果が，10月に公表された「**覚書：ノーウォーク合意**」（FASB［2002b］（山田［2003］））である。この合意は，アメリカ会計基準とIFRSsのコンバージェンスへの取組みを公式化した画期的なものである（「覚書：ノーウォーク合意」は，**第1章**も参照）。

　合意文書の本質は，①会計基準間の差異を削減する短期コンバージェンス・

プロジェクトに着手する，②2005年1月1日時点で残った両会計基準間の差異を個別のプロジェクトとして着手する，③共同プロジェクトを継続して進める，④各審議会の解釈指針設定組織（EITFと国際財務報告解釈指針委員会（IFRIC））の活動を調整する，の4点にある。

2．会計基準のコンバージェンス促進のためのFASBのイニシアティブ

　合意文書の本質を踏まえて，FASBは，アメリカ会計基準とIFRSsとのコンバージェンスを促進するために，次の6つのイニシアティブを採っている（FASB［2005］）。

①IASBとの共同プロジェクト

②短期コンバージェンス・プロジェクト

③IASBリエゾン・メンバーのFASB本部での常勤

④FASBによるIASBプロジェクトの監視

⑤コンバージェンスに関する調査研究プロジェクト

⑥FASBのすべてのアジェンダ（協議事項）の決定に潜むコンバージェンスについての系統立てた考察

「覚書：ノーウォーク合意」の締結に先立ち，FASBとIASBは，最初の共同プロジェクトとして企業結合問題に着手していた。両会計基準間に顕著な差異がみられる企業結合会計について，実践的かつ理論的にコンバージェンスすることを際立たせたものであり，FASBは，2007年12月4日に，SFAS改訂第141号「企業結合」とSFAS第160号「連結財務諸表における非支配持分」を公表（IASBは，IFRS第3号「企業結合」と改訂IAS第27号「連結および個別財務諸表」を公表）し，企業結合の共同プロジェクトを終えた。このプロジェクト以外にも，収益認識，財務諸表の表示および概念フレームワークなどの共同プロジェクトを展開している。

　短期コンバージェンス・プロジェクトは，FASBとIASBにとって必ずしも中心的な問題ではないが，現行の両会計基準間の差異を同時に削減することで財務報告の改善を目指した。棚卸資産の原価（SFAS第151号），事業用資産の

720

第5節　会計基準のコンバージェンスとFASBのイニシアティブ

交換（SFAS第153号），会計上の変更と誤謬修正（SFAS第154号）および1株当たり利益（SFAS第128号）が，すでにこのプロジェクトのもとで最終基準としてのSFASまたは公開草案として公表された。その一方で，貸借対照表項目の分類等にも取り組んでいたが，協議事項から外された。

　IASBリエゾン・メンバーをFASB本部に常勤させる目的は，FASBとIASBとの間の情報交換を促進し，協調を増強することにある。

　会計基準のコンバージェンスの重要性から判断して，FASBは，IASBのプロジェクトに対する関心の度合いに基づいて，2つのタイプの監視を行っている。会計基準のコンバージェンスの見地から重要でないプロジェクトやFASBにとって関心の希薄なIASBのプロジェクトは，IASBリエゾン・メンバーを通じて監視し，また，将来的にはFASBにとっても重要なプロジェクトは，FASBスタッフが監視を行っている。前者には退職後給付や採掘活動のプロジェクトが，後者には中小企業の会計基準，IAS第39号「金融商品：認識および測定」の改正，特別目的会社を含めた連結，金融商品リスクの開示，保険契約（フェーズⅡ）およびIFRS第3号「企業結合」に関する諸問題のプロジェクトなどがある。

　FASBには，アメリカ会計基準とIFRSsとの本質的な差異を識別するための調査研究プロジェクトがあった。たとえば，短期コンバージェンス・プロジェクト以外にも国際的コンバージェンスに関する調査研究プロジェクトをスタッフに課しているが，それは両会計基準間のすべての差異を識別し，最も効果的な戦略で当該差異を分類し，コンバージェンス目的を促進するのに必要であればFASBのアジェンダ（協議事項）の設定プロセスにコメントを寄せるという3つの目的に基づくものである。

　最後に，FASBのアジェンダ（協議事項）になると思われる論題は，いずれもIASBや他の会計基準設定主体と協調する可能性について評価する必要がある。FASBがアジェンダ（協議事項）の論題を評価する際に考慮する要因として，①それを解明することで会計基準のコンバージェンスを高める可能性，②このアジェンダが他の会計基準設定主体と協調する機会をもたらすか否か，および，

第10章　アメリカにおける会計基準のコンバージェンス

721

③共同ないし協調できるだけの資源の利用可能性，があげられている（FASB
［2005］）。

第6節 「覚書：ノーウォーク合意」のアップデート

　FASBとIASBが，国内および国境を越えた財務報告に使用しうる，高品質
で互換性のある会計基準を開発することで合意した「覚書：ノーウォーク合意」
（2002年9月）は，互換性を達成するために，4つの最優先課題を提示していた
（本書**第1章**参照）。とくに，第1の最優先課題である短期プロジェクト（U.S.
GAAPとIFRSsとの間にあるさまざまな差異を削除する目的で，短期的なプロジェ
クトに着手すること）を展開した結果，FASBは，①棚卸資産の原価参入項目
の明確化，②資産の交換，③会計方針の変更，および，④1株当たり利益の計
算などの会計基準を策定した。

　FASBとIASBによる会計基準のコンバージェンスの共同プロジェクトや単
一で高品質な国際的な会計基準の策定の実現に向けた努力は，主要20ヵ国・地
域（Group of Twenty（G20））やG20財務大臣・中央銀行総裁会議（G20 Finance
Ministers and Central Bank Governors）などでも喫緊の解決すべき課題として
認識され，会計基準と政治的および経済的対応との関わりがより鮮明なものと
なっているところに特徴がある。

1．2006年の「覚書」によるアップデート

　会計基準のコンバージェンスをさらに推進する目的から，FASBとIASBは
2005年4月と10月に共同会議を開催し，共通の単一で高品質な国際的な会計基
準の開発が，両審議会にとって戦略的な優先事項であることを再確認している。
その後，FASBとIASBは，2006年2月の共同会議で2008年までの優先順位に
ついて合意したことを受けて，いわゆる「**第2次ノーウォーク合意**」として位
置づけられる「**IFRSsとU.S. GAAPとの間のコンバージェンスに対するロー**

第6節 「覚書：ノーウォーク合意」のアップデート

ドマップ—2006年-2008年」（A Roadmap for Convergence between IFRSs and US GAAP — 2006-2008：Memorandum of Understanding between the FASB and the IASB）と題する「覚書」（MoU）（FASB [2006a]）を2006年2月27日に締結し，公表した。

　この2006年の「覚書」が公表された背景には，第1に，EUにおける域内上場企業に対して2005年からIFRSs強制適用が始まったこと，第2に，SECが本国基準を適用して連結財務諸表を作成する外国民間発行体に課している調整表作成・開示要件（Reconciliation Requirement）について，IFRSsを使用する外国民間発行体には2009年までに撤廃する方向で調整が始まったことなどがある。

　とくに，第2の背景は，EU域内企業に限らず，アメリカにとってもきわめて重要な規制措置の動向であった。

　当時のSECのクリストファー・コックス（Christopher Cox）委員長とEUのチャーリー・マクリービー（Charlie McCreevy）EC委員の会談（2006年2月8日）において，先のノースウェスタン大学（Northwestern University）での「会計基準のコンバージェンスに関するシンポジウム」（Symposium on the Convergence of Accounting Standards）において，SECのドナルド・ニコライセン（Donald Nicolaisen）主任会計士が私見として提示した**「SEC調整表作成・開示要件の撤廃勧告のロードマップ」**（より正しくは，「IFRSsに従って作成した財務諸表をU.S. GAAPに調整する外国民間発行体に対するSEC要件を撤廃するSECスタッフ勧告のロードマップ」（A Possible Roadmap to an SEC Staff Recommendation to Eliminate the SEC Requirement for Foreign Private Issuers to Reconcile Financial Statements Prepared under IFRSs to U.S. GAAP））（Nicolaisen [2005], Appendix I, p.686）を支持した事実がある。SECが外国民間発行体に課してきた調整表作成・開示要件について，IFRSsに準拠して連結財務諸表を作成している場合には，それを容認するとともにこの要件を2009年までに撤廃するというロードマップである。現にSECは，FASBとIASBが2007年中に達成した進捗状況やその他の要因をもとに，「IASBによる英語版IFRSs」（IFRSs as issued

第10章 アメリカにおける会計基準のコンバージェンス

723

図表10-10　FASBとIASBによる2006年の「覚書」に示された コンバージェンス項目の現状と2008年までに達成すべき事項

すでにアジェンダ（協議事項）となっている項目			
コンバージェンス項目	FASBでのアジェンダの現状	IASBでのアジェンダの現状	2008年までに達成すべき事項
1．企業結合	アジェンダ（基準作成中）	アジェンダ（基準作成中）	最終基準の公表（2007年を予定）。公開草案に対するコメントを十分検討したうえで内容と発効日を決定する。
2．連結	アジェンダ（現在休止状態）	アジェンダ（公表物はない）	高い優先度のある項目としてコンバージされた基準の完成を目指した作業に着手する。
3．公正価値測定	2006年前半での完成	アジェンダ（基準作成中）	現行の公正価値に関する要求の適用に対して首尾一貫性を提供することを目的としたコンバージされたガイダンスの公表。
4．負債と資本の区分	アジェンダ（公表物はない）	アジェンダ（FASBのリードに従う）	提案する会計基準に関する2，3のデュー・プロセス書類の公表。
5．業績報告	アジェンダ（公表物はない）	第1フェーズの公開草案	プロジェクトのすべてのトピックスに関する2，3のデュー・プロセス書類の公表。
6．退職後給付（年金を含む）	アジェンダ（複数フェーズを伴うプロジェクトの第1フェーズの基準作成中）	アジェンダとなっていない	提案する会計基準に関する2，3のデュー・プロセス書類の公表。
7．収益認識	アジェンダ（公表物はない）	アジェンダ（公表物はない）	提案する包括的会計基準に関する2，3のデュー・プロセス書類の公表。

すでにリサーチ項目であるが，アジェンダ（協議事項）となっていない項目			
コンバージェンス項目	FASBでのアジェンダの現状	IASBでのアジェンダの現状	2008年までに達成すべき事項
1．認識の中止	現在アジェンダとするための事前研究中	リサーチのアジェンダ	スタッフのリサーチ結果に関するデュー・プロセス書類の公表。
2．金融商品（現行基準の置換え）	リサーチのアジェンダであり，ワーキンググループを設立	リサーチのアジェンダであり，ワーキンググループを設立	金融商品の会計基準に関する2，3のデュー・プロセス書類の公表。
3．無形資産	アジェンダとなっていない	リサーチのアジェンダ（ある国の会計基準設定主体が主導）	IASBのリサーチの結果の検討および潜在的アジェンダ・プロジェクトとしての範囲とタイミングに関する決定。
4．リース	事前研究中	リサーチのアジェンダ（ある国の会計基準設定主体が主導）	潜在的アジェンダ・プロジェクトとしての範囲とタイミングに関する検討および決定。

出所：FASB［2006a］，pp.3-4.

by the IASB）を使用する外国民間発行体に対する調整表作成・開示要件を，2007年11月15日に撤廃している。また，SECは，アメリカの発行体に対してもIFRSsをアドプションするロードマップ案も公表している（ニコライセン主任会計士による「SEC調整表作成・開示要件の撤廃勧告のロードマップ」やSECによる調整表作成・開示要件の撤廃に向けた対応などの詳細については，本書**第13章**を参照）。

　FASBとIASBによる2006年の「覚書」は，2002年の「覚書：ノーウォーク合意」に基づく取組みを踏まえて，会計基準のコンバージェンスを2006年から2008年までに達成すべき具体的な達成目標という形で，共同作業プログラムの優先順位を示し，短期プロジェクトの推進を図るものである。この2006年の「覚書」は，次の３原則に基づいている（FASB［2006a］，p.1）。

---

①会計基準のコンバージェンスは，長期にわたる高品質で共通の基準の開発を通じて，最も良く達成できる。

②重要な改善が必要な２つの基準間の差異の解消を試みることは，FASBとIASBの資源の最善の利用ではない——それよりも，投資家に対して報告される財務情報を改善する新しい共通の基準を開発すべきである。

③投資家の要求に応えることは，両審議会が，改善が必要な基準を共同で開発した新基準に置き換えることによるコンバージェンスを図るべきであることを意味する。

　この2006年の「覚書」では，2006年から2008年までの短期プロジェクトとしてコンバージェンスを図るとした項目（短期コンバージェンス項目）には，次のものがある。

(1)	FASBとIASBが共同で行うプロジェクト項目	
	①減損	②法人所得税
(2)	FASBが検討するプロジェクト項目	
	①公正価値オプション	②投資不動産
	③研究開発費	④後発事象
(3)	IASBが検討するプロジェクト項目	
	①借入費用	②政府補助金
	③ジョイント・ベンチャー	④セグメント報告

注：公正価値オプションは，2005年7月1日にFASBでアジェンダ（協議事項）になっている。また，投資不動産は，公正価値オプション・プロジェクトの一部としてFASBにより検討される予定である。

　この時点で，両審議会は，企業結合，連結，公正価値測定，負債と資本の区分，財務諸表の表示，退職後給付（年金を含む）および収益認識をアジェンダ（協議事項）として採り上げていた。また，認識の中止，金融商品（現行基準の置換え），無形資産およびリースは，当時は両審議会によるリサーチが進められていたものの，アジェンダとはなっていない（**図表10-10**参照）。

2．2008年の「覚書」によるアップデート

　2006年2月に公表された「覚書」を開発する際に，FASBとIASBは，主要な基準レベルのプロジェクトの多くが2008年までには完成しないことを承知していた。そのうえで，2008年までの優先順位について合意し，その達成目標を設定したのである。

　2008年4月に開催されたFASBとIASBの共同会議において，両審議会は，引き続き共通の高品質で国際的な会計基準の開発にコミットメントすることを確認し，「覚書」プロジェクトを完了させる方針や工程などについて合意している。それを踏まえて，FASBとIASBは，2006年以降達成した進捗状況を報告するとともに，2011年までに主要な共同プロジェクトを完了させるという目標を定めるために，2006年「覚書」の改訂版である**「2006年2月の覚書の完了：進捗状況の報告および完了予定表」**(Completing the February 2006 Memorandum of Understanding: A Progress Report and Timetable for Completion)（FASB and

IASB［2008］）を2008年9月11日に公表した。

　FASBとIASBが2007年中に達成した進捗状況とその他の要因は，SECが，当初は2009年までとした目標期日を前倒しして，2007年11月15日に，「IASBによる英語版IFRSs」を使用する外国民間発行体に対する調整表作成・開示要件を撤廃することにも少なからず影響を及ぼした。

　「覚書」プロジェクトの完了のための合意済みの工程は，**「短期コンバージェンス」**（Short-term Convergence）と**「主要な共同プロジェクト」**（Major Joint Projects）に大別したうえで，その進捗状況や完了見込日などを報告している。

（1）短期コンバージェンス

　2006年の「覚書」で明示された短期プロジェクトには，重要分野での主要な差異を解消する作業を完了または実質的に完了させる目標が設定されていた。2008年の「覚書」では，予定通り完了した短期プロジェクト（FASBによる公正価値オプション（SFAS第159号）と研究開発費（SFAS第141号R），IASBによる借入費用（改訂IAS第23号）とセグメント報告（IFRS第8号））と継続中の短期コンバージェンスを示した。

　FASBとIASBによる継続中の短期コンバージェンスは，次のとおりであった。

【FASB】：
　・後発事象の会計処理と報告に関する基準案の公表予定（2008年後半）
　・短期コンバージェンス・プロジェクト戦略の再検討（2008年後半）
【IASB】：
　・共同支配の取決め（Joint Arrangement）（ジョイント・アレンジメント）に関する公開草案の公表（2007年9月）
　・IAS第12号「法人所得税」を改善した基準案の公表予定

　また，政府補助金と減損に関するプロジェクトについては，その完了の延期を明らかにした。

（2）主要な共同プロジェクト

2006年の「覚書」で識別された11分野の主要な共同プロジェクトについては，FASBとIASBが，7分野で共通の基準を完成させたか，同一の結論に達したか，あるいは，共通の高品質な基準を開発するために共同作業を進めているとした。これに該当するプロジェクトには，企業結合，金融商品（現行基準の置換え），財務諸表の表示，無形資産，リース，負債と資本の区分および収益認識がある。また他の4分野において，両審議会は，短期的には差異を最小化し，長期的には共通の基準開発を容易にするために，お互いの進捗状況をフォローしている。これには連結，認識の中止，公正価値測定および退職後給付（年金を含む）がある。

主要な共同プロジェクトについて，2006年の「覚書」は2008年までに達成すべき指標を示していたが，FASBとIASBは，2008年の共同会議において，改めて2011年までに達成すべき優先順位と達成目標に合意している（**図表10-11**参照）。また，両審議会は，共同プロジェクトの目標が，求められるデュー・プロセスに従って共通の原則主義に基づく基準を開発することであることにも合意している。

図表10-11　FASBとIASBによる2008年の「覚書」に示されたコンバージェンス項目の現状と次の段階

両審議会がIFRSsとU.S. GAAPの改善のために識別された分野に関して，現在，共同作業を行っているプロジェクト				
コンバージェンス項目	2006年「覚書」に記載された，2008年までに達成が期待された進展	現在の状況	完了見込日	次の段階
1．企業結合	コンバージした基準の公表（2007年を予定）。公開草案に対するコメントを十分検討したうえで内容と発効日を決定する。	プロジェクトが完了し，共通の基準を公表した。	2007年にプロジェクト完了。財務会計基準書第141号Rを2007年に公表。改訂IFRS第3号を2008年に公表。	改訂後基準が2年間適用された後に，適用後レビュー［レビューは2012年前半に予定］。
2．金融商品（現行基準の置換え）	金融商品の会計基準に関する1つ以上のデュー・プロセス書類の公表。	IASB：ディスカッション・ペーパーを2008年に公表。	未定	IASBのディスカッション・ペーパーおよびヘッジ会計を簡素化するFASB公開草案に

項目	進展	現在の状況	完了見込日	次の段階
		FASB：IASBのディスカッション・ペーパーに関するコメント募集の公表。FASBは2008年半ばにヘッジ会計の簡素化の公開草案を公表。		関するコメントを検討した後，U.S. GAAPとIFRSsに対して提案する改善の内容および範囲に関して2008年の終わりまでに決定。
3．財務諸表の表示	プロジェクトのすべての項目に関する1つ以上のデュー・プロセス書類の公表。	IASB：改訂IAS第1号を2007年に公表。審議会の共同審議が継続中。	2011年	2008年第3四半期に予備的見解／ディスカッション・ペーパー
4．無形資産	IASBのリサーチの結果の検討および潜在的アジェンダとしての範囲とタイミングに関する決定。	活動していない―両審議会は共同のアジェンダにプロジェクトを追加しないことを2007年に決定。	活動中のアジェンダではない。	活動中のアジェンダではない。
5．リース	潜在的アジェンダとしての範囲とタイミングに関する検討および決定。	共同のアジェンダに追加されたプロジェクト。審議会の審議が継続中。	2011年	2008年後半に予備的見解／ディスカッション・ペーパーが公表される。
6．負債と資本の区分	会計基準案に関する1つ以上のデュー・プロセス書類の公表。	2008年前半に予備的見解／ディスカッション・ペーパーを公表した。	2011年	2009年に公開草案
7．収益認識	提案する包括的会計基準に関する1つ以上のデュー・プロセス書類の公表。	審議会の共同審議が継続中。	2011年	2008年第4四半期に予備的見解／ディスカッション・ペーパーが公表される。

IFRSsとU.S. GAAPの改善のために識別された分野で，両審議会が基準開発において異なる段階にあり，共通の基準を目指すもの

コンバージェンス項目	2006年「覚書」に記載された，2008年までに達成が期待された進展	現在の状況	完了見込日	次の段階
8．連結	高い優先度のある項目としてコンバージした基準の完成を目指した作業に着手。	両審議会は公開草案を2008年に公表予定。	両審議会は最終基準を2009年から2010年に公表予定。	共通の基準を開発する戦略について2008年に決定。

9. 認識の中止	スタッフのリサーチ結果に関するデュー・プロセス書類の公表。	両審議会は公開草案を2008年までまたは2009年初期に公表予定。	両審議会は最終基準を2009年から2010年に公表予定。	共通の基準を開発する戦略について2008年に決定。
10. 公正価値測定	現行の公正価値に関する規定の適用において首尾一貫性を提供することを目的としたコンバージしたガイダンスの公表。	FASB:基準完成。IASB:ディスカッション・ペーパーを2007年に公表。審議会の審議が継続中。	FASB：2006年に基準を公表した。IASB：2010年	IASB：2009年前半に公開草案FASB：IASBの審議の観点から財務会計基準書第157号をレビュー。
11. 退職後給付（年金を含む）	会計基準案に関する1つ以上のデュー・プロセス書類の公表。	FASB：FASBが定義づけたプロジェクトの第1段階を完了。IASB:ディスカッション・ペーパーを2008年3月に公表した。	IASB：2011年	IASB：ディスカッション・ペーパーに対するコメントの検討に引き続き，2009年に公開草案。

出所：FASB and IASB［2008］, pp.3-5.

なお，2008年の「覚書」は，「覚書」プロジェクトと共同の概念フレームワーク・プロジェクトとの関係についても述べられている。

3．FASBとIASBによる「覚書」プロジェクトのマイルストーンの目標

FASBとIASBは，2009年11月5日に**共同声明「FASBとIASBによる覚書に対するコミットメントの再確認」**（FASB and IASB Reaffirm Commitment to Memorandum of Understanding）（FASB and IASB［2009］）を公表した。この共同声明は，両審議会がアメリカの会計基準とIFRSsを改善し，また，コンバージェンスの達成へのコミットメントを再確認するとともに，2006年に公表し，その後2008年に更新した「覚書」における重要なプロジェクトを完成するための計画（目標期日は2011年6月）を公表し，その目標の達成に向けた努力を強化することを認識したものである。

この共同声明の付録A「『覚書』（MoU）プロジェクトの完成への道筋」（Pathway to Completion of MoU Project）には，金融商品，連結，認識の中止，公正価値測定，収益認識，リース，資本の特徴を有する金融商品，財務諸表の表示（包括利益計算書，非継続事業，メインの財務諸表の表示プロジェクト），その

他の「覚書」プロジェクトおよびその他の共同プロジェクトについて，それぞれマイルストーンの目標が明記されている。具体的には，以下のとおりである。

金融商品についてのマイルストーンの目標	
2009年11月	IASBは，予想キャッシュ・フローを基礎としたモデルを提案する，金融資産の減損についての公開草案を公表した。 　IASBは，金融資産の分類および測定を取り扱う，新IFRSの第1部を公表する。
2010年第1四半期	IASBは，コメント期限を2010年6月末までとする，金融資産および負債のヘッジについての最初の提案を公表する。 　IASBは，コメント期限を2010年6月末までとする，金融負債の分類および測定についての最初の提案に対する変更を公表する（IASBは，2009年7月に金融負債の分類および測定についての最初の提案を公表したが，金融商品プロジェクトの第1フェーズの範囲に金融負債を含めないことを決定した）。 　FASBは，コメント期限を2010年6月末までとする，分類および測定，減損およびヘッジをカバーする包括的な提案を公表する。当該提案の一環として，FASBは，（資産と負債の両方の）認識および測定，減損およびヘッジについてのIASBの提案に対する見解を求める。 　IASBも，FASBの包括的な公開草案に対する見解の募集を公表する。
2010年第2四半期	IASBは，当該規定を早期適用している企業による金融資産の分類および測定に対する規定の適用をレビューする。
2010年第4四半期	両審議会は，最終基準を公表する予定である。

連結についてのマイルストーンの目標	
2010年第2四半期	FASBは，連結についての公開草案を公表する予定である。 　IASBは，最終基準案のスタッフによるドラフトを入手可能にし，FASBの提案に対する見解の募集も公表する。
2010年第3四半期	IASBとFASBは，すべてのタイプの企業をカバーする，連結についてのコンバージされた最終基準を公表することを目指している。

認識の中止についてのマイルストーンの目標	
2010年第2四半期	IASBとFASBは，変更されたU.S. GAAPの規定の適用を基礎として，U.S. GAAPとIFRSsの差異を評価する。
2010年第2四半期	IASBとFASBは，IASBが前四半期にわたって開発している，支配を基礎とした認識の中止のモデルの適合性を一緒に検討する。

公正価値測定についてのマイルストーンの目標	
2009年11月	IASBは，FASBと協力して，アジア，ヨーロッパおよび北米で公正価値測定についての公開円卓討論を開催する。
2010年第1四半期	両審議会は，IASBの公開草案に対して受け取ったコメントを一緒に検討する。
2010年第1四半期	FASBは，「公正価値測定」に対する規定を改善し，当該規定がIFRS案と調和していることを確保するために，U.S. GAAPの修正を提案することが必要かどうかを決定する。
2010年第3四半期	（必要ならば）FASBの公開草案の公開コメント期間の終了後，両審議会は共同で論点を審議する。IASBは，「公正価値測定」についての最終基準を公表する予定であり，FASBは，必要な場合，U.S. GAAPへの関連する修正を完成する。

収益認識についてのマイルストーンの目標	
2009年第4半期	両審議会は，さまざまなタイプの取引に対してモデルを評価するために異なる業界代表と一連のワークショップを実施する。
2010年第2四半期	IASBとFASBは，「収益認識」についての公開草案を公表する予定である。
2011年第2四半期	IASBとFASBは，「収益認識」についての最終基準を公表することを目指している。

リースについてのマイルストーンの目標	
2010年第2四半期	IASBとFASBは，貸手および借手の観点から，リースに対する会計を提案する公開草案を一緒に公表する。
2011年第2四半期	IASBとFASBは，リースに対する会計についての最終基準を一緒に公表することを目指している。

資本の特徴を有する金融商品についてのマイルストーンの目標	
2009年12月	両審議会は，合同会議で識別されたアプローチの実行可能性を一緒に検討する。
2010年1月	両審議会は，より詳細なマイルストーンの目標を含めた，計画についての更新を提供する。両審議会は，2011年の中頃までに本プロジェクトを完了することを目指している。

第6節 「覚書：ノーウォーク合意」のアップデート

財務諸表の表示についてのマイルストーンの目標	
2010年第1四半期	IASBとFASBは，単一の包括利益計算書以外においてその他の包括利益項目を表示する，企業が持つ選択肢の削減を提案する公開草案を公表することを予定している。 　FASBは，非継続事業のIFRSの定義を適用する提案を公表することを予定している。
2010年第2四半期	IASBとFASBの双方は，「財務諸表の表示」についての公開草案を公表することを予定している。 　FASBは，「非継続事業」のIFRSの定義を適用する修正を完了することを目指している。
2010年第3四半期	IASBとFASBは，単一の計算書において包括利益を表示することを企業に求める修正を完了することを目指している。
2011年第2四半期	IASBとFASBは，「財務諸表の表示」についての最終基準を公表することを目指している。

その他の「覚書」プロジェクトについてのマイルストーンの目標	
ジョイント・ベンチャー	IASBは，今後数ヵ月以内に基準を公表する予定である。
退職後給付	IASBは，2010年初めに公開草案を公表し，2011年の中頃までに改善を完了する予定である。
法人所得税	両審議会は，本プロジェクトを現在の形式で進めるべきではないことに合意した。 　11月にIASBは，改善の限定された範囲のプロジェクトの一環として，IAS第12号「法人所得税」の側面を取り扱うかどうかを検討する。

その他の共同プロジェクトについてのマイルストーンの目標	
概念フレームワーク	財務報告の「目的および質的特性」を取り扱う，フレームワークの最初の2章は，2009年末頃に公表される。 　両審議会は，「報告企業」を取り扱う章についての公開草案も一緒に公表する予定である。
排出権取引	両審議会は，2010年に一緒に公開草案を公表する予定であり，2011年中頃に共同の基準を公表することを目指している。
保険契約	両審議会は，2011年中頃までに共同の基礎を完成するために，2010年第2四半期に公開草案を一緒に公表することを目指している。

出所：FASB and IASB［2009］，Appendix A（企業会計基準委員会［2009］を参照）から抜粋のうえ，一部修正。

　ところで，単一で高品質な国際的な会計基準の策定に向けた取組みの強化や，

会計基準のコンバージェンス・プロジェクトの完了の目標期日を2011年6月と明言したことは，アメリカのサブプライムローン（Subprime Lending）問題に端を発したリーマン・ブラザーズ（Lehman Brothers Holdings）の破綻（2008年9月14日）による世界的規模での金融危機とその対応とも密接に関わっている。20ヵ国・地域首脳会合（G20サミット）による会計基準に関する提言は，まさにその好例である。

　ワシントンD.C.で開催された第1回金融サミット（ワシントン・サミット）での**「金融・世界経済に関する首脳会合宣言」**（Declaration: Summit on Financial Markets and the World Economy）（2008年11月15日）（G20 ［2008］）は，金融危機の再来を防止するために，金融市場と規制枠組みの強化に向けた改革を実施する次の5つの共通原則と整合的な政策にコミットすることを謳っている。

　①透明性および説明責任の強化

　②健全な規制の拡大

　③金融市場における公正性の促進

　④国際連携の強化

　⑤国際金融機関の改革

　金融市場の改革のための共通原則は，この首脳会合宣言に付された**「改革のための原則を実行するための行動計画」**（Action Plan to Implement Principles for Reform）に具体的に示されている。第1の共通原則である「透明性および説明責任の強化」に関わる行動計画は，会計基準設定主体や単一で高品質な国際的な会計基準の策定に直接的に言及している（G20 ［2008］, Action Plan to Implement Principles for Reform）。

透明性および説明責任の強化

　2009年3月31日までの当面の措置

・　世界の主要な会計基準設定主体は，とくに市場の混乱時における複雑な流動性のない商品の価格評価も考慮に入れて，証券の価格評価のガイダンスを強化するための作業を行う。

第6節 「覚書：ノーウォーク合意」のアップデート

- ・　会計基準設定主体は，非連結特別目的会社のための会計および開示の規準に関する脆弱性に対処するための作業を大きく進展させる。
- ・　規制当局および会計基準設定主体は，市場参加者に対する，金融機関による複雑な金融商品の義務的開示を強化する。
- ・　金融の安定を促進する観点から，とくに透明性，説明責任およびこの独立主体と関係当局との適切な関係を確保するために，その構成員の見直しを含め，国際会計基準設定主体のガバナンスをさらに強化する。
- ・　私募ファンドおよび／またはヘッジファンドに関するベスト・プラクティスをすでに策定している民間団体は，一連の統一されたベスト・プラクティスの提案を提示する。財務大臣は，規制当局，拡大されたFSFおよびその他関連機関の分析に基づき，これらの提言の適切性を評価する。

中期的措置

- ・　世界の主要な会計基準設定主体は，単一で高品質な国際的な基準を創設することを目的に，精力的に作業を行う。
- ・　規制当局，監督当局および会計基準設定主体は，状況に応じて，高品質な会計基準の一貫した適用および実施を確保するために，相互にまたプライベート・セクター（民間部門）と継続的に協力して作業を行う。
- ・　金融機関は，必要に応じて，国際的なベスト・プラクティスに基づいて，財務報告におけるリスク開示を強化するとともに，すべての損失を継続的に開示する。規制当局は，金融機関の財務諸表が，金融機関の活動（非連結の活動を含む）を完全，正確かつ適時に反映すること，また，財務諸表が一貫して定期的に報告されることを確保するように努める。

　2009年9月24日に開催された第3回G20サミット（ピッツバーグ・サミット）の首脳声明では，次のような追加的な措置に関わる提言が書き添えられている（G20［2009］（杉本監修［2010］，補論参照））。

国際金融規制体制の強化

14．われわれは，国際会計基準設定主体に対し，その独立した基準設定プロセスの枠内において，単一で高品質な国際的な会計基準を実現するための努力を

倍増すること，そして2011年6月までにコンバージェンス・プロジェクトを完了することを求める。国際会計基準審議会（IASB）の制度的枠組みは，さまざまな利害関係者の関与をさらに向上すべきである。

第7節 FASBとIASBによる会計基準のコンバージェンスの進捗報告書

1．第1回四半期進捗報告書の公表

　FASBとIASBは，「覚書」プロジェクトのコンバージェンス項目について，定期的に進捗状況を公表することで，計画の透明性とアカウンタビリティの提供を確約している。この確約による最初の進捗報告書（IASB and FASB Commitment to Memorandum of Understanding: Quarterly Progress Report）（FASB and IASB［2010a］）は，2010年3月31日に公表された。

　この第1回進捗報告書によれば，FASBとIASBは，2010年3月末日現在，2010年第1四半期におけるコンバージェンスのためのすべてのマイルストーンの目標を達成したという。しかし，金融商品と保険契約の重要な事項については，両審議会の間に見解の相違がみられることから，その基準設定の時期に影響が生じうるため，また，リースの貸手の会計処理の代替的アプローチ（「履行義務アプローチ」に代替する「認識中止アプローチ」）の検討も基準設定の時期に影響が生じうるため，金融商品，保険契約およびリースの基準設定の目標期日は不確実性を抱えている。

　同時に，第1回進捗報告書は，2010年第2四半期（4月～6月）に多くの公開草案が公表される予定であり（FASBによる11の公開草案（主要なプロジェクトに関わる8の公開草案）とIASBによる11の公開草案（主要なプロジェクトに関わる7の公開草案）。たとえば，IAS第19号「従業員給付」改訂の公開草案（2010年4月29日），金融負債の公正価値オプションの公開草案（2010年5月11日），金融商品の会計基準およびデリバティブ商品並びにヘッジ活動の会計処理の改訂の公開草案

第7節 FASBとIASBによる会計基準のコンバージェンスの進捗報告書

（2010年5月26日），その他の包括利益の項目の表示の公開草案（2010年5月27日）など），それらに対するコメント期間への配慮やアウトリーチ活動などを通じて，利害関係者の意見を吸収するように努めるとしていた。

　しかし，実際のところ，この最初の進捗報告書の公表以降，予定されていた公開草案に対する高品質なインプットを提供する能力については，多くの懸念が表明された。

2．第2回四半期進捗報告書の公表

　第2回の進捗報告書の公表に先立ち，FASBとIASBは，2010年6月2日に**「IASBとFASBによるコンバージェンス作業に関する共同声明」**（Joint Statement by the IASB and the FASB on Their Convergence Work）（FASB and IASB [2010b]）を発表している。

　この声明では，「覚書」において2011年6月までとしたプロジェクトの一部について完了する目標期日を2011年下半期に延長することや，2010年第2四半期に公表予定の公開草案に対して高品質なインプットを提供できるかという懸念に対処することなどが表明されている。また，FASBとIASBは，次のような修正された戦略を策定中であることも表明した。

・IFRSsとU.S. GAAPとの間の重要な改善と，コンバージェンスをもたらすとわれわれが信じているより焦点を絞った「覚書」のなかの主要な課題とプロジェクトを優先させる。

・基準の品質にとって非常に重要であるデュー・プロセスに，広範囲で有効なステークホルダーの参加を可能とするために，公開草案の公表と（公開の円卓討論会議のような）関連するコンサルテーションを交互に実施する。

・発効日および経過規定の方法に関するステークホルダーのインプットを求める別個のコンサルテーション書類を公表する。

　アメリカでは，外国民間発行体だけでなくアメリカの発行体にもIFRSsの適用を容認することの是非の判断に資するため，2010年2月24日のSECによる「コ

第10章　アメリカにおける会計基準のコンバージェンス

ンバージェンスとグローバル会計基準を支持するSEC声明」（Commission Statement in Support of Convergence and Global Accounting Standards）（SEC [2010]）の公表以降，SECスタッフによる作業計画（Work Plan）を展開している。こうしたなか，SECのメアリー・シャピロ（Mary Schapiro）委員長は，FASBとIASBによる「覚書」プロジェクト完了の目標期日の延期を含む「IASBとFASBによるコンバージェンス作業に関する共同声明」が，SECスタッフによる作業計画やアメリカの財務報告システムにIFRSsを組込むことの是非の判断には影響を及ぼさないことを表明している（Schapiro［2010]）。

FASBとIASBは，「IASBとFASBによるコンバージェンス作業に関する共同声明」を発表した後の2010年 6 月24日に，コンバージェンス達成のための作業計画の改訂を反映した第 2 回の進捗報告書「**会計基準のコンバージェンスに向けたコミットメントおよび単一で高品質な国際的な会計基準に関する進捗報告書**」（Progress Report on Commitment to Convergence of Accounting Standards and a Single Set of High Quality Global Accounting Standards）（FASB and IASB [2010c]）を公表した。

第 2 回の進捗報告書は，2010年 6 月 2 日の「IASBとFASBによるコンバージェンス作業に関する共同声明」において策定中であった戦略の修正版を策定したことを表明している。この進捗報告書は，修正された戦略と作業計画の概要について取りまとめたものである。

修正された戦略は，基本的には，上記の「IASBとFASBによるコンバージェンス作業に関する共同声明」で表明されたものであるが，第 2 の戦略に，「われわれは，四半期ごとに公表される重要または複雑な公開草案の数を 4 つに制限する」の一文が加わっている。公開草案などに対するステークホルダーの検討・返信能力を勘案した対応である。

修正された戦略のうち，第 1 の戦略は，IFRSsとアメリカの会計基準を緊急に改善する必要性が最も高いと考えられる重要な「覚書」プロジェクト（①金融商品，収益認識，リース，その他の包括利益の表示，公正価値測定に関する共同プロジェクト，②IASBについては認識が中止された資産および他のオフバランスシ

ート・リスクについての開示，連結（とくに仕組事業体に関するもの），保険契約に関するプロジェクト）を優先して取り組むべきとし，これら優先プロジェクトは2011年6月完了という目標期日を維持している。

その一方で，一部のプロジェクト完了の目標期日は，6月2日の共同声明にみられるとおり，2011年下半期に延期された。

3．第3回四半期進捗報告書の公表

FASBとIASBによる第3回の進捗報告書「**会計基準のコンバージェンスに向けたコミットメントおよび単一で高品質な国際的な会計基準に関する進捗報告書**」（Progress Report on Commitment to Convergence of Accounting Standards and a Single Set of High Quality Global Accounting Standards）（FASB and IASB [2010d]）は，2010年11月29日に公表された。

先の第2回進捗報告書の公表以降，IASBは，認識の中止に関する開示や負債を公正価値で測定する際の信用損益の表示を最終基準化し，また，FASBとIASBは，収益認識，リース，保険契約，発効日および経過規定の方法に関するコンサルテーション文書を公表している。

こうした取組みのなかで公表された第3回進捗報告書では，2011年6月の目標期日までに優先プロジェクトを完了するより優位な立場に置くために，つまり，基準の品質にとって不可欠な広範囲で有効なステークホルダーの参加を可能とするために，その他のプロジェクトの戦略と計画を，次のように修正した。

・われわれは，4つのプロジェクト（広範囲の財務諸表の表示，資本の特徴を有する金融商品，排出量取引制度，概念フレームワークの報告企業フェーズ）の実質的な審議を，2011年7月以降に延期することを決定した。
・われわれは，投資会社の連結は2011年6月の優先事項としないことに同意した。2011年末までにこの共同プロジェクトを完了することが目標である。
・FASBとIASBは，それぞれ単独の基準設定プロジェクトのいくつかの審議（FASBは偶発事象の開示，IASBはIAS第37号「引当金，偶発負債および偶発資産」と年次改善）も延期した。

第3回進捗報告書の付録は，当該進捗報告書の公表日現在の，優先プロジェクト，その他のプロジェクト，追加のコンサルテーション（協議）および概念フレームワークに対する両審議会の戦略，計画およびマイルストーンなどを改めて提示している。それらを整理すると，以下のとおりである。

優先プロジェクト

金融商品（「覚書」プロジェクト）

分類，測定，減損およびヘッジ会計

◆現行の戦略と計画
　両審議会の目標は，金融商品に関する財務情報の国際的な比較可能性を促すこの複雑かつ議論を引き起こす分野に，包括的な改善策を公表することにある。両審議会は，それぞれ単独の基準設定プロジェクトで生じる諸問題の協議を念入りに調整することで，この目標の達成を期待している。

◆IASBのプロジェクトの説明
　2009年11月に，IASBはIFRS第9号「金融商品」を公表した。この新IFRSは，金融商品の分類および測定について規定しており，2013年1月1日が発効日である。
　2010年5月に，IASBは，金融負債に関する公正価値オプションの公開草案を公表した。提案の主な焦点は，公正価値での測定を選択した金融負債について，当該企業の信用度の変更に伴う公正価値の変化の報告方法を改善することであった。受け取ったコメントを検討した後,IASBはIFRS第9号に加えてこの改善を完了した。この改善は，2013年1月1日が発効日である。
　2010年第4四半期に，IASBは，一般ヘッジ会計に対する要求事項案についての公開草案を公表する予定である。IASBは，2011年第1四半期の初めに，減損会計についての再公開草案を公表することも予定している。IASBは，2011年6月30日までにこれらの改善を完了する予定である。

◆FASBのプロジェクトの説明
　2010年5月に，FASBは，認識および測定，減損およびヘッジ会計の要求事項を扱う包括的な提案を公表した。
　2010年10月に，FASBは，IASBが参加したステークホルダーとの公開円卓会議を開催した。
　FASBは，何よりもまず，分類，測定および減損に焦点を当てた包括的な提案の差異協議を優先することを11月に決定した。FASBは，2011年第2四半期まで，ヘッジ会計の要求事項案の再協議を開始しない。FASBは，IASBが今年後半に公表予定のIASBによるヘッジに関する公開草案について受け取ったインプット（情報）について検討する。

第7節 FASBとIASBによる会計基準のコンバージェンスの進捗報告書

デリバティブおよびその他の金融商品の貸借対照表上の相殺

◆現行の戦略と計画

　両審議会は，デリバティブおよびその他の金融商品の貸借対照表上の相殺に関するU.S. GAAPとIFRSの要求事項を改善し，コンバージする共同プロジェクトに着手している。両審議会は，2011年第1四半期に公開草案を公表する予定であり，2011年6月30日までに新たな要求事項を完了することを目指している。

リース（「覚書」プロジェクト）

◆現行の戦略と計画

　両審議会は，リースについてのIFRSとU.S. GAAPの要求事項を改善し，コンバージェンスを達成するためのアジェンダ（協議事項）に関する共同プロジェクトを抱えている。両審議会は，2011年第2四半期に，改善され，コンバージされる基準を公表する目標に向けて，2009年8月に公表された公開草案について2011年初めに協議を開始する予定である。

◆背景

　2010年8月に，両審議会は，貸手と借手の観点からのリースの会計を提案した公開草案を公表した。コメント期限は2010年12月15日で，両審議会は，2010年12月と2011年1月に公開円卓会議を計画している。

収益認識（「覚書」プロジェクト）

◆現行の戦略と計画

　両審議会は，収益の認識についての基準を改善し，コンバージェンスを達成するために共同で作業している。2010年末に，両審議会は，改善され，コンバージされた基準を2011年第2四半期に完了するとの目標に向けて，2010年6月に公表された共通の公開草案について共同での再協議に着手する。

◆背景

　6月24日に，両審議会は公開草案を公表した。コメント期限は10月22日で，両審議会は2010年11月に公開円卓会議を開催した。

連結（「覚書」プロジェクト）

◆現行の戦略と計画

　両審議会のそれぞれの連結の要求事項を改善し，コンバージェンスをもたらすための両審議会の戦略は，それぞれの，また，共同での基準設定プロジェクトの緊密な連携を必要とする。

　・IASBは，2011年第1四半期の初めに，ストラクチャード・インベストメント・ビークル（仕組み投資会社）およびその他の特別目的会社の連結や関連する開示についてのU.S. GAAPと実質的なコンバージェンスをもたらす，連結に関するIFRSを完了する計画である。

　・IASBとFASBは，投資会社の連結に関連する問題を共同で検討しており，2011年後半までに，コンバージされた基準を公表する計画である（両審議会は，2011年中頃に公開草案を公表する予定である）。

第10章　アメリカにおける会計基準のコンバージェンス

741

・FASBは，2010年後半または2011年初めに，議決権を伴う企業（Voting Interest Entities）についてのU.S. GAAPの連結の要求事項とIFRSsのコンバージェンスを達成する改訂を提案するかどうかを検討する。

◆背景

6月に，IASBは，連結の要求事項の改正を完了する前に，（11月22日に開催した）FASBが主催する公開円卓会議を通じて，アメリカのステークホルダーとの連結基準案に関する議論を含む，追加的なアウトリーチ活動に着手する決定をした。FASBは，そのインプットを検討することや，IASBが公表した要求事項（議決権を伴う企業に関わるU.S. GAAPとIFRSとの差異の解消）と矛盾のない公開草案を進めるかどうかを決定することにも同意した。

両審議会は，投資会社の連結に関わる改善された，コンバージされた基準を共同で開発する計画であり，次の段階として，この分野での完全にコンバージされた基準を達成するために，それぞれの連結の要求事項の変更案に関する公開草案を公表する。6月に，両審議会は，2010年末までに各公開草案を公表する計画を報告した。11月に，両審議会の協議を終えたものの，両審議会は，協議期間の結果で優先的な「覚書」プロジェクトの完了することを確保するために，公表を2011年第2四半期まで延期することを決定した。両審議会は，2011年後半に，投資会社の連結に関するコンバージされた基準を公表する予定である。

公正価値測定（「覚書」プロジェクト）

◆現行の戦略と計画

両審議会は，公正価値測定の定義を改善し，そのコンバージェンスを達成し，また，共通の適用指針を規定するための共同プロジェクトに積極的に取り組んでいる。両審議会は，2011年第1四半期にコンバージされた最終の要求事項を公表する目的で，2010年初めに公表された提案を再協議している。測定の不確実性の開示に関する追加的なアウトリーチが必要だということを認識しつつ，両審議会は，主要なプロジェクトとは別にこの開示を完了することを決定した。

◆背景

2010年6月に，FASBは，提案されたIFRSとのコンバージェンスを達成するために，公正価値の定義と関連する適用指針を若干変更する公開草案を公表した。IASBは，ステークホルダーの追加的なインプットを入手するために，開示に関わる事項を再公開した。

両審議会は，受け取ったコメントについて検討を開始し，2011年第1四半期という当該プロジェクトの目標期日を維持している。11月の両審議会の共同会議で，測定の不確実性の開示に関する追加的なアウトリーチが必要だということを認識しつつ，両審議会は，主要なプロジェクトとは別にこの開示を完了することを決定した。

認識の中止（「覚書」プロジェクト）

◆現行の戦略と計画

2010年に完了したそれぞれの基準設定の取組みを通じて，両審議会は，金融資産および金融負債の認識の中止と関連する開示の要求事項に関わるIFRSとU.S. GAAPの間の差異を削減した。FASBは，改訂された認識の中止の要求事項についての実施後レビューを行

第7節 FASBとIASBによる会計基準のコンバージェンスの進捗報告書

う予定である。その結果は，さらなる改善およびコンバージェンスの取組みの性質と範囲
について決定するのに使用される。

◆背景

2010年11月に，IASBは，最近改訂されたU.S. GAAPの要求事項に類似する，改善され
た開示の要求事項を完了した。

FASBは，改訂された認識の中止の要求事項の適用に関わる実施後レビューに着手する
計画である。両審議会は，とくにさらなる改善およびコンバージェンスの取組みの性質と
範囲についての意思決定に役立つように，このレビュー結果を使用する。

保険契約

IASBは，2011年6月に，IFRSを公表する予定である。FASBは，2010年9月のディス
カッション・ペーパーについて受け取ったインプットを検討した後，次の段階について決
定する。

その他のプロジェクト

退職後給付（「覚書」プロジェクト）

2010年4月に，IASBは，最近改訂されたU.S. GAAPのように，退職後給付債務のオフ
バランス報告を認める規定を削除することで報告の改善を提案した公開草案を公表した。
コメント期限は2010年9月6日で，IASBは，受け取ったコメントの検討を開始した。
IASBは，2011年第1四半期に改訂基準を公表する予定である。

ジョイント・ベンチャー（「覚書」プロジェクト）

IASBは，共同支配の取決め（Joint Arrangement）の会計に原則主義を構築することで，
また，企業が共同支配の取決めを通じて実行する諸活動の性質，範囲および財務的影響に
ついて，投資家が十分に理解できるように開示の要求事項を改善することで，共同支配の
取決めの会計，および，その取決めについて報告される情報の品質を高めるIFRSを開発す
るプロジェクトを抱えている。これにより，IASBは，IFRSとU.S. GAAPの差異を削減
する。IASBは，「連結」に関するIFRSと同時にこのジョイント・ベンチャーに関する
IFRSを公表できるように，そのIFRSの完成を遅らせた。

財務諸表の表示（「覚書」プロジェクト）

その他の包括利益の表示

◆現行の戦略と計画

両審議会は，その他の包括利益の表示について，IFRSとU.S. GAAPの要求事項を
改善し，コンバージする共同プロジェクトを抱えている。両審議会は，2010年後半に
2010年5月の公開草案についての再協議を完了し，2011年第1四半期に最終的な要求
事項を公表する予定である。

主要なプロジェクト

◆現行の戦略と計画

両審議会は，財務諸表の情報の表示についての包括的な基準を開発する共同プロジ
ェクトを抱えており，2010年6月にスタッフ・ドラフトとして公表した暫定モデルに

第10章 アメリカにおける会計基準のコンバージェンス

743

> 関する包括的なステークホルダーのアウトリーチに着手している。両審議会は，スタッフにこのアウトリーチを完了し，2011年第1四半期に，発見事項の包括的な報告書についてスタッフと議論することを要求した。この包括的な報告書は，将来の審議会での協議にとっての基礎を提供する。それは，その他の主要な「覚書」プロジェクトを優先するとの決定に照らして，現在のところ，2011年6月以降に開始する予定である。

資本の特徴を有する金融商品（「覚書」プロジェクト）

◆現行の戦略と計画

両審議会は，資本の特徴を有する金融商品の会計についてのIFRSとU.S. GAAPの要求事項を改善し，コンバージするアジェンダに関する共同プロジェクトを抱えている。その他の主要な「覚書」プロジェクトを優先させる決定により，両審議会は，2011年第1四半期に，公開草案の公表を予定していない。両審議会は，2011年6月以降に，このプロジェクトに関する実質的な協議を再開する予定である。

◆背景

11月の共同会議で，両審議会は，2011年6月に完了することを目標としたプロジェクトを優先する必要があるというのは，両審議会が2011年第1四半期に公開草案の公表を予定していないことを意味するものであることを決定した。両審議会は，2011年6月以降に，このプロジェクトを復帰する予定である。

排出権取引

5月に，両審議会は，その他の「覚書」プロジェクトが優先するということに合意した。両審議会は，現在のところ，2012年にコンバージされた基準を公表する目的で，2011年後半にともに公開草案を公表する予定である。

出所：FASB and IASB［2010d］，Appendix, pp.3-17をもとに作成。

4．第4回四半期進捗報告書の公表

第4回の進捗報告書「IASB-FASBのコンバージェンス作業の進捗報告」（2011年4月21日）（Progress Report on IASB-FASB Convergence Work）（FASB and IASB［2011］）は，前回のコンバージェンス作業の進捗報告後のFASBとIASBによる進捗状況，「覚書」作業の完了，および，残りのコンバージェンス作業の優先順位と時期をまとめている。

まず進捗状況については，①5つのプロジェクト（公正価値測定，連結（他の事業体に対する持分の開示を含む），共同支配の取決め（ジョイント・アレンジメント），その他の包括利益，退職後給付）が完了したこと，②「覚書」の残りの分野（金融商品，収益認識，リース）と保険契約に関する共同作業を優先すること，

744

第7節　FASBとIASBによる会計基準のコンバージェンスの進捗報告書

③優先プロジェクトと保険契約の完成目標を2011年下半期まで延長すること，
④発効日については企業が変更を行うために十分な期間を与えることが報告さ
れている。

「覚書」作業の完了については，2006年の「覚書」と2008年にアップデート
された「覚書」で識別された短期プロジェクトが，完了または完了に近づいて
おり，また，長期プロジェクトのうち，技術的な決定が完了していない優先コ
ンバージェンス・プロジェクトは，金融商品，収益認識，リースの３つである
ことが示されている。

この定期的な進捗報告のプロセスで，IASBは2011年7月26日にこれまで定
期的に更新してきたIFRSsの作業計画をアップデートするとともに，今後の
IASBの基準設定プロジェクトの優先順位を決めるために利害関係者から意見
を募集する「アジェンダ・コンサルテーション」を公表した（本書の**第5章**を
参照）。

５．G20財務大臣・中央銀行総裁会議・金融安定理事会宛の会計基準の コンバージェンス報告書の公表

FASBとIASBは，2012年4月5日に「**会計コンバージェンスに関するIASB
とFASBからの共同アップデート記録，ガバナンスの強化に関するIASBから
の記録**」(Joint Update Note from the IASB and FASB on Accounting Convergence,
Note from IASB on Governance Enhancements)（FASB and IASB［2012］）を公
表した。この報告書は，そのタイトルが示すように，①会計基準のコンバージ
ェンスに関するIASBとFASBからの共同アップデートと②IASBのガバナン
スの強化を扱ったものであり，次の４つの文書から構成されている。

① 「**会計コンバージェンスに関する金融安定理事会本会議宛のIASB-FASB
のアップデート報告書**」（2012年4月5日）(IASB-FASB Update Report to
the FSB Plenary on Accounting Convergence, April 5, 2012)

② 「**IFRS財団の戦略見直し，要約と計画された行動，金融安定理事会宛の
ブリーフィング・ノート**」（2012年4月）(IFRS Foundation Strategy Review,

745

Summary and Planned Actions, Briefing Note for the Financial Stability Board, April 2012）

③IFRS財団「評議員会の戦略見直し2011に関する報告書—国際基準としてのIFRSs：財団の第二の10年間に向けての戦略の設定」（2012年9月）（IFRS Foundation, Report of the Trustees' Strategy Review 2011, IFRSs as the Global Standards: Setting a Strategy for the Foundation's Second Decade, February 2012）（IFRS Foundation ［2012］）

④IFRS財団モニタリング・ボード「IFRS財団のガバナンス見直しに関する最終報告書」（2012年2月9日）（IFRS Foundation Monitoring Board, Final Report on the Review of the IFRS Foundation's Governance, February 9, 2012）（IFRS Foundation Monitoring Board ［2012］）

　第1の文書は，IASBのハンス・フーガーホースト（Hans Hoogervorst）議長とFASBのレスリー・サイドマン（Leslie F. Seidman）議長の連名によるもので，その実質的な中身は，IASB-FASBのコンバージェンス作業の進捗報告である。

　第2の文書は，IFRS財団評議員会による戦略見直しについて，金融安定理事会の政策分析プロセスに資する概要（要約と計画された行動）を取りまとめたブリーフィング・ノートである。

　第3の文書は，IFRS財団の4つの分野（ミッション，ガバナンス，基準設定プロセス，資金調達）での戦略見直しの提言を示したものである。

　第4の文書は，制度的見地からIFRS財団のガバナンス改革について取りまとめたものであり，IFRS財団における3層構造（IASB，IFRS財団評議員会，モニタリング・ボード）をもとに，そのガバナンスの枠組みを強化するための勧告を示している。

　この2012年4月5日付の「会計コンバージェンスに関するIASBとFASBからの共同アップデート記録，ガバナンスの強化に関するIASBからの記録」（FASB and IASB ［2012］）の第1の文書は，金融安定理事会宛の会計基準のコンバージェンスに関するアップデートであるが，同時に，2012年4月にワシン

トンD.C.で開催されたG20財務大臣・中央銀行総裁会議（G20 Finance Ministers and Central Bank Governors' Meeting）において報告されたものでもある。ここでの報告は，2011年11月4日の**G20カンヌ・サミット最終宣言「われわれの共通の将来の建設：すべての人の利益のための改訂された集合的行動」**（G20 Cannes Summit Final Declaration "Building Our Common Future: Renewed Collective Action for the Benefit of All"）（G20 [2011]）における次の要請（①IASBとFASBによる会計基準のコンバージェンスの進捗報告と②IASBのガバナンス見直しの提案）に応えたものでもある（下線は引用者）。

金融セクター改革の実施および深化

22. われわれは，すべての金融市場，商品および参加者が，それぞれの状況に応じ，国際的に整合的かつ非差別的な方法で規制または監視に服することを確保するという，2008年11月のワシントンにおけるわれわれのコミットメントを達成することを決意している。

金融セクターの規制と監督におけるギャップへの対処

34. …（中略）…。われわれは単一で高品質な国際的な会計基準を実現し，とくに金融商品の評価に関する基準の向上に関し，2009年4月のロンドン・サミットで設定した目標を達成するという，われわれの目標を再確認する。われわれは，IASBとFASBに会計基準のコンバージェンス・プロジェクトを完了するよう求め，2012年4月の財務大臣・中央銀行総裁会議における進捗報告書を期待している。われわれは，IASBのガバナンスの枠組みを改革するための提案の完了を期待している。

第4回の進捗報告書において，FASBとIASBは，新たな基準が確定する前に，まず再公開が必要であるかについて，次に，提案された最終基準に対するフィードバック（基準案に関するアウトリーチを，基準案が適用可能であり財務報告の改善となることを十分に確保できるように行ったかどうか）を考慮することを明記していた。これを踏まえて，FASBとIASBは，2011年に収益認識とリースの提案を再公開する決定を発表している。

また，第5回進捗報告書によれば，FASBとIASBは，金融商品，リースお

および保険契約のプロジェクトについてコンバージェンスした解決に到達するため迅速に作業を継続しているという。この作業は，潜在的な解決が運用可能となることにとくに重点を置いて，徹底したコンサルテーションが可能なペースで取り組まれている。

　G20カンヌ・サミット最終宣言による要請に応えたFASBとIASBの進捗報告書を踏まえて，ワシントンD.C.でのG20財務大臣・中央銀行総裁会議声明（Communiqué）（2012年4月19日・20日）は，会計基準のコンバージェンス・プロジェクト完了の目標期日を，次のように「遅くとも2013年半ばまで」とした（G20 Finance Ministers and Central Bank Governors' Meeting〔2012〕。下線は引用者）。

　7．…（中略）…。われわれは，国際的に認められた高品質な会計基準へのコンバージェンスを実現するためのIASBとFASBによる努力を支持し，単一で高品質な国際的な会計基準を実現するために，遅くとも2013年半ばまでに重要なコンバージェンス・プロジェクトについての基準を公表する，という目標を達成するよう両審議会に促す。

　「会計コンバージェンスに関する金融安定理事会本会議宛のIASB-FASBのアップデート報告書」は，2008年の「覚書」によるアップデート後の取組みを通じて，「覚書」プロジェクトが完了に近づいている状況を，①短期プロジェクト，②長期プロジェクト，および，③長期プロジェクトのなかでテクニカルな決定が完了していないプロジェクトに分類して現状説明を行っている。各プロジェクトの現状とマイルストーンを整理すると，以下のとおりである。

第7節 FASBとIASBによる会計基準のコンバージェンスの進捗報告書

◆短期プロジェクト

プロジェクト	現状	マイルストーン
株式報酬	完了	コンバージされた基準が2004年に公表された。
セグメント報告	完了	IFRS第8号「事業セグメント」が2006年に公表された。
非貨幣性資産	完了	FASBは，2004年に公表したFAS第153号「非貨幣性資産」において，取引に経済的実質がない場合を除き，公正価値による認識を要求する特定の非貨幣性項目の交換の処理についてコンバージした。
棚卸資産会計	完了	FASBは，2004年に公表したFAS第151号「棚卸資産原価」において，超過運賃と仕損費の処理についてコンバージした。
会計上の変更	完了	FASBは，2005年に公表したFAS第150号「会計上の変更および誤謬の訂正」において，遡及適用を要求することにより，会計方針の任意の変更の処理についてコンバージした。
公正価値オプション	完了	金融商品についての公正価値オプションが，2007年にU.S. GAAPに導入された。
借入コスト	完了	改訂IAS第23号「借入コスト」が，2007年に公表された。
研究開発費	完了	U.S. GAAPが，企業結合の一部として，取得した研究開発費について2008年に改訂した。
非支配持分	完了	メザニン（中間領域）表示が，企業結合の一部として，2008年にU.S. GAAPから削除された。
ジョイント・ベンチャー	完了	IFRS第11号「共同支配の取決め」が，2011年5月に公表された。共同支配の取決めの当事者による財務報告についての原則を策定した。
法人所得税	低い優先順位プロジェクトとして再評価される。当面の作業の予定なし。	共同公開草案が2009年に公表された。IASBは，後日，法人所得税の会計の根本的なレビュー（見直し）を検討するかもしれない。
投資不動産事業体	進行中	FASBは，投資不動産事業体に公正価値で投資不動産を測定することを要求する提案を公表した。

第10章 アメリカにおける会計基準のコンバージェンス

749

◆長期プロジェクト

	プロジェクト	現状	マイルストーン
1	企業結合	完了	企業結合会計と非支配持分についての共同要求事項が，2008年に公表された。
2	認識の中止	完了	それぞれの審議会は，開示の要求事項を実質的に調整し，U.S. GAAPの会計上の要求事項をIFRSsに近づける改訂を導入した。
3	連結財務諸表（オフバランスシートのリスクに関する開示を含む）	完了	IFRS第10号「連結財務諸表」とIFRS第12号「他の企業への関与の開示」が，2011年5月に公表された。 FASBは，2011年にプリンシパル＝エージェントに係る分類案を公表した。
4	公正価値測定	完了	FASBの基準書第157号「公正価値測定」を2006年に公表した。 IFRS第13号「公正価値測定」が，2011年5月に公表された。
5	退職後給付	完了	IAS第19号「従業員給付」に対する改訂が，2011年に公表された。
6	財務諸表の表示―その他の包括利益	完了	その他の包括利益の表示についてのIFRSsとU.S. GAAPに対する改訂版が，2011年に公表された。
7	資本の特徴を有する金融商品	低い優先順位プロジェクトとして再評価される。	共同の討議資料が，2008年に公表された。
8	投資企業	IASBとFASBは，それぞれ2011年8月と10月に提案を公表した。	IASBの提案は，実質的な活動がキャピタル・ゲイン目的の投資，資産運用収益である企業，または，それら企業が支配する連結企業体からのそうしたキャピタル・ゲイン目的の投資や資産運用収益である企業には適用しない。その代わりに，これら投資企業は，損益に認識された公正価値の変動とともに，支配された投資先を公正価値で測定する。 FASBの提案は，企業が投資企業かどうかを評価するコンバージされた基準を開発するために，投資企業に対するU.S. GAAPの現行のガイダンスを改正することにある。

第7節 FASBとIASBによる会計基準のコンバージェンスの進捗報告書

◆長期プロジェクトのなかでテクニカルな決定が完了していないプロジェクト

	プロジェクト	現状	マイルストーン
1	リース	進行中	2010年8月に共同提案を公表しているが，両審議会は，2012年第2四半期に拡大して実施される協議に対応する改訂提案を公表する予定である。
2	収益認識	進行中	両審議会は，2010年6月に共同提案を公表した。拡大して実施される協議に対応した改訂提案に対するコメント期間は，2012年3月に締め切られた。両審議会は，2012年にそれらの議論を完了する予定である。
3	金融商品	進行中	この資料の金融商品のところ〔この後に続く作業計画の現状：引用者〕で説明されている。
4	保険契約	進行中	両審議会は，2012年第2四半期に次の公表を行うことに向けて作業している。IASBは，別の公開草案（ED）を公表すべきかを検討している。FASBがEDをまだ公表していないため，そうすることで両審議会の協議プロセスの歩調が合うことになる。

出所：FASB and IASB［2012］，pars.9-11.

　長期プロジェクトのなかでテクニカルな決定が完了していない4つのプロジェクトは，別途，作業計画の現状が詳細に記されている。

　以下では，①金融商品（分類および測定，減損，ヘッジ会計（一般ヘッジ会計，マクロヘッジ会計），相殺（相殺決済）デリバティブおよびその他の金融商品，現先取引に関する会計（FASB）），②収益認識，③リース，および，④その他のプロジェクト（保険契約，連結，投資企業，アジェンダ・コンサルテーション（IASB））の作業計画の現状を整理している。

第10章 アメリカにおける会計基準のコンバージェンス

751

◆作業計画の現状

金融商品		
	分類および測定	**◆IASB** 　2011年12月に，事業体がIFRS第9号「金融商品」のあらゆるフェーズを確実に適用できることを約束して，IASBは，IFRS第9号が強制適用される日を2013年から2015年に延期した。早期適用は認められている。 **◆FASB** 　2010年に，FASBは，金融商品の分類および測定，減損会計並びにヘッジ会計について検討した公開草案を公表した。FASBの公開草案は，貸借対照表のほぼすべての金融商品を公正価値でというように，IFRS第9号に比べて公正価値の使用についてかなり多く提案した。この提案は，いくつかの金融負債に対する償却原価オプションを含んでいた。 　公開草案に寄せられた意見に応えて，FASBは，事業体が金融資産を管理するために使用する事業活動に基づいて，少なくともいくつかの資産には償却原価会計を適用しなければならないと暫定的に決定した。FASBは，3つの事業戦略が金融資産の分類に適していることを暫定的に決定し，また，金融商品の区分処理は保持されなければならないことを暫定的に決定した。FASBは，取得，発行または開始時の金融負債の事業戦略が，その後公正価値で行う，あるいは，空売りで販売すべきでなければ，金融負債が償却原価で測定されなければならないことも暫定的に決定した。こうした金融負債は，純利益を通じて公正価値で分類される。 **◆次のステップ** 　IASBとFASBは，ステークホルダーから，それぞれの金融商品会計基準をコンバージすることに極力努めるべきだという趣旨の意見を一様に受け取った。2011年11月に，IASBは，とくにコンバージェンスと保険契約のプロジェクトを考慮して，IFRS第9号の修正を検討することに合意した。IASBは，IFRS第9号の適用をすでに開始している，あるいは，近く適用する企業が混乱することを最小限に抑える方法で改正しなければならないことはわかっていた。 　2012年1月の会議で，IASBとFASBは，それぞれのモデルがうまく歩調が合う方法について共同で検討することに合意した。両審議会は，2012年第2四半期までに，審議会の一連の公開会議を通じて違いのある主要な領域について議論することを計画している。 　両審議会は，次の項目の議論に焦点を合わせるだろう。いずれの金融商品が償却原価に適しているか（すなわち，契約上のキャッシュ・

	フローの特徴（特性）とビジネスモデルの規準）。金融資産の区分処理の必要性および，もし議論し続けるのであれば，区分処理の原則。考えられる第三の分類カテゴリー（その他の包括利益を通じて公正価値で測定される負債証券）の基礎と範囲。波及効果（たとえば，金融資産の決定が下された金融負債についての開示またはモデル）。 　2012年2月の会議で，両審議会は，同じ契約上のキャッシュ・フロー・テストに暫定的に合意した。このテストは，両者のモデル間の有意差を削減した。 　両審議会は，分類および測定に関する協議を継続し，2012年第2四半期に公開草案を公表し，2013年の前半に新基準を最終化する予定である。開発段階が異なるため，両審議会は，どの公開草案も別個のものであるが，できる限りコンバージした結果を達成すべきだと提案している。 　さらに，重要な投資家の意見に応えて，FASBは，感応度分析，負債に関する情報，資産／負債のミスマッチなどのいくつかの新たな開示の要求事項を提案した。これら要求事項はIFRS第7号「金融商品：開示」に基づくものであるが，より範囲の広いものであり，標準化されたフォーマットを要求するものである。FASBは，分類および測定の改訂前に，2012年第2四半期に別途それらを公表する予定である。
減損	IASBとFASBは，2011年に補足の共同提案を公表し，共通の減損モデルを引き続き共同で開発している。 　両審議会は，金融資産の信用度の低下を反映する全般的な目的でのモデルを追求している。両審議会は，予想損失の認識時点を評価するために，金融資産を3つのカテゴリー（または「バケツ」）に判別するアプローチに焦点を当てた。認識された減損損失は，資産がいずれのカテゴリーに割り当てられるかによって変わる。一般に，12ヵ月予想損失は，当初認識で認識される。ある資産の信用度が低下し，信用度が一定レベル以下だとすると，当該資産は別のカテゴリーに再分類され，全期間の損失引当金が認識される。開示は，原則主義に基づく減損モデルを支持し，事業体間の比較可能性を確保するうえで重要である。 　両審議会とスタッフは，提案されたアプローチが操作性があるかどうかを決定するために，大規模な共同アウトリーチを続けている。両審議会は，提案モデルを特定の金融商品に適用する方法やどういった開示が要求されるべきかについて議論している。両審議会は，とくに，提案の操作上の配慮に関するガイダンスを提供する規制監督当局や信用リスクのIASBの専門家諮問パネルのメンバーと広く協議してきた。

		コンバージした解決策に達することが，最も重要である。両審議会は，どの新たな要求事項も操作性があり，首尾一貫して適用され，また，高品質な情報をもたらすことが確実に必要とされるプロジェクトの緊急性のバランスを取らなければならない。幅広い協議は，現行の実務が大きく異なり，いかなる解決策も，金融部門の少なくとも主たる参加者に重大な変化を引き起こすことを示している。 　現在の計画では，共同協議を完了して，2012年の後半にコンバージした公開草案を公表する予定である。この計画表によれば，両審議会は，2013年の前半に新たな減損の要求事項の最終化を目標としている。
ヘッジ会計		
	一般ヘッジ会計	IASBは，2010年に一般ヘッジ会計の公開草案を公表した。2011年に，IASBは，この公開草案の再協議を完了した。レビュー・ドラフトが，2012年の前半に，IASBのウェブサイトに90日間公開されるだろう。この期間中，IASBは，広範囲の避けて通れない欠陥のレビューとアウトリーチ活動を始めるだろう。IASBは，2012年の前半に最終基準を公表することを目標としている。 　FASBは，ヘッジ会計問題の評価の範囲を広げるかどうかについて検討することを計画している。FASBは，潜在的なヘッジ会計モデルに関する決定の相互作用を明確にするために，分類および測定に関する協議が完了すれば，ヘッジ会計モデルの再協議を開始するだろう。このプロセスの一環として，FASBは，FASBによる2010年のヘッジ会計の提案で受け取った意見およびIASBの一般ヘッジモデルについての意見や決定を引き続き評価するだろう。
	マクロヘッジ会計	IASBは，一般ヘッジの会計モデルで扱っていないオープン・ポートフォリオ（マクロヘッジ）を伴うリスク・マネジメント戦略に取り組む提案を開発中である。IASBの協議では，一般ヘッジの会計モデルについて受け取った意見を検討している。IASBは，2012年の後半にディスカッション・ペーパーまたは公開草案を公表する予定である。
相殺（相殺決済）デリバティブおよびその他の金融商品		2011年初めに，両審議会は，財政状態計算書で金融資産と金融負債が相殺される，または，相殺決済されるときの要求事項について歩調の合った提案を公表した。提案されたモデルは，通常の業務や非常時において，支払いを相殺する能力と意思に基づいた相殺決済に焦点を当てたものである。これは，デリバティブについて，破産での相殺能力の優位性を与えるU.S. GAAPよりもIFRSsでの要求事項に近いものであった。 　2011年6月に，IASBとFASBは，それぞれ異なる結論に達した。

第7節 FASBとIASBによる会計基準のコンバージェンスの進捗報告書

	FASBは，提案に寄せられた意見に基づいて，提案通りに行わないことを決定した。IASBは，公開草案の提案を最初に再確認したが，最終的には，既存の相殺の要求事項を維持する決定をした。しかしながら，財務諸表利用者を支援するために，両審議会は，共通の開示の要求事項に同意した。この開示は，IFRSsとU.S. GAAPに準拠して作成される財務諸表で相殺される，また，相殺契約の対象となる金額に関する比較可能な情報を利用者に提供する。 　両審議会は，2011年12月に最終の要求事項を公表した。この要求事項は，2013年1月1日から発効する。 　さらに，2011年12月に，IASBは，コメント期間中に識別された相殺実務の矛盾を明確にするために，IAS第32号「金融商品：表示」に追加的な適用指針を公表した。
債券の買戻条件付取引（レポ）に関する会計(FASB)	2012年3月に，FASBは，債券の買戻条件付取引に関する会計に取り組むプロジェクトについて公表した。新プロジェクトで検討する問題は，満期償還レポ取引は，オフバランスシートの売上高として処理する代わりに資金調達として貸借対照表に反映しなければならいかどうか，また，開示を向上させる必要があるかどうかである。

収益認識

　結局のところ，両審議会は，2008年12月のディスカッション・ペーパー，2010年6月の公開草案および2011年11月の改訂公開草案という3つのデュー・プロセス文書を公表した。

　このプロジェクトは，FASBとIASBの両審議会にとって重要なものである。U.S. GAAPには，首尾一貫しないことが知られている広範な産業固有の要求事項がある。IASBの基準には適用指針がなく，作成者はU.S. GAAPを具体的な指針だと考えている。このプロジェクトは，首尾一貫した原則になるようにFASBの詳細な指針を減らすことや，U.S. GAAPを参照するIFRS利用者のニーズを取り除くことを目論んでいる。

　2011年11月に，両審議会は，収益認識の時点とその方法についての包括的な原則と適用指針を盛り込んだ改訂公開草案を公表した。この改訂公開草案は，（2010年6月に公表された）最初の公開草案からの収益認識の原則をあらためて認めているが，寄せられた意見に応えて，複雑さを改善するように最初の提案を改正し，基本概念に明確さを加えた。120日間のコメント期間は，2012年3月までであった。

　両審議会は，ステークホルダーに改訂提案について伝達するために，数多くのステップを踏んだ。IASBとFASBのウェブサイトには，主要な規定を説明するウェブキャスト，よくある質問に答えるウェブキャスト，現行の要求事項と提案された要求事項を比較したり，影響のある業界にハイライトを与えたりする参照用ツールがある。提案を理解し，また，見解を明確に述べるための広範囲に及ぶアウトリーチが，世界中のステークホルダーに行われた。円卓討論会議とディスカッション・フォーラムが，ヨーロッパ，北米，アジアおよび南アフリカで2012年第2四半期に開催される。

　両審議会は，2012年第2四半期に共同協議を再開する予定である。実質的な協議は2012

年に完了し，最終基準は，2013年初めに公表される予定である。

リース

2011年と2012年に，IASBとFASBは，公開草案に寄せられたコメントについて検討してきた。2011年7月に，両審議会は，すべての協議を完了しなかったが，リースの再公開草案を公表しなければならないと結論づけるに足る情報があったということを決定した。

両審議会は，公開草案にコメントを寄せた人が提起した多くの問題について取り組んできたが，すべてのリースが同じ方法で説明されなければならないかどうかについては，懸念が残るとしている。たとえば，初期段階に費用などを配分する傾向にある借手の損益のプロフィールが，すべてのリースにふさわしいかどうかを疑問視する者もいる。再協議は，実質上，完了しているが，両審議会は，すでに受け取っている意見に照らして（すなわち，新たな公開草案を公表する前に），借手にふさわしい損益のプロフィールについて再検討中である。貸借対照表上の資産と負債の認識に関わるより根本的な問題が，再検討されていない。

2012年1月に，この問題について議論するために，リース作業グループが開催された。2012年2月の会議で，両審議会は，リース会計について，とくに借手が認識するいわゆる使用権資産の償却方法について議論を深めるために，作業グループから受け取った情報を使用した。両審議会は，スタッフに対して，財務諸表利用者の操作性と有用性について評価するために，この方法についてさらにアウトリーチ活動を行うように指示した。スタッフは，2012年第2四半期に両審議会にその結果を報告することになっている。

両審議会は，2012年の後半に協議を完了し，公開草案を公表することを目標としている。コメント期間中，両審議会は，財務諸表の利用者およびリース活動を行う企業に追加的なアウトリーチを実施する予定である。両審議会は，2013年半ばに最終基準を予定している。

その他のプロジェクト

保険契約	2011年に，両審議会は，IASBの公開草案とFASBのディスカッション・ペーパーについて寄せられた意見の検討を始めた。一般的に，両審議会は，保険義務を果たす必要のある現時点の見積額を反映するモデルを開発中である。しかしながら，両審議会は，このモデルのいくつかの要素について一貫した結論を下していない。保険に関する国際基準には強い願望があり，両審議会は，差異を解消する潜在的チャンスを識別するために，各審議会が下した決定をより深く理解する取組みを行っている。FASBは，2012年の後半に公開草案を公表するとともに，両審議会は，現在のところ，2012年第2四半期に主要なテクニカルな議論について結論を下すと思われる。IASBは，別の公開草案を公表すべきか，または，最終IFRSに着手すべきかどうかについて検討している。公開草案の公表は，両審議会の協議プロセスに同一歩調を取らせることになる。この計画に基づいて，最終基準は2013年に公表されるだろう。

第7節　FASBとIASBによる会計基準のコンバージェンスの進捗報告書

連結	両審議会は，特別目的事業体に関する問題の取組みやオフバランスシート・リスクに関する開示の強化を含む，それぞれの連結プロジェクトを完了した。新IFRSの要求事項は，IFRSとU.S. GAAPの開示の要求事項を同じにしながら，ストラクチャード・エンティティ（組成された企業）（特別目的事業体）に関する新たな開示の要求事項の効力も生じている。　しかしながら，U.S. GAAPが変動持分事業体と呼ぶものについては差異が残っている。つまり，U.S. GAAPは，支配の定義に法律尊重主義的アプローチを取っているのに対して，新IFRSは，実効支配を含む，広範な支配の定義を採用している。寄せられた意見に基づいて，FASBもIFRSモデルのプリンシパル＝エージェントの部分を公表する決定を行った。
投資企業	IASBは，2011年8月に，FASBと開発した提案を公表した。IASBの提案は，特定の種類の事業体─（被支配投資先の測定と，企業が損益を通じて公正価値で重要な影響力を行使できる投資の測定をもたらす）投資企業─に連結原則と持分法のガイダンスの例外を設けている。　FASBの公開草案は，2011年11月に公表された。FASBの提案は，ある企業が投資企業であるかどうかを決定する規準をIASBの提案のものとかなりコンバージしている。現行のU.S. GAAPは，投資会社の完全な会計・報告のガイダンスを規定している。現行のU.S. GAAPによれば，投資会社の規準を満たす事業体は，純利益に認識された公正価値でのすべての変動とともに，すべての投資を公正価値で測定するように要求している。　両審議会は，2012年第2四半期に提案に向けた共同協議を再開する予定である。このタイミングに基づいて，最終基準は2012年末を目標としている。
アジェンダ・コンサルテーション（IASB）	「覚書」プロジェクトの完結に加えて，IASBは，その将来のテクニカル・アジェンダのテーマに取りかかっている。2011年7月26日に，IASBは，将来の作業計画に関する最初の公式の公開アジェンダ・コンサルテーションを始めた。コメント期限は2011年11月30日までである。アジェンダ・コンサルテーションを通じて，IASBは，戦略的方向性とその作業計画の幅広い全体的なバランスについて，あらゆる利害関係者からの情報を求めている。アジェンダ・コンサルテーションは，可能なアジェンダ項目を検討する際に，IASBに重要な情報を提供することになる。　2012年1月に，IASBは，アジェンダ・コンサルテーションについて寄せられた意見に関するスタッフの要約について議論した。スタッフは何の勧告も行っておらず，IASBは，テクニカルな意思決

第10章　アメリカにおける会計基準のコンバージェンス

> 定を行うことを求められなかった。IASBは，コメントレターで提
> 起されたいくつかの問題を明確にするために，追加的なリサーチの
> 実施を要求し，標準レベルのプロジェクトについての優先順位を評
> 価できるさらなる方法を示唆した。IASBは，2012年第2四半期に
> 開発計画について議論する予定である。

出所：FASB and IASB［2012］，pars.14-62をもとに作成。

6．G20財務大臣・中央銀行総裁会議でのFASBとIASBによる コンバージェンス・プロジェクトのアップデート

　FASBとIASBは，要請により，2013年2月15日・16日にモスクワで開催された G20財務大臣・中央銀行総裁会議で，コンバージェンス・プロジェクトの作業計画の現状と予定表（FASB and IASB［2013］）を公表した。その進捗状況は，基本的には先の「会計コンバージェンスに関する金融安定理事会本会議宛のIASB-FASBのアップデート報告書」での作業計画の現状と大きな違いはなく，予定表は幾分延期されている。

　モスクワでのG20財務大臣・中央銀行総裁会議声明（Communiqué）（2013年2月15日・16日）では，FASBとIASBのコンバージェンス・プロジェクトについて次のような懸念が表明された（G20 Finance Ministers and Central Bank Govermors' Meeting［2013］，par.19）。

> 　われわれは，これまでの会計基準のコンバージェンスの遅れへの懸念に留意し，IASBとFASBに対し，単一で高品質な基準を達成するための主要な未決着のプロジェクトに関する作業を2013年末までに終了することを要請する。

　こうした未決着のプロジェクトに関する作業を2013年末までに終了する要請は，その後のワシントンD.C.（2013年4月18日・19日）とモスクワ（2013年7月19日・20日）でのG20財務大臣・中央銀行総裁会議でも繰り返し述べられ，また，G20サンクトペテルブルク・サミット首脳宣言（2013年9月6日）でも次のように表明されている（G20［2013］，par.74）。

第7節 FASBとIASBによる会計基準のコンバージェンスの進捗報告書

> われわれは，金融システムの回復力を高めるため，会計基準のコンバージェンスに関する継続中の作業の重要性を強調する。われわれは，国際会計基準審議会とアメリカ財務会計基準審議会に対し，2013年末までに，単一で高品質な会計基準を達成するための主要な未決着のプロジェクトに関する作業を完了させることを促す。

　しかし，G20サンクトペテルブルク・サミット首脳宣言での言及を最後に，2013年10月10日・11日にワシントンD.C.で開催されたG20財務大臣・中央銀行総裁会議以降，また，2014年11月15日・16日のG20ブリスベン・サミット首脳宣言でも，FASBとIASBによる会計基準のコンバージェンスについてはまったく触れられなくなった。これは，コンバージェンスの進捗に加えて，IFRS財団が，2011年の評議員会の戦略レビューでの提言を踏まえて，IASBのテクニカルな諮問機関として会計基準アドバイザリー・フォーラム（ASAF）を2013年に設置したことによるものである。ASAFの設置によって，IASBの基準開発のあり方は，それまでのIASBと会計基準設定主体とのバイラテラル（Bilateral）な協議の関係からマルチラテラル（Multilateral）な関係に変更したのである。

　この点については，IFRS財団評議員会がASAFのメンバーを発表した際のプレスリリース（IFRS Foundation［2013］）でも確認することができる（太字と下線は引用者）。

> **複数のMoUの置換え**
> 　IASBはこれまで，各管轄（法域）での会計基準の開発またはエンドースメントのさまざまな局面に責任を有する各国基準設定主体との協力のための二者間の取決めを締結してきた。最近10年に，IASBはこうした取決めを，それぞれのケースにおいて覚書（MoU）という形で，ブラジル，中国，日本，アメリカの会計基準設定主体と締結した。
> 　この間に，IFRSsを採択する国々の数が大幅に拡大したことにより，一連の二者間の取決めを維持する作業が複雑化した。同時に，多くの地域が地域団体

を設立し，地域内の会計基準設定活動の協調の向上や，財務報告の事項に関する各管轄（法域）からの助言の提供を図っている。このようなグループとして，AOSSG〔アジア・オセアニア基準設定主体グループ：引用者〕，EFRAG〔ヨーロッパ財務報告諮問グループ：引用者〕，GLASS〔ラテンアメリカ基準設定主体グループ：引用者〕，PAFA〔全アフリカ会計士連盟：引用者〕がある。

　このような進展に対応して，2011年の評議員会の戦略レビューでは，IFRS財団が国際的な基準設定プロセスの不可欠の一部として各国および地域の基準設定団体のネットワークの維持管理を促進することを提言していた。**ASAFは，この提言への対応を，複数の二者間MoUをASAFメンバー全員が署名する単一の取決めに切り替えて，その取決めに各地域の基準設定団体を受け入れることによって行う。**

　評議員会は，会計基準設定に関与するすべての各国会計基準設定主体および会計基準設定に関与する地域団体が，引き続き，調査研究を実施すること，IASBの優先事項に関するガイダンスを提供すること，および，各管轄（法域）からの利害関係者のインプットを促すことも提言していた。IFRS財団は，引き続き，さまざまな仕組みを通じて，より幅広い国際的な会計基準設定コミュニティとのこうした対話を促進していく。

　公益に資するよう，高品質で理解可能な，執行可能な単一の国際的に認められた財務報告基準の開発に貢献することを目的としたASAFを設置したことで，これまでのバイラテラルな関係のコンバージェンス・プロジェクトによる未着手のプロジェクトの取組みまでもが解消されたわけではない。既存の「覚書」（MoU）プロジェクトなどは継続して取り組んでいる。

　現に，リースから生じる資産と負債を財政状態計算書に認識する，リース会計の新たなアプローチを開発するための共同プロジェクトに着手してきたFASBとIASBは，2013年5月16日に，改訂公開草案「リース」（Exposure Draft: Leases）を公表している。この改訂公開草案は，ディスカッション・ペーパー「リース：予備的見解」（Leases: Preliminary Views），IASBの公開草案「リース」（Leases）およびFASBのASU案「リース」（Leases）（トピック840）によるデュー・プロセスを経て公表されたものである。これらを踏まえて，

IASBはIFRS第16号「リース」を2016年1月に公表し，また，FASBはASU 2016-02「リース」（トピック842）を2016年2月に公表している。

また，2014年5月28日に，両審議会は，収益認識に関するコンバージした基準のIFRS第15号「顧客との契約から生じる収益」（Revenue from Contracts with Customers）とASU 2014-09「顧客との契約から生じる収益」（トピック606）を公表している。これは，両審議会によるこれまでの取組みをみてきたように，次のような共通の収益基準を開発するための共同プロジェクトに着手した成果である。

①従前の収益認識の要求事項の不整合および欠点を取り除く

②収益の論点を取り除くためのより堅牢なフレームワークを提供する

③企業間，産業間，管轄（法域）間および資本市場間での収益認識の実務の比較可能性を向上させる

④開示要求の改善を通じて，より有用な情報を財務諸表利用者に提供する

⑤企業が参照しなければならない要求事項の数を削減することにより，財務諸表の作成を簡素化する

【参考文献】

American Institute of Certified Public Accountants（AICPA）[1958]，Report to Council of the Special Committee on Research Program, *The Journal of Accountancy,* Vol.106 No.6, December 1958（鳥羽至英・橋本尚共訳 [1997a]，アメリカ公認会計士協会・パウエル委員会「会計研究計画に関する特別委員会報告書」，『会計原則と監査基準の設定主体』白桃書房所収）.

AICPA [1972]，Report of the Study on Establishment of Accounting Principles（鳥羽至英・橋本尚共訳 [1997b]，アメリカ公認会計士協会・ホイート委員会「会計原則の設定に関する研究報告書」，『会計原則と監査基準の設定主体』白桃書房所収）.

AICPA [1973]，Report of the Study Group on the Objectives of Financial Statements, Objectives of Financial Statements, October 1973（川口順一訳 [1976]，『アメリカ公認会計士協会　財務諸表の目的』同文舘出版）.

AICPA [1991]，*Financial Reporting and Standard Setting,* AICPA.

AICPA [1992]，Statement on Auditing Standards No.69, The Meaning of *Present Fairly in Conformity with Generally Accepted Accounting Principles* in the Independent

Auditor's Report, January 1992.

Financial Accounting Foundation (FAF) [2014], FASB Accounting Standards Codification®, About the Codification (v 4.9).

Financial Accounting Standards Board (FASB) [1976], Discussion Memorandum: An Analysis of Issues Related to Conceptual Framework for Financial Accounting and Reporting: Elements of Financial Statements and Their Measurement, December 2, 1976（津守常弘監訳 [1997]，『FASB財務会計の概念フレームワーク』中央経済社）.

FASB [1995], FASB's Plan for International Activities, January 1995 (Reprinted February 1997).

FASB [1996], *The IASC-U.S. Comparison Project: A Report on the Similarities and Differences between IASC Standards and U.S. GAAP*, FASB.

FASB [1999a], *International Accounting Standard Setting: A Vision for the Future*, FASB.

FASB [1999b], *The IASC-U.S. Comparison Project: A Report on the Similarities and Differences between IASC Standards and U.S. GAAP*, Second Edition, FASB.

FASB [2000], *Statements of Financial Accounting Concepts*, 2002/2003 Edition, John Wiley & Sons, Inc.（平松一夫・広瀬義州訳 [2002]，『FASB財務会計の諸概念＜増補版＞』中央経済社）.

FASB [2002a], File Reference No.1125-001, Proposal: Principles-Based Approach to U.S. Standard Setting, October 21, 2002.

FASB [2002b], Memorandum of Understanding — "The Norwalk Agreement," October 29, 2002（山田辰己 [2003]，「IASB会議報告（第16回会議）」，『JICPAジャーナル』No.570, 2003年1月所収）.

FASB [2004a], FASB Response to SEC Study on the Adoption of a Principles-Based Accounting System, July 2004.

FASB [2004b], Codification and Retrieval Project, *The FASB Report*, September 30, 2004.

FASB [2005], Convergence with the International Accounting Standards Board (IASB), FASB Website.

FASB [2006a], A Roadmap for Convergence between IFRSs and US GAAP — 2006-2008: Memorandum of Understanding between the FASB and the IASB, February 27, 2006.

FASB [2006b], Financial Accounting Series No.1260-001, Preliminary Views: Conceptual Framework for Financial Reporting: Objective of Financial Reporting and Qualitative Characteristics of Decision-Useful Financial Reporting Information, July 6, 2006 (IASB [2006], Discussion Paper: Preliminary Views on an Improved Conceptual Framework for Financial Reporting: The Objective of Financial Reporting and Qualitative Characteristics of Decision-Useful Financial Reporting Information, July, 2006).

FASB [2008a], Financial Accounting Series No.1300-001, Exposure Draft: Proposed Statement of Financial Accounting Standards: The Hierarchy of Generally Accepted Accounting Principles, April 28, 2005.

FASB [2008b], Financial Accounting Series No.302, Statement of Financial Accounting Standards No.162, The Hierarchy of Generally Accepted Accounting Principles, May 2008.

FASB [2008c], Financial Accounting Series No.1570-100, Exposure Draft: Conceptual Framework for Financial Reporting: The Objective of Financial Reporting and Qualitative Characteristics and Constraints of Decision-Useful Financial Reporting Information, May 29, 2008 (IASB[2008a], Exposure Draft of An Improved Conceptual Framework for Financial Reporting: Chapter 1: The Objective of Financial Reporting and Chapter 2: Qualitative Characteristics and Constraints of Decision-Useful Financial Reporting Information, May 2008).

FASB [2008d], Financial Accounting Series No.1580-100, Preliminary Views: Conceptual Framework for Financial Reporting: The Reporting Entity, May 29, 2008 (IASB [2008b], Discussion Pape: Preliminary Views on an Improved Conceptual Framework for Financial Reporting: The Reporting Entity, May 2008).

FASB [2009a], Financial Accounting Series No.1690-100, Exposure Draft: Proposed Statement of Financial Accounting Standards: The Hierarchy of Generally Accepted Accounting Principles—A Replacement of FASB Statement No.162, March 27, 2009.

FASB [2009b], Financial Accounting Series No.312, Statement of Financial Accounting Standards No.168, The FASB Accounting Standards Codification™ and the Hierarchy of Generally Accepted Accounting Principles: A Replacement of FASB Statement No.162, June 2009.

FASB [2010], Statement of Financial Accounting Concepts No.8, Conceptual Framework for Financial Reporting: Chapter 1, *The Objective of General Purpose Financial Reporting*, and Chapter 3, *Qualitative Characteristics of Useful Financial Information*, September 2010.

FASB [2013], 2012-2013 Accounting Standards Codification, Volume 1~Volume 4, as of October 31, 2012.

FASB [2016], 2015-2016 Accounting Standards Codification, Volume 1~Volume 4, as of October 31, 2015.

FASB [2014], Rules of Procedure — Amended and Restated through December 11, 2013, Financial Accounting Foundation.

FASB and International Accounting Standards Board (IASB) [2008], Completing the

February 2006 Memorandum of Understanding: A Progress Report and Timetable for Completion, September 2008.

FASB and IASB [2009], FASB and IASB Reaffirm Commitment to Memorandum of Understanding: A Joint Statement of the FASB and IASB, November 5, 2009.

FASB and IASB [2010a], IASB and FASB Commitment to Memorandum of Understanding: Quarterly Progress Report, March 31, 2010.

FASB and IASB [2010b], Joint Statement by the IASB and the FASB on Their Convergence Work, June 2010.

FASB and IASB [2010c], Progress Report on Commitment to Convergence of Accounting Standards and a Single Set of High Quality Global Accounting Standards, June 24, 2010.

FASB and IASB [2010d], Progress Report on Commitment to Convergence of Accounting Standards and a Single Set of High Quality Global Accounting Standards, November 29, 2010.

FASB and IASB [2011], Progress Report on IASB-FASB Convergence Work, April 21, 2011.

FASB and IASB [2012], IASB-FASB Update Report to the FSB Plenary on Accounting Convergence, April 5, 2012.

FASB and IASB [2013], Meeting of the G20 Finance Ministers and Central Bank Governors, 15-16 February 2013, Update by the IASB and FASB.

Great of Twenty (G20) [2008], Declaration: Summit on Financial Markets and the World Economy, November 15, 2008.

G20 [2009], Leaders' Statement: The Pittsburgh Summit, September 24-25, 2009.

G20 [2011], Cannnes Summit Final Declaration "Building Our Common Future: Renewed Collective Action for the Benefit of All," November 4, 2011.

G20 [2013], G20 Leaders' Declaration, September 2013.

G20 Finance Ministers and Central Bank Govermors' Meeting [2012], Communiqué, G20 Finance Ministers and Central Bank Govermors' Meeting, Washington, D.C., April 19-20, 2012.

G20 Finance Ministers and Central Bank Govermors' Meeting [2013], Communiqué: Meeting of G20 Finance Ministers and Central Bank Govermors, Moscow, February 15-16, 2013.

Herz, R. H. [2013], *Accounting Changes: Chronicles of Convergence, Crisis, and Complexity in Financial Reporting*, AICPA（ロバート（ボブ）・H・ハーズ著・杉本徳栄・橋本尚訳 [2014],『会計の変革—財務報告のコンバージェンス，危機および複雑性

に関する年代記―』同文舘出版).

Hoey, T. [2009], FASB *Accounting Standards Codification*^{TM}, Eighth Annual Financial Reporting Conference, Robert Zicklin Center for Corporate Integrity, Baruch College, April 30, 2009.

International Accounting Standards Committee (IASC) [1999], Recommendations on Shaping IASC for the Future, A Report of the International Accounting Standards Committee's Strategy Working Party: Recommendations to the IASC Board, November 1999.

International Accounting Standards Board (IASB) [2012], Feedback Statement: Agenda Consultation 2011, December 2012.

IASB [2013], Discussion Paper: A Review of the Conceptual Framework for Financial Reporting, July 2013.

IASB [2015a], Exposure Draft: Conceptual Framework for Financial Reporting, May 2015.

IASB [2015b], Exposure Draft: Updating References to the Conceptual Framework ― Proposed Amendments to IFRS 2, IFRS 3, IFRS 4, IFRS 6, IAS 1, IAS 8, IAS 34, SIC-27 and SIC-32, May 2015.

IFRS Foundation [2012], Report of the Trustees' Strategy Review 2011 ― IFRSs as the Global Standards: Setting a Strategy for the Foundation's Second Decade, February 2012.

IFRS Foundation [2013], Press Release: Trustees Announce Membership of ASAF, March 19, 2013.

IFRS Foundation Monitoring Board [2012], Final Report on the Review of the IFRS Foundation's Governance, February 9, 2012.

Jennings, A. R. [1958], Present-Day Challenges in Financial Reporting, *Journal of Accountancy*, Vol.105 No.1, January 1958.

Large, R. E. [1979], SEC Accounting Series Release No.150: A Critical Analysis, *Indiana Law Journal*, Vol.54 No.2, Winter 1979.

Miller, P.B.W., R.J. Redding, and P.R. Bahnson [1994], *The FASB: The People, the Process, and the Politics*, 3rd edition, Irwin: Illinois (高橋治彦訳 [1989], 『The FASB 財務会計基準審議会―その政治的メカニズム』同文舘出版).

Nicolaisen, D. T. [2005], A Securities Regulator Looks at Convergence, *Northwestern Journal of International Law and Business*, Vol.25 No.3, Spring 2005.

Securities and Exchange Commission (SEC) [1938], Accounting Series Release No.4, Administrative Policy on Financial Statements, April 25, 1938.

SEC [1974], Accounting Series Release No.150, Statement of Policy on the Establishment and Improvement of Accounting Principles and Standards, December 20, 1973.

SEC [1998], A Plain English Handbook: How to Create Clear SEC Disclosure Documents, August 1998.

SEC [2003], Securities Act of 1933 Release Nos. 33-8221; 34-47743; IC-26028; FR-70; April 25, 2003, Commission Statement of Policy Reaffirming the Status of the FASB as a Designated Private-Sector Standard Setter, *SEC Docket*, Vol.80 No.2, June 23, 2003.

SEC [2009], Release Nos.33-9062A; 34-60519A; FR-80A, Commission Guidance Regarding the Financial Accounting Standards Board's Accounting Standards Codification, *Federal Register*, Vol.74 No.163, August 25, 2009.

SEC [2010], Release Nos.33-9100; 34-61578, Commission Statement in Support of Convergence and Global Accounting Standards, February 24, 2010.

SEC Office of the Chief Accountant and Office of Economic Analysis [2003], Study Pursuant to Section 108 (d) of the Sarbanes-Oxley Act of 2002 on the Adoption by the United States Financial Reporting System of a Principles-Based Accounting System, July 25, 2003.

Schapiro, M. L. [2010], Chairman Schapiro Statement on FASB-IASB Decision to Modify Timing of Certain Convergence Projects, June 2, 2010.

Schroeder, R.G., M.W. Clark and J.M. Cathey [2001], *Financial Accounting Theory and Analysis: Text Readings and Cases*, 7th edition, John Wiley & Sons, Inc. (加古宜士・大塚宗春監訳『財務会計の理論と応用』中央経済社、2004年).

Wolk, H. I., J. L. Dodd, and J. J. Rozycki [2008], *Accounting Theory: Conceptual Issues in a Political and Economic Environment*, 7th edition, SAGE Publications (ハリー・I・ウォーク、ジェームズ・L・ドッド、ジョン・J・ロジスキー著、長谷川哲嘉・中野貴之・成岡浩一・菅野浩勢・松本安司・平賀正剛訳 [2013]、『アメリカ会計学—理論、制度、実証—』同友館).

大日方隆編著 [2012]、『金融危機と会計規制—公正価値測定の誤謬—』中央経済社。

加藤盛弘・鵜飼哲夫・百合野正博 [1981]、『会計原則の展開』森山書店。

大石桂一 [2000]、『アメリカ会計規制論』白桃書房。

大石桂一 [2015]、『会計規制の研究』中央経済社。

企業会計基準委員会 [2009]、「IASB／FASB MOUプロジェクトのマイルストーンの目標」、第189回企業会計基準委員会報告事項(1)-2、2009年11月12日。

杉本徳栄 [2003]、「会計基準の収斂とFASBのミッション」、『産業経理』第63巻第3号。

杉本徳栄 [2009]、『アメリカSECの会計政策—高品質で国際的な会計基準の構築に向けて

―』中央経済社。

杉本徳栄［2010］，「U.S. GAAPの制度性」，『経済論叢』第184巻第3号，2010年7月。

杉本徳栄監修・仰星監査法人編著［2010］，『ケーススタディでみるIFRS』金融財政事情研究会。

千代田邦夫［2014］，『闘う公認会計士―アメリカにおける150年の軌跡―』中央経済社。

広瀬義州［1995］，『会計基準論』中央経済社。

第11章

日本における
会計基準のコンバージェンス

第1節 日本の金融行政機関と企業会計審議会の構図

　日本の企業会計の基準の設定をはじめ，企業会計制度の整備改善などについて審議を行う機能は，「**企業会計審議会**」が担ってきた。その機能が行政当局ないし規制当局である旧大蔵省のもとにあった際は，「大蔵省組織令」（昭和28年（1953年）政令第386号）第87条第1項を法的根拠として，また，2001年の中央省庁再編（中央省庁等改革）後は，「金融庁組織令」（平成10年（1998年）政令第392号）第24条第1項を法的根拠として，いずれも政令としての「企業会計審議会令」（昭和27年（1952年）7月31日政令第307号）の定めに拠っている。

　企業会計制度の整備改善などのあり方をはじめ，日本の会計基準のコンバージェンス（収斂）や国際財務報告基準（IFRSs）への対応のあり方をより良く理解するには，行政当局である金融行政機構について知っておかなければならない。

1. 住専問題と日本の金融行政機構

　1990年代のバブル崩壊に伴う融資物件の不良債権化が深刻になり，とくに住宅金融専門会社（いわゆる「住専」）の貸倒れ処理の遅延による金融システムの破綻への対応策は，喫緊の課題であった。この不良債権処理に公的資金を注入する法案を審議した第136回国会は，「住専国会」（1996年1月22日から6月19日）とも呼ばれ，経営破綻した住専を対象とした「特定住宅金融専門会社の債権債務の処理の促進等に関する特別措置法」の立法化によって，最終的に公的資金が投入されている。後の整理回収機構に結実する住宅金融債権管理機構は，この特別措置法により，金融機能の再生や健全化に向けて設立された債権回収機関である。

　この住専問題や公的資金の投入が，会計規制に直結する日本の金融行政機構のあり方にとどまらず，会計基準ないし「**公正ナル会計慣行**」のあり方などにも及ぼした影響は計り知れない。

第1節 日本の金融行政機関と企業会計審議会の構図

たとえば，当該特別措置法が成立した1996年6月以降も，日本銀行の独立性ないし自主性（たとえば，第3条第1項の「日本銀行の通貨及び金融の調整における自主性は，尊重されなければならない」，第5条第1項の「日本銀行は，その業務及び財産の公共性にかんがみ，適正かつ効率的に業務を運営するよう努めなければならない」）を強化する日本銀行法の改正と相前後して，財政と金融を一手に引き受けていた旧大蔵省から金融監督と検査機能を棲み分ける「財金分離」方針が決まったのも，この住専問題の影響によるものだという（五味 [2012]，20頁）。

さらに付言すれば，この金融監督と検査機能の棲み分けは，1997年の第一勧業銀行の総会屋への利益供与事件，1998年1月の日本道路公団の旧大蔵省OB贈収賄事件および一連の旧大蔵省接待汚職事件などにみられた，旧大蔵省の検査の甘さや検査日程の漏洩による収賄問題によるところも甚大である。

加えて，1998年10月に経営破綻した旧日本長期信用銀行の1998年3月期決算に係る有価証券報告書の提出および配当に関する決算処理について，これまでの「公正ナル会計慣行」として行われていた税法基準の考え方によったことが違法とはいえないとして，同行頭取らに対する虚偽記載有価証券報告書提出罪および違法配当罪の成立が否定された判決事例（第1審：東京地方裁判所2002年9月10日判決，第2審：東京高等裁判所2005年6月21日判決）も，住専問題の影響による一例である。1998年3月期決算の直前に行われた銀行経理に関する大蔵省通達の改正が，従来の会計基準を否定し，この新たな通達が定める会計処理が「公正ナル会計慣行」になるかどうかが最大の争点となった訴訟である。会社法第431条（「株式会社の会計は，一般に公正妥当と認められる企業会計の慣行に従うものとする」）や同法第614条（「持分会社の会計は，一般に公正妥当と認められる企業会計の慣行に従うものとする」）での**「一般に公正妥当と認められる企業会計の慣行」**が問われたものである（たとえば，岸田 [2003]，弥永 [2006] および弥永 [2013]，第4章参照）。

第11章 日本における会計基準のコンバージェンス

２．日本の金融行政機構の近年の推移

（１）金融監督庁の設置（1998年6月～1998年12月）

「金融監督庁設置法」（平成9年（1997年）6月20日法律第101号）並びに「金融監督庁設置法の施行に伴う関係法律の整備に関する法律」（平成9年（1997年）法律第102号）の立法化こそ，金融監督を具現化したものであり，1998年6月22日に総理府の外局として新たに設置された**「金融監督庁」**が，その役割を担った（旧大蔵省の分割により，銀行局と証券局から金融機関に対する監督と検査部門を独立させて設立した）（図表11-1②参照）。金融監督庁の設立は，**「行政改革プログラム」**（1996年12月25日閣議決定）で謳われた総理府への「金融検査監督庁」（仮称）設置構想を実現したものでもある。民間金融機関等に対する金融監督と検査権限は，それまで旧大蔵大臣の権限とされてきたが，金融監督庁の設立に伴い，この権限が内閣総理大臣に移されるとともに，一部の権限（免許の付与と取消し等の権限）を除き，さらに金融監督庁長官に法定委任されている。

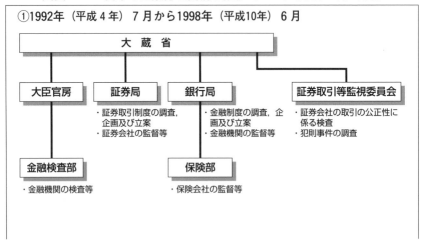

図表11-1　日本の金融行政機構の推移（1992年（平成4年）以降）

①1992年（平成4年）7月から1998年（平成10年）6月

第1節　日本の金融行政機関と企業会計審議会の構図

②1998年（平成10年）6月から1998年（平成10年）12月

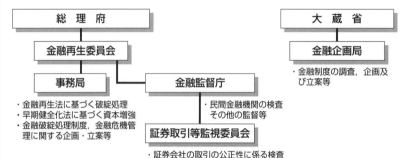

③1998年（平成10年）12月から2000年（平成12年）6月

④2000年（平成12年）7月から2001年（平成13年）1月

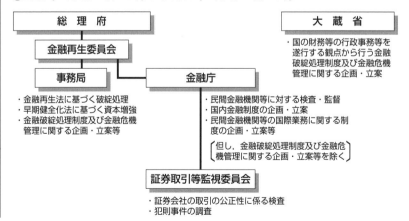

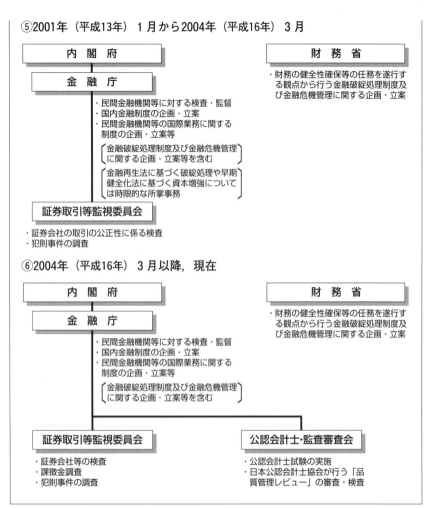

出所：金融庁 Website,「金融行政機関の推移」(http://www.fsa.go.jp/common/about/suii/index.html), 表記を一部修正。

　また，証券取引や金融先物取引などの公正を期する目的から，1992年に大蔵省のもとに設置された**「証券取引等監視委員会」**も，「国家行政組織法」第8条に基づく機関として，金融監督庁に移管している。証券取引等監視委員会は，

第1節 日本の金融行政機関と企業会計審議会の構図

金融商品取引業者等に対する検査または報告・資料の聴取権限，取引調査の権限，開示検査および報告・資料の聴取の権限，犯則事件の調査の権限，裁判所への禁止・停止命令の申立ておよびそのための調査の権限などを，内閣総理大臣などから委任された機関である。

（2）金融再生委員会と金融監督庁の設置（1998年12月～2000年6月）

　金融監督庁の発足後，日本の金融システムに対する内外の信頼回復に向けた緊急措置（時限措置）が講じられた。すなわち，日本の金融機能の安定とその再生を図るために，金融機関の破綻処理の原則や金融機関等の資産の買い取りに関する緊急措置の制度などを定めた「金融機能の再生のための緊急措置に関する法律」（平成10年（1998年）10月16日法律第132号：1998年10月23日施行），金融機関等の不良債権処理を速やかに進めるとともに，金融機関等の資本の増強に関する緊急措置の制度を設けた「金融機能の早期健全化のための緊急措置に関する法律」（平成10年（1998年）10月22日法律第143号：1998年10月23日施行）が制定されている。「金融機能の再生のための緊急措置に関する法律」は，公的な金融整理管財人のもとに置かれた破綻金融機関の営業譲渡先を見つけ，また，見つからない場合の暫定的なつなぎ銀行であるブリッジバンクの制度を設けるとともに，大型破綻時に一時国有化する特別公的管理制度を導入した。「公正ナル会計慣行」のあり方との関わりで後述する，1998年10月に経営破綻した旧日本長期信用銀行は，この特別公的管理制度のもとで国有化された事例の1つである。

　特別公的管理制度のもとで一時国有化された銀行の処理や公的資金注入を公正に進めるために，緊急措置として**「金融再生委員会」**を2年間設置する「金融再生委員会設置法」（平成10年（1998年）10月16日法律第130号：1998年12月15日施行）も制定された。この「金融再生委員会設置法」の施行に伴い，国家行政法第3条第2項に基づいて，独立行政委員会である「金融再生委員会」が，総理府の外局として設立され，金融監督庁はこの金融再生委員会のもとに置かれている（**図表11-1③**参照）。金融再生委員会の任務は，日本の金融機能の安定と

第11章　日本における会計基準のコンバージェンス

775

その再生を図るため，金融機関の破綻に対し必要な施策を講ずるとともに，預金者，保険契約者，有価証券の投資者等を保護し，また，金融および有価証券の円滑な流通を図るために，民間金融機関等の業務の適切な運営または経営の健全性が確保されるように当該民間金融機関等について免許および検査その他の監督を行い，証券取引等の公正が確保されるべくその監視を行うことにある。

金融再生委員会の設立に伴い，金融監督庁と金融再生委員会の所掌事務と権限が明確にされた。

金融再生委員会の所掌事務と権限には，金融破綻処理制度および金融危機管理に関する調査，企画および立案をすること（設立当時。その後，国内金融に関する制度の調査，企画および立案することに改められた），「金融機能の再生のための緊急措置に関する法律」に基づく金融整理管財人による管理，ブリッジバンク，特別公的管理その他の金融機関の破綻の処理等に関することなどをはじめ，「金融機能の早期健全化のための緊急措置に関する法律」に基づく権限など第33項まで列挙されている（「金融再生委員会設置法」第4条）。これらの項目のうち，銀行業，信託業および無尽業の免許並びにこれらを営む者の検査その他の監督に関すること，銀行持株会社の認可および検査その他の監督に関すること，証券業を営む者の登録および検査その他の監督に関することなどが，金融監督庁の所掌事務とされた。

（3）金融再生委員会と金融庁の設置（2000年7月〜2001年1月）

金融機関や企業の不良債権問題は，日本の景気停滞をもたらす一因であった。そこで，内閣府は景気回復の妨げとなる当該問題などを解決するために，「**総合経済対策**」（1998年4月24日）を発表した。この総合経済対策は，21世紀を見据えた社会資本の整備等，特別減税等による経済の活性化，経済構造改革の推進等，土地・債権の流動化と土地の有効利用，アジア支援策から構成される。これらの対策のうち，「土地・債権の流動化と土地の有効利用」は，「債権債務関係の迅速・円滑な処理，土地の整形・集約化と都市再開発の促進，都市再構築のための土地需要の創出に係る思い切った措置を総合的に講ずることにより，

土地取引を活性化し，不良債権問題を抜本的に解決する」とした。

これに呼応して，「総合経済対策」の施策を推進し，金融システム再生のための実効ある施策に取り組むために，政府・与党一体での総合的な協議を行う「政府・与党金融再生トータルプラン推進協議会」が，1998年5月22日に設置された。「政府・与党金融再生トータルプラン推進協議会」が公表した「**金融再生トータルプラン（第1次とりまとめ）**」（1998年6月23日）と「**金融再生トータルプラン（第2次とりまとめ）**」（1998年7月2日）は，日本の金融監督のあり方にも結び付く。資産査定に関する基準の見直しを市場評価との整合性を図るために講ずる措置である，第2次とりまとめでの「3．銀行監督及び健全性基準の強化」の具体的施策のなかで，金融監督庁の検査・監視・監督のための体制強化が掲げられている。

（4）**検査・監視・監督のための体制強化**

　金融検査については，外部のノウハウを取り入れた検査マニュアル及びチェックリストを整備し，年内に公開する。また，検査後における改善状況のフォローアップや財務諸表の継続的な分析などのモニタリングを行い，このために必要なコンピューターシステムの整備を図る。

　広い意味での検査機能を充実強化するため，金融検査，金融機関の内部監査，公認会計士等による外部からの監査を有機的に連携させるとともに，金融検査機能の代行や民間のノウハウの導入に係る新たな仕組みについて早急に結論を得る。

　なお，金融監督庁の検査・監視・監督体制については，諸外国の金融検査監督当局の体制も参考に早急に見直しを行い，大幅な拡充を含む計画的な体制強化を図る。

なお，ブリッジバンク（つなぎ銀行）制度の導入は，第1次とりまとめでの構想を踏まえて，第2次とりまとめの「4．金融システムの安定化と機能強化」で提示された具体的施策である。

ところで，1996年11月に総理府に設置された「**行政改革会議**」は，複雑多岐にわたる行政の課題に柔軟かつ的確に対応するために必要な国の行政機関の再

編および統合の推進に関する基本的かつ総合的な事項を調査審議してきた。しかし，行政改革会議の「最終報告」（1997年12月3日）では，金融危機管理等の企画・立案を旧大蔵省の行政機能とするか否かについては，結論が出ていない。その結論は当時の与党三党（自由民主党，社会民主党，新党さきがけ）に委ねられ，協議の結果，1998年1月20日に，「金融監督院を金融庁に改め，金融破綻処理制度ないし金融危機管理に関するものを除き，国内金融に関するすべての企画立案を金融庁に移管する」ことなどについて合意している（金融監督庁［1999］，本編，第2章，Ⅰ，2参照）。

　行政改革会議の「最終報告」を踏まえて成立した「中央省庁等改革基本法」（平成10年（1998年）6月12日法律第103号）は，それまでの1府22省庁を1府12省庁に再編した（第10条，第15条および別表第2）。金融庁は，この「中央省庁等改革基本法」の「内閣府の基本的な性格及び任務」の条項（第10条）により具体的に規定された。

（内閣府の基本的な性格及び任務）

第10条　内閣府は，内閣に，内閣総理大臣を長とする行政機関として置かれるものとし，内閣官房を助けて国政上重要な具体的事項に関する企画立案及び総合調整を行い，内閣総理大臣が担当することがふさわしい行政事務を処理し，並びに内閣総理府大臣を主任の大臣とする外局を置く機関とするものとする。
　　…（略）…

6　金融庁は，内閣に，その外局として置くものとし，次に掲げる機能及び政策の在り方を踏まえ，金融監督庁を改組して編成するものとする。
　一　国内金融に関する企画立案（第20条第8号に定めるところにより財務省が担うものを除く。）を担うこと。
　二　金融については，基本的に市場の自主性及び自律性にゆだね，行政の関与は必要最小限のものに限ること。
　三　金融監督庁が各省と共同で所管している金融に関する検査及び監督の業務については，金融庁に一元化すること。
　四　関係法律に基づく命令の立案に関する事務で金融監督庁と大蔵省等とが共同で所管するものについては，できる限り単独で所管すること。

778

第1節 日本の金融行政機関と企業会計審議会の構図

> 五 金融庁の地方組織の在り方について検討すること。

「中央省庁等改革基本法」の施行に伴い中央省庁が再編されたのは，2001年1月6日である。金融再生委員会設置法案第16条は，「全体の中央省庁等再編（平成13年1月）に先行して，金融再生委員会に，金融監督庁を改組して金融庁を置くこととする」としており，また，中央省庁等改革推進本部決定「中央省庁等改革の推進に関する方針」（1999年4月27日）も，「金融庁の設置は平成12年7月，金融再生委員会の廃止は関係作用法の整備方案等の施行と併せ平成13年1月を予定しており，関係作用法の整備方案の立案に併せて，必要な法律上の措置を講ずることとする」（Ⅷ，第1，⑵）とした。その結果，まず2000年7月に，金融監督庁と旧大蔵省の金融企画局を統括して**「金融庁」**に改組し，金融再生委員会に設置されている（「金融再生委員会設置法」第16条。**図表11-1④**参照）。金融庁の任務は，日本の金融の機能の安定を確保し，預金者，保険契約者，有価証券の投資者その他これらに準ずる者の保護を図るとともに，金融の円滑を図ることにある（「金融庁設置法」（平成10年（1998年）10月16日法律第130号）第3条）。

（4）金融庁の設置（2001年1月～現在）

中央省庁再編時（2001年1月6日）には，金融再生委員会が廃止され，代わって金融庁が内閣府の外局として設置された（**図表11-1⑤**参照）。また，旧大蔵省の廃止に伴い，財務省が新設された。「財務省設置法」（平成11年（1999年）7月16日法律第95号）第3条によれば，財務省は，「健全な財政の確保，適正かつ公平な課税の実現，税関業務の適正な運営，国庫の適正な管理，通貨に対する信頼の維持及び外国為替の安定の確保を図ることを任務とする」。

また，公認会計士の信頼性を強化するために，それまでの公認会計士審査会の業務を拡大した**「公認会計士・監査審査会」**が，2003年の公認会計士法の改正に基づき，2004年4月1日に設立されている。この公認会計士・監査審査会は，金融庁に置かれる審議会等の1つと定められている（「金融庁設置法」第6

779

条第2項)。公認会計士・監査審査会には,「品質管理レビュー」に対する審査および検査,公認会計士試験の実施,公認会計士等に対する懲戒処分等の調査審議の3つ業務がある。

3. 企業会計審議会

旧大蔵省における企業会計審議会は,「大蔵省設置法」第1条(「この法律は,大蔵省の所掌事務の範囲及び権限を明確に定めるとともに,その所掌する行政事務及び事業を能率的に遂行するに足る組織を定めることを目的とする」)によって制定された政令「企業会計審議会令」(1952年7月31日)を拠り所として組織されたものである。その後の中央省庁再編によって,企業会計審議会は,新たな内閣府のもとに設置された金融庁に移管された。それに伴い,企業会計審議会は,次の「金融庁組織令」第24条第2項に定めるものに加えて,「企業会計審議会令」でも必要な事項を規定している。

第24条 法律の規定により置かれる審議会等のほか,金融庁に,企業会計審議会を置く。

2 企業会計審議会は,企業会計の基準及び監査基準の設定,原価計算の統一その他企業会計制度の整備改善について調査審議し,その結果を内閣総理大臣,金融庁長官又は関係各行政機関に対して報告し,又は建議する。

3 前項に定めるもののほか,企業会計審議会に関し必要な事項については,企業会計審議会令(昭和27年政令第307号)の定めるところによる。

企業会計審議会は,「会長及び委員19名以内で組織」され,特別の事項を調査審議させるため必要があるときに臨時委員を,また,専門の事項を調査させるため必要があるときに専門委員を置くことができる(企業会計審議会令第2条第2項,第3項)。企業会計審議会には部会を設けることができ(企業会計審議会令第6条第1項),企業会計審議会の庶務は,金融庁総務企画局市場課において処理することとされている(企業会計審議会令第10条)。

「金融庁組織令」および「企業会計審議会令」の定めにより,企業会計審議

会は，企業会計の基準などの設定主体としての機能を備えている。これまでに企業会計審議会は，企業会計原則（1949年），原価計算基準（1962年），連結財務諸表原則（1975年），外貨建取引等会計処理基準（1979年），リース取引に関する会計基準（1993年），「連結財務諸表制度の見直しに関する意見書」（連結財務諸表原則）（1997年），「連結キャッシュ・フロー計算書等の作成基準の設定に関する意見書」（連結キャッシュ・フロー計算書等の作成基準）（1998年），「研究開発費等に係る会計基準の設定に関する意見書」（研究開発費等に係る会計基準）（1998年），「退職給付に係る会計基準の設定に関する意見書」（退職給付に係る会計基準）（1998年），「税効果会計に係る会計基準の設定に関する意見書」（税効果会計に係る会計基準）（1998年），「金融商品に係る会計基準の設定に関する意見書」（金融商品に係る会計基準）（1999年），「外貨建取引等会計処理基準の改訂に関する意見書」（外貨建取引等会計処理基準）（1999年），「固定資産の減損に係る会計基準の設定に関する意見書」（固定資産の減損に係る会計基準）（2002年），「企業結合に係る会計基準の設定に関する意見書」（企業結合に係る会計基準）（2003年）などの企業会計の基準などを設定・改正した。また，「商法と企業会計原則との調整に関する意見書」（1951年），「税法と企業会計原則との調整に関する意見書」（1952年）および「企業会計原則と関係諸法令との調整に関する連続意見書」（第一「財務諸表の体系について」（1960年），第二「財務諸表の様式について」（1960年），第三「有形固定資産の減価償却について」（1960年），第四「棚卸資産の評価について」（1962年），第五「繰延資産について」（1962年））などの各種意見書も公表してきた。このうち，1990年代末以降の会計基準（「……に係る会計基準の設定に関する意見書」による会計基準）の設定は，1996年11月に橋本龍太郎内閣総理大臣が提唱した金融改革である**「金融ビッグバン」**（日本版ビッグバン）のもとでの**「会計ビッグバン」**に基づくものである。

とはいえ，これまで会計基準の中心に据えられてきた企業会計原則の形成において，企業会計審議会に内在する特有の問題や直面してきた問題の存在が，その後の日本における民間独立の会計基準設定主体（すなわち，財団法人財務会計基準機構／企業会計基準委員会）の設立にも大きく影響している。従来のいわ

ゆるパブリック・セクター（公共部門（公的部門））である企業会計審議会を企業会計原則の設定主体とすることに内在する特有の問題，「すなわち，その第一は，政治的・行政的な影響を受けるということ，第二は，資金的な限界が大きいということ，第三は，人的または組織的な限界があるということ」（新井編著［1989］, 39頁）が指摘されてきた。また，企業会計審議会における従来の企業会計原則の形成にみられた次のような難点も指摘されている（新井編著［1989］, 40頁）。

①十分な調査研究体制を擁することが困難であること

②会計基準の形成にあたって，その理論的なフレームワーク等の問題につき長期的・総合的な計画を設定し審議することが困難であること

③会計基準形成のプロセスとして，FASB等にみられるような討議資料・草案の公開，公聴会の開催等会計基準形成のオープン・システム化を図ることが困難であること

④いわゆる個別問題的なレベルの事項について詳細，かつ，機動的な検討を加えることが困難であること

企業会計審議会には，総会，企画調整部会，第一部会，特別部会，第一部会小委員会，企業年金部会，第二部会，研究開発費部会，金融商品部会，固定資産部会，内部統制部会，監査部会などが設けられてきた。会計基準の国際的調和化への取組み，民間独立の会計基準設定主体の設立と企業会計の基準の設定権限の移行などを踏まえ，近年のIFRSsへの対応のあり方に関する審議のプロセスで提示された「企業会計審議会の今後の運営について（案）」（2009年6月）や「企業会計審議会の審議事項」（2011年2月24日）を通じて，**企画調整部会，監査部会および内部統制部会**の3つの部会が編成されている。

企画調整部会は，「会計をめぐる国際的な動向や〔2009年6月11日に開催した企画調整部会で取りまとめ，6月16日に公表した：引用者〕『我が国における国際会計基準の取扱い（中間報告）』等を踏まえ，我が国における国際会計基準の取扱い等について，必要な審議・検討を行う」ものであり，企業会計審議会の審議にあたってきわめて重要な役割を果たしている。監査部会は，「今後の国

際的な監査基準の改訂等を踏まえ，監査基準の改訂について必要な審議を行う。また，監査基準をめぐる国際的な動向を踏まえ，我が国における国際監査基準の取扱いについて検討を行う」ものと位置づけ，また，内部統制部会は，「財務報告に係る内部統制の評価及び監査の基準の見直しや更なる明確化等について，必要な審議・検討を行う」とした。

当初の「企業会計審議会の今後の運営について（案）」では，企画調整部会は，「EUにおける同等性評価や会計基準の国際的なコンバージェンスの動向等を踏まえ，審議事項の企画調整を行うとともに，必要な審議・検討を行う」としていた。しかし，最終的な「企業会計審議会の審議事項」では，部会の名称が物語る「審議事項の企画調整」の役割は明文化されず，もっぱら「我が国における国際会計基準の取扱い等」の審議・検討だけが謳われた。その後の日本におけるIFRSsの取扱いに関する審議・検討が，「企業会計審議会総会・企画調整部会合同会議」のスタイルで展開することを可能にするための対応であると解することもできる。

こうした重要な機能を担っていた企画調整部会は，2011年6月30日からは，IFRSs適用について，「さまざまな立場から追加の委員を加えた」企業会計審議会総会・企画調整部会合同会議の形式での議論のために運営されてきた。この合同会議は，当時の金融担当大臣による，いわゆる「政治主導」の名のもとで編成されたものであり，この合同会議には次のような議論の展開が期待された（金融庁・企業会計審議会総会・企画調整部会合同会議［2011]）。

○IFRS適用については，「中間報告」における方向性が示されているが，上記の「中間報告」以降の変化と2010年3月期から任意適用が開始されている事実，EUによる同等性評価の進捗，東日本大震災の影響を踏まえつつ，さまざまな立場から追加の委員を加えた企業会計審議会総会・企画調整部会合同会議における議論を6月中に開始する。この議論に当たっては，会計基準が単なる技術論だけでなく，国における歴史，経済文化，風土を踏まえた企業のあり方，会社法，税制等の関連する制度，企業の国際競争力などと深い関わりがあることに注目し，さまざまな立場からの意見に広く耳を傾け，会計基準がこれ

らにもたらす影響を十分に検討し，同時に国内の動向や米国をはじめとする
　諸外国の状況等を十分に見極めながら総合的な成熟された議論が展開される
　ことを望む。

　企業会計審議会総会・企画調整部会合同会議での一連の議論は，「**国際会計
基準（IFRS）への対応のあり方に関する当面の方針**」（2013年6月20日）として
取りまとめられた。この当面の方針の公表後は，合同会議形式での議論はみら
れず，2014年10月28日に開催された企業会計審議会総会で当該審議会に新たに
「**会計部会**」を設置する案が審議され，承認されている。

　会計部会の設置に伴い，これまで重要な役割を果たしてきた企画調整部会は
廃止された。この結果，企業会計審議会の総会のもとには，監査部会，内部統
制部会および会計部会が編成されている。

　なお，会計部会には次の事項を審議するとされている（金融庁・企業会計審
議会・会計部会［2014］）。

　○ 国際会計基準の任意適用の拡大促進を図るとともに，あるべき国際会計基準
　　の内容について我が国としての意見発信を強化するため，会計を巡る事項に
　　ついて必要な審議・検討を行う。

第2節　財団法人財務会計基準機構の設立

1. 財団法人財務会計基準機構の設立背景と目的

　1999年3月期決算から，日本企業が作成するアニュアル・レポート（年次報
告書）の英文監査報告書や連結財務諸表の注記に，連結財務諸表がアメリカ会
計基準（U.S. GAAP）や国際会計基準（IAS）ないし国際財務報告基準（IFRS）
に準拠したものとは異なる旨の，次のような「**レジェンド**」（Legend Clause（**警**

句))が付記されたことがある（以下の《実例》の太字と下線は，引用者）。

【レジェンド例】

（1）英文監査報告書

「連結財務諸表は，一般に公正妥当と認められる日本の会計基準に準拠して作成されている。したがって，これらの財務諸表および監査報告書は，日本基準に精通している利用者を対象としている。」

《実例》

REPORT OF INDEPENDENT PUBLIC ACCOUNTANTS

To the Shareholders and the Board of Directors of CASIO COMPUTER CO., LTD.:

We have audited the accompanying consolidated balance sheets of CASIO COMPUTER CO., LTD. (a Japanese corporation) and subsidiaries as of March 31, 2000 and 1999, and the related consolidated statements of operations, shareholders' equity and cash flows for the years then ended, expressed in Japanese yen. Our audits were made in accordance with generally accepted auditing standards in Japan and, accordingly, included such tests of accounting records and such other auditing procedures as we considered necessary in the circumstances.

In our opinion, the consolidated financial statements referred to above present fairly the consolidated financial position of CASIO COMPUTER CO., LTD. and subsidiaries as of March 31, 2000 and 1999, and the consolidated results of their operations and their cash flows for the years then ended in conformity with accounting principles generally accepted in Japan applied on a consistent basis during the periods, except as noted in the following paragraph.

As explained in Notes 1 and 2 in the year ended March 31, 2000, CASIO

第11章 日本における会計基準のコンバージェンス

COMPUTER CO., LTD. prospectively adopted new Japanese accounting standards for consolidation and equity method accounting and research and development costs.

Also, in our opinion, the U.S. dollar amounts in the accompanying consolidated financial statements have been translated from Japanese yen on the basis set forth in Note 1.

Asahi & Co.

(Member Firm of Andersen Worldwide SC)

Tokyo, Japan

June 29, 2000

STATEMENT ON ACCOUNTING PRINCIPLES
AND AUDITING STANDARDS

This statement is to remind that accounting principles and auditing standards and their application in practice may vary among nations and therefore could affect, possibly materially, the reported financial position and results of operations. The accompanying consolidated financial statements are prepared based on accounting principles generally accepted in Japan, and the auditing standards and their application in practice are those generally accepted in Japan. **Accordingly, the accompanying consolidated financial statements and the auditors' report presented above are for users familiar with Japanese accounting principles, auditing standards and their application in practice.**

出所：Casio Computer［2000］, p.41.

（2）連結財務諸表の注記

　「連結財務諸表は，日本以外の国において一般に公正妥当と認められる会計基準に準拠して財政状態や経営成績を表示しようとするものではない。」

《実例》

NOTES TO THE CONSOLIDATED FINANCIAL STATEMENTS
SOFTBANK CORP. AND CONSOLIDATED SUBSIDARIES
FOR THE YEARS ENDED MARCH 31, 2000 and 1999

3. Summary of Significant Accounting Policies:
(1) Accounting Principles

The accompanying consolidated financial statements have been prepared based on the accounts maintained by the Company and its domestic subsidiaries in accordance with the provisions set forth in the Japanese Commercial Code and the Japanese Securities and Exchange Law, and in conformity with accounting principles and practices generally accepted in Japan, which are different in certain respects as to application and disclosure requirements of International Accounting Standards. The accompanying consolidated financial statements also include the accounts maintained by the foreign subsidiaries in conformity with accounting principles and practices generally accepted in the respective countries in which the subsidiaries have been incorporated. In general, no adjustments to the accounts of foreign consolidated subsidiaries have been reflected in the accompanying consolidated financial statements to present them in compliance with the accounting principles and practices generally accepted in Japan.

Certain items presented in the consolidated financial statements filed with the Ministry of Finance (the "MOF") in Japan have been reclassified for the convenience of readers outside Japan. **The accompanying consolidated financial statements are not intended to present the consolidated financial position, results of operations and cash flows of the Company and its consolidated subsidiaries in accordance with accounting principles and practices generally accepted in countries and jurisdictions other than Japan.**

出所：Softbank [2000], p.44.

このレジェンド（警句）は，国際的な監査法人が，アジア金融危機やバブル崩壊等による金融システム不安から生じたリスク並びにU.S. GAAPやIFRSsに準拠して作成された連結財務諸表と誤認するリスクを軽減するために企図したものである。レジェンドが付与されたという事実は，日本の会計基準に対する信頼性と品質の評価の低さを物語るものでもある。1996年以降のいわゆる「会計ビッグバン」を通じて，日本の会計基準が国際的な会計基準と同等性あるものへと整備されたと自負し，また理解する者にとっては，衝撃的かつ屈辱的な出来事であった。

　経済のインフラである会計基準は，経済事象と密接不可分な関係にある。グローバル化かつボーダーレス化する経済に対して的確に対応しうる会計基準の開発は，喫緊の課題である。日本の会計基準や監査基準の信頼性の獲得はもとより，国際的な会計基準の開発に対する日本の考え方の発信とその貢献という能動的戦略を展開する必要がある。国際会計基準委員会（IASC）から国際会計基準審議会（IASB）への組織改編は，主要各国に民間の独立性を有する会計基準設定主体の設立とその連携を促す効果をもたらすものでもあった。

　このような背景のもとで，また，先述の企業会計審議会に内在する特有の問題や直面してきた問題の存在などもあって，設立母体である経済団体連合会（現日本経済団体連合会），日本公認会計士協会（JICPA），全国証券取引所協議会，日本証券業協会，全国銀行協会，生命保険協会，日本損害保険協会，日本商工会議所，日本証券アナリスト協会および企業財務制度研究会（COFRI：当時）の民間10団体による準備推進，並びに，旧大蔵省での「基準設定主体のあり方に関する懇談会」での議論の結果，2001年7月26日に財団法人財務会計基準機構（FASF：当時）が設立された（内閣府公益認定等委員会からの認定により，2009年11月2日付で公益財団法人財務会計基準機構へ移行した）。企業会計基準の整備ないし開発の役割が，それまでの官主導による「金融庁（旧大蔵省）－企業会計審議会（－企業財務制度研究会）」から民間独立の「財団法人財務会計基準機構－企業会計基準委員会（ASBJ）」へと移行したのである。

　「企業会計基準設定主体のあり方に関する懇談会」は，この移行に向けて中

心的な役割を果たした。

　当時の大蔵省金融企画局市場課参事官室が公表した「企業会計基準設定主体のあり方に関する懇談会」の開催案内（2000年4月11日）によれば，当該懇談会は，「大蔵省に産業界，証券界，監査人，学界からの関係者が参集し，民間機関が会計基準設定機能を担うことにつき，満たすべき要件を含めてその具体的可能性等について，幅広い観点から鋭意議論・検討を行うこと」を目的として開催されたものである。「経済活動の高度化，複雑化，国際化等を踏まえ，経済の重要なインフラである会計基準の設定について，官民が適切な役割分担の下で人材・資源を結集しその機能を強化していくことが強く求められて」いることがその背景にある。当該懇談会メンバーは，大蔵省金融企画局長を含む6名で構成された。

　企業会計基準設定主体のあり方については，当該懇談会の開催に先立って，たとえば，自由民主党金融問題調査会の「企業会計に関する小委員会」による**中間報告「企業会計基準設定主体の拡充・強化に向けて（案）」**（1999年12月21日）や，日本公認会計士協会による**「我が国の会計基準設定主体のあり方について（骨子）」**（2000年3月22日）が公表されている。

　「企業会計に関する小委員会」の中間報告（自由民主党金融問題調査会　企業会計に関する小委員会［1999］）は，日本の企業会計基準の設定権限を民間機関へ移行することを提示したものである。また，JICPAによる提言（日本公認会計士協会［2000］）でも，日本の会計制度設計に関する問題の所在が，①IASCとの関係と，②現行の企業会計審議会のあり方にあると指摘した。つまり，日本の会計制度は「急速に国際水準に引き上げる努力が続けられているが，国際的理解と評価を受けるには至っていない。…（中略）…我が国の会計基準設定主体をIASCに参加するにふさわしい体制に変え，わが国の会計制度に対する国際的信頼を取り戻すことが緊急な課題である」。加えて，それまで会計基準の策定を担ってきた「企業会計審議会は，行政当局の諮問機関であり，いわばパブリックセクターであるがゆえに，独立性，即時性等の面において，一定の限界がある」とした。

789

「企業会計基準設定主体のあり方に関する懇談会」は，4月12日に開催された第1回会合でこの提言を議論し，また，その会合以来，6回にわたって展開された議論の論点を整理して，「**企業会計基準設定主体のあり方について（論点整理）**」（2000年6月29日）を取りまとめた。ここでは，4つの具体的な論点とそのもとでの考えなどが示されている。それを整理すると，次のようになる（金融庁・企業会計基準設定主体のあり方に関する懇談会［2000]）。

①民間基準設定主体に確保されるべき要件に関する論点

・まず，民間基準設定主体が真に会計基準設定主体として機能するためには，(1)独立性，(2)人事の公正・透明性，バランスの確保，(3)会計基準設定プロセスの透明性，(4)専門性，多様性，(5)常設・常勤性，即時性，能動性，国際性，等の各要件を充たすことが必要である。

②民間基準設定機関に求められる組織・体制等に関する論点

・今後予想される基準改訂，実務指針策定等に係る業務の増大を具体的に念頭に置きつつ，それに迅速・的確に対応できる体制について，米国の設定主体の体制をはじめ諸外国の例も参考にしながら議論・検討を行った結果，民間基準設定機関は，(1)組織の運営等に責任を持つ組織，(2)基準の作成について責任を持つ組織，(3)テーマ選定等に責任を持つ組織，であることが求められる。

③資金調達に関する論点

・企業会計基準の重要な目的が適正な財務情報の投資家等への提供にあることに鑑み，公開会社からの資金調達を中核としつつ，その他適切な調達方法により各企業からできる限りの資金調達を行うことが必要であると考えられる。その際，経済界において，必要な資金を負担するという意識の醸成が必要不可欠であると考えられる。

・会計士界からは，基本的に監査法人からその規模等を勘案しつつ相当額を調達することが現実的とも考えられるが，監査人から監査報酬の一定割合を設定主体の活動資金に充てるという方法により調達することも今

後の検討課題であると考えられる。

・その他，関係団体等からの寄附・出捐等や，設定主体自身による出版物収入等の資金確保方策についてもできる限りの規模となるよう検討すべきであると考えられる。

④官民の役割分担に関する論点

・企業内容等の開示にまず責任を持つのは開示する主体であるが，海外との関係も含めて国内の投資家等を保護するのは国の責務であり，国は投資家保護等の観点から適切に役割を果たすことが求められる。

・米国など民間が基準設定の機能を担っている諸外国の例をみても，会計基準設定についての最終的な権限を行政当局が有しており，我が国においても，投資家保護等の観点から行政当局が一定の役割を果たすこと，すなわち，行政当局自らが会計基準を設定する権限を留保しつつ，民間機関により作成された会計基準を承認することや，必要に応じて会計基準作成の要請を行うこと等が必要であると考えられる。

・行政当局が一定の役割を果たすとしても，行政からの関与は合理的かつ透明性を有するものである必要があり，例えば承認についての拒否権を発動する場合等において，投資家の保護等の観点からの合理的な理由の明示が必要であると考えられる。

　「民間基準設定機関に求められる組織・体制等に関する論点」では，その後発足するFASFの基本構想が盛り込まれている。資金調達，人事，運営全般等についての責任を持たせる「運営委員会（仮称）」（非常勤で15名程度）がFASFであり，基準作成に責任を持つ「会計基準設定委員会（仮称）」（委員：常勤者5名程度，全体で10〜15名程度，専門スタッフ：基本的に常勤者で20名程度）こそがASBJであり，また，「テーマ検討諮問委員会（仮称）」（非常勤で15名程度）こそ，検討すべきテーマごとの専門委員会である。

　なお，民間独立の会計基準設定機関の設立の機運が高まるなかで，「官民の役割分担に関する論点」にみられるように，投資家保護などの観点から，行政

当局が会計基準設定の最終的な権限を掌握する構図を維持するとしたことは，その後の日本におけるIFRSsの取扱いやその対応のあり方を巡る動向でも如実に確認することができる。

　以上の経緯から発足したFASFの目的は，一般に公正妥当と認められる企業会計の基準の調査研究・開発，開示制度その他企業財務に関する諸制度の調査研究およびそれらを踏まえた提言並びに国際的な会計制度への貢献等を行い，これを通じて，日本における企業財務に関する諸制度の健全な発展と資本市場の健全性の確保に寄与することにある（「財団法人財務会計基準機構寄付行為」（以下，「寄付行為」という）第3条）。

　上記の民間10団体が公表した「**財団法人財務会計基準機構の設立について**」（2001年7月27日）によれば，財務会計基準機構の組織，財政および事業活動などは，次のとおりである（経済団体連合会ほか［2001］）。

　本財団には，資金調達，人事及び運営全般を決定し執行する理事会と，理事・監事の選任及び事業計画・予算等の重要な事項に必要な助言等を行う評議員会を設置し，それらとは別に，各方面からの独立性を確保した機関として，企業会計の基準及びその実務上の取扱いに関する指針の開発・審議等を行う「企業会計基準委員会」を設置する。また，テーマ選定等に関する協議を行う「テーマ協議会」を設けるほか，委員会のもとには，作業部会としてテーマごとの専門委員会を複数設置する予定である。

　また，財政については，独立性及び運営の安定性を確保する観点から，幅広く関係各界から協力を求め，会員制度（法人，個人）を設けて，これらの会員が納める会費をもって運営資金に充てる計画である。

　本財団は，設立後，直ちに事業活動に入り，「企業会計基準委員会」が日本の新しい会計基準の開発機関として，国際会計基準審議会（IASB）と適切な連携を保ちながら，国際的な会計基準の開発に貢献しつつ，わが国の考え方の対外的な発信を目指す一方，わが国の企業会計基準に関する理論的検討に合わせて，実務におけるニーズを迅速・的確に反映した会計基準や実務上の取扱いに関する指針の開発等，経済の重要なインフラとしての企業会計基準の整備において主体的な役割を果たせるよう適切な事業運営を行っていく所存である。

定款第58条第4項（「委員の倫理に関する事項は，委員会の決議を経て，委員長が別に定める」）に基づき，ASBJの委員が業務遂行の際に最低限遵守すべき倫理について定められている（「**企業会計基準委員会委員の倫理規定**」（2001年9月25日））。①誠実性，②独立性，③公正性，④専門性，⑤品位の保持，および，⑥守秘義務という6つの基本原則が，ASBJ委員が遵守すべき倫理を支えている。

2．企業会計基準等の開発に係る適正手続き—デュー・プロセス—

ASBJによる企業会計基準等の開発に係る適正手続きないしデュー・プロセス（正規の手続き）は，「**公益財団法人 財務会計基準機構 定款**」や「**企業会計基準委員会等運営規則**」（2001年9月25日）で定められてきた。

「**公益財団法人　財務会計基準機構　定款**」は，「一般に公正妥当と認められる企業会計の基準及びその実務上の取扱いに関する指針の開発に関連して委員会が遵守すべき手続は，理事会の承認を経て理事会が別に定める」（第56条第2項）としており，財務会計基準機構の理事会は，ASBJのデュー・プロセスの強化に向けた見直しを行ってきた。理事会が新たに定めた「**企業会計基準等の開発に係る適正手続に関する規則**」こそ，ASBJが「企業会計の基準及びその実務上の取扱いに関する指針を開発するにあたって，実施すべき適正手続」（第1条）であり，2013年6月14日から適用されている（2015年3月9日に規則改正）。

この適正手続に関する規則には，ASBJの審議，市場関係者からの意見の聴取（アウトリーチ），審議テーマの決定，企業会計基準等（企業会計基準等の構成と企業会計基準等の改正，修正および訂正），適用後レビュー，適正手続監督委員会への報告などが規定されている。その主たる規定内容は以下のとおりである。

ASBJは，その活動方針，つまり会計基準の開発の方針および国際的な会計基準設定主体との連携方針等の国際対応の方針を定め，適宜，理事会に報告する（第5条）。ASBJがこの適正手続きを経て公表する企業会計基準等は，①企業会計基準（会計処理および開示の基本となるルール），②企業会計基準適用指針

（企業会計基準の解釈や基準を実務に適用するときの指針），および，③実務対応報告（企業会計基準がない分野についての当面の取扱い，緊急性のある分野についての実務上の取扱いなど）の３つに区分される（第11条）。

ASBJは，これら企業会計基準等の開発に際して，市場関係者の意見を十分かつ適切に聴取する必要がある（第16条）。この意見聴取は，新規の企業会計基準等の開発または既存の企業会計基準等の改正の際の公開草案等の公表をはじめ，審議のために必要と認めた場合のアウトリーチの実施によって展開される。

ASBJは，基準諮問会議から審議テーマまたは優先順位等についての提言を受けた場合，原則として，この基準諮問会議の提言を尊重して審議テーマが決定される（第20条）。

適用後レビューは，ASBJが重要と認める新規の企業会計基準等の開発または既存の企業会計基準等の改正の際に，投資家，財務諸表作成者，監査人に与えた影響を評価するために実施されるもので，原則として，新規の企業会計基準等が適用された後，２年後から開始されるものである（第23条・第24条）。この適用後レビュー結果は，財務会計基準機構のウェブサイトに公表される。

ASBJは，重要と認められる企業会計基準等の公表の都度，または，適用後レビューの計画または実施の都度，適正手続監督委員会に当該規則の遵守状況を書面にて報告することが求められている（第27条）。その際に記載すべき項目には，たとえば次のものがある（別紙「企業会計基準等の開発に係る適正手続に係る報告項目の例示」）。

[企業会計基準等の開発時における報告事項]
- ● 審議テーマの決定
  - ✔ 基準諮問会議からの提言への対応の状況
  - ✔ 基準諮問会議からの提言以外の項目を新規テーマとする場合の状況
- ● 論点整理
  - ✔ 論点整理に関する企業会計基準委員会及び専門委員会の審議の状況
  - ✔ アウトリーチ（市場関係者に対する意見聴取）の実施状況

第2節 財団法人財務会計基準機構の設立

- ✔ 論点整理の公表に関する議決（反対意見の取扱い）
- ✔ 論点整理の公開期間
- ✔ 論点整理に寄せられた意見のホームページへの掲載
- ✔ 論点整理に寄せられた意見に関する委員会の審議の状況
- ✔ 論点整理に寄せられた意見に対する対応のホームページへの掲載
- ● 公開草案
- ✔ 公開草案に関する委員会及び専門委員会の審議の状況
- ✔ アウトリーチ（市場関係者に対する意見聴取）の実施状況
- ✔ 公開草案の公表に関する議決（反対意見の取扱い）
- ✔ 公開草案の公開期間
- ✔ 公開草案に寄せられた意見のホームページへの掲載
- ✔ 公開草案に寄せられた意見に関する委員会の審議の状況
- ✔ 公開草案に寄せられた意見に対する対応のホームページへの掲載
- ✔ 再公開草案の必要性に関する審議の状況
- ● 企業会計基準等
- ✔ 企業会計基準等の公表の議決（反対意見の取扱い）

［適用後レビューの計画時における報告事項］
- ✔ 適用後レビューの実施計画

［適用後レビューの実施時における報告事項］
- ✔ 適用後レビューの実施状況
- ✔ 実施結果への対応の状況
- ✔ 適用後レビューに関する報告のホームページへの掲載

　これまでに，たとえば，「平成25年度における適正手続の遵守状況の総括」や「『企業結合会計基準』等の改正に関する適正手続の遵守状況の報告」（いずれも2014年5月16日）がまとめられ，報告されている。

　ところで，「企業会計基準委員会等運営規則」は，定款第56条第3項（「この定款に定めるもののほか，委員会の運営に関し必要な事項は，委員会の決議を経て，委員長が別に定める」）と第60条第5項（「専門委員会の運営に関し必要な事項は，委員会の決議を経て，委員長が別に定める」）に基づいて定められたものである。

795

この運営規則によれば，ASBJの審議事項には，①会計基準の調査研究および開発，②国際的な基準開発への意見発信，③委員会の事業計画案および収支予算案の策定，事業計画の進捗状況および予算の執行状況のレビュー等委員会の運営に関する事項，および，④その他定款第52条第1項（「委員会は，専門的見地から，一般に公正妥当と認められる企業会計の基準及びその実務上の取扱いに関する指針の開発を行う」）に規定する委員会の職務に照らし必要な事項の4つである。

このうちの第2の「国際的な基準開発への意見発信」に関連して，ASBJは，**「国際的な意見発信に係る適正手続に関する内規」**（2015年3月6日）を取りまとめた。この内規は，定款第56条第3項に基づくもので，ASBJや委員が国際的な意見発信を行うにあたって実施すべき適正手続きを定めたものである。

この内規は，国際的な意見発信の方法として，①国際会計基準審議会（IASB）やアメリカ財務会計基準審議会（FASB）等に対するコメント・レターの提出，②リサーチ・ペーパー等の公表，③国際会議への文書の提出の3つを想定している。

委員会名でのいずれの方法による意見発信であれ，ASBJや関連する専門委員会などにおいて文案等の審議，最終化するうえで，必要に応じて広く一般からの意見募集やアウトリーチ（市場関係者に対する意見聴取）などを実施することが，遵守すべき適正手続きとなっている。なお，ASBJの「委員が委員として個人名で文書を公表又は提出する場合，本内規は適用されない」（第6条）。その場合，当該文書は委員個人の見解であって，ASBJとしての見解を示すものではない旨を記載しなければならず，また，文書の公表または提出後，ASBJへの報告義務を伴う。

こうした「国際的な意見発信に係る適正手続に関する内規」が設けられたのは，国内でIFRSsのエンドースメント手続きの導入が進められてきたことと無関係ではない。エンドースメント手続きの議論を通じて，IFRSsの開発に対して日本の考え方を適切に表明し，日本において受け容れ可能な会計基準等の開発をIASBに促すとする「適切な意見発信」のあり方が表明されている。

3．アニュアル・レポートにおけるレジェンド（警句）の付記

　本節冒頭のアニュアル・レポート（年次報告書）におけるレジェンド（警句）の付記という，いわゆるレジェンド問題の実態は，たとえば，経済産業省・経済産業政策局企業行動課が国内公開会社における企業会計制度およびコーポレート・ガバナンスに対する意識について実施した調査結果をまとめた**「企業会計制度に関する国内企業調査報告書」**（2002年3月）（経済産業省・経済産業政策局企業行動課［2002］）から，その一端を窺うことができる。

　この「企業会計制度に関する国内企業調査」は，経済産業省が富士総合研究所に委託して実施したものである（調査対象：国内証券取引所に上場，あるいは店頭市場に株式を公開している企業3,523社，発送日：2001年9月19日，回収締切日：10月5日，回収数（回収率）：1,026通（29.1％））。そのうち，「日本企業の会計・監査の現状」のもとでの「英文による年次報告書の作成状況等」に関する調査結果が，レジェンド問題を取り上げている。

　この調査報告書によれば，英文による年次報告書を作成している企業（377社）のうち，その連結財務諸表で採用している会計基準は，「日本の会計基準のままであり，米国の会計基準や国際会計基準との差異も特に注記しない」（74.5％），「日本の会計基準のままだが，国際会計基準との差異を注記する」（9.0％），「日本の会計基準のままだが，米国の会計基準との差異を注記する」（2.7％），「米国の会計基準」（6.1％），「国際会計基準」（0.8％）および「その他・無回答」（6.9％）であった。「米国の会計基準や国際会計基準を採用もしくは注記する」企業（70社）が回答したその理由は，「IR活動を推進するため」（50.0％）に次いで「いわゆる『レジェンド問題』を回避するため」（32.9％）が占めている（第三の理由は，「外国の株式市場に公開しているため」（22.9％））。「IR活動を推進するため」や「いわゆる『レジェンド問題』を回避するため」という回答は，「製造業」（39.5％，42.1％）と「金融業」（37.5％，50.0％）の企業に多い。こうした結果から，調査報告書は，「『レジェンド問題』を嫌い，これを回避するために米国の会計基準もしくは国際会計基準採用もしくはそれとの差異の注記を付し

ている現状がうかがえる」（経済産業省・経済産業政策局企業行動課［2002］，13頁）
としている。

この「英文による年次報告書の連結財務諸表に採用している会計基準」に加
えて，「レジェンド（警句）の付記とそれに伴う実質的な影響」と「英文によ
る年次報告書の連結財務諸表で今後予定の会計基準」についても調査している。

英文による年次報告書を作成している企業（377社）のうち，52.0％の企業が，
当該英文年次報告書に添付された監査報告書にレジェンド（警句）が「付記さ
れている」（「付記されていない」企業は35.8％，「その他・無回答」は12.2％）。レ
ジェンド（警句）の付記を依頼している監査法人別にみると，その付記は「日
本における四大監査法人」（62.7％）に最も多くみられ，「その他個人の会計事
務所等」（40.0％），「いわゆるビッグ・ファイブ」（37.1％），「上記以外の監査法
人」（21.9％）と続く。この回答結果は，「そもそも，レジェンド（警句）の付
記は，海外大手監査法人（いわゆるビッグ〔・：引用者〕ファイブ）と提携して
いる日本の四大監査法人間の申合わせにより生じたものである」（経済産業省・
経済産業政策局企業行動課［2002］，18頁）と推察している。

また，「レジェンドが付記されている」企業（196社）のレジェンド（警句）
の付記に伴う実質的な影響は，とくにみられない（「影響は特にない」（89.8％），
「資金調達や株式上場等の面で影響がある」（3.6％），「その他・無回答」（7.6％））。
先の「英文による年次報告書の連結財務諸表で採用している会計基準について，
『日本の会計基準のままであり，米国の会計基準や国際会計基準との差異も特
に注記しない』とした企業が74.5％であったことと整合的であり，日本の会計
基準のままでレジェンドを付記しても影響はさほど大きくないという，我が国
企業が共通して有する認識であると推察される」（経済産業省・経済産業政策局
企業行動課［2002］，18頁）とした。「資金調達や株式上場等の面で影響がある」
と回答した企業も散見されるが，レジェンド問題に危機感を有する企業が含ま
れる可能性を示唆するものでもある。

さらに，「今後，英文による年次報告書を作成する予定のある企業」と「既
に英文による年次報告書を作成していて，今後会計基準を変更する予定のある

企業」に対して，英文による年次報告書の連結財務諸表で今後採用する予定の
会計基準についても調査している。今後採用する予定の会計基準は，「日本の
会計基準のままであり，米国の会計基準や国際会計基準との差異も特に注記し
ない」(69.1%) が最も多く，「日本の会計基準のままだが，国際会計基準との
差異を注記する」(8.6%)，「日本の会計基準のままだが，米国の会計基準との
差異を注記する」(6.8%)，「国際会計基準を採用する」(6.8%)，「米国の会計基
準を採用する」(1.4%)，「その他」(7.3%) という結果となっている。このうち，
「日本の会計基準のままだが，国際会計基準との差異を注記する」，「日本の会
計基準のままだが，米国の会計基準との差異を注記する」，「国際会計基準を採
用する」，「米国の会計基準を採用する」とした企業（220社のうち52社）の回答
理由は，「IR活動を促進するため」(78.8%) に続いて，「いわゆる『レジェンド
問題』を回避するため」(23.1%) が最も多い結果を示している（第三の理由は，
「外国の株式市場での公開を予定しているため」(5.8%)）。

　なお，冒頭のレジェンド問題については，自由民主党政務調査会・金融調査
会の「企業会計に関する小委員会」が公表した**「会計・監査・開示・コーポレ
ートガバナンスの充実・強化に向けて（中間論点整理）」**(2004年 6 月16日)（自
由民主党政務調査会・金融調査会　企業会計に関する小委員会［2004］）での「監査
制度」の制度的課題として，主体的に取り組むことを求めている。

○ **監査制度**
　　5．いわゆる「警句問題」(legend) がもたらしているわが国の実務に対する
　　　国際的な認識の改善のために，わが国の制度の整備・改善，その実情につ
　　　いての「対外発信」等に努め，いわゆる大手監査法人，日本公認会計士協
　　　会においては，いわゆる大手国際会計事務所 (big firm) に対して所要の対
　　　応をとること。

　日本公認会計士協会（2005年問題プロジェクトチーム）は，このレジェンド（警
句）の文言の見直しを 4 監査法人（いわゆる「ビッグ 4 」）に働きかけ，2004年
3 月決算期から解消されたという。この点については，2004年 6 月17日に開催

された企業会計審議会企画調整部会での「国際会計基準に関する我が国の制度
上の対応について（論点整理）（案）」の検討のプロセスにおいて，日本公認会
計士協会が提出した資料「2004年3月期におけるいわゆるレジェンド問題につ
いて」をもとに説明している。

　提出された資料は，次のとおりである（日本公認会計士協会［2004］）。

2004年3月決算期におけるいわゆるレジェンド問題について

　2005年問題プロジェクトチームでは，2005年問題に関する対応の一環として，
日本基準英文財務諸表に付け加えたいわゆるレジェンド文言に関する見直しの
検討を関係する4監査法人に依頼した。その後，これら4監査法人は，それぞ
れ提携先のビッグ4のリスク担当者と協議し，同意を得た上で，いわゆるレジ
ェンド文言を大幅に見直すことになった。この間，2005年問題プロジェクトチ
ームとしても，4監査法人における協議と平行して，国際会議等における機会
を利用して，各方面に働きかけを行った。

　この見直しの結果，4法人すべてにおいて，従来付されていたレジェンド文
言は，2004年3月決算期から解消された。

　監査報告書について，従来でも監査報告書の欄外にレジェンドを付けるとい
う典型的形式は，例外的に一部の監査法人の高リスク状況におけるものを除き，
ほとんど使用されていなかった。ある監査法人では，監査報告書の欄外で，日
本基準で作成された財務諸表について，注記の「財務諸表作成の基準」を参照
する文言を記載する例があったが，今回の見直しでこの例はなくなる。

　いわゆるレジェンド文言は，上記以外に，監査報告書と財務諸表注記と二箇
所あった。なお，具体的文言は各法人で異なる。以下に示したのは典型的な事
例である。

　監査報告書上の適用監査基範への言及で，従来は「我が国で一般に認められ
た監査基準，手続および実務（auditing standards, procedures and practices）にし
たがって」と記載されていたが，今回の見直しによって，単に「auditing stan-

800

第3節 企業会計基準の準拠性（会計基準の社会的な規範性）

dardsにしたがって監査を行っている」とされ，procedures and practicesが削除されることになった。同様に，準拠会計規範への言及として，「我が国の会計原則のみならず実務（accounting principles and practices）に準拠して作成している」と記載されていたが，今回の見直しによって，単に「accounting principlesに準拠して作成される」とされ，practicesが削除されることになった。

　財務諸表の注記の「財務諸表作成の基準」（Basis of preparation of the financial statements）において，従来は「わが国で一般に公正妥当と認められる会計基準及び実務に従っており，これ（会計基準及び実務）には，国際財務報告基準の適用及び開示要件とは異なるものがある。財務諸表は，わが国以外の国又は法域で一般に公正妥当と認められた会計原則及び実務に従って作成された財政状態，経営成績及びキャッシュフローを示すことを意図したものではない」と記載されており，特に最後の文章について一部に批判があった。今後は，単に「わが国で一般に公正妥当と認められる会計基準に従っており，これ（会計基準）には，国際財務報告基準の適用及び開示要件とは異なるものがある」と記載されることになった。

　この決定は，ビッグ4のリスク担当者が，現在のわが国における監査・会計基準および実務の整備状況は，この問題が発生した頃とは大きく異なることを認識したことによるものと思われる。

以上

第3節 企業会計基準の準拠性（会計基準の社会的な規範性）

1．IFRSの任意適用容認前の規制措置

　ASBJがデュー・プロセスを経て開発した一連の会計基準については，その準拠性，つまり，会計基準の社会的な規範性が問われてきた。一連の企業会計

基準を策定したASBJは，民間独立の会計基準設定主体だからである。

この企業会計基準への準拠性問題に関する解決策は，金融庁による「財務諸表等規則に係る事務ガイドライン」の公表で図られた。

たとえば，ASBJが開発した企業会計基準第1号「自己株式及び法定準備金の取崩等に関する会計基準」，企業会計基準第2号「一株当たり当期純利益に関する会計基準」や企業会計基準第3号「『退職給付に係る会計基準』の一部改正」などは，金融庁が，順次，**財務諸表等規則に係る事務ガイドライン「企業会計基準委員会の公表した各会計基準の取扱いについて」**（第1号：2002年3月26日付，第2号：2002年10月18日付，第3号：2005年4月18日付）を通じて，それぞれ当時の「証券取引法の規定の適用にあたっては，『一般に公正妥当と認められる企業会計の基準』として取扱〔う：引用者〕」と明記し，財務諸表等への適用を要請した。

ASBJの会計基準開発の決定を企業会計審議会で承認する案もみられたが，それでは独立性を有する民間のASBJの実質を伴わない。金融庁による財務諸表等規則に係る事務ガイドラインの公表による解決策は，「根本的な解決が見込めないまま……〔決められた：引用者〕暫定的な方式」であり，「行政が一種の拒否権を留保しながら基準開発を独立の民間セクターに任せるという点で，実質的にはアメリカと同じ体制になるよう官民が役割を分担するものであった」（斎藤［2007］，26頁）。

この企業会計基準の準拠性に関する問題は，民間独立化した当初から織り込み済みで，設立母体の民間9団体（その後役割を果たして解消したCOFRIを除く）は，次の**「(財) 財務会計基準機構・企業会計基準委員会から公表される企業会計基準等の取扱い（準拠性）について」**（2002年5月17日）を公表し，企業会計基準等が「判断の拠り所となる企業会計上の規範」であるとして，設立母体の構成員，会員等をはじめとした市場関係者にその準拠を求めた（経済団体連合会ほか［2002］）。

近年，わが国企業の事業活動の複雑・高度化及び金融・証券取引における国

際化の進展等に伴い，企業内容等の開示における透明性の確保や国際的動向を踏まえた企業会計基準の整備が重要になっております。このような環境変化に的確に対応し，経済の重要なインフラである企業会計基準の策定を行うとともに，国際会計基準審議会（IASB）を中心とした国際的な会計基準の開発に貢献しつつ，議論を主体的にリードできる体制を整えることなども求められております。

　以上のことを背景として，昨年7月26日に民間・独立の機関として「財団法人　財務会計基準機構」が設立され，その中に企業会計基準の開発を主体的に推進する「企業会計基準委員会」が設置されたことはご高承のとおりです。

　企業会計基準委員会から公表される企業会計基準は，所要の手続きを経て，一般に公正妥当と認められる企業会計の基準となるので，私ども設立財団の構成員，会員等をはじめとする市場関係者にとっても，それに準拠し，あるいは判断の拠り所となる企業会計上の規範であります。

　さらに企業会計基準委員会では，企業会計基準のほかに企業会計基準適用指針と実務対応報告を公表しております。これらは企業会計基準に対する詳細規定や解釈規定，あるいは補足・補完規定と位置付けられ，企業会計基準と一体性を有するものであることから，同様にこれらは上記市場関係者が準拠し，あるいは判断の拠り所となるものであります。

　とはいえ，ASBJが策定した一連の企業会計基準への準拠を強制する権限は，民間9団体にはない。だからこそ，ASBJが企業会計基準を策定する都度，行政当局としての金融庁が**財務諸表等規則に係る事務ガイドライン**を公表（以後，「『四半期財務諸表に関する会計基準』の取扱いについて」までの32の事務ガイドラインを公表）することで，企業会計基準の準拠性を支えてきたのである。

　なお，日本における**一般に公正妥当と認められる企業会計の基準**は，次のものから構成されている（監査基準委員会報告書第24号（中間報告）「監査報告」，付録2）。

①企業会計審議会またはASBJから公表された会計基準

②ASBJから公表された企業会計基準適用指針および実務対応報告

③JICPAから公表された会計制度委員会等の実務指針およびQ＆A

④一般に認められる会計実務慣行

2．IFRSsの任意適用容認後の規制措置

その後，企業会計基準の準拠性を付与した「財務諸表等規則に係る事務ガイドライン（企業会計基準委員会の公表した各会計基準の取扱いについて）」は，金融庁がIFRSsの任意適用を日本企業に容認することを契機に廃止された。新たに発出された「金融庁告示」がその役割を担っている。

金融庁・企業会計審議会の「我が国における国際会計基準の取扱いに関する意見書（中間報告）」（2009年6月30日）を踏まえて，金融庁は同日付で「連結財務諸表の用語，様式及び作成方法に関する規則等の一部を改正する内閣府令（案）」等を公表し，また，「企業内容等の開示に関する留意事項について（企業内容等開示ガイドライン）の一部改正（案）」（2009年9月14日）も公表している。寄せられたコメントの検討を受けて，これらは2009年12月11日に「連結財務諸表の用語，様式及び作成方法に関する規則等の一部を改正する内閣府令」の公布・施行や，「財務諸表等の用語，様式及び作成方法に関する規則」の取扱いに関する留意事項について（財務諸表等規則ガイドライン）等の改正・策定へと至っている。そのなかで，連結財務諸表の用語，様式及び作成方法に関する規則に規定する金融庁長官が定める企業会計の基準を指定する件（金融庁告示），および，財務諸表等の用語，様式及び作成方法に関する規則に規定する金融庁長官が定める企業会計の基準を指定する件（金融庁告示）の発出に伴い，「財務諸表等規則等に係る事務ガイドライン（企業会計基準委員会の公表した各会計基準の取扱いについて）」を廃止したのである。

たとえば，金融庁告示第69号「連結財務諸表の用語，様式及び作成方法に関する規則に規定する金融庁長官が定める企業会計の基準を指定する件」の第1条（一般に公正妥当な企業会計の基準）は，次のように規定している。

> **（一般に公正妥当な企業会計の基準）**
> **第1条** 連結財務諸表の用語，様式及び作成方法に関する規則（以下，「規則」という。）第1条第3項に規定する金融庁長官が定める企業会計の基準は，公益

第3節 企業会計基準の準拠性（会計基準の社会的な規範性）

> 財団法人財務会計基準機構（平成13年7月26日に財団法人財務会計基準機構とい
> う名称で設立された法人をいう。）が設置した企業会計基準委員会において作成
> が行われた企業会計の基準であって，平成21年6月30日までに企業会計基準
> 委員会の名において公表が行われた別表1に掲げるものとする。

　つまり，連結財務諸表規則第1条第3項に規定する金融庁長官が定める企業
会計の基準は，より具体的かつ包括的に，ASBJが公表した一連の企業会計基
準であるとしたのである（第2条は国際会計基準について，また，第3条は指定国
際会計基準について規定している）。

　単体（個別）財務諸表に対する企業会計の基準の準拠性については，同様に，
**金融庁告示第70号「財務諸表等の用語，様式及び作成方法に関する規則に規定
する金融庁長官が定める企業会計の基準を指定する件」**を通じて規制された。

> 　財務諸表の用語，様式及び作成方法に関する規則（昭和38年大蔵省令第59号）
> 第1条第3項に規定する金融庁長官が定める企業会計の基準は，公益財団法人
> 財務会計基準機構（平成13年7月26日に財団法人財務会計基準機構という名称で設立
> された法人をいう。）が設置した企業会計基準委員会において作成が行われた企業
> 会計の基準であって，平成21年6月30日までに企業会計基準委員会の名におい
> て公表が行われた別表に掲げるものとし，平成21年12月11日から適用する。

　いずれの金融庁告示も，特定日現在のASBJが公表した企業会計基準を別表
で提示し，その準拠性を与える形態を取っているため，別表で指定する企業会
計基準をアップデートすべく，これら金融庁告示を定期的に一部改正している。

　金融庁告示を通じて，「金融庁長官が定める企業会計の基準」を具体化する
方式は，企業会計基準の準拠性の問題に加えて，IFRSsの任意適用に伴う「指
定国際会計基準」の導入の際にも採り入れられた（次頁の**図表11-2**の金融庁告示
第69号での「指定国際会計基準」および別表2参照）。

805

図表11-2 一般に公正妥当な企業会計の基準と指定国際会計基準

金融庁告示第69号公表時現在（2009年12月21日）

別表1（第1条関係）

号数	表題
企業会計基準第1号	自己株式及び準備金の額の減少等に関する会計基準
企業会計基準第2号	1株当たり当期純利益に関する会計基準
企業会計基準第3号	「退職給付に係る会計基準」の一部改正
企業会計基準第4号	役員賞与に関する会計基準
企業会計基準第5号	貸借対照表の純資産の部の表示に関する会計基準
企業会計基準第6号	株主資本等変動計算書に関する会計基準
企業会計基準第7号	事業分離等に関する会計基準
企業会計基準第8号	ストック・オプション等に関する会計基準
企業会計基準第9号	棚卸資産の評価に関する会計基準
企業会計基準第10号	金融商品に関する会計基準
企業会計基準第11号	関連当事者の開示に関する会計基準
企業会計基準第12号	四半期財務諸表に関する会計基準
企業会計基準第13号	リース取引に関する会計基準
企業会計基準第14号	「退職給付に係る会計基準」の一部改正（その2）
企業会計基準第15号	工事契約に関する会計基準
企業会計基準第16号	持分法に関する会計基準
企業会計基準第17号	セグメント情報等の開示に関する会計基準
企業会計基準第18号	資産除去債務に関する会計基準
企業会計基準第19号	「退職給付に係る会計基準」の一部改正（その3）
企業会計基準第20号	賃貸等不動産の時価等の開示に関する会計基準
企業会計基準第21号	企業結合に関する会計基準
企業会計基準第22号	連結財務諸表に関する会計基準
企業会計基準第23号	「研究開発費等に係る会計基準」の一部改正

別表2（第3条関係）

号数	表題
	財務諸表の作成及び表示に関するフレームワーク（Framework for the Preparation and Presentation of Financial Statements）
国際財務報告基準（IFRS）第1号	国際財務報告基準の初度適用（First-time Adoption of International Financial Reporting Standards）
国際財務報告基準（IFRS）第2号	株式報酬（Share-based Payment）
国際財務報告基準（IFRS）第3号	企業結合（Business Combinations）
国際財務報告基準（IFRS）第4号	保険契約（Insurance Contracts）
国際財務報告基準（IFRS）第5号	売却目的で保有する非流動資産及び非継続事業（Non-current Assets Held for Sale and Discontinued Operations）
国際財務報告基準（IFRS）第6号	鉱物資産の探査及び評価（Exploration for and Evaluation of Mineral Rescures）
国際財務報告基準（IFRS）第7号	金融商品：開示（Financial Instruments: Disclosure）
国際財務報告基準（IFRS）第8号	事業セグメント（Operating Segments）
国際会計基準(IAS)第1号	財務諸表の表示（Presentation of Financial Statements）
国際会計基準(IAS)第2号	棚卸資産（Inventories）
国際会計基準(IAS)第7号	キャッシュ・フロー計算書（Statement of Cash Flows）
国際会計基準(IAS)第8号	会計方針，会計上の見積りの変更及び誤謬（Accounting Policies, Changes in Accounting Estimates and Errors）
国際会計基準(IAS)第10号	後発事象（Events after the Reporting Period）
国際会計基準(IAS)第11号	工事契約（Construction Contracts）
国際会計基準(IAS)第12号	法人所得税（Income Taxes）
国際会計基準(IAS)第16号	有形固定資産（Property, Plant and Equipment）
国際会計基準(IAS)第17号	リース（Leases）
国際会計基準(IAS)第18号	収益（Revenue）
国際会計基準(IAS)第19号	従業員給付（Employee Benefes）

第3節 企業会計基準の準拠性（会計基準の社会的な規範性）

国際会計基準(IAS)第20号	政府補助金の会計処理及び政府援助の開示（Accounting for Government Grants and Disclosure of Government Assistance）
国際会計基準(IAS)第21号	外国為替レート変動の影響（The Effects of Changes in Foreign Exchange Rates）
国際会計基準(IAS)第23号	借入費用（Borrowing Costs）
国際会計基準(IAS)第24号	関連当事者についての開示（Related Party Disclosures）
国際会計基準(IAS)第26号	退職給付制度の会計及び報告（Accounting and Reporting by Retirement Benefit Plans）
国際会計基準(IAS)第27号	連結及び個別財務諸表（Consolidated and Separate Financial Statements）
国際会計基準(IAS)第28号	関連会社に対する投資（Investments in Associates）
国際会計基準(IAS)第29号	超インフレ経済下における財務報告（Financial Reporting in Hyperinflationary Economies）
国際会計基準(IAS)第31号	ジョイント・ベンチャーに対する持分（Interests in Join Ventures）
国際会計基準(IAS)第32号	金融商品：表示（Financial Instruments: Presentation）
国際会計基準(IAS)第33号	1株当たり利益（Earnings per Share）
国際会計基準(IAS)第34号	中間財務報告（Interim Financial Reporting）
国際会計基準(IAS)第36号	資産の減損（Impairment of Assets）
国際会計基準(IAS)第37号	引当金，偶発債務及び偶発資産（Provisions, Contingent Liabilities and Contingent Assets）
国際会計基準(IAS)第38号	無形資産（Intangible Assets）
国際会計基準(IAS)第39号	金融商品：認識及び測定（Financial Instruments: Recognition and Measurement）
国際会計基準(IAS)第40号	投資不動産（Investment Property）
国際会計基準(IAS)第41号	農業（Agriculture）

注：指定国際会計基準は，国際財務報告解釈指針委員会または解釈指針委員会が作成した解釈指針を含む。
出所：金融庁 ［2009b］。

　これら別表に掲げられた一般に公正妥当な企業会計の基準と指定国際会計基準のいずれも，ASBJとIASBの名において「平成21年6月30日まで」に公表された基準である。この限定された日付は，定期的な金融庁告示第69号の一部

807

改正を通じて順次延ばされ，金融庁長官が定める企業会計の基準の範囲も両基準設定主体による基準開発の結果が反映され，拡大している。

第4節 日本のIFRSsへの対応に関わる論点と考え方の原点 ―日本での外国会社の「本国基準」または「第三国基準」による財務書類の開示のあり方―

　2005年からEU域内の上場企業にIFRSsの適用が義務づけられ，また，EU域外の企業によるEU域内での公募や上場などについても，連結財務諸表の作成にあたっては，IFRSsまたはIFRSsと同等と認められる会計基準の適用が求められた（「**目論見書指令**」（Prospectus Directive）および「**透明性指令**」（Transparency Directive））。このように，EU域内でIFRSsが統一的な会計基準として採用され，また，EU域外の各国も連結財務諸表の作成基準としてIFRSsに規範性を認める動向のなかで，逆に日本は，外国企業および国内企業に対して，IFRSsに準拠した連結財務諸表を日本の法制度上，どのように位置づけるか――新たに直面するこの問題に，金融庁・企業会計審議会が対応した。

　2004年2月20日に開催された企業会計審議会総会で，「国際会計基準に関する我が国の制度上の対応」を審議事項としたのを受けて，企画調整部会（2004年3月9日，4月23日，6月17日）での具体的な検討を経て，その審議での論点を整理した「**国際会計基準に関する我が国の制度上の対応について（論点整理）**」（金融庁・企業会計審議会［2004］）を企業会計審議会の名のもとで公表した。この論点整理に対する幅広い関係者等からの意見等を求めることで，金融庁をはじめとする関係者が，主体的な判断のもとで適切な措置や対応をとることが期待されている。

　2月20日の企業会計審議会総会で提示された，金融庁総務企画局の「『**2005年問題』の論点と考え方**」（2004年2月）における「論点及び考え方」こそが，その審議結果の「論点整理」における「論点及び考え方」での見解に結実する。つまり，金融庁総務企画局は，「『2005年問題』の論点と考え方」のなかで，「外

国会社のIFRSによる開示」と「わが国企業のIFRSの採用」について，次の
ような論点および考え方を示していた（金融庁・総務企画局［2004］）。

Ⅲ．論点及び考え方

1．外国会社のIFRSによる開示

　証券監督者国際機構（IOSCO）においては，IFRSにより作成した財務書類
による開示を外国会社に認めることが合意されている。わが国では，原則と
して外国会社の母国基準で作成され監査を受けた財務諸表を開示することを
認めている。このため，母国において，IFRSによる開示が行われると，現行
規定の枠内で，IFRSにより作成され母国で監査を受けた財務書類の開示を認
めることは可能であるが，取扱いの明確化を図るべきではないかと考えられる。

　この点については，IFRSであれば無条件で受け入れるのか，母国主義を前
提とするか，その際公益又は投資者保護の観点から，会計基準の差異につい
ての追加開示の要否，他国での監査の受け入れの可否などについて検討する
ことが必要となる。

2．わが国企業のIFRSの採用

　現在，わが国では一定の企業について米国基準による連結財務諸表の開示
を許容しているが，IFRSが国際的に広く利用されるようになると，わが国企
業の中で，欧州で資金調達を行う企業や在外子会社を有する企業から，国内
での開示も含めIFRSによる財務諸表の作成を希望することも予想される。い
ずれにせよ，わが国での位置付けを明確にすることが求められるのではない
かと考えられる。

　IFRSによる開示については，IFRSを一般に公正妥当と認められる企業会
計の基準とすべきか，あるいは，証券取引法上の開示における選択的な財務
諸表の作成方法とすべきかという位置付けの問題が生じる。さらに，連結財
務諸表と個別財務諸表の作成基準を一致させる必要があるか否か，過年度財
務諸表の遡及修正の可否，IFRSの解釈や監査上の問題など実務的な問題につ
いても検討することが必要となる。

　企業会計審議会が審議結果をもとに公表した「論点整理」は，整理した

IASBの動向とEUの動向をもとに，①IFRSsに準拠した外国会社への対応と，②IFRSsに準拠した日本の会社への対応に関わる論点と考え方をより具体化したものである。ここでの論点と考え方こそ，実は，その後の日本におけるIFRSsへの対応のあり方の基本的な原型であり，それを審議のうえ取りまとめた「論点整理」は，企業会計審議会による本質的な考え方を表明したものなのである。

1．IFRSsに準拠した外国会社への対応

当時の証券取引法に基づいて提出される財務計算に関する書類（財務書類）は，「内閣総理大臣が一般に公正妥当であると認められるところに従って内閣府令で定める用語，様式及び作成方法」，すなわち「財務諸表等の用語，様式及び作成方法に関する規則」（財務諸表等規則）に従って作成しなければならない（証券取引法第193条）。外国会社の財務書類の作成基準も，この財務諸表等規則に定めがある（第131条（当時の条項は第127条））。

第131条　外国会社がその本国（本拠とする州その他の地域を含む。以下同じ。）において開示している財務計算に関する書類を財務書類として提出することを，金融庁長官が公益又は投資者保護に欠けることがないものとして認める場合には，当該財務書類の用語，様式及び作成方法は，金融庁長官が必要と認めて指示する事項を除き，その本国における用語，様式及び作成方法によるものとする。

2　外国会社がその本国において開示している財務計算に関する書類が前項の規定に基づく金融庁長官の認めるところとならない場合等において，当該外国会社がその本国以外の本邦外地域において開示している財務計算に関する書類を財務書類として提出することを，金融庁長官が公益又は投資者保護に欠けることがないものとして認める場合には，当該財務書類の用語，様式及び作成方法は，金融庁長官が必要と認めて指示する事項を除き，当該本国以外の本邦外地域における用語，様式及び作成方法によるものとする。

つまり，日本では，金融庁長官が「公益又は投資者保護に欠けることがない

第4節 ―日本での外国会社の「本国基準」または「第三国基準」による財務書類の開示のあり方―
日本のIFRSsへの対応に関わる論点と考え方の原点

ものとして認める場合」,「本国基準」または「本国以外の本邦外地域における
用語,様式及び作成方法」(第三国基準) による財務書類の開示を認めている。
「論点整理」の取りまとめに向けた審議前の2002年7月から2003年6月までの
間に,20ヵ国150社の外国会社が有価証券届出書および有価証券報告書を提出
しており,その財務書類の作成基準は,アメリカ会計基準 (SEC基準),イギ
リス会計基準,ドイツ会計基準,フランス会計基準などであった (金融庁・企
業会計審議会 [2004],三,1,(1))。この外国会社の財務書類の作成に際して採
用した会計処理の原則および手続き並びにその表示方法が,日本のそれと異な
る場合,その内容を財務書類に注記開示しなければならない (財務諸表等規則
第132条,第133条 (当時の条項は第128条と第129条))。また,当時の制度のもと
では,日本語での開示が要請されてきた。

　このように,日本が「本国基準」または「第三国基準」に準拠した財務書類
の開示を認めてきた理由として,次の3つを指摘している (金融庁・企業会計
審議会 [2004],三,2)。

①我が国の市場の国際化に資するとの我が国の監督当局としての基本的な期
　待があり,かつ,我が国の市場で公募又は上場するとの外国会社の具体的
　な要請に基づくものであったこと

②外国会社の当該財務書類に基づき,当該本国又は第三国の市場においては
　既に会社の評価や有価証券の価格の形成が行われており,このような評価
　や有価証券の価格の生成についての国際的な市場の「裁定」の機能が働く
　ことが期待され,我が国の市場での投資者等にとっての情報の偏在等を回
　避することができると考えられたこと

③法制度,会計制度が整備されている市場の会社が当該本国又は第三国で開
　示している財務書類については我が国で定める開示基準の様式に従って日
　本語による開示が我が国で行われるのであれば我が国での「公益又は投資
　者保護」の観点から特段の問題がないと考えられたこと

EUの動向のもとで,①外国会社がIFRSsに準拠した財務書類を「セカンダ
リー〔マーケット:引用者〕」(流通市場) で開示する場合 (本国または第三国で,

811

一定期間，すでに適正に開示された財務書類を日本でも開示されることとなる場合），上記の日本の現行制度を維持するか否か，また，②外国会社がIFRSsに準拠した財務書類を「プライマリー〔マーケット：引用者〕」（発行市場）で開示する場合（本国または第三国においては未だ開示されていない有価証券が日本において開示されることとなる場合）の取扱いのあり方が論点となった。

「論点整理」は，これら論点に対する考え方も示している。

前者のIFRSsに準拠した外国会社の財務書類が「セカンダリー」で開示される場合については，この「本国基準」または「第三国基準」での財務書類の開示が，日本での「公益又は投資者保護」の観点から特段の問題はないという従来の考え方を原則として維持することが提示された。とくに，証券取引法上で重視する「公益又は投資者保護に欠けることがない」ことの判断については，EUにみられるように，外国会社が準拠する会計，監査，開示の各基準と日本の各基準との「同等性の評価」を打ち出している。とはいえ，当時の会計基準の品質をもとにして，果たして「同等性の評価」を実践可能であったかについては疑念の余地はある。

また，後者のIFRSsに準拠した外国会社の財務書類が「プライマリー」で開示される場合については，例外的にIFRSsを含めた外国の会計基準に準拠することを認める場合を除いて，「公益又は投資者保護の観点からは我が国の市場では我が国の基準に準拠することを求めるという『市場主義』の基本原則を踏まえ，我が国の会計基準に準拠することを義務付けることを原則とすべき」（金融庁・企業会計審議会［2004］，三，2，(2)）とする考えが示された（例外的に容認する場合としては，①金融庁長官による個別の審査に基づいたIFRSsや「本国基準」による財務書類の開示の容認，②金融庁長官による「本国基準」と日本の会計基準との「同等性の評価」結果による「本国基準」による財務書類の開示の容認が示されている）。

2．IFRSsに準拠した日本の会社への対応

IFRSsに準拠した外国会社の財務書類を容認すれば，日本の会社の財務書類

の作成にあたってもIFRSsへの準拠を容認すべきとの考えや見解が台頭する。日本の連結財務諸表制度を構築する際に，日本の会社がアメリカ会計基準（SEC基準）に準拠した連結財務諸表に基づいて米国預託証券（ADR）を発行し，資金調達等を行ってきた事実を踏まえて，金融庁長官が「公益又は投資者保護に欠けることがないものとして認める場合」に，いわゆる特例措置として，アメリカ会計基準による連結財務諸表の提出を容認してきた。この場合を除いて，原則的には，日本の会社は日本の会計基準に準拠して連結財務諸表を作成・開示しなければならない。

　このような制度のもとで，IFRSsに準拠した日本の会社には，次のような新たな論点を伴う。

　①このアメリカ会計基準に加えて，日本の会社にIFRSsに準拠した連結財務諸表の開示を認めるかどうか

　②日本の会社にIFRSsに準拠した連結財務諸表の開示を認める場合，監査や開示の基準との関係についてはどのように考えるか

　「論点整理」は，これらの論点に対して2つの考え方が起こりうるとした。

　第1に，「公益又は投資者保護」の観点から，日本の市場においては日本の会計基準に準拠することを求めるという「市場主義」の基本原則を踏まえると，日本の会社が日本の市場で「プライマリー」で財務書類を開示するのであれば，あくまでも日本の会計基準への準拠を義務づけるべきであるとする考え方である。また第2に，会計基準の準拠性については，日本が実施する「同等性の評価」等の一定の判断のもとで受け容れることとし，準拠した会計基準と日本の会計基準との差異を明確にさせるとともに，日本の開示基準の様式に従って日本語に基づいて日本で開示されるのであれば，日本での「公益又は投資者保護」の観点からは，特段の問題がないとする考え方である。

　これら2つの考え方を示したうえで，「論点整理」は，次のように今後の動向などを踏まえて，事実上，その判断を先送りした（金融庁・企業会計審議会[2004]，四，2，(2)，③）。

813

> これら〔考えうる2つの考え方：引用者〕については，我が国のみならずEUも含めた市場において，我が国の会計基準の取扱いを尊重していくとの観点からは，我が国の会社の動向も見通しつつ今後判断していくこととすることが適切であると考えられるのではないか。
>
> すなわち，我が国の会計基準についてのEUにおける「同等性の評価」は，上述したとおり今後行われる見込みであることを踏まえれば，現時点で結論を導くことには慎重であるべきと考えられる。本問題は，EUにおける我が国の会計基準の取扱いが固まった段階で速やかに結論を得るべきものと考えられる。

　つまり，IFRSsに準拠した外国会社への対応のあり方は明示したものの，IFRSsに準拠した日本の会社への対応，ひいては日本におけるIFRSsへの対応のあり方は，この「論点整理」で先送りし，その具体的な考え方は，EUによる第三国の会計基準の同等性評価の結果などを見極めたうえで，速やかに結論を出すとの姿勢を示すにとどめたのである。日本のIFRSsへの対応のあり方の検討は，この「論点整理」を通じて始まっているが，とくにIFRSs強制適用の是非の判断は先送りが続き，「速やかに結論」が下されるには至っていない。

　「論点整理」は，IFRSsに準拠した外国会社への対応とIFRSsに準拠した日本の会社への対応に加えて，最後に今後の課題も盛り込んだ。①当面の課題（EUによる第三国の会計基準の同等性評価で日本の会計基準が「IFRSsと同等と認められる会計基準」として容認されるようにEUへの働きかけを強化すること，および，ASBJにおいて日本の会計基準の一層の整備・改善に努めること），②IFRSsによる開示の実態の注視，③レジェンド問題（日本の実務に対する国際的な認識の改善を図るために，依然として残っているレジェンド問題に積極的に対応すること）をはじめ，④IFRSの導入に伴う会計制度上の課題の4つである。

　とくに，最後のIFRSsの導入に伴う会計制度上の課題は，日本におけるIFRSsへの対応のあり方を考えるうえで，後に議論されることになる**「連結先行」**（個別財務諸表に先行して，まずは連結財務諸表にIFRSsを適用する考え方。「我が国における国際会計基準の取扱いに関する意見書（中間報告）」（2009年6月30日）

は，連結先行を次のように位置づけた。「今後のコンバージェンスを確実にするための実務上の工夫として，連結財務諸表と個別財務諸表の関係を少し緩め，連結財務諸表に係る会計基準については，情報提供機能の強化及び国際的な比較可能性の向上の観点から，我が国固有の商慣行や伝統的な会計実務に関連の深い個別財務諸表に先行して機動的に改訂する考え方」）または**「連単分離」**（連結財務諸表にのみIFRSsを適用し，個別財務諸表には自国基準を適用する考え方）に関わる方針，会計方針の変更の遡及適用および遡及的修正再表示などの考え方などについて明確にすることである（金融庁・企業会計審議会［2004］，五，3）。

3．IFRSの導入に伴う会計制度上の課題

　仮に我が国の会社にIFRSに準拠した財務書類の開示を認めることとなれば，連結財務諸表と単体の財務諸表の関係をはじめとして，会計方針の変更があった場合の過年度連結財務諸表の遡及修正，作成基準の相違による科目表示や注記事項等の開示事項の過不足の問題等，さまざまな関連する課題に波及することとなる。これらの課題については，今後，さらに検討を行うことが必要である。

第5節 「2005年問題」とEU市場からの日本企業の撤退

　2005年からEU域内の上場企業にIFRSsの適用が義務づけられ，また，EU域外の企業にもEU域内での公募や上場などについては，IFRSsまたはIFRSsと同等と認められる会計基準を適用して連結財務諸表を作成することが求められた（EUの「目論書指令」や「透明性指令」）。こうした会計基準ないし財務報告基準の選択を強いる規制は，EU域外企業に対して市場の選択を迫ることにも結び付く。

　第三国の会計基準の同等性評価の結果，もしもEUが日本の会計基準を同等であると認めない場合，日本企業のEU域内での資金調達活動や事業活動などに支障をきたす恐れがある。こうした懸念を回避する目的から，あるいは，

EUがEU域外企業にもIFRSsまたはIFRSsと同等以上の会計基準の適用を義務づけるアクション（いわゆる「会計基準の『2005年問題』」または「企業会計の『2005年問題』」）の影響などにより，現に，日本企業がEU市場から撤退し始めた。

たとえば，**図表11-3**にみられるように，2005年から2006年上期までの間に，EU市場での上場廃止を決定した日本企業が後を絶たない。

上場廃止の理由は，いずれの企業も，基本的には，当該市場での取引量の減少をあげている。取引量の減少という理由に加えて，「国際会計基準との差異

図表11-3　EUの取引所での上場廃止を決定した日本企業

	発表日	企業名	上場を廃止する市場
2005年	1月12日	東レ	フランクフルト，デュッセルドルフ，パリ
	1月14日	ケンウッド	フランクフルト
	3月4日	コニカミノルタ	フランクフルト，デュッセルドルフ
	3月8日	カネカ	アムステルダム
	3月28日	日新製鋼	フランクフルト
	5月13日	三井物産*	ルクセンブルク
	6月23日	商船三井	フランクフルト
	6月24日	野村HD*	アムステルダム，ルクセンブルク
	6月28日	イトーヨーカ堂	パリ
	7月28日	東芝テック	フランクフルト
	8月11日	フジテック	ルクセンブルク
	9月22日	大和証券G本社	ロンドン，フランクフルト，パリ，ブリュッセル
	9月28日	三洋電機*	フランクフルト，アムステルダム，パリ，スイス
	10月26日	ソニー*	フランクフルト，デュッセルドルフ，パリ，ブリュッセル，ウィーン，スイス
	12月8日	パイオニア*	アムステルダム
	12月28日	NEC*	ロンドン，アムステルダム，フランクフルト，スイス
2006年	1月26日	凸版印刷	ルクセンブルク
	2月10日	日本ハム*	パリ
	2月27日	アステラス製薬	パリ
	3月14日	日立製作所*	ルクセンブルク，フランクフルト，アムステルダム，パリ
	3月27日	松下電器産業*	フランクフルト，アムステルダム
	4月11日	鹿島建設	ロンドン
	4月24日	三菱UFJ・FG*	ロンドン
	4月27日	ツムラ	フランクフルト
	5月11日	キリンビール	ロンドン

注：企業名に * が付いている企業は，U.S. GAAP採用企業。
出所：齋藤純 [2006]，図表，2頁。

調整により新たに生じる費用負担が，欧州市場での上場廃止を後押ししているとも考えられる」（齋藤純［2006］，1頁）ともいわれているのである。

EUによる第三国の会計基準の同等性評価を開始した2002年には，EU域内に上場する日本企業数は83社であったが，2007年には30社以下となっている。ロンドン証券取引所（LSE）についてみた場合，上場する日本企業は，2000年をピークとして，EUによる第三国の会計基準の同等性評価を開始した2002年以降逓減している（**図表11-4**参照）。

図表11-4　ロンドン証券取引所に上場する日本企業の推移

（各年度4月現在）

1999年	2000年	2001年	2002年	2003年	2004年	2005年	2006年	2007年
29社	31社	26社	26社	24社	23社	22社	20社	16社

出所：London Stock Exchange, Company Files 1999～Company Files 2007をもとに集計・作成。

併せて，1995年6月19日にロンドン証券取引所に新たに開所した新興市場向け市場（AIM）の上場規制と会計基準との関わりについても，触れておかなければならない。AIM市場で使用できる第三国の会計基準としての評価や認定について，日本の会計基準だけが紆余曲折し，まさに迷走した事実がある。

AIMの代替投資市場としての最大の魅力は，上場基準が柔軟で，形式基準である決算・財務内容の数値基準がないことや上場審査は主幹事証券会社が行うこと（Nominated Adviser（いわゆるノマド（Nomad））によるアドバイザー制度）などに加えて，AIM上場企業はEU規制の適用対象外だというところにある。AIM通知第10号（AIM Notice 10：October 2004 Update）（2004年10月7日）は，2007年1月1日以降，AIM全上場企業の年次財務諸表にIFRSsを強制適用するとした（AIM規則第17号）。その後，AIM通知第15号（AIM Notice 15：AIM Rules―IAS Confirmation & Consultation）（2005年12月21日）により，IFRSsまたはIFRSsと同等の第三国の会計基準を強制適用することとした。このとき，日本の会計基準は，U.S. GAAP，カナダの会計基準，オーストラリアIFRSsとともに，第三国の会計基準として認められていた。しかし，AIM通知第22号（AIM

817

Notice 22：AIM Rules—Update on AIM Notice 15 and Confirmation of Permissible Accounting Standards)（2006年8月22日）は，IFRSs, U.S. GAAP，カナダの会計基準，オーストラリアIFRSsを強制適用することを求め，日本の会計基準だけを同等な第三国の会計基準の範囲から外した。CESRによる技術的助言の公表を踏まえ，その後のAIM第15号では日本の会計基準は同等な第三国の会計基準とされていたが，翌年のAIM第22号で，日本の会計基準だけが，この同等性が認められない結果となったのである。

しかし，日本側からの働きかけなどもあり，2007年2月20日に公表されたAIM通知第27号（AIM Notice 27：Feedback Statement in Relation to AIM Notice 24）によって，改めて日本の会計基準が強制適用できる基準として認められた。つまり，EU域内のAIM上場企業に対してはIFRSsを強制適用するとともに，EU域外のAIM上場企業には，IFRSs, U.S. GAAP，カナダの会計基準，オーストラリアIFRSsおよび日本の会計基準のいずれかを強制適用することとしたのである。

第6節 企業会計基準委員会の会計基準の国際的なコンバージェンスに対する基本方針

いわゆる「2005年問題」については，先の金融庁総務企画局が「『2005年問題』の論点と考え方」を示したが，先述のとおり，自由民主党政務調査会・金融調査会の「企業会計に関する小委員会」もこの問題について国際的な視点から制度的な課題の検討を行い，「会計・監査・開示・コーポレート ガバナンスの充実・強化に向けて（中間論点整理)」（2004年6月16日）を取りまとめている。

自由民主党の「企業会計に関する小委員会」による中間論点整理は，金融庁・企業会計審議会企画調整部会での「国際会計基準に関する我が国の制度上の対応」についての審議の参考に資することを期待してのものであり（企業会計審議会は，2004年6月24日に**「国際会計基準に関する我が国の制度上の対応について（論点整理)」**（金融庁・企業会計審議会［2004]）を公表した），また，政府をはじめと

第6節 企業会計基準委員会の会計基準の国際的なコンバージェンスに対する基本方針

する関係者が，当該中間論点整理での諸点を踏まえて主体的に取り組むことを期待して公表したものである（自由民主党政務調査会・金融調査会　企業会計に関する小委員会［2004]）。

○ **会計制度**

1．わが国において，外国会社が国際会計基準に基づいた財務諸表を用いることはもちろん，わが国の会社等の証券発行者が国際会計基準を採用して財務諸表を用いることを認めるよう，証券取引法等関係法令の所要の制度を整えること。

　なお，EUにおける当面の間のわが国の会計基準の取扱いについては，わが国の会社等の証券発行者の活動に過度の支障が生じることのないよう，EU関係者に働きかける等適切に対応すること。

2．米国の会計基準と国際会計基準との間の「収れん」（convergence）が着実に進展している国際的な状況を踏まえて，わが国としても企業会計基準委員会が中心となって国際会計基準審議会の作業に積極的に参加し，わが国の会計基準の国際化に一層取り組むこと。

3．わが国の会計基準の整備・改善を目指した資本市場の担い手による主体的な取組みを展開していくために，企業会計基準委員会の運営の基盤をさらに強化し，日本公認会計士協会，日本経済団体連合会，東京証券取引所等の関係者の支援と協力の一層の充実を図ること。

　会計制度の第2の制度的課題こそ，ASBJによる会計基準の国際的なコンバージェンスへの取組みである（たとえば，中間論点整理で示された「開示制度」の制度的課題（①四半期開示制度の導入，②外国企業に対する英語による開示書類の容認）や「コーポレート・ガバナンス」の制度的課題（①財務諸表の虚偽・不実記載の経営者責任の罰則強化，②監査役・監査委員会による内部監査の充実，③内部統制制度の構築）などは，その後制度化された）。

　ASBJを擁するFASFの活動内容は，寄付行為第3条によれば，①日本の会計基準の開発，②国際対応・国際的会計基準整備への貢献，および，③調査・研究，研修，広報活動などからなる（財務会計基準機構［2003]，4頁）。FASFは，

第11章 日本における会計基準のコンバージェンス

819

会計基準の開発については日本を代表する国際対応機関であり，とくにIASBに日本側の意見を発信して，IFRSsの開発に反映されるように努めている。IASBでの検討への直接的な参画（たとえば，ASBJスタッフの派遣，研究プロジェクトへの参加，特定テーマに関する助言・支援等）も，IASBとの連携の方向性の具体的な取組みの1つとして示されてきた。

　IASBによる国際的な会計基準の開発に向けたASBJの貢献は，IASBとリエゾン関係にある主要会計基準設定主体の会議体である**リエゾン国（G8）会議**および**世界会計基準設定主体会議**（**WSS会議**。IASBは，リエゾン国会議を廃止し，2005年9月以降，IASBの運営方針等の議論を行う世界各国の会計基準設定主体をIASBが招集する会議（WSS会議）に一本化した。従来のリエゾン国会議は，リエゾン国が自発的に開催する会議（**NSS会議**）に変更された）等の活動からも知ることができる。

　ASBJは，その設置後，日本の会計基準開発とともに会計基準の国際的なコンバージェンスへの対応にも，直接的な責務を担ってきた。当時の日本の会計基準のあり方に関する考え方や基本方針は，「**日米欧会計基準の相互承認**」である。

1. 日本経済団体連合会による会計基準の相互承認の提唱

　「日米欧会計基準の相互承認」の考え方を最も鮮明に表明したものに，たとえば日本経済団体連合会の提言「**会計基準に関する国際的協調を求める**」（2003年10月21日）がある。かねてより，日本経済団体連合会は日米会計基準の相互承認を謳ってきたが，EUでの会計基準の動向も踏まえて，財務諸表の比較可能性を確保しつつ，国際的に通用する企業会計基準の整備を図るとともに，日米欧会計基準の相互承認を提唱した（日本経済団体連合会［2003］，I，2）。

　　「世界資本市場の現状や，会計基準を取り巻く環境の差異を前提にすれば，国
　際的な資金移動の障壁を取り払い，グローバルに共通な会計基準を目指すための
　第一歩として，先ずは，日米欧がそれぞれの基準に基づく財務諸表を相互に受け

第6節 企業会計基準委員会の会計基準の国際的なコンバージェンスに対する基本方針

容れる体制を作ることが重要と考える。特に金融庁においては，米国SECや欧州委員会及びEU加盟各国の監督当局等に対して，わが国会計基準の受け容れについて，強くかつ迅速に働きかけることが不可欠である。」

　日本経済団体連合会が，同じ経済団体であるヨーロッパ産業連盟（UNICE）（2007年1月23日よりConfederation of European Business（BUSINESSEUROPE）に改称）との連名で**「国際会計基準に関する共同声明」**（Joint Statement on International Accounting Standards）（2004年4月20日）を公表したのも，日米欧会計基準の相互承認に関わる提言の実現に向けた布石である。この共同声明は，「IASBに全面時価主義を採用する意図が見られる」という懸念を表明し，IASBのガバナンスの改善（国際会計基準委員会財団（IASC財団）の見直し）とともに，次のような会計基準の相互承認の必要性を提言した（UNICE and Nippon Keidanren［2004］（ヨーロッパ産業連盟・日本経済団体連合会［2004］））。

3．会計基準の相互承認の必要性

　資本市場のグローバル化を踏まえると，財務諸表の比較可能性を確保するために，会計基準を収斂させることには全面的に賛成する。

　一方，国・地域毎に異なる市場構造や会計基準を取り巻く法規制等を前提とすれば，2005年までの短期間にこれを達成することは困難である。

　国際的な単一の会計基準を共有するという目的を達成するために，欧州と日本は，公共の利益に資する国際的な会計基準の策定に努力すべきであるが，現状を踏まえ，収斂を達成する前の中間的段階として，相互承認の実現に向けて協力する。

　会計基準の相互承認は，「収斂を達成する前の中間的段階」と位置づけたことからも明らかなように，この提言は，EUでのIFRSsの強制適用に伴う会計基準の「2005年問題」を前提としたものである。この「2005年問題」が台頭したことを受けて，経済産業省経済産業政策局で**「企業会計の国際対応に関する研究会」**を設置し，2003年12月からの議論の成果として「企業会計の国際対応

821

に関する研究会　中間報告」（2004年6月）を公表している。

当該研究会は，「企業活動の国際化がいよいよ進展し，一方で，企業会計の国際的な収斂の動きが進む中での，我が国の企業会計の国際対応の在り方」などを検討しているが，その実態は「相互承認の考え方」を整理することであり，その意味からすれば，当該研究会のミッションは，EUと日本の間で両会計基準を早期に相互承認することを提示することにあったといってよい。「当面の重要目標（早急な対応が必要であり，今後1年以内の達成を目指すべきもの）」として最初に掲示したのが「相互承認の実現」であることからも，この事実を窺い知ることができる（「現在，喫緊の課題になっているのが，EUとの相互承認である」（経済産業省・企業会計の国際対応に関する研究会［2004］，Ⅰ，1.(2)））。

共同声明が公表された2ヵ月後の2004年6月25日に，EUのヨーロッパ委員会（EC）は，ヨーロッパ証券規制当局委員会（CESR）に対して，日本を含む第三国の会計基準のIFRSsとの同等性に関する技術的助言を求めた（European Commission［2004］。詳細は**第7章**参照）。なによりも，当初は2005年からとされていた第三国の証券発行者に対するIFRSs，または，それと同等の会計基準の適用の義務づけが2年間延期され，会計基準（企業会計）の「2005年問題」は新たに「2007年問題」へと転じた。

このEUの決定で，「2005年問題」を前提とした共同声明における会計基準の相互承認の提言の論理が，瓦解することになったとする見解もみられる（磯山［2010］，165-167頁）。

2．企業会計基準委員会による会計基準の相互承認の基本姿勢

日本の会計基準をアメリカ並びにEUの会計基準と相互承認を図る考え方は，ASBJが2004年7月15日に公表した**「企業会計基準委員会の中期的な運営方針について」**においても打ち出された（企業会計基準委員会［2004a］，Ⅳ，2．(1)）。

（1）**会計基準の国際的なコンバージェンスに対する当委員会の基本姿勢**
・高品質な会計基準への国際的なコンバージェンスという目標については，

世界各国の資本市場にとっての便益となるものであり，賛同する。

・高品質な会計基準への国際的なコンバージェンスは，我が国を含む主要な資本市場において，それぞれの会計基準が代替的な適用基準として並存し，市場参加者に選択され評価されるという過程を通じて達成されると考える。そのため，まず日本基準と主要な海外基準との調和を図って相互の代替性を確保するとともに，市場における基準間の選択を観察し先取りしながら，それに基づいて我が国の資本市場に受け入れられるような基準のコンバージェンスに努力をする。

・高品質な会計基準への国際的なコンバージェンスを推進するために，世界各国の会計基準設定主体とより緊密な関係を構築し，他国と問題意識を共有するような態勢を整える。特にIFRSの開発に対しては，それが資本市場にとって有益な，より信頼性の高い会計基準となるよう，積極的に貢献を行っていく。

　ASBJがこの最初の「中期運営方針」を策定した目的は，第1に，会計基準の開発に対する具体的な方策あるいは拠るべき方向性を示すことで，ASBJの運営活動の充実化と効率化に資することにある。第2に，会計基準の開発に係る基本方針および会計基準のコンバージェンスの動向への対応方針を示すことで，幅広い関係者のコンセンサスを醸成することにある。

　とくに，第2の策定目的である国際的な会計基準の動向への対応方針において，「中期運営方針」は，「禁句とされてきた相互承認という言葉を避けながら，…（中略）…会計基準の望ましいコンバージェンスを実現する二段構えの基本戦略〔基本姿勢：引用者〕」（斎藤［2007］，29頁）を表明している。つまり，日本の会計基準を含めた複数の会計基準が，主要な資本市場で適用可能となるように基準間の差異を縮小させ，「そのうえで相互に受け入れた基準の市場競争を通じて，投資家の評価と選択による一層のコンバージェンスを図ろうというものである。主な市場で現実に機能している基準を，そうした市場プロセスを通じて標準化していくのが，もっとも効率的で望ましいやり方だと考えたのである」（斎藤［2007］，29頁）。

　この会計基準の国際的なコンバージェンスに対する基本姿勢は，国際的な会

計基準のあり方に対するアメリカの基本姿勢と一脈相通じるものがある。つまり，ASBJは，「IFRSsと収斂〔コンバージェンス：引用者〕する過程にある国の会計基準設定主体」（企業会計基準委員会［2005d］参照）であり，その意味では，国際的な会計基準の「アドプション論」ではなく，むしろ日本独自の会計基準を整備しながら国際的な会計基準との「コンバージェンス論」の姿勢を表明しているのである。

　この姿勢は，金融庁の「**金融改革プログラム─金融サービス立国への挑戦─**」（2004年）（金融庁［2004b］）における会計基準のコンバージェンスに向けた積極的な対応という具体的施策の表明と軌を一にするものでもある。また，この姿勢は，金融庁の企業会計審議会にも浸透している。

　上記の会計基準の国際的なコンバージェンスに対するASBJの基本姿勢における第2の内容からも窺えるように，資本市場において投資家の評価の低い会計基準を選択しないという企業行動が，国際的な会計基準とのコンバージェンスを一層誘発する。「市場での競争と選択に基づくルールの統合こそが，少なくとも市場経済のもとでは健全なコンバージェンスの姿である」（斎藤［2004］，5頁）といわれる所以でもある。

　その後，2007年3月のASBJの委員改選に伴い，ASBJは，6月15日に新たな「**中期運営方針**」（企業会計基準委員会［2007］）を公表した。この中期運営方針の策定目的も，最初の中期運営方針と同じである。また，ASBJの会計基準開発に対する従来の基本姿勢を踏襲し，とくにASBJの活動の中心課題である会計基準のコンバージェンスへの対応については，次のような方針を表明している（企業会計基準委員会［2007］，Ⅲ）。

　　高品質な会計基準への国際的なコンバージェンスは，資本市場の参加者にとって利益をもたらすものであり，これは我が国を含む主要な資本市場において受け入れ可能な基準が整備され市場での評価と選択を通じて達成されるものと考えられる。このため，当委員会は，以下のように積極的に会計基準の国際的なコンバージェンスに取り組んでいく。

第6節 企業会計基準委員会の会計基準の国際的なコンバージェンスに対する基本方針

- ■ 日本基準と主要な海外基準の差異を可能な限り縮小させることに注力する。
- ■ 主要な海外の基準設定主体とのより緊密な関係を構築し，双方向のコミュニケーションの強化・共同作業を通じて相互理解を深めていく。

「中期運営方針」における会計基準のコンバージェンスへの対応の基本方針は，より簡潔なものとなったが，これはASBJが2003年4月24日に公表した，次 の「Convergenceに 対 す る 当 委 員 会 の 姿 勢 ― IFAD Report 『GAAP Convergence 2002』に関して」（企業会計基準委員会［2003]）での理念と基本的には同じである（このIFAD Report「GAAP Convergence 2002」が抱えている問題などについては，**第2章**を参照されたい）。

Convergenceに対する当委員会の姿勢
― IFAD Report「GAAP Convergence 2002」に関して

2003年4月24日
企業会計基準委員会

・IFAD Report「GAAP Convergence 2002」に，日本はConvergenceを予定していない3ヵ国（アイスランド，サウジアラビア，日本）の一つとして挙げられたが，これはわれわれの姿勢を正確に反映したものではない。この報告書における各国の方針の分類が必ずしも適切ではないために，日本と他の諸国との比較的小さな差異を徒に誇張する結果となっていることを残念に思う。日本では，会計基準開発において国際的調和をつねに念頭に置いており，IAS 39号と同様の金融商品会計基準や，IAS 19号と同様の退職給付会計基準を既に導入しているほか，多くの項目について国際基準と同様の規定を採用している。

・資本市場の国際的な統合と，会計基準を含む市場制度の国際統合とは，いうまでもなく表裏の関係にある。各国の資本市場が単一の市場に統合されるときは，市場のインフラもすべて統合されることになる。それが究極のゴールであることはわれわれも否定しない。われわれの考えでは，Convergenceと

825

は望ましい究極のゴールである。Convergenceに向かって進むためには，市場参加者も含めた十分な議論と合意形成が必要である。したがって，われわれがどうしても納得できない事項についてまでConvergenceを優先するというコミットメントはできないが，その点は米国や欧州諸国においても同様であると理解している。

・ASBJは，定款（寄付行為）上の目的の一つとして「国際的な会計基準の整備への貢献」を掲げており，Convergenceのための国際的な議論に積極的に参加するとともに，国内基準の改善のための最大限の努力を行っている。われわれASBJは，今後とも会計基準のConvergenceへの貢献と，IASBの基準とわが国の基準との調和の推進に最大限の努力を払うつもりである。

3．金融庁・企業会計審議会企画調整部会による会計基準の相互承認の基本方針

2009年に向けて進められたEUによる第三国の会計基準の同等性評価への対応も含め，金融庁の企業会計審議会企画調整部会は，規制当局（行政当局）あるいは会計基準設定主体における今後の対応のあり方について審議し，それを**「会計基準のコンバージェンスに向けて（意見書）」**（2006年7月31日）として取りまとめた。

この意見書（金融庁・企業会計審議会企画調整部会［2006］）は，端的にいえば，日本は主体的な会計基準開発を継続しつつ，会計基準のコンバージェンスに寄与し，しかも，EU並びにアメリカの会計基準との相互承認を図る方針を表明したものである（とくに，「二 今後の対応」の1と3）。

二 今後の対応

1 コンバージェンスへの前向きな対応

会計基準のコンバージェンスは，我が国経済の将来的な戦略に関わるものである。我が国経済にとって，将来に向かって，その成長力・競争力を強化するためには，まず公正で透明な市場を確立し，市場活力の維持と向

第6節　企業会計基準委員会の会計基準の国際的なコンバージェンスに対する基本方針

上を図ることが大前提となる。そのためにも，投資家重視の視点を改めて確認し，我が国金融・資本市場への信頼を確保していく必要がある。

　会計基準は投資家が企業そして市場を選ぶ際の尺度であり，尺度に信頼性がなければ企業の内外市場での資金調達に支障をきたすとともに，市場自身の魅力も色褪せてしまう。会計基準は金融・資本市場の最も重要なインフラの一つである。内外の市場や取引が一体化しつつある状況を踏まえると，内外の投資家の信認を広く勝ち取れるような高品質かつ国際的に整合的な会計基準の整備が求められている。

　また，我が国企業の事業活動という面からも，我が国会計基準が外国において受け入れられなければ，我が国企業の海外市場での資金調達に支障が生じることにもなりかねない。

　米国やEUを中心に，国際的にコンバージェンスに向けた具体的な取組みが加速化している状況を踏まえると，我が国会計基準が国際的に通用しないローカルな基準となってしまわないようにするためにも，会計基準のコンバージェンスに対してより積極的に対応し，より高品質な基準を目指すべきである。そのためにも，関係者が一丸となり，相互の協力体制を確立・強化して対応していくことが望まれる。

　なお，会計基準を互いに近づけていくコンバージェンスを進めるに当たっては，各国の法制度や取引実態等の相違を相互に踏まえることも重要である。また，コンバージェンスに対応して会計基準を設定する際，会計基準の適用に対する市場による評価などを踏まえつつ，適切なデュー・プロセスを経て進める必要があることは言うまでもない。

2　EUの同等性評価等を視野に入れた計画的な対応

　我が国会計基準については，最近10年程度において急速に整備されてきたところではあるが，コンバージェンスに関する国際的な動向等を踏まえると，コンバージェンスに向けた更なる取組みが期待されているものと考える。

　その上で，EUによる同等性評価に向けたスケジュールを視野に入れると，2008年初めまでに，相互にコンバージェンスの達成が可能な項目についてコンバージェンスを図るとともに，コンバージェンス達成に時間を要する項目についても作業の進捗について一定の方向性を示すことが重要となる。

そのためには，早急に具体的な工程表が策定され，内外の関係者に対し，我が国の取組みが示されていくことが適切である。

その際，EUによる同等性評価を踏まえ，相互にコンバージェンスを進める観点からは，既に同等性評価の過程でCESRから補正措置が提案されている26項目に留意していくこと，その中でも，補完計算書等が提案されているような，開示上重要と考えられる項目の取扱いについて特に留意していくことが期待される。

3　相互承認に向けた外国との対話の強化

EUによる同等性評価においては，今後，ECが2008年初めまでに報告書をまとめることとされており，そのために，コンバージェンスの進捗状況をECがモニタリングしていくこととされている。このモニタリングを円滑に進めていくためにも，金融庁は，ECと連携して双方向にコンバージェンスの進捗をモニタリングする体制を構築し，相互承認に向けて努力していく必要がある。

また，米国市場において，我が国会計基準に基づく財務諸表が受け入れられる可能性を模索することも考えられる。SECは，米国会計基準以外の会計基準に基づく財務諸表の受入を判断するに当たって，当該会計基準が包括的かつ高品質であり，整合的に解釈・適用されていることなどに加え，米国市場で広く使用されていることを想定しており，我が国会計基準の相互承認は，現状からすれば，必ずしも容易ではないが，金融庁においてはSECとの積極的な対話を粘り強く進めていくことが肝要である。

4　国際会計のルール作りに関与しうる人材の確保・育成

コンバージェンスを戦略的・計画的に進めていくためには，国際会計をめぐる人材の確保・育成も重要な課題となる。国際会計基準の策定に関しては，既に，IASBよりASBJに対し，IASBがFASBと進めているコンバージェンスのプロジェクトに対してASBJからの人材派遣を受け入れる旨の提案がなされているところである。本提案については，国際的なルール作りに関して我が国の発言力を確保していくためにも前向きな対応が期待されるところであり，その際，経済界，公認会計士界等においても，人材面での積極的な協力が期待される。

第6節 企業会計基準委員会の会計基準の国際的なコンバージェンスに対する基本方針

なお,「二　今後の対応」での第2の対応にみられる「早急に具体的な工程表の策定」は,ASBJに「**プロジェクト計画表（コンバージェンス関連項目）**」(2006年)（企業会計基準委員会［2006］,別添資料）の策定を促し（**図表11-5参照**),その後の数年間,段階的に当該計画表は更新された。

同様に,第2の対応にみられる「EUによる同等性評価に向けたスケジュールを視野に入れると,2008年初めまでに,相互にコンバージェンスの達成が可能な項目についてコンバージェンスを図るとともに,コンバージェンス達成に時間を要する項目についても作業の進捗について一定の方向性を示すこと」は,ASBJとIASBのいわゆる「**東京合意**」(「**会計基準のコンバージェンスの加速化に向けた取組みへの合意**」(ASBJ・IASB［2007］（企業会計基準委員会・国際会計基準審議会［2007］))（本書の**第1章**参照）において具現化された。

この「東京合意」は,EUによる第三国の会計基準に対する2回目の同等性評価において,絶妙なタイミングで,しかも,きわめて重要な役割を果たした（杉本［2009］,はしがき,3頁）だけに,企業会計審議会・企画調整部会の「会計基準のコンバージェンスに向けて（意見書）」とその取りまとめに向けた審議が果たした役割は絶大である。

図表11-5　ASBJ　プロジェクト計画表（コンバージェンス関連項目）

2006年10月現在

項目		2006年 9月以前	2006年 10月~12月	2007年 1月~3月	2007年 4月~6月	2007年 7月~9月	2007年 10月~12月	備考 2008年初	備考 補足
EUによる同等性評価に関連するプロジェクト項目（※1）									
補1	企業結合① (プーリング)		PT			RR	(DP)	△(○)	RR後DPを検討
補2	連結の範囲① (SPEの開示)	専門委	ED	Final				◎	—
補2	連結の範囲② (SPEの連結)						DP	○	IASB/FASB議論を踏まえ検討
補3	会計方針の統一 (在外子会社)	Final						◎	2006年5月に実務対応報告第18号を公表
B4 A13	ストック・オプション (費用化・注記)	Final						◎	2005年12月に企業会計基準第8号を公表
(※2)	企業結合② (その他)		PT			RR	(DP)	△(○)	RR後DPを検討
B8	棚卸資産 (後入先出法)			PT				△	2007年中に方向性を決定
	棚卸資産 (評価基準)	Final						◎	2006年7月に企業会計基準第9号を公表

番号	項目							備考	
B9	会計方針の統一（関連会社）			PT			(ED)	△（○）	PT検討踏まえEDを検討
B10 A23	固定資産（減損）			PT			RR	△	RR及びIASB/FASB議論を踏まえ検討
B11	無形資産（含む開発費）	WG					DP	○	IASB/FASB議論を踏まえ検討
A17	工事契約	WG	専門委			ED	Final	◎	—
A19 A24	資産除去債務	WG	専門委			ED	Final	◎	—
A20	退職給付			PT				△	IASB/FASB議論を踏まえ検討
A22	金融商品（公正価値開示）	WG	専門委			ED	Final	◎	—
A25	投資不動産	PT						△	IASB/FASB議論踏まえ検討
その他の関連プロジェクト項目									
	セグメント報告	WG	専門委			ED	Final		
	関連当事者開示	ED	Final						
	リース	試案	ED		Final				
	過年度遡及及び修正	PT			DP				
	四半期会計基準		ED	Final					

＜補足＞

計画表上の記号の意味は次のとおり。

PT：内部プロジェクト・チーム設置　　WG：ワーキング・グループ設置　　専門委：専門委員会設置
RR：調査報告（Research Report）　　DP：論点整理（Discussion Paper）　　ED：公開草案（Exposure Draft）
Final：会計基準／適用指針等（最終）

（注1）

「項目」欄

・左端欄にCESRの同等性評価に関する技術的助言の中での取扱いを示している。
　表記の意味は次のとおり（記号に付した数字は差異項目（26項目）に係る便宜上の連番）。
　補：補完計算書（仮定計算ベースの要約財務諸表作成）
　Ｂ：開示Ｂ（IFRSに従って会計処理した場合の定量的影響（損益又は株主持分への税引前後の影響）の表示）
　Ａ：開示Ａ（日本基準で既に提供されている開示を補強する定性的・定量的情報の開示）

「備考」欄

・2008年年初の各プロジェクトの取組状況見込を示している。表記の意味は次のとおり。
　◎：終了
　○：委員会において検討中
　△：PT／WGレベルにおいて検討中

（注2）

※1　CESR同等性評価に関する技術的助言の中で補正措置が求められるとされている項目のうち，B12（農業），A16（保険契約（異常危険準備金）），A18（不良債権開示）及び26（金融商品）については，ASBJのプロジェクトとしては取り上げていない。

※2　B5（交換日），B6（取得研究開発），B7（負ののれん），A14（少数株主持分），A15（段階取得），A21（外貨建てののれんの換算）を含む。

出所：企業会計基準委員会［2006］，別添資料。

第7節　EUによる日本の会計基準の同等性評価

第7節　EUによる日本の会計基準の同等性評価

1．EUによる同等性評価結果への日本の対応

　EUは，EU域外の第三国の発行体に対して，2007年1月1日以降，IFRSsまたはこれと同等な会計基準の適用を義務づける制度設計を予定してきた。この制度設計のもとで，ECは，IFRSs適用規則（IAS規則）やいわゆる目論見書指令が定める経過措置の期日（2007年1月1日）までに，第三国の会計基準の同等性評価を決定しなければならない。この第三国の会計基準の同等性評価にあたり，ECはCESRにその技術的助言を託したのである（EUにおける第三国の会計基準の同等性評価の詳細については，本書の**第7章**を参照）。

　CESRによる第三国の会計基準の同等性評価には，いくつかの展開がみられる。第三国の会計基準のうち，とくに日本の会計基準が対象となったのは，第1回と第2回の同等性評価においてである。CESRによる日本の会計基準の同等性評価は，次頁の**図表11-6**にも整理したように，次のように展開された。

◆**第1回同等性評価**：
　①「証拠提供の呼びかけ」の公表
　②概念ペーパーの策定
　③同等性に関する助言案の取りまとめ，および，技術的助言の公表

◆**第2回同等性評価**：
　①同等性を決定するためのメカニズムに関する技術的助言の公表
　②CESRによる同等性に関する助言案の取りまとめ，および，技術的助言の公表

831

図表11-6　EUによる第三国の会計基準の同等性評価に対する金融庁と企業会計基準委員会の取組み等

	EUによる同等性評価	日　付	金融庁・企業会計基準委員会の取組み等
第1回同等性評価	ECによるCESRへの指示・CESRによる「証拠提供の呼びかけ」の公表	2004年6月29日	
	「証拠提供の呼びかけ」に対するコメント締切期日	2004年7月29日	
	CESRによる概念ペーパー案の採択（概念ペーパーの意見聴取＋公聴会）	2004年10月（2004年10月－12月）	
		2004年11月18日	CESRの公聴会への参加
		2004年12月21日	金融庁によるCESRの概念ペーパー案に対するコメントレターの発出
		2004年12月22日	企業会計基準委員会によるCESRの概念ペーパー案に対するコメントレターの発出
		2005年1月18日	企業会計基準委員会による第三国の会計基準の同等性に関する質問票の回答
	CESRによる概念ペーパー最終版の公表	2005年2月	
	CESRによる同等性に関する助言案の公表（助言案の意見聴取＋公聴会）	2005年4月（2005年4月－5月）	
		2005年5月27日	金融庁および企業会計基準委員会によるCESRの助言案に対する各コメントレターの発出
	同等性に関する助言案に対するコメント締切期日	2005年5月	
	CESRによる技術的助言の最終承認	2005年6月	
	CESRによる技術的助言の公表	2005年7月5日	
第2回同等性評価		2006年11月27日	第1回日EU会計基準の動向に関するモニタリング会合
	CESRによるECへの同等性に関する助言の公表	2007年3月6日	
		2007年3月23日・26日	第2回日EU会計基準・監査の動向に関するモニタリング会合
	CESRによる同等性を決定するためのメカニズムに関する技術的助言案の公表	2007年4月17日	
		2007年5月8日	金融庁および企業会計審議会によるCESRの同等性評価の手続案に対する各コメントレターの発出

第7節 EUによる日本の会計基準の同等性評価

CESRによる同等性を決定するためのメカニズムに関する技術的助言の公表	2007年5月30日	
	2007年6月13日	山本金融担当大臣が欧州委員会マクリーヴィ委員と面会
	2007年11月28日	第3回日EU会計基準・監査の動向に関するモニタリング会合
CESRによる同等性に関する助言案の公表	2007年12月	
	2008年1月21日	CESRの助言案に関する公聴会への参加
	2008年2月25日	金融庁および企業会計基準委員会によるCESRの助言案に対する各コメントレターの発出
	2008年3月3日	第4回日EU会計基準・監査の動向に関するモニタリング会合
CESRによる同等性に関する助言の公表	2008年3月	
ECの作業報告書の公表	2008年4月22日	
	2008年5月26日	第5回日EU会計基準・監査の動向に関するモニタリング会合
ECの規則改正案・決定案の公表	2008年6月11日	
ヨーロッパ議会・経済通貨委員会の採択	2008年10月7日	
同等性評価に係るECの決定	2008年12月12日	

出所：ESMA Website, Equivalence of IFRSおよび金融庁［2009a］，別紙2をもとに作成。

　これらCESRによる第三国の会計基準の同等性評価に対し，日本の金融庁とASBJは，コメントレターの発出などを通じて，取り組んできた。

2．CESRによる第1回同等性評価に対する金融庁と企業会計基準委員会の取組み

（1）CESRの協議文書「同等性評価の概念ペーパー」に対するコメント

　CESRの協議文書「**第三国の会計基準（GAAP）の同等性および第三国の財務情報の法執行メカニズムの説明に関する概念ペーパー案**」（Consultation Paper: Concept Paper on Equivalence of Certain Third Country GAAP and on

833

Description of Certain Third Countries Mechanisms of Enforcement of Financial Information）（CESR［2004］）（いわゆる「概念ペーパー案」。2004年10月21日）に対して，金融庁とASBJがそれぞれコメントレターを発出している。

　金融庁が2004年12月21日付で発出したパブリック・コメントレター（FSA［2004］（金融庁［2004a］）は，以下のとおりであり，主として次の2点を要請するとともに，技術的な意見を表明している。

①第三国の会計基準の同等性評価のために，公正で偏りのない透明なプロセスを確保するため一層努力すること

②同等性評価に際しては，投資家保護の確保とともに，EU資本市場のグローバルかつ開放的な性格の促進やEU資本市場の投資家の投資機会の確保にも優先度が置かれるべきこと

　金融庁が発出したコメントレターの概要（FSA［2004］（金融庁［2004a］））は，次のとおりである（下線は原文のまま）。

金融庁のCESRへのパブリック・コメントレターの概要

総論

・CESR-Fin（CESR財務報告グループ）が11月23日開催の公聴会で意見を述べる機会を提供してくれたことに感謝。また，このレターを通じて意見を述べる機会についても感謝。資本市場のグローバル化の増大に伴い，世界の資本市場は事実上のコンバージェンス（収斂）の過程。EUを含む世界の主要資本市場の当局にとって重要なことは，こうした市場主導のプロセスの環境を支え，資本市場のグローバルかつ開放的な性格を維持すること。我々は，<u>CESR-Finが，第3国会計基準の同等性評価のために，公正で偏りのない透明なプロセスを確保するため一層努力することを切望</u>。

・<u>同等性評価に際しては，投資家保護の確保とともに，EU資本市場のグローバルかつ開放的な性格の促進やEU市場の投資家の投資機会の確保にも優先度が置かれるべき</u>。

・日本の会計基準は，会計ビッグバンを通じて急速に整備され，国際的な会計基準と整合性があり，同等。

834

第7節 EUによる日本の会計基準の同等性評価

第11章 日本における会計基準のコンバージェンス

・企業会計基準委員会（ASBJ）は，今年7月に，「高品質な会計基準への国際的コンバージェンスという目標に賛同」との中期運営方針を示し，10月には，IASB（国際会計基準審議会）との間で，コンバージェンスのための共同プロジェクトについて協議を開始。金融庁は，このようなASBJの取組みを支援。

概念ペーパー案の質問に対するコメント

1．同等性の定義と投資家のニーズとの関連性に関する提案

・CESRに対し，市場参加者の見解を客観的に考慮するよう要請。日本の会計基準に関する実務的な知識が十分でない専門家の見解を，不適切に重視すべきでなく，日本の会計基準に関する知識・経験のない外部専門家よりも，知識・経験の豊富な関係者の見解により重点が置かれるべき。我々は，CESRが，第3国の会計基準設定主体や規制当局の協力を仰ぐことを歓迎。日本の関係者はCESRの作業に喜んで貢献。

・CESRに対し，市場参加者の助言グループや外部の技術支援に頼るプロセスを透明にすることを要請。同等性評価プロセスの真の透明性確保のため，助言グループ等の参加者や助言内容を開示し，我々がそれに対して必要に応じて意見を述べる機会を与えられることが必要。

2．EU投資家の第3国会計基準に関する知識

・EUの機関投資家は日本基準を含む第3国会計基準について十分な知識を有すると想定できるが，個人投資家が十分な知識を有するとは想定し難いため，第3国会計基準が類似の判断を可能とするかどうか評価する上で，個人投資家ではなく機関投資家の見解が考慮されるべき。個人投資家は，概ね機関投資家を通じて第3国証券発行者の証券に投資していると想定される。同等性評価においてプロ投資家と個人投資家の区別は不要。

・EUの機関投資家は，実際に，日本の会計基準を信頼して日本の証券に多額の投資を行っているといえる。2003年の外国人投資家の売買代金に占める割合は31％（証券会社の自己売買を除くと46％），外国人投資家に占めるEUの投資家の割合は47％，また，2003年度末（2004年3月末）の外国人投資家の株式保有比率は22％に達し，過去最高。

3．第3国で規制されていない証券発行者による第3国会計基準の使用

・仮に米国基準が同等と評価される場合，日本の証券発行者（米国SEC登録・非登録の両者）の米国基準の使用が，EU資本市場において受け容れられるべき。

835

4．IAS/IFRSによってカバーされる項目

- 第3国会計基準が，IAS/IFRSがカバーしているすべての項目をカバーしていないだけの理由で，同等性を否定することは適当でない。当該項目が証券発行者と関連性がなければ同等性を否定されるべきでない。例えば，日本の会計基準には，ハイパーインフレ経済と農業に関する基準がないが，これは関連性がないため。
- CESRに対し，IAS/IFRSと第3国会計基準によってカバーされている項目との間の重要な相違にのみ，焦点を当てるよう要請。

5．技術的評価

- CESRに対し，2005年1月1日以前に既に導入が決定されて2007年1月1日時点で強制適用される会計基準を，考慮の対象とするよう要請。
- 日本基準については，減損会計や企業結合会計が考慮の対象とされるよう要請。
- 評価に当たっては，重要な相違にのみ焦点を当てることを支持。何が重要な相違かどうかの判断に当たっては，会計基準の詳細な技術的比較を過度に行わないこと，象徴的な相違に過度に重点を置かないことが重要。基準は，財務諸表が同等に健全な品質の財務情報を示しているかどうか，そして類似の投資判断を可能にするものであるかどうかであるべき。
- 加えて，グローバルかつ開放的なEU資本市場の性格の促進，投資機会の拡大を通じたEUの投資家の利益に照らして判断されるべき。また，第3国がIAS/IFRSをその国の会計基準と同等と認めているかが考慮されるべき。

6．矯正措置〔補完措置：引用者〕

- 3つの矯正措置〔補完措置：引用者〕（remedies）の区別が十分に明確でない。
- 矯正措置〔補完措置：引用者〕のうち，調整計算書〔調整表：引用者〕（statements of reconciliation）及び補完計算書（supplementary statements）は，コスト便益の観点から，適当でない。いずれもかなりの数値調整（reconciliations）が必要となり，日本企業のEU市場からの撤退をもたらし，日本の証券発行者とEU市場の投資家の両者の利益を損なう可能性。
- 追加的開示〔追加開示：引用者〕（additional disclosure）については，開示規制に相違がある場合に限定されているが，EUの機関投資家が第3国会計基準に関する十分な知識を有していることを考慮すると，会計処理の相違についても追加的開示の対象とするべき。この場合，日本が外国会社による外国会計基準の使用を受け容れる際に，会計基準の相違に関する定性的情報の開示の

みを求めていることを考慮すると，会計基準の相違に関する定性的開示に限定すべき。
・したがって，CESR に対し，会計基準に重要な相違がある場合の矯正措置〔補完措置：引用者〕としては，基準の相違に関する追加的な定性的開示のみとするよう要請。これによって，EU 市場の投資家保護，EU 市場のグローバルかつ開放的な性格の確保，EU 市場における投資機会の確保という重要な政策目的の間で正しいバランスがとられる。
・企業や監査法人が，矯正措置〔補完措置：引用者〕の適用について判断しやすくするように，関連する所轄当局（relevant competent authority）が明確なガイダンスを示すとともに，企業や監査人と十分な対話をすることが重要。

7．早期通知メカニズム
・同等性について定期的に再評価すること自体は，首肯できるが，問題は，再評価の頻度。証券発行者にとって，ある程度の安定性が必要であることから，毎年の再評価は行き過ぎであり，例えば 3 年に 1 度程度でよい。

　金融庁は，概念ペーパー案の質問に対するコメントとして，補完措置のうち，調整表と補完計算書については，コスト・ベネフィットの見地から望ましくないとした。調整表と補完計算書は，主として会計処理の相違に関わるものであるが，この会計処理の相違も，補完措置の追加開示で対応すべきとしたことに，金融庁のコメントレターの 1 つの特徴を見出せる。

　しかし，CESR の概念ペーパー最終版である**「第三国の会計基準（GAAP）の同等性および第三国の財務情報の法執行メカニズムの説明に関する概念ペーパー」**（Concept Paper on Equivalence of Certain Third Country GAAP and on Description of Certain Third Countries Mechanisms of Enforcement of Financial Information）（CESR［2005b］）は，当初の概念ペーパー案の一部字句の加筆修正を行っただけで，補完措置が追加開示，調整表および補完計算書からなるとするスタンスは不変である。

　ASBJ も，2004 年 12 月 22 日に，次のような概念ペーパー案に対するコメントレター（CESR「同等性評価の概念ペーパー案」に対するコメント）（ASBJ［2004］（企業会計基準委員会［2004c］））を発出した。

Ⅲ．概念ペーパー案に対するコメント

1．総論

　ご提案の同等性評価に関する概念ペーパー案は，同等性の目的と評価プロセスを明示しているので，評価の透明性を図る観点から望ましい形であると考える。実際の評価プロセスにおいても，概念ペーパー案の「同等性の目的」に示された「投資家が第三国の会計基準に従った財務諸表に基づき，IASに基づく財務諸表と類似した投資判断が可能な場合は『同等』であると言明する」というスタンスが貫かれることを望む。

2．各論

①一般原則の検討

・概念ペーパー案では，「第３国基準がIASの全ての項目をカバーしていない場合，同等でないと見えうる。」と記載している（27パラグラフ）。しかし，第三国基準がIASの全ての項目をカバーしていない場合に，市場環境や経済実態が異なるためIASが規定している項目につき，基準を設ける必要性がないケースがあることに留意すべきである。日本の場合，超インフレ下の財務報告（IAS29），農業（IAS41）などが該当する。

②技術的評価

・概念ペーパー案は，2005年1月1日から効力を有する会計基準と解釈を対象としなければならないとしている（36パラグラフ）。しかし，EU指令に基づいてEU域外企業には2007年頃から同等性の要件が適用されるので，少なくとも2005年1月1日時点で会計基準として存在し，2007年までには適用が開始される基準は，技術的評価の対象に含めるべきである。日本の場合，減損会計，企業結合会計があげられる。

・また，現在開発中の会計基準で，2007年までには適用開始が見込まれる基準についても，技術的評価に際して考慮されるべきである。日本の場合，ストック・オプションなどがあげられる。

・また，第三国の会計基準の同等性についての全体の評価は，単純に第三国基準とIAS/IFRSとに違いがあることをもって行うべきではなく，違いに合理性があるかどうかも考慮に入れて行うべきである。

　金融庁とASBJはいずれも，技術的評価の際の同等性評価の対象基準を，

第11章 日本における会計基準のコンバージェンス

第7節 EUによる日本の会計基準の同等性評価

2005年1月1日から効力を有する会計基準と解釈に限定するのではなく，2005年1月1日時点で会計基準が存在し，しかも，同日以前にすでに導入が決定されて2007年1月1日時点で強制適用される会計基準も含めることを要請している。このような要請を行ったのは，EU域外企業に対する同等性の要件の適用が2007年頃だということと，日本の会計基準の同等性評価で減損会計基準と企業結合会計基準について指摘を受けることが明らかだからである。

幸いなことに，CESRの概念ペーパー最終版（CESR［2005b］）と相前後して公表されたそのフィードバック・ステートメント（CESR［2005a］）では，金融庁とASBJによる技術的評価に関するコメントが反映され，概念ペーパー案での該当するパラグラフは削除された。これは，第三国の会計基準の同等性の問題が，EUの「目論見書指令」や「透明性指令」の移行期間後に効力が生じることや，第三国の会計基準の同等性や会計基準の法執行に関する情報収集のために，CESRが別途実施した質問票調査の結果なども反映したことによるものである。

ただし，ASBJのコメントにみられる，一般原則の検討や技術的評価における同等性の全体の評価対象（単純な第三国基準との違い）などのように，修正されることなく，概念ペーパー案のまま最終化されたものも散見される。

（2）CESRの協議文書「同等性評価に関する技術的助言案」に対するコメント

CESRの概念ペーパー最終版（CESR［2005b］）が確定したことを受けて，CESRは，U.S. GAAP，カナダの会計基準および日本の会計基準を第三国の会計基準として特定化したうえで同等性評価を実施する。CESRが2005年4月に公表した**協議文書「第三国の会計基準（GAAP）の同等性および第三国の財務情報の法執行メカニズムの説明に関する技術的助言案」**（Consultation Paper: Draft Technical Advice on Equivalence of Certain Third Country GAAP and on Description of Certain Third Countries Mechanisms of Enforcement of Financial Information）（CESR［2005c］）に対しても，金融庁とASBJは，それぞれコメントレターを発出した。

839

まず，CESRの技術的助言に対する金融庁のコメントレター（FSA［2005］（金融庁［2005a］））は，日本の会計基準がIFRSsと全体として同等であるとしたことを評価した。補完措置の追加開示と補完計算書のあり方については，概念ペーパー案に対して発出したコメントレターでの見解を繰り返し述べている。

　金融庁が発出した，CESRの技術的助言に対するコメントレターの概要（FSA［2005］（金融庁［2005a］））は，次のとおりである。

金融庁のパブリック・コメント・レターの概要

1．CESR案の積極的評価

- CESRが我が国会計基準について，米国基準及びカナダ基準とともに，全体として，IASと同等であるとしていることを評価。これは，我が国会計基準がこれまでの整備・改善を通じて国際的にも高品質なものとなっていることを認めるもの。

- CESRが，今回の同等性評価に当たって，我が国関係者と対話を行い，我が国関係者の意見を聴いて一部評価に反映される等，公正で偏りのない透明なプロセスとなるよう配慮していることを評価。CESRが，引き続き，我が国関係者の意見を適切に評価に反映させることを要請。

2．CESR案の主な問題点：重要な相違と補完情報

⑴　CESRの同等性概念との関係

- 今回のCESR案は，会計基準の各項目の詳細について技術的比較を実施。CESRは，ECからの指示に従い，会計情報の品質に関するグローバルかつ全体的な評価を行うとともに，概念ペーパーに十分沿って，投資家を基準として，真に重要な相違にのみ焦点を絞るべき。CESRはもっと投資家の意見を聴くべき。

- CESR案が求めている補完措置は確実に企業側に多大なコストをもたらし，EU市場のグローバルかつ開放的な性格の確保，EU市場における投資機会の確保と両立せず，EUの投資家にとっても不利益となることを認識すべき。CESRは，経済的影響を真剣に考慮し，実際的な結果ベースのアプローチをとるべき。

⑵　CESR案の「補完措置」の問題点

第7節 EUによる日本の会計基準の同等性評価

- ・ 補完措置のうち，追加的な数値情報又は補完計算書は，結果的に2つの財務諸表を作成することを余儀なくさせるものであり，多大なコストと負担。これでは，日本企業に対してEU資本市場へのアクセス可能性に問題が生じる恐れがあると懸念され，我が国とEUの双方にとって利益とならない。
- ・ CESRは，追加的な数値情報及び補完計算書の用途を厳格に限定すべき。

(3) **CESR案の「重要な相違」の評価の問題点**
- ・ CESR案では，実質的には投資家の判断にとって重要でない技術的な相違にもかかわらず，「重要な相違」とされている項目がかなりある。CESRは，概念ペーパーを十分踏まえ，これらの会計基準の技術的詳細に起因する差異を「重要な相違」とするべきでない。

3．CESR案のその他の問題点
- ・ 補完措置の過度に保守的な適用を避けるため，関連所轄当局が明確なガイダンス又は最善の慣行を示すべき。
- ・ 補完措置の遡及適用は一層多大なコストと負担をもたらすことから，遡及適用されるべきでない。
- ・ 銀行の繰延税金資産の問題は会計基準の問題ではなく，また，主要行については既に投資家に十分な情報が提供されており，補完措置は不要。

また，ASBJが発出したCESRの技術的助言に対するコメントレター（ASBJ[2005]（企業会計基準委員会［2005c］））の総論部分は，次のとおりである。

金融庁のコメントレターと同様に，技術的助言案が，日本の会計基準を含む第三国の会計基準について，全体としてIFRSsと同等であるとしたことを評価する一方で，補完措置のあり方については，概念ペーパー案に対するコメントレターの見解を改めて反芻している。

CESRの日本基準の同等性助言案へのコメント

企業会計基準委員会

841

ASBJとして，意見を述べる機会を頂けたことに感謝する。

・CESRが，日本基準について，米国基準及びカナダ基準とともに，全体として，IFRSと同等であると同等性助言案で公表したことを評価したい。私どもとしては，1990年代後半から，日本の資本市場のグローバル化を踏まえ，国際的に遜色のない会計基準を整備してきたので，最近の日本の取り組みを評価したことに感謝する。さらに，CESRのドラフトにおいて，ASBJが国際的コンバージェンスの方針に賛同し，IASBとの間でコンバージェンスに向けた共同プロジェクトを開始したことに言及していることを感謝する。

・個別の会計基準の最終的な評価においても，概念ペーパーで明確に示されている「同等性の目的」である，「投資家が第三国の会計基準に従った財務諸表に基づき，IASに基づく財務諸表と類似した投資判断が可能な場合は『同等』であると言明する」というスタンスを貫き，重要な相違についてのみ焦点を当てて，補完措置を検討すべきである。

・その際，概念ペーパー案への私どものコメントでも述べた点ではあるが，日本基準とIFRSとに重要な差異がある場合には，その差異が生じている理由に合理性があるのかどうかも考慮に入れて，具体的な補完措置の必要性を検討すべきであると考える。また，その場合において，基準間の違いに注意を喚起する定性的な情報は有用であると考えるが，特定の基準間の違いのみを解消するような数値情報は，数値間の関係に着目して企業を評価する投資者にバイアスを与える懸念もある。異なる基準で作られた数字を機械的に組み合わせるのではなく，基準の違いを適切に記述した情報を自ら解釈して投資判断を行うのが洗練された投資家であると考えられる。今回のドラフトでSupplementary statementやDisclosure Cを要求している項目についても，実質的に調整計算（reconciliation）を求めるSupplementary statementやDisclosure Cという形ではなく，もし，注意を促す必要があれば，記述的情報の追加開示によって適切な投資判断が可能になるケースが多いと考えられる。

技術的助言案に対するコメントなどを踏まえて，U.S. GAAP，カナダの会計基準および日本の会計基準を対象とした「**第三国の会計基準（GAAP）の同等性および第三国の財務情報の法執行メカニズムの説明に関する技術的助言**」（Technical Advice on Equivalence of Certain Third Country GAAP and on

Description of Certain Third Countries Mechanisms of Enforcement of Financial Information）（CESR［2005d］）が最終承認され，フィードバック・ステートメント（CESR［2005e］）とともに公表された。第三国の会計基準が，全体としてIFRSsと同等であるとされたものの，IFRSsとの差異がそれぞれ明確にされたのである（U.S. GAAPとIFRSsとの差異は19項目，カナダの会計基準とIFRSsとの差異は14項目，日本の会計基準とIFRSsとの差異は26項目）。

　なお，先に述べた金融庁・企業会計審議会の企画調整部会が，2006年7月に，「**会計基準のコンバージェンスに向けて（意見書）**」（金融庁・企業会計審議会企画調整部会［2006］）を公表したのは，こうしたEUによる第三国の会計基準に対する同等性評価に関する技術的助言が公表されたことを受けてのものである。つまり，EUの同等性評価を視野に入れた計画的な対応に関して，この意見書はASBJを直接名指ししていないものの，「EUによる同等性評価に向けたスケジュールを視野に入れると，2008年初めまでに，相互にコンバージェンスの達成が可能な項目についてコンバージェンスを図るとともに，コンバージェンス達成に時間を要する項目についても作業の進捗について一定の方向性を示すことが重要となる。そのためには，早急に具体的な工程表が策定され，内外の関係者に対し，我が国の取組みが示されていくことが適切である」としたのである。

　この具体的な工程表の策定に向けて，2006年10月12日に，ASBJは「**我が国会計基準の開発に関するプロジェクト計画について―EUによる同等性評価等を視野に入れたコンバージェンスへの取組み―**」（企業会計基準委員会［2006］）を公表するとともに，コンバージェンスに関わる会計基準等の開発プロジェクトについて，別添資料として「プロジェクト計画表」（本章の**図表11-5**）を取りまとめた。

　この文書のなかで，ASBJは，CESRから補正措置〔補完措置：引用者〕が提案されている項目に関する現状と2008年年初の達成見通しを更新し，次頁の**図表11-7**のような「日本基準の同等性評価に関するCESRによる指摘項目とASBJの今後の対応」を提示した。

843

図表11-7　日本基準の同等性評価に関するCESRによる指摘項目とASBJの今後の対応

No.	補正措置〔補完措置：引用者〕	項目	現状及び取組方針	2008年年初（見通し）
1	補完計算書	企業結合（持分プーリング法）	2006年から適用されている会計基準について市場の評価を見極めることとしている。このため，2006年末までにプロジェクト・チーム（PT）を設置して，2007年には市場調査を実施予定である。なお，持分プーリング法はどちらが取得企業かを識別できないような限定的な場合に限り適用されることとなっている。	市場調査の結果，IFRSの適用後の評価及びIASB/FASBの議論の動向を踏まえて検討し，必要に応じて論点整理を公表している。
2	補完計算書	連結の範囲（適格SPE）	専門委員会を設置。まずSPEの開示をテーマとして取り上げて検討を開始している。2007年からはIASBとFASBとの議論の動向を踏まえながらさらに検討を行う予定としている。	開示の検討については，2007年3月までに適用指針を公表している。連結範囲の検討については，IASB/FASBの議論の動向を踏まえて，2007年末までに論点整理を公表している。
3	補完計算書	在外子会社の会計方針の統一	実務対応報告の公表（2006年5月）により，在外子会社の会計方針は親会社と実質的に統一されることとなった（一定の修正を条件にIFRS又は米国基準による財務諸表の連結決算手続を認めている）。	実務対応報告を2008年4月から適用開始（早期適用あり）。
4	開示B	ストック・オプション（費用化）	会計基準／適用指針を公表（2005年12月）。必要とされた開示（No.13「ストック・オプション」参照）もその中で要求されている。	会計基準／適用指針を適用済み。
5	開示B	企業結合の対価算定日（交換日）	IASBとFASBとの議論の動向を踏まえながら，No.1「企業結合（持分プーリング法）」と合せて，検討を行う予定としている。	（No.1「企業結合（持分プーリング法）」参照）
6	開示B	企業結合（取得研究開発）	無形資産ワーキング・グループ（WG）で検討する。（No.11「開発費の資産化〔資産計上：引用者〕」参照）	（No.11「開発費の資産計上」参照）
7	開示B	企業結合（負ののれん）	開示Bとして要求されている注記情報（金額，発生原因，償却方法及び償却期間）は，2006年から適用された会計基準ですでに要求されている。	会計基準／適用指針を適用済み。

> 第7節 EUによる日本の会計基準の同等性評価

8	開示B	棚卸資産の評価方法（後入先出法）	2007年にPTを設置して検討を開始する予定である。 なお，後入先出法を採用している会社は少ない。また，個別企業の会計方針の選択により補正措置を回避することができる項目である。	今後の方向性を決定している。
		棚卸資産の評価基準（低価法）	会計基準の公表（2006年7月）により，収益性の低下により簿価切り下げを行うことを定めた。	会計基準を2008年4月から適用開始（早期適用あり）。
9	開示B	関連会社の会計方針の統一	2007年にPTを設置して検討を開始する予定である。 2005年度のIFRSの導入により生じる問題も検討するため，IASB又はFASBとの協議の中で検討することも考えられる。 （現行の日本基準でも投資会社及び関連会社の会計方針は原則として統一することが望ましいとされているが，実務を考慮して，要求まではしていない。）	PTによる検討を受けて，必要に応じて公開草案まで公表している。
10	開示B	固定資産の減損テスト	2005年から適用されている会計基準について市場の評価を見極めることとしている。このため，2007年にPTを設置して市場調査を実施予定である。 また，IASBとFASBとの議論の動向（短期統合化）を踏まえながら検討を行う予定としている。	市場調査の結果及びIASB/FASBの議論の動向を踏まえて検討し，方向性を決定している。 なお，IFRSが米国基準にコンバージェンスすることになれば，日本基準とIFRSの差異も解消される。
11	開示B	開発費の資産計上	WGを設置して検討を開始した。IASBとFASBとの議論の動向（短期統合化）を踏まえながら検討を行う予定としている。	IASB/FASBの議論の動向を踏まえて検討し，2007年末までに論点整理を公表している。 なお，IFRSが米国基準にコンバージェンスすることになれば，日本基準とIFRSの差異も解消される。
12	開示B	農業	（公開会社で農業を営む会社は非常に少ない。）	—
13	開示A	ストック・オプション（新基準で必要な開示が行われない場合）	（No.4「ストック・オプション（費用化）」参照）	（No.4「ストック・オプション（費用化）」参照）

845

14	開示A	企業結合（少数株主持分）	IASBとFASBとの議論の動向を踏まえながら，No.1「企業結合（持分プーリング法）」と合わせて，検討を行う予定としている。	(No.1「企業結合（持分プーリング法）」参照)
15	開示A	企業結合（段階取得）	IASBとFASBとの議論の動向を踏まえながら，No.1「企業結合（持分プーリング法）」と合わせて，検討を行う予定としている。	(No.1「企業結合（持分プーリング法）」参照)
16	開示A	保険契約（異常危険準備金）	(対象業種が保険業に限られており，また，IASBでは現在フェーズⅡの議論が進められている。)	―
17	開示A	工事契約（工事進行基準）	IASBとの共同プロジェクトの短期項目として取り上げ，WGを設置して検討を開始した。	2007年末までに会計基準／適用指針を公表している。
18	開示A	不良債権開示（開示が不十分でない場合）	金融機関においては一定の開示ルールが定められており，特段の対応は不要と考えられる。	―
19	開示A	廃棄費用	(No.24「資産の除去債務」と合わせて検討を行う。)	(No.24「資産の除去債務」参照)
20	開示A	従業員退職後給付（退職給付債務の割引率を含む）	IASBとの共同プロジェクトの長期項目として取り上げられており，2007年以降PTを設置して，IASB/FASBの議論に関して意見発信等を行うことを予定している。	IASB/FASBの議論の動向を踏まえて検討し，方向性を決定している。
21	開示A	企業結合（外貨建のれんの換算）	(No.1「持分プーリング法」と合わせて検討を行う予定としている。)	(No.1「持分プーリング法」参照)
22	開示A	金融商品の公正価値開示	IASBとの共同プロジェクトの短期項目として取り上げ，WGを設置して検討を開始した。	2007年末までに会計基準／適用指針を公表している。
23	開示A	固定資産の減損会計（減損損失の戻入）	(No.10「固定資産の減損テスト」と合わせて検討を行う予定としている。)	(No.10「固定資産の減損テスト」参照)
24	開示A	資産の除去債務	IASBとの共同プロジェクトの短期項目として取り上げ，WGを設置して検討を開始した。	2007年末までに会計基準／適用指針を公表している。
25	開示A	投資不動産	IASBとの共同プロジェクトの短期項目として取り上げられている。ASBJは，IASBに対して意見発信を継続的に行っていく。IASBとFASBとの議論の動向（短期統合化）を踏まえながら検討を行う予定としている。	IASB/FASBの議論の動向を踏まえて検討し，方向性を決定している。なお，IFRSが米国基準にコンバージェンスすることになれば，日本基準とIFRSの差異も解消される。

| 26 | 今後の作業 | 金融商品 | 会計基準が複雑なため，CESRは技術的評価を継続している。当面は対応なし。
IASBとFASBとの議論の動向を踏まえながら検討を行う予定としている。 | ― |

（注1）「No.」欄はASBJによる便宜上の採番。
（注2）「補正措置〔補完措置：引用者〕」欄の表記の意味は次のとおり。
　　・補完計算書：仮定計算ベースでの要約財務諸表作成
　　・開示B：IFRSに従って会計処理した場合の定量的影響（損益又は株主持分への税引前後の影響）の表示
　　・開示A：日本基準で，既に提供されている開示を補強する定性的・定量的情報の開示
　　・今後の作業：将来検討されることとされている。
出所：企業会計基準委員会［2006］，3-7頁。

3．CESRによる第2回同等性評価に対する金融庁と企業会計基準委員会の取組み

（1）CESRの協議文書「同等性決定メカニズムに関する助言案」に対するコメント

　CESRにより，第三国の会計基準は全体として同等であるとされたものの，第三国の各会計基準とIFRSsとの間に現存する差異は，その同等性評価で指摘されたということに留まる性格のものでは決してない。指摘された会計基準間の差異を削減しない限り，EU市場で当該第三国の会計基準に準拠して作成した連結財務諸表が受け入れられなくなることに変わりはない。

　他方において，EUからすれば，第1回同等性評価で指摘した差異について，IFRSsまたはIFRSsと同等以上の会計基準の適用が開始する目標期日までに，改めて第三国の会計基準の同等性評価を実施して確認する必要があることを意味する。第2回同等性評価は，おのずと2008年末までに行われなければならない。

　第三国の会計基準の同等性評価を行うにあたり，CESRはECから同等性評価の手続きに関する技術的助言が求められた。この要請に基づいてCESRが取りまとめたのが，2007年4月17日に公表した**協議文書「第三国の一般に認められた会計原則の同等性を決定するメカニズムに関するCESRの技術的助言案」**（CESR［2007b］）である。

　このCESRの協議文書の最大の論点は，言うまでもなく，当該協議文書での

847

質問3の「上記〔パラグラフ23とパラグラフ24：引用者〕の（また，別表（Appendix）〔同等性の決定の際の別表1と別表2：引用者〕の）2つのアプローチのいずれが最も適切であると考えますか。その理由も述べてください」である。たとえば，本書**第7章**の**図表7-4**にも示した第三国の会計基準の同等性を決定するためのメカニズムとしての同等性評価の方法論ないしアプローチが問われているのである。

　（質問4も交えた）この質問3に対する金融庁やASBJの回答は，以下のとおり，「別表2」である（下線は引用者）。

【金融庁のコメントレター】

> ○　我が国のように，確固としたコンバージェンス工程表，すなわち，基準間の相違を特定し，明確な期限に従ってコンバージェンスを進めることを表明しているような工程表が存在する場合には，これを考慮する方法（すなわち別表2）が望ましいのではないか。
> ・一時点の評価のみをもって追加補正開示を求めること（別表1）になれば，
> 　・コンバージェンス推進に向けての意欲を失わせる懸念がある。
> 　・基準の安定性を損なう恐れがある。
> 　・多くの追加補正開示が求められることになれば，EU市場の開放的な性格に深刻な打撃を与え，各国証券市場当局による対抗措置を惹起する懸念もあるのではないか。

出所：FSA［2007］（金融庁［2007］）。

【企業会計基準委員会のコメントレター】

> 　Appendix 1のアプローチをとる場合，新会計基準の開発のように重要な差異が発生する都度，同等性評価の判断を行うこととなる。このような状態は，第三国基準を用いて欧州に上場する企業だけでなく，当該企業に投資を行う投資家にとっても不確実性を生み出すことになる（…（略）…）。
> 　会計基準間の差異を縮小することにより投資家の投資判断が類似となるような目的を持つ日本のようなコンバージェンス・プログラムが存在する場合がある。

848

> このような場合には，同等性評価に際してこれを考慮するAppendix 2が適切で
> あると考える。

出所：ASBJ [2007]（企業会計基準委員会 [2007a]）。

　金融庁の言葉によれば，別表1のメカニズムは「**スナップショット・アプロ
ーチ**」(Snap-Shot Approach) であり，別表2の代替的なメカニズムは「**ホーリ
スティック・アプローチ**」(Holistic Approach) である（FSA [2008] および金融
庁 [2008a]）。CESRの協議文書「第三国の一般に認められた会計原則の同等性
を決定するメカニズムに関するCESRの技術的助言案」（2007年4月17日）で提
案されたように，ホーリスティック・アプローチとは，「コンバージェンス計
画表またはアドプション計画表が整備され，第三国の基準設定主体がそれに従
ってコンバージェンスを計画通りに進め，その目標期日が十分に満たされ，測
定と開示の原則がIFRSsと十分にコンバージェンスされるのであれば，会計基
準の同等性を評価する簡易なアプローチ」(par.24) である（本章で後掲する
「CESRの助言案に対する金融庁の回答のポイント」（金融庁 [2008a]）にも，ホーリ
スティック・アプローチとスナップショット・アプローチについての説明がみられる）。
　こうしたプロセスを経て，2007年5月30日に，CESRによる「**第三国の一般に
認められた会計原則の同等性を決定するメカニズムに関するCESRの技術的助言**」
(CESR's Technical Advice on a Mechanism for Determining the Equivalence of the
Generally Accepted Accounting Principles of Third Countries) (CESR [2007c])
が公表され，第1回同等性評価時の概念ペーパーに相当する第2回同等性評価
のメカニズムが確定する。第三国の会計基準の同等性を決定するためのメカニ
ズムである同等性評価の方法論ないしアプローチとして，ホーリスティック・
アプローチが確定した瞬間である。
　CESRが先にECに提出していた「**カナダ，日本およびアメリカの基準設定
主体の作業計画表，同等性の定義およびEUの資本市場で現在利用されている
第三国のGAAPsのリストに関するヨーロッパ委員会に対するCESRの助言**」
(CESR's Advice to the European Commission on the Work Programmes of the

Canadian, Japanese and US Standard Setters, the Definition of Equivalence and the List of Third Country GAAPs Currently Used on the EU Capital Markets）（CESR [2007a]）に加えて，ECに提出されたこの技術的助言を踏まえて，ECはいわゆる「**同等性メカニズム規則**」（「ヨーロッパ議会および閣僚理事会指令第2003/71/EC号および第2004/109/EC号による第三国の証券発行体が適用する会計基準の同等性を決定するためのメカニズムを策定する2007年12月21日付の委員会規則（EC）第1569/2007号」）を公表し，第三国の会計基準の同等性を決定するメカニズムが規制措置化された。

　「同等性メカニズム規則」は，第三国の会計基準を一定期間受け入れるための条件として，次のように規定している（第4条第2項から第5項は省略）。

第4条（第三国の会計基準を一定の期間受け入れる条件）

1．第三国の発行体は，規則（EC）第809/2004号第35条第5項の規定に関わらず，以下の場合においては，2008年12月31日より後に開始し，2011年12月31日までに終了する期間において，指令第2004/109/EC号の規定に応じた第三国の会計基準に準拠して作成した財務諸表を用いて，当該規則による過去財務情報を提供することができる。

　　1．当該第三国の会計基準の当局が，2011年12月31日までに第三国の会計基準を国際財務報告基準とコンバージェンスさせることを2008年6月30日までに公約しており，次の2つの条件が満たされる場合：

　　　(a)　当該第三国の会計基準の当局が，包括的でしかも2011年12月31日までに完遂可能なコンバージェンス計画表を2008年12月31日までに策定していること

　　　(b)　コンバージェンス計画表が遅滞なく実効的に実施されており，完遂のために必要な資源が，その実施にあてがわれていること

　　2．当該第三国の会計基準の当局が，2011年12月31日までに国際財務報告基準を採択することを2008年6月30日までに公約しており，その日までに国際財務報告基準への適時かつ完全な移行を確保するための実効的な措置が第三国で講じられている場合，または，2008年12月31日までにEUと相互承認の合意に至っている場合

「同等性メカニズム規則」のこの条項において，ホーリスティック・アプローチが明確に盛り込まれたのである。

（2）CESRの協議文書「同等性に関する助言案」に対するコメント

カナダの会計基準はCESRによる第1回同等性評価の対象であったが，カナダは，2006年から2011年までの新5ヵ年長期戦略計画のもとで公表した戦略計画と実施計画により，2011年からのIFRSsアドプションを決定している。そのため，CESRによる第2回同等性評価の対象となったのは，U.S. GAAP，日本の会計基準および中国の会計基準である。

CESRは，2007年12月18日に，ECの要請に基づいて作成した**協議文書「中国，日本およびアメリカのGAAPsの同等性に関するCESRの助言案」**（CESR's Advice on the Equivalence of Chinese, Japanese and US GAAPs: Consultation Paper）（CESR［2007d］）（2007年12月18日）を公表した。この協議文書に対するコメント期限は2008年2月25日であり，日本では金融庁やASBJが同日付でのコメントレターを発出した。

第三国の会計基準の同等性を決定するためのメカニズムである同等性評価の方法論ないしアプローチとして，CESRがホーリスティック・アプローチを採用したことは，日本の会計基準の同等性評価の結果を決定づけるものとなった。ホーリスティック・アプローチに基づいたからこそ，日本の会計基準はIFRSsと同等だとする第2回同等性評価でのCESRの助言案が公表されたのである。

もちろん，この決定までの背景には，後述するIASBとASBJによる共同プロジェクトや，いわゆる覚書**「東京合意」**（**「会計基準のコンバージェンスの加速化に向けた取組みへの合意」**）（ASBJ・IASB［2007］（企業会計基準委員会・国際会計基準審議会［2007］）の締結によるコンバージェンスの加速化をはじめ，金融庁による定期的な政策対話などによる働きかけが大きく寄与している。もとより，CESRの助言案に対する金融庁とASBJのコメントレターは，このCESRの同等性助言案を高く評価している。

金融庁のコメントレター（FSA［2008］）の概要ないしポイントは，次のよう

に取りまとめられている（金融庁［2008a］。下線は引用者）。

CESRの助言案に対する金融庁の回答のポイント

> **総論**

○　欧州市場が開放的な性格を維持することは，欧州と他の地域の双方にとって利益となる。この観点から，助言案における結論を支持。

> **論点1．ホーリスティック・アプローチ[注1]を前提として，CESRが考慮すべき他の要素はあるか。そうであれば，そのような要素の詳細を提供頂きたい。**

○　ホーリスティック・アプローチは，世界経済のダイナミクスや，昨今の世界的な基準の開発プロセスと整合的。我々は，昨年5月のコメントレターで，別表1（Apendix 1）に示された，貴方が以前に示したアプローチであるスナップショット・アプローチ[注2]に対して，懸念を表明。

○　我が国は既にEU版IFRSに基づく財務報告を数値調整無く受け入れている事実についても，協議文書に記載されるべき。

（注1）ホーリスティック・アプローチとは，仮に基準間に相違が残ったとしても，それら差異の解消を目的とした基準設定主体間における，合理的な中長期のコンバージェンス・プログラムが存在し，かつ，そのプログラムが確実に実行されていると評価できるのであれば，全体として，「同等」と評価できるとしてCESRが提案しているアプローチ。

（注2）スナップショット・アプローチとは，ある特定時点における基準間の差異に着目して同等性を判断する，CESRがこれまで採用してきたアプローチ。

> **論点2．CESRが31項で概説したアプローチを採用する場合，日本基準の場合におけるCESRのアプローチに賛成するか。そうでない場合，反対する理由の詳細を提供頂きたい。**

○　ASBJは，2005年5月より，IASBとのコンバージェンスプロジェクトを開

始。2006年10月公表の計画的なコンバージェンスプログラムはより一層順調に進んでいる。また2007年8月のIASBとの東京合意において，双方の基準設定プロセスをより統合させることを決定した。

○　日本基準とIFRSに残存する差異は，「IASBと，関連する基準設定主体の間の長期の作業計画において検討されるものであり，積極的に遂行されている作業計画の証拠がある。」ところ。日本基準は，米国基準同様，さらなるコンバージェンス進展の証拠なくして，IFRSと同等と認められるべき。

○　なお，我々が財務報告を受け入れる際，会計基準，監査，執行・監督が，全体として，投資家保護の適切な水準となっているのかの評価を行う，協議文書73項のフィルター・アプローチ^(注3)類似のアプローチを取っている。

> （注3）CESRは，助言案の第73項において，
> ・第三国の会計基準に対する同等との評価の前提として，国レベルでの「フィルター」と，企業レベルでの監督と執行が投資家の信頼に足る水準にあることが必要。
> ・同等との評価を達成する上では，EU資本市場に上場する第三国の発行者において，当該第三国の会計基準が適切に適用され，かつ，市場の信頼を確保するための必要な「フィルター」が整備されていることが必要。
> との考え方を示している。

また，ASBJのコメントレターは，次のとおりである（ASBJ［2008］（企業会計基準委員会［2008］）。下線は引用者）。

> **協議文書「中国，日本，及び米国会計基準に対するCESRの助言」**
> **に対するコメント（仮訳）**
>
> 企業会計基準委員会
>
> ・企業会計基準委員会（ASBJ）は，欧州証券規制当局委員会（CESR）から，協議文書「中国，日本，及び米国会計基準に対するCESRの助言」（CESR助言案）に対する意見を述べる機会を頂けたことに感謝する。
> ・ASBJは，究極的にはシングルセットのグローバルで高品質な会計基準へのコ

ンバージェンスを目指している。

- CESRが，日本基準について，我々の基準開発の取組みを考慮し，ホーリスティック・アプローチに基づき，国際財務報告基準（IFRS）と同等であるとする同等性助言案を公表したことを評価したい。CESRのドラフトにおいて，ASBJがIASBとのコンバージェンスの加速化に向けた取組み，東京合意にも言及し，私どもの取組みを正当に評価していることに感謝する。

- 2007年12月27日には，プロジェクト計画表に示されている各プロジェクトの計画の通り，短期項目のうち，以下の会計基準，公開草案及び論点整理を公表した。

  ➤ 工事契約に関する会計基準

  ➤ 資産除去債務に関する会計基準公開草案

  ➤ 企業結合の見直しに関する論点の整理

  ➤ 研究開発費に関する論点の整理

- ASBJは，CESRが2005年6月に指摘した同等性評価に関連する項目を，所定のデュー・プロセスの下で，最優先課題として取り組んでいる。市場関係者の協力を得て，プロジェクト計画に沿って完成したいと考えている。

- また，IASBとFASBのMOU項目のうち，中長期的な項目についてはASBJ内の体制を整備して，検討段階から積極的に参画し，各々の会計基準が完成し適用される際に，日本において国際的アプローチが受け入れられるようにする。そのため，まず，連結の範囲，財務諸表の表示，収益認識，負債と資本，金融商品については，外部の市場関係者も交えた専門委員会等を組成した。そして，IASBがディスカッション・ペーパーを公表する場合には，ASBJとしても当該項目について議論し，ディスカッション・ペーパーを公表して，意見を求めることとしている。

- 最後に，CESRが，最終とりまとめにおいても，我々の取組みを正当に評価して，日本基準がIFRSと同等であるとする技術的助言をECに提出することを望む。

このCESRの同等性評価助言案は，コメントレターの分析後，2008年3月に，「**中国，日本およびアメリカのGAAPsの同等性に関するCESRの助言**」（CESR's Advice on the Equivalence of Chinese, Japanese and US GAAPs）（CESR［2008］）

として取りまとめられ，2008年3月に公表された。つまり，日本の会計基準について，CESRが最終助言で表明したECに対する勧告は，次のとおりである（par.55）。

> CESRは，「東京合意」において示した目標を計画表に沿って対応している日本のASBJの十分な証拠がないのでない限り，日本の会計基準が同等であると評価することをECに対して勧告する。

4．第三国の会計基準の同等性評価に向けた金融庁による　定期的な政策対話

　これまでに金融庁は，EUやアメリカなどとの間でハイレベル協議や対話を進めてきた。EUの同等性評価を展開するタイミングでのハイレベル協議や対話として，たとえば，「EC（域内市場総局・経済金融総局）とのハイレベル協議」，「日EU財務金融ハイレベル協議」，アメリカ証券取引委員会（SEC）との「日米ハイレベル証券市場対話」，「日EU金融ハイレベル協議」および「日米財務金融対話」などがある。

　とくに，EUのCESRによる第三国の会計基準の同等性評価については，こうしたEUとの間でのバイラテラルな（二国間ないし二者間による）定期的な政策対話を積極的に開催してきたことも，その後の日本の会計基準の同等性評価の結果に対して大きな役割を果たしたといってよい。

　第三国の会計基準の同等性評価が展開されていた2006年11月27日に，金融庁とEUのECは，新たに「**日EU会計基準の動向に関するモニタリング会合**」（共同議長：金融庁とEC）を開催した。このモニタリング会合の目的は，「日本とEUとの間で日本の会計基準と国際会計基準の相互承認を達成することを視野に入れて，相互の基準のコンバージェンスの進展をモニターするとともに，会計基準の解釈や適用の整合性を確保することにある」（金融庁［2006b］）。日本とEUとの間の会計基準の相互承認の達成が謳われたことは，まさに当時の「日

米欧会計基準の相互承認」を図る基本姿勢を貫いたものであり，第三国の会計基準の同等性評価を通じた相互承認の実現に向けた取組みだとも考えることができる。

現に，この第1回の「日EU会計基準の動向に関するモニタリング会合」において，EC側からは2009年までの同等性評価の延期方針について説明が行われ，会計基準のコンバージェンスの加速化とともに，会計基準の適用の整合性を確保することに向けて継続的に努力することの重要性が強調されている。金融庁側からは，EU市場が開放的な性格を維持することの重要性について改めて指摘し，ASBJによるコンバージェンスに向けた工程表（プロジェクト計画表）やその進展についての説明が行われている。

なお，この「日EU会計基準の動向に関するモニタリング会合」は，第2回会合から会計基準に加えて，監査に関する動向や今後の協力のあり方などについても意見交換を始めている。そのため，第2回会合から当該会合の名称が，**「日EU会計基準・監査の動向に関するモニタリング会合」**に改められた。

「日EU会計基準・監査の動向に関するモニタリング会合」は，定期的に少なくとも年2回開催することで合意している。第1回会合以降，第2回会合（2007年3月23日（監査のセッション）と3月26日（会計基準のセッション）），第3回会合（2007年11月28日），第4回会合（2008年3月3日），第5回会合（2008年5月26日）を開催して意見交換などを行っている。この「日EU会計基準・監査の動向に関するモニタリング会合」は，事実上，第5回会合まででその役割を果たした（第6回会合が2008年秋頃に予定されていたが，開催されていない）。

というのも，金融庁とECは，第5回会合までに第三国の会計基準の同等性評価に関する技術的助言の結果におおむね納得できる結果を獲得できることとなったからである。

つまり，第4回会合では，CESRによる第三国の会計基準の同等性評価に関する技術的助言において，両者が「ホーリスティック・アプローチと日本の会計基準に対する評価が建設的であるとの認識で一致」するとともに，「本年中に，相互に満足できる解決が見出されることに関し希望を表明」（金融庁［2008b］）

している。また，第5回会合では，金融庁とECは，第三国の会計基準の同等性評価での日本の会計基準に対する評価が前向きなものであり，会計基準（企業会計）の「2009年問題」を解消すべく，2008年中に「相互に満足できる解決が見出されることに関し希望を表明」しており，また，「国際会計基準審議会による基準設定プロセスに対するガバナンス及び監視のあり方を早急に改善する必要があり，現在行われている定款見直し作業に対して，規制当局としての意見を示す必要性について見解を共有」（金融庁［2008c］）している。

　なお，会計基準や監査基準との関連でいえば，EUとの間でのバイラテラルな（二国間ないし二者間による）定期的な政策対話に加えて，金融庁はSECとの間でも定期的な政策対話を行っている。

　金融庁とSECは，グローバルな証券市場の共通課題に関わる「日米ハイレベル証券市場対話」を開催することについて2005年5月3日に合意し，翌月に第1回会合を開催した。2006年1月27日には，金融庁とSECは，両者間の協力と強調のための「日米ハイレベル証券市場対話」の枠組みを定めた文書（Terms of Reference）について合意し，①規制上の共通関心事項を認識し，議論すること，②クロスボーダーの執行上の情報交換における協力を推進することを目的とした，両機関の関係強化を図るための定期的な政策対話を開催するとしたのである。金融庁とSECは，日米両国における投資家保護の推進，市場の誠実性の促進，クロスボーダーでの証券活動の推進を目的として，証券市場の監視について協力し，協調することを目指したのである（金融庁［2006a］）。この「日米ハイレベル証券市場対話」は，毎年6月に開催され，第6回（2010年6月29日）の政策対話まで続けられた。

第8節　企業会計基準委員会と国際会計基準審議会の会計基準のコンバージェンスに向けた共同プロジェクト

　ASBJは，会計基準開発の取組みと国際的な会計基準とのコンバージェンスを進めるための取組み方針に関する中期的な展望を「中期運営方針」として取

りまとめてきた。2004年の「企業会計基準委員会の中期的な運営方針について」，2007年の「中期運営方針」（企業会計基準委員会［2007b］）に続いて，ASBJは，2010年6月16日に新たな**「中期運営方針」**を公表した。

この第3の「中期運営方針」は，2007年の第2の「中期運営方針」の策定後，国際的な会計基準との関係で顕著な動向として，次の3つを掲げている（企業会計基準委員会［2010b］，Ⅰ）。

■平成19年8月に，当委員会は国際会計基準審議会（IASB）との間で会計基準のコンバージェンスに関する東京合意を公表

■平成20年12月に，欧州委員会（EC）は，我が国の会計基準を国際財務報告基準（IFRS）と同等であると決定

■平成21年6月に，企業会計審議会は，「我が国における国際会計基準の取扱いに関する意見書（中間報告）」を公表

はじめの2つの動向は，日本の会計基準のコンバージェンスに関わるものであり，また，最後の企業会計審議会の動向は，IFRSsの任意適用の容認とIFRSs強制適用の是非の判断に関わるものである。日本における会計基準のコンバージェンスと，それに関連するEUによる日本の会計基準の同等性評価について整理する本章では，第1と第2の動向について取り上げる（第3の動向は，本書の**第14章**を参照）。

1．IASBによる共同プロジェクトの正式提案とその進め方

（1）IASBによる共同プロジェクトの正式提案

日本の会計基準とIFRSsとの差異をさらに縮小することを目的とした共同プロジェクトの立ち上げに向けた協議を打診するために，IASBのトゥイーディー（David Tweedie）議長（当時）が2004年7月に来日した。後のトゥイーディー議長の書簡による共同プロジェクトの正式提案は，次の3つの内容からなる（新井・石原［2005］，8頁）。

①会計基準の差異を小さくすることで財務諸表の調整を不要にするのが，ア

メリカ会計基準とのコンバージェンスを模索するIASBの基本的なアプローチである。これと類似した共同の試みを日本とも進めたい。

②2005年7月訪問時の日本の関係者からの説明を踏まえると、現行の日本の会計基準とIFRSsとの間に大きな隔たりはない。この差異の解消を究極の目標に、優れている方の会計基準を両者が採用する可能性を検討してはどうか。

③両者の違いを評価するにあたっては、それぞれの「概念フレームワーク」を判断基準として使うことにしたい。

これを受けて、ASBJとIASBは、2004年10月12日に共同プロジェクトの立ち上げに向けた協議を開始した。この共同プロジェクトの取組みは、「高品質な会計基準への国際的なコンバージェンスを推進するための第一ステップであり、国際的な資本市場の発展に資するものと期待」（企業会計基準委員会［2004b］）されている。

会計基準のコンバージェンスに向けた共同プロジェクトの立ち上げの誘因は、金融庁による日本の会計基準のIFRSsとの同等性評価に関わる積極的な対応や、金融庁・企業会計審議会の「国際会計基準に関する我が国の制度上の対応について（論点整理）」（金融庁・企業会計審議会［2004］)，経済産業省・企業会計の国際対応に関する研究会の「我が国企業会計の国際化に関する報告」（経済産業省・企業会計の国際対応に関する研究会［2004］）等の公表にあるとされる。しかし、当時のASBJ委員長でさえ、「こうしたプロジェクトが、この時点でなぜIASBから提案されたのかはわからない」（斎藤［2005］，10頁）という。IASBのリエゾン国の会計基準設定主体のうち、少なくともアメリカ、カナダおよび日本が独自の会計基準を設定するコンバージェンス・プロジェクトに続いて、IASBが直接的に会計基準のコンバージェンスの共同作業という手段を講じたものであることは否定できない。

（2）ASBJとIASBの共同プロジェクトの進め方

ASBJとIASBの協議の結果、2005年1月21日に共同プロジェクトの進め方

について合意した項目は，次のとおりである（IASB［2005a］（企業会計基準委員会［2005a］））。

(1)経済実態や法制度のような市場環境が同等である場合には，双方の概念フレームワーク又は会計基準の背景となる基本的な考え方を判断基準として利用し，現行基準の差異を縮小することを目的として，現行基準の差異を識別し，評価する。

(2)双方の概念フレームワークの差異についても検討対象とする。これは，本プロジェクトの中では，別のプロジェクトとして，双方が検討することに合意した時点で行う。

(3)検討結果の合意においては，双方のデュー・プロセスを考慮する。

(4)ASBJは，日本基準と国際会計基準との主要な差異の全体像を整理し，検討項目を提案する。

(5)複数のフェーズに分けて個々の基準の差異を比較検討する。

(6)第1フェーズでは，2004年3月31日時点で存在する基準を対象範囲とする。ただし，以下の基準を除く。

①IASBとFASBとの共同プロジェクトで検討中，あるいは検討予定の基準

②差異が概念フレームワークや基本的な考え方の相違に起因する基準

③最近開発した基準

④法制度の制約のある，または日本での適用が現状では考えられていない基準

第1フェーズで検討対象としなかった項目については，その後の段階で検討する。

2．共同プロジェクトの検討項目とその展開

　ASBJとIASBは，会計基準のコンバージェンスに向けた共同プロジェクトの立ち上げについて協議を行い，その進め方の合意を受けて，2005年3月9日・10日に共同プロジェクトの初会合を東京で開催した。ASBJの基本概念ワーキ

860

ング・グループが2004年7月にまとめた，討議資料「財務会計の概念フレームワーク」についての説明とその意見交換が行われ，着手しやすいものから，逐次，テーマとして取り上げていく「**フェーズド・アプローチ**」（Phased Ap-proach）に基づいて，①棚卸資産の評価基準（IAS第2号），②セグメント情報（IAS第14号），③関連当事者の開示（IAS第24号），④在外子会社の会計基準の統一（IAS第27号），および，⑤投資不動産（IAS第40号）の5項目を，第1フェーズでの検討項目として協議することで合意した（IASB［2005b］（企業会計基準委員会［2005b］））。

　当初，ASBJが「国際会計基準（IAS/IFRS）と日本基準の比較」の提示とともに提案した第1フェーズの検討項目は，「有形固定資産および無形資産の再評価（IAS第16号，IAS第38号）」を加えた6項目であった。初会合での議論の結果，当該基準における再評価モデルは概念フレームワーク・プロジェクトにおける事後測定および業績報告プロジェクトに関わるものであるとの理由から，ASBJとIASBの第1フェーズの検討課題項目から除外された。

　共同プロジェクトの第2回会合（2005年9月23日）では，主として第1フェーズの検討項目に関する会計基準のコンバージェンスに向けた進捗状況を確認している。その際に，金融商品の表示および開示（IAS第32号）の差異の1つである新株発行費が，第1フェーズの検討項目として追加されている。

　第3回会合（2006年3月1日・2日）において，第1フェーズの検討項目に対する取組み状況を確認したところ，その検討が順調であるとの認識から，第2回会合時からの懸案であった，①資産除去債務，②工事契約，および，③金融商品の公正価値開示が新たな検討項目として追加された。これら3つの検討項目は，先の第2回会合で追加された金融商品の表示および開示とともに，EUのヨーロッパ証券規制当局委員会（CESR）による第三国の会計基準の同等性評価に関する技術的助言のもとで，会計基準の重要な差異に対する定性的または定量的な追加開示という補完措置に指定された項目とおおむね合致する。

　ASBJ側の「共同プロジェクトの今後の進め方：新たなプラン」が取り入れられたことも，第3回会合の1つの特徴である。ASBJは，これまでの「フェ

ーズド・アプローチ」から「**全体像アプローチ**」（Whole Picture Approach）（差異のあるすべての会計基準について広く今後の取組みを明示する方式）に移行することに，IASBと合意している。全体像アプローチのもとでは，「覚書：ノーウォーク合意」にみられるように，会計基準間の主要な差異のうち，短期的に解消可能なもの（「短期プロジェクト」ないし「短期項目」）と解決に時間を要するもの（「長期プロジェクト」ないし「長期項目」）に分類している（ASBJ・IASB［2006］（企業会計基準委員会・国際会計基準審議会［2006］））。

　全体像アプローチにおける「長期プロジェクト」（長期項目）と「短期プロジェクト」（短期項目）並びに各項目の性質は，**図表11-8**のとおりである。

図表11-8　全体像アプローチにおける長期項目と短期項目

長短	項目の性質	項目
長期	(1)　IASB/FASBで現在議論が行われている，又は議論が行われる予定の項目で，早い段階から適時に日本からも意見発信を行うもの	収益認識，財務諸表の表示（業績報告），無形資産（開発費を含む），連結の範囲（SPEを含む），固定資産（減損，再評価），引当金，公正価値測定，公正価値オプション，金融商品，負債と資本，政府補助金，保険契約，退職給付，会計方針の統一（関連会社），棚卸資産（後入先出法），法人所得税，借入費用
長期	(2)　IASB/FASBは一致しているが，日本基準の差異が顕著であると国内外で認識されている項目	過年度遡及修正，企業結合（持分プーリング法，のれん等）
長期	(3)　最近開発された基準で，市場での評価を踏まえる必要のあるもの	ストック・オプション
短期	棚卸資産の評価基準，セグメント情報開示，関連当事者の開示，在外子会社の会計方針の統一，投資不動産，新株発行費，工事契約，資産除去債務，金融商品の公正価値開示，リース	

注：1　下線のある項目は，ASBJとして優先的にリサーチ・プロジェクト等を立ち上げることとした項目である。
　　2　収益認識，業績報告，金融商品（全面時価），政府補助金，保険契約等の項目は，広く収益の認識に関する概念に基づくものと考えられる。
　　3　法制度の制約のある項目としては，負債と資本などが考えられる。
出所：新井［2007］，図表1，34頁。

第8節 企業会計基準委員会と国際会計基準審議会の
会計基準のコンバージェンスに向けた共同プロジェクト

　共同プロジェクトの開始前から，ASBJが専門委員会等を通じて独自の検討
を進めてきた項目もあるが，これらも会計基準のコンバージェンスに資するこ
ととしてきた。ASBJとIASBの共同プロジェクトを通じた検討項目および
ASBJ独自の検討項目が，会計基準等として整備される状況やその顛末は，**図
表11-9**にまとめたとおりである。

図表11-9　ASBJとIASBの共同プロジェクトとASBJが公表した会計基準等

共同プロジェクトの会合別検討項目		ASBJの検討結果 （会計基準等）	会計基準等の公表日
第1フェーズの検討項目	第1回会合（2005年3月11日）		
	①棚卸資産の評価基準	基準第9号	2006年7月5日 （改正2008年9月26日）
	②セグメント情報	基準第17号，適用指針第20号	2008年3月21日（改正2009年3月27日，2010年6月30日）[1]
	③関連当事者の開示	基準第11号，適用指針第13号	2006年10月17日[2]
	④存外子会社の会計基準の統一	実務対応報告第18号	2006年5月17日 （改正2010年2月19日）[3]
	⑤投資不動産	基準第20号，適用指針第23号	2008年11月28日 （改正2011年3月25日）
	第2回会合（2005年9月23日）		
	⑥新株発行費	実務対応報告第19号	2006年8月11日 （改正2010年2月19日）
	第3回会合（2006年3月1日・2日）		
	⑦資産除去債務	基準第18号，適用指針第21号	2008年3月31日[3]
	⑧工事契約	基準第15号，適用指針第18号	2007年12月27日
	⑨金融商品の公正価値表示	基準第10号，適用指針第19号	2006年8月11日（改正2007年6月15日，2008年3月10日）[4]
ASBJ独自の検討項目	第1回会合（2005年3月11日）		
	①ストック・オプション	基準第8号，適用指針第11号	2005年12月27日 （改正2006年5月31日）[5]
	②株主持分変動計算書	基準第6号，適用指針第9号	2005年12月27日（改正2010年6月30日，2013年9月13日）
	③貸借対照表の純資産の部の表示	基準第5号，適用指針第8号	2005年12月9日（改正2009年3月27日，2013年9月13日）
	④四半期会計基準	基準第12号，適用指針第14号	2007年3月14日（改正2008年12月26日，2009年3月27日・6月26日，2010年6月30日，2011年3月25日，2012年6月29日）
	⑤リース会計基準	基準第13号，適用指針第16号	2007年3月30日[6]

注：1 企業会計基準第17号「セグメント情報等の開示に関する会計基準」は，企業会計審議会第一部会が1988年５月26日に設定したものを改正して定めたものである。企業会計基準適用指針第20号「セグメント情報等の開示に関する会計基準の適用指針」は，2012年５月17日までに公表された企業会計基準第26号「退職給付に関する会計基準」（2012年５月17日公表）等による修正が反映されている。

2 企業会計基準第11号「関連当事者の開示に関する会計基準」は，2008年12月26日までに公表された企業会計基準第21号「企業結合に関する会計基準」（2008年12月26日改正）等による修正が反映されている。

3 実務対応報告第18号「連結財務諸表作成における在外子会社の会計処理に関する当面の取扱い」と企業会計基準第18号「資産除去債務に関する会計基準」は，2012年５月17日までに公表された企業会計基準第26号「退職給付に関する会計基準」（2012年５月17日公表）等による修正が反映されている。

4 企業会計基準第10号「金融商品に関する会計基準」は，企業会計審議会が1999年１月22日に設定したものを改正して定めたものである。

5 企業会計基準第８号「ストック・オプション等に関する会計基準」は，2013年９月13日までに公表された企業会計基準第10号「金融商品に関する会計基準」（2008年３月10日改正），企業会計基準第21号「企業結合に関する会計基準」（2008年12月26日改正），企業会計基準第22号「連結財務諸表に関する会計基準」（2013年９月13日改正）等による修正が反映されている。

6 企業会計基準第13号「リース取引に関する会計基準」は，企業会計審議会第一部会が1993年６月17日に設定したものを改正して定めたものである。企業会計基準適用指針第16号「リース取引に関する会計基準の適用指針」は，日本公認会計士協会会計制度委員会が1994年１月18日に設定したものを改正して定めたものである（改正2011年３月25日）。

共同プロジェクトの第４回会合（2006年10月２日）と第５回会合（2007年３月29日）は，いずれも検討項目の進捗状況の確認とその議論に充てられた。この後の2007年８月８日に，ASBJとIASBが「**東京合意**」を共同で公表するに至っている。この東京合意は，2005年３月から開始している「日本の会計基準とIFRSsのコンバージェンスを加速化」することを柱とするもので，具体的には，①2005年７月のEUのCESRによる第三国の会計基準の同等性評価に関連する日本の会計基準とIFRSsとの間の重要な差異について，2008年までに解消すること，②その他の差異については，2011年６月30日までに解消を図ること，を盛り込んでいる。

ASBJは，会計基準開発の可視性を高める働きのある「プロジェクト計画表（コンバージェンス関連項目）」（企業会計基準委員会［2006］，別添資料）を2006年10月12日に公表していたが（先の**図表11-5**），東京合意を踏まえた新たな「**プロジェクト計画表**」（企業会計基準委員会［2007c］）を策定し，この計画表に基づいた会計基準のコンバージェンスに取り組み始めた（**図表11-10参照**）。このプロジェクト計画表のもとでは，①EUによる第三国の会計基準の同等性評価に関連するプロジェクト項目（短期），②既存の差異に係るプロジェクト項目（中期），および，③IASB/FASBの「覚書」（MoU）に関連するプロジェクト項目

第8節 企業会計基準委員会と国際会計基準審議会の会計基準のコンバージェンスに向けた共同プロジェクト

図表11-10　ASBJ プロジェクト計画表（コンバージェンス関連項目）

2007年12月

	2007年	2008年				2009年		備　考
	10~12月	1~3月	4~6月	7~9月	10~12月	1~6月	7~12月	
1. EUによる同等性評価に関連するプロジェクト項目（短期）								
企業結合(STEP1)※1								
（プーリング）	RR/DP		ED		Final			
（その他）※2	RR/DP		ED		Final			
棚卸資産(後入先出法)		ED		Final				
会計方針の統一(関連会社)	ED		Final					
固定資産※3(減損)					→			IASBとFASBの動向を踏まえて対応
無形資産(研究費・開発費)	DP		ED		Final			IASBとFASBの動向を踏まえて対応
工事契約	Final							
資産除去債務	ED	Final						
退職給付(割引率その他)		ED		Final				
金融商品(時価開示)		Final						
投資不動産	専門委		ED		Final			
2. 既存の差異に係るプロジェクト項目（中期）								
セグメント情報開示		Final						
企業結合(STEP2)								
（フェーズ2関連）							ED	2010年中のFinal公表を見込む。
（のれんの償却）							ED	2010年中のFinal公表を見込む。
過年度遡及修正								金融商品取引法開示制度等との調整が前提となる。
（会計方針の変更）			(DP)			ED	Final	2008年にDP(検討状況の整理)を公表することも検討
（減価償却方法）			(DP)			ED	Final	2008年にDP(検討状況の整理)を公表することも検討
（廃止事業その他）								2010年中のED及びFinal公表を見込む。
3. IASB/FASBのMOUに関連するプロジェクト項目（中長期）								
連結の範囲				DP				特別目的会社専門委員会が対応。IASBのDPは2008年下期予定。
財務諸表の表示(業績報告)		専門委		DP				IASB/FASBのDPは2008年上期予定。
収益認識		専門委		DP				IASB/FASBのDPは2008年上期予定。
負債と資本の区分		WG						国際対応専門委員会が対応。FASBのDPは2007年11月公表済み。IASBのDPは2008年上期予定。
金融商品(現行基準の見直し)				DP				金融商品専門委員会が対応予定。IASB/FASBのDPは2008年上期予定。

〈補足〉
計画表上の記号の意味は次のとおり。
WG：ワーキング・グループ設置　専門委：専門委員会設置　RR：調査報告（Research Report）
DP：論点整理・検討状況の整理（Discussin Paper）　ED：公開草案（Exposure Draft）　Final：会計基準/適用指針等（最終）
※1　企業結合は、EU同等性評価対応を対象とするSTEP1とそれ以外の差異解消を対象とするSTEP2に区分してプロジェクトを進める。
※2　企業結合（STEP1）のその他は、交換日、負ののれん、少数株主持分、段階取得、外資建てのれんの換算である。
※3　IASB/FASBの検討とタイミングを合わせて進めるため、現時点ではスケジュールは未定。

出所：企業会計基準委員会［2007c］。

（中長期）に分類したうえで，差異を伴う検討項目の会計基準化に向けた進捗度合の目安が示されている。もちろん，この「プロジェクト計画表」も，先述の企業会計審議会・企画調整部会が公表した「会計基準のコンバージェンスに向けて（意見書）」（2006年7月31日）のもとで，今後の対応の1つとして掲げた「2 EUの同等性評価等を視野に入れた計画的な対応」のなかで言及した「コンバージェンス達成に時間を要する項目についても作業の進捗について一定の方向性を示す…（略）…具体的な工程表」としての役割がある。

3．短期コンバージェンス・プロジェクトによる対応―企業結合―

　当時の日本では，企業会計審議会が公表した「企業結合に係る会計基準の設定に関する意見書」並びに「企業結合に係る会計基準」（2003年10月）が国際的な会計基準の動向を踏まえて設定され，適用されていた。しかし，限定的とはいえ，持分プーリング法の採用の可能性があることをはじめ，国際的な会計基準との間には相違がみられた。とくに，EUによる会計基準の同等性評価を通じて，企業結合に係る会計基準が補完措置項目として指摘された事実は，日本に重くのしかかった。ASBJが，先の「プロジェクト計画表」で企業結合に関するプロジェクトの検討スケジュールを示したのは，こうした背景がある。

　企業結合（STEP 1）は，EUによる同等性評価に関するプロジェクト項目（短期）の1つであるため，ASBJはこの計画を展開するにあたり，事務局に企業結合プロジェクト・チームを設けた。このプロジェクト・チームの目的は，EUのCESRから提案された企業結合に係る国際的な会計基準との主な相違点とそれぞれの根拠，並びに，日本における企業結合会計基準の適用状況などについて調査することにある。この調査結果は，「**企業結合会計に関する調査報告―EUによる同等性評価に関連する項目について―**」（企業会計基準委員会・企業結合プロジェクト・チーム［2007］）（2007年10月16日）として取りまとめられている。

　「企業結合会計に関する調査報告」は，CESRに指摘された補完措置について，ASBJが今後の検討に資するように，①企業結合の会計処理（持分プーリング法

の取扱い），②株式を対価とする場合の対価の測定日，③負ののれんの会計処理，④少数株主持分の測定，⑤段階取得における会計処理，および，⑥外貨建のれんの換算方法についての調査結果などを収録している。プロジェクト・チームの調査結果は，CESRに指摘された補完措置について，ASBJが今後の検討に資するためのものであり，ASBJの公式見解ではない。

　会計基準の相違点の比較と実施した調査結果から，プロジェクト・チームはASBJに対して，EUによる同等性評価に関連する6つの項目について，次頁の**図表11-11**のような今後の検討課題を提示した。

　ASBJとIASBとのいわゆる「東京合意」によれば，企業結合会計は，2008年までに重要な差異を解消する短期コンバージェンス・プロジェクトの1つでもある。「企業結合会計に関する調査報告」を受領したASBJは，第138回企業会計基準委員会（2007年10月12日）において，企業結合会計に関する今後の検討の進め方について審議を行い，当該報告書で取り上げられた企業結合の会計処理（持分プーリング法の取扱い）などの項目について，市場関係者のニーズや企業結合に係る実績なども踏まえつつ，会計基準のコンバージェンスの動向にも十分に配慮して，具体的な検討を開始することを決めている。ASBJの企業結合専門委員会を中心に検討が行われ，その間の議論を**「企業結合会計の見直しに関する論点の整理」**（2007年12月27日）として公表した。この論点整理で取り上げられた論点をみれば，「企業結合会計に関する調査報告」を基礎としていることがわかる。「企業結合に係る会計基準の設定に関する意見書」および「企業結合に係る会計基準」，連結財務諸表原則などの企業結合に関連する会計基準等の見直しが展開されたのである。

「企業結合会計基準の見直しに関する論点の整理」における論点

【論点1-1】持分プーリング法の取扱い
【論点1-2】取得企業の決定が困難な場合の取扱い
【論点1-3】逆取得又は共同支配企業の形成に係る会計処理

図表11-11 「企業結合会計に関する調査報告──EUによる同等性評価に関連する項目について──」での検討項目と今後の検討課題

項　　目	今後の検討課題
企業結合の会計処理（持分プーリング法の取扱い）	持分の結合に該当する企業結合が存在すること，また，企業結合会計基準において持分プーリング法の適用を整理した理論的意義は肯定されるものであろう。 　したがって，今後はこれらの考え方を総合的に勘案して，我が国における持分プーリング法の取扱いについて，検討を進めていくことが考えられる。
株式を対価とする場合の対価の測定日	我が国における市場関係者のニーズや企業結合に係る実務慣行等も踏まえつつ，国際的な会計基準とのコンバージェンスに配慮して議論を進めていくことが適当と考えられる。
負ののれんの会計処理	今後，会計基準のコンバージェンスを推し進めるという観点からは，我が国においても国際的な会計基準と同様の取扱いとすることが適当かどうかについて議論を行っていくことが考えられるが，この場合，例えば，次のような事項が論点になると思われる。 ・正の値であるのれんの会計処理との対称性をどのように考えるか。 ・負ののれん相当額の算定に関わる企業結合会計基準の他の要素の差異をどのように考えるか。例えば，企業結合の対価の測定日の差異や，取得原価の配分方法に係る事項の差異が，負ののれん相当額の算定に与える影響をどのように考えるか。
少数株主持分の測定	部分時価評価法においては，親会社が株式を取得した際の親会社の持分を重視する考え方であり，また，我が国の連結決算における実務慣行として長きにわたり行われてきた方法であった。しかし，採用している企業数が少ないことに加え，企業結合会計基準では，全面時価評価法のみが認められていることにも考慮して，これらの選択適用の廃止に関する今後の検討を進めていくことが考えられる。 　また，全面時価評価法においては，支配獲得後における追加取得時に当該追加取得に係る資産及び負債の時価評価を行わないため，追加取得額（投資額）と追加取得による持分相当額の差のすべてが必ずしも超過収益力を表しているとは言えないものの，現行の連結原則ではのれんとして計上することとなっている点など，派生的に検討を要する論点も考えられる。 　なお，国際的な会計基準では，少数株主持分の測定も時価で行うという考え方も示されているが，この方法については，時価により測定された少数株主持分の意義や，その際に計上される全部ののれんの是非などについて，財務諸表の目的に照らした慎重な検討が必要であると思われる。
段階取得における会計処理	改訂されたIFRS第3号及びSFAS第141号（R）では，段階取得における投資額について，一律に取得日（支配獲得日）の時価で測定することとしている。このような会計処理の相違は，企業結合という事象や企業結合における投資の性質の変化をどのように考えるかによって異なってくるものと思われるが，この点については，支配獲得時の処理のみならず，支配喪失時の処理とも合わせて検討する必要があるであろう。 　これらは，支配の獲得又は喪失が，企業結合や事業分離を伴う投資の実態や本質に影響を及ぼすものであると判断されるかどうかという問題であるが，仮にそのような見方が肯定される場合には，持分法の位置付けや関連会社株式の貸借対照表価額等，他の会計処理との整合性についても，今後，検討していくことになると思われる。すなわち，我が国の企業結合会計基準をはじめとする他の論点を合わせた広範な検討が必要となろう。
外貨建のれんの換算方法	今後は，外貨建のれんについて発生時の為替相場による換算から決算日の為替相場による換算への見直しを行うべきか否かの検討を行うことが考えられる。

出所：企業会計基準委員会・企業結合プロジェクト・チーム［2007］，11頁，16頁，24頁，30頁，35-36頁，40頁をもとに作成。

【論点2】株式を対価とする場合の対価の測定日

【論点3】負ののれんの会計処理

【論点4】少数株主持分の測定

【論点5】段階取得における会計処理

【論点6】外貨建のれんの換算方法

たとえば,【論点1-1】持分プーリング法の取扱いの「今後の方向性」を,論点整理は次のように取りまとめている。

17. 持分の結合に該当する企業結合が存在するという事実に基づいて,企業結合会計基準において持分プーリング法の適用条件を整理した意義は,今なお肯定されるものと考えられる。しかしながら,持分プーリング法については我が国の会計基準と国際的な会計基準の間の差異の象徴的な存在として取り上げられることが多く,我が国の会計基準に対する国際的な評価の面で大きな障害になっているとも言われている。我が国の会計基準に対する国際的な評価のいかんは,直接海外市場で資金調達をする企業のみならず,広く我が国の資本市場や日本企業に影響を及ぼすと考えられることから,当委員会ではそれらの影響も比較衡量して,会計基準のコンバージェンスを推進する観点から持分プーリング法を廃止することを考えている。

18. ただし,持分プーリング法を廃止した場合には,持分の結合に該当するような企業結合が起きたときであってもいずれかの結合当事企業を取得企業として決定しなければならないため,実務上いずれの企業が取得企業かを決定することが困難なケースへの対応を検討しなければならないという意見もある。このようなことから,持分プーリング法を廃止するという方向性を前提に,以下では「【論点1-2】取得企業の決定が困難な場合の取扱い」及び「【論点1-3】逆取得又は共同支配企業の形成に係る会計処理」が整理されている。

論点整理などを踏まえて,2003年に設定された「企業結合に係る会計基準」は,2008年12月26日に新たに企業会計基準第21号「企業結合に関する会計基準」の名に改められた。「会計基準のコンバージェンスを推進する観点から,従来『持

図表11-12　日本における持分プーリング法とパーチェス法の適用状況

	平成18年4月1日〜平成19年7月2日提出				計
	連結財務諸表		中間連結財務諸表		
	連結会計年度内の企業結合	後発事象としての企業結合	中間連結会計期間内の企業結合	後発事象としての企業結合	
持分プーリング法	1	2	—	—	3
パーチェス法	96	7	10	—	113

（注1）これらは適用件数を示している。なお，有価証券報告書と半期報告書のいずれにも記載されているものや，ある会社の子会社における企業結合について当該子会社の連結財務諸表とその親会社の連結財務諸表の両方に記載されているものなど，同一案件が複数の報告書にわたって記載されているものについては，1件として集計している。

（注2）事業年度内の企業結合でパーチェス法が適用されている96件のうち，平成18年3月31日以前に開始した連結会計年度の連結財務諸表であって，調査対象期間中の企業結合に対して企業結合会計基準に準じてパーチェス法が適用されているものが8件含まれている。

（注3）「持分プーリング法によっている」旨の記載があるものの，共通支配下の取引など，その内容から明らかに持分プーリング法が適用される事例に該当しないものについては，集計から除外している。

出所：企業会計基準委員会・企業結合プロジェクト・チーム［2007］，【表1-2】，7頁。

分の結合』に該当した企業結合のうち，共同支配企業の形成以外の企業結合については取得となるものとして，パーチェス法により会計処理を行うこととした。この結果，持分プーリング法は廃止されることとなった」（第70項）。

ASBJの企業結合プロジェクト・チームが2006年（平成18年）4月1日から2007年（平成19年）7月2日までに提出された有価証券報告書または半期報告書を対象に持分プーリング法とパーチェス法の適用状況を調査している。この調査結果も，連結財務諸表または中間連結財務諸表に記載のある企業結合のほとんどが，パーチェス法によるものであることが理解できる（**図表11-12**参照）。

企業結合により受け入れた研究開発の途中段階の成果の会計処理等も短期コンバージェンス・プロジェクトでの1項目として審議されていたこともあり，「企業結合会計の見直しに関する論点の整理」とともに，**研究開発費に関する論点の整理**」（2007年12月27日）も公表され，その後の企業会計基準第23号「『研究開発費等に係る会計基準』の一部改正」（2008年12月26日）に結び付いている。

4．ASBJ「プロジェクト計画表」の更新

　その後，「プロジェクト計画表」は，①2008年9月19日，②2009年9月2日，③2010年4月12日，④2010年9月17日，⑤2010年12月17日に更新されている。

（1）2008年9月19日の更新（第160回企業会計基準委員会（2008年9月18日）承認）

　「東京合意」の締結後に公表された「プロジェクト計画表」は，それが2008年の取組み状況を中心に記載していたこともあり，「東京合意」やFASBとIASBとの間の「覚書」（MoU）の見直し（2008年9月）を踏まえて更新している（企業会計基準委員会［2008a］）。

　2007年12月の「プロジェクト計画表」で提示した「2．既存の差異に係る（関連する）プロジェクト項目（中期）」と「3．IASB/FASBのMOUに関連するプロジェクト項目（中長期）」の内容について，具体的な取組みを開始している，あるいは，計画している項目だけを示すとともに，全体のプロジェクト項目を3区分（短期・中期・中長期）している。短期プロジェクトは，6項目からなる「1．EUによる同等性評価に関連するプロジェクト項目」である（「企業結合」（STEP 1），「棚卸資産」（後入先出法），「固定資産」（減損），「無形資産」（仕掛研究開発），「退職給付」（割引率），「投資不動産」）。中期プロジェクトは，「2．既存の差異に係る（関連する）プロジェクト項目」と「3．IASB/FASBのMOUに関連するプロジェクト項目」であり，それぞれ4項目（「企業結合」（STEP 2）（フェーズ2関連とのれんの償却），「無形資産」，「過年度遡及修正」（会計方針の変更等），「廃止事業」）と7項目（「連結の範囲」，「財務諸表の表示」（包括利益等とフェーズB関連），「収益認識」，「負債と資本の区分」，「金融商品」（現行基準の見直しと公正価値測定），「退職給付」，「リース」）からなる。併せて，新たな中長期のプロジェクトとして「4．IASB/FASBのMOU以外のIASBでの検討に関連するプロジェクト項目（中長期）」，具体的には「1株当たり利益」（専門委：2008年10〜12月，ED：2009年4〜6月，Final：2009年10〜12月），「引当金」（専門委：

2008年10～12月，DP：2009年7～9月，ED：2010年）および「保険」（2008年7～9月以降，2010年継続）を加えたところに特徴がみられる。

なお，企業結合は，「東京合意」に掲げられた短期コンバージェンス・プロジェクトの最後の項目である。企業結合会計基準等が2008年12月26日に公表されたにより，「東京合意」の短期コンバージェンス・プロジェクトは終了した（企業会計基準委員会［2008b］）。

（2）2009年9月2日の更新（第184回企業会計基準委員会（2009年9月1日）承認）

2009年9月2日の「プロジェクト計画表」の更新は，短期プロジェクトである「EUによる同等性評価に関連するプロジェクト項目」の会計基準の開発を2008年末に終了したこと，金融庁・企業会計審議会が公表した「我が国における国際会計基準の取扱いに関する意見書（中間報告）」（2009年6月30日）を通じて，会計基準のコンバージェンスの継続・加速化が提言されたこと，また，IASBによるIFRSs開発の「作業計画（ワーク・プラン）」の公表（2009年8月）を受けて行われたものである（企業会計基準委員会［2009］）。

更新後の全体のプロジェクトは，①「既存の差異に関連するプロジェクト項目」（4項目：「企業結合」（STEP 2）（フェーズ2関連とのれんの償却等），「財務諸表の表示」（包括利益と非継続事業等），「無形資産」，「過年度遡及修正」（会計方針の変更）等），②「IASB/FASBのMOUに関連するプロジェクト項目」（9項目：「連結の範囲」，「財務諸表の表示」（フェーズB関連），「収益認識」，「負債と資本の区分」，「金融商品」（保有目的区分の変更，分類・測定，減損，ヘッジ会計），「公正価値測定・開示」，「退職給付」（STEP 1とSTEP 2），「リース」，「認識の中止」），および，③「IASB/FASBのMOU以外のIASBでの検討に関連するプロジェクト項目」（3項目：「1株当たり利益」，「引当金」，「保険」）の3つから構成されている。

（3）2010年4月12日の更新（第199回企業会計基準委員会（2010年4月9日）承認）

　ASBJの「プロジェクト計画表」は，毎年更新されてきたが，IASBにおけるさまざまなプロジェクトの進捗状況を踏まえつつ，適宜更新することになった。というのも，IASBとFASBが，「覚書」（MOU）に関するコンバージェンス・プロジェクトを目標期日である2011年6月に向けて，多くの会計基準開発のスピードを速めているからである（企業会計基準委員会［2010a］）。

　更新後の「プロジェクト計画表」において，既存の差異に関するプロジェクト項目は2010年12月末までの完成を，また，IASBとFASBのMOUに関連するプロジェクト項目の多く（連結の範囲，財務諸表の表示（フェーズB関連），収益認識，金融商品（金融資産の分類と測定，金融負債の分類と測定，減損，ヘッジ会計），リース，認識の中止）が，IASBの「ワーク・プラン（作業計画）」も踏まえて，2011年上期に公開草案の公表を目指している。

（4）2010年9月17日の更新（第209回企業会計基準委員会（2010年9月16日）承認）

　ASBJは，「プロジェクト計画表」を更新して，2011年末までのスケジュールを記載した。

　この「プロジェクト計画表」の更新は，IASBとFASBが2010年3月31日から四半期ごとに公表してきた進捗報告を，同年6月24日に「**会計基準のコンバージェンスに向けたコミットメントおよび単一で高品質な国際的な会計基準に関する進捗報告書**」（Progress Report on Commitment to Convergence of Accounting Standards and a Single Set of High Quality Global Accounting Standards）（IASB・FASB［2010]）として取りまとめられたこと，それに基づいた「作業計画」（Work Plan）を更新したこと，また，基準諮問会議による「四半期財務諸表に関する会計基準の改正」と「後発事象に関する会計基準等の策定」の提言に基づいた基準開発等に着手したことを踏まえて行われたものである（企業会計基準委員会［2010c］）。

IASBとFASBによる「会計基準のコンバージェンスに向けたコミットメントおよび単一で高品質な国際的な会計基準に関する進捗報告書」は，20ヵ国・地域首脳会合（G20）のピッツバーグ・サミット（2009年9月）による会計基準に関する提言を受けてのものである。このG20の会計基準に関する提言は，「単一で高品質な国際基準」の策定に向けた取組みの強化に合意し，IASBとFASBによる会計基準のコンバージェンス・プロジェクトの目標期日を「2011年6月まで」と明言したのである（本書の**第1章**の**図表1-参考2**参照）。

今般のIASBとFASBによる「会計基準のコンバージェンスに向けたコミットメントおよび単一で高品質な国際的な会計基準に関する進捗報告書」は，プロジェクトに優先順位を付け，優先プロジェクト（金融商品，収益認識，リース，その他の包括利益の表示，公正価値測定）は2011年6月までに完了するとした。ただし，一部のプロジェクト（財務諸表の表示—主要プロジェクト）は2011年第4四半期まで延期され，また，その他の共同プロジェクトである保険契約は，重要な技術的論点について結論が異なるため，公開草案を順次公表し，もう1つのその他の共同プロジェクトである排出権取引は，2012年にコンバージェンスされた会計基準の公表を目指すとした。

ASBJによる今回の更新により，「プロジェクト計画表」は，それまでの3プロジェクト項目に，「特別目的会社の連結」（Final：2010年10〜12月），「四半期」（ED：2010年10〜12月，Final：2011年1〜3月）および「後発事象」（ED：2010年10〜12月，Final：2011年1〜3月）の3項目からなる「IASB/FASBの検討項目以外の項目」のプロジェクトが新たに加わっている。

「既存の差異に関連するプロジェクト項目」は，「企業結合」（STEP 2）と「無形資産」の2項目である。「IASB/FASBのMOUに関連するプロジェクト項目」は，9項目（「連結の範囲」，「財務諸表の表示」（フェーズB関連と非継続事業），「収益認識」，「負債と資本の区分」，「金融商品」（分類と測定（金融資産），分類と測定（金融負債），減損，ヘッジ会計），「公正価値測定・開示」，「退職給付」（STEP 1とSTEP 2），「リース」，「認識の中止」）からなる。「IASB/FASBのMOU以外のIASBでの検討に関連するプロジェクト項目」は，それまでの「1株当たり利

益」に代わって「排出権」が加わり，「引当金」と「保険」の３項目で構成されている。

（5）2010年12月17日の更新（第215回企業会計基準委員会（2010年12月16日）承認）

先の更新から１四半期しか経過していないが，IASBの「ワーク・プラン（作業計画）」の更新（2010年11月29日）を受けて，2010年第４四半期に公表予定のプロジェクト項目を更新している（企業会計基準委員会［2010d］）。

「既存の差異に関連するプロジェクト項目」，「IASB/FASBのMOUに関連するプロジェクト項目」，「IASB/FASBのMOU以外のIASBでの検討に関連するプロジェクト項目」および「IASB/FASBの検討項目以外の項目」の４つのプロジェクトのすべての項目が，直近の2010年９月17日に更新された「プロジェクト計画表」と同じである。ただし，全般的にスケジュールが延期されている。

「既存の差異に関連するプロジェクト項目」の２項目のFinal（最終基準）の期日に変わりはないが，いずれもED（公開草案）の公表予定時期を「2010年10〜12月」から「2011年１〜３月」に延期している。

「IASB/FASBのMOUに関連するプロジェクト項目」も，当初予定していた公表予定時期の延期や両審議会の審議の再開などを理由として，ほとんどの項目のスケジュールが延期された。たとえば，「連結の範囲」は，IASBのFinalが当初は2010年第４四半期に公表予定と目論まれていたが，それが2011年第１四半期に公表予定となったため，EDの公表時期を「2011年４〜９月」に改めるとともに，Finalの時期をこの計画表から外している。

「財務諸表の表示」（フェーズB関連）については，IASB/FASBが2011年６月より後に審議を再開することとしたため，「2011年４〜９月」としていたDP（論点整理・検討状況の整理）の公表時期を削除した。

「財務諸表の表示」（非継続事業）のEDは，IASBのEDの公表予定時期が当初の2011年第１四半期から第２四半期となったことに伴い，ズラした。「収益

認識」のDPの公表時期も，「2010年10〜12月」から１四半期延期した。「負債と資本の区分」のDPは「2011年７〜12月」にスケジュール化されていたが，IASB/FASBが当該項目を2011年６月より後に審議を再開するため，明確なスケジュールを取りやめている。「金融商品」（分類と測定（金融負債））のDP２（検討状況の整理），「退職給付」（STEP 1）のFinalが，それぞれ「2010年10〜12月」から「2011年１〜３月」に延期された。

「IASB/FASBのMOU以外のIASBでの検討に関連するプロジェクト項目」のうち，「引当金」のDP 2は「2011年４〜６月」に，また，EDは「2011年10〜12月」に提示されていたが，IASBが2011年６月より後にその審議を再開するとしたため，今回の更新ではそのスケジュールが削除されている。

「IASB/FASBの検討項目以外の項目」のうち，「特別目的会社の連結」のFinalと「後発事象」のEDとFinalが，それぞれ「2010年10〜12月」から「2011年１〜３月」に１四半期ずつ延期された。

第9節 覚書「東京合意」とその達成状況

ここで，CESRによる第三国の会計基準の同等性評価，とくに第２回同等性評価で採用したホーリスティック・アプローチのもとで重要な役割を果たした，IASBとASBJによるいわゆる覚書「東京合意」（「会計基準のコンバージェンスの加速化に向けた取組みへの合意」（ASBJ・IASB［2007］（企業会計基準委員会・国際会計基準審議会［2007］）：2007年８月８日）の締結にまで時間軸を戻してみたい。同時に，この「東京合意」の達成状況についても確認しておこう。

１．覚書「東京合意」の締結

（１）「中期運営方針」の公表と覚書「東京合意」の締結

「東京合意」の全文は，本書第１章に提示したとおりである。「東京合意」が，ASBJとIASBとの間で締結されるまでの背景には，次のような事実があった（西

第9節 覚書「東京合意」とその達成状況

第11章 日本における会計基準のコンバージェンス

川〔2007a〕)。

> 日本においてはこれまで，米国と同様，国際財務報告基準（IFRS）をそのまま導入（adoption）するのではなく，コンバージェンスに向けた基準開発活動を通じて，IFRSとの差異の解消に努めてきましたが，その際には当委員会〔ASBJ：引用者〕の基準開発に伴うデュー・プロセスの充足が当然の前提となるため，一定の時間を要してきました。コンバージェンスを加速すべしという国内外からの声がある中で，そのようなデュー・プロセスを踏んだ地道な進め方は，作業速度が遅いとみられることもありました。
>
> このような中，コンバージェンスの達成に向けた時間軸を明示した上で，当委員会の活動に対する理解を内外の関係者から得ることが必要と考え，東京合意を公表するに至りました。

すでに2007年6月15日に，ASBJは**「中期運営方針」**（企業会計基準委員会〔2007b〕）を公表している。この「中期運営方針」の基本方針として，「当委員会は，会計基準の開発にあたり，引き続き，『公正性』，『透明性』及び『独立性』を基本理念に掲げ，国際的な会計基準を重要な環境要因として捉えつつ，企業，投資家，会計監査人，アナリスト等の市場関係者のコンセンサスを模索し，企業会計を取り巻く国内外の環境変化に対して，適切かつ機動的な対応を図っていく」ことを掲げている。この基本方針に基づいてASBJが取り組むべき今後の課題は，関係者との間での双方向によるコミュニケーションの強化や，関係者が理解し易く利用し易い基準の開発にあると謳った。

基本方針に続いて，「中期運営方針」は，本章はじめの「企業会計基準委員会による会計基準の相互承認の基本姿勢」でも触れたように，「会計基準のコンバージェンスへの対応」について示している。

> 高品質な会計基準への国際的なコンバージェンスは，資本市場の参加者にとって利益をもたらすものであり，これは我が国を含む主要な資本市場において受け入れ可能な基準が整備され市場での評価と選択を通じて達成されるものと

877

考えられる。このため，当委員会は，以下のように積極的に会計基準の国際的なコンバージェンスに取り組んでいく。

■ 日本基準と主要な海外基準の差異を可能な限り縮小させることに注力する。
■ 主要な海外の基準設定主体とのより緊密な関係を構築し，双方向のコミュニケーションの強化・共同作業を通じて相互理解を深めていく。

　ちなみに，この「中期運営方針」は 2 回目の公表物であり，ASBJ の最初の運営方針である**「企業会計基準委員会の中期的な運営方針について」**（企業会計基準委員会［2004a］）でも国際的な会計基準への対応方針が示されていた。そのなかで，「会計基準の国際的なコンバージェンスに対する当委員会の基本姿勢」は，先にみたように，次の 3 つが掲げられていたが，基本的には「中期運営方針」に引き継がれているのである。

①高品質な会計基準への国際的なコンバージェンスという目標については，世界各国の資本市場にとっての便益となるものであり，賛同する。

②高品質な会計基準への国際的なコンバージェンスは，我が国を含む主要な資本市場において，それぞれの会計基準が代替的な適用基準として並存し，市場参加者に選択され評価されるという過程を通じて達成されると考える。そのため，まず日本基準と主要な海外基準との調和を図って相互の代替性を確保するとともに，市場における基準間の選択を観察し先取りしながら，それに基づいて我が国の資本市場に受け入れられるような基準のコンバージェンスに努力をする。

③高品質な会計基準への国際的なコンバージェンスを推進するために，世界各国の会計基準設定主体とより緊密な関係を構築し，他国と問題意識を共有するような態勢を整える。特に IFRS の開発に対しては，それが資本市場にとって有益な，より信頼性の高い会計基準となるよう，積極的に貢献を行っていく。

　ここでの高品質な会計基準への国際的なコンバージェンスが「市場参加者に選択され評価されるという過程を通じて達成される」とする考え方は，いわゆ

る「**会計基準間の市場競争**」を物語るものである。この「会計基準間の市場競争」の考え方は，斎藤静樹 ASBJ 元委員長の見解によってより具体的に知ることができる（齋藤［2013］，133頁）。

　「各国の主権のもとにあるそれぞれの資本市場で会計基準がこのように〔暗黙の交渉を通じたルール間の市場競争によって：引用者〕決まるとすれば，市場間での基準の調和や統合も，これと違った仕組みで決まるとは思えない。国際基準も国内基準と同様，市場取引を通じたルールの選択と淘汰という，基準間の市場競争によって標準化を達成するほかはないのである。国際的な会計基準の統合には，次元の異なる2つの問題が含まれている。ひとつは国際市場で資金調達をする企業のために国際的に共通のルールを定めて，各国が自国基準とは別にそれを受け入れること，もうひとつは各国が国内基準をこの国際ルールに合わせることである。前者は政府だけで決められても，後者はその前に市場の選択が前提になる。両者が短絡すると市場を超越した国際統合化を誰かに期待する主張に結びつくが，誰もそのような強権をもたないのが市場経済であろう。」

　「ルール間ないし各国基準間の市場競争は，基準の新設とか変更の提案に対する社会的な費用便益分析も含めて，これらの問題を部分的にもせよ解決するほとんど唯一の方法といえる。最適な標準化や統合化のためには各国基準の間にも市場競争が必要であり，現時点では，グローバルな資本市場が相互に基準を承認し，複数のメニューを用意して選択をそれぞれの市場の裁定に委ねるやり方が模索されている。それによって，市場参加者に会計基準統合への誘因を与えようというわけである。」

（2）覚書「東京合意」のポイント
　実は，「中期運営方針」が公表されたおよそ2ヵ月後に締結された「東京合意」は，「中期運営方針」で謳われたコンバージェンスの加速化や，双方向のコミュニケーションの強化および共同作業を通じた相互理解の深化を，より具体的

に推進するものとして位置づけられている（西川 [2007b]，13頁）。とくに，ASBJの委員長就任直後からのIASB議長との直接対話を含む意見交換や書簡のやり取りなどを通じて，「日本基準について内外に正しく認識してもらう上で，ASBJとIASBとの間でのコンバージェンスの進め方についての合意を公表することが，有効であると考えるにいたった」（西川 [2007b]，13頁）結果が，「東京合意」の締結へと結実したのである。

　この「東京合意」には4つのポイントがあるといわれている（西川 [2007b]，14頁）。

①日本が一方的にIFRSsに合わせるという形ではなく，従来通り，対等な立場でコンバージェンスを進めるものであるということ

②基準のコンバージェンスにあたっては，規制当局を含む関係者と十分に協議しつつ，それぞれのデュー・プロセスに従って行うこと

③コンバージェンスの時期を明示したこと

④従来以上にIASBの審議に日本が関与していくこと

「東京合意」で最も重要なことは，第3のポイントのコンバージェンスの時期の明示にある。「東京合意」は，2つの目標期日を明記し，また，この目標期日を踏まえて，基準間の差異項目は3つに区分している（ASBJ・IASB [2007]（企業会計基準委員会・国際会計基準審議会 [2007]））。

①2008年までの目標──短期コンバージェンス・プロジェクトの完了

　ヨーロッパ委員会（EC）による第三国の会計基準の同等性評価に関連して，2005年7月にヨーロッパ証券規制当局委員会（CESR）が日本の会計基準で作成された財務諸表に対して補完措置（①追加開示（開示A・開示B），②調整表，③補完計算書）を提案している項目について，差異を解消するか，または，会計基準が代替可能となるような結論を得るものとする。

②2011年6月30日までの目標──その他のコンバージェンス・プロジェクトにおける目標期日の設定

　これまでASBJとIASBで識別されてきた日本基準とIFRSsとの間の差

異のうち，2008年までのプロジェクトに含まれない残りの差異について，コンバージェンスをもたらすものとする。この目標期日は，2011年6月30日後に適用となる新たな基準を開発する現在のIASBの主要なプロジェクトにおける差異に係る分野については適用されない。しかし，これらの残りの分野における日本基準とIFRSsとのコンバージェンスという最終目標を達成するために，ASBJとIASBは，新たな基準が適用となる際に日本において国際的なアプローチが受け入れられるように，緊密に作業を行うこととする。

ASBJとIASBは，会計基準のグローバルなコンバージェンスを巡る環境変化を踏まえて，コンバージェンス・プロジェクトを迅速かつ着実に進めていき，また，国際的な会計基準設定プロセスに日本からのより大きな貢献を促進するように協力を深めるものとする。このため，2005年以降開催しているASBJとIASBの代表者による年2回の共同会議に加え，会計基準の開発において生ずる重要な論点をより実践的に議論していくために，ディレクターを中心とした作業グループを設けていく。

端的には，「東京合意」の目標期日は，CESRが2005年7月の会計基準の同等性評価で指摘した，日本の会計基準とIFRSsとの間の重要な差異については，2008年までに解消し，また，残りの差異については，2011年6月30日までに解消を図るとしたものである。

IASBとFASBが検討を行っている長期項目のうち，同様に2011年6月30日までに適用されるものも，後者の目標期日のもとで差異の解消が図られる。ただし，IASBとFASBが検討する長期項目には，2011年6月30日以後に適用となる会計基準もある。こうした会計基準については，会計基準開発の検討段階から日本も積極的に参画し，共同開発される会計基準の内容に沿って受け入れる方向で日本も検討を進めるとした（「今後，短期プロジェクトにおいても，IASBの基準開発活動への参画においても，東京合意を踏まえた活動を本格化していきたいと考えています」(西川 [2007a]))。

２．覚書「東京合意」の達成状況

「東京合意」とそれに基づくプロジェクト計画表により，ASBJは，高品質な会計基準への国際的なコンバージェンスに向けた取組みを展開してきた。「東京合意」に掲げられた第１の目標期日（2008年まで）の短期コンバージェンス・プロジェクトは，改正企業会計基準第21号「企業結合に関する会計基準」等を2008年12月26日に公表することで終了した。

この改正にあたって，とくに審議が行われた項目は，①持分プーリング法の廃止および取得企業の決定方法，②株式の交換の場合における取得原価の算定方法，③段階取得における取得原価の会計処理，④負ののれんの会計処理，⑤企業結合により受け入れた研究開発の途中段階の成果の会計処理などである。

「東京合意」での第２の目標期日（2011年６月30日）が迫るなかで，ASBJとIASBは，2011年６月６日・７日に開催された合同会議において，「日本における2012年を目途としたIFRSの強制適用に関する意思決定に向け，その協力関係を深めていく意向を発表」（ASBJ・IASB［2011］，p.1（企業会計基準委員会・国際会計基準審議会［2011］，１頁））した。こうした2012年を目標期日としたIFRSs強制適用の是非の判断に向けた協力関係を，ASBJとIASBが，この時点の定期協議で発表していた事実はきわめて重要である。

というのも，これまでの一連のIFRSsへの対応のあり方に関する審議を振り返ってみれば，両審議会がこの計画を公表したわずか２週間後の2011年６月21日に，当時の内閣府特命担当大臣（金融担当）が**大臣談話「IFRS適用に関する検討について」**（金融庁・企業会計審議会総会・企画調整部会合同会議［2011］）を発表して，2012年を目途としたIFRSs強制適用の是非の判断を，「政治主導」という名のもとで覆したからである。つまり，「少なくとも2015年３月期についての強制適用は考えておらず，仮に強制適用する場合であってもその決定から５−７年程度の十分な準備期間の設定を行う」（金融庁・企業会計審議会総会・企画調整部会合同会議［2011］）こととしたのである（本書の**第14章**で詳述するが，金融庁・企業会計審議会の「**我が国における国際会計基準の取扱いに関する意見書（中**

間報告）」（金融庁・企業会計審議会［2009］）をもとに，金融庁は，すでに2010年3月期からIFRSsの任意適用を認める規制措置を展開済みである）。

いずれにせよ，EUによる日本の会計基準の同等性評価（とくに第2回同等性評価）において，「東京合意」は重要な役割を果たした。第2の目標期日を目前に控えて開催されたASBJとIASBの定期協議において，この「東京合意」の達成状況とともに，緊密な協力のための計画が改めて絶妙なタイミングで公表されたことも見逃してはならない。

ASBJとIASBが公表した「東京合意」の達成状況の主要部分は，次のとおりである（ASBJ・IASB［2011］，Appendix（企業会計基準委員会・国際会計基準審議会［2011］，〈別紙〉）。

＜東京合意の達成状況＞

ASBJは，日本において国際的なアプローチが受け入れられるように，IASBで審議を行っている項目について，早期に論点整理等を公表し，日本の市場関係者からの意見の集約を図り，IASBと議論を行ってきている。また，ASBJは，IASBが日本で開催するラウンドテーブルやアウトリーチへの積極的な協力や，アジア・オセアニア会計基準設定主体グループ（AOSSG）の議長国として，アジア・オセアニア地域における開発中のIFRSに対する意見集約等の活動を通じて，IASBの基準開発に積極的に参画してきた。これらの結果，国際的な会計基準の設定プロセスへのASBJの貢献は効果的であり，IASBはASBJの意見も十分に検討した上で基準開発を行ってきている。

（1）短期コンバージェンス・プロジェクト

欧州委員会（EC）による同等性評価に関連して，2005年7月にCESRは，日本基準で作成された財務諸表に対して補正措置を提案していたが，東京合意では，それらの項目について，差異を解消するか又は会計基準が代替可能となるような議論を得ることを，2008年中に達成することが目標とされた。

ASBJでは，これに関連して，次の会計基準の公表又は改正を行い，2008年中に目標が達成された。

883

項目	ASBJにおける基準開発
工事契約	2007年12月に会計基準を公表
関連会社の会計方針の統一	2008年3月に実務対応報告を公表
金融商品の時価開示	2008年3月に会計基準を改正
資産除去債務	2008年3月に会計基準を公表
退職給付債務の計算	2008年7月に会計基準を改正
棚卸資産の評価	2008年9月に会計基準を改正
賃貸等不動産の時価開示	2008年11月に会計基準を公表
企業結合（ステップ1）	2008年12月に会計基準を改正
企業結合時の仕掛研究開発の資産計上	2008年12月に会計基準を改正

（2）その他のコンバージェンス・プロジェクト

　東京合意において，その他のコンバージェンス・プロジェクトは二つに区分される。

　一つ目は，両者で識別されてきた日本基準とIFRSとの間の主要な差異のうち，上記(1)の短期コンバージェンス・プロジェクトに含まれない差異について，2011年6月30日を目標期日として，コンバージェンスを図るものである。

　ASBJでは，これに関連して，次の会計基準の公表又は改正を行い（一部予定），概ね目標が達成されている。

項目	ASBJにおける基準開発の状況
セグメント情報に関するマネジメント・アプローチの導入	2008年3月に会計基準を公表
過年度遡及修正	2009年12月に会計基準を公表
包括利益の表示	2010年6月に会計基準を公表
企業結合（ステップ2）	2011年第3四半期に公開草案を公表予定
無形資産	2011年第3四半期に公開草案を公表予定

　二つ目は，2011年6月30日後に適用となる新たな基準を開発する現在のIASBの主要なプロジェクトから生じる差異に係る分野について，日本基準とIFRSとのコンバージェンスを達成するために，両者は，新たな基準が適用となる際に

日本において国際的なアプローチが受け入れられるように，緊密に作業を行うこととするものである。

　これについては，IASBとFASBの間のMoU項目を中心として，ASBJとIASBは，年2回の共同会議を通じて議論を行うことにより，両者の理解と関心を共有してきた。

　次表は，これらの項目に関する両者の基準開発の状況である。

項目	IASBにおける基準開発の状況	ASBJにおける基準開発の状況
金融商品	＜分類及び測定＞ 2009年11月，2010年10月にそれぞれ最終基準を公表 ＜減損＞ 2009年11月に公開草案を公表 2011年1月に補足文書を公表 ＜ヘッジ会計＞ 2010年12月に公開草案を公表 ＜資産及び負債の相殺＞ 2011年1月に公開草案を公表	2010年8月に金融資産の分類及び測定に関する検討状況の整理を公表 2011年2月に金融負債の分類及び測定に関する検討状況の整理を公表
公正価値測定及び開示	2011年5月に最終基準を公表	2010年7月に公開草案を公表
連結の範囲	2011年5月に最終基準を公表	2009年2月に論点整理を公表
リース	2010年8月に公開草案を公表	2010年12月に論点整理を公表
収益認識	2010年6月に公開草案を公表	2011年1月に論点整理を公表
退職後給付	2011年6月に最終基準を公表予定	2010年3月にステップ1として未認識項目の即時認識等に関する公開草案を公表
財務諸表の表示 （フェーズB）	2008年10月にディスカッション・ペーパーを公表 アジェンダ協議手続の一環として再検討される予定	2009年7月に論点整理を公表
資本の特徴を有する金融商品	アジェンダ協議手続の一環として再検討される予定	IASB及びFASBの議論を注視し検討
保険契約	2010年7月に公開草案を公表	IASB及びFASBの議論を注視し検討

885

引当金（IAS第37号）	アジェンダ協議手続の一環として再検討される予定	2009年9月に論点整理を公表
排出量取引	アジェンダ協議手続の一環として再検討される予定	IASB及びFASBの議論を注視し検討

「東京合意」の達成状況にみられる「**アジア・オセアニア基準設定主体グループ**」（**AOSSG**）は，日本，中国および韓国の会計基準設定主体が，アジア近隣3ヵ国の会計基準設定主体間で，内外の各種問題を共有し，意見交換する場として定期的に開催してきた「**日中韓三ヵ国会計基準設定主体会議**」（China-Japan-Korea Accounting Standards Setters' Meeting）の趣旨を拡張して，2009年に設立されたものである。

AOSSGのメンバー国が第1回会議で採択した「覚書」（MoU）によれば，AOSSGには次の4つの目的がある（AOSSG［2009］）。

①当地域の各国／地域による国際財務報告基準（IFRSs）のアドプションおよびIFRSsとのコンバージェンスを促進すること

②当地域の各国／地域によるIFRSsの整合的な適用を促進すること

③IASBの専門的活動に対する当地域からの意見を調整すること

④当地域の財務報告の品質改善のため，政府や規制当局，他の地域組織や国際機関と協力すること

AOSSGは，年次総会，議長諮問委員会およびワーキング・グループから構成され，このうち，議長諮問委員会には議長と副議長による組織運営を補助し，ワーキング・グループが設置されていない分野への対応が求められる。ワーキング・グループは，IASBが展開するプロジェクトに対する意見を取りまとめる目的で設置されており，たとえば，2009年に設置された金融商品，収益認識，公正価値測定，財務諸表の表示，連結，リース，保険契約，排出権取引，イスラム金融のワーキング・グループがある。また，2010年には農業のワーキング・グループも設置されている。

IASBは2013年6月26日に，公開草案「農業：果実生成型植物（IAS第16号お

よびIAS第41号の改訂案)」を公表したが，果実生成型植物をIAS第16号「有形固定資産」によって会計処理することを提案した。IASBがこの公開草案を公表した背景には，農業活動に関連する生物資産について生物学的変化を反映させた売却費用控除後の公正価値で測定すると規定するIAS第41号「農業」に対して，果実生成型の生物資産は有形固定資産に類似するという考えから，むしろIAS第16号によって会計処理すべきとするAOSSGによる指摘とその働きかけがある。

　また，AOSSGは，IASBの一連の公開草案に対してコメントレターを提出している。もちろん，AOSSGはIASBの公開草案「農業：果実生成型植物」に対してもコメントレター（AOSSG［2013d］）（11月4日提出）を提出しているが，これ以外にも，たとえば，2013年に提出した代表的なコメントレターとして，公開草案「非金融資産に係る回収可能価額の開示」（AOSSG［2013a］）（3月19日提出）をはじめ，公開草案「リース」（AOSSG［2013b］）（10月4日提出），公開草案「保険契約」（AOSSG［2013c］）（10月28日提出）に対するものがある。

【参考文献】

Accounting Standards Board of Japan（ASBJ）［2004］, Comments on the Draft Concept Paper on Equivalence of Certain Third Country GAAP and on Description of Certain Third Countries' Mechanisms of Enforcement of Financial Information, December 22, 2004（企業会計基準委員会［2004c］,「（仮訳）CESR『同等性評価の概念ペーパー案』に対するコメント」, 2004年12月22日）.

ASBJ［2005］, Comments on the Draft Technical Advice on Equivalence of Certain Third Country GAAP and Description of Certain Third Countries Mechanisms of Enforcement of Financial Information, May 27, 2005（企業会計基準委員会［2005c］,「（仮訳）CESRの日本基準の同等性助言案へのコメント」, 2005年5月27日）.

ASBJ［2007］, Comments on the Consultation Paper: CESR's Technical Advice on a Mechanism for Determining the Equivalence of the Generally Accepted Accounting Principles of Third Countries, May 8, 2007（企業会計基準委員会［2007a］,「（仮訳）協議資料『第三国会計基準の同等性決定メカニズムに関するCESRの技術的助言』に対するコメント」, 2007年5月8日）.

ASBJ［2008］, Comments on the Consultation Paper: CESR's Advice on the Equivalence of

Chinese, Japanese and US GAAPs, February 25, 2008（企業会計基準委員会 [2008]，「協議文書『中国，日本，及び米国会計基準に対する CESR の助言』に対するコメント（仮訳）」，2008年 2 月25日）.

ASBJ・International Accounting Standards Board (IASB) [2006], The ASBJ and the IASB Hold Third Meeting on Joint Project towards Convergence, March 2, 2006（企業会計基準委員会・国際会計基準審議会 [2006]，Press Release「会計基準のコンバージェンスに向けた共同プロジェクトの第三回会合開催」，2006年 3 月 2 日）.

ASBJ・IASB [2007], Agreement on Initiatives to Accelerate the Convergence of Accounting Standards, August 8, 2007（企業会計基準委員会・国際会計基準審議会 [2007]，「会計基準のコンバージェンスの加速化に向けた取組みへの合意」，2007年 8 月 8日）.

ASBJ・IASB [2011], Press Release: IASB and ASBJ Announce Their Achievements under the Tokyo Agreement and Their Plans for Closer Co-Operation, June 10, 2011（企業会計基準委員会・国際会計基準審議会 [2011]，Press Release「企業会計基準委員会と国際会計基準審議会が，東京合意における達成状況とより緊密な協力のための計画を発表」，2011年 6 月10日）.

Asian-Oceanian Standard-Setters Group (AOSSG) [2009], First Asian-Oceanian Standard-Setters Group Meeting, Communiqué, November 4 & 5, 2009.

AOSSG [2013a], AOSSG Comments on Exposure Draft ED/2013/1 *Recoverable Amount Disclosures for Non-Financial Assets*, March 19, 2013.

AOSSG [2013b], AOSSG Comments on Exposure Draft ED/2013/6 *Leases*, October 4, 2013.

AOSSG [2013c], AOSSG Comments on IASB Exposure Draft ED/2013/7 *Isurance Contracts*, October 28, 2013.

AOSSG [2013d], AOSSG Comments on IASB Exposure Draft ED/2013/8 *Agriculture: Bearer Plants*, November 4, 2013.

Casio Computer [2000], Casio 2000 Annual Report.

Committee of European Securities Regulators (CESR) [2004], Consultation Paper: Concept Paper on Equivalence of Certain Third Country GAAP and on Description of Certain Third Countries Mechanisms of Enforcement of Financial Information, Ref: CESR/04-509, October 2004.

CESR [2005a], Feedback Statement: Concept Paper on Equivalence of Certain Third Country GAAP and on Description of Certain Third Countries Mechanisms of Enforcement of Financial Information, Ref: CESR/05-001, January 2005.

CESR [2005b], Concept Paper on Equivalence of Certain Third Country GAAP and on

Description of Certain Third Countries Mechanisms of Enforcement of Financial Information, Ref: CESR/04-509C, February 2005.

CESR [2005c], Consultation Paper: Draft Technical Advice on Equivalence of Certain Third Country GAAP and on Description of Certain Third Countries Mechanisms of Enforcement of Financial Information, Ref: CESR/05-230, April 2005.

CESR [2005d], Technical Advice on Equivalence of Certain Third Country GAAP and on Description of Certain Third Countries Mechanisms of Enforcement of Financial Information, Ref: CESR/05-230b, June 2005.

CESR [2005e], Equivalence of Certain Third Country GAAP and on Description of Certain Third Countries Mechanisms of Enforcement of Financial Information — Feedback Statement of Consultation on Draft Technical Advice, Ref: CESR/05-395, June 2005.

CESR [2007a], CESR's Advice to the European Commission on the Work Programmes of the Canadian, Japanese and US Standard Setters, the Definition of Equivalence and the List of Third Country GAAPs Currently Used on the EU Capital Markets, Ref: CESR/07-138, March 6, 2007.

CESR [2007b], Consultation Paper: CESR's Technical Advice on a Mechanism for Determining the Equivalence of the Generally Accepted Principles of Third Countries, Ref: CESR/07-212, April 17, 2007.

CESR [2007c], CESR's Technical Advice on a Mechanism for Determining the Equivalence of the Generally Accepted Accounting Principles of Third Countries, Ref: CESR/07-289, May 30, 2007.

CESR [2007d], Consultation Paper: CESR's Advice on the Equivalence of Chinese, Japanese and US GAAPs, Ref: CESR/07-161, December 2007.

CESR [2008], CESR's Advice on the Equivalence of Chinese, Japanese and US GAAPs, Ref: CESR/08-179, March 2008.

European Commission [2004], Formal mandate to CESR for Technical Advice on Possible Implementing Measures concerning the Directive on the Harmonisation of Transparency Requirements for Securities Issuers, June 25, 2004.

Financial Services Agency (FSA) [2004], Re: Draft Concept Paper on Equivalence of Certain Third Country GAAP and on Description of Certain Third Countries Mechanisms of Enforcement of Financial Information, December 21, 2004（金融庁 [2004a],「金融庁のCESRへのパブリック・コメントレターの概要」, 2004年12月21日）.

FSA [2005], Re: Draft Technical Advice on Equivalence of Certain Third Country GAAP and on Description of Certain Third Countries Mechanisms of Enforcement of

Financial Information, May 27, 2005（金融庁［2005a］,「金融庁のパブリック・コメント・レターの概要」, 2005年5月27日）.

FSA［2007］, RE: Consultation Paper on a Mechanisms for Determining the Equivalence of the Third Countries GAAPs（CESR/07-212）, May 8, 2007（金融庁［2007］,「EUによる会計基準の同等性評価に係る手続に関するCESRの技術的助言へのコメント・レターの発出について」, 資料1「CESRの協議文書に対する金融庁の回答のポイント」, 2007年5月11日）.

FSA［2008］, Comments on Consultation Paper for CESR's Advice on the Equivalence of Chinese, Japanese and US GAAPs, February 25, 2008〔February 25, 2007と誤記〕.

International Accounting Standards Board（IASB）［2005a］, Press Release: IASB and Accounting Standards Board of Japan Agree to Next Steps in Launching Joint Project for Convergence, January 21, 2005（企業会計基準委員会［2005a］, Press Release「企業会計基準委員会と国際会計基準審議会は共同プロジェクトの進め方に合意」, 2005年1月21日）.

IASB［2005b］, The IASB and the Accounting Standards Board of Japan Hold Initial Meeting on Joint Project for Convergence, March 11, 2005（企業会計基準委員会［2005b］, Press Release「企業会計基準委員会と国際会計基準審議会は会計基準のコンバージェンスに向けた共同プロジェクトの初会合を開催」, 2005年3月11日）.

IASB・Financial Accounting Standards Board（FASB）［2010］, Progress Report on Commitment to Convergence of Accounting Standards and a Single Set of High Quality Global Accounting Standards, June 24, 2010.

Jang, J.I.［2016］, Development and Application of IFRS in Asia-Oceania Region: Role of AOSSG, Commemorative Lecture, Japanese Association for International Accounting Studies 33rd Annual Conference, August 27, 2016.

Softbank［2000］, Softbank Annual Report 2000.

Union of Industrial and Employers' Confederations of Europe（UNICE）and Nippon Keidanren［2004］, Joint Statement on International Accounting Standards, April 19, 2004（ヨーロッパ産業連盟・日本経済団体連合会［2004］,「国際会計基準に関する共同声明」（仮訳）, 2004年4月20日）.

新井清光編著［1989］,『企業会計原則の形成と展開』中央経済社。

新井武広［2007］,「ASBJとIASBとのコンバージェンス・プロジェクトの経緯と全体像」,『季刊会計基準』第18号, 2007年9月。

新井武広・石原宏司［2005］,「ASBJとIASBの共同プロジェクトの初会合と今後の取り組み」,『季刊会計基準』第9号, 2005年5月。

磯山友幸 [2010]，『国際会計基準戦争　完結編』日経BP社，2010年。

加古宜士 [2007]，『会計基準の国際統合―わが国の制度的対応―』中央経済社。

企業会計基準委員会 [2003]，Press Release「Convergenceに対する当委員会の姿勢―IFAD Report『GAAP Convergence 2002』に関して」，2003年4月24日。

企業会計基準委員会 [2004a]，「企業会計基準委員会の中期的な運営方針について」，2004年7月15日。

企業会計基準委員会 [2004b]，Press Release「企業会計基準委員会と国際会計基準審議会とは共同プロジェクト立ち上げに向けて協議開始」，2004年10月12日。

企業会計基準委員会 [2005d]，「会計基準設定主体の役割とIASBとの関係に関する覚書案に対するコメント」，2005年7月29日。

企業会計基準委員会 [2006]，「我が国会計基準の開発に関するプロジェクト計画について―EUによる同等性評価等を視野に入れたコンバージェンスへの取組み―」，別添「ASBJプロジェクト計画表（コンバージェンス関連項目）」，2006年10月12日。

企業会計基準委員会 [2007b]，「中期運営方針」，2007年6月15日。

企業会計基準委員会 [2007c]，Press Release「プロジェクト計画表の公表について―東京合意を踏まえたコンバージェンスへの取組み―」，2007年12月6日。

企業会計基準委員会 [2008a]，Press Release「プロジェクト計画表の更新について」，2008年9月19日。

企業会計基準委員会 [2008b]，Press Release「東京合意に掲げた短期コンバージェンス項目の終了にあたって」，2008年12月26日。

企業会計基準委員会 [2009]，Press Release「プロジェクト計画表の更新について」，2009年9月2日。

企業会計基準委員会 [2010a]，Press Release「プロジェクト計画表の更新について」，2010年4月12日。

企業会計基準委員会 [2010b]，「中期運営方針」，2010年6月16日。

企業会計基準委員会 [2010c]，Press Release「プロジェクト計画表の更新について」，2010年9月17日。

企業会計基準委員会 [2010d]，Press Release「プロジェクト計画表の更新について」，2010年12月17日。

企業会計基準委員会・企業結合プロジェクト・チーム [2007]，「企業結合会計に関する調査結果―EUによる同等性評価に関連する項目について―」，2007年10月16日。

金融監督庁 [1999]，「金融監督庁の1年（平成10事務年度版）」，1999年6月22日。

金融庁 [2004b]，「金融改革プログラム―金融サービス立国への挑戦―」，2004年12月24日。

金融庁 [2005]，「CESRのわが国会計基準の同等性助言案へのコメント（総論部分）」，2005年5月27日。

金融庁［2006a］,「金融庁と米国証券取引委員会（SEC）との間の『日米ハイレベル証券市場対話』の枠組み（Terms of Reference）について」,（別添2）Terms of Reference（「金融庁と米国証券取引委員会との間における協力及び協調のための枠組み」）, 2006年1月30日。

金融庁［2006b］, プレスリリース「日EU・会計基準の動向に関するモニタリング会合 2006年11月27日 東京」, 2006年11月27日。

金融庁［2008a］,「EUによる会計基準の同等性評価に関する欧州証券規制当局委員会（CESR）の助言案へのコメント・レターの発出について」, 資料1「CESRの助言案に対する金融庁の回答のポイント」, 2008年3月7日。

金融庁［2008b］,「第4回日EU会計基準・監査の動向に関するモニタリング会合 平成20年3月3日 東京」, 2008年3月7日。

金融庁［2008c］,「第5回日EU会計基準・監査の動向に関するモニタリング会合 平成20年5月26日 パリ」, 2008年5月30日。

金融庁［2009a］,「欧州連合（EU）における会計基準の同等性評価について」, 別紙2「同等性評価に関するこれまでの金融庁の取組み等」, 2009年1月7日。

金融庁［2009b］「連結財務諸表の用語, 様式及び作成方法に関する規則に規定する金融庁長官が定める企業会計の基準を指定する件（金融庁告示）」, 2009年12月11日。

金融庁・企業会計基準設定主体のあり方に関する懇談会［2000］,「企業会計基準設定主体のあり方について（論点整理）」, 2000年6月29日。

金融庁・企業会計審議会［2004］,「国際会計基準に関する我が国の制度上の対応について（論点整理）」, 2004年6月24日。

金融庁・企業会計審議会［2009］,「我が国における国際会計基準の取扱いに関する意見書（中間報告）」, 2009年6月30日。

金融庁・企業会計審議会・会計部会［2014］,「企業会計審議会会計部会の設置」, 企業会計審議会・会計部会資料1, 2014年12月15日。

金融庁・企業会計審議会企画調整部会［2006］,「会計基準のコンバージェンスに向けて（意見書）」, 2006年7月31日。

金融庁・企業会計審議会総会・企画調整部会合同会議［2011］, 自見金融担当大臣談話「IFRS適用に関する検討について」, 企業会計審議会総会・企画調整部会合同会議資料1, 2011年6月21日。

金融庁・総務企画局［2004］,「『2005年問題』の論点と考え方」, 2004年2月。

経済産業省・企業会計の国際対応に関する研究会［2004］,「企業会計の国際対応に関する研究会 中間報告」, 2004年6月。

経済産業省・経済産業政策局企業行動課［2002］,「企業会計制度に関する国内企業調査報告書」（経済産業省委託, 株式会社富士総合研究所実施）, 2002年3月。

五味廣文［2012］，『金融動乱　金融庁長官の独白』日本経済新聞出版社。

岸田雅雄［2003］，「不良債権と取締役の責任―長銀判決の検討―」，『旬刊商事法務』第1669号，2003年7月25日。

経済団体連合会・日本公認会計士協会・全国証券取引所協議会・日本証券業協会・全国銀行協会・生命保険協会・日本損害保険協会・日本商工会議所・日本証券アナリスト協会・企業財務制度研究会［2001］，「財団法人財務会計基準機構の設立について」，2001年7月27日。

経済団体連合会・日本公認会計士協会・全国証券取引所協議会・日本証券業協会・全国銀行協会・生命保険協会・日本損害保険協会・日本商工会議所・日本証券アナリスト協会［2002］，「㈶財務会計基準機構・企業会計基準委員会から公表される企業会計基準等の取扱い（準拠性）について」，2002年5月17日。

斎藤静樹［2004］，「会計基準統合化の課題と日本の選択肢―いわゆる2005年問題への基本姿勢―」，『季刊会計基準』第5号，2004年4月。

斎藤静樹［2005］，「IASBとの共同プロジェクトの立ち上げについて」，『季刊会計基準』第8号，2005年2月。

斎藤静樹［2007］，「企業会計基準委員会の6年間を振り返って」，『季刊会計基準』第17号，2007年6月。

齋藤静樹［2013］，『会計基準の研究＜増補改訂版＞』中央経済社，2013年。

齋藤純［2006］，「―制度調査部情報―欧州での上場廃止に向かう日本企業［改訂版］―キリンビールもロンドン上場を廃止に」，大和総研，2006年5月30日。

財務会計基準機構［2003］，『財務会計基準機構　なるほどQ&A』，2003年。

自由民主党金融問題調査会　企業会計に関する小委員会［1999］，「企業会計基準設定主体の拡充・強化に向けて（案）」，1999年12月21日。

自由民主党政務調査会・金融調査会　企業会計に関する小委員会［2004］，「会計・監査・開示・コーポレートガバナンスの充実・強化に向けて（中間論点整理）」，2004年6月16日。

杉本徳栄［2009］，『アメリカSECの会計政策―高品質で国際的な会計基準の構築に向けて―』中央経済社，2009年。

杉本徳栄［2016］，「政党・政務調査会による会計・監査政策―自由民主党政務調査会の『企業会計に関する小委員会』の役割―」，『税経通信』第71巻第9号，2016年8月。

西川郁生［2007a］，「＜委員長ご挨拶＞『東京合意』後の企業会計基準委員会」，企業会計基準委員会ウェブサイト（https://www.asb.or.jp/asb/asb_j/asbj/message/tokyo.jsp）。

西川郁生［2007b］，「会計基準のグローバル・コンバージェンスに向けたASBJの戦略―東京合意を公表して―」，『季刊会計基準』第18号，2007年9月。

日本経済団体連合会［2003］，提言「会計基準に関する国際的協調を求める」，2003年10月21日。

日本公認会計士協会［2000］，「我が国の会計基準設定主体のあり方について（骨子）」，2000年3月22日。

日本公認会計士協会［2004］，「2004年3月決算期におけるいわゆるレジェンド問題について」，企業会計審議会企画調整部会資料2，2004年6月17日。

橋本尚［2007］，『2009年国際会計基準の衝撃』日本経済新聞出版社。

向伊知郎［2011］，「日本の会計基準のIFRSsへの収斂と利益の質」，『経営管理研究所紀要』第18号，2011年12月。

向伊知郎［2012a］，「連結財務情報の利益の質と価値関連性—日本の会計基準のIFRSsへの収斂の中で—」，『経済科学』第59巻第4号，2012年3月。

向伊知郎［2012b］，「IFRSsへの収斂の帰結」，『会計・監査ジャーナル』No.687，2012年10月。

弥永真生［2006］，「会計基準の設定と『公正ナル会計慣行』」，『判例時報』第1911号，2006年1月21日。

弥永真生［2013］，『会計基準と法』中央経済社。

第12章

中国における
会計基準のコンバージェンス

第1節 中国の企業会計制度の市場経済型化と国際化

1．中国の会計制度の期間区分

　中国の会計改革の軌跡をどのように捉えるか――変遷や発展の基準を何に求めるかによりさまざまな見解がある。

　たとえば，中国の会計基準の発展を中国資本市場の発展やその成果と関連づけた見解によれば，「初期段階」（1979年～1989年），「過熱期」（1990年～1998年）および「法による規制の発展期」（1999年以降）の3段階に期間区分する（Godfrey and Chalmers [2007], Chapter 12（ゴドフレイ・チャルマース編・古賀監修・石井・五十嵐監訳 [2009]，第12章））。中国の経済体制の移行にトレースした会計制度区分の見解によれば，第1段階（1979年～1992年）の「会計の復活」期，第2段階（1992年～1999年）の「市場経済会計の始動」期，第3段階（2000年～2006年）の「会計基準の国際的統合」期の3段階に期間区分している（神宮・李 [2007]，255-259頁）。加えて，中国の政治経済や社会制度の事象（1840年のアヘン戦争と1949年の中華人民共和国の成立）を用いて「近代会計制度の整備と改革期」（1840年～1949年）と「現代会計制度の確立期」（1949年以降）に大別し，そのうえで，現代の会計制度の確立期を「旧ソ連会計制度導入期」（1949年～1966年），「経済開放期のもとでの会計制度期」（1978年～1990年），「市場経済への転換期のもとでの会計制度期」（1990年～2000年），「世界貿易機関（WTO）に加盟した時期」（2001年以降）に期間区分する見解（丁 [2011]，75-83頁）もある。

　いずれの期間区分の見解も，1977年に終結宣言された中国共産党の権力闘争であった文化大革命の後の，中国共産党第1次全国代表大会（1978年12月）における経済改革・対外開放政策の採択を起点としていることでは共通している。これは，1979年から着手された経済改革・対外開放政策を通じて，中華人民共和国の成立後から採択してきた旧ソ連の計画経済のもとでの旧ソビエト式会計との別離を意味する（1949年以前は，中国はアメリカ式会計制度を採用していた）。

2. 中国の会計の復活

1978年からの経済改革・対外開放政策による中国経済の国際化は，会計基準の設定や企業会計制度の国際化にも影響が及んでいる。中国における会計基準の国際的なコンバージェンスという新たな会計制度改革の段階は，その前段階としての会計基準の設定と企業会計制度の国際化から漸進して展開したものである。

国務院の財政部は，「国営企業統一会計勘定科目」，「国営企業統一財務諸表」および「国営企業決算報告作成・提出断定方法」などを通じて，1952年に全国で統一化した会計制度を整備していた。新たな経済改革・対外開放政策のもとでそれらを見直し，1980年9月に「**国営工業企業会計制度**」（国営工业企业会计制度）を，1981年に「**国営供給販売企業会計制度**」（国营供给販売企业会计制度），「**国営施工企業会計制度**」（国有施工企业会计制度）および「**建設単位会計制度**」（建设单位会计制度）をそれぞれ公布した。この見直しは企業の自主経営や原価計算の強化を図ったもので，材料や生産費用などの勘定科目を細分類し，また，生産費用表などの財務諸表を追加した。「国営工業企業会計制度」は，1985年と1989年にそれぞれ改正されている。

計画経済型の会計制度に変わりはなく，企業の経営管理を強化する目的から，国務院が1984年3月に「**国営企業原価管理条例**」（国营企业成本管理条例）を，また，財政部も1985年に主たる業種ごとの原価管理条例の実施策を公布した。また，国務院は1985年に「**国営企業固定資産減価償却試行条例**」（国营企业固定资产折旧试行条例）を公布し，財政部はこの条例の実施細則を1988年に取りまとめた。これら原価管理条例，減価償却試行条例および実施細則は，企業の原価管理を強化し，浪費を防止することに狙いがあった。さらに，対外開放に伴う外資系企業の進出の対応策として，財政部は1985年3月に「**中外合資経営企業会計制度**」（中外合资经营企业会计制度）を公布している。この会計制度は，市場経済型の会計を導入したものである（神宮・李［2007.winter］，256頁）。

1985年制定の「**中華人民共和国会計法**」（中华人民共和国会计法）第8条は，

中国の統一的な会計制度の制定・公布権限を財政部に付与している。

第8条　国家は，統一会計制度を実施する。国家の統一会計制度は，国務院財政部が本法に基づいて制定し，公布する。

国務院に関わる部門は，本法と国家の統一会計制度に基づいて，会計処理と会計監督に特別な要求のある業種について，国家の統一会計制度を実施するための具体的な方法または補充規定を制定することができ，国務院財政部に報告して審査，同意を得なければならない。

中国人民解放軍の総兵站部は，本法と国家の統一会計制度を実施するように具体的な方法を制定して，国務院財政部に報告しなければならない。

これを根拠として，1979年1月に復活した財政部会計司は，1988年10月31日に**会計基準専門グループ**（Task Group on Accounting Standards）を設置して会計基準の設定作業に着手する。会計基準設定の気運の高まりは，当時直面した経済問題や，中国会計学会（Accounting Society of China）が，1987年の年次大会において，会計理論と会計基準を研究する専門組織として「**会計理論および会計基準リサーチ・グループ**」（RGATAS）を設置したこととも深い関わりがある。このRGATASの任務が，一定の形式で発表する研究成果を「国家関係部門の意思決定の参考に供する」（「会計理論および会計基準リサーチ・グループの活動任務説明」，一）ことにあることからも，その事実を知ることができる。

1989年のインフレーションの抑制手段として採られた金融引き締め策は，悪循環となり，経済危機をもたらした。この経済危機に対する経済改革や企業改革は，結果的に，会計に対しても私営企業会計，企業集団会計および公認会計士（中冊（註冊）会計師）制度などの整備（謝［1997］，105頁）に結び付いている。

会計基準専門グループの研究等を踏まえて，財政部は，①統一的な会計基準の設定と②基本的かつ統一的な財務諸表の体系の確立を目標に掲げ，1991年7月29日に中国の企業会計制度を全面的に改革する「**会計改革綱要（試行）**」（会計改革綱要（試行））を公表した。これにより，基本的かつ統一的な財務諸表体系の確立とともに，「会計制度改革の目標として，『会計法』に基づいて企業会

第1節 中国の企業会計制度の市場経済型化と国際化

計を統轄する規範として統一会計基準を設定することを明確に提起した」（謝［1997］，325頁）のである。

3．市場経済型会計への転化

1992年は，中国の経済体制変革の年である。中国の企業会計制度の市場経済型化とその国際化は，この経済体制の変革が深く関わっている。

第1に，1992年春の鄧小平による**「南巡講話」**（南巡讲话）は，国有企業の株式制企業（持分制企業），すなわち「所有と経営の分離」を体現する株式会社化の企業改革を促した。

それまで国有企業を中心に，株式制企業化（株式会社化）が試みられてはいたが，その業績悪化で疑問視されていた。南巡講話は，「改革を大胆に，さらに早めよう」と呼びかけ，「資本主義に比べて，社会主義のメリットを発揮させるためには，大胆に人類社会構造の文明を借り，資本主義国の現代化生産規律および先進的な経営方式，管理方法を吸収することが重要である」と説いたのである。この南巡講話後の1992年5月15日に，国家経済委員会，財政部，国務院および中華人民銀行は，大陸法系の会社制度を範とする**「株式制企業試行弁法」**（「股份制企业试点弁法」）と**「株式有限会社規範意見」**（「股份有限公司规范意见」）を公布し，株式会社の基本原則をはじめ，株式会社の設立，ガバナンス，株式の発行，株主総会と取締役会，資本，合併と分割，解散と清算，財務と会計などについて規定し，中国の会社法の基盤構築の役割を果たしている。

株式制企業の出現および1990年の上海証券取引所と深圳証券取引所の開設によって，株式制企業に対する会計制度や開示制度の必要性が認識されることになる。

たとえば，上海証券取引所に上場した最初の8社は，それぞれ次のような会計制度を適用した事実がある（野村資本市場研究所編［2007］，152頁）。

①国営工業企業会計制度：鳳凰化工，飛楽株式（飞乐股份），真空電子（真空电子）

②国営商業企業会計制度：豫園商城（豫园商城）

899

③集団工業企業会計制度：延中実業

④集団商業企業会計制度：飛楽音響（飞乐音响）

⑤合作社会計制度：愛使電子（爱使电子）

⑥郷鎮商業企業会計制度：中華電工（中华电工）

　上場企業が画一化された会計制度ではなく，当時の所有別・業種別の会計制度を適用せざるをえなかったという事実は，上場企業間の比較可能性を損なうだけに，株式制企業の会計制度を構築するニーズの存在を垣間見ることができる。財政部と国家体制改革委員会が，1992年5月23日に株式制企業に対して**「株式制試行企業会計制度」**（「股份制试点企业会计制度」）や**「株式制試行企業の財務管理の若干の問題に関する暫定規定」**（「股份制试点企业财务管理若干问题的暂行规定」）に加えて，国家税務局と国家体制改革委員会が，6月12日に**「株式制試行企業の税務問題に関する暫定規定」**（「关于股份制企业税务问题的暂行规定」）を公表し，制度化した所以はここにある。1993年12月の**「中華人民共和国会社法」**（「中华人民共和国公司法」）（1994年7月1日施行）の制定は，国有企業の株式会社化をさらに本格化している。

4．企業会計制度の国際化

　第2に，中国共産党第14次全国代表大会（1992年10月）での政策表明は，計画的市場経済から社会主義資本経済という経済改革と対外開放の転換期として捉えられるが，ここでの経済体制の変革は，企業会計制度の国際化という改革をもたらす効果を有するものでもあった。

　たとえば，中国企業が外国投資家向けに発行する外貨建て株式である「B種株」を通じて，上海真空電子株式会社（上海真空电子器件股份有限公司）が1992年2月に上海証券取引所に初めて上場したこと，瀋陽金杯自動車（金融投資企業である華晨グループの華晨控股有限公司）も1992年7月に上海証券取引所に上場し，その子会社（米国華晨汽車）が1992年10月にニューヨーク証券取引所（NYSE）に上場したこと，青島ビール（青岛啤酒股份有限公司）が1993年7月に初めて香港証券取引所に上場したことなどは，国際的な会計基準を中国へ導入

第1節　中国の企業会計制度の市場経済型化と国際化

する気運を高める役割を果たしたといってよい（野村資本市場研究所編［2007］，153頁）。

　計画的市場経済のもとでも外資導入による国際化促進を企図して「合弁企業会計規則」が制定されていたが，外貨換算の問題など経済環境の変化に十分に対応しきれなくなり，1992年に当該規則を廃止して，新たに**中華人民共和国外資系企業会計制度**（「中华人民共和国外商投资企业会计制度」）を制定している。また，先の「会計改革綱要（試行）」に対する意見を集約した後に，財政部は1991年11月26日に企業会計准則第1号公開草案「基本准則」（基本准则）を公表していたが，国務院の許可のもとで1992年11月30日に**「企業会計准則」**（企业会计准则）として確定し，併せて**「企業財務通則」**（企业财务通则）を公表している（1993年7月1日施行）。

　これを受けて，既存の40種類以上の業種別・部門別・所有制別の会計規程が，13種の業種別会計規則に改訂され，業種別財務規則も新設された。**「業種別会計規則」**は，工企業，商品流通業，観光飲食サービス業，運輸業，郵便通信業，建設業，不動産開発業，対外経済合作企業，金融業，農業，航空業，鉄道業および保険業の13の業種に対するものである。また，1993年より，貸借対照表等式の会計等式による会計システムへと移行したことも特記すべき事柄である。

　証券市場の整備と相俟った社会主義市場経済の発展を背景に，株式制企業は1993年に制定された「中華人民共和国会社法」の規制を受けることになる。株式制企業の定着が，同時に会計規制の国際化をもたらす。1994年以降，企業会計准則に基づく具体的な会計処理基準としての**個別会計基準**（具体准则）も，国際会計基準（IAS）をはじめアメリカ会計基準（U.S. GAAP）などの規定内容を取り入れながら制度化され始めたことは，1つの証左であろう。

　なお，中国は，1997年に国際会計士連盟（IFAC）と国際会計基準委員会（IASC）に加盟している。

　しかし，経済改革に伴う一連の会計改革は，社会主義市場経済の確立および株式制企業や証券市場の形成に必ずしも十分に対応しうるものではなかった。その後の「中華人民共和国会計法」の改訂（1990年），**「企業財務会計報告条例」**

901

（企業財務会計報告条例）の制定（2000年），株式制企業に対して適用する「**企業会計制度**」（企業会計制度）（2000年）を新たに規則化し，それに伴う「中華人民共和国外資系企業会計制度」と「株式制試行企業会計制度」の廃止，上場金融企業を規制対象とした「**金融企業会計制度**」（金融企業会計制度）（2002年）および小規模企業（小型企業）を規制する「**小企業会計制度**」（小企業会計制度）（2005年）の制定などが，新たな会計改革の帰結である。

「企業財務会計報告条例」の制定の背景には，「中華人民共和国会計法」の改正（2000年）がある。また，その後のWTOへの中国の加盟は，中国の企業会計制度を国際化する1つの契機となった。

第2節　中国会計准則委員会と国際会計基準審議会との会計基準のコンバージェンス

1．中国会計准則委員会（CASC）

財政部の**中国会計准則委員会**（会計准則委員会）（**CASC**）は，中国の企業会計准則の設定と改正について助言ないし勧告を行う会計基準設定主体として，1998年10月に設立された。会計基準設定に関する財政部とCASCとの関係は，日本の金融庁（ないし旧大蔵省）と企業会計審議会の構図を取り入れたともいわれている。

2003年3月に，CASCの組織再編が行われ，**図表12-1**のような組織機構となっている。

CASCは，「**財政部会計准則委員会工作大綱**」（則政部会計准則委員会工作大綱）（2003年5月13日）を通じて，その目的，責任ないし機能および各種専門委員会等が規定されている。CASCの委員は，政府関連機関，学界，職業会計士団体，仲介機関および企業などから選出される（第2条）。また，CASCには，次のような責任ないし機能がある（第3条）。

①会計基準の全般的な計画，構造および開発に関する審議と助言

第2節 中国会計准則委員会と国際会計基準審議会との会計基準のコンバージェンス

図表12-1 中国の会計基準設定に関わる組織機構図

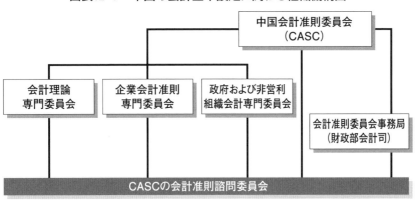

出所：中国会計准則委員会Website(http://www.casc.gov.cn)。

　②会計基準設定プロセスでの主たる会計処理方法の選択に関する審議と助言
　③財務会計の概念フレームワークやその他関連する基本理論に関する審議と助言
　④会計基準の実施に関する審議とフィードバック
　CASCの責任ないし機能を遂行するために，組織再編の際に，3つの専門委員会を設置している（第11条）。**会計理論専門委員会**は，財務会計の概念フレームワークや会計基準に関わる基本会計理論の調査研究に関する助言を行い，また，**企業会計基準専門委員会**は，企業会計准則の調査研究，設定や実施に関する助言を行う組織である。**政府および非営利組織会計専門委員会**は，政府や非営利組織の会計基準の調査研究，設定や実施に関する助言を行う。

2．中国会計准則委員会と国際会計基準審議会の共同声明―「北京合意」―

　CASCと国際会計基準審議会（IASB）は，2005年11月7日・8日の北京での会議で，中国の企業会計准則とIFRSsとの間にはまだ少数ながら差異があることを認識したうえで，こうした差異をできる限り速やかに撤廃する作業に取り組むことに合意した共同声明（「**中国会計准則委員会事務局長と国際会計基準審議**

第12章　中国における会計基準のコンバージェンス

903

会議長の共同声明」（CASC［2008]））を公表した。併せて，両機関は，中国の企業会計准則とIFRSsとのコンバージェンスを達成するために，会合を定期的に開催し，両者間の協力を強化していくことでも合意している。

　このCASCとIASBの共同声明は，いわゆる「**北京合意**」または「**北京共同声明**」とも称されるものである。「コンバージェンスに向けてすでに進められた大きな進歩」と表現される，中国財政部のCASCとIASBのコンバージェンス・プロジェクトの立ち上げである。この北京合意の締結は，中国が新たな会計制度改革の段階に入ったことを物語っている。

中国会計准則委員会事務局長と国際会計基準審議会議長の共同声明

　中国会計准則委員会（CASC）と国際会計基準審議会（IASB）は，2005年11月7～8日に北京で会計基準のコンバージェンス会議を開催した。この会議は，中国財政部副部長でもあるCASC事務局長の王軍（Wang Jun）とIASBのデイビッド・トゥイーディー卿（Sir David Tweedie）が共同議長を務めた。CASCのメンバーでもある財政部会計司司長の劉玉廷（Liu Yuting）および会計司の会計基準設定チームの主要メンバーも，この会議に同席した。IASBもウォーレン・マグレガー（Warren McGregor），パトリシア・オ・マリー（Patricia O'Malley）および山田辰己の3名のボードメンバーとウェイン・アプトン（Wayne Upton）とポール・パクター（Paul Pacter）の2名のIASBディレクターも，デイビッド卿とともに同席した。この首脳会談は，10月に1週間に及ぶ一連のCASC-IASBスタッフ作業会議に続いて開催したものである。

　両当事者は，単一で高品質な国際的な会計基準を制定し改善することが，経済のグローバル化の趨勢についての論理的帰結であることを認識し，これに合意した。国際的コンバージェンスは時間を要する。IASBと世界中のすべての管轄（法域）の自国の会計基準設定主体が目的としているのは，たゆまぬ努力を続けることである。中国は，中国の企業会計准則（CASs）を採用する企業とIFRSsを採用する企業は同じ財務諸表を作成すべきであり，コンバージェンスが基準設定プログラムの基本的目標の1つであると表明している。IFRSsとのコンバージェンスの方法は，中国が決定すべき事項である。

自国の会計基準とIFRSsをコンバージする際，自国の環境を反映するために，IFRSsにはない規定や実務指針を加える国があることを，IASBは承知している。これは，中国も同意する実利的かつ賢明なアプローチである。

　昨年，中国は，企業会計准則と20の具体的な基準の公開草案を公表した。中国は，さらに2つの公開草案を公表する予定である。同時に，中国は現行のCASsのレビュー（見直し）も開始した。その結果，中国の企業会計准則制度は，IFRSsと同等となる会計基準のコンバージェンスを達成することを目指して開発が進められている。IASBは，コンバージェンスに向けてすでに進められた大きな進歩を評価し，賞賛している。

　両当事者は，CASsとIFRSsには，減損損失の戻入れ，関連当事者の開示および政府補助金の会計処理を含む，まだ少数ながら差異が今のところあることを承知している。両者は，速やかにこの差異を撤廃する作業に取り組むことに合意している。しかし，CASCが最近果たしたコンバージェンスに向けた非常に大きな進歩に比べると，これらはそれほど大した問題ではないことを承知している。

　議論のなかで，中国はその独自の状況と環境のため，IFRSsの高品質な解決策を見出す際に，中国がIASBをとくに支援できる多くの会計諸問題があることをIASBは確認した。この会計諸問題には，関連当事者間の取引の開示，公正価値測定および共同支配のもとでの企業結合が含まれる。CASCは，これら会計諸問題の調査および発展的な意見の提示において，IASBを支援することに同意した。同様に，公開草案や基準の改訂および実務指針をレビューする際に，CASCも同様にIASBから支援を受けることになる。

　この共同会議の結果，CASCとIASBは，会合を定期的に開催し，中国の企業会計准則と国際財務報告基準のコンバージェンスを達成すべく，両当事者間の協力を強化していくことで合意した。

王軍　　　　　　　　　　　　デイビッド・トゥイーディー

中国会計准則委員会　　　　　　　国際会計基準審議会

事務局長　　　　　　　　　　　　　議長

2005年11月8日，北京

中国の企業会計准則とIFRSsの差異の速やかな撤廃とコンバージェンスを達成するための定期的会合の開催や協力の強化に加えて，この共同声明で注目すべきは次の点である。

①CASCとIASBは，単一で高品質な国際的な会計基準を制定し改善することが，経済のグローバル化の趨勢についての論理的帰結であることを認め，コンバージェンスが中国の基準設定プログラムの基本的目標の1つであると明言したこと

②中国は，中国の企業会計准則を採用する企業とIFRSsを採用する企業は同じ財務諸表を作成すべきであること，および，IFRSsとのコンバージェンスの方法について，中国が決定することを確認したこと

③IASBは，中国によるコンバージェンスの進展を評価し，賞賛していること

④中国が，会計諸問題の調査および発展的な意見の提示においてIASBを支援し，また，中国の公開草案や基準の改訂，実務指針をレビュー（見直し）する際に，IASBが中国を支援することに同意したこと

この共同声明に込めた中国の真意を，次のように理解する見解もみられる（王[2007]，91-92頁）。

①IASBが中国をコンバージェンス国として認めたこと

②中国が会計基準設定の自主権を保有し，自国の特徴や特殊性を堅持すること

③中国の会計基準がIFRSsのレベルに近づいていること

④新たな会計基準の設定はコンバージェンスの実現に繋がること

⑤中国がコンバージェンス国として，アメリカ，日本と同列に位置づけられること

3．共同声明後の中国の会計制度改革

この北京での会議に先立って，2005年9月6日・7日に西安で開催された第5回日中韓3ヵ国会計基準設定主体会議での合意事項は，「**第5回日中韓三ヵ**

第2節　中国会計准則委員会と国際会計基準審議会との会計基準のコンバージェンス

国会計基準設定主体会議における共通理解に関する覚書」（Memorandum of Understanding（MoU）of the 5th Three Countries' Accounting Standard Setters' Meeting between China, Japan and Republic of Korea）として交わされた。その3つの合意事項の1つが,「会計基準の国際的コンバージェンス」である。

　会計基準の国際的コンバージェンスは不可逆的な潮流であることを認識したうえで,このコンバージェンスは,「市場の評価に基づいた漸進的なプロセスでなければならず,またそのプロセスは,地域的環境も考慮に入れた,各国会計基準設定主体とIASBとの双方向の交流でなければならない」ものと位置づけた。市場経済のもとでの競争と選択に基づいた会計基準の国際的コンバージェンスは,日本の企業会計基準委員会（ASBJ）が提唱してきた姿勢でもある。

　この日中韓3ヵ国会計基準設定主体会議では,中国は会計基準の国際的コンバージェンスにおける地域的環境要因の重要性を強調しつつ,しかも,経済や証券市場のグローバル化に対する単一で高品質な会計基準の必要性から,当時の16項目の中国の会計基準をIFRSsにコンバージェンスするように修正し,新たに20項目以上の会計基準を開発する考えも示された。

　CASCとIASBによる会計基準のコンバージェンス・プロジェクトに関する共同声明（北京合意）を踏まえて,2006年2月15日に財政部が制定したものこそ新「企業会計准則」である。この新「企業会計准則」の制定は,基本的には会計基準のコンバージェンスの実現を意味するものである。

　財政部は,2007年1月1日から新「企業会計准則」をすべての上場企業と保険会社,証券会社,基金会社および先物仲介会社に適用すると発表した（中華人民共和国財政部令第33号,財会［2006］3号）。また,中央国有企業と非上場の銀行や保険会社なども,2008年1月1日から適用対象に加わり（国資源評価［2007］12号・国資源評価［2007］38号,財会［2007］16号）,地方の国有企業や農村信用合作社も2009年1月1日から新たな適用対象となった。

　さらに,たとえば次頁の**図表12-2**のような各地方財務局等の規定により,2008年以降,各省ないし市のすべての大規模・中規模の企業（大型企業・中型企業）も新「企業会計准則」の適用対象に含まれている。

907

図表12-2　地方財務局等による新「企業会計准則」の適用

省・市	適用日	根拠規定
広東省深圳市	2008年1月1日	深財会［2007］89号
雲南省	2009年1月1日	雲財会［2009］5号
山西省	2009年1月1日	晋財会［2007］21号
広西省	2010年1月1日	広西省財政庁，国資委，国家税務局，地方税務局関于貫徹実施企業会計准則的意見
広東省広州市	2010年1月1日	穂財会［2009］7号
福建省厦門市	2010年1月1日	厦財会［2009］8号
上海市	2011年度中	滬財会［2010］8号
遼寧市大連市	2012年1月1日	大連市財政局2011年5月25日通知

出所：金融庁・企業会計審議会［2012.］，2頁の図表を一部修正。

このような会計基準の新たな適用範囲の拡大は，ヨーロッパ連合（EU）の第三国の会計基準の同等性評価（Equivalence of the GAAP of Third Countries）が，中国における新「企業会計准則」の実施状況をみていることとも密接に関係している。

また，2007年7月に中国からIASBボードメンバーが選出され，2013年にIASBへの技術的な助言団体として新たに発足した**会計基準アドバイザリー・フォーラム（ASAF）**の初代メンバーとして，アジア・オセアニア地域からCASCが選出されており，中国における会計基準のコンバージェンス作業はもとより，IFRSsの設定作業への影響力についても注目する必要がある。

4．会計基準のコンバージェンスの波及効果

CASCとIASBによる会計基準のコンバージェンスに向けた取組みは，中国規制当局とアメリカやEUとの対話を促進する役割を果たしたといってよい。

2006年5月2日に，中国の証券規制当局である**中国証券監督管理委員会（CSRC）**は，アメリカ証券取引委員会（SEC）との対話促進に合意している。この合意は，前年10月にSECのクリストファー・コックス（Christopher Cox）委員長（第28代SEC委員長）の訪中を契機に締結されたものである。

この新たな対話には，①互いの市場に上場する公開会社の報告要件に，とくに関連する証券市場規制の共通の利害の発展を識別し，議論すること，②クロスボーダーでの証券執行事例の協力と情報交換を改善すること，③SECとCSRCによる現行の訓練プログラムや技術支援を継続し，それを拡張すること，という3つの目的が示されている。また，協議事項として，①監査委員会，監査人の独立性および財務報告の内部統制の確立を含むコーポレート・ガバナンス改革，②中国の会計基準とIFRSsとのコンバージェンス，および，③報告される財務情報の有用性を高めるために，インタラクティブ（対話式）なデータ・タグ・システムを含むIT（情報技術）の活用が確認されている（SEC [2006]）。

また，上海証券取引所や深圳証券取引所での外国投資家向けのアメリカドルや香港ドル建て株式である「B種株」を発行する上場企業は，企業会計准則とIFRSsにそれぞれ準拠した財務諸表の作成・開示が求められてきた。しかし，2007年から適用を開始した新「企業会計准則」とIFRSsの類似性ないし同等性を理由に，CSRCは上場企業に対するIFRSsの適用を免除し，新「企業会計准則」にのみ準拠することとした。

2006年5月15日に，当時のヨーロッパ委員会（EC）委員（域内市場・サービス担当）であったチャーリー・マクリービー（Charlie McCreevy）が，中国の会計基準や証券規制などについて協議するために中国を訪問した。この協議は，当時のEUの助言機関であるヨーロッパ証券規制当局委員会（CESR）による第三国の会計基準の同等性評価において，中国の会計基準が俎上に載せられ，IFRSsとの同等性の判断が下されることへと結び付いて行く。

会計基準に関わるCASCによるアメリカとの対話は，SECに加えて，アメリカ財務会計基準審議会（FASB）との間でも進められた。

2008年4月18日に，CASCとFASBが交わした「**覚書：中国―アメリカ会計協力**」（China-US Accounting Cooperation: Memorandum of Understanding between the CASC and the FASB）（CASC [2008]，FASB [2008]）こそ，この対話による最たる成果である。この「覚書」は，中国とアメリカが世界の中での主要な経済圏であるとの認識のもとで，経済活動の基礎をなすファンダメンタルズと

909

して機能する会計基準の設定主体が，両国間の経済交流を促進するためにコミュニケーションを高め，情報交換の作業メカニズムを確立していくことを確認したものである。この「覚書」を通じて，①U.S. GAAPの規定内容やFASBによるIFRSsとのコンバージェンスの取組みについて調査する目的から，中国からCASCスタッフをFASBに常駐させること，また，②中国の会計基準や国際的なコンバージェンス活動の実施状況などについて理解する目的から，アメリカからFASBもCASCを訪問することなどが取り決められた。

中国は，会計基準のコンバージェンスに限らず，監査基準のコンバージェンスにも積極的に取り組んでいる。2002年3月に，国際監査実務委員会（IAPC）を新たに改組した国際監査・保証基準審議会（IAASB）とともに，**中国監査基準審議会（CASB）**が2005年12月に単一で高品質な国際的な監査基準の構築に向けての議論を開始している。

第3節 中国の会計制度の構造

1．中国における会計制度の関連法規

中国の会計制度は，たとえば法律，行政法規，部門規程およびその他の規程の分類から，**図表12-3**のように体系づけることができる。

中国の会計行為を規制する法律は，会計専門の法律と会計関連の法律からなり，中国の立法機関である全国人民代表大会（全人代）の決議をもとに施行される。

会計専門の法律（会計に関する基本法）には「中華人民共和国会計法」が，**会計関連の法律**には，会計に直接的に関わる法律（予算法，監査法および公認会計士法（会計師法））と間接的に関わる法律（税法と民法・商法に類する法律）がある。**会計行政法規**は，最高行政機関である国務院が制定し，たとえば企業財務会計報告条例，総会計師条例，監査法実施条例および予算法実施条例などが

第3節　中国の会計制度の構造

図表12-3　中国における会計制度の関連法規

	制定機関	分類			詳細
法律	全国人員代表大会（立法機関）	会計専門の法律	□中華人民共和国会計法		
		会計関連の法律	会計関連の直接法	□予算法 □監査法 □公認会計士法（会計師法）	
			会計関連の間接法	税法	□国税徴収法（2001年施行） □企業所得税法（2007年制定）
				民商類法	□民法 □会社法 □企業破産法 □証券法
行政法規	国務院（最高行政機関）	会計行政法規	□企業財務会計報告条例（2001年制定） □総会計師条例（2010年改正） □監査法実施条例（2010年施行） □予算法実施条例（1998年制定）		
部門規程	財政部	会計部門規程	企業会計法規	□企業会計准則（1つの基本准則と38の具体准則） □小企業会計准則（2012年施行） □公認会計士（注冊会計師）職業準則（2007年施行）	
			□企業内部統制基本規範（上場会社を対象に2009年施行）		
			予算会計法規	□財政総予算会計制度（1998年実施） □予算外資金専門勘定会計計算制度（1996年実施） □行政単位会計制度（1998年実施） □事業単位会計制度（1998年実施）	
			民間非営利組織会計法規	□民間非営利組織会計制度	
その他	□その他地方および産業主管部門の会計規程				

出所：権 *et al.*［2012］，p.27の図表を一部修正。

ある。また，**会計部門規程**は，財政部が施行令の形式で公表しており，一般企業に関わる会計法規（企業会計法規と企業内部統制基本規範），国有企業や行政単位および事業単位に関わる会計法規（予算会計法規）および民間非営利組織に関わる会計法規（民間非営利組織会計法規）がある。その他の会計制度には，各省ごとの，もしくは，事業部門ごとの会計規程（会計指針）がある。

2．中華人民共和国会計法

　会計に関する基本法としての「**中華人民共和国会計法**」は，「会計行為を規定し，会計資料の真実性と完全性を保証し，経済管理と財務管理を強化して，経済効率を高め，社会主義の市場経済の秩序を維持するため」（第1条）に，1985年1月21日に制定された。第2条に規定するように，この「中華人民共和国会計法」の適用対象としての会計単位実体は，国家のすべての組織単位であり，当該会計法は，その会計業務を処理するための最高位の法律としての役割を担っている。

　中国全土の会計業務を主管する国務院財政部は，国家の統一会計制度も当該会計法に基づいて制定作業を進めなければならない（第8条）。

中華人民共和国会計法

　（1985年1月21日の第6回全国人民代表者会議での第9回常務委員会会議を通過し，1993年12月29日の第8回全国人民代表者会議での第5回常務委員会会議で「中華人民共和国会計法の修正に関する決定」が修正され，1999年10月31日の第9回全国人民代表者会議での第12回常務委員会会議において改正された。）

第1章　総則

第1条　会計行為を規定し，会計資料の真実性と完全性を保証し，経済管理と財務管理を強化して，経済効率を高め，社会主義の市場経済の秩序を維持するために本法を制定する。

第2条　国家機関，社会団体，会社，企業，事業単位およびその他の組織（以下，「単位」という）は，本法に従って会計業務を処理しなければならない。

第3条　各単位は，法律を根拠として会計帳簿を作成し，その真実性と完全性を保証しなければならない。

第4条　単位の責任者は，本単位の会計業務と会計資料の真実性と完全性について責任を負わなければならない。

第5条　会計部門と会計担当者は，本法の規定により，会計処理と会計監督を実施しなければならない。いずれの単位または個人も，どのような方式であ

912

っても会計部門や会計担当者に会計証憑，会計帳簿その他の会計資料の偽造
や変造を行って虚偽の財務会計報告を行ってはならない。

　いずれの単位または個人も，本法により職務を履行する，もしくは，本法
の規定に反する行為を拒否する会計担当者に不利益を加えてはならない。

第6条　本法を忠実に執行し，職務に忠実で原則を堅持し，顕著な実績を収め
る会計担当者に対しては，精神的，物質的に保証する。

第7条　国務院財政部門は，全国の会計業務を主管する。〔中国の行政区分である：
引用者〕縣級以上の各級の人民政府財政部門は，本行政区域内の会計業務を管
理する。

第8条　国家は，統一会計制度を実施する。国家の統一会計制度は，国務院財
政部が本法に基づいて制定し，公布する。

　国務院に関わる部門は，本法と国家の統一会計制度に基づいて，会計処理
と会計監督に特別な要求のある業種について，国家の統一会計制度を実施す
るための具体的な方法または補充規定を制定することができ，国務院財政部
に報告して審査，同意を得なければならない。

　中国人民解放軍の総兵站部は，本法と国家の統一会計制度を実施するよう
に具体的な方法を制定して，国務院財政部に報告しなければならない。

「中華人民共和国会計法」の体系は，総則（第1条～第8条），会計処理（第
9条～第23条），会社および企業の会計処理の特別規定（第24条～第26条），会計
監督（第27条～第35条），会計機構と会計担当者（第36条～第41条），法的責任（第
42条～第52条）および付則の全52の条項からなる。

　会計処理の規定は，実際に発生した経済業務事項をその処理対象として定め，
その会計証憑，会計帳簿および財務報告などに関わる規定からなる。

　会計処理の規定は，具体的には次のとおりである。

第2章　会計処理

第9条　各単位は，実際に発生した経済業務事項に基づいて会計処理を行い，
会計証憑を作成し，会計帳簿を記録し，財務会計報告を作成しなければなら
ない。いずれの単位も，虚偽の経済業務事項または資料で会計処理を行うこ

とはできない。

第10条　次の経済業務事項は，会計処理の対象として会計処理しなければならない。

⑴　現金および有価証券の収入と支出

⑵　財貨の引受けおよび払出し，増減および使用

⑶　債権債務の発生および清算

⑷　資本と基金の増減

⑸　収入，支出，費用および原価の計算

⑹　財務的成果の計算および処理

⑺　その他会計処理の対象

第11条　会計年度は，陽暦の1月1日から12月31日までである。

第12条　会計処理は，人民幣を基本通貨とする。業務数値に人民幣以外の貨幣を使用する単位は，そのうちの1つの貨幣を基本貨幣として選択することができる。ただし，財務会計報告を作成する際には，人民幣に換算しなければならない。

第13条　会計証憑と会計帳簿，財務会計報告その他会計資料は，国家の統一会計制度の規定に符合しなければならない。電算で会計処理する場合，そのソフトフェアおよび作成した会計証憑，会計帳簿，財務会計報告その他会計資料は，国家の統一会計制度の規定に符合しなければならない。いずれの単位または個人も，会計証憑，会計帳簿その他会計資料を偽造，変造し，虚偽の財務会計報告を行うことはできない。

第14条　会計証憑は，原始証憑と記帳証憑を含む。

本法第10条の経済業務事項が発生した際には，原始証憑を作成ないし取得し，直ちに会計部署に交付しなければならない。会計部署や会計担当者は，国家統一会計制度の規定により原始証憑を審査し，真実でなかったり不法な原始証憑については処理を拒否することができ，同時に，単位責任者に報告しなければならない。記載した原始証憑が正確ではなく，また完璧なものでない場合には差し戻し，国家の統一会計制度の規定に従って修正および補完を要求できる。原始証憑に記載した内容は，修正できない。

原始証憑に誤謬がある場合，作成単位は再作成ないし修正しなければならず，修正箇所に作成単位の職印を捺印しなければならない。原始証憑の金額に誤謬がある場合，作成単位は再作成しなければならず，原始証憑は修正できない。

記帳証憑は審査を受けた原始証憑および関連する資料に基づいて作成しなければならない。

第15条 会計帳簿の記帳は審査を受けた会計証憑に基づかなければならず，関連する法律と行政法規および国家の統一会計制度の規定に符合しなければならない。会計帳簿には，総勘定元帳と明細書，日記帳〔仕訳帳：引用者〕その他補助帳簿が含まれる。

会計帳簿は，一連の番号で作成されたページの順番に従う。会計帳簿の記録に誤謬，ページとび，欠落，行とびがみられる場合には，国家の統一会計制度に規定する方法に従って修正しなければならず，会計担当者と会計責任者が修正箇所に捺印しなければならない。

電算を使用して会計処理を行う場合，会計帳簿の記録または修正は，国家の統一会計制度の規定に符合しなければならない。

第16条 各単位に発生した各経済業務事項は，すべて法によって設置した会計帳簿に記帳，処理しなければならず，本法と国家の統一会計制度の規定に違反して私的な会計帳簿に記帳，処理することはできない。

第17条 各単位は，定期的に会計帳簿の記録を実物，項目および関連資料と照合して会計帳簿の記録が実物，項目の実際の金額と一致すること，会計帳簿の記録と会計証憑に関わる内容とが一致すること，会計帳簿間で対応する記録と財務諸表の関連する内容が相互に一致することを保証しなければならない。

第18条 各単位が採択した会計処理方法は，前期と当期で一致しなければならず，任意に変更することはできない。変更を要する場合，国家の統一会計制度の規定に従って変更しなければならず，変更の理由と状況およびその影響を財務会計報告で説明しなければならない。

第19条 単位が提供した担保，未決の係争などの偶発事象は，国家の統一会計制度の規定に従って財務会計報告で説明しなければならない。

第20条 財務会計報告は，検証を経た会計帳簿記録に関わる資料に基づいて作成しなければならず，また，財務会計報告の作成指針，提供対象および提供機関に関する本法と国家の統一会計制度の規定に符合しなければならない。その他の法律，行政法規に別段の定めがある場合には，その規定に従う。

財務会計報告は，財務諸表と財務諸表注記，財務状況説明書で構成される。多様な会計情報利用者に提供される財務会計報告の作成基準は，一致しなければならない。関連する法律と行政法規において財務諸表と財務諸表注記，

財務状況説明書が公認会計士の会計監査を受けなければならないと規定する場合，公認会計士および所属の会計監査法人が作成した監査報告書を財務会計報告とともに提供しなければならない。

第21条 財務会計報告は，単位責任者と会計業務を主管する責任者，会計部門の責任者（会計主管担当者）が記名捺印しなければならず，公認会計士を設置した単位は公認会計士の記名捺印がなければならない。単位責任者は，財務会計報告の真実性と完全性を保証しなければならない。

第22条 会計記録の文字は中国語を使用しなければならない。民族自治地方では，会計記録を現地で使用する固有言語を同時に使用することができる。中国国内の外商投資企業，外国企業その他外国組織の会計記録は，自国の言語を同時に使用することができる。

第23条 各単位は，会計証憑，会計帳簿，財務会計報告その他会計資料についての書類綴りを作成して，十分に保管しなければならない。会計書類綴りの保管期間と消却方法は，国務院財政部門が関連部門とともに制定する。

3．新「企業会計准則」（2006年）

2005年のCASCとIASBの共同声明（北京合意）によって図られた会計基準のコンバージェンスの結果，財政部は2006年2月15日にいわゆる新企業会計准則である**「企業会計准則」**を公表した。中国の経済と法律環境が特殊であることもあって，IFRSsをそのまま受け入れず，むしろ新企業会計准則の制定に中国の実情を反映したことに特徴がある。その特徴には，たとえば次のものがある（権 *et al.*［2012］，pp.41-42）。

①中国の新「企業会計准則」の制定には，現時点の経済発展と会計実務の発展の状況を考慮したこと（たとえば，金融資産の一部に公正価値を導入し，他の資産については取得原価を適用）

②中国の新「企業会計准則」は，法律の範疇に属する事実（権威性と法的効力）を考慮したこと（財務報告に関する概念フレームワークなどとは異なり，基本准則には法的強制力がある）

③中国の言語慣習と法律用語を十分に考慮したうえで，新「企業会計准則」

の文案を作成したこと（IFRSsでの目的，範囲，用語の定義，認識，測定，表示，開示，発効日，経過措置などの構成ではなく，章，節，条，項などの法的条項の形式を採る）

新「企業会計准則」は，財政部の企業会計准則制定委員会と国内外の専門家が，中国の市場経済，改革開放のプロセスで「**1つの規律，2つの原則および3つの理念**」のもとで策定されたものである。

会計改革は，社会主義市場経済の速やかな発展に符合する改革を成し遂げなければならないというのが，ここでの規律である。新「企業会計准則」の制定はまさにこの規律によるものである。

また，2つの原則は，①国際的ニーズを中国化し，複雑なものを単純化し，専門的な部分を大衆に理解可能なようにし，中国企業の当面の問題を解決することと，②企業の持続的発展と投資家の意思決定に寄与しなければならないことである。理念としては，①**資産負債観**（Asset and Liability View）は損益計算書の**収益費用観**（Revenue and Expense View）と対比される概念であること，②取得原価をもとに適切かつ慎重に公正価値を導入しなければならないこと，③財務報告の機能と役割を高めること，の3つが掲げられてきた（権 *et al.* [2012]，pp.42-47参照）。

2006年に策定された新「企業会計准則」は，基本准則と16項目の具体准則で構成された従来の企業会計准則を改訂したもので，基本准則と38項目の具体准則で構成され，2007年から中国内のすべての上場企業に適用されている。

（1）企業会計准則─基本准則

新「企業会計准則」としての企業会計准則─基本准則は，中国の企業会計准則の体系のもとでの基本をなし，総則（第1条〜第11条），会計情報の質的要求（質的特性（質的特徴））（第12条〜第19条），資産（第20条〜第22条），負債（第23条〜第25条），資本（第26条〜第29条），収益（第30条〜第32条），費用（第33条〜第36条），利益（第37条〜第40条），会計測定（第41条〜第43条），財務会計報告（第44条〜第48条）および付則（第49条〜第50条）の全50の条項からなる。

図表12-4　企業会計准則―基本准則の基本構造

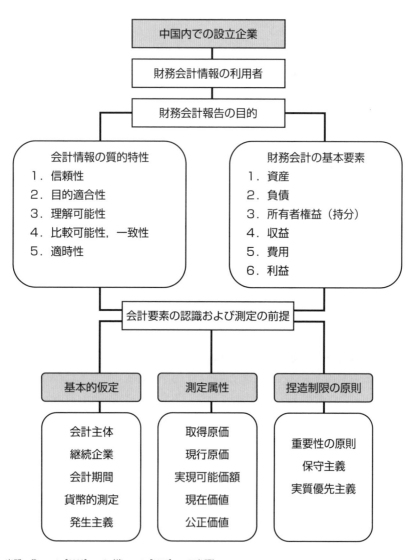

出所：黃 et al. [2006], p.8（権 et al. [2012], p.55参照）。

第3節 中国の会計制度の構造

　各条項の規定内容と条項間の関わりから，企業会計准則—基本准則は，**図表12-4**のような基本構造をなしている。

　企業会計准則—基本准則の基本構造からも明らかなように，基本准則は総則で財務諸表の目的と基本的仮定（会計公準に相当する）を規定している。また，財務諸表の要素が列挙され，資本と資本維持の概念については言及していない。

　参考までに企業会計准則—基本准則の総則を示すと，次のとおりである。

企業会計准則—基本准則（2006年）

2006年2月15日財政部令第33号

　「国務院の『企業財務通則』，『企業会計准則』についての返信」（國函［1992］178号）の規定により，財政部は「企業会計准則」（財政部令第5号）を改正し，改正された「企業会計准則—基本准則」は，すでに財政部の会議を通過したのでここに公布し，2007年1月1日から施行する。

財政部部長　金人慶　2006年2月15日

第1章　総則

第1条　企業会計の認識と測定および報告行為を規範化し，会計情報の品質を保証するために，中国の会計法とその他関連する法律，行政法規に従い，本准則を制定する。

第2条　本准則は，中国内で設立された企業（会社を含む）に適用する。

第3条　企業会計准則は，基本准則と具体准則を含み，具体准則の制定は本准則を遵守しなければならない。

第4条　企業が財務会計報告（または財務報告。以下，同様）を作成しなければならない。財務会計報告の目標は，財務会計報告の利用者に企業の財政状態，経営成果並びにキャッシュ・フローなどに関わる会計情報を提供し，企業経営者の受託責任の履行状況を反映し，財務会計報告の利用者が意思決定を行う際に役立つことにある。

　財務会計報告の利用者は，投資者，債権者，政府と関係機関そして社会の公衆を含む。

919

第5条　企業は，事業を営む過程で生じた取引や事象について，認識，測定および報告を行わなければならない。

第6条　企業会計の認識，測定および報告は，継続企業を前提とする。

第7条　企業は，会計期間ごとに分割し，各期の会計項目を決算し，財務会計報告を作成する。

　　　会計期間は，年次と中間に区分し，中間は1年よりも短い報告期間をいう。

第8条　企業会計は貨幣で測定する。

第9条　企業は発生主義を基礎とし，会計を認識，測定および報告しなければならない。

第10条　企業は，取引または事象の経済的特性により会計要素を確定する。

　　　会計要素は，資産，負債，資本，収益，費用そして利益を含む。

第11条　企業は，貸借記帳法により記帳する。

第2章　会計情報の質的特性

第12条　企業は，実際に発生した取引または事象に基づいて会計の認識，測定および報告を行い，認識と測定の要求条件に符合するそれぞれの会計要素とその他の関連情報を事実のまま反映しなければならず，会計情報が事実のまま信頼性があり，内容が完全なものとなるように保証しなければならない。

第13条　企業が提供した会計情報は，財務会計報告利用者の意思決定に関連しなければならず，財務会計報告の利用者が企業の過去と現在，そして将来の状況についての評価と予測を行うのに役立つものとならなければならない。

第14条　企業が提供した会計情報は，財務会計報告の利用者が明瞭に理解し，使用する際に便利なものでなければならない。

第15条　企業が提供した会計情報は，比較可能性がなければならない。

　　　同一企業の互いに異なる時期に発生した同じ，もしくは，類似した取引または事象は，同じ会計方針を採択しなければならず，むやみに変更できない。変更が必要な場合には，注記で説明しなければならない。

　　　互いに異なる企業で発生した同じ，もしくは，類似した取引または事象は，規定された会計方針を採択しなければならず，会計情報が一致ないし相互に比較が可能でなければならない。

第16条　企業は，取引または事象の経済的実質によって会計の認識，測定および報告を行わなければならず，取引または事象の法的形式に基づくことはで

きない。

第17条 企業が提供する会計情報は，企業の財政状態，経営成績，そしてキャッシュ・フロー等に関するすべての重要な取引または事象を反映しなければならない。

第18条 企業は，取引または事象について認識，測定および報告を行う際は慎重でなければならず，資産と収益を過大計上または負債と費用を過小計上してはならない。

第19条 企業は，すでに発生した取引または事象については直ちに認識，測定および報告を行わなければならず，見越しまたは繰延べを行ってはならない。

　この企業会計准則―基本准則の総則と会計情報の質的特性から，先の**図表12-4**（企業会計准則―基本准則の基本構造）での整理とは幾分異なることもわかる。基本准則は，企業実体（会計主体）の仮定，継続企業の仮定，期間別報告（会計期間）の仮定，貨幣単位測定の仮定，発生主義および貸借記帳法を基本的仮定としている。会計情報の質的特性として，表現の忠実性，目的適合性，理解可能性，比較可能性，実質の優先，重要性，保守性（慎重性）および適時性を示しているのである。

（2）企業会計准則―具体准則

　財政部のCSCとIASBとの「北京合意」によるコンバージェンス・プロジェクトの立ち上げ以降，具体准則に新たに22項目を加えた，38項目からなる企業会計准則―具体准則は，主として次のような改善が図られた（権 *et al.* ［2012］，pp.76-78参照）。

①**棚卸資産の評価准則**（企業会計准則―具体准則第1号「棚卸資産」）

　2002年の具体准則では，5つの棚卸資産の評価准則（先入先出法，後入先出法，個別法，移動平均法，加重平均法）を規定していたが，2006年の具体准則では後入先出法と移動平均法を削除し，IAS第2号「棚卸資産」の規定との統一を図った。

921

②**資産の減損会計と引当金**（企業会計准則—具体准則第8号「資産の減損」）

　　2002年の具体准則で規定した8つの引当金（貸倒引当金，短期投資減損引当金，棚卸資産減損引当金，長期投資減損引当金，固定資産減損引当金，無形資産減損引当金，建設仮勘定減損引当金，委託貸付金減損引当金）を設定して損失として認識した部分を，後に利得として戻し入れても利得として認識できない。

③**企業結合会計**（企業会計准則—具体准則第20号「企業結合」）

　　従来は企業結合に関する規定を定めていなかったが，企業結合の定義（2社以上の単独企業を結合し，1つの報告主体を形成する取引または事象）や企業結合の分類（共通支配下の企業結合と非共通支配下の企業結合）などを規定するとともに，共通支配下の企業結合を経済実体内における純資産等の内部移転取引と考えて持分プーリング法を，非共通支配下の企業結合にはパーチェス法を適用するように規定した。

④**連結財務諸表に関する基本理論の変化**（企業会計准則—具体准則第33号「連結財務諸表」）

　　財政部が会計基準や会計制度にない会計処理に関する補足的規則の1つとして，1995年に公布した「連結財務諸表暫定規定」は，重要性の基準で連結の範囲を決定してきた（親会社の資産や収益に占める割合が10％以下の子会社は連結対象ではなく，いわゆる親会社重視の考えに基づいていた）。2006年の企業会計准則により，企業規模や業種などに関わらず，実質重視の支配基準による連結の範囲の決定に移行した。また，企業会計准則の導入により，「連結財務諸表暫定規定」の比例連結法を廃止した。

⑤**特殊関係者間の関連取引の内容の整理と開示**（企業会計准則—具体准則第36号「関連当事者の開示」）

　　2006年の企業会計准則は充分性を確保するために開示範囲を拡大した。たとえば，企業の統制に関わる当事者，企業に重大な影響を及ぼす当事者，企業の主たる個人投資家，企業の主たる管理者およびそれと密接に関係する家族構成員などに関する開示が要請されている。

⑥**債務再構築の会計処理の変更**（企業会計准則―具体准則第12号「債務再構築」）

　　債務再構築（債務者に財務的に困難な状況が生じた場合に，債権者が債務者との協議または法廷の裁定に基づき譲歩した事項）の会計処理に公正価値の測定属性を導入した。つまり，債務者が現金以外の資産で債務を弁済する場合は，譲渡する現金以外の資産を公正価値で計上し，債務を資本へ転換する場合は，債権者が債権を放棄する代わりに保有する株式を公正価値で計上し，また，その他債務条件を修正する場合は，その他債務条件を修正した後の債務を公正価値で計上することとし，従来の帳簿価額では計上しない。

　　また，公正価値と帳簿価額との差額を債務再構築収益として当期損益に認識する。

　これら以外にも，後発事象，キャッシュ・フロー計算書，中間財務報告および関連当事者取引などとともに，新たに連結財務諸表，セグメント報告および金融商品についての情報開示の強化が図られた。

　その一方で，企業会計准則―具体准則とIFRSsとの間には相違点がある。

　財政部が2007年8月に公表した**「中国新企業会計准則体系」**によれば，2006年時点で関連当事者間取引の開示と減損損失の戻入れについて差異があった。会計上の相違点も含めて，企業会計准則―具体准則とIFRSsとの相違点は，次頁の**図表12-5**のとおりである。

図表12-5 企業会計准則―具体准則とIFRSsとの相違点

新企業会計准则とIFRSとの主な相違点は次の表のとおりであるが，財政部が2007年8月に発表した「中国新企業会計準則〔准則：引用者〕体系」によると，その当時において，①関連当事者間取引と②資産の減損損失は，財政部により重要な差異であると認識されている。また，同じく③～⑦については，財政部は会計上の相違点ではあるが，差異とは認められないとしている。

	項　目	企業会計准则―具体准则	IFRS	備　考
①	関連当事者間取引の開示（国有企業間の取引）	同一の政府の支配を受けている「国有企業間の取引」については，実質的な支配関係が存在しない場合には関連当事者間取引として扱わず，開示は不要（企業会計准则―具体准则第36号「関連当事者の開示」第6条）。	国家の支配を受ける営利企業は，その他の国家の支配を受ける企業との取引について開示を免除されない（IAS第24号「関連当事者についての開示」IN6）。	財政部「中国新企業会計准则体系」で，重要な差異と認識されている。ただし，2011年1月1日以降開始事業年度から適用される改訂IAS第24号では，このような取引を関連当事者間取引としては取扱わなくなることから，この点においての差異は解消した。ただし，IAS第24号では，政府との関係等一定の注記の開示が要求されているため，この点においては差異が存在するものとみられる。
②	有形固定資産及び無形資産の減損損失の戻入	一度認識した減損損失は，以降の会計期間において戻入を行わない（企業会計准则―具体准则第8号「資産の減損」第17条）。	のれん以外の資産について認識された減損損失は，減損損失が最後に認識されてから，当該資産の回収可能価額の算定に用いられた見積りに変更があった場合にのみ，戻入しなければならない（IAS第36号「資産の減損」第114項）。	財政部「中国新企業会計准则体系」で，重要な差異と認識されている。
③	共通支配下の企業結合	国有企業改革を円滑に進めるという観点から，共通支配下の企業結合について，簿価での引継ぎを認める持分プーリング法の適用が認められている（企業会計准则―具体准则第20号「企業結合」）。	IFRS第3号「企業結合」は，共通支配下の企業結合に適用されず，この点に関する明確な規定が存在しない。	財政部「中国新企業会計准则体系」で，差異とは認められない相違点とされている。

924

④	公正価値測定	中国は新興国であり、公正価値に関する実務に習熟していないのが現状であるとし、このことから「活発な市場における公表市場価格が存在し、公正価値を信頼性をもって見積もることができる場合に限り」公正価値による測定が認められている。	広い範囲で公正価値の適用が要求されている。	同上。2009年5月にIASBから公正価値測定に関するガイダンス案が公表され、中国当局は基本的には賛成する方針だが、新興国のための個別のガイドラインが制定されていない旨を指摘している。
⑤	売却目的の非流動資産および非流動負債	この点に関する明確な規定が存在しない。	IFRS第5号「売却目的で保有する非流動資産および非継続事業」において、売却目的保有の非流動資産は帳簿価額と売却費用控除後の公正価値のいずれか低い金額で計上され、廃止事業（非継続事業：引用者）についての区分表示が求められる。	財政部「中国新企業会計准則体系」で、差異とは認められない相違点とされている。
⑥	退職給付会計	退職給付そのものが実務上浸透していないため、この点について明確な規定が存在しない。	IAS第19号「従業員給付」で、退職給付会計に関する詳細な基準が定められている。	同上。
⑦	超インフレ会計	中国が超インフレ状態に無いため、独立した基準を定めていないが、外貨換算の1項目として超インフレ関係に関する規定がある。	IAS第29号「超インフレ経済下における財務報告」で、超インフレ会計について独立した基準が定められている。	同上。

出所：金融庁・企業会計審議会［2012］，参考資料2，24-25頁を一部修正。

4．小企業会計准則

　財政部は、小企業や零細企業向けの会計基準として、2011年10月18日に財会［2011］17号「財政部の小企業会計准則の印刷発布に関する通知」（关于印发《小企业会计准则》的通知）を発して**「小企業会計准則」**を公布した（2013年1月1日施行）。この小企業会計准則の施行に伴い、非上場企業であり、同時に経営規模が小さい企業を対象としたこれまでの「小企業会計制度」（2004年1月1日施行）は廃止された。

小企業会計准則の制定にあたり，まず財政部会計司が「『小企業会計准則』の意見募集に関する通知」（2010年 4 月30日）の**付属文書「『小企業会計准則』制定についての調査・研究の大綱」**に提示した 5 つの課題（「小企業会計准則」の適用範囲，小企業会計情報のニーズ，税法との調和，「企業会計准則」との調和およびその他の問題）における16の質問調査項目を通じて調査を実施した。寄せられたコメントなどを踏まえ，財政部会計司は2010年11月に公開草案「小企業会計准則」を公表し，国家税務総局，中国銀行業監督管理委員会などの関係省庁の理解を得て，最終的に「小企業会計准則」が公布されるに至っている。小企業会計准則の制定は，税法との接近，会計担当者の判断を簡素化，企業会計准則－具体准則との繋がりの強調を特徴としている（劉［2011］，80-86頁参照）。

小企業会計准則の適用範囲は，「中国国内で設立された企業で，『中小企業分類標準規定』（中小企业划型标准规定）に規定する小規模企業（小型企業）」（第 2 条）と規定されている。ただし，株式または債券が公開市場で取引されている小企業，金融機関またはその他金融業的性格を有する小企業および企業集団内の親会社と子会社は，小企業会計准則の適用除外となる。小規模企業は，中小企業分類標準規定で業種ごとに従業員数，営業収入および総資産額に基づいて定められている。

小企業会計准則の体系は，第 1 章 総則（第 1 条～第 4 条），第 2 章 資産（第 5 条～第44条），第 3 章 負債（第45条～第52条），第 4 章 所有者持分（第53条～第57条），第 5 章 収益（第58条～第64条），第 6 章 費用（第65条～第66条），第 7 章 利益および利益分配（第67条～第72条），第 8 章 外貨建取引（第73条～第78条），第 9 章 財務諸表（第79条～第88条），第10章 附則（第89条～第90条），附録：小企業会計准則—会計科目，主要な複式簿記の処理および財務諸表からなる。

なお，小企業会計准則は，企業会計准則を簡便化した会計処理の適用を認めるもので，次のような特徴がある（Deloitte［2012］， 1 頁参照）。

○ 小規模企業の資産は取得原価で測定し，減損損失は認識しない。

○ 長期持分投資は一律原価法で評価し，持分法による評価は行わない。

第3節 中国の会計制度の構造

○ ファイナンス・リースの借手側の会計処理として，リース資産はリース契約上のリース総額と関連付随費用の合計とし，現在価値への割引計算は行わない。

○ 税効果会計は適用しない。

○ 財務諸表は，貸借対照表，損益計算書およびキャッシュ・フロー計算書の3種類であり，所有者持分変動表は作成しない。

○ 会計方針の変更および誤謬の訂正に関しては，遡及修正を行わない。

○ 金融商品に関する規定がなく，金融資産と金融負債は取得原価で測定する。

5．企業内部統制基本規範

中華人民共和国会計法第23条は，「〔国家機関，社会団体，会社，企業，事業単位およびその他の組織の：引用者〕各単位は，会計証憑，会計帳簿，財務会計報告その他会計資料についての書類綴りを作成して，十分に保管しなければならない。会計書類綴りの保管期間と消却方法は，国務院財政部門が関連部門とともに制定する」と規定している。また，中華人民共和国会計法第37条は，「会計部門は，内部統制制度を樹立しなければならない。出納担当者は監査，会計書類綴じの保管および収入，支出，費用並びに債権債務勘定の記録業務を兼ねることはできない」と規定している。最高位の会計法における，いわゆる「**内部統制制度**」に関わる条項である。

財政部，証券監督管理委員会，審計（監査）署，銀行業監督管理委員会，保険監督管理委員会は，2008年5月22日に「『**企業内部統制基本規範**』の発行に関する通知」（財会（2008）7号）を公表し，アメリカの**トレッドウェイ委員会支援組織委員会**（The Committee of Sponsoring Organizations of the Treadway Commission）が1992年に公表した「**内部統制の統合的枠組み**」（**COSO 報告書**）（Internal Control — Integrated Framework: Executive Summary, Framework, Reporting to External Parties, and Addendum to "Reporting to External Parties"）（COSO [1992]（トラッドウェイ委員会組織委員会著，鳥羽・八田・高田訳 [1996a]・[1996b]））をベースにした「**企業内部統制基本規範**」（企業内部控制基本规范）（C

927

－SOX）を制定した。

この「企業内部統制基本規範」は，2009年7月1日から上場企業を対象に適用されており，より具体的には，中国内で設立された大中規模企業を対象としている（「財務統制作業において新企業規模区分基準を実施することに関する通知」(2003年）による企業区分での小規模企業やその他の企業も「企業内部統制基本規範」を参照可能）。「企業内部統制基本規範」は，「企業リスク管理の統合的枠組み」(Enterprise Risk Management — Integrated Framework）(2004年9月）の8つの構成要素（内部環境，目標設定，事象の識別，リスク評価，リスク対応，統制活動，情報と伝達，モニタリング）に従って構成されている。

「企業内部統制基本規範」は，基本的には中国の上場企業のなかの大中型企業の内部統制の構築等にあたり，5つの基本原則（全面性の原則，重要性の原則，牽制性の原則，適応性の原則，コスト利益の原則）を設けている。

この「企業内部統制基本規範」の制定をもとに，財政部等は2010年4月26日に「企業内部統制ガイドライン」を公表した。**「企業内部統制ガイドライン」**は，企業内部統制応用ガイドライン，企業内部統制評価ガイドラインおよび企業内部統制監査ガイドラインから構成され，企業の内部統制の構築と評価および監査人の内部統制監査の基準として成り立っている。この「企業内部統制ガイドライン」は，2011年1月1日より中国国内と国外に同時に上場している中国企業に適用している。また，上海証券取引所と深圳証券取引所の上場会社についても，2012年1月1日からこのガイドラインの適用が始まっている。

第4節 財政部会計司の調査グループによる企業会計准則の実施状況に関する調査報告書

新「企業会計准則」の施行後，上場企業における当該新「企業会計准則」の実施状況を捉えるために，財政部会計司は2008年からの3年間にわたり，調査グループによる調査報告書を公表してきた。

928

第4節 財政部会計司の調査グループによる企業会計准則の実施状況に関する調査報告書

1．財政部会計司による第１回調査報告書

　財政部会計司による**第１回調査報告書「わが国上場企業の2007年度の新会計准則実施状況に関する分析報告」**（「关于我国上市公司2007年执行新会计准则情况分析报告」（財政部会計司［2008］）（Analysis Report on the Implementation of New Accounting Standards by Chinese Listed Companies in 2007（CESR［2009］, Annex Ⅳ））によれば，2006年末から2007年初めにかけての従来の企業会計准則から新「企業会計准則」への移行はスムーズに展開され，2007年度の新「企業会計准則」は効果的に実施されていると結論づけた。

　第１回調査報告書で示された具体的な調査結果は，以下のとおりである。

　2008年４月30日までに，上海証券取引所と深圳証券取引所の上場会社1,570社のうちの1,557社（上海証券取引所上場企業849社と深圳証券取引所上場企業708社）が，新「企業会計准則」と従来の企業会計准則の株主持分の差異に関する調整表（Reconciliation Statement of Differences in Shareholders' Equity between New and Old Accounting Standards）を開示している。

　次頁の**図表12-6**にみられるように，第１回調査報告書は，2007年初めの上場会社の国際的にコンバージした新「企業会計准則」によって認識・測定された純資産（株主持分）が，従来の企業会計准則によるものよりも2.42％高くなることを明らかにした。この調査結果から，財政部会計司は，上場会社がIFRS第１号に対応する企業会計准則第38号「企業会計准則の初度適用」により，従来の企業会計准則から新「企業会計准則」にうまく移行したことは明らかであるという（CESR［2009］, Annex Ⅳ, pp.2-3）。

　加えて，第１回調査報告書は，上場会社の従来の企業会計准則から新「企業会計准則」への移行後，企業会計准則はスムーズに実施されていることを，以下の税引前利益と純利益の成長（増加）とその原因分析および純資産の成長（増加）とその原因分析を通じて示している。

　図表12-7の「2007年上場会社の連結損益計算書の主たる指標」から，上海証券取引所と深圳証券取引所の上場会社1,570社の2006年から2007年にかけての

第12章　中国における会計基準のコンバージェンス

929

図表12-6 新「企業会計准則」と従来の企業会計准則との株主持分の差異に関する調整表の要約

通貨単位：100百万元

	項　目	会社数	金額	%*
a	（旧基準での）2006年12月31日現在の株主持分	1,557社	41,486.64	—
1	長期株式投資の差異	737社	−160.78	−0.39%
2	公正価値モデルで測定すべき投資不動産	14社	39.29	0.09%
3	資産の見積廃棄費用等についての過年度の減価償却累計額	6社	−25.77	−0.06%
4	引当金の認識規準に適格な解雇給付	149社	−114.39	−0.28%
5	株式報酬	8社	−5.64	−0.01%
6	引当金の認識規準に適格なリストラクチャリング債務	4社	−1.26	−0.00%
7	企業結合	166社	335.81	0.81%
8	純損益を通じて公正価値で測定される金融資産および売却可能金融資産	454社	795.04	1.92%
9	純損益を通じて公正価値で測定する金融負債	11社	−0.37	−0.00%
10	金融商品の分離で増加した持分	19社	−6.56	−0.02%
11	デリバティブ金融商品	31社	−4.83	−0.01%
12	法人所得税	1,360社	−1.43	−0.00%
13	少数株主持分	1.267社	3,136.18	7.56%
14	B株やH株の上場会社に対する特別遡及修正	14社	−5.03	−0.01%
15	その他	616社	158.59	0.38%
b	修正総額	—	4,138.85	9.98%
c	株主持分の純増加	—	1,002.67	2.42%**
d	（新基準での）2007年1月1日現在の株主持分	1,557社	45,625.49	

注1：* 項目の%＝項目の修正額／旧基準による株主持分
　　　** 株主持分の変化率＝（新基準による株主持分−旧基準による少数株主持分）／旧基準による株主持分
　2：B株は，上海証券取引所と深圳証券取引所への中国上場企業の株式のうち，中国以外の外国人投資家向けの株式をいう。上海B株や深圳B株と称される。また，H株は，香港証券取引所への中国上場企業のうち，中国本土で登記している，いわゆる香港H株をいう。
出所：CESR［2009］, Annex Ⅳ, Exhibit 1, p.22.

税引前利益と純利益が，それぞれ48.18％と49.56％増加していることがわかる。この増加をもたらした主たる原因は営業利益であり，税引前利益（13,634.02百万元）の96.44％に相当する13,148.16百万元である。2006年の営業利益に比べて，

第4節 財政部会計司の調査グループによる企業会計准則の実施状況に関する調査報告書

図表12-7　2007年上場会社の連結損益計算書の主たる指標（1,570社）

通貨単位：100百万元

項　　目	2007年	2006年	金額(+／－)	+／－の%	総利益の%[*]
総営業利益	10,160.51	7,593.56	2,566.95	33.80%	74.52%
公正価値への変更に伴う利得	117.23	241.64	－124.41	－51.49%	0.86%
投資収益	2,950.50	1,170.05	1,780.44	152.17%	21.64%
営業利益	13,148.16	9,056.26	4,091.90	45.18%	96.44%
営業外純利益	485.86	144.96	340.90	235.16%	3.56%
税引前利益	13,634.02	9,201.22	4,432.80	48.18%	100.00%
法人所得税	3,516.38	2,436.14	1,080.24	44.34%	25.79%
純利益	10,117.64	6,765.08	3.352.56	49.56%	74.21%

注1：＊2007年の実現利益に寄与した項目／税引前利益
出所：CESR［2009］，Annex Ⅳ, Exhibit 2, p.23.

2007年のそれは4,091.90百万元（45.18％）増えている。投資収益控除後の営業利益で算定しても，税引前利益の74.80％（＝(13,148.16 － 2,950.50) ÷ 13,634.02）に相当する（CESR［2009］，Annex Ⅳ, Exhibit 1, p.22, p.24）。

　次頁の**図表12-8**の「2007年上場会社の連結貸借対照表の主たる指標」から，上場会社1,570社の2007年の純資産が，対前年度比で30.96％増加している。純資産利益率（RONA）を**図表12-7**と**図表12-8**をもとに算定してみると，12.95％（2006年）から14.79％（2007年）に増えている。

　このように純利益が増加した主たる原因は，第1に2007年の新規公開株（IPO）に求めることができ，これは純資産の増加の40.25％を占める（CESR［2009］，Annex Ⅳ, Exhibit 2, p.25.）。第2の原因は，売却可能金融資産の公正価値の変動であり，149,123百万元（純資産の増加の9.22％）の増加をもたらした。第3に，上場会社が2007年に純利益を実現した結果，純利益の増加に結び付いている。**図表12-7**で確認できるように，製造活動や営業活動によってもたらされる純利益は3,352.56百万元（純資産の増加の20.73％）増加している。

　1,570社の上場会社のうち53社が，香港でH株を同時に発行している。こうした発行体は，A株市場で新「企業会計准則」によるアニュアル・レポートを

第12章 中国における会計基準のコンバージェンス

図表12-8　2007年上場会社の連結貸借対照表の主たる指標（1,570社）

通貨単位：100百万元

項　　目	2007年	2006年	金額(+／-)	+／-の%
純損益を通じて公正価値で測定される金融資産	4,894.29	3,992.07	902.22	22.60%
流動資産合計	111,450.73	75,938.99	35,511.74	46.76%
売却可能金融資産	32,083.29	28,457.65	3,625.64	12.74%
満期保有投資資産	41,008.02	33,896.54	7,111.48	20.98%
長期持分投資	4,051.32	3,565.77	485.54	13.62%
固定資産	36,191.48	32,512.94	3,678.55	11.31%
無形資産	3,326.10	2,645.71	680.39	25.72%
繰延税金資産	969.31	961.79	7.51	0.78%
非流動資産合計	305,091.44	264,249.46	40,841.98	15.46%
総資産	416,542.17	340,188.45	76,353.72	22.44%
従業員給付	1,803.03	1,475.34	327.69	22.21%
流動負債合計	326,673.30	269,726.15	56,947.15	21.11%
引当金	551.51	491.00	60.51	12.32%
繰延税金負債	952.76	488.89	463.87	94.88%
非流動負債合計	21,479.17	18,241.97	3,237.19	17.75%
総負債	348,152.47	287,968.12	60,184.34	20.90%
資本金	22,571.09	21,002.86	1,568.23	7.47%
資本剰余金	22,401.61	14,390.81	8,010.80	55.67%
一：自己株式	0.97	2.81	-1.85	-65.71%
利益準備金	5,475.50	4,635.46	840.05	18.12%
別途積立金	1,573.76	653.80	919.96	140.71%
未処分利益	12,129.60	7,709.55	4,420.05	57.33%
為替換算調整勘定	-183.90	-40.46	-143.44	354.51%
親会社株主の帰属分	63,966.70	48,501.94	15,464.76	31.88%
少数株主持分	4,423.01	3,718.39	704.62	18.95%
純資産合計	68,389.71	52,220.32	16,169.39	30.96%
総負債・純資産	416,542.17	340,188.45	76,353.72	22.44%

出所：CESR [2009], Annex Ⅳ, Exhibit 3, pp.24-25.

第4節 財政部会計司の調査グループによる企業会計准則の実施状況に関する調査報告書

開示しなければならないが，H株市場でも**香港の財務報告准則**（HKFRS）に準拠したアニュアル・レポートを届け出ている。これらのアニュアル・レポートを比較することによって，会計基準間の差異について捉えることができる（CESR[2009]，Annex Ⅳ，Exhibit 1, pp.24-25）。

A株とH株を同時に発行する53社の2007年の純利益は，香港の財務報告准則によれば648.851十億元であったのに対して，新「企業会計准則」によれば619.808十億元であった。53社のうち6社（招商銀行（China Merchants Bank），天津創業環保（Tianjin Capital），中海油田服務（China Oilfield Services），中国建設銀行（Construction Bank），中興通訊（ZTE Corporation），経緯紡織機械（Jingwei Textile Machinery））については，2つの会計基準間の純利益に差異はみられなかった。

また，A株とH株を同時に発行する53社の2007年の純資産は，香港の財務報告准則によれば3,933.531十億元であったのに対して，新「企業会計准則」によれば3,824.858十億元であった。53社のうち10社（中海発展（China Shipping Development），招商銀行，青島啤酒（Tsingtao Beer），広州広船国際（Guangzhou Shipyard International），天津創業環保，中国鉄道建築（CRCC），中海油田服務，中国建設銀行，中興通訊，経緯紡織機械）については，2つの会計基準間の純資産に差異はみられなかった。

このように純利益と純資産に差異が生じる主たる原因は，企業再建中の資産評価の差異，共通支配下の企業結合の差異および減耗償却方法の差異にある。

これらを踏まえて，第1回調査報告書は，次の文言で結んでいる（CESR[2009]，Annex Ⅳ，p.39）。

C．IFRS策定への積極的な参画と中国の会計基準とIFRSのコンバージェンスの持続的促進

現在，IASBは，世界中で高品質なIFRSsの改善に努めている。CASCとIASBは，2008年1月8日に両会計基準の持続的なコンバージェンスについて合意に達し，その覚書に署名した。CASCは，IASBが公表するディスカッション・

ペーパーや公開草案について意見を適時に表明することになる。中国の会計基準の改正時には，CASCはIASBと意見交換を行う。中国は，当初より，IASBの作業にも積極的に参画してきた。2006年に，中国財政部副部長・CASC事務局長の王軍，中国公認会計士協会（CICPA。中国注册会计师协会）会長の刘仲藜（Liu Zhongli）は，それぞれIASBの基準諮問会議委員とIASC財団評議員を務めた。2007年に，IASBは中国の代表者を常勤の理事に取り込んでいる。財政部会計司は，IASBのテクニカル・レベルの作業にスタッフを毎年派遣している。これらの行動は，中国の会計基準とIFRSの持続的コンバージェンスとIFRSの形成に対する中国の参画の基礎を築き上げている。これらは中国の企業会計准則システムや世界中の高品質なIFRSsの改善に寄与するものである。

2．CESRによる第三国の会計基準の同等性評価に対する第1回調査報告書の影響

　財政部会計司の調査グループによる調査報告書は，EUにおけるCESRによる第三国の会計基準の同等性評価にあたって重要な役割を果たしている。

　2008年3月のCESRによる第2回の同等性評価の助言で，CESRは中国の新たな企業会計准則の適用実態が十分把握できる状態にないため，その判断に資するだけの情報が整うまで中国の企業会計准則に対する同等性評価の最終決定の延期を勧告していた。この勧告は，成果を重視するCESRの信念によるものであるといってよい。同時に，このときの勧告では，ヨーロッパ委員会（EC）規則第2条に基づいてその判断に資する情報が整うまで，同委員会規則第4条によって，いわば暫定的に中国の企業会計准則をEU市場で引き続き使用することも認め，併せて，中国企業による当該企業会計准則の適用実態の証拠の入手についても助言している。

　財政部会計司の調査グループによる調査報告書は，このCESRの勧告や助言を満たすために取りまとめられたものである。2008年11月に公表された，先の第1回調査報告書「わが国上場企業の2007年度の新会計准則実施状況に関する分析報告」の英語版は，CESRにも送付され，会計基準の同等性評価にあたっ

て「CESRが使用する主たる情報源をなすものである」（CESR［2009］,
par.63）。

CESRはこの調査報告書の主たる結論を，次のように捉えられている（CESR
［2009］, par.64）。

○ 新たな中国の企業会計准則はスムーズに実施されており，中国市場ない
し報告周期（報告サイクル）に大きな混乱もなく展開されてきた。

○ 中国財政部は，主として開示の透明性が高まったことにより，企業会計
准則への移行が，中国における財務報告の品質や信頼性を改善したと確
信している。

○ 財政部は，コンバージした企業会計准則が，海外の発行体に対して中国
の市場を魅力あるものとし，また，中国の発行体を国際市場への参画に
あたりよい地位をもたらしているとも思っている。

○ しかし，財政部は，2005年の財務諸表でコンプライアンスのレベルが改
善されるべき領域，または，発行体が適用可能な基準を確認するのに難し
さを感じる領域が多いということも確認している。

なお，財政部会計司は第1回調査報告書の公表に続き，その後2回にわたっ
て実施した調査結果を公表している。

第2回調査報告書「わが国上場企業（2008年度）の企業会計准則実施状況に
関する分析報告」（我国上市公司2008年执行企业会计准则情况分析报告）（2009年8月）
（財政部会計司［2009］）では，2008年度も新「企業会計准則」が効果的に実施
されていることを，また，第3回調査報告書「わが国上場企業（2009年度）の
企業会計准則実施状況に関する分析報告―企業会計准則実施の経済効果に関し
て―」（我国上市公司2009年执行企业会计准则情况分析报告―基于企业会计准则实施
的经济效果）（2010年5月）（財政部会計司［2010］）でも，新「企業会計准則」に
準拠した財務諸表がすべての上場企業によって作成されていることなどを報告
している。

第5節 **「中国企業会計准則と国際財務報告基準の持続的な全面コンバージェンスのためのロードマップ」**

1．ロードマップ公開草案の公表

　中国財政部は，2009年9月に，次の**公開草案「中国企業会計准則と国際財務報告基準の持続的な全面コンバージェンスのためのロードマップ」**（中国企業会計准則与国际财务报告准则持续全面趋同路线图（征求意见稿））を公表した。

　このロードマップ公開草案を公表した背景には，第1に，リーマンショックに端を発した世界金融危機とこれに対する20ヵ国・地域（G20）首脳会議と金融安定理事会（FSB）のイニシアティブに協調すること，第2に，国際的なコンバージェンスの趨勢に呼応して，中国もこのIFRSsへのコンバージェンスの趨勢に対応すること，第3に，中国の会計基準および会計制度の新たな改革を推進すること，といった3つの要因がある。

中国の企業会計准則と国際財務報告基準の
持続的な全面コンバージェンスのためのロードマップ（公開草案）

　会計基準の国際的コンバージェンスは，国家の経済発展と経済グローバル化の1つの必然的な選択である。2005年以来，中国は，国際財務報告基準（IFRS）と実質的なコンバージェンスを有する企業会計准則体系を構築し，新旧の転換と平穏で有効な実施を実現し，アジアと新興国の市場経済の前線に立っている。今般の世界金融危機の拡大後，20ヵ国・地域（G20）首脳会議と金融安定理事会（FSB）は，国際的に統一した高品質な会計基準の制定を提案し，会計基準の問題にかつてなく言及し，また，国際会計基準審議会（IASB）は一連の重要な措置をとり，各国会計基準の国際的コンバージェンスのペースを加速させた。こうした背景のもと，〔われわれは：引用者〕積極的にアクションを起こし，国際情勢の最新の変化に対応する必要がある。

1．G20首脳会議とFSBの提案に呼応し，中国の企業会計准則と国際財務報告

936

第5節 「中国企業会計准則と国際財務報告基準の持続的な全面コンバージェンスのためのロードマップ」

基準の持続的な全面コンバージェンスのためのロードマップを制定する

　今般の世界金融危機に対応するために，2008年11月15日，G20ワシントン首脳会議は，金融危機の原因について分析と総括を行い，金融危機への対策およびIASBのガバナンス改革と国際的に統一した高品質な会計基準を制定する目標を提出した。2009年4月，G20ロンドン首脳会議は，各国に積極的な協力を要請した。2009年6月26日から27日まで，金融安定化フォーラム（FSF）を改組したFSBが，スイスのバーゼルで開催され，運営委員会，並びに，金融システムの問題点の把握と報告，各国当局との連携と対策の実施，および，規制や監督に関わる基準設定を担う3つの常任委員会を設置することを決定した。中国財政部，中国人民銀行および中国銀監会は，それぞれ当該委員会のメンバーであり，そのなかの基準設定委員会の業務の1つは，各国の会計基準の国際的コンバージェンスを促進することである。

　IASBは，G20とFSBの要求に従い，金融危機で表面化した問題を検討し，また，完全な会計基準によって管理監督機構と協力し解決するために，以下の行動を取る。

①2008年12月に成立した金融危機諮問グループ（FCAG）は，2009年7月に報告書を公表し，財務報告を改善して金融危機に対応する提案を行った。

②2009年5月28日に公正価値測定の公開草案を公表し，2010年上半期に最終基準を公表する予定である。

③2009年7月14日に金融商品会計基準の複雑性を削減するために，第1階段（フェーズ）の公開草案「金融商品：分類および測定」を公表した。プロシクリカリティ（景気循環増幅効果）と貸倒引当金の問題に対し，金融資産の減損を簡略化し，10月に第2階段（フェーズ）の公開草案を公表する。ヘッジ会計を簡素化する問題について，12月に第3階段（フェーズ）の公開草案を公表する。

④FSBとの協力を提議し，金融機構財務報告諮問グループを組織し，利害関係者との対話を深める。

　FSBは，各メンバー国が一連の重要な国際管理監督基準，たとえば国際財務報告基準を遵守しているかどうかを監督する。会計基準の問題は，すでに公衆の受託責任と政府を背景に備える重要な業務であり，会計専門領域の活動にとどまらない。G20首脳会議とFSBの提案に応え，本国の実情に合わせ，また，国際財務報告基準の重大な修正に参加するため，「中国の企業会計准則

937

と国際財務報告基準の持続的な全面コンバージェンスのためのロードマップ」
を公表し，国際的に統一した高品質な会計基準の制定に向けて努力する。

2．中国企业会计准则は，すでに国際財務報告基準と実質的なコンバージェンスを実現しており，持続的な全面コンバージェンスに向けた着実な基礎を固めている

　2005年の初頭から年末まで，中国財政部は，国際財務報告基準にコンバージした企业会计准则体系（基本准则と38項目の具体准则から構成される）の制定を完了した。

　この期間中に，IASBは数回にわたって専門家を派遣し，財政部会計司とともに業務を行い，2005年11月8日に，中国企业会计准则委員会との次のような共同声明に署名を行った。

> **声明**：過去1年間で，中国は「企业会计准则－基本准则」と具体准则の公開
> 　　　草案を公表し，中国の企业会计准则体系を構築し，国際財務報告基準
> 　　　とのコンバージェンスを実現した。〔中国企业会计准则委員会とIASBの：
> 　　　引用者〕双方は，中国の企业会计准则と国際財務報告基準にはごく少数
> 　　　の問題，たとえば資産の減損の戻入れ，関連当事者の関係およびその
> 　　　取引の開示において差異が存在する〔ことを認識している：引用者〕。双
> 　　　方は，この差異を解消するよう業務を継続することに同意する。

　同時に，IASBは，中国の特殊な状況と環境におけるいくつかの会計上の問題，たとえば関連当事者についての開示，公正価値測定および共通支配下の企業結合などについても認識した。こうした問題について，IASBが高品質な国際財務報告基準の解決策を追求することに対して，中国は非常に有用な協力を行うことができる。

　2006年2月15日，中国財政部は企业会计准则体系を正式に公表し，IASBのデイビッド・トゥイーディー（David Tweedie）議長一行は，発表会に出席してこれを高く評価した。企业会计准则体系は，2007年1月1日よりすべての上場会社に適用している。中国財政部と証券監督管理委員会等の関係者は，一致協力して，上場会社に対する会計基準の実施状況の指導と監督を強化した。各関係者の努力の結果，中国の企业会计准则は実践の検査を通過している。

第5節　「中国企業会計准則と国際財務報告基準の持続的な全面コンバージェンスのためのロードマップ」

財政部会計司は、「時価評価・個別分析」の業務方式を採用し、すべての上場会社が開示する財務報告情報を分析し、中国上場会社の2007年における会計基準の有効な適用状況についての分析報告を公表し、その英語版をIASB、世界銀行およびEUなどに提供した。2009年上半期に、財政部会計司は、再度同様の方式により、中国上場会社の2008年企業会計准則の適用状況についての分析報告を行った。この分析結果によれば、中国の企業会計准則は、上場会社において安定的かつ有効に適用されている。

　2008年5月に、IASBは、専門家を派遣して中国上場会社の企業会計准則の実施状況について実地調査を行い、また、上場会社、会計士事務所、証券会社および基金会社と座談会を開催し、中国の企業会計准則体系の安定的かつ有効な適用について再確認した。世界銀行も専門家を中国に派遣して調査を行い、中国の企業会計准則の有効な適用状況について高い評価を与え、また、「中国会計改革と発展」プロジェクトは、世界銀行の長期低金利貸付プロジェクトのなかで最も成功した模範事例となった。ヨーロッパ委員会の内部市場本部は、中国の企業会計准則の適用状況についての評価をまとめ、中国の企業会計准則の適用状況は良好であると認めた。2008年12月12日、ヨーロッパ委員会は第三国の会計基準の同等性評価問題の規則を公表し、2009年から2011年までの期間にわたって、中国企業がEU国内市場に参入する際に、中国の企業会計准則による財務報告書の作成を認めた。中国本土と香港は、1年間にわたって両者の会計基準（香港の財務報告准則は、国際財務報告基準と同等である）についての比較研究を踏まえ、2007年12月6日に両会計基準間の同等性に関する共同声明に署名し、両会計基準の同等性が実現した。これにより、中国本土の企業が香港〔証券取引所：引用者〕に上場して、資金調達コストを低減でき、両者の資本市場がともに発展することを実現できる。

　以上のように、中国の企業会計准則と国際財務報告基準は、すでにコンバージェンスを実現しており、上場会社はそれを有効に実施し、国内外で認められている。国際情勢の最新の変化に対応し、G20首脳会議とFSBの提案に応え、中国が会計基準について解決を要する主たる問題は、コンバージェンスを全面的に持続することであり、国際的に統一した高品質な会計基準を構築すべく貢献する。

3．中国の企業会計准則と国際財務報告基準の持続的な全面コンバージェンス

のためのロードマップの主たる項目とタイムスケジュール

　国際的に統一した高品質な会計基準の制定は，重大なシステム構築の1つである。これまでに，IASBはその構築に向けたたゆまぬ努力を積み重ね，成功と進展を勝ち取ってきた。とくに，今般の世界金融危機への対応とG20・FSBの要求を実現するための対策は，十分なまでの賞賛に値する。中国は，これまで通りIASBの業務を支持し，同時に，新興市場経済国には固有の法律・経済・文化環境があることから，国際的に統一した高品質な会計基準の制定にあたっては，国の経済環境の発展を基礎とするだけではなく，新興市場経済国の実情をも十分に考慮しなければならない。

(1)　**IASBが行う基準の重大な修正プロジェクトに積極的に参加し，国際的に統一した高品質な会計基準が，新興市場経済国の実情を充分に反映するように促す**

　中国会計准則委員会とIASBは，すでに持続的なコンバージェンスの業務機構を構築し，毎年少なくとも2回の専門委員会を招集し，会計基準の実施状況と国際財務報告基準の将来の開発について分析している。実際に，この機構は実務的に十分有効である。中国は，会計基準の持続的な全面コンバージェンスを実現するために，IASBが今般の世界金融危機に対応する金融商品・公正価値測定・財務諸表の表示等の項目の修正業務に積極的に参加する。中国財政部が積極的に提唱して成立したアジア・オセアニア基準設定主体グループ（AOSSG）も，主として上述の目的によるものであり，国際財務報告基準にできる限り中国などの新興市場経済国の実情を反映してもらうことに意義がある。

　中国は，IASBによる国際会計基準第39号（IAS 39）「金融商品：認識および測定」を簡素化する修正を支持し，7月14日に公表した第1次公開草案「金融商品：分類および測定」は，金融商品の区分を償却原価と公正価値測定の2つに大別する計画を基本的に了承した。ただし，もし公正価値測定の範囲が拡大した場合，中国は新興市場経済国として憂慮を表明する。中国は，基本的な貸付金の特徴を有する契約収益に基づいて管理される金融資産または金融負債は，償却原価による測定がより意思決定有用性を有する情報であると考えている。

　中国は，財務諸表にその他の包括利益を採り入れることに賛成する。た

第5節 「中国企業会計准則と国際財務報告基準の持続的な全面コンバージェンスのためのロードマップ」

だし，現在の財務諸表の構成と表示項目を大幅に変更すべきではない。現在の財務諸表の構成と表示項目は，実務的な応用が良好であるため，その構成上の大きな調整は不要であり，表示に重大な修正を行うとなると，法律上もいくつかの障害がある。

(2) 中国の企業会計准則と国際財務報告基準に現存するわずかな差異を積極的に解消する

4年間の討論を経て，IASBは，2009年8月4日に最終的に国際会計基準第24号（IAS24）「関連当事者についての開示」の修正を正式に批准した。修正後のIAS24は中国の実情を考慮し，この問題における中国の企業会計准則と国際財務報告基準との間の差異を解消した。企業再編の資産評価に関する会計処理も中国固有の問題であり，財政部は，その解決計画をIASBに繰り返し要請している。2009年8月26日，IASBは，年次改善で国際財務報告基準第1号（IFRS1）「国際財務報告基準の初度適用」の改訂を通じて，この問題を修正することを承諾した。IASBが中国の新興市場経済国の状況を反映する努力は，実務的に有効である。

中国の企業合併准則は，共同支配の企業合併と非共同支配の企業合併の会計処理を規定している。国際財務報告基準は，非共同支配の企業合併の会計処理方法をパーチェス法と規定しているだけで，共同支配の企業合併の会計処理については規定していない。2005年にIASBと中国が署名した共同声明において示したように，中国の企業会計准則は，このような規定と実践について国際財務報告基準の参考に資するように提供し，IASBが早急にこの会計処理の規定について設定することを望む。

国際財務報告基準では，企業が計上した有形固定資産・無形資産等の非流動資産の減損損失を当期損益に戻し入れることが認められている。中国の資産の減損准則の規定では，こうした資産の減損を一度認識した場合，戻し入れることはできない。IASBは中国の規定に対して理解を表明し，われわれは，アメリカ財務会計基準審議会（FASB）とIASBによる資産の減損基準に対するコンバージェンスの進展に関心があり，この問題を共同研究で解決することを望んでいる。

(3) 中国の企業会計准則と国際財務報告基準の持続的な全面コンバージェン

第12章 中国における会計基準のコンバージェンス

941

スのためのタイムスケジュール

　IASBは，2011年に金融商品，収益認識，財務諸表の表示などの重要な項目の修正を終える予定であり，中国の企業会計准則と国際財務報告基準の持続的な全面コンバージェンスのための完了時期も2011年を予定している。2010年～2011年は，中国の企業会計准則と国際財務報告基準の持続的な全面コンバージェンスにとって重要な時期であり，財政部は，2010年より准則体系の改訂業務を開始し，2011年に完成するように努め，2012年よりすべての大規模企業・中規模企業で実施することを予定している。改訂後の中国の企業会計准則体系は，依然として基本准則，具体准則，応用指南の三部構成となる。基本准則の変更は行わない。具体准則は調整補充を行う。現行の准則の応用指南は，具体准則の一部であり，関連する具体准則と一体である。「企業会計准則講解」は，その名称を指南と改め，内容と解釈を調整，補充し，企業が持続的な全面コンバージェンス後の企業会計准則体系をより良く理解して実施できるようにする。2011年以降，中国の企業会計准則と国際財務報告基準は安定期に入り，実務上発生した新しい取引または事象については，持続的な全面コンバージェンスを通じて解決する。

2．ロードマップ公表の意義

　公開草案の公表を踏まえて，財政部は，2010年4月2日に「**中国の企業会計准則と国際財務報告基準の持続的な全面コンバージェンスのためのロードマップ**」（中国企業会計准則与国際財務報告準則持続全面趨同路線図）を公表した。

　「ロードマップを発表し，企業会計基準のIFRS対応を進めることは，現在の経済的，社会的発展を着実にするための重要な契機でもあり，長期的かつ安定的で持続可能な発展を保つための重要な措置でもある。また，中国が進んで国際的な責任を分担し，国際的な金融管理監督体制の改革に参画し，世界の経済・金融システムの安定を守ることにもなり，その意義は大きい」——中国のロードマップの策定等に関わった財政部会計司の劉玉廷司長（当時）は，その公表後の論文（劉［2010］）のなかで，世界金融危機の影響が広がり，ポスト金融危機時代の政治・経済の枠組みが大きく変化する時期を捉えて，その意義の

第5節 「中国企業会計准則と国際財務報告基準の持続的な全面コンバージェンスのためのロードマップ」

大きさを説いた。

　具体的には，次の3点に当該ロードマップを発表した意義を見出している（劉［2010］，4-5頁）。

①ロードマップの発表は，中国の会計情報の透明性向上に寄与するだけでなく，世界における共同責任を中国が引き受けることにも繋がること

　　　今や中国経済は世界経済と密接に関わっており，中国の発展は各国の利益に直結するため，中国の企業会計情報の質に世界の関心が集まっている。こうした背景でのロードマップ発表は，企業会計基準〔企業会計准則：引用者〕のコンバージェンスに前向きな姿勢を示すだけでなく，会計情報の透明性向上や，世界における共同責任の分担，公共利益の保護にも繋がるものであり，責任ある大国にふさわしい行動でもある。また，国際慣例を守り，国際問題に積極的に参画し，建設的な役割を果たしていくための重要な道筋にもなる。

②ロードマップの発表を通じて，中国特有の会計問題をIASBに随時伝達することにもなり，IFRSの認知度や権威，利便性を向上する一助となること

　　　中国は世界最大の新興市場である一方，経済モデルの転換期に差し掛かっており，新たな取引形態や状況，問題が数多く浮上している。中国はロードマップの発表を通して，企業会計基準〔企業会計准則：引用者〕の世界とのコンバージェンスを図る一方で，世界との双方向的な連携を構築する姿勢を示している。これは中国にとって，IFRSの最新動向や影響を素早く追跡・分析し，さまざまな方向からのIFRSの制定作業に参画する一助となる。また，IFRSの制定過程で中国の実情やニーズ，特に市場経済の形成初期やモデル転換期に特有の会計問題を十分に考慮し，さらにはIFRSの質や世界的認知度をあげる上でも役立つ。

③ロードマップの発表は，中国政府の会計監督を強化し，経済・金融の安定と発展を維持するための一助となること

943

健全で秩序ある市場経済を維持するためには，政府がより多くの責任を果たさなければならない。公共管理の役割を強化し，健全性や公平性，秩序をそなえた市場ルールを整備し，市場での経済活動や市場経済秩序を必要に応じて適切に監督する必要がある。会計基準は市場経済運営の屋台骨をなす制度的・技術的基準である。ロードマップを発表し，コンバージェンスによって企業会計基準〔企業会計准則：引用者〕の質的向上を図ることは，政府による会計監督，特に会計基準の実行状況や会計情報の質に対する確認に役立つ。これは市場経済下での政府の経済運営能力を高めるとともに，市場の公平性・効率性の維持という政府の役割を果たすための重要な手段であり，中国の金融監督システムを整え，中国ひいては世界の経済・金融の安定や市場効率を向上させるための土台となる。

3．ロードマップの主たる内容

劉［2010］によれば，「中国の企業会計准則と国際財務報告基準の持続的な全面コンバージェンスのためのロードマップ」は，先の公開草案を踏まえながら，端的には次の3つの骨子からなる（劉［2010］, 6-8頁）。

①中国の企業会計准則がすでにIFRSsに準拠していることを強調し，今後のコンバージェンス作業は，従来の作業を土台にしたフォローアップ作業であるとしていること

②IASBが金融危機への対応策として進める改革を評価し，品質の高い世界共通の会計基準制定に向けたIASBの動きを支持していること

③中国の企業会計准則をコンバージェンスする立場を明確にし，国際的な連携を土台にさらなるコンバージェンスを続けるとしていること

CASCとIASBは，2005年11月8日に中国の企業会計准則とIFRSsがコンバージェンスを実現している旨の声明を表明した。企業会計准則は，上場企業はもとより，省，自治区，直轄市などの未上場の大規模・中規模企業にも適用されてきた実態などを踏まえて，ロードマップは，企業会計准則がIFRSsに準拠していることを明言していると捉えている。「中国の会計基準がすでにコンバ

第5節 「中国企業会計准則と国際財務報告基準の持続的な全面コンバージェンスのためのロードマップ」

ージェンスを実現し，効果的に実施されているからこそ，さらなるコンバージェンスを目標に掲げたのである。つまり，従来のコンバージェンスを土台に，次段階のコンバージェンスと発展を進めることになる」（劉［2010］，6頁）というのである。これが第1の内容の骨子である。

　世界金融危機の根本原因は，公正価値測定や会計基準ではないとの見解も散見されるが，とくにG20やアメリカのSECは，ポスト金融危機時代における会計基準の質的向上や会計情報の透明性の向上には，IASBのガバナンス構造の改善が不可欠であるとの共通認識があった。ただし，このロードマップにおいて，中国は歪な経済構造，とくにアメリカなどで実体経済とバーチャル経済とのバランスが失われたことが世界金融危機の根本原因であり，これが資産バブルの拡大やリスクの拡散に結び付き，制御不能な経済に陥ったと分析している。加えて，世界金融危機の問題はプロシクリカリティ（景気循環増幅効果）にあるのではなく，とりわけ金融資産や金融負債の公正価値の測定方法にある（劉［2010］，8頁）との考えを示している。

　この問題意識から，財政部会計司は，中国の金融商品の特徴，価格決定メカニズムおよび報告システムなどの公正価値測定に関する研究を通じて，その成果をIASBにフィードバックしている。公正価値測定の研究は，中国とIASBの「相互連携を通じたコンバージェンスの正しさが一層裏付けられることになり，こうした研究は中国の企業や国益の保護にも貢献する」（劉［2010］，8頁）というのである。

　IASBは，世界金融危機により浮上した会計問題，たとえば公正価値測定の基準の整備，金融商品会計基準の全面改正，特別目的事業体（SPE）などの会計処理を明確にした連結基準の整備並びに保険契約，財務諸表の表示，収益認識，リースなどの会計基準の設定と改正などを展開している。ロードマップは，このような「IASBの努力を賞賛するとともに，IASBによる質の高い世界共通の会計基準作成を従来同様に支持している」（劉［2010］，7頁）として，これを第2の内容の骨子としている。

　第3の内容の骨子を展開するにあたり，まず会計基準の世界的なコンバージ

第12章　中国における会計基準のコンバージェンス

945

ェンスを，①**アドプション戦略**（一字一句もらさずIFRSsを導入する方法）と②**コンバージェンス戦略**（会計原則や実質的な内容をIFRSsと一致させる方法）の2つの戦略に大別する。そのうえで，「中国のロードマップは，会計基準の世界コンバージェンスを基本的姿勢として明示している。すなわち，『コンバージェンス』であって『アドプション』ではなく，『コンバージェンスは同化とは異なり，コンバージェンスは双方向的な連携である』という原則を貫いている」（劉［2010］，7頁）とする。

というのも，このような姿勢こそが中国の特殊な政治，経済，法律，文化環境を踏まえており，先にみた会計に関する基本法としての「中華人民共和国会計法」を基軸に据えた中国の法制度と監督体制にも合致するからだという。

以上のような中国のロードマップの主な内容の骨子から透けて見えるのは，新興市場経済国の実情を反映すべく，中国がIFRSs開発に貢献するという強い意思である。財政部の劉玉廷会計司長（当時）の次の言明は，このことを如実に語っている（劉［2010］，7頁）。

> 「我々は，IFRSの策定過程では，発展途上国，特に新興市場経済国の実情を十分に考慮する必要があると考えている。それこそが国際的な財務報告基準の質や権威性，世界での認知度を高める唯一の道である。同時に，中国もIFRSの制定プロセスに積極的に参画し，国際基準の策定過程での発言権や影響力を高めるべきである。」

第6節 中国企業の不正会計と監査法人の告発 ―透明性の高い会計制度と会計基準の策定に向けて―

2011年以降，アメリカやカナダに上場する中国企業に対しては，会計慣行や情報開示を巡る不正会計疑惑が巻き起こった。その契機となったのは，カナダのトロント証券取引所（TSX）に2011年6月に上場した嘉漢林業国際（Sino-Forest）の不透明な事業構造や資産の水増し処理などであった。

第6節 中国企業の不正会計と監査法人の告発—透明性の高い会計制度と会計基準の策定に向けて—

この不正会計は，アメリカに拠点のある香港の調査会社（本社所在地等は非公表）のマディー・ウォーターズ・リサーチ（Muddy Waters Research）社が，「空売りリポート」でその上場翌月に不透明な事業構造や資産の過大計上を報じたことで発覚し，トロント証券取引所での嘉漢林業国際の株価は暴落した。S＆PやFitch Ratingなどの格付会社による同社の格付けも，取り下げられる事態に陥った。

マディー・ウォーターズ・リサーチ社の指摘を受けて，オンタリオ証券委員会（OSC）は嘉漢林業国際の業務実態などについて調査を実施し，2011年8月に同社が発行するすべての有価証券の取引停止措置を講じた。同社の事業活動などが，オンタリオ州（Province of Ontario）の証券法や公益に反する取引だと決断したことによるものである。嘉漢林業国際の子会社で，香港証券取引所に上場する緑林集団も取引停止措置を受けている。空売り専門投資家が率いる調査会社であるマディー・ウォーターズ・リサーチ社に加えて，カナダの『グローブ・アンド・メール』（The Globe and Mail）紙による持株の実態や業務提携先との不正取引などに関する調査結果も，この取引停止措置の決定に大きく作用した。その後，嘉漢林業国際の株式は，2012年5月に上場廃止になった。

嘉漢林業国際の不正会計は，高成長を見込んで中国企業に多額の投資マネーを注いだアメリカにも波及し，アメリカの投資家も莫大な損失を被った。同時に，NASDAQに相次いで上場する中国企業の株価の激しい値動きについても，不正会計との関係が疑問視されてきた。

現に，2004年に中国で設立され，2009年にNASDAQに上場した広告会社の中国高速頻道（China MediaExpress）は，上場当時から利益や財務状況などの虚偽報告を行い，2010年には現金保有高も大幅に水増しする虚偽報告を繰り返した。嘉漢林業国際と中国高速頻道の不正会計は，いずれもアメリカの著名投資家や投資慈善会社などが被害に遭っただけに，規制当局であるSECも直ちに調査に乗り出し，アメリカに上場する多数の中国企業を相手に提訴する手段を講じている。

大連緑諾（Rino International）や徳尓電器（Deer Consumer Products）など，

第12章 中国における会計基準のコンバージェンス

947

その多くが逆買収 (Reverse Merger) をはじめとした、いわゆる「裏口上場」によってアメリカやカナダの株式市場に上場した企業である（**図表12-9参照**）。「裏口上場」だからこそ会計基準や開示基準を満たしきれず、また、SECに年次報告書を提出できないでいる。

アメリカに上場する中国企業への不信感が強まるにつれて、SECはこれら中国企業の監査情報の提供を4大国際会計事務所（プライスウォーターハウス・クーパース (PwC)、デロイト・トウシュ・トーマツ (Deloitte)、アーンスト・アンド・ヤング (E & Y) およびKPMG) とEU系の会計グループに求めてきた。しかし、4大国際会計事務所の中国拠点はこの監査情報の提供を拒否したため、SECが当該監査法人を告発するまでに展開している。加えて、SECは、逆買収でアメリカ資本市場に参入する中国企業の監査業務において職業的懐疑心と注意義務を怠ったとして、アメリカの監査法人やパートナーにも制裁金などを課している。

その一方で、2013年5月にアメリカの**公開会社会計監督委員会 (PCAOB)** は、中国の財政部やCSRCとの合意により、中国に拠点のある4大国際会計事務所

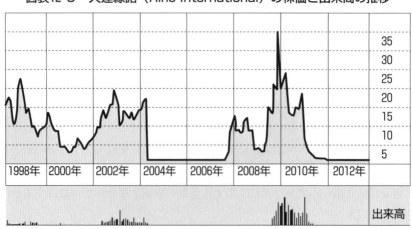

図表12-9　大連緑諾 (Rino International) の株価と出来高の推移

出所：Reuters Website (http://jp.reuters.com/investing/quotes/chart?symbol＝RINO.PK).

の監査記録やその他の文書の閲覧を認められている。ただし，中国では中国企業の監査記録は国家機密に相当する。そのため，国内法の見地からの罰則との関係もあるため，この合意は，あくまでもPCAOBによる中国の上場企業の監査記録へのアクセスを容認するものであって，これら監査記録へのアクセスや中国でのアメリカ上場企業の監査法人の検査などをSECに対して認めるものではない。

とはいえ，4大国際会計事務所の中国拠点に対するSECの告発は，中国により透明性の高い企業会計への移行を促したい思惑があると考えられている（「米，中国企業に厳しい目　SECが情報提供めぐり監査法人告発」，『日本経済新聞』2012年12月5日付）。

【参考文献】

Accounting Standards Board of Japan (ASBJ) [2005], Memorandum of Underestanding (MoU) of the 5th Three Countries' Accounting Standard Setters' Meeting between China, Japan and Republic of Korea, September 7, 2005.

Baker, C. Richard, Yuri Biondi, and Qiusheng Zhang [2010], Disharmony in International Accounting Standards Setting: The Chinese Approach to Accounting for Business Combinations, *Critical Perspectives on Accounting*, Vol.21 No.2, February 2010.

China Accounting Standards Committee (CASC) [2005], Joint Statement of the Secretary-General of the China Accounting Standards Committee and the Chairman of the International Accounting Standards Board, November 7-8, 2005.

CASC [2008], China-US Accounting Cooperation: Memorandum of Understanding between the CASC and the FASB, April 18, 2008.

Committee of European Securities Regulators (CESR) [2009], CESR's Supplementary Report to the European Commission on the Programmes of Canada, India and South Korea to Converge with or Adopt IFRS, on the Level of Application of Chinese Accounting Standards by Chinese Issuers and on the Use of Third Country GAAP on EU Markets, Ref: CESR/09-472, June 2009.

Committee of Sponsoring Organizations of the Treadway Commission (COSO) [1992], *Internal Control — Integrated Framework: Executive Summary, Framework, Reporting to External Parties, and Addendum to "Reporting to External Parties,"* AICPA（トラッドウェイ委員会組織委員会著，鳥羽至英・八田進二・高田敏文訳 [1996a]，『内部統

制の統合的枠組み　理論編』白桃書房，トラッドウェイ委員会組織委員会著，鳥羽至英・八田進二・高田敏文訳［1996b］，『内部統制の統合的枠組み　ツール編』白桃書房).

COSO［2013］, Internal Control — Integrated Framework: Executive Summary, Framework and Appendices, and Illustrative Tools for Assessing Effectiveness of a System of Internal Control, AICPA (トレッドウェイ委員会支援組織委員会著，八田進二・箱田順哉監訳［2014］，『内部統制の統合的フレームワーク　フレームワーク篇・ツール篇・外部財務報告篇』日本公認会計士協会出版局).

Financial Accounting Standards Board（FASB）［2008］, News Release 04/28/08: The Financial Accounting Standards Board and the China Accounting Standards Committee Sign Memorandum of Understanding, April 28, 2008.

Godfrey, J. M. and K. Chalmers［2007］, *Globalisation of Accounting Standards*, Edward Elgar Publishing Ltd.（ジェーン・M・ゴドフレイ，ケルン・チャルマース編・古賀智敏監修，石井明・五十嵐則夫監訳［2009］，『会計基準のグローバリゼーション』同文舘出版).

He X. T.J. Wong, and D. Young［2012］, Challenges for Implementation of Fair Value Accounting in Emerging Markets: Evidence from China, *Contemporary Accounting Research*, Vol.29 No.2, Summer 2012.

International Accounting Standards Board（IASB）［2005］, Press Release: Bold Steps toward Convergence of Chinese Accounting Standards and International Standards, November 14, 2005.

Securities and Exchange Commission（SEC）［2006］, SEC and CRSC Announce Terms of Reference for Enhanced Dialogue, May 2, 2006.

World Bank［2009］, Report on the Observance of Standards and Codes（ROSC）— Accounting and Auditing: People's Republic of China, East Asia and Pacific Region, Financial Management — Central Operational Services Unit, October 2009.

王淑平主编［2009］，『企业会计制度设计』中国电力出版社。

黄光松・石文先・胡家望・张卓奇［2006］，『最新企业会计准则导读：图解与比较』上海财形大学出版社。

财政部会计司［2008］，「关于我国上市公司2007年执行新会计准则情况分析报告」，2008年7月。

财政部会计司［2009］，「我国上市公司2008年执行企业会计准则情况分析报告」，2009年8月。

财政部会计司［2010］，「我国上市公司2009年执行企业会计准则情况分析报告—基于企业会计准则实施的经济效果」，2010年5月。

参考文献

権藝卿・金石雄・金俊浩・李相直［2012］,『中国会計制度의 어제와 오늘』(2012年韓国会計学会特別研究書）산문출판。

王昱［2007］,「会計基準のコンバージェンスに向けて―中国の会計趨同戦略―」,『同志社商学』第59巻第1・2号, 2007年10月。

片山智二［2005］,「第5回 日中韓三カ国会計基準設定主体会議」,『季刊会計基準』第11号, 2005年12月。

金融庁・企業会計審議会［2012］,「IFRSに関するアジア調査出張（中国）調査報告書」, 企業会計審議会総会・企画調整部会合同会議資料4-4, 2012年2月17日。

近藤博監修, 魏海涛・江帆・畢潔・木村早織・中村あずみ訳［2007］,『中日対訳 中国企業会計準則』中央経済社。

謝少敏［1997］,『中国の企業会計制度』創成社。

神宮健・李粋蓉［2007］,「中国の企業会計・監査制度―新基準導入で企業情報開示の改善へ―」,『資本市場クォータリー』, 2007年Winter。

丁嵐［2011］,「中国会計制度の変遷を踏まえたIAS/IFRSとの調和化の考察」,『アドミニストレーション大学院紀要』第8号, 2011年3月。

Deloitte［2012］,「会計情報Q&A： Q：小企業会計準則が外商投資企業にも適用されるとの事ですが, どのような内容ですか？」,『トーマツ チャイナ ニュース』第119号, 2012年10月。

徳賀芳弘・王昱［2005］,「中国におけるIASへの対応」, 平松一夫・徳賀芳弘編著［2005］,『会計基準の国際的統一――国際会計基準への各国の対応―』中央経済社所収。

A.ファン・R.マア著, 久野光朗・邵藍蘭共訳［2004］,『転換期の中国会計：1949-2000』同文舘出版。

野村資本市場研究所編［2007］,『中国証券市場大全』日本経済新聞社。

町田祥弘［2015］,『内部統制の知識＜第3版＞』日本経済新聞出版社。

劉玉廷［2010］,「新たな段階を迎える中国の企業会計基準のIFRS対応」(国務院発達研究センター・野村財団共同研究会議：証券市場の制度整備と対外開放（2010年5月29日開催)),『季刊中国資本市場研究』2010年秋号。

劉丹［2011］,「『小企業会計準則』（公開草案）にみる中国の小企業会計の動向」,『国際会計研究学会年報』2011年度。

第13章

アメリカにおける
国際財務報告基準への対応のあり方

―IFRSs アドプションに向けた規制措置―

第1節 「覚書：ノーウォーク合意」締結前のSEC の国際財務報告基準に対するスタンス

1．企業改革法による会計規制の変革

　不正会計を原因としたエンロン（Enron Corp.）事件等の企業不祥事は，アメリカ企業の信認を揺るがしただけでなく，アメリカ社会そのものに打撃を与えた。その対応策である企業改革法（サーベインズ・オックスリー法（Sarbanes-Oxley Act of 2002：SOX法））は2002年7月25日に直ちに成立し，会計規制のあり方にも大きな変革をもたらした。このSOX法の成立は，従来アメリカが取ってきた会計基準に対する自国基準のスタンスを見直す契機にもなり，今日の会計基準のコンバージェンス作業の展開やその動向を捉える場合も，画期的な出来事であった。

　SOX法は，会計監査人に対する規制・監督を強化するための公開会社会計監督委員会（PCAOB）の設置をはじめ，罰則の強化並びに企業の財務報告書の真実性に対する最高経営責任者（CEO）や財務担当役員（CFO）による認証制度の導入などをもたらした。また，自主規制機関のガバナンスの強化にも結び付いている。

　とくに，アメリカ議会が，会計基準設定権限ないし会計基準設定プロセスに関わるアメリカ証券取引委員会（SEC）の特別権限を改めて容認し，SECが果たす役割を重視した。SECスタッフの増員に伴う予算増額やSECの権限強化は，アメリカ議会の期待のあらわれである。

2．SECの「鍵となる3要素」評価規準と国際的な会計基準の承認問題

　証券市場がグローバル化すれば，投資家保護の見地から，財務諸表の比較可能性を重視した会計・開示規制のあり方が問われる。

　会計・開示規制のなかで，まずSECは，証券監督者国際機構（IOSCO）が1998年に外国民間発行体に対する開示規制として承認した**「国際的開示基準」**

（International Disclosure Standards）（SEC［1999］）を採択した。この国際的開示基準を採択する際のSECの判断基準は，国際会計基準委員会（IASC）によるコア・スタンダードを評価する際に適用すると公表してきた，次のような「鍵となる3要素」（Three Key Elements）評価規準である。

①包括性（基準が一般に認められるもので，包括的なものであること）

②高品質（基準が高い品質を維持していること）

③厳格な解釈と適用（基準が厳格に解釈され，適用されること）

　国際的開示基準に続いて，SECがIASCによるコア・スタンダード，すなわち国際会計基準（IAS）を承認するか否か，また，いつ承認するかが焦点となった。アメリカ議会も高品質で国際的な会計基準を支持するようにSECに迫ったこともある。

　2000年2月16日に，SECは**「国際会計基準」**（International Accounting Standards）と題するコンセプト・リリース（概念通牒）（SEC［2000］）を公表した。このコンセプト・リリースは，アメリカの投資家保護についての規定と市場の流動性・競合性・効率性および資本形成へ及ぼす影響の両面から検討すべき26項目の質問を通じて，各界の意見を集約することを目的としている。また，IASCのコア・スタンダード・プロジェクトの目標が，調整表作成・開示要件の撤廃と結び付く，単一で高品質な国際的な会計基準の開発にあるため，SECがコア・スタンダードを評価して，それを承認する場合の具体的な代替案についても示している（杉本［2001］⑴，71頁参照）。

　SEC［2000］に寄せられたコメントを集約したうえでの，SECによるコンセプト・リリース「国際会計基準」に対する新たな公表物はない。しかし，IASCから組織改編された国際会計基準審議会（IASB）とアメリカ財務会計基準審議会（FASB）は，2002年9月に会計基準のコンバージェンスに関する会議を開催し，その成果として「覚書：ノーウォーク合意」（The Norwalk Agreements）（FASB［2002］）を公表している。この覚書により，アメリカ会計基準（U.S. GAAP）と国際財務報告基準（IFRSs）とのコンバージェンス作業が着手されることとなった。このことは，当時は，U.S. GAAPの水準からの「鍵

となる 3 要素」評価基準を満たす国際的な会計基準が開発されるには至っておらず，調整表・作成開示要件が存続していることを意味するものでもある。

第 2 節 「覚書：ノーウォーク合意」による会計基準のコンバージェンス戦略への期待

1. アメリカがIFRSsに歩み寄る筋書き

「覚書：ノーウォーク合意」に限らず，自国主義に固執してきたアメリカが，IASCからIASBへの組織再編をはじめ，国際的な会計基準に歩み寄り始めた背景には，アメリカの「市場関係者が周到に描いてきた筋書き」（「攻防　国際会計基準⊕」，『日本経済新聞』2003年8月19日付）が存在するという事実を見逃すことはできない。つまり，IFRSs開発の主導権争いを掌握するために，とくにFASBとIASBの各議長の擁立は，アメリカの人脈を中心として展開されたという事実である。

「覚書：ノーウォーク合意」は，FASBのロバート・ハーズ（Robert Herz）議長とIASBのデイビッド・トゥイーディ（Dabid Tweedie）議長によって締結されたものである。両者の各審議会議長就任に関わる経緯とその人脈によって，アメリカの「市場関係者が周到に描いてきた筋書き」の一端が明らかとなる。

会計基準設定等のテクニカルな事項に携わるIASBのボードメンバーの人事権を掌握するのは評議員会であり，IASBの発足時，この評議員会の人事権は「指名委員会」にあった。この指名委員会の委員長を務めたのは，SECのアーサー・レビット（Arthur Levitt）委員長（当時）である。レビット委員長は，指名委員会委員を務める世界銀行（国際復興開発銀行（IBRD））のジェームズ・ウォルフェンソン（James Wolfensohn）総裁（当時）とともに，IASB評議員会委員長にアメリカ連邦準備制度理事会（FRB）のポール・ボルカー（Paul Adolph Volcker, Jr.）議長（当時）を推挙し，併せてIASB議長の人選を依頼した。ボルカー議長がIASBの初代議長に指名したのは，イギリスの会計基準審

議会（ASB）議長などを歴任したトゥイーディである。

このトゥイーディ議長の指名には，組織再編前のIASC事務総長（当時）のブライアン・カーズバーグ卿（Sir Bryan Carsberg）による推薦があったといわれている。また，FASBのハーズ議長は，マンチェスター大学（University of Manchester）でカーズバーグ事務総長の指導を受けており，FASB議長就任に先立つIASBのボードメンバー就任についても，カーズバーグが尽力した（「攻防　国際会計基準㊤」，『日本経済新聞』2003年8月19日付）。

2．会計基準のコンバージェンスとIASBのシナリオ

証券市場のグローバル化は，企業の資金調達先の選択肢を広げる効果をもたらすが，資金調達を目論む企業にとって，必ずしもすべてが有益に作用するとは限らない。市場参入にあたって要請される会計・開示規制によるコストや事務負担の問題のように，海外での資金調達に際しては，コストとベネフィットのバランス問題が問われることになる。

ヨーロッパの企業がEC会社法指令の会計指令に基づいて作成した財務諸表は，ニューヨーク証券取引所（NYSE）などの国際的な証券市場や資本市場での会計・開示規制を充足しないため，当該企業は，いわゆる第二次財務諸表の作成や調整表の作成・開示などが別途求められる。ヨーロッパ連合（EU）は，この問題解決策の1つとして，「会計の調和化：国際的調和化のための新たな戦略」（COM［1995]）において，アメリカとの間で会計基準や財務諸表の相互承認（Mutual Recognition）制度の締結案を提示したことがあった。しかし，EUとの相互承認制度の締結は，アメリカにはベネフィットがもたらされないため，実現するには至っていない（COM［1995]，par.4.3）。

EUに限らず，IASBが本来展開したい会計戦略も，アメリカとの相互承認にほかならない。このことは，たとえば，IASBのトゥイーディ議長による次の発言からも明らかである（山田（司会）［2004]，15頁）。

・「米国は相互承認というのは認めようとしません。米国基準と同じか違うかの

いずれかです。仮に米国基準と違うものを使っているなら，その企業は，その差異を調整しなければなりません。これは産業界がとても嫌がることで，彼らとしても，私たちが米国基準との違いを取り除くことを望んでいるのです。」

・「米国証券取引委員会（SEC）と議論しましたが，ヨーロッパもまた米国との相互承認を求めたことがあり，その意味でSECは政治的な問題をかかえています。米国はこの要請を断ったわけですが，そうすると唯一残されているのは基準統一という選択肢です。」

　「覚書：ノーウォーク合意」によって，U.S. GAAP と IFRSs とのコンバージェンス作業が展開された。その一方で，EUはアメリカ，カナダおよび日本という第三国の会計基準に対する同等性評価も展開してきた。こうした事実などから，会計基準のコンバージェンスという戦略は，IASBやEUによるアメリカとの相互承認締結の思惑が根底に潜んでいると理解することができるだろう。

第3節　SEC調整表作成・開示要件とEUによる第三国の会計基準の同等性評価

1．アメリカ資本市場への参入障壁としてのSEC調整表作成・開示要件

　EC委員（域内市場・サービス担当委員）（当時）のチャーリー・マクリービー（Charlie McCreevy）は，IFRSsに準拠して作成した連結財務諸表について，アメリカ資本市場で要請する調整表作成・開示要件の撤廃を機会あるごとに提唱してきた（たとえば，McCreevy［2005］）。すでにEU域内の企業には，2005年1月1日からIFRSsの強制適用が始まったが，それはIFRSsに準拠した連結財務諸表でアメリカ資本市場に上場するEUの発行体数が，2005年度よりも急増する可能性を物語るものでもある。調整表作成・開示要件に伴うコストの大きさが懸念されていたのである（McCreevy［2005］, p.3）。

　外国民間発行体は，かねてよりSECが課す調整表作成・開示要件を参入障

壁だと捉えてきた。

　たとえば，アメリカ資本市場への参入障壁の実像を描き出すために，ジェームス・ファント（James A. Fanto）とロベルタ・カーメル（Roberta S. Karmel）は，外国民間発行体のCFOや重役を対象にした質問調査票による調査研究（Fanto and Karmel [1997]）を実施した。その結果，SECによる会計・開示規制，とくに調整表作成・開示要件がアメリカ市場に上場する外国民間発行体にかなりのコストを課しており，また，このコストがアメリカ資本市場へ参入する際の意思決定にも影響を及ぼすことを明らかにしている（杉本 [1998] 参照）。

2．ヨーロッパ証券規制当局委員会が 調整表による補完措置を要請しない理由

　EUのヨーロッパ証券規制当局委員会（CESR）（現ヨーロッパ証券市場監督局（ESMA））は，U.S. GAAPがIFRSsと同等性を有するか否かについて検討を行い，2005年7月5日に第三国の会計基準の同等性に関する技術的助言の最終報告書（「第三国の会計基準（GAAP）の同等性および第三国の財務情報の法執行メカニズムの説明に関する技術的助言」）（CESR [2005c]）を公表した。この最終報告書に示された会計基準の重要な差異のリストは，見方を変えれば，SECが要請してきた調整表作成・開示要件に該当する会計基準項目を意味するものであり，EU側からそれを明らかにしたものだとも捉えることができる。

　第三国の会計基準の同等性評価の方法論などをあらかじめ取りまとめた概念ペーパー（CESR [2005a]）では，会計基準間に重要な差異がある場合に，追加開示（開示A・開示B），調整表の作成および補完計算書の作成という3種類の補完措置（補正措置）を設定してきた。しかし，第三国の会計基準の同等性に関する技術的助言の最終報告書（第1回同等性評価）では，第三国の会計基準（U.S. GAAP，カナダの会計基準および日本の会計基準）に対して調整表の作成・開示だけが要請されなかった。この決定の際に，CESRは次のような事柄を考慮したという（CESR [2005c], par.95）。

　①学術調査研究によれば，会計基準の差異から生じる評価の違いは，投資家

の意思決定の差異に必ずしも結び付かないことを示している。

②調整表と修正再表示とを比較すると，補完措置としての開示が好まれる。一般に，投資家は開示情報を正しく株価に織り込むことができる。ほとんどの場合，投資家が調整表を正しく理解することは，企業が調整表の作成時に負担する追加コストを補うほどのものではない。

③多くの場合，企業経営者は調整表の数値よりも，むしろ第一次財務諸表を作成する際の会計基準に基づいて事業経営を行う。

④調整表は，経営にわずかに関連する完全に技術的な手続に基づいている。そのため，投資家に提供される情報は，目的適合性のないものとなる。

加えて，調整表を通じた調整には，当期純利益と株主持分の各総額ベースによるものと，財務諸表項目ごとによるものとがある。損益計算書項目ごとの差異調整は投資家の意思決定に目的適合性があるという仮定のもとで，CESRが後者の財務諸表項目ごとの比較可能性を取り入れたことも，上述の補完措置の決定に関わっている（CESR［2005c］，par.96）。CESRが，重要な差異のある会計基準に対して調整表の作成・開示を求めなかったという事実は，かねてからのEUによるSECに対する調整表作成・開示要件の撤廃の働きかけと無関係ではない。

第4節 IFRSs準拠の外国民間発行体に対する調整表・作成開示要件の撤廃

1．調整表作成・開示要件の撤廃に向けたロードマップの立案とSEC委員長による支持

2005年4月21日に開催されたSECのウィリアム・ドナルドソン（William H. Donaldson）委員長とEUのマクリービーEC委員による会談の後，SECは「覚書：ノーウォーク合意」に基づくFASBとIASBによる会計基準のコンバージェンス作業を後押しし，証券規制当局間の関係をより強固なものとする声明

第4節 IFRSs準拠の外国民間発行体に対する調整表・作成開示要件の撤廃

（SEC［2005a］）を発表した。この声明によれば，両者は，この会談でSECスタッフが策定した「ロードマップ（工程表）」についても議論したという。

このロードマップは，アメリカ以外の外国民間発行体がIFRSsを含む自国基準に準拠する場合に課されているU.S. GAAPへの調整表作成・開示要件を撤廃することに向けて，その各段階の内容を具体的に示したものである。当時のSEC主任会計士であったドナルド・ニコライセン（Donald T. Nicolaisen）がこのロードマップの立案者であり，それは次頁の**図表13-1**のとおりである。

SECスタッフの集計によれば，当時，SECに登録している外国民間発行体は約1,200社であり，そのうちの約500社がカナダの発行体であった。カナダの会計基準審議会（AcSB）が策定した新5ヵ年計画である「長期戦略計画案」を踏まえた**「カナダの会計基準：新たな方向性—戦略計画」**（AcSB［2006］）を通じて，2006年から2011年までの会計基準設定に関わる新戦略計画が実際に展開すれば，公的説明責任企業（Publicly Accountable Enterprises）は2011年4月1日からIFRSsを適用することになる（IFRSs適用命令（IAS規則）等を導入したEUのように，2005年1月1日からIFRSsを適用しているわけではない）。また，その他の約700社の外国民間発行体のうち，約40社がIFRSsに準拠した連結財務諸表をSECに届け出ている。SECのニコライセン主任会計士は，EUにおけるIFRSs適用命令などを反映して，IFRSsに準拠する外国民間発行体の数は，2005年には約300社に，また，2007年には400社近くに増えると予想している（Nicolaisen［2005］，p.667）。

IFRSsに準拠した外国民間発行体が増加する趨勢にあるという事実は，SECに会計規制のあり方の再考をも余儀なくした。

図表13-1のようにまとめられたニコライセンによるロードマップは，SECによる調整表作成・開示要件を遅くとも2009年までに早期撤廃する目標を打ち立てている。また，このロードマップは，調整表作成・開示要件の撤廃に向けて，次のような作業を伴うことに特徴がある。

①FASBとIASBによる「覚書：ノーウォーク合意」に基づくU.S. GAAPとIFRSsとのコンバージェンス作業の進捗度を段階的かつ反復的に検討する

961

図表13-1　SEC調整表作成・開示要件の撤廃勧告のロードマップ

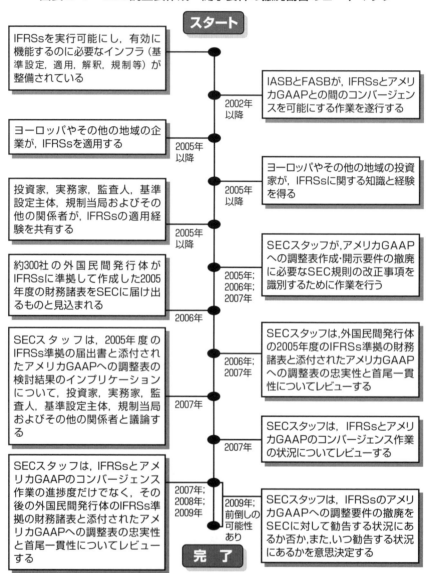

出所：Nicolaisen [2005], Appendix I, p.686.

第4節 IFRSs準拠の外国民間発行体に対する調整表・作成開示要件の撤廃

こと

②IFRSsに準拠した連結財務諸表と添付書類としてのU.S. GAAPへの調整表の忠実性と首尾一貫性について段階的かつ反復的に検討すること

SECが調整表作成・開示要件の撤廃に関わるロードマップを策定したという事実は，アメリカ資本市場において，IFRSsの受け入れに向けた会計基準のコンバージェンス活動を容認する意思とその姿勢が存在することを意味する。現に，ニコライセン主任会計士も，U.S. GAAPとIFRSsはアメリカ資本市場に受け入れられて，会計基準のコンバージェンスはその共存を可能にするという立場を取っている（Nicolaisen［2005］，p.671）。

そうだとすれば，FASBとIASBによる会計基準のコンバージェンス活動の展開について検証する必要がある。

調整表作成・開示要件は不要で，撤廃すべきであるとの結論を下す前に，IFRSsに準拠した連結財務諸表の実態について評価しなければならない。また，より実践的な評価手法によって調整表作成・開示要件を撤廃するという結論は，あくまでもSECスタッフからSECコミッショナーへの勧告の形式で行われるものである。調整表作成・開示要件の撤廃に関する最終的な判断は，このSECスタッフによる勧告を踏まえて，SECコミッショナーに委ねられている。

ところで，SECのドナルドソン委員長とマクリービーEC委員による2005年4月21日の会談以降，SEC委員長の交代劇があった。これを受けて，マクリービーEC委員は，SEC委員長に新たに就任したクリストファー・コックス（Christopher Cox）を訪ね，2006年2月8日に会談を行っている（SEC［2006a］）。

この会談では，U.S. GAAPとIFRSsの差異に関する調整表作成・開示要件の規則の撤廃について再検討し，両者は，この調整表作成・開示要件の規則の撤廃に向けて引き続き取り組むことを再確認している。つまり，コックス委員長は，先のロードマップの各工程を踏まえて，遅くとも2009年までに調整表作成・開示要件の規則を撤廃する目標に向けた取組みを支持したのである。

また，CESRが果たす役割の重要性についても指摘している。EUによる第三国の会計基準に関する同等性評価との関わりで，コックス委員長は，U.S.

GAAPが国内外の資本市場において広く用いられており，包括的で，しかも一般に認められたものだとして，EU側にU.S. GAAPはIFRSsと同等であることを主張している。

「覚書：ノーウォーク合意」に続いて，FASBとIASBは，2006年2月27日に，会計基準の短期コンバージェンス・プロジェクトを2008年までに完了することを主たる内容とする新たな「覚書」（MoU）（FASB［2006]）を締結した。この新たな覚書は，いわゆる**「第二次ノーウォーク合意」**として位置づけられるもので，覚書で「2008年」という目標期日を明示したのは，遅くとも2009年までに調整表作成・開示要件を撤廃するとした，ニコライセン主任会計士によるロードマップの具体的工程を実現させる狙いが込められている。

2．「SEC-CESR作業計画」

アメリカのSECとEUのCESRは，2006年8月2日に，財務報告に焦点を当てた次のような**「SEC-CESR作業計画」**（SEC-CESR Work Plan。**「SEC-CESR共同作業計画」**ともいう）（SEC［2006b]）を公表した。

「SEC-CESR作業計画」

この作業計画は，SEC-CESR規制対話（Regulatory Dialogue）の主要目的の実現を容易にするために設計されている。また，この作業計画は，2005年12月17日のSECのコックス委員長とCESRのドクトル・ファン・リューベン（Docters van Leeuwen）委員長の議論を踏まえてのものである。SECとCESRのスタッフは，健全かつ保護的なフレームワークのなかで，環大西洋の金融活動を促進するために，この作業計画に示された諸目的を達成することを目指すことになる。

SEC-CESR作業計画がカバーする重要な問題には，次の3つがある。
・国際的に活動する発行体によるIFRSsとU.S. GAAPの導入
・財務報告と開示の現代化
・リスクマネジメント実務の議論

作業計画の各項目については，プロジェクトの目標と次に取るべきステップ（手段）についての記述がある。

さらに，SECスタッフとCESRの専門家グループと事務局は，信用格付機関（CRA）や外国民間発行体に対する規制解除に関するSEC規則の修正案などといった，引き続き遂行すべきその他の数多くの問題を識別した。こうした項目は，SECとCESRの会議に関する一般的な情報として，アジェンダ（協議事項）の一部になる。これらの，また新しい問題は，いつでも作業プログラムに加えることができ，こうした問題により多くの注意が向けられなければならない。

次回のSEC-CESR対話会議は，2006年後半に開催されることが提案されている。

Ⅰ．**国際的に活動する発行体によるIFRSsとU.S. GAAPの使用**
 A．**目標**：国際的に活動する発行体が開示する財務情報の監視を，責任のある規制当局間の作業と監督上の協力を通じて，
  ・高品質な会計基準の開発を促進する
  ・世界中でのIFRSsの高品質で首尾一貫した適用を促進し，また，その結果として，ロードマップでのこのマイルストーンの達成に向かう
  ・IFRSsが原則主義による基準であることを認識しながら，その適用と執行に係る国際的なカウンターパートの置かれている立場を十分に配慮する
  ・IFRSsとU.S. GAAPの適用について規制上の決定が競合することを回避するよう真剣に努める
   これらの目標に向けた取組みは，アメリカでのU.S. GAAPへのIFRSsの調整表作成・開示の必要性を撤廃する条件を作成するのに役立たなければならない。
 B．**SECスタッフとCESR財務報告グループ（CESR-Fin）の次のステップ**：
  SECスタッフとCESR-Finの間で，次のような適時の警告と情報交換についての機密の議定書（プロトコル）を策定する。
  １．SECスタッフとCESR-Finは，コンバージェンスに関する優先順位，計画表および開発などの，IFRSsとU.S. GAAPの今後の展開についての見

解を共有する。さらに，管轄（法域）全体でIFRSsの首尾一貫した解釈と適用を促す展望と取組みについて議論する。

2．SECスタッフは，アメリカで届出を行っている外国民間発行体に対するIFRSs準拠の財務諸表をU.S. GAAPに調整する要求に関係する政策策定について，CESR-Finに通告する。

3．CESR-Finは，EUの透明性指令と目論見書指令によるヨーロッパ資本市場でのU.S. GAAPとその他の国のGAAPsの受け入れに関係する政策策定について，SECスタッフに通告する。

4．SECスタッフとCESR-Fin（または，その関連メンバー）は，両者の経験と発行体のレビュー作業が，高品質で首尾一貫した解釈と適用の面で最も厄介であることを示したIFRSsとU.S. GAAP内の話題の分野に係る情報の交換を行う。

5．必要に応じて，CESR-Finは，証券をEUに上場するアメリカ以外の発行体のU.S. GAAPに準拠した財務諸表において生じる問題について，SECスタッフとの議論をもちかける。

C. SECとCESRメンバーの次のステップ：SECスタッフと各CESRメンバーのスタッフとの間で，次のような適時の警告と情報交換についての機密の議定書（プロトコル）を策定する。

1．SECにまだ提出していない財務諸表に影響を及ぼす問題に，IFRSsの適用に関する正式なコンサルテーション（協議）について，EUに二重に上場・登録する発行体のSECスタッフへの要望を考慮する一部として，SECスタッフは，関連するCESRメンバーのスタッフと当該問題について協議を行う。さらに，EUに二重に上場・登録する発行体によるIFRSsの適用について，これまでSECに提出した財務諸表に影響を及ぼす問題や発行体の反応についての以下の考慮事項を評価する一部として，SECスタッフは，関連するCESRメンバーのスタッフと次の問題について協議を行う。すなわち，ⅰ）IFRSsによる問題が，目新しく前例のないものであるとSECスタッフが思うかどうか，ⅱ）SECスタッフによるIFRSs問題の見解が，関連するCESRメンバーの立場と競合するということを，発行体がSECスタッフに通知するかどうか，または，ⅲ）IFRSs問題についてのSECスタッフの見解が，財務諸表に大きな変化をもたらすことになりそうかどうか，という問題である。これらのコンサルテー

ション（協議）によって，SECスタッフは，関連するCESRメンバーのスタッフのIFRSsの適用についての見解を理解することができ，また，十分に配慮することができることになる。こうしたコンサルテーション（協議）は，発行体によるIFRSsの首尾一貫した適用に貢献する解決策を促すために行われる。

2．CESRメンバーにまだ提出していない財務諸表に影響を及ぼす問題に，U.S. GAAPの適用に関する正式なコンサルテーション（協議）について，アメリカに二重に上場・登録する発行体のCESRメンバーへの要望を考慮する一部として，CESRメンバーのスタッフは，SECスタッフと当該問題についての協議を行う。さらに，アメリカに二重に上場・登録する発行体によるU.S. GAAPの適用について，これまでCESRメンバーに提出した財務諸表に影響を及ぼす問題や発行体の反応についての以下の考慮事項を評価する一部として，CESRメンバーのスタッフは，SECスタッフと次の問題について協議を行う。すなわち，ⅰ）U.S. GAAPによる問題が，目新しく前例のないものであるとCESRメンバーのスタッフが思うかどうか，ⅱ）CESRメンバーのスタッフによるU.S. GAAP問題の見解が，SECの立場と競合するということを，発行体がCESRメンバーのスタッフに通知するかどうか，または，ⅲ）U.S. GAAP問題についてのCESRメンバーのスタッフの見解が，財務諸表に大きな変化をもたらすことになりそうかどうか，という問題である。これらのコンサルテーション（協議）によって，CESRメンバーのスタッフは，SECスタッフのU.S. GAAPの適用についての見解を理解することができ，また，十分に配慮することができることになる。こうしたコンサルテーション（協議）は，発行体によるU.S. GAAPの首尾一貫した適用に貢献する解決策を促すために行われる。

D. **会議スケジュール**：2006年第2四半期の初めに，SECスタッフとCESR-Finは，これらの問題を議論するためにSEC-CESRの定期的な対話の一部として，この展開と進捗状況の必要に応じて，また，同意のうえ会議を追加しつつ，少なくとも半年ごとに会合を開催する。とくに，専門家会議，通話およびその他のコミュニケーションが，発行体のIFRSsやU.S. GAAP準拠の財務諸表に対するSECスタッフとCESRによるそれぞれ独立したレビューの過程で発生するテクニカルな問題について議論するために，必要に

応じて準備される。

Ⅱ. 財務報告と開示の現代化

A. 目標：（財務情報を含む）企業情報の開示と電子記憶装置についての情報技術（IT）の解決策を評価し，識別する。

B. 次のステップ：SECスタッフと関連するCESRの専門家グループは，インタラクティブ・データ（双方向性のデータ）の使用を含む，財務情報の開示／ストレージ（貯蔵）のテクノロジーやITネットワークの使用に好都合な政策について意見交換を行う。

1. *現在のIT動向に関する情報の共有*：2006年後半と必要に応じて継続して，SECスタッフと関連するCESRの専門家グループは，財務情報の電子開示／ストレージに係るITプロジェクト関連の規制動向についてお互いにアップデートする，追加のビデオ会議のスケジュールを設定する。

2. *インタラクティブ・データのソフトウェアの使用*：2006年後半とその後の四半期ごとに，SECスタッフと関連するCESRの専門家グループは，意見交換のために，該当する場合，インタラクティブ・データのソフトウェアで経験を比較し，また，インタラクティブ・データのタクソノミーの作成責任者やソフトウェア開発者にフィードバックを調整するために，ビデオ会議を通じて会議を行う。

3. *発行体に対するインタラクティブ・データのソフトウェアの使用についての共同インセンティブ*：2006年後半とその後の四半期ごとに，SECスタッフと関連するCESRの専門家グループは，インタラクティブ・データを使用した報告書を任意に提出する発行体に提供する共通のインセンティブを開発する可能性を探る。

4. *将来の議論の可能性*：基本的な戦略上の選択が，企業情報のストレージについての一般的な構造についてアメリカやEUで行われてきたのであれば，将来の議論のなかでの1つのトピックは，SECのエドガー（EDGAR）とヨーロッパのストレージ・メカニズムの関係のあり方となりうる。

Ⅲ. リスクマネジメントの規制プラットフォーム

A. 目標：証券規制当局者によるリスクマネジメントのプラットフォームを開

第4節 IFRSs準拠の外国民間発行体に対する調整表・作成開示要件の撤廃

発し実行する経験を共有する。

B. **次のステップ**：SECとCESRのスタッフは，リスクベース規制へのそれぞれのアプローチについて意見交換を行う。はじめに，SECと各CESRメンバーとの間で会議が開催される。ここでは，SECとCESRメンバーは，それぞれのリスクの専門家を代表者とするものとする。CESRの事務局も，これらの会議で代表者となる。

1. *リスク方法論の議論*：SECとCESRのスタッフは，規制当局者として直面するリスクを優先順位づける方法論とツールについて議論する。CESRのスタッフは，その作業の優先順位づけの目的のために開発しているリスクを識別するツールについて議論する。各CESRメンバーの方法論も，この議論の一部となる。この議論は，リスク方法論が有効であるかどうかを決定する成果とリスクの順位の相関性も含む。

2. *実際のリスクの議論*：SECとCESRのスタッフは，最優先と識別されて順位づけられたリスクについて，また，これらのリスクが最優先の分類結果となった方法論について議論する。共通のリスクが識別されると，SECとCESRは，当該リスクを管理するアプローチについて議論する。

　この作業計画は，各管轄（法域）でのIFRSs報告のレビューや2006年の共同作業について議論した，2005年12月14日に開催されたSECのコックス委員長とCESRのアーサー・ドクトル・ファン・リューベン（Arthur Docters van Leeuwen）委員長の会談をベースにして策定されたものである（SEC［2005b］）。この会談で，両委員長は，投資家保護と環大西洋資本市場（Transatlantic Capital Markets）における市場の整合性を維持・促進すべく，引き続き相互関係を緊密なものにするために，SECとCESRの具体的かつ現実的な方法による対話を構築することに合意している。また，コックス委員長は，SECが，その日の会談の前に，外国民間発行体に対する規制解除の要求事項の規則案について，パブリック・コメントを受け取るために公表することを決議したと伝えている。

　SECとCESRの対話に関連して，SECコミッショナーの1人であるロエル・カンポス（Roel C. Campos）とCESRのドクトル・ファン・リューベン委員長

969

が，2004年6月のアムステルダムでの会談で，両委員会の対話構造を構築する委任事項，すなわち「ヨーロッパ証券規制当局委員会とアメリカ証券取引委員会との間の市場リスクと規制プロジェクトに関する連携と協力についての委任事項」(Terms of Reference for the Cooperation and Collaboration regarding Market Risks and Regulatory Projects〔between：引用者〕the Committee of European Securities Regulators〔and the U.S. Securities and Exchange Commission：引用者〕)について表明済みである。この対話には，主たる目的が2つある（SEC〔2004〕)。

①初期段階にある潜在的な規制問題に取り組む能力を改善するために，アメリカとEUの証券市場での新たなリスクについて識別すること

②コンバージした，あるいは，少なくとも互換性のある共通の問題に対処する方法を促進するために，潜在的な規制プロジェクトの初期の議論に従事すること

付帯条項には，委員長レベルと作業レベルで年間数回の対話を行うとある。2006年の「SEC-CESR作業計画」も両委員長レベルの対話を踏まえたものである。2004年後半と2005年のアジェンダを明示する対話の分野に着手する際に，議論すべき課題が明確にされているが（SEC〔2004〕)，その1つにIFRSsの使用を支持する有効なインフラの構築がある。

・市場構造の問題（SECによるアメリカ国内の市場構造のレビューとCESRによる新たな投資サービス指令（Investment Services Directive）の実施に関する作業）
・市場価格に張り付かずに，ずれた古い価格の裁定（アービトラージ)，詐欺取引，コーポレート・ガバナンスを含む，将来のミューチュアル・ファンド（投資信託）に関する規制
・国際財務報告基準の使用を支持する有効なインフラの構築。とくに，ローカルGAAPsに対する調整表の作成・開示を回避することを最終的な目的として，国際財務報告基準の一貫した適用，解釈および執行について
・信用格付機関

970

第4節 IFRSs準拠の外国民間発行体に対する調整表・作成開示要件の撤廃

「SEC-CESR作業計画」の主たるポイントは，国際的に活動する企業が，アメリカとEUでIFRSsとU.S. GAAPをそれぞれ適用することにある。SECとCESRのスタッフは，財務報告と開示情報テクノロジーの現代化，リスクマネジメントの規制プラットフォームについて緊密な対話を構築するとした。とくに，アメリカとEUでのIFRSsとU.S. GAAPの適用について，SECとCESRのスタッフが緊密に協力することで，次の4つを促すことになる（SEC［2006b]）としたことには注目すべきである。

①高品質な会計基準の開発

②世界中でのIFRSsの高品質で首尾一貫した適用

③IFRSsの適用と執行について，国際的なカウンターパートの置かれている立場への完全な配慮

④IFRSsとU.S. GAAPの適用について規制上の決定が競合することの回避

実際の問題として，企業の届出書の定期的なレビューの一環から，SECとCESRのスタッフは，アメリカでのIFRSsの適用のレビューやEUでのアメリカの発行体によるU.S. GAAPの適用のレビューを行い，この作業計画のなかで，これらレビュー結果を次のように使用することも表明している（SEC［2006b]）。

・SECのスタッフと財務報告に焦点を当てたCESR内の専門家グループであるCESR-Finのスタッフは，高品質と首尾一貫した適用の面で問題を提起するIFRSsとU.S. GAAPの分野に関する情報を共有する。

・必要に応じて，SECスタッフとCESRメンバーのスタッフは，EUに上場し，しかも，SECに登録する企業によるU.S. GAAPまたはIFRSsの首尾一貫した適用に寄与する解決策を促すために，U.S. GAAPとIFRSsの適用に係る発行体固有の問題について情報を交換する。CESRスタッフとSECスタッフとの間のこうした機密情報を共有する議定書（プロトコル）を策定する。

先に掲げた「SEC-CESR作業計画」の「Ⅰ．国際的に活動する発行体によるIFRSsとU.S. GAAPの使用」において，SECスタッフとCESR-Finが今後取るべき5つのステップが提示されていたが，これらは，会計基準戦略の見地から

971

もきわめて重要なものである。5つの一連のステップから読み解けることは，アメリカとEUが，まさに会計基準の「**相互承認戦略**」の展開を表明しているという事実である。

3．SECによる国際財務報告基準の受け入れと調整表作成・開示要件の撤廃

FASBとIASBによる会計基準設定主体間，そしてSECとCESRによる証券規制当局間における会計基準のコンバージェンスに向けた合意，その作業計画および支持されたロードマップなどをもとに，2007年以降，SECは，IFRSsの受け入れに向けた取組みを積極的に展開した。

たとえば，2007年3月6日に，IFRSsのロードマップに関する円卓討論（ラウンドテーブル）を開催した。この円卓討論の席上，SECのコックス委員長が，会計基準の国際的コンバージェンスと調整表作成・開示要件の撤廃に対する姿勢を明確にしたことは注目すべきである。つまり，SECが外国民間発行体に課している調整表作成・開示要件の撤廃については，U.S. GAAPとIFRSsの完全なコンバージェンスというゴールに至ることが前提条件ではなく，むしろ目標である会計基準の国際的コンバージェンスを達成するための，たゆまぬ展開のプロセスが前提条件であると明言したのである（Cox［2007］）。

EUなどから強く要望されたIFRSs使用時の調整表作成・開示要件の撤廃にあたって，SEC委員長がその姿勢を明らかにしたという事実は，これまでのSECの規制上，画期的なことである。なによりも，この間に模索されてきたアメリカにおけるIFRSsの受け入れ可能性について，以下のようなSEC規則案という形態で世に問うた事実は，会計基準の国際的コンバージェンスに向けたエポックメーキングなこととして位置づけられる。

第1に，SECは，外国民間発行体を対象に，「**IASBによる英語版IFRSs**」（English Language Version of IFRS as Published by the IASB）に完全準拠して作成した連結財務諸表には既存の調整表作成・開示要件を免除することについて，SECコミッショナーの間で合意（2007年6月20日）し，2007年7月2日にそれ

第4節 IFRSs準拠の外国民間発行体に対する調整表・作成開示要件の撤廃

をSEC規則案（SEC［2007a］）として公表した。

第2に，SECは，アメリカの発行体にも，「IASBの英語版IFRSs」に完全準拠して作成した連結財務諸表を承認するコンセプト・リリース（概念通牒）（SEC［2007b］）を，2007年7月25日に開催されたコミッショナー会議で満場一致で可決した。この決議を踏まえて，SECはこのコンセプト・リリースを2007年8月7日に公表し，各界からのコメントを募集した。

前者の外国民間発行体に対するSEC規則案は，寄せられたコメント等の分析を踏まえて，2007年11月15日にSECコミッショナーの全会一致で承認され，2007年12月21日に新たなSEC規則（SEC［2008a］）とされた。

ここで注意すべきは，SECが受け入れたIFRSsは，必然的に「IASBの英語版IFRSs」であり，たとえば「会計基準の『2005年問題』」（または「企業会計の『2005年問題』」）を形成したEUによるIFRSs適用命令（IAS規則）でのように，特定の管轄（法域）での受け入れに際して，IFRSsに少なからず調整を施したり，一部を採用しない，いわゆるカーブアウト（Carve Out）した「ローカルIFRSs」（Local IFRSs）（この用語にはIFRSsについてのブランド問題がある）を適用対象とはしていないということである。SECは，これまでにIASを部分的に受け入れてきたことはあるが，外国民間発行体がIFRSsに準拠した際に，調整表の作成・開示を求めないSEC規則を公表することで，アメリカで初めて「IASBの英語版IFRSs」を全面的に受け入れたのである。この事実は，国際会計上もきわめて重要な意義を有する（杉本［2008a］および杉本［2008b］参照）。

この決定は，ニコライセン主任会計士による「SEC調整表作成・開示要件の撤廃勧告のロードマップ」に明示された目標期日である2009年よりも，1年単位での前倒しで調整表作成・開示要件の早期撤廃が実現したことを意味するものである。外国民間発行体に限らず，アメリカの発行体についても，SECは「IASBの英語版IFRSs」を選択適用できる会計基準の1つとして受け入れる方向で検討を開始し，SECによるIFRSsの受け入れと会計基準の国際的コンバージェンスが加速化している。早晩，「U.S. GAAPへの完全準拠」という絶対的な規制の枠組みが崩れ，U.S. GAAPとIFRSsによる「一般に認められ

第13章 アメリカにおける国際財務報告基準への対応のあり方

973

た会計原則（GAAP）の二元的システム」ないし「ダブルGAAPシステム」が構築されることになるという期待感が高まったのである。

第5節 アメリカの発行体に対するIFRSsの受け入れに向けたSECによる規制措置の胎動

アメリカの発行体に対する「IASBの英語版IFRSs」の準拠問題については，先のコンセプト・リリースに寄せられた各界からのコメントの分析などを踏まえ，また，さらなるコメントを求めるために，SECコミッショナーは，2008年8月27日に「**アメリカの発行体がIFRSsに準拠して作成した財務諸表の使用可能性についてのロードマップ規則案**」（Roadmap for the Potential Use of Financial Statements Prepared in Accordance with International Financial Reporting Standards by U.S. Issuers）（SEC［2008b］）の公表を議決し，11月14日に公表した。

1．SECのIFRSs適用のリリース（通牒）案

この「アメリカの発行体がIFRSsに準拠して作成した財務諸表の使用可能性についてのロードマップ規則案」は，①IFRSs適用ロードマップ案と②IFRSs早期適用容認規則案から構成されている（杉本［2009］，第11章および第12章参照）。

なお，IFRSs適用に向けたロードマップ案が公表され，しかも，それを前提としているため，第2の規則案は，IFRSs任意適用ではなく，ここでは「IFRSs早期適用」の用語を充てている。

前者の**IFRSs適用ロードマップ案**は，文字通り，アメリカの発行体に対してIFRSs準拠の財務報告を容認するロードマップ案である。このロードマップ案は，アメリカの発行体がIFRSsを適用することに向けた7つのマイルストーン（重要な課題の達成要件と工程の節目）を提示している。

974

第5節 アメリカの発行体に対するIFRSsの受け入れに向けたSECによる規制措置の胎動

【7つのマイルストーン】
①IFRSsの基準内容の持続的な改善
②国際会計基準委員会財団（現IFRS財団）のガバナンスと資金調達
③IFRSsによる財務報告データを使用しうるXBRLシステムの形成
④アメリカ内の投資家，会計監査人等に対するIFRSsの教育と訓練
⑤アメリカの投資家による比較可能性を向上する場合の，IFRSsの限定された早期適用の容認
⑥SECによる将来の規則設定の予想時期
⑦アメリカの発行体によるIFRSsの強制適用の実施

また，IFRSsの強制適用を決定した際のIFRSs導入に向けたスケジュールについては，時価総額に基づいて分類した企業規模ごとに，3段階によるIFRSs導入計画案が示された（**図表13-2**参照）。

ロードマップ規則案での後者の**IFRSs早期適用容認規則案**は，先のアメリカの発行体へのIFRSs適用に向けた7つのマイルストーンのうち，第5の「アメリカの投資家による比較可能性を向上する場合の，IFRSsの限定された早期適用の容認」に関わるものである。このIFRSs早期適用容認規則案をより具体的にいえば，アメリカの発行体に対する2014年からの3段階からなるIFRSs強

図表13-2 IFRSs強制適用時の企業規模別のIFRSs導入計画案

段階	適用対象企業	適用時期
第1段階	非関係企業が保有する株式時価総額が7億ドル以上の「大規模早期適用（提出）企業」（Large Accelerated Filer）	2014年12月15日以降に終了する会計年度から
第2段階	非関係企業が保有する株式時価総額が7,500万ドル以上7億ドル未満の「早期適用企業」（Accelerated Filer）	2015年12月15日以降に終了する会計年度から
第3段階	非関係企業が保有する株式時価総額が7,500万ドル未満の「非早期適用企業」（Non-accelerated Filer）	2016年12月15日以降に終了する会計年度から

975

制適用案に先立って，とくに次のような適格要件を満たす企業が，IFRSsの早期適用を希望する場合，2009年12月15日以降に終了する会計年度（2010年に提出される2009年12月期の財務報告）から当該企業にIFRSsの適用を選択肢として付与する提案である。

【早期適用の適格要件】
①アメリカの発行体が，帰属する産業部門において株式時価総額の上位20社（外国企業を含む）に該当していること
②各産業部門の株式時価総額の上位20社（外国企業を含む）のほとんどが，他の会計基準ではなくIFRSsを適用していること

　また，IFRSs選択適用のための条件として，次の2つのタイプの財務諸表の表示と開示案も併記した。

第1案：IFRS第1号「国際財務報告基準の初度適用」に従うもので，移行年度の1年間について，U.S. GAAPからIFRSsへの1回限りの調整表（つまり，IFRSsへの変更の影響）を作成・開示すること。この調整表は，監査済み財務諸表の注記として記載すること

第2案：年次報告書であるForm 10-Kに記載される3年間のIFRSs準拠の財務諸表について，IFRSsからU.S. GAAPへの非監査調整表（つまり，U.S. GAAP準拠情報）を継続的に当該年次報告書で作成・開示すること

SECは，第2案を提案している。

　このIFRSs適用のリリース案の公表後，寄せられたコメントの分析を行ってきたとはいえ，委員長を含む5名のSECコミッショナーは，アメリカの発行体に対するIFRSs適用の具体的なアクションを示してこなかった。SECコミッショナーは，一様に沈黙を守ったのである。その最大の理由は，2008年11月4日に実施されたアメリカ合衆国大統領および副大統領選挙にあったといって

第5節 アメリカの発行体に対するIFRSsの受け入れに向けたSECによる規制措置の胎動

よい。

2008年のアメリカ合衆国大統領選挙は，民主党のバラク・フセイン・オバマ（Barack Hussein Obama Ⅱ）上院議員（副大統領候補はジョセフ・ロビネット・ジョー・バイデン・ジュニア（Joseph Robinette "Joe" Biden, Jr.）上院議員）と共和党のジョン・シドニー・マケイン（John Sidney McCain Ⅲ）上院議員（副大統領候補はサラ・ルイーズ・ペイリン（Sarah Louise Palin）アラスカ州知事）との対決の構図にあった。選挙の結果，オバマが第44代大統領に就任した。これを受けて，共和党のジョージ・ウォーカー・ブッシュ（George Walker Bush）大統領に任命されてSEC委員長に就任し，外国民間発行体に対するIFRSs適用とその際の調整表作成・開示要件の撤廃の規制に加えて，アメリカの発行体に対するIFRSs適用のリリース案を策定したコックスは，2009年1月20日にその職を辞した。

民主党のオバマ大統領にSEC委員長として新たに任命されたのは，メアリー・シャピロ（Mary L. Schapiro）である。

SEC委員長就任に先立って行われた上院議会の銀行住宅都市問題委員会公聴会（2009年1月15日）において，シャピロは，すでに公表されたアメリカの発行体に対するIFRSs適用のロードマップ案に関心はあるものの，最大の関心事はIASBの独立性，基準設定プロセスを監視する能力とそのプロセスでの厳格さにあり，当時すでに「コメント期限の過ぎた現行のロードマップに必ずしも縛られない」と表明した（United States Senate [2009]，K&L Gates [2009] 参照）。

この公聴会での意見表明以降，SEC委員長としてのシャピロは，後述するSECスタッフの「作業計画」（Work Plan）についての言及を除いて，2009年10月8日のスピーチ時まで，アメリカ国内の発行体に対するIFRSs適用問題やそのロードマップ案についてまったく言及することはなかった。2012年12月14日までのSEC委員長在任中を振り返ってみると，アメリカ金融改革法である「ドッド・フランク法〔「ドッド・フランク　ウォール・ストリート改革および消費者保護法」（Dodd-Frank Wall Street Reform and Consumer Protection Act）（2010年

第13章 アメリカにおける国際財務報告基準への対応のあり方

7月21日）〕のもとでのSECの組織再生化こそが，シャピロ委員長の最大の目的」（杉本［2012］）だったのである。

　なお，日本の金融庁・企業会計審議会が「我が国における国際会計基準の取扱いに関する意見書（中間報告）」（2009年6月30日）を取りまとめて公表した最大の拠り所は，このSECのロードマップ規則案である。この「中間報告」は，日本企業へのIFRSsの適用に向けた基本的考え方を示したが，とくにIFRSs適用に向けた6つの課題，任意適用，さらに将来的な強制適用の検討などの記述にその拠り所としての事実がみられる。

2．アメリカの発行体に対するIFRSs適用の是非の判断に向けた SECスタッフへの付託

　SECの「アメリカの発行体がIFRSsに準拠して作成した財務諸表の使用可能性についてのロードマップ規則案」（SEC［2008b］）の公表以降，アメリカの発行体のIFRSs適用問題は，ようやく2010年2月24日のSECコミッショナー会議で新たな動きをみせた。SECは同日に，**「コンバージェンスとグローバル会計基準を支持するSEC声明」**（Commission Statement in Support of Convergence and Global Accounting Standards）（SEC［2010］）を公表したのである。

　このSEC声明は，U.S. GAAPとIFRSsのコンバージェンスを引き続き支持することや，アメリカの発行体の財務報告制度にIFRSsを組み込むことを検討し続けることなどを盛り込んでおり，SECによるIFRSsの諸活動の概要や先のロードマップ規則案に対するコメントの要約並びにアメリカ資本市場への今後のアプローチなどを提示している。より具体的には，ロードマップ規則案に寄せられたコメントの分析結果として，単一で高品質な国際的に認められた会計基準を開発することが支持される一方で，ロードマップ案で提案されたアプローチについてさまざまな見解がみられることから，IFRSsへの移行が果たしてアメリカの投資家や資本市場などにとって最適なものといえるかどうかについては慎重に検討する必要性が示された。そのため，このSEC声明は，アメリカの発行体に対するIFRSs強制適用の是非を決定するに先立ち，SECコミ

ッショナーが，SECスタッフにその判断に資する**「作業計画」**（Work Plan）の実施を促している。SEC声明を表明した最大の目的は，SECスタッフによる「作業計画」を実施することにあり，それをもとに2011年にIFRSsをアメリカの発行体の財務報告制度に組み入れるかどうかについて最終決定するとしたことにある。

また，SEC声明では，SECが先に公表したロードマップ規則案におけるIFRSs早期適用容認規則案は取り下げられ，アメリカでのIFRSsの早期適用は容認しなかった。したがって，SEC声明の公表は，それまで絶えず対米追随の姿勢を貫いてきた日本の規制が，とくにIFRSsの早期適用（厳密には任意適用）については一歩先んじた瞬間でもある。SECのロードマップ規則案をモデルとした日本の金融庁・企業会計審議会の「中間報告」（2009年6月30日）とそれを踏まえた金融庁による一連の規制措置（2010年3月期からのIFRSs任意適用の容認）が，SECによる規制措置にはみられないIFRSs任意適用を容認する構図をより鮮明なものとしたのである。

SEC声明には，SEC主任会計室による**「アメリカの発行体の財務報告制度に国際財務報告基準の組込みを検討するための作業計画」**（Work Plan for the Consideration of Incorporating International Financial Reporting Standards into the Financial Reporting System for U.S. Issuers）が付録として収録されている。この付録の表紙には，敢えて次の文言が明記されている。

> 「この〔『作業計画』のための：引用者〕報告書は，アメリカ証券取引委員会のスタッフがまとめたものである。SECは，ここに含まれている分析，調査結果もしくは結論については何ら見解を表明していない。」

この一文から，SECコミッショナーによるアメリカの発行体へのIFRSs強制適用の是非の判断に対する関心の高さを読み取ることもできる。

とくに細心の注意を払わなければならないことは，SECがロードマップ規則案などで用いていた「アメリカの発行体による国際財務報告基準に準拠して

作成された財務諸表の使用可能性」（Potential Use of Financial Statements Prepared in Accordance with International Financial Reporting Standards by U.S. Issuers）から「アメリカの発行体の財務報告制度に国際財務報告基準の組込み」（Incorporating International Financial Reporting Standards into the Financial Reporting System for U.S. Issuers）へと表現が変わったことである。当初の検討の際のスタンスであったアメリカのIFRSsのフルアドプションが，アメリカ財務報告制度へのIFRSsの組込みに大きく変化した，公式文書上の最初の証となるものである。

　先のSECのロードマップ案において，アメリカの発行体のIFRSs適用に向けた7つのマイルストーンが提示されていたが，「作業計画」では，次のようなSECスタッフによる6つの検討領域が提示された。

---

①アメリカ国内の財務報告制度向けのIFRSsの十分な開発および適用
②投資家にベネフィットをもたらす基準設定の独立性
③IFRSsに関する投資家の理解と教育
④規制環境
⑤発行体に対する影響
⑥人的資本の整備状況

　これら6つの検討領域のうち，「IFRSsの特質（十分な開発とグローバルな適用）」（検討領域①）と「基準設定の独立性」（検討領域②）の2つの検討領域の結果こそ，SECコミッショナーがアメリカの発行体の財務報告制度にIFRSsを組み込むかどうかについて将来最終決定する際の重要な判断材料となる。検討領域の③から⑥の結果は，アメリカの発行体の財務報告制度にIFRSsを組み込む範囲，時期，変更のアプローチについて，SECスタッフが評価する「IFRSsへの移行問題」である。SECスタッフは，この「作業計画」の中間報告を2010年10月までに公表し，また，「作業計画」の完了まで定期的に進捗状況について報告することとされた。

　また，SEC声明では，IASBとFASBによる「覚書」（MoU）によるコンバ

第6節　アメリカの発行体の財務報告制度へのIFRSsの組込みに関するSECスタッフによる「作業計画」

ージェンス・プロジェクトの進捗状況も，アメリカの発行体の財務報告制度に
IFRSsを組み込む判断要素の1つに掲げられている。

第6節　アメリカの発行体の財務報告制度へのIFRSsの組込みに関するSECスタッフによる「作業計画」

　アメリカの発行体の財務報告制度へのIFRSsの組込みを検討するためのSEC
スタッフによる「作業計画」は，当初の予定どおり2010年10月29日に，SEC
の主任会計士室と企業財務局のスタッフが，最初の**進捗報告書**（Progress
Report）（SEC Office of the Chief Accountant and Division of Corporation Finance
[2010]）を公表した。その後，SECスタッフによる「作業計画」は，分析対象を
所管するSECの各部署から3つの「**SECスタッフペーパー**」（SEC Staff Paper）
（①「**組込みの方法論の探求**」（SEC Office of the Chief Accountant [2011a]），②「**実
務におけるIFRSの分析**」（SEC Division of Corporation Finance and Office of the
Chief Accountant [2011]）および③「**U.S. GAAPとIFRSの比較**」（SEC Office of
the Chief Accountant [2011b]））が公表され，2012年7月13日の「**最終スタッ
フ報告書**」（Final Staff Report）（SEC Office of the Chief Accountant [2012]）の
取りまとめへと続く。

　こうしたSECスタッフによる一連の「作業計画」の展開とともに，SECは
2011年7月7日に「国際財務報告基準に関する円卓討論」（Roundtable on
International Financial Reporting Standards）を開催し（SEC [2011]），各界から
の意見聴取にも努めた。

　SECスタッフによる「作業計画」は，アメリカの発行体の財務報告制度に
IFRSsを組み込む制度に移行することへの是非（Whether）と，もし移行する
とした場合の時期（When）やその方法（How）について検討することを目的
としている。SECコミッショナーによるIFRSsの組込みの是非の判断材料に
資するSECスタッフによる一連の報告書等の内容と役割を把握するためにも，
以下では，それぞれの報告書等の概要を整理しておきたい。

第13章　アメリカにおける国際財務報告基準への対応のあり方

981

1．SECスタッフによる「作業計画」に関する
##　　最初の進捗報告書（2010年10月29日）

　先に見たとおり，2010年2月24日に公表された「SEC声明」は，その付録でSECスタッフによる「作業計画」に課す6つの検討領域を示した。SECスタッフによる「作業計画」に関する最初の進捗報告書は，これら検討領域において評価する構成要素，SECスタッフによる情報収集・分析の方法について説明し，併せて，部分的にSECスタッフによる予備観察（Preliminary Observations）を表明したものである。

　最初の進捗報告書が提示した，SECスタッフによる「作業計画」の各検討領域において評価する構成要素や情報収集・分析の方法などをまとめると，**図表13-3**のようになる。

図表13-3　SECスタッフの「作業計画」の検討領域と評価する構成要素等

「作業計画」の検討領域	評価する構成要素	SECスタッフによる情報収集・分析の方法
1．アメリカ国内の財務報告制度向けのIFRSsの十分な開発および適用	(1)IFRSsの包括性（網羅性）	[U.S. GAAPとIFRSの比較] ①IFRSsがガイダンスを規定していない，または，U.S.GAAPほどガイダンスを設定していない領域 ②発行体，会計監査人および投資家による実務上の対応状況 ③発行体，会計監査人および投資家がIFRSsのガイダンスを追加することでベネフィットをもたらす領域
	(2)IFRSsの監査可能性および執行可能性	①IFRSs財務諸表の監査および執行における監査上および規制上の困難な課題 ②誤謬の訂正や会計関連の執行措置の傾向 ③会計監査人や規制当局による困難な課題への対処

	(3)国内外のIFRSs財務諸表の比較可能性	①グローバル基準でのIFRSs財務諸表の比較可能性の程度に影響を及ぼす要因 ②IFRSs財務諸表が，実務上，比較可能な程度および投資家の対応 ③投資家に最もベネフィットをもたらすクロスボーダー基準によるIFRSs財務諸表の比較可能性の改善方法
2．投資家にベネフィットをもたらす基準設定の独立性	(1)IFRS財団の監視	①モニタリング・ボードの現行のガバナンスに関する資料や会議資料の調査によるモニタリング・ボードのガバナンス ②モニタリング・ボードの関係者の見方 ③モニタリング・ボードの役割が基準設定の独立性を支援する程度
	(2)IFRS財団およびIASBのメンバー構成	①IFRS財団とIASBのガバナンスに関する文書 ②関係者の見方
	(3)IFRS財団の資金調達	①IFRS財団評議員会の資金調達のアプローチに関わる４つの特性（広範囲，強制的，開かれた，各国固有）についての妥当性 ②IFRS財団の資金調達の源泉がIASBの独立性や持続性を促進する程度 ③アメリカからの資金調達メカニズムのあり方
	(4)IASBの基準設定プロセス	①投資家の見解が優位に関与する程度 ②デュー・プロセスを損なわずに緊急問題を適時に解決するIASBの能力 ③IASBの独立性と客観性
3．IFRSsに関する投資家の理解と教育	IFRSsに関する投資家の理解と教育	①アメリカの投資家のIFRSsに関する現在の知識およびIFRSsをアメリカの発行体の財務報告制度に組み込むことに対する準備状況の理解 ②投資家が，会計基準の変更について自らどのように教育しているか，また，その適時性に関する情報について，さまざまな投資家グループから収集 ③IFRSsの理解や関連する教育プロセスを改善するための変更の程度，ロジスティックおよび必要とされる時間

4．規制環境	(1)SECがその使命を果たす方法	①アメリカの会計基準に対するFASBの役割のアプローチ ②現行のSECの規則や解釈指針およびSECスタッフの適用指針における会計基準や要件の言及 ③組込みが，SECやスタッフが説明的な会計ガイダンスを提供し，会計基準を執行する性質，方法または頻度に及ぼす影響および変更に要する時間
	(2)産業の規制当局	①産業の規制要件に対するコンプライアンスへの影響 ②SECの報告の変更が産業の規制当局に及ぼす影響 ③規制制度の潜在的変更や欠如に関する問題
	(3)連邦税および州税への影響	①連邦税および州税への影響 ②SECの報告の変更が連邦税および州税に及ぼす影響 ③連邦税および州税の規制の潜在的変更や欠如に関する問題
	(4)監査規制および基準設定	公開会社会計監督委員会（PCAOB）の基準への影響
	(5)ブローカー・ディーラーおよび投資会社の報告	①ブローカー・ディーラー，投資会社および投資家への影響 ②ブローカー・ディーラーや投資会社をSECの将来の意思決定の及ぶ範囲から除外することによる投資家への影響
	(6)公開企業および非公開企業	①非公開企業，会計監査人および投資家への影響 ②結果として生じるインプリケーションを非公開企業に適応するための変更に要する程度，ロジスティックおよび必要とされる時間
5．発行体に対する影響	(1)会計システム，統制および手続	①検討領域1.の「アメリカ国内の財務報告制度向けのIFRSsの十分な開発および適用」での「覚書」(MoU)項目以外のIFRSsとU.S. GAAPとの比較 ②発行体の会計システム，統制および手続きの変更の程度，ロジスティックおよび必要とされる時間

第6節 アメリカの発行体の財務報告制度へのIFRSsの組込みに関するSECスタッフによる「作業計画」

	(2)契約	①組込みに影響のある契約のタイプと普及 ②契約に影響のある問題への取組みに要するコスト，能力，計画および必要とされる時間
	(3)コーポレート・ガバナンス	①コーポレート・ガバナンスや関連する問題への潜在的な影響 ②コーポレート・ガバナンスの問題に取り組めるアプローチの決定とそのアプローチに着手する程度，ロジスティックおよび必要とされる時間
	(4)訴訟の偶発債務に関する会計	①IFRSsに従った訴訟の偶発債務の会計と開示要件に関する発行体，法曹関係者および投資家との議論 ②IFRSsに従った訴訟の偶発債務の会計と開示要件に関する問題に取り組むアプローチおよびそのアプローチに着手する程度，ロジスティックおよび必要とされる時間
	(5)小規模発行体と大規模発行体	①発行体の規模の違いで与える影響の差異 ②組込みで小規模発行体に及ぼす不均衡な影響に関する問題を緩和するアプローチおよびそのアプローチの程度，ロジスティックおよび必要とされる時間
6．人的資本の整備状況	(1)教育および訓練（研修）	①現行のIFRSsの専門的知識の水準とIFRSs教育と訓練のニーズの程度 ②将来の訓練計画を実施する程度，ロジスティックおよび必要とされる時間
	(2)会計監査人の能力	①監査の品質，コストおよび監査法人の集中や競争力への影響などといった，会計監査人の締め付けに関する問題 ②これらの問題について緩和できるアプローチやこのアプローチに着手する程度，ロジスティックおよび必要とされる時間

注：各国の国内総生産（GDP）に基づくIFRS財団の資金調達モデルと資金調達の現状が，IFRS財団の2009年年次報告書をもとに説明されている。それによると，2010年度に運営赤字となること，国際会計事務所からの資金拠出が総額の3分の1を占めること，アメリカ，ヨーロッパ，アジア・オセアニアおよびアフリカからの31ヵ国の組織しか拠出しておらず，何らかの形で財務報告システムにIFRSsを組み込んできた国の4分の3がまったく資金拠出をしていないこと，また，財務報告システムにIFRSsを組み込んでいないアメリカ（1.85百万ポンド）と日本（1.74百万ポンド）が最大の資金拠出国となっていることなどが，IFRS財団の資金調達

に対するSECスタッフの予備観察として表明されている（SEC Office of the Chief Accountant and Division of Corporation Finance [2010], pp.19-20)。
出所：SEC [2010] およびSEC Office of the Chief Accountant and Division of Corporation Finance [2010] を もとに作成。

　SECスタッフは，この最初の進捗報告書において，アメリカの財務報告制度にIFRSsを組み込むかどうかを2011年に意思決定する前に，FASBとIASBの現行のコンバージェンス・プロジェクトの進捗状況について評価することを明らかにしている。

2．SECスタッフペーパー「組込みの方法論の探求」(2011年5月26日)

　SECコミッショナーは，アメリカの発行体の財務報告制度にIFRSsを組み込むかどうか，また，もし組み込むとした場合の方法論などについて結論をくだしていない。その決定にあたっては，SECスタッフによる「作業計画」の結果を判断材料とするとしている。SECスタッフ（主任会計士室）による「作業計画」に関する最初のSECスタッフペーパー**「組込みの方法論の探求」**(Exploring a Possible Method of Incorporation) (SEC Office of the Chief Accountant [2011a]) は，アメリカの財務報告制度へのIFRSsの組込みの方法論について検討したものである。

　2010年10月29日に公表されたSECスタッフによる作業計画に関する最初の進捗報告書は，すでにIFRSsを適用している各管轄（法域）（中国，ヨーロッパおよびオーストラリア）が，自国の財務報告制度にIFRSsをどのように組み込んでいるかについての予備観察を示している。各管轄（法域）が採る方法には，次の2つに区分した（**図表13-4**参照）(SEC Office of the Chief Accountant and Division of Corporation Finance [2010], pp.9-10)。

---

①IASBが公表したIFRSsをそのまま利用する方法（IFRSsのアドプション）
②自国による何らかの組込みプロセスを経てIFRSsを利用する方法

　前者の方法によれば，IASBが公表した会計基準の公表時に，自国において

第6節 アメリカの発行体の財務報告制度へのIFRSsの組込みに関するSECスタッフによる「作業計画」

図表13-4 財務報告システムへのIFRSsの組込み方法

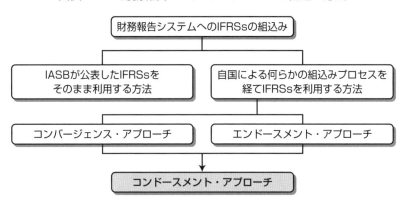

この会計基準のエンドースメント（承認）等を経ることなく，そのままの形で適用することになる。これまでのSECスタッフの調査によれば，この方法を採用する国はほとんどない。また，後者の方法によれば，ほとんどの管轄（法域）がIFRSsのフルアドプションを目的とするものの，管轄（法域）によってはIASBが公表したIFRSsをそのまま採用しなかったり，あるいは，IASBが定める発効日に従わなかったりしている。この方法は，各管轄（法域）固有の問題を取り扱う弾力性がある一方で，単一で国際的な会計基準の目的に影響を及ぼす可能性がある。

さらに，この後者の方法を採用する管轄（法域）は，①IASBが公表するIFRSsをフルアドプションすることにコミットメント（確約）せずに，自国の会計基準とIFRSsをコンバージする（**コンバージェンス・アプローチ**（Convergence Approach））国と，②自国の何らかのエンドースメント（承認）の形態を採る（**エンドースメント・アプローチ**（Endorsement Approach））国に峻別される。

これらの方法論に加えて，2010年12月6日に開催された「SECおよび公開会社会計監督委員会（PCAOB）の最近の動向に関する2010年アメリカ公認会計士協会全国会議」（2010 AICPA National Conference on Current SEC and PCAOB

Developments）において，SECの副主任会計士（当時）であったポール・ベスウィック（Paul Beswick）が「**コンドースメント・アプローチ**」（Condorsement Approach）を提唱した（Beswick［2010］）。コンドースメント・アプローチは，コンバージェンスとエンドースメントを合成したベスウィックによる造語である。AICPA全国会議でのコンドースメント・アプローチの提唱は，関係者の反応をみるためのSECによる「観測気球」の役割があるとも目されていたが，その後のSECスタッフによる「作業計画」に関する最初のSECスタッフペーパーにおいて，より具体的にそのフレームワーク（アプローチの概要）が示されている。

コンドースメント・アプローチは，本質的にはエンドースメント・アプローチからの要素（運用上のフレームワーク）に加えて，移行期間においてU.S. GAAPとIFRSsの差異の解消に向けてコンバージェンス・アプローチの要素（移行の要素）を取り込むものである。このコンドースメント・アプローチによれば，アメリカの会計基準設定主体は存続され，一定の期間（たとえば，5年から7年）をかけてIFRSsをU.S. GAAPに組み込むことで，移行プロセスが促進される。また，コンドースメント・アプローチによるIFRSsの組込みによって，単一で高品質な国際的に認められた会計基準の目標を達成することができ，アメリカの発行体の財務報告制度にIFRSsを組み込むのに要するコストや労力を最小限にできるという（SEC Office of the Chief Accountant［2011a］, p.7）。

なお，FASBとIASBによる共同プロジェクトも「コンバージェンス」の名称が付けられているが，この共同プロジェクトとここでの「コンバージェンス・アプローチ」は別物だということに注意しなければならない。FASBとIASBによる共同プロジェクトのプロセスは，2つの基準設定主体による新たな，相互に受け入れ可能な高品質の会計基準に向けた動向を伴うものであるが，「コンバージェンス・アプローチ」は，ある国による現行のIFRSsに向けた動向を伴うものである（SEC Office of the Chief Accountant［2011a］, Note 27, p.14）。

988

第6節 アメリカの発行体の財務報告制度へのIFRSsの組込みに関するSECスタッフによる「作業計画」

(1) コンドースメント・アプローチにおけるエンドースメント要素
―基準設定に関わる関係者の役割―

コンドースメント・アプローチを採用した場合，エンドースメント要素，つまり基準設定に関わる主要関係者の役割を要約して整理すると，次のようになる（SEC Office of the Chief Accountant [2011a]，pp.7-13参照）。

■アメリカにおけるFASBの役割

アメリカは，①高品質で国際的に認められた会計基準の開発と普及を支援するため，②財務報告に関する新しい論点や緊急を要する論点を識別する際に，積極的な役割を果たすため，③高品質で国際的に認められた会計基準の開発において，アメリカの利害が適切に扱われることを確実にするために，国際会計の領域で積極的な役割を果たすことが重要である。コンドースメント・アプローチのもとで，アメリカの市場関係者を支援するためにこのような役割を果たすことができるのは，FASBである。コンドースメント・アプローチが採用された場合，SECスタッフは，U.S. GAAPを定める責任を有する会計基準設定主体は，引き続きFASBになると考えている。

また，FASBは，次のような方法でIFRSsの開発にも参画することになる。

・プロジェクトの優先順位づけを含む，国際的な基準設定のアジェンダのIASBの戦略策定にインプットを提供すること

・特定の基準設定やリサーチ・プロジェクトを実行する際に，必要に応じて，IASBを支援すること

・IASBと連携して実例や適用指針の開発に参画すること

・IASBが基準を開発する際に，アメリカの見解の事例や知見を提供すること

・IFRS解釈指針委員会を支援して，実務上の問題や解釈の問題を識別し，また，研究に着手することで，こうした問題の取組みに協力すること

・アメリカの市場関係者の観点から，適用後ベースでの基準の評価において中心的な役割を果たすこと，また，基準の有効性を評価（適用後レビュー）する際に，さらに広い意味でIASBを支援すること

989

・IFRSs情報を広範囲に普及することを促すために，IASBとアメリカの関係者のコミュニケーションおよびIASBへのアメリカの関係者の関心のコミュニケーションを支援すること
・その他の国の基準設定主体との会議に出席すること
・新たなIFRSsや改訂IFRSsの開発にアメリカの関係者の参画を促すこと
・国際的な基準設定活動に参加する個人の専門知識と経験を育成すること

■SECの役割

アメリカの財務報告制度にIFRSsが組み込まれれば，SECは，FASBを指定されたアメリカの会計基準設定主体として監督することになる。しかし，IASBは複数の国の規制当局と関係があるため，SECによるIASBの監督は，FASBに対する監督ほど直接的なものではなくなる。

コンドースメント・アプローチのもとでは，SECは，会計基準設定プロセスに積極的に関与し，IASBとそのガバナンス機関の広範な活動にも関与することになる。また，SECスタッフは，継続的に国際的な会計基準の開発状況を監視し，IFRSsの変更が，SECの既存の規則，規制，解釈指針および書類のフォームに及ぼす影響について理解していなければならない。IFRSsの組込みとその後のIFRSsの修正により，既存のSECのガイダンスに対して追加，削除または修正を行わなければならない可能性がある。

■アメリカの市場関係者の役割

アメリカの市場関係者がFASBの会計基準設定プロセスに関与しているように，IASBの会計基準設定プロセスに影響を及ぼし，関心が適切に検討されることを確実にするためにも，アメリカの市場関係者は，IASBの会計基準設定プロジェクトに関与することが不可欠である。FASBは，IASBとアメリカの市場関係者との間のコミュニケーションを円滑に進めるものであり，会計基準設定プロセスにおけるIASBの見解や結論について，アメリカの市場関係者に対する教育情報の主たる提供者である。FASBは，国際的な基準設定活動においてアメリカの見解を1つ

にする役割を果たすことはできず，また，すべきではない。アメリカの市場関係者が，アメリカの意見を1つに集約する役割を果たすことが重要である。

（2）コンドースメント・アプローチにおけるコンバージェンス要素
―移行戦略―

コンドースメント・アプローチにおけるコンバージェンス要素は，移行計画（Transition Plan）に従って，IFRSsをU.S. GAAPに組み込むことを通じて，現行のU.S. GAAPを完全に，あるいは，段階的に置き換えるアプローチである。SECスタッフは，コンドースメント・アプローチによるIFRSsへの移行は，段階的に，しかも，たとえば5年から7年かけて行われることを想定している。SECが，コンドースメント・アプローチまたはこれに類似するアプローチを推し進めることを決定する場合，FASBの最優先課題は，SECスタッフと協議のうえ，導入プログラムを策定して実行することである。

移行により，現行のU.S. GAAPの内容は，IFRSsの内容に置き換わる。SECがIFRSsをU.S. GAAPに組み込むことを決定した場合，FASBは，アメリカの市場関係者が適切に対応することができるように，比較的短期間で移行計画を策定しなければならない。また，移行計画を策定するには，移行期間中にIFRSsをU.S. GAAPに組み込む方法と時期を決めるために，FASBは，個々のIFRSsを評価することになる。FASBは，その組込みを段階的なものにするか，あるいは，一度で実施するかについても，FASBは研究する必要がある（SEC Office of the Chief Accountant［2011a］，p.14）。

移行計画の策定の際に，FASBとSECスタッフが最優先にすべきは，この移行がアメリカの市場関係者に及ぼす影響を最小にする方法を識別することにある。移行対象である個々のIFRSsを3つのカテゴリー（①「覚書」（MoU）プロジェクトのIFRSs，②IASBの現行の基準設定のアジェンダに含まれるIFRSs，③その他のIFRSsおよびIFRSsが扱っていない領域）に分類し，これらのカテゴリーを使った移行計画の策定は，次の2つの方法で行うことができる。

①可能であれば，IFRSsの現行の基準がアメリカの発行体に採用される状況

を回避しつつ，IFRSsでの新たな基準だけその後すぐに置き換える方法
②将来的な適用を条件に，IFRSsの数を最少にする方法

とくに，後者の移行方法は，全体的に長い時間を要し，移行のコストや負担を軽減する規定を盛り込むことになる。

各カテゴリーのIFRSsの移行戦略を要約すると，以下のとおりである（SEC Office of the Chief Accountant［2011a］，pp.15-19参照）。

「覚書」（MoU）プロジェクトのIFRSs（カテゴリー1）

「覚書」プロジェクトが目標期日の2011年末までに完了し，IFRSsとU.S. GAAPのコンバージした会計基準が公表されると仮定すると，「覚書」プロジェクトは，移行計画にはほとんど影響を及ぼさないものと考えられる。ただし，「覚書」プロジェクトの会計基準の適用にはかなりの労力（準備作業等）が必要となるため，FASBは，移行計画において「覚書」プロジェクト以外の会計基準のコンバージェンスの時期を決定する際に，「覚書」プロジェクトの導入の適用時期について配慮する必要がある。

IASBの現行の基準設定のアジェンダに含まれるIFRSs（カテゴリー2）

移行計画を策定し，それを実行する際に，FASBは，IASBが展開する会計基準設定活動と今後予想される会計基準設定プロジェクトを評価しなければならない。このカテゴリー2に含まれる会計基準については，FASBは，近い将来新たに公表される，または，かなり修正される会計基準を特定し，これらの基準を探し出すために，見込まれる会計基準設定活動の規模を評価しなければならない。

移行期間を通じて，FASBがカテゴリー2に含まれるIFRSsを見直し，IASBによる会計基準設定のアジェンダから除外された場合や，会計基準の最終化が移行期間経過後に変更された場合には，移行戦略を修正しなければならない。

その他のIFRSsおよびIFRSsが扱っていない領域（カテゴリー3）

静的なIFRSs，つまり「覚書」プロジェクトの対象でもなく，IASBのその他の

第6節 アメリカの発行体の財務報告制度へのIFRSsの組込みに関するSECスタッフによる「作業計画」

アジェンダ項目でもないIFRSsについては，今後変更される予定がないため，FASBは，最初にU.S. GAAPに組み込むかどうかを評価する。FASBは，カテゴリー3のすべてのIFRSsをU.S. GAAPに同時に，または，段階的に組み込むことになるかもしれない。カテゴリー3でのIFRSsの移行計画は，新しい規定は可能なら将来に適用できるものとする。

3．SECスタッフペーパー「実務におけるIFRSの分析」（2011年11月16日）と SECスタッフペーパー「U.S. GAAPとIFRSの比較」（2011年11月16日）

(1) SECスタッフペーパー「実務におけるIFRSの分析」

SECスタッフによる「作業計画」に関わる第2のSECスタッフペーパー「実務におけるIFRSの分析」（An Analysis of IFRS in Practice）（SEC Division of Corporation Finance and Office of the Chief Accountant [2011]）は，『フォーチュン』（*Fortune*）誌の公式サイトにみられる2009年版「フォーチュン・グローバル500」（Fortune Global 500）でのランキング指標から，IFRSsに準拠した183社（SEC登録企業とSEC非登録企業）の直近の年次連結財務諸表について分析したものである。このSECスタッフによる分析は，IFRSsの測定と認識要件の準拠性，開示の透明性と明確性および財務諸表の比較可能性に焦点が当てられている。

分析対象となった183社の管轄（法域）と産業特性（業種）は，次頁の**図表13-5**のとおりである。

993

図表13-5　SECスタッフペーパー「実務におけるIFRSの分析」の
分析対象の管轄（法域）と産業特性

国	企業数	産業	企業数
ドイツ	35社	銀行	38社
フランス	34社	石油精製	14社
イギリス	26社	通信	12社
中国	14社	食品・ドラッグストア	11社
スペイン	11社	公益事業	11社
オランダ	10社	土木建築	10社
オーストラリア	9社	自動車・同部品	10社
スイス	9社	保険	9社
イタリア	8社	鉱業・原油生産	6社
スウェーデン	6社	建築資材・ガラス	5社
ベルギー	5社	化学製品	5社
その他（11ヵ国）	16社	エネルギー	5社
計	183社	医薬品	5社
		その他（23産業）	42社
		計	183社

出所：SEC Division of Corporation Finance and Office of the Chief Accountant［2011］, p.5.

　分析の結果，SECスタッフは，分析対象の企業の財務諸表がおおむねIFRSs
の要件に準拠していることを見出している。

　ただし，SECスタッフによる分析からもたらされる次の2つのテーマに照
らして，SECスタッフの見解について検討する必要があるという（SEC Division
of Corporation Finance and Office of the Chief Accountant［2011］, pp.2-3）。

①財務諸表の透明性と明瞭性に改善の余地があること

　トピック全体において，サンプルの財務諸表の透明性（Transparency）および
明瞭性（Clarity）については改善の余地がある。たとえば，それに関係すると思
われる特定の領域において，会計方針を開示していない企業があった。また，
会計方針の開示において，投資家による財務諸表の理解に役立つような，十分
に詳細な，または，明確な開示を行っていない企業も多い。適切なIFRSsの用
語と整合しない用語を参照している企業もあった。さらに，各国固有の適用指
針（ガイダンス）を参照する企業もあった。したがって，特定の開示については，

企業の取引内容およびその取引が，財務諸表にどのように反映して記載されているかを理解するうえで困難が生じる可能性がある。

　一部の事例では，開示（または開示の欠如）により，企業の会計処理がIFRSsに準拠しているか否かに疑問が生じる事例もみられた。このSECスタッフペーパーの分析は，SEC企業財務局における開示のレビュー・プログラムの一環として実施されたものではないため，これらの疑問の多くを解決しうる追加情報を企業から入手することはできなかった。

②IFRSsの不整合な適用が，国家間および産業間の比較可能性を難しくしていること

　IFRSsの適用において実務が統一されていないため，国家間および業種間の財務諸表の比較可能性に問題が生じている。この適用上の不整合は，さまざまな要因で生じている。たとえば，IFRSsにおいて明確に認められている選択肢が存在することから生じるものや，特定の領域においてIFRSsの適用指針がないことから生じるもののように，基準自体に不整合がある事例もあれば，企業がIFRSsに準拠していないことから生じる不整合の事例もある。

　その一方で，IFRSsの選択肢を少なくすることや，個別の適用指針などを追加で利用することで，適用上の不整合が軽減される事例もある。とはいえ，この場合，国別に適用指針等を利用すると，各国内での比較可能性の向上は図れるものの，国際的な比較可能性を毀損する可能性もある。

　これらに加えて，このSECスタッフペーパー「実務におけるIFRSの分析」は，SEC企業財務局の開示レビュー・プログラムの一環として，SECスタッフペーパーの分析時点において，SECに財務諸表を提出しており，しかも，IASB公表版IFRSsに準拠して財務諸表を作成している旨を開示している約170社の外国民間発行体のうち，140社のSEC届出書のレビューにおいて，企業財務局から頻繁にコメントされる領域の概要について説明している。

（2）SECスタッフペーパー「U.S. GAAPとIFRSの比較」

　SECスタッフによる「作業計画」に関わる第3のSECスタッフペーパー「U.S. GAAPとIFRSの比較」（A Comparison of U.S. GAAP and IFRS）（SEC Office of the Chief Accountant［2011b］）は，直近のU.S. GAAP（2010年 6 月30日現在の最終化された基準）とIFRSs（2010年 1 月 1 日現在の最終化された基準）を比較分析したものである。

会計基準の比較分析は，これまでにも着手されてきた経緯がある。たとえば，会計基準の比較可能性の改善のために，FASBは当時のU.S. GAAPとIASを比較プロジェクトとその成果（FASB［1996］やFASB［1999］）を公表したし，また，「覚書：ノーウォーク合意」（2002年）を踏まえた会計基準のコンバージェンスを促進するために，FASBが取ったイニシアティブのなかの「コンバージェンスに関する調査研究プロジェクト」も，U.S. GAAPとIFRSsの本質的な差異を識別するものであった。

このSECスタッフペーパーは，SECスタッフによる「作業計画」における 6 つの検討領域の 1 つである，「アメリカ国内の財務報告制度向けのIFRSsの十分な開発および適用」に関する調査結果である。つまり，このIFRSsの十分な開発および適用に対する評価要素である「IFRSの包括性」や「国内外のIFRS財務諸表の比較可能性」などに関わっている。

このSECスタッフペーパーは，アメリカの会計基準のコード化（Accounting Standards Codification）のトピック（Topics）ごとに（たとえば，期中財務報告，棚卸資産，無形資産など），SECの規則と規制およびSECスタッフ解釈指針やその他の管轄（法域）の解釈指針などを排除したうえで，U.S. GAAPとIFRSsの比較を行った。ただし，SECスタッフは，たとえばFASBとIASBが共同で基準開発中のもの（たとえば，収益認識，金融商品，リースおよび連結など）は今般の分析・評価から外しており，別途，SECスタッフによる分析・評価を行っている。

U.S. GAAPとIFRSsの比較分析結果を読む際に，2つの会計基準には，次のような根本的な差異があることに留意するよう促している（SEC Office of the Chief Accountant［2011b］，pp.8-11参照）。

①IFRSsは，特定の適用指針などを限定したうえで，業種間の取引を説明する広

第6節 アメリカの発行体の財務報告制度へのIFRSsの組込みに関するSECスタッフによる「作業計画」

範な原則を含んでいる

U.S. GAAPとIFRSsの差異の多くは，U.S. GAAPにはありIFRSsにはない特定の業種や特定の取引の適用指針に関わっている。U.S. GAAPは，IFRSsにはない業種別の特例の基準や個別の取引ごとの適用指針などがある。これに対して，IFRSsは，いわゆる原則主義（プリンシプル・ベース）に基づくものであり，特定の業種や特定の取引に限定しないで適用可能な広範な一般原則を含んでいる。こうした会計基準の特性から，U.S. GAAPは，特定の業種内での適用上の首尾一貫性を促進することになるのに対して，IFRSsは，業種を超えた広範な首尾一貫性を促進することになる。

②FASBとIASBの概念フレームワークには根本的な差異がある

FASBの「財務会計諸概念に関するステートメント」(Statement of Financial Accounting Concepts) とIASBの「財務諸表の作成および表示に関するフレームワーク」(Framework for the Preparation and Presentation of Financial Statements) は，基礎概念などに差異がある（SECスタッフペーパーは，2010年1月1日現在の最終化されたIFRSsを比較分析の対象としているため，2010年9月にIASBが公表した「財務報告に関する概念フレームワーク」(Conceptual Framework for Financial Reporting) は対象となっていない）。概念フレームワークの差異は，ひいては認識と測定の基準や適用指針の差異となりうる。

FASBの概念ステートメントとIASBのフレームワークには，概念フレームワークの権威づけのレベルに違いがある。IFRSsの概念フレームワークは，権威ある適用指針であり，適用すべき基準などがない場合に適用されるため，事実上，会計基準と同じ権威づけがなされている。これに対して，U.S. GAAPのもとでは，財務会計諸概念に関するステートメントは，アメリカの会計基準のコード化には含まれておらず，そのためFASBの権威ある適用指針として位置づけられていない。FASBとIASBのフレームワークで概念がコンバージしたとしても，このフレームワークの権威づけの差異は，U.S. GAAPとIFRSsの会計処理の比較可能性にマイナスの影響を及ぼす可能性がある。

997

さらに，資産と負債の定義と認識にも違いがみられる。FASBの財務会計諸概念に関するステートメントは，資産や負債を「発生の可能性の高い」（Probable）将来の事象（資産については経済的便益，負債については経済的便益の犠牲）として定義しているが，IFRSsの資産や負債の定義に発生の可能性の概念を取り入れていない。

SECスタッフが比較した会計基準（FASB会計基準コード化（会計基準編纂書または会計基準体系：Accounting Standards Codification））のトピックのテーマは，ASCトピック250「会計方針の変更および誤謬の訂正」（Accounting Changes and Error Correction），ASCトピック260「1株当たり利益」（Earnings Per Share），ASCトピック270「期中報告」（Interim Reporting）などの29項目である。これら会計基準のトピックについて，このSECスタッフペーパーで明らかにされたU.S. GAAPとIFRSsの比較分析の主な結果は，次のように整理できる。

A．会計方針の変更および誤謬の訂正（ASCトピック250）

　IAS第8号「会計方針，会計上の見積りの変更および誤謬」とFASB会計基準コード化（ASC）のトピック250「会計方針の変更および誤謬の訂正」はともに，会計方針の変更，誤謬の訂正および見積りの変更に関する指針を規定している。2つの基準の差異には，(1)重要性の評価に関する指針（IFRSの指針は，重要な脱漏の定義に限定されている），(2)誤謬の訂正（U.S. GAAPは，誤謬を訂正するために過去に発行された過年度の財務諸表の訂正，再発行を要求しているが，IFRSはそれを要求していない），(3)実務上の例外規定（IFRSは，一定の条件で，過年度の訂正を完全に遡及して訂正することに対する実務上の例外を規定しているが，U.S. GAAPは，例外なく，重要な誤謬の数量化および再表示を要求している），(4)財政状態計算書の遡及表示（IFRSは，3年分の財政状態計算書の遡及表示を規定しているが，U.S. GAAPには，類似の要求はない）などに関連する要求が含まれている。

B．1株当たり利益（ASCトピック260）

　IAS第33号とASCトピック260には，「1株当たり利益」の計算に関する全般的に類似した要求事項が含まれている。2つの基準の差異には，(1)希薄化した「1株当たり利益」のための累計期間株式数の計算，(2)複数の決済選択肢を有する商品，(3)転換可能商品および2クラス法，(4)金庫株法適用上の税効果，(5)1株当たりキャッシュ・フローの表示などに関する要求事項が含まれている。

第6節 アメリカの発行体の財務報告制度へのIFRSsの組込みに関するSECスタッフによる「作業計画」

C．期中報告（ASC トピック270）

IAS第34号「期中財務報告」とASCトピック270はともに，期中報告が（たとえば，規制機関によって）要求される状況，または，企業が期中報告の実施を選択した状況に関する指針を規定している。両基準とも，年次財務諸表を作成する際に利用されるのと同一の会計原則に基づくことを一般的に要求している。しかしながら，期中報告期間に関する考え方に差異がある。IAS第34号は，期中報告期間を独立の期間と考える一方で，ASCトピック270は，期中報告期間を年度の一部であると考えている。2つの基準の差異には，⑴コストの配分，⑵誤謬の訂正のための重要性評価，⑶第4四半期の活動などに関連する要求事項が含まれている。

D．リスクと不確実性（ASC トピック275）

IAS第1号「財務諸表の表示」とASCトピック275はともに，一定のリスクと不確実性に関する開示を規定している。両基準における原則は，おおむね類似しているが，ASCトピック275は，IAS第1号において要求されていない一定の集中に関するエクスポージャー（たとえば，顧客や供給資源に関する一定の集中による脆弱性）の開示を要求している。

E．セグメント報告（ASC トピック280）

IFRS第8号「事業セグメント」とASCトピック280によるセグメント報告に関するほとんどの開示要求事項は，一致している。しかしながら，U.S. GAAPは，明示的な指針を含んでいるが，IFRSは，個別の指針を規定せずに，中核となる開示原則を規定している。2つの基準の差異には，⑴マトリックス形式の組織構造や，⑵オペレーティング・セグメントの決定および統合に関する要求事項が含まれている。

F．現金および現金同等物（ASC トピック305）

IAS第7号「金融商品：開示」とASCトピック305によれば，現金同等物は同じように定義されている。しかしながら，IAS第7号は，ASCトピック305に比べるとより規範性の弱い方法による要求をいくつか提示している。したがって，マネー・マーケット・ファンドなどのようなある種の商品が，IFRSでは現金同等物とみなされない場合がある。また，満期まで3ヵ月を超えるある種の投資が，IFRSでは現金同等物とみなされる場合がある。

G．その他の投資（ASC トピック323，ASC トピック325）

IFRS第11号「共同支配の取決め」，IAS第28号「関連会社および共同支配企業に対する投資」およびASCトピック323は，持分法適用投資やジョイント・ベンチャーに関する会計を扱っている。IFRSとU.S. GAAPによる持分法に関する全般的な要求事項は類似している。しかしながら，2つの基準の差異には，⑴持分法により会計処理される投資の範囲，⑵報告期間の差異，⑶投資企業と投資先の会計方針の差異，⑷重要な影響力の決定，⑸所有持分や影響力の増加，⑹重要な影響力の喪失に係る会計処理，⑺投資先の追加的な損失の認識などに関する要求事項が含まれている。

H．棚卸資産（ASC トピック330）

第13章 アメリカにおける国際財務報告基準への対応のあり方

999

IAS第2号「棚卸資産」とASCトピック330によれば，棚卸資産は，当初認識時には取得原価によって記録され，当初認識後は，時価を参照して減損テストが実施される。2つの基準の差異には，(1)容認できる評価方法（たとえば，U.S. GAAPは後入先出法を容認しているが，IFRSはそれを容認していない），(2)減損の計算，(3)減損の戻入れの認識，(4)農業活動から生じる棚卸資産会計などに関する要求事項が含まれている。

Ⅰ．その他の資産および繰延コスト（ASCトピック340）

ASCトピック340は，ASCの他のトピックで扱っていない一定の資産とコスト（たとえば，資産計上された広告費）に関する会計処理および報告を要求している。IFRSには，これに相当する特定の基準はないが，類似の要求事項が一般的な基準に含まれている。また，U.S. GAAPは，料金規制事業などの特定の分野における産業別指針を規定している。

Ｊ．無形資産（ASCトピック350）

IAS第38号「無形資産」とASCトピック350によれば，取得した無形資産については当初資産化が要求され，ほとんどの自己創設無形資産についてはその認識を禁止している。2つの基準の差異には，(1)のれんの配賦アプローチ（IFRSによれば，のれんは減損テスト目的のために現金生成単位に配賦されるが，U.S. GAAPによれば，のれんは報告単位に配賦される），(2)減損テスト（IAS第36号「資産の減損」によれば，一段階減損テストが適用され，U.S. GAAPによれば，二段階減損テストが適用される）などに関する要求事項が含まれている。

Ｋ．有形固定資産（ASCトピック360）

IAS第16号「有形固定資産」とASCトピック360によれば，有形固定資産は原価基準により当初資産計上され，その後減価償却される。また，減損の兆候がある場合，減損テストが実施される。IAS第16号とASCトピック360の原則は，おおむね一致している。2つの基準の差異には，(1)複数の資産から構成されている資産についての減価償却，(2)有形固定資産の残存価額の再評価，(3)再評価モデルの選択肢，(4)減損会計，(5)投資資産の会計などに関する要求事項が含まれている。

Ｌ．負債（ASCトピック405）

IAS第39号「金融商品：認識および測定」，ASCトピック405およびIFRIC第19号「資本性金融商品による金融負債の消滅」はともに，負債の消滅に関しておおむね一致した会計指針を規定している。しかしながら，ASCトピック405は，負債の消滅に関する適用指針（たとえば，実質ディファーザンス取引）を含んでいるが，IAS第39号は，それに相当する適用指針を含んでいない。

Ｍ．資産除去債務および環境債務（ASCトピック410）

IFRSのもとで，資産除去債務および環境債務は，IAS第37号「引当金，偶発負債および偶発資産」とIFRIC第1号「廃棄，原状回復およびそれらに類似する既存の負債の変動」における一般的な原則に準拠して会計処理される。U.S. GAAPは，ASCトピック410において資産除去債務および環境債務に関する特定のモデルについて規定している。資産除去債務に関する基準の差異には，(1)認識，(2)当初および事後測定，(3)開示などに関連する要求が含まれている。また，環境債務に関する基準の差異には，環境債務の認識における「可能性が高い」（Probable）の定義に関する要求事項が含まれている。

第6節 アメリカの発行体の財務報告制度へのIFRSsの組込みに関するSECスタッフによる「作業計画」

N. 撤退または処分コストに関する負債（ASCトピック420）

IAS第19号「従業員給付」, IAS第37号「引当金, 偶発負債および偶発資産」およびASCトピック420が, 撤退または処分（リストラクチャリング）コストに関する負債の会計を取り扱っている。2つの基準の差異は, IAS第19号とIAS第37号における範囲の方が, ASCトピック420より広範である点にある。また, その差異は, IFRSが, リストラクチャリング計画全体に焦点を当てているのに対して, U.S. GAAPが, リストラクチャリング計画の各個別要素の評価に焦点を当てている点にある。

O. コミットメント（ASCトピック440）

IFRSとU.S. GAAPによれば, 現存するアレンジメントによって生じる一定の将来キャッシュ・フローについての理解を利用者に提供するために, 一定のタイプのコミットメントに関する開示要求事項が規定されている。IFRSsのもとでは, そのようなコミットメントに関する開示は, IAS第17号「リース」でのリース, IAS第19号「従業員給付」での年金制度, IAS第16号「有形固定資産」での有形固定資産の取得およびIFRS第7号「金融商品：開示」での担保に供している金融資産で要求している。U.S. GAAPでのこうした開示要求は, ASCトピック440において規定されている。また, U.S. GAAPには特定の業種別指針が存在する。

P. 偶発債務（ASCトピック450）

IAS第37号「引当金, 偶発負債および偶発資産」とASCトピック450によれば, 将来の経済的資源の流出の可能性が高い（Probable）場合に, 偶発損失を記録することが要求されている。しかしながら, 「可能性が高い」（Probable）という用語に関する定義が両基準の間で異なっている。IAS第37号は, 「可能性が高い」を「発生しない確率より発生する確率の方が高い」と定義されている。その定義は, 50%を超える発生確率を意味すると広く理解されている。一方, ASCトピック450は, 「可能性が高い」を「将来事象が発生しそうである」と定義している。その定義は, 50%を幾分超える比率を意味すると一般的に理解されている。また, IFRSは, U.S. GAAPのもとでは明示的な要求がない偶発債務に関する要求事項を含んでいる。

Q. 保証（ASCトピック460）

U.S. GAAPとIFRSはともに, 契約の品質または義務を負う企業実体の本質のいずれかに基づいて, 保証に関する会計の指針を規定している。2つの基準の差異には, (1)当初の評価範囲（たとえば, 一方の基準におけるデリバティブと他方の基準における保険契約）や, (2)特定のカテゴリーの商品などに関する要求事項が含まれている。

R. 債務（ASCトピック470）

IAS第39号「金融商品：認識および測定」とASCトピック470において, 債務の会計に関して全般的に類似した要求が規定されている。2つの基準の差異として, U.S. GAAPは, 特定のアレンジメント（たとえば, 参加型モーゲージ負債および製品ファイナンス）の認識, 測定, 開示に関する指針を規定しているが, IFRSは, それに相当する指針を規定していない。また, 2つの基準の差異には, (1)負債の条件変更および消滅, (2)現在の債務のリファイナンス, (3)コベナンツ違反債務の分類に関する要求事項が含まれている。

1001

S．従業員報酬―株式報酬を除く―（ASC トピック710）

IAS第19号「従業員給付」，ASC トピック710およびASC トピック75によれば，さまざまな報酬についての取決めに関する会計と報告要求事項を含んでおり，そのような取決めのコストを適切な期間に配分することが意図されている。U.S. GAAPとIFRSの原則レベルでのこれらのタイプの取決めの目的は，全般的に類似しているが，(1)雇用後給付，(2)退職給付，(3)表示および開示などに関する詳細な指針については差異がある。

T．株式報酬（ASC トピック718）

IFRS第2号「株式に基づく報酬」とASC トピック718は，株式に基づく類似の支払モデルを含んでいる。その支払モデルによれば，公正価値に基づく測定値を用いた株式による支払報酬のコストを財務諸表に認識することを要求している。2つの基準の差異には，(1)定義，(2)段階的に権利確定する取決め，(3)税効果に関する処理などに関する要求事項が含まれている。

U．その他の費用（ASC トピック720）

ASC トピック720は，創業費および広告費などを含む特定のタイプのコストや費用の会計および報告に関する指針を規定している。IFRSは，このトピックに関する指針をさまざまなレベルにおいて規定している。IAS第38号「無形資産」によれば，創業費と広告費は，発生時に費用として計上される。しかしながら，ASC トピック720によれば，広告費は，発生時か広告の実施時のいずれかにおいて費用として計上することを認めている。また，U.S. GAAPは，コストと費用に関する産業別指針を含んでいるが，IFRSは，これに相当する指針を含んでいない。

V．研究開発（ASC トピック730）

IAS第38号「無形資産」は，一定の質的規準が満たされる場合，開発費の資産化を要求している。その質的規準が満たされる前に発生する研究開発費は，発生時に費用化される。ASC トピック730によれば，コンピュータソフトウェアの開発に関連するコストを除いて，研究開発費は，一般的に，発生時に費用化することを要求している。

W．法人所得税（ASC トピック740）

IAS第12号「法人所得税」とASC トピック740はともに，資産負債アプローチを用いて法人所得税を会計処理することを要求している。資産負債アプローチによれば，財務会計または税務上各期間に認識される事象についての現在および将来の税金に対する影響（すなわち，繰延税金）を認識することが要求される。IFRSおよびU.S. GAAPにおける法人所得税会計に対するこのアプローチは，おおむね類似している。しかしながら，2つの基準の差異には，(1)不確実な税務ポジションの取扱い，(2)繰延税金資産および関連する評価性引当金，(3)相殺および分類，(4)投資に関する財務報告上の計上価額と税務上の基準価額の差異に対して認識される繰延税金資産，(5)開示などに関する要求事項が含まれている。

X．企業結合（ASC トピック805）

IFRS第3号「企業結合」とASC トピック805における指針には，企業結合の会計に関して類似した要求が含まれている。しかしながら，2つの基準の差異には，(1)偶発事象に関する認識と測定，(2)非支配持分，(3)条件付対価，(4)共通支配下の取引などに関する要求事項が含まれている。

第6節 アメリカの発行体の財務報告制度へのIFRSsの組込みに関するSECスタッフによる「作業計画」

Ｙ．外国通貨に関する事項とインフレーション（ASC トピック830）

IAS 第21号「外国為替レート変動の影響」と ASC トピック830はともに，在外事業体の財務諸表を表示通貨に換算し，為替レートの変動効果をその他の包括利益として認識することを要求している。しかしながら，２つの基準の差異には，(1)換算に使用する為替レート，(2)累積換算差額および減損，(3)多階層組織構造の事業体の換算，(4)在外事業体への純投資の一部となる貨幣性資産などに関する要求が含まれている。さらに，IAS 第21号とASC トピック830はともに，超インフレ経済下での取引に関する会計を規定している。しかしながら，超インフレーション会計の適用に関する指針は異なっている。U.S. GAAPによれば，在外事業体の機能通貨が超インフレーションの場合，在外事業体は機能通貨として報告通貨を用いている。在外事業体の財務諸表は，報告通貨に再測定される。IFRSによれば，在外事業体の機能通貨は，保持されるが，決算日にそれを測定単位通貨に再表示することによって，最初に「指数化」することが要求される。

Ｚ．非貨幣性取引（ASC トピック845）

ASC トピック845は，特定のタイプの非貨幣性取引に関する指針を規定している。IFRSは，非貨幣性取引に関する会計指針を扱った一般的な指針を含んでいないが，U.S. GAAPに全般的に類似した個別の指針がいくつかの規準において規定されている（たとえば，IAS 第18号「収益」，IAS 第16号「有形固定資産」および IFRIC 第18号「顧客からの資産の移転」）。

AA．関連当事者に関する開示（ASC トピック850）

IAS 第24号「関連当事者についての開示」と ASC トピック850はともに，関連当事者に関する類似した目的と要求を有している。しかしながら，両基準において異なる特定の開示が要求されている。

BB．組織再編（ASC トピック852）

ASC トピック852は，破産から再生過程にある企業に適用されるフレッシュ・スタート報告およびその他の企業組織の再編に関する指針を規定している。IFRSにはこれに相当する指針が存在しない。

CC．後発性事象（ASC トピック855）

IAS 第10号「後発事象」と ASC トピック855は，決算日後に発生する事象の財務諸表への影響を考慮することを要求している。後発事象およびそのような事象を評価すべき期間は，同じように定義されている。IAS 第10号によれば，後発事象は，決算日後で，財務諸表の発行が承認される前までに発生する事象とされている。ASC トピック855によれば，後発事象は，決算日後で，財務諸表が発行される前までに発生する事象または取引とされている。

出所：SEC Office of the Chief Accountant［2011b］，pp.11-50をもとに要約のうえ作成。

1003

第7節 アメリカのIFRSsへの移行の方針に対するSECスタッフによる追加的な分析と検討

　実のところ，SECスタッフは，アメリカの発行体の財務報告制度へのIFRSsの組込みについて，SECコミッショナーの意思決定に資するべき回答を「最終スタッフ報告書」に示さなかった。「最終スタッフ報告書」は，序言で次のように記している（SEC Office of the Chief Accountant [2012], Introductory Note）。

> 「本スタッフ報告書は，建設的で重要な貢献ではあるが，作業計画は，IFRSsへの移行がアメリカの証券市場全般や，とくにアメリカの投資家の最善の利益となるのかどうかという根本的な問題への回答を示さなかった。この入り口の方針についての問題の追加的な分析と検討が，当委員会がアメリカの発行体についての財務報告制度へのIFRSsの組込みに関する当委員会の意思決定を行う前に必要となる。
>
> 　本スタッフ報告書は，当委員会の承認手続きを経ておらず，必ずしも当委員会またはいずれかのコミッショナーの見解を反映したものではない。」

　「最終スタッフ報告書」の冒頭から，「追加的な分析と検討」の必要性を説く内容となっているが，SEC主任会計士室のジェームズ・L・クローカー（James L. Kroeker）主任会計士は，この「最終スタッフ報告書」の提出とともに，SECを辞した（クローカーは，その後，2013年9月1日からFASBの副議長に就任した）。

　「追加的な分析と検討」に向けて，主任会計士室を中心に，SECスタッフはその後も取り組んできた。しかし，SECスタッフによる「作業計画」への積極的な取組みにみられたような，その後の追加的な分析や検討の結果は，あいにく公表されていない。

　SECスタッフが会計や財務報告に関わる規制措置などについての見解を表

明する代表的な機会として，「SECと財務報告協会年次大会」（SEC and Financial Reporting Institute Conference）と「**SECおよび公開会社会計監督委員会（PCAOB）の最近の動向に関するアメリカ公認会計士協会（AICPA）全国会議**」（AICPA National Conference on Current SEC and PCAOB Developments）がある。前者の年次大会を主催する「SECと財務報告協会」は，学界，SECとFASBの政策設定者，企業の重役などの交流を促進することを目的として，1982年に南カリフォルニア大学（University of Southern California）のレーベンサール（Leventhal School of Accounting）が創設した会議体である。この「SECと財務報告協会」の諮問委員会委員は，SEC委員長やFASB議長の経験者をはじめ，SECスタッフなどが務めている。また，後者の全国会議を主催するのはAICPAであり，SECやPCAOB，FASBなどの関係者がスピーカーを務め，会計，監査および財務報告の最近の動向やイニシアティブについて議論する会議として機能している（杉本［2016］，300-301頁）。

　図表13-6は，ニコライセン主任会計士（当時）によるSEC調整表作成・開示要件の撤廃勧告のロードマップが公表された2005年4月を起点として，「SECと財務報告協会年次大会」と「SECおよびPCAOBの最近の動向に関するAICPA全国会議」におけるSEC関係者によるIFRSsを巡る報告について整理したものである。

図表13-6　「SECと財務報告協会年次大会」と「SECおよびPCAOBの最近の動向に関するAICPA全国会議」におけるSEC関係者の報告

（2015年9月末現在）

	「SECと財務報告協会」年次大会		年次大会時のSEC委員長	「SECおよびPCAOBの最近の動向に関するAICPA全国会議」	
	SEC関係者の報告			SEC関係者の報告	
年次大会	SECコミッショナー	SECスタッフ		SECコミッショナー	SECスタッフ
2005年大会		ドナルド・ニコライセン	ウィリアム・ドナルドソン（共）		ジュリー・エルハルト
2006年大会	シンシア・グラスマン	スコット・ターブ	クリストファー・コックス（共）		コンラッド・ヒューイットジュリー・エルハルト

2007年大会		ジェームズ・クローカー	クリストファー・コックス （共）	キャスリーン・ケーシー	カトリーナ・キンベル コンラッド・ヒューイット ジュリー・エルハルト
2008年大会		コンラッド・ヒューイット		クリストファー・コックス	リーザ・マクアンドリュー・モバーグ コンラッド・ヒューイット ジュリー・エルハルト ジェフ・エリス ウェイン・カーネル クレイグ・オリンジャー
2009年大会			メアリー・シャピロ （独）	エリーゼ・ウォルター	ジェームズ・クローカー アリソン・パッティ
2010年大会		ポール・ベスウィック		メアリー・シャピロ	サガー・テオリア ニリマ・シャー ジェームズ・クローカー ポール・ベスウィック ウェイン・カーネル クレイグ・オリンジャー
2011年大会		ジェームズ・クローカー			ジェームズ・クローカー ジェイソン・ブロード ポール・ベスウィック クレイグ・オリンジャー
2012年大会					ジュリー・エルハルト ポール・ベスウィック ジェニファー・ミンク・ジラール クレイグ・オリンジャー・ジル・デイビス
2013年大会	エリーゼ・ウォルター	ポール・ベスウィック	メアリー・ジョー・ホワイト （独）		
2014年大会	ポール・ベスウィック				ジェームズ・シュナー ジュリー・エルハルト
2015年大会		ジェームズ・シュナー			

注：（1）SEC委員長は各年次大会開催日現在のものであり，エリーゼ・ウォルターがシャピロとホワイトの間に委員長を務めていた時期がある（2012年12月15日から2013年4月9日）。
　　（2）（共）は共和党系を意味する。SEC委員長のシャピロとホワイトは，いずれも民主党政権時に任命されたが，本人は二大政党に属さないので，（独）と表記している。
出所：杉本［2016］，図表1，302頁。

　クローカーがSECを辞した後，SECの主任会計士室の主任会計士は，「コンドースメント・アプローチ」を提唱したベスウィックが務め（2012年12月21日

から2014年5月15日まで），また，2014年10月からはジェームズ・シュナー（シュヌアー）（James Schnurr）がその職を務めてきた。とくに，シュナー主任会計士は，これまでのアメリカにおけるIFRSsの使用に関する代替案を，①IASBに主導権を渡すと称される，完全なIFRSs（ピュアIFRSs）の使用，②IFRS財務諸表を届け出る選択肢のアメリカの登録企業への提供，③ベスウィックによって提案された「コンドースメント・アプローチ」の3つに整理した（U.S. Chamber of Commerce［2014］）。同時に，SEC主任会計士への就任後に代替案についての調査結果も披露した（Schnurr［2015a］）。つまり，①SECがすべての登録企業にIFRSsを強制することには，ほぼ支持はないこと，②SECが国内の登録企業にIFRSsに基づいて財務諸表を作成することを認める選択肢を提供することには，ほとんど支持がないこと，③単一で高品質な国際的に認められた会計基準の目的には，引き続き支持があること，である（2つの年次大会（全国会議）におけるSEC関係者のIFRSsを巡る見解の内容と特徴などについては，杉本［2016］を参照）。

　こうした調査結果やSECコミッショナーとの議論が，新たな考えをもたらしている。

　「就任当初の8週間に及ぶこれら代替案についての調査とSECコミッショナーとの議論が，シュナー主任会計士による『IFRSを〔アメリカの発行体の財務報告制度に：引用者〕組み込む可能性についての別の代替案』（Schnurr［2014］），すなわち，『第4の選択肢』の考えをもたらした。この第4の選択肢こそ，世界中の投資家を不安にしているIFRSを取り巻く不確実性を解消または縮小するためのSECコミッショナーへの提案であり，シュナーにとっての優先事項である。

　第4の選択肢は，シュナー主任会計士とエルハルト副主任会計士によるもので，アメリカの発行体にU.S. GAAPによる財務諸表を補完するものとして，IFRSに基づく情報の強制開示ではなく，任意開示を容認するという代替案である（Schnurr 2014; Erhardt 2014）」（杉本［2016］，309頁）。

1007

とはいえ，「第4の選択肢」の考えがSECコミッショナーに提案され，また，それを踏まえて，SECコミッショナーがアメリカのIFRSsへの移行の方針（アメリカの発行体の財務報告制度へのIFRSsの組込みの方針）を策定する規制措置へとは結び付いていない。

その一方で，SECスタッフによる「作業計画」への取組みが一定の役割を終えたとも解する動きが，SECにみられる。

アメリカの発行体に対するSECの「ロードマップ」はもとより，IFRSsに関するその他のSECによるアクションなどの関連資料をはじめとした，アメリカの発行体の財務報告制度へのIFRSsの組込みに関するSECスタッフによる「作業計画」は，SECのウェブサイトにおいて，「グローバル会計基準についての作業計画に関するスポットライト」（Spotlight on Work Plan for Global Accounting Standards）として整理され，これまでSECのウェブサイトにおいて「スポットライト」の1つとして掲げられてきた。しかし，この「グローバル会計基準についての作業計画」（Work Plan for Global Accounting Standards）は，「SECスタッフ最終報告書」の掲載を最後に，すでにSECの「スポットライト」から外されている。「グローバル会計基準についての作業計画」は，「21世紀の開示イニシアティブ」（21st Century Disclosure Initiative），「エンロン」，「公正価値会計基準」（Fair Value Accounting Standards）などとともに，いまや「以前の『スポットライト』のトピック・ページのアーカイブ」（Archive of Former "Spotlight" Topic Pages）に収められている。

この事実から，SECがIFRSsに注目を集めずに，関心が薄れていると解することもできるかもしれない。

もちろんSEC委員長やコミッショナーは，機会あるごとにIFRSsは優先事項であるとの見解を示してはきている。こうしたなかで，SECによるIFRSsへの関心の薄まりが事実だとすれば，それは20ヵ国・地域首脳会合（G20）が求めてきた「単一で高品質な国際基準」へのコミットメントに関わる表明が，ある時点から行われなくなったこととも深く関わっていると考えるのは，あまりにも短絡的だろうか。

G20ワシントン・サミットの成果文書である「金融・世界経済に関する首脳会合宣言」（Summit on Financial Markets and the World Economy）（G20［2008］）に付された「改革のための原則を実行するための行動計画」（Action Plan to Implement Principles for Reform）に，中期的措置の１つとして，「世界の主要な会計基準設定主体は，単一で高品質な国際基準を策定することを目的に，精力的に作業を行う」ことを掲げていた。「単一で高品質な国際基準」の策定へのコミットメントは，何も世界の主要な会計基準設定主体だけの問題ではない。この中期的措置は，「規制当局，監督当局および会計基準設定主体は，状況に応じて，高品質な会計基準の一貫した適用および実施を確保するため，相互に，また民間部門（プライベート・セクター）と継続的に協力して作業を行う」として，規制当局と監督当局への積極的な関与を求めていた事実がある。

G20ワシントン・サミット以降，G20サミット首脳声明や20ヵ国財務大臣・中央銀行総裁会議声明などでの，「単一で高品質な国際基準」の策定についての表明は，ワシントンD.C.での20ヵ国財務大臣・中央銀行総裁会議声明（2013年10月10日・11日）からはみられない（本書第１章の章末に付した 参考 「G20と『単一で高品質な国際基準』の策定」および図表1-参考２を参照）。「われわれは，国際会計基準審議会とアメリカ財務会計基準審議会に対し，2013年末までに，単一で高品質な会計基準を達成するための主要な未決着のプロジェクトに関する作業を完了させることを促す」としたサンクトペテルブルク・サミット（2013年９月６日）での首脳声明が，「単一で高品質な国際基準」の策定へのコミットメントについて表明した最後のものである。

2015年の「SECと財務報告協会年次大会」第34回年次大会や「SECおよびPCAOBの最近の動向に関するAICPA全国会議」で，シュナー主任会計士は，次の見解を繰り返している（Schnurr [2015a] and Schnurr [2015b]）。

「私見では，今後短期間に，FASBとIASBは，基準をコンバージェンスすることに焦点を置き続けるべきである。両審議会は，協働のためのコミットメントを再確認すべきであり，また関係者のニーズを満たし，財務報告の品質を改善す

る場合にはいつでも，IFRSとU.S. GAAPの差異を取り除く基準を開発すべきである。主に，両審議会は異なるニーズを有するさまざまな関係者に対応（奉仕）しているので，両審議会が，基準設定プロセスにおいて，必ずしも差異を取り除くことはできないと理解している。しかしながら，基準間に差異が生じると，両審議会は，適用から学習すること，および，最高品質の財務報告の結果をもたらす基準にコンバージェンスすることを目標として，お互いに再検討することを目的として，これらの基準の適用を監視すべきである。」

　IASBとFASBによる会計基準のコンバージェンスに向けたプロジェクトの遂行こそが，「単一で高品質な国際基準」の策定の本質をなす。「単一で高品質な国際基準」の策定を巡る国際的な動向のなかで，アメリカのIFRSsへの移行の方針（アメリカの発行体の財務報告制度にIFRSsを組み込むかどうか）について最終決定するはずの判断材料を，SECスタッフが導き出すことの意義を見出せずにいるのかもしれない。加えて，シュナー主任会計士もSECから離れることが2016年11月22日に発表された（SEC［2016］）。

　SEC委員長やコミッショナーの政治任用は，大統領選挙の結果が大きく作用する。2016年大統領選挙の結果，メアリー・ジョー・ホワイト（Mary Jo White）も，IFRSs適用問題については，「高品質で国際的に認められた会計基準は『アメリカの重要課題』（A U.S. Imperative）である」（White［2017］）という言葉を残して，2017年1月20日にSEC委員長を辞した。内向きな政策となる大統領選挙の期間中とその後のしばらくの間は，アメリカの発行体の財務報告制度へのIFRSsの組込みに関する規制措置のあり方も，おのずと内向きな政策となる傾向を強めている。同時に，会計基準開発におけるマルチラテラルな議論の場で，アメリカの意見発信力が高まっているのも事実である。

【参考文献】

Accounting Standards Board（AcSB）[2006]，Accounting Standards in Canada: New Directions ─ Strategic Plan, January 4, 2006.

Beswick, P.A. [2010]，Speech by SEC Staff: Remarks before the 2010 AICPA National Conference on Current SEC and PCAOB Developments, December 6, 2010.

Commission of the European Communities（COM）[1995]，Communication from the Commission: Accounting Harmonization: A New Strategy Vis-a-is International Harmonisation, COM 95（508），November 14, 1995.

Committee of European Securities Regulators（CESR）[2005a]，Concept Paper on Equivalence of Certain Third Country GAAP and on Description of Certain Third Countries Mechanism of Enforcement of Financial Information, Ref: CESR/04-509C, February 2005.

CESR [2005b]，Technical Advice on Equivalence of Certain Third Country GAAP and on Description of Certain Third Countries Mechanisms of Enforcement of Financial Information, Ref: CESR/05-230b, June 2005.

Cox, C. [2007]，Speech by SEC Chairman: Chairman's Address to the SEC Roundtable on International Financial Reporting Standards, March 6, 2007.

Erhardt, J.A. [2014]，Remarks before the 2014 AICPA National Conference on Current SEC and PCAOB Developments, December 8, 2014.

Fanto, J. A. and R. S. Karmel [1997]，A Report on the Attitude of Foreign Companies regarding a U.S. Listing, *Stanford Journal of Law, Business and Finance*, Vol.3 No.1, Summer 1997.

Financial Accounting Standards Board（FASB）[1996]，*The IASC-U.S. Comparison Project: A Report on the Similarities and Differences between IASC Standards and U.S. GAAP*, FASB.

FASB [1999]，*The IASC-U.S. Comparison Project: A Report on the Similarities and Differences between IASC Standards and U.S. GAAP*, Second Edition, FASB.

FASB [2002]，Memorandum of Understanding ─ "The Norwalk Agreement"（山田辰己 [2003]，「IASB会議報告（第16回会議）」，『JICPA ジャーナル』No.570，2003年 1 月所収）.

FASB [2006]，A Roadmap for Convergence between IFRSs and US GAAP ─ 2006-2008: Memorandum of Understanding between the FASB and the IASB, February 27, 2006.

Great of Twenty（G20）[2008]，Declaration: Summit on Financial Markets and the World Economy, November 15, 2008.

K&L Gates [2009]，SEC, Global Financial Markets ─ Legal, Policy and Regulatory Analysis,

Vol.2, Issue1, January 28, 2009.

McCreevy, C. [2005], EC Strategy on Financial Reporting: Progress on Convergence and Consistency, European Federation of Accountants' (FEE) Seminar on International Financial Reporting Standards (IFRS), Brussels, 1 December, 2005.

Nicolaisen, D. T. [2005], A Securities Regulator Looks at Convergence, *Northwestern Journal of International Law and Business*, Vol.25 No.3, Spring 2005.

Schnurr, J. [2014], Remarks before the 2014 AICPA National Conference on Current SEC and PCAOB Developments, December 8, 2014.

Schnurr, J. [2015a], Remarks before the 2015 Baruch College Financial Reporting Conference, May 7, 2015.

Schnurr, J. [2015b], Remarks at the AICPA National Conference on Banks and Saving Institutions, September 17, 2015.

Securities and Exchange Commission (SEC) [1999], Securities Act of 1933 Release Nos.33-7745; 34-41936; International Series Release No.1205, File No. S7-8-99, International Disclosure Standards, *SEC Docket*, Vol.70 No.15, September 28, 1999.

SEC [2000], Securities Act of 1933 Release Nos.33-7801; 34-42430; International Series Release No.1215, File No. S 7 -04-00, International Accounting Standards, *SEC Docket*, Vol.71 No.15, March 27, 2000.

SEC [2004], For Immediate Release 2004-75: SEC-CESR Set Out the Shape of Future Collaboration, June 4, 2004.

SEC [2005a], For Immediate Release 2005-62, Chairman Donaldson Meets with EU Internal Market Commissioner McCreevy, April 21, 2005.

SEC [2005b], For Immediate Release 2005-177: Meeting between Chairman Christopher Cox and CESR Chairman Arthur Docters van Leeuwen, December 15, 2005.

SEC [2006a], For Immediate Release 2006-17, Accounting Standards: SEC Chairman Cox and EU Commissioner McCreevy Affirm Commitment to Elimination of the Need for Reconciliation Requirements, February 8, 2006.

SEC [2006b], For Immediate Release 2006-130: SEC and CESR Launch Work Plan Focused on Financial Reporting, August 2, 2006.

SEC [2007a], Securities Act of 1933 Release Nos.33-8818; 34-55998; International Series Release No.1302; File No.S 7 -13-07, Acceptance from Foreign Private Issuers of Financial Statements Prepared in Accordance with International Financial Reporting Standards without Reconciliation to U.S. GAAP; Proposed Rule, *Federal Register*, Vol.72 No.132, July 11, 2007.

SEC [2007b], Securities Act of 1933 Release Nos.33-8831; 34-56217; IC-27924; File No.S 7

-20-07, Concept Release on Allowing U.S. Issuers to Prepare Financial Statements in Accordance with International Financial Reporting Standards; Proposed Rule, *Federal Register,* Vol.72 No.156, August 14, 2007.

SEC [2008a], Release Nos.33-8879; 34-57026; International Series Release No.1306; File No.S 7-13-07, Acceptance from Foreign Private Issuers of Financial Statements Prepared in Accordance with International Financial Reporting Standards without Reconciliation to U.S. GAAP; Final Rule, *Federal Register,* Vol.73 No.3, January 4, 2008.

SEC [2008b], Release Nos.33-8982; 34-58960; File No.S7-27-08, Roadmap for the Potential Use of Financial Statements Prepared in Accordance with International Financial Reporting Standards by U.S. Issuers, *Federal Register,* Vol.73 No.226, November 21, 2008.

SEC [2010], Release Nos.33-9109; 34-61578, Commission Statement in Support of Convergence and Global Accounting Standards, *Federal Register,* Vol.75 No.40, March 2, 2010.

SEC [2011], For Immediate Release 2011-95: SEC Announces Roundtable on International Reporting Standards, April 20, 2011.

SEC [2016], For Immediate Release 2016-246: Chief Accountant James Schnurr to Leave SEC, November 22, 2016.

SEC Division of Corporation Finance and Office of the Chief Accountant [2011], SEC Staff Paper: An Analysis of IFRS in Practice, November 16, 2011.

SEC Office of the Chief Accountant [2011a], SEC Staff Paper: Exploring a Possible Method of Incorporation, May 26, 2011.

SEC Office of the Chief Accountant [2011b], SEC Staff Paper: A Comparison of U.S. GAAP and IFRS, November 16, 2011.

SEC Office of the Chief Accountant [2012], Final Staff Report: Work Plan for the Consideration of Incorporating International Financial Reporting Standards into the Financial Reporting System for U.S. Issuers, July 13, 2012.

SEC Office of the Chief Accountant and Division of Corporation Finance [2010], Progress Report: Work Plan for the Consideration of Incorporating International Financial Reporting Standards into the Financial Reporting System for U.S. Issuers, October 29, 2010.

U.S. Chamber of Commerce [2014], The Future of Financial Reporting, December 3, 2014.

United States Senate [2009], Senate Banking Housing and Urban Affairs Confirmation Hearing, January 15, 2009.

White, M.J. [2017], Public Statement: A U.S. Imperative: High-Quality, Globally Accepted

Accounting Standards, January 5, 2017.

杉本徳栄［1998］,「SEC調整表開示規制の展開」,『産業経理』第58巻第3号, 1998年10月。

杉本徳栄［2001］,「SECによるIASCコア・スタンダード・プロジェクトの評価（1）」,『企業会計』第53巻第2号, 2001年2月,「SECによるIASCコア・スタンダード・プロジェクトの評価（2・完）」,『企業会計』第53巻第3号, 2001年3月。

杉本徳栄［2008a］,「国際会計基準の受け入れに関するアメリカの動向と今後の課題」,『国際会計研究学会年報―2007年度版―』, 2008年3月。

杉本徳栄［2008b］,「IFRS受入れを巡る米国の対応」,『企業会計』第60巻第4号, 2008年4月。

杉本徳栄［2009］,『アメリカSECの会計政策―高品質で国際的な会計基準の構築に向けて―』中央経済社。

杉本徳栄［2012］,「シャピロSEC委員長の規制措置とIFRS適用問題」,『會計』第182巻第4号, 2012年10月。

杉本徳栄［2016］,「SEC主任会計士室とIFRSのイニシアティブ」,『商学論究』第63巻第3号, 2016年3月。

山田辰己（司会）・David Tweedie・藤沼亜起［2004］,「対談　国際的な会計基準の統合化をめぐって」,『JICPAジャーナル』第590号, 2004年9月。

第14章

日本における
国際財務報告基準への対応のあり方

―IFRSs アドプションに向けた規制措置―

第1節 日本のIFRSs導入に向けた検討への転換

『日本経済新聞』は，2008年9月4日付朝刊の第1面トップ記事で，日本がIFRSsを導入する検討に入ったことを次のように報道した。

「日本，国際会計基準導入へ

　11年度以降に　資金調達しやすく

　日本経団連，日本公認会計士協会，金融庁などは企業会計の国際化に対応するため，2011年度以降に『国際会計基準』を導入する検討に入った。国際基準は欧州を中心に世界百カ国以上で使われ，米国も採用する方針を表明。独自の会計基準を採用している日本は世界的に孤立する恐れがあり，将来は欧州などで企業の資金調達が困難になるとの見方もあった。国際基準の導入で，企業はグローバルな事業展開をしやすくなりそうだ。」

　IFRSsの導入について，「日本は世界的に孤立する恐れ」があるとする記事は，かつての会計開発国際フォーラム（IFAD）による報告書「GAAPコンバージェンス2002：国際財務報告基準とのコンバージェンスの促進と達成に向けた各国の取組みに関する調査」(*GAAP Convergence 2002: A Survey of National Efforts to Promote and Achieve Convergence with International Financial Reporting Standards*) を拠り所とした「日本の孤立」の危機の報道（『日経金融新聞』2003年4月2日付）を想起させる（本書**第2章**を参照）。

　この見出し記事からは，とくに次のようないくつかの疑問点が浮かび上がってくる。

【第1の疑問点】

　企業会計基準委員会（ASBJ）と国際会計基準審議会（IASB）のいわゆる「東京合意」（2007年8月8日）によって，日本の会計基準とIFRSsのコンバージェ

第1節 日本のIFRSs導入に向けた検討への転換

ンスの加速化が展開されているなかで，IFRSs導入（アドプション）の議論へと
潮目が変わったのはなぜか。

【第2の疑問点】
　アメリカもIFRSsを採用する方針を表明したとする根拠はなにか。また，ア
メリカの当該方針の表明と日本のIFRSs導入に向けた方針との結び付きはなにか。

【第3の疑問点】
　日本にIFRSsを導入することを検討するのはどの組織か。

【第4の疑問点】
　そもそも，この報道記事の情報源はなにか。

　会計基準に関わるいわばスクープ記事からは，これら疑問点の解消を図るこ
とが難しいところもあるが，解決に向けた糸口を探ることはできるかもしれな
い。見出し記事の後，『日本経済新聞』は次のように続けている。

● 「世界の会計基準は主に欧州中心の国際基準，米国基準，日本基準の3つがあ
　る。国際基準は資産の時価評価を徹底していることなどが大きな特徴だ。米証
　券取引委員会（SEC）は8月，米国の上場企業に国際基準の採用を認める方針
　を表明。国際基準が世界共通の会計ルールになる流れが鮮明になっていた。

　　日本は国内基準と国際基準の会計ルールを擦り合わせる作業を進めていたが，
　米国の新方針もあり，孤立を避けるため国際基準をそのまま受け入れる方針に
　変更した。

　　経団連〔日本経済団体連合会：引用者〕，会計士協〔日本公認会計士協会：引用者〕
　などは会計基準を巡る金融庁の協議会で，9月中旬に国際基準の導入を提案。
　実際に会計基準を作る企業会計基準委員会（ASBJ）や学識経験者らと国際基
　準の導入に向けた協議を始める。企業などからの要望を聞いたうえで，最終的
　には金融庁が導入を決める。

　　国内の上場企業に国際基準による決算を義務づけるか，日本基準と国際基準
　の選択制にするかは今後詰める。実際の導入は11年度以降になる公算が大きい。」
● 「日本が国内の会計基準に固執したままだと，国際基準の適用を義務化してい

1017

る欧州などで日本企業の資金調達が難しくなるとの見方も出ていた。国際基準を導入すると，事実上の世界共通の尺度で日本企業の経営状況を把握できるようになる。

　日本は国際基準の導入と併せて，国際会計基準審議会（IASB）に対し，会計基準を変更する際に日本の意見を反映するよう求める。」

　さらに，当日の『日本経済新聞』夕刊第2面のコラム「ニュースの理由<ruby>理由<rt>わけ</rt></ruby>」でも，「日本，国際会計基準 導入へ」（編集委員　小平龍四郎）を掲載した（「米の『義務化』判断 焦点」を見出しに付している）。ここでは，さらに踏み込んだ，しかも断定的な表現もみられる。

● 「日本が国際会計基準を導入する方向で検討に入った。導入の検討にあたっては，米証券取引委員会（SEC）が2011年に米上場企業に国際基準を義務づけるかどうかが大きく影響しそうだ。

　SECは先週，米上場企業に国際会計基準の採用を認める方針を発表した。来年から一部の大手企業に対して，国際会計基準の試験的な選択を認める。さらに進めて義務化する場合の条件も検討している。SECとしては基準の中身を再検討するだけでなく，国際会計基準審議会（IASB）を中心とした基準作りの組織改革を見極めたいようだ。」

● 「〔IASBの理事の選任に：引用者〕国・地域別の定員が導入されれば，米国が基準作りに関与する余地は減る。その代わり『真にグローバルな会計基準』（SECのコックス委員長）を作る体制に近づく。国の影響力保持とグローバル化のバランスの見極めが，米市場で国際会計基準が義務化されるかどうかのポイントになる。

　米国企業は国際会計基準への態度を決めかねているようだ。」

● 「米国では1年以上も金融市場の混乱が続き，大手銀行・証券の資産内容への不信感も強まっている。エネルギー大手エンロンが01年に破綻したのをきっかけに広がった米会計基準への不信劇の第2幕ともいえる。こうした会計不信を

1018

解消するためにも，米国は11年には国際会計基準の『選択制』から『義務化』へと動くのではないか。

米欧の市場で国際会計基準が義務化されれば，日本が独自基準に固執する余地はなくなる。そうした危機感が今回，日本が国際会計基準の導入に向けて検討に入る背景にある。」

加えて，その後のコラム「一目均衡」で，「会計一本化が映す市場の変貌」（編集委員　小平龍四郎）と題して，次のようにも記した。「会計一本化の議論は国と国との主導権争いや駆け引きが激しいため，外交にも例えられる。しかし企業の価値や利益を計るものさし，すなわち会計基準の一本化は，変貌（へんぼう）する市場と投資家への対応でもある。日本だけ無縁のはずがない」（『日本経済新聞』2008年9月9日付朝刊）。

1．第1の疑問点と第2の疑問点

【第1の疑問点】

企業会計基準委員会（ASBJ）と国際会計基準審議会（IASB）のいわゆる「東京合意」（2007年8月8日）によって，日本の会計基準とIFRSsのコンバージェンスの加速化が展開されているなかで，IFRSsの導入（アドプション）論議へと潮目が変わったのはなぜか。

【第2の疑問点】

アメリカもIFRSsを採用する方針を表明したとする根拠はなにか。また，アメリカの当該方針の表明と日本のIFRSs導入に向けた方針との結び付きはなにか。

IASBからの申し出を踏まえて，その後合意した，日本の会計基準とIFRSsのコンバージェンスに向けた共同プロジェクトは，2007年のASBJとIASBの「東京合意」（「**会計基準のコンバージェンスの加速化に向けた取組みへの合意**」（ASBJ・IASB［2007］（企業会計基準委員会・国際会計基準審議会［2007］）））の締結によって，当該コンバージェンスを加速化することとなった。とくに，「東京合意」

は2つの目標期日を明記した。つまり，EUによる第三国の会計基準の同等性評価を通じて指摘された差異を2008年まで（第1の目標期日）に解消し，残りの差異については2011年6月30日まで（第2の目標期日）に解消することを表明した。当時の日本の会計基準に対する気運は，まったくコンバージェンスに傾倒し，また，その加速化にあった。

この会計基準のコンバージェンスに向けた共同プロジェクトは，アメリカの財務会計基準審議会（FASB）とIASBによる「**覚書：ノーウォーク合意**」（Memorandum of Understanding — "The Norwalk Agreement"）（FASB ［2002］（山田 ［2003］））の方向性を踏襲したものである。しかし，この基準設定主体レベルでの「覚書」によるコンバージェンスを展開していたアメリカでは，EUとの間で，規制当局レベルによる「会計基準の相互承認」を見据えた政策が進められていた。つまり，両規制当局の責任者による相互訪問を踏まえた，2006年8月2日の「**SEC-ヨーロッパ証券規制当局委員会（CESR）共同作業計画**」（SEC-CESR Work Plan）（SEC ［2006］）の公表こそ，アメリカのIFRSs導入に向けた足掛かり的な出来事である。

アメリカの資本市場に参入する，または，その参入を希望する外国民間発行体にとって，SECが規制するアメリカの会計基準への調整表作成・開示要件（Reconciliation Requirement）は，大きな障壁であった。2005年からIFRSsを適用するヨーロッパ連合（EU）の企業にとっても同様で，たとえ連結財務諸表の作成時にIFRSsを適用したとしても，アメリカにとってみればIFRSsはアメリカ会計基準以外の会計基準の1つに過ぎず，SECが調整表作成・開示要件を課す姿勢に変わりはない。その一方で，EUは，域外企業に対してIFRSsないしIFRSsと同等と評価される会計基準の適用を課す規制（いわゆる「第三国の会計基準の同等性評価」）を展開したのは，事実上，会計基準を政治外交手段の1つとした証である。

当時のSEC主任会計士であったドナルド・ニコライセン（Donald T. Nicolaisen）が，SEC調整表作成・開示要件の撤廃勧告のロードマップ（IFRSsを適用する外国民間発行体に対する調整表作成・開示要件について，遅くとも2009

年までに早期撤廃する工程表）を立案（Nicolaisen［2005］）し，また，SEC委員長がそれをSECの規制措置として容認したのは，会計基準の政治外交による帰結である。SEC調整表作成・開示要件の撤廃勧告のロードマップに沿って，SECが2007年7月3日に外国民間発行体によるIFRSs準拠の連結財務諸表を容認するリリース（通牒）案を公表し，最終的に当該リリース案を同年11月15日に決定した。この決定は，アメリカ会計基準への準拠を課してきたアメリカが，ダブル・スタンダード（アメリカ会計基準とIFRSs）となった瞬間を意味する。だからこそ，SECは，外国民間発行体に加えて，アメリカの発行体にもIFRSsに準拠できる道筋が論理上可能となり，それを容認することについてのコンセプト・リリース（概念通牒）を公表して各界からのコメントを求めたのである。

　SECがこのコンセプト・リリースを公表したのは，ASBJとIASBによる「東京合意」が締結される前日（2007年8月7日）であった。アメリカでは，基準設定主体レベルでの会計基準のコンバージェンスに向けた共同プロジェクトの展開に加えて，さらに，規制当局レベルでの会計基準の相互承認（Mutual Recognition）を見越した，IFRSsの導入に向けた規制措置を展開し始めていたのである。

　当時の金融庁・企業会計審議会総会や同審議会企画調整部会での会計基準を巡る国際的な動向の関心事は，もっぱら，EUにおける第三国の会計基準の同等性評価およびASBJとIASBのコンバージェンスに向けた共同プロジェクト（さらには，IASBのガバナンス強化，金融安定化フォーラム（FSF）提言の完全な実施の加速化と金融システム改革）などにあり，アメリカの規制措置やその方向性を必ずしも十分に把握していたとは言い難い。アメリカのIFRSs導入に関する規制動向から1年ほど経過した後に，日本がIFRSs導入の検討に入ったことは，会計基準のあり方ないし会計政策に対する，まさに対米追随の典型例の1つとして捉えることができる。

　報道記事の一部に誤りがみられるが，『日本経済新聞』は，日本のIFRSs導入議論に関わる特集記事において，次のように説明している（下線は引用者）。

●「経団連など日本の関係者はもともと，日本基準を国際基準に合わせる共通化（コンバージェンス）の流れに同調。共通化の作業を通じて日本基準の質を向上させることが不可欠と考えていた。

07年8月，日本の企業会計基準委員会（ASBJ）と国際会計基準審議会（IASB）が11年6月までに基準を共通化する『東京合意』を発表。具体的な作業も始まっていた。

流れが大きく変わったのは昨年11月。日本と同様に共通化の方針だった米国が一転，国際基準受け入れに動いた。米証券取引委員会（SEC）が，米国市場に上場する米以外の企業が国際基準を使うことを容認。今年8月には米企業にも採用を認めると発表した。

このままでは日本が会計制度で孤立しかねない──『外堀』を埋められ危機感を強めた日本公認会計士協会などは相次いで国際基準の導入を提言。『早期に導入議論を始める必要がある』（金融庁）との流れが瞬く間にできあがった」（「国際会計基準がやってくる　導入議論の波紋㊤」，『日本経済新聞』2008年10月3日付朝刊）。

IFRSsを導入する場合，会計基準のコンバージェンスとの関係が問われる。IFRSsの導入により，会計基準のコンバージェンスをこれ以上行わなくてもよいのではないかという疑問である。この疑問は，金融庁総務企画局企業開示課長（当時）によって打ち消されている（三井［2008］，69頁）。

「仮にIFRSを採用した場合でも，作成企業の立場にたっても，投資家の財務諸表への信頼確保の観点からも，我が国の会計基準をできるだけ国際的な基準に近づけておくことが重要である。とりわけ，連結先行の考え方に基づき，連結財務諸表と単体財務諸表の間にズレが生じる場合には，コンバージェンスをすることにより，連結と単体の間の整合性が失われないようにすることは必須である。また，IFRSの開発プロセスへの影響力を確保する観点からも，コンバージェンスを進めることにより，日本基準が真の意味でグローバルスタンダードと言える

第1節　日本のIFRSs導入に向けた検討への転換

ように常にメンテナンスし続けることが不可欠である。

　したがって，引き続き，会計基準のコンバージェンスに向けて関係者が一丸となって対応していくことが必要であると考えている。」

2．第3の疑問点と第4の疑問点

【第3の疑問点】

日本にIFRSsを導入することを検討するのはどの組織か。

【第4の疑問点】

そもそも，この報道記事の情報源はなにか。

　第3の疑問点である「日本にIFRSsを導入することを検討するのはどの組織か」——「日本経団連，日本公認会計士協会，金融庁などは企業会計の国際化に対応するため，2011年度以降に『国際会計基準』を導入する検討に入った」のは，金融庁が開催した「**我が国企業会計のあり方に関する意見交換会**」である。この事実は，その後の報道記事によって明らかとなる。

　『日本経済新聞』2008年9月18日付朝刊の第7面は，次のように報じている。

> 国際会計基準　強制適用には異論も
> 　　導入本格検討　金融庁が表明　来月以降に会計審
> 　日本が企業会計の国際化に対応するため，『国際会計基準』の導入に向け動き出した。金融庁は17日，本格的な検討に入ると正式に表明。10月中旬以降に長官の諮問機関である企業会計審議会を開き，対象企業や採用方法などを議論する。2011年度以降の導入を念頭に置いたロードマップ（行程表）を早急にまとめたい考えだ。」

より具体的には，以下のように報道された。

●「国際会計基準は米国も採用する方針に転換した。米国の方針が実現すれば，

第14章　日本における国際財務報告基準への対応のあり方

1023

日本の会計基準は世界で孤立する恐れもあった。日本経団連，日本公認会計士協会といった利用者側が危機感を募らせ，金融庁に国際基準の導入を迫っていた。

　金融庁は同日午前，『わが国企業会計のあり方に関する意見交換会』を開いた。経団連，会計士協会など出席者の大勢が国際会計基準の導入を容認。企業会計審・企画調整部会で正式に議論することを了承した。

　この日の意見交換会では導入の方法について議論した。日本企業が決算の開示方法を国際会計基準か日本基準か選べる『選択適用』を認めることで大筋一致した。米国が目指しているような自国の基準を取りやめ，国際基準に一本化する『強制適用』を巡っては意見がまとまらず，今後の課題とした。どこまでの企業を対象にするかなど詳細は企業会計審で詰める。」

●「国際会計基準を作る国際会計基準審議会（IASB）のあり方を問題視する意見も多く出た。欧州の特定意見を反映して，参加国の意向をバランスよく映してないとの不満が背景にある。金融庁も作成の仕方やメンバー選定のあり方を見直すよう IASB に求めていく考えだ。

　国際基準と日本基準の違いを埋める『共通化作業』は従来通り進めていくことを確認した。会計基準の設定主体の企業会計基準委員会（ASBJ）が2011年半ばまでに全面共通化する方針を打ち出しており，出席者からは『その作業をサポートすべきだ』との意見が相次いだ。」

　実は，金融庁が IFRSs 導入に向けた本格的な検討に入ると表明した2008年9月17日は，第2回「我が国企業会計のあり方に関する意見交換会」の開催日である。金融庁が，「日本版ラウンドテーブル」（日本版円卓討論）（三井［2009］，27頁）ともいうべき第1回「我が国企業会計のあり方に関する意見交換会」（2008年7月31日開催）についての報道資料を発表したのはその前日の9月16日であり，本章冒頭の『日本経済新聞』のトップ記事は，この第1回意見交換会を踏まえたものである。

　第1回意見交換会では，まず金融庁が，金融商品取引法における「連結先行」

の考え方を提示し，意見交換が行われた。ここで**「連結先行」**とは，「〔「東京合意」に沿って，：引用者〕今後，我が国の会計基準を改正していく場合に，連結財務諸表に係る会計基準については，情報提供機能の強化，国際的な比較可能性の向上の観点から，我が国固有の商慣行や伝統的な会計実務に関連の深い単体財務諸表に係る基準に先行して機動的に改正する考え方」（金融庁〔2008〕）をいう。あいにく，金融庁は，第2回「我が国企業会計のあり方に関する意見交換会」の報道資料を公表していないが，当時の金融庁企業開示課長によれば，2回開催された意見交換会におけるIFRSsの採否についての主な議論としては，以下のものがあったという（三井〔2008〕，68頁）。

○ 我が国でもIFRSの採用に向けて議論すべき。その際，少なくとも選択適用は認めるべきである。

○ 投資家保護（比較可能性）の観点から，IFRSの導入をするのであれば，強制適用を議論すべきである。

○ 我が国におけるIFRSの導入は，IFRSの基準設定に早い段階で関与するためにも必要である。

○ 我が国におけるIFRSの導入に当たっては，ロードマップをできるだけ早く示すべきである。ロードマップ作成の際は，作成者や監査人などの準備が大変であることを踏まえ，目標達成までの課題（マイルストーン）について十分な検討が必要である。

○ IFRSの選択適用の場合，コンバージェンスを進めIFRSとの差を縮めた上で，例えば上場会社の連結財務諸表について認めることが考えられる。

○ IFRSを導入する場合でも，単体財務諸表や非上場会社については慎重な検討が必要である。

○ 国際会計基準委員会財団（IASCF）のガバナンス強化が必要である。

意見交換会での議論の結果，「本格的な検討に入ると正式に表明」した。その検討を委ねられた組織は，2006年7月31日に**「会計基準のコンバージェンス**

に向けて（**意見書**）」（金融庁・企業会計審議会企画調整部会［2006］）を取りまとめ，それを内閣府特命担当大臣（金融担当）に提出した，第12回会議以降開催していない「企業会計審議会企画調整部会」である。

　以上のような経緯から，第4の疑問点であるその情報源は，「我が国企業会計のあり方に関する意見交換会」およびこれを開催した金融庁であると考えてよい。

第2節 企業会計審議会「我が国における国際会計基準の取扱いに関する意見書（中間報告）」の取りまとめ

　現行の制度上，および，アベノミクス（Abenomics）のいわゆる成長戦略である「『日本再興戦略』改訂2014―未来への挑戦―」（2014年6月24日閣議決定。首相官邸［2014］），「『日本再興戦略』改訂2015―未来への投資・生産性革命―」（2015年6月30日閣議決定。首相官邸［2015］）や「日本再興戦略2016―第4次産業革命に向けて―」（2016年6月2日閣議決定。首相官邸［2016］）などでの政策上，日本は，「IFRSの任意適用企業の拡大促進」や「IFRS任意適用企業の更なる拡大促進」を推し進めている。日本におけるIFRSsの採用や，その容認によるIFRSs任意適用の決定の拠り所は，金融庁・企業会計審議会が2009年6月30日に公表した「我が国における国際会計基準の取扱いに関する意見書（中間報告）」にある。その意味で，ロードマップの役割をも担ったこの「中間報告」は，日本におけるIFRSsの採用についてのきわめて重要な公式文書である。

　この「中間報告」は企業会計審議会の名のもとで公表されたが，企業会計審議会総会でその議決対象となった報告書は，企画調整部会が6月16日に取りまとめた「我が国における国際会計基準の取扱いについて（中間報告）」である。そこで本節では，企業会計審議会企画調整部会での日本におけるIFRSsの取扱いについての審議プロセス（「我が国における国際会計基準の取扱いに関する意見書（中間報告）」が公表されるまでの審議プロセス）に沿って，できる限り詳細にみておきたい。

| 第2節 | 企業会計審議会「我が国における国際会計基準の取扱いに関する意見書（中間報告）」の取りまとめ |

1．企業会計審議会企画調整部会での 「国際会計基準（IFRS）についての論点メモ」

　実に，およそ2年3ヵ月ぶりに開催された企業会計審議会第13回企画調整部会（2008年10月23日）から企業会計審議会第16回企画調整部会（2009年6月11日）までの4回にわたる会議を通じて，会計基準を巡る国際的動向をもとにIFRSs導入問題について検討を行っている。主たる検討内容は，金融庁が**「国際会計基準（IFRS）についての論点メモ」**（金融庁・企業会計審議会企画調整部会［2008d］）としてまとめた3項目（①会計基準の国際的収れん（コンバージェンス）の進展と海外における国際会計基準の採用に向けた動き，②今後の対応，および，③今後の具体的取組み）についてである。

　「国際会計基準（IFRS）についての論点メモ」の最初の項目である「会計基準の国際的収れん（コンバージェンス）の進展と海外における国際会計基準の採用に向けた動き」は，会計基準におけるコンバージェンスの進展，海外（ここではEUとアメリカ）の資本市場規制当局の動向，当部会（企画調整部会）における審議経緯を簡潔に整理したものである。

　この整理を受けて，第2の項目である「今後の対応」では，「国際的な会計基準の収れんの中での将来を見据えた対応」と「検討すべき課題」についてまとめている。

　国際的な会計基準の収れんの中での将来を見据えた対応として，まずは，「内外の投資者の信認が広く得られるような高品質かつ国際的に整合的な会計基準の整備」が求められることを指摘する。会計基準の信頼性が失われれば，資源の効率的配分，資金調達，資金運用などの資本市場の機能が適切に発揮されず，企業の資金調達に支障をきたすだけでなく，資本市場の魅力も喪失する可能性があるためである。また，「我が国資本市場の魅力を高め，ひいては経済活力の維持・向上を図っていく観点から，〔作成者，監査人，投資者，当局等の市場関係者が：引用者〕市場の公正性・透明性の確保，投資者保護の視点を改めて確認し，国際的に高品質な会計基準及びその運用に向けた努力を継続していく」

第14章　日本における国際財務報告基準への対応のあり方

1027

ことが求められている。さらに、世界の主要な金融・資本市場において、IFRSsが用いられることとなる可能性があるなかで、「我が国として、将来を見据えた我が国会計基準のあり方について幅広い見地からの検討」が求められている。この検討には、会計基準を巡る「インフラ」（国際会計基準の状況や我が国の財務諸表作成者、監査人、投資家等の国際会計基準の理解・習熟状況、IASCF〔IASC財団：引用者〕のガバナンス・資金調達の状況や我が国会計関係者の国際会計基準設定やガバナンスプロセスへの関与の状況など）の検討も必要とした。

だからこそ、「国際会計基準（IFRS）についての論点メモ」では、今後、日本が検討すべき課題として、①国際会計基準について、②国際会計基準設定のプロセスやガバナンス体制、③国際会計基準に対する実務の対応、教育・訓練、④人材を含むインフラの強化、を掲げたのである。これら検討すべき課題は、その後の審議などをもとに、「中間報告」の「2. 我が国におけるIFRSの適用に向けた課題と取組み」のもとでの6項目による「IFRS適用に向けた課題」として結実していく。より具体的にいえば、「中間報告」が掲げた「IFRS適用に向けた課題」のうち、①IFRSの内容、③IFRSの設定におけるデュー・プロセスの確保、④IFRSに対する実務の対応、教育・訓練、⑤IFRSの設定やガバナンスへの我が国の関与の強化は、「国際会計基準（IFRS）についての論点メモ」でのこれら検討すべき課題を反映したものである。

とくに、第3の項目である「今後の具体的取組み」こそが、上記の基本的な考え方に基づいた日本におけるIFRSsの採用に関わる「論点メモ」である。

図表14-1にまとめたように、大きく4つの論点に分別したうえで、今後の具体的な取組みをどう考えるかについて、これまでに出された主な意見とともに整理している。「国際会計基準（IFRS）についての論点メモ」は、日本におけるIFRSsの取扱いの審議の方向性を決定づける論点整理なのである。

第2節 企業会計審議会「我が国における国際会計基準の取扱いに関する意見書（中間報告）」の取りまとめ

図表14- 1 「国際会計基準(IFRS)についての論点メモ」での今後の具体的取組み

今後の具体的取組み

1. 我が国における国際会計基準（IFRS）の採用についてどう考えるか。

(1) 我が国において，IFRSを採用するメリット（ベネフィット）・デメリット（コスト）としてはどのようなものがあるか。その上で，IFRSを採用すべきか否か。

これまで出された主な意見	・IFRSの適用を認めれば，投資家が投資判断を行う際の国際的な比較可能性及び分析容易性が高まる。IFRSへの転換時にコストがかかるが，それがその後のコスト削減に活かせればいいのではないか。 ・日本の金融資本市場の競争力強化，企業のグローバル展開の基盤整備という観点から，早急にIFRS採用の検討が必要。 ・企業の資金調達の効率性の向上等による国際的な競争力強化等の観点から，日本企業にも，IFRSの使用を認めていただきたい。 ・IFRSの任意適用を認めるのであれ，全面適用を認めるのであれ，何らかの形でIFRSを採用するとのメッセージを出さないとダメではないか。

(2) 仮に，我が国でIFRSを採用する場合に，任意適用（容認）とすべきか，強制適用とすべきか。

これまで出された主な意見	・まず，任意適用とした上で，IFRS導入に向けた準備をしつつ，米国におけるIFRS採用に向けた検討の状況や欧州におけるIFRSの実施状況等の情報収集に努め，強制適用をするかどうかについては，改めて判断することが適当ではないか。 ・IFRSの採用の範囲などについては，当面は日本基準との選択適用にすることが適当。 ・メンテナンスの問題や企業のコストの問題等があるため，いきなり強制というのは，あまりにもリスクが大きい。とりあえずは容認という形で，世界の，特にアメリカの動き等を注視していくというのが考えられる方向性。 ・浮足立って強制適用してはいけない。世界に基準が1つしかないのはリスキー。マーケットのニーズに即応していくイノベーションのインセンティブが全然働かなくなることが考えられるし，何か問題が起こったときに代替するものがない。また，基準を統合したとしても，実務がどこまで統合できるかが問題。 ・IFRSのアドプションはぜひ進めていただきたい。 ・ユーザーとしての利便性を考えると，会計基準の統一の方向は喜ばしい。 ・任意適用からまずスタートし，上場会社全てに強制適用するということは将来必要。 ・会計基準というものは，いずれにしても市場がグローバルになってきており，統一された世界的な基準というものが適用されなくては，比較可能性の問題が生じる。日本を特異な国に置いておくわけにはいかない。 ・我が国の事業会社が外国の事業会社に比して，競争上不利にならないようにする観点から，会計基準の統一は必要。

2. 仮に，容認（任意適用）するとした場合に，留意すべき事項としてどのようなことを考える必要があるか。

(1) 比較可能性の確保について
　①任意適用の場合，企業によって日本基準と国際会計基準を選べることとなり，日本企業間の比較可能性が損なわれかねないという問題をどう考えるか。
　②国内・国際双方の比較可能性を確保する観点から，例えば，次のような方策について，どう考えるか。
　　1）任意適用する企業は，国内・国際双方の比較可能性の確保等も考慮しつつ，一定の条件を満たす企業に限ることが考えられるのではないか。この場合，我が国企業の資金調達等の実態，我が国資本市場の実態等を踏まえ，どのような条件が考えられるか。

第14章 日本における国際財務報告基準への対応のあり方

1029

	米国のロードマップ案における任意適用の要件（コメントを踏まえ修正の可能性がある）は，国際的な比較可能性にも一定配慮したものになっているが，我が国において類似の条件を定めることをどう考えるか。
これまで出された主な意見	・強制適用の是非の判断材料を得る観点等も踏まえ，任意適用の対象としては，まずは，米国基準適用会社が考えられるのではないか。

2）比較可能性を確保する観点から，日本基準による財務諸表の並行開示等を義務付けることが考えられるのではないか。

　仮に，並行開示を求める場合，具体的にどのような方法が考えられるか。

（例）

a）適用初年度のみ，2年分の財務諸表（＋前期については期首貸借対照表）を並行開示

b）初年度に限らず，常に，前期・今期の2期分について並行開示

c）日本基準でいつでも作成できることを条件に，国際会計基準と日本基準の重要な差異のみ調整表を注記

　また，並行開示を行うこととした場合には，任意適用の開始決算期は，第1四半期から，とするか，あるいは年度末とするか。

　さらに，並行開示している財務諸表については，監査を求めるかどうか。

　任意適用を認めた場合において，将来時点でIFRSを強制適用しないこととなった場合においても，任意適用企業には，継続してIFRSの使用を認めるのかどうかが，並行開示等の義務付けの考慮要素となるのではないか。

(2) 適用する「国際会計基準」について

①米国のようにIASBが作成したオリジナルのIFRS〔ピュアIFRS：引用者〕をそのまま適用するのか，EUのように一定のエンドース手続を経たものとするか。

②使用する言語は，英語のオリジナル版とするか，それとも，我が国の多くの投資家，企業，監査人等の理解を可能にする観点から，日本語に翻訳したものをベースにするか。日本語訳版をベースに考える場合，日本語訳もIFRSであることをIASB等に確認する必要があるのではないか。

これまで出された主な意見	・日本語訳についても国際会計基準として認められることを確認しておく必要があるのではないか。

(3) 任意適用の時期について

①米国のロードマップを参考にしつつ可及的に早期に容認する観点から，例えば2010年3月期からとするか，それよりも後，例えばコンバージェンスに係る東京合意を踏まえ，2011年からを目途とするか。

②仮に，将来において強制適用の是非の判断材料として「任意適用会社の適用状況」を用いる場合には，財務諸表作成者及び監査人が対応可能な限り，できるだけ早期の容認も考えられるがどうか。

③逆に，準備に要する時間・コストに鑑みると，実際に任意適用するのは，結果的に2011年以降となるのではないか。

これまで出された主な意見	・会計基準の転換に係る社会的コストは大きく，準備時間が必要であり，なるべく早く取り組むことが必要。 ・任意適用のようなことはなるべく早めにやっていくということが重要。

| | 企業会計審議会「我が国における国際会計基準の取扱いに関する意見書（中間報告）」の取りまとめ |

第2節

(4) 個別財務諸表への適用について
①IFRSによる作成を認めるのは，国際的な比較可能性の向上の観点から連結財務諸表だけでよいのではないかとの意見についてどう考えるか。
②税制と密接に関連する個別財務諸表への適用容認の是非については，現実の問題として，税制との関係からの考慮が必要となるのではないか。
③他方，連結と個別の財務諸表が別の会計基準で作成される場合に，連結財務諸表と個別財務諸表の整合性・信頼性，財務諸表作成のコスト，監査の煩雑さについてどう考えるか。

これまで出された主な意見	・連結ベースの財務諸表にIFRSの選択適用を認めることに賛成。 ・連結作成会社の連結財務諸表については，当然IFRSにシフトするということを先行させていただきたい。

(5) 任意適用の前提条件について
任意適用の前提条件は，Ⅱ．今後の対応　2．検討すべき課題の（2）～（4）で指摘されている事項については，当然に考慮する必要がある。その上で，特に，任意適用を認めるか否かの判断に当たっての考慮要素としては以下のようなものがあるのではないか。
①任意適用を判断する際に，IFRSの基準内容について，具体的に留意すべき事項はあるか。例えば，昨今のグローバルな金融資本市場の状況を踏まえたIASBによる基準・解釈上の対応をどう考えるか。
②任意適用を判断する際に，IASCF〔IASC財団：引用者〕のガバナンス改革に関して，例えば，モニタリンググループの早期設置の実現状況や基準勧告委員会の機能向上，安定的な資金調達の確保等に向けた取組み状況を考慮要素とすべきではないか。

これまで出された主な意見	・IASBの作る基準を民主的に作成・修正するための手続き的仕組み，モニタリンググループが重要。

③任意適用を認める場合に，作成者・監査人・投資家その他市場関係者・当局による理解・習熟，体制整備の状況について留意すべき事項はあるか。任意適用を認める時点においても，IFRSの教育，研修，教材等の整備に向けた取組みを前広に進めていく必要があるのではないか。
また，任意適用企業の監査を行う監査事務所・監査人の要件を定めておく必要があるのではないか。
さらに，諸外国の実施状況を参考にしつつ円滑な実施の方策を検討する必要があるのではないか。例えば，適用当初，実務や意見のバラツキが生じる可能性も視野に入れ，継続的に実施状況についての情報集約とその検証あるいは意見交換を行う枠組みを設け，IFRSに対する更なる理解を深める努力をすべきではないか。

これまで出された主な意見	・IFRSを導入したEUでは，各国当局の判断の均質性，一貫性が問題となっており，我が国にIFRSを導入するときも同様の問題に留意することが必要。 ・プリンシプル・ベースの会計基準への対応とか，諸外国等のIFRS実施状況の検証といったようなことは，実務のコンバージェンスというものを確保するという意味では非常に重要なものであって，各国でどういうことが起きているかということはよく見ておかないといけない。

④IFRSの任意適用を判断するに当たって，会計基準に対する国内関係者の取組みの積極性を考慮要素とする必要があるのではないか。

第14章 日本における国際財務報告基準への対応のあり方

1031

3．仮に，強制適用するとした場合に，留意すべき事項としてどのようなことを考える必要があるか。

（注）強制適用するとした場合の留意事項は，任意適用するとした場合の留意事項と相当程度重複するものと考えられる。以下では，特に，強制適用の場合に限って生じる論点を取り上げている。

---

(1)　強制適用の時期について

①強制適用の時期については，諸外国における例のように予め具体的なターゲットを明示した上で，任意適用の状況その他の前提条件（マイルストーン）の状況を見つつ，改めて検討した上で検討するという考え方があるが，どのように考えるか。

②準備には3年程度かかるという意見があるがどうか。

③米国と同様に規模等により段階的に強制適用するということが一案として考えられるが，どうか。その場合に，何を基準とするのか。あるいは，上場企業全体に一律に国際会計基準移行時期を定めるとともに早期適用を認めるとの考え方についてどう考えるか。

これまで出された主な意見	・日本の市場に複数の基準が存在することは好ましくなく，将来的にはIFRSの義務づけが必要となると考えているが，その際には，マイルストーン，前提条件の進捗とともに，十分な準備期間を設けることが必要。 ・米国のように条件が整ったら採用という方が交渉上有効ではないか。 ・IFRSの適用開始までには3年単位の準備期間が必要。 ・2011年から2014年あたり，MOU〔覚書：引用者〕項目もほぼ一緒になったと仮定する段階で，IFRSの原文と，そのときにできているであろう日本基準との間にどの程度違いがあるのかということをある程度見据えた上で議論すべき。 ・将来の方向性として，IFRSを将来のどこかの時点でアドプション一本にして強制適用，それまでの間の経過措置として任意適用ということは，私は今の時点で言うべきではないと考える。

---

(2)　適用する企業の範囲について

①国際会計基準による財務諸表の作成を求める対象としては，グローバルな投資の対象となる市場において取引されている企業について，国際的な比較可能性を向上するという観点を踏まえれば，例えば，上場会社を対象とするという考え方があるがどうか。

これまで出された主な意見	・IFRSは国際的な比較可能性向上を目的とするものであるため，適用対象は上場会社の連結財務諸表とすることでよいと考える。 ・上場会社に関してはこの連結非作成会社といえどもIFRSを金融商品取引法の開示においては適用する。任意にしない方が良い。

---

(3)　個別財務諸表への適用について（任意適用の論点も参照）

①連結財務諸表はIFRSを採用し，個別は日本基準でという考え方もあるが，これをどう考えるか。

②IFRS適用後の個別財務諸表の開示は抜本的に簡素化すべきとの意見があるがこれをどう考えるか。

③個別財務諸表のみで上場している会社の取扱いをどうするか。

これまで出された主な意見	・個別財務諸表の取り扱いについては，非上場企業や中小企業を含めた約250万社が影響を受けることになるため，個別の会計基準については会社法や法人税法の基礎という役割の範囲内にとどめた見直しを続けることで対応すべき。 ・IFRSの採用（の目的）は，国際的な比較可能性向上にあるため，証券市場におけるディスクロージャーの面でも国際的な整合性を図って，日本企業の上場コストを効率化する観点からも，金融商品取引法上の個別財務諸表に関する開示は抜本的に簡素化することをお願いしたい。

第2節 企業会計審議会「我が国における国際会計基準の取扱いに関する意見書（中間報告）」の取りまとめ

(4) コンバージェンスの推進の継続	
	前述 I〔会計基準の国際的収れん（コンバージェンス）の進展と海外における国際会計基準の採用に向けた動き：引用者〕，II〔今後の対応：引用者〕に述べられているとおり，我が国企業に国際会計基準を強制適用する場合であっても，引き続き，関係者が一丸となって，コンバージェンスを推進する必要がある。とりわけ，国際会計基準設定プロセスにおける我が国のプレゼンスの維持・向上の観点からも不可欠であると考えられる。
これまで出された主な意見	・コンバージェンスとアドプションは二律背反ではない。コンバージェンスの先にアドプションがあると見ることもできる。米国も我が国と同様のアプローチを採ってきている。いずれにせよ，コンバージェンスを行うことが有意義なことには変わりない。引き続き皆様のサポートをお願いしたい。 ・コンバージェンスしないで，連結についてIFRSをアドプションするというアプローチではなく，まずコンバージェンスを進めていくという合意が大事。 ・日本基準のコンバージェンスを進めないと選択適用は無理ではないか。IFRSとの差が大きいにもかかわらず同じ市場に並立させると混乱を生じる。企業間の比較可能性が確保されていることが必要である。最終的なアドプションとの間にワンクッション置いた方が良い。
(5) 強制適用の前提条件について	
	①強制適用の前提条件は，上記の任意適用の前提条件を満たすことは当然として，更に，中長期観点からの条件設定を行う必要があるのではないか。 ②例えば，IFRSの基準内容，IASCF（IASC財団：引用者）のガバナンス改革については，強制適用の是非を決定する時点を適切に定めた上，その時点までの状況を踏まえる必要があるのではないか。 ③また，実施状況については，米国含む諸外国の状況のみならず，我が国のプロ向け市場の状況や，（仮に行う場合の）任意適用の実施状況についても検証する必要があるのではないか。 ④更に，関係者によるIFRSの理解・習熟，体制整備については，広範囲の企業が強制適用の対象となればなるほど，より広範囲の関係者について十分に行われていることが条件になるのではないか。
これまで出された主な意見	・条件的に不利な状況の中で会計ビッグバンが始まったが，最後に押し込まれてからやむなくIFRSを採用するというのはつらい。まだ時間があるうちにいかにうまく条件を出していくかが重要。 ・前提条件としては，IASBが進めている中長期プロジェクトの方向性，あるいは適切なガバナンスの確保，さらには資金調達の問題，ASBJとの今後のコンバージェンス作業の取り組み状況，また国内問題，国内的な課題としては，さまざまな層での人材の育成，IFRSの日本語訳や解釈整理，あるいはASBJの機能強化などがこのマイルストーンとして考えられる。また，米国や他国で円滑にIFRSが採用できているかどうかということもよく見て今後のことを考えていく必要がある。 ・アドプションすることになる基準の中身の問題について十分注意を払い，市場が受け入れられる中身になるのかどうかということも注視する必要。 ・IFRSの適用により，実際の経済に対してどれくらいの影響があるのかについて，配当可能利益計算，税収等も含めてデータを検討，シミュレーションすることが必要。 ・アメリカのロードマップ案が本当にうまく行くのかは注意して見ていく必要。 ・アドプションを受け入れるだけで，その一つしかない基準作成に我々が物を申す場合に，相手がこれまでと異なり聞いてくれると考えるのは，非常に楽観的見方かもしれない。

1033

4．仮に，IFRSの採用を検討する場合には，具体的なロードマップ（工程表）を作成すべきではないか。		
	これまで出された主な意見	・IFRSの採用を含めた具体的なロードマップの作成が必要と考えている。ロードマップの中には，将来IFRSを義務づけていく際の前提となる条件，マイルストーンを示し，その進捗状況を勘案しつつ最終判断を行うよう求める。 ・東京合意でコンバージェンスの目標期日としている2011年6月をターゲットとして工程表を作成することが考えられる。 ・アメリカの状況等は，〔大統領：引用者〕選挙もあるためどうなるか分からないというところがあり，日本独自でロードマップを作って着々と進めていくことが一番大事。 ・IFRSの適用により，実際の経済に対してどれくらいの影響があるのかについて，配当可能利益計算，税収等も含めてデータを検討することが必要ではないか。我が国のロードマップを作成する際には，このようなこともマイルストーンに入れてほしい。 ・IFRSをアドプションしてIASBの中に入ってアドプションへ進むことによって，IFRS設定に影響力を及ぼしやすくなるのであればよいが，中に入っていっても影響力を持てないということであればコンバージェンスで止めるという見せ方もある。ロードマップを作る際にはどういう戦略をとるのが国益としてよいのかという点も考慮する必要。

出所：金融庁・企業会計審議会企画調整部会［2008d］をもとに作成。

この「国際会計基準（IFRS）についての論点メモ」をもとにした企業会計審議会第14回企画調整部会での審議では，IFRSsについてさまざまな意見が出された。総じて，日本におけるIFRSsの採用については認めるべきとする意見であり，たとえば，IFRSsの任意適用と強制適用に関わる主たる意見は，次のようなものであった（金融庁・企業会計審議会企画調整部会［2008e］より抜粋のうえ整理）。

【IFRSの任意適用について】

・IFRSの任意適用はできるだけ早期に認めるべき。米国のIFRS採用のタイミングを踏まえ，2010年くらいから希望するところに容認してはどうか。その際，並行開示については，あまり詳細なものを求めると企業が任意適用する方向に行かなくなる。

・任意適用の開始時期はできるだけ早い方がいい。早めに行うことによってどういう点に問題があり課題があるのかが明らかになる。また，並行開示については，できるだけ内容的にシンプルな方がいい。

第2節 企業会計審議会「我が国における国際会計基準の取扱いに関する意見書（中間報告）」の取りまとめ

・任意適用の開始時期について，東京合意では2011年6月がコンバージェンスの１つのターゲットになっていることに鑑みれば，原則2012年以降とすることが考えられるが，希望する会社については早期適用を認めてはどうか。その際，並行開示も含め，企業のコストができるだけかからないようにしてほしい。

・任意適用の時期については，強制適用のターゲットを決めれば逆算で考えられる。また，任意適用の範囲をどうするか。この範囲を広くしておけば強制適用をするときのトレーニングにもなる。例えば上場会社全部を対象にすることが考えられる。

・任意適用のタイミングは早い方がいい。ただし，東京合意による2011年までのコンバージェンスの結果を見るべきではないか。並行開示については，会計基準の差のみの開示程度ならば問題はないが，フル開示は基本的にあり得ない。フル開示を求めるなら任意適用する会社はいないだろう。

・任意適用の開始時期については，コンバージェンスのタイミングを踏まえて2011年からでいい。ただし，これから米国に上場しようとしている会社，海外でファイナンスしようとしている会社においては，すでに財務諸表を米国基準で作るか米国が認めるIFRSで作るかということを具体的に検討していると聞いており，適用を前倒しで認めてほしいという意見もある。

・任意適用はできるだけ早い方がいい。できれば2010年から認める。任意適用に当たっては，できる能力のある会社からやっていけばいい。対象会社は幅広くしたらいいのではないか。

・任意適用を考えるときに考慮すべき問題として，会社の対応能力を教育するという問題がある。また基準の有効性の問題があり，これは業種別に色々な問題があると思う。その点では，米国が早期適用に当たって，業種別に上位の会社を選ぶこととしているのは，非常に有効なアプローチだ。ただし，日本で同じようにできるかという問題はある。

・任意適用は早い時期にできる会社からやっていけばいい。東京合意の〔目標期日である：引用者〕2011年まで待つ必要はない。

・連結先行を前提とすれば，単体も将来はIFRSに収れんしていくことになると

第14章 日本における国際財務報告基準への対応のあり方

1035

思われる。したがって，日本の三位一体の会計法制を前提にすると，たとえ任意適用であっても，IFRSの採用を認めると会社法や税法もそれに合わせた受け皿を作っておくことが必要になる。任意適用の時期でもこの点の調整が必要になることに十分配慮することが必要。

【IFRSの強制適用について】

・強制適用については，IASBに対する日本の国際的な発言力を強めるという観点から，強制適用を前提としたロードマップを考えることが必要。ただし，前提条件を確認しながら進むべき。可能なら何年頃までにというところまで踏み込んで方向性を示すことが必要。

・強制適用の開始時期については，教育等の準備期間を考慮することが必要。はっきりした形で目標を定めないと対応ができない。

・アメリカも2011年や2014年をマイルストーンに置いている。日本もこの点を頭に入れて強制適用に進むべき。また，上場会社については，連結作成，連結非作成にかかわらず一律の会計基準を適用すべき。強制適用するには準備期間が必要であるが，それでも極力早く移行すべき。また，過渡期においては並行開示があってもいいが，その場合日本基準による財務諸表は監査不要でいいのではないか。

・米国も強制適用することを決めたとまでは言っておらず，現時点において，我が国は選択適用にとどまらず最終的に強制適用すると言い切ってしまうのは後世に禍根を残すことにならないか懸念される。

・強制適用をするかどうかをある時点で決定するというターゲットを決めておくことが大事。ただ単に先に行ってから検討するというのでは弱い。実務を行う立場からも具体的にどうしていいかわからないことになる。

・強制適用についても何らかの形できちんとした方向性を出して，そのことをもって世界にアピールする，日本のポジションを明確にするということが，国際会計基準に日本が積極的に参画することにもつながる。

・「強制適用により日本のプレゼンスが高まる」というのは本当だろうか。ASBJ

がIASBに対してそれなりの影響力を持ち得たのは，国際基準を丸呑みしなかったからである。また，「会計基準の統一によって国際的な比較可能性が高まる」というのは本当だろうか。基準の統一だけでなく実務の統一の問題もある。実務を統一できるレベルをきちんと見通して，それと合わせて基準の統一を考えるという態度が大事。同等性が確認されても，コンバージェンスが終わったわけではない。そこから先が必ずしも強制適用するという一本化に決まったわけでもない。日本だけが遅れるのは避けるべきというのはそのとおりである。しかし，米国は国際会計基準に移行するかどうかを2011年に決めるとしており，まだ本当に移行するかどうかはわからない。慎重に議論することが必要。

・強制適用については，コンバージェンスが進んでおり，適用のタイミングさえ明示してあれば可能。3年程度の期間があれば問題ない。

・強制適用の論点には，我が国にエンドースメント手続を入れるべきなのか，入れるとしたらどのようにすべきかという論点もあり，この点についてよく検討すべき。論点に，エンドースメント手続の要否，内容のあり方を含めてほしい。

・強制適用の開始時期は，何を達成することを前提とすべきかによるだろう。IFRSが高品質な会計基準であることが最大の条件。また，実務の統一性については，任意適用を通じて，あるいは外国での実務を通じて，段々自信を蓄積していくことになるだろう。強制適用は慎重に対応すべき。

　金融庁の事務局がこれら意見をまとめたものが，第14回企画調整部会の締め括りの段階で部会長によって読まれ，披露されている。当日の企画調整部会における意見集約であり，それは以下のとおりである（金融庁総務企画局企業開示課［2008］，37-38頁：下線は引用者）。

　まず，EC〔ヨーロッパ委員会：引用者〕の同等性評価の決定，米国SECによるロードマップ案の公表等の国際会計基準をめぐる世界の動きを踏まえると，我が国企業に対し，国際会計基準の使用を早期に認めていくことが必要であるとの意見が多かったかと思います。

1037

それから，その際，採用の条件，基準，範囲については，国際会計基準の設定プロセスに我が国の会計実務等の声をより反映させるために，戦略的な対応が必要であるというご意見，国際会計基準に基づいて適正な財務諸表を作成，監査が行われるよう，教育，訓練といった実務上の準備や体制整備を考慮する必要があるとのご意見などがございました。

　それから，任意適用につきましては，上場企業にできるだけ広く任意適用を認めるべきとする意見，並行開示の負担をできるだけ少なくすべきといったご意見があったかと思います。

　また，国際会計基準の強制適用につきましては，世界の中で，我が国の戦略をもって我が国の今後の会計についてビジョンを示すべきであるとのご意見があり，そのような検討が円滑に行われるようロードマップを示すべきであるとのご意見を賜りました。一方で，国際会計基準の内容，基準設定プロセスへの積極的関与，企業，監査人等実務界の対応準備の問題，米国の将来の動向の不透明さなど，さまざまな越えるべき課題をこうしたさまざまな課題や問題とあわせて検討すべきとのご意見が出されました。

　なお，我が国会計基準と国際会計基準のコンバージェンスについては引き続き重要な課題として進めていく必要があるという意見を賜ったと思います。

　以上のようなご議論を事務局で整理して頂いて，それをたたき台として当部会としてどう考えるかを次の部会で審議して頂くということになります。

　事務局が整理した「たたき台」こそが，企業会計審議会第15回企画調整部会（2009年1月28日）で提示された「我が国における国際会計基準の取扱い（中間報告）（案）」の原案である。

2．企業会計審議会企画調整部会「我が国における国際会計基準の取扱い（中間報告）」と企業会計審議会「我が国における国際会計基準の取扱いに関する意見書（中間報告）」

　企業会計審議会第15回企画調整部会（2009年1月28日）での議論は，たたき台としての**「我が国における国際会計基準の取扱い（中間報告）（案）」の原案**をもとに行われた。このたたき台としての「我が国における国際会計基準の取

> 第2節 企業会計審議会「我が国における国際会計基準の取扱いに関する意見書（中間報告）」の取りまとめ

扱い（中間報告）（案）」の原案は，次の構成からなる（金融庁・企業会計審議会企画調整部会［2009a］）。

　一　**会計基準を巡る国際的な動向**
　　1　会計基準におけるコンバージェンス（収れん）の進展
　　2　海外におけるIFRSの適用に向けた動き
　二　**我が国の会計基準のあり方**
　　1　我が国の会計基準についてのコンバージェンス継続の必要性
　　2　我が国におけるIFRSの適用に向けた課題と取組み
　　　(1)　我が国企業へのIFRSの適用に向けた基本的考え方
　　　(2)　IFRS適用に向けた課題
　　　(3)　任意適用
　　　(4)　将来的な強制適用の検討
　三　**今後の対応に向けて**

　この構成からも明らかなように，先の企業会計審議会第14回企画調整部会での議論を踏まえ，日本においてもIFRSsの採用を認める方向での内容となっている。「2　我が国におけるIFRSの適用に向けた課題と取組み」は，「我が国における国際会計基準の取扱い（中間報告）（案）」のなかで最も重要な箇所であるが，その「(1)我が国企業へのIFRSの適用に向けた基本的考え方」でも，「我が国として，将来を見据え，コンバージェンスの推進のみならず，以下のような観点から，我が国企業に対してIFRSに基づく財務諸表の法定開示を認め，ないしは義務づける方向で検討し，展望を示すべきとの指摘が各方面からなされている」（この文面の下線部は，企業会計審議会が最終的に取りまとめた「我が国における国際会計基準の取扱いに関する意見書（中間報告）」（金融庁・企業会計審議会［2009]）では，「ないしは義務づけるためのロードマップ（工程表）を作成し，具体的な展望を示すべき」と改めている）としつつ，「我が国会計関係者が中長期的な展望を共有した上で，こうした様々な課題に取組みつつIFRSの取扱いを検討する必要がある」とした。

1039

(1) IFRS適用に向けた課題

「(2)IFRS適用に向けた課題」では，日本におけるIFRSs適用のための円滑な実務の準備には将来の展望の提示が有意義であるとともに，IFRSsの適用の具体的な道筋が実務の準備・対応などの諸課題への取組み状況に依存する面があり，関係者の積極的な取組みが必要な**6つの課題**を提示した。すなわち，① IFRSの内容，②IFRSを適用する場合の言語，③IFRSの設定におけるデュー・プロセスの確保，④IFRSに対する実務の対応，教育・訓練，⑤IFRSの設定やガバナンスへの我が国の関与の強化，⑥拡張可能な事業報告言語（XBRL）のIFRSへの対応である。

第1の課題の「IFRSの内容」は，「IFRSの開発及び改訂の内容やそれらに関する議論を十分に注視・精査するとともに，必要に応じ，我が国会計実務界して適切な<u>インプットをしていくこと</u>」〔この下線部は，確定した「中間報告」（金融庁・企業会計審議会［2009］）では，「意見発信を行い，意見を反映させていくこと」に改訂：引用者〕と，「国際的な会計を巡る議論において我が国の存在感を高めていくため，更には，我が国会計基準が国際的に高品質であることが認知され続けるよう，コンバージェンスへの努力を継続することが不可欠である」とする。

第2の課題の「IFRSを適用する場合の言語」は，日本の「作成者，投資者等がIFRSを理解できることが不可欠であることから，日本語に適切に翻訳され，これが，IFRS（日本語翻訳版）として広く認知されている必要がある」とした。

第3の課題である「IFRSの設定におけるデュー・プロセスの確保」は，現在，進行中のIASC財団のガバナンス改革について，「日米欧当局及び証券監督者国際機構（IOSCO）からなるモニタリング・ボードの設置に係る定款変更が<u>先般</u>〔この下線部は，確定した「中間報告」（金融庁・企業会計審議会［2009］）では，「2009年1月に」に改訂：引用者〕承認されたことは，任意適用に向けた環境整備として大きな意味を有するものである。今後，これが実際に適切な機能を有していくよう関係者の努力が図られるべきである」。さらに，「その他のガバナンス改革（基準勧告委員会（SAC）の機能向上，安定的な資金調達の確保に

第2節 企業会計審議会「我が国における国際会計基準の取扱いに関する意見書（中間報告）」の取りまとめ

向けた取組み等）の実現に向けた着実な努力を行っていくことが必要」であるとする。

第4の課題の「IFRSに対する実務の対応，教育・訓練」は，投資者，作成者，監査人，当局，教育関係者，市場開設者などの関係者におけるIFRSsの理解とその使いこなしが不可欠であり，それぞれの課題に積極的に取り組む必要性を説く。

とくに作成者には，「プリンシプル・ベースのIFRSが実務において適切に適用されることを確保するため，財務報告の作成者において，各企業の実情等に応じて，IFRSに関する社内の会計処理方法を会計指針（マニュアル）等として具体化し，開示書類〔この下線部は，確定した「中間報告」（金融庁・企業会計審議会［2009］）では，「有価証券報告書等の開示書類」に改訂：引用者〕においてその考え方や概要を開示することが考えられる」とした。具体的な有価証券報

図表14-2　有価証券報告書等の記載事項

有価証券報告書
第一部【企業情報】
　第5【経理の状況】の冒頭記載

> 　適正な会計処理を確保するための自主的な取組みがある場合には，その内容を記載すること。
>
> 　**【具体的な取組み例】**
> ・会計基準及び事業の内容を踏まえた社内の会計方針（マニュアル）を策定している場合には，その旨を記載するものとする。
> ・会計基準に対する理解を深めるための取組みを行っている場合には，その内容（会計基準設定主体等の関係機関による研修への参加を含む。）を記載するものとする。
> ・国際的な会計基準の収れん（コンバージェンス）が進む中，会計基準の開発・策定の議論に参画している場合には，その内容（研究員の派遣及び資金拠出を含む。）を記載するものとする。

出所：三井［2009］，参考図1，29頁。

第14章　日本における国際財務報告基準への対応のあり方

1041

告書等の記載事項として位置づけられたのは，前頁の**図表14-2**のとおり，会計基準改訂への対応方針・対応状況，適切な会計指針（マニュアル）の策定状況，IFRSsを含む会計基準に関する研修の実施状況（外部研修への参加）である。

第5の課題の「IFRSの設定やガバナンスへの我が国の関与の強化」は，会計基準に関する日本の国際的なプレゼンスを強化することの重要性を説くものである。「我が国の会計基準の一層の高品質化及びIFRSに対する意見発信力強化のためには，ASBJに人材等の資源を集める等の機能強化を行うことが不可欠であり，同時に，ASBJ及びIASCF〔IASC財団：引用者〕への拠出金に関する資金的基盤について，幅広い安定的な財源を確保することなどが必要」であるとする。

なお，この第5の課題について，後に確定した「中間報告」（金融庁・企業会計審議会［2009］）では，さらに，「IASBの基準設定に際しては，その検討の早期の段階からIASBに対して積極的かつ効果的な意見発信を行っていくことが重要である。その際には，ASBJのみならず，作成者，投資者，監査人などの幅広い関係者が我が国以外の関係者とも連携しつつ意見発信を行っていくこと」も不可欠との文言が加えられた。

第6の課題の「XBRLのIFRSへの対応」は，すでに日本でもXBRL形式で作成された財務諸表の開示をIFRS財務諸表についても対応できるように取り組む必要性を掲げたものである。「IFRS適用後においても，投資者への開示水準が後退することのないようIFRS対応のタクソノミの項目数の国際的な環境整備に努めるとともに，我が国における任意適用開始時を一つの目途に〔日本の開示システムである：引用者〕EDINET向けのタクソノミ等の開発を行い，〔確定した「中間報告」（金融庁・企業会計審議会［2009］）では，この後に「IFRSの強制適用が決定された場合には，」を追記：引用者〕遅くともIFRSが強制適用するまでには導入できる状況になっていることも必要である」とした。

（2）任意適用

また，「⑶任意適用」では，海外におけるIFRSs導入例とともに，IFRSsを

第2節 企業会計審議会「我が国における国際会計基準の取扱いに関する意見書（中間報告）」の取りまとめ

適用する場合，IFRSsに基づいて行われる財務報告がこれまで以上に高品質であることを確保すること，および，日本の会計基準がコンバージェンスによって国際的に高品質なものとなっていることを示したうえで，次のようにIFRSsの任意適用を認める考えの文案をまとめている（金融庁・企業会計審議会企画調整部会［2009a］，11頁）。

　「したがって，これまでの実務の蓄積の上に立ち，更に高品質な財務報告を目指して我が国企業に対しIFRSの適用を図っていく観点から，具体的なIASFC〔IASC財団：引用者〕のガバナンス改革の状況や欧米等の国際的な動向を見極めた上で，IFRSの将来的な強制適用の展望を示し，IFRS適用の前提となる課題に着実に取り組みつつ，任意でIFRSの適用を認めることが考えられる。」

　その際に，IFRSsの任意適用を認めるための検討課題として，①任意適用の対象，②任意適用時の並行開示，③任意適用時において適用するIFRS，④任意適用の時期，⑤個別財務諸表の取扱いを掲げている。

　さらに，「(4)将来的な強制適用の検討」においては，以下のとおり，一定範囲の日本企業に対してIFRSsを強制適用する場合の道筋を具体化するとともに，強制適用の是非の判断に際しては，IFRSs適用に向けた6つの課題などの達成状況などの見極めが必要であると文案化した（金融庁・企業会計審議会企画調整部会［2009a］，14頁）。

　「IFRSは，前記のとおり，世界各国で受け入れられつつあり，仮に米国も2014～2016年にIFRSに移行することが現実となった場合には，国際的な金融資本市場の大半においてIFRSに基づいて財務報告が行われるという状況も想定される。また，同一市場において複数の会計基準が長期間にわたり併存することは，比較可能性の観点から望ましくないという意見も出されている。したがって，前記の内外の諸状況を十分に見極めつつ，我が国として将来を展望し，投資者に対する国際的に比較可能性の高い情報の提供，我が国金融資本市場の国際的競争力確保，

第14章　日本における国際財務報告基準への対応のあり方

1043

我が国企業の円滑な資金調達の確保，我が国監査人の国際的プレゼンス確保，基準設定プロセスにおける我が国からの意見発信力の強化などの観点から，我が国においてもIFRSを一定範囲の我が国企業に強制適用するとした場合の道筋を具体的に示し，前広に対応することが望ましい。

　他方で，今後の諸情勢については不透明なところもあり，また，IFRSの強制適用については，前記の多くの諸課題について全ての市場関係者において十分な対応が進展していることが必要であり，前記(2)の諸課題〔IFRS適用に向けた6つの課題：引用者〕の達成状況等について十分に見極めた上で，強制適用の是非も含め最終的な判断をすることが適当である（この文面の下線部は，企業会計審議会が最終的に取りまとめた「我が国における国際会計基準の取扱いに関する意見書（中間報告）」（金融庁・企業会計審議会［2009]）では，「前記(2)の諸課題について，全ての市場関係者において十分な対応が進展していることが必要であり，諸課題の達成状況等について十分に見極めた上で」と改められている）。」

　基本的な方向性は以上のとおりであるが，この「我が国における国際会計基準の取扱い（中間報告）（案）」が最も重視する骨子は，IFRSsの任意適用と強制適用に関わる次の2点である（金融庁［2009a]）。

---

(1)　国際会計基準の任意適用については，例えば，2010年3月期の年度財務諸表から，一定の上場企業の連結財務諸表に認めることが考えられる。ただし，諸情勢を見極めた上で判断する必要がある。

(2)　国際会計基準の強制適用については，一つの目途として2012年に判断することが考えられるが，諸情勢やIFRSの任意適用の適用状況次第で前後しうる（判断時期は，将来決定する）。

（3）「中間報告（案）」に対するコメントと修正案

　こうしたたたき台としての「我が国における国際会計基準の取扱い（中間報告）（案）」の原案を審議した企業会計審議会第15回企画調整部会でも，委員からさ

第2節　企業会計審議会「我が国における国際会計基準の取扱いに関する意見書（中間報告）」の取りまとめ

まざまな意見が出された。ここでも部会長の言葉を借りれば，こうしたさまざまな意見は，次のようなものであった。「多くの委員の皆様から米国の動向や金融経済情勢が不透明であることを前提としつつ，作成者の準備や国際的な意見発信の観点から，適用時期，判断時期を明確にすべきであるというようなご意見，それから強制適用は段階的な適用を認めるべきであるというようなご意見，それからコスト負担に配慮すべきであるといった内容を報告書案に記載すべきとの意見が出されました。他方で，代替案を提示しつつ，本日お示しした中間報告案のトーンを総論として支持するご意見も多く出されました」（金融庁総務企画局企業開示課［2009］，34頁）。

　当日の企画調整部会では，こうした意見を明らかにしたうえで（主な意見等は，後日，企業会計審議会第15回企画調整部会議事要旨で明らかにされた），たたき台の原案に修正を加えて公表することが了承された。その修正を施したものを「**我が国における国際会計基準の取扱い（中間報告）（案）**」（金融庁・企業会計審議会企画調整部会［2009b］）という形で2009年2月4日に公表し，パブリックコメントに付して，広く意見が求められた。

　この「我が国における国際会計基準の取扱い（中間報告）（案）」に寄せられたコメントを踏まえて修正が施された。主な修正案は，**図表14-3**のように行われた。

図表14-3　「中間報告（案）」に対するコメントと修正案

○任意適用の時期の明確化	
コメント	企業等の競争力強化の観点から2010年3月期から任意適用を認めてほしい。
	企業会計基準委員会，日本公認会計士協会，日本証券アナリスト協会
修正案	●2010年3月期の年度から任意適用を認めることが適当である。
○任意適用の対象となる企業及び監査人の要件の明確化	
コメント	任意適用の対象となる企業等の範囲について，基本的な考え方は賛成であるが，一定水準以上にある必要があるのではないか。
	東京電力，日本貿易会，日本経済団体連合会

第14章　日本における国際財務報告基準への対応のあり方

1045

	修正案	●「国際的財務・事業活動を行っている企業」の連結財務諸表（及びその上場子会社の連結財務諸表） （IFRSの改訂状況等により適用対象を広げるか当局が適切に判断することが適当） ●一定の教育，研修等を受け，知識，能力及び経験を有していること ●監査事務所は，教育・訓練，業務の実施，審査等の方針設定等を含めた体制整備が必要

○強制適用の時期の具体的明記

	コメント	作成者等の準備の観点から，強制適用の時期を明記してほしい。
		企業会計基準委員会，日本公認会計士協会，日本証券アナリスト協会，日本貿易会，新日本有限責任監査法人，日本経済団体連合会
	修正案	●前後し得るが，とりあえず2012年を目途 ●判断時期から少なくとも３年の準備期間が必要（すなわち2012年に強制適用を判断する場合には，2015年又は2016年に適用開始）

○強制適用にあたっての段階適用の検討

	コメント	一斉適用のみならず，段階適用の選択肢も検討してほしい。
		東京電力，監査法人トーマツ，日本証券アナリスト協会，あずさ監査法人，日本貿易会，日本経済団体連合会
	修正案	●IFRSを段階的に適用するか，一斉に適用するかは，IFRSの強制適用を判断する際に，改めて検討・決定

○強制適用時の別記事業についての記載の追加

	コメント	（電力などの）別記事業については，規制や監督との関係などを含め慎重な検討が必要である旨の記載をしてほしい。
		東京電力，全国銀行協会，電気事業連合会，生命保険協会，日本経済団体連合会
	修正案	●別記事業については，規制や当局の監督との関係，財務諸表の作成負担などの観点からの別途の検討も必要

○個別財務諸表の開示のあり方の見直しに関する記載

	コメント	IFRSの採用を機に，個別財務諸表のあり方を抜本的に簡素化することが必要であり，その方向性を明示してほしい。
		東京電力，電気事業連合会，日本貿易会，日本経済団体連合会
	修正案	●個別財務諸表の開示のあり方についても強制適用の是非を判断する際に，幅広い見地から検討を行う必要がある。

○IASBに対する早期かつ連携した意見発信の必要性の強調

	修正案	IASBの基準設定に際しては，その検討の早期の段階から，ASBJのみならず幅広い関係者が海外の関係者とも連携しつつ，積極的かつ効果的な意見発信を行っていく必要がある旨の文言を追加

○コンバージェンスの継続の必要性の強調

	修正案	「東京合意における既存の差異以外のIASBでの検討中の基準を含め」等の文言を追加

出所：金融庁・企業会計審議会企画調整部会［2009c］をもとに作成。

| 第2節 | 企業会計審議会「我が国における国際会計基準の取扱いに関する意見書（中間報告）」の取りまとめ |

企業会計審議会第16回企画調整部会（2009年6月11日）では，意見募集の結果を踏まえた審議が行われた。その結果，新たに出された意見等を踏まえた修正後の**「我が国における国際会計基準の取扱いについて（中間報告）」**（金融庁・企業会計審議会企画調整部会［2009d］）が取りまとめられ，企画調整部会はこれを6月16日に公表した。

この「我が国における国際会計基準の取扱いについて（中間報告）」の骨子として，金融庁は次のようにまとめている（「我が国における国際会計基準の取扱いについて（中間報告）」（骨子），金融庁［2009b］。下線は引用者）。

1．基本的考え方

我が国の会計関係者が中長期的な展望を共有した上で，国際会計基準（IFRS）の取扱いを検討する必要。下記2.の諸課題や国際的な諸情勢等の状況変化に応じ柔軟な対応が重要。

2．IFRS適用に向けた課題等（主なもの）

① 国際会計基準の作成の動向，基準作成のデュー・プロセスの確保，我が国の関与の強化等，国際的な諸情勢の見極め

② 実務の対応・準備状況　等

3．IFRSの具体的な適用方法

（1）**任意適用**

IFRSの国際的な広まりを踏まえると，企業及び市場の競争力の観点から，できるだけ早期に容認することが考えられ，具体的には，2010年3月期（年度）から，国際的な財務・事業活動を行っている上場企業の連結財務諸表に，任意適用を認めることが適当である。

（2）**将来的な強制適用の是非**

強制適用の是非の判断時期は，上記2.の諸課題の達成状況やIFRSの適用状況等を確認する必要があることから，前後しうるが，2012年を目途とすることが考えられる。

対象は，上場企業の連結財務諸表が適当。

強制適用を行う場合，判断時期からに少なくとも3年の準備期間が必要と考えられる（2012年に判断の場合，2015年又は2016年に適用開始。）。

第14章　日本における国際財務報告基準への対応のあり方

1047

> （注）全上場企業に一斉に適用するか，段階的に適用するかは，改めて検討・
> 決定。

　なお，「我が国における国際会計基準の取扱いについて」が「中間報告」と位置づけられたのは，IFRSsの強制適用の是非については2012年を目途に判断し，もし2012年の判断によって強制適用する場合，2015年または2016年に適用開始となることを踏まえたことによるものである。

　企画調整部会が取りまとめた「我が国における国際会計基準の取扱いについて（中間報告）」は，企業会計審議会総会（企業会計審議会総会・第22回監査部会合同会議（2009年6月30日））で報告され，企業会計審議会の意見書として取り扱うことが承認された。企業会計審議会の意見書の名称は，**「我が国における国際会計基準の取扱いに関する意見書（中間報告）」**（金融庁・企業会計審議会[2009]）と改められた。

第3節 日本経済団体連合会と日本公認会計士協会などによるIFRSs導入に対する見解

　本章冒頭の『日本経済新聞』の記事は，「金融庁は同日午前，『わが国企業会計のあり方に関する意見交換会』を開いた。経団連，会計士協会など出席者の大勢が国際会計基準の導入を容認。企業会計審・企画調整部会で正式に議論することを了承した」と報じている。しかし，日本版ラウンドテーブルともいうべき「我が国企業会計のあり方に関する意見交換会」での議論を経た結果，日本経済団体連合会と日本公認会計士協会がIFRSの導入を容認したというわけではない。

　そもそも，金融庁が「我が国企業会計のあり方に関する意見交換会」を開催した直接的な理由は，①財務諸表作成者サイドである日本経済団体連合会と，②財務諸表利用者に財務諸表等の監査保証業務を担う会計監査サイドである日

本公認会計士協会が，それぞれ日本へのIFRSs導入に賛成ないし前向きだったからである。その姿勢の拠り所は，いずれもIFRSsを導入したEU（ないし欧州）について視察訪問したことと，その結果にある。

1. 日本経済団体連合会によるEU視察とIFRSs導入に対する見解

経済界を代表する日本経済団体連合会による日本におけるIFRSsの適用のあり方についての見解やスタンス（姿勢）は，重要である。日本経済団体連合会が発表した会計に関する政策提言など（ディスカッション・ペーパーや公開草案などへの意見・コメントなどは除く）は，**図表14-4**のように整理できる。

図表14-4　日本経済団体連合会（経済団体連合会）による会計に関する提言等

(2017年1月現在)

経済団体連合会			
歴代会長（所属企業）		在任期間	会計に関する提言等
第8代	豊田章一郎 （トヨタ自動車）	1994年5月 ～1998年5月	■「連結財務諸表のあり方に関する基本的考え方」 （1996年5月14日）
第9代	今井　敬 （新日本製鐵）	1998年5月 ～2002年5月	■「企業会計基準の整備において主体的な役割を担う財団法人の設立準備について」（2001年2月28日） ■「企業会計制度に関する提言」（2001年3月27日） ■「（財）財務会計基準機構・企業会計基準委員会から公表される企業会計基準等の取り扱い（準拠性）について」（2002年5月17日）

日本経済団体連合会			
歴代会長（所属企業）		在任期間	会計に関する提言等
初　代	奥田　碩 （トヨタ自動車）	2002年5月 ～2006年5月	■「四半期財務情報の開示に関する東京証券取引所のアクション・プログラムについて」（2002年7月31日）* ■「四半期財務報告に関する提言」（2002年9月17日） ■「会計基準に関する国際的協調を求める」（2003年10月21日） ■「『国際会計基準に関する共同声明』について」（2004年4月20日）
第2代	御手洗冨士夫 （キヤノン）	2006年5月 ～2010年5月	■「会計基準の統合（コンバージェンス）を加速化し，欧米と相互承認を求める」（2006年6月20日） ■「今後の会計基準のコンバージェンスの進め方について」（2007年8月8日）*

1049

			■「国際会計基準（IFRS）に関する欧州調査報告・概要」（2008年3月18日） ■「今後のわが国会計基準のあり方に関する調査結果概要」（2008年5月20日） ■「会計基準の国際的な統一化へのわが国の対応」（2008年10月14日） ■「国際会計基準（IFRS）に関する豪州調査報告」（2009年10月）* ■「国際会計基準（IFRS）に関するインド・シンガポールミッション報告」（2010年3月）
第3代	米倉　弘昌 （住友化学）	2010年5月 〜2014年6月	■「財務報告に関わるわが国開示制度の見直しについて」（2010年7月20日） ■「国際会計基準（IFRS）の適用に関する早期検討を求める」（2011年6月29日） ■「IFRS導入準備タスクフォースのフィードバック資料」（2011年6月30日） ■「今後のわが国の企業会計制度に関する基本的考え方〜国際会計基準の現状とわが国の対応〜」（2013年6月10日） ■「IFRS任意適用に関する実務対応参考事例」（2014年1月15日）
第4代	榊原　定征 （東レ）	2014年6月〜	

注：*は，日本経済団体連合会の経済法規委員会企業会計部会によるものである。
出所：日本経済団体連合会Website，Policy（提言・報告書等）の「税，会計，経済法制，金融制度」をもとに作成。

（1）日本経済団体連合会によるEU視察

　日本経済団体連合会は，今後の日本の会計制度の方向性を検討する際の参考に資するために，2008年2月12日から15日までの間，EUにおけるIFRSsの受け入れ実態を調査している。訪問先は，ヨーロッパ委員会域内市場総局，ヨーロッパ産業連盟（BusinessEurope），ヨーロッパ議会経済金融委員会，ヨーロッパ財務報告助言グループ（EFRAG），IASB，イギリス財務報告評議会（FRC），フランス財務省国家会計審議会（CNC）などである。

　日本経済団体連合会の訪問団は，①ヨーロッパにおけるIFRSの定着度，②各国におけるIFRSの利用，③各国会計基準設定主体の動向，④IASBの動向などの論点について調査した。

　たとえば，IFRSsの定着度については，「2005年より，EU域内の上場企業の

第3節　日本経済団体連合会と日本公認会計士協会などによるIFRSs導入に対する見解

連結財務諸表に対し国際会計基準（IFRS）が適用されたが，３年を経て欧州市場においてIFRSは定着しつつあり，導入は成功であったとの評価がある」とした。その一方で，「いずれの国，機関からも，IASBの公的な責任の増大から，より確固たるガバナンス（デュープロセスやアカウンタビリティーの強化など）を整備する必要性が指摘された。今後のIASBの最大の課題と考えられる」（日本経済団体連合会［2008a］，4⑴）という。

　この欧州調査報告は，視察から得られた日本への示唆として，次の５つを提示している（日本経済団体連合会［2008a］，5）。

① 英仏の例からも，国際的な投資家への開示である連結財務諸表と，配当や税務計算の基礎となる個別財務諸表とを区分し，前者にはIFRSを，後者には日本会計基準を適用していくこと（いわゆる連・単分離）は，有力な選択肢と思われる。また，上場企業でも必ずしも国際的な活動を行っていない企業も多いことから，IFRSの適用は選択制とすることが考えられる。なお，IFRSを採用する場合には，部分的な採用ではなく，国際的統一ルールとして一括して採用する必要がある。

② 同時に，開示の簡素化の観点から，金融商品取引法上の開示は，個別財務諸表を開示せず，連結財務諸表に一本化することを検討すべきである。

③ 日本と同様，独自基準を維持していた米国がIFRSを適用する選択肢を海外企業に認め，また，近く米国国内企業にも認める可能性が高い。わが国においても，IFRSの選択適用容認に係る検討を急ぐ必要がある。

④ 個別財務諸表に適用される日本会計基準は，引き続き，国際的な整合性を踏まえつつ，また，国内の事情も勘案しつつ慎重な整備を続ける必要がある。

⑤ IASBに対する意見反映は，例えばディスカッションペーパーが作成される時点など，可能な限り早い段階から行う必要がある。人的なつながりを強化するとともに，各国の基準設定主体とも連携しながら，意見を発信していくことが重要である。特に，IFRS〔IASB：引用者〕とFASBで検討が進められている中長期的テーマに対する積極的な意見発信が不可欠で

第14章　日本における国際財務報告基準への対応のあり方

1051

ある。

（2）日本経済団体連合会によるIFRSs適用に関するアンケート調査

　日本経済団体連合会による日本におけるIFRSsの受け入れ方などの基本的考え方は、このEU視察を踏まえて、アンケート調査や有識者からのヒアリングを実施したうえで取りまとめるとした。現に、日本経済団体連合会は、EU視察後直ちに、日本経済団体連合会の金融制度委員会資本市場部会、経済法規委員会企画部会、経済法規委員会企業会計部会の各委員企業等（66社）を対象とした「今後のわが国会計基準のあり方に関する調査」を実施している。これは、「急テンポな世界的な動向を踏まえ、わが国においてもさらに一歩進め、IFRSの開発に積極的に参画するとともに、日本国内でのIFRS導入も視野に入れた検討を進める必要があると考え、各社におけるIFRSの認知度や受入れ方」について調査したものである（回答企業は39社（回答率59.1%））。

　その結果、IFRSsの受け入れ方については多様な意見があるものの、回答企業の多くが、日本でIFRSsの使用を認めることについて肯定的な意見を示した（日本経済団体連合会［2008b］、3頁、8-12頁）。

　より具体的には、IFRSsと日本の会計基準の選択適用については、回答企業のうち26社（66.7%）が日本でIFRSsを選択適用することを認めるべきとしている（「選択制ではなく、いずれかの基準に統一すべき」（10社（25.6%）））。IFRSs適用会社の範囲は、「すべての上場会社」（17社（43.6%）：連結財務諸表のみ適用（12社（30.8%））、連結および個別財務諸表とも適用（5社（12.8%）））または「IFRSsを必要とする会社」（15社（38.5%）：連結財務諸表のみ適用（13社（33.3%））、連結および個別財務諸表とも適用（2社（5.1%）））に、強制適用あるいは選択適用できるようにすべきと回答した。個別財務諸表に適用する会計基準については、IFRSsとの選択適用を含め、回答企業のうち27社（69.2%）が日本基準の適用を継続すべきとしており、また、連結・個別財務諸表で差異のある会計基準を適用することについては、両財務諸表で会計基準が異なっても構わないとする回答（21社（53.8%））が、両財務諸表で会計基準を一致させるべきとする回答（14

第3節 日本経済団体連合会と日本公認会計士協会などによるIFRSs導入に対する見解

社（35.9%））を上回った。連結財務諸表にIFRSsを適用した場合，個別財務諸表にもIFRSsを採用すべきと回答したのが12社（30.8%）だったことを考え合わせると，IFRSsを適用する財務諸表を棲み分ける，いわゆる「連単分離」を指向する傾向にある。さらに，IFRSsの採用にあたっては，個別財務諸表の開示を廃止し，連結財務諸表の開示への一本化を望んでいる（33社（84.6%））。

こうした調査結果などをもとに，日本経済団体連合会は，今後の日本の会計基準の方向性についての経済界の基本的考え方を**政策提言「会計基準の国際的な統一化へのわが国の対応」**（2008年10月14日）として取りまとめた。この政策提言は，日本でもIFRSsの採用を含め，中長期的な視点から，今後の日本の会計基準に関する方針を明確にすべき時期にきているとの認識により，経済界の基本的考え方を示したものである。

この政策提言における「IFRS採用に向けたわが国の対応」こそが，その基本的考え方を示すものであり，①IFRS採用を含むロードマップの作成と，②IFRS採用にあたっての経済界の考え方，を通じて，次のように結論づけている（日本経済団体連合会［2008c］，4-5頁。下線は引用者）。

3．IFRS採用に向けたわが国の対応
(1) IFRS採用を含むロードマップの作成

　米国がIFRSの採用に向けた方向性を示唆した今日，主要先進国の中で，IFRSの採用を正式に表明していない国は日本のみとなっている。既に，海外に上場する日本企業のなかには，IFRSの使用に向けた準備を開始する企業も増えつつある。日本も国際的な潮流を勘案しつつ，IFRSの採用を含む，今後のわが国会計基準の方向性に関する検討を加速し，具体的なロードマップを早急に作成すべきである。

　ロードマップには，米国SECと同様に，わが国がIFRSを採用する上で前提条件となる課題（例えば，IASBが進める中長期プロジェクトの議論の方向性の確認，適切なガバナンス確保，ASBJとのコンバージェンス作業の取り組み状況など）を予め示していくことが適当と考えられる。

第14章 日本における国際財務報告基準への対応のあり方

1053

(2) **IFRS 採用にあたっての経済界の考え**

IFRS の適用は，当面の間，IFRS と日本基準（現在，適用が認められている企業においては米国会計基準を含む）の選択制とすることが適当である。しかし，同一市場において複数の会計基準が長期間にわたり並存することは，投資家の利便性や市場の信頼性の観点から望ましいとは言えない。将来的には，基準の統一が必要と考えられるが，IFRS の義務付けを行う場合には，その適用時期については，最終決定を下した後，最低でも3年程度の準備期間が不可欠（早期適用可）となろう。人材育成，世界的なグループ決算処理の統一など，財務諸表作成者の準備期間に十分に配慮するとともに，今後の米国の動向なども踏まえつつ，国際的な発言権を低下させないよう判断を行っていくべきである。

また，適用対象会社の範囲については，四半期報告書提出会社や内部統制報告制度の対象会社同様，金融商品取引法上の上場会社とすることが適当と考える。連結財務諸表を作成していない上場企業や上場企業以外の金融商品取引法対象会社については，IFRS の選択適用の容認や IFRS の影響額の注記などにより比較可能性を維持することが考えられる。

IFRS は，投資・資金調達活動のグローバル化を背景とした，国際的な財務諸表の比較可能性の向上を主眼とする会計基準である。その目的を踏まえれば，諸外国で必ずしも開示が求められていない個別財務諸表にまで IFRS を適用する必要はなく，適用は連結財務諸表に限定すべきである。一方，上場企業の連結財務諸表作成実務の簡素化，効率化を図る観点から，個別財務諸表へ IFRS を選択適用することも検討すべきである。

とくに，IFRSs 採用にあたっての経済界の考え方は，次の5つの項目にまとめることができるだろう。

■IFRSs の採用は，当面の間，選択適用とする。
■将来的に IFRSs の適用を義務づける場合には，その決定から最低でも3年程度の準備期間（前提し適用可）を設ける。
■適用対象会社は，金融商品取引法上の上場会社とする。
■適用する財務諸表は，国際的な比較が求められる連結財務諸表とする。

■個別財務諸表への選択適用も検討すべきである。

　以上から，この時点で，日本経済団体連合会は，IFRSsのアドプションに前向きだったと考えてよい。

　なお，日本経済団体連合会は，金融庁・企業会計審議会企画調整部会が2009年2月4日に公表した「我が国における国際会計基準の取扱いについて（中間報告）（案）」にこの政策提言の内容が反映されているとして，中間報告（案）の基本的な方向性について賛同している。この見解は，「我が国における国際会計基準の取扱いについて（中間報告）（案）」の公表後，日本におけるIFRSs導入を円滑に進めるための懸案や課題を整理するために，各社の準備状況や懸案事項について，自記入アンケート方式で実施した「IFRS適用に向けた取組み状況等に関する調査」（2009年3月）の結果によるものである（調査対象は日本経済団体連合会全会員企業の1,307社で，回答企業は446社（回答率34.1%））。

　このときの調査項目は，①企業会計審議会の「中間報告（案）」についてと，②IFRSの適用に向けた取組み状況についてである。これら2つの調査結果は，次のように総括されている（日本経済団体連合会［2009a］，スライド3およびスライド4。太字と下線は原文のまま）。

(1) 企業会計審議会 中間報告案について

　IFRSの内容，基準設定におけるデュープロセスをはじめ**諸課題の達成状況等を十分に見極めることを前提に，大半の企業が，国際会計基準（IFRS）の当面の任意適用や将来的な強制適用を示した中間報告案の内容に理解**を示している。一方で，強制適用に至るスケジュール，個別財務諸表開示の簡素化，コスト面の課題等について，さらに検討を深めるべきとの指摘が多い。また，国際会計基準のニーズが乏しい企業においては，コンバージェンスの継続による対応を望む声もある。

…（略）…

⑵ IFRSの適用に向けた取組み状況について

➤IFRSの任意適用について

⇒ 2割強（91社）の企業が，前向きに，又は状況次第で任意適用を検討したいと回答。このうち，**2011年度までに任意適用する可能性があると回答した企業が5社**存在する。なお，いずれの企業も任意適用することを正式に機関決定した回答ではなく，努力目標などを含んでいる。

➤IFRS適用に向けての検討状況について

⇒ IFRSの適用に向けての検討状況については，**「検討を開始している」と回答した企業（205社）と「全く検討していない」と回答した企業（181社）がほぼ半々**である。

また，「検討を開始している」と回答した企業も9割強（192社）が検討の初期段階（現行基準との差異の把握など）であり，既にIFRSに基づく財務諸表作成を行うなど実行段階と回答した企業は2社のみである。

一方，「全く検討を開始していない」と回答した企業では，検討を開始する時期として，「米国及びIASB/FASBのMOU項目の動向」，「日本が強制適用の判断を行ってから」と回答した企業が5割を超えており，**企業の取組み状況に大きな差**が見られる。

➤IFRS適用に関する懸念について

⇒ 「導入後の決算実務負担」，「単体と連結会計基準が異なることによる実務対応」に対する懸念度合いが高くなっている。ここ数年，内部統制や四半期報告制度の導入により，企業の経理部門の実務負担が増加しており，更なる実務負担を強いられることに対する強い危機感が伺える。

（3）日本経済団体連合会の「中間報告（案）」に対するコメント

こうした調査結果から，日本経済団体連合会は，「中間報告（案）」の任意適用と強制適用について，次のようなコメントを表明している（日本経済団体連合会［2009b］より抜粋。下線は引用者）。

2．任意適用

（中間報告案(1)「任意適用の対象」について）

任意適用の対象となる企業の範囲については，基本的な考え方に賛同する。

ただし，IFRSを任意適用するためには，作成者側のみならず，監査側においてもIFRS監査の体制が整っていることが必須であり，作成者側と監査側とがいずれも一定の水準以上にあることを確認する工夫が必要と考える。

なお，上場企業である親会社が任意適用を行った場合でも，上場子会社，上場関連会社が，一定規模要件に該当せず任意適用できないケースも想定される。

このようなケースを任意適用の対象とするか否かについて，さらに柔軟な対応を検討いただきたい。

また，今後，IFRSの適用にあたり，IFRSやこれを設定するIASBの位置づけ，わが国会計基準やこれを設定する企業会計基準委員会（ASBJ）の位置づけを制度上明らかにしていく必要がある。

((4)「任意適用の時期」について)

中間報告案では，2010年3月期から任意適用を開始することが示されている。日本企業の中には，既にIFRSの適用に向けた準備を開始している企業もあり，可能な企業から適用できるとした点を評価したい。経団連が実施したアンケート調査でも，任意適用を検討している企業が複数存在する。一方，任意適用企業の解釈や実務がその後に続く企業の先行事例として固定化することを懸念する意見もある。2010年3月期から任意適用を開始する場合でも，わが国会計制度に携わる関係者が，開示・移行にかかる条件整備をはじめとする実務上の取扱いについて，十分なコンセンサスを得ながら進めていくことが必要である。

いずれにしても，条件を満たした企業が早期に任意適用することを阻害する要因を軽減し，積極的に任意適用に踏み切ることが可能となるよう，監督当局，監査人の柔軟な対応をお願いしたい。

3．強制適用

（スケジュールの明瞭化について）

中間報告案では，任意適用の時期や，強制適用の判断時期にかかる例示はあるものの，任意適用から強制適用に至る具体的スケジュールが必ずしも明確に示されていない。経団連のアンケート調査結果からも，強制適用の方向性について中間報告案を支持する企業も多く，強制適用に備えた具体的な準備を進める上でも，強制適用開始時期（「最短で○○年○月○日以降に終了する年度の財務諸表から」など）を明示すべきである。米国の動向を踏まえることは当然であるが，同時に三大市場の一角を担う日本として，IFRS適用に係る国際的なスタンスを明確にすることが非常に重要であり，その観点からもスケジュール明確化が必要である。

スケジュールが明確化された場合でも，強制適用に係る最終判断は，今後の諸課題の達成状況を踏まえて行われるべきであることは中間報告案の通りである。

（移行方法について）

IFRSへの一斉移行は比較可能性の観点から好ましいものの，一時期に関連業務の需要が殺到することでシステム変更や監査対応の物理的な逼迫を招くことも懸念される。また，経理部門の人的リソースに余裕のない小規模上場企業においては，「強制適用の最終的な判断が行われるまで適用に向けた検討を行えない」と考える企業も存在する。経団連アンケートにおいても，全体の約四分の一の企業が，米国SECの判断等が行われる「2011年度以降に検討を開始する」との回答になっている。このように社会的な負荷や企業の対応力に差があることを考慮すると，米国同様，企業の規模等に応じた段階的適用を検討すべきである。例えば，決定から3年間の準備期間をおき，任意適用対象企業から段階的に義務付けていくことなどが考えられる。

２．日本公認会計士協会によるEU視察とIFRSs導入に対する見解

（１）日本公認会計士協会によるEU視察

EUにおける2005年からのIFRSs適用の義務づけをはじめ，IFRSsがグローバルな単一の会計基準としての地位を築きつつあることや，SECによるIFRS財務諸表作成時のアメリカ会計基準への調整表作成・開示要件の撤廃などは，

第3節　日本経済団体連合会と日本公認会計士協会などによるIFRSs導入に対する見解

日本公認会計士協会に「IFRSを取り巻く状況は重大な転換期を迎えたといえる」（日本公認会計士協会［2008］，１頁）と言わしめた。日本公認会計士協会も，日本企業がIFRSsを適用することになる場合に備えて，2005年からEU域内証券市場の上場企業の連結財務諸表にIFRSs適用を義務づけたEUによるIFRSsへの移行の経験と抱えている課題などを明らかにするために，EUのさまざまな団体（IASB，EFRAG，ヨーロッパ会計士連盟（FEE），イングランド・ウェールズ勅許会計士協会（ICAEW），Ernst & Youngパリ事務所，KPMGロンドン事務所）を2008年７月１日から４日まで訪問している。

　日本公認会計士協会による欧州視察の論点は，①EUでのIFRSの適用，②連結財務諸表と個別財務諸表の問題，③IFRS適用上の課題，④会計士協会の対応，⑤企業の対応，⑥監査事務所の対応，⑦規制当局の対応，⑧基準設定への戦略的な働きかけについてである。

　このうち，第3の「IFRS適用上の課題」には，たとえば次のものが示された（日本公認会計士協会［2008］，４頁より抜粋）。

・欧州でも当初解釈について大きな懸念〔IFRSs移行による会計処理のバラつきが生じる懸念：引用者〕があり，欧州版解釈を出すべきか国際財務報告解釈委員会（IFRIC）のみが解釈を出すべきかについて大きな論争があったが，最終的には欧州版解釈を出さないこととなった。企業は同業他社の開示状況を検討し，経験を共有するなどして現在でも学習し，今のところ大きな問題は生じていない模様である。

・会計士団体やその他の団体も解釈指針を出すのはIFRICの役割だとして，解釈を出さないように注意しているとのことである。実際，解釈との線引きは難しいものの，監査事務所や会計士団体は，ケーススタディや設例を利用した研修材料を充実することで対応している。

・欧州のある国では国特有の問題がある場合に，重複した作業を避け，異なる結果が生じることを防ぐため，非公式に関係者が集まり議論をしている。

・IFRSの一貫した適用を担保するために，欧州は，2006年に問題が生じそ

1059

うな分野について早い段階から特定し，議論をするためのフォーラム（「EUにおけるIFRSの一貫した適用のためのラウンドテーブル（roundtable for the consistent application of the IFRS in EU）」）を，EC域内市場・サービス局の会計規制委員会（ARC）の中に立ち上げた。当初は年に2回ほど開催し，様々な案件が持ち込まれたが，2007年10月の会議を最後に開催されておらず，その活動は少しずつ縮小していくという見方がある。

　この「欧州視察報告」（2008年9月）の「我が国における今後の課題」において，日本公認会計士協会は，次のような結論を提示している（日本公認会計士協会 [2008]，9頁より抜粋。下線は引用者）。

- 我が国の企業及び資本市場の国際競争力を一層高めていくためには，我が国においてもIFRS採用の選択肢を与えるべきである。IFRS採用の選択肢を与える際には，欧州各国の実態を踏まえ，上場企業の連結財務諸表への適用を優先することが適当と考える。
- IFRS採用の選択肢を認めるとした場合には，円滑な導入のために，いつまでに，誰が，何を決定し，どのような施策を講じていくかを示した「日本版ロードマップ」（作業工程表）を関係者間で協議の上策定し，社会に明確に示すべきである。
- 欧州では，望ましい基準を得るために早い段階からIFRSの基準設定に関与するという方向へ戦略を変更し，そのための体制を整えている。日本もIASBによる基準設定に早い段階から関与することが重要であり，そのための体制整備が必要である。また，日本が関与して影響力を持つためには，IFRSを採用することが必要条件であると考えられる。
- 日本公認会計士協会として実施する具体的施策として，現在以下の事項を検討しており，今後これらを協会のロードマップとして展開していく予定である。
  - (1) 原則主義のIFRSを適用する場合に想定される監査上の問題への対応策の検討
  - (2) 教育研修（すでに一部は実施済み）
    - ➤IFRSセミナーの実施

> ➤ 機関誌へのIFRSの記事の定期的な掲載
>
> ➤ IFRSに関するガイドブックの作成
>
> ➤ 作成者・利用者に対するIFRS研修
>
> ➤ 大学・会計専門職大学院等との連携
>
> ⑶ IFRSデスク（仮称）の設置
>
> ⑷ 公認会計士試験の試験科目の見直しの要請。準備への積極的な関与
>
> ⑸ IFRS導入の関係各界への働きかけ。日本版ロードマップ策定への積極的な関与

　日本経済団体連合会と日本公認会計士協会は，EU視察とその結果を踏まえたIFRSs導入に対する見解が，「日本においてもIFRSs採用の選択肢を与えるべきである」ということで同じである。この見解こそが，連結財務諸表と個別（単体）財務諸表に適用する会計基準をズラし，会計基準の適用にあたっては「連結先行」の考え方を打ち出すとともに，日本企業にもIFRSsの適用を認める提案をした「我が国企業会計のあり方に関する意見交換会」の開催はもとより，そうした方向性での審議を企業会計審議会企画調整部会で行うことを決定づけたのである。

（2）日本公認会計士協会の「中間報告（案）」に対するコメント

　なお，その後の企業会計審議会企画調整部会および企業会計審議会総会での審議を踏まえて取りまとめられた「中間報告（案）」に対して，日本公認会計士協会もコメントを発出している。「今回の中間報告案では，世界経済が，昨年の世界的金融危機を契機に同時不況に突入し，我が国を含む経済情勢が極めて不透明な状況下にある中で，我が国のIFRS受入れに関する方針を世界に向けて表明したことを評価したい」としたうえで，任意適用の時期と強制適用の2点について，次のようなコメントを表明している（日本公認会計士協会［2009］，下線は引用者）。

任意適用の時期について

　中間報告案では，任意適用の時期について，「できるだけ早期に容認することが考えられる」とする一方で，「IASCFのガバナンス改革の状況の他，欧米等の国際的な動向を十分見極めたうえで判断する必要があるものと考えられる」ともされている。しかしながら，任意適用の時期に関しては，中間報告案でも指摘されているように，企業及び市場の競争力強化の観点から，2010年3月期の年度の財務諸表からIFRSの任意適用を認めることを要望する。

強制適用について

　強制適用の時期について，目途として2012年に，IFRSの改善状況，IFRSの設定におけるデュー・プロセスの確保，IFRSに対する実務の対応及び教育・訓練等の諸条件を勘案した上で判断することとされている。準備期間として少なくとも3年間が必要とされていることから，強制適用は2015年頃と読み取ることができる。

　しかしながら，時期及び方法について明確にされない場合，財務諸表の作成者である企業，監査人等の市場関係者が準備に着手できないこととなり，円滑なIFRSの導入に支障が出ることが懸念される。従って，強制適用の時期及び方法について，明確に示すべきと考える。

3．東京証券取引所のIFRSs導入に対する見解

　金融庁が非公開で開催した「我が国企業会計のあり方に関する意見交換会」に必ずしも直接的な影響を及ぼしたとはいえないが，財務諸表作成者サイドである企業が資金調達を行ううえで重要な役割を果たす株式や債券の売買取引施設である証券取引所のIFRSs導入に対する見解も看過し得ない。ここでは，東京証券取引所によるIFRSsの導入に向けた対応についても併せてみておこう。

（1）「上場制度総合整備プログラム」とIFRSsの導入に向けた対応

　東京証券取引所は，2007年4月24日に「**上場制度総合整備プログラム2007**」を公表し，東京証券取引所が株主・投資者の保護および尊重を図りつつ，流通

第3節 日本経済団体連合会と日本公認会計士協会などによるIFRSs導入に対する見解

市場の機能を適切に発揮させ，上場会社の企業価値および国際競争力の向上を
支援する観点から，上場制度の包括的な見直しに取り組むための基本方針とし
て，次の5つを掲げた（東京証券取引所［2007］，1頁）。

> ・市場の健全性確保に向けて，上場会社などの市場関係者に対して証券市場を
> 構成する一員として一層の自覚を促すような制度を整備する。
> ・会社情報の開示の一層の充実を図ることにより透明性を確保する。
> ・投資者保護及び市場機能の適切な発揮の観点から，企業行動に対して適切な
> 対応をとる。
> ・上場会社などの市場関係者にとってより使い勝手のよい市場の整備に取り組む。
> ・上記の対応に当たっては，国際的な整合性に配慮する。

「上場制度総合整備プログラム2007」で掲げられた5つの基本方針は，「東京
証券取引所は，…（中略）…，上場会社に対して東証市場を構成する一員とし
ての一層の自覚を促すとともに，会社情報の開示の充実を図ることにより透明
性を確保すること，市場機能の発揮を阻害するような企業行動に対しては適切
な対応をとることを，上場制度整備の原則とする」という基本方針を明記した
「上場制度総合整備プログラム」（2006年6月22日。東京証券取引所［2006］）を個
別具体化したものである。

「上場制度総合整備プログラム」では，「直ちに実施する事項」（フェーズⅠ），
「具体案の策定に向け問題点の整理を行う事項」（フェーズⅡa），「検討に着手
する事項」（フェーズⅡb）に区分して，各フェーズを2006年から2008年までに
展開する実行計画も提示した。「上場制度総合整備プログラム」には，適時開
示の充実，企業行動と市場規律の調和，望ましい投資単位の水準，上場廃止基
準等の見直し，既上場会社（本則市場，マザーズ市場共通）に対する経営管理面
の確認の継続，企業の内部統制等に問題が生じた場合の対応，マザーズ市場の
運営方法の見直しおよび市場区分の見直し，親会社等を有する上場会社への対
応，上場廃止後の上場会社の流動性，証券取引等監視委員会との連携強化，公
認会計士との連携強化，自主規制業務の執行体制の強化，その他が具体的な総

第14章 日本における国際財務報告基準への対応のあり方

1063

合整備プログラム事項であるが，ここにはIFRSsが具体的な検討項目として掲げられていなかった。翌年の「上場制度総合整備プログラム2007」でも同じである。

　東京証券取引所が，IFRSsを具体的な検討項目として掲げたのは，2009年度においてである。

　上場制度整備の５つの基本方針をもとに，東京証券取引所は「**上場制度整備の実行計画2009**」（2009年９月29日。東京証券取引所［2009a］）を公表したが，2009年度に取り組むテーマとして，①上場会社のコーポレート・ガバナンス向上に向けた環境整備と②環境変化を踏まえた適時開示に係る制度及び実務の整備，を掲げている。とくに後者のテーマのもとで，「IFRSの導入に向けた対応」が盛り込まれている（**図表14-5**を参照）。

図表14-5　「上場制度整備の実行計画2009」での「環境変化を踏まえた適時開示に係る制度及び実務の整備」

項　目	速やかに実施する事項	具体策の実施に向け検討を進める事項	検討を継続する事項
⑵　IFRSの導入に向けた対応	○ 東証市場の国際競争力を強化する観点から，上場会社によるIFRSの採用に向けた関係各方面の動きに東証として必要な協力を行う。 ○ IFRS導入に向けた議論をサポートするため，上場会社は，ディスクロージャー資料の適切な作成の基盤となる会計基準の開発，変更及び教育の振興に係る活動に協力するよう努めるものとする旨を企業行動規範（望まれる事項）に明記することとする。	○ 2010年３月期決算よりIFRSの任意適用が内外の上場会社に認められることを踏まえ，既存の上場制度（例えば，会社情報の開示判断に利用する利益基準）及び決算短信等の開示様式について，IFRS適用会社についても対応が可能となるよう所要の対応を検討する。 ○ 内外の上場会社に対してIFRSの任意適用が認められることに伴い，新規上場審査においてもIFRSの任意適用が可能となるよう，任意適用を認める範囲及び上場審査基準等について所要の対応を検討する。	○ IFRSを採用している（採用することを表明している）諸外国の上場制度や開示面での対応策を調査し，我が国で想定される問題点の整理を進める。

出所：東京証券取引所［2009a］，6-7頁より抜粋。

1064

第3節 日本経済団体連合会と日本公認会計士協会などによるIFRSs導入に対する見解

（2）IFRSs任意適用を踏まえた上場制度の整備等

　2010年3月期からのIFRSsの任意適用が制度上容認されたことを受けて，東京証券取引所は，上場企業に対してIFRSsへの早期の体制整備を促す目的から，有価証券上場規程等の一部改正（2009年12月30日施行）を行った。IFRSsとの関わりでは，有価証券上場規程に第409条の2と第451条の規定を新設した。

　第409条の2は，財務会計基準機構への加入状況等に関する開示の規定である。すなわち，「上場内国会社は，事業年度経過後3か月以内に，当該事業年度の末日における公益財団法人財務会計基準機構への加入状況（当該機構に加入していない場合は，翌事業年度以降における加入に関する考え方を含む。）を開示しなければならない。ただし，施行規則で定める場合は，この限りではない」とある。

　また，第451条は，会計基準等の変更等への的確な対応に向けた体制整備を求める規定である。すなわち，「上場内国会社は，会計基準の内容又はその変更等についての意見発信及び普及・コミュニケーションを行う組織・団体への加入，会計基準設定主体等の行う研修への参加その他会計基準等の内容を適切に把握し，又は会計基準等の変更等について的確に対応することができる体制の整備を行うよう努めるものとする」と規定した。この規定における「会計基準の内容又はその変更等についての意見発信及び普及・コミュニケーションを行う組織・団体」とは，東京証券取引所の**「上場制度整備の実行計画2009（速やかに実施する事項）の進捗状況（平成21年12月30日現在）」**（東京証券取引所[2009c]）を通じて，「財務会計基準機構」であることを明示している。

　公益財団法人財務会計基準機構への加入状況等に関する開示によれば，東京証券取引所上場内国会社の加入率は高い（2012年1月4日現在，市場第一部上場会社加入数（1,672社中1,664社（加入率99％）），市場第二部上場会社加入数（432社中424社（加入率98％）），マザーズ上場会社加入数（176社中165社（加入率94％））。http://www.tse.or.jp/listing/zaimu/index.htmlを参照）。

　次頁の**図表14-6**に示したのは，有価証券上場規程の整備に伴う公益財団法人財務会計基準機構への加入状況等に関する開示例である。

1065

図表14-6 東京製鐵株式会社による「公益財団法人財務会計基準機構への加入状況及び加入に関する考え方等について」の開示例

1．公益財団法人財務会計基準機構への加入状況
　　当社は，直前事業年度末日である平成28年3月31日現在において，公益財団法人財務会計基準機構へ加入しておりません。
2．会計基準等の内容の適切な把握，会計基準等の変更等への的確な対応体制の整備状況
　　当社は，適正な財務報告を行うため，会計基準の内容又はその変更等について詳しい監査法人・企業・団体等からの情報の取得に努めるとともに，会計基準等の内容又はその変更等に関する各種研修にも積極的に参加すること等により，会計基準等の新設・変更に適切に対応できる体制の整備に努めております。
3．公益財団法人財務会計基準機構への加入に関する考え方
　　当社は現段階において，今後の加入を予定しておりません。

出所：東京製鐵［2016］。

　この有価証券上場規程等の一部改正に先立ち，東京証券取引所は「**上場制度整備懇談会ディスクロージャー部会**」を設置（2009年10月）し，「上場制度整備の実行計画2009」に掲げられた「具体策の実施に向け検討を進める事項」を中心に検討した。ここで，「具体的な実施に向け検討を進める事項」とは，①四半期決算におけるより効率的・効果的な実務の実現と，②IFRS（国際会計基準）の任意適用を踏まえた上場制度上の対応である。その検討成果は，「**上場制度整備懇談会ディスクロージャー部会報告─四半期決算に係る適時開示，国際会計基準（IFRS）の任意適用を踏まえた上場諸制度のあり方について─**」（2010年3月24日。東京証券取引所上場制度整備懇談会ディスクロージャー部会［2010］）としてまとめられている。

　この部会報告の「国際会計基準（IFRS）任意適用を踏まえた上場諸制度のあり方」では，基本的な考え方として，「IFRSの任意適用を踏まえた上場諸制度の検討にあたっては，IFRSは従来の日本基準に取って代わる会計基準であることを踏まえて検討することが必要である」ということを示した。

第3節 日本経済団体連合会と日本公認会計士協会などによるIFRSs導入に対する見解

　また，IFRSs強制適用に向けた今後の課題とともに，具体的な整理の方向性として示された第1の「既上場会社における対応」（①適時開示の要否を判断するための軽微基準への対応と②指定替え基準・上場廃止基準への対応）と第3の「新規上場申請に関する対応」（①IFRSに基づく財務書類による新規上場申請の可否，②形式要件としての純資産額や利益金額の取扱い，および，③提出を求める財務情報の内容及び監査・レビューの要否）は，その後有価証券上場規程等の一部改正（2010年6月29日）で反映されている。また，第2の具体的な整備の方向性である「決算情報の適時開示に関する対応」（①決算短信において開示すべき情報と②IFRS適用初年度における対応）についても，四半期決算短信様式・作成要領などの改正（2011年6月）により反映された。

　ところで，先の「上場制度整備の実行計画2009」で掲げられた「上場会社のコーポレート・ガバナンス向上に向けた環境整備」と「環境変化を踏まえた適時開示に係る制度及び実務の整備」のうち，後者のテーマに「IFRSの導入に向けた対応」を盛り込んでいた。「上場制度整備懇談会ディスクロージャー部会報告—四半期決算に係る適時開示，国際会計基準（IFRS）の任意適用を踏まえた上場諸制度のあり方について—」による提言と2010年3月期決算からIFRSs任意適用が認められたことを踏まえて，東京証券取引所は，効果的かつ効率的なディスクロージャー制度を実現する観点から，四半期決算に係る適時開示の見直しやIFRSsを任意適用する上場会社と新規上場申請者に係る上場制度を整備した。

　整備された上場審査基準における取扱い，適時開示における取扱いおよび上場廃止基準等における取扱いは，次頁の**図表14-7**のとおりであり，有価証券上場規程等の一部改正を行った（2010年6月30日施行）。

第14章 日本における国際財務報告基準への対応のあり方

1067

図表14-7　IFRSs任意適用を踏まえた上場制度の整備等について

項　目	内　容	備　考
２．国際会計基準（IFRS）任意適用会社対応		・「IFRS」とは，連結財務諸表規則第93条に規定する指定国際会計基準を指します。 ・連結財務諸表非作成会社が任意で個別財務諸表をIFRSによって作成した場合においても以下の対応を準用します。
(1)上場審査基準における取扱い	・任意適用会社に対する純資産の額及び利益の額に係る基準については，IFRSによって作成した連結財務諸表に基づいて算定される純資産の額及び利益の額を基に算出する額を用いることとします（有価証券上場規程施行規則第212条第5項第1号等）。 ・任意適用会社に対しては，最近5年間の連結財務諸表のうち，少なくとも最近2年間はIFRSで作成したものの提出を求めることとします。	・「任意適用会社」とは，原則として平成22年3月期以降，IFRSによって作成した連結財務諸表を添付した有価証券報告書を提出した新規上場申請者又は上場会社を指します。
(2)適時開示における取扱い	・任意適用会社が行う適時開示に係る軽微基準については，「経常利益」に係る基準は適用せず，「当期純利益」に係る基準については「親会社の所有者に帰属する当期利益」を用いることとします（有価証券上場規程施行規則第401条第1項等）。 ・任意適用会社が行う業績予想については，売上高，営業利益，税引前利益，当期利益及び親会社の所有者に帰属する当期利益についての修正を適時開示の対象とします（有価証券上場規程第405条第1項）。	＊IFRSには日本基準における経常利益に相当する科目が存在しないこと，IFRSを導入している諸外国でも投資判断の観点からは，1株当たり当期利益の分母となる当期利益について，非支配持分を控除した「親会社の所有者に帰属する当期利益」を採用していることに対応するものです。 ・「包括利益」は業績予想の対象とはしないため，その修正については開示の対象とはしません。
(3)上場廃止基準等における取扱い	・任意適用会社に対する債務超過に係る上場廃止基準及び指定替え基準の適用にあたっては，IFRSと日本基準との会計基準上の差異により不利益な取扱いとならないよう特例を設けることとします（有価証券上場規程施行規則第311条第5項第1号a等）。 ・任意適用会社に対する不適当な合併等に係る基準の適用については，「経常利益」の代わりに「親会社の所有者に帰属する当期利益」を用いることとします（有価証券上場規程施行規則第601条第8項第2号b(d)等）。	・IFRSと日本基準との差異が資本合計に影響を与える要因のうち，主要な項目による影響額を除外するなどの取扱いを想定しています。 ＊IFRSには日本基準における経常利益に相当する科目が存在しないことに対応するものです。

出所：東京証券取引所［2010a］，2-3頁より抜粋のうえ，東京証券取引所［2010b］をもとに作成。

第4節 「中間報告」公表後の金融庁によるIFRSs適用に向けた規制措置

第4節 「中間報告」公表後の金融庁による IFRSs適用に向けた規制措置

「我が国における国際会計基準の取扱いに関する意見書（中間報告）」の公表以降，金融庁は，次のような規制措置などを順次取ってきた（杉本［2012a］，73-74頁）。

① 所定の要件を満たす企業に対してIFRSs任意適用を容認する連結財務諸表規則等の改正と金融庁告示の制定（「連結財務諸表の用語，様式及び作成方法に関する規則等の一部を改正する内閣府令」，「企業内容等の開示に関する留意事項について（企業内容等開示ガイドライン）の一部改正」等および「金融庁告示第69号」，「金融庁告示第70号」）（2009年12月11日）

② アメリカ会計基準の2016年3月期での使用禁止（「連結財務諸表の用語，様式及び作成方法に関する規則等の一部を改正する内閣府令」）（2009年12月11日）

③ 「国際会計基準に基づく連結財務諸表の開示例」の公表（2009年12月18日）

④ 「EDINET概要書等の一部改正について（国際会計基準の適用関係）」の公表（2010年4月12日）

⑤ 「国際会計基準に基づく四半期連結財務諸表の開示例の公表について」の公表（2010年4月14日）

⑥ 「国際会計基準（IFRS）に関する誤解」の公表（2010年4月23日）

⑦ 「IFRS（国際会計基準）の任意適用及び初度適用について」の公表（2010年6月17日）

⑧ IFRS任意適用会社の範囲の拡大（「連結財務諸表の用語，様式及び作成方法に関する規則等の一部を改正する内閣府令」等）（2010年9月30日）

金融庁によるこれら一連の規制措置や施策は，具体的には，「IFRSs任意適用向けの対応策」と「IFRSs強制適用向けの対応策」である。同時に，これらは，金融庁による「**金融資本市場及び金融産業界の活性化等のためのアクショ**

ンプラン―新成長戦略の実現に向けて―（最終版）」（2010年12月24日）にも受け
継がれ，政府の方針としても確立している。

1．会社計算規則によるIFRSs適用に向けた対応

　企業会計審議会企画調整部会が公表した「中間報告（案）」について，企業
会計基準委員会（ASBJ）もコメントを発出し，「制度の方向性を示すことに加え，
任意適用を早期に導入すること，諸課題の達成状況等を見極めた上で強制適用
を判断することを含む中間報告案について支持致します」と表明した。このコ
メントのなかで，IFRSsの任意適用については，次のように述べた（企業会計
基準委員会［2009］，4頁。下線は引用者）。

> 　なお，IFRSを本格的に適用するか検討するにあたっては，IFRS適用に向け
> た課題の達成状況をより具体的に把握することが必要であり，任意適用状況の
> 見定めはその1つの手段になり得る。任意適用にあたっては，IFRSに基づく財
> 務報告が十分に可能な企業が対象となり，また，投資者からみた財務諸表の比
> 較可能性の確保等の配慮が前提であるが，これまでの実務の蓄積等を考慮すれば，
> <u>『連結財務諸表の用語，様式及び作成方法に関する規則』第93条及び『会社計算</u>
> <u>規則』第148条で認めるような方法で，できるだけ早期に任意適用を実施できる</u>
> <u>よう措置することが適当ではないかと考える。</u>

　当時の連結財務諸表規則第93条は，いわゆる「特例措置」を廃止してアメリ
カ会計基準による連結財務諸表の提出を容認した雑則条項である（本書の**第3
章**を参照）。アメリカ預託証券（ADR）の発行などのためにアメリカ会計基準
に準拠して作成した「アメリカ式連結財務諸表」を，アメリカ証券取引委員会
（SEC）に登録する日本企業が，金融商品取引法の規定により提出が求められ
る連結財務諸表として代用できるとする規定である。

　また，当時の会社計算規則第148条も，「米国基準で作成する連結計算書類に
関する特則」についての雑則条項であった。連結財務諸表規則の条項によりア
メリカ会計基準に準拠して連結財務諸表を作成することができるとされた株式

1070

会社の連結計算書類は，そのアメリカ会計基準によることができるとする規定である。この第148条の「米国基準で作成する連結計算書類に関する特則」の規定は，2009年3月27日に公布された「会社法施行規則，会社計算規則等の一部を改正する省令」（平成21年法務省令第7号）により，第120条に改められている。

　ASBJのコメントは，IFRSsの任意適用についても，連結財務諸表規則と会社計算規則にこうした特則に準じた規定の設定を求めたのである。

　ここで，IFRSsの任意適用を規制措置するプロセスのなかで，任意適用するIFRSsと連結財務諸表規則での「一般に公正妥当と認められた企業会計の基準」との関わりやその位置づけが問われる。ASBJも，上記のコメントを補足する形で，次の文言を注記している（企業会計基準委員会［2009］，注1，4頁）。

　　「任意適用の間においては，連結財務諸表規則第1条第2項の規定について改正する必要はないのではないかと考えられるが，仮に，一般に公正妥当と認められる企業会計の基準に関して，IFRSが該当することが規定され，その設定主体を規定するような場合には，同時に，我が国において一般に公正妥当と認められる企業会計の基準を開発している当委員会についても同様の規定を設けるべきと考えられる。」

　金融庁・企業会計審議会が公表した企業会計の基準は，一般に公正妥当と認められる企業会計の基準に該当する（連結財務諸表規則第1条第2項）。同様に，このコメントは，金融商品取引法第193条（財務諸表の用語，様式及び作成方法）の規定の趣旨を踏まえたものであり，まさに「内閣総理大臣が一般に公正妥当であると認められるところに従って内閣府令で定める用語，様式及び作成方法」の枠組みのなかで，IFRSsの任意適用関連の規定のあり方を述べたものである。

　以下で詳しく説明するように，結果的には，このASBJのコメントを反映する形で，IFRSsの任意適用に向けて，連結財務諸表の用語，様式及び作成方法に関する規則等の改正が行われている。また，この連結財務諸表規則による

1071

IFRSsの任意適用に向けた環境整備は，会社法・会社計算規則の改正ももたらした。

　ここではさしあたり，IFRSsの任意適用に向けた会社計算規則の規制措置について簡潔に触れておく。

　法務省は，連結財務諸表規則の規定により指定国際会計基準に従うことができるものとされる所定の株式会社の連結計算書類について，IFRSsに準拠して作成することを認めるための「会社計算規則の一部を改正する省令案」に関する意見募集を2009年8月5日から9月3日まで行った。この省令案の意見募集は，「我が国における国際会計基準の取扱いに関する意見書（中間報告）」（2009年6月30日）の公表により，連結財務諸表規則が2009年12月11日に改正されたのを受けて，同日，法務省は，「会社計算規則の一部を改正する省令」（平成21年法務省令第46号）を公布，施行し，会社法・会社計算規則での連結計算書類についても，指定国際会計基準に準拠して作成できる規制措置を取ったものである。会社計算規則第61条の「連結計算書類」の規定と第120条の「国際会計基準で作成する連結計算書類に関する特例」の規定による規制措置である。

（連結計算書類）
第61条　法第444条第1項に規定する法務省令で定めるものは，次に掲げるいずれかのものとする。
　　一　この編（第120条を除く。）の規定に従い作成される次のイからニまでに掲げるもの
　　　イ　連結貸借対照表
　　　ロ　連結損益計算書
　　　ハ　連結株主資本等変動計算書
　　　ニ　連結注記表
　　二　第120条の規定に従い作成されるもの
（国際会計基準で作成する連結計算書類に関する特例）
第120条　連結財務諸表の用語，様式及び作成方法に関する規則（昭和51年大蔵

第4節 「中間報告」公表後の金融庁によるIFRSs適用に向けた規制措置

省令第28号）第93条の規定により連結財務諸表の用語，様式及び作成方法につ
いて指定国際会計基準（同条に規定する指定国際会計基準をいう。以下この条にお
いて同じ。）に従うことができるものとされた株式会社の作成すべき連結計算
書類は，指定国際会計基準に従って作成することができる。この場合におい
ては，第1章から第5章までの規定により第61条第1号に規定する連結計算
書類において表示すべき事項に相当するものを除くその他の事項は，省略す
ることができる。

2 前項の規定により作成した連結計算書類には，指定国際会計基準に従って作
　成した連結計算書類である旨を注記しなければならない。

3 第1項後段の規定により省略した事項がある同項の規定により作成した連結
　計算書類には，前項の規定にかかわらず，第1項の規定により作成した連結
　計算書類である旨及び同項後段の規定により省略した事項がある旨を注記し
　なければならない。

　「会社計算規則の一部を改正する省令案」に関する意見募集の結果，第120条
第1項後段について，省略を認めるとIFRSsに従ったものとは認められないの
で同項後段の規定を削除すべきとの意見も寄せられた（「会社計算規則の一部を
改正する省令案」に関する意見募集時の第120条第2項案は，次のとおりである。「前
項の連結計算書類には，次に掲げる事項を注記しなければならない。一　指定国際
会計基準に従って作成した連結計算書類である旨，二　前項後段の規定により省略
した事項がある場合にあっては，その旨」。）。これに対して，法務省は，「我が国
の会計基準で作成する連結計算書類に関して認められている開示と同様の程度
の開示であれば，現行の会社計算規則において認められている米国基準で作成
する連結計算書類と同様に，会社の利害関係者に対する開示としては十分であ
るといえるので，開示につき一定の省略を認めるのが相当である」（法務省民
事局参事官室［2009］，第2，1，(1)）として，省令案通り，第120条第1項後段
の省略を認める規定となっている。

　ところで，国際会計基準（IAS）第1号「財務諸表の表示」の第16項は，「財
務諸表がIFRSに準拠する企業は，その準拠の旨の明示的かつ無限定の記述を
注記において行わなければならない。財務諸表がIFRSのすべての要求事項に

1073

準拠していない限り，企業は当該財務諸表がIFRSに準拠していると記載してはならない」と規定している。この規定との関わりから，会社計算規則の改正プロセスにおいて，会社計算規則第120条第1項後段の規定に従って省略した事項がある場合，同条第2項による注記のあり方に懸念が表明された。

この意見に対する措置が，同条第3項である。

もちろん，第120条第2項において必要とされる注記は，国際会計基準とは異なり，連結計算書類が日本の会計基準に準拠して作成されたものか否か等の重要な事項を会社の利害関係者に開示するという観点から設けられている（法務省民事局参事官室［2009］，第2，1，(2)）。そこで，第1項後段の規定により省略した事項がある場合には，「同項の規定により作成した連結計算書類である旨」と「同項後段の規定により省略した事項がある旨」を注記することとされている。

なお，「会社計算規則の一部を改正する省令」（平成21年法務省令第46号）は，附則で「国際会計基準で作成する連結計算書類に関する経過措置」と「米国基準で作成する連結計算書類に関する経過措置」を設けた。

附則（平成21年12月11日法務省令第46号）

（国際会計基準で作成する連結計算書類に関する経過措置）

第2条　この省令による改正後の会社計算規則（以下「新会社計算規則」という）第120条の規定は，平成22年3月31日以後に終了する連結会計年度に係る連結計算書類について適用し，同日前に終了する連結会計年度に係るものについては，なお従前の例による。

（米国基準で作成する連結計算書類に関する経過措置）

第3条　連結財務諸表の用語，様式及び作成方法に関する規則等の一部を改正する内閣府令（平成21年内閣府令第73号）附則第2条第2項の規定により連結財務諸表の用語，様式及び作成方法について米国預託証券の発行等に関して要請される用語，様式及び作成方法によることができるものとされた株式会社の作成すべき連結計算書類については，米国預託証券の発行等に関して要請されている用語，様式及び作成方法によることができる。この場合におい

ては，新会社計算規則第3編第1章から第5章までの規定により連結計算書類において表示すべき事項に相当するものを除くその他の事項は，省略することができる。

2 前項の規定による連結計算書類には，当該連結計算書類が準拠している用語，様式及び作成方法を注記しなければならない。

加えて，その後の2011年11月16日に，法務省は，「会社法施行規則等の一部を改正する省令」（平成23年11月16日法務省令第33号）を公布している。この省令は，特別目的会社に関するASBJの「連結財務諸表に関する会計基準」の改正とアメリカ会計基準に関する連結財務諸表の用語，様式および作成方法に関する規則の改正などを踏まえたもので，会社法施行規則，会社計算規則および会社計算規則の一部を改正する省令（平成21年法務省令第46号）の一部を改正したものである。

前者の特別目的会社に関する取扱いについては，子会社の範囲に関して特別目的会社の特則を定めている会社法施行規則第4条の改正とともに，会社計算規則第102条を整備している。また，後者のアメリカ会計基準による連結計算書類の作成の許容については，会社計算規則第120条の次に第120条の2（米国基準で作成する連結計算書類に関する特例）を新設し，先の会社計算規則第61条（連結計算書類）などについて所要の整備を行っている。

（米国基準で作成する連結計算書類に関する特例）

第120条の2 連結財務諸表の用語，様式及び作成方法に関する規則第95条又は連結財務諸表の用語，様式及び作成方法に関する規則の一部を改正する内閣府令（平成14年内閣府令第11号）附則第3項の規定により，連結財務諸表の用語，様式及び作成方法について米国預託証券の発行等に関して要請されている用語，様式及び作成方法によることができるものとされた株式会社の作成すべき連結計算書類は，米国預託証券の発行等に関して要請されている用語，様式及び作成方法によることができる。この場合においては，第1章から第5章までの規定により第61条第1号に規定する連結計算書類において表示すべき事項に相当するものを除くその他の事項は，省略することができる。

2 前項の規定による連結計算書類には，当該連結計算書類が準拠している用語，
様式及び作成方法を注記しなければならない。

2．「連結財務諸表の用語，様式及び作成方法に関する規則等の一部を改正する内閣府令」によるIFRSs適用に向けた対応

　企業会計審議会の「我が国における国際会計基準の取扱いに関する意見書（中間報告）」が取りまとめられ，一定の要件を満たす企業（IFRSの任意適用の対象となる企業：「特定会社」）については2010年3月期の年度の連結財務諸表からIFRSsに準拠して作成することを認める方針が示された（任意適用）。これを受けて，2009年6月30日に，金融庁は「連結財務諸表の用語，様式及び作成方法に関する規則等の一部を改正する内閣府令（案）」等を公表し，また，9月14日には「企業内容等の開示に関する留意事項について（企業内容等開示ガイドライン）の一部改正（案）」を公表して広く意見募集を行い，12月11日に「連結財務諸表の用語，様式及び作成方法に関する規則等の一部を改正する内閣府令」（平成21年内閣府令第73号）等を公布，施行した。

　この「連結財務諸表の用語，様式及び作成方法に関する規則等の一部を改正する内閣府令」等は，次のものからなる。

① 「連結財務諸表の用語，様式及び作成方法に関する規則の一部改正」
② 「財務諸表等の用語，様式及び作成方法に関する規則の一部改正」
③ 「中間連結財務諸表の用語，様式及び作成方法に関する規則の一部改正」
④ 「中間財務諸表等の用語，様式及び作成方法に関する規則の一部改正」
⑤ 「四半期連結財務諸表の用語，様式及び作成方法に関する規則の一部改正」
⑥ 「四半期財務諸表等の用語，様式及び作成方法に関する規則の一部改正」
⑦ 「企業内容等の開示に関する内閣府令の一部改正」
⑧ 「財務諸表等の監査証明に関する内閣府令の一部改正」
⑨ 「財務計算に関する書類その他の情報の適正性を確保するための体制に

第4節 「中間報告」公表後の金融庁によるIFRSs適用に向けた規制措置

関する内閣府令の一部改正」

⑩ 連結財務諸表の用語，様式及び作成方法に関する規則に規定する金融庁
長官が定める企業会計の基準を指定する件（金融庁告示）

⑪ 財務諸表の用語，様式及び作成方法に関する規則に規定する金融庁長官
が定める企業会計の基準を指定する件（金融庁告示）

⑫ 「財務諸表の用語，様式及び作成方法に関する規則」の取扱いに関する
留意事項について（財務諸表規則ガイドライン）等の一部改正

この「連結財務諸表の用語，様式及び作成方法に関する規則等の一部を改正
する内閣府令」等のIFRSsの任意適用に関わるものの概要は，次のように整理
されている（下線は原文のまま）。

**連結財務諸表の用語，様式及び作成方法に関する規則等の一部を
改正する内閣府令等の概要（国際会計基準の任意適用関係）**

<u>1．任意適用の対象会社</u>（連結財務諸表規則第1条の2，開示府令第2号様式記載上
の注意（59）等）

　国際的な財務活動又は事業活動を行う国内会社で，次の⑴及び⑵の要件を
満たす会社（「特定会社」という。）は，指定国際会計基準（下記2に規定）によ
り連結財務諸表を作成することができる。

　⑴　次の要件のすべてを満たすこと
　　①発行する株式が，金融商品取引所に上場されていること
　　②有価証券報告書において，連結財務諸表の適正性を確保するための特
　　　段の取組みに係る記載を行っていること
　　③指定国際会計基準に関する十分な知識を有する役員又は使用人を置い
　　　ており，指定国際会計基準に基づいて連結財務諸表を適正に作成する
　　　ことができる体制を整備していること

　⑵　次の要件のいずれかを満たすこと

第14章 日本における国際財務報告基準への対応のあり方

1077

会社，その親会社，その他の関係会社又はその他の関係会社の親会社が，

①外国の法令に基づき，法令の定める期間ごとに国際会計基準に従って作成した企業内容等に関する開示書類を開示していること

②外国金融商品市場の規則に基づき，規則の定める期間ごとに国際会計基準に従って作成した企業内容等に関する開示書類を開示していること

③外国に資本金20億円以上の子会社を有していること

(3) 特定会社は，(1)の②及び③の要件を満たしていれば，翌年度以降も引き続き，指定国際会計基準により連結財務諸表を作成することができる。

2．国際会計基準の指定（連結財務諸表規則第93条，同規則ガイドライン93，告示等）

国際会計基準審議会が公表した国際会計基準のうち，公正かつ適正な手続の下に作成及び公表が行われたものと認められ，公正妥当な企業会計の基準として認められることが見込まれるものを金融庁長官が定め，官報で告示する。

国際会計基準を指定する場合には，次の手続を行う。

内容が明確な企業会計の基準案があらかじめ広く周知され，関係者間で適切な議論がなされており，多数の関係者が当該基準案を経済実態に適合した合理的な内容と評価し，公正妥当な企業会計の基準として受け入れられる程度にまで至るような手続を経て作成及び公表が行われたものかどうかを確認するものとする。

3．並行開示（開示府令第2号様式記載上の注意 (30) c. d 等）

指定国際会計基準により連結財務諸表を作成した会社は，初年度に限り，(1)日本基準による要約連結財務諸表（2期分），連結財務諸表を作成するための基本となる重要な事項の変更に関する事項（2期分），及び(2)日本基準による連結財務諸表の主要な項目と指定国際会計基準による連結財務諸表の主要な項目との差異に関する事項（2期分）を概算額で記載しなければならない。

また，翌年度以降は，直近の連結会計年度において，(2)の記載のみが求められる。

なお，(1)及び(2)については，監査対象外とする。

（注）米国基準適用会社が，指定国際会計基準を適用する場合には，上記(2)を記載する必要はない。

4．四半期報告書に係る取扱い

（開示府令第4号の3様式記載上の注意（21）g, h, 監査証明府令第1条第11号の2等）

特定会社は，年度の連結財務諸表，又は第1四半期の四半期連結財務諸表から指定国際会計基準を適用することができる。

ただし，日本基準による年度の連結財務諸表を記載した有価証券報告書を既に提出した特定会社であっても，指定国際会計基準を初めて適用する場合に限り，翌年度の第1四半期会計期間に係る四半期報告書に，指定国際会計基準による年度の連結財務諸表を記載して提出することができる。

5．連結財務諸表を作成していない特定会社の取扱い（財務諸表規則第127条等）

連結財務諸表を作成していない特定会社は，日本基準による財務諸表に加えて，指定国際会計基準による財務諸表を作成することができる。

6．適用（附則第1条）

特定会社は，2010年3月31日以後に終了する連結会計年度から，指定国際会計基準による連結財務諸表を作成することができる。

（1）IFRSsの任意適用の対象会社

「我が国における国際会計基準の取扱いに関する意見書（中間報告）」は，IFRSsの任意適用の対象について，「当面，任意適用の対象となる企業の範囲についても投資者保護のために何らかの基準ないしは条件が必要と考えられる」（二，2，(3)，①）としていた。IFRSsの任意適用によって，日本の会計基準とIFRSsとの間で企業に有利な基準を選択できることになり，企業間の比較可能性が損なわれる可能性があるからである。

こうしたIFRSsの任意適用の対象となる企業の範囲の基準または条件として，「我が国における国際会計基準の取扱いに関する意見書（中間報告）」は，次の

ような例を示していた（二，2，(3)，①。下線は引用者）。

　　具体的なIFRSの任意適用の対象となる企業の範囲については，例えば，継続的に適正な財務諸表が作成・開示されている上場企業であり，かつ，IFRSによる財務報告について適切な体制を整備し，前記のIFRSに基づく社内の会計処理方法のマニュアル等を定め，有価証券報告書等で開示しているなどの企業であって，国際的な財務・事業活動を行っている企業の連結財務諸表（及びその上場子会社等の連結財務諸表）を対象とすることが考えられる。
　　さらに，IFRSの改訂状況やそれに対する我が国の投資者等の関係者の評価等も見極めつつ，市場において十分周知されている一定規模以上の上場企業等に適用対象を拡げていくか，当局が適切に判断することが適当である。

　これを受けて金融庁は，IFRSsの任意適用の対象会社について，適用の特例を定める連結財務諸表規則第1条の2（「国際的な財務活動又は事業活動を行う会社として次に掲げる要件のいずれかを満たすもの（以下『特定会社』という。）が提出する連結財務諸表の用語，様式及び作成方法は，〔企業会計の基準の特例として，国際会計基準（指定国際会計基準）に従うことができることを規定した：引用者〕第7章の定めるところによることができる」）を新設することで明確にした。
　国際的な財務活動を行う国内会社とは，「外国の法令に基づき，当該法令の定める期間ごとに国際会計基準に従って作成した企業内容等に関する書類を開示している」，あるいは，「外国金融商品市場の規則に基づき，当該規則の定める期間ごとに国際会計基準に従って作成した企業内容等に関する書類を開示している」企業をいう。**国際的な事業活動を行う国内会社**とは，「外国に連結子会社（連結決算日（当該親会社の連結子会社にあっては，当該親会社の直近事業年度の末日）における資本金の額が20億円以上のものに限る。）を有している」（下線は引用者）企業をいう。これらの要件（上述した「連結財務諸表の用語，様式及び作成方法に関する規則等の一部を改正する内閣府令」等のIFRSsの任意適用に関わる概要では，「1. 任意適用の対象会社」の(2)の要件）は，連結財務諸表規則第1条の2第1号ニの(1)(2)と(3)で定められ，IFRSsを適用できる企業としての「**特**

定会社」となるには，いずれかの要件を満たす必要がある。

この「国際的な財務活動・事業活動」の要件に加えて，「特定会社」となるための要件として，次の3つの要件のすべてを満たすこととした（連結財務諸表規則第1条の2第1号，イ，ロ，ハ）。

① **上場企業要件：**

発行する株式が，金融商品取引所に上場されていること又は認可金融商品取引業協会に店頭売買有価証券として登録されていること

② **IFRSsに基づいて作成する連結財務諸表の適正性を確保する取組み要件：**

金融商品取引法第24条第1項又は第3項の規定に基づき提出する有価証券報告書において，連結財務諸表の適正性を確保するための特段の取組みに係る記載を行っていること

③ **IFRSsに基づいて作成する連結財務諸表の適正性を確保する体制整備要件：**

指定国際会計基準に関する十分な知識を有する役員又は使用人を置いており，当該基準に基づいて連結財務諸表を適正に作成することができる体制を整備していること

（2）任意適用すべきIFRSsの内容（連結財務諸表規則の条項の新設）

任意適用時において適用するIFRSsについて，「我が国における国際会計基準の取扱いに関する意見書（中間報告）」は，「任意適用に関しては，基本的にはIASBが作成したIFRSをそのまま適用することが考えられる」（二，2，(3)，③）とした。IFRSsの一部分を修正ないし除外したものを適用するいわゆる「カーブアウト」ではなく，ピュアIFRSsのフルアドプションが想定されている。

ただし，IFRSsの改訂作業は継続して行われ，適用すべきIFRSsは常に変化するいわゆるムービングターゲットである。金融商品取引法と連結財務諸表規則の枠組みにおいて，任意適用時において適用するIFRSsも「一般に公正妥当と認められる企業会計の基準」に該当するものとしなければならず，また，

IFRSsを策定し公表する団体（会計基準設定主体）としての要件も定める必要がある。今般のIFRSsの任意適用関連の規制措置に向けて採用した方式は，企業会計の基準を策定し公表する団体としての要件などを連結財務諸表規則で規定し，ムービングターゲットである適用すべきIFRSsを金融庁告示で定めるとするものである。

① 「国際会計基準」の定義づけと企業会計の基準を策定し公表する団体としての要件

先にみたように，国際的な財務活動を行う国内会社の要件として，「外国の法令に基づき，当該法令の定める期間ごとに<u>国際会計基準</u>に従って作成した企業内容等に関する書類を開示していること」（連結財務諸表規則第1条の2第1号ニの（1）。下線は引用者）を掲げたが，ここで連結財務諸表規則での「国際会計基準」の定義づけを行っている。つまり，**「国際会計基準」**は，「国際的に共通した企業会計の基準として使用されることを目的とした企業会計の基準についての調査研究及び作成を業として行う団体であって前条第3項各号に掲げる要件のすべてを満たすものが作成及び公表を行った企業会計の基準のうち，金融庁長官が定めるものをいう」。

また，この「国際会計基準」の定義づけには，「前条〔すなわち，第1条：引用者〕第3項各号に掲げる要件」という文言がある。これは，金融商品取引法第193条（財務諸表の用語，様式及び作成方法）が，「この法律の規定により提出される貸借対照表，損益計算書その他の財務計算に関する書類は，内閣総理大臣が一般に公正妥当であると認められるところに従って内閣府令で定める用語，様式及び作成方法により，これを作成しなければならない」と規定する趣旨を踏まえて，連結財務諸表規則に新たに定めた会計基準設定主体としての要件である。

新設された連結財務諸表規則第1条第3項は，以下のように規定している。

3　企業会計の基準についての調査研究及び作成を業として行う団体であって

次に掲げる要件のすべてを満たすものが作成及び公表を行った企業会計の基準のうち，公正かつ適正な手続の下に作成及び公表が行われたものと認められ，一般に公正妥当な企業会計の基準として認められることが見込まれるものとして金融庁長官が定めるものは，第1項に規定する一般に公正妥当と認められる企業会計の基準に該当するものとする。

一　利害関係を有する者から独立した民間の団体であること。

二　特定の者に偏ることなく多数の者から継続的に資金の提供を受けていること。

三　高い専門的見地から企業会計の基準を作成する能力を有する者による合議制の機関（次号及び第5号において「基準委員会」という。）を設けていること。

四　基準委員会が公正かつ誠実に業務を行うものであること。

五　基準委員会が会社等（会社，指定法人，組合その他これらに準ずる事業体（外国におけるこれらに相当するものを含む。）をいう。以下同じ。）を取り巻く経営環境及び会社等の実務の変化への適確な対応並びに国際的収れん（企業会計の基準について国際的に共通化を図ることをいう。）の観点から継続して検討を加えるものであること。

② 国際会計基準の指定（「指定国際会計基準」の定義づけ）

2009年12月11日に公布，施行された「連結財務諸表の用語，様式及び作成方法に関する規則等の一部を改正する内閣府令」（平成21年内閣府令第73号）は，連結財務諸表規則の従来の「第7章　雑則」の箇所に新たに「第7章　企業会計の基準の特例」を設けた。この企業会計の基準の特例は，第93条の「会計基準の特例」と第94条の「会計基準の特例に関する注記」からなる。

会計基準の特例である第93条は，「特定会社が提出する連結財務諸表の用語，様式及び作成方法は，指定国際会計基準に従うことができる」と規定し，このなかで「国際会計基準」と**指定国際会計基準**の定義づけも行った。

指定国際会計基準：

「国際会計基準（公正かつ適正な手続の下に作成及び公表が行われたものと認

められ，公正妥当な企業会計の基準として認められることが見込まれるものとして金融庁長官が定めるものに限る）。」

その後，2013年10月28日に公布・施行された「連結財務諸表の用語，様式及び作成方法に関する規則等の一部を改正する内閣府令」で，連結財務諸表規則における「指定国際会計基準」の定義づけは次のように改められている。

指定国際会計基準：

「国際会計基準（国際的に共通した企業会計の基準として使用されることを目的とした企業会計の基準についての調査研究及び作成を業として行う団体であって〔連結財務諸表規則：引用者〕第1条第3項各号に掲げる要件の全てを満たすものが作成及び公表を行った企業会計の基準のうち，金融庁長官が定めるものをいう。次条において同じ。）のうち，公正かつ適正な手続の下に作成及び公表が行われたものと認められ，公正妥当な企業会計の基準として認められることが見込まれるものとして金融庁長官が定めるものに限る。」

会計基準の特例に関する注記を規定した第94条は，指定国際会計基準によって作成した連結財務諸表の注記事項として，「指定国際会計基準によって連結財務諸表を作成している旨」と「特定会社に該当する旨及びその理由」の2つを明記した。その後の2010年9月30日に公布，施行された「連結財務諸表の用語，様式及び作成方法に関する規則等の一部を改正する内閣府令」等により，連結財務諸表規則第94条は改正され，指定国際会計基準に準拠して作成した連結財務諸表の注記事項は，指定国際会計基準が国際会計基準と同一である場合と異なる場合に細分化して，次の3つとなった。

① 指定国際会計基準が国際会計基準と同一である場合には，国際会計基準に準拠して連結財務諸表を作成している旨
② 指定国際会計基準が国際会計基準と異なる場合には，指定国際会計基準

に準拠して連結財務諸表を作成している旨

③　指定国際会計基準特定会社に該当する旨及びその理由

（3）適用すべきIFRSsの告示（「金融庁告示」の発出）

同時に，金融庁は，新設した連結財務諸表規則第1条第3項でいう「公正か
つ適正な手続の下に作成及び公表が行われたものと認められ，一般に公正妥当
な企業会計の基準として認められることが見込まれるものとして金融庁長官が
定めるもの」を明確にするために，また，第1条の2第1号ニでいう「国際会
計基準」と第93条でいう「指定国際会計基準」を明確に定めるために，**平成21
年金融庁告示第69号「連結財務諸表の用語，様式及び作成方法に関する規則に
規定する金融庁長官が定める企業会計の基準を指定する件」**（2009年12月11日）
を発出している。

○金融庁告示第69号

連結財務諸表の用語，様式及び作成方法に関する規則（昭和51年大蔵省令第28号）
第1条第3項，第1条の2第1号ニ及び第93条の規定に基づき，金融庁長官が
定める企業会計の基準を次のように定め，平成21年12月11日から適用する。

　　　　平成21年12月11日

　　　　　　　　　　　　　　　　　　　　　金融庁長官　　三國谷　　勝範

（一般に公正妥当な企業会計の基準）

第1条　連結財務諸表の用語，様式及び作成方法に関する規則（以下「規則」と
いう。）第1条第3項に規定する金融庁長官が定める企業会計の基準は，公益財
団法人財務会計基準機構（平成13年7月26日に財団法人財務会計基準機構という名称
で設立された法人をいう。）が設置した企業会計基準委員会において作成が行われ
た企業会計の基準であって，平成21年6月30日までに企業会計基準委員会の名
において公表が行われた別表1に掲げるものとする。

（国際会計基準）

第2条　国際会計基準（規則第1条の2第1号ニに規定する金融庁長官が定める企業
会計の基準をいう。）は，英国ロンドン市キャノンストリート30に所在する国際会

1085

計基準委員会財団が設置した国際会計基準審議会において作成が行われた企業会計の基準であって，国際会計基準審議会の名において公表が行われたものとする。

（指定国際会計基準）

第 3 条 指定国際会計基準（規則第93条に規定する金融庁長官が定める企業会計の基準をいう。）は，前条に規定する国際会計基準であって，平成21年 6 月30日までに国際会計基準審議会の名において公表が行われた別表 2 に掲げるものとする。

指定国際会計基準は，国際財務報告解釈指針委員会（IFRIC）または解釈指針委員会（SIC）が作成した解釈指針を含んでいる。

第 1 条関係の別表 1 には，2009年（平成21年） 6 月30日までに企業会計基準委員会（ASBJ）が公表した企業会計基準第 1 号「自己株式及び準備金の額の減少等に関する会計基準」から企業会計基準第23号「『研究開発費等に係る会計基準』の一部改正」までの23の基準を掲げている。また，第 3 条関係の別表 2 には，2009年（平成21年） 6 月30日までに国際会計基準審議会（IASB）が公表した「財務諸表の作成及び表示に関するフレームワーク」，国際財務報告基準（IFRS）第 1 号「国際財務報告基準の初度適用」から国際財務報告基準第 8 号「事業セグメント」，国際会計基準（IAS）第 1 号「財務諸表の表示」から国際会計基準（IAS）第41号「農業」までの29の基準（国際会計基準（IAS）第 3 号から第 6 号，第 9 号，第13号から第15号，第22号，第25号，第30号，第35号は欠号）を掲げている。

ASBJとIASBは，いずれも基準開発を継続している。したがって，こうした別表による特定時点までの一般に公正妥当な企業会計の基準や指定国際会計基準は，その後基準開発されたものを網羅するために定期的に改められている。

たとえば，金融庁は2010年 1 月20日に「連結財務諸表の用語，様式及び作成方法に規定する金融庁長官が定める企業会計の基準を指定する件（平成21年金融庁告示第69号）」等の一部改正（案）を公表した。この一部改正（案）は，①IASBが2009年（平成21年） 7 月 1 日から同年12月31日までに公表したIFRSs（IFRS第 1 号，IAS第32号，IAS第24号の各改訂基準，IFRS第 9 号「金融商品」）

第4節 「中間報告」公表後の金融庁によるIFRSs適用に向けた規制措置

を，連結財務諸表規則第93条に規定する指定国際会計基準とすることと（「連結財務諸表の用語，様式及び作成方法に規定する金融庁長官が定める企業会計の基準を指定する件」の一部改正），②IASBが2009年（平成21年）7月1日から同年12月31日までに公表した解釈指針（IFRIC第14号の改訂，IFRIC第19号「資本性金融商品による金融負債の消滅」）を指定国際会計基準に含まれる解釈指針とすること（「『連結財務諸表の用語，様式及び作成方法に関する規則』第93条に規定する指定国際会計基準に含まれる解釈指針について」の一部改正）を盛り込んだものである。寄せられたコメントを踏まえて，この一部改正（案）は承認され，2010年3月10日の官報掲載日から適用されている。

　併せて，財務諸表等規則でいうところの金融庁長官が定める企業会計の基準を定めるために，**平成21年金融庁告示第70号**「**財務諸表等の用語，様式及び作成方法に関する規則に規定する金融庁長官が定める企業会計の基準を指定する件**」（2009年12月11日）も発出している。

○金融庁告示第70号

　財務諸表等の用語，様式及び作成方法に関する規則（昭和38年大蔵省令第59号）第1条第3項に規定する金融庁長官が定める企業会計の基準は，公益財団法人財務会計基準機構（平成13年7月26日に財団法人財務会計基準機構という名称で設立された法人をいう。）が設置した企業会計基準委員会において作成が行われた企業会計の基準であって，平成21年6月30日までに企業会計基準委員会の名において公表が行われた別表に掲げるものとし，平成21年12月11日から適用する。

　　平成21年12月11日

　　　　　　　　　　　　　　　　　　　　　　金融庁長官　三國谷　勝範

　ここでの別表は，金融庁告示第69号の別表1に掲げられたものと同じである。

3．「連結財務諸表の用語，様式及び作成方法に関する規則等の一部を改正する内閣府令」によるアメリカ会計基準の2016年3月期での使用禁止

　「連結財務諸表の用語，様式及び作成方法に関する規則の一部を改正する内

閣府令の一部改正」(2009年12月11日）の第10条により，附則第3項前段での「当分の間」を「平成28年〔2016：引用者〕3月31日に終了する連結会計年度までの間」に改められた。また，「四半期連結財務諸表の用語，様式及び作成方法に関する規則」の附則第4条（米国式四半期連結財務諸表の提出に係る経過措置）も，従来の「当分の間」を「平成27年〔2015：引用者〕12月31日に終了する四半期連結会計期間及び四半期連結累計期間までの間」に改められた。

「連結財務諸表の用語，様式及び作成方法に関する規則の一部を改正する内閣府令」（第10条関係）

附則

3　施行日以後最初に開始する連結会計年度に係る米国式連結財務諸表を法の規定により提出している連結財務諸表提出会社…（略）…の提出する連結財務諸表の用語，様式及び作成方法は，平成28年3月31日に終了する連結会計年度までの間，金融庁長官が必要と認めて指示した事項を除き，米国預託証券の発行等に関して要請されている用語，様式及び作成方法によることができる。

この附則改正を通じた「当分の間」の期間を明確にしたものこそ，「**アメリカ会計基準の2016年（平成28年）3月期での使用禁止**」を意味する。

それでは，なぜアメリカ会計基準を使用禁止または米国式連結財務諸表の提出期限を「2016年（平成28年）3月31日まで」（四半期連結財務諸表については「2015年（平成27年）12月31日まで」）としたのだろうか。

これら附則の米国式連結財務諸表および米国式四半期財務諸表の提出に係る経過措置が改められたのは，「我が国における国際会計基準の取扱いに関する意見書（中間報告）」(2009年6月30日）において，「IFRSの強制適用の判断時期については，とりあえず2012年を目途とすることが考えられる」とか，「2012年に強制適用を判断する場合には，2015年又は2016年に適用開始」とされていたからである。つまり，それまで日本で適用できる会計基準は，日本の会計基準とアメリカ会計基準であり（本書の**第3章**を参照），いわゆる「ダブル・スタンダード」の企業会計制度であった。「我が国における国際会計基準の取扱い

第4節 「中間報告」公表後の金融庁によるIFRSs適用に向けた規制措置

に関する意見書（中間報告）」に示されたとおり，2012年にIFRSs強制適用の是非の判断が行われ，その結果，日本においてIFRSsを強制適用することが決まった場合，「実務対応上必要な期間として，強制適用の判断時期から少なくとも３年の準備期間が必要になるものと考えられる」ため，適用開始となる2015年または2016年から「トリプル・スタンダード」（日本の会計基準，アメリカ会計基準，IFRSs（指定国際会計基準））の制度設計となってしまう。こうした事態を回避するために，また，一般的に日本の優良企業とされるアメリカ会計基準適用企業はIFRSs（指定国際会計基準）に移行しやすいとの考えなどから，IFRSs強制適用の開始年度に合わせて，2016年（平成28年）３月31日に終了する連結会計年度までとするアメリカ会計基準の使用禁止の規制措置を取ったものと考えられる。

　こうした理解は，企業会計審議会総会での金融庁からの説明からも可能である。

　金融庁による「アメリカ会計基準の2016年３月期での使用禁止」措置は，2010年８月３日開催の企業会計審議会総会に諮られた。この規制措置化は，同日付で公布された連結財務諸表規則の改正によるIFRSsの任意適用の開始に伴うもので，「投資家が企業間の財務諸表の比較を行う際，２つを超える基準の並立は好ましくない（EU・米国ともに，自国企業の連結財務諸表において，１つの会計基準を指定）」（金融庁・企業会計審議会［2010c］）との考えに基づいている。もしも２つの会計基準を容認するとしても，アメリカ会計基準ではなく，IFRSsを選択したのは，次の４つの理由によるという（金融庁・企業会計審議会［2010c］）。

○国際会計基準は，我が国も含めた世界各国の民間関係者が参加して策定。
○米国の基準策定に日本は関与できない。
○米国は，外国企業に対し，（日本からの要望にも関わらず，）日本基準による
　財務諸表の提出を認めていない（外国企業の国際会計基準による提出は許容。）。
○米国は，時価会計の透徹など米国の会計基準の考え方を，国際的な会計基

第14章 日本における国際財務報告基準への対応のあり方

1089

準の議論の場で主張する際に，日本のリーディングカンパニーが任意で米国基準を利用していることを論拠として主張する可能性。

　この「アメリカ会計基準の2016年3月期での使用禁止」措置は，後の政権交代によって「我が国における国際会計基準の取扱いに関する意見書（中間報告）」が再検討されるプロセスで，「政治主導」という名のもとで撤廃された（本章において詳述する）。さらに，IFRSsへの対応のあり方やIFRSs適用の方法などが，「当面の方針」（「国際会計基準（IFRS）への対応のあり方に関する当面の方針」（金融庁・企業会計審議会［2013］））として公表されるなかで，並存する会計基準のあり方が問題視されるだけに，この規制措置が取られた理由について，ここで少し詳しく補足しておきたい。

　当日の企業会計審議会総会における金融庁による説明では，資料をもとに次のように理解を求められた（三井秀範総務企画局総務課長（当時）による説明，金融庁・企業会計審議会［2010d］）。

　「既に〔日本には日本基準と米国会計基準という：引用者〕2つの会計基準が並列している状況になっています。それに国際会計基準を追加するというのは，いかにも資本市場のインテグリティなり，あるいは投資家の比較可能性を損なうものとして，これまで認めてこなかったわけでございます。ただ，昨今の国際会計基準をめぐる状況を考えますと，これはそろそろ国際会計基準と日本基準と米国基準の3つのうち，少なくとも3つ並列するということは避けるということであるとして，2つ選ぶとした場合に，米国〔基準：引用者〕と国際会計基準を選ぶという選択肢はないとしますと，日本基準と国際会計基準という組み合わせなのか，日本基準と米国基準という組み合わせか，どちらの道を選ぶのかということを決断せざるを得ないところにあろうかと思います。米国基準を取り巻く状況，国際会計基準を取り巻く状況を見ると，この際，会計の国際戦略ないしその会計外交と言うと事は大げさでございますけれども，そういうピクチャーで見た場合には，国際会計基準と日本基準という組み合わせを選ぶほかないのではないかという議

論でございます。そうしたことから，ここでは種々の状況を勘案して，米国基準ではなく国際会計基準と日本基準の組み合わせを選ぶと，こういうふうな規則を公布させていただいたという次第でございます。」

　日本の企業会計制度のもとで，たとえ会計基準が並存するとしても，それは日本の会計基準を含めた2つの会計基準での並存にとどめるべきとの考え方が根底にある。財務諸表利用者の比較可能性を重視し，それを毀損しない最低限の許容しうる会計基準の数なのだろう。

　以上，本節で解説したように，IFRSsの任意適用に関わる改正を通じて，一般に公正妥当であると認められるところに従って内閣府令で定める連結財務諸表の用語，様式および作成方法の構図は，次頁の**図表14-8**のようにイメージして設計されているのである。

　金融庁・企業会計審議会の「我が国における国際会計基準の取扱い（中間報告）（案）」（2009年2月）の公表を踏まえて，「ASBJの活動は，国際財務報告基準（IFRS）の品質向上への貢献とアドプションに向けてのソフトランディングを目指し，中長期プロジェクト項目についてのコンバージェンスの推進に主軸が移っている」（財務会計基準機構［2009］，23頁）。

1091

図表14-8 IFRSs任意適用に係る改正のイメージ

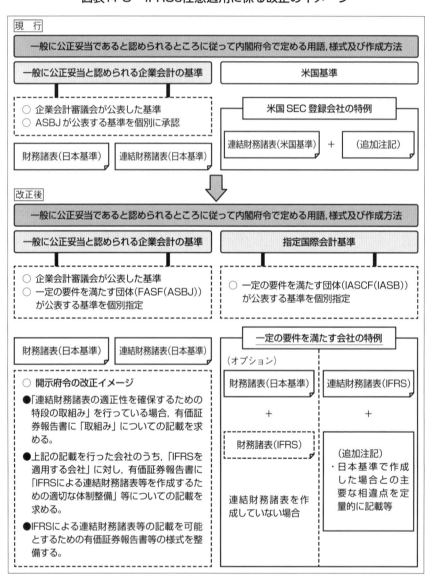

出所:三井[2009],参考図4, 37頁。

第5節 IFRSs適用に向けた準備状況とその課題への取組み

第5節 IFRSs適用に向けた準備状況とその課題への取組み

1. 東京証券取引所によるIFRSs適用に関するアンケート調査

　IFRSsの任意適用に関わる「連結財務諸表の用語，様式及び作成方法に関する規則等の一部を改正する内閣府令（案）」等が，2009年6月30日に公表されたことを受けて，そこでのIFRSsの任意適用が認められる所定の要件の適用状況を把握するために，東京証券取引所は，上場会社を対象としたIFRSs適用に関わるアンケート調査を実施している。2009年8月から9月にかけて実施した「国際会計基準（IFRS）の適用に向けた上場会社アンケート調査」がそれであり，この調査結果は，IFRSsの任意適用に関する規制措置が取られる段階における実態の一端を示してくれる。

　また，東京証券取引所は，2010年9月から10月にかけて「IFRS準備状況に関する調査」も実施している。

（1）「国際会計基準（IFRS）の適用に向けた上場会社アンケート調査」

　東京証券取引所が2009年8月から9月にかけて実施した「国際会計基準（IFRS）の適用に向けた上場会社アンケート調査」は，金融庁による「連結財務諸表の用語，様式及び作成方法に関する規則等の一部を改正する内閣府令（案）」（2009年6月30日）におけるIFRSsの任意適用が認められる所定の要件の適用状況とともに，「IFRSs適用に向けた検討状況等」，「IFRSs早期適用に向けた状況等」について調査したものである。

　ここで敢えて付言しておきたいことがある。

　東京証券取引所によるアンケート調査では，最初の調査項目は「国際会計基準（IFRS）の早期適用要件の適合状況等」と記されている。ここでの用語をはじめとして，しばらくの間，東京証券取引所は「IFRSs早期適用」という用語を使用してきた。しかし，日本のIFRSs適用のあり方について，規制措置上，

第14章 日本における国際財務報告基準への対応のあり方

1093

強制適用を容認していない段階で「早期適用」の用語を使用することは誤りである。この段階で使用しうる正しい用語は，「任意適用」である（杉本［2012b］，4-5頁）。

「国際会計基準（IFRS）の適用に向けた上場会社アンケート調査」は，2009年8月時点の東京証券取引所全上場会社である2,332社（外国会社を除く）で，提出会社数は1,416社（提出率は60.7%）であった（市場第一部：62.0%，市場第二部：62.0%，マザーズ：46.0%。連結財務諸表作成会社は1,275社（90.0%））。

指定国際会計基準を使用できる「特定会社」となるためには，「国際的な財務活動・事業活動」の要件とともに，「上場企業要件」，「IFRSに基づいて作成する連結財務諸表の適正性を確保する取組み要件」，「IFRSに基づいて作成する連結財務諸表の適正性を確保する体制整備要件」の3つの要件を満たさなければならない。

IFRSの「早期適用要件の適合状況等」の調査結果は，IFRSs任意適用要件に該当する上場企業の実態とともに，とくに「国際的な財務活動・事業活動」の要件を充足するためのさらなる3つの要件に関わる適合状況について理解す

図表14-9　IFRSの早期適用（任意適用）要件の適合状況の調査結果

n＝1,416社

早期適用（任意適用）要件の適合状況	「国際的な財務活動・事業活動」の要件に関連する内容の適合状況		
	外国の法令に基づき開示書類を作成し開示している会社の有無	外国取引所規則に基づき開示書類を作成し開示している会社の有無	海外における連結子会社の有無
現時点で当該要件に該当すると判断：45社（3.2%）	作成・開示会社がある：205社（14.5%）	作成・開示会社がある：160社（11.3%）	外国に連結子会社あり：592社（41.8%）
現時点で当該要件に該当していないと判断，または，該当するか不明であるが該当するよう対応する：845社（59.7%）	作成・開示会社はない：1,206社（85.2%）	作成・開示会社はない：1,250社（88.3%）	外国に連結子会社なし：816社（57.6%）
現時点で当該要件に該当していないと判断，または，該当か不明であるため特段の対応しない：502社（35.5%）			

出所：東京証券取引所［2009b］，スライド3〜スライド5をもとに作成。

ることができる。**図表14-9**は，その調査結果を整理したものである。

この調査時点で，IFRSの任意適用要件に該当する上場会社は，45社（3.2%）である。その多くが，現時点で任意適用要件に該当していないと判断される，または，該当するか不明であるが該当するよう対応するとした上場会社であった（845社（59.7%））。

「国際的な財務活動・事業活動」での3要件のうち，最初の要件は，「会社，その親会社，その他の関係会社又はその他の関係会社の親会社が，外国の法令に基づき，法令の定める期間ごとに国際会計基準に従って作成した企業内容等に関する開示書類を開示していること」である。すでに調査時点において，外国の法令に基づき開示書類を作成し開示している会社がある上場会社は，205社（14.5%）であり，ほとんどの上場会社が当該開示書類の作成・開示を行っていない状況にある。ただし，時価総額と比例して該当する会社の割合が増加する傾向にあり，とくに時価総額が1兆円以上の上場会社では，過半数を超える会社が該当することも明らかとなっている（東京証券取引所［2009b］，4頁）。

第2の要件は，「会社，その親会社，その他の関係会社又はその他の関係会社の親会社が，外国金融商品市場の規則に基づき，規則の定める期間ごとに国際会計基準に従って作成した企業内容等に関する開示書類を開示していること」である。これに関連して，外国取引所規則に基づき開示書類を作成し開示している会社がある上場会社は，180社（11.3%）である。この場合も，先と同様に，時価総額と比例して該当する会社の割合が増加する傾向にあり，とくに時価総額が1兆円以上の上場会社では，過半数を超える会社が該当することも明らかとなっている（東京証券取引所［2009b］，4頁）。

第3の要件は，「会社，その親会社，その他の関係会社又はその他の関係会社の親会社が，外国に資本金20億円以上の子会社を有していること」である。設問のなかで資本金規模は触れていないが，海外における連結子会社を有している上場会社は，592社（41.8%）であるという実態が示された。

また，「IFRS早期適用に向けた状況等」の調査によれば，IFRSによる財務書類を作成していない（1,401社（98.9%））が，IFRSを前倒し適用することを予

1095

定している上場会社が56社（2009年度に前倒し適用予定会社：1社（0.1%），2010年度以降に前倒し適用する方向で検討予定会社：55社（3.9%））に留まっている。この前倒し適用予定会社の56社の「早期適用の目的等」は，「グローバルベースでの比較可能性を確保する為」（21社（37.5%）），「グローバルベースでの決算集計等効率化の為」（20社（35.7%）），「国際的信用の向上の為」（20社（35.7%））であった（東京証券取引所［2009b］，9頁，11頁）。

（2）「IFRS準備状況に関する調査」

東京証券取引所は，2010年9月末時点で東京証券取引所に上場する2,283社（優先出資証券および10月1日付けテクニカル上場会社を含み，外国会社を除く）を対象にIFRSs準備状況に関するアンケート調査を実施した。調査項目は，「IFRS適用についての準備状況」，「現在の準備段階」，「IFRS導入に関するコンサルタントの起用」，「社内での検討レベル」，「仮に将来IFRSが適用されなかった場合の不安」，「仮に将来IFRSが適用された場合の不安」，「単体財務諸表へのIFRS任意適用（金融商品取引法と会社法）」についてであり，実施期間は2010年9月から10月で，回答会社数は1,572社（提出率は68.9%）であった。

回答会社を市場区分別，指数構成銘柄別，連結財務諸表作成有無別および時価総額別に，また，質問項目の回答別に分類整理したうえで，「IFRS準備状況に関する調査結果（概要）」を公表している。

「IFRS適用についての準備状況」（複数回答不可）については，回答者全体でみた場合，「2015年～2016年3月期ないしそれ以降に強制適用になると予想しているため，それに向けた準備を既に行っている」上場会社が多い（1,059社（67.4%））。市場区分別では市場第一部の上場会社ほど（863社（71.4%）），指数構成銘柄別ではTOPIX 100からTOPIX 500の上場会社ほど（284社（80.5%）），連結財務諸表作成有無別では連結財務諸表作成会社ほど（1,005社（69.9%）），また，時価総額別では1,000～5,000億円や5,000億円～1兆円の上場会社ほど（217社（79.2%），53社（77.9%）），すでにIFRSs適用に向けて準備をしている（**図表14-10**を参照）。

IFRSsの導入にあたっては，一般的に3つのフェーズ（段階）に分けて展開

第5節 IFRSs適用に向けた準備状況とその課題への取組み

される。準備および分析の「第1フェーズ」，システム設計・構築の「第2フェーズ」，および，適用段階の「第3フェーズ」である。このアンケート調査による「現在の準備段階」（複数回答不可）の結果は，「IFRSの知識を得るため，経理・財務部門を中心として，知識収集を行っている」(730社 (60.0%))，「IFRS導入の影響を把握するために，簡易な影響度分析を行っている」(306社 (25.1%))，「個々のIFRS基準書毎の具体的対応の検討を開始している」(169社

図表14-10 IFRS適用についての準備状況

区　　分		①	②	③	④
回答者全体		1,059 (67.4%)	320 (20.4%)	92 (5.8%)	97 (6.2%)
市場区分別	市場第一部	863 (71.4%)	208 (17.2%)	47 (3.9%)	91 (7.5%)
	市場第二部	159 (56.8%)	90 (32.1%)	26 (9.3%)	5 (1.8%)
	マザーズ	37 (46.8%)	22 (27.8%)	19 (24.1%)	1 (1.3%)
指数構成銘柄別	TOPIX 100	68 (72.4%)	2 (2.1%)	0 (－)	24 (25.5%)
	TOPIX 500	352 (78.7%)	34 (7.6%)	4 (0.9%)	57 (12.8%)
	TOPIX 1000	597 (76.6%)	88 (11.3%)	18 (2.3%)	76 (9.8%)
連結財務諸表作成有無別	連結財務諸表作成会社	1,005 (69.9%)	278 (19.4%)	60 (4.2%)	94 (6.5%)
	連結財務諸表非作成会社	54 (41.2%)	42 (32.1%)	32 (24.4%)	3 (2.3%)
時価総額別	10億円未満	3 (18.7%)	3 (18.7%)	9 (56.3%)	1 (6.3%)
	10～50億円	143 (53.2%)	91 (33.8%)	34 (12.6%)	1 (0.4%)
	50～100億円	141 (63.2%)	64 (28.7%)	14 (6.3%)	4 (1.8%)
	100～200億円	141 (62.1%)	61 (26.9%)	17 (7.5%)	8 (3.5%)
	200～500億円	198 (73.3%)	48 (17.8%)	10 (3.7%)	14 (5.2%)
	500～1,000億円	125 (74.8%)	23 (13.8%)	4 (2.4%)	15 (9.0%)
	1,000～5,000億円	217 (79.2%)	26 (9.5%)	4 (1.4%)	27 (9.9%)
	5,000億円～1兆円	53 (77.9%)	4 (5.9%)	0 (－)	11 (16.2%)
	1兆円以上	38 (70.4%)	0 (－)	0 (－)	16 (29.6%)

注：①自社は，2015年～2016年3月期ないしそれ以降に強制適用になると予想しているため，それに向けた準備を既に行っている。
　　②自社は，2015年～2016年3月期ないしそれ以降に強制適用になると予想しているが，それに向けた準備は未だ開始していない。
　　③適用の時期・範囲が決定するまでは，準備する予定はない。
　　④任意適用に向けた準備を現在行っている。
出所：東京証券取引所 [2010c]，資料1～資料5，2-3頁をもとに作成。

（13.9%））となっており，調査時点ではIFRSの導入が第1フェーズにあることを理解できる。また，指定構成銘柄別でのTOPIX 100（53社（56.4%）），および，時価総額別での「5,000億円～1兆円」（28社（43.1%））と「1兆円以上」（36社（64.3%））の上場会社の現在の準備状況が，IFRSの知識収集や簡易な影響度分析を終えて，「個々のIFRS基準書毎の具体的対応の検討を開始している」状況にある（東京証券取引所［2010c］，6-7頁）。

図表14-11　仮に将来IFRSが適用されなかった場合の不安

区 分		①	②	③	④	⑤	⑥
回答者全体		587（37.4%）	142（ 9.0%）	155（ 9.9%）	309（19.7%）	227（14.5%）	330（21.0%）
市場区分別	市場第一部	463（38.2%）	110（ 9.1%）	119（ 9.8%）	244（20.1%）	185（15.3%）	279（23.0%）
	市場第二部	84（30.0%）	17（ 6.1%）	26（ 9.3%）	52（18.6%）	35（12.5%）	40（14.3%）
	マザーズ	40（50.6%）	15（19.0%）	10（12.7%）	13（16.5%）	7（ 8.9%）	11（13.9%）
指数構成銘柄別	TOPIX 100	38（39.6%）	25（26.0%）	16（16.7%）	32（33.3%）	20（20.8%）	36（37.5%）
	TOPIX 500	164（36.4%）	67（14.9%）	55（12.2%）	118（26.2%）	83（18.4%）	135（30.0%）
	TOPIX 1000	298（38.1%）	89（11.4%）	84（10.7%）	178（22.7%）	139（17.8%）	209（26.7%）
連結財務諸表作成有無別	連結財務諸表作成会社	543（37.7%）	134（ 9.3%）	149（10.3%）	296（20.5%）	206（14.3%）	310（21.5%）
	連結財務諸表非作成会社	44（33.6%）	8（ 6.1%）	6（ 4.6%）	13（ 9.9%）	21（16.0%）	20（15.3%）
時価総額別	10億円未満	7（43.8%）	2（12.5%）	0 （－）	0 （－）	3（18.8%）	2（12.5%）
	10～50億円	104（38.7%）	26（ 9.7%）	24（ 8.9%）	45（16.7%）	28（10.4%）	32（11.9%）
	50～100億円	81（36.3%）	9（ 4.0%）	23（10.3%）	36（16.1%）	26（11.7%）	35（15.7%）
	100～200億円	81（35.7%）	13（ 5.7%）	19（ 8.4%）	40（17.6%）	26（11.5%）	44（19.4%）
	200～500億円	102（37.6%）	15（ 5.5%）	22（ 8.1%）	50（18.5%）	46（17.0%）	58（21.4%）
	500～1,000億円	68（40.7%）	12（ 7.2%）	21（12.6%）	32（19.2%）	21（12.6%）	40（24.0%）
	1,000～5,000億円	96（34.9%）	39（14.2%）	28（10.2%）	68（24.7%）	50（18.1%）	71（25.8%）
	5,000億円～1兆円	27（39.7%）	11（16.2%）	7（10.3%）	17（25.0%）	17（25.0%）	22（32.4%）
	1兆円以上	21（37.5%）	15（26.8%）	11（19.6%）	21（37.5%）	10（17.9%）	26（46.4%）

注：①我が国資本市場の魅力が低下し，日本に投資資金が集まらなくなる。
　　②EUなど国際的な市場における資金調達ができなくなる。
　　③国際企業にとって，海外の同業との関係が対等でなくなる。
　　④国際企業にとって，海外子会社を含んだグローバルに統一的な管理・処理が行えない。
　　⑤自社の使用する会計基準に対する不安が生じ，株価に不利な影響を与える。また，レジェンド問題が再燃する。
　　⑥IASBへの交渉力が落ちて，我が国の実態が反映されないIFRSとのコンバージェンスを進めることになる。
出所：東京証券取引所［2010c］，資料26～資料30，12-13頁を一部修正のうえ作成。

第5節　IFRSs適用に向けた準備状況とその課題への取組み

　図表14-11に示したように，「仮に将来IFRSが適用されなかった場合の不安」
（複数回答可）については，回答者全体でみた場合，「我が国資本市場の魅力が
低下し，日本に投資資金が集まらなくなる」（587社（37.4%）），「IASBへの交渉
力が落ちて，我が国の実態が反映されないIFRSとのコンバージェンスを進め
ることになる」（330社（21.0%）），「国際企業にとって，海外子会社を含んだグ
ローバルに統一的な管理・処理が行えない」（309社（19.7%））の順序での回答
となっている。とくに，時価総額別での「1兆円以上」の上場会社が抱く一番
の不安は，「国際企業にとって，海外子会社を含んだグローバルに統一的な管理・
処理が行えない」ことにある（26社（46.4%））。

　この「国際企業にとって，海外子会社を含んだグローバルに統一的な管理・
処理が行えない」という不安は，金融庁がIFRS任意適用企業の実態調査・ヒ
アリングをもとに取りまとめ，2015年4月15日に公表した「**IFRS適用レポー
ト**」（金融庁［2015a］。後述するように，閣議決定した，いわゆる成長戦略である「『**日
本再興戦略**』改訂2014―未来への挑戦―」（2014年6月24日。首相官邸［2014］）に
おいて，金融・資本市場の活性化，公的・準公的資金の運用等での新たに講ずべき
具体的施策の1つとして「IFRSの任意適用企業の拡大促進」が掲げられたが，その
もとで対応が求められたのが「IFRS適用レポート」の公表である）における「任
意適用を決定した理由又は移行前に想定していた主なメリット」についての実
態調査・ヒアリング調査結果とともに考え合わせてみると興味深い。回答企業
65社のうち，1位に順位づけた項目のうち「経営管理への寄与」（29社（44.6%））
が最多回答であり，「比較可能性の向上」（15社（23.1%））がこれに続く。財務
諸表作成者にとっては，財務諸表利用者が重視する特質（特徴）である「比較
可能性」を優位に据えるわけではないのである。「経営管理への寄与」の具体
的な回答内容は，「海外子会社等を含めた企業グループの経営管理上の『モノ
サシ』を揃え，事業セグメントごと，地域セグメントごと等の正確な業績の測
定及び比較を行うことにより，適切な経営資源の配分及び正確な業績評価の実
施に資すること」（金融庁［2015a］，27-28頁）にある。

　反対に，「仮に将来IFRSが適用された場合の不安」（複数回答可）として，

第14章　日本における国際財務報告基準への対応のあり方

1099

回答者全体でみた場合,「プリンシプル・ベースであり,解釈指針が十分ではないので,具体的な会計処理の手続きに設定が難しい」(1,195社 (76.1%)),「IFRSに精通した人材が不足している」(1,044社 (66.5%)),「IASBとFASBのMoUの動向など,今後の会計基準の変更が確定せず,準備を進めにくい」(895社 (57.0%)) が上位に掲げられている (東京証券取引所 [2010c],15頁)。

また,金融商品取引法での「単体財務諸表へのIFRS任意適用」を「可能としてもよい」(962社 (61.3%)) と「ぜひ可能として欲しい」(311社 (19.8%)) が,「認めるべきでない」(284社 (18.1%)) を大きく上回っている。会社法での「単体財務諸表へのIFRS任意適用」についての回答は,「可能としてもよい」(928社 (59.1%)),「ぜひ可能として欲しい」(307社 (19.6%)),「認めるべきでない」(322社 (20.5%)) となっている (東京証券取引所 [2010c],18-19頁)。

2.IFRSs適用の課題への取組み

(1) IFRS対応会議
①IFRS対応会議の役割
　企業会計審議会の「我が国における国際会計基準の取扱いに関する意見書 (中間報告)」は,IFRSs適用に向けた課題について「関係者の積極的な取組みが期待される」とした。この課題に取り組む体制として,2009年7月に,市場関係者の合意と金融庁の支援のもとで,新たに民間の推進機関が発足した。この民間の推進機関を「**IFRS対応会議**」といい,この会議のもとに,「**IASB対応検討委員会**」,「教育・研修委員会」,「翻訳委員会」,「個別財務諸表開示検討委員会」,「広報委員会」を設けている。

　IFRS対応会議とそのもとでの各委員会は,財務会計基準機構／企業会計基準委員会 (ASBJ),日本公認会計士協会 (JICPA) と主たる監査法人,東京証券取引所グループ,日本経済団体連合会,日本商工会議所,日本証券アナリスト協会などがメンバーとなり,金融庁などがオブザーバーとして参画している。

　IFRS対応会議と各委員会には,次のような役割が付されている (IFRS対応会議 [2009a])。

> 第5節　IFRSs適用に向けた準備状況とその課題への取組み

- **●IFRS対応会議**：IFRS導入にあたっての課題を整理し，その対応についての方針・戦略を検討します。その結果を踏まえ，各実務対応委員会に対して具体策の検討を要請するとともに，関係諸機関・団体に対して対応の実施を要請します。
- **●IASB対応検討委員会**：IFRSの採用を前提として重要な会計基準作りに如何に関与していくか，その戦略及び具体的な行動について検討します。
- **●教育・研修委員会**：主として会計実務者を対象としたIFRSの教育・研修システムを早期に確立させ，推進します。
- **●翻訳委員会**：可能な限り正確な日本語版IFRSを作成するための翻訳体制を確立します。
- **●個別財務諸表開示検討委員会**：連結がメインの時代となり，単体の開示の簡略化について考え方を整理します。
- **●広報委員会**：一般投資家，マネージメント層，アナリスト，メディア等の幅広い層に向けて，各関係機関が連携し広報活動を推進します。

　IFRS対応会議のもとでのIASB対応検討委員会（第1回）は，2009年7月24日に開催したが，その活動実績やその後の活動計画からこの委員会の性格を窺い知ることができる。第1回会議では，IASB対応検討委員会の運営方針の確認並びに金融商品会計基準と退職給付会計基準に関する説明が行われている。翌月には，日本経済団体連合会CFO会議でのIAS第39号「金融商品：認識および測定」の改正案の説明やIFRS対応会議参加団体からの意見ヒアリングを実施している。今後1年間の活動計画は，金融商品会計基準に関する意見形成と全体像のフォローアップ，退職給付会計に関する論点整理，財務諸表の表示に関する論点整理を示している。2015年に向けての長期的な活動計画は，①実務対応（IFRS導入準備タスクフォースの活動開始），②対外活動（アメリカのSECとFASBの動向のフォローアップ），③論点整理（その時点で最も重要性があると思われる基準案への対応）である（IFRS対応会議［2009b］）。

　しかし，その後，会計基準に対する国際的な対応の重要性が増していることを踏まえて，2010年1月22日に開催されたIFRS対応会議（第4回）で，この

IASB対応検討委員会は「国際対応委員会」に改組された。**「国際対応委員会」**は，「IFRSの個別基準の動向について誤解のない共通の認識を得ることによって，我が国関係者からIASBに意見発信する際に，可能な範囲で，整合性を確保し，意見発信力を強化する。また，日本の国際的なプレゼンスを向上させることを目的として，国際的な組織への働きかけ，国際会議に関する支援，国際的な会計人材の育成，国際公報を行うに当たっての方針を検討する」ことを目的とした。

②IFRS対応会議の主たる活動
■オーストラリア調査と日印ダイアローグの発足

IFRS対応会議が進めた主たる活動には，①IFRSsに関するオーストラリア調査，②「日印ダイアローグ」の発足と「日印フォーラム2010」の開催，③「非上場会社の会計基準に関する懇談会」の設置などがある。

IFRSsを先行導入したオーストラリアにおけるその導入時の影響とIFRSsに対する取組み状況を調査し，また，オーストラリアの関係団体との関係を強化することを目的として，IFRS対応会議の関係者が2009年9月にオーストラリアを訪問した。オーストラリアでのIFRSs導入コストや監査事務所の対応のあり方などが，日本のIFRSs導入プロセスで活用できるとの報告を取りまとめている。

当時，インドは，IFRSsとコンバージしたインド基準を2011年4月から段階的に導入することとしており，インドの企業省，財務省，証券委員会および会計基準設定主体などが「IFRSコア会議」を設置して，インドでのIFRSs適用などの問題を検討している。IFRS対応会議関係者による事前調整を目的とした**インド訪問ミッション**（アジア地域の会計関連諸団体との関係強化および日本でのIFRSsの円滑な導入のために，インドとシンガポールでのIFRSs導入に関する課題についての意見交換を目的とした「国際会計基準（IFRS）に関するインド・シンガポールミッション」（2010年2月8日〜2月11日）の一環である（日本経済団体連合会・企業会計基準委員会・日本公認会計士協会［2010］））を通じて，「IFRSコア

会議」との定期的な協議機関として立ち上げたのが，**「日印ダイアローグ」**である。

IFRSs導入にあたって類似した課題を抱える日本とインドが，資本市場・会計関係者間での対話を通じて両国でのIFRSs導入を進めることが有益であること，日本とインドとの対話による連携をプラットフォームとして，より広範なアジア・オセアニアの連携を模索し，このアジア・オセアニアからの意見発信力を高める必要があるとの認識を共有したことが，「日印ダイアローグ」の背景にある。この「日印ダイアローグ」では，日本とインドとの市場関係者による密接な協力体制の構築を図るために「覚書」（Memorandum of Understanding between The Core Group Convergence of Accounting Standards with IFRS Constituted by the Ministry of Corporate Affairs, Government of India and The IFRS Council, Japan, July 26, 2010）が締結されるとともに，このダイアローグ活動の広報を目的とした「日印フォーラム2010—IFRS導入の課題—」（2010年7月27日）が開催された（島崎［2010］，15頁および樋口［2010］参照）。

■「非上場会社の会計基準に関する懇談会」の設置

ところで，「我が国における国際会計基準の取扱いに関する意見書（中間報告）」は，IFRSsの任意適用とともに，「高品質かつ国際的に整合的な会計基準及びその運用に向けたコンバージェンスの努力を継続していくこと」（会計基準のコンバージェンスの継続の必要性）を謳った。すでにASBJとIASBとの「東京合意」（2007年8月）によって日本の会計基準とIFRSsとのコンバージェンスの加速化は謳われており，今後，こうした会計基準の国際化を進めていくうえで，その適用対象を明確にすることも重要である。とくに，上場会社と非上場会社では事業活動の態様や各財務諸表に対するニーズは異なる。

そこで，非上場会社への影響を回避または最小限にとどめるために，IFRS対応会議は，2010年2月に，非上場会社の特性を踏まえた会計基準のあり方について検討する**「非上場会社の会計基準に関する懇談会」**を設置している。「中小企業の会計に関する指針」作成検討委員会のメンバーを中心とした共同事務

1103

局（日本商工会議所，日本税理士会連合会，日本公認会計士協会，日本経済団体連合会，企業会計基準委員会等）のもとで，この懇談会は運営された。

2010年3月4日の第1回会合から7月30日の第5回会合までの審議を踏まえて取りまとめたのが，「**非上場会社の会計基準に関する懇談会　報告書**」（2010年8月30日。非上場会社の会計基準に関する懇談会［2010］）である。

すでにIFRSsのアドプションやコンバージェンスを展開するなかで，非上場会社の会計基準の適用のあり方については，諸外国での規制や取組みが参考になる。非上場会社の会計基準に関する懇談会は，IFRSsをすでに導入しているイギリス，ドイツ，フランスおよび韓国（懇談会の調査当時は，2011年にIFRSs強制適用の予定）における非上場会社の個別財務諸表に関する会計基準の適用

図表14-12　IFRS採用国の会計基準の適用関係

		（参考）EU規制	イギリス		ドイツ	フランス	韓国
上場	連結	IFRS	IFRS		IFRS	IFRS	K-IFRS（韓国語版）
	個別	各国基準等	IFRS or FRS（英国基準）		ドイツ基準	フランス基準	K-IFRS（韓国語版）
非上場	連結	各国基準等	小規模企業以外	IFRS or FRS	IFRS or ドイツ基準	IFRS or フランス基準	K-IFRS（韓国語版）or 韓国基準
			小規模企業	IFRS or FRS or FRSSE			
	個別	各国基準等	小規模企業以外	IFRS or FRS	ドイツ基準	フランス基準	K-IFRS（韓国語版）or 韓国基準
			小規模企業	IFRS or FRS or FRSSE			

注：(1)参考のEU規制は，EU域内企業に対するIAS規則（2002年7月）の取扱いを示している。なお，EU規制による連結のIFRSは，EU域内ではEUがアドプションしたIFRSをいう。
　　(2)上場は，規制市場（Regulated Market）への上場をいう。
　　(3)FRSSEは，イギリスの小規模企業向け財務報告基準（Financial Reporting Standards for Smaller Entities）を，ドイツ基準はドイツ商法典（HGB）を，フランス基準はプラン・コンタブル・ジェネラル（PCG）を，K-IFRSは韓国採択国際会計基準を，また，韓国基準は一般企業会計基準をいう。
　　(4)非上場の個別財務諸表に対するドイツ，フランスおよび韓国の各基準には，中小企業に配慮した一定の簡略化規定が設けられている。
出所：非上場会社の会計基準に関する懇談会［2010］，表1-1，10頁。表1-1での注の表記を整理し，一部省略のうえ示している。

1104

状況を，**図表14-12**のように整理している。

　非上場会社の会計基準に関する懇談会の調査によれば，たとえばEUでは，第4次会社法指令によって非上場会社を総資産，売上高，従業員数などの規模規準の合致度合いに基づいて会社を大・中・小会社に区分し，ドイツとフランスでは，中小規模の会社に対して，上場会社の財務諸表よりも簡素化した開示を容認しており，また，イギリスと韓国では，小規模会社向けの会計基準を別途策定している（非上場会社の会計基準に関する懇談会［2010］，6頁および9頁）。

　これらの実態を踏まえて，非上場会社の会計基準に関する懇談会は，非上場会社の会計基準の検討に必要とされる基本的な視点として，中小企業庁における中小企業の会計に関する研究会の検討状況や非上場会社の多様性を十分に考慮しながら，「非上場会社を一つのまとまりとして議論するのではなく，法定監査の有無や財務諸表の作成目的，会社の規模，特性などを踏まえ，区分した上で議論する必要がある」（非上場会社の会計基準に関する懇談会［2010］，13頁）

図表14-13　非上場会社の会社分類と適用される会計基準または指針についての考え方

検討にあたっての会社分類	適用される会計基準または指針についての考え方
金融商品取引法の対象となる非上場会社	基本的には広く投資家を対象としているため，上場会社に用いられる会計基準を基本的には適用することとし，金融商品取引法の規定により対応していく。
金融商品取引法適用会社以外の会社法上の大会社	今後，上場会社に用いられる会計基準を基礎に，一定の会計処理及び開示の簡素化を検討していくことが適当である。
会社法上の大会社以外の会社	基本的なスタンスは，中小企業の活性化，ひいては日本経済の成長に資するという観点から，作成を行うこととする。また，適用される会計指針については，国際基準の影響を受けず安定的なものにする。 具体的な対応は次の2点からなる。 ①「会社法上の大会社以外の会社」について一定の区分を設け，その区分に該当するものについては，「中小企業の会計に関する指針」とは別に新たな会計指針を作成する。 ②現在の「中小企業の会計に関する指針」を見直す。

出所：非上場会社の会計基準に関する懇談会［2010］，15-18頁をもとに作成。

とした。

　非上場会社の会計基準に関する懇談会は，前頁の**図表14-13**に示したように，会社を３つに分類（①金融商品取引法の対象となる非上場会社，②金融商品取引法適用会社以外の会社法上の大会社，③会社法上の大会社以外の会社）し，それぞれの会社に適用される会計基準または指針についての考え方を明らかにした。

　このうち，「会社法上の大会社以外の会社」に対する「一定の区分」方法は，この報告書公表後，新たな会計指針を作成する際に検討するとしており，また，この「一定の区分」に該当する会社群に適用する会計指針については，次のような考え方が示された（非上場会社の会計基準に関する懇談会［2010］，18頁）。

・中小企業の実態に即し，中小企業の経営者に容易に理解されるものとする。
・国際基準の影響を受けないものとする。
・法人税法に従った処理に配慮するとともに，会社法第431条に定める「一般に公正妥当と認められる企業会計の慣行」に該当するよう留意する。
・新たに設ける会計指針の作成主体は，中小企業庁の研究会の動向も踏まえ，今回の報告書公表後，関係者にて検討する。

　併せて示された「中小企業の会計に関する指針」の見直しについての考え方は，次の３点である。

・平易な表現に改める等，企業経営者等にとっても利用しやすいものとする。
・会計参与が拠るべきものとして一定の水準を引き続き確保するものとする。
・会社法上の大会社以外の会社すべてを新たに設ける会計指針と現在の中小指針（〔「中小企業の会計に関する指針」：引用者〕）でカバーするために，現在の中小指針を適用する会社群については，中小指針の見直し時に，新たに設ける会計指針の運用される範囲と整合性のとれるものとする。

　こうした「非上場会社の会計基準に関する懇談会　報告書」による会社分類

第5節 IFRSs適用に向けた準備状況とその課題への取組み

図表14-14 日本企業のカテゴリーと適用される会計基準

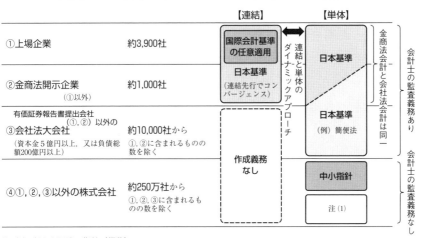

注：(1) 新たな区分の指針（仮称）。
出所：金融庁・企業会計審議会［2010a］、「我が国企業のカテゴリー」、90頁に注を追記。

と適用される会計基準または指針の考え方については、その後の日本のIFRSsへの対応のあり方の審議のなかで、日本企業のカテゴリーと適用される会計基準の考え方の整理に結び付いている（**図表14-14**）。

（2）IFRS導入準備タスクフォース

日本経済団体連合会と日本公認会計士協会は、円滑なIFRSsの導入をサポートする目的から、2009年2月に、「**IFRS導入準備タスクフォース**」を設立した。

IFRS導入準備タスクフォースの会議は、2011年6月10日まで計15回開催されている。原則非公開の会議であったが、日本経済団体連合会は、タスクフォース参加企業以外の関係者と情報共有する目的で、「会議の中で参加企業から提起された主な疑問や要望をピックアップし、それについてどのようなディスカッションがあったかを出来るだけ忠実に情報共有しようという趣旨」から、「**IFRS導入準備タスクフォースのフィードバック資料**」（2011年6月30日）を作成している。

この「IFRS導入準備タスクフォースのフィードバック資料」で取り上げられたIFRSsは，初度適用（IFRS第1号），固定資産（IAS第16号，IAS第23号，IAS第36号），無形資産（IAS第38号），収益認識（IAS第18号，IAS第11号），金融商品（IAS第32号，IAS第39号，IFRS第7号，IFRS第9号），連結会計（連結：IAS第27号，持分法：IAS第28号，企業結合：IFRS第3号，ジョイント・ベンチャー：IAS第31号，新基準：IFRS第10号，IFRS第11号，IFRS第12号），従業員給付（IAS第19号），財務諸表の表示等（IAS第1号，IAS第8号），外貨換算（IAS第21号）である。

第6節 IFRSs導入の潮目の大きな変化の前兆 ─政局：郵政三事業の民営化問題─

こうしたなか，本章冒頭でみた報道記事「日本，国際会計基準導入へ」の潮目が大きく変わった。第45回衆議院議員総選挙（2009年8月30日）の結果，政権政党（政権与党）が交代し，それに伴って掲げられた「政府主導」のもとでの政策立案の考え方によるものである。

「郵政選挙」といわれた第44回衆議院議員総選挙（2005年9月11日）では，自由民主党が衆議院第1党であったが，2007年7月29日の第21回参議院議員通常選挙（選挙区選挙・比例区選挙）で自由民主党は敗北し，民主党が参議院第1党となった。こうした「ねじれ国会」の状況下で，2009年7月21日の衆議院解散（いわゆる「政権選択解散」）に伴い実施された第45回衆議院議員総選挙の結果，当時，野党第1党であった民主党は，単一政党による獲得議席と議席占有率が史上最高となる，単独過半数を超える308議席（公示前は115議席）を獲得したのである（自由民主党は公示前より181議席少ない119議席）。

政局を振り返ってみれば，2009年の第45回衆議院議員総選挙の後，民主党は，社会民主党（公示前と同じ7議席），国民新党（公示前より1議席少ない3議席）と協議し，9月9日に三党連立政権を結成し，「政府主導」の名のもとで，郵政民営化の見直し・反対を掲げた国民新党が，内閣府特命担当大臣（金融担当）・

郵政民営化担当大臣の座についたことが，その後のIFRSs導入のあり方を大きく変えたといってよい。

　本節では，少し趣きを変えて，こうした政局へと結び付く郵政三事業の民営化に対する政治家の政治信念と郵政民営化関連6法案の国会審議のあり方を振り返り，IFRSs導入の潮目の大きな変化について考える手がかりを提供したい。

1．行政改革会議と郵政民営化

　そもそも郵政民営化とは，郵便，簡易保険および郵便貯金の郵政三事業を民営化する政策である。この郵政民営化が，政策上，初めて盛り込まれたのは，1996年10月20日の第41回衆議院議員総選挙後の橋本龍太郎（竹下派。旧竹下派七奉行）第二次内閣によって設置された「行政改革会議」での議論（第1回会議（1996年11月28日）から第28回会議（1997年9月3日））を踏まえた「中間報告」（1997年9月3日。行政改革会議［1997a］）においてである（とはいえ，この会議の「最終報告」（1997年12月3日。行政改革会議［1997b］）では，郵政三事業は国営のままとされた）。

　この行政改革会議は，制度疲労のおびただしい戦後型行政システムを改め，より自由かつ公正な社会の形成を目指して「この国のかたち」の再構築を図るため，まず何よりも，肥大化し硬直化した政府組織を改革し，重要な国家機能を有効に遂行するのにふさわしい，簡素・効率的・透明な政府を実現するという理念と目標のもとで設置された。21世紀型行政システムへの転換を目指した行政改革会議は，「中間報告」において，「縦割り行政の弊害を除去し，21世紀のわが国の国家行政が担うべき機能を明らかにしたうえで，それに基づいて省庁を大括りした骨格を示すにとどまっている」（行政改革会議［1997a］，Ⅲ，1）が，省庁再編案を示した。この省庁再編案のなかで，内閣および内閣総理大臣の補佐・支援体制の強化の一環として，内閣官房および内閣府とともに，総務省を設置する案を示した。この案のなかで，総務省の「外局として置かれる諸機関のうち，郵政事業庁は，郵便事業等を担当するもの，また，通信放送委員会は，電波監理等を含む通信・放送行政を担当するものである。ただし，情報

通信産業の振興に係る事務は，同委員会ではなく，産業省の所管となる」（行政改革会議［1997a］，Ⅲ，2）としたのである。

また，「垂直的減量（アウトソーシング）のあり方について」のなかで，次のような郵政三事業のアウトソーシングの方針が明示された（行政改革会議［1997a］，Ⅲ，3）。

---

① **郵政三事業**
・郵政三事業については，すべて民営化すべきであるとの意見もあったが，論議の結果，実現可能性及び民営化へのプロセスのあり方にも配慮する必要があり，また郵便局のネットワークの活用を図ることも必要である等の観点から，当面，次のようにすることが合意された。
  ア）簡易保険事業は民営化する。
  イ）郵便貯金事業については，早期に民営化するための条件整備を行うとともに，国営事業である間については，金利の引き下げ，報奨金制度の廃止等を行う。
  ウ）資金運用部への預託は廃止する。
  エ）郵便事業は，郵便局を国民の利便向上のためのワンストップ行政サービスの拠点とするなどの変更を前提として，国営事業とする。
  オ）国営事業であるものについては，国庫納付金を納付させる。
  カ）国営事業として残るものについては，総務省の外局（郵政事業庁）として位置付ける。

つまり，行政改革会議の「中間報告」は，郵便・郵便貯金の事業は総務省の外局に，簡易保険の事業は民営化し，情報通信分野は通産省とともに産業省へ移管することを謳ったのである。

「中間報告」の公表後，引き続き進められた行政改革会議での議論（第29回会議（1997年9月17日）から第42回会議（1997年12月3日））を経て公表された「最終報告」（行政改革会議［1997b］）は，省庁再編案の総務省の行政機能の郵政事業を盛り込んだ。つまり，郵政事業は，「総務省に，郵政三事業に係る企画立案及び管理を所掌する内部部局として郵政企画管理局（仮称）を置き，同

事業の実施事務を所掌する外局（実施庁）として郵政事業庁を置く。郵政事業庁は，5年後に新たな公社（郵政公社）に移行する」とともに，総務省の外局の1つである郵政事業庁は，「郵便事業，郵便貯金事業・郵便為替事業・郵便振替事業，及び簡易生命保険事業等の実施。5年後に新たな郵政公社に移行する」としたのである（行政改革会議［1997b］，Ⅲ，2）。

　また，「最終報告」は，郵政事業，国有林野事業，造幣事業および印刷事業の現業を抜本的に改革すべきとした。とくに郵政事業の減量（アウトソーシング）のあり方について，次のように明示した（行政改革会議［1997b］，Ⅳ，2）。

---

②　**郵政事業**

ア　郵政三事業一体として新たな公社（郵政公社）とし，法律により，直接設立する。（5年後に郵政公社に移行）

イ　新たな公社とすることにより，以下の点を実現する。

　a 独立採算制の下，自律的，弾力的な経営を可能とすること。

　　（事前管理から事後評価への転換）

　　　・主務大臣による監督は，法令に定める範囲内に限定。

　　　・予算及び決算は，企業会計原則に基づき処理するとともに，国による予算統制は必要最小限（毎年度の国会議決を要しない）。

　　（年度間繰越，移流用，剰余金の留保等を可能）

　　　・中期経営計画の策定，これに基づく業績評価の実施。

　　（経営に関する具体的な目標を設定）

　　　・これらにより，民営化等の見直しは行わない（国営）。

　b 経営情報の公開を徹底すること。

　　　・財務，業務，組織の状況，経営目標と業績目標結果など経営内容に関する情報の徹底公開。

　c 職員の身分については，設立法により，国家公務員としての身分を特別に付与すること。

　　　・団結権，団体交渉権を付与し，争議権は付与しない。

　　　・一般職の国家公務員と同様の身分保障を行う。

　　　・総定員法による定員管理の対象から除外する。

ウ　剰余金の国庫納付については，その是非を含めて合理的な基準を検討する。

エ　資金運用部への預託を廃止し，全額自主運用とする。

オ　郵便事業への民間企業の参入について，その具体的条件の検討に入る。

カ　報奨金制度については，経営形態の見直しに併せて検討する。

2．郵政大臣の見解─郵政三事業の国営維持

　橋本龍太郎第二次内閣での行政改革会議の「中間報告」が公表された8日後の1997年9月11日に，第二次改造内閣がスタートした。この第二次改造内閣で郵政大臣に任命されたのが自見庄三郎衆議院議員（当時は自由民主党）であったことが，後のIFRSs導入のあり方に大きく影響する。

　自見衆議院議員は，自民党の派閥である政策科学研究所の温知会系を率いる渡辺美智雄衆議院議員を「恩師」として慕い，自由民主党政務調査会通信部会長や衆議院逓信委員長などを務めていた。「議員宿舎が同じということもあって，恩師渡辺美智雄氏の部屋に入りびたり，焼酎を傾けながら生きた政治学を学」（自見［1999］，298頁）んだ自見衆議院議員は，この温知会系に所属し，自由民主党の元政調会長であった山崎拓衆議院議員（翌1998年に近未来政治研究会（山崎派）として独立）の推薦を受けて，郵政大臣に任命されている。その際の経緯は，当時の，また，その後の郵政民営化問題にも関係するため，推薦した山崎衆議院議員の言葉を借りて，ここで確認しておきたい（自見［1999］，259頁）。

　「**山崎**　……橋本第二次改造内閣は，行財政改革という大きな課題をしょっており，自見さんの手腕は，とても大事だった。

　私の切り札でもありましたから，慎重に検討し，党の幹部，橋本総理にも内々に意向を聞きました。

　結果，特にご本人が希望していたわけでもないのですが，逓信分野，郵政・情報通信両方合わせまして，彼が多年取り組んでおられたエキスパートであるということで，郵政大臣候補者の一人になったことは事実なんです。

第6節　IFRSs導入の潮目の大きな変化の前兆—政局：郵政三事業の民営化問題—

　一方，あの郵政三事業の民営化問題は行政改革の中心柱でした。で，特に厚生大臣になられた小泉純一郎さんが，内閣にあって，民営化推進主張を強くすることが，はっきり予測できる状況でもありましてね，いわゆる旧派閥各派が人材を掲出するということを非常に嫌がりました。それで，自見先生に引き受けてもらえないかという要請があって，本人も，トラブルが少ない方がいいと言われてましたが，まあ望まれる時が政治家の花ですから，この際苦労を覚悟で引き受けてはどうかと私から説得いたしましてね。彼が『義を見てせざるは勇なきなり』でね。引き受けたのが経緯です。」

　自見郵政大臣は，大臣就任当初こそ慎重な姿勢であったが，行政改革会議による改革断行のもとで，郵政三事業の国営維持の立場にあった。この立場は，「中間報告」公表当時の自由民主党通信部会での基本的な考え方（「国家，国民の利益の観点から，国営・三事業維持を堅持し，『情報通信省』において運営すべきである」（自見［1999］，33頁参照））や，大臣就任後に郵政省の基本的な考え方をまとめた「郵政事業の経営形態」（1997年11月12日）での基本方針（「郵政事業は国営として，三事業一体の効率的な運営のもと，国民生活に不可欠なサービスを全国，あまねく公平に提供（ユニバーサルサービス）し，こうした経営形態は国民から高い支持を得ている」（自見［1999］，48頁参照））からも読み取れるように，一貫したものである。

　行政改革会議の結論が「最終報告」として取りまとめられたことを受けて，かねてから主張していた運輸通信省での情報通信の一体的な行政は認められなかったものの，自見郵政大臣は当時の郵政民営化議論の終結にあたり，次のように言及している（自見［1999］，61頁）。

　「郵政事業も郵便，貯金，保険の三事業が国営として運営され，しかも，民営化問題が終結したことは大きい。長い間，不安定な議論に左右された郵政関係職員の方々に大きな安心感を持ってもらえたと思う。
　ただ，郵政事業庁が郵政公社に移行された段階で，改めて民営化議論が起きる

と懸念される向きがあるけれど，『郵政公社』は，あくまでも国営事業であり，その証拠に最終報告では，職員の身分は公社移行後も，『国家公務員の身分が付与される』となっている。

　国鉄や電電公社などと全く違う新たな『公社』組織である。」

　先の山崎衆議院議員の言葉にもみられたが，郵政事業の民営化については，橋本龍太郎第二次改造内閣の閣僚懇談会などで自見郵政大臣と小泉純一郎厚生大臣は，激論を繰り返してきた。

　1988年の竹下登（竹下派）改造内閣で厚生大臣として初入閣し，翌年の宇野宗佑（中曽根派）内閣でも再任された小泉純一郎厚生大臣（安倍派）は，1992年の宮澤喜一（宏池会宮澤派）改造内閣の際に郵政大臣をも歴任している。小泉厚生大臣は郵政事業の民営化を長年の持論とするだけに，行政改革会議の「最終報告」の趣旨に沿った「中央省庁等改革基本法」（いわゆる「行革基本法」）が1998年6月12日に公布され，その方向性が示された後も，その主張を貫いた。それまでも，郵政事業の民営化を主張する小泉衆議院議員は，自由民主党総裁選挙に出馬するものの，たとえば1995年9月22日の総裁選挙では橋本龍太郎衆議院議員に大差で敗北し，1998年7月12日に実施された第18回参議院議員通常選挙で自由民主党が予想外の大敗を喫した責任を取り，橋本内閣総理大臣が辞任した後の7月24日の総裁選挙でも，小渕恵三（小渕派。旧竹下派七奉行），梶山静六（小渕派を離脱し，無派閥。旧竹下派七奉行）両衆議院議員に敗れたが，郵政事業の民営化の持論を絶えず主張してきた。

　とくに1998年7月の総裁選挙に出馬した際，公約に「郵政事業を10年後に民営化する」という項目を入れようとしたことに対して，自見郵政大臣が閣議懇談会のなかで小泉厚生大臣に，「あなたは閣僚の一人として，民営化論議に終止符を打つと明記した行革基本法に署名したばかりじゃないですか。その舌の根も乾かぬうちに，民営化論議を蒸し返すのはいくらなんでもひどすぎる。即刻，取り下げてもらいたい」（自見［1999］，46頁）と再びかみついたというエピソードがある。

1114

第6節 IFRSs導入の潮目の大きな変化の前兆―政局：郵政三事業の民営化問題―

「郵政省は崩壊の淵から蘇り，新しく総務省として生まれ変わることとなった。私は政治家として正しい選択であったと確信している」（自見［1999］，6頁）とする自見郵政大臣と，郵政三事業の民営化論を展開する小泉厚生大臣は，この後，自らの政治信念を貫徹するために持論を曲げず，また，お互いに譲歩することなく，まさに遺恨を残すことになる。

3．小泉純一郎内閣総理大臣の「聖域なき構造改革」

2001年の中央省庁再編を通じて，郵政省の郵政行政と郵政事業部門は再編され，総務省管轄と郵政事業庁，ひいては特殊法人（日本郵政公社）となった。

橋本龍太郎の後継である小渕恵三内閣総理大臣が在職中に病気で退任し，2000年4月5日に両院議員総会の話し合いで自由民主党総裁に選出された森喜朗（清和政策研究会（森派））が内閣総理大臣に就任した。1990年代初め，山崎拓，小泉純一郎，加藤紘一（宏池会（大平派），後に宏池会（加藤派））の3議員は，自由民主党の竹下派（経世会）に対抗すべく政治同盟関係を結び，三者の姓から「YKK」と称されていた。しかし，2000年11月21日に野党が衆議院本会議で提出した森第二次内閣不信任決議案を巡り，自由民主党の加藤紘一と山崎拓の両議員らは，まさにこれに同調する形での「森おろし」の倒閣運動へと突っ走った（いわゆる「加藤の乱」）。この倒閣運動を切り崩し，衆議院本会議で内閣不信任決議案を否決に持ち込んだのは，「YKK」の政治同盟関係にあり，当時，森派の会長であった小泉純一郎議員である。

この働きは自由民主党内で高く評価され，総裁選挙にも影響を及ぼした。小泉純一郎は，2001年4月24日の総裁選挙で初めて橋本龍太郎（橋本派），麻生太郎（大勇会（河野グループ））両衆議院議員を破り（亀井静香衆議院議員（江藤・亀井派）も立候補したが，地方票開票後に辞退），自由民主党総裁の座に就く。4月26日に小泉純一郎内閣総理大臣が誕生するが，内閣は従来の派閥順送り型を踏襲せずに「官邸主導」を展開した。とくに，5月7日の第151回国会（常会）における小泉内閣総理大臣所信表明演説（首相官邸［2001]）から，経済政策スローガンとしての「聖域なき構造改革」とその取り組むべき経済，財政，行政

第14章 日本における国際財務報告基準への対応のあり方

1115

の構造改革の大方針を読み取れる（下線は引用者）。

● 「私に課せられた最重要課題は，経済を立て直し，自信と誇りに満ちた日本社会を築くことです。同時に，地球社会の一員として，日本が建設的な責任を果たしていくことです。私は，『構造改革なくして日本の再生と発展はない』という信念の下で，経済，財政，行政，社会，政治の分野における構造改革を進めることにより，『新世紀維新』とも言うべき改革を断行したいと思います。痛みを恐れず，既得権益の壁にひるまず，過去の経験にとらわれず，『恐れず，ひるまず，とらわれず』の姿勢を貫き，21世紀にふさわしい経済・社会システムを確立していきたいと考えております。

　『新世紀維新』実現のため，私は，自由民主党，公明党，保守党の確固たる信頼関係を大切にし，協力して『聖域なき構造改革』に取り組む『改革断行内閣』を組織しました。抜本的な改革を進めるに当たっては，<u>様々な形で国民との対話を強化することを約束します。対話を通じて，政策検討の過程そのものを国民に明らかにし，広く理解と問題意識の共有を求めていく『信頼の政治』を実現してまいります。</u>」

● 「本年実施された中央省庁再編は，行政改革の始まりに過ぎません。行政全ての在り方について，ゼロから見直し，改革を断行していく必要があります。国の事業について，その合理性，必要性を徹底的に検証し，『民間にできることは民間に委ね，地方にできることは地方に委ねる』との原則に基づき，行政の構造改革を実現します。

　特殊法人等についてゼロベースから見直し，国からの財政支出の大胆な削減を目指します。また，公益法人の抜本的改革を行います。<u>郵政三事業については，予定どおり平成15年の公社化を実現し，その後の在り方については，早急に懇談会を立ち上げ，民営化問題を含めた検討を進め，国民に具体案を提示します。</u>」

　加えて，次に示す小泉内閣発足後最初の第8回会議（2001年5月18日）の挨

第6節　IFRSs導入の潮目の大きな変化の前兆—政局：郵政三事業の民営化問題—

拶からも明らかなように，この経済政策スローガンとしての「聖域なき構造改革」を牽引する役割は，経済財政政策に関する重要事項について，内閣総理大臣のリーダーシップを十全に発揮すること（言い換えれば，内閣総理大臣の権限強化）を目的として，中央省庁再編時に発足した内閣府に設置された合議制機関である「**経済財政諮問会議**」に担わせた（経済財政諮問会議［2001a］，2頁）。

> 「この経済財政諮問会議，〔2001年4月26日の第1次：引用者〕小泉内閣発足後，第1回の会合であります。これは小泉内閣が発足しまして，所信表明演説で申し上げたとおり，あの所信表明に盛り込んだ考え方，大方針，これを肉付けしていただくための最も重要な会議と言っても過言ではないと思います。」

小泉内閣総理大臣は，2001年4月26日の第一次小泉内閣の組閣時に，経済財政諮問会議を担当する経済財政政策担当大臣に民間人から竹中平蔵（慶應義塾大学教授）を指名していた。「実は二人の付き合いは結構，長い。1990年代の初めごろから，さくら総合研究所社長・大野剛義らの肝いりで小泉を囲んである経済の勉強会が始まっていた。そこに竹中は参加し，しばしば熱弁を振るっていた。…（中略）…小泉が総裁選に打って出ると，竹中は財政再建論を中心に経済政策づくりに参画した」（清水［2005］，243-244頁）。

小泉内閣総理大臣は経済財政諮問会議の第1回会議（経済財政諮問会議第1回会議（2001年1月6日）は第二次森内閣時に開催しており，小泉内閣の最初の経済財政諮問会議は第8回会議（2001年5月18日）である）の挨拶のなかで，6月を目途にいわゆる「骨太の方針」の答申を指示している。経済財政諮問会議の第9回会議（5月31日），第10回会議（6月11日），第11回会議（6月21日）を踏まえて，2001年6月26日に「今後の経済財政運営及び経済社会の構造改革に関する基本方針」を答申した。この基本方針をはじめとして，翌年から2006年まで毎年答申した「経済財政運営と構造改革に関する基本方針」（表題の最後に各年度）や2007年の「経済財政改革の基本方針」が，「**骨太の方針**」である。

最初の「骨太の方針2001」である「今後の経済財政運営及び経済社会の構造

改革に関する基本方針」は，小泉首相の所信表明での大方針である構造改革の必要性を次のように説き，経済再生の第一歩である不良債権問題の抜本的解決をはじめ，構造改革のための7つの改革プログラム（民営化・規制改革プログラム，チャレンジャー支援プログラム，保険機能強化プログラム，知的資産倍増プログラム，生活維新プログラム，地方自立・活性化プログラム，財政改革プログラム）を提示している（経済財政諮問会議［2001b］，第1章，1）。

> 「創造的破壊としての構造改革はその過程で痛みを伴うが，それは経済の潜在的供給能力を高めるだけではなく，成長分野における潜在的需要を開花させ，新しい民間の消費や投資を生み出す。構造改革はイノベーションと需要の好循環を生み出す。構造改革なくして真の景気回復，すなわち持続的成長はない。」

民営化・規制改革プログラムこそが，持論である郵政三事業の民営化に関わるものであり，「改革の本丸」である。「今後の経済財政運営及び経済社会の構造改革に関する基本方針」は，経済社会の活性化のために，民営化・規制改革プログラムとして，「『民間でできることは，できるだけ民間に委ねる』という原則の下に，国民の利益の観点に立って，特殊法人等の見直し，民営化を強力に推進し，特殊法人等向け補助金等を削減する。郵政事業の民営化問題を含めた具体的な検討，公的金融機能の抜本見直しなどにより，民間金融機関をはじめとする民間部門の活動の場と収益機会を拡大する」（経済財政諮問会議［2001b］，〈新世紀維新が目指すもの――日本経済の再生シナリオ〉，2，(1)）とした。

1997年12月3日の行政改革会議の「最終報告」は，「郵政三事業一体として新たな公社（郵政公社）とし，法律により，直接設立する（5年後に郵政公社に移行）」と明言した。より具体的には，郵政公社の制度設計について示された中央省庁等改革基本法において，総務省の編成方針として郵政事業については，次のように規定していた。

第6節 IFRSs導入の潮目の大きな変化の前兆―政局：郵政三事業の民営化問題―

（総務省の編成方針）

第17条 総務省は，次に掲げる機能及び政策の在り方を踏まえて編成するものとする。

… （中略） …

　六　電気通信行政及び放送行政については，当該行政に係る郵政省の機能を通商産業省との分担を変更しないで引き継ぐとともに，当該行政を担当する局を二局に再編して内部部局に置くこと。

　七　郵政事業について，次に掲げるところによること。

　　イ　郵政事業に係る企画立案及び管理を所掌する一局を内部部局に置くこと。

　　ロ　郵政事業の実施に関する機能を担う外局として置かれる郵政事業庁は，この法律の施行の日から起算して5年を経過する日（その日が郵政事業庁の設置の日から起算して2年を経過する日より前である場合は，同日）の属する年において，第33条第1項に規定する国営の新たな公社に移行すること。

　郵政事業を所管してきた郵政省は，2001年1月に総務省へと改編され，その外局として置かれる郵政事業庁が，郵政事業を実施する機能を担った。また，郵政事業庁は，2003年中に郵政公社に移行するとされたのである。

　これを受けて，2001年8月から総務大臣主催の**「郵政事業の公社化に関する研究会」**が開催され，その「中間報告」（2001年12月。郵政事業の公社化に関する研究会［2001］）は，2001年の通常国会に提出される予定の公社関係法案の骨格部分の考え方を取りまとめた。基本法に示された郵政公社設立の考え方（たとえば，①郵政事業を一体として経営する国営の新たな公社（郵政公社）を法律により直接設立する，②郵政公社に民間企業的な経営手法を導入する，③郵政公社の職員は国家公務員の身分を有することとする）を，郵政事業を経営する日本郵政公社（仮称）を設立するための所要の措置を規定した「日本郵政公社法」（仮称）と，「郵便法」，「郵便貯金法」，「簡易生命保険法」等事業関連法令の改正に盛り込むこととした。総務省が，この「中間報告」の趣旨に基づいた法案を第154回国会（常会）に提出し，2002年7月24日に可決・成立したのが，「日本郵政公社法」，「日本郵政公社法施行法」などである。

1119

また，行政改革会議の「最終報告」と中央省庁等改革基本法は，現業の改革の1つである郵政事業の減量（アウトソーシング）のあり方において，「郵便事業への民間企業の参入について，その具体的条件の検討に入る」としていたが，2000年12月1日に閣議決定した「行政改革大綱」は，「中央省庁等改革基本法で定められた郵政事業への民間事業者の参入については，郵政公社化に併せて実現することとする」（V，1，(3)，イ）としている。これについても，「郵政事業の公社化に関する研究会」での専門的な検討結果を踏まえて，総務省が立案した「民間事業者による信書の送達に関する法律案」と「民間事業者による信書の送達に関する法律の施行に伴う関係法律の整備等に関する法律案」が第154回国会（常会）に提出され，7月9日の衆議院本会議と7月24日の参議院本会議で可決・成立している。郵政事業への民間参入が解禁されたのである。

　ところで，小泉内閣総理大臣所信表明演説（2001年5月7日）において，郵政三事業の公社化後のあり方を検討するための懇談会の立ち上げに言及していたが（「郵政三事業については，予定どおり平成15年の公社化を実現，その後の在り方については，早急に懇談会を立ち上げ，民営化問題を含めた検討を進め，国民に具体案を提示します」（首相官邸［2001］）），立ち上げた懇談会は，2001年6月4日に第1回会合を開催した**「郵政三事業の在り方について考える懇談会」**である。この懇談会でおよそ1年をかけて具体案を取りまとめる予定とされ，第1回会合から10回にわたって会合を重ねて，2002年9月6日に「**『郵政三事業の在り方について考える懇談会』報告書**」（郵政三事業の在り方について考える懇談会［2002］）を公表した。報告書の冒頭で，「郵政事業は政府活動と密接な結びつきを持ち，一方で政府活動の資金繰りに重要な役割を果たすとともに，他方で財政投融資に対する資金の出し手として，日本における資金配分の在り方に多大な影響を与えてきた。財政構造改革の実効性が問われている今，郵政事業改革は避けて通れないと考えるべきである」と記述し，郵政事業改革の重要性を説いた。

　小泉内閣総理大臣所信表明演説で「民営化問題を含めた検討を進め，国民に具体案を提示します」と述べたが，「『郵政三事業の在り方について考える懇談

第6節　IFRSs導入の潮目の大きな変化の前兆—政局：郵政三事業の民営化問題—

会』報告書」は，完全民営化の方向性を決定しきれず，具体的な民営化を想起する手がかりとして，3つの類型を併記して提示するにとどめた。

　第1類型は「持株会社」であり，「根拠法に会社の目的が規定され，政府が規制監督を通じて使命の達成を課すことが可能である」という。第2類型は「三事業を維持する完全民営化」であり，「一旦，政府が100％の株式を保有したのち，民間に対して分売し，究極において株式はすべて民間に売却される」。また，第3類型は「郵貯・簡保廃止による完全民営化」で，「民営化にあたって，政府が全体的な金融システム再編の構想を明らかにするケースである。郵貯・簡保の使命は終了したとの位置づけを行い，郵便ネットワーク会社はそのネットワークを広く開放して，民間金融機関等からの受託業務の取り扱い手数料収入により経営を支援する」。

　次頁の**図表14-15**は，「『郵政三事業の在り方について考える懇談会』報告書」に示されたこれら3つの類型の具体的な例示において，とくに類似点と相違点が明確になる，①コーポレート・ガバナンスの在り方，②具体的な組織の在り方における三事業の取り扱い，③特徴を整理したものである。

　2003年10月以降，経済財政諮問会議は郵政民営化について検討を始め，2004年4月26日の会議で提示された「郵政民営化に関する論点整理」（経済財政諮問会議［2004］）は，移行期間の設定および定期的な民営化の進捗状況のレビューの必要性を説きつつ，「2007年に民営化を実施する」ことを掲げた。2004年7月11日の第20回参議院議員通常選挙は，年金制度改革問題などで自由民主党に逆風が吹き，議席減となったものの，与党で過半数維持して乗り切ったことを受けて，郵政民営化を政治日程に乗せている（なお，この選挙で，第一次小泉内閣で経済財政政策担当大臣に指名され，その後の2002年9月30日からの第一次小泉内閣（第一次改造）で金融担当大臣を兼務していた竹中担当大臣が，自由民主党比例代表で当選した。2003年11月19日からの第二次小泉内閣では，竹中参議院議員は，内閣府特命担当大臣（経済財政政策担当）・郵政民営化担当に指名された）。経済財政諮問会議は集中審議などを経て，9月10日に内閣総理大臣から作成を諮問さ

第14章　日本における国際財務報告基準への対応のあり方

1121

図表14-15　郵政三事業の民営化類型の例示

	持株会社	三事業を維持する 完全民営化	郵貯・簡保廃止による 完全民営化
1）コーポレート・ガバナンスの在り方	・政府が設立する株式会社。 ・国が一定の株式を保有し，ガバナンスの主体であり続ける。 ・経営の自立性に関して，政治や行政の潜在的な関与の可能性が残る。	・株式会社化し当初国が保有した株式は，すべて売却される。 ・ガバナンスの主体が国から民間株主に移行することにより，企業価値を高めるための監視がより有効に働くと期待される。 ・経営の自立性に関して，政治や行政の潜在的な関与の可能性は小さい。	
7）具体的な組織の在り方 2．三事業の取り扱い	・同一法人格による一体経営が可能。	・兼業規制による制約から，事業ごとに法人格を分ける必要が生じる。 ・郵便ネットワーク会社が事業持株会社となり，銀行と保険については子会社と位置づけたうえで，分割する形態や，また郵政事業持株会社のもとに郵便ネットワーク会社，そして分割された銀行，保険会社を配置するという期待も考えられる。	・郵便ネットワーク会社が承継会社となる。 ・郵貯については新規契約を行わない。 ・簡保については新規契約を行わない。
【特徴】	・従来の郵便局および組織の大半が残る可能性が高く，公社からの移行が容易である。また，NTTやJRといった先行事例があり，国民の理解を得やすい経営形態である。 ・株式上場を行うならば，民間株主によるガバナンスも期待されることから，経営の透明性向上が期待でき，また，一部株式の売却は政府への臨時収入となる。	・民間金融機関への刺激となり，金融市場における競争促進につながることが期待される。 ・郵政事業体はネットワーク活用上の観点から，従来以上に地域社会に関わることがありうる。 ・経営の革新性・柔軟性が発揮されるため，事業活動が活性化する。 ・金融機能の新たな担い手という位置づけを受ける可能性がある。 ・民間株主によるガバナンスが機能し，経営の透明性向上が期待できる。また，株式の売却は政府への臨時収入となる。	・サービスの多様化により，郵便局が顧客にとっての「広場」となる経営戦略である。 ・郵便ネットワーク会社は，事業の一環として従来以上に地域社会に関わることがありうる。 ・経営の革新性・柔軟性が発揮されるため，事業活動が活性化する。 ・民間金融機関との新しい共存関係構築により，金融機関総体としての改善が期待される。 ・民間株主によるガバナンスが機能し，経営の透明性向上が期待できる。また，株式の売却は政府への臨時収入となる。

出所：郵政三事業の在り方について考える懇談会［2002］，「具体的な民営化類型の例示」から一部抜粋・整理のうえ作成。

第6節 IFRSs導入の潮目の大きな変化の前兆—政局：郵政三事業の民営化問題—

れた「郵政民営化の基本方針」について，それまでの経済財政諮問会議での当該基本方針案の審議を踏まえて，諮問当日の会議での審議によって答申として提出している。

　当日，一気に閣議決定した**「郵政民営化の基本方針」**（首相官邸［2004］）は，国民の利益を実現するために，民営化を進めるうえでの５つの基本原則（活性化原則，整合性原則，利便性原則，資源活用原則，配慮原則）を踏まえ，論点整理で掲げられたとおり，「2007年に日本郵政公社を民営化し，移行期を経て，最終的な民営化を実現する」（下線は引用者）と明記した。また，最終的な民営化時点における組織形態の枠組みは，郵政公社の４つの機能（窓口サービス，郵便，郵便貯金，簡易保険）をそれぞれ株式会社として独立させるとともに，経営の一体性を確保するために，国は，４事業会社を子会社とする「純粋持株会社」を設立するとした。これは，先の「『郵政三事業の在り方について考える懇談会』報告書」における第１類型「持株会社」による民営化の組織形態の枠組みを踏襲したことを意味する。とくに，「郵政貯金会社，郵政保険会社については，移行期間中に株式を売却し，民有民営を実現する。その際には，新会社全体の経営状況及び世界の金融情勢等の動向のレビューも行う。国は，移行期間中に持株会社の株式の売却を開始するが，発行済み株式総数の３分の１を超える株式は保有する」（４，(1)，ア）こととし，また，郵政公社を承継する法人（公社承継法人）として，郵便貯金と簡易保険の旧契約とそれに見合う資産勘定（公社勘定）を保有する法人を設立することも盛り込んだ（公社勘定の資産・負債の管理・運用は，郵便貯金会社と郵便保険会社に委託）。

　「郵政民営化の基本方針」の最後には，このような基本方針に沿って，政府は早急に郵政民営化法案策定作業を開始することも明記した。「基本的な法案及び主要な関連法案は次期通常国会へ提出し，その確実な成立を図る」（7）という一文で締め括られている。

　こうした「郵政民営化の基本方針」にみられた，「党内の部会→政調審議会→総務会という積み上げ方式の与党の事前審査を前提とする政策決定メカニズムをまったく無視した閣議決定は極めて異例だった。小泉は官邸主導のトップ

第14章　日本における国際財務報告基準への対応のあり方

1123

ダウンを貫徹した」（清水［2005］，339頁）のである。郵政民営化法案が次期通常国会で否決された場合，衆議院を解散する考えであった「小泉は郵政政局が衆院解散をかけたギリギリの勝負になると覚悟し，完全に腹をくくっていた」（清水［2005］，339-340頁）。

4．郵政民営化法案の国会提出

小泉内閣総理大臣が2005年1月21日に行った，向こう1年間の政府の基本方針を示す「第162回国会における小泉内閣総理大臣施政方針演説」（首相官邸［2005a］）で，今国会に郵政民営化法案を提出し，成立を期すると宣言した（下線は引用者）。

- ●「私は，『官から民へ』『国から地方へ』の改革は経済の再生や簡素で効率的な政府の実現につながると確信し，改革の具体化に全力を傾けてまいりました。

  この方針を最も大胆かつ効果的に進めていくには，郵便局を通じて国民から集めた350兆円もの膨大な資金を公的部門から民間部門に流し，効率的に使われるような仕組みをつくることが必要です。資金の『入口』の郵便貯金と簡易保険，『出口』の特殊法人，この間をつないで資金を配分している財政投融資制度，これらを全体として改革し，資金の流れを『官から民へ』変えなければなりません。私はこれまでこの構造にメスを入れてきましたが，残された大きな改革，すなわち『改革の本丸』が郵政民営化であります。昨年9月に決定した基本方針に基づいて，平成19年4月に郵政公社を民営化する法案を今国会に提出し，成立を期します。」

- ●「民営化する以上，窓口サービス，郵便，郵貯，簡保といった郵政公社の各機能を自立させ，事業ごとの損益を明確化して経営する必要があります。このため，持株会社のもとに機能ごとに4つの事業会社を設立するとともに，郵便貯金会社と郵便保険会社については，他の事業会社の経営状況に左右されないよう株式を売却して民有民営を実現します。それまでの移行期においては，民業圧迫とならないよう有識者による監視組織を活用しながら，段階的に業務を拡

1124

第6節 IFRSs導入の潮目の大きな変化の前兆─政局：郵政三事業の民営化問題─

大します。既に契約した郵貯・簡保については，新しい契約と勘定を分離して引き続き政府保証を付けます。国債市場への影響を考慮した適切な資産運用を行います。

　私は，こうした郵政民営化が新しい日本の扉を開くものと確信し，その実現に全力を傾注してまいります。」

　郵政民営化法案はもとより，郵政三事業の民営化については，もちろん与野党を問わず反対論があった。とくに，自由民主党内での郵政民営化関連法案の審議をはじめ，衆参両議会での採決を巡っては，与党の意向を無視して進められることに活発な反対運動が展開された。「聖域なき構造改革」に抵抗する勢力や内閣の方針に反対する勢力を，小泉内閣総理大臣は「抵抗勢力」と呼び，法案の成立による郵政民営化か，あるいは，法案が成立しなければ不信任と同じと捉え，衆議院解散・総選挙によって自由民主党を変える，変わらなければぶっ壊すとした公約を示していた。

　2005年5月20日の衆議院本会議での「郵政民営化に関する特別委員会」の設置によって，内閣が4月27日に提出した郵政民営化法案を含む「郵政民営化関連6法案」（その他の法案は，日本郵政株式会社法案，郵便事業株式会社法案，郵便局株式会社法案，独立行政法人郵便貯金・簡易生命保険管理機構法案，郵政民営化法等の施行に伴う関係法律の整備等に関する法律案）の審議が始まる。郵政民営化関連6法案は，5月26日の衆議院本会議で趣旨説明と質疑が行われた後，「郵政民営化に関する特別委員会」に付託された。この特別委員会は，5月23日から（質疑は付託された翌5月27日から）7月4日までの間に23回の会議が開催され，この期間中の6月28日に開催された意思決定機関の1つである自由民主党総務会での修正案決議を反映する一部修正を行ったうえで，郵政民営化関連6法案は23回目の会議で可決した。なお，修正案決議を行った自由民主党総務会は，多数決採決を初めて実施したもので，賛成7票・反対5票であった（棄権・欠席は19票）。

　翌日の7月5日の衆議院本会議での郵政民営化関連6法案（郵政民営化法案

1125

外5案）の採決は，賛成233票・反対228票であり，特別委員会委員長報告のとおり議決した（官報［2005a］）。この採決の際に，自由民主党から51名の造反（反対37票・棄権14票）議員が出ている。

　一方，与野党の議席差が少ない参議院では，7月13日から郵政民営化関連6法案の審議が始まり，自由民主党からの造反が出れば否決になりかねない。結局のところ，自由民主党内での反対派に対する説得工作なども実を結ばず，自由民主党からの造反（反対22票・棄権8票）により，8月8日の参議院本会議での採決は，賛成108票・反対125票となり，郵政民営化関連6法案は否決された（官報［2005b］）。

5．郵政選挙と郵政民営化関連6法案の成立

　参議院での郵政民営化関連6法案の否決を受けて，小泉内閣総理大臣は，直ちに臨時閣議を招集して衆議院を解散し，衆議院議員総選挙に打って出た。この行動の背景を理解するには，参議院本会議での採決に先立つ，2005年8月2日に開催された参議院の「郵政民営化に関する特別委員会」での小泉内閣総理大臣による次の答弁や，衆議院解散を受けての記者会見が参考になる。

　　「この国営でなくても民間にできる実に大きな改革，郵政事業だけはどうして民間にしちゃいけないのか，これだけをどうして国営で維持しなきゃならないということを理解できなかったから，私は，自民党を変える，この典型的なものが郵政民営化だと。郵政民営化に賛成させる，自民党を，それが自民党を変えるという趣旨なんです。だから，これを変えないんだったらぶっ壊すと当時言ったんです。

　　その基本的な考えに，私は今でも変わっていないんです。今，自民党は変わりつつあるんだ。自民党を変えるんです。その大きな政策の，基本的政策は郵政事業民営化に賛成するかどうかなんです」（参議院郵政民営化に関する特別委員会［2005］，44-45頁。下線は引用者）。

1126

第6節 IFRSs導入の潮目の大きな変化の前兆―政局：郵政三事業の民営化問題―

「私は，今，国会で，郵政民営化は必要ないという結論を出されましたけれども，もう一度国民に聞いてみたいと思います。本当に郵便局の仕事は国家公務員でなければできないのかと。民間人ではやっていけないのか。これができないで，どんな公務員削減ができるんでしょうか。どういう行政改革ができるんでしょうか。

これができなくて，もっと大事なこと，最も大事なこと，公務員の特権を守ろうとしているんじゃないですか，国家公務員の身分を守ろうとしているんじゃないですか，反対勢力は。そういう既得権を守る，現状維持がいい，そういう勢力と闘って，本当に改革政党になる，自民党はなったんだということから，この選挙で国民に聞いてみたいと思います。<u>自由民主党は郵政民営化に賛成する候補者しか公認しません。</u>

言わば，はっきりと改革政党になった自民党が，民営化に反対の民主党と闘って，<u>国民はどういう審判を下すか聞いてみたいと思います。だから解散をしました。</u>

そして，<u>この郵政民営化に賛成する，自由民主党，公明党が国民の支持を得て，過半数の勢力を得ることができれば，再度，選挙終了後国会を開いて，これを成立させるよう努力していきたいと思います</u>」（首相官邸 [2005b]。下線は引用者）。

この衆議院解散を受けての記者会見で明言したとおり，小泉内閣総理大臣は，郵政民営化関連6法案への反対派に自由民主党の公認を与えず，加えて，反対派のすべての小選挙区に賛成派の自由民主党公認の「刺客」候補を擁立する選挙戦術を展開した。郵政民営化について国民に信を問う第44回衆議院議員総選挙（いわゆる「郵政選挙」。2005年9月11日）で，この郵政民営化関連6法案に反旗を翻した一部の自由民主党所属議員は，離党を余儀なくされた。

離党した反対派議員のうち，綿貫民輔，亀井静香，亀井久興議員らは2005年8月17日に国民新党を結成し，また，田中康夫長野県知事（当時）を党首として8月21日に結党した新党日本には反対派の滝実，青山丘，小林興起議員らが入党した。離党せずに自由民主党に残った議員は，無所属候補として出馬した。

選挙の結果は火を見るより明らかで，与党が327議席（自由民主党296議席，

第14章 日本における国際財務報告基準への対応のあり方

1127

公明党31議席）を獲得する圧勝であった。郵政民営化関連６法案に造反した当時の自由民主党の35議員の選挙区での結果は，賛成派と反対派がそれぞれ15議席ずつ当選し，残りの５議席は民主党候補が当選した。

　与党による327議席の獲得は，「憲法上の衆議院の優越」，とくに憲法第59条第２項の議決の効力における優越（「衆議院で可決し，参議院でこれと異なった議決をした法律案は，衆議院で出席議員の３分の２以上の多数で再び可決したときは，法律となる」）を可能にする。９月21日に小泉は第89代内閣総理大臣に就任し，９月26日の第163回国会（特別会）での小泉内閣総理大臣の所信表明演説は，選挙結果を受けて，郵政民営化の実現を改めて力説した（首相官邸［2005c］）。

> 「政治は国民全体のものであり，一部の既得権益を守るものであってはなりません。今まで郵政民営化は『暴論』ではないかとの指摘もありましたが，総選挙の結果，国民は『正論』であるとの審判を下したと思います。
> 　私は，国民の声を厳粛に受け止め，責任を持って郵政民営化を実現してまいります。痛みを恐れず，既得権益の壁にひるまず，過去の慣例にとらわれず，国民の協力の下，一身を投げ出し，内閣総理大臣の職責を果たすべく，全力を尽くしてまいります」。

　内閣は，９月26日に先の第162回国会（常会）において参議院で否決された郵政民営化関連６法案を一部修正したうえで，第163回国会（特別会）に再提出した。10月11日の第163回国会衆議院本会議において，10月３日に民主党が衆議院に提出した郵政改革法案を否決し，一括審議となった郵政民営化関連６法案は，賛成338票，反対138票で可決した（官報［2005c］，2-7頁）。また，10月14日の第163回国会参議院本会議では，内閣提出，衆議院送付の郵政民営化関連６法案は，いずれも賛成134票，反対100票で可決，成立した（官報［2005d］，3-5頁，10-11頁）。小泉内閣総理大臣の郵政三事業の民営化に関する政治信念が成就したのである。

　自由民主党は，衆議院選挙後の10月21日と28日に，第162回国会（常会）に

1128

おいて自由民主党執行部の意向に沿った本会議での票決行動を拘束する「党議拘束」に造反し，自由民主党の公認候補と争う形で立候補した者に対して，除名や離党勧告などの処分を下した。衆議院についていえば，すでに離党して国民新党や新党日本を結成した8名の元自由民主党議員（国民新党の4名（綿貫民輔，亀井静香，亀井久興，津島恭一），新党日本の3名（滝実，青山丘，小林興起），旧橋本派の1名（野呂田芳成））は除名となり，26名が離党勧告，また，15名が戒告の処分を受けた。

このとき離党勧告を受けたひとりが，自見庄三郎議員である。

衆議院では，山崎派からは自見庄三郎だけが反対票を投じた。派閥会長の山崎拓議員は，2003年11月9日の第43回衆議院議員選挙で落選しており，2005年4月の衆議院補欠選挙で復活当選を果たしたばかりであったが，小泉内閣総理大臣がこの盟友（「YKK」）を衆議院の「郵政民営化に関する特別委員会」の筆頭理事に充てる人事を行っていた。もちろん，2005年7月5日の第162回国会衆議院本会議における郵政民営化関連6法案に対する討論の通告でも明らかなように，山崎拓議員は法案に賛成の立場にある——曰く「郵政民営化は明治以来の大改革であり，130年の歴史を誇る郵政事業を分割し，民営化するものであります。本法案の成立後，政府，郵政公社は，不退転の決意をもって事に当たり，今回の大改革を立派に成就されんことを心より希望いたしまして，内閣提出の郵政民営化関連6法案並びに自由民主党及び公明党提出の修正案に対する私の賛成討論を終わります」（官報［2005a］，5頁）。

それだけに，山崎派からの反対，棄権・欠席が限られるなかで，郵政民営化関連6法案に反対票を投じた自見庄三郎議員は離党勧告の処分を受けたのである。

なお，2005年9月11日のいわゆる郵政選挙である第44回衆議院議員総選挙の際，自見庄三郎は自由民主党の公認を得られず無所属で出馬し，自由民主党公認候補に敗れ，国政への参与から離脱した。

第7節 連立政権による政治家主導の政治 （政治主導）の基盤確立

「成功は決定的ではなく，失敗は致命的ではない。大切なのは続ける勇気だ。」

(Success is not final, failure is not fatal: it is the courage to continue that counts.)

—ウィンストン・チャーチル（Sir Winston Leonard Spencer-Churchill）

1. 国政復帰と「郵政事業を抜本的に見直す」政策

　第44回衆議院議員総選挙において無所属で出馬して当選した郵政民営化関連 6法案の造反議員は，離党勧告を受けたが，将来的には自由民主党への復党を 目指していた。堀内光雄，野田聖子をはじめとする12名の造反無所属議員のう ち11名（平沼赳夫衆議院議員を除く）が，党紀委員会において自由民主党への復 党が認められたのは，2006年12月4日であった（いわゆる「郵政造反組復党問 題」）。したがって，このとき，この衆議院議員総選挙で落選した自見庄三郎が， 議員として自由民主党へ復党することは起こりえなかった。

　国政復帰を望んでいた自見庄三郎は医師でもあり，日本医師会の政治連盟で ある日本医師連盟からの参議院比例代表（全国区）選挙での推薦候補者を目指 すが果たされていない（蛇足ながら，次女である自見英子医師が，第24回参議院議 員通常選挙（2016年7月25日）の比例代表候補として日本医師連盟からの推薦を受け， また，自由民主党公認となり当選している）。その頃，自見庄三郎は，「亀井〔静 香（国民新党党首）：引用者〕氏に声をかけられて」（ニュースな人ヒト「騒動の末， 国民新党代表に—自見庄三郎さん」，『日本経済新聞』2012年4月19日付夕刊），第 21回参議院議員通常選挙（2007年7月29日）に国民新党公認（比例代表枠）で出 馬し，当選した。晴れて国政復帰である。

　この当選の背景には，2006年9月26日に発足した自由民主党の安倍晋三第一 次内閣での，年金問題や閣僚の不祥事などに伴う参議院議員通常選挙での大敗 がある（自由民主党と民主党の獲得議席数は，それぞれ37議席と60議席）。選挙の 結果，参議院の議席数は，自由民主党83議席，公明党20議席，民主党109議席，

日本共産党7議席，社会民主党5議席，国民新党4議席，新党日本1議席，無所属13議席となり，与党・自由民主党が過半数割れし，参議院の第1党の座を民主党に譲ることとなった。衆議院と参議院の「ねじれ国会」をもたらしたことを意味する。

国民新党の戦略は，当時の野党第一党である民主党と連携し，まずは参議院におけるキャスティングボードを握ることであった。第21回参議院議員通常選挙前に行われた統一地方選挙や参議院補欠選挙などで，民主党は社会民主党と国民新党との連携を深めており，この第21回参議院議員通常選挙の結果は，国民新党の戦略を現実のものとしたのである。

「国民新党綱領」（国民新党［2005］）の2（国民の安心と安全を守る）において，「極端な市場原理主義やグローバリゼーションの名の下で強者が弱者を支配する社会ではなく，日本の伝統や文化を生かし，すべての人々の生活を守る安心と安全の社会を築きます」と掲げているように，国民新党は，極端な市場原理主義やグローバリゼーションに反対し，日本の伝統や文化を重んじる保守政党である。結党の端緒は，先の自由民主党内での郵政民営化関連法案を巡る抗争（反対）にあるだけに，「一丁目1番地である郵政法案の成立」こそが，国民新党の第一義的政策である。

「政権交代。」と銘打った民主党の政権政策「マニフェスト2009」（民主党［2009］）は，その政策各論の「4．地域主権」で，「郵政事業を抜本的に見直す」ことを掲げた。国民新党の公約でもあるこの政策をマニフェストに盛り込んだ事実からも，民主党と国民新党との連携の深さを窺い知ることができる。政権交代を見据えた選挙こそ，衆議院議員総選挙である。

マニフェスト政策各論

4．地域主権

33．郵政事業を抜本的に見直す

【政策目標】

○　現在の郵政事業には，国民生活の利便性が低下していること，地域社会

で金融サービスが受けられなくなる可能性があること，事業を担う4社の将来的な経営の見通しが不透明であることなど，深刻な問題が山積している。郵政事業における国民の権利を保障するため，また，国民生活を確保し，地域社会を活性化することを目的に，郵政事業の抜本的な見直しに取り組む。

【具体策】

○ 「日本郵政」「ゆうちょ銀行」「かんぽ生命」の株式売却を凍結するための法律（郵政株式売却凍結法）を可及的速やかに成立させる。

○ 郵政各社のサービスと経営の実態を精査し，国民不在の「郵政事業の4分社化」を見直し，郵便局のサービスを全国あまねく公平にかつ利用者本位の簡便な方法で利用できる仕組みを再構築する。

○ その際，郵便局における郵政三事業の一体的サービス提供を保障するとともに，株式保有を含む郵政会社のあり方を検討し，郵政事業の利便性と公益性を高める改革を行う。

なお，政権政策「マニフェスト2009」に示された政権構想での「5原則5策」（民主党［2009］）にも明らかなように，民主党は利益誘導型政治・官僚支配からの脱却を標榜してきた。1996年9月29日に旧民主党を結党して以来，官僚依存の利権政治との決別は党是でもある。

【5原則】

原則1 官僚丸投げの政治から，政権党が責任を持つ政治家主導の政治へ。

原則2 政府と与党を使い分ける二元体制から，内閣の下の政策決定に一元化へ。

原則3 各省の縦割りの省益から，官邸主導の国益へ。

原則4 タテ型の利権社会から，ヨコ型の絆（きずな）の社会へ。

原則5 中央集権から，地域主権へ。

【5策】

第1策 政府に大臣，副大臣，政務官（以上，政務三役），大臣補佐官などの国会議員約100人を配置し，政務三役を中心に政治主導で政策を立案，調整，決定する。

第2策　各大臣は，各省の長としての役割と同時に，内閣の一員としての役割を重視する。「閣僚委員会」の活用により，閣僚を先頭に政治家自ら困難な課題を調整する。事務次官会議は廃止し，意思決定は政治家が行う。

第3策　官邸機能を強化し，総理直属の「国家戦略局」を設置し，官民の優秀な人材を結集して，新時代の国家ビジョンを創り，政治主導で予算の骨格を策定する。

第4策　事務次官・局長などの幹部人事は，政治主導の下で業績の評価に基づく新たな幹部人事制度を確立する。政府の幹部職員の行動規範を定める。

第5策　天下り，渡りの斡旋を全面的に禁止する。国民的な観点から，行政全般を見直す「行政刷新会議」を設置し，全ての予算や制度の精査を行い，無駄や不正を排除する。官・民，中央・地方の役割分担の見直し，整理を行う。国家行政組織法を改正し，省庁編成を機動的に行える体制を構築する。

「政治家主導の政治」，「内閣の下の政策決定」，「官邸主導の国益」，「政務三役を中心に政治主導で政策を立案，調整，決定する」などといった言葉が並ぶが，後に政権交代が実現したときに，あたかも錦の御旗として機能することになる。

2．連立政権と内閣府特命担当大臣（金融担当）・郵政民営化担当大臣のポスト

小泉純一郎の後，内閣総理大臣は自由民主党の安倍晋三，福田康夫，麻生太郎と続く。とくに，東京都議会議員選挙（2009年7月12日）での自由民主党の惨敗，当時の麻生内閣の支持率の低迷やいわゆる「麻生おろし」の動きを封じることなどを理由として，麻生太郎内閣総理大臣は，7月21日に衆議院を解散した。

この解散を受けて2009年8月30日に実施した第45回衆議院議員総選挙は，民主党が308議席を獲得して圧勝した。民主党は，社会民主党と国民新党との「三党連立政権合意書」（2009年9月9日。民主党・社会民主党・国民新党 [2009]）を

1133

締結し，9月16日に組閣された鳩山由紀夫内閣で，国民新党の亀井静香代表が内閣府特命担当大臣（金融担当）・郵政民営化担当大臣に就任した。

郵政民営化担当大臣の正式名称が，この担当大臣の役割を如実に示している。自由民主党政権下での郵政民営化担当大臣の特命事項は，「郵政民営化を政府一体となって円滑に推進するため企画立案及び行政各部の所管する事務の調整担当」であったのに対して，民主党政権下でのそれは，「郵政事業の抜本的な見直し及び改革を推進するための企画立案及び行政各部の所管する事務の調整担当」である（いずれの下線も引用者）。国民新党の第一義的政策を実現するためにも，郵政民営化担当大臣の座へのこだわりを反映したものでもある。

三党連立政権合意書

　民主党，社会民主党，国民新党の三党は，第45回衆議院総選挙で国民が示した政権交代の審判を受け，新しい連立政権を樹立することとし，その発足に当たり，次の通り合意した。

　一　三党連立政権は，政権交代という民意に従い，国民の負託に応えることを確認する。
　二　三党は，連立政権樹立に当たり，別紙の政策合意に至ったことを確認する。
　三　調整が必要な政策は，三党党首クラスによる基本政策閣僚委員会において議論し，その結果を閣議に諮り，決していくことを確認する。

2009年9月9日

民主党代表　　　鳩山由紀夫
社会民主党党首　福島みずほ
国民新党代表　　亀井静香

「三党連立政権合意書」の別紙「連立政権樹立に当たっての政策合意」（2009年9月9日）は，その冒頭で，「国民は今回の総選挙で，新しい政権を求める歴史的審判を下した。□その選択は，長きにわたり既得権益構造の上に座り，官

第7節 連立政権による政治家主導の政治（政治主導）の基盤確立

僚支配を許してきた自民党政治を根底から転換し，政策を根本から改めること
を求めるものである」（下線は引用者）とし，また「小泉内閣が主導した競争至
上主義の経済政策をはじめとした相次ぐ自公政権の失政によって，国民生活，
地域経済は疲弊し，雇用不安が増大し，社会保障・教育のセーフティネットは
ほころびを露呈している。□国民からの負託は，税金のムダづかいを一掃し，
国民生活を支援することを通じ，我が国の経済社会の安定と成長を促す政策の
実施にある」と謳った。合意した10項目の政策の1つが，「郵政事業の抜本的
見直し」である（民主党・社会民主党・国民新党［2009］，別紙）。

3．郵政事業の抜本的見直し

○ 国民生活を確保し，地域社会を活性化すること等を目的に，郵政事業の抜
本的な見直しに取り組む。
「日本郵政」「ゆうちょ銀行」「かんぽ生命」の株式売却を凍結する法律を
速やかに成立させる。日本郵政グループ各社のサービスと経営の実態を精
査し，「郵政事業の4分社化」を見直し，郵便局のサービスを全国あまねく
公平にかつ利用者本位の簡便な方法で利用できる仕組みを再構築する。
郵便局で郵便，貯金，保険の一体的なサービスが受けられるようにする。
株式保有を含む日本郵政グループ各社のあり方を検討し，国民の利便性を
高める。

○ 上記を踏まえ，郵便事業の抜本見直しの具体策を協議し，郵政改革基本法
案を速やかに作成し，その成立を図る。

この「連立政権樹立に当たっての政策合意」での「郵政事業の抜本的見直し」
は，2009年10月20日に閣議決定した**「郵政改革の基本方針」**（首相官邸［2009］）
として取りまとめられている。日本郵政グループ各社等のサービスと経営の実
態を精査するとともに，「郵政改革法案」（仮称）を次期通常国会に提出して確
実な成立を図ることが，郵政事業の抜本的見直し（郵政改革）とされた。

第14章 日本における国際財務報告基準への対応のあり方

1135

郵政改革の基本方針

> 平成21年10月20日
> 閣　議　決　定

　郵政事業の抜本的見直し（郵政改革）については，国民生活の確保及び地域社会の活性化等のため，日本郵政グループ各社等のサービスと経営の実態を精査するほか，以下によるものとして検討を進め，その具体的な内容をまとめた「郵政改革法案」（仮称）を次期通常国会に提出し，その確実な成立を図るものとする。

1．郵政事業に関する国民の権利として，国民共有の財産である郵便局ネットワークを活用し，郵便，郵便貯金，簡易生命保険の基本的なサービスを全国あまねく公平にかつ利用者本位の簡便な方法により，郵便局で一体的に利用できるようにする。

2．このため，郵便局ネットワークを，地域や生活弱者の権利を保障し格差を是正するための拠点として位置付けるとともに，地域のワンストップ行政の拠点としても活用することとする。

3．また，郵便貯金・簡易生命保険の基本的なサービスについてのユニバーサルサービスを法的に担保できる措置を講じるほか，銀行法，保険業法等に代わる新たな規制を検討する。加えて，国民利用者の視点，地域金融や中小企業金融にとっての役割に配慮する。

4．これらの方策を着実に実現するため，現在の持株会社・4分社化体制を見直し，経営形態を再編成する。この場合，郵政事業の機動的経営を確保するため，株式会社形態とする。

5．なお，再編成後の日本郵政グループに対しては，更なる情報開示と説明責任の徹底を義務付けることとする。

6．上記措置に伴い，郵政民営化等の廃止を含め，所要の法律上の措置を講じる。

　「郵政改革の基本方針」に基づいて郵政事業の抜本的見直しが検討されるため，郵政改革法案が取りまとめられるまでの暫定措置として，三党連立政権の政府は，日本郵政株式会社，郵便貯金銀行および郵便保険会社の株式の処分の停止，

第7節 連立政権による政治家主導の政治（政治主導）の基盤確立

旧郵便貯金周知宣伝施設および旧簡易保険加入者福祉施設の譲渡または廃止の停止等について定めた「日本郵政株式会社，郵便貯金銀行及び郵便保険会社の株式の処分の停止等に関する法律案」（いわゆる「郵政株売却凍結法案」）を第173回国会（臨時会）に提出し，2009年12月4日に可決・成立した。

　その一方で，郵政事業の抜本的見直しの具体案が明確でないため，政府は，郵政改革に関するヒアリングを2回（2009年12月11日・25日）実施し，郵政改革に関する意見募集（12月21日）も行っている。また，2010年2月8日の第3回郵政改革関係政策会議で「郵政改革素案—『公益性の高い民間企業』が担う『政府の国民に対する責務』—」（郵政改革関係政策会議［2010.2]）が提示され，その後の審議を経て，①郵貯の預入限度額，簡保の加入限度額（加入後4年後の限度額）および②政府から親会社への出資比率，親会社から子会社への出資比率の検討の方向性が決まり，郵政改革担当大臣と総務大臣の連名による**「郵政改革に関連する諸事項等について（談話）」**（2010年3月24日。内閣官房［2010]）として公表されている。これら諸事項について，内閣としての正式決定に向けた検討の方向性がようやく決まったため，2010年3月中の国会提出を目標に作業が進められていた郵政改革法案は，4月中に法案提出する目標へと改められたのである。

　2010年4月28日に開催された第15回郵政改革関係政策会議において，郵政改革関連法案（郵政改革法，日本郵政株式会社法案，郵政改革法及び日本郵政株式会社法の施行に伴う関係法律の整備等に関する法律案）の議事審議を踏まえて，政府は，郵政改革法案，日本郵政株式会社法案，郵政改革法及び日本郵政株式会社法の施行に伴う関係法律の整備等に関する法律案を4月30日に閣議決定し，第174回国会（常会）において衆議院に提出するに至っている。しかし，これら法案が送付された参議院では，会期である6月16日までに審議未了となり，廃案となった。

　この時期に，三党連立政権は崩壊する。

　連立協議で難航した外交問題は，「主体的な外交戦略を構築し，緊密で対等な日米同盟関係をつくる。日米協力の推進によって未来志向の関係を築くこと

で，より強固な相互の信頼を醸成しつつ，沖縄県民の負担軽減の観点から，日米地位協定の改定を提起し，米軍再編や在日米軍基地のあり方についても見直しの方向で臨む」（民主党・社会民主党・国民新党［2009］，別紙）こととし，連立政権樹立にあたっての政策合意を締結していた。しかし，沖縄の普天間基地移設問題で，民主党の鳩山由紀夫内閣総理大臣が，自由民主党政権時の日米合意で決着する姿勢を示したため，2010年5月に社会民主党が三党連立政権から離脱したのである。

鳩山由紀夫は，この普天間基地移設問題や政治資金問題などによる内閣支持率の下落から，6月2日に内閣総理大臣を辞任する意向を表明し，6月8日に退任した。後任の民主党代表として菅直人が選出され，6月8日に第94代内閣総理大臣に就任する。鳩山内閣で内閣府特命担当大臣（金融担当）・郵政民営化担当大臣であった国民新党の亀井静香代表は，菅内閣でも引き続きこれらの職に就いた。しかし，上述したように，第174回国会（常会）の参議院で郵政改革法案が廃案（6月16日）となったため，民主党と国民新党が合意した政策でもある「郵政事業を抜本的に見直す」ことが達成されなかったとして，民主党との連立政権の解消を表明するまでに発展する。連立政権は維持されることとなるが，結果的に，亀井静香代表は内閣府特命担当大臣（金融担当）・郵政民営化担当大臣を辞任した。

後任として内閣府特命担当大臣（金融担当）・郵政民営化担当大臣に就任したのが，国民新党の自見庄三郎幹事長である（**図表14-16**参照）。

第7節 連立政権による政治家主導の政治（政治主導）の基盤確立

図表14-16　政権政党（政権与党）と内閣府特命担当大臣（金融担当）

（2017年3月現在）

政権政党	内閣総理大臣	金融担当大臣・内閣府特命担当大臣（金融担当）		任期
自由民主党	森喜朗	金融担当大臣	柳澤　伯夫（自由民主党）	2001年1月6日～2001年4月26日 2001年4月26日～2002年9月30日
	小泉純一郎		竹中　平蔵（民間人）	2002年9月30日～2003年9月22日 2003年9月22日～2003年11月19日 2003年11月19日～2004年9月27日
		内閣府特命担当大臣（金融担当）	伊藤　達也（自由民主党）	2004年9月27日～2005年9月21日 2005年9月21日～2005年10月31日
			与謝野　馨（自由民主党）	2005年10月31日～2006年9月26日
	安倍晋三		山本　有二（自由民主党）	2006年9月26日～2007年8月27日
	福田康夫		渡辺　喜美（自由民主党）	2007年8月27日～2007年9月26日 2007年9月26日～2008年8月2日
			茂木　敏充（自由民主党）	2008年8月2日～2008年9月24日
	麻生太郎		中川　昭一（自由民主党）	2008年9月24日～2009年2月17日
			与謝野　馨（自由民主党）	2009年2月17日～2009年9月16日
民主党	鳩山由紀夫		亀井　静香（国民新党）	2009年9月16日～2010年6月8日 2010年6月8日～2010年6月11日
	菅直人		仙石由人（民主党）（事務代理）	2010年6月11日～2010年6月11日
			自見　庄三郎（国民新党）	2010年6月11日～2011年9月2日 2011年9月2日～2012年6月4日
	野田佳彦		松下　忠洋（国民新党）	2012年6月4日～2012年9月10日
			安住　淳（民主党）（事務代理）	2012年9月10日～2012年10月1日
			中塚　一宏（民主党）	2012年10月1日～2012年12月26日
自由民主党	安倍晋三		麻生　太郎（自由民主党）	2012年12月26日～2014年9月3日 2014年9月3日～2014年12月24日 2014年12月24日～2015年10月7日 2015年10月7日～2016年8月3日 2016年8月3日～現在

注：金融行政を担当する特命担当大臣としての「金融担当大臣」は、2003年9月22日に発足した小泉純一郎内閣（第1次小泉第2次改造内閣）から「内閣府特命担当大臣（金融担当）」に改称された。

　自見庄三郎は，民主党と国民新党との連立政権のもとで，内閣府特命担当大臣（金融担当）・郵政民営化担当大臣を2010年6月11日から2012年6月4日まで務めた。政治信念でもある郵政民営化見直し法の可決を含め，「自見大臣2年間の仕事」は次のようにまとめられている。

自見大臣2年間の仕事	
2010年6月11日	菅内閣の郵政改革・金融担当大臣として入閣
2010年9月	日本振興銀行が破綻　初のペイオフを混乱なく実施
2010年9月	菅改造内閣で留任
2010年10月	郵政改革関連法案を閣議決定　国会に提出
2011年1月	第2次改造内閣で留任
2011年4月	金融円滑化法を1年延長（21年4月さらに1年最終延長）
2011年3月11日	東日本大震災発生　即日，日銀総裁と連名で「貸出金の返済猶予，保険金の早期支払い」などの配慮を銀行・保険会社に要請
2011年4月	衆院　郵政改革に関する特別委員会設置　自公両党の店ざらし策で審議進まず　自見庄三郎は閣議のたびに菅総理に審議促進を迫る
2011年6月	国際会計基準（IFRS）の15年強制適用を止めさせる
2011年7月28日	自見，片山総務大臣が連れ立って総理官邸に乗り込み，菅首相に審議促進を直談判
2011年9月	野田内閣発足，留任
2011年10月24日	郵政改革特別委員会（自見，安住氏ら4大臣が所信を表明）
2012年1月	野田改造内閣で留任
2012年3月	民・自・公3党が，2社株の全株処分を「努力目標」とした民営化見直し法案を共同提出
2012年4月27日	郵政民営化見直し法が参院で可決成立

出所：じみ庄三郎後援会［2012c］，1頁。

　ここに「2011年6月　国際会計基準（IFRS）の15年強制適用を止めさせる」と示されているように，日本におけるIFRSsの適用のあり方について政治家主導の政治（政治主導）が展開されたのである。

　　「変転する状況のただ中で，ひとりの人間が終始一貫性を保つひとつの可能性は，
　　すべてを支配する不変の目標に忠実でありながら，状況に応じて変化すること

にある。」

(In the changing situations, the only possibility for a man to sustain the complete consistency is that he must change himself according to the situation while maintaining the faithfulness to the unchanging governing principles.)

—ウィンストン・チャーチル（Sir Winston Leonard Spencer-Churchill）

第8節 「中間報告」等の見直し ─総合的な成熟された議論の展開─

1．政府の「新成長戦略」とその方策としての 会計基準のコンバージェンスへの対応等

政権政党を問わず，会計基準に関する政策は，政府が成長戦略を展開するうえで大きな役割を果たしている。

民主党・国民新党による連立政権は，2010年6月18日に**「新成長戦略～『元気な日本』復活のシナリオ」**を閣議決定した。ここに示された7つの戦略分野のうちの1つが，「金融戦略」である。自見庄三郎内閣府特命担当大臣（金融担当）・郵政民営化担当大臣の誕生は，この新成長戦略が閣議決定される1週間前であった。新成長戦略の取組みについて，2010年8月3日の衆議院財務金融委員会における自見金融担当大臣の所信表明において，「今後，『新金融立国』に向け，総合的な取引所創設を促す制度・施策の検討，プロ向け社債発行・流通市場の整備等を主な施策とし，本年中にアクション・プランを策定することとしております」（金融庁［2010a］）と述べている。

成長戦略における金融の役割は，①実体経済，企業のバックアップ役としてそのサポートを行うこと，②金融自体が成長産業として経済をリードすること，にあるとした。とくに，第2の役割については，より具体的には次のように明記された（首相官邸［2010］，35-36頁）。

「また，金融自身も成長産業として発展できるよう，市場や取引所の整備，金融法制の改革等を進め，ユーザーにとって信頼できる利便性の高い金融産業を構築することによって，金融市場と金融産業の国際競争力を高める。

具体的にはユーロ市場と比肩する市場を我が国に実現するため，プロ向けの社債発行・流通市場を整備するとともに，外国企業等による我が国での資金調達を促進するための英文開示の範囲拡大等を実施する。あわせて，中堅・中小企業に係る会計基準・内部統制報告制度等の見直し，四半期報告の大幅簡素化など，所要の改革を2010年中に行う。また，国民金融資産を成長分野や地域に活用するための方策として，民間金融機関の積極的な取組を促す。さらに，政府系金融機関・財政投融資等の活用やファンドスキームの活用・検討など，官民総動員による対応を進める。

これらの取組を含め，アジアを中心とした新興国が牽引する世界経済の成長に，我が国がアジアの金融センターとして大いに関与しつつ，国民の金融資産の運用を可能とする『新金融立国』を目指し，2010年中から速やかに具体的なアクションを起こす。」

この新成長戦略の実現に向けて，とくに金融の2つの役割が十分に発揮できるための環境整備に向けて，金融庁が，今後取り組んでいく方策の実現に向けた道筋を取りまとめたものが，「**金融資本市場及び金融産業の活性化等のためのアクションプラン（最終版）**」（金融庁［2010c］）である。このアクションプラン（最終版）は，2010年12月7日に「金融資本市場及び金融産業の活性化等のためのアクションプラン（中間案）」（金融庁［2010b］）として公表され，寄せられた意見を踏まえて，12月24日に公表されたものである。

金融庁が今後取り組んでいく方策は，3つの柱（①企業等の規模・成長段階に応じた適切な資金供給，②アジアと日本とをつなぐ金融，③国民が資産を安心して有効に活用できる環境整備）に分けて示されているが，いずれの柱においても会計基準や開示などに関する制度や施策が盛り込まれている。第1の柱では，中小企業等に対するきめ細かで円滑な資金供給の方策の1つとして「中堅・中小

1142

第8節 「中間報告」等の見直し─総合的な成熟された議論の展開─

企業の実態に応じた会計基準・内部統制報告制度等の見直し」を示し，機動的な資金供給等の方策として「開示制度・運用の見直し」と「四半期報告の大幅簡素化」を掲げた。とくに，第2の柱であるアジアと日本とをつなぐ金融では，「アジアの主たる市場（メイン・マーケット）たる日本市場の実現」に向けた方策の1つに「会計基準の国際的な収れん（コンバージェンス）への対応等」を掲げたことを見逃してはならない（金融庁［2010c］。「会計基準の国際的な収れん（コンバージェンス）への対応等」の方策を除き，下記の「アジアの主たる市場（メイン・マーケット）たる日本市場の実現」の10項目の方策の詳細は省略。太字は引用者）。

Ⅱ．アジアと日本とをつなぐ金融

　　日本市場の魅力を向上させ，公正性・透明性を確保するとともに，内外の利用者にとっても信頼できる利便性の高い金融資本市場を実現する。また，我が国の金融機関が，アジア各国で活動する際の障壁を除去する。

1．アジアの主たる市場（メイン・マーケット）たる日本市場の実現

(1) 総合的な取引所（証券・金融・商品）創設を促す制度・施策

(2) 外国企業等による英文開示の範囲拡大等の制度整備

(3) 企業における会計実務充実のための会計専門家の活用等の促進

(4) 株式等のブロックトレードの円滑化

(5) 公募増資に関連した不公正な取引への対応

(6) クロスボーダー取引に係る税制の見直し

(7) 非居住者債券所得非課税制度（J-BIEM）の恒久化・拡充

(8) 会計基準の国際的な収れん（コンバージェンス）への対応等

　　国際会計基準を中心とした国際的な会計基準のコンバージェンス（収れん）に積極的に対応し，より高品質な基準を目指すため，企業会計基準委員会（ASBJ）の活動を支援する。

　　我が国上場企業の連結財務諸表への国際会計基準の適用に関しては，我が国企業や我が国資本市場の成長を支える観点を踏まえつつ，諸外国の動向，国際会計基準の内容等について，検討を行い，平成24年を目途にその是非を判断する。

第14章 日本における国際財務報告基準への対応のあり方

1143

(9) 国際的な金融規制改革への積極的な対応

(10) クロスボーダー取引に対する監視の強化

　先の金融庁・企業会計審議会の「我が国における国際会計基準の取扱いに関する意見書（中間報告）」（2009年6月30日）に示された，日本の会計基準についてのコンバージェンスの継続・加速化に加えて，2010年3月期からのIFRSsの任意適用の開始や2012年を目途にIFRSsの強制適用の是非の判断を行うことが，政府の新成長戦略の実現に向けた方策として具体的に盛り込まれたのである。

2．大臣談話「IFRS適用に関する検討について」

（1）自見金融担当大臣による大臣談話

　金融担当大臣を辞任した亀井静香の後任として，国民新党幹事長であった自見庄三郎が2010年6月11日に就任した。最重要課題は，もっぱら郵政民営化の見直しにあったが，大臣就任1年後の2011年6月21日に，自見庄三郎金融担当大臣は，「**IFRS適用に関する検討について**」と題する大臣談話を発表した。もっとも，金融担当大臣等による談話は珍しいものではなく，大臣就任以降，「IFRS適用に関する検討について」の談話発表までの間に，最初の大臣談話の「日本振興銀行株式会社について」（2010年9月10日）をはじめ，「中小企業金融円滑化法の期限の延長等にあたって」（2010年12月14日），「空売り規制等の厳正な執行を含め，相場操縦等の不正行為に係る監視の徹底，違反行為への厳正な対処等」（2011年3月13日），「金融機関等における本人確認手続きについての特例措置等」（2011年3月24日），「改正中小企業金融円滑化法の成立・施行等にあたって」（2011年4月1日），「東日本大震災を受けた金融機能の確保について」（2011年5月13日）を発表している。

　この大臣談話「IFRS適用に関する検討について」の全文は以下で示すとおりであるが（金融庁・企業会計審議会・企画調整部会合同会議［2011］，参考データは省略），国内外でのさまざまな変化（東日本大震災の発生など）が生じたため，IFRSs適用を促した企業会計審議会の「我が国における国際会計基準の取扱い

第8節 「中間報告」等の見直し―総合的な成熟された議論の展開―

に関する意見書（中間報告）」について，（臨時）委員を増員した企業会計審議
会総会と企画調整部との合同会議で全面見直しの方向で「総合的な成熟された
議論」を展開するとしたのである。

　同時に，①2015年3月期からのIFRSs強制適用は考えていないこと，②仮に
IFRSs強制適用を行う場合であっても，その決定から5～7年程度の十分な準
備期間の設定を行うこと，③すでに「連結財務諸表の用語，様式及び作成方法
に関する規則等の一部を改正する内閣府令」（2009年12月11日）を通じて規制措
置化されていたアメリカ会計基準の2016年3月期での使用禁止について撤廃し
たこと，を表明している。大臣がいうところの「政治主導」（「政治家主導の政治」）
によるものである。

　実のところ，先の郵政大臣就任時に，郵政省が発案した総合経済対策の施策
の1つである地上放送のデジタル化（地上デジタルテレビ放送）に向けた取組み
も，自見郵政大臣の政治主導による決断だといわれている（自見庄三郎［1999］，
247頁，272-273頁，自見庄三郎のブログ，2011年1月21日）。

"IFRS適用に関する検討について"

2011年6月21日　金融担当大臣　自見庄三郎

○　我が国における国際会計基準（IFRS）の適用に関しては，2009年6月に，
　企業会計審議会より「我が国における国際会計基準の取扱いについて（中間報
　告）」が示され，2010年3月期以降任意適用が認められたが，その後，国内外
　で様々な状況変化が生じている。
　・米国ワークプランの公表（2010年2月）
　・IASBとFASBがコンバージェンスの作業の数か月延期を発表（2011年4月）
　・「単体検討会議報告書」の公表（2011年4月28日）
　・産業界からの「要望書」の提出（2011年5月25日）
　・米国SECのIFRS適用に関する作業計画案の公表（2011年5月26日）
　・連合　2012年度重点政策（2011年6月）
　・未曾有の災害である東日本大震災の発生
　・IFRSへの影響力を巡る，アジアを含む国際的な駆け引きの激化

○　IFRS適用については，「中間報告」において方向性が示されているが，上記の「中間報告」以降の変化と2010年3月期から任意適用が開始されている事実，EUによる同等性評価の進捗，東日本大震災の影響を踏まえつつ，さまざまな立場から追加の委員を加えた企業会計審議会総会・企画調整部会合同会議における議論を6月中に開始する。この議論に当たっては，会計基準が単なる技術論だけでなく，国における歴史，経済文化，風土を踏まえた企業のあり方，会社法，税制等の関連する制度，企業の国際競争力などと深い関わりがあることに注目し，さまざまな立場からの意見に広く耳を傾け，会計基準がこれらにもたらす影響を十分に検討し，同時に国内の動向や米国をはじめとする諸外国の状況等を十分に見極めながら総合的な成熟された議論が展開されることを望む。

○　一部で早ければ2015年3月期（すなわち2014年度）にもIFRSの強制適用が行われるのではないかと喧伝されているやに聞くが，「少なくとも2015年3月期についての強制適用は考えておらず，仮に強制適用する場合であってもその決定から5－7年程度の十分な準備期間の設定を行うこと，2016年3月期で使用終了とされている米国基準での開示は使用期限を撤廃し，引き続き使用可能とする」こととする。

　この大臣談話の公表に関連して，自見金融担当大臣は，当時の自身のブログで次のように語っていた（自見庄三郎のブログ，2011年6月22日）。

　「今回のことは，2010年3月期からIFRSが既に国内で任意適用が開始されている事実，国際的にはEUによる同等性評価の進捗や最近の諸外国の動向，更には東日本大震災の影響なども踏まえつつ大きな視点から決断をさせていただきました。
　私は医師で理系の人間です。
　38歳で数式だけでは答えのでない政治という世界に飛び込んでから様々な要素を含む複雑な状況から"合意点"を見出す事は時に傷ついたり多大な労力を伴う難しい作業だと痛感する日々ですが，同時に人間社会を営んで行く上ではこのプ

ロセスは非常に"尊い作業"でもあると思っております。

　委員の方々ならびに関係各所の皆様にはいままでも多大なご尽力をいただいており誠に敬意と感謝の念にたえませんが，今後とも成熟された議論が十二分に尽くされるよう引き続きご尽力いただければと願っております。

　国民の皆様の"代理人"として選んでいただいていることを肝に命じて自分の職責を誠心誠意全うしていく覚悟でおります。」

　加えて，自見庄三郎が金融担当大臣を辞した後，当時を振り返った言及について確認しておくことも有益である。

　金融庁・企業会計審議会の「我が国における国際会計基準の取扱いに関する意見書（中間報告）」（2009年6月30日）の公表後，金融庁によるIFRSs適用に関する一連の規制措置からも窺えるように，IFRSs強制適用の可能性が既定路線かのように展開するなかで，この大臣談話は，自ら方針転換することが困難な金融庁（事務局）に代わって，政治的な決断で抜本的転換を図ったものである（杉本 [2014]，56頁）。参議院議員の在任任期を終える直前に，当時を振り返った自見議員の言葉をそのまま借りれば，次のとおりであった（「日本版IFRS，企業なお慎重―詳細は未定，基準乱立で投資家混乱の恐れ」，『日経ヴェリタス』第278号，2013年7月7日～13日）。

　　「金融担当大臣就任後にIFRS導入の議論がおかしいと感じ始めた。」

　　「導入方針を決めた09年に比べ，米国の情勢も変化していた。IFRSを否定したわけではなく，強制適用を未来永劫（みらいえいごう）やるべきではないとも思わないが，当時は内外の情勢を考えて拙速な判断を避ける狙いがあった。金融庁の事務方では方針を転換するのは難しかったので，私が悪人となって政治主導でやるしかなかった。」

（2）大臣談話発表の要因

　突然発表された感の強い自見庄三郎の大臣談話「IFRS適用に関する検討に

ついて」であるが，その発表に先立つ「6月初旬，来日していたIFRSの総本山，IASB（国際会計基準審議会）のデービッド・トゥイーディー議長に対し，自見庄三郎金融相がそう〔「2014年度からのIFRS強制適用はしません」と：引用者〕断言した」（「製造業界の不満爆発で大逆転　IFRSの強制適用を先送り」，『週刊ダイヤモンド』2011年7月2日号，13頁）事実がある。東日本大震災の発生と当時の日本経済・産業が置かれていた状況ももちろん重要であるが，すでに本書**第13章**で詳述したように，アメリカのIFRSs適用に対するスタンスに変化がみられ始めたことが，日本のIFRSs適用のスタンスに影響を及ぼした最も大きな要因である。

　アメリカの景気減速懸念が広がり，いわゆるドッド・フランク法（ドッド・フランク　ウォール・ストリート改革および消費者保護法）（Dodd-Frank Wall Street Reform and Consumer Protection Act）（2010年7月21日）による金融規制を展開するうえでもIFRSsの導入気運が後退した――まさに絶妙なタイミングで，この大臣談話が発表された当日（ワシントンD.C.の現地時間），証券取引委員会（SEC）のメアリー・シャピロ（Mary L. Schapiro）委員長は，「IFRS適用を求める米企業や投資家の声はそれほど多くはない」，「（適用の判断に向け）まだやるべき作業がたくさんある」などと語り（Schapiro［2011］。「国際会計基準適用に慎重―米SEC委員長，先送り案追認」，『日本経済新聞』2011年6月22日夕刊をも参照），IFRSs適用の是非の判断が遅れる可能性を示唆している。

　ところで，大臣談話を発表する2日前の6月20日，自見金融担当大臣は日本経済団体連合会の米倉弘昌会長に会い，「IFRSに関して有意義な意見交換」を行ったと記している（自見庄三郎のブログ，2011年6月20日）。米倉会長は，国民新党の亀井静香代表と東京大学での同級生でもある。両者のIFRSsに関する具体的な意見交換とは，IFRSsを「仮に強制適用する場合であってもその決定から5－7年程度の十分な準備期間の設定を行うこと」についてである。大臣談話を発表した閣議後記者会見（2011年6月21日）において，自見金融担当大臣は，次のように語っている（金融庁［2011b］）。

第8節　「中間報告」等の見直し―総合的な成熟された議論の展開―

　「3番目でございますが，一部で早ければ2015年3月期，すなわち2014年度にもIFRSの強制適用を行うのではないかと喧伝されているやに聞くわけでございますが，少なくとも2015年3月期についての強制適用は考えておりません。また，仮に強制適用をする場合でも，その決定から5（年）ないし7年程度の十分な準備期間の設定を行うこと，これは昨日，経団連の米倉会長も十分な期間を置くということを言われたということを，私は昨日お会いしまして，たまたま経団連の政治セミナーがございまして，懇親会に行かせていただきまして，米倉会長は直接，具体的な時間は言わなかったそうでございますが，もし仮に強制適用をする場合であっても，十分な時間をいただきたいということを言ったということを私に直接言っておりました。そんなことで，十分な準備期間の設定を行なうこと。」

　この意見交換とは別に，2011年6月20日の日本経済団体連合会での記者会見で，米倉会長は，「国際会計基準について」発言している。この記者会見での発言は，「国際的な基準の統一を目指すことはよいが，日本の産業界，特に製造業は，投資判断となる一時点の企業価値よりも，ゴーイングコンサーン（継続企業の原則）に重きを置いている。IFRS導入に対する米国のスタンスも変化してきていることもあり，わが国でも時間をかけて検討していく方向になっていることは望ましい」（日本経済団体連合会［2011］）というもので，公正価値による評価の性格を多分に有するIFRSsの強制適用の是非の判断について，大臣談話で示された十分な準備期間の設定を行うとしたことと歩調が合っている。

　また，同じ閣議後記者会見のなかで，大臣談話の発表を通じて「2016年3月期で使用終了とされております米国基準での開示は，使用期限を撤廃して，引き続き使用可能とする」ことは，「私の権限でできますけれども，〔枝野幸雄（民主党）：引用者〕官房長官とも話をし，官房長官からも理解を得ておりまして，今日は閣僚懇でもこのことを簡単に，会計基準というのは小さいような話でも，やっぱり雇用の問題，経済の活性化だとか，そういったことで大きな影響力があるわけでございますから，一応簡単に閣僚懇でも申し上げておりました。異議は，何もほかの大臣から出ませんでしたから，ご理解をしていただけたとい

第14章　日本における国際財務報告基準への対応のあり方

1149

うふうに認識をいたしております」（金融庁［2011b］）という説明を加えている。

大臣談話の発表に関わる質疑応答は，大臣談話を発表する経緯をはじめ，IFRSsはもとより，その適用のあり方などに対する自見金融担当大臣の見解について知る手掛かりとなる。質疑応答が必ずしも噛み合わないところもみられるが，次のものは少なからず手掛かりになるだろう（金融庁［2011b］より一部抜粋。下線は引用者）。

【質疑応答】

問）　IFRSの件でちょっと確認です。

先ほどの質問と関連するのですが，つまり（企業会計）審議会での議論次第では，IFRSの強制適用の判断を2012年よりも先，つまり2013年以降に判断ということもあり得るということですか。

答）　それは当然，一番早くて2012年で今やっているわけですから，当然，世界のほかの国の事情，特にアメリカも5年ないし7年かけて判断をするということを，はっきり言っているわけですから，特にアメリカの事情を，私はきちっと見ておく必要があると（思います）。

極端な話をしますと，アメリカより日本が先走って決めることはないのではないかなというふうに，これは個人的意見でございますけれども，率直に言えばそう思っています。アメリカは世界の経済で一番大きいわけですから。

問）　あともう一点ですが，こういう判断をするために，その判断のために，例えば順番として企業会計審議会を先に開くとか，議論が先に普通あるのかなと，順番としてあると思うのですが，今回判断の方が先にあるという，その辺の理由というのは。

答）　それは，今日は私もこれをしっかり勉強させていただきまして，はっきり言えば，これは政治主導でやらせていただいた話でございます。かつて，金融庁は，強制適用という路線で来たわけでございますから，そういった意味で，しかし，今政治主導の話でもございますから，やはり私が皆さん方とも話は

1150

第8節 「中間報告」等の見直し―総合的な成熟された議論の展開―

よくしましたけれども，そういった意味で総括的なことは，きちっと選挙で選ばれた人間が責任を持ってやっていただく，やらせていただくということで，企業会計というのは，今さっき言いましたように，大変一つの経済の基本でございまして，ただ単なる会計の技術論でなくて，税制，あるいは身近には会社法，経済，文化史的にも，その国において企業はどういう格好で発生したのかとか，縦横のつながりが非常に企業というのはございますから，今言いますけれども，イギリスのように産業革命が自然発生的に，ヨーロッパにというのはそういうのが多いのですけれども，それからアメリカのように，非常に自由の見地で資本主義が開いた国と，それから日本のような開発型の資本主義があります。今アジアでは結構多いわけでございますけれども，そういった国における企業というのは，それぞれの国によって違うと思いますし，その国の伝統，歴史，文化を抜きにして企業というのも影響を受けていますから，そこら辺もきちっと考えていく必要があるのではないかと。

　しかし同時に，今さっき言いましたように，会計基準の国際化の必要性は疑うものではないと，ちゃんと申しましたように，その中では共通な部分があるわけですから，それはそれで経済のグローバル化，金融のグローバル化ということもしっかり頭に入れておかねばならないというふうに思っております。

問) 　政治主導というお話だったのですけれども，この考えをまとめるに当たって，大臣は企業以外の投資家からは，ヒアリングはされているのですか。

答) 　それはもう，たくさんの研究者の人にもお会いしましたし，色々な方の話も聞かせていただいております。公認会計士協会の元会長からも話をこの前聞かせていただきまして，色々な関係の方がおられますし，それから色々な方から聞かせていただいています。証券取引所の方とか，特にここは関係がございますから，そんな方々のご意見も，半年かけてしっかり書物も読みましたし，勉強もさせていただきました。やっぱり私は最終決定者ですから，責任がございますし，間違った判断をしたらとんでもないことになりますから，

第14章 日本における国際財務報告基準への対応のあり方

1151

神に祈るような気持ちで，私は今の日本の経済情勢，それから置かれた世界での環境，「鳥の目と虫の目が大事だ」ということを言いますけれども，これは鳥の目のようなところもございますから，世界との関係の中で判断をさせていただいたということです。

ちなみに，鳥の目はマクロの視点を，虫の目はミクロの視点を意味するもので，自見金融担当大臣の持論である。2012年の新年の抱負として，ヨーロッパ危機が世界に波及しないように周到に配慮対応すること（鳥の目），被災者，中小零細企業・小規模金融機関へのきめ細かな配慮（虫の目）を語っている（じみ庄三郎後援会［2012a］）。

アメリカのワークプラン（2010年2月），IASBとFASBによるコンバージェンス作業，アメリカSECのIFRSs適用に関する作業計画案などは，すでに本書の**前章**までで詳しく説明してきたので，ここでは，産業界からの「要望書」と連合（日本労働組合総連合会）の「2012年度重点政策」について確認しておきたい（「単体財務諸表に関する検討会議」と「単体検討会議報告書」については後述する）。

① 産業界からの「要望書」

2010年3月期からのIFRSs任意適用を容認した後に生じた国内外でのさまざまな状況変化の1つとして，「産業界からの『要望書』の提出（2011年5月25日）」を指摘している。この産業界からの要望書は，正式には**「我が国のIFRS対応に関する要望」**（産業界［2011］）である。この産業界からの要望書は，「金融（担当）大臣の私にも5月25日にまいりました」（金融庁［2011b］）と，大臣談話を発表した閣議後記者会見において，その事実を認めている。

産業界から出された要望は，次の2つである（産業界［2011］，2/3頁）。

① 【上場企業の連結財務諸表へのIFRSの適用の是非を含めた制度設計の全体像

について，国際情勢の分析・共有を踏まえて，早急に議論を開始すること。】

② 【全体の制度設計の結論を出すのに時間を要する場合には，産業界に不要な準備コストが発生しないよう，十分な準備期間（例えば５年），猶予措置を設ける（米国基準による開示の引き続きの容認）こと等が必要。】

　これら２つの要望を示す際に，産業界は「要望書」において，①現在および今後のIFRSsの検討項目には大きな足かせとなりかねないものがあること，②「野心的」ともいうべき全上場企業へのIFRSs適用の目標に関わる制度が不透明なこと，③アメリカのIFRSs適用の是非に関する意思決定が延期されているなかで，「連結財務諸表の用語，様式及び作成方法に関する規則等の一部を改正する内閣府令」によってアメリカ会計基準を2016年３月期で使用禁止とするとともに，2015年からIFRSsの強制適用が始まると喧伝されていること，そしてなによりも，④東日本大震災が発生し，IFRSsの導入が日本経済・産業の復興に資する高いプライオリティがあるかについての疑問と不安感があること，などを力説していることも看過すべきではない（産業界 [2011]，1/3-2/3頁。下線は引用者）。

　我々は国際社会との接点なしには活動はできず，資金調達もグローバルに行われており，会計基準の国際化の必要性については疑う余地は無い。一方，現在及び今後のIFRSの検討項目を見ると，欧米等先進国のみならず中国やインド等の新興国の台頭で国際競争が一層厳しくなっている環境下で，我々が日本に立地を続け，雇用を抱えていく上で大きな足かせとなりかねないものも含まれている。

　また，国際情勢を見てみると，米国，インド，中国をはじめとして，諸外国の対応は以前ほど積極的ではなく，明らかに後退している。加えて，日本の会計基準のコンバージェンスが進み，重要な差異が概ね解消され，欧州から同等とみなされていること，国際的な資金調達を真に必要とする企業には任意適用の道が開かれている。このような国際情勢の変化，これまで我が国が取ってきた対応を踏まえ，新たな国際戦略構築が急務である。

1153

このように我々の国内における活動の継続に対する懸念，国際情勢の変更にも拘わらず，積極的なコンバージェンスを続けつつ，また上場企業の全てにIFRSを適用する可能性を模索するという「野心的」とも言うべき目標は掲げ続けられたままである。税や配当との関わり等から我が国固有の単体基準のあり方の議論は開始されているが，上場企業のどこまで，どのタイミングまでにIFRSを適用するか議論が開始されていないため，制度の全体像は未だ見えない。

さらに，米国は最終対応案を提案するに際し最短の適用期限についての延長を行っているにも拘わらず，日本においては，米国基準の利用停止を早々に決定したことに加え，早ければ2015年から強制適用という企業会計審議会中間報告の想定期限が一人歩きしてしまっている。

遡りの対応が求められることもあって，強制適用という方針が決定されていないにも拘わらず，企業側が莫大な負担をもってなし崩し的な対応を迫られるという異常ともいうべき事態が発生しており，我々産業界は大きな不安を抱えている。

さらに，本年3月に発生した東日本大震災は上記のような産業界全体としての不安感の増大にさらに拍車をかけている。今の日本経済，産業界には不急不要のコストを払う余裕は全くない。雇用の維持や事業の早期復旧等なすべきことが多々ある中で，事業環境のあり方についても丁寧なプライオリティづけを行うべきである。莫大なコストと事務負担が発生するIFRSへの対応は真に高いプライオリティなのか，また，復興過程においての景気循環が想定される中，中長期を見据えて，景気同調性が高く収益の変動がより起こりやすいIFRSの導入が真に日本の経済，産業の復興に資するかをきちんと検証することが必要である。

産業界からの「要望書」の取りまとめに賛同した企業・団体は，新日本製鐵，JFEホールディングス，住友金属工業，トヨタ自動車，パナソニック，日立製作所，東芝，三菱電機，三菱重工業，IHI，キヤノン，旭化成，三菱ケミカルホールディングス，三菱UFJリース，三菱地所，JXホールディングス，ニコン，セブン＆アイ・ホールディングス，リコー，東海ゴム工業，愛知産業，日本商工会議所の21社・1団体である。「要望書」に名を連ねるこれらの企業・

団体の発起人は，確かに会長，社長や顧問も3名いるが，そのほとんどが副社長（4名），取締役・執行役員（12名），監査役（2名）および理事（1名）である。

実のところ，この産業界からの「要望書」は，主要企業の財務担当役員等をメンバーとする経済産業省の企業財務委員会が深く関与している。

しばらく休会していた企業財務委員会が，2009年11月16日に企業財務委員会（第16回）を再開した。その再開理由は，2010年3月期からのIFRSs任意適用と2012年におけるIFRSs強制適用の是非についての最終判断を控え，会計基準の国際化を巡る活発な議論が展開されているなかで，会計制度が実体経済，企業経営や企業の国際競争力に及ぼす影響等について経営の視点から議論し，「経済産業政策及び関係者との意見調整に繋げること」（経済産業省・企業財務委員会［2009］，資料2）にある。

企業財務委員会の当面の検討課題は，次の4つの項目とした（経済産業省・企業財務委員会［2009］，資料2）。

① 会計基準の国際化と経済，企業経営，事業管理等との関係
② 金融商品取引法会計と会社法・税法との関係
③ IFRSの導入を念頭においた，関連開示制度のあり方
④ 国際コンバージェンス個別項目の企業経営への影響把握と対応。欧州でのIFRS導入企業（主に製造業）の実態調査等。

企業財務委員会の委員は，委員長と委員長代理を含めて28名（24社・4団体）である（2009年12月現在）。このうち，上述した産業界からの「要望書」の取りまとめに賛同した企業・団体（21社・1団体）のうち，旭化成，三菱ケミカル，三菱UFJリース，三菱地所，JXホールディングス，ニコンの6社を除き，15社・1団体が同じである。また，「要望書」に名前を連ねたこれら6社は，旭化成を除き，三菱グループ会社であるが，これは，企業財務委員会委員長（佐藤行弘三菱電機株式会社常任顧問）との結び付きによるものであろう。

1155

また，ソニー，富士通，オリックス，小松製作所，住友商事，東京電力，住友化学，新日本石油，三井物産，関西経済連合会，日本経済団体連合会，経済同友会の9社・3団体は，企業財務委員会の委員であるが，産業界からの「要望書」には名前を連ねていない（これらの企業・団体のすべてが，産業界からの「要望書」に反対していることを必ずしも意味するものではない）。

■経済産業省・企業財務委員会「中間報告書」

　産業界からの「要望書」の取りまとめに先立ち，企業財務委員会は，第16回（2009年11月16日）から第18回（2010年3月25日）までの会議で，委員会での議論を下支えするために立ち上げられた実務者レベルによるワーキンググループでの検討結果などをもとに，会計の国際化に対応した国内制度のあり方等について検討し，2010年4月19日に「中間報告書」として取りまとめている。この**中間報告書「会計基準の国際的調和を踏まえた我が国経済および企業の持続的な成長に向けた会計・開示制度のあり方について」**（経済産業省・企業財務委員会 [2010]）は，第1部「コンバージェンスに係る国内制度のあり方について」，第2部「2012年のIFRS強制適用判断に向けて検討が必要となる事項について」からなるが，その提言の骨子は，最終的に次のようにまとめられている（経済産業省・企業財務委員会 [2010]，28頁。第1部と第2部のタイトルを除き，下線は引用者）。

第1部　コンバージェンスに係る国内制度のあり方について

　我が国にとって影響の大きな会計項目について急速にコンバージェンスの議論が進んでいる中，会計の国際化は，日本企業にとって重要な取組であることは疑う余地はない。会計の国際化を円滑に進めるためにも，国内制度をどう構築すべきかの議論についてはコンバージェンスの議論と並行的に検討が行われるべきであり，一刻の猶予もない状況である。

　まず，非上場企業の会計のあり方については，資本市場からの資金調達が限定されているという背景の違いを踏まえ，会計基準の国際化とは切り離し，実態に即した結論が得られるよう，引き続き関係各所において議論が進められる

ことを求める。

　また，上場企業の単体については，基軸となる会計思想の整理や，連結先行の明確化及び連結と単体を一旦分離した「連単分離」の議論が必要であり，会計基準設定主体を始めとする幅広い利害関係者が一体となった国内制度の検討の場が設定されることを求める。

　このような取組に対する意見発信を継続的に行うべく，企業財務委員会においても，国内制度の基軸となる重要な会計思想，契約等の商慣行や各種規制への影響を含む会計基準見直しの影響と必要となる対応について，引き続き検討していくことが必要である。

第2部　2012年のIFRS強制適用判断に向けて〔検討が必要となる事項について：引用者〕

　IFRSの適用判断においては，国内経済への影響や既存の国内規制環境との関係等，慎重な検討を要する事柄が多いが，2012年の適用判断の考慮要素として会計制度と密接な関係にある情報開示制度全体の再設計（監査対応，内部統制制度，非財務情報開示等）の視点を盛り込むべきである。

　要するに，企業財務委員会は，①非上場企業のための会計，②連結先行の明確化および連結と単体を一旦分離した「連単分離」の議論（「単体」について関係者が一体となった検討），③IFRSs強制適用の是非の判断に資する開示制度全体の再設計を求めている。

■東京財団政策提言「日本のIFRS（国際財務報告基準）対応に関する提言」

　産業界からの「要望書」が提出されるに先立ち，2010年12月に，類似した，さらに踏み込んだ見解を取りまとめた政策提言が，公益財団法人東京財団から公表されている。この**政策提言「日本のIFRS（国際財務報告基準）対応に関する提言」**は，東京財団の政策研究プロジェクト「会社の本質と資本主義の変質」における研究成果である（東京財団政策研究［2010］，本提言の骨子，1頁。各提言が記述されている章の記載については省略）。

■現在の上場企業強制適用の決定スケジュール（2012年を目途に判断，最速で2015年に強制適用開始）を直ちに白紙に戻すべき。また，米国基準の国内企業への適用終了期限（2016年3月期まで）も撤廃すべき。

■IFRSの強制適用は不要。IFRSの会計基準としての品質には理論・実務両面から問題があり，投資家のためにもならない。企業の自由意思による選択適用とすべき。仮にIFRSが有用な基準であれば自然に採用企業は増え，そうでなければ増えず，それで不都合はない。

（選択適用とすべき理由）

・IFRSの会計観（資産負債アプローチ，公正価値，プリンシプル・ベース）とそこから導かれる基準には理論面，実務面において本質的な欠陥がある。また，過去の業績〔（当期純利益）：引用者〕より将来キャッシュフローの予測〔（将来キャッシュフローの増分としての包括利益）：引用者〕を目指すIFRSの方向性は投資家のためにも，経営者のためにもならない。品質に問題がある会計基準を強制すべきではない。

・IFRSへの莫大な対応コスト（システム投資，人的投資，今後の改訂への対応コスト等）を強制的に企業に負担させるべきではない。

・日本の民主的統制のプロセス無しに開発，改訂されるIFRSを日本企業に強制適用することは憲法に定める罪刑法定主義に反する可能性がある。

・税務上の負担を大幅に増やすこととなる。

■選択適用とした場合でもIFRSの内容を変えるべく戦略的に動くべき。

・まず，IFRSの内容に関する日本の立ち位置についての国民的議論が必要。

・その際の方向性は「会計の目的は将来キャッシュフローの予測ではなく，過去の業績の結果である」という考え方に立脚すべき。

・業績重視の会計基準とするため，米国，中国等，国内に有形固定資産の比率が高い産業を抱える国と連携してIASBに圧力をかけることが必要。

　この政策提言は，IFRSの理論的・実務的・法的な問題点を述べることで，たとえばIFRS導入の利点の根拠（「財務諸表の質の向上」，「投資家が分析しやすくなる」，「財務諸表の比較可能性の向上」など）は薄弱であり，IFRSの会計基準としての優位性を否定したものである。その論理展開の結果，導き出した日本

1158

の会計基準戦略のスタンスは，次の2点である（東京財団政策研究［2010］，30頁）。

　①　IFRSを上場企業についても選択適用とし，なるべく早く表明する。

　②　選択適用にするにしても，IFRSの日本企業への適用に際しては，カーブアウトの余地を残すとともに，それをしっかりと審査する体制をつくる。

　なお，日本におけるIFRSsの強制適用に断固反対する論陣を張った，「IFRSに異議あり」と題する岩井・佐藤［2011］は，この東京財団の政策研究プロジェクトの研究会メンバーによるものであり，上記の政策提言を読み物としてまとめたものである。

②　連合「2012年度　連合の重点政策」

　大臣談話「IFRS適用に関する検討について」が発表された翌日の自見庄三郎のブログ（2011年6月22日）によれば，自見大臣室で，「本日午後には連合からの2011年度重点政策の申し入れで昨日発表させていただいた国際会計基準への要請も拝聴させていただきました」とある（連合の各年度の重点政策は毎年7月から翌年の6月までの1年間を年度としており，「『2011年度　連合の重点政策』（2010年7月～2011年6月）」（連合［2010］）ではなく，正しくは「『2012年度　連合の重点政策』（2011年7月～2012年6月）」（連合［2011］）である）。つまり，このブログの記述が正しいとすれば，大臣談話において「国内外で様々な状況変化が生じている」一例としたはずの「2012年度　連合の重点政策」でのIFRSsに対する要請の説明を，大臣談話発表の翌日に受けているのである。

　2011年度の連合の重点政策には，会計基準に関する政策は盛り込まれていない。重点政策の各論における「(5)公正・公平な社会の実現」に，単に「④企業法制改革，企業買収ルールなどの整備」が明記されているだけである。

　しかし，2012年度の重点政策では，筆頭に掲げた「震災からの復興・再生に向けて」の重点政策に続く，「『働くことを軸とする安心社会』の実現に向けて」の重点政策での「(1)日本経済の持続的・安定的成長軌道への復帰と雇用創出，人材育成」において，初めて会計基準についての重点政策を掲げている（連合［2011］。下線は引用者）。

④労働者など多様な関係者の利益に資する企業法制改革と会計基準の実現

b）上場会社の連結財務諸表に対してIFRS（国際財務報告基準・国際会計基準）を強制適用することを当面見送る方針を早期に明確にする。また，個別財務諸表に対する会計基準は，注記などによる透明性確保を前提に，日本の産業構造や企業活動の実態に照らして適切な事項のみをコンバージェンス（収れん）し，その結果として連結財務諸表と個別財務諸表の会計基準が異なることも許容する。

なお，「労働者など多様な関係者の利益に資する会計基準の実現」や「IFRSへの対応方針」が連合の重点政策に掲げられるのは，2012年度から2014年度までの３年間であり，2015年度以降の重点政策（連合［2014］，連合［2015］）にはIFRSへの対応方針などに関する重点政策はみられない。

「2013年度　連合の重点政策」（2012年７月～2013年６月）（連合［2012］）

２．重点政策

⑵日本再生・分厚い中間層の復活に繋げる経済・産業政策と雇用政策の一体的推進

④労働者など多様な関係者の利益に資する企業法制改革と会計基準の実現

b）国際財務報告基準（IFRS）への対応方針は，労働者など多様な「利用者」の理解と納得の上に検討し，日本の産業構造や企業活動の実態に即した，経済成長と雇用の維持・創出に寄与するものとする。また，「少なくとも2015年３月期についての強制適用は考えておらず，仮に強制適用する場合であってもその決定から５～７年程度の十分な準備期間の設定を行う」という2011年６月21日の金融担当大臣方針を堅持する。

「2014年度　連合の重点政策」（2013年７月～2014年６月）（連合［2013］）

２．重点政策

【「働くことを軸とする安心社会」の実現に向けて】

⑴持続可能で健全な経済の発展

第8節 「中間報告」等の見直し―総合的な成熟された議論の展開―

①日本再生・分厚い中間層の復活に繋げる経済・産業政策と雇用政策の一体的推進

g）国際財務報告基準（IFRS）への対応方針は，労働者など多様な「利用者」の理解と納得の上に検討し，日本の産業構造や企業活動の実態に即した，経済成長と雇用の維持・創出に寄与するものとする。また，当面は，上場企業の連結財務諸表に対してIFRSを強制適用するべきではなく，任意適用を継続する。

3．企業会計審議会総会・企画調整部会合同会議での「総合的な成熟された議論」

「さまざまな立場から追加の委員を加えた企業会計審議会総会・企画調整部会合同会議における議論を6月中に開始する。この議論に当たっては，会計基準が単なる技術論だけでなく，国における歴史，経済文化，風土を踏まえた企業のあり方，会社法，税制等の関連する制度，企業の国際競争力などと深い関わりがあることに注目し，さまざまな立場からの意見に広く耳を傾け，会計基準がこれらにもたらす影響を十分に検討し，同時に国内の動向や米国をはじめとする諸外国の状況等を十分に見極めながら総合的な成熟された議論が展開されることを望む」――大臣談話「IFRS適用に関する検討について」で明言されたととおり，企業会計審議会企画調整部会に新たに10名の臨時委員を加えて，2011年6月30日に「総合的な成熟された議論」を開始するための企業会計審議会総会・企画調整部会合同会議（第1回）が招集された（**図表14-17参照**）。

図表14-17　企業会計審議会委員・企業会計審議会企画調整部会委員等

(2011年6月30日現在)

企業会計審議会			企業会計審議会企画調整部会		
会　長	安藤　英義	専修大学教授	部 会 長	安藤　英義	専修大学教授
委　　員	荒谷　裕子	法政大学教授	委　　員	岩原　紳作	東京大学大学院教授
	五十嵐則夫	横浜国立大学教授		引頭　麻実	㈱大和総研執行役員
	泉本小夜子	公認会計士		黒川　行治	慶應義塾大学教授

第14章　日本における国際財務報告基準への対応のあり方

	岩原　紳作	東京大学大学院教授
	引頭　麻実	㈱大和総研執行役員
	黒川　行治	慶應義塾大学教授
	斉藤　　惇	㈱東京証券取引所グループ取締役兼代表執行役社長
	柴田　拓美	野村ホールディングス㈱グループCOO
	島崎　憲明	住友商事㈱特別顧問
	関根　愛子	公認会計士
	錢高　一善	錢高組代表取締役社長
	武井　　優	東京電力㈱取締役副社長
	永井　知美	㈱東レ経営研究所シニアアナリスト
	西村　義明	東海ゴム工業㈱代表取締役社長
	根本　直子	スタンダード＆プアーズマネージングディレクター
	八田　進二	青山学院大学大学院教授
	八木　和則	横河電機㈱顧問
	脇田　良一	名古屋経済大学大学院教授

	斉藤　　惇	㈱東京証券取引所グループ取締役兼代表執行役社長
	柴田　拓美	野村ホールディングス㈱グループCOO
	島崎　憲明	住友商事㈱特別顧問
	永井　知美	㈱東レ経営研究所シニアアナリスト
	西村　義明	東海ゴム工業㈱代表取締役社長
臨時委員	池尾　和人	慶應義塾大学教授
	池田　隼啓	日本税理士会連合会会長
	伊地知隆彦*	トヨタ自動車㈱取締役・専務役員
	逵見　直人*	日本労働組合総連合会副事務局長
	大武健一郎*	TKC全国会会長
	加護野忠男	甲南大学特別客員教授
	河﨑　照行	甲南大学会計大学院長
	神田　秀樹	東京大学大学院教授
	久保田政一	㈳日本経済団体連合会専務理事
	小宮山　賢	公認会計士
	斎藤　静樹	明治学院大学教授
	佐藤　行弘*	三菱電機㈱常任顧問
	鈴木　行生*	㈱日本ベル投資研究所代表取締役
	高橋　秀夫	公益財団法人財務会計基準機構代表理事常務
	谷口　進一*	新日本製鐵㈱代表取締役副社長
	辻山　栄子	早稲田大学教授
	西川　郁生	企業会計基準委員会委員長
	萩原　敏孝	公益財団法人財務会計基準機構理事長
	廣瀬　　博*	住友化学工業㈱取締役会長
	藤沼　亜起	公認会計士・元国際会計士連盟（IFAC）会長
	松島　憲之	日本証券アナリスト協会ディスクロージャー研究会座長（シティグループ証券㈱マネジングディレクター）
	宮城　　勉	日本商工会議所常務理事
	弥永　真生	筑波大学大学院教授
	山崎　彰三	日本公認会計士協会会長
	米田　道生	㈱大阪証券取引所代表取締役社長
	和地　　孝*	テルモ㈱取締役名誉会長
専門委員	大日方　隆	東京大学大学院教授
	川村　義則	早稲田大学教授
幹　　事	坂本　三郎	法務省民事局参事官

注：氏名に*印を付した臨時委員が，自見金融担当大臣によって追加された臨時委員である。

出所：金融庁・企業会計審議会総会・企画調整部会合同会議参考資料（各委員名簿）をもとに作成。

第8節　「中間報告」等の見直し─総合的な成熟された議論の展開─

　さまざまな立場からの意見に広く耳を傾けるための臨時委員の増員であるが，その内訳は，産業界5名，連合1名，中小企業の税理士集団1名，アナリスト1名，学界2名である。とくに，産業界からの5社のうち4社は，経済産業省・企業財務委員会委員等の企業である。IFRSs任意適用企業および任意適用決定企業が100社を上回るなかで（2016年2月現在），産業界からの臨時委員が所属する企業が現在適用する会計基準は，日本の会計基準（2社），アメリカ会計基準（2社）であり，IFRSsの任意適用または修正国際基準（JMIS）の適用はみられない。

　このうち，日本の会計基準（「連結財務諸表の用語，様式及び作成方法に関する規則」）を適用している住友化学は，決算短信（連結）の「会計基準の選択に関する基本的な考え方」において，IFRSsの適用時期等は「諸情勢を考慮しながら，検討を進めております」（住友化学［2015］，7頁）としていたが，2016年3月期の決算短信では，より具体的に，「資本市場における財務諸表の国際的な比較可能性の向上や会計処理の標準化によるグループ経営管理の向上等を目的とし，平成30年3月期末決算から国際財務報告基準（IFRS）を任意適用することを前提として準備を進めております」（住友化学［2016］，7頁）とした（住友化学工業は，2004年に住友化学に商号変更している。金融庁・企業会計審議会総会・企画調整部会合同会議の参考資料（企業会計審議会企画調整部会委員等名簿）での委員・臨時委員等の現職の記載は旧商号のままである）。

　同様に，日本の会計基準を適用する新日本製鐵（現新日鐵住金）も，決算短信（連結）の「会計基準の選択に関する基本的な考え方」において，次のようにIFRSsの適用の検討（平成27年3月期決算短信〔日本基準〕（連結）（2015年4月28日）），さらには，IFRSsまたは修正国際基準（JMIS）の適用の検討（平成28年3月期決算短信〔日本基準〕（連結）（2016年4月28日））を表明している。

【平成27年3月期決算短信〔日本基準〕（連結）】

「会計基準の選択に関する基本的な考え方」：

　当社グループはグローバル展開を推進しており，IFRSの適用について検

第14章　日本における国際財務報告基準への対応のあり方

1163

討を進めております。

【平成28年3月期決算短信〔日本基準〕（連結）】

「会計基準の選択に関する基本的な考え方」：

　当社グループはグローバル展開を推進しており，国際的な会計基準への移行について，平成31年3月期第1四半期からの適用を目途に検討を進めております。なお，国際的な会計基準として，IFRS（指定国際会計基準）又はJMIS（修正国際基準）の適用を検討しております。

出所：新日鐵住金［2015］，14頁および新日鐵住金［2016］，9頁。

　また，日本での連結財務諸表制度が設定される以前からアメリカ会計基準を適用している三菱電機グループは，決算短信（連結）の「会計基準の選択に関する基本的な考え方」で，「IFRS（国際財務報告基準）の適用につきましては，国内外の諸情勢を考慮の上，適切に対応していく方針であります」（三菱電機［2016］，16頁）としている。

　ところで，実のところ，「企業会計審議会令」第4条第1項は，「会長，委員及び臨時委員は，学識経験のある者のうちから，金融庁長官が任命する」と規定している。審議会に部会を置くことができ，「部会に属すべき委員，臨時委員及び専門委員は，会長が指名する」（第6条第2項）。もちろん今回の臨時委員の増員についても，最終的な任命は金融庁長官だったのかもしれないが，大臣談話を素直に読めば，そもそも企業会計審議会企画調整部会に臨時委員を増員したのは金融担当大臣とも解しうる。

　ここで最も大きな疑問を抱くのは，なぜ企業会計審議会総会・企画調整部会合同会議による審議形態を採用したかである。

　中央省庁等改革を推進するため，審議会等の整理合理化に関する基本的計画を定めた**「審議会等の整理合理化に関する基本的計画」**（1999年4月27日閣議決定）のもとで，そもそも企業会計審議会は，府省再編時に内閣府に移管されることによって，「国家行政組織法」第8条の審議会等ではなくなる審議会等（18審議会等）のなかの「法施行型審議会」（7審議会等）の1つとされた。ここで**「法**

第8節 「中間報告」等の見直し—総合的な成熟された議論の展開—

施行型審議会」とは，「行政の執行過程における計画や基準の作成，不服審査，行政処分等に係る事項について，法律又は政令により，審議会等が決定若しくは同意機関とされている場合又は審議会等への必要的付議が定められている場合に，当該事項のみを審議事項とする審議会等」（別表「審議会等の整理合理化関係」）をいう。

「審議会等の整理合理化に関する基本的計画」の別紙2「審議会等の組織に関する指針」は，審議会等の下部機関である部会の結論は，委員及び議事に関係のある臨時委員により決定するものとし（5，(1)，②），また，「分科会，部会において審議が行われた事項に係る審議会等としての意思決定は，原則として，総会における総合的な審議を経た上で，総会の議決により行うものとする」（5，(2)）と定めている。また，「審議事項によっては，分科会，部会の委員構成等にも配慮した上で，諮問権者の同意を得て，あらかじめ総会の定めにより，分科会，部会の結論をもって審議会等の意思決定とすることができる」（5，(2)）。

つまり，「我が国における国際会計基準の取扱いに関する意見書（中間報告）」が取りまとめられたプロセスのように，基本的な審議スタイルは，企業会計審議会の下部機関である企画調整部会でまず議論し，その決定を受けて，企業会計審議会総会で審議・議決するもののはずである。

そうだとすると，企業会計審議会総会・企画調整部会合同会議による審議形態は，金融担当大臣または金融庁（事務局）のいずれの思惑によるものなのだろうか。

企画調整部会の臨時委員を10名増員した金融担当大臣の「政治的決断」による思惑からすれば，また，大臣談話の趣旨に照らせば，従来の基本的な審議スタイルを踏襲して企画調整部会を単独で開催する方が，「我が国における国際会計基準の取扱いに関する意見書（中間報告）」の事実上の見直しの性格を帯びた「総合的な成熟された議論」を展開しやすいはずである。

「審議会等の整理合理化に関する基本的計画」の別紙2「審議会等の組織に関する指針」は，審議会等の組織の「委員数については，原則として20名以内とし，これを上回る必要がある場合であっても，30名を超えないものとする」

(1)としている。また，審議会等の組織は，通常の委員に加えて，臨時委員，特別委員，専門委員を置くことができ，「臨時委員は，特別の事項に関する審議に関しては当該審議会等の意思決定に当たって議決権を有するものとする」(1，(1)) という。企業会計審議会令第2条も，「審議会は，会長及び委員19人以内で組織する」（第1項）とともに，「審議会に，特別の事項を調査審議させるため必要があるときは，臨時委員を置くことができる」（第2項）と定めている。

　合同会議による審議スタイルによれば，通常の委員と臨時委員との区別は形式的なものに過ぎず，いずれも意思決定にあたって議決権を有することからすれば，通常の委員だけによる実質審議と何ら変わらない。今般の企画調整部会の10名の臨時委員の増員による合同会議の委員・臨時委員数は40名となり，こうした実質審議は，「審議会等の組織に関する指針」で定める委員数（原則20名以内，最大30名まで）に抵触する禁じ手ともなりかねない。もちろん，こうした実質審議と変わらないと解した場合，そもそも10名の臨時委員を増員することで，企画調整部会の委員8名，臨時委員26名としたことにも同じ問題をもたらすことになる。

　この点については，たとえば，次のような憶測まで飛んでいる（磯山［2011］）。

　　「国際的な金融規制の当事者でもある金融庁の現場は，この段階で日本がIFRSに背を向ければ，様々な国際交渉で日本の発言力が落ちると強く警戒している。このため，大臣の無茶な注文にも面従腹背を貫いているとされる。

　　6月に開いた〔企業会計：引用者〕審議会を，反対派が多数占めた『企画調整部会』として開催するのではなく，本委員会と合同の総会にしたのも，強引な多数決によるIFRS揺り戻しを恐れた金融庁の現場の智恵とされる。」

　また，企業会計審議会総会・企画調整部会合同会議（第1回）の「国際会計基準（IFRS）について」の議事のために準備された資料は，次の7点であるが，大臣談話や大臣提案の検討事項および金融庁準備の資料を除くと，産業界や連合などが日本の会計基準のあり方について表明した各種文書である。

■資料1：自見金融担当大臣談話「IFRS適用に関する検討について」（2011年6月21日）
■資料2：国際会計基準について（米国の状況）
■資料3：「単体財務諸表に関する検討会議」報告書（2011年4月28日）
■資料4：産業界：「我が国のIFRS対応に関する要望」（2011年5月25日）
■資料5：連合：「2012年度　連合の重点政策」（抄）（2011年6月30日）
■資料6：経団連：「国際会計基準（IFRS）の適用に関する早期検討を求める」（2011年6月29日）
■配布資料：自見庄三郎大臣 提案 検討事項

　この企業会計審議会総会・企画調整部会合同会議（第1回）での自見金融担当大臣の冒頭あいさつは，基本的には先の「IFRS適用に関する検討について」の反復であるが，「政治主導」による色彩の強い項目についてより詳しく述べている。たとえば，次のような点についてである（金融庁・企業会計審議会総会・企画調整部会合同会議［2011a］より一部抜粋。太字と下線は引用者）。

　「我が国においても産業界から要望書（我が国にIFRS対応に関する要望'）'）が私のところも含めて関係各所に出されております。
　また，連合の『2012年度　連合の重点政策』においても『労働者など多様な関係者の利害に資する企業法制度改革と会計基準の実現』との項目で，上場企業の連結財務諸表についてIFRSを強制適用することについては当面見送る方針を早期に明確にするという方針が示されております。
　また，3月11日に未曾有の災害である東日本大震災が発生をいたしまして，復興に向けた足取りを着実なものにする環境整備が求められるところでございます。」

　「また，そもそも，IFRSの強制適用の決定が行われていないにも関わらず，適切な準備期間の精査もなされず，あたかも強制適用が当然の前提であるかのような状況が生じていることが問題でございます。経済活動に対する不要なコスト・

負担を生じさせてはなりません。当初は米国の例に倣い3年としておりましたが，適切な準備期間の設定は金融庁として当然の使命であると考えております。今回は，仮に強制適用を行なった場合について，実態に即した5－7年の準備期間の設定を行うこととしたもので，適用の延期ではないことをご理解いただきたいと思います。また，米国基準の使用期限を2016年3月と定めたことの撤廃を行なうことといたしました。

さらに，米国SECがワークプランで対応を進めているように制度の導入を図る者がその必要性，影響を自ら検証，説明するのは当たり前のことです。そもそも，会計制度は国における歴史，経済文化，風土を踏まえた企業のあり方，会社法，税制等の関連する制度，企業の国際競争力などと深い関わりがあります。このような幅広い視点から，ワークプランで導入の利点と影響を広範に検討するとともにラウンドテーブル等を開催し，国民への説明責任を果たしている米国と同様の対応が必要であると考えます。

このような状況に鑑み，経済活動に対する不要な負担・コストが発生することがないよう必要な措置を講じることに加えて，中間報告で"とりあえずの目標"とされている2012年にとらわれず，<u>総合的に成熟された議論を早急に開始することが，正しい国民理解を得る上で金融庁がなすべきことと考え，今回は**政治的な決断**として大きく舵を切らせていただきました。</u>」

合同会議での冒頭あいさつに続いて，合同会議での「総合的な成熟された議論」を通じて要請した検討事項は，次の4点である（金融庁・企業会計審議会総会・企画調整部会合同会議［2011c］）。これらの検討事項は，事実上，「中間報告」の見直しを意味するとともに，おのずと「中間報告」による規制措置の方向性の舵を大きく切り直すことがすでに示唆されている。

自見庄三郎大臣　提案　検討事項：

IFRS適用の検討に際し，さまざまな立場からの総合的な成熟された議論がされ

第8節 「中間報告」等の見直し―総合的な成熟された議論の展開―

ることに加え，中間報告等において議論されてきたもののうち関わりの深いものとして更なる検討を求める事項

1．強制適用の判断にあたって，国内の任意適用の状況等，中間報告において要検討とされた事項について
2．今後予定される開発費やのれんの基準開発についてのASBJでの活動が今般の内外情勢の変化を踏まえたものとなっていくよう，今後のコンバージェンスの方向性，あり方について
3．税法等との関わり，日本基準の位置づけ，単体開示のあり方を踏まえた「連結先行」の考えの見直しについて
4．会計基準適用の前提となる多様な資本市場のあり方，単体開示の廃止といった制度に関わる論点について

　企業間の財務情報の「比較可能性」を高めるということからすれば，IFRSsは投資家などの財務諸表利用者指向的な会計基準（財務報告基準）である。これに対して，この大臣談話や企業会計審議会総会・企画調整部会合同会議（第1回）での冒頭あいさつにみられる会計基準（財務報告基準）のスタンスは，むしろ企業といった財務諸表作成者指向的なものであることには留意すべきである。いわんや，大臣提案の4つの検討事項は，いずれもIFRSsを適用する財務諸表作成者に影響する項目である。企業会計審議会総会・企画調整部会合同会議でのIFRSs適用のあり方に関する審議プロセスは，財務諸表作成者側の意見発信が多くなることは十分に想定しうるものなのである。

　加えて，自見金融担当大臣は，2011年8月29日に3名の金融庁参与を任命している。逢見直人，佐藤行弘，廣瀬博の3氏である。任命翌日の記者会見での自見金融担当大臣による発言および質疑応答は，次のとおりであった（金融庁[2011c]）。

【大臣より発言】
　「それからもう一点，これは発表でございますが，国際会計基準についてご意

第14章 日本における国際財務報告基準への対応のあり方

1169

見を賜るため，昨日 8 月29日付けで以下 3 名の方を金融庁参与に任命をいたしました。

一人は逢見直人さんでございまして，日本労働組合総連合会副事務局長でございます。もう一人が佐藤行弘さん，これは三菱電機の元副社長でございますが，今は常任顧問でございます。それから廣瀬博さん，住友化学工業株式会社の取締役副会長で，元社長でございまして，この方は日本経済団体連合会の企業会計委員会の委員長でございます。いずれにいたしましても国際会計基準についてのご意見を賜るのにふさわしい方だと判断して，参与になっていただくということでございます。」

任命した 3 名の金融庁参与は，いずれも2011年 6 月30日の企業会計審議会総会・企画調整部会合同会議（第 1 回）の開催にあたり，企業会計審議会企画調整部会に新たに加えられた10名の臨時委員であり，民主党・国民新党連立政権の支持母体である連合と，経済産業省・企業財務委員会の委員長並びに委員企業からの代表者でもある。したがって，任命された金融庁参与について，次のような質疑が行われたのは当然のことである（金融庁［2011c］。答）が自見金融担当大臣）。

【質疑応答】

問) 　参与についてなのですけれども，顔ぶれを見てみると，やはり〔IFRSs導入に対する：引用者〕慎重派，反対派の方が多いと思うのですけれども，今審議会で議論をしている中で，偏った方たちばかりを選ぶというのは，議論の育成に予断を持たせかねないと思うんですけれども，その辺を。

答) 　私はそうは思いません。これは企業会計（の話）ですから，やっぱり企業会計の専門家，それからその企業会計が与える社会的影響，連合なんていうのはまさに働いている人の集まりですから，そういうふうには思いません。きちっと専門家を入れたというふうに思っております。

1170

「内閣府本府組織規則」（平成13年１月６日内閣府令第１号）第59条は，本府に参与を置くことができ，また，「参与は，重要な府務（宮内庁，公正取引委員会，法律で国務大臣をもってその長に充てることと定められている機関及び金融庁の所掌に係るものを除く。）のうち特に定める重要な事項に参与する」（第２項）と規定する。参与は，非常勤の国家公務員であり，たとえば内閣官房参与は，首相が意見，情報提供および助言などを求めるために，特定分野の専門的識見を有する者を任命したものである。同様に，金融庁参与は，金融庁管轄の特定の行政事務のいわゆる相談役としての位置づけである。

金融庁参与は，上記の３氏に限ったものではない。

IFRSsに関わる相談役以外にも，自見金融担当大臣は，2011年２月25日に，日本興業銀行に対する行政対応等検証委員会の顧問，委員長，委員の計６名を金融庁参与に任命している（金融庁［2011a］）。このときの人選も，自見金融担当大臣自らが行っている。ただし，その後に取りまとめられた検証委員会の報告書に対しては，政治的に偏ったものだという指摘もみられる（金融庁［2011d］）。

４．企業会計審議会総会・企画調整部会合同会議による議論・検討

大臣提案検討事項に沿う形で，企業会計審議会総会・企画調整部会合同会議で提案された**「今後の議論・検討の進め方（案）」**は，「現時点で検討が必要であると考えられる主要な項目」として，以下の11項目を示した（金融庁・企業会計審議会総会・企画調整部会合同会議［2011d］，２頁）。

○ 我が国の会計基準・開示制度全体のあり方

○ 諸外国の情勢・外交方針と国際要請の分析

○ 経済活動に資する会計のあり方

○ 原則主義のもたらす影響

○ 規制環境（産業規制，公共調達規則），契約環境等への影響

○ 非上場企業・中小企業への影響，対応のあり方

○ 投資家と企業とのコミュニケーション

○ 監査法人における対応

○ 任意適用の検証

○ 国内会計基準設定主体（ASBJ）のあり方

○ 国際会計基準設定主体（IASB）のガバナンス

　これら検討項目の提示は，企業会計審議会総会・企画調整部会合同会議の検討の方向性を示すものでもある。2011年 6 月30日からの合同会議の議事と配布資料等を整理した**図表14-18**からも読み取れるように，企業会計審議会総会・企画調整部会合同会議は，これら11項目の検討・審議として捉えることができる。

図表14-18　金融庁・企業会計審議会総会・企画調整部会合同会議の議事と資料等

合同会議開催日	議　事	企業会計審議会資料・答申・意見書
2011年 6 月30日（木）	✓大臣挨拶 ✓中間監査基準等の改訂について ✓国際会計基準（IFRS）について	（中間監査基準等の改訂について） (1) 中間監査基準及び四半期レビュー基準の改訂について（公開草案） (2) 中間監査基準及び四半期レビュー基準新旧対照表 (3) 中間監査基準及び四半期レビュー基準の改訂に関する意見書（案） （国際会計基準について） (1) 自見金融担当大臣談話「IFRS適用に関する検討について」(2011年 6 月21日) (2) 国際会計基準について（米国の状況） (3) 「単体財務諸表に関する検討会議」報告書（2011年 4 月28日） (4) 産業界：「我が国のIFRS対応に関する要望」(2011年 5 月25日) (5) 連合：「2012年度　連合の重点政策」（抄）(2011年 6 月30日) (6) 経団連：「国際会計基準（IFRS）の適用に関する早期検討を求める」(2011年 6 月29日) (7) 自見庄三郎大臣提案検討事項
2011年 8 月25日（木）	✓大臣挨拶 ✓国際会計基準（IFRS）について	(1) 会計基準をめぐる最近の国際的動向について (2) 今後の議論・検討の進め方（案）
2011年10月17日（月）	✓大臣挨拶 ✓国際会計基準（IFRS）について	(1) 国際会計基準（IFRS）に係る討議資料 (2) 参考資料

第8節 「中間報告」等の見直し―総合的な成熟された議論の展開―

2011年11月10日（木）	✓大臣挨拶 ✓国際会計基準（IFRS）について	(1) 国際会計基準（IFRS）に係る討議資料(1)(2)【10月17日配布資料（一部修正）】 (2) 国際会計基準（IFRS）に係る討議資料(3) (3) 参考資料Ⅰ【10月17日配布資料（一部修正）】 (4) 参考資料Ⅱ (5) 海外調査について
2011年12月22日（木）	✓大臣挨拶 ✓IASBアジェンダコンサルテーションについて ✓国際会計基準（IFRS）について	(1) 意見募集「アジェンダ協議2011」に対するコメント (2) 国際会計基準（IFRS）に係る討議資料(3)【11月10日配布資料】 (3) 参考資料Ⅱ【11月10日配布資料】 (4) 参考資料Ⅲ (5) 近時の米国の状況
2012年2月17日（金）	✓大臣挨拶 ✓**国際会計基準設定主体（IASB）のガバナンス及び国内会計基準設定主体（ASBJ）のあり方について** ✓海外調査報告について	(1) IFRS財団評議員会戦略見直し報告書・報告書（概要） (2) 財務会計基準機構（企業会計基準委員会）のガバナンス (3) 調査の概要 (4) IFRSに関する調査報告書・調査報告書（概要）（欧州（フランス・ドイツ・EFRAG）・北米（米国・カナダ）・アジア（中国・韓国））
2012年2月29日（水）	✓大臣挨拶 ✓経団連アンケート調査結果について ✓**原則主義のもたらす影響について**	(1) 国際会計基準（IFRS）に関する調査結果の概要 (2) 国際会計基準（IFRS）に係る討議資料(4)
2012年3月29日（木）	✓**非上場企業・中小企業への影響，対応のあり方について** ✓**監査法人における対応について** ✓**諸外国の動向について**	(1) 国際会計基準（IFRS）に係る討議資料(5) (2) 参考資料 (3) 中小企業の会計に関する検討会報告書 (4) 「非上場企業・中小企業への影響，対応のあり方」について（日本商工会議所） (5) 監査法人における対応について（日本公認会計士協会） (6) シンガポール基準とIFRSとのフルコンバージェンス完了の延期に関するプレスリリース
2012年4月17日（火）	✓大臣挨拶 ✓**投資家と企業とのコミュニケーションについて** ✓**規制環境（産業規制，公共調達規制），契約環境等への影響について(1)** ✓**諸外国の動向について**	(1) 投資家から見たIFRS（日本証券アナリスト協会） (2) IFRSがローンコベナンツに与える影響について（みずほフィナンシャルグループ） (3) 各国のIFRS適用状況調査結果 　（参考）「各国に送付した質問表」
2012年6月14日（木）	✓大臣挨拶 ✓**任意適用の検証について** ✓**規制環境（産業規制，公共調達規制），契約環境等への影響について(2)**	(1) 会計不正等に対応した監査基準の検討について（企業会計審議会監査部会資料（5月30日）） (2) IFRSの任意適用について（JT） (3) 別添資料（JT） (4) 国際会計基準（IFRS）に係る討議資料(6)

第14章 日本における国際財務報告基準への対応のあり方

	✓中間的論点整理	(5) 参考資料 (6) 国際会計基準（IFRS）への対応のあり方についてのこれまでの議論（中間的論点整理）（案）
2012年10月2日（火）	✓SECスタッフ報告書について ✓IASBの最近の動向等について ✓デュー・プロセス・ハンドブック公開草案への対応について	(1) SEC：IFRS取り込みに関する最終スタッフ報告書 (2) IASBの最近の審議の動向 (3) IASBの最近の動向等 (4) IFRS財団デュー・プロセス・ハンドブックの改訂に対する対応 (5) コメント募集「IASB及びIFRS解釈指針委員会デュー・プロセス・ハンドブック」に対するコメント (6) 国際会計基準（IFRS）への対応のあり方についてのこれまでの議論（中間的論点整理）
2013年3月26日（火）	✓不正リスク対応基準（案）等について ✓政務官挨拶 ✓国際会計基準（IFRS）について (1)カナダ・韓国の状況について (2)IFRS財団のガバナンス改革について (3)会計基準アドバイザリー・フォーラムについて (4)日本経済団体連合会からの報告	(1) 監査基準の改訂及び監査における不正リスク対応基準の設定に関する意見書（案） (2) カナダにおけるIFRSの適用状況 (3) 韓国におけるIFRSの適用状況 (4) IFRS財団のガバナンス改革について (5) IFRS財団モニタリング・ボードプレスリリース（原文）・（仮訳） (6) 会計基準アドバイザリー・フォーラムについて (7) 国際会計基準（IFRS）への当面の対応について（日本経済団体連合会資料）
2013年4月23日（火）	✓会計基準アドバイザリー・フォーラムについて ✓国際会計基準への対応について	(1) 第1回会計基準アドバイザリー・フォーラムの報告（企業会計基準委員会資料） (2) 国際会計基準への対応について当面検討すべき課題
2013年5月28日（火）	✓国際会計基準への対応について (1)IFRS任意適用要件の緩和について (2)IFRSの適用の方法について (3)単体開示の簡素化について	(1) IFRS任意適用要件の緩和について (2) IFRSの適用の方法について (3) 単体開示の簡素化について
2013年6月12日（水）	✓国際会計基準への対応について	これまでの論点の整理
2013年6月19日（水）	✓国際会計基準への対応について	国際会計基準（IFRS）へのあり方に関する当面の方針（案）

注：議事の太字下線部の項目は，「今後の議論・検討の進め方」において，現時点で検討が必要であると考えられる主要な11項目である。

出所：金融庁のWebsiteにおける「企業会計審議会総会」での資料などをもとに作成。

　2011年6月30日の「中間報告」の見直し審議のキックオフから2012年6月14日までの11回にわたる合同会議での審議（2011年8月25日の合同会議での「今後の議論・検討の進め方（案）」の提案後は，2011年10月17日から8回にわたる合同会

議での審議）は，11項目の検討項目に対する各界からの意見表明が基本であった。単なる意見表明だけでは合同会議自体が冗長なものとなる。そのため，各項目について表明された各意見を「**国際会計基準（IFRS）への対応のあり方についてのこれまでの議論（中間的論点整理)**」（2012年7月2日）として整理し，併せてこれらの意見を踏まえた方針が示された（2012年6月14日開催の企業会計審議会総会・企画調整部会合同会議において「中間的論点整理（案）」を提示し，意見をもとに取りまとめて公表した）。この「国際会計基準（IFRS）への対応のあり方についてのこれまでの議論（中間的論点整理)」において最も注意すべきことは，IFRSs導入の方法論ないし政策ともいうべき「**連結先行（ダイナミック・アプローチ）**」論から「**連単分離論**」へと大きく舵を切ったことである。「国際会計基準（IFRS）への対応のあり方についてのこれまでの議論（中間的論点整理)」は，この政策転換の公式文書でもある。

ところで，企業会計審議会総会・企画調整部会合同会議での「総合的な成熟された議論」が進められるなか，2012年3月30日に，いわゆる**オックスフォード・レポート「日本の経済社会に対するIFRSの影響に関する調査研究」**（The Impact of IFRS on Wider Stakeholders of Socio-Economy in Japan）が公表された。金融庁のウェブサイトの企業会計審議会の調査研究のページにこの報告書が掲載されている。

このレポートは，オックスフォード大学のトモ　スズキ（鈴木智英）教授によるものである。「企業会計審議会における検討においては，IFRSの導入が我が国経済社会にどのような影響を及ぼすか，影響がどの程度かということを踏まえて具体的な方向性を検討することが，主要な論点となっています。我が国経済社会に対するIFRSの影響について，早急に広範囲な調査を行う必要があるため，〔金融庁が：引用者〕オックスフォード大学トモ・スズキ常任・終身教授に調査研究を委託」（金融庁 Website，「オックスフォード・レポート『日本の経済社会に対するIFRSの影響に関する調査研究（The Impact of IFRS on Wider Stakeholders of Socio-Economy in Japan)』の公表について」，2012年6月14日）したのであり，その調査研究結果である。

では，どのような経緯からこの調査研究が委託されたのだろうか。

当時の自見庄三郎内閣府特命担当大臣（金融担当）のブログへの書き込みが，その経緯を物語ってくれる。

自見金融担当大臣は，2011年10月3日から8日までの日程でドイツ・フランス・イギリスを公式訪問し，10月7日のイギリス訪問時にトモ　スズキ教授と対談している。その対談を通じて，自見金融担当大臣は，スズキ教授に対して「頭が緻密な上に広い見識をお持ちの極めてアグレッシブで博識供覧な学者」との印象を持ち，「外国のアカデミアでも優れたものはどんどん吟味して必要あれば貪欲に吸収して行く開かれた心が必要だとおもい今後一緒に金融庁としても委託研究を交渉中です」（「イギリス訪問2日目」，自見庄三郎のブログ，2011年10月7日（金）。下線は引用者）と記している。自見金融担当大臣の強い要望による委託調査・研究なのである。

もちろん，委託調査・研究の報告書の内容や意見などは金融庁の公式見解ではない。しかし，企業会計審議会総会・企画調査会合同会議でのIFRS適用に関する検討のなかで，このオックスフォード・レポートについて取り上げたり，また，触れたりすることはなかったのも事実である。

ドイツ・フランス・イギリスの公式訪問に加えて，2012年1月8日から5日間，自見金融担当大臣はアメリカへ出張し，金融・会計の当局関係者等と面談している。会計の分野では，会計基準設定主体や企業の財務担当者，大学教授，アメリカ会計学会会長および前会長などと会し，「国際会計基準に関する米国における検討状況について伺うとともに，諸外国における国際会計基準の対応についても情報交換を行って」（金融庁 [2012a]）いる。また，「我が国におけるIFRSの適用に関する検討状況や会計基準と経済活動や金融・資本市場との関係，戦略的な対応の必要性などについてお話をし……，理解と賛同を得られたというふうに考えております」（金融庁 [2012a]）とも述べている。

第9節 IFRSsへの対応のあり方についての審議の整理と今後の方向性―「中間的論点整理」の公表―

第9節 IFRSsへの対応のあり方についての審議の整理と今後の方向性―「中間的論点整理」の公表―

1.「国際会計基準（IFRS）への対応のあり方についてのこれまでの議論（中間的論点整理）」

「今後の議論・検討の進め方」で示された，現時点で検討が必要であると考えられる主要な11項目について，企業会計審議会総会・企画調整部会合同会議で時間をかけた審議が行われた。主要項目に対する一通りの審議を踏まえて，2012年6月14日開催の合同会議で提示されたのは，先の「中間報告」のような類のものではなく，これまでの合同会議での意見や審議内容を整理し，取りまとめた，曰く「中間的論点整理（案）」であった。これは，**「国際会計基準（IFRS）への対応のあり方についてのこれまでの議論（中間的論点整理）」**として7月2日に公表された。

この「中間的論点整理」の公表は，自見金融担当大臣が6月4日の臨時閣議で辞表を提出した際に示されていたものでもある。当日の閣議後の記者会見で，IFRSsへの対応のあり方に触れて，次のように述べていた（金融庁［2012b］。下線は引用者）。

「それから，国際会計基準につきまして，私は時に特に，色々な議論があったわけでございますが，IFRSに関しては，重要な仕事の一つとして取り組んでまいりました。一言そのことを申し添えさせていただきますと，IFRSについては，昨年から企業会計審議会において，我が国の国益を踏まえ，戦略的思考，グラウ[ママ]ンドデザインを形成すべく，幅広い視点から総合的な議論を図ってまいったところでございますが，1年にわたる精力的な議論を得［ママ］て，一定のコンセンサスが見え始めており，マイルストーンとしての中間的な取りまとめを行う時期ではないかというふうに，私は認識させていただいております。この時代になって，グローバルで高品質な会計基準が必要であるということは，言うまでもありません。

1177

非常に大事な点でございます。

　一方で，米国をはじめとする国際情勢が不透明な中で，今や日本金融について，EUの同等性評価も得て，国際的にも遜色なく，これをまず対外的に強調し，その上で連単分離を前提に，日本が米国等に先駆けてIFRSの任意適用をいたしております。アメリカはしておりません。任意適用の拡大をしっかり進めていくことが会計基準の国際的ルール作りに，より一層積極的に貢献していく方針を主要な関係者を交えて話をしております。新大臣に，私が敷いた路線をしっかり継承して欲しいものだというふうに考えております。」

　この「中間的論点整理」は，以下のとおりである（意見部分を除き，文中の太字と下線は引用者）。

国際会計基準（IFRS）への対応のあり方
についてのこれまでの議論（中間的論点整理）

　企業会計審議会総会・企画調整部会合同会議においては，昨年6月以降，国際会計基準について，会計基準に関する技術的な議論に限定することなく，より広く，会計基準が多様な企業の経済活動や税法・会社法など周辺に存在する制度，金融・資本市場に与える影響等を勘案しつつ，約一年間にわたって審議を重ね，昨年8月に提示された主要検討項目に係る議論が一巡したところである。

　現時点において，いくつかの論点について委員の意見になおかなりの隔たりがあり，最終的な結論が出ているわけではなく，さらに審議を継続して議論を深める必要があるが，これまでの主な議論を整理すると，以下のとおりである。

　概括的に整理すれば，わが国の会計基準は，これまでの努力の結果として高品質かつ国際的に遜色のないものとなっており，欧州より国際会計基準と同等であるとの評価も受けているが，今後とも，国際的な情勢等を踏まえ，会計基準の国際的な調和に向けた努力を継続していく必要がある。
　その際には，引き続き，以下で述べる**連単分離，中小企業等への対応を前提に**，

1178

第9節 IFRSsへの対応のあり方についての審議の整理と今後の方向性─「中間的論点整理」の公表─

わが国会計基準のあり方を踏まえた主体的コンバージェンス，**任意適用の積上げを図りつつ**，国際会計基準の適用のあり方について，その目的やわが国の経済や制度などにもたらす影響を十分に勘案し，最もふさわしい対応を検討すべきである。また，国際会計基準の開発においては，国際的な連携も念頭に置きつつ，積極的に貢献するとともに，わが国としての考え方については**的確に意見発信**していくことが重要である。

1. 会計基準の国際的調和

日本基準は，2007年8月の東京合意以降，それまでのコンバージェンスを加速してきており，2008年12月に，欧州より同等性評価を受けた。また，わが国では，2010年3月期からIFRSの任意適用を開始しており，2012年3月期までに5社が適用している。このような現状において，会計基準の国際的調和に関して，審議会では以下のような意見が出された。

○ 日本は現時点で同等性評価はクリアーし，コンバージェンスも着実に進めている。

○ 単にIFRSとの差異が縮まったことから同等性評価を得たのではなく，これから着実にIFRSと更に近づけていく意思を示したから同等性評価を得たものである。

○ 今後も，わが国が，高品質かつ国際的に統一された会計基準の設定に向け，真摯に取り組む姿勢を明確にすることが重要である。ただし，その際には，理論上，実務上の検討が不可欠であり，わが国としての主体的な対応（是々非々のコンバージェンス）を行うべきである。

○ 企業側でも，昨今の事業環境のグローバル化に伴い，グローバルスタンダードの重要性は十分に認識されており，国際的な会計基準の統一を目指したIFRSの開発あるいは普及に積極的に関与していくべきであるという意見も多い。

○ 日本は国際化を進めなければ生きていけない国であり，日本の制度を国際水準から遅れないように，IFRSの良いところを取り入れて，絶えず改革を進めることが重要である。

これらの意見を踏まえると，国際的な市場であるわが国資本市場で用いられ

第14章 日本における国際財務報告基準への対応のあり方

1179

る会計基準は，国際的に通用する高品質なものであることが必要である。また，会計基準の国際的な調和に向けた努力は継続する必要があり，日本基準を高品質化するような会計基準の変更については，前向きに対応することが適当である。ただし，その際，2011年11月に行われたアジェンダ・コンサルテーションへの意見発信でも示されたような，<u>当期純利益の明確な位置づけ，公正価値測定の適用範囲の整理</u>等の視点は重視していく必要があると考えられる。

2．国際会計基準の適用

　わが国の経済，企業活動等の観点から，また，海外調査の結果等を踏まえ，わが国にはどのような会計基準がふさわしいかについて議論がなされ，審議会では以下のような意見が出された。

（経済活動に資する会計）
○ 戦後，日本経済，特に物作りがここまで来たことの一因には，日本の企業会計基準の下で，会計実務の充実が図られてきたことがあり，グローバルの時代だからといって，それを軽視していいということにはならない。
○ 少子高齢化が進む中で，わが国が今後とも経済成長を確保していくためには，高付加価値が期待できる製造業の存在が引き続き重要である。わが国は欧米主要国と比べて製造業の割合が高く，金融に重きを置いている国とは事情が異なる。会計基準の検討に当たっては，産業構造や雇用構造に配慮することが必要である。
○ わが国において今後も技術開発，研究開発投資が促進されることによって，産業競争力の強化と雇用の創出が図られていくことが重要であり，わが国の会計基準もこれに資するものでなければならない。
○ わが国で成熟した労使関係を持つ企業においては，企業収益等の情報を労使で共有して，それに基づき賃金等の労働条件を協議・決定している。IFRSのような会計基準の下，資産・負債の増減で利益が決められるようになると，労使の努力が財務情報に適切に反映されず，労働者は生産性向上の意欲を失いかねない。これは，国益にとって望ましくないことである。

○ 日本基準や日本的なものを温存しなければならないということであれば，どういうものが日本的なものなのか，何が具体的に問題となるのか等を明確に

第9節 IFRSsへの対応のあり方についての審議の整理と今後の方向性―「中間的論点整理」の公表―

議論する必要がある。
○ わが国の経済活動や企業経営が他の国々と比べて特異であるから，会計基準はそれに関連付けて作成されるべきである，という立場はとるべきでない。
○ 経済活動を忠実に描写するためのルールが会計基準であり，会計が描写した経済活動の結果を，経営者がどう判断するかということは会計基準の問題ではない。

(会計基準における基本的概念)
○ 長期的な投資，収益を重視する日本のゴーイングコンサーン的な経営は世界に誇れるものであり，今後とも堅持されるべきである。
○ 企業会計においては，企業売買ということを前提にするよりも，ゴーイングコンサーンとして長期的に利益をあげるという視点を重視すべきである。
○ 保守主義，実現主義，発生主義，費用収益対応の原則等は，長期的な視点からの企業経営には非常に役立っている。
○ 企業経営の視点から見ると，重要なのはフローの業績を明確に位置づけた損益アプローチであり，IFRSのような資産負債アプローチを採ることには懸念がある。
○ 投資者であれ，経営者であれ，包括利益ではなく，営業利益や純利益，すなわち企業の業績利益に対して関心が高い。
○ 税という観点からは，確定決算主義を捨てると実務上極めて困難が伴う。特に，包括所得という概念は税務になじまない。
○ これほど長くデフレが続く日本において時価会計を導入することは問題である。会計制度が企業の行動に影響を及ぼす可能性がある。
○ 危機のときにB/Sを時価で作ることが透明性の確保に資するという話と，日常の会計としてそれが正しいということは別の問題である。
○ 取得原価会計をベースとする会計基準の下で，会計的な操作が行われ，バブル崩壊による不良債権の実態が適切に開示されなかったという苦い経験があって，2000年からの会計ビッグバンにつながっている。財務情報の透明性が一番重要で，それに基づかないで金融の安定性は維持できない。

(わが国資本市場のあり方)
○ わが国企業が世界と伍して戦うためには，企業経営の透明性及び適切性を確

第14章 日本における国際財務報告基準への対応のあり方

1181

保するとともに，より信頼される資本市場の構築に向けて一丸となった取組みを進めることが必要であり，この資本市場のインフラの一翼を成すものがグローバルな視点で受け入れられている IFRS である。

○ 確かに日本には立派な技術があるが，事業を行うには資本が必要であり，高い資本コストではいかに技術があっても競争力が落ちる。現状では，ある程度のロットの資金調達を行う場合や多様な投資家を見つけるためには，海外の市場に行く必要がある。

○ 会計制度が経営者の実感に合わないということであれば，MBO 等により企業が非上場に移行してしまうという危険がある。

○ 企業を対象とした強制適用は，グローバルに一般的ではないし，対象をどう区切るか，などの点で問題も多いのではないか。欧州は規制市場・非規制市場というマーケットを対象に会計基準を強制しており，企業がどの市場に上場するかの選択は原則的には企業の自由である。

○ 会社が事業運営にあたって，どのような資本政策をとるのか，どの市場で投資家との接点を持とうとするのかという選択権は，会社に持たせてよいのではないか。

(その他)

○ 会計は社会システムの中のサブシステムであり，会計というものも多様性があった方が安全である。

○ 会計基準を海外の制度に合わせるには，会計基準と補完的な関係にある周辺の制度や規制を同時に変えていくことが必要である。それが実現する見通しがないのであれば，少なくとも中期的には，すぐに変えられないという前提で会計基準改革のセカンドベスト解を追求すべきである。

○ 会計基準はその国の文化を反映したものであることが必要である。国際文化としての IFRS と地域文化としての各国会計基準とは本来は相容れないはずである。

○ フルアドプションという形をとると，新基準が産業等に非常に大きな影響を与える場合でも，受け入れざるを得なくなる。自国開発でない基準を入れるという恐ろしさをもう少し考えるべきである。

○ IFRS の適用方法を判断するに当たっては，国際的なプレゼンス，IASB に対する影響力を保持・強化し得るものであることが非常に重要である。

1182

第9節 IFRSsへの対応のあり方についての審議の整理と今後の方向性—「中間的論点整理」の公表—

○ 会計基準としてIFRSは完全，最高のものではなく，これから改善していく努力をしなければならないが，このことは，わが国がIFRSにコミットしないことの理由にはならないのではないか。

○ コミットメントが自己目的化するのはいかがなものか。ニーズがあるからコミットするのであって，コミットメントが目的となるのは本末転倒である。

○ わが国におけるIFRSの受け入れ方についての判断基準の第一は米国の動向である。

○ IFRSについて，任意か強制か，強制の場合に対象企業をどこまでに限定するかなどを議論するためには，今後，わが国として，どのような会計基準の姿を国際的に重視していくべきか，仮にIFRSを取り入れるとしても，ピュアなIFRSとどの程度の差異をとったものとするか，ということを検討する必要がある。

○ IFRSを日本で使用する場合には，任意適用であっても，金融庁長官による告示指定を通じて，日本の法的なスキームの中で個々の基準ごとに準拠性が与えられている。この枠組みを基本としてIFRSの取り入れ方を検討すべきであり，また，今後，指定の対象はピュアなIFRSに限定されるべきでない。

○ わが国の文化の特徴として，外国のものをすべてそっくり受け入れるというよりも，咀嚼して取り入れるというのが日本民族には向いている。この咀嚼する機会がわが国の人材養成の上でも重要である。

○ アジェンダ・コンサルテーションでコメントした基準が，仮にIFRSを取り入れる場合に，その具体的内容を検討する際の参考となるのではないか。

　諸外国の状況をみると，各国の制度や経済状況などを踏まえて，IFRSの導入に関しては様々な対応が模索されている。わが国においても，国際情勢を踏まえつつ，わが国の制度や経済状況などに最もふさわしい対応が検討されるべきである。

　また，わが国におけるIFRS適用のあり方についての議論を深めるためには，まず，IFRSのどの基準・考え方がわが国にとって受け入れ可能であり，どの基準・考え方は難しいかを整理することが必要である。そのことは，国際的にわが国の立場を明らかにすることにも資するものである。この点については，アジェンダ・コンサルテーションへのわが国の意見発信で示された内容やそれに対す

第14章 日本における国際財務報告基準への対応のあり方

1183

るIASBの対応を踏まえて，さらに実務的に検討を進め，今後の審議会の検討に際してそれを参考にしていくことが重要であると考えられる。

なお，IFRSの適用に関しては，投資する際の利便等を踏まえ，市場開設者において，IFRSを適用する市場と日本基準を適用する市場とを区分することについて検討してほしいとの要望が聞かれた。

3．わが国としての意見発信

IFRSに関するわが国としての意見発信のあり方について，審議会では以下のような意見が出された。

○ IFRS採用について日本が前向きな対応をする限りにおいては，日本の意見はかなりIASBの議論の中に反映されていく。

○ IFRSに対する影響力を保持・強化するために一番大事なことは，各関連組織における日本の発言権を維持していくことである。アジア諸国の立場から見ると，IFRSの世界で日本の発言力が強くなりすぎており，日本優遇に偏りすぎているという不満がある。

○ 単に発言権を維持・強化するためのアプローチをとることは本末転倒であり，日本基準の国際的地位をどう確保すべきかという視点で考えていくべきである。

○ 感情的なイデオロギーの議論ではなく，しっかりとした説得性，見識，論理構成の下で意見発信を行い，世界の会計基準作りに大いに貢献していくべきである。その際，世界経済の持続的発展のために役立つ重要な経営思想は堂々と主張するとともに，世界のサークルの中で常に立ち位置を慎重に見計らいながら，過去のレジェンド問題にも思いを巡らせつつ，適切に対処していくべきである。

○ 対外的な情報の発信戦略の基本として，日本はIFRSと正面から向き合っていくという姿勢を崩さず，その姿勢を背景に発信力を担保してほしい。

○ 日本としては，IASBに対して，会計基準関係者が個々にやるのではなく，一丸となって強く意見発信していくことが必要である。

○ 国際的な意見発信だけではなく，IASBとの対話をもっと増やすべきではないか。

○ 共通の課題を抱える国，地域との連携を図り，IASBに対して共同で意見発

第9節　IFRSsへの対応のあり方についての審議の整理と今後の方向性―「中間的論点整理」の公表―

信をしていくことにこれまで以上に積極的に取り組んでいくべきである。
○ 日本は金融資本市場の世界における立場が相対的に弱くなっているので，アジア・オセアニアとして米欧の勢力に対抗していくような関係をつくっていかないといけない。
○ 東京サテライトオフィスを有効に活用することが喫緊の課題である。

　これらの意見をまとめると，<u>IFRS財団（IASBを含む）に対しては，人的，資金的貢献を継続するとともに，欧州・米国のほか，アジア・オセアニア諸国と連携し，わが国の関係者が一丸となって意見発信の努力を継続することが適当である。</u>また，わが国の意見発信に関連して，本年秋に設置される東京サテライトオフィスの有効活用が喫緊の課題である。

　また，わが国によるIASBに対する意見発信の取組みとして，直近では，IASBが行ったアジェンダ・コンサルテーションへの対応の例があげられる。その際には，わが国の関係者が可能な限り整合性のとれた意見を発信することによって，IASBに対する影響力を高める観点から，財務会計基準機構，企業会計基準委員会，日本経済団体連合会，日本公認会計士協会，日本証券アナリスト協会，東京証券取引所，金融庁，法務省，経済産業省をメンバーとする協議会を通じた検討が行われ，わが国の主要な関係者の意見を幅広く反映するものとして，企業会計基準委員会から以下の意見が提出された。

・今後三年間は，新規の基準開発よりも，既存のIFRSの維持管理に重点を置く必要がある。
・当期純利益を概念フレームワーク等で定義づけるべきであり，リサイクリングが必要である。
・公正価値測定の適用範囲について，現状の基準には見直すべき点がある。
・開発費の資産計上，のれんの非償却処理及び機能通貨の決定について，現状のIFRSの規定に問題がないか適用後レビュー（実態調査）をすべきである。
・固定資産の減損の戻し入れについて，理論上，実務上の懸念がある。

　今後とも，このような協議会の場を通じて，わが国の国際対応に関する連携

第14章　日本における国際財務報告基準への対応のあり方

1185

を図ることが有効である^{ママ}

4．単体の取扱い

　IFRSの適用の議論に関連して，連結財務諸表と単体財務諸表の役割，それらのあり方についても議論が行われ，審議会では以下のような意見が出された。

○ 単体については，会社法上の計算書類，それに基づく税法上の会計の基礎にもなっているという意味で，単体にIFRSを適用すると，非常に難しい問題を生じる。

○ 目的が違うのであれば違った会計基準を取るということは十分にあり得る。単体は日本基準，連結はIFRSということは一つの合理的な行き方である。

○ 連結に米国基準又はIFRSを適用し，単体に日本基準を適用することで，現在，大変大きな問題が生じているとか，コストがかかるとか，ということは起きていない。

○ IFRSの導入を議論するにあたっては，市場関係者からグローバルな比較可能性を求められているのは連結であり，単体についてはその要請は小さいことから，連結に限定した上で，連結IFRS，単体日本基準という連単分離を明確にすべきである。

○ 連単はあくまでも一体が原則。IFRSを取り入れるなら連単ワンセットで取り入れるべきである。ただ，連結の基準が任意適用されていて，適用数からみて例外と言える範囲に留まっているのであれば，連単分離は比較的容易である。

○ 最大限のコンバージェンスを行いながら日本基準の高品質化を図るというアプローチをとるのであれば，その際には，連単一致を維持するのが原則である。

○ 単体については，日本の産業構造，企業活動の実態，雇用慣行などに照らして，適切な事項のみコンバージェンスすることが求められる。その結果，連結と単体の会計基準が異なることも許容されるべきである。

○ 連結と単体は原則的に一致させることが必要であるが，ある程度限定的な差異はやむを得ない。

○ 連単分離の場合でも，収益認識など，単体への任意適用を認めないと実務が大変になるものがある。

第9節 IFRSsへの対応のあり方についての審議の整理と今後の方向性―「中間的論点整理」の公表―

○ 国際的な株式市場では連結開示が主流になっており，日本としては単体開示を廃止する方向で検討すべきではないか。
○ 例えば，企業が経営難に陥った場合などには，法律的には個別企業の支払能力が問題となるので，単体財務諸表が有用な情報を提供すると考えられる。
○ 労働条件は単体の財務情報で決まるものであり，連結の財務諸表で決まるわけではないことから，人件費率，労働分配率等の貴重な情報源として，単体情報は開示されるべきである。
○ 単体開示は，会社法上の決算公告で発信されている。決算公告を参照することを原則としつつ，どうしても更に開示が必要とされる個別情報があるのであれば，それを追加的に開示させるというやり方が適当ではないか。

　国際的には連結財務諸表がより重視される一方，単体財務諸表については，会社法，税法，その他の規制等との関連に配慮が必要となる。連単はあくまで一体が原則であるとの指摘もあるものの，既に連結での米国基準やIFRSの使用が許容されてきているように，連結会計基準の国際的な調和の過程において，いわゆる**連単分離が許容されること**が**現実的**であると考えられる。
　また，単体開示のあり方については，会社法の開示をも活用して，企業負担の軽減に向け，どのような対応が可能かに関して検討を行うことが適当である。

5．中小企業等への対応
　中小企業等の会計に関しては，審議会では以下のような意見が出された。

○ 中小企業に適用される会計基準については，作成者の負担等を考慮した簡素なものとすることが適当である。
○ 非上場，とりわけ中小企業については，税と会計の調和，確定決算主義を維持すべきである。
○ 中小企業会計は国際会計基準の影響を受けない仕組みにしたほうが，中小企業にとっては望ましい。
○ 中小企業と大企業，上場企業とは違いがあって，IFRS適用の利点といえる国際的な比較可能性のメリットが少ないことから，中小企業をIFRSの適用外とすることは妥当である。
○ 中小企業要領が策定されたので，これを広く中小企業に普及させることが，

今後の課題となっている。

　上場していない中小企業等の会計については，IFRSの影響を受けないようにするというこれまでの方針を維持することが適当である。

6．任意適用

　わが国では既にIFRSの任意適用が認められているが，任意適用に関して，審議会では以下のような意見が出された。

○ 任意適用会社拡大の普及活動を充実させることが先決ではないか。その後の普及状況を注視しつつ，一部の上場会社に絞った形での強制適用の是非を検討する選択肢もあるのではないか。

○ まずは，なぜ任意適用会社が増えないのか，その原因等についてよく吟味する必要がある。

○ 必要なところは任意適用すればいいのではないかという議論もあるが，任意適用でIFRSにコミットしたことに本当になるのか，十分に議論が必要である。また，任意適用を拡大することにより，日本基準の高品質化のための作業が停止してしまうということにならないか。

○ 現時点においては，上場企業や監査法人の実力・体制からみても，IFRSの強制適用の是非の判断対象となる企業は，相当絞られるべきである。一般の上場企業すべてにまで不要な負担を強いることがないよう配慮すべきである。

○ 仮に強制適用するとして，適用時期については，段階的な適用など様子を見ながらやっていくのが適当ではないか。

○ 仮に限定された企業に強制適用するとしても，その範囲を合理的に線引きすることは困難ではないか。

　これらの意見を踏まえ，IFRS適用に関しては引き続き審議を継続する一方，現行制度の下で，IFRS適用の実例を積み上げるとともに，その中で，どのような点が具体的にメリット・デメリットとなるのかを十分に把握し，それに対応するための取組みを検討・実行していくべきであると考えられる。また，わが国においては，ピュアなIFRSの任意適用を認めており，この点について，対外的にも積極的に発信していくことが重要と考えられる。

第9節 IFRSsへの対応のあり方についての審議の整理と今後の方向性―「中間的論点整理」の公表―

7．原則主義への対応等

　IFRSは原則主義に基づく会計基準であるとされているが，原則主義への対応や，各関係者において求められる事項について，審議会では以下のような意見が出された。

（原則主義と比較可能性）

○ アナリストの立場から，国際的に比較可能な会計基準が早期に導入されることを希望する。

○ 原則主義における比較可能性は，狭い意味での財務の比較という意味では低下する可能性はあるが，マネジメントアプローチと言われるように，財務データに何を使っていくかということが経営者の意思としてあらわれる点で，広い概念で言えば，比較可能性が高まるといえる。

○ 原則主義においては，具体的な会計処理は個々の会社が自ら判断することになるので，比較可能性に限界がある。したがって，コンバージェンスされた日本基準とIFRSとの比較可能性の問題と，IFRS間の比較可能性の問題とは五十歩百歩ではないか。

○ 時間が経てば業界ごとに会計処理が収斂していくのではないかという意見もあるが，実際には，どの企業も自社の実態に合わせて会計処理を選択しているわけであり，簡単に収斂していくとは考えにくい。

○ 原則主義と細則主義は対立した概念ではなく，成熟した資本市場では，原則主義で会計基準の枠組みを決めても，様々なルールが必要になって徐々に細則的になっていく。原則主義・細則主義にかかわらず，新しい基準を採用すれば，企業，監査人等で十分に議論して解釈を考えていかなければならない。

（作成者に対する要請）

○ 企業には，市場を支える投資家に対して真実かつ公正な情報を開示する社会的責務があるということを自覚していただかなければならない。

○ 原則主義のメリットは，取引の実質に基き会計処理の判断をすることで，会計人のマインドアップにつながる点，デメリットは，企業内の個別の会計処理が統一化されないおそれがあること。その対応としては，会計処理の意思

1189

決定プロセスに対する内部統制を強化することが重要である。

（監査人に対する要請）

○ IFRSを適用する場合はもちろん，日本基準においても，今後わが国の公認会計士はIFRSの知識が必須になってくる。

○ 監査とセットで考えないと，会計基準が原則主義か細則主義かだけでは決着がつかないのではないか。監査のあり方，監査人がどのぐらい原理原則に基づいて判断できるのかという，監査の成熟度に密接にかかわる問題ではないか。

○ 現行の会計処理のほとんどはIFRSの下でも継続可能と考えるべきであり，監査人においても，費用対効果を踏まえたスムーズな導入を考えていただきたい。

○ 中堅上場企業においてもIFRSの準備が必要になってくるとすれば，中堅監査法人も，対応を十分行っていく必要がある。

○ 監査において会計処理の妥当性を判断するためには，取引の内容，その背景を適切に理解し，また，財務諸表の作成者の考え方についても理解することが重要である。監査法人においては，そうした対応ができるような人材を育成するための研修も行っている。

○ IFRSに基づく財務諸表監査は，日本基準に基づく財務諸表監査と同様の枠組みで監査意見を表明しており，監査意見形成は基本的に日本の監査法人の中で完結している。

（関係者間の連携）

○ 何らかの形で適切な判断基準が共有されるべきであり，作成者と監査人などの関係者が一体となって共通理解を形成していくような取組みを行っていただければありがたい。

○ 作成者と監査人で合意した，実務に照らしたベストプラクティスのようなものが必要になってくるのではないか。

（当局に対する要請）

第9節 IFRSsへの対応のあり方についての審議の整理と今後の方向性─「中間的論点整理」の公表─

○ 原則主義のもとでは，作成者と監査人が会計処理方法について対立することがあり得ると思うので，事前質問制度，プリクリアランス，あるいは証券取引所ルールの適切な適用について，制度設計の面で一段の工夫をすべきではないか。

○ 原則主義の下では，結果的に財務諸表の虚偽表示と認識されるようなケースが起こり得る。その場合，現行法では企業は無過失責任を問われるリスクがあり，理不尽な責任問題が発生しないような対応，法的セーフティネットが必要ではないか。

○ 原則主義の下では，ある種の適用指針や，ルールベース的な考え方を盛り込む必要がある。

○ 監査法人が会社の実態のプロセスを理解することが重要だが，その実現性がないのであれば，IFRSの範囲内で，我が国独自のガイドラインを作ることしかないのではないか。

　　原則主義への対応に関しては，各会計関係者における実務的な取組み，例えば，
　・作成者における，経営としての主体的判断に基づく，会計方針の設定・会計処理
　・監査人における，IFRSの適切な理解・適用，わが国監査法人の主体的役割，企業との密接なコミュニケーション
　・当局における，例えば，必要に応じたプリクリアランス制度の導入や執行上のガイダンスの策定など，適切な執行を確保するための方策
等について，各関係者間における適切な連携を行いつつ，任意適用企業において新たに把握される問題点も含め，検討を深めていくことが必要であると考えられる。

　この「中間的論点整理」は，基本的には，企業会計審議会総会・企画調整部会合同会議の意見整理であるが，その整理を通じて，日本のIFRSsへの対応のあり方を決定づけており，看過できない重要な文書の１つである。

　なによりも，「中間的論点整理」は，金融商品取引法における会計基準のアプローチ，すなわち，連結財務諸表と単体（個別）財務諸表の関係に係る考え

方ないしアプローチに大きく変革をもたらした文書である。日本のIFRSsへの対応のあり方について，それまでの審議の根底にあった「連結先行」の考え方（アプローチ）と決別し，「連単分離」の考え方（アプローチ）に大きく舵を切ったことを明言したものなのである。

　以下では，より具体的かつ詳細に「連結先行」の考え方から「連単分離」の考え方への移行について触れるが，さしあたりここでは，「中間的論点整理」の取りまとめに対する金融担当大臣の考えについて，記者会見の言葉を借りて確認しておきたい。

　自見庄三郎は，菅内閣，第1次改造内閣，第2次改造内閣，野田内閣および第1次改造内閣の5期にわたって，つまり2010年6月11日から2012年6月4日までの間，内閣府特命担当大臣（金融担当）を務めた。この内閣府特命担当大臣（金融担当）のポストは，野田第2次改造内閣の際に，民主党と連立政権を組む国民新党の松下忠洋衆議院議員に引き継がれている（2012年9月10日に退任）。

　金融担当大臣就任時に，松下忠洋が野田内閣総理大臣から指示された6項目のうちの1つが，「国際会計基準の導入に関して，国際的な動向を踏まえつつ産業界や中小企業の動向にも配慮して，我が国の方針を総合的に検討する」（金融庁［2012c］）ことであった。また，大臣引き継ぎにあたって，企業会計審議会での今後の議論の方向性について問われた際に，「この国際会計基準について特に十分な情報を得て，引き継ぎを得て，そして対応していきたいというふうに考えています。…（中略）…アメリカ等の反応等も含めて，よく自見大臣との引き継ぎの中でしっかりと確認し，土俵をしっかり作っていきたいと思っています。少し時間をください」（金融庁［2012d］）と述べるにとどめていた。

　「中間的論点整理」の取りまとめとその公表は，松下金融担当大臣のときに行われたものである。閣議後の記者会見で，この「中間的論点整理」について次のような質疑が行われ，大臣としての考えが示された（金融庁［2012e］。答）が松下金融担当大臣）。

1192

第9節 IFRSsへの対応のあり方についての審議の整理と今後の方向性―「中間的論点整理」の公表―

【質疑応答】

問) もう1点,国際会計基準についてお伺いしたいのですが,先週,中間取りまとめ〔「中間的論点整理」:引用者〕が発表されたかと思うのですけれでも,改めて大臣のお考えを伺いたいということで,現時点では任意適用の継続という理解でよろしいのでしょうか。

答) 企業会計審議会が開かれました。そこで,国際会計基準の強制適用を行うという方針が決まっているという事実はありません。国際会計基準の適用につきましては,「中間的論点整理」が行われましたけれども,連結財務諸表に絞って議論するいわゆる,「連単分離」,それから,中小企業等に対しては,国際会計基準の影響を受けないようにするということ,それから任意適用の積み上げを図ることといった点につきましては,一定の整理がなされたものと理解しています。

ただ,強制適用の是非を含めて,その他の論点については結論が出ているわけではなくて,さらに審議を継続して議論を深める必要があると考えています。したがって,国際会計基準の適用のあり方については,今後引き続き検討されるものでありまして,強制適用を行う,方針が決まっているという事実はありません。

2.「中間的論点整理」の役割―「連結先行」から「連単分離」へのアプローチの移行―

(1)「連結先行」の考え方(ダイナミック・アプローチ)

「連結先行」の考え方は,金融庁・企業会計審議会が2009年6月30日に公表した「我が国における国際会計基準の取扱いに関する意見書(中間報告)」において,「今後のコンバージェンスを確実にするための実務上の工夫」として示された。「連結財務諸表と個別財務諸表の関係を少し緩め,連結財務諸表に係る会計基準については,情報提供機能の強化及び国際的な比較可能性の向上の観点から,我が国固有の商慣行や伝統的な会計実務に関連の深い個別財務諸表に先行して機動的に改訂する考え方」(二,1)を,いわゆる「連結先行」

1193

の考えとしたのである。「中間報告」は，日本におけるIFRSs適用に向けた取組みとしての任意適用のあり方のなかで，次のように個別財務諸表にはIFRSsを適用しないことが適当であると明記した（二，2，(3)，⑤）。

> EUにおいては，上場企業の連結財務諸表についてIFRSが強制適用されているものの，個別財務諸表への適用については，国により区々である。また，米国においては，連結財務諸表のみが開示されている。したがって，国際的な比較可能性，資金調達の容易化，市場の競争力強化等の観点からは，個別財務諸表に任意適用を認めることについては，必ずしもその必要性は高くないものと考えられる。
>
> また，個別財務諸表は，会社法上の分配可能額の計算や，法人税法上の課税所得の計算においても利用されており，我が国固有の商慣行，利害関係者間の調整や会計実務により密接な関わりのあるものである。したがって，仮に，IFRSを個別財務諸表に適用することを検討する場合には，これらの他の制度との関係の整理のための検討・調整の時間が必要となる。
>
> これらを併せ鑑みると，少なくとも任意適用時においてIFRSを連結財務諸表作成企業の個別財務諸表に適用せず，連結財務諸表のみに適用することを認めることが適当であると考えられる。
>
> ただし，上場企業の中にも，連結対象会社を有さず連結財務諸表を作成していない企業がある。このような企業については，国際的な比較可能性等の観点から，我が国の会計基準による個別財務諸表に加えて，追加的な情報として監査を受けたIFRSによる個別財務諸表を作成することを認めることが考えられる。

その後の企業会計審議会総会・第24回監査部会合同会議（2010年3月26日）で，金融庁は，この「連結先行」の考え方を**「連結と単体の関係に係るダイナミック・アプローチ」（連・単のダイナミック・アプローチ）の考え方**（または，単に「ダイナミック・アプローチ」）に改称し（**図表14-19**），その内容説明も「連結財務諸表に係る会計基準と個別財務諸表に係る会計基準の双方がダイナミックに発展・変化していく中で，両者の間の整合性を確保しつつ，両者の間のズレを時間軸の中で容認」（金融庁・企業会計審議会総会・監査部会合同会議［2010］，

1194

第9節　IFRSsへの対応のあり方についての審議の整理と今後の方向性—「中間的論点整理」の公表—

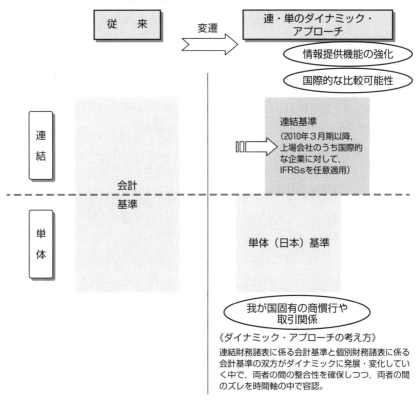

図表14-19　金融商品取引法におけるいわゆる「連結先行論」
　　　　　—連結と単体の関係に係るダイナミック・アプローチ—

出所：金融庁・企業会計審議会総会・監査部会合同会議 [2010], 89頁。

89頁) するものとした。

このダイナミック・アプローチへの改称は，次のような考え方によるものである（金融庁・企業会計審議会 [2010b]，三井秀範企業開示課長（当時）による説明）。

「これ〔ダイナミック・アプローチ：引用者〕は，連結先行そのものの考え方を変えているわけではございませんが，……企業会計審議会でその議論があった後の

IASBの基準設定活動を拝見しておりますと，……建前としては当然のことながら，日本基準，そして国際会計基準，米国基準の間で議論して1つの基準に収斂させていく，こういうふうな活動でございますけれども，相対的には既にアメリカと国際会計基準が同じ考え方で，日本基準だけが違うようなケースでは，なかなかその選択の余地がない部分もあったかと思います。他方，日本と米国基準が同じ考え方で国際会計基準が違うという場合には，……今ある基準というものをとりあえず，スクラップするというと言葉が悪いのですけれども，それはそれでガラガラポンといいますか，新しい考え方で新しい基準を作っていく，こういうものがあります。収益認識など，かなり古い時代にできたものは現在のIASBのフレーム・ワークとはかなり違う考え方に立っているということもありまして，ガラガラポンして新しい基準を作っていくというプロセスの中では，日本あるいは欧州，米国，それぞれ，あるいは各地域から自分なりの考え方を出し合って，そして新しい基準作りになっていくプロセスにあります。」

「ということでございまして，基準の作り方が少し変わってきているということから，既に存在している国際基準に日本基準を自動的に合わせるというニュアンスなり受けとめ方がされる恐れのある『連結先行』の言葉に代えて，むしろ，『ダイナミック・アプローチ』という言葉をここで提案させて頂いております。」

　そもそも，「中間報告」に示された「連結先行」の考え方が初めて企業会計審議会で議事として取り上げられたのは，企業会計審議会第13回企画調整部会（2008年10月23日）においてであり，その後の審議結果を反映して「中間報告」に組み込まれたものである。本書の**第10章**でも紹介したように，企画調整部会の当初の役割は，「EUにおける同等性評価や会計基準の国際的なコンバージェンスの動向等を踏まえ，審議事項の企画調整を行うとともに，必要な審議・検討を行う」（金融庁・企業会計審議会［2007]）ことであり，これは企業会計審議会総会のもとでの1つの部会である。
　また，企業会計審議会第13回企画調整部会で議事として掲げるのに先立ち，

第9節 IFRSsへの対応のあり方についての審議の整理と今後の方向性—「中間的論点整理」の公表—

2008年7月31日に，金融庁は第1回「我が国企業会計のあり方に関する意見交換会」を開催し，「連結先行」と「IFRS」の2つを議題とした。そこでの議論の結果が，実に2年3ヵ月ぶりの企画調整部会の開催（第12回（2006年7月31日），第13回（2008年10月23日））へと結び付いたのである。

第1回「我が国企業会計のあり方に関する意見交換会」での「連結先行」に関わる意見は，次のように整理されている（金融庁［2008］，別紙1）。「連結先行」の考え方に賛同する意見だったと理解してよい。

○ ユーザーの利便性を考えると，会計基準を共通化していくことが，事業会社のコストにも配慮し，我が国の会社が外国会社に比して競争上不利にならないようにする観点から必要であり，必然の流れ。

○ コンバージェンスの加速化，完成が重要であり，連結先行の考え方は，そのために必要と理解。

○ 平成17年商法改正（会社法制定）により，金商法・会社法の会計は同一の会計となっており，この考え方に基づき，コンバージェンスへの対応策は，連結先行の考え方で対応する他ない。

○ 単体は，連結に遅れるとは言え，できるだけ早く，先行した連結に合わせることが重要である。

○ 連結先行の具体化に向けた議論を当局も含む関係者で早急にする必要。

企業会計審議会第13回企画調整部会での議事「『連結先行』について」は，①「連結先行」させることについて，②連結財務諸表原則の取扱い（単体への準拠性），③連結先行の適用対象基準，④連結先行のズレのイメージ（(1)連結を先行させる方式，(2)連結を先行させる期間），⑤連結先行の適用会社（非上場有価証券報告書提出会社，有価証券報告書非提出の中小中堅企業との関係）が検討対象であった（金融庁・企業会計審議会企画調整部会［2008a］，資料2）。この議事「連結先行」の提案説明は，次のように行われている（三井秀範総務企画局企業開示課長（当時）による説明，金融庁・企業会計審議会企画調整部会［2008b］）。

1197

「今私どもが議論しておりますのはコンバージェンスでございますので，いわゆるEUで行われたような形での強制適用ではございませんが，既存の差異を解消するということで作業を進めておりますので，投資判断に影響を与えるような重要項目については大幅な基準改訂が日本側の基準でも行われる可能性がある。そうしますと，ラベリングはともかく，中身の上ではEUの2005年と同じようなことが起きる可能性が十分に想定されるわけでございます。

そして，2011年という期限を切って，これは国際的な日本の資本市場の観点，あるいは日本企業が国際的に活躍する観点からこの2011年というものをターゲットとして，官民挙げて関係者の力を合わせていくということからしますと，連結と単体をすべての基準において全く同一とし，また単体におきましては実際に取引先との関係あるいは取引の交渉，そして配当可能利益や税の問題，そしてさらにはインフォーマルな業界内での地位であるとか，いろいろなパブリックリレーションにさまざまな影響を会計は及ぼしているという国内的な調整をすべて経なければ，この2011年のその他の差異を解消することができないのだとすると，これはかなり困難な状況にあるのではないか。

片やEUでは，連結財務諸表にIFRSを適用しつつ，個別財務諸表には各国の基準を使う選択肢を認めているという柔軟な対応がされているということで，理論的にいろいろ困難な問題があるとはいえ，連結と単体をずらす，言葉をかえますと，連結のほうをより国際会計基準にタイムリーにフィットさせ，国内基準はさまざまな国内関係者との関係，取引先との関係などを整理しながら，早急に連結に追いついていくように調整していく，このような考え方があり得るのではないかということをご提案申し上げたわけでございます。」

この提案に対する当日の企画調整部会での主たる意見は，いまでも会議録（議事録）を読めば瞭然としているが，議事要旨としても整理されているので有益である。それをここで借用すると，以下のとおりである（金融庁・企業会計審議会企画調整部会［2008c］）。

第9節 IFRSsへの対応のあり方についての審議の整理と今後の方向性—「中間的論点整理」の公表—

Ⅱ.「連結先行論」について

●個人の意見として申し上げるが，連単分離ではどうしていけないのかと思う。また，ディスクロージャーは連結重視とし，個別は廃止するとか簡素化するということはできないのだろうか。

●連結先行論は，個別についても早いうちにIFRSに合わせていく考え方であると理解している。実務サイドとしては，連単を別々の基準で作るのはいかがなものかと思う。別々の基準で作るためには二重帳簿が必要になる。IFRSの採用は，上場会社であれば実務的に可能であろう。他方，中堅企業には簡易版IFRS，小規模企業には更なる簡易版といった英国における試みが参考となろう。いずれにせよ，将来的には，個別についてもIFRSないしその簡易版に移行していくという前提で連結先行を理解している。

●国際的な比較可能性を確保し，投資家が比較できるフェアな情報を得るためにも，上場会社については連結財務諸表作成会社だけではなく，連結財務諸表を作成していない会社についても，IFRSを強制的に適用すべきであり，選択制とすべきではないと考える。

●コンバージェンスが進んでいるので，連と単とでそれほど大きな差はない。連結先行の考え方で，連結で走っていって，そのうちに単体が追いつくということでいいのではないか。配当規制や税の問題が解消されるのであれば，単体もIFRSでかまわない。

●制度の問題のほかにインフラ整備の問題があり，これには教育の問題が含まれる。アドプションであればIFRSでのみ教育することが求められるが，コンバージェンスであれば日本基準をもとに教育することになる。

IFRSの原文と，将来コンバージェンスを進めた結果できているであろう日本基準が，どの程度の違いが生じることを想定しているのか。

●コンバージェンスをしても違いは残ると思っている。コンバージェンスを続けていくならこれは永遠の作業になる。

連結先行ということになれば，基準開発にその考え方を入れていくことにな

第14章 日本における国際財務報告基準への対応のあり方

1199

る。これは，連結と単体で基準を書き分けることを意味しているが，全ての基準について連結と単体を違う扱いにしていくことはできないだろう。日本基準の中で連と単が違うというのは，なかなか理解が得られないのではないか。従って，基準開発のときに毎回この考え方を使うというわけにはいかないと思う。

　これらの主たる意見を踏まえて，結果的に，企画調整部会長は，「〔議事の：引用者〕2つ目の連結先行論につきましては，皆様のおおむねのご意見は，コンバージェンスの加速化・完成及び将来の国際会計基準の問題を考えるに当っては，いわゆる連結先行の考え方が必要であって，連結先行の具体化に向けた検討を進めるべきである，それも早急にすべきであるということであったかと思います。□本日の皆様のご意見を事務局で整理していただきまして，今後連結先行の具体化に向けた検討を行っていきたいと思います。ここでは強制だとか任意だとかいうことは私は触れておりません。ご注意願いたいと思います」（金融庁・企業会計審議会企画調整部会［2008b］）と取りまとめた。事実上，提案どおり，「連結先行論」ないし「連結先行」の考え方を採択した瞬間である。

　2009年6月30日に公表された「中間報告」の原案である「我が国における国際会計基準の取扱いについて（中間報告）（案）」は，2009年1月28日に開催された企業会計審議会総会第15回企画調整部会で提案され，パブリックコメントを求めるために2009年2月4日に公表された（金融庁・企業会計審議会企画調整部会［2009b］）。もちろん，コンバージェンスの継続・加速化における，いわゆる「連結先行」の考え方も盛り込まれており，その記載は「中間報告（案）」から同じである。

（2）単体財務諸表の会計基準のあり方について

　「中間報告」は公表されたものの，その後のこの「中間報告」の見直しを受けて，「連結先行」の考え方は，「単体財務諸表の会計基準のあり方（コンバージェンス）について」の議事を通じて，再審議された。この再審議の契機は，2010年6月8日に開催された企業会計審議会総会における，ASBJによる「上

第9節 IFRSsへの対応のあり方についての審議の整理と今後の方向性—「中間的論点整理」の公表—

図表14-20　上場会社の個別財務諸表に関する連結先行のあり方の議論で「包括利益の表示」について表明された懸念

連結財務諸表と個別財務諸表に同一の会計基準を適用した場合の懸念	ダイナミック・アプローチ(連結先行)をした場合の懸念
・包括利益及びその他の包括利益を表示する場合，その意義が周知されないと，重要な業績指標であるとの誤解を与えかねない。また，例えば，OCIノンリサイクリング処理などが行われた場合，当期純利益の意義を変質させる可能性があり，会計処理と関連づけて導入を議論すべきである。(連結財務諸表にも共通する懸念) ・会社法上の「損益計算書」と「損益及び包括利益計算書」及び「包括利益計算書」の関係を整理する必要がある(「損益計算書」に「損益及び包括利益計算書」(一計算書方式の場合)，「包括利益計算書」(二計算書方式の場合)が含まれるか)。	・財務諸表の有用性の観点からは，連結財務諸表と個別財務諸表で異なる表示とする理由がない。また，連結財務諸表と単体の比較分析上，個別財務諸表の包括利益も利用すると考えられ，表示されない場合，財務諸表利用者自身で算定する必要がある。 ・貸借対照表の純資産の部において，連結財務諸表で「その他の包括利益累計額」と表示する一方，個別財務諸表では現行の「評価・換算差額等」の表示にした場合，投資家に理解しづらい情報となる。 ・作成者は一定の連結修正の作業を要することになる。利用者は，連結財務諸表と個別財務諸表の関連性を分析する上で，個別財務諸表の数値を調整する作業が必要となる。 ・個別財務諸表のみを開示している会社の包括利益は開示されず，上場会社の中に包括利益を開示している会社としていない会社が混在し，投資実務に混乱を招く。コンピューターによって全上場会社をスクリーニングする投資家は多いが，包括利益という重要な指標を企業間比較に用いることができなくなる。

出所：企業会計基準委員会 [2010]，3頁を整理のうえ作成。

場会社の個別財務諸表の取扱い（連結先行の考え方）に関する検討会」の概要報告（企業会計基準委員会 [2010]）にある。ASBJが「連結先行」の考え方を踏まえて基準開発を行うプロセスにおいて，連結財務諸表と個別財務諸表の関係についてさまざまな見解や懸念が示され，改めて企業会計審議会総会で連結財務諸表の会計基準と単体財務諸表の会計基準のあり方が問われたのである。換言すれば，ASBJの基準設定主体としての独立性を担保するとともに，ASBJでの基準開発の円滑化を図るためのものである。

　この検討会では，現行の日本の開示制度を前提に，ASBJによる当面の基準開発に関わる6つのケースを題材にして，連結先行の考え方（ダイナミック・

1201

アプローチ）の適否などについて検討が行われた。企業会計審議会でも紹介された概要報告は，6つの個々のケースについて，連結財務諸表と個別財務諸表に同一の会計基準を適用した場合の懸念（コスト・デメリット）と「連結先行」を行った場合の，検討会メンバーによる懸念（ASBJとしての意見ではない）を紹介したものである。

取り上げられた6つのケースは，①包括利益の表示，②開発費の資産計上，③のれんの償却，④その他の包括利益（OCI）のノンリサイクル処理，⑤収益認識，および，⑥負債と資本の区分である。

たとえば，包括利益の表示について想定される連結財務諸表上の会計処理は，「二計算書方式又は一計算書方式により，包括利益及びその他の包括利益の表示を行う」である。この包括利益の表示について，連結財務諸表と個別財務諸表に同一の会計基準を適用した場合の懸念と，「連結先行」の考え方を適用した場合の懸念として，**図表14-20**に整理したものが示された。

また，「連結先行」の考え方を採用した場合の追加論点も示している（企業会計基準委員会［2010］，7-8頁）。

【追加論点1】
・仮にダイナミック・アプローチ（連結先行）を採用し，個別財務諸表を従来のままとした場合，個別財務諸表においてどのような開示（会計処理の差異を文章で記述するか，影響額を開示するかなど）を必要とするか。
—重要性がある場合は，連結財務諸表と個別財務諸表の比較分析を可能とするために，最低限，影響額の開示は必要である。
—実務上のコストを十分考慮した上で，判断すべきである。
【追加論点2】
・仮にダイナミック・アプローチ（連結先行）の考え方を採用した場合，個別財務諸表について，任意に連結財務諸表と同じ会計処理や表示方法を認めるか否か。
—連結財務諸表との比較可能にする観点から，任意適用は認められるべきである。

第9節 IFRSsへの対応のあり方についての審議の整理と今後の方向性—「中間的論点整理」の公表—

> —任意適用の是非についても，個別財務諸表のあり方全体と合わせ，慎重な検討を行うべきである。
> —任意適用を認めることにより，ダイナミック・アプローチ（連結先行）を行う意義がなくなる可能性がある場合には，任意適用は行うべきではない。
>
> 【追加論点3】
> ・仮にダイナミック・アプローチ（連結先行）を採用した場合，個別財務諸表のみを開示している会社についての取扱い（連結財務諸表と同様の処理を求めるか，影響額を注記で開示するか）をどうするか。
> —連結財務諸表と個別財務諸表の両方を作成している会社における連結財務諸表との比較可能性を担保するために，重要性を勘案した上で，連結財務諸表と同様の処理を求めるか，影響額を注記で開示すべきである。
> —実務上のコストを十分考慮した上で，判断すべきである。

　企業会計審議会総会において，ASBJが「上場会社の個別財務諸表の取扱い（連結先行の考え方）に関する検討会」の概要報告を行った目的は，これからの基準開発は連結財務諸表を対象とし，個別財務諸表を含まないことを表明することであった。現に，この検討会の概要報告のなかでも，「今後，ASBJにおける個々の会計基準開発の審議は，本検討会の審議の内容及び企業会計審議会での審議も踏まえ行う予定である。なお，企業会計審議会での審議中に，ASBJにおいて個々のテーマについて議決を行う場合，個別財務諸表の取扱いについては，判断を留保する方向で委員会で議論することとする」（企業会計基準委員会［2010］，2頁）と明言している。

　この見解が表明された2010年6月8日の企業会計審議会総会では，ヨーロッパ（イギリス・フランス・ドイツ）における開示制度についての説明とともに，経済界からの3名の参考人（佐藤行弘（三菱電機常任顧問），山﨑敏邦（JFEホールディングス監査役），境康（三井住友銀行執行役員・財務企画部長））の意見も聴取された。参考人の見解も，共通して「連単分離」の考え方であった。

　この「単体財務諸表の会計基準のあり方（コンバージェンス）について」の審議は，7月8日と8月3日の企業会計審議会総会でも継続して行われた。た

第14章 日本における国際財務報告基準への対応のあり方

1203

だし，この議事が実質的に最後の審議となった8月3日の企業会計審議会総会の冒頭に，企業会計審議会会長が「本日の議事の終わりに，私から，これまでありました議論について簡潔にまとめさせていただき，ASBJの基準開発に貢献させていただきたいと考えております」（金融庁・企業会計審議会［2010d］）と発言して，「連結先行」の考え方（ダイナミック・アプローチ）に結実させたことは，その後，「政治主導」の名のもとで，内閣府特命担当大臣（金融担当）によって「連結先行」の考え方から「連単分離」の考え方に大きく舵が切られたことから振り返ってみても，とても興味深い。

8月3日の企業会計審議会総会でのすべての審議終了後に，企業会計審議会会長が，「単体財務諸表の会計基準のあり方について」のこれまでの議論を簡潔にまとめたものこそ，**会長発言（骨子：未定稿）**（金融庁・企業会計審議会［2010e］）である。この「会長発言」をもって，「単体財務諸表の会計基準のあり方について」の審議は終了している。

この会長発言は，当日の企業会計審議会総会議事録でも確認できるが，「会長発言（骨子：未定稿）」として別途，公表されている（金融庁・企業会計審議会［2010e］。太字と下線は引用者）。

会長発言（骨子：未定稿）
＊今後議事録の精査により，修正があり得る。

○ 連結の会計基準は，EUの同等性評価を踏まえ，東京合意に沿い，コンバージェンスを着実に実施。
○ 連結と単体の関係については，中間報告のとおり，連結先行のアプローチ（ダイナミック・アプローチ）。
　　具体的には，**単体の会計基準は，個々の基準毎に，連と単を一致することに伴う諸々のコスト・ベネフィット，連と単を分離することに伴う諸々のコスト・ベネフィットを考慮した上で，最終的にASBJが判断（個々の基準で，会計処理の選択適用を許容することもあり得る）。**連結と単体のズレの期間，幅は，経営や内外の会計を巡る諸状況（税，会社法を含む）により大きく異なる。

第9節 IFRSsへの対応のあり方についての審議の整理と今後の方向性―「中間的論点整理」の公表―

　　　この連と単の関係についてのアプローチは，今後その是非を判断予定である IFRS の強制適用が仮に行われた場合についても，基本的にあてはまるもの。
　　　今後も引き続き，IASB の国際会計基準の設定に対し，我が国としての経営実務や慣行・それを踏まえた会計の考え方等の意見発信が重要である。

○ ASBJ の基準策定プロセスについて，単体のコンバージェンスの程度をより広い見地から判断するため，より幅広く，産業界等のステークホルダーの声を反映すべき，との意見が聞かれた。
　　　これに対し，ASBJ からは，基準開発を行う上で，作成者・利用者・監査人等の関係者の意見を，十分お聞きすることが最も重要であり，参考となる意見を積極的に伺っていきたい。同時に，ASBJ は基準設定主体として厳格な独立性が求められており，最終的な判断は委員会で的確に行っていきたい，との発言。
　　　公益財団法人財務会計基準機構（FASF）理事長より，「ASBJ が，引き続き，連と単双方の日本の会計基準（J-GAAP）の策定主体であるべき。今後，会計基準設定主体の独立性を確保しつつ，基準策定機能の強化及びそのための産業界を含む各ステークホルダーによるバックアップ強化のための方策を検討し，審議会にご報告したい」旨の申し出。

○ 金商法及び会社法上，単体への IFRS 適用については，経済界からの要望があり，今後，特に会社法における制度整備等の検討が必要。**企業会計審議会としても今後，IFRS の連結への強制適用の是非を判断する際に，次のステップの選択肢として単体への任意適用を認める，という方向性を示すことができれば，と考えている。**

○ 金商法における単体情報については，その投資情報としての有用性の観点に加え，会社法で単体の計算書類が作成され株主に届けられ，その情報は，投資家にも開示すべき，との観点から，引き続き開示すべき。**単体の見直し（簡素化等）は行う。**

○ 連と単の関係は非常に難しい問題であり，関係者一丸となった対応が必要。

（3）「単体財務諸表に関する検討会議」

　「会長発言（骨子：未定稿）」にも明記された，「今後，会計基準設定主体の独立性を確保しつつ，基準策定機能の強化及びそのための産業界を含む各ステー

1205

クホルダーによるバックアップ強化のための方策を検討」する目的で，公益財団法人財務会計基準機構が設置したのが**「単体財務諸表に関する検討会議」**である。この「単体財務諸表に関する検討会議」の設置は，2010年9月28日に公表され，「単体財務諸表のコンバージェンスを当面どのように取り扱うべきかについて，〔産業界を中心とした：引用者〕ハイレベルな意見を聴取するために」，個々の基準についての対応の方向性についての関係者の考え方を集約する役割を担っている。

「単体財務諸表に関する検討会議」は，2010年10月4日の第1回会議以降，全体で6回の会議を重ね，2011年4月28日に「**『単体財務諸表に関する検討会議』報告書（平成23年4月）**」（単体財務諸表に関する検討会議〔2011〕）を公表している。

単体財務諸表に関する検討会議は，ASBJの基準開発状況に照らして，短期的な課題とされる，①開発費の資産計上，②のれんの非償却，③退職給付会計における未認識項目の負債計上，④包括利益の表示に関する単体財務諸表における取扱い，の4つの会計基準の対応の方向性に関する考え方について検討された。その結果は報告書に記載されているが，たとえば，包括利益の表示についての単体財務諸表に関する方向性の考え方は，次のとおりである（単体財務諸表に関する検討会議〔2011〕，6-7頁）。

　単体財務諸表に関する包括利益の表示については，当面，財務諸表本表において表示すべきではないとの意見が多くみられた。その考え方は，以下のとおりである。
- 包括利益の問題については，表示の問題にとどまらず，リサイクリングや利益概念の問題と密接に関係する。すなわち，IFRSでは，その他の包括利益におけるノンリサイクル処理など，当期純利益の内容が変質してきている可能性があり，リサイクリングの問題の整理も重要である。これらの問題を整理することなく，包括利益の表示を行うことは時期尚早である。
- IFRSとのコンバージェンスという意味では，すでに連結財務諸表では方向性が明確にされており問題なく，当面は，連結先行で議論を深めていくべきで

はないか。

●リスクのある資産を可視化するツールとして包括利益は意味があるが，投資家の視点から，包括利益及びその他の包括利益がどのような意味を持つのかを十分に議論する必要がある。

●フランスやドイツでは，コンバージェンスを進めつつも，自国基準では包括利益の開示を求めていない。これらの理由を，明確に把握し参考にすべきである。

また，上記に関連して，以下の意見が聞かれた。

●当期純利益を重視する観点から単体財務諸表におけるリサイクリングは維持すべきであり，それを前提として，単体財務諸表では任意適用を認めることが考えられる。

●投資家に対する情報提供の観点からは，単体財務諸表においては注記を行うことも考えられる。

一方で，単体財務諸表においても，財務諸表本体で包括利益を表示すべきとの意見の考え方は以下のとおりである。

●リサイクリングの議論は重要であるが，リサイクリングの議論と包括利益の表示の議論は，別の議論であり，包括利益を表示しない理由にはならない。

●IFRSとのコンバージェンスの観点，投資家の分析にあたり財務諸表の連繋が改善する観点，リスク情報としての観点から，包括利益の表示は有用である。利用者からすると，連結財務諸表と単体財務諸表の差異は最小限にとどめることが望まれ，単体財務諸表においても表示を行うべきである。

●包括利益を単体財務諸表で表示しない場合，単体財務諸表のみ作成する会社との間の比較可能性が保てなくなる。仮に連結先行とする場合でも，これらの会社への対応が必要である。

報告書には，個々の会計基準に限定されない意見も記載されている。次のように，単体財務諸表の会計基準の策定目的や単体財務諸表の簡素化に関わるものもある（単体財務諸表に関する検討会議［2011］，2頁）。

●単体財務諸表の会計基準がどういった観点から作成されるものであるか（株主，投資家のための情報開示，分配可能額，課税所得の基礎等）を改めて明確にすべきではないか，との意見があり，また，そもそも単体財務諸表については，廃止を含む大幅な簡素化が必要ではないかとの意見もあった。

この点については，金融商品取引法上の単体財務諸表については，投資情報としての重要性等から作成され，開示されるものであり，単体財務諸表一般の機能が，分配可能額算定や課税所得の基礎の機能のみ有するものではないとの説明が制度所管官庁からあった。

また，他の制度所管官庁から，会社法における分配規制は，一般に公正妥当と認められる会計基準に従って作成された計算書類を前提として，必要な調整を加えて分配可能額を計算するというものであり，新たな会計基準が公表される場合には，その内容を踏まえて分配規制の内容を検討することとなるとの説明もあった。

以上のような，ASBJによる「上場会社の個別財務諸表の取扱い（連結先行の考え方）に関する検討会」や財務会計基準機構による「単体財務諸表に関する検討会議」での検討が，その後の「中間報告」の見直し審議による「中間的論点整理」へと結び付いていくのである。

第10節 「国際会計基準(IFRS)への対応のあり方に関する当面の方針」とIFRSsの任意適用企業の積上げ政策

金融庁の企業会計審議会総会・企画調整部会合同会議でのこれまでの議論や国内外の動向等を踏まえて公表されたのが，**「国際会計基準（IFRS）への対応のあり方に関する当面の方針」**（2013年6月19日。金融庁・企業会計審議会［2013]）である。この「当面の方針」の全文は本書**第1章**に掲載したが，このなかで，今後の日本のIFRSsへの対応のあり方に関する基本的な考え方と当面の方針を示している。

IFRSsへの対応のあり方に関する基本的な考え方は，次の3つの重要性をも

とに取りまとめられている。

① 2008年のワシントン・サミットの首脳宣言で示された，「単一で高品質な国際基準を策定する」という目標を実現していくために，日本としても主体的に取り組むことが重要である。
② 引き続き，会計基準の国際的な調和に向けた努力は継続する必要があり，高品質な日本基準を維持していくことが重要である。
③ IFRSは今後とも世界の関係者が参加して改善されていくべきものであることから，IFRS策定への日本の発言力を確保していくことがとりわけ重要となる。

これら3つの重要性を踏まえて，企業会計審議会総会・企画調整部会は，**「IFRSsの任意適用企業の積上げ」**を図ることをIFRSsへの対応のあり方に関する基本的な考え方とした（金融庁・企業会計審議会［2013］，3頁。下線は引用者）。

> 単一で高品質な会計基準の策定というグローバルな目標に向けて，国際的に様々な動きが見られる中で，我が国がこれにどのように関わっていくのかという観点から，今後数年間が我が国にとって重要な期間となる。企業会計審議会総会・企画調整部会合同会議としては，このような認識に基づき，まずは，IFRSの任意適用の積上げを図ることが重要であると考えられる…（省略）…。

この「IFRSsの任意適用企業の積上げ」を図るために，IFRSsへの当面の方針として整理したものが，**「IFRS任意適用要件の緩和」**，**「IFRSの適用の方法」**および**「単体開示の簡素化」**である。

また，日本における「IFRSの強制適用の是非等については，……未だその判断をすべき状況にないものと考えられる」として，当面の間，その判断を見送った。今後，任意適用企業数の推移も含め，「当面の方針」における3つの方針による措置の達成状況を検証・確認するとともに，アメリカの動向やIFRSsの基準開発の状況などの国際的な情勢を見極めながら，関係者による議

1209

図表14-21　IFRSsの任意適用企業の積上げに関する政策・対応

2012年12月16日	第46回衆議院議員総選挙により，自由民主党が政権政党（政権与党）に復帰
2013年5月10日	自由民主党日本経済再生本部「中間提言」
2013年5月14日	日本取引所グループと日本経済新聞社が新指数共同開発に合意
2013年7月21日	第23回参議院議員通常選挙により，自由民主党が参議院第一党に復帰し，いわゆる「ねじれ国会」が解消
2013年6月13日	自由民主党政務調査会・金融調査会「企業会計に関する小委員会」による「国際会計基準への対応についての提言」
2013年6月14日	閣議決定「日本再興戦略―JAPAN is BACK」
2013年6月19日	企業会計審議会「国際会計基準（IFRS）への対応のあり方に関する当面の方針」
2014年1月6日	「JPX日経インデックス400」算出開始日
2014年5月23日	自由民主党日本経済再生本部「日本再生ビジョン」
2014年6月24日	閣議決定「『日本再興戦略』改訂2014―未来への挑戦―」
2014年11月11日	東京証券取引所による決算短信での「会計基準の選択に関する基本的な考え方」の記載要請
2014年12月2日	第47回衆議院議員総選挙により，自由民主党（与党）が議席数を維持
2015年4月15日	金融庁「IFRS適用レポート」
2015年6月30日	閣議決定「『日本再興戦略』改訂2015―未来への投資・生産性革命―」
2015年9月1日	東京証券取引所「『会計基準の選択に関する基本的な考え方』の開示内容の分析」（2015年3月31日決算会社（早期適用含む））
2016年4月13日	東京証券取引所「『会計基準の選択に関する基本的な考え方』の開示内容の分析」（2015年3月から12月決算会社まで）
2016年6月2日	閣議決定「日本再興戦略2016―第4次産業革命に向けて―」
2016年7月20日	東京証券取引所「『会計基準の選択に関する基本的な考え方』の開示内容の分析」（2015年4月から2016年3月決算会社まで）

論を行っていくことが適当であるとしたのである（金融庁・企業会計審議会[2013]，3頁）。

実のところ，「国際会計基準（IFRS）への対応のあり方に関する当面の方針」の策定には，自由民主党日本経済再生本部による**「中間提言」**（2013年5月10日。自由民主党日本経済再生本部[2013]）や自由民主党政務調査会・金融審査会の「企

1210

業会計に関する小委員会」での有識者からのヒアリングや自由討論を踏まえた**「国際会計基準への対応についての提言」**（2013年6月13日。自由民主党政務調査会・金融調査会　企業会計に関する小委員会［2013］）が大きく影響している（杉本［2014a］，52頁）。2012年12月16日の第46回衆議院議員総選挙で，自由民主党が絶対安定多数の269議席を獲得して政権政党（政権与党）を獲得したが，この「中間提言」と「国際会計基準への対応についての提言」は，その経済政策ないし成長戦略にも結び付いている。

　こうした事実は，「国際会計基準（IFRS）への対応のあり方に関する当面の方針」を中心に据えて，IFRSsの任意適用企業の積上げに関わる政策や対応等の取組みを時系列に整理すると，より鮮明なものとなる（**図表14-21**参照）。

　ここではまず，「当面の方針」に対するこれらの影響について確認しておこう。

1．自由民主党日本経済再生本部による「中間提言」

　「日本経済再生本部」には，2つある。

　第1のものは，自由民主党内に設置された日本経済再生本部であり，総裁直属の機関として全党的な議論を行うものである。

　この自由民主党の日本経済再生本部は，経済の現状打開や強力な成長戦略の推進を自由民主党総裁選の公約に掲げた安倍晋三総裁が，自由民主党の考え方を打ち出すために設置したものである。一日も早いデフレ脱却と成長力の底上げによる経済の再生，雇用の創出を図るため，広く内外の英知を結集し，体系的かつ具体的に政策を立案・推進する機能を備えている。自由民主党の日本経済再生本部の第1回会合は，2012年10月24日に開催されている。

　第2のものは，自由民主党政権政党（政権与党）の内閣のもとに設置された日本経済再生本部である。

　「我が国経済の再生に向けて，経済財政諮問会議との連携の下，円高・デフレから脱却し強い経済を取り戻すため，政府一体となって，必要な経済対策を講じるとともに成長戦略を実現することを目的として，……これらの企画及び立案並びに総合調整を担う司令塔」として位置づける「日本経済再生本部」の

内閣への設置を，2012年12月26日に閣議決定している。この日本経済再生本部の構成員は，内閣総理大臣，副総理，経済再生担当大臣兼内閣府特命担当大臣（経済財政政策），内閣官房長官および他のすべての国務大臣である（首相官邸［2012]）。

　自由民主党内の日本経済再生本部は，次期衆議院選挙の公約に反映させる狙いから，中間報告の取りまとめのために，まず2012年11月16日に「日本経済再生本部―中間とりまとめ（骨子）―」を提示した。これを踏まえて，翌年に「中間提言」(2013年5月10日。自由民主党日本経済再生本部［2013]）を取りまとめた。

　「『失われた20年』に終止符を」，「今こそ次元の違う政策対応を」，「『民』が主役，『官』，『政』は『土俵』を整備」，「雇用と所得の拡大する国へ」，「財政再建，社会保障構造改革などにも挑戦」――呻吟する日本経済の長期低迷とデフレに正面から取り組まなければならない問題意識から，自由民主党日本経済再生本部の「中間提言」は，次の5つの柱を最重要テーマとして掲げ，「責任与党として，着実かつ迅速な目標の実現と政策の遂行を実現していくこと」を提示したものである。「中間提言」の5つの柱とは，①地方再生なくして日本再生なし，②「アジアNo.1の起業大国」へ，③新陳代謝加速，オープンで雇用創出，④未来の「ヒト」「ビジネス」で付加価値創出，⑤女性が生き生きとして働ける国へ，である。

　このうち，第4の柱である「未来の『ヒト』『ビジネス』で付加価値創出」は，次代を担う世代の数が相対的に減る日本の人口減少が，日本の知力や安全保障を危うくし，医療や年金などの社会保障の仕組みの持続性を低下させ，国力そのものを減衰させるとの認識から打ち出されたものである（自由民主党日本経済再生本部［2013]，6頁）。具体的には，大学のガバナンス改革，英語教育・国際化教育の格段の強化，研究開発支援，戦略産業支援とともに，金融・資本市場の魅力拡大（「5年以内に世界一へ」）を掲げている。

　とくに，金融・資本市場の魅力拡大（「5年以内に世界一へ」）のための1つの方策として，「英文開示や国際会計基準の利用の拡大」を提示している。また，「東証『グローバル300社』インデックスの創設」の方策では，新設するインデ

ックスの銘柄を選定する評価基準のなかに「**IFRS（国際会計基準）の導入**」を
盛り込んでいる（自由民主党日本経済再生本部［2013］。本文の下線は引用者）。

4．未来の「ヒト」「ビジネス」で付加価値創出

　D）金融・資本市場の魅力拡大（「5年以内に世界へ」）

　　香港，シンガポール，上海などのアジア新興資本市場の台頭を踏まえつつ，
日本の資本市場がニューヨーク，ロンドンなどとも比肩できる世界の代表
的な市場としての評価を5年以内に確立する事を目指し，市場の魅力拡大
に最大限努める。

　●5年以内に世界の代表的市場としての評価を確立

　　5年以内に，アジア市場のリーダーとしての立場はもちろんのこと，
ニューヨーク，ロンドンなどの市場とも比肩できる，世界の代表的市場
としての評価を確立するよう，金融・資本市場の魅力拡大に最大限努める。

　●総合取引所の早期実現

　　諸外国の取引所では，国境を越えた合従連衡などを通じ，デリバティ
ブ取引について，証券・金融とコモディティの垣根なく取引でき，これ
は世界標準となっている。本年1月1日に新たにスタートした「日本取
引所」について，総合取引所化によるコモディティ取引を早急に実現し，
幅広い品ぞろえによる国際競争力の強化，市場参加者の利便性の向上を
図り，「アジアNo1市場」の地位を確立する。

　●英文開示や国際会計基準の利用の拡大

　　世界標準の情報を海外発信することによって，海外投資家に日本市場
の実力を知ってもらうが必要である。今まで情報不足により投資を控え
ていた海外投資家からの投資を呼び込むことにもつながる。そうした問
題意識から，金融商品取引法における英文開示制度や国際会計基準の利
用の拡大について，更なる推進を図る。

　●東証「グローバル300社」インデックスの創設

　　ROE，海外売上比率，海外投資家比率，独立社外取締役の投入，<u>IFRS
（国際会計基準）の導入</u>など，経営の革新性等の面で評価が高い「<u>グロー
バル300社</u>」のインデックスを創設する。

1213

●資本市場の監視・監督体制の格段の強化

　世界で投資家から最も信頼される金融・資本市場を作るためには，監視・監督体制の強化・見直しが不可欠である。ここ数年，増資インサイダー事件やAIJ事件，数々の粉飾決算事件など，日本市場の信用を失墜させる不祥事が相次いでいるが，これらの防止に監視・監督機関が十分に機能してこなかった反省に立ち，自由と規律を保つため，世界で最も強力な監視・監督体制を構築する。また，リーマンショック以降，世界の金融・資本市場の健全性確保を狙い，英国や米国では金融・資本市場に対する監督体制の大幅な見直しが行われた。こうした観点からも，わが国の監視・監督体制を格段に強化する。

●REIT市場の活性化

　個人投資家の不動産証券化関連商品への信頼向上策として，透明性向上を図るため，投資判断に重要な「不動産鑑定評価書」の全面開示を実施する。また，株主割当増資，投資法人による自己投資口の取得（いわゆる自社株買い）の容認など，資金調達手段の規制緩和を行う。

　平成25年度税制改正において，REIT（不動産投資信託）の保有不動産の入れ替えを促進すべく，買換特例（課税の繰延べ）を活用しうるよう制度改正を行ったところであり，これによるREITを通じた不動産取引の活発化を図るとともに，REIT市場が日本経済活性化に果たし得るさらなる役割への支援の可能性を探る。

　こうした「国際会計基準の利用の拡大」や「IFRS（国際会計基準）の導入」は，「我が国における国際会計基準の取扱いに関する意見書（中間報告）」（2009年6月30日）による2010年3月期からのIFRSsの任意適用の容認とともに，これまでの金融庁の企業会計審議会総会・企画調整部会合同会議における主要検討項目に係る議論をもとに整理した「国際会計基準（IFRS）への対応のあり方についてのこれまでの議論（中間的論点整理）」（2012年7月2日）にもみられる「わが国会計基準のあり方を踏まえた主体的コンバージェンス，任意適用の積上げ」を図るとしたことを反映したものであることは言うまでもない。

　なお，翌年の2014年5月23日に，自由民主党日本経済再生本部は「中間提言」

の改訂版として「**日本再生ビジョン**」（Japan Revival Vision）（自由民主党日本経済再生本部［2014］）を公表している。「日本再生ビジョン」で新たに掲げた7つの柱のうち，第4の「日本再生のための金融抜本改革」において「会計基準等，企業の国際化，ルールの国際水準への統一」を掲げており，そのなかで「会計における『単一で高品質な国際基準』策定への明確なコミットの再確認」などとともに「IFRSの任意適用企業の拡大促進」を提言している（詳細については後述する）。

２．自由民主党政務調査会・金融調査会の「企業会計に関する小委員会」による「国際会計基準への対応についての提言」

自由民主党政務調査会・金融調査会の「企業会計に関する小委員会」は，会計や監査などに関わる問題の論点を整理し，各種提言を行ってきた。

たとえば，「企業会計に関する小委員会」（塩崎恭久委員長（当時））は，会計・監査・開示・コーポレートガバナンスの充実・強化に向けて，その制度的な課題について検討を行い，**会計・監査・開示・コーポレートガバナンスの充実・強化に向けて（中間論点整理）」**（2004年6月16日。自由民主党政務調査会・金融調査会　企業会計に関する小委員会［2004］）を取りまとめたことがある。この中間論点整理は，翌日に開催された第10回企業会計審議会企画調整部会での「国際会計基準に関する我が国の制度上の対応について（論点整理）（案）」（金融庁・企業会計審議会企画調整部会［2004］）の検討の席上，各委員に配布されている。

企業会計審議会企画調整部会による「国際会計基準に関する我が国の制度上の対応について（論点整理）」（金融庁・企業会計審議会［2004］）の取りまとめは，2004年2月20日に開催された企業会計審議会総会で今後の新たな審議事項として決定した「国際会計基準に関する我が国の制度上の対応」と「財務諸表の保証に関する概念整理」のうち，前者の審議事項について，3回に及ぶ具体的な検討（第8回企画調整部会（3月9日），第9回企画調整部会（4月23日）および第10回企画調整部会（6月17日））による成果である。より具体的には，証券取引法（当時）のもとでのIFRSsに準拠した連結財務諸表の位置づけについて，①

EU域内を含む外国の会社が，日本で公募または上場する際に，IFRSsに準拠した連結財務諸表を利用する場合と，②日本の会社が国内でIFRSsに準拠した連結財務諸表を利用しようとする場合の，それぞれの制度上の課題等について議論された論点を整理したものである。

その後の2006年7月7日に閣議決定した，いわゆる**「骨太の方針」**（**「経済財政運営と構造改革に関する基本方針2006」**（経済財政諮問会議［2006］））で，市場活力や信頼の維持と向上に資するために，「適切な情報開示の確保や市場監視機能の充実といった市場規律を高める観点から，四半期報告制度を円滑に実施するとともに，平成21年に向けた国際的な動向を踏まえ，会計基準の国際的な収斂の推進を図る」（12頁）として，政府レベルでも会計基準のコンバージェンスに向けた今後の対応のあり方が問われている。これを受けて企業会計審議会企画調整部会でも検討が行われ，矢継ぎ早に**「会計基準のコンバージェンスに向けて（意見書）」**（2006年7月31日。金融庁・企業会計審議会企画調整部会［2006］）を公表できたのも，先の「国際会計基準に関する我が国の制度上の対応について（論点整理）」が取りまとめられていたからであるといってよい。

同様にIFRSsに関わるものとして，自由民主党政務調査会・金融調査会の「企業会計に関する小委員会」（吉野正芳委員長）は，2013年6月13日に**「国際会計基準への対応についての提言」**（自由民主党政務調査会・金融調査会　企業会計に関する小委員会［2013］）を取りまとめている。

この提言の取りまとめは，2013年5月9日に開催した「企業会計に関する小委員会」での「国際会計基準を巡る現状と課題について」の検討以降，IFRSsについての関係団体（日本公認会計士協会，日本経済団体連合会，東京証券取引所）および有識者からのヒアリング，取りまとめに向けた自由討議，および，「国際会計基準への対応についての提言（案）」の討議などの集中的な議論によるものである（**図表14-22参照**）。

会計基準は日本経済の重要なインフラの1つであり，経済再生に向けてその整備は必須条件であるとの認識から，「企業会計に関する小委員会」による「国際会計基準への対応についての提言」は，とくに「IFRSへの対応は，わが国

1216

第10節 「国際会計基準（IFRS）への対応のあり方に関する当面の方針」と
IFRSsの任意適用企業の積上げ政策

図表14-22　自由民主党政務調査会・金融調査会の「企業会計に関する小委員会」による「国際会計基準への対応についての提言」の取りまとめ

開催日	議　事	ヒアリング等出席者
2013年5月9日	国際会計基準を巡る現状と課題について	
2013年5月24日	国際会計基準について関係団体からヒアリング（日本公認会計士協会，日本経済団体連合会，東京証券取引所）	・日本公認会計士協会（山崎彰三会長，関根愛子，木下俊男） ・日本経済団体連合会（谷口進一企業会計委員会企画部会長（新日鐵住金常任顧問），久保田政一経団連専務理事） ・東京証券取引所（斉藤惇日本取引所グループ取締役兼代表執行役グループCEO）
2013年5月29日	国際会計基準について有識者からヒアリング	・鶯地隆続IASB理事 ・島崎憲明IFRS財団評議員 ・藤沼亜起IFRS財団評議員
2013年6月7日	取りまとめに向けた自由討議	
2013年6月13日	国際会計基準への対応についての提言（案）について	
	「国際会計基準への対応についての提言」公表	
2014年5月28日	昨年の「国際会計基準への対応についての提言」のフォローアップについて【金融庁】	・金融庁
2014年6月6日	昨年の「国際会計基準への対応についての提言」を踏まえた現状についてヒアリング	・日本公認会計士協会（森公高会長・鈴木昌治副会長・関根愛子副会長・岸上恵子常務理事） ・東京証券取引所（静正樹常務取締役・岩永守幸常務執行役員・安井良太上場部長）
2014年11月7日	1.　企業会計審議会の再開について 2.　IFRS任意適用企業の拡大について 3.　日本からのIFRSに関する意見発信について	
2015年3月6日	IFRSについて関係者ヒアリング（株式会社日立製作所，株式会社東芝）	
2015年4月24日	IFRS適用レポートについて	

注：「企業会計に関する小委員会」には，毎回，省庁出席者（金融庁）として総務企画局審議官と総務企画局企業開示課長が出席している。
出所：自由民主党Website，「会議情報」などをもとに作成。

企業・市場・経済の活力を大きく左右する重要な問題であり，こうした国際的な動向も踏まえて，戦略的な対応」が必要であると説いた。

　先の自由民主党内の日本経済再生本部による「中間提言」は，IFRSsの適用

に関わる提言が「英文開示や国際会計基準の利用の拡大」と「東証『グローバル300社』インデックスの創設」に限られていたが，自由民主党政務調査会・金融調査会の「企業会計に関する小委員会」による「国際会計基準への対応についての提言」は，IFRSsへの日本の対応に関する基本的考え方を踏まえて，具体的方向性に立った対応として，「姿勢の明確化」，「任意適用の拡大」，「わが国の発言権の確保」，「企業負担の軽減」を提言したことに特徴がある。「国際会計基準への対応についての提言」が「国際会計基準（IFRS）への対応のあり方に関する当面の方針」（2013年6月19日）に及ぼした影響を理解するためにも，この「国際会計基準への対応についての提言」の全文を以下に示しておきたい（太字と下線は引用者）。

国際会計基準への対応についての提言

平成25年6月13日
自由民主党　政務調査会
金　融　調　査　会
企業会計に関する小委員会

　企業会計に関する小委員会は，本年5月9日以降，国際会計基準（IFRS）に関して，今後，わが国としてどのような対応を行っていくべきかについて，集中的に議論を行ってきた。

　この間，日本経済団体連合会，日本公認会計士協会，日本取引所グループ及び金融庁，さらに，IFRS財団の藤沼亜起，島崎憲明両評議員及び国際会計基準審議会（IASB）の鶯地隆継理事からのヒアリングを行った。

　会計基準は，わが国経済の重要なインフラの一つであり，その整備は経済再生への必須条件である。安倍首相は今後3年間を「集中投資促進期間」とし，諸外国から日本国内への投資を促進することを明言している。さらにそのために「税制・予算・金融・規制改革・制度整備といったあらゆる施策を総動員する」方針も示した。その中に会計制度の早急な整備が含まれていることは言うまでもない。2008年11月，G20ワシントン・サミットにおいて，「世界の主要な会計

1218

基準設定主体は，単一の，質の高い国際基準を創設することを目的に，精力的に作業を行う」ことが表明され，わが国も参加国としてこれに明確にコミットしている。IFRSへの対応は，わが国企業・市場・経済の活力を大きく左右する重要な問題であり，こうした国際的な動向も踏まえて，戦略的な対応がなされなければならない。

　以下，これまでの議論を踏まえ，IFRSに関する経緯と現状について概括した上で，IFRSへの今後の対応に関する基本的考え方及びその具体的方向性について提言を行う。

1. 国際会計基準に関する経緯

　欧州連合（EU）においては，2005年1月から，EU域内の上場企業に対し，IFRSの適用を義務付けるとともに，2009年1月からはEU域外国の上場企業に対してもIFRS又はこれと同等の基準の適用を義務付けた。

　米国においては，2002年10月，米国財務会計基準審議会（FASB）とIASBとの間で，米国基準とIFRSのコンバージェンスに合意した（ノーウォーク合意）。さらに，上記のEUの動向を踏まえ，2007年12月に，証券取引委員会（SEC）が，米国外企業について，IFRSを適用して米国市場に上場することができることとした。

　わが国においても，企業会計基準委員会（ASBJ）は，2005年からIASBとの間で日本基準とIFRSとのコンバージェンス作業を進めてきたが，2007年8月，IASBとの間で今後のコンバージェンスの取組みに係る「東京合意」を公表した。東京合意を踏まえたコンバージェンスが積極的に進められた結果，欧州委員会（EC）は，2008年12月，米国会計基準と同様，わが国会計基準をIFRSと同等であるとの認定を行った。

　2008年11月，G20ワシントン・サミットにおいて，「世界の主要な会計基準設定主体は，単一の，質の高い国際基準を創設することを目的に，精力的に作業を行う」ことが提唱され，わが国もこれにコミットしている。

　米国SECは，2008年11月，ロードマップ案を公表し，米国基準へのIFRS適用を義務付けることの是非について2011年までに決定することとした。

　わが国においても，2009年6月，企業会計審議会において「わが国における国際会計基準の取扱いに関する意見書（中間報告）」が公表された。同報告では2010年3月期から，一定の条件を満たす上場企業にIFRSの任意適用を認めるべ

きとされた（実施済）。また，IFRSの強制適用の判断の時期についてはとりあえず2012年を目途とするとされ，強制適用にあたっては，強制適用の判断時期から少なくとも3年の準備期間が必要となるとされた。

> （注）現在，以下の要件を満たす企業にはIFRSの任意適用が認められている。
> ①上場企業であること
> ②IFRSによる連結財務諸表を適正に作成できる体制等が整備されていること
> ③資本金20億円以上の海外子会社を有するなど，国際的な財務・事業活動を行う企業であること

　その後，リーマンショックに伴う世界的な金融危機を経て，2011年5月，米国SECはスタッフペーパーを公表し，IFRSを一定期間中，例えば5～7年の内に，米国基準に順次取り込んでいく方法を一つの選択肢として提示した。米国SECは2012年7月に最終スタッフ報告書を公表したが，そこでは，IFRSの米国での取り込みの具体的内容や時期については触れられていない。

　ただし，同スタッフ報告書においては，「単一でグローバルな会計基準という目的に米国がコミットしていることを示すことができる，IFRS取り込み方法を検討することには，潜在的に多くの支持が得られると考えられる」とされており，IFRSを取り込むという米国の姿勢は引き続き示されていることに留意する必要がある。

　わが国においては，2011年6月，自見金融担当大臣（当時）が記者会見を行い，2015年からの強制適用は行わない，仮に強制適用する場合であってもその決定から5～7年程度の十分な準備期間を設定する，2016年3月期で使用終了とされている米国基準での開示は使用期限を撤廃し引き続き使用可能とする旨，発言した。

　その後，企業会計審議会において，臨時委員を追加して議論が再開され，2012年7月には，中間的論点整理が公表された。IFRSの適用については連結財務諸表に絞って議論するいわゆる「連単分離」や，非上場の中小企業等はIFRSの影響を受けないようにすること，任意適用の積み上げを図ることなどが示されたが，IFRSの適用のあり方については，わが国の経済や制度などにもたらす影響を十分に勘案し，最もふさわしい対応を検討すべきとされるに止まっている。

　また，IASBは2011年7月，今後の作業の方針について意見を求める「アジェンダ協議2011」を開始した。これに対しわが国では，ASBJを中心に幅広い関係

者の間で議論がなされ，あるべきIFRSに向けて意見発信がなされ，今後IASB
のアジェンダとして，また継続的な協議事項として取り上げられることになった。

2．国際会計基準に関する現状

　IFRSはEUをはじめ世界の各地域において広く使用されており，IFRS適用国
は100以上にのぼるとされている。現在，IFRSを強制適用していない主要国は，
米国，日本，インド等に限られている。

　日本においてこれまでIFRSを適用し，あるいは適用することを正式に公表し
ている企業は約20社に留まっている。なお，日本経済団体連合会事務局の推計
によれば，IFRSの適用を検討している企業まで含めると約60社になるとされて
いる。

　国際的には，これまでのわが国関係者の努力の結果，IASBの運営母体である
IFRS財団（本部：ロンドン）が，2012年10月に，初めての地域オフィス（サテラ
イトオフィス）を東京に設置した。また，2013年3月，IASBと各国会計基準設
定主体の新しい連携の取組みとして，会計基準アドバイザリー・フォーラム
（ASAF）が設置され，日本のASBJを含む12ヵ国・団体がメンバーに選出された。
IFRS財団の他の各機関においても，日本からメンバーが選任されている。

　　　（注）現在，日本からは，IFRS財団モニタリング・ボードの議長，評議員会
　　　　　　の副議長及び評議員各1名，IASBの理事1名，解釈指針委員会の委員
　　　　　　1名，諮問会議の委員2名が選出されている。

3．国際会計基準へのわが国の対応に関する基本的考え方

　以上のような経緯・現状，また，当委員会における議論を踏まえ，IFRSへの
わが国の対応については，以下のような考え方に則って検討されるべきである。

　まず，2008年のG20ワシントン・サミットの首脳宣言における「単一で高品
質な国際基準」を策定するという目標にわが国がコミットしていることを再確
認し，主体的に行動すべきである。「単一で高品質な国際基準」がグローバルに
実現されていくことは，世界経済の効率化・活性化に資するものである。また，
わが国においてこの目標を実現することは，日本市場の国際的競争力を確保す
る観点から重要であり，わが国経済の持続的成長を達成するために有効である。
このような観点から，「単一で高品質な国際基準」の採用という大きな目標達成
に向け，少なくともわが国の国際的に事業展開する企業や外国人株主が多く存

在する企業は自主的かつ積極的にIFRSを適用することが求められる。

IFRSの適用については，会計基準を使用するのは企業や投資家であり，経済や企業経営にとって良いことかどうか，さらには，高品質で比較可能な財務情報を作成することができるかどうかという観点などから，民間関係者を中心にした議論がなされるべきである。IFRSに関する日本のスタンスを明確にするとともに，企業の予見可能性を高め，各企業においてIFRSの適用を検討するに当たっての前提を明確にするためにも，IFRSの適用に関する道筋（ロードマップ）を早期に明確にする必要がある。その際，関係者が納得できるよう，丁寧な議論を行うことが不可欠であるが，安倍首相が表明した「集中投資促進期間」のできるだけ早い時期に，適用に関するタイムスケジュールを決定し，公表することが必要である。

いずれにせよ，IFRSは完成されたものではなく，世界の関係者が参加して今後も変えていくものであることから，わが国として，IFRS策定への発言権を確保することが必要不可欠である。また，わが国が国際的に孤立するような事態は避けなければならない。したがって，日本としては国際的に単一の質の高い国際基準づくりに積極的に協力する意思を繰り返し表明するとともに，IFRSの国際基準としての品質を高めるために積極的に関与していく姿勢を明確にしていくべきである。そうした明確な姿勢を取ることによって，日本の主張が受け入れられるよう最大限の努力をすべきである。

このような観点から，引き続き，IFRS財団等の関連組織における日本の議席を確保するとともに，人的・資金的な貢献を行うことが肝要である。また，東京に設置されたサテライトオフィスについては，10年後に見直しがなされることとされており，その際にサテライトオフィスが他国に移転されることがないよう，日本として万全の対応を採る必要がある。さらに，モニタリング・ボードのメンバー要件を満たすことができるように，わが国におけるIFRSの顕著な適用を促進する必要がある。

　(注) IFRS財団モニタリング・ボードが，本年3月1日に公表したプレスリリースにおいては，モニタリング・ボードのメンバー要件である「IFRSの使用」について，「当該国は，IFRSの適用に向けて進むこと，及び，最終的な目標として単一で高品質の国際的な会計基準が国際的に受け入れられることを推進すること，について明確にコミットしている。このコミットは，当該市場で資金調達する企業の連結財務諸表について

IFRSの適用を強制又は許容し，実際にIFRSが顕著に適用される状態になっている，もしくは，妥当な期間でそのような状況へ移行することを既に決定していることにより裏付けられる。」とされている。

今後，2013年中にメンバーの見直し及び新メンバーの選定が行われる予定であり，さらにその後3年ごとにメンバーの見直しを行うことが予定されている。

4．具体的な対応

上記の基本的考え方を踏まえ，当面，以下の具体的方向性に立った対応を行うべきである。

［姿勢の明確化］

○ 2008年のG20ワシントン・サミットの首脳宣言における「単一で高品質な国際基準」を策定するという目標にわが国がコミットしていることを改めて国際社会に表明すべきである。

○ 安倍首相が表明した「集中投資促進期間」のできるだけ早い時期に，強制適用の是非や適用に関するタイムスケジュールを決定するよう，各方面からの意見を聴取し，議論を深めることが重要である。

○ モニタリング・ボードのメンバー要件として求められている「IFRSの顕著な使用」を実現するために，この要件の審査が行われる2016年末までに，国際的に事業展開をする企業など，300社程度の企業がIFRSを適用する状態になるよう明確な中期目標を立て，その実現に向けてあらゆる対策の検討とともに，積極的に環境を整備すべきである。

［任意適用の拡大］

○ わが国がIFRSの適用に向けて進んでいるという姿勢を示すためにも，早急に任意適用企業数の拡大を図ることが重要である。このことは，IFRS適用に関する具体的なメリット・デメリットの理解を深め，また，実務の蓄積を確保する上でも有用である。このような観点から，**金融商品取引法令における任意適用要件の緩和を実施すべきである**。具体的には，①IPO促進の観点も踏まえ，上場企業要件を撤廃し，また，②海外子会社を有する企業等に限定しないこととすべきである。

1223

○ IFRS適用拡大に向けた実効性のあるインセンティブの検討を進めるべきである。特に，自由民主党日本経済再生本部「中間提言」（平成25年5月10日）にある通り，取引所において，IFRSの導入，独立社外取締役の採用など，経営の革新性等の面で国際標準として評価される企業から構成される新指数（「グローバル300社」〈仮称〉）の創設を早期に実現すべきである。

［わが国の発言権の確保］

○ IFRSは今後も変化していくものであることから，IFRSの普及が日本の企業・経済活動にプラスになることを確実にするため，IFRS策定への日本の発言権を確保するとともに，世界及びアジアにおける日本の地位を確固たるものにすることが不可欠である。このため，IFRS策定に関わるポストの確保，日本の主張を明確にした上での積極的な意見発信，サテライトオフィスの有効活用（国際的な会議の開催，アジアオセアニア地域における情報・要望の集約に基づく発信・働きかけ，調査機能の拡充等）に努め，わが国の貢献と重要度を世界各国に十分知らしめるべきである。

○ 当期純利益の重視など，わが国が行ってきた主張をさらに明確に発信していく観点から，また，わが国として考えるあるべきIFRSの姿を実現する意味においても，現行の指定国際会計基準制度のほかに，わが国の会計基準設定主体であるASBJにおいて，IFRSの個別基準を具体的に検討し，わが国の会計基準として取り込むシステムについても検討を進めるべきである。

［企業負担の軽減］

○ IFRS適用に伴う実務負担の軽減に努めるべきである。特に，企業において開示負担が過剰になることを避けるため，開示負担の軽減策を検討すべきである。

○ 金融商品取引法における開示制度が連結財務諸表中心となっている現在においては，金融商品取引法における単体開示は簡素化を図るべきである。また，会社法における計算書類作成との二重の負担を避ける観点から，金融商品取引法における単体開示に当たっては，会社法の計算書類を活用し可能な限り開示の水準を統一するなど，簡素化，効率化を図るべきである。

　なお，当小委員会においては，IFRSをめぐっては更に議論を深める必要があり，現時点で具体的な目標値を設定することには慎重であるべきとの意見も示

> された。

「企業会計に関する小委員会」による「国際会計基準への対応についての提言（案）」は，2013年6月7日の「取りまとめに向けた自由討議」の際に提示されている。「国際会計基準への対応についての提言」を6月13日に公表するに際しては，一部修正されただけである。

一方，金融庁・企業会計審議会による「国際会計基準（IFRS）への対応のあり方に関する当面の方針」とその原案である「国際会計基準（IFRS）への対応のあり方に関する当面の方針（案）」（2013年6月19日。金融庁・企業会計審議会総会・企画調整部会合同会議［2013b］）は，6月12日に開催された企業会計審議会総会・企画調整部会合同会議で配布された資料「これまでの議論の整理」に基づいている。もちろん，「これまでの議論の整理」は企業会計審議会総会・企画調整部会合同会議での審議内容を反映してのものである。なによりも，「中間的論点整理」において，たとえば，IFRSsの任意適用について，「現行制度の下で，IFRS適用の実例を積み上げるとともに，その中で，どのような点が具体的にメリット・デメリットとなるのかを十分に把握し，それに対応するための取組みを検討・実行していくべきである」（10頁）とされていた。

ともあれ，「企業会計に関する小委員会」が「国際会計基準への対応についての提言」で明示した「国際会計基準へのわが国の対応に関する基本的考え方」や「具体的な対応」は，「国際会計基準（IFRS）への対応のあり方に関する当面の方針（案）」を取りまとめる金融庁に，良かれ悪しかれ影響があったことは事実である。

なお，金融庁・企業会計審議会が，2013年6月19日に「国際会計基準（IFRS）への対応のあり方に関する当面の方針」を公表した後も，「企業会計に関する小委員会」は，IFRSsの任意適用企業の問題などについてフォローアップやヒアリングを実施している。2014年5月28日に開催した小委員会での金融庁に対する「昨年の『国際会計基準への対応についての提言』のフォローアップについて」，6月6日に開催した小委員会での日本公認会計士協会と東京証券取引

1225

所に対する「昨年の『国際会計基準への対応についての提言』を踏まえた現状についてヒアリング」，11月7日に開催した小委員会での「IFRS任意適用企業の拡大について」と「日本からのIFRSに関する意見発信について」，および，2015年3月6日に開催した小委員会での日立製作所と東芝に対する「IFRSについて関係者ヒアリング」である。

3.「JPX日経インデックス400」の創設

東京と大阪の株式市場の統合を機に，「東証株価指数」（TOPIX）を算出する日本取引所グループおよび東京証券取引所（JPXグループ）と「日経平均株価」を算出する日本経済新聞社は，2013年5月14日に，「投資魅力の高い日本企業を内外にアピールする」という共通認識のもとで，新たな指数を共同開発することに合意した（日本取引所グループ・日本経済新聞社［2013a］）。この時点では，新指数の骨子も固められておらず，詳細は明らかにされていない。

自由民主党政務調査会・金融調査会の「企業会計に関する小委員会」による「国際会計基準への対応についての提言」が公表された翌日，第2次安倍晋三内閣によるいわゆるアベノミクスの「三本の矢」（「大胆な金融政策」，「機動的な財政政策」，「民間投資を喚起する成長戦略」）の第三の矢としての成長戦略である「日本再興戦略—JAPAN is BACK—」（2013年6月14日。首相官邸［2013]）を閣議決定している。あいにく，この「日本再興戦略」には，自由民主党内の日本経済再生本部による「中間提言」と「企業会計に関する小委員会」による「国際会計基準への対応についての提言」で示されたIFRSsの任意適用企業の積上げなどに関する政策は盛り込まれていない。

これら2つの提言のなかで「日本再興戦略—JAPAN is BACK—」に反映されたものは，「経営の革新性等の面で評価が高い『グローバル300社』のインデックスを創設」（「中間提言」）ないし「経営の革新性等の面で国際標準として評価される企業から構成される新指数（「グローバル300社」〈仮称〉）の創設」（「国際会計基準への対応についての提言」）である。

「日本再興戦略—JAPAN is BACK—」は，「成長への道筋」を実行・実現す

1226

るために「日本産業再興プラン」,「戦略市場創造プラン」および「国際展開戦略」の３つのアクションプランを打ち出した。「日本産業再興プラン」の実行により産業基盤を強化し，その力をもとに「戦略市場創造プラン」の実行により社会課題をバネに新たな市場を創造し，併せて「国際展開戦略」の実行により拡大する国際市場を獲得することが目論まれている。

　このうち,「日本産業再興プラン」は，第１に緊急構造改革プログラム（産業の新陳代謝の促進）を謳っている。「過小投資」,「過剰規制」および「過当競争」という日本経済の３つのゆがみを是正し，グローバル競争に勝ち抜く筋肉質の日本経済にするために，2013年度から2017年度を「緊急構造改革期間」と位置づけ，集中的な取組みを展開するというのである。この緊急構造改革プログラムの第４の方策に「事業再編・事業組換の促進」を掲げ,「収益力の飛躍的な向上に向けた経営改革の促進」や「過剰供給構造にある分野での再編の促進」などとともに，次のような「コーポレートガバナンスの強化」（一部抜粋）が提示された（首相官邸［2013］，28頁。項目を除く下線は引用者）。

　１．緊急構造改革プログラム（「産業の新陳代謝の促進」）
　　④ 事業再編・事業組換の促進
　　　○ コーポレートガバナンスの強化
　　　　・国内の証券取引所に対し，上場基準における社外取締役の位置付けや，<u>収益性や経営面での評価が高い銘柄のインデックスの設定</u>など，コーポレートガバナンスの強化につながる取組を働きかける。

　ここでの「収益性や経営面での評価が高い銘柄のインデックスの設定」こそが,「中間提言」や「国際会計基準への対応についての提言」を反映したものである。

　日本取引所グループと日本経済新聞社による「新指数の骨子（案）」によれば，構成銘柄数を最大で500銘柄程度とし，銘柄選定方法は，財務数値などを使った定量的な指標（企業業績に基づく指標と市場流動性指標）に加えて，定性的要素によるとしていた（日本取引所グループ・日本経済新聞社［2013b］）。ただし，

この新指数の骨子（案）には，定性的要素は「ディスクロージャーに関する事項など」と記すだけに留まっており，具体的な定性的要素の項目は明らかにされていない。

　結果的に確定した新指数は，東証上場銘柄（市場第一部，市場第二部，マザーズ，JASDAQ）による400銘柄からなり，「**JPX日経インデックス400**」（JPX-Nikkei Index 400）と名付けた。この新指数の狙いは，「資本の効率的活用や投資者を意識した経営観点など，グローバルな投資基準に求められる諸要件を満たした，『投資者にとって投資魅力の高い会社』で構成される新しい株価指数を創生します。これにより，日本企業の魅力を内外にアピールするとともに，その持続的な企業価値向上を促し，株式市場の活性化を図ります」（日本取引所グループ・日本経済新聞社［2013c］）とした。

　「JPX日経インデックス400」の銘柄選定および銘柄入替え方法は，次のとおりである（日本取引所グループ・日本経済新聞社［2013c］。太字と下線は引用者）。

【選定基準】
以下の手順及び基準に従い，銘柄選定を行います。
(1)　**スクリーニング**
　　①**適格基準によるスクリーニング**
　　　下記のいずれかに該当する場合は銘柄選定の対象としない。
　　　　・上場後3年未満（テクニカル上場を除く）
　　　　・過去3期いずれかの期で債務超過
　　　　・過去3期すべての期で営業赤字
　　　　・過去3期すべての期で最終赤字
　　　　・整理銘柄等に該当
　　②**市場流動性指標によるスクリーニング**
　　　上記を除く全対象銘柄の中から，以下の2項目を勘案し，上位1000銘柄を選定。
　　　　・直近3年間の売買代金
　　　　・選定基準日時点における時価総額
(2)　**定量的な指標によるスコアリング**

1228

(1)により選定した1000銘柄に対して，以下の各3項目にかかる順位に応じたスコアを付与します（1位：1000点〜1000位：1点）。その後，各3項目のウェイトを加味した合計点によって総合スコア付けを行います。（ROEと営業利益はスコア付けに際しての取扱いあり）

- ・3年平均ROE：40%
- ・3年累積営業利益：40%
- ・選定基準日時点における時価総額：20%

(3) 定性的な要素による加点

(2)のスコア付けの後，以下の3項目を勘案してスコアの加点を行います。この加点は，(2)の定量的な指標によるスコアリングに対する補完的な位置づけです*。

- ・独立した社外取締役の選任（2人以上）
- ・**IFRS採用（ピュアIFRSを想定）または採用を決定。**
- ・決算情報英文資料のTDnet（英文資料配信サービス）を通じた開示

※(2)の総合スコアのみによって選定を行った場合との差異が最大でも10銘柄程度となるような加点規模です。

(4) 構成銘柄の決定

(3)の加点の後，スコアが高い順に400銘柄を選定し，構成銘柄とします。

【バッファールール】
前年度採用銘柄に優先採用ルールを設けます。

【銘柄入替え】
毎年6月最終営業日を選定基準日とし，毎年8月最終営業日に銘柄定期入替えを実施します。

銘柄選定基準の定性的な要素による加点項目の1つに，「IFRS採用（ピュアIFRSを想定）または採用を決定」が入り，日本取引所グループの適時開示情報閲覧サービス（TDnet）をもとに，「基準日において直近決算短信が国際財務報告基準に基づいて作成されている，又は国際財務報告基準を適用する旨の開示を行っている」（日本取引所グループ・東京証券取引所・日本経済新聞社［2013］，

9頁）かどうかを判定基準として，定性スコアが付与されることになっている。

この「JPX日経インデックス400」は，2014年1月6日に算出を開始した。

なお，「JPX日経インデックス400」の算出開始にも関連して，IFRSsの任意適用企業数は多くないものの，次のように報道されたことがある（「存在感増す国際会計派」，『日本経済新聞』2014年5月27日付朝刊）。

■ 「IFRS適用企業の株価は堅調」
■ 「IFRS適用は株価にも効果をもたらしている。大和証券が適用企業17銘柄の過去3年間の累積上昇率を調べたところ，14年4月末時点で74％と，東証株価指数（TOPIX）の36％を大きく上回った。」
■ 「IFRSをつかって海外投資家と対話を深める日本企業が増えていることは，株式相場を長期的に押し上げる要因となる可能性がある。」

第11節 アベノミクスの「成長戦略」による IFRSsの任意適用企業の拡大促進

経営の革新性等の面で評価の高いインデックスを創設することに加えて，自由民主党内の日本経済再生本部による「中間提言」や金融調査会の「企業会計に関する小委員会」による「国際会計基準への対応についての提言」では，「金融商品取引法における英文開示制度や国際会計基準の利用の拡大について，更なる推進を図る」（自由民主党日本経済再生本部［2013］，40頁）こと，ないし，「わが国がIFRSの適用に向けて進んでいるという姿勢を示すためにも，早急に任意適用企業数の拡大を図る」（自由民主党政務調査会・金融調査会　企業会計に関する小委員会［2013］，6頁）ことを提言していた。2013年6月14日に閣議決定した「日本再興戦略—JAPAN is BACK」には，こうした「IFRSsの任意適用企業の積上げ」に関する方策などは盛り込まれなかったが，とくにこの方策を「成長戦略」に盛り込むことを巡っては，新たな局面を迎えることになる。

自由民主党日本経済再生本部が2014年5月23日に取りまとめた「日本再生ビ

ジョン」によって，アベノミクスの第三の矢であるその後の「成長戦略」に，会計基準ないし財務報告基準の適用のあり方が初めて盛り込まれたのである。会計基準や財務報告基準に限らず，取り組むべき事案が政府の政策に結び付くとき，それまでとは見違えるほどの効果を発揮することが期待される。「IFRSの任意適用企業の拡大促進」の方策についても同じで，政府の「成長戦略」に盛り込まれ，舵取りが行われることによって，IFRSsの任意適用のあり方は飛躍的に前進している。

1．自由民主党日本経済再生本部による「日本再生ビジョン」

自由民主党は，日本経済再生本部の会合を通じて，具体的な政策のあり方を検討してきた。第三の矢である「日本再興戦略」が放たれたものの，日本経済が成長軌道に乗らず，第三の矢の中身やその実行をスピーディに徹底するかどうかが焦点であった。日本経済にとって最大の課題である先進国で最悪状態の財政再建と成長を図るために，自由民主党日本経済再生本部が取りまとめた「**日本再生ビジョン**」（自由民主党日本経済再生本部［2014］）は，新たに7つの柱を最重要政策テーマとして掲げ，着実かつ迅速な政策遂行に努めることを説いている。

2013年の自由民主党日本経済再生本部による「中間提言」では，5つの柱のなかの第4の柱の「未来の『ヒト』『ビジネス』で付加価値創出」において，日本経済の新陳代謝が低い背景には，金融機関の消極的与信姿勢があることを指摘するとともに，今後は易きに流れずに企業再生，企業支援により重点を置く金融へのシフトが肝要であることを指摘していた。2014年の「日本再生ビジョン」では，7つの柱（「強い健全企業による日本再生」，「豊かさ充実に向けた公的資金改革」，「人間力の強化」，「日本再生のための金融抜本改革」，「起業大国No.1の実現」，「輝く女性の活躍促進」，「成果の実感と実現を地方から」）のもとで，その具体的な実現策を提言している。つまり，7つの柱の第4の柱である「日本再生のための金融抜本改革」において，①地域金融強化を通じた地方経済活性化，②銀行振り込み制度改革，③金融・資本市場の魅力拡大（「4年以内に世界

一」），④総合取引所の早期実現，そして，⑤会計基準等，企業の国際化，ルールの国際水準への統一，という方策を提言しているのである。

「中間提言」は，「金融・資本市場の魅力拡大（「５年以内に世界一へ」）」を実現する方策として，「英文開示や国際会計基準の利用の拡大」と「東証『グローバル300社』インデックスの創設」をそれぞれ独立して打ち出していたが，「日本再生ビジョン」は，それらも含めて第５の方策である「会計基準等，企業の国際化，ルールの国際水準への統一」のなかに集約し，かつ，具体的な提言を盛り込んだことに特徴がある。この「会計基準等，企業の国際化，ルールの国際水準への統一」の方策は，「日本企業のガラパゴス化を防ぎ，グローバルに通用する企業及び人材の育成を図るためにも，会計基準を国際的に通用する単一基準に統一していくための具体的なスケジュールの構築と，導入企業の後押しを行っていくことを提言」（自由民主党日本経済再生本部［2014］，６頁）したものである（以下の本文での下線は引用者）。

4．日本再生のための金融抜本改革

(5) 会計基準等，企業の国際化，ルールの国際水準への統一

昨年の「日本再興戦略」では，日本を世界で最もビジネスがしやすい場所にすることを掲げ，海外からの対内直接投資の倍増をも具体的な目標とした。また，国際先端テストなどを通じて，日本企業を縛る規制やルールを国際水準にそろえることで，日本のガラパゴス化を防ぎ，グローバルに通用する企業及び人材の育成を図る，という明確な方針も示している。コーポレートガバナンスや，会計基準を含む企業情報の開示ルールを早急に国際水準にそろえることが重要である。

●会計における「単一で高品質な国際基準」策定への明確なコミットの再確認

わが国は2008年のリーマンショック直後のG20首脳宣言での，会計における「単一で高品質な国際基準」を策定する，という目標にコミットしている。こうした方針を着実に実行するためには，まずは統一の国際基準合意に向けた当事国間の努力をさらに加速させる必要がある。わが国においては，会計基準を国際的に通用する単一の基準に統一していくことが必要

である。

　自民党・企業会計に関する小委員会が昨年6月にまとめた提言では，安倍首相が表明している「集中投資促進期間」のできるだけ早い時期に，わが国としての国際財務報告基準（IFRS）の強制適用の是非や適用に関するタイムスケジュールを決定するよう，各方面からの意見を聴取し，議論を深めることを求めており，政府は，タイムスケジュールの決定に向けて具体的作業を早急に始めるべきである。

●IFRSの任意適用企業の拡大促進

　2016年のIFRS財団モニタリング・ボードのメンバー定期見直し後もメンバーとしての責任を果たし，IFRSの基準策定に日本として発言権を維持するためには，要件として課されているIFRSの「顕著な使用」が不可欠なことから，自民党・企業会計小委員会が昨年6月にまとめた提言では，2016年末までに300社程度の企業がIFRSを適用する状態にすることが求められた。政府は，その実現に向けてあらゆる対策を検討し，実行に移すとともに，積極的に環境整備に取り組むべきである。

●JPX新指数に採用された企業への働きかけ

　昨年5月の自民党・日本経済再生本部「中間提言」では，ROEの引き上げや独立社外取締役の採用と並んでIFRSの導入を促すことも狙って，新指数の創設（「東証グローバル300社」インデックス）をJPXに対して求めた。各方面の努力によって実現した指数（JPX日経インデックス400）では，社外取締役やIFRSは「加点項目」とされたものの，それぞれの導入を強力に促進するにはやや力不足である。今後JPXにおいては，当該指数銘柄に採用された企業に関しては，社外取締役やIFRS導入動向状況をモニターし，全体として十分な進展がみられない場合，当該企業への働きかけや，それらの加点割合を増加させる等，一層の促進策の検討を行うべきである。

●東証上場規則における企業のIFRSに関する考え方の説明の促進及び「IFRS適用レポート（仮称）」の作成

　わが国では，IFRSの任意適用が認められており，上場企業のIFRS適用の方針への投資家の関心も高い。こうした状況において，上場企業に対し，IFRSの適用に関する基本的な考え方（例えば，IFRSの適用を検討しているか，検討している場合は検討状況等）について，投資家に説明することを東証上場規則によって促すことを提案する。

1233

> IFRSの任意適用会社（適用予定会社を含む）は，約40社となっている。これらの会社がIFRS移行時の課題をどのように乗り越えたのか，また，移行によるメリットには，どのようなものがあったのか，等について，実態調査・ヒアリングを行い，未だIFRSへの移行を逡巡している企業の参考としてもらうため，<u>金融庁において「IFRS適用レポート（仮称）」として公表し，移行を検討中の企業の後押しを行うべきである。</u>

　自由民主党による具体的な提案を盛り込んだ「日本再生ビジョン」は，政府が見直す成長戦略に取り込まれている。その政府の成長戦略が，2014年6月24日に閣議決定した「『**日本再興戦略**』改訂2014—**未来への挑戦**—」（首相官邸[2014]）である。

２．第三の矢の成長戦略としての 「『日本再興戦略』改訂2014—未来への挑戦—」

　「『日本再興戦略』改訂2014—未来への挑戦—」は，経済の好循環を一過性のものに終わらせず，持続的な成長軌道に繋げるために閣議決定したものである。「『日本再興戦略』改訂2014—未来への挑戦—」では，前年度の「日本再興戦略—JAPAN is BACK—」の進捗を検証したうえで，施策を柔軟に見直し，新たに講ずべき具体的施策の追加や全工程表のリバイスを行い，改訂戦略としての方針を打ち出している。また，「日本再興戦略—JAPAN is BACK—」で残された課題（労働市場改革，農業の生産性拡大，医療・介護分野の成長産業化）などにも対応するとともに，改訂に向けた基本的な考え方は，「日本の『稼ぐ力』の強化」，「残された課題への対応」，「成長の果実の全国波及」の３つの観点からのものとした。

　「『日本再興戦略』改訂2014—未来への挑戦—」は，改革に向けた10の挑戦を掲げていることに特徴がある。

1．日本の「稼ぐ力」を取り戻す
　「企業が変わる」～「稼ぐ力」の強化

①コーポレートガバナンス[ママ]の強化

②公的・準公的資金の運用の在り方の見直し

③産業の新陳代謝とベンチャーの加速，成長資金の供給促進

「国を変える」

④成長志向型の法人税改革

⑤イノベーションの促進とロボット革命

２．担い手を生み出す〜女性の活躍促進と働き方改革

⑥女性の更なる活躍促進

⑦働き方の革命

⑧外国人材の活用

３．新たな成長エンジンと地域の支え手となる産業の育成

⑨攻めの農林水産業の展開

⑩健康産業の活性化と質の高いヘルスケアサービスの提供

「『日本再興戦略』改訂2014—未来への挑戦—」は，「日本産業再興プラン」，「戦略市場創造プラン」および「国際展開戦略」の３つのアクションプランから構成されることは，先の「日本再興戦略—JAPAN is BACK—」と同じである。とくに，「IFRSの適用促進」や「IFRSの任意適用企業の拡大促進」の施策ないし方策が「『日本再興戦略』改訂2014—未来への挑戦—」に盛り込まれたのは，日本産業再興プランの次の箇所においてである（下線は引用者）。

一．日本産業再興プラン

１．緊急構造改革プログラム（産業の新陳代謝の促進）

（3）新たに講ずべき具体的施策

ⅱ）ベンチャー支援

ベンチャー支援については，より効果的で，従来の取組にない施策を実行することが必要である。

①「ベンチャー創造協議会（仮称）」等による大企業の巻き込み

ベンチャー企業そのものに焦点を当てた施策，大学発ベンチャー支

援などの従来の施策のみならず，既存企業を含めた日本経済全体での挑戦を推進する為，以下の施策を講ずる。

… （中略） …

・国際会計基準（IFRS）の適用促進等を通じた大企業等とのM&Aによるベンチャー企業の出口戦略の拡大

5．立地競争力の更なる強化

5-2　金融・資本市場の活性化，公的・準公的資金の運用等

(3) 新たに講ずべき具体的施策

金融・資本市場の活性化，公的・準公的資金の運用等の見直し〔と：引用者〕ともに，今後の改革の方向性が示されたところであり，これらを踏まえ，改革を着実に進めていく。

ⅰ）金融・資本市場の活性化

有識者会合の提言等を踏まえ，アジアの成長も取り込みつつ，証券市場の活性化や資産運用市場の強化を図ること等により，アジアナンバーワンの金融・資本市場の構築を目指す。

①国際金融センターとしての地位確立とアジアの潜在力発揮

②資金決済高度化等

③豊富な家計資産が成長マネーに向かう循環の確立

④IFRSの任意適用企業の拡大促進

⑤企業の競争力強化に向けた取組

注：金融・資本市場の活性化の新たに講ずべき具体的施策としての5項目の具体的内容については省略し，具体的施策の見出しのみ記している。

「5-2　金融・資本市場の活性化，公的・準公的資金の運用等」に「IFRSの任意適用企業の拡大促進」が盛り込まれたのは，先の自由民主党日本経済再生本部による「日本再生ビジョン」に加えて，「金融・資本市場活性化有識者会合」における提言にも影響を受けている。**「金融・資本市場活性化有識者会合」**は，日本経済再生本部が決定した「成長戦略の当面の実行方針」（2013年10月1日。日本経済再生本部［2013]）において，「家計の金融資産を成長マネーに振り向けるための施策をはじめとする日本の金融・資本市場の総合的な魅力の向上策や，

アジアの潜在力の発揮とその取り込みを支援する施策については，年内に取りまとめを行う」と示されたことを受けて，金融庁と財務省を事務局として設置されたものである。

「金融・資本市場活性化有識者会合」は，2013年12月13日に**「金融・資本市場活性化に向けての提言」**を取りまとめ，そのなかで，「国際会計基準（IFRS）への対応のあり方に関する当面の方針」（2013年6月30日）に基づいて，IFRSsの任意適用企業の着実な積上げと，IFRS策定への日本からの意見発信の強化を繰り返し提言した（金融・資本市場活性化有識者会合［2013］，10頁。下線は原文のまま）。

1．豊富な家計資金や公的年金等が成長マネーに向かう循環の確立（いわゆる「眠っている」とされる資金の活用）

1－2．市場環境・市場の魅力の向上等

　　…（中略）…

　さらに，国際会計基準（IFRS）については，企業会計審議会において取りまとめられた「国際会計基準（IFRS）への対応のあり方に関する当面の方針」（2013年6月20日公表）を踏まえ，我が国におけるIFRSの任意適用の着実な積上げを図るとともに，IFRS策定への我が国の意見発信を強化する必要がある。

「『日本再興戦略』改訂2014—未来への挑戦—」に盛り込まれた「IFRSの任意適用企業の拡大促進」は，**図表14-23**にも示したように，「日本再生ビジョン」で提言された①「会計における『単一で高品質な国際基準』策定への明確なコミットの再確認」と，②「東証上場規則における企業のIFRSに関する考え方の説明の促進及び『IFRS適用レポート（仮称）』の作成」が反映されていることがわかる。とくに後者の提言は，金融庁と東京証券取引所に対する取組みの要請である。

　閣議決定した「『日本再興戦略』改訂2014—未来への挑戦—」に基づき，金融庁は，2015年2月28日までにIFRSsを任意適用した企業（40社）と，同日までに日本取引所グループのTDnetにおいてIFRSsの任意適用を予定している

図表14-23 「日本再興戦略」による新たに講ずべき具体的施策としてのIFRSs 任意適用企業の積上げ

「『日本再興戦略』改訂2014―未来への挑戦―」 （2014年6月24日）	「『日本再興戦略』改訂2015―未来への投資・ 生産性革命―」（2015年6月30日）
⑶ 新たに講ずべき具体的施策 　ⅰ）金融・資本市場の活性化 ④IFRSの任意適用企業の拡大促進 ・2008年のG20首脳宣言において示された，会計における「単一で高品質な国際基準を策定する」との目標の実現に向け，IFRSの任意適用企業の拡大促進に努めるものとする。 ・また，従来進めてきた施策に加え，IFRSの任意適用企業がIFRS移行時の課題をどのように乗り越えたのか，また，移行によるメリットにどのようなものがあったのか，等について，実態調査・ヒアリングを行い，IFRSへの移行を検討している企業の参考とするため，「IFRS適用レポート（仮称）」として公表するなどの対応を進める。 ・上場企業に対し，会計基準の選択に関する基本的な考え方（例えば，IFRSの適用を検討しているかなど）について，投資家に説明するよう東京証券取引所から促すこととする。	⑶ 新たに講ずべき具体的施策 　ⅰ）金融・資本市場の活性化等 ④IFRS任意適用企業の更なる拡大促進 　2008年のG20首脳宣言において示された，会計における「単一で高品質な国際基準を策定する」との目標の実現に向け，引き続きIFRSの任意適用企業の拡大促進に努めるものとする。 　IFRS適用企業やIFRSへの移行を検討している企業等の実務を円滑化し，IFRSの任意適用企業の拡大促進に資するとの観点から，IFRS適用企業の実際の開示例や最近のIFRSの改訂も踏まえ，IFRSに基づく財務諸表等を作成する上で参考となる様式の充実・改訂を行う。 　また，上場企業は，本年3月末の年度決算に係る決算短信から，その中の「会計基準の選択に関する基本的な考え方」において，IFRSの適用に関する検討状況を開示している。これについて，東京証券取引所と連携して分析を行い，各上場企業のIFRSへの移行に係る検討に資するよう，IFRSの適用状況の周知を図る。

出所：首相官邸［2014］，78頁および首相官邸［2015］，本文（第二部及び第三部），129頁。

　ことを公表した企業（29社）に対して実態調査・ヒアリングを実施し，IFRSsへの移行に際しての課題への対応やメリットなどを**「IFRS適用レポート」**（金融庁［2015a］）として取りまとめ，2015年4月15日に公表している。

　また，「IFRSの任意適用企業の拡大促進」についての提言を踏まえて，東京証券取引所は2014年11月11日に，2015年3月31日以後に終了する通期決算に係る決算短信から**「会計基準の選択に関する基本的な考え方」**を開示することを上場会社に要請している。この「会計基準の選択に関する基本的な考え方」の記載については，決算短信の作成要領において，「IFRSの適用を検討している

か（その検討状況，適用予定時期）などを記載することが考えられます」（東京証券取引所［2015a］，27頁）と例示している。

3．第三の矢の成長戦略としての「『日本再興戦略』改訂2015—未来への投資・生産性革命—」

　デフレ脱却に向けた動きを確実なものにし，将来に向けた発展の礎を再構築する「『**日本再興戦略**』**改訂2015—未来への投資・生産性革命**—」（首相官邸［2015］）が2015年6月30日に閣議決定された。安倍内閣におけるアベノミクスは，デフレ脱却を目指して専ら需要不足の解消に重きを置いてきた「第1ステージ」から，人口減少における供給制約を乗り越えるための対策を講ずる新たな「第2ステージ」に入ったと認識している。

　アベノミクスの「第2ステージ」とは，「設備革新にとどまらない，技術や人材を含めた『未来投資による生産性革命の実現』と，地域に活気溢れる職場と魅力的な投資先を取り戻し，日本全国隅々まで，人材や資金，それを支える技術や情報が自由・活発に行き交う，活力ある日本経済を取り戻す『ローカル・アベノミクスの推進』，この二つを車の両輪として推し進めることによって，日本を成長軌道に乗せ，世界をリードしていく国になることである」（首相官邸［2015］，本文（第一部総論），3頁）とする。

　これまでの第三の矢の成長戦略である「日本再興戦略—JAPAN is BACK—」や『『日本再興戦略』改訂2014—未来への挑戦—」と同様に，「『日本再興戦略』改訂2015—未来への投資・生産性革命—」も，「日本産業再興プラン」，「戦略市場創造プラン」および「国際展開戦略」の3つのアクションプランからなる。「『日本再興戦略』改訂2015—未来への投資・生産性革命—」は，まず『『日本再興戦略』改訂2014—未来への挑戦—」での「IFRS任意適用企業の拡大促進」の施策の主な進捗状況を次のように報告した（首相官邸［2015］，本文（第二部及び第三部），126頁）。

　（IFRS任意適用企業の拡大促進）

・IFRSに移行するメリット等について，任意適用した企業に対し，実態調査・ヒアリングを行い，「IFRS適用レポート」として取りまとめ，本年4月に公表した。なお，本年6月15日時点で，IFRSの任意適用を公表した上場企業86社の時価総額は約121兆円となっており，この額は全上場企業の時価総額の約2割を占めるまでに至っている。

この進捗状況を踏まえて，「『日本再興戦略』改訂2015―未来への投資・生産性革命―」も，「IFRSの任意適用企業の拡大促進」の施策ないし方策を，引き続き，「金融・資本市場の活性化，公的・準公的資金の運用等」の新たに講ずべき具体的施策の1つに盛り込んでいる（下線は引用者）。

一．日本産業再興プラン

5．立地競争力の更なる強化

5-2　金融・資本市場の活性化，公的・準公的資金の運用等

　(3)　新たに講ずべき具体的施策

　　ⅰ)　金融・資本市場の活性化等

　　　我が国において，資産運用の高度化を進め，金融機能の強化を図りつつ投資家にとって魅力ある金融市場を形成するとともに，個々人がライフサイクルに応じてリスク資産を適切に組み込んだ資産形成を行いながら，家計資産が成長マネーに向かう活発な金融市場を実現するため，以下の施策を講ずる。

　　　①決済高度化及び金融グループを巡る制度のあり方等に関する検討

　　　②金融資本市場の利便性向上と活性化

　　　③国際金融センターとしての地位確立と日本企業の海外進出支援

　　　④IFRS任意適用企業の更なる拡大促進

　　　⑤質の高い個人向け投資商品の提供促進及びNISAの利用拡大

　　　⑥確定給付企業年金の制度改善

　　　⑦キャッシュレス化の推進

注：金融・資本市場の活性化の新たに講ずべき具体的施策としての7項目の具体的内容については省略し，具体的施策の見出しのみ記している。

1240

「IFRS任意適用企業の更なる拡大促進」は，先の**図表14-23**に示したとおりである。とくに，2015年3月期決算の決算短信から，「会計基準の選択に関する基本的な考え方」においてIFRSsの適用に関する検討状況の開示が行われているが，IFRSsの適用状況の周知を図るためにその分析を要請している。これを受けて，東京証券取引所は，決算短信に「会計基準の選択に関する基本的な考え方」を記載した東証上場会社2,360社と，IFRSs適用済みの会社およびIFRSsの適用を決定して開示した会社14社の計2,374社を対象とした分析結果である「『**会計基準の選択に関する基本的な考え方』の開示内容の分析**」（東京証券取引所［2015b］）を2015年9月1日に公表した。その分析結果は，分析対象会社の分類，IFRS適用状況別の会社数・時価総額，業種別のIFRS適用状況，IFRS適用時期，「IFRS適用に関する検討を実施している会社」の検討状況からなる。

この「『会計基準の選択に関する基本的な考え方』の開示内容の分析」は，分析対象会社の決算期をもとに，その後も定期的に公表されている（東京証券取引所［2016a］，東京証券取引所［2016b］参照）。

4．「IFRSのエンドースメントに関する作業部会」での検討

金融庁・企業会計審議会による「国際会計基準（IFRS）への対応のあり方に関する当面の方針」（2013年6月19日）のなかで，IFRSの「具体的なエンドースメントの手続については，まず，会計基準の策定能力を有するASBJにおいて検討を行い，さらに，現行の日本基準と同様に，ASBJが検討した個別基準について，当局が指定する方式を採用することが適当である」とした。また，後掲するIFRSの個別基準をエンドースメントする際の判断基準や方針などを示したうえで，「この方針を踏まえて，ASBJにおいて速やかにエンドースメントの検討が行われることを期待する」とした。

この文言を受けて，ASBJは「**IFRSのエンドースメントに関する作業部会**」を設置し，2013年8月27日からIFRSのエンドースメント手続などの検討を開始している。

ASBJが開発する「エンドースメントされたIFRS」の個別基準は，日本基準の指定（連結財務諸表規則第1条第3項，財務諸表等規則第1条第3項）と同様に，金融庁長官が指定することとされており，この「エンドースメントされたIFRS」は，金融商品取引法上，一般に公正妥当と認められる企業会計の基準に該当することが想定されている。そのため，ASBJによる「エンドースメントされたIFRS」の開発は，公益財団法人財務会計基準機構の定款第52条における「企業会計基準委員会の職務」（第1項「委員会は，専門的見地から，一般に公正妥当と認められる企業会計の基準及びその実務上の取扱いに関する指針の開発を行う。」）に含まれるものと考えられている。また，エンドースメントされたIFRSの開発にあたって必要とされるデュー・プロセスは，日本基準の開発と同様に，先の「企業会計基準等の開発に係る適正手続に関する規則」と同等のものとなると考えられている（第268回企業会計基準委員会（2013年7月10日），審議（1）IFRSのエンドースメント手続に関する計画の概要（案），注2）。

「国際会計基準（IFRS）への対応のあり方に関する当面の方針」は，「エンドースメントされたIFRSは，強制適用を前提としたものではなく，あくまでも任意適用企業を対象としたものとして位置づけるべきである」とした。IFRSの任意適用企業の積み上げにあたり，適用すべき会計基準がエンドースメントされたIFRSではたして任意適用と捉えられうるのかという未決の問題を抱えているが，「国際会計基準（IFRS）への対応のあり方に関する当面の方針」はIFRSの個別基準をエンドースメントする際の判断基準として，公益および投資者保護の観点から，次のものを明示した。

例えば，以下の点を勘案すべきである。
・会計基準に係る基本的な考え方
・実務上の困難さ（作成コストが便益に見合わない等）
・周辺制度との関連（各種業規制などに関連して適用が困難又は多大なコストを要することがないか）等
他方，削除又は修正する項目の数が多くなればなるほど，国際的にはIFRSとは認められにくくなり，IFRS策定に対する日本の発言力の確保等へ影響が生じ

る可能性がある。このため，我が国の国益も勘案しつつ，単一で高品質な会計基準の策定という目標を達成する観点から，削除又は修正する項目は国際的にも合理的に説明できる範囲に限定すべきである。

IASBが開発した個々の会計基準等について，修正することなしに採択可能か否かについては，この判断基準によって検討したうえで，必要に応じて削除または採択することになる。第268回企業会計基準委員会（2013年7月10日）では，「具体的には，修正することなしに採択可能か否かを検討するうえでは，IFRSと日本基準の差異を分析することにより，検討が必要な項目を抽出することが考えられる」（企業会計基準委員会［2013］，2頁）とした。

また，「IFRSのエンドースメントに関する作業部会」でのエンドースメント手続きのスケジュールは，次のように考えられている（企業会計基準委員会［2013］，3頁）。

① IASBにより2012年12月31日までに公表された会計基準等につき，ASBJによるエンドースメント手続の完了目標を，個別基準に関する検討の開始から概ね1年とする。
② IASBにより2012年12月31日以後公表される会計基準等のエンドースメント手続のスケジュールは，①の完了時に決定するものとするが，最終的には，IASBによる会計基準等の公表後，原則として1年をASBJによるエンドースメント手続の完了目標とする（ただし，公表日から強制適用日までの期間を勘案して，個別基準毎に検討を行うこととする。）。

5．「金融行政方針」の具体的重点施策としての「会計基準の品質向上」

ところで，金融庁は，「金融行政において何を目指すかを明確にするとともに，その実現に向け，…（中略）…いかなる方針で金融行政を行っていくか」を示すために，平成27（2015）事業年度から**「金融行政方針」**を公表している。この「金融行政方針」は，金融行政に関わる国民の理解を深めることに加えて，

1243

図表14-24　金融庁の「金融行政方針」にみる具体的重点施策「会計基準の品質向上に向けた取組み」

「平成27事業年度　金融行政方針」 （2015年9月）	「平成28事業年度　金融行政方針」 （2016年10月）
引き続き，国際会計基準の任意適用企業の拡大促進に努めるとともに，企業会計基準委員会と連携し，国際会計基準に関する我が国からの国際的な意見発信の強化及び日本基準の高品質化に向けた取組みを進めていく。こうした取組みを一体的に進め，我が国上場企業等において使用される会計基準の品質が，より高水準なものとなることを目指す。	我が国上場企業等において使用される会計基準の品質が，より高品質なものとなることを目指し，関係者と連携して，引き続き以下の取組みを進める。 ㋐国際会計基準（IFRS）の任意適用の拡大促進 ㋑IFRSに関する我が国からの国際的な意見発信の強化 ㋒日本基準の高品質化 ㋓国際会計人材の育成（IFRSに基づく会計監査の実務を担える人材の育成，IFRSに関して国際的な場で意見発信できる人材のプールの構築）

出所：金融庁［2015b］，9頁および金融庁［2016］，16頁をもとに作成。

金融・経済の環境変化に対応すべく，金融システムの安定を維持しつつ，金融仲介機能の適切な発揮を促すことなどを狙いとしたものである。

　また，この「金融行政方針」の進捗状況や実績などの評価を**「金融レポート」**として取りまとめ，公表し始めている（「平成27事業年度　金融行政方針」に対する「平成27事業年度　金融レポート」は，2016年9月15日に公表された）。「金融レポート」の評価に基づいて，翌事業年度の「金融行政方針」が策定される構図となっている。

　2015年9月に公表された「平成27事業年度　金融行政方針」は，「金融行政の目的」，「金融行政の目指す姿・重点施策」，「金融庁の改革」からなる3部構成であった。2016年10月に公表された「平成28事業年度　金融行政方針」は，より細分化され，「金融行政運営の基本方針」，「金融当局・金融行政運営の変革」，「活力ある資本市場と安定的な資産形成の実現，市場の公正性・透明性の確保」，「金融仲介機能の十分な発揮と健全な金融システムの確保等」，「IT技術の進展による金融業・市場の変革への戦略的な対応」，「国際的な課題への対応」，「顧客の信頼・安心感の確保」，「その他の重点施策」の8部からなっている。

1244

したがって，IFRSsを含む会計基準に関わる金融行政のあり方や方向性など についても，この「金融行政方針」を通じて理解することができる。

　これまでの２事業年度の「金融行政方針」では，「活力ある資本市場と安定 的な資産形成の実現，市場の公正性・透明性の確保」，または，そのもとでの「市 場の公正性・透明性の確保に向けた取組みの強化」の具体的重点施策の１つに 「開示及び会計基準の質の向上」を掲げている。そこでの「会計基準の品質向 上に向けた取組み」は，**図表14-24**に示したように，「IFRSsの任意適用企業の 拡大促進」と「IFRSsに関する日本からの国際的な意見発信」が基本をなして おり，こうした取組みを通じた日本の会計基準の高品質化が目指されている。

　平成28（2016）事業年度は，国際会計人材の育成が重点施策に加わっている。 財務諸表作成者側のIFRSsの利用に限らず，会計監査担当者の育成と日本から の国際的な意見発信に資する人材育成があってはじめて，IFRSsの任意適用が， 会計制度設計上，機能することを如実にあらわしている。

【参考文献】

Accounting Standards Board of Japan（ASBJ）・International Accounting Standards Board （IASB）［2007］，Agreement on Initiatives to Accelerate the Convergence of Accounting Standards, August 8, 2007（企業会計基準委員会・国際会計基準審議会 ［2007］，「会計基準のコンバージェンスの加速化に向けた取組みへの合意」，2007年８月 ８日）．

Financial Accounting Standards Board（FASB）［2002］，Memorandum of Understanding ─ "The Norwalk Agreement"（山田辰己［2003］，「IASB会議報告（第16回会議）」， 『JICPAジャーナル』No.570，2003年１月所収）．

Nicolaisen, D. T.［2005］，A Securities Regulator Looks at Convergence, *Northwestern Journal of International Law and Business*, Vol.25 No.3, Spring 2005.

Schapiro, M. L.［2011］，Mary Schapiro Remarks: Implementation of the 2010 Financial Regulations Law, Wall Street Journal/CFO Network, C-SPAN, June 21, 2011（http:// www.c-span.org/video/?300130-4/mary-schapiro-remarks）．

Securities and Exchange Commission（SEC）［2006］，For Immediate Release 2006-130: SEC and CESR Launch Work Plan Focused on Financial Reporting, August 2, 2006.

IFRS対応会議［2009a］，「IFRS対応会議～IFRS導入のロードマップに対応した民間の推進機関～が発足」，2009年7月3日。

IFRS対応会議［2009b］，「第2回IFRS対応会議議事概要」，「各委員会の当面の活動計画」，2009年8月31日。

磯山友幸［2011］，「『反IFRS活動家』を金融庁参与に任命した自見金融相『政治主導』の危うさ―国民新党に金融行政を丸投げする野田政権―」，『現代ビジネス』，2011年9月14日。

磯山友幸［2012］，「IFRS導入で高まる日本企業の国際競争力」，『WEDGE』第24巻第9号，2012年9月。

岩井克人・佐藤孝弘［2011］，『IFRSに異議あり　国際会計基準の品質を問う』（日経プレミア），日本経済新聞出版社，2011年。

WEDGE［2012］，WEDGE Report「会計基準より経済　日米で急速に盛り下がるIFRS」，『WEDGE』第24巻第9号，2012年9月。

遠藤博志・小宮山賢・逆瀬重郎・多賀谷充・橋本尚編著［2015］，『戦後企業会計史』中央経済社。

加賀谷哲之［2011］，「会計基準の国際的収斂化が日本企業の配当行動に与える影響」，『企業会計』第63巻第11号，2011年11月。

加賀谷哲之［2012］，「会計基準の国際的統合化・収斂化が投資行動に与える影響」，『一橋ビジネスレビュー』第60巻第1号，2012年SUM。

小津稚加子・梅原秀継編著［2011］，『IFRS導入のコスト分析』中央経済社。

官報［2005a］，「第162回国会衆議院会議録第34号」，『官報（号外）』，2005年7月5日。

官報［2005b］，「第162回国会参議院会議録第35号（その1）」，『官報（号外）』，2005年8月8日。

官報［2005c］，「第163回国会衆議院会議録第6号」，『官報（号外）』，2005年10月11日。

官報［2005d］，「第163回国会参議院会議録第6号（その1）」，『官報（号外）』，2005年10月14日。

企業会計［2012］，インタビュー・辻山栄子・早稲田大学教授にきく「わが国の会計基準はどこへ向うのか―IFRSをめぐる対立軸の変貌」，『企業会計』第64巻第5号，2012年5月。

企業会計基準委員会［2009］，「『我が国における国際会計基準の取扱いについて（中間報告）（案）』（平成21年2月4日公表）に対するコメント」，2009年4月6日。

企業会計基準委員会［2010］，「『上場会社の個別財務諸表の取扱い（連結先行の考え方）に関する検討会』の概要の報告」，金融庁・企業会計審議会総会（2010年6月8日）資料1。

企業会計基準委員会［2013］，「IFRSのエンドースメント手続に関する計画の概要（案）」，第268回企業会計基準委員会審議資料1，2013年7月10日。

金融・資本市場活性化有識者会合［2013］，「金融・資本市場活性化に向けての提言」，2013

年12月13日。

金融庁［2008］,「第1回『我が国企業会計のあり方に関する意見交換会』について」,別紙1「第1回『我が国企業会計のあり方に関する意見交換会』（7月31日開催）における主な意見」,2008年9月16日。

金融庁［2009a］,「『我が国における国際会計基準の取扱いについて（中間報告）（案）』の公表について」,2009年2月4日。

金融庁［2009b］,「『我が国における国際会計基準の取扱いについて（中間報告）』の公表について」,2009年6月16日。

金融庁［2010a］,「衆議院財務金融委員会における自見金融担当大臣の所信表明」,2010年8月3日。

金融庁［2010b］,「金融資本市場及び金融産業の活性化等のためのアクションプラン（中間案）」,2010年12月7日。

金融庁［2010c］,「金融資本市場及び金融産業の活性化等のためのアクションプラン（最終版）」,2010年12月24日。

金融庁［2011a］,「自見内閣府特命担当大臣閣議後記者会見の概要」（平成23年2月25日（火）7時41分～7時54分　場所：金融庁会見室）,2011年2月25日。

金融庁［2011b］,「自見内閣府特命担当大臣閣議後記者会見の概要」（平成23年6月21日（火）10時33分～11時11分　場所：金融庁会見室）,2011年6月21日。

金融庁［2011c］,「自見内閣府特命担当大臣閣議後記者会見の概要」（平成23年8月30日（火）10時45分～11時15分　場所：金融庁会見室）,2011年8月30日。

金融庁［2011d］,「自見内閣府特命担当大臣初閣議後記者会見の概要」（平成23年9月2日（金）22時28分～23時19分　場所：金融庁会見室）,2011年9月2日。

金融庁［2012a］,「自見内閣府特命担当大臣閣議後記者会見の概要」（平成24年1月13日（金）10時33分～11時01分　場所：金融庁会見室）,2012年1月13日。

金融庁［2012b］,「自見内閣府特命担当大臣閣議後記者会見の概要」（平成24年6月4日（月）12時32分～12時57分　場所：金融庁会見室）,2012年6月4日。

金融庁［2012c］,「松下内閣府特命担当大臣初閣議後記者会見の概要」（平成24年6月4日（月）22時48分～23時37分　場所：金融庁会見室）,2012年6月4日。

金融庁［2012d］,「松下内閣府特命担当大臣閣議後記者会見の概要」（平成24年6月5日（火）9時39分～9時56分　場所：金融庁会見室）,2012年6月5日。

金融庁［2012e］,「松下内閣府特命担当大臣閣議後記者会見の概要」（平成24年6月19日（火）8時15分～8時29分　場所：院内）,2012年6月19日。

金融庁［2012f］,「オックスフォード・レポート『日本の経済社会に対するIFRSの影響に関する調査研究（The Impact of IFRS on Wider Stakeholders of Socio-Economy in Japan）』の公表について」,2012年6月14日。

金融庁［2012g］,「松下内閣府特命担当大臣閣議後記者会見の概要」（平成24年6月19日（火）8時15分～8時29分　場所：院内）, 2012年6月19日。

金融庁［2015a］,「IFRS適用レポート」, 2015年4月15日。

金融庁［2015b］,「平成27事業年度　金融行政方針」, 2015年9月。

金融庁［2015c］,「平成27事業年度　金融レポート」, 2016年9月。

金融庁［2016］,「平成28事業年度　金融行政方針」, 2016年10月。

金融庁・企業会計審議会［2004］,「国際会計基準に関する我が国の制度上の対応について（論点整理）」, 2004年6月24日。

金融庁・企業会計審議会［2007］,「企業会計審議会の今後の運営について（案）」, 企業会計審議会総会資料2, 2007年2月15日。

金融庁・企業会計審議会［2009］,「我が国における国際会計基準の取扱いに関する意見書（中間報告）」, 2009年6月30日。

金融庁・企業会計審議会［2010a］,「連結財務諸表規則の改正等について」, 企業会計審議会総会・第24回監査法人合同会議資料5, 2010年3月26日。

金融庁・企業会計審議会［2010b］,「企業会計審議会総会・第24回監査部会合同会議議事録」, 2010年3月26日。

金融庁・企業会計審議会［2010c］,「我が国企業による米国基準の使用の終了について」, 企業会計審議会総会資料2, 2010年8月3日。

金融庁・企業会計審議会［2010d］,「企業会計審議会総会議事録」, 2010年8月3日。

金融庁・企業会計審議会［2010e］,「会長発言（骨子：未定稿）」, 2010年8月3日。

金融庁・企業会計審議会［2012］,「国際会計基準（IFRS）への対応のあり方についてのこれまでの議論（中間的論点整理）」, 2012年7月2日。

金融庁・企業会計審議会［2013］,「国際会計基準（IFRS）への対応のあり方に関する当面の方針」, 2013年6月19日。

金融庁・企業会計審議会総会・監査部会合同会議［2010］,「連結財務諸表規則の改正等について」, 企業会計審議会総会・第24回監査部会合同会議資料5, 2010年3月26日。

金融庁・企業会計審議会企画調整部会［2004］,「国際会計基準に関する我が国の制度上の対応について（論点整理）（案）」, 第10回企画調整部会, 2004年6月17日。

金融庁・企業会計審議会企画調整部会［2006］,「会計基準のコンバージェンスに向けて（意見書）」, 2006年7月31日。

金融庁・企業会計審議会企画調整部会［2008a］,「『連結先行』について」, 企業会計審議会第13回企画調整部会資料2, 2008年10月23日。

金融庁・企業会計審議会企画調整部会［2008b］,「企業会計審議会第13回企画調整部会会議録」, 2008年10月23日。

金融庁・企業会計審議会企画調整部会［2008c］,「企業会計審議会第13回企画調整部会会議

要旨」, 2008年10月23日。

金融庁・企業会計審議会企画調整部会 [2008d], 「国際会計基準（IFRS）についての論点メモ」, 企業会計審議会第14回企画調整部会資料1, 2008年12月16日。

金融庁・企業会計審議会企画調整部会 [2008e], 「企業会計審議会第14回企画調整部会会議要旨」, 2008年12月16日。

金融庁・企業会計審議会企画調整部会 [2009a], 「我が国における国際会計基準の取扱いについて（中間報告）（案）」, 企業会計審議会第15回企画調整部会資料1, 2009年1月28日。

金融庁・企業会計審議会企画調整部会 [2009b], 「我が国における国際会計基準の取扱いについて（中間報告）（案）」, 2009年2月4日。

金融庁・企業会計審議会企画調整部会 [2009c], 「『我が国における国際会計基準の取扱いについて（中間報告）』公開草案からの主な修正（案）の概要」, 企業会計審議会第16回企画調整部会資料2, 2009年6月11日。

金融庁・企業会計審議会企画調整部会 [2009d], 「我が国における国際会計基準の取扱いについて（中間報告）」, 2009年6月16日。

金融庁・企業会計審議会総会・企画調整部会合同会議 [2011a], 「大臣挨拶」, 企業会計審議会総会・企画調整部会合同会議, 2011年6月30日。

金融庁・企業会計審議会総会・企画調整部会合同会議 [2011b], 自見金融担当大臣談話「IFRS適用に関する検討について」, 企業会計審議会総会・企画調整部会合同会議資料1, 2011年6月21日。

金融庁・企業会計審議会総会・企画調整部会合同会議 [2011c], 「自見庄三郎大臣提案検討事項」, 企業会計審議会総会・企画調整部会合同会議配布資料, 2011年6月30日。

金融庁・企業会計審議会総会・企画調整部会合同会議 [2011d], 「今後の議論・検討の進め方（案）」, 企業会計審議会総会・企画調整部会合同会議資料2, 2011年8月25日。

金融庁・企業会計審議会総会・企画調整部会合同会議 [2013a], 「これまでの議論の整理」, 企業会計審議会総会・企画調整部会合同会議資料, 2013年6月12日。

金融庁・企業会計審議会総会・企画調整部会合同会議 [2013b], 「国際会計基準（IFRS）への対応のあり方に関する当面の方針（案）」, 企業会計審議会総会・企画調整部会合同会議資料, 2013年6月19日。

金融庁総務企画局企業開示課 [2008], 「企業会計審議会第14回企画調整部会会議録」, 2008年12月16日。

金融庁総務企画局企業開示課 [2009], 「企業会計審議会第15回企画調整部会会議録」, 2009年1月28日。

金融法務事情 [2012], 金法Inter-View　この人に聞く〈第6回〉　自見庄三郎［国務大臣金融・郵政改革担当］「明日の天気は変えられないが, 明日の政治は変えられる—今年を『復興元年』に金融庁をあずかる金融担当大臣としての責務を全力で果たす」, 『金融

法務事情』第1943号，2012年4月10日。

行政改革会議［1997a］，「中間報告」，1997年9月3日。

行政改革会議［1997b］，「最終報告」，1997年12月3日。

経済産業省・企業財務委員会［2009］，「企業財務委員会について」，第16回企業財務委員会資料2，2009年11月16日。

経済産業省・企業財務委員会［2010］，企業財務委員会中間報告書「会計基準の国際的調和を踏まえた我が国経済および企業の持続的な成長に向けた会計・開示制度のあり方について」，2010年4月19日。

経済財政諮問会議［2001a］，「経済財政諮問会議議事録（平成13年第8回）」，2001年5月18日。

経済財政諮問会議［2001b］，「今後の経済財政運営及び経済社会の構造改革に関する基本方針」，2001年6月26日閣議決定。

経済財政諮問会議［2004］，「郵政民営化に関する論点整理」，経済財政諮問会議（平成16年第9回）説明資料，2004年4月26日。

経済財政諮問会議［2006］，「経済財政運営と構造改革に関する基本方針2006」，2006年7月7日閣議決定。

小賀坂敦［2014］，「修正国際基準（JMIS）の公開草案—エンドースメント手続の意義を中心として」，『企業会計』第66巻第11号，2014年11月。

国民新党［2005］，「国民新党綱領」，「国民新党党則」，「国民新党規約」，2005年8月17日。

桜井久勝［2009］，「国際会計基準の導入が日本の会計基準に与える影響」，『証券アナリストジャーナル』第47巻第4号，2009年4月。

佐藤行弘［2011］，「日本でのIFRSに関する取組みの検証と今後の課題」，『地銀協月報』第617号，2011年11月。

佐藤行弘［2013］，「わが国のIFRSに関する取組みの検証と今後の方向性」，『大分大学経済論集』第65巻第1号，2013年5月。

参議院郵政民営化に関する特別委員会［2005］，「第162回国会参議院郵政民営化に関する特別委員会会議録第15号」，2005年8月5日。

産業界［2011］，「我が国のIFRS対応に関する要望」，2011年5月25日。

財務会計基準機構［2009］，特集1「ASBJ中長期プロジェクトと会計基準を巡る国際的動向」，『季刊会計基準』第25号，2009年6月。

島崎憲明［2010］，「日印ダイアローグの発足に寄せて」，『季刊会計基準』第30号，2010年9月。

清水真人［2005］，『官邸主導—小泉純一郎の革命—』日本経済新聞社。

清水真人［2007］，『経済財政戦記—官邸主導　小泉から安倍へ—』日本経済新聞社。

首相官邸［2001］，「第151回国会における小泉内閣総理大臣所信表明演説」，2001年5月7日。

首相官邸［2004］，「郵政民営化の基本方針」，2004年9月10日閣議決定。

首相官邸［2005a］，「第162回国会における小泉内閣総理大臣施政方針演説」，2005年1月21日。

首相官邸［2005b］，「小泉内閣総理大臣記者会見［衆議院解散を受けて］」，2005年8月8日。

首相官邸［2005c］，「第163回国会における小泉内閣総理大臣所信表明演説」，2005年9月26日。

首相官邸［2009］，「郵政改革の基本方針」，2009年10月20日閣議決定。

首相官邸［2010］，「新成長戦略～『元気な日本』復活のシナリオ」，2010年6月18日閣議決定。

首相官邸［2012］，「日本経済再生本部の設置について」，2012年12月26日。

首相官邸［2013］，「日本再興戦略―JAPAN is BACK―」，2013年6月14日閣議決定。

首相官邸［2014］，「『日本再興戦略』改訂2014―未来への挑戦―」，2014年6月24日閣議決定。

首相官邸［2015］，「『日本再興戦略』改訂2015―未来への投資・生産性革命―」，本文（第一部総論），本文（第二部及び第三部），2015年6月30日閣議決定。

首相官邸［2016］，「日本再興戦略2016―第4次産業革命に向けて―」，2016年6月2日閣議決定。

正司素子［2012］，『IFRSと日本的経営―何が，本当の課題なのか？―』清文社。

自見庄三郎［1999］，『郵政省蘇る―"民意"が勝った行政改革』サイビズ。

じみ庄三郎後援会［2012a］，「国政の中枢で実績と抱負を語る 『鳥の目 虫の目』で全力」，『じみ庄三郎 活動リポート』No.129：2012年新春号。

じみ庄三郎後援会［2012b］，「郵政民営化見直し成る 奮闘7年 信念貫いた」，『じみ庄三郎 活動リポート』No.132：2012年4月号。

じみ庄三郎後援会［2012c］，「在任725日（2年）存分に働いた 金融・郵政大臣を『卒業』」，『じみ庄三郎 活動リポート』No.133：2012年夏季号。

じみ庄三郎公式ホームページ（http://jimisun.com/antipp.php）。

自見庄三郎のブログ（http://www.ameblo.jp/jimmyoffice）。

自由民主党政務調査会・金融調査会 企業会計に関する小委員会［2004］，「会計・監査・開示・コーポレートガバナンスの充実・強化に向けて（中間論点整理）」，2004年6月16日。

自由民主党政務調査会・金融調査会 企業会計に関する小委員会［2013］，「国際会計基準への対応についての提言」，2013年6月13日。

自由民主党日本経済再生本部［2013］，「中間提言」，2013年5月10日。

自由民主党日本経済再生本部［2014］，「日本再生ビジョン」，2014年5月23日。

新日鐵住金［2015］，「平成27年3月期決算短信〔日本基準〕（連結）」，2015年4月28日。

新日鐵住金［2016］，「平成28年3月期決算短信〔日本基準〕（連結）」，2016年4月28日。

杉本徳栄［2012a］，「政治主導と政策史実としての国際財務報告基準（IFRS）導入」，『会計・監査ジャーナル』第678号，2012年1月。

杉本徳栄［2012b］，「IFRS任意適用について」，『企業会計』第64巻第7号，2012年7月。

杉本徳栄［2014a］，「『当面の方針』策定の影響要因とエンドースメントされたIFRS」，『企業会計』第66巻第1号，2014年1月。

杉本徳栄［2014b］，「修正国際基準（JMIS）の会計ストラテジーとしての捉え方―意見発信のあり方を踏まえて」，『企業会計』第66巻第11号，2014年11月。

トモ スズキ（鈴木智英）［2012］，オックスフォード・レポート「日本の経済社会に対するIFRSの影響に関する調査研究（Oxford Report: The Impact of IFRS on Wider Stakeholders of Socio-Economy in Japan）」，2012年3月30日。

須田一幸［2009］，「国際会計基準の導入と株式市場」，『証券アナリストジャーナル』第47巻第4号，2009年4月。

住友化学［2015］，「平成27年3月期決算短信〔日本基準〕（連結）」，2015年5月12日。

住友化学［2016］，「平成28年3月期決算短信〔日本基準〕（連結）」，2016年5月11日。

税務研究会「週刊 経営財務」編集部編［2015］，『27年3月期 有価証券報告書 開示実例と傾向』（別冊週刊経営財務）税務研究会。

税務研究会「週刊経営財務」編集部編［2016］，『28年3月期 有価証券報告書 開示実例と傾向』（別冊週刊経営財務）税務研究会。

田口聡志［2015］，『実験制度会計論―未来の会計をデザインする』中央経済社。

単体財務諸表に関する検討会議［2011］，「『単体財務諸表に関する検討会議』報告書（平成23年4月）」，2011年4月28日。

辻山栄子［2009］，「IFRS導入の制度的・理論的課題」，『企業会計』第61巻第3号，2009年3月。

辻山栄子［2010］，「IFRSをめぐる6つの誤解」，『企業会計』第62巻第12号，2010年12月。

辻山栄子［2011］，「IFRS導入をめぐる最新動向と今後の展望」，『監査役』第582号，2011年4月25日。

辻山栄子［2012］，「国際会計基準IFRS騒動はいったい何だったのか」，『WEDGE』第24巻第5号，2012年5月。

辻山栄子［2014］，「修正国際基準をめぐる課題」，『企業会計』第66巻第11号，2014年11月。

角ヶ谷典幸［2015］，「日本におけるIFRS適用をめぐる見解の多様性―企業会計審議会の議事録の内容分析を手がかりにして―」，『国際会計研究学会年報2014年度』第1号，2015年7月。

東京財団政策研究［2010］，東京財団政策提言「日本のIFRS（国際財務報告基準）対応に関する提言」，2010年12月。

東京証券取引所［2006］，「上場制度総合整備プログラム」，2006年6月22日。

東京証券取引所［2007］，「上場制度総合整備プログラム2007」，2007年4月24日。

東京証券取引所［2009a］，「上場制度整備の実行計画2009」，2009年9月29日。

東京証券取引所［2009b］，「国際会計基準（IFRS）の適用に向けた上場会社アンケート調査結果の概要」，2009年10月30日。

東京証券取引所［2009c］，「上場制度整備の実行計画2009（速やかに実施する事項）の進捗

状況（平成21年12月30日現在）」，2009年12月30日。

東京証券取引所［2010a］，「四半期決算に係る適時開示の見直し，IFRS任意適用を踏まえた上場制度の整備等について」，2010年4月27日。

東京証券取引所［2010b］，「『四半期決算に係る適時開示の見直し，IFRS任意適用を踏まえた上場制度の整備等について』に基づく有価証券上場規程等の一部改正について」，2010年6月29日。

東京証券取引所［2010c］，「IFRS準備状況に関する調査結果（概要）」，2010年11月15日。

東京証券取引所［2015a］，「決算短信・四半期決算短信作成要領等」，2015年1月。

東京証券取引所［2015b］，「『会計基準の選択に関する基本的な考え方』の開示内容の分析」，2015年9月1日。

東京証券取引所［2016a］，「『会計基準の選択に関する基本的な考え方』の開示内容の分析」，2016年4月13日。

東京証券取引所［2016b］，「『会計基準の選択に関する基本的な考え方』の開示内容の分析」，2016年7月20日。

東京証券取引所上場制度整備懇談会ディスクロージャー部会［2010］，「上場制度整備懇談会ディスクロージャー部会報告—四半期決算に係る適時開示，国際会計基準（IFRS）の任意適用を踏まえた上場諸制度のあり方について—」，2010年3月24日。

東京製鐵［2016］，「公益財団法人財務会計基準機構への加入状況及び加入に関する考え方等に関するお知らせ」，2016年6月28日。

内閣官房［2010］，「郵政改革に関連する諸事項等について（談話）」，2010年3月24日。

西川郁生［2014］，『会計基準の針路』中央経済社。

西川郁生［2015］，『会計基準の最前線』税務経理協会。

日本経済再生本部［2013］，「成長戦略の当面の実行方針」，2013年10月1日。

日本経済団体連合会［2008a］，「国際会計基準（IFRS）に関する欧州調査報告・概要」，2008年3月18日。

日本経済団体連合会［2008b］，「今後のわが国会計基準のあり方に関する調査結果概要」，2008年5月20日。

日本経済団体連合会［2008c］，政策提言「会計基準の国際的な統一化へのわが国の対応」，2008年10月14日。

日本経済団体連合会［2009a］，「IFRS適用に向けた取組み状況等に関する調査結果概要」，2009年4月6日。

日本経済団体連合会［2009b］，「企業会計審議会企画調整部会『我が国における国際会計基準の取扱いについて（中間報告）（案）』に関するコメント」，2009年4月6日。

日本経済団体連合会［2011］，「記者会見における米倉会長発言要旨」，2011年6月20日。

日本経済団体連合会・企業会計基準委員会・日本公認会計士協会［2010］，「インド・シンガ

ポールミッション報告」, 2010年3月。

日本公認会計士協会 [2008],「欧州視察報告」, 2008年9月。

日本公認会計士協会 [2009],「『我が国における国際会計基準の取扱いについて（中間報告）（案）』に対するコメント」, 2009年4月6日。

日本公認会計士協会 [2010], 租税調査会研究報告第20号「会計基準のコンバージェンスと確定決算主義」, 2010年6月15日。

日本公認会計士協会 [2013], 会計制度委員会研究資料第5号「アンケート調査結果報告—国際財務報告基準の適用における実務上の対応（製造費用関係）に関する調査—」, 2013年10月11日。

日本取引所グループ・東京証券取引所・日本経済新聞社 [2013],「JPX日経インデックス400算出要領」(2013年11月6日版), 2013年11月6日。

日本取引所グループ・日本経済新聞社 [2013a],「新指数共同開発の合意に関するお知らせ」, 2013年5月14日。

日本取引所グループ・日本経済新聞社 [2013b],「共同開発中の新指数に係る骨子について」, 2013年7月30日。

日本取引所グループ・日本経済新聞社 [2013c],「新指数『JPX日経インデックス400』の算出・公表開始について」, 2013年11月6日。

日本労働組合総連合会（連合）[2010],「2011年度　連合の重点政策」(2010年7月〜2011年6月), 2010年6月。

連合 [2011],「2012年度　連合の重点政策」(2011年7月〜2012年6月), 2011年6月。

連合 [2012],「2013年度　連合の重点政策」(2012年7月〜2013年6月), 2012年6月。

連合 [2013],「2014年度　連合の重点政策」(2013年7月〜2014年6月), 2013年6月。

連合 [2014],「2015年度　連合の重点政策」(2014年7月〜2015年6月), 2014年6月。

連合 [2015],「2016年度　連合の重点政策」(2015年7月〜2016年6月), 2015年6月。

橋本尚 [2011],「IFRS強制適用へ向けたわが国の会計ビジョンと戦略の設定—IFRSに対する批判を糺す—」,『週刊経営財務』第3008号, 2011年3月21日。

樋口尚文 [2010],「日印フォーラム2010—IFRS導入の課題—」,『会計・監査ジャーナル』第663号, 2010年10月。

非上場会社の会計基準に関する懇談会 [2010],「非上場会社の会計基準に関する懇談会　報告書」, 2010年8月30日。

一橋ビジネスレビュー [2012], マネジメント・フォーラム（加賀谷哲之（インタビュアー）・佐藤行弘（ゲスト））「今こそ問い直す。日本の企業会計のDNAとは何か。」,『一橋ビジネスレビュー』第60巻第1号, 2012年SUM。

平松一夫・辻山栄子責任編集 [2014], 体系現代会計学第4巻『会計基準のコンバージェンス』中央経済社。

法務省民事局参事官室［2009］，「『会社計算規則の一部を改正する省令案』に関する意見募集の結果について」，2009年12月11日。

松尾直彦［2009］，「金融商品取引法における国際会計基準のエンフォースメント」，『東京大学法科大学院ローレビュー』Vol.4，2009年 9 月。

松尾直彦［2013］，『金融商品取引法〔第 2 版〕』商事法務，2013年。

三井秀範［2008］，「昨今の我が国企業会計を巡る動きについて」，『季刊会計基準』第23号，2008年12月。

三井秀範［2009］，「我が国企業への国際会計基準の適用について」，『季刊会計基準』第26号，2009年 9 月。

三菱電機［2016］，「平成28年 3 月期決算短信〔日本基準〕（連結）」，2016年 4 月28日。

民主党［2009］，「民主党の政権政策 Manifesto 2009」，2009年。

民主党・社会民主党・国民新党［2009］，「三党連立政権合意書」，別紙「連立政権樹立に当たっての政策合意」，2009年 9 月 9 日。

弥永真生［2012］，『国際会計基準に関する会社法上の論点についての調査研究報告書』，「分配規制と債権者保護—単体の計算書類を国際会計基準に従って作成することが許容または強制されている国について—」，商事法務，2012年 3 月。

郵政改革関係政策会議［2010］，「郵政改革案—『公益性の高い民間企業』が担う『政府の国民に対する責務』—」，第 3 回郵政改革関係政策会議配布資料 1，2010年 2 月 8 日。

郵政三事業の在り方について考える懇談会［2002］，「『郵政三事業の在り方について考える懇談会』報告書」，2002年 9 月 6 日。

郵政事業の公社化に関する研究会［2001］，「中間報告」，2001年12月。

法律・基準・報告書索引

【A〜Z】

AIM通知第10号 ·· 817

AIM通知第15号 ·· 817

AIM通知第22号 ·· 817

AIM通知第27号 ·· 818

ASR第4号「財務諸表に関する行政上の政策」 ···························· 680

ASR第150号「会計原則および会計基準の設定並びに改善に関する基本政策」 ·········· 682

「CESRに対する第三国のGAAPとIAS/IFRSの同等性の測定の実行に関する技術的助言についての公式要請」 ·· 433

『CICAハンドブック―会計Part I』 ·································· 561, 565

「Convergenceに対する当委員会の姿勢―IFAD Report『GAAP Convergence 2002』に関して」 ·· 184, 825

CSAスタッフ通知第81-320号「IFRSの投資信託に関するアップデート」 ·············· 528

「EU―カナダ関係に関する共同政治宣言」 ································ 574

「EUでの第三国のGAAPの利用に関するヨーロッパ委員会の測定に関わるCESRのこれまでの作業」 ·· 454

「EUの財務報告戦略：進むべき道」 ······································ 405

『EUの証券監督機構のIFRS監督と執行事例』 ···························· 656

「FASBを指定されたプライベート・セクター（民間部門）の基準設定主体として再び是認するSECの基本政策」 ·· 684

G20カンヌ・サミット最終宣言「われわれの共通の将来の建設：すべての人の利益のための改訂された集合的行動」 ·· 747

「GAAP2000：53ヵ国の会計規則に関する調査」 ························ 163

「GAAP2001：国際会計基準によって評価した各国の会計規則に関する調査」 ············ 163

「GAAPコンバージェンス2002：国際財務報告基準とのコンバージェンスの促進と達成に向けた各国の取組みに関する調査」 ·· 162, 1016

「IASB®作業計画2017-2021年：2015アジェンダ・コンサルテーションに関するフィードバック文書」 ·· 360

「IASB-FASBのコンバージェンス作業の進捗報告」 ·················· 744

「IASBとFASBによるコンバージェンス作業に関する共同声明」 ······ 737

「IASBおよびIFRS解釈指針委員会：デュー・プロセス・ハンドブック」 ·········· 315, 320, 356

「IASBの審議プロセスの強化」 ·· 293

「IASCの将来像に関する勧告」 ·································· 60, 285, 719

1257

「IASC財団定款の見直し：変更提案」 …………………………………………………… 293

「IFRSsとU.S. GAAPとの間のコンバージェンスのためのロードマップ—2006-2008」 …… 72, 722

「IFRSsに従って作成した財務諸表をU.S. GAAPに調整する外国民間発行体に対するSEC要件を撤廃するSECスタッフ勧告のロードマップ」 …………………………………………… 723

「IFRS財団のガバナンス改革に関する市中協議文書」 ……………………………… 309, 324

「IFRS財団のガバナンス見直しに関する最終報告書」 ……………………………… 326, 746

「IFRS財団の戦略見直し，要約と計画された行動，金融安定理事会宛のブリーフィング・ノート」 …………………………………………………………………………………………… 745

「IFRS財団の枠組み強化のための覚書」 …………………………………………………… 337

「IFRS財団モニタリング・ボードとIFRS財団評議員会の共同声明」 ………………… 309

「IFRS準備状況に関する調査結果（概要）」 ……………………………………………… 1096

「IFRS適用に関する検討について」 ……………………………………… 198, 882, 1144

「IFRS適用レポート」 ……………………………………………………………… 1099, 1238

「IFRS導入準備タスクフォースのフィードバック資料」 ……………………………… 1107

「OECD行動指針における会計用語に関する解説」 …………………………………… 273

「OECD多国籍企業行動指針（ガイドライン）」 …………………………………… 42, 267

「SEC-CESR共同作業計画」 ………………………………… 447, 964, 970, 1020

SEC調整表作成・開示要件の撤廃勧告のロードマップ ………………… 723, 962, 1020

SFAS第162号「一般に認められた会計原則の階層構造（ヒエラルキー）」 ………… 709

SFAS第168号「FASBによる会計基準のコード化（体系化）と一般に認められた会計原則の階層構造（ヒエラルキー）—FASB基準書第162号の置換え」 ……………………… 710

「U.S. GAAPとIFRSの比較」 …………………………………………… 87, 981, 995

【あ】

「アメリカの基準設定に対する原則主義アプローチ」 …………………………………… 707

「アメリカの発行体がIFRSsに準拠して作成した財務諸表の使用可能性についてのロードマップ規則案」 …………………………………………………………………………………… 974

「アメリカの発行体の財務報告制度に国際財務報告基準の組込みを検討するための作業計画」 979

意見募集「アジェンダ・コンサルテーション2011」 …………………………………… 346

意見募集「アジェンダ・コンサルテーション2015」 …………………………………… 357

意見募集「体制とその有効性に関する評議員会のレビュー（見直し）：レビューにあたっての論点」 …………………………………………………………………………………………… 338

「一定の法形態の会社および銀行その他金融機関の年次計算書および連結計算書のバリュエーション規則に関する指令第78/660/EEC号，第83/349/EEC号および第86/635/EEC号を改正する2001年9月27日付のヨーロッパ議会および閣僚理事会指令第2001/65/EC号」 …… 402

「一定の法形態の会社，銀行その他の金融機関および保険会社の年次計算書および連結計算書に関す指令第78/660/EEC号，第83/349/EEC号，第86/635/EEC号および第91/674/EEC号を改正する2003年6月18日付のヨーロッパ議会および閣僚理事会指令第2003/51/EC号」 … 401

1258

インド会計基準（Ind AS）適用のロードマップ ……………………………………… 492
「インドにおけるIFRSsとのコンバージェンスに関する概念ペーパー」 …………… 474
「インドのGAAPに関するヨーロッパ委員会に対するCESRの技術的助言」 ……… 472, 480

「欧州視察報告」 …………………………………………………………………………… 1060
オックスフォード・レポート「日本の経済社会に対するIFRSの影響に関する調査研究」 …… 1175
「覚書：中国－アメリカ会計協力」 ……………………………………………………… 909
「覚書：ノーウォーク合意」 …………………………… 69, 70, 322, 447, 717, 955, 1020

【か】

改革のための原則を実行するための行動計画 ………………… 14, 73, 734, 1009
「会計・監査・開示・コーポレートガバナンスの充実・強化に向けて（中間論点整理）」
　……………………………………………………………………………… 799, 818, 1215
「会計基準アドバイザリー・フォーラム：覚書」 ……………………………………… 375
「会計基準アドバイザリー・フォーラム：委任事項」 ………………………………… 377
「会計基準アドバイザリー・フォーラム：候補者募集」 ……………………………… 372
「会計基準に関する国際的協調を求める」 ……………………………………………… 820
「会計基準の国際的な統一化へのわが国の対応」 …………………………………… 1053
「会計基準のコンバージェンスに向けたコミットメントおよび単一で高品質な国際的な会計基準
　に関する進捗報告書」（第2回進捗報告書）……………………… 738, 739, 873
「会計基準のコンバージェンスに向けたコミットメントおよび単一で高品質な国際的な会計基準
　に関する進捗報告書」（第3回進捗報告書）……………………… 738, 739, 873
「会計基準のコンバージェンスに向けて（意見書）」 ………… 826, 843, 1025, 1215
「会計基準のコンバージェンスの加速化に向けた取組みへの合意」（東京合意）
　……………………………………………… 75, 76, 461, 829, 851, 876, 1019
「『会計基準の選択に関する基本的な考え方』の開示内容の分析」 …………… 200, 1241
「会計・監査・開示・コーポレートガバナンスの充実・強化に向けて（中間論点整理）」 …… 818
「会計原則の設定に関する研究報告書」 ………………………………………………… 684
「会計コンバージェンスに関するIASBとFASBからの共同アップデート記録，ガバナンスの
　強化に関するIASBからの記録」 …………………………………………………… 745
「会計コンバージェンスに関する金融安定理事会本会議宛のIASB-FASBのアップデート報告書」
　……………………………………………………………………………………… 745
「会計指令の現代化／IASの基盤整備」 ………………………………………………… 418
「会計の調和化：国際的調和化のための新たな戦略」 ………………………………… 957
「会計の透明性定着のロードマップ（工程表）」 ……………………………………… 610
「会計法現代化法に対するドイツ会計基準審議会（DSR）の提案」 ………………… 423
「会長発言（骨子：未定稿）」 …………………………………………………………… 1204
概念ペーパー「国際財務報告基準に関する証券規制の変更可能性」 ………………… 478
「閣僚理事会指令第85/611/EEC号および指令第93/6/EEC号並びにヨーロッパ議会と閣僚理事会
　指令第2000/12/EC号を改正し，閣僚理事会指令第93/22/EEC号を廃止する，金融商品に
　市場に関する2004年4月21日付のヨーロッパ議会および閣僚理事会指令第2004/39/EC号」
　……………………………………………………………………………………… 397

1259

「各国会計基準設定主体グループのメンバーからの国際会計基準審議会及びIASC財団の評議員
　　会に対するコミュニケ」······························ 318
「カナダ，インドおよび韓国のIFRSとのコンバージェンスまたはアドプション計画表，中国の
　　発行体による中国の会計基準の適用レベルおよびEU市場での第三国のGAAPの利用に
　　関するCESRのヨーロッパ委員会に対する補足報告書」······················ 478, 484
「カナダ，日本およびアメリカの基準設定主体の作業計画表，同等性の定義およびEUの資本市場
　　で現在利用されている第三国のGAAPsのリストに関するヨーロッパ委員会に対するCESR
　　の助言」···························· 453, 571, 849
「カナダGAAP/U.S. GAAPの差異報告：2002年度のカナダのアニュアル・レポートの調査」· 543
「カナダと韓国のGAAPsに関するCESRの助言」····························· 470
「カナダにおける国際会計基準の十分な論拠：詳細報告」························· 518
「カナダのIFRSについてのCICAガイド」······························ 478
「カナダの会計基準：新たな方向性—戦略計画」·············· 453, 509, 529, 550, 961
「カナダの会計基準—カナダGAAPにIFRSsを組み込むための実施計画」·············· 554
「カナダの会計基準：将来の方向性—戦略計画案」···························· 546
「『カナダの会計基準：将来の方向性』ディスカッション・ペーパーの背景」··············· 543
「株式会社の外部監査に関する法律」···················· 598, 599, 618, 663
『韓国のIFRS導入，施行と教訓』····························· 578, 667
『韓国の国際会計基準（IFRS）の導入：5年の経験と教訓』·················· 670
監査基準書（SAS）第69号「独立監査人の報告書における一般に認められた会計原則に準拠して
　　適正に表示しているという文言の意味」························· 702
「監査の国際的ガイドライン」（IAG）···························· 261

「危機の克服　麻生太郎の提案—短期，中期，長期の対策—」·················· 17
「企業会計基準委員会委員の倫理規定」······························· 793
「企業会計基準委員会等運営規則」························· 793, 795
「企業会計基準委員会の中期的な運営方針について」···················· 822, 878
「企業会計基準設定主体のあり方について（論点整理）」···················· 790
「企業会計基準等の開発に係る適正手続に関する規則」·················· 793, 1242
「企業会計基準の改編に伴う法人税法の改正方向」························ 622
「企業会計審議会の今後の運営について（案）」··························· 783
「企業会計審議会令」···························· 770, 780, 1164
「企業会計制度に関する国内企業調査報告書」··························· 797
「企業会計の国際対応に関する研究会　中間報告」······················· 821
「企業会計報告の国際的標準化の動向」······························· 265
「企業結合会計に関する調査報告—EUによる同等性評価に関連する項目について—」···· 447, 866
「企業結合会計の見直しに関する論点の整理」··························· 867
「企業の健全性と投資家保護の強化に関する連邦政府の措置一覧」·················· 422
「基準と法典の遵守に関する報告書—会計と会計監査：中国」··················· 490
「基礎的会計基準を巡る緊急の国際的要望」···························· 234
協議文書「第三国の会計基準（GAAP）の同等性および第三国の財務情報の法執行メカニズムの
　　説明に関する概念ペーパー案」····························· 833

協議文書「IFRS財団の定款見直しの課題の明確化」······················· 291
協議文書「第三国の一般に認められた会計原則の同等性を決定するメカニズムに関するCESRの
　　技術的助言案」··· 847
協議文書「第三国の会計基準（GAAP）の同等性および第三国の財務情報の法執行メカニズムの
　　説明に関する技術的助言案」··· 839
協議文書「中国，日本およびアメリカのGAAPsの同等性に関するCESRの助言案」··········· 851
「行政改革プログラム」··· 772
共同声明「FASBとIASBによる覚書に対するコミットメントの再確認」················· 73, 730
「銀行その他の金融機関や保険会社の会計指令」····································· 398
「金融・世界経済に関する首脳会合宣言」················· 13, 14, 73, 91, 138, 734, 1009
「金融委員会とその所属機関の職制」·· 605, 606
「金融委員会の設置等に関する法律」··· 605
「金融改革プログラム—金融サービス立国への挑戦—」······························· 75, 824
「金融監督機関の設置等に関する法律」··· 600
「金融監督庁設置法」··· 772
「金融監督庁設置法の施行に伴う関係法律の整備に関する法律」························· 772
「金融機能の再生のための緊急措置に関する法律」··································· 775
「金融機能の早期健全化のための緊急措置に関する法律」····························· 775
「金融行政方針」··· 1243
「金融サービス：行動の枠組みの構築」··· 401
「金融再生委員会設置法」··· 775
「金融再生トータルプラン（第1次とりまとめ）」··································· 777
「金融再生トータルプラン（第2次とりまとめ）」··································· 777
「金融資本市場及び金融産業界の活性化等のためのアクションプラン—新成長戦略の実現に
　　向けて—（最終版）」··· 1069
「金融資本市場及び金融産業の活性化等のためのアクションプラン（最終版）」············· 1142
「金融・資本市場活性化に向けての提言」··· 1237
「金融商品市場指令」··· 397
「金融庁が行う政策評価に関する実施計画」··· 88
金融庁告示第69号「連結財務諸表の用語，様式及び作成方法に関する規則に規定する金融庁長官
　　が定める企業会計の基準を指定する件」·················· 105, 804, 1069, 1085
金融庁告示第70号「財務諸表等の用語，様式及び作成方法に関する規則に規定する金融庁長官が
　　定める企業会計の基準を指定する件」·················· 115, 805, 1069, 1087
「金融庁組織令」·· 87, 770, 780
「金融庁における政策評価に関する基本計画」··· 88
「金融レポート」··· 1244

「経済財政運営と構造改革に関する基本方針」······································· 1117
「経済財政改革の基本方針」··· 1117
「研究開発費に関する論点の整理」··· 870
「原則主義会計制度の採択に関するSEC調査研究報告書への回答」····················· 708

1261

公開協議ペーパー「コメント募集：会計基準アドバイザリー・フォーラム設置の提案」…… 367
「公開草案：カナダのIFRSアドプションⅡ」………………………………………………… 478
公開草案「概念フレームワークへの参照の更新（IFRS第2号，IFRS第3号，IFRS第4号，
　　IFRS第6号，IAS第1号，IAS第8号，IAS第34号，SIC第27号およびSIC第32号の修正案）」
　　……………………………………………………………………………………… 312, 700
公開草案「カナダにおけるIFRSsアドプション」…………………………………………… 561
公開草案「環境変化のもとでの会計基準設定：会計基準審議会の役割」………………… 419
公開草案「財務報告に関する改善された概念フレームワーク─第1章：財務報告の目的および
　　第2章：意思決定に有用な財務報告情報の質的特性および制約条件」………………… 698
公開草案「財務報告に関する概念フレームワーク」…………………………… 312, 700
公開草案第32号（E32）「財務諸表の比較可能性」…………………………… 250, 282
公開草案「体制とその有効性についての評議員会のレビュー：IFRS財団定款の修正案」…… 344
「公企業・準政府機関の会計事務規則」……………………………………………………… 663
「公共機関の運営に関する法律」……………………………………………………………… 662
「公共機関の国際会計基準（IFRS）導入方案」……………………………………………… 663
「公正価値指令」………………………………………………………………………………… 402
「国際会計基準（IFRS）の導入に伴う法人税法の改正方向の公聴会」…………………… 622
「国際会計基準（IFRS）についての論点メモ」……………………… 1027, 1028, 1029
「国際会計基準（IFRS）の適用に向けた上場会社アンケート調査」……………………… 1093
「国際会計基準（IFRS）への対応のあり方に関する当面の方針」………… 25, 93, 784, 1090, 1208
「国際会計基準（IFRS）への対応のあり方についてのこれまでの議論（中間的論点整理）」
　　…………………………………………………………………… 93, 1174, 1177, 1178
「国際会計基準（IFRS）への当面の対応について」…………………………… 118, 127
「国際会計基準：国際会計基準に関するヨーロッパ規制の拡大の可能性に関する協議文書（諮問書）」
　　……………………………………………………………………………………………… 417
「国際会計基準とEC会計指令との整合性の検討」………………………………………… 400
「国際会計基準に関する共同声明」…………………………………………………………… 821
「国際会計基準に関する我が国の制度上の対応について（論点整理）」…… 808, 818, 1215
「国際会計基準の設定：将来のビジョン」…………………………………………………… 719
「国際会計基準の導入および決算監査の質の確保のための法律」（会計法改革法）……… 420
「国際会計基準への対応について当面検討すべき課題」…………………………………… 125
「国際会計基準への対応についての提言」………… 101, 119, 130, 1211, 1216, 1218, 1230
「国際財務報告─カナダ，イギリスおよびアメリカの国際報告改善提案」……………… 224
「国際財務報告基準（IFRS）と第三国の一般に認められた会計原則（GAAP）との間のコンバー
　　ジェンスに関する現状」…………………………………………………………………… 491
「国際財務報告基準（IFRS）と第三国の一般に認められた会計原則（GAAPs）との間のコンバー
　　ジェンスに関するヨーロッパ証券委員会とヨーロッパ議会への報告書」…………… 482
「国際財務報告基準に関する趣意書」………………………………………………………… 280
「国際財務報告基準のアドプション─CICAハンドブック─会計PartⅠ：バックグラウンド情報
　　と結論の根拠」……………………………………………………………………………… 565
「国際的諸活動計画」…………………………………………………………………………… 717
「国際的な意見発信に係る適正手続に関する内規」………………………………………… 796

1262

「国際的な会計基準の適用に関する2002年 7 月19日付の規則（EC）第1606/2002号の有効性に
　関するヨーロッパ委員会から閣僚理事会とヨーロッパ議会への報告書」……………………… 423
「国際的な会計基準の適用に関する2002年 7 月19日付のヨーロッパ議会および閣僚理事会規則
　第1606/2002号」（IAS 規則，IFRSs 適用命令）……………………………………………… 73, 394
「国際投資と多国籍企業に関する OECD 宣言」……………………………………… 42, 268, 267
国内方針第52-107号「認められる会計原則と会計監査基準」………………………………… 525
国内方針第71-101号「多国間管轄開示制度」………………………………………………… 526
国内方針第71-102号「外国発行体に関わる継続開示とその他の適用除外」………………… 526
コメント募集書「評議員会の戦略見直しの現状」……………………………………………… 323
「今後の議論・検討の進め方（案）」……………………………………………………… 124, 1171
「今後の経済財政運営及び経済社会の構造改革に関する基本方針」………………………… 1117
「今後のわが国会計基準のあり方に関する調査」……………………………………………… 1052
「今後のわが国の企業会計制度に関する基本的考え方─国際会計基準の現状とわが国の対応─」
　…………………………………………………………………………………………………… 129
コンサルテーション・ペーパー（協議文書）「カナダと韓国の GAAPs に関する CESR の助言」
　…………………………………………………………………………………………………… 470
コンサルテーション・ペーパー（協議文書）「インドの GAAP に関するヨーロッパ委員会に
　対する CESR の技術的助言」………………………………………………………………… 472
コンサルテーション・ペーパー（協議文書）「中国，日本およびアメリカの GAAPs の同等性に
　関する CESR の助言案」……………………………………………………………………… 463
コンサルテーション・ペーパー（協議文書）「第三国の会計基準（GAAP）の同等性および第三国
　の財務情報の法執行メカニズムの説明に関する概念ペーパー案」………………………… 434
コンサルテーション・ペーパー「第三国の会計基準（GAAP）の同等性および第三国の財務情報
　の法執行メカニズムの説明に関する技術的助言案」………………………………………… 434
「コンバージェンスとグローバル会計基準を支持する SEC 声明」………… 86, 120, 737, 978
コンパニオンポリシー第52-107CP 号「認められる会計原則と監査基準」………………… 526
コンパニオンポリシー第71-101CP 号「多国間管轄開示制度」……………………………… 526

【さ】

「(財)財務会計基準機構・企業会計基準委員会から公表される企業会計基準等の取扱い（準拠性）
　について」……………………………………………………………………………………… 802
「最終スタッフ報告書：アメリカの発行体の財務報告制度への国際財務報告基準の組込みに
　関する検討のための作業計画」…………………………………………………………… 87, 118
「財団法人財務会計基準機構の設立について」………………………………………………… 792
「財務会計基準審議会の会計基準コード化に係る SEC ガイダンス」………………………… 715
「財務会計諸概念に関するステートメント」（SFAC）………………………………………… 695
財務諸表等規則に係る事務ガイドライン「企業会計基準委員会の公表した各会計基準の取扱いに
　ついて」………………………………………………………………………………………… 802
「財務報告に関する概念フレームワーク」………………………………………………… 54, 311
『30ヵ国における会計士業務』…………………………………………………………………… 233
「三党連立政権合意書」………………………………………………………………………… 1133

1263

「市場濫用指令（市場阻害行為指令）」……………………………………………… 407, 409
「実務における IFRS の分析」…………………………………………………… 86, 981, 993
「資本市場と金融投資業に関する法律」………………………………………………… 616
修正会計基準第 1 号「のれんの会計処理」……………………………………………… 113
修正会計基準第 2 号「その他の包括利益の会計処理」………………………………… 113
修正国際基準（国際会計基準と企業会計基準委員会による修正会計基準によって構成される
　会計基準）（JMIS）………………………………………………………………… 107
趣旨書「財務諸表の比較可能性」……………………………………………… 250, 282
「証券規制の目的と原則」………………………………………………………………… 241
「証券公募に際しての販売目論見書に関する指令」…………………………………… 407
「証券上場認可条件の調整指令」………………………………………………………… 407
「証券上場認可と情報開示に関する指令」……………………………………………… 408
「証券取引所の上場認可に際しての上場目論見書に関する指令」…………………… 407
「証券領域における投資サービスに関する1993年 5 月10日付の閣僚理事会指令第93/22/EC 号」
　（投資サービス指令）………………………………………………………………… 395
「上場制度整備懇談会ディスクロージャー部会報告—四半期決算に係る適時開示，国際会計基
　準（IFRS）の任意適用を踏まえた上場諸制度のあり方について—」……………… 1066
「上場制度整備の実行計画2009」…………………………………………………… 1064, 1067
「上場制度整備の実行計画2009（速やかに実施する事項）の進捗状況（平成21年12月30日現在）」
　…………………………………………………………………………………………… 1065
「上場制度総合整備プログラム」……………………………………………………… 1063
「上場制度総合整備プログラム2007」………………………………………………… 1062
「職場創出・庶民生活の安定のための2010年税制改編（案）」………………………… 622
「審議会等の整理合理化に関する基本的計画」……………………………………… 1164
「新成長戦略〜『元気な日本』復活のシナリオ」…………………………………… 1141
「進捗状況のレビュー—カナダ GAAP への IFRS の組込みへのステップ」………… 556
「進捗状況のレビュー—最終報告書：カナダ GAAP に IFRSs を組み込むための AcSB の実施計画」
　…………………………………………………………………………………………… 559
「進捗状況のレビュー—予備調査報告書：カナダ GAAP に IFRSs を組み込むための AcSB の実施
　計画」…………………………………………………………………………………… 557

「1985年会社法（IAS およびその他の会計基準に関する改訂）2004年規制」………… 418

「組織間ビジョン・タスクフォース報告書」…………………………………………… 509

【た】

第 1 回調査報告書「わが国上場企業の2007年度の新会計准則実施状況に関する分析報告」…… 929
第 2 回調査報告書「わが国上場企業（2008年度）の企業会計准則実施状況に関する分析報告」
　…………………………………………………………………………………………… 935
第 3 回調査報告書「わが国上場企業（2009度）の企業会計准則実施状況に関する分析報告
　—企業会計准則実施の経済効果に関して—」……………………………………… 935
「第 5 回日中韓三ヵ国会計基準設定主体会議における共通理解に関する覚書」…… 906

「第三国の一般に認められた会計原則の同等性を決定するメカニズムに関するCESRの技術的
　助言」⋯⋯⋯⋯⋯⋯⋯⋯⋯⋯⋯⋯⋯⋯⋯⋯⋯⋯⋯⋯⋯⋯⋯⋯⋯⋯⋯⋯⋯⋯⋯⋯ 455, 849
「第三国の会計基準（GAAP）の同等性および第三国の財務情報の法執行メカニズムの説明に
　関する概念ペーパー」⋯⋯⋯⋯⋯⋯⋯⋯⋯⋯⋯⋯⋯⋯⋯⋯⋯⋯⋯⋯⋯⋯⋯⋯⋯⋯⋯ 434, 837
「第三国の会計基準（GAAP）の同等性および第三国の財務情報の法執行メカニズムの説明に
　関する技術的助言」⋯⋯⋯⋯⋯⋯⋯⋯⋯⋯⋯⋯⋯⋯⋯⋯⋯⋯ 74, 434, 568, 842, 959
「第三国の証券の発行体による国際的に認められた会計基準で作成された情報の使用に関する
　2006年12月4日付の委員会決定第2006/891/EC号」⋯⋯⋯⋯⋯⋯⋯⋯⋯⋯⋯⋯⋯⋯ 449
「第三国の証券発行体による連結財務諸表の作成のための第三国の会計基準および国際財務報告
　基準の利用に関する2008年12月12日付の委員会決定第2008/961/EC号」⋯⋯⋯⋯⋯⋯ 80, 474
「第三国の証券発行体による連結財務諸表の作成のための第三国の会計基準および国際財務報告
　基準の利用に関する委員会決定第2008/961/EC号を改正する2012年4月11日付の委員会に委任
　された決定第2012/194/EU号」⋯⋯⋯⋯⋯⋯⋯⋯⋯⋯⋯⋯⋯⋯⋯⋯⋯⋯⋯⋯⋯⋯⋯⋯ 500
「多国籍企業と情報開示―OECD行動指針に関する解説」⋯⋯⋯⋯⋯⋯⋯⋯⋯⋯⋯⋯⋯⋯ 273
「多国籍企業のための会計報告の国際基準」⋯⋯⋯⋯⋯⋯⋯⋯⋯⋯⋯⋯⋯⋯⋯⋯⋯⋯⋯⋯ 265
「タスクフォース2000報告書」⋯⋯⋯⋯⋯⋯⋯⋯⋯⋯⋯⋯⋯⋯⋯⋯⋯⋯⋯⋯⋯⋯⋯⋯⋯ 509
「『単体財務諸表に関する検討会議』報告書（平成23年4月）」⋯⋯⋯⋯⋯⋯⋯⋯⋯⋯⋯ 1205

中間報告「企業会計基準設定主体の拡充・強化に向けて（案）」⋯⋯⋯⋯⋯⋯⋯⋯⋯⋯⋯ 789
中間報告書「会計基準の国際的調和を踏まえた我が国経済および企業の持続的な成長に向けた
　会計・開示制度のあり方について」⋯⋯⋯⋯⋯⋯⋯⋯⋯⋯⋯⋯⋯⋯⋯⋯⋯⋯⋯⋯⋯⋯ 1156
「中国，日本およびアメリカのGAAPsの同等性に関するCESRの助言」⋯⋯⋯⋯⋯⋯ 78, 463, 854
「中国会計准則委員会事務局長と国際会計基準審議会議長の共同声明」（北京合意）⋯⋯⋯⋯ 904
「中国の企業会計准則と国際財務報告基準の持続的な全面コンバージェンスのためのロードマップ」
　⋯⋯⋯⋯⋯⋯⋯⋯⋯⋯⋯⋯⋯⋯⋯⋯⋯⋯⋯⋯⋯⋯⋯⋯⋯⋯⋯⋯⋯⋯⋯⋯⋯⋯ 490, 942
「中国の企業会計准則と国際財務報告基準の持続的な全面コンバージェンスのためのロードマップ
　（公開草案）」⋯⋯⋯⋯⋯⋯⋯⋯⋯⋯⋯⋯⋯⋯⋯⋯⋯⋯⋯⋯⋯⋯⋯⋯⋯⋯⋯⋯⋯⋯⋯ 936
「中小企業向け国際財務報告基準」（IFRS for SMEs）⋯⋯⋯⋯⋯⋯⋯⋯⋯⋯⋯⋯ 305, 563

定款改訂案「定款の見直し作業の第2部：公的な説明責任の強化に関する提案」⋯⋯⋯⋯⋯ 295
「定款見直しのプロセスに係る覚書」⋯⋯⋯⋯⋯⋯⋯⋯⋯⋯⋯⋯⋯⋯⋯⋯⋯⋯⋯⋯⋯⋯⋯ 291
「提出書類フォーマット，参照による引用および目論見書の発行や広告の流布と目論見書に含ま
　れる情報に関するヨーロッパ議会および閣僚理事会指令第2003/71/EC号を発効する委員会
　規則（EC）第809/2004号を改正する2006年12月4日付の委員会規則（EC）第1787/2006号」
　⋯⋯⋯⋯⋯⋯⋯⋯⋯⋯⋯⋯⋯⋯⋯⋯⋯⋯⋯⋯⋯⋯⋯⋯⋯⋯⋯⋯⋯⋯⋯⋯⋯⋯⋯⋯ 448
ディスカッション・ペーパー「定款の見直し：見直し作業の第2部における論点の特定」⋯⋯ 65
ディスカッション・ペーパー「カナダの会計基準：将来の方向性」⋯⋯⋯⋯⋯⋯⋯⋯⋯⋯ 542
ディスカッション・ペーパー「『財務報告に関する概念フレームワーク』の見直し」⋯⋯ 312, 700
ディスカッション・ペーパー「定款の見直し：公的な説明責任およびIASBの構成に関する変更案」
　⋯⋯⋯⋯⋯⋯⋯⋯⋯⋯⋯⋯⋯⋯⋯⋯⋯⋯⋯⋯⋯⋯⋯⋯⋯⋯⋯⋯⋯⋯⋯⋯⋯⋯⋯⋯ 294
ディスカッション・ペーパー「イギリスの会計基準：IFRSとのコンバージェンス戦略」⋯⋯ 419
ディスカッション・ペーパー「財務報告に関する改善された概念フレームワークに関する予備的

1265

見解：報告実体」 ··· 698

討議資料「財務会計の概念フレームワーク」 ··· 861
「投資会社および金融機関の資本の適正性に関する1993年3月15日付の閣僚理事会指令第93/6/
　　EEC号」（適正資本金指令） ··· 395
「透明性指令と目論見書規則による第三国のGAAPsの同等性の決定に関する予備的作業」
　　··· 469, 471
「透明性指令と目論見書規則による同等性に係る第三国GAAPsの開発の監視についてのさらな
　　る協力要請」 ··· 477
「透明性指令と目論見書規則による同等性に係る第三国のGAAPsの開発に関する報告書の要請」
　　··· 483
「特定住宅金融専門会社の債権債務の処理の促進等に関する特別措置法」 ············· 770
「ドッド・フランク　ウォール・ストリート改革および消費者保護法」 ········· 977, 1148

【な】

「内閣府本府組織規則」 ··· 1171
「内部会計管理制度模範規準」 ··· 610
「内部会計管理制度模範規準の中小企業適用解説書」 ····································· 610
「内部会計管理制度模範規準の適用解説書」 ··· 610
「内部統制の統合的枠組み」（COSO報告書） ·· 927

「2005年の国際財務報告基準の開発および利用に関するステートメント」 ············· 259
「『2005年問題』の論点と考え方」 ·· 808
「2015年会社（インド会計基）規則」 ··· 492
「2010年税制改編の主たる内容」 ··· 623
「2007年における中国の発行体による中国の新会計基準の実施に関する分析報告書」 ··· 480
「2002年サーベインズ・オックスリー法第108条第(d)項に基づくアメリカの財務報告制度による
　　原則主義会計制度の採択に関する調査研究」 ··· 706
「2004年3月決算期におけるいわゆるレジェンド問題について」 ························· 800
「2006年2月の覚書の完了：進捗状況の報告および完了予定表」 ···················· 73, 726
「日本基準と国際会計基準とのコンバージェンスへの取組みについて―CESRの同等性評価に
　　関する技術的助言を踏まえて―」 ·· 75, 445
「『日本再興戦略』改訂2014―未来への挑戦―」 ········· 26, 101, 199, 1026, 1099, 1234
「『日本再興戦略』改訂2015―未来への投資・生産性革命―」 ········· 199, 1026, 1239
「日本再興戦略―JAPAN is BACK―」 ··· 25, 1226
「日本再興戦略2016―第4次産業革命に向けて―」 ······································ 1026
「日本再生ビジョン」 ······································· 102, 1215, 1231
「日本のIFRS（国際財務報告基準）対応に関する提言」 ··································· 1157

【は】

「非上場会社の会計基準に関する懇談会　報告書」 ······································· 1104
「評議員会の戦略見直し2011に関する報告書―国際基準としてのIFRSs：財団の第二の10年間に

向けての戦略の設定」··· 330，746

「フィードバック文書—アジェンダ・コンサルテーション2011」······························ 353
フィードバック文書「会計基準アドバイザリー・フォーラム設置の提案」····················· 371
フィードバック文書「会計基準アドバイザリー・フォーラムの見直し」····················· 383
フィードバック文書「体制と有効性についての評議員会のレビュー：IFRS財団定款の修正」
　·· 346
「プロジェクト計画表の公表について—東京合意を踏まえたコンバージェンスへの取組み—」
　·· 78

平成2年金融庁告示第69号「連結財務諸表の用語，様式及び作成方法に関する規則に規定する金
　融庁長官が定める企業会計の基準を指定する件」····································· 1085
平成21年金融庁告示第70号「財務諸表等の用語，様式及び作成方法に関する規則に規定する金融
　庁長官が定める企業会計の基準を指定する件」······································· 1087

香港の財務報告准則（HKERS）·· 933

【ま】

「マクドナルド報告書」··· 509

「目論見書と広告に係る要素に関するヨーロッパ議会および閣僚理事会指令第2003/71/EC号を
　発効する委員会規則（EC）第809/2004号を改正する2008年12月12日付の委員会規則（EC）
　第1289/2008号」·· 80，475
「目論見書と広告に係る要素に関するヨーロッパ議会および閣僚理事会指令第2003/71/EC号を
　発効する委員会規則（EC）第809/2004号を改正する2011年12月21日付の委員会に委任された
　規則（EC）第311/2012号」·· 497

【や】

「郵政改革に関連する諸事項等について（談話）」··· 1137
「郵政改革の基本方針」··· 1135
「『郵政三事業の在り方について考える懇談会』報告書」··· 1120
「郵政民営化関連6法案」··· 1125，1128
「郵政民営化の基本方針」··· 1123

「ヨーロッパ監督当局（ヨーロッパ証券市場監督局）の設立，指令第716/2009/EC号の修正およ
　び委員会決定第2009/77/EC号の取消の2010年11月24日付のヨーロッパ議会および閣僚理事
　会規則（EU）第1095/2010号」··· 405
「ヨーロッパ議会および閣僚理事会指令第2003/71/EC号および第2004/109/EC号による第三国の
　証券発行体が適用する会計基準の同等性を決定するためのメカニズムを策定する2007年12月
　21日付の委員会規則（EC）第1569/2007号」（同等性メカニズム規則）············ 459，574，850
「ヨーロッパ議会および閣僚理事会指令第2003/71/EC号および第2004/109/EC号による第三国の
　証券発行体が適用する会計基準の同等性を決定するためのメカニズムを策定する規則（EC）

1267

第1569/2007号を改正する2011年12月21日付の委員会に委任された委員会規則（EC）第310/2012号」……………………………………………………………………………………… 497
「ヨーロッパ共同体—カナダ関係に関する宣言」…………………………………………… 574
「ヨーロッパ証券規制当局委員会とアメリカ証券取引委員会との間の市場リスクと規制プロジェクトに関する連携と協力についての委任事項」…………………………………………… 970
予備的見解「財務報告のための概念フレームワーク：財務報告の目的および意思決定に有用な財務報告情報の質的特性」…………………………………………………………………… 696

【ら】

「ラムファルシー委員会報告」………………………………………………………………… 403

「料金規制事業を営む企業によるIFRSsのアドプション—CICAハンドブック—会計PartⅠの序論の改正」……………………………………………………………………………………… 565

「レインボー報告書」……………………………………………………………………… 509, 510

【わ】

「我が国会計基準の開発に関するプロジェクト計画について—EUによる同等性評価等を視野に入れたコンバージェンスへの取組み」……………………………………………………… 75, 843
「我が国における国際会計基準の取扱い（中間報告）（案）」…………………… 1038, 1044, 1045
「我が国における国際会計基準の取扱いに関する意見書（中間報告）」・25, 92, 117, 804, 1026, 1048
「我が国における国際会計基準の取扱いについて（中間報告）」…………………… 1026, 1047
「我が国のIFRS対応に関する要望」……………………………………………………… 1152
「我が国の会計基準設定主体のあり方について（骨子）」……………………………… 789

索　引

【A～Z】

AAA ······················· 41, 687
AASB ···························· 371
AcSB ···························· 436
AcSOC ·························· 529
ADR ····················· 205, 212, 813
AIA ····························· 681
AICPA ·························· 233
AIMR ·························· 687
AISG ························ 224, 234
AOSSG ······················ 365, 886
APB ····························· 681
ARB ····························· 681
ARC ························ 413, 1060
ASAF ········· 365, 374, 385, 759, 908
ASB ························ 287, 419
ASBJ ········ 75, 88, 184, 434, 1070
ASBJ プロジェクト計画表 ········· 447
ASR ····························· 680

B種株 ·························· 909
BATS ···························· 35
BCBS ·························· 237
BilModG ······················ 423
BilReG ······················ 420, 422
BIS 規制 ······················ 237
BIS 決済・市場インフラ委員会（CPMI）··· 238

CAP ····························· 681
CASB ·························· 910
CASC ·························· 902
CDO ····························· 8
CESR ··············· 259, 404, 433, 822, 909
CESR-Fin ······················ 439
CFA 協会 ······················ 687
CFERF ························ 579
CFSS ·························· 365
CICA ························ 508, 518

CME グループ ·················· 35
CNC ·························· 1050
COM ·························· 394
CPMI ·························· 238
CPSS ·························· 238
CSA ·························· 525
CSRC ·························· 908

DPOC ·························· 318
DRSC ·························· 423
DSR ·························· 423

「E5+2」グループ ·············· 718
EBA ·························· 405
EC ····················· 74, 394, 411, 822
EC 会社法指令第4号 ············ 398
EC 会社法指令第7号 ············ 398
ECB ····························· 16
ECOFIN ······················ 403
EECS ·························· 656
EFRAG ······················ 411, 1050
EIOPA ························ 405
ESFS ·························· 405
ESC ·························· 404
ESMA ·························· 405
ESRC ·························· 404
EU における IFRSs のエンドースメント・メカ
　ニズム ······················ 411
EU の閣僚理事会 ·············· 413
EU の機能に関する条約 ········· 494
EU の法的行為 ················ 494
EU 視察 ···················· 1050, 1058
EU 条約 ······················ 494

FAF ·························· 687
FAS（財務会計基準書）研究会 ···· 196
FASB ········ 287, 310, 436, 512, 678, 682, 1020
FASB のイニシアティブ ········· 720
FASB のミッション（使命）······· 691

1269

FASBボードメンバー	694
FASB会計基準コード化TM	710, 712, 716
FASB憲章	717
FASF	88, 788
FATF	238
FCA	241
FEE	273, 1059
FEI	687
FEIC	579
Form 20-F	191
FRB	4, 289, 956
FRC	1050
FSA	241, 416
FSAP	401
FSB	490
FSC	600
FSF	19
FSS	578, 600
G4+1	508
G7	11, 238
G7財務大臣・中央銀行総裁会議	11
G8	16, 820
G10	238
G20	10, 13, 16, 138, 490, 722, 734
G20サミット	734
G20ロンドン・サミット	138
G20ワシントン・サミット	138, 1009
G20金融サミット	13
G20財務大臣・中央銀行総裁会議	722, 758
GAAP	703
GAAPの階層構造（ヒエラルキー）	
	702, 704, 1055
GAAPの再編成	702
GFOA	687
GLASS	365
HKFRS	933
HUD	8
IAASB	235, 910
IADI	238

IAPC	261, 910
IASB	4, 235, 280, 301, 310, 318, 433
「IASBによる英語版IFRSs」	723, 972
IASBのガバナンス	122
IASBの基準設定プロセス	355
IASB対応検討委員会	1100
IASC	232, 280, 310
IASC財団	60, 280
「IASC財団のガバナンス向上に向けた市場規	
制当局による取組み」	306
IASC財団の定款レビュー（見直し）	288
IASC戦略作業部会	281
IAS規則	73, 394, 432, 973
IBRD	162, 235, 601
ICAEW	426, 1059
ICAI	472
ICCAP	234
ICE	35
IEA	16, 261
IFAC	162, 259, 281
IFAD	162, 1016
IFASS	365
IFRIC	305
IFRS for SMEs	305, 563
IFRSsアドプション	84, 658
IFRSsアドプションによる財務上の影響	658
IFRSsのロードマップに関する円卓討論（ラウ	
ンドテーブル）	972
IFRSsの使用	333, 334
IFRSsの執行決定データベース	656
IFRSsの任意適用企業の拡大促進	101, 1244
IFRSsの任意適用企業の積上げ	1208
IFRSs設定のための財政的貢献（資金	
拠出）	333
IFRSs早期適用容認規則案	975
IFRSs適用命令	73, 394, 412, 417, 420, 432, 973
IFRSs任意適用に係る改正のイメージ	1092
IFRSのエンドースメントに関する作業部会	
	107, 1241
IFRSの適用の方法	97, 133, 1209
IFRS解釈指針委員会	304
IFRS財団	60, 280, 298

IFRS財団のガバナンス改革と戦略見直し	
························· 323	
IFRS財団の組織 ························· 297	
IFRS財団モニタリング・ボード ········· 247	
IFRS財団定款 ························· 344	
IFRS財団評議員会 ················· 298, 323	
IFRS諮問会議 ······················ 303	
IFRS対応会議 ······················ 1100	
IFRS対応方針協議会 ··················· 118	
IFRS適用に向けた課題 ··············· 1040	
IFRS導入準備タスクフォース ·········· 1107	
IFRS任意適用企業の拡大促進	
··············· 101, 199, 1237, 1239	
IFRS任意適用企業の更なる拡大促進	
··················· 199, 1237, 1240	
IFRS任意適用要件の緩和 ············· 1209	
IIROC ····························· 525	
IMA ······························· 687	
IMF ······················· 16, 235, 601	
IOSCO ········· 163, 240, 241, 281, 400, 954	
IPSAS ····························· 261	
IPSASB ···························· 261	
ISA ·························· 235, 261	
ISAE ····························· 262	
ISQC ····························· 262	
ISRE ····························· 262	
ISRS ····························· 262	
JMIS ········· 102, 103, 105, 115, 133, 134, 1163	
JPX日経インデックス400 ········· 1227, 1233	
KAI ······························ 601	
KASB ·························· 578, 603	
K-IFRS ···················· 228, 478, 613	
K-IFRS質疑応答共同会議 ·············· 656	
LSE ······························ 817	
M&A投資 ···························· 27	
MCA ······························· 472	
MFDA ····························· 525	
MiFID ····························· 397	

MJDS ···················· 223, 508, 526	
NASACT ·························· 687	
NSS会議 ·························· 820	
NYSE ························· 45, 194	
OCI ······························ 112	
OECD ···················· 42, 163, 266	
OEEC ···························· 266	
OSC ························· 436, 525	
PAFA ····························· 365	
PCAOB ·························· 948, 954	
PIOB ····························· 263	
PSAB ····························· 529	
PIIGS諸国 ·························· 34	
RBI ······························ 485	
RMBS ······························· 8	
SAC ······························ 1041	
SARG ····························· 412	
SEBI ····························· 485	
SEC ··············· 57, 191, 321, 436, 678, 954	
「SECおよび公開会社会計監督委員会	
（PCAOB）の最近の動向に関するアメリカ	
公認会計士協会（AICPA）全国会議」·· 1005	
SECスタッフ ················ 86, 120, 981, 1004	
SECスタッフペーパー ················ 981	
「SECと財務報告協会年次大会」··········· 1005	
SECの調整表作成・開示規制 ············ 218	
SECの登録廃止 ···················· 208	
SECの特別権限 ···················· 679	
SECの役割 ······················· 990	
SEC主任会計士室 ··············· 87, 120, 1004	
SFAC ····························· 695	
SIA ······························ 687	
SOX法 ···················· 68, 610, 682, 954	
SOX法第108条 ······················ 68	
TFOSS ···························· 509	

1271

UN ……………………………………… 264	アドプション論 ……………………… 824
UNICE …………………………… 821, 1050	アベノミクス ……… 25, 199, 1026, 1226
UNTAD ………………………………… 163	アメリカ会計学会（AAA）………… 41, 687
	アメリカ会計基準の2016年（平成28年）3月期
WFE …………………………………… 34	での使用禁止 ……………………… 1088
WSS会議 ……………………………… 820	アメリカ合衆国住宅都市開発省（HUD）…… 8
	アメリカ議会 …………………………… 678
XBRL ………………………………… 1040	アメリカ会計士協会（AIA）………… 681
	アメリカ金融改革法 …………………… 977
【数字】	アメリカ公認会計士協会（AICPA）… 233
1933年証券法 ………………………… 68, 679	アメリカ財務会計基準審議会（FASB）… 436
1934年証券取引所法 ………………… 68, 678	アメリカ式連結財務諸表 …………… 1070
2本柱の戦略 …………………………… 513	アメリカ証券取引委員会（SEC）
20ヵ国・地域首脳会合（G20）…… 13, 490, 734	………………………… 191, 321, 436, 954
「2011年税法改正後の施行令改正」……… 633	アメリカ投資管理・調査協会（AIMR）… 687
「2012年度　連合の重点政策」…………… 1159	アメリカの会計基準設定構造（3層構造）… 678
2008年緊急経済安定化法 ……………… 10	アメリカのGAAPの階層構造（ヒエラルキー）
3区分法 ………………………………… 191	……………………………………… 121
3層構造 ………………… 297, 324, 326, 678	アメリカ預託証券（ADR）……… 205, 213, 813
4区分法 ………………………………… 193	アメリカ連邦準備制度理事会（FRB）……… 956
40の勧告 ……………………………… 238	アングロ・サクソン型会計基準 …………… 41
5区分法 ………………………………… 193	
9の勧告 ……………………………… 239	イギリス財務報告評議会（FRC）………… 1050
10ヵ国財務大臣・中央銀行総裁会議（G10）	意見発信 ……… 117, 130, 136, 1040, 1169, 1184
………………………………………… 238	移行計画 ………………………………… 991
10項目プログラム …………………… 422	委託執行型準政府機関 ………………… 662
	一般企業会計基準 …………………… 613, 615
【あ】	一般に公正妥当と認められた会計原則 …… 121
アウトリーチ ………………………… 796	一般に公正妥当と認められた企業会計の基準
アジア・オセアニア基準設定主体グループ	……………………………………… 803, 1071
（AOSSG）……………………… 365, 886	一般に公正妥当と認められる企業会計の慣行
アジア通貨危機 ………………………… 600	……………………………………… 771
アジェンダ・コンサルテーション …… 346, 699	一般に公正妥当な企業会計の基準 ……… 1085
アジェンダ・コンサルテーション2015…… 360	一般に認められた会計原則（GAAP）… 703
アジェンダ・コンサルテーション2011 118, 352	一般に認められた会計原則（GAAP）の二元的
アジェンダ・コンサルテーションに関する協議	システム ……………………………… 973
会 ……………………………………… 118	委任された法行為 …………………… 495
麻生太郎 ……………………… 16, 21, 22	イングランド・ウェールズ勅許会計士協会
麻生太郎内閣総理大臣の会計基準観 ……… 19	（ICAEW）……………………… 426, 1059
アダプテーション ……………………… 57	インターコンチネンタル取引所（ICE）……… 35
アドプション ………………………… 56, 84	インターナショナル・ビジネス・シリーズ 233
アドプション戦略 ……………………… 946	インド・シンガポールミッション ………… 486

インド企業省（MCA） ……………………… 472
インド証券取引委員会（SEBI） ………… 485
インド準備銀行（RBI） …………………… 485
インド勅許会計士協会（ICAI） ………… 472
インド訪問ミッション …………………… 1102

運営条約 …………………………………… 494

演繹的アプローチによる研究 …………… 166
エンドースメント・アプローチ… 122, 987, 988
エンドースメントされたIFRS…………… 1241
エンドースメントする際の判断基準
　………………………………… 99, 107, 1242
エンドースメント手続き
　…………… 98, 105, 108, 118, 121, 133, 796
エンドースメント手続きの仕組みの構築… 117
エンドースメント手続きのスケジュール… 1243
エンドースメント要素 …………………… 989

オーストラリア会計基準審議会（AASB）… 371
オプティマム収斂説 ………………………… 63
オンタリオ証券委員会（OSC） ……… 436, 525

【か】

カーブアウト ………………… 57, 414, 973, 1081
外貨換算 …………………………………… 43
改革提案 …………………………………… 263
会計改革法 ………………………………… 609
会計開発国際フォーラム（IFAD） …… 162, 1016
会計基準（間）の国際的調和化 ………… 58
会計基準アドバイザリー・フォーラム
　（ASAF）………… 365, 374, 385, 759, 908
会計基準アドホック作業部会（会計基準特別
　作業部会）………………………………… 272
会計基準監視評議会（AcSOC） ………… 529
会計基準間の市場競争 …………………… 879
会計基準コード化 ………………………… 998
会計基準作業部会 ………………………… 272
会計基準審議会（ASB） …………… 287, 419
会計基準設定主体国際フォーラム（IFASS）
　…………………………………………… 365
会計基準専門グループ …………………… 898

会計基準体系 ……………………………… 998
会計基準の「2005年問題」 ………… 394, 816
会計基準の「2007年問題」 …… 74, 439, 451
会計基準の「2009年問題」 …… 74, 439, 451
会計基準の国際化戦略 ……… 57, 190, 216, 227
会計基準の国際的調和化 ………………… 44
会計基準の差異をもたらす環境要因 …… 40
会計基準の品質向上に向けた取組み …… 1244
会計基準編纂書 …………………………… 998
会計規制委員会（ARC） …………… 413, 1060
会計教育国際会議 ………………………… 233
会計業務国際協調委員会（ICCAP） …… 234
会計研究公報（ARB） …………………… 681
会計原則審議会（APB） ………………… 681
会計システムの階層分類 ………………… 177
会計システムの分類 ……………………… 164
会計諮問委員会 …………………………… 642
会計先進化フォーラム …………………… 667
会計手続委員会（CAP） ………………… 681
会計透明性指数 …………………………… 667
会計の多様性 ……………………………… 58
会計の発展に影響を及ぼす変数 ………… 40
会計の分類のタクソノミー ……………… 180
会計ビッグバン …………………………… 781
会計部会 …………………………………… 784
会計法改革法 ………………………… 420, 422
会計法現代化指令 ………………………… 401
「会計法現代化法」（BilModG）………… 423
会計報告の国際基準に関するアドホック政府間
　作業部会 ………………………………… 265
会計報告の国際基準に関する政府間作業部会
　…………………………………………… 265
会計報告の国際基準に関する専門家部会… 264
会計理論および会計基準リサーチ・グループ
　（RGATAS）…………………………… 898
会計連続通牒（ASR） …………………… 680
外国民間発行体 ……………………… 190, 723
開示A ……………………………………… 441
開示B ……………………………………… 442
会社計算規則 ……………………………… 1070
会社法・会社計算規則 …………………… 1072
「鍵となる3要素」………………………… 955

1273

拡散 ……………………………………… 64
拡散理論 ………………………………… 62
拡張可能な事業報告言語（XBRL）……… 1040
各国会計基準設定主体（NSS）…………… 687
仮説的分類 ……………………………… 177
カナダ会計基準審議会（AcSB）………… 436
カナダ公認一般会計士協会 …………… 518, 524
カナダ公認管理会計士協会 …………… 518
カナダ財務管理者協会（FEIC）………… 579
カナダ財務担当経営者研究財団（CFERF）
 …………………………………………… 579
カナダ証券管理局（CSA）……………… 525
カナダ勅許会計士協会（CICA）……… 508, 518
カナダ勅許職業会計士協会 …………… 518
カナダ投資業規制機構（IIROC）……… 525
カナダ投資信託業協会（MFDA）……… 525
カナダにおける IFRSs 移行コスト …… 578, 579
カナダの IFRSs アドプションによる財務上の
 影響 …………………………………… 582
カナダの会計基準のあり方に関するシナリオ
 …………………………………………… 545
環境要因 ………………………………… 40
韓国会計基準委員会（KASB）……… 578, 603
韓国会計基準院 ………………………… 601
韓国会計研究院（KAI）………………… 601
韓国採択国際会計基準（K-IFRS）228, 478, 613
韓国採択国際会計基準のもとでの質疑応答制度
 …………………………………………… 656
韓国の会計基準の国際化戦略 ………… 224
管理会計士協会（IMA）………………… 687

企画財政部 ……………………………… 622
企画調整部会
 …… 782, 1021, 1026, 1037, 1045, 1048, 1215
企業改革法（SOX 法）………………… 609, 954
企業会計基準委員会（ASBJ）
 …………………… 75, 88, 184, 436, 1070
企業会計基準書 ………………………… 614
企業会計基準専門委員会 ……………… 903
企業会計基準の準拠性 ………………… 801
企業会計准則 …………………………… 901
企業会計准则—基本准则 ……………… 917

企業会計准则—基本准则の基本構造 ……… 918
企業会計准则—具体准则 ……………… 921
企業会計審議会 ……………… 770, 780, 1048
企業会計審議会企画調整部会 ………… 1026
企業会計審議会総会・企画調整部会合同会議
 ……… 119, 124, 783, 1161, 1164, 1171, 1172
企業会計に関する小委員会 ‥ 101, 118, 130, 131,
 799, 818, 1209, 1214, 1216, 1225, 1230
企業会計の「2005年問題」………………… 816
企業会計の「2007年問題」……… 74, 439, 451
企業会計の「2009年問題」……… 74, 439, 451
企業会計の基準の特例 ………………… 103
企業会計の国際対応に関する研究会 ……… 821
企業財務委員会 ………………………… 1154
基金管理型準政府機関 ………………… 662
技術的助言 ……………………………… 433
基準勧告委員会（SAC）………………… 1041
基準諮問会議 …………………………… 873
基準諮問審査グループ（SARG）………… 412
基準設定主体協議フォーラム（CFSS）…… 365
基準設定タスクフォース（TFOSS）……… 509
基準の過負荷 …………………………… 548
規制市場 ………………………… 395, 397, 567
規則主義 ………………………………… 701
帰納的アプローチによる研究 ………… 166
基本概念ワーキング・グループ ……… 860
「公正ナル会計慣行」…………………… 770
共産主義収斂説 ………………………… 63
行政改革会議 …………………… 777, 1109
強制適用 …… 1036, 1044, 1052, 1057, 1062, 1067
共同行動計画 …………………………… 574
ギリシャ財政危機 ……………………… 34
キリスト教産業主義収斂説 …………… 62
銀行・住宅・都市問題委員会 ………… 707
金融・世界経済に関する首脳会合 …… 13
金融安定化法 …………………………… 10
金融安定フォーラム（FSF）…………… 19
金融安定理事会（FSB）………………… 490
金融活動作業部会（FATF）…………… 238
金融監督委員会（FSC）………………… 600
金融監督院（FSS）……………… 578, 600
金融監督庁 ……………………………… 772

1274

「金融企業会計制度」‥‥‥‥‥‥‥‥ 902
金融行為監督機構（FCA）‥‥‥‥‥‥‥ 241
金融サービス委員会 ‥‥‥‥‥‥‥‥‥ 707
金融サービス機構（FSA）‥‥‥‥‥ 241, 416
「金融サービス：金融市場の枠組みの実施：
　行動計画（アクション・プラン）」‥‥‥ 401
金融サービス行動計画（FSAP）‥‥‥‥ 401
金融再生委員会 ‥‥‥‥‥‥‥‥‥‥‥ 775
「金融・資本市場活性化有識者会合」‥‥‥ 1236
金融庁 ‥‥‥‥‥‥ 87, 89, 458, 779, 1023, 1047,
　　　　　1069, 1080, 1142, 1196, 1237, 1243
金融庁・企業会計審議会 ‥‥‥‥‥‥ 1026
金融庁・企業会計審議会総会 ‥‥‥‥ 1021
金融庁告示 ‥‥‥‥‥‥‥‥ 117, 804, 1069
金融庁参与 ‥‥‥‥‥‥‥‥‥‥ 1169, 1171
金融庁設置法 ‥‥‥‥‥‥‥‥‥‥‥‥ 87
金融庁長官が定める企業会計の基準‥‥ 116, 805
金融ビッグバン（日本版ビッグバン）‥‥‥ 781

「組込みの方法論の探求」‥‥‥‥ 86, 981, 986
クラスター分析による階層分類 ‥‥‥‥ 183
クラリティ・プロジェクト ‥‥‥‥‥‥ 262
グレー・レター ‥‥‥‥‥‥‥‥‥‥‥ 261

経済協力開発機構（OECD）‥‥‥‥ 42, 163, 266
経済協力枠組協定 ‥‥‥‥‥‥‥‥‥‥ 574
経済財政諮問会議 ‥‥‥‥‥‥‥‥‥ 1117
経済財務相理事会（ECOFIN）‥‥‥‥‥ 403
経済産業省 ‥‥‥‥‥‥‥‥‥‥‥ 29, 1154
経済的・文化的要因と会計分類 ‥‥‥‥ 172
ケネディ（Joseph P. Kennedy）—ランディス
　（James M. Landis）政策 ‥‥‥‥‥‥ 680
権威ある文献 ‥‥‥‥‥‥‥‥ 121, 709, 717
検証可能性 ‥‥‥‥‥‥‥‥‥‥‥‥‥ 54
原籍国（母国主義）‥‥‥‥‥‥‥‥‥‥ 395
健全な金融システムのための主たる12の基準
　‥‥‥‥‥‥‥‥‥‥‥‥‥‥‥ 235, 236
原則主義 ‥‥‥‥‥‥‥‥‥ 240, 428, 997
限定された基準による組替え ‥‥‥‥‥ 193

コア・グループ ‥‥‥‥‥‥‥‥‥‥‥ 485
コア・スタンダード ‥‥‥‥‥‥‥ 257, 518

小泉純一郎 ‥‥‥‥‥‥‥‥‥‥ 1114, 1115
公益監視委員会（PIOB）‥‥‥‥‥‥‥ 263
公益財団法人 財務会計基準機構 定款‥‥‥ 793
公益財団法人財務会計基準機構 ‥‥‥‥ 1205
公開会社会計監督委員会（PCAOB）‥‥ 948, 954
公開市場 ‥‥‥‥‥‥‥‥‥‥‥‥‥‥ 563
公企業 ‥‥‥‥‥‥‥‥‥‥‥‥‥‥‥ 662
公的説明責任企業 ‥‥‥‥ 508, 527, 550, 562, 961
公的部門（共有部門）会計審議会（PSAB）529
コード化および検索可能化プロジェクト ‥‥ 711
国際エネルギー機関（IEA）‥‥‥‥‥ 16, 261
国際会計 ‥‥‥‥‥‥‥‥‥‥‥‥‥‥ 44
国際会計基準 ‥‥‥‥‥‥‥‥‥‥ 1082-1085
国際会計基準委員会（IASC）‥‥‥ 232, 280, 310
国際会計基準審議会（IASB）
　‥‥‥‥‥‥‥ 4, 235, 280, 301, 318, 433
国際会計基準戦略 ‥‥‥‥‥‥‥‥ 224, 227
国際会計基準導入関連タスクフォース ‥‥‥ 620
国際会計基準導入準備チーム ‥‥‥ 228, 611
国際会計教育研究センター ‥‥‥‥‥‥ 233
国際会計士会議 ‥‥‥‥‥‥‥‥‥‥‥ 232
国際会計士スタディ・グループ（AISG）
　‥‥‥‥‥‥‥‥‥‥‥‥‥‥‥ 224, 234
国際会計士連盟（IFAC）‥‥‥‥‥ 162, 259, 281
国際監査・保証基準審議会（IAASB）235, 910
国際監査基準（ISA）‥‥‥‥‥‥‥ 235, 261
国際監査実務委員会（IAPC）‥‥‥‥ 261, 910
国際監査・保証基準審議会（IAASB）‥‥‥ 235
国際関連サービス基準（ISRS）‥‥‥‥ 262
国際教育基準（IES）‥‥‥‥‥‥‥‥‥ 261
国際公会計基準（IPSAS）‥‥‥‥‥‥‥ 261
国際公会計基準審議会（IPSASB）‥‥‥‥ 261
国際財務報告 ‥‥‥‥‥‥‥‥‥‥ 165, 190
国際財務報告解釈指針委員会（IFRIC）‥‥‥ 305
国際財務報告基準（IFRSs）‥‥‥‥‥‥ 4, 280
国際財務報告のアプローチ ‥‥‥ 190, 194, 216
国際対応委員会 ‥‥‥‥‥‥‥‥‥‥ 1102
国際通貨基金（IMF）‥‥‥‥‥‥ 16, 235, 601
国際的開示基準 ‥‥‥‥‥‥‥‥‥‥‥ 954
「国際的な財務活動・事業活動」の要件
　‥‥‥‥‥‥‥‥‥‥‥‥‥‥ 1081, 1094
国際統一会計 ‥‥‥‥‥‥‥‥‥‥‥‥ 44

国際投資・多国籍企業委員会 ……………… 267
国際取引会計 ………………………………… 44
国際取引所連合（WFE）…………………… 34
国際比較会計 ………………………………… 44
国際比較財務会計 ………………………… 165
国際品質管理基準（ISQC）……………… 262
国際復興開発銀行（IBRD）……… 162, 235, 601
国際保証業務基準（ISAE）……………… 262
国際預金保険協会（IADI）………………… 238
国際レビュー業務基準（ISRE）………… 262
国際連合（UN）…………………………… 264
国際連合貿易開発会議（UNTAD）……… 163
国民新党 ……………………… 1127, 1130, 1131
互恵主義の理念 …………………………… 527
コミトロジー ………………………… 412, 495
コンセプト・リリース（概念通牒）
……………………………… 955, 973, 1021
コンドースメント・アプローチ ……… 57, 988
コンバージェンス ……… 56, 60, 62, 64, 82, 541
コンバージェンス・アプローチ ……… 987, 988
コンバージェンス戦略 ……………… 71, 946
コンバージェンス論 ……………………… 824

【さ】

サーベインズ・オックスリー法（SOX法）
…………………………… 68, 609, 682, 954
最終スタッフ報告書 …………… 120, 981, 1004
細則主義 …………………………………… 701
最低限の安全装置 ………………………… 316
財務会計基準機構（FASF）…………… 88, 788
財務会計基準審議会（FASB）
………… 287, 310, 436, 512, 678, 682, 1020
財務会計財団（FAF）…………………… 687
財務管理者協会（FEI）………………… 687
財務諸表の作成および表示に関するフレーム
　ワーク …………………………………… 310
「財務諸表の目的」……………………… 688
財務諸表利用者諮問委員会 …………… 558
債務担保証券（CDO）…………………… 8
財務報告の規制の調和化 ……………… 59
財務報告評議会（FRC）……………… 1050
作業計画 ……… 86, 120, 977, 979, 996

サブプライム住宅ローン危機 ……………… 4
産業社会の運動諸法則 …………………… 62

自国主義 …………………………………… 956
資産負債観 ………………………………… 917
市場型公企業 ……………………………… 662
市場主義 …………………………………… 812
質疑応答委員会 ………………………… 654
質疑応答実務委員会 …………………… 654
質疑応答事例 …………………………… 656
質疑応答制度 …………………………… 652
実質的な権威ある支持 ……………… 680, 682
実質優先 ………………………………… 240
実証から導出された分類（実証的アプローチ）
……………………………………… 167
指定国際会計基準
……… 103, 105, 1072, 1083, 1084, 1086
支払い・決済システム委員会（CPSS）…… 238
資本主義収斂説 ………………………… 63
自見庄三郎 …………… 1112, 1129, 1130, 1138,
　　　　　　　　1144, 1147, 1175, 1191
指名委員会 ………………………… 288, 956
収益費用観 ……………………………… 917
州監査・会計・経理担当者全国会議
（NASACT）………………………… 687
10項目プログラム ……………………… 422
修正国際基準（JMIS）
……… 102, 103, 105, 115, 133, 134, 1163
修正再表示 ……………………… 437, 442
修正版IFRS …………………………… 134
住専問題 ……………………………… 770
住宅ローン担保証券（RMBS）…………… 8
自由民主党金融問題調査会 …………… 789
自由民主党政務調査会・金融調査会
……… 119, 130, 818, 1209, 1214, 1216
自由民主党日本経済再生本部
……… 101, 1209, 1214, 1231
主要8ヵ国首脳会議（G8）………… 16, 820
主要20ヵ国・地域（G20）… 10, 16, 138, 490, 722
収斂 …………………………………… 64
収斂理論 …………………………… 62, 64
準市場型公企業 ……………………… 662

準司法機関 ······················· 678
「遵守するかまたは説明せよ」のアプローチ
　　　　　　　　　　　　　　　　316
準政府機関 ······················· 662
証券監督者国際機構（IOSCO）
　　············· 163, 240, 241, 281, 400, 954
証券業者協会（SIA）················· 687
証券先物委員会 ···················· 606
証券取引委員会（SEC）
　　············· 57, 191, 321, 436, 678, 954
証券取引等監視委員会 ·············· 774
証拠に基づく基準設定に対するIASBのアプロ
　ーチ ························· 357
「上場会社の個別財務諸表の取扱い（連結先行
　の考え方）に関する検討会」······· 1200
上場企業会計改革および投資家保護法·· 68, 682
上場制度整備懇談会ディスクロージャー部会
　　···························· 1066
新「企業会計准則」··············· 907, 916
真実かつ公正な概観 ··············· 412
「迅速化した」手続き ·············· 295
進捗状況のレビュー（見直し）······· 554

スナップショット・アプローチ
　　············· 458, 464, 849, 852,
聖域なき構造改革 ············· 1115, 1125

成果主義アプローチ ··········· 453, 479
静観主義 ·························· 513
政治主導 ······ 783, 1090, 1140, 1145, 1167, 1203
政治的要因と会計分類 ·············· 175
成長戦略 ··············· 25, 1026, 1226
政府および非営利組織会計専門委員会······ 903
政府財務担当者会（GFOA）············· 687
「『政府組織と機能の改変』方案」············ 605
政府・与党金融再生トータルプラン推進協議会
　　···························· 777
世界会計基準設定主体会議（WSS会議）···· 820
世界銀行 ··········· 16, 162, 490, 601, 956
世界金融危機 ············· 4, 8, 33, 405, 490, 945
全アフリカ会計士連盟（PAFA）············ 365
先駆的分類研究 ···················· 167

先進国クラブ ······················ 266
先進国模倣戦略 ···················· 226
先進7ヵ国蔵相（財務大臣）・中央銀行総裁会議
　（G7）······················ 11, 238
全体像アプローチ ·················· 862
全般的な成果主義のアプローチ ·············· 461
戦略作業部会 ············· 60, 283, 718
戦略レビュー ················ 297, 361

相互承認 ····· 82, 84, 91, 821, 822, 826, 957, 1021
相互承認制度 ················ 198, 400
相互承認戦略 ················ 223, 227
その他の公共機関 ·················· 663
その他の包括利益（OCI）のリサイクリング処理
　　···························· 112

【た】

第1次法 ························· 496
「第2次ノーウォーク合意」········ 322, 722
第2次法 ························· 496
第一次・第二次財務諸表作成法 ··············· 192
対外直接投資 ················· 27, 28
第三国の会計基準の同等性決定メカニズム
　　···························· 432
第三国の会計基準の同等性評価
　　············· 407, 567, 831, 909, 1020
対内直接投資 ······················ 27
ダイナミック・アプローチ ·············· 1200
第二次ノーウォーク合意 ·············· 964
代表者アプローチ ·················· 285
ダイムラー・ベンツ ················ 45
ダグラス（William O. Douglas）―ヒーリー
　（Robert E. Healy）政策 ·············· 680
竹中平蔵 ··················· 21, 1117
多元的産業主義収斂説 ·············· 63
多国間管轄開示制度（MJDS）····· 223, 508, 526
多国籍企業 ························ 28
多重多国籍財務報告 ·············· 191, 218
多数会計基準戦略 ·················· 226
ダブル・スタンダード ··········· 196, 1021, 1088
ダブルGAAPシステム ··············· 974
単一多国籍財務報告 ················ 191

1277

「単一で高品質な国際基準」‥‥‥ 4, 24, 25, 91, 93, 101, 136, 138, 139, 146, 1008, 1009, 1010, 1232
短期コンバージェンス ‥‥‥‥‥‥‥‥‥ 727
短期コンバージェンス・プロジェクト ‥‥‥ 322
短期プロジェクト ‥‥‥‥‥‥‥‥‥‥‥‥ 749
単体開示の簡素化 ‥‥‥‥‥‥‥‥‥ 99, 1209
単体財務諸表に関する検討会議 ‥‥‥‥‥ 1205

地域主義戦略 ‥‥‥‥‥‥‥‥‥ 223, 226, 227
「中央省庁等改革基本法」‥‥‥‥‥ 778, 1114
「中華人民共和国会計法」‥‥‥‥‥ 897, 912
「中華人民共和国会社法」‥‥‥‥‥‥‥ 900
「中間提言」‥‥‥‥‥ 101, 1209, 1211, 1231, 1209
「中期運営方針」‥‥‥‥‥‥‥‥ 824, 858, 877
注記戦略 ‥‥‥‥‥‥‥‥‥‥‥‥‥‥‥ 218
中国会計准則委員会（CASC）‥‥‥‥‥‥ 902
中国監査基準（准則）審議会（CASB）‥‥ 910
中国財政部 ‥‥‥‥‥‥‥‥‥‥‥‥‥‥ 480
中国証券監督管理委員会（CSRC）‥‥‥‥ 908
中国の会計制度の期間区分 ‥‥‥‥‥‥‥ 896
中小企業 ‥‥‥‥‥‥‥‥‥‥‥‥‥‥‥ 305
中小企業会計基準 ‥‥‥‥‥‥‥‥‥‥‥ 644
中小企業向けIFRS適用グループ ‥‥‥ 305, 306
長期プロジェクト ‥‥‥‥‥‥‥‥‥‥‥ 750
調整表 ‥‥‥‥‥‥‥‥ 45, 49, 217, 218, 437
調整表作成・開示要件 ‥‥‥‥ 723, 958, 1020
調整表戦略 ‥‥‥‥‥‥‥‥‥‥‥‥ 218, 282
調和化 ‥‥‥‥‥‥‥‥‥ 58, 59, 513, 541
直接投資 ‥‥‥‥‥‥‥‥‥‥‥‥‥‥‥ 27

追加開示 ‥‥‥‥‥‥‥‥‥‥‥‥‥‥‥ 437
ツインピークス体制 ‥‥‥‥‥‥‥‥‥‥ 241

定款レビュー（見直し）‥‥‥‥‥‥‥‥ 297
低所得者層向け住宅購入用途ローンの不良債権
　化 ‥‥‥‥‥‥‥‥‥‥‥‥‥‥‥ 4, 295
ディスカッション・ペーパー（討議資料）
　「IASCの将来像」‥‥‥‥‥‥‥‥‥‥ 282
デュー・プロセス ‥‥‥‥ 315, 354, 693, 1242
デュー・プロセス監査委員会（DPOC）‥‥ 318
デュー・プロセス・ハンドブック ‥‥‥‥ 315

ドイツ会計基準委員会（DRSC）‥‥‥‥‥ 423
東京合意 ‥ 75, 461, 829, 851, 864, 876, 880, 1019
「東京合意」の達成状況 ‥‥‥‥‥‥‥‥ 883
東京財団 ‥‥‥‥‥‥‥‥‥‥‥‥‥‥ 1157
東京証券取引所 ‥‥‥ 200, 1062, 1065, 1067, 1093, 1096, 1225, 1237, 1240
同等性 ‥‥‥‥‥‥‥‥‥‥‥‥‥‥‥‥ 436
同等性の定義 ‥‥‥‥‥‥‥‥‥‥‥ 453, 459
同等性の評価 ‥‥‥‥‥‥‥‥‥‥‥‥‥ 812
同等性評価のメカニズム ‥‥‥‥‥‥‥‥ 454
投資サービス指令 ‥‥‥‥‥‥‥‥‥‥‥ 395
トゥルーブラッド委員会 ‥‥‥‥‥‥ 687, 688
特定会社 ‥‥‥‥‥‥ 1076, 1077, 1080, 1094
特定多数決方式 ‥‥‥‥‥‥‥‥‥‥‥‥ 413
特例措置 ‥‥‥‥‥‥‥‥‥ 196, 197, 1070
都市型社会産業に関する収斂理論 ‥‥‥‥‥ 62
ドッド・フランク法 ‥‥‥‥‥‥‥‥ 977, 1148
トリプル・スタンダード ‥‥‥‥‥‥‥ 1089
トレッドウェイ委員会支援組織委員会
　（COSO）‥‥‥‥‥‥‥‥‥‥‥‥‥ 927

【な】

南巡講話 ‥‥‥‥‥‥‥‥‥‥‥‥‥‥‥ 899

二重戦略 ‥‥‥‥‥‥‥‥‥‥‥‥‥‥‥ 540
二重並行報告 ‥‥‥‥‥‥‥‥‥‥‥‥‥ 192
「日EU会計基準・監査の動向に関するモニタ
　リング会合」‥‥‥‥‥‥‥‥‥‥‥‥ 856
「日EU会計基準の動向に関するモニタリング
　会合」‥‥‥‥‥‥‥‥‥‥‥‥‥‥‥ 855
日EU金融ハイレベル協議 ‥‥‥‥‥‥‥ 855
日EU財務金融ハイレベル協議 ‥‥‥‥‥ 855
日印ダイアローグ ‥‥‥‥‥‥‥‥ 486, 1103
日米欧会計基準の相互承認 ‥‥‥‥‥‥‥ 820
日米財務金融対話 ‥‥‥‥‥‥‥‥‥‥‥ 855
日米ハイレベル証券市場対話 ‥‥‥‥‥‥ 855
日中韓三ヵ国会計基準設定主体会議 ‥‥‥‥ 886
日本経済団体連合会 ‥‥‥ 118, 127, 486, 820, 1049, 1052, 1055, 1056, 1107, 1148
日本―インドフォーラム ‥‥‥‥‥‥‥‥ 487
日本経済再生本部 ‥‥‥‥‥‥‥‥‥‥ 1210
日本公認会計士協会 ‥ 486, 789, 1058, 1060, 1107

1278

日本公認会計士協会（2005年問題プロジェクト
　チーム ……………………………………… 799
日本取引所グループ ………………………… 1225
日本の金融行政機構 …………………………… 770
「日本版ラウンドテーブル」（日本版円卓討論）
　……………………………………………… 1024
ニューヨーク証券取引所（NYSE）…… 45, 194
任意適用 …… 214, 1034, 1042, 1044, 1057, 1062,
　　　　1066, 1069, 1070, 1077, 1081, 1094, 1187

のれん ………………………………………… 685
のれんの非償却 ……………………………… 112

【は】

バーゼルⅠ ……………………………………… 237
バーゼルⅡ ……………………………………… 237
バーゼル委員会（BCBS）…………………… 163
バーゼル銀行監督委員会（BCBS）………… 237
パーチェス法 ………………………… 685, 870
ハーモナイゼーション ………………………… 58
配当可能利益の限度額 ……………………… 635
白鳥レター …………………………………… 257
橋本龍太郎 …………………………………… 1114
パリバショック ………………………………… 9
判断に基づく分類（判断的アプローチ）…… 167

非営利組織 …………………………………… 550
比較可能性 ………………………… 45, 54, 55, 165
比較可能性／改善プロジェクト … 281, 249, 321
非上場会社の会計基準に関する懇談会 …… 1103
非上場企業会計基準 ………………………… 615
ビッグバン・アプローチ …………………… 474
ピュアIFRS（ピュアIFRSs）…… 57, 127, 1081

フェーズド・アプローチ …………………… 861
ファニーメイ …………………………………… 8
フィードバック・ステートメント ………… 843
フィルター・アプローチ ………………… 454, 852
複数会計基準戦略 …………………………… 224
プラグマティズム収斂説 ……………………… 63
ブラック・レター …………………………… 261
フランコ・ジャーマン型（ヨーロッパ大陸型）

会計基準 ……………………………………… 41
フランス財務省国家会計審議会（CNC）… 1050
プリクリアランス制度 ………………… 652, 656
プリンシプル・ベース ……………………… 997
フル・アドプション …………………………… 57
フル・コンバージェンス …………………… 547
フレディマック ………………………………… 8
ブレトンウッズ協定 ………………………… 235
プロジェクト計画表 …… 78, 462, 843, 864, 874
文化的要因を加味した分類研究 …………… 169
分類研究 ……………………………………… 165

米国基準で作成する連結計算書類に関する特則
　……………………………………… 1070, 1075
米州証券監督協会 …………………………… 240
北京合意（北京共同声明）………………… 904
「下手にいじくり回さない」アプローチ …… 565
便宜的な報告書の作成 ……………………… 193
便宜的翻訳戦略 ……………………………… 216

ホイート委員会 ……………………………… 684
包括的な経済・貿易協定 …………………… 573
包括的な戦略目的 ……………………………… 69
法施行型審議会 ……………………………… 1164
法定任務 ………………………………… 87, 88
ホーリスティック・アプローチ
　……………………… 458, 461, 464, 849, 852
補完計算書 ………………………………… 437, 442
補完措置 …………………………………… 437, 441
ポジション・ペーパー（政策方針書）…… 718
「骨太の方針」…………………………… 1117, 1215
本国基準 ……………………………………… 811

【ま】

マーシャル・プラン ………………………… 266
マーストリヒト条約 ……………………… 399, 496
マクドナルド委員会 ………………………… 510
マルティナショナル会社 ……………………… 28

ミッション・ステートメント ……………… 717
民主党 ………………………………………… 1133

1279

モーゲージバンク ································· 8
持分プーリング法 ················· 685, 869, 870
モニタリング・グループ ················· 263
モニタリング・ボード ··············· 306, 1040

【や】

有価証券上場規程 ························· 1065
郵政三事業 ································· 1110
郵政三事業の在り方について考える懇談会
·································· 1120
郵政事業の公社化に関する研究会 ········· 1119
郵政選挙 ································· 1127
郵政民営化 ······················· 21, 1109
郵政民営化に関する特別委員会 ············· 1125

ヨーロッパ・ソブリン危機 ·················· 34
ヨーロッパ委員会（EC） ······· 74, 394, 411, 822
ヨーロッパ委員会（COM） ················· 394
ヨーロッパ委員会域内市場総局 ············· 1050
ヨーロッパ会計士研究グループ ············· 273
ヨーロッパ会計士連盟（FEE） ········ 273, 1059
ヨーロッパ議会 ························· 413
ヨーロッパ議会経済金融委員会 ············· 1050
ヨーロッパ共同体（EC） ················· 394
ヨーロッパ共同体設立条約 ················· 494
ヨーロッパ銀行監督局（EBA） ············· 405
ヨーロッパ金融監督制度（ESFS）········· 405
ヨーロッパ経済協力機構（OEEC）········· 266
ヨーロッパ債務危機 ···················· 34
ヨーロッパ財務報告助言グループ（EFRAG）
··························· 411, 1050
ヨーロッパ産業連盟（UNICE）········ 821, 1050
ヨーロッパ執行機構調整会議（EECS）····· 656
ヨーロッパ証券委員会（ESC）············· 404
ヨーロッパ証券監督者委員会（ESRC）····· 404
ヨーロッパ証券規制当局委員会（CESR）
··················· 259, 404, 433, 822, 909
ヨーロッパ証券市場監督局（ESMA）······· 405
ヨーロッパ証券市場の規制に関する賢人委員会
······························ 403
ヨーロッパ中央銀行（ECB）··············· 16

ヨーロッパ保険企業年金監督局（EIOPA） 405
ヨーロッパ連合条約 ····················· 399

【ら】

ラテンアメリカ基準設定主体グループ
（GLASS） ························· 365
ラムファルシー委員会 ··················· 403

リーマン・ショック ······················ 4
リーマン・ブラザーズ ···················· 68
リエゾン国（G8）会議················· 820
リサイクリング処理 ···················· 112
リスボン条約 ························· 494
リスボン戦略 ························· 403
リパトリエーション ····················· 33

レジェンド ····················· 784, 797, 814
連結財務諸表戦略 ······················ 225
連結先行 ··············· 814, 1025, 1061, 1157
「連結先行（ダイナミック・アプローチ）」論
··························· 1175, 1198, 1200
「連結先行」の考え方
··················· 1191, 1193, 1196, 1200, 1202
「連結と単体の関係に係るダイナミック・アプ
ローチ」（連・単のダイナミック・アプローチ）
の考え方 ························· 1194
連単分離 ··············· 815, 1053, 1157
「連単分離論」 ························· 1175
連邦住宅金融抵当公庫 ···················· 8
連邦住宅抵当公庫 ······················· 8
連邦準備制度理事会（FRB）········ 4, 289, 956

ローカルIFRSs························· 973
ロンドン証券取引所（LSE）················· 817
ワールドコム ························· 67

【わ】

「我が国企業会計のあり方に関する意見交換会」
··············· 1023, 1024, 1048, 1061, 1196
「我が国に適したIFRS」············· 98, 106, 126
わが国の発言権の確保 ······· 130, 131, 136, 1223

【著者紹介】

杉本　徳栄（すぎもと　とくえい）
博士（経済学）東北大学
関西学院大学大学院経営戦略研究科教授

1988年神戸商科大学大学院経営学研究科博士後期課程単位取得退学，1997年東北大学経済学博士。鹿児島経済大学経済学部専任講師・助教授，龍谷大学経営学部助教授・教授を経て，2005年より関西学院大学大学院経営戦略研究科教授。
この間に，韓国延世大学校商経大学大学院留学（1986年～1987年），Duke University, The Fuqua School of Business, Research Scholar（1999年～2000年），公認会計士試験試験委員（2010年度～2013年度）などを歴任し，現在，文部科学省中央教育審議会専門委員，会計教育研修機構理事，国際会計研究学会理事，日本会計教育学会理事，会計大学院協会理事長，税理士試験試験委員などを務める。

〔主要著書〕
『開城簿記法の論理』（森山書店・1998年，日本会計史学会学会賞）
『国際会計』（同文舘出版・2006年，〔改訂版〕・2008年）
『アメリカSECの会計政策—高品質で国際的な会計基準の構築に向けて—』（中央経済社・2009年，国際会計研究学会学会賞）
『ケーススタディでみるIFRS』（金融財政事情研究会・2010年，監修・執筆）
『事例分析　韓国企業のIFRS導入』（中央経済社・2011年，編著）
S・H・ペンマン著『財務諸表分析と証券評価』（白桃書房・2005年，共訳）
ロバート・H・ハーズ著『会計の変革—財務報告のコンバージェンス，危機および複雑性に関する年代記—』（同文舘出版・2014年，共訳）など。

平成29年3月30日　　初版発行　　　　　　　　略称：国際会計実像

国際会計の実像
—会計基準のコンバージェンスとIFRSsアドプション—

著　者　杉　本　徳　栄

発行者　中　島　治　久

発行所　同文舘出版株式会社

東京都千代田区神田神保町1-41　　　　　　　〒101-0051
電話　営業(03)3294-1801　　　　　　　　編集(03)3294-1803
振替　00100-8-42935　　　　　　　　http://www.dobunkan.co.jp

ⓒ T. SUGIMOTO　　　　　　　　　　製版：一企画
Printed in Japan 2017　　　　　　　　印刷・製本：萩原印刷
ISBN978-4-495-19871-8

JCOPY 〈出版者著作権管理機構　委託出版物〉
本書の無断複製は著作権法上での例外を除き禁じられています。複製される場合は，そのつど事前に，出版者著作権管理機構（電話03-3513-6969，FAX 03-3513-6979，e-mail: info@jcopy.or.jp）の許諾を得てください。